U0916118

2001

中国电力年鉴

《中国电力年鉴》编辑委员会

中国电力出版社

图书在版编目(CIP)数据

中国电力年鉴.2001/《中国电力年鉴》编委会编. －北京：中国电力出版社，2001

ISBN 7-5083-0740-2

Ⅰ.中… Ⅱ.中… Ⅲ.电力工业－中国－2001－年鉴 Ⅳ.F426.61－54

中国版本图书馆 CIP 数据核字（2001）第 055083 号

中国电力出版社出版、发行

（北京三里河路 6 号 100044 http：//www.cepp.com.cn）

实验小学印刷厂印刷

各地新华书店经售

*

2001 年 9 月第一版 2001 年 9 月北京第一次印刷

787 毫米×1092 毫米 16 开本 48.5 印张 1650 千字 16 插页

印数 0001—3500 册 定价 **150.00** 元

1. 新世纪的曙光——2000年1月1日零时中华世纪坛的灯火。

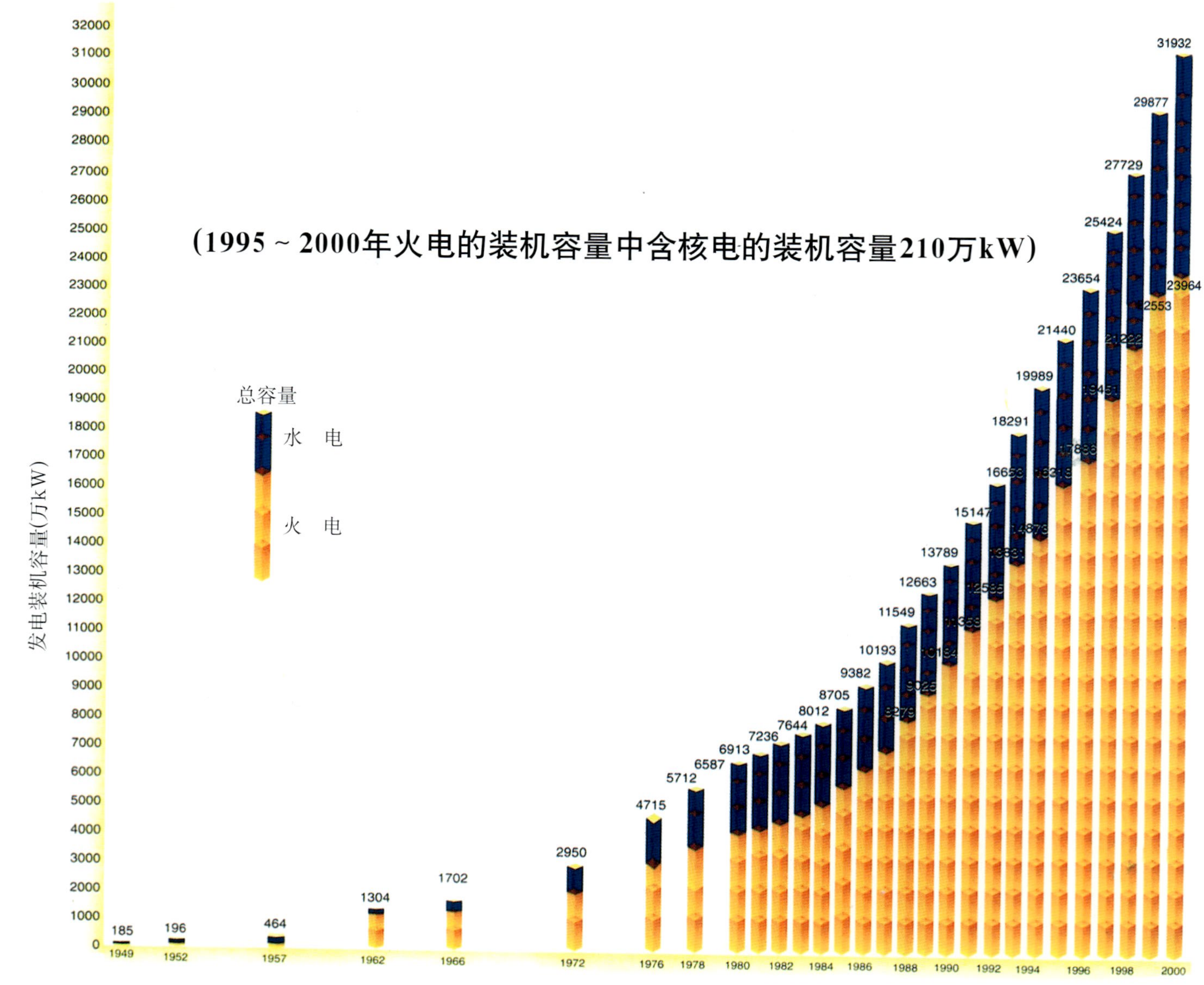

2. 中国历年发电装机总容量示意图 （未含香港、澳门特别行政区及台湾省数据）

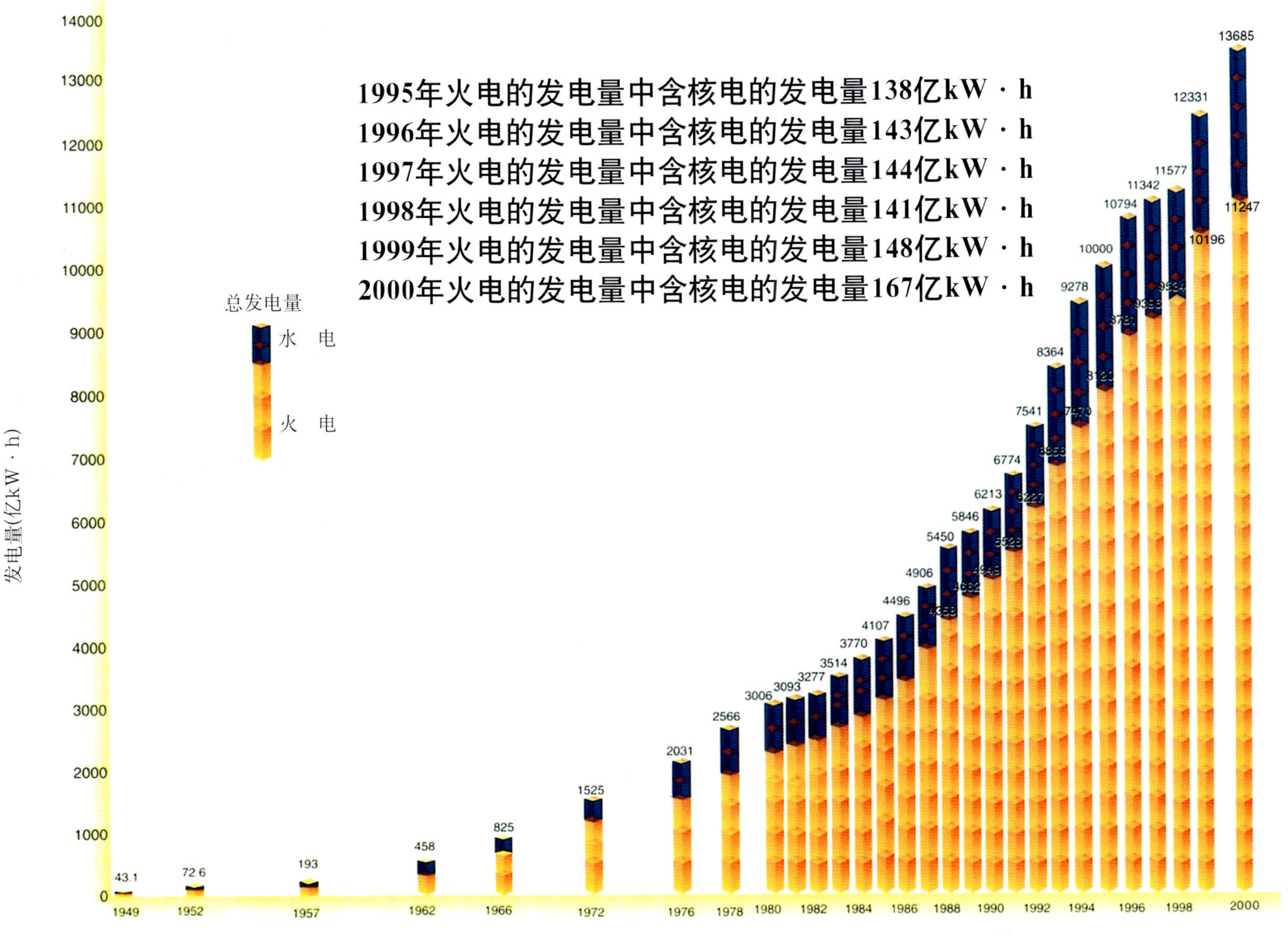

3. 中国历年发电量示意图　（未含香港、澳门特别行政区及台湾省数据）

4. 2000年中国各主要电网分布示意图(四川、重庆电网组成川渝电网；云南、贵州、广西、广东电网组成南方电网)

5. 2000年底中国各主要电网及新疆和西藏地区的装机容量和发电量数表

电网和地区		装机容量（万kW）				发电量（亿kW·h）			
		总计	水电	火电	核电	总计	水电	火电	核电
东北电网(NEPN)		3786.21	561.77	3220.05		1538.46	80.99	1456.92	
华北电网(NCPN)		4276.91	312.79	3958.30		2108.37	35.22	2072.00	
华东电网(ECPN)		5666.33	600.01	5012.50	30.00	2596.30	97.77	2477.45	20.36
华中电网(CCPN)		4556.06	1501.78	3054.28		1796.50	530.39	1266.11	
西北电网(NWPN)		1922.06	753.19	1168.75		801.06	263.10	537.93	
南方电网	云南电网(YNPG)	654.23	418.58	235.65		286.42	187.99	98.43	
	贵州电网(GZPG)	555.79	188.51	367.28		296.48	72.39	224.09	
	广西电网(GXPG)	739.09	413.59	325.50		288.36	168.14	120.21	
	广东电网(GDPG)	3189.56	701.55	2301.32	180.00	1353.47	155.74	1049.35	147.01
川渝电网	四川电网(SCPG)	1593.24	988.21	605.04		510.49	325.15	185.33	
	重庆电网(CQPG)	306.15	32.39	273.76		133.82	13.48	120.34	
山东电网(SDPG)		1961.25	6.77	1954.48		998.02	0.24	997.78	
福建电网(FJPG)		1041.53	530.36	509.88		402.91	194.35	208.46	
海南电网(HNPG)		179.13	53.69	124.56		40.99	14.04	26.84	
新疆地区(XJAR)		445.86	86.81	351.99		182.98	30.53	150.72	
西藏地区(XZAR)		35.72	29.48	3.48		6.84	5.81	1.04	

注：本表数据未含台湾省和香港、澳门特别行政区。

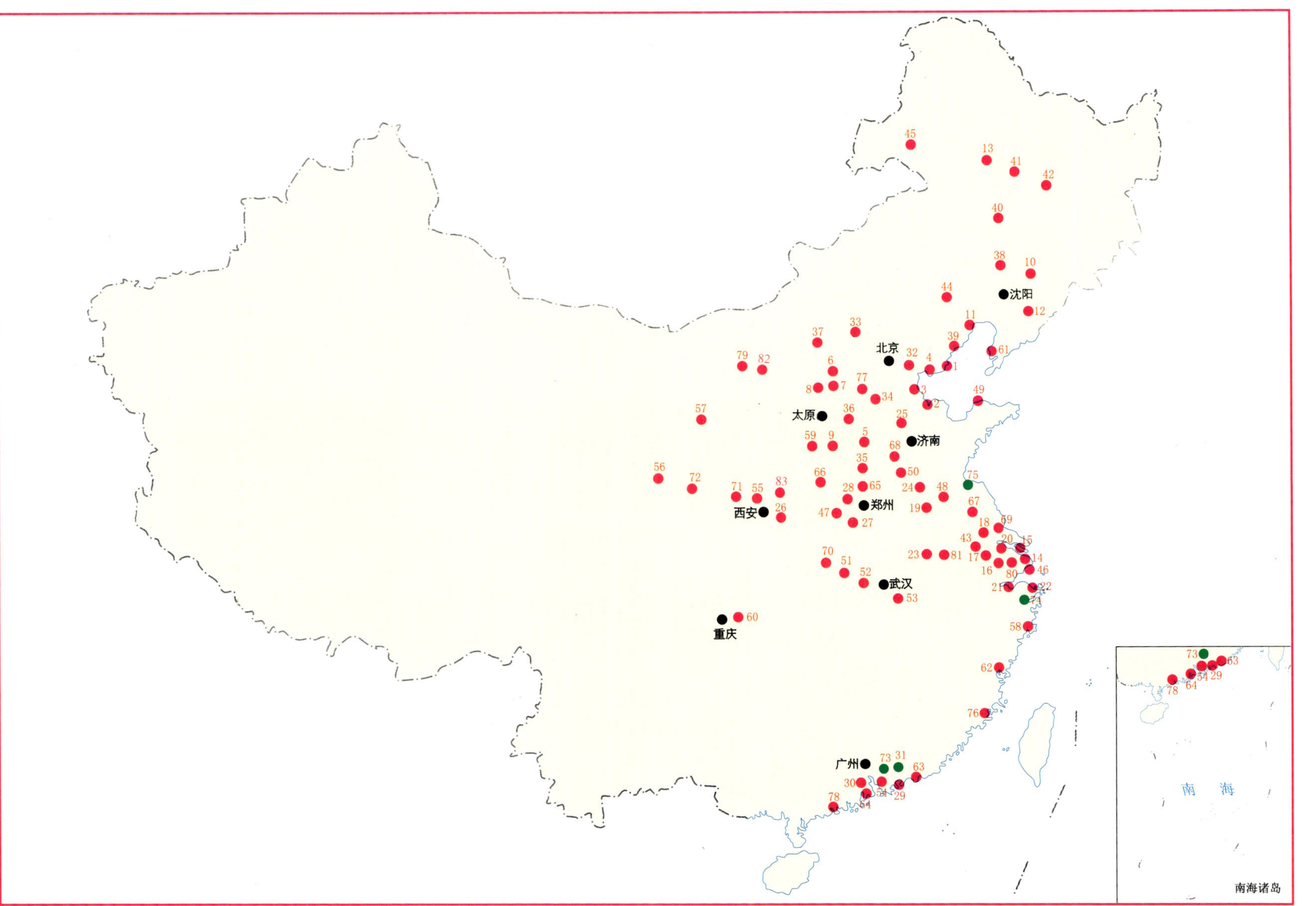

6. 2000年底中国100万kW及以上已投产与在建火电厂和核电厂位置示意图(图中编号电厂的名称与容量参见下表，未含香港、澳门特别行政区及台湾省发电厂资料)

7. 2000年底中国100万kW及以上已投产与在建火电厂和核电厂情况表

序号	火电厂名称	已投产容量(万kW)	在建容量(万kW)
1	秦皇岛热电厂	100	
2	大港	32×4	
3	军粮城	100	
4	陡河	155	
5	邢台	125.5	
6	大同二厂	120	
7	神头一厂	130	
8	神头二厂	100	50×2*
9	漳泽	104	
10	清河	120	
11	锦州	120	
12	辽宁	105	
13	富拉尔基二厂	30×4	
14	石洞口	30×4	30×1
15	华能石洞口二厂	60×2	
16	吴泾	100+60	60×1
17	望亭	120	
18	谏壁	160	
19	徐州	130	
20	常熟	30×4	
21	镇海	105	
22	北仑	60×5	
23	平圩	60×2	
24	邹县	240	
25	华能德州	30×4	66×2
26	秦岭	105	
27	姚孟	117	
28	焦作	126	
29	沙角A	120	
30	黄浦	110	
31	广东大亚湾核电厂	90×2	
32	盘山	50×2	60×2
33	张家口	30×7	30×1
34	华能上安	130	
35	马头	100	
36	阳泉二厂	120	
37	丰镇	120	
38	铁岭	30×4	
39	绥中	80×2	
40	双辽	30×4	
41	哈尔滨三厂	160	
42	牡丹江二厂	102	

序号	火电厂名称	已投产容量(万kW)	在建容量(万kW)
43	利港	35×4	
44	元宝山	150	60×2
45	伊敏	50×2	
46	外高桥	30×4	90×2*
47	首阳山	102	
48	十里泉	122.5	
49	龙口	100	
50	石横	30×4	
51	汉川	30×4	
52	阳逻	30×4	
53	丰城	30×4	
54	沙角C	66×3	
55	渭河	130	
56	靖远	140	
57	大坝	30×4	
58	台州	141	
59	太原一厂	131.2	
60	华能珞璜	36×4	
61	华能大连	35×4	
62	华能福州	35×4	
63	妈湾	30×4	
64	珠江	30×4	
65	邯峰	66×1	66×1
66	阳城	35×1	35×5
67	扬州二厂	60×2	
68	聊城新厂		120
69	华能南通	35×4	
70	襄樊	30×4	
71	宝鸡二厂	30×3	30×1
72	平凉	30×1	30×3
73	广东岭澳核电厂		90×2
74	秦山第二核电厂		60×2
	秦山第三核电厂		70×2
75	田湾核电厂		100×2
76	后石	60×2	
77	西柏坡	30×4	
78	珠海	66×2	
79	达拉特	132	
80	宝钢自备	119.97	
81	洛河	120	
82	托克托		60×2
83	蒲城	33×2	33×2

注：本表数据未含台湾省和香港、澳门特别行政区。*为规划建设的项目。

《中国电力年鉴》编辑委员会

《中国电力年鉴》编辑部

特约撰稿人（按姓氏笔画排列）

《中国电力年鉴》编辑出版人员

总 编 辑	朱良镭			
责任编辑	肖　兰	姜丽敏	高　军	刘瑞玲
	丰兴庆	王　晶	刁晶华	刘宇峰
	邓　春	栾广杰	刘丽平	李兆春
	穆智勇			
封面设计	范文东			
版式设计	张秋雁			
责任校对	刘振英	黄　蓓	庞俊秀	罗凤贤
出版印制	蔺义舟	杨志国		

为实现“十五”良好开局作出贡献

——二〇〇一年新春致辞

（代　序）

国家电力公司总经理　高　严

在新世纪的第一个春节到来之际，我谨代表国家电力公司党组向公司系统全体员工和员工家属致以节日的祝贺，向离退休老同志致以新春的祝福！向节日期间坚守工作岗位的职工致以诚挚的问候！向关心和支持国家电力公司工作的社会各界人士致以衷心的感谢和新春的祝福！

过去的一年，是取得辉煌成绩的一年。我国胜利完成了“九五”计划，实现了国民经济发展的第二步战略目标，人民生活总体上达到了小康水平，为在新世纪进入新的发展阶段创造了有利条件，为中华民族实现伟大复兴提供了有力保证。

过去的一年，是国家电力公司实施改革与发展战略承上启下的一年，是公司全体员工迎接挑战，经受考验，努力克服困难，出色完成任务的一年。在党中央、国务院的正确领导下，在邓小平理论和江泽民同志“三个代表”思想的指引下，我们深入贯彻党的十五大和十五届四中、五中全会和中央经济工作会议精神，以饱满的工作热情和奋发向上的精神状态，卓有成效地开展各项工作。通过大力实施“两个战略”，深入开展“一个管理年”活动，实行“三项责任制”，坚持“三严一表率”，全面完成了各项任务，取得了显著成绩。公司生产经营目标全面实现，电网安全稳定运行，结构调整取得了重大进展，“西电东送”得到了有力推进，电网建设进一步加强，城乡电网建设与改造取得了突破性进展，资源优化配置进一步加强，企业管理水平进一步提高，干部队伍建设进一步加强，精神文明建设和企业文化建设取得了丰硕成果。在党中央、国务院的领导下，我们积极、稳步地推进体制改革，按照“四步走”的战略，圆满完成了第二步改革。目前，国电公司实现了实体化，并顺利进入世界500强，这标志着我们已经跨入了国际大公司的行列。过去的一年，我们不仅为国家国民经济的发展和人民生活水平的提高，为“九五”计划的全面完成作出了积极的贡献，也为开创新世纪国家电力公司的新局面奠定了坚实的基础。

2001年是新世纪第一年。新的世纪，新的一年，新的形势，新的气象，需要我们有新的思路、新的举措、新的贡献、新的成绩。党的十五届五中全会已经确定了“十五”期间电力工业的改革与发展的方针，我们的一切思路、一切工作都要坚定不移地执行这一方针。在新的一年里，我们要紧紧抓住改革、发展、稳定、服务、管理这五个重点，以发展为主题，以结构调整为主线，以改革开放和科技进步为动力，以优质服务为宗旨，大力推进“西电东送”和全国联网，实现更大范围的资源优化配置和电力工业可持续发展。强化安全生产，注重环境保护，加强企业管理，提高经济效益。搞好“电力市场整顿和优质服务年”活动，加强精神文明建设，加大反腐倡廉力度，关心员工生活，维护社会稳定，为促进国民经济持续快速健康发展和社会全面进步服务。

“雷惊天地龙蛇蛰，雨足郊原草木柔。”在充满希望的新世纪，在充满生机的春天，展望电力工业新世纪发展的光辉前景，我们激情满怀，信心百倍。让我们紧密团结在以江泽民同志为核心的党中央周围，高举邓小平理论伟大旗帜，按照“三个代表”的要求，贯彻落实党的十五大和十五届四中、五中全会以及中央经济工作会议精神，认清形势，坚定信心，把握重点，狠抓落实，乘势前进，圆满完成2001年的各项工作，努力开创公司改革、发展、稳定的新局面，为国民经济发展和人民生活水平的提高，为实现“十五”计划的良好开局作出新的贡献！

编辑说明

1.《中国电力年鉴》于1993年创刊，已连续出版8期，是一本融史实性、资料性为一体的专业年鉴，也是一本全面实用，文、图、表并茂的综合性大型年刊。其主要服务对象为从事电力生产、建设、经营管理、科研技术的有关人员，以及与电力相关的政府和企事业单位的有关人员。

2.本《年鉴》的编纂指导思想为：围绕电力工业改革与发展的主线，突出政企分开和公司化运作，全面记载电力工业改革与发展、生产与经营、科技与进步等各方面的成就，重点反映电力体制改革、西部大开发、重点工程、城乡电网建设和精神文明建设等方面的内容。

3.本《年鉴》由国家电力公司担任主编单位，会同中国电力企业联合会、国家经济贸易委员会电力司共同组织编写。《年鉴》的编委会由国家综合部门、公司各部主任、各网省电力公司及有关单位的负责同志为委员组成，并作为《年鉴》的领导机构，决定《年鉴》编辑出版的指导思想、主要内容和编写大纲。

4.本期《年鉴》主要收录了2000年我国电力工业各方面所取得的成绩，全面地、系统地提供电力工业的经济技术资料和统计数据。本期《年鉴》的框架结构由篇目、栏目、类目、条目4个层次组成。主要包括“特载”、大事记”、“电力概况与宏观管理”、“组织机构”、“电力生产与经营”、“重点工程”、“部分电力企事业单位”、“各地区电力工业”、“精神文明建设与企业文化”、“电力工业行业管理与服务”、“电力科学技术”、“教育培训与新闻出版”、“国际交流与合作”、“学术团体与行业协（学）会”、“重要文献”、“统计资料”、“人物”、“附录”、“索引”共19篇目、103幅彩图组成。

特载：2001年是“十五”规划的第一年，卷首给出了“九五”电力工业发展综述，国家计委、国家经贸委、国家电力公司有关我国电力工业“十五”规划（摘要），还及时反映了监事会的情况。本篇中还专门列出了具有重要意义的“西电东送”、“电力体制改革”和“城乡电网建设与改造”三个栏目。

大事记：首次给出了2000年电力工业八件大事，并分月记载了电力工业的大事要闻。

电力概况和宏观管理：从行政管理、行业管理、企业管理三个方面论述了全国电力工业发展概况。

组织机构：重点介绍了国家电力公司系统和中国电力企业联合会的组织机构、干部配置和机构设置文件。

电力生产与经营、重点工程、部分电力企事业单位、各地区电力工业：此4个篇目全面反映了2000年度全国电力工业生产和建设所取得的巨大成就。

精神文明建设和企业文化：介绍了国家电力公司系统精神文明建设和企业文化建设方面的主要管理工作。

电力工业行业管理与服务：由负责行业管理的中国电力企业联合会全面介绍行业管理与服务方面的工作。

电力科学技术、教育培训与新闻出版：用两个篇目介绍了科教与新闻出版方面的信息。

国际交流与合作、学术团体与行业协（学）会：介绍了电力行业的国际合作、外事管理、国际会议、国际展览、学术会议和学术交流等方面的情况，并对电力行业主要的学术团体作了介绍。

重要文献：收录了国家综合管理部门、国家电力公司和国家经贸委有关电力的重要文件、规章制度等。

统计资料：来自国家电力公司统计部门的权威数据，未包括我国台湾省和澳门。

人物：对以往已有介绍的院士本年度不再重复，只给出新增加的劳动模范的名单。

附录：收录了国家电力公司系统表彰先进的内容和文号，选编了方便读者了解世界电力工业情况的世界电力工业资料和世界主要国家资料。

索引：本期《年鉴》在保留英文目录和主题内容索引的基础上，扩大了索引的范围，索引范围包括条目的部分内容。大事记、重要文献、统计资料、附录未作索引。

5. 本《年鉴》实行文责自负。条目内容、数据、彩图等均由撰稿单位校核及审定。

篇　　目

目　　录

特　　载

大　事　记

电力概况与宏观管理

组　织　机　构

电力生产与经营

重　点　工　程

部分电力企事业单位

各地区电力工业

精神文明建设与企业文化

电力工业行业管理与服务

电力科学技术

教育培训与新闻出版

国际交流与合作

学术团体与行业协（学）会

重　要　文　献

统　计　资　料

人 物

附 录

索 引

Contents

Featuring Articles

Memorabilia

Summary and Macro－Management of Electric Power Industry

Organization Structure

Electricity Production, Operation and Management

Key Projects

Part of Enterprises and Institutions in Power Sector

Electric Power Industry in Provinces and Autonomous Regions as Well as Municipalities Directly under the Central Government

Cultural & Ideological Progress and Corporate Culture

Sector Management and Service

Electric Power Science and Technology

Education & Trainning and News & Press

International Cooperation and Exchange

Learned Societies and Associations (Societies) in Power Sector

Major Documents

Statistical Data

Personality

Appendix

Index

彩 图 目 录

六、改革与重要会议

七、火力发电

八、水力发电

九、核电

十、输配电

十一、供用电

十二、国际交流与合作

十三、精神文明建设

中国电力年鉴

1 特 载

“九五”电力工业发展综述（摘要）

一、国民经济和能源工业稳步发展

1. 国民经济持续稳定增长

受国内外经济环境变化的影响，“九五”前中期，国民经济出现较大幅度下滑，增长速度趋缓。在国家连续3年实施积极的财政政策以及世界经济出现明显好转等因素推动下，加上国有企业改革与脱困3年目标基本实现，使2000年我国宏观经济出现重大转机，呈现出回升的势头。国内生产总值，1995年为58478亿元，到2000年增长到89404亿元，年均增长8.3%，超额完成“九五”8%的计划目标，但增长速度仍低于“八五”时期；人均国内生产总值提前3年于1997年实现了比1980年翻两番的战略目标。

“九五”期间经济发展呈现以下特点：一是经济增长速度前中期逐年减缓，后期开始出现回升，保持了相对较快的增长速度；二是三次产业结构发生了较大的变化，由1995年的20.5%、48.8%、30.7%变为2000年的15.9%、50.9%、33.2%；三是在积极财政政策的持续作用下，“九五”时期全社会固定资产投资完成138735亿元，与“八五”相比增长117.4%，完成“九五”计划的106.7%；四是5年全国外贸进出口总额达到17740亿美元，年均增长11%；五是全国市场物价稳中走低。

2. 一次能源供需总量减少，效率提高

“九五”期间，中国一次能源供需呈现以下特点：

（1）总量减少，效率提高。一次商品能源生产总量从1995年的12.9亿t标煤下降到2000年的10.9亿t标煤，其中，煤炭生产持续下滑，原煤产量从1995年的13.6亿t下降到2000年的10亿t，年均下滑6.3%；油气工业稳定增长，1995年石油产量为1.50亿t，天然气产量为176亿m^3，2000年分别达到1.63亿t和277亿m^3，年均分别递增1.7%和9.5%；水电和核电生产稳步增长，“九五”期间年均递增3.4%和5.5%。

一次商品能源消费在“九五”期间也呈下降趋势。2000年一次能源的总消费量为12.80亿t标煤，比1995年的13.11亿t标煤略有下降。其特点，一是“九五”时期国内生产总值年均递增8.1%，而能源消费负增长，使单位产值能耗下降；二是能源消费结构虽然仍以煤为主，但出现了结构优质化的势头，煤炭在能源消费中的比重从1995年的74.4%下降到2000年的67%，天然气与水电、核电的比重没有明显变化，而石油及其制品比重却迅速上升，其比重从1995年的17.5%上升到2000年的27%左右；三是终端能源消费中扣除开采、加工、转换损失后，仍然以工业为主，工业用能源占61.6%，民用与商业用能其次，占21.8%。

（2）由能源输出变为能源进口。“九五”期间，中国由能源净输出国变为能源净出口国。1995年，中国共出口煤炭2862万t，进口煤炭为163万t，净出口量为2699万t；进口原油及油制品3673万t，出口原油及油制品为2455万t，净进口量1241万t，合计相当于出口能源188万t标煤。到2000年，中国煤炭进口量为202万t，出口量增为5884万t，净出口量为5682万t；石油及其制品的进口量达8831万t，而出口量仅为1871万t，净进口6960万t，两者合计折算为净进口能源5883万t标煤。

3. 电力供需基本平衡

“九五”期间，电力工业改革和发展取得重大进展：一是五年新增发电装机容量1亿kW，平均每年新增装机容量达到2000万kW，这是历次五年计划中没有的。二是电力供需形势发生了根本性的转折，连续多年的缺电局面得以扭转，全国电力供需出现基本平衡的局面。2000年，全社会用电量达到13466亿kW·h，比1995年增长136.5%，年均增长6.4%。三是人均用电量从1995年的816kW·h提高到2000年的1039kW·h，年均增长5%；电能消费在终端能源消费中所占比例逐年上升，从1995年的9.2%上升到2000年的11%，电气化程度进一步提高。

二、“九五”计划顺利完成，结构调整成效显著

“九五”时期，电力工业五年新增发电装机容量1亿kW，全国发电装机容量在1995年跃上2亿kW台阶后，2000年4月又跃上3亿kW的新台阶。这期间全国电力供需形势发生了根本性的转折，全国性的连续多年的缺电局面得以扭转，局部地区出现供大于求的现象。

1. 顺利完成“九五”计划

根据原电力部1995年6月编制完成的电力工业“九五”计划：新增大中型机组7000万kW，开工规模1.23亿kW。到2000年，全国发电装机容量达到3亿kW，发电量达到14000亿kW·h。220kV及以上线路17.12万km，变电容量3.98亿kV·A，其中：500kV线路2.72万km、变电容量10759万kV·A；330kV线路9353km、变电容量1398万kV·A；220kV线路13.45万km、变电容量2.76万kV·A。

“九五”计划实际执行结果是，发电装机容量完成预期计划的106.3%，而发电量仅完成预期计划的

97.8%；到2000年底全国发电装机容量达到31932万kW，发电量13685亿kW·h，发电装机容量和发电量年均增长8.0%和6.6%。220kV及以上线路完成"九五"计划的95.6%，变电容量完成"九五"计划的104.3%。到2000年底，全国220kV及以上线路16.36万km，变电容量4.15亿kV·A。其中：500kV线路26788km、变电容量9447万kV·A；330kV线路8669km、变电容量1410万kV·A；220kV线路128114km、变电容量30632万kV·A。

五年间，电力行业固定资产投资完成12141亿元，其中，基建投资占83.5%，（包括城乡电网建设和改造的）技改投资占14.6%，其他投资占1.9%。"九五"电力行业固定资产投资占全国固定资产投资比重的11.7%，稍高于"八五"时期11.1%的比重，其中电力技改投资比重也高于"八五"时期。五年间，电力系统固定资产投资完成8406.8亿元，其中，电源投资4693.0亿元，电网投资3426.6亿元，小型基建及其他投资287.2亿元，电网投资已占固定资产投资的41%。在电网投资中，城乡电网投资2005.0亿元，占固定资产投资的24%。"九五"期间，"以大代小"的技术改造投资完成317.4亿元，更新改造投资完成258.4亿元，分别占技术改造投资的55%和45%。

"九五"期间，供电量由1995年的8532.9亿kW·h增加到2000年的11365.8亿kW·h，年均增长5.9%，低于"八五"年平均增长率为9.8%；售电量由1995年的7784.4亿kW·h增加到2000年10490.4亿kW·h，年均增长6.2%，也低于"八五"年均增长9.6%。相应的，电力工业主要技术经济指标有较大改善，全国线损率由8.77%下降到7.70%，扭转了"八五"期间线损率上升的局面；供电煤耗降低了20g，由1995年的412g/（kW·h）下降到2000年的392g/（kW·h）。

2. 大力调整电源结构

到2000年底，中国水电、火电、核电、风电装机容量分别达到7934万kW、23753万kW、210万kW、34.5万kW，占总装机容量的比重分别为24.8%、74.4%、0.7%、0.1%，与"八五"比较，水电比重上升了0.8个百分点、火电比重下降了0.6个百分点。"九五"期间，世界最大的水电工程——三峡水利枢纽工程，于1997年11月截流，大坝正式开工；五年中，核电新开工660万kW规模，促进了电源结构的改善。二是大机组容量增加。单机容量30万kW及以上机组313台、总容量为10998万kW，占总装机容量的34.4%，比"八五"末期比重上升了12个百分点，机组结构得到较大改善。全国6000kW及以上机组平均单机容量由1995年的4.52万kW上升到2000年的5.40万kW，是前九个五年中提高幅度最大的一个五年，三是关停小火电机组成效显著。"九五"期间，全国关停5万kW及以下的小火电机组1000万kW，使5万kW及以下的小火电机组容量占发电装机容量的比重，从1995年的26.6%下降到2000年的20.0%。四是在建规模与投产容量的比例呈现下降趋势。"九五"期间电力在建规模与投产容量的比在3.7～4.9之间，低于"八五"期间的4.9～6的水平。

3. 加强骨干电网建设

"九五"期间，电网主网架建设逐步加强，500kV主网架开始逐步取代220kV电网，承担跨省、跨地区电力输送和交换任务；以计算机为主的国际先进调度自动化系统已普遍采用并达到实用化程度，使电网的可靠性、灵活性和经济性得到了显著的提高。"九五"期间，500kV电网规模实现了快速扩张，新增500kV线路13785km、变电容量4940万kV·A，5年增长105.6%和109.6%；新增330kV线路3060km、变电容量591万kV·A，5年增长54.6%和72%；新增220kV线路31201km、变电容量12605万kV·A，5年增长32.2%、69.9%。

为三峡工程配套送出的500kV输电线路9100km、交流变电容量2475万kV·A和直流变电1200万kW的输电工程，自1997年开工建设以来到2000年底，三峡输变电工程进入建设高峰，在建工程达到20个。其中，建成"三线一变"，线路长度594km，变电容量75万kV·A；续建"四线三变一直流"，线路长度1341km，变电容量300万kV·A，换流容量600万kW；新开工"三线五变"，线路长度735km，变电容量300万kV·A，为确保三峡电力送出奠定了基础。一批跨大区电网互联工程前期工作在"九五"期间陆续完成。中国第一个大区间500kV交流联网工程——东北与华北联网工程开工建设，2000年工程建成。

"九五"期间，南方互联电网实现了将天生桥水电站和云南、贵州的季节性电能送往广东，五年累计上网电量314亿kW·h，其中累计送广东174亿kW·h，送广西140亿kW·h。华中电网通过葛洲坝至上海南桥的±500kV直流输电工程，华中、华东电网累计交换电量101亿kW·h。其中，华中电网累计送华东电网电量82亿kW·h，华东电网累计送华中电网19亿kW·h。蒙西电网累计送京津唐电网的电量达到343亿kW·h，最大输电负荷达到93.8万kW，最大年送电量70亿kW·h。蒙东境内的元宝山、通辽和伊敏等电厂共330万kW容量，净送电东北电网电量184亿kW·h。

4. 加快城乡电网建设和改造

从1998年开始实施的城乡电网建设和改造是“九五”电力工业的重要工程。全国城乡电网建设与改造工程累计完成投资1890亿元，其中农村电网完成投资1107亿元，完成10kV及低压工程的竣工县1070个，建设变电站增加变电容量3771万kV·A，建成高低压线路250万km，更换高能耗变压器3548万kV·A；全面完成了省电力公司对趸售县的代管，并有270个县进行了股份制改造试点，87.5%的乡电管站改造为县供电企业的派出机构，精简农村电工21.6万人。2000年，全国农村乡、村及户通电率分别达到了98.45%、98.23%和98.03%，比1995年分别提高0.2个百分点、2.2个百分点和4.7个百分点，农村用电人口以平均每年新增1200万的速度递增。

城市电网改造投资完成783亿元，共投产线路192万km，变电设备8799万kV·A，“一户一表”的总户数达到3030万户。国家电力公司负责的241个城市电网改造，已经完成全部投资的60%，并且已有15个城市电网基本完成改造。

经过城乡电网建设和改造，城网高压配电网供电能力提高30%～40%，大部分城市电网初步形成较可靠的高压网架，配电网络趋于合理，形成环路供电结构，初步消除了“卡脖子、过负荷、烧设备”的现象。农网电压合格率提高10%，供电可靠性大幅度提高。

5. 积极实施国际化战略

“九五”期间，电力工业利用国际金融组织和政府贷款签约额50.4亿美元，虽比“八五”时期减少6.92亿美元，但实际使用额49.4亿美元，比“八五”时期增加34.3亿美元。“九五”期间，全国经批准设立的大中型外商直接投资电力项目公司共计21家，装机容量合计为1850万kW，外方股本金合计为16.7亿美元；境外新增上市企业2家，募集资金7.3亿美元；另有华能国际电力股份有限公司在香港增发新股筹集资金约1.5亿美元；合计上市筹集资金8.8亿美元。到2000年底，全国经批准设立的大中型外商直接投资电力项目公司共计44家，装机容量合计为3240万kW，比1995年增加1840万kW；外方股本金合计为27.0亿美元，比1995年增加16.6亿美元。

通过引进国外先进设备及其国产化，中国电力工业已经拥有了大量30万、60万kW常规火电机组和正在建设的90万超临界机组，30万、55万kW大型水电机组和正在建设的70万kW水电机组，90万kW核电机组、风电机组、抽水蓄能和其他新能源设备。此外，通过引进高压直流输电、光纤通信、电网能量管理系统、电网计量管理系统、配电管理系统、大容量无功串联补偿等一系列新技术、新设备和新的管理系统，大大提高了电网的技术和管理水平，提高了可靠性。

“九五”期间，为配合国家电力公司国际化战略目标的实施，国家电力公司积极推进景洪电站向泰国送电的前期工作，完成了中加合作南方四省（区）能源战略规划项目和中日环保国际合作项目等。

“九五”后期，中央提出“走出去”的开放战略，国家电力公司积极响应，开拓国际市场，制定了国际化经营目标，不断拓展境外业务范围，从过去单纯的劳务输出发展到输出技术、资本和管理。这期间，国家电力公司系统在境外投资项目合同金额达5.8亿美元，比“八五”期间增加了5.2亿美元；境外电厂装机容量3.6万kW，突破了“八五”境外电厂装机容量零的记录。

三、全面加强企业管理，不断提高经济效益

1. 强化企业经营管理

自国家电力公司成立以来，公司系统售电量逐年增长，2000年完成售电量9052.1亿kW·h，占全社会用电量的79%。随着售电量的增长，主要财务指标也有较大改善和提高。2000年，主营业务收入为3560.5亿元，主营业务成本为3098.7亿元，主营业务利润为412.7亿元，其他业务利润为25.6亿元，管理费用为89.1亿元，财务费用为186.1亿元，均比公司成立初期有较大增加和提高。

2. 大力清理整顿电价

大力清理整顿电价，积极疏导电价矛盾，探索合理的电价形成机制。“九五”期间，国家先后取消不合理收费项目、自立名目加收费用、扩大范围的重复收费；整顿不执行国家对特定用户的优惠电价和减免政策、越权制定和擅自提高电价、农网改造的乱加价等568项乱收费项目，初步统计使整个电价平均水平降低0.05元/(kW·h)。

3. 加强生产调度管理

“九五”期间，随同电力企业现代企业制度的逐步建立和完善，并通过达标和创一流企业活动，使电力生产调度管理水平有了显著的提高：①彻底扭转了安全生产不稳定的被动局面。“九五”期间，连续四年未发生系统稳定破坏事故和大面积停电事故，并改变了火电厂脏、乱、差的面貌，企业安全情况明显好转。②发、供电设备的健康状况明显好转，机组性能和各项经济技术指标有了显著提高。③推进了发供电企业的技术改造、技术进步和新技术的应用，使供电设备向小型化、无油化、绝缘化、免维护和易维护方向发展。目前城市电网的110kV及以下电压等级的变电站中绝大部分实现了无人值班；220kV的终端变

电站也有一部分实现了无人值班，已有15个水电厂实现了无人值班。

4. 加强电力建设管理

“九五”期间，电力建设始终贯彻“安全可靠、经济适用、符合国情”的方针，全面贯彻工程建设“五制”，即项目法人制、资本金制、招标投标制、工程监理制、合同管理制，以建设质量、安全管理为主线，在勘测设计、施工、监理、达标投产等方面始终坚持高标准、严要求，有效地降低了工程造价，提高了工程的质量、安全水平，提高了基建移交生产的整体水平。加强工程造价管理，使电力项目动态投资在“九五”期间明显下降。坚定不移地贯彻“安全第一、预防为主”的方针，使电力建设安全生产水平不断提高，死亡人数大幅度下降，事故次数逐年降低。加强以达标投产与评优工作为主要内容的建设质量管理，有力推动了电力建设工程整体质量和移交水平的提高。

5. 强化市场营销工作

针对全国电力供需矛盾开始缓和的新形势，各级电力企业通过“增供扩销”和引导客户消费，积极开拓电力市场。定期发布“中国电力市场分析报告”，把工业、城乡居民生活、商业及市政用电作为市场开拓的主要方向，使全社会用电量在“九五”期间年均增长6.4%，2000年用电量达到13466亿kW·h；县及县以下总用电量年均增速达到8.5%。

电力企业普遍开展优质服务活动。在城市，供电企业成立了客户服务中心，实行了服务承诺制，一些大中型供电企业的用电营业实现了自动化，抄表微机化，收费与银行联网，方便了用户；在农村，积极开展农电“三为”服务活动，到2000年底，全国有1312个县（市）供电企业实现了“三为”服务达标。

6. 加强审计监督

审计工作围绕实现“两个根本性转变”，加强电力企业内部监督约束机制，促进企业提高管理水平和经济效益。在国家电力公司的内部审计中，全系统完成审计项目达8万多项，查出违纪违规金额95.7亿元，查出损失浪费4.9亿元，促进增收节支59.8亿元，其中通过工程审计核减工程投资36.9亿元，配合查处经济犯罪50个。

7. 实现企业管理网络化、信息化

“九五”期间，国家电力公司、各电力集团公司、各省（市、区）电力公司，以及大部分地区供电局、发电厂基本建立了以管理信息系统（MIS）应用为主的企业级局域网；连接各省电力公司的电力内联网“国家电力信息网”一级和二级信息网基本建成，三级网正在各省电力公司实施之中。办公自动化系统、管理信息系统、电子邮件系统、WWW信息发布系统、Internet技术普遍得到应用和提高。电力营销系统、配网GIS应用系统等在一些供电企业得到初步应用并取得了明显经济效益。

国家电力通信网一级网络目前已覆盖了全国大部分省级以上企业。全国已建电力干线光纤通信电路1950km。国调、网调、省调的自动化系统应用率已达100%，地调自动化系统已装备85%。

8. 推进多种产业发展

“九五”期间，电力企业通过严格控制新增人员、分离社会职能等措施，仅国家电力公司系统用工总量就由“九五”初期的159.4万人下降到2000年底的137.9万人；使企业全员劳动生产率逐年提高，由1995年的93234元/人增加到2000年的138059元/人，年平均增长率8.2%。

电力企业在“九五”期间积极安置主业转岗分流职工21万人的同时，改变单一经营电力的模式，积极推进多种经营，到2000年，仅国家电力公司系统多种产业总收入就达到1238.8亿元，比1995年增加2.4倍，是国家电力公司主营收入的34.8%；多种产业实现利润和实现利税分别达到71.6亿元和123.9亿元，分别比1995年增加3.5倍和5倍；多种产业总资产达到1776亿元，比1995年增加2.95倍。相应的多种产业从业人员达到79.7万人。

9. 强化员工教育培训

“九五”期间，电力企业坚持普及与提高并举的培训方针，职工队伍中的人才密度由1995年的30.4%提高到了2000年的42.1%；具有研究生、大学本科、大学专科、中专和技校文化程度的职工分别比1995年增加了0.2、2.4、5.5和1.6个百分点，而高中及以下文化程度的职工人数则比1995年减少了9.4个百分点。

“九五”期间，国家电力公司系统先后派出2000多人次赴境外进修和培训。而且与诸多跨国公司在华联合举办研讨会，积极参加APEC能效组、PECC论坛、世界经济论坛等活动，及时、深入交流当前国际领先的电力技术、管理经验、国际惯例等信息，为我国电力工业的发展起到了非常积极的作用。

四、深化电力体制改革，初步实现“政企分开”

1. 初步实现“政企分开”

1997年1月16日，国家电力公司在北京正式成立，与电力工业部一套班子两块牌子；1998年3月，九届人大通过国务院机构改革方案，撤销电力部，原电力部的政府职能由国家经贸委行使，行业职能交中国电力企业联合会，国家电力公司开始独立运作。以此为标志，在电力管理体制国家级层面上，已经基本实现了政企分开；在省级层面上，政企分开也取得了初步成绩，到2000年底，全国已有9个省市电力公司完成政企分开。

2. 开始“厂网分开”试点

为促进电力企业提高效率和服务质量，降低电价，形成统一、开放、竞争、有序的电力市场，推进厂网分开改革，打破垄断，实现电网调度的公平、公正、公开和电厂之间的平等竞争，国家选择上海、浙江、山东、辽宁、吉林、黑龙江等6省市进行“厂网分开、竞价上网”的试点。

3. 农电体制改革取得重大进展

为了进一步理顺农村电力管理体制，1998年开始，国务院决定加快农村电力体制改革：一是理顺县电力企业与省电力公司的关系，原则上一县成立一个独立核算的供电企业，成为省级电力公司的子公司或改组为参控股的有限责任公司、股份有限公司；二是改革乡（镇）电管站的管理模式，将乡镇电管站改为县级供电企业所属的供电营业所的改革改造在全面推进中。

4. 不断深化电站建设体制改革

（1）探索煤电联营体制改革。伊敏华能东电煤电有限责任公司是国家批准的国内第一家煤电联营一体化大型能源企业。根据国家批准的规划，伊敏煤电公司总规划装机容量为400万kW，煤矿年生产能力为2000万t。其中，一期工程安装了2台50万kW俄罗斯产超临界机组，建设了与之相配套的年产500万t的露天矿，2台机组投入生产。

伊敏煤电联营一期工程自1991年破土动工至建成历经8年，在“九五”期间全面建成投产。

（2）积极推进水电流域滚动开发。水电建设认真贯彻落实国务院领导明确提出“流域、级梯、滚动、综合”的水电开发八字方针。根据已建和规划建设的布局，尽可能有计划地按流域组建水电开发公司，实施水电流域滚动开发。水电开发公司作为独立的发电公司对水电流域开发从事全过程管理，实行建管结合方式，行使业主职能，全面负责水电开发的前期工作、工程建设和经营管理。电站与电网确立经济合同关系，统一调度，联合运行，实施商业化运营。“九五”期间，清江水电开发有限责任公司、乌江水电开发有限责任公司、黄河上游水电开发有限责任公司、龙滩水电开发有限公司等在促进和加强流域水电开发方面，都进行了积极而有益的尝试，对于进一步推进流域公司的组织发展和完善起到重要作用。

五、实施科教兴电战略，实现可持续发展

1. 科研取得重大成果

“九五”期间，电力工业配套建设和改造了电力系统“仿真”、“电磁兼容”、“导线力学性能”、“超高压电缆性能测试”等一批重点试验室，使科研的装备水平进一步提高。

“九五”期间，电力工业把跨大区联网、电力扶贫共富、节能节电、洁净煤发电、电力信息化等五项作为电力工业跨世纪科技导向工程，完成了“超高压输电系统中灵活交流输电（可控串补）技术”、“500kV紧凑型输电线路关键技术和试验工程”、“静止无功发生器（ASVG）技术”等重大科研项目的研究，并且成功地解决Y2K问题，使电力系统安全顺利进入2000年。

2. 新能源和清洁能源发电发展迅速

“九五”期间，电力工业实施可持续发展战略，重点突破洁净煤燃烧技术和新能源发电技术。在洁净煤发电技术方面，已经建成了10万kW CFBC示范电站，目前正积极准备建设30万kW CFBC机组和30万kW或40万kW IGCC示范电站。

“九五”期间，中国风力发电得到迅速发展，五年新增风电装机容量为30.6万kW，为1995年风电装机容量的7倍多，到2000年底，全国已建成风电场26个，总装机容量34.5万kW，占全国发电装机总容量的0.1%。同时，风电场建设的综合技术水平也有较大的提高，单机容量不断加大，而且风电场的平均综合造价由原来的10000元/kW左右下降到“九五”末期8500元/kW左右。

“九五”期间，电力工业也高度重视优质能源，特别是天然气发电问题，并在东南沿海地区、华北、东北、山东及其他具备发展天然气发电条件的地区开展了天然气发电规划工作。广东LNG项目已经获得政府批准，正在实施。

3. 加强电力环保工作

“九五”期间，电力企业狠抓火电厂烟尘、废水达标治理和各种脱硫工艺的工程示范，新建机组全部采用静电除尘器，到2000年底，烟尘排放量与1995年相比减少100多万t，废水排放量约减少10亿t，火电厂烟尘和废水基本实现了达标排放；全国火电厂已投运脱硫机组容量约500万kW，投运和在建脱硫工程装机总容量超过1000万kW，到2000年火电厂每万kW·h发电量二氧化硫排放量比1995年下降20%。综合利用工作取得新的进展。“九五”期间，全国火电厂总计3.5亿t粉煤灰得到综合利用。

六、加强法制和精神文明建设，创建新型的企业文化

1. 推进企业精神文明建设

到2000年底，国家电力公司系统有56个企业被命名为国家级文明单位，60%企业被命名为省部级文

明单位，84%的单位被命名为地市级文明单位。部分企业被当地政府命名为“精神文明建设先进系统”或“文明行业”。

2. 创建新型企业文化

全国电力企业从企业文化建设的组织、研究网络和宣传阵地等方面加强企业文化建设，促进企业管理由传统管理不断向现代管理发展。各级企业重视企业无形资产的开发、管理、保护和合理利用，在工作中坚持“人民电业为人民”的宗旨，建立具有自身特色的价值观体系，讲求经营之道，培育企业精神，塑造企业形象，增强法制意识，严格依法经营，在实现社会价值的同时，实现企业自身的价值。

3. 加强党风廉政建设

“九五”期间，各级始终把邓小平理论、党的基本路线和“三个代表”的重要思想贯穿于党风廉政建设的全过程，提出了“从严治党、从严治企，从严治领导班子，领导干部要做廉洁自律的表率”的“三严一表率”的方针，按照促进领导干部廉洁自律、查处违法违纪案件、纠正行业不正之风三项工作一起抓的工作格局，完善监督机制，加强监督检查，加大从源头上预防和治理腐败的力度，初步探索出一条符合电力企业特色的、有效开展反腐败斗争的新路子。

4. 加强电力法制建设

自1996年4月1日起施行的《电力法》以及国务院颁布的《电力供应与使用条例》、《电力设施保护条例》、《电网调度管理条例》、《农业与农村用电管理条例》构成了中国电力工业的基本法规框架体系。

七、电力改革和发展的基本认识和主要问题

1. 对电力改革和发展的基本认识

(1) 坚持“发展是硬道理”，是解决“九五”经济和社会发展对电力需求的根本保证。“九五”期间，电力工业之所以出现电力供需基本平衡的局面，首先是电力工业在“九五”期间保持了持续、平稳的发展，不仅克服了亚洲金融危机对中国经济，包括对电力发展的冲击，而且使电力工业在发展中推进结构调整，通过结构调整实现资源的优化配置。

(2) 坚持“改革开放”的方针，是推进电力工业全面发展的根本动力。“九五”期间，电力工业继续实施多家办电、利用外资办电；电力建设项目实行以“项目法人责任制”、“项目资本金制”、“工程招标承包制”、“工程监理制”及“合同管理制”等为核心的“五制”，规范了投融资领域的各项活动，对提高投资效益和保证工程建设质量起了积极作用；组建国家电力公司，使电力工业管理体制从计划经济向市场经济迈出了重要的一步；按照市场化改革的取向，中央层面以及各省级公司推进政企分开改革；部分地区实施内部模拟市场，开展“厂网分开、竞价上网”改革试点和农电“两改一同价”改革。同时，在持续发展中，充分利用“两个市场、两种资源”，引进先进的技术、设备、管理经验资金，促进了电力的发展；在提高“引进来”水平的同时，积极贯彻“走出去”战略，不断拓展境外业务范围，从过去单纯的劳务输出发展到输出技术、资本和管理，树立“中国电力”国际品牌。

(3) 加快电力结构调整，是促进电力资源的优化配置和产业升级的主要途径。“九五”时期，电力工业把结构调整作为发展的主旋律，加大电网投资和建设的力度，加强城乡电网建设和改造，积极推进新能源发电和洁净发电技术的应用，关停1000万kW小火电机组，使电力投资结构更加合理，电网和电源结构得到优化，电力技术结构和地区结构得到较大改善和调整。

(4) 依靠科技进步，遵循可持续发展的原则，是电力工业发展的重大任务。“九五”期间，电力工业积极依靠科技进步和技术创新，积极推进大电网互联、电力电子、电力环保与节能等技术的应用，使中国电力工业的技术含量不断提高，能够适应世界科技发展的潮流；积极采用新的环境保护技术，包括煤炭的清洁燃烧技术，加快环保达标治理步伐；加大水电等清洁能源开发的力度，以风力发电为主力的新能源和可再生能源发电取得明显进展，天然气发电已经开始大量的前期规划工作。

(5) 创建“两型两化、国际一流”企业，努力实现管理创新、机制创新和体制创新，是电力企业发展的主要方向。“九五”期间，电力企业紧密结合本企业实际，探索和建立科学的管理体系，努力实现经营思想与管理观念的创新、组织结构与经营机制的创新；通过建立现代企业制度，完善公司的制衡机制、竞争机制、激励机制和约束监督机制；按照市场化改革的取向，积极深化电力体制改革，大力推进政企分开、主辅分开，以及厂网分开的试点工作。国家电力公司积极实施“两型两化、国际一流”企业战略，于2000年进入世界500强企业行列。

(6) 坚持市场导向的方针，依靠市场，提高经济效益，是电力企业实现两个根本性转变的主要措施。

2. 存在的主要问题

(1) 电力结构性矛盾突出，结构优化和升级的任务仍然十分繁重。一是机组结构仍不合理。“九五”期间，电力工业确实关停了5万kW及以下的小火电机组1000多万kW，使凝汽式小火电机组的比重下降，但5万kW及以下的小火电机组总量没有减少，这应该引起政府部门的高度重视。二是高参数、大容量机组比重仍然偏低。全国30万kW及以上机组占

全国发电装机容量的34.4%；在5235台6000kW及以上机组中，5万kW及以下机组仍有4174台，占机组总数的79.7%，因此，全国6000kW及以上机组平均单机容量虽然提高到2000年的5.40万kW，平均单机容量仍然偏小。三是水电建设前期工作滞后，影响西电东送后续电源的建设。四是在建规模与投产容量的比例呈现下降趋势。“九五”电力在建规模与投产容量的比比“八五”低1.2个百分点，已经达到临界状态。五是各电网负荷率普遍持续下降，峰谷差越来越大，调峰能力普遍不足。

(2) 建立科学合理的电价机制工作没有实质进展，对电力改革与发展的推进产生一定影响。电价形成机制不能充分反映市场的供需关系，制约了电力消费的有效增长和电网的发展，也妨碍了节约用电和环境保护技术的推广应用，影响了农村经济的发展和农民生活水平的提高。电网没有形成有合理利润的输配电价机制，由于电价机制的不合理，一定程度上制约了电力需求的快速增长。

(3) 电力立法工作不能适应市场化改革的需要。

(4) 投融资改革滞后，影响电力的开发建设。投融资体制难以适应市场经济和加入WTO的要求，没有形成企业自主决策、自担风险、银行独立审贷、政府宏观调控的新的投融资体制。政府过多干预企业和社会投资的行政审批，企业投融资渠道不多，难以形成投融资主体多元化的格局。

(5) 科技对电力工业发展贡献较低，电力工业整体素质和效率不高。科技投入相对不足，尤其对电网安全稳定运行技术、高电压输电技术以及软科学投入更为不足。火电60万kW机组比重极小，清洁煤技术发电、核电技术、大型超临界机组、高压直流技术等开始起步。二氧化硫尚未得到有效控制，环保问题日益突出，已成为制约电力健康发展的重要因素。电力企业管理弱化、冗员严重。

国家计委“十五”能源发展重点专项规划（摘要）

一、能源发展现状及“十五”面临的形势

(一) 能源发展取得了巨大成就

1. 能源产量迅速增加。2000年全国一次能源生产量预计为10.89亿t标准煤，居世界第三位。2000年的原煤产量为9.98亿t；原油、天然气产量到2000年的1.63亿t和270亿m^3；发电量到2000年为13500亿kW·h，其中水电到2000年为2400亿kW·h。核电从无到有，2000年核电发电量164亿kW·h；太阳能、风能、地热等新能源的生产能力也有不同程度的提高。能源产量的迅速增长，使我国能源供需矛盾总体上趋于缓和。

2. 能源结构不断优化。在一次能源消费总量中，煤炭消费量所占比重2000年降为61.03%；石油、天然气和水电等的比重逐步提高，2000年上升为38.97%。在一次能源生产总量中，石油、天然气和水电生产量所占比重2000年上升为20.94%、3.3%和9.64%，新能源和可再生能源发展迅速，优质能源生产比重有所提高。能源结构的调整，为提高我国能源质量和能源利用效率以及改善大气环境等作出了一定的贡献。

3. 能源工业重大项目建设进展顺利。“九五”时期我国煤炭工业基本建设速度虽然较“八五”时期放缓，但仍然开工建设了山西平朔安家岭1500万t大型露天煤矿等一批矿井；天然气建设步伐加快，投产了南海崖城13-1气田及至香港管线，陕甘宁气田及至北京、西安、银川管线等项目；电力建设继续保持较快增长，长江三峡水电站建设进展顺利，四川二滩水电站投产，城乡电网建设和改造大规模展开；以国产化率不断提高的大型风力发电机组为依托的“乘风计划”和为解决偏远地区无电人口用电问题的“光明工程”都取得了初步进展。

4. 现代化程度进一步提高，技术水平不断迈上新台阶。电力工业已基本掌握60万kW亚临界火电机组和500kV交直流输变电工程的设计、施工、调试及运行技术；具备了修筑240m双曲拱坝、180m级各类大坝及施工大型抽水蓄能电站的能力；电网运行初步实现了自动化、现代化管理。我国电力工业发展进入了以大机组、大电厂、大电网、超高压和自动化为主要特征的新阶段。

5. 能源工业管理体制改革取得不同程度的进展。煤炭工业将94个原国有重点煤矿以及企事业单位全部下放地方政府管理。煤价基本放开，煤炭生产、运输和销售全面进入了市场。

石油天然气工业重组了石油、石化两大公司，实行勘探开发、加工利用、内外贸一体化，两大公司核心业务和非核心业务进行分离，并成功地在海外上市。原油、成品油价格实现了与国际市场的接轨。

电力工业初步实现了政企分开，确立了“厂网分开、竞价上网、国家监管”的改革目标，并在部分省市进行改革试点。

通过改革，中国能源行业市场化程度进一步提高，市场机制的作用越来越明显，管理体制和价格体制逐步与国际接轨，为今后发展创造了条件。

6. 节能工作成绩显著。在“开发与节约并举，把节约放在首位”方针指导下，我国节能工作取得了巨

大成就。"九五"时期，万元国内生产总值能耗下降了30%，预计由1995年的3.97t标准煤下降到2000年的2.77t标准煤；年节能率达到7.2%，节能率居世界前列，节约和少用能源4.1亿t标准煤左右。

（二）能源发展中仍存在许多亟待解决的问题

我国能源发展虽然获得了长足进步，成为世界能源生产和消费大国，但仍存在着许多深层次的问题，有些矛盾在新的形势下显得更加突出。

（1）随着能源供求总量矛盾的缓和，结构性问题上升为主要矛盾，成为制约能源工业进一步发展的关键因素。

（2）能源工业技术水平有待进一步提高。

（3）能源工业管理体制还远远不能适应完善社会主义市场经济体制的总体要求，改革的任务仍然十分艰巨。

（4）节能提效工作亟待加强。

（三）"十五"能源发展面临的形势

（1）经济全球化趋势，特别是加入WTO将给我国能源发展带来新的机遇和挑战。

（2）国民经济变化趋势将对能源发展产生重大影响。

（3）实施可持续发展战略对能源发展提出了更高的要求。

二、"十五"能源发展重点

"十五"计划是进入21世纪的第一个五年计划，我国综合国力将进一步增强，社会主义市场经济体制将更加完善，产业结构不断升级，科技创新和体制创新对社会经济发展的贡献将加大。与国民经济和社会发展相适应，"十五"能源发展战略的初步考虑是："在保障能源安全的前提下，把优化能源结构作为能源工作的重中之重，努力提高能源效率，保护生态环境，加快西部开发"。

保障能源安全：能源安全是国家经济安全的重要组成部分。根据我国的具体国情，从发挥资源优势的原则出发，在"十五"乃至更长的历史时期内，必须继续坚持基本立足国内供应的方针，煤炭作为能源主体的地位不会发生变化。

优化能源结构：面对经济结构调整和人民生活水平提高对清洁能源的迫切要求，必须充分利用国内、国际"两种资源、两个市场"，优化我国一次能源结构，提高天然气、风电、太阳能光伏发电和水电等清洁、高效的优质能源的比重，逐渐减少煤炭终端消费的数量。要抓住能源供应缓和的历史机遇，推进能源各行业的结构调整，实现均衡发展，提高能源工业总体发展水平。

提高能源效率：针对我国能源利用效率低、人均资源贫乏的现实，要在继续坚持合理利用资源的同时，把节约能源、提高能源效率放到重要位置，推进技术进步，发挥市场作用，促进提高能源效率。

保护生态环境：在新世纪的能源建设中要全面开发清洁能源，大力发展洁净煤技术。根据我国经济发展状况，积极开发新能源和可再生能源，大力发展和推广应用包括煤炭洗选、型煤、动力配煤、水煤浆、炼焦、煤炭气化、煤炭液化和地下气化等洁净煤技术，积极发展中煤、煤泥和煤矸石综合利用项目（发电、建材加工等），以达到提高煤炭利用效率和保护环境的目的；加大对煤层气资源勘探开发的投入，扩大对外合作，优先安排煤层气勘探开发项目，建立和完善煤层气产业政策，力争使煤层气开发有大的突破，初步形成新兴的煤层气产业；大力发展高效大型燃煤电厂，逐步淘汰小火电，并从现在开始除中西部地区部分坑口电厂外，凡新建、扩建燃煤电厂一律加装脱硫装置，暂时不设脱硫装置的电厂也要从设计上预留位置。发展大型循环流化床发电和煤气化联合循环发电，避免和减少能源开发和利用引起的环境污染，促进能源、经济与环境的协调发展。

加快西部开发：结合国家西部大开发战略，充分发挥西部能源资源优势，加快清洁能源发展。全国水电可开发量为3.78亿kW，其中70%集中分布在西部地区，开发前景广阔；西部天然气资源丰富，风力发电，太阳能光伏发电等新能源与可再生能源有明显优势。在有利于带动当地经济和社会发展的前提下，积极推进"西气东输"、"西电东送"和"光明工程"等的实施。

（一）煤炭（略）

（二）石油天然气（略）

（三）电力

加快体制改革，加强电网建设，积极发展水电，优化火电结构，适当发展核电，因地制宜发展新能源发电。

加快体制改革　从中国国情出发，借鉴国外成功经验，引入竞争机制，由市场配置资源，由供需决定价格。进一步加快体制创新步伐，为电力工业乃至整个国民经济的发展注入新的活力。

重点加强电网建设在"九五"期间建设城网、农网经验的基础上，在新世纪继续安排好农网城网建设的同时，集中力量做好以下工作：一是抓紧建设北、中、南三个输电通道，形成"西电东送"的基本格局；二是重点发展跨省、跨地区输电线路，积极推进区域电网和互联，初步完成不同来水特点流域电网之间、不同峰谷时段电网之间的联系，实现电量补偿调度，装机互为备用，提高供电质量，优化电力资源配置；三是加强区域内主干电网建设；四是同步建设电网二次系统。

根据逐步形成北、中、南三个跨区互联电网的总体设想，结合近期“西电东送”的需要，“十五”期间，跨区送电和联网工程建设计划新增500kV交流线路2500km、直流线路4345km。

城乡配电网建设与改造 “十五”期间，要继续按照国家批准的规划方案，完成全国2400个县、1900亿元的农村电网建设与改造工程。理顺农电管理体制，降低损耗，提高供电能力与质量，实现城乡用电同价，在此基础上，“十五”期间还要根据小城镇建设的需要，进一步作好县城和乡镇电网的规划与建设。

城网建设与改造工作要在作好规划的基础上，完成全国270个地级以上城市、1280亿元的城网改造工程，逐步在重要城市实现电网的双环网结构，不断提高城市中心区电缆化比例，同时，要加强中低压配电网络的改造，基本实现一户一表。

水电建设 根据西部大开发的需要，在确保不恶化生态环境和电力市场落实的前提下，优先发展西部地区调节性能好、水能指标优越的大中型水电站和流域综合开发项目，如南部通道的澜沧江小湾水电站、红水河龙滩水电站，中部通道的长江三峡水电站，北部通道的黄河上游公伯峡水电站等。在水能资源贫乏、系统峰谷差大和电网调峰能力弱的华东及华北等地区，选择经济技术条件好的站址适当建设抽水蓄能电站。安排好水能资源的普查和河流资源规划等前期工作，为水电资源的进一步开发创造条件。“十五”期间，水电新开工规模约为2730万kW，其中抽水蓄能电站740万kW；共计投产1274万kW，其中抽水蓄能电站110万kW。

火电建设 根据电力平衡测算，尽管个别地区到“十五”末期电力仍会相对富裕，但从全国来看，在消化了在建项目投产能力和关停1420万kW小火电的前提下，仍需开工并投产火电约2570万kW。优先建设大型超临界机组国产化和洁净煤发电依托项目，“西气东输”燃气电站及“西电东送”坑口电站项目等。为“十一五”及以后电力增长需要，必须做好前期工作并适时在“十五”后期开工的项目主要有山西、内蒙古和贵州等地的“西电东送”项目，天然气开发配套燃气电站项目，以及必要的水火调剂和调峰项目等。这些项目将根据未来电力市场变化情况，在“十五”执行过程中适时进行调整。

核电建设 在抓好在建核电项目的基础上，“十五”期间，择机开工建设核电国产化依托项目。

(四) 新能源与可再生能源

继续实施“乘风计划”，加速风电设备国产化步伐。主要安排建设新疆、内蒙、河北、吉林、辽宁、湖北和广东等地的风电场，建设规模约50万kW。选择条件适宜的大型风力田，实施国际招标，建设大型风电场示范工程。同时，结合“乘风计划”的实施，千方百计提高我国大型风机自主研制开发能力，努力降低风电成本，使风机国产化率从目前的40%提高到“十五”末期的70%。

加速推进“光明工程”，基本解决无电地区的人民用电问题。“十五”期间，要根据“中央扶贫工作会议”精神，通过风力和太阳能发电设施的建设，力争使800万无电人口的人均装机容量达到100W的水平。

加强农村能源综合建设工作。“十五”期间，要继续加大农村能源综合建设力度，为促进农村能源与经济社会的同步发展作出贡献。

(五) 能效

实施“电机系统节能”计划。目前，我国有70%的电机只相当于国际50年代的技术水平，电机驱动系统能效比国外低20%左右，节能潜力巨大。“十五”期间，要通过“电机系统节能”计划的实施，实现年节电1000亿kW·h。

实施重点耗能行业节能示范工程。计划在冶金、有色、建材、化工和石化等行业创办节能示范工厂，通过对工艺、技术和设备的全面改造和大量使用节能材料，实现系统节能，带动全国节能提效工作的进一步发展。

在城市推广“以热定电”的热电联产、热电冷三联产和热电煤气三联供。在北京、上海和成都等有条件的城市开展燃气蒸汽联合循环热电联产试点，以提高能源利用效率，改善城市环境。

三、“十五”能源发展的主要政策和措施

(1) 加快改革步伐，逐步建立与社会主义市场经济相适应的能源工业管理体制，为能源工业发展提供体制保证。

(2) 建立和完善以经济法律手段为主、辅以必要行政措施的能源发展宏观调控体系。

(3) 积极研究制定加快中西部能源开发的政策措施，保证和促进中央“西部大开发”战略部署的实现。

(4) 积极支持海外油气基地的开发建设。

(5) 进一步落实《节能法》，提高能源效率。

国家经贸委电力工业“十五”规划（摘要）

一、基本情况

(一)“九五”期间取得的成就

1. 生产能力持续增长，消除了电力“瓶颈”的制约

"九五"以来，电力工业继续保持快速发展势头，发电装机容量年均增长8%，长期存在的严重缺电局面得到了基本缓解，消除了电力对国民经济和社会发展的"瓶颈"制约。到2000年底，全国发电装机容量达到31932万kW，其中水电7935万kW，占24.9%；火电23754万kW，占74.4%；核电210万kW，占0.7%；风力、太阳能等新能源发电约33万kW。全年发电量达到13685亿kW·h。发电装机容量和发电量均居世界第二位。全国220kV及以上输电线路达16.4万km，其中500kV输电线路2.7万km；220kV及以上变电容量41000万kV·A，其中500kV变电容量9400万kV·A；500kV直流线路1045km，额定换流容量120万kW。

2. 形成了比较完备的电力工业体系，技术装备水平不断提高

3. 电力体制改革取得一定成效

根据社会主义市场经济体制改革的总体要求，从电力工业的实际出发，国家采取了一系列的改革措施，有力地推动了电力工业的发展。通过实行集资办电和利用外资政策，发电环节基本形成了多元化的投资格局；电力企业加强管理、转变经营机制、建立现代企业制度的工作稳步推进；电力工业政企分开、农电体制和厂网分开、竞价上网试点三项改革取得了一定成效，为进一步深化电力体制改革积累了经验、创造了条件、奠定了基础。

4. 电力法规框架初步形成

《中华人民共和国电力法》从1996年4月1日起开始施行。目前，以《电力法》为基础，以《电力设施保护条例》、《电网调度管理条例》和《电力供应与使用条例》为骨干，以相关配套的电力行政规章和地方性电力法规为补充的电力法规框架初步形成。电力工业初步做到了有法可依、有章可循，开始步入法制化轨道。

5. 电力结构调整取得初步成效

6. 环境保护工作取得积极进展

全国火电厂基本实现了烟尘和废水达标排放，2000年烟尘排放总量与1995年相比下降了约25%，废水排放总量下降了约35%，废水回收利用量增加了约一倍；二氧化硫排放总量开始呈现下降趋势，脱硫技术国产化和产业化取得了实质进展；年粉煤灰综合利用量超过6000万吨；水电和输变电工程水土保持和生态环境保护工作逐步规范化。

（二）存在的主要问题

1. 电力工业内部结构性矛盾突出

2. 电力发展水平和电气化程度仍然很低

3. 环境保护的任务十分繁重

我国能源资源以煤炭为主，在电源结构方面今后相当长的时间内将继续维持燃煤机组为主的基本格局。目前已采取烟气脱硫措施的火电机组容量仅500万kW左右，绝大多数火电厂还没有采取脱硫措施。"九五"期间二氧化硫排放的减少，主要是通过关停小火电机组和"两控区"内的火电厂换烧低硫煤实现的，火电厂的二氧化硫污染排放尚未得到有效控制，这已成为电力工业实施可持续发展战略的制约因素。

4. 电力工业管理体制还不能适应新时期发展的需要

随着我国社会主义市场经济体制的逐步形成，以及电力供需矛盾的基本缓解，电力工业在缺电时期形成的一些管理体制、运行机制和规章办法已经不能适应新的形势要求。由于电力工业的体制性缺陷，电力企业在经营管理上存在着效率低、服务差的问题；电力市场壁垒阻碍着电力资源的优化配置；电价形成机制不能充分反映市场的供需关系，制约了电力消费的有效增长和电网的发展，也妨碍了节约用电和环境保护技术的推广应用，影响了农村经济的发展和农民生活水平的提高。

二、"十五"期间面临的形势和市场环境

（一）面临的形势

1. 国民经济和社会发展对电力工业提出更高的要求

今后五年，我国经济将保持较快发展速度，经济结构战略性调整将取得明显成效，技术进步和创新能力明显增强，经济增长的质量和效益显著提高。在新的形势下，传统的产业结构将发生很大的变化，高附加值、低消耗的产业将得到发展，大量设备、技术、工艺落后和浪费资源的企业将被淘汰，单位产值的电耗将趋于下降，为此对电力工业的增长方式将提出新的要求。电力工业发展在保持适度增长的同时，必须切实转变电力增长方式，实现从重视增加数量和规模到重视提高质量和效率的转变。

2. 经济全球化对电力工业将带来积极的影响

目前，我国与境外电力贸易数量甚小，加入世界贸易组织不会对电力行业造成明显的直接影响，但是会带来一定的间接影响。总体上看，利大于弊，有利于电力工业的改革与发展。加入世界贸易组织以后，电力工业面对国际、国内两个市场，对所需先进设备和先进技术的引进会有所增加，既可弥补国内某些设备品种和数量的不足，又可通过消化、吸收，逐步增强国内制造先进设备的能力，推动国内电力设备生产技术水平的提高，从而提高电力行业整体的技术装备水平。随着经济全球化趋势的加快，外商在我国电力领域的投资将会进一步扩大，由外商投资经营的发电企业的数量会不断增加，从而促进我国加快电力工业

的市场化改革进程、提高电力工业整体的经营管理水平。

3. 科技进步和国民经济信息化对电力工业的促进作用日益增强

加强技术创新，发展高科技，实现产业化，推动社会生产力跨越式发展是我国在新世纪发展的重大任务。当前，科学技术日新月异，知识经济初见端倪，以互联网为基础的网络经济作用越来越大，国民经济信息化将促进电力工业的信息化进程。电力工业必须加快两个根本性转变，加快技术创新及其在结构调整中的贡献率，建立、发展电力工业的信息网络和体系。

4. 电力工业实施可持续发展战略的任务十分艰巨

电力是清洁高效的能源转换利用形式。我国正处于工业化发展阶段，提高电力消费在终端能源消费中的比重，不断提高电气化程度，是我国充分利用资源、改善环境质量、提高生产效率的一项根本措施。电力工业也是资源消耗大户，提高电力的生产和使用效率、降低消耗，特别是节约和降低水资源、石油资源的消耗，对我国重要战略资源的节约和优化配置具有重大意义。因此，电力工业在努力扩大市场有效需求、提高电气化程度的同时，要加大对水电等清洁能源的开发利用，加大环境保护力度，按照国家环保法规和标准，积极采用环保新技术，特别是煤炭的洁净燃烧技术，加快环保达标治理的步伐。

5. 电力工业要与装备制造业协调发展

电力工业的发展，离不开国内其他行业的支持，同时也带动国内机械制造等相关产业的发展。我国已具备60万kW级及以下发电设备制造能力，其中30万kW级机组的产量已能够满足电力发展的需求，但火电机组的设备质量和调峰技术指标有待提高。超临界机组、洁净煤发电机组、大型联合循环机组以及大型抽水蓄能机组、大型灯泡式水电机组、高于75万kV·A的大容量变压器和高电压等级直流输电设备等国内尚不能完全自主制造，需要通过技贸结合方式，引进技术，逐步消化吸收。同时要努力增强自主开发能力，加快国产化的步伐。

6. 西电东送是实施西部大开发战略的重要内容

我国能源资源主要集中在西部地区。煤炭资源的60%集中在山西、陕西和内蒙古，其余也主要分布在河南、贵州等中西部省份；尚未开发的水电资源绝大部分集中在西南和黄河中上游地区。但是，我国的经济、人口和用电负荷主要集中在东部沿海地区。开发西部电力资源，尤其是开发西部水能资源，实施西电东送，不仅可以促进西部经济的发展，而且可以缓解东部地区的能源短缺问题和“两控区”范围内的环保压力。

党中央、国务院提出的西部大开发战略，是实施我国经济结构调整的一项重大举措。扩大西电东送，是实施西部大开发战略的一个重要内容。西部大开发战略的实施，也是电力工业调整战略布局、加快发展的重大机遇，将对未来我国电力工业的产业结构和布局带来重大影响，随着西电东送规模的扩大和全国联网进程的加快，东西部之间的电力联系将更加紧密。

(二) 电力需求预测及分析

1. 电力需求将保持稳步增长

“九五”期间，全国发电量年均增长6.3%，各年增长速度呈先降后升的趋势。1996年发电量增长速度为7.2%，1997年为5.1%，1998年下降到2.1%，1999年回升到6.5%，2000年达到11%。

根据九届全国人大四次会议审议通过的《国民经济和社会发展第十个五年计划纲要》，“十五”期间我国经济增长速度预期为年均7%左右。分析、综合各方面的研究结果，预计“十五”期间全国电力需求的平均增长速度为5%，实际增长速度可能略高一些，但相对“九五”各年的增长速度，“十五”期间将比较平稳，电量的总供给与总需求基本平衡。2005年全国年发电量将达到17500亿kW·h以上。

2. 用电构成将继续发生变化

3. 各地区供需平衡的差异将逐步缩小

“十五”期间，随着进一步实施宏观调控和电网之间的互联，各电网之间的供需平衡差异将逐步缩小。初步分析，东北电网、海南电网供过于求的情况还将延续一段时间；广东、浙江、河北南部等局部地区供应不足的问题在“十五”初期有可能加剧；其他地区将基本保持供需平衡。

4. 电价对电力需求的影响将趋于明显

5. 负荷增长速度将持续超过用电量增长速度

三、发展和结构调整的指导思想及目标

(一) 指导思想及基本原则

1. 指导思想

坚持以邓小平理论和党的“十五大”精神为指导，按照《国民经济和社会发展第十个五年计划纲要》的要求，适应社会主义市场经济的发展，转换经营机制、转变增长方式，促使电力工业与经济、社会和环境协调发展。深入贯彻国家能源、产业、环保等各项方针政策，坚持统一规划、优化布局、控制总量、调整结构的原则。加强电网建设，推进全国联网。进一步调整电源结构，充分利用现有发电能力，积极发展水电、坑口大机组火电，压缩小火电，适度发展核电，鼓励热电联产和综合利用发电。积极发展新能源和可再生能源发电。积极开发和推广资源节约

和综合利用技术，节约资源，保护环境。深化电力体制改革，逐步实行厂网分开、竞价上网，健全合理的电价形成机制。

2. 基本原则

坚持以国民经济和社会发展为基础，搞好电力综合平衡、地区平衡，提高质量、降低价格、改善服务，保证国民经济和社会发展对电力的需求。

坚持以市场为导向，积极开拓和利用国内外两种资源、两个市场，打破行政区域界限，优化地区布局，充分发挥市场对资源配置的基础性作用，实现更大范围内的电力资源优化配置。

坚持以结构调整为重点，注重电源结构和地区布局的统筹、协调、合理安排。实现东、中、西部地区协调发展，充分利用西部地区丰富的能源资源，加大西部地区电力开发力度，促进西部地区经济和社会发展。

坚持以科技为先导，大力推进技术进步，促进电力发展，提高科技进步对电力工业发展的贡献率，重视环境保护和资源节约。

(二) 电力发展与结构调整目标

1. 电源

努力改善电力投资环境，保持相应的电力建设规模，保持电力供需的平衡。“十五”末期，全国发电装机容量预计达到3.9亿kW，其中水电9500万kW，火电28600万kW，核电870万kW，风力、太阳能等新能源发电120万kW。

2. 电网

“十五”期间，全国联网取得实质性进展。到2005年末，除新疆、西藏和海南外，各相邻电网基本实现互联，电网结构更加合理，具备防止发生大面积停电事故的能力；全国220kV及以上交直流线路达到23万km，变电容量达到6.7亿kV·A；二次系统与一次系统协调发展，通信网络整体能力大幅度提高；城市电网供电可靠性平均达到99.9%，部分重点地区达到99.99%；电网综合线损率控制在7%以下。

3. 技术装备

继电保护、电网稳定控制、超高压输变电、水电筑坝等技术处于国际先进水平；加快大型超临界火电机组、空气冷却机组、洁净煤发电机组、大型抽水蓄能机组、大型燃气蒸汽联合循环机组、核电机组、风力发电机组和电力环保装置等设备的国产化步伐；直流输电、500kV大容量变压器、电力环保技术等，具备独立的设计、建设和设备供应能力；建立和完善适应电力工业发展需要的技术研究与开发体系、检测与质量保证体系；加强有关电力节能环保技术以及迫切需要的难点技术的研究与开发，掌握占据未来电力科技制高点的技术。

4. 环境保护

按照国家环保法规和标准要求，加强环境保护治理工作，全国火力发电厂主要污染物年排放总量基本维持在2000年的排放水平，并力争有所降低。二氧化硫排放得到有效控制，废水回收利用率达到60%以上。

5. 农村电气化

在农村电力“两改一同价”的基础上，力争通过十年左右的时间，使我国农村电气化水平上一个新台阶，为全面实现农村电气化打下坚实基础。全面完成农村电力体制改革，实现一县一公司。县及县以下人均年用电量及人均生活用电量有较大增长；结合农村经济发展和富裕程度，建成一批电气化县、电气化乡(镇)和电气化村。到2005年，全国基本实现村村通电，进一步减少无电农户。

四、发展和结构调整的重点

(一) 加强电网建设，推进全国联网

1. 加强电网建设与改造

电网要实行统一规划、统一建设、统一管理和统一调度。继续加大对电网建设的投入，扭转电网建设滞后于电源建设的局面，实现电网与电源的协调发展，实现西电东送、电网互联和受电端网架的协调发展。同步做好二次系统的规划与建设。

重视配电网建设，继续做好城乡电网建设与改造。

2. 努力推进全国联网

继续高标准、高质量地建设三峡输变电工程；继续加强南部、中部和北部三大西电东送通道；建成七项电网互联互供工程，即：东北与华北联网、福建与华东联网、西北与华中联网、华中与华北联网、川渝与西北联网、山东与华北联网以及三峡送电广东；做好山东与华东联网的前期工作。同时，进一步改造和完善各电网主干网架。

(二) 充分利用现有发电能力

加强技术改造，努力提高现有发电设备的利用效率。利用现已成熟的技术手段，对国产20万kW和30万kW级火电机组继续进行更新改造，使平均供电煤耗降低10～15g/(kW·h)，主要火电机组的调峰能力达到50%左右，提高机组等效可用系数，合理延长机组寿命，电厂自动化达到集控水平。对部分水电站进行技术改造，实现水电站无病、险坝，提高水电站自动控制水平，保持大中型水电机组平均等效可用系数的稳定；对部分水电站进行扩机增容改造，提高出力和调节能力。

(三) 进一步调整电源结构

积极发展水电。重点开发长江中上游及其干支流、红水河、澜沧江中下游、乌江和黄河上游等流域的水电资源。调峰能力不足、系统峰谷差大的电网，在对各种调峰手段进行充分论证的基础上，选择技术经济性较好的站址，适当建设抽水蓄能电站。“十五”期间，开工建设龙滩、小湾、水布垭、构皮滩、三板溪、公伯峡、瀑布沟等调节性能好的大型水电站，改善水电电源结构。同时做好水电河流规划和重大水电项目的前期论证工作，保持必要的前期储备。

优化发展火电。不断优化火电的机组结构、技术结构和地区结构，实现火电技术的产业升级和更新。要继续按照国家现行政策，压缩小火电，努力实现“十五”期间关停小火电和替代老旧机组共 2500 万 kW 的目标；严格限制常规小火电的发展，不断提高大机组和高性能机组的比重；积极推进热电联产和综合利用发电，以改善城市环境、提高能源利用效率。新建的燃煤电厂主要采用单机容量 30 万 kW 及以上的高参数、高效率、调峰性能好的机组。在山西、陕西、内蒙和西南等能源基地建设矿区、坑口电厂，向东部及沿海缺能地区送电，促进更大范围的资源优化配置，推动全国联网。积极引进和发展超临界机组，推进循环流化床等洁净煤发电示范工程。通过引进、消化、吸收国外先进的技术，加快循环流化床锅炉和脱硫设备的国产化步伐。

适量建设天然气电站。在沿海缺能地区及大城市，根据国内天然气资源开发、西气东输工程的进展，以及国际天然气市场的情况，因地制宜地适量发展燃气蒸汽联合循环机组，促进国内天然气资源的开发利用，增加电网调峰能力。

适当发展核电。适当开工建设核电国产化驱动项目，逐步实现核电自主设计、制造、建设和运营的目标。

因地制宜发展新能源发电。加快以风力发电为主的新能源发电项目的建设，在新疆、内蒙、东北、华北和东南沿海地区开发规模较大的风力发电场。继续开发利用太阳能、地热能等新能源发电。

（四）促进西电东送

调整东西部电源建设的布局，进一步扩大西电东送规模。在加快西部地区电力资源开发进度的同时，合理控制东部地区常规燃煤电厂的建设，为西电东送提供市场空间。

在南方互联电网重点做好向广东送电 1000 万 kW 工程。开工建设龙滩、小湾和构皮滩等大型水电站，在煤炭资源丰富的地区适当建设燃煤电厂。主要建设天生桥至广东第三回、昆明经罗平至天生桥、贵州经广西至广东三项 500kV 交流输变电工程，以及贵州至广东、三峡至广东两项 500kW 直流输电工程。

在中部电网配合三峡水电站的建设，重点配套建设三峡输变电工程，总规模为交流 500kV 输电线路 6900km，直流 500kV 输电线路 2200km，交流 500kV 变电容量 2475 万 kV·A，直流换流站总容量 1200 万 kW。其中约 60％的三峡输变电建设工程在“十五”期间完成。疏通四川电力外送的电网通道，为四川电力东送创造条件。

北部电网在现有山西大同至北京房山、内蒙古丰镇经张家口至北京昌平三回 500kV 西电东送输电线路的基础上，加大蒙西、山西向京津唐送电力度。到 2005 年，京津唐地区接受蒙西送电容量超过 270 万 kW。加快开发西北黄河上游水电站、建设陕北和宁夏煤炭基地坑口电站的步伐，努力实现向华北电网送电。

（五）高度重视环境保护

在继续做好对各种污染物的排放控制及回收利用的基础上，加大对火电厂二氧化硫污染控制的力度。严格执行“两控区”政策，位于“两控区”范围内的新建、改建或在建燃煤含硫量大于 1％的火电厂，必须安装脱硫设施；位于“两控区”范围内已建燃煤含硫量大于 1％的火电厂，分期分批建成脱硫设施或采取其他具有相应效果的减排二氧化硫的措施；除以热定电的热电厂外，在大中城市的城区及近郊区不再新建燃煤电厂；其他地区的火电厂，也要按照国家环保法规和标准，采取切实可行的环境保护措施。

采取有效措施，促进各项电力环境保护技术的开发和应用，力争在“十五”末期我国烟气脱硫产业初具规模，30 万 kW 及以上的国产湿法脱硫机组投入运行。

（六）大力开展电力工业节水、节油工作

加强火电厂的节水管理，在新建火电厂推广应用成熟的节水和废水回收技术，加大对现有火电厂节水技术改造的投入，加强对新的节水技术和工艺的研究开发。在长江中下游、沿海等丰水地区新建的火电厂，推广直流或半直流供水技术；在严重缺水地区新建的火电厂，推广空冷技术；在其他地区的火电厂，推广使用提高循环水浓缩倍率的稳定剂，以减少用水消耗；在供热电厂，推广供热回水处理与利用技术。全面推广高浓度水力冲灰和干除灰、除渣技术。

对燃油电厂实施燃煤和水煤浆代油技术改造，或结合我国天然气资源的开发实施天然气代油技术改造；对仍在使用大油枪的燃煤机组全部完成采用小油枪的技术改造；通过改造提高锅炉在低负荷下的稳燃能力，减少助燃用油；积极开展等离子无油点火技术的研究和推广应用，同时加强管理，降低机组停运次数，以减少火电厂点火用油。

（七）推进农村电气化事业

农村电气化是实现农业现代化的基础和保证，大力推进我国农村电气化事业是电力工业发展的重要内容。按照建立现代企业制度和深化电力体制改革的要求,对县级供电企业实施公司制改革。优化发展小水电,支持有调节性能的小水电发展;改善农村电网结构,防止重复建设,提高供电质量和服务质量,着力降低农村电价水平,减轻农民负担;开发建设小型分散供电系统,解决电网覆盖不到地区无电农户的用电问题。

五、促进发展与结构调整的政策措施

(一) 加强电力法制建设

(二) 深化电力体制改革

按照建立社会主义市场经济体制的总体要求,深化以市场化为取向的电力体制改革,逐步实行厂网分开、竞价上网,促进电力企业体制创新、机制创新和管理创新,建立现代企业制度。打破垄断、引入竞争,建立和完善公平竞争、规范有序的电力市场运行机制和有效的政府监管体制,充分发挥市场配置资源的基础性作用,促进电力工业的持续健康发展。

(三) 积极合理有效利用外资

(四) 改革电价、开展电力需求侧管理

(五) 加快科技进步

(六) 加快电力工业信息化进程

国家电力公司电力工业"十五"计划及2015年远景规划(摘要)

一、中国电力工业发展现状

1. 电力工业保持持续快速发展,不断跨上新台阶,支撑了国民经济和社会发展

1949年新中国成立时,电力工业十分落后,全国发电装机容量只有185万kW,发电量只有43亿kW·h,均位居世界第25位,人均用电量只有9kW·h。到1978年,全国发电装机容量达到5712万kW,发电量达到2566亿kW·h,分别比1949年增长了29.9倍和58.7倍,年均增长12.8%和15.1%。1987年发电装机容量突破1亿kW,1995年又突破2亿kW。期间,相继建成了浙江秦山、广东大亚湾核电站,结束了中国大陆长期无核电的历史,开工建设举世瞩目的长江三峡水电站。到1999年底全国发电装机容量和发电量分别达到2.988亿kW和12331亿kW·h,均居世界第2位,进入了世界电力生产和消费大国的行列。长期严重缺电局面得到了根本缓解,国民经济和社会发展对电力的需求基本得到满足。

2. 比较完备的电力工业体系初步建立,技术装备水平不断提高

除去我国台湾和港澳等地区,目前我国已经形成华北、东北、华东、华中、西北、川渝和南方互联等7个跨省区电网以及5个独立的省级电网。除西北电网最高电压等级为330kV外,其他跨省电网和山东电网均已建成500kV主网架。华东电网装机容量已超过5000万kW。中国的电力工业已经从大机组、大电厂、大电网、超高压、自动化发展时期开始逐步进入跨大区联网和推进全国联网的新阶段,已初步建立起适应社会主义市场经济和改革发展需要的比较完整的工业体系。

3. 多家办电厂、国家管电网的多元化投资格局基本形成,为电力工业持续发展创造了条件

4. 电力工业发展开始步入法制化发展轨道

5. 以建立现代企业制度为目标的政企分开迈出实质步伐,电力工业市场化改革取得较大进展

二、电力工业发展存在的主要问题

1. 电力供应水平和电气化程度仍然很低,电力发展任重道远

到1999年我国人均占有装机只有0.24kW,人均发电量只有979kW·h,不到世界平均水平的一半,为发达国家的1/6～1/10;2000年全国仍有6000万人左右没有用上电。1998年电能在终端能源消费中的比例为9.35%,远低于世界平均水平的17%;电煤消费占煤炭产量的比重42.12%,也远比发达国家70%～80%低得多;电力消费能源在一次能源中的比重1999年为34.8%。

2. 省间市场封闭,最大范围的资源优化配置受到局限

3. 电力工业内部结构性矛盾突出

电网投资长期不足。电网建设滞后于电源建设,电网结构薄弱,特别是城乡电网老化,电能损耗大。电源结构不合理。电网负荷率普遍持续下降。各主要电网峰谷差越来越大,调峰能力普遍不足。

4. 科学合理的电价机制没有形成,结构不合理,电价管理混乱,用户不合理负担沉重

5. 科技对电力工业发展贡献较低,技术经济水平仍然偏低,电力环保问题日益突出

6. 电力工业从业人员整体素质和效率不高,效益偏低

7. 电力企业管理弱化,冗员严重,市场经济条件下的企业家队伍尚未形成

三、"十五"电力需求预测

按照《国民经济和社会发展"九五"计划和2010年远景目标纲要》,综合考虑我国"十五"期间所处的国际国内环境,初步预计我国GDP年均增长7%左右。综合有关机构和专家的研究结果,全国

"十五"期间电力需求的平均增长速度可能在4.5%～5.0%之间。在2000年用电量为13000亿kW·h的基础上，2005年全社会用电量将达到16200～16600亿kW·h，见下表。

多种方法需电量预测表

单位：亿kW·h

方　法	需电量	增长率
人均用电量	16120～16660	4.9%～5.6%
产值单耗	16200	4.9%
弹性系数	16300	5%
预测模型	15596～16314	4.2%～5.3%

注　以上是在2000年用电量为12600～12800亿kW·h基础上的预测。

四、电力工业发展的指导思想和基本任务

1. 指导思想

电力工业发展的指导思想是：高举邓小平理论伟大旗帜，贯彻落实党的十五大及十五届四中全会精神，深化改革，调整结构，促进产业升级。以市场为导向，以改革为动力，以安全生产为基础，以科技创新为灵魂，以效益为中心，以管理为重点，以服务为宗旨，国家管电网，大家办电厂。加强法规建设，重视经营管理，构筑和完善竞争性电力市场，建立现代企业制度，努力走出一条经济效益、科技开发能力、市场竞争能力和抵御风险能力不断增强，发展适度、效益较好、结构优化、整体素质和综合竞争力不断提高的可持续发展的路子。

2. 基本任务

电力工业发展的基本任务归纳为："构筑竞争市场，调整电力结构，优化电力布局，促进产业升级，提高经济效益，保障供应安全，实现持续发展"。

3. 基本方针

重点发展电网，积极发展水电，优化发展火电，适当发展核电，因地制宜发展新能源发电；开发与节约并重，高度重视环保，提高能源利用效率。

4. 指导原则

(1) 以市场为导向，以经济效益为中心，正确处理速度与效益的关系。认真分析电力工业发展的外部条件，包括市场条件、资源条件、资金条件、政治条件、环境容量、人力资源、政策环境、国际环境等；

(2) 调整产业结构，加强技术创新，推进产业升级；

(3) 深化体制改革，培育市场机制；

(4) 实施可持续发展战略，提高能源利用率；

(5) 加大西部电力开发力度，大力推进"西电东送"，促进西部大开发战略实施；

(6) 切实加大水电开发力度；

(7) 重视电力经济安全性；

(8) 促进民族工业发展；

(9) 继续实行对外开放、利用外资的政策，引进国际上先进的技术，并逐步消化吸收，最终实现国产化；

(10) 贯彻科教兴电战略。

五、"十五"计划及2015年规划目标

1. 总目标

"十五"净增装机规模5100万kW。据此，"十五"投产规模7600万kW，其中大中型机组7386万kW。

"十五"开工规模按7806万kW，预备开工近1262万kW。

停运退役拆除近2500万kW左右小火电机组。

2005年发电装机容量将达到3.65亿kW，年均增长3.1%。其中水电9530万kW，占26.1%；煤电24558万kW，占67.3%；油气1425万kW，占3.9%；核电870万kW，占2.4%；风电118万kW，占0.3%。

2005年发电量预计达到16600亿kW·h左右，年均增长5%左右。其中水电3085亿kW·h，占18.6%；煤电12381亿kW·h，占74.6%；油气538亿kW·h，占3.2%；核电566亿kW·h，占3.4%；风电29.6亿kW·h，占0.2%。

预计到2005年全国330kV及以上交流线路达6.2万km，直流线路达3600km，330kV及以上交流变电容量达2.1亿kV·A，直流容量900万kW。

预计到2010年和2015年全国发电量将分别达到20400亿kW·h左右和24800亿kW·h左右。

预计到2010年和2015年全国发电装机总容量将分别达到4.5亿kW左右和5.5亿kW左右。

到2015年，电力结构调整取得历史性进步；主要电网经济合理，开始形成以三峡为中心的全国统一联合电网；城乡电网经济安全，适应社会经济发展要求；电力技术经济指标接近国际先进水平，部分指标达到或超过国际先进水平。形成比较完善的发电竞争市场，输配与售电分开取得较大进展。

2. 电源结构调整目标

(1) 加快西部资源和西部电力开发，加大"西电东送"力度。

(2) 2005年水电占整个装机的比重比2000年上升1.7个百分点，开工规模中调节性能好的水电站占较大比重。

(3) 关停小火电。调整大中小机组比例。至2003年，全国关停规模效益差、浪费资源、污染环

境的5万kW及以下纯凝汽式小火电机组近3000万kW。“十五”后两年力争将5万kW及以下纯凝汽机组全部关停。同时把20万kW及以上大机组的比重在现有基础上再提高5～10个百分点。

(4) 发电机组更新改造。20万kW级火电机组平均供电煤耗降低10g/(kW·h)，30万kW级火电机组平均供电煤耗下降10～15g/(kW·h)，主要火电机组的调峰能力达到50%，合理延长机组寿命，自动化达到集控水平，基本满足厂网分开，竞价上网的要求。实现水电站无病、险坝，使大中型水电机组平均等效可用系数保持稳定；对部分水电机组进行扩机增容改造，提高出力和效率，提高水电站自动控制水平。

3. 电网发展目标

“十五”期间，加大“西电东送”输电通道建设；全国联网取得实质性进展；输电网结构合理，运行灵活，基本适应竞争性发电市场需要，具备防止大面积停电事故发生的能力；二次系统与一次协调发展，通信网络整体能力大幅度提高；2005年城网供电可靠性平均达到99.9%，部分重点地区达到99.99%；2005年农户通电率达到98%，农村电气化县达到1000个，高压电网综合线损率达到10%，低压网络损失率为12%。

到2015年，全国主干电网安全稳定，灵活高效，基本形成以三峡为中心的全国统一联合电网，适应竞争性电力市场需要；城乡电网可靠性和经济性良好，适应社会经济发展要求。

“十五”期间，全国建成220kV及以上交流输电线路5.9万km，其中，750kV线路350km（初期降压运行），500kV2.0万km，330千伏3800km，220kV3.5万km；220kV及以上变电容量22000万kV·A，其中500kV7800万kV·A，330kV800万kV·A，220kV13500万kV·A。另外直流线路1600km，新增直流容量576万kV·A。

4. 城乡电网建设与改造

“十五”期间，城市电网要完善城网结构，简化电压等级，提高供电可靠性，城网应满足N－1准则，并具有合理的供电半径和容载比；部分220kV变电所深入市中心；结合城市总体规划，逐步在城市中心区提高电缆化比例；重点建设改造10kV及以下中、低压配电网络，加快一户一表改造。30%或以上城网的用户供电可靠率达到99.96%及以上，城网线损率稳中有降。提高为用户服务的质量。

“十五”建设规模，预计35～220kV变电容量7000万kV·A，10kV公用配变容量2000万kV·A，35～220kV线路18000km，10kV线路60000km，其中电缆约20000km，0.4kV线路约70000km，改造一户一表1500万户以上。

2005年农村电网规模应达到110kV线路17.55万km；35kV线路34.76万km；10kV300.97万km；低压线路764.43万km。变电设备：110kV变电站5554座，22217万kV·A；35kV变电站25391座，17773万kV·A；配电变压器449万台，44967万kV·A。2005年10kV配电线路末端电压达到行业标准。2005年农村高压电网综合线损率达到10%。

5. 电网二次系统

在现有电力通信设施的基础上，重点建设与完善SDH传输网，到2005年建成三纵四横以OPGW光缆为主的网格状SDH传输网络（一级干线）。

全面提高电网各级调度自动化系统的设备和应用水平，努力适应电力市场化改革和大区电网互联的要求，基本达到国际先进水平。

适应发电市场的发展需要，建成比较完善的电力市场技术支持系统，支持发电侧电力市场的运营；进行售电市场的研究探索，做好技术储备。

积极提高配电网自动化水平及营销自动化水平。

6. 科技创新与国产化

加强有关可持续发展的技术、掌握占据未来电力科技制高点的技术、以及迫切需要解决的热点和难点技术的研究与开发，使继电保护技术、电网稳定控制技术、750kV输变电工程设计、运行技术、水电筑坝技术、电力软件工程技术居于国际领先地位；加快大型超临界参数火电机组、清洁煤发电技术、大型抽水蓄能机组国产化进程，研究实施大型燃气蒸汽联合循环机组和核电技术的国产化方案。完成60万kW超临界、抽水蓄能、洁净煤发电、燃气轮机等国产化依托项目的建设；加快我国核电国产化后续依托工程，推进国产化进程。在直流输电、500kV大容量变压器、风力发电、电力环保技术方面具有独立的设计、建设或设备供应能力；建成完善的、适应电力工业发展需要的技术研究与开发体系和检测与质量保证体系；造就一批具有国际先进水平的科技人才。

7. 环境保护

“十五”期间，各项污染排放比2000年有所降低，适应现行国家标准特别是新的大气污染法要求；烟气脱硫产业初具规模（国产化的30万kW及以上湿法脱硫机组投入运行），为2015年接近世界环保先进水平奠定良好基础。

到2015年，全行业环保管理人员素质、环保管理网络、环保管理水平都达到世界先进水平；环保科技水平接近世界先进水平；环保产业具有自主知识产权，达到规模化、成套化和系列化。

8. 人力资源

到2005年电力生产企业全员劳动生产率达到

157000元/(人·年),2010年达到193000元/(人·年),2015年达到239000元/(人·年)。

9. 电力价格

2005年销售电价水平控制在2000年用户实际承担的电价水平。

10. 电力改革

2005年全面实现厂网分开，构建比较完善的竞争性发电市场。2010年以后，逐步放开售电环节，构建比较完善的竞争性电力市场。

六、西部电力开发与“西电东送”

1. “西电东送”规划原则

实施“西电东送”要以市场需求为导向，要实现结构调整和可持续发展，要促进电力体制改革，打破本省就地平衡和省间的市场壁垒。总原则是：总体规划、分步实施、突出重点、加强协调、全面推进、坚决制止重复建设。

2. “西电东送”规划具体安排

(1) 南方互联电网。“十五”期间，开工建设龙滩、小湾、景洪水电站和盘县电厂，做好糯扎渡水电站的前期工作。随着东送电力的增加，适时建设天生桥至广东的第3回500kV线路，昆明经罗平至天生桥500kV线路，全长约300km。

积极开展贵州水电和西部的六盘水、织纳煤田及北部的“三水”地区火电基地前期工作，适时开发贵州水电、火电送电广西和广东。

(2) 中部电网。随着三峡水电站的建设,配套建设的三峡输变电工程总规模为:交流500kV线路6900km,直流±500kV线路2200km,交流500kV变电容量2475万kV·A,直流换流站总容量1200万kW。

金沙江是我国规划开发建设的具有战略地位的水电基地。溪落渡水电站装机1260万kW、向家坝水电站装机600万kW，争取在2010年左右开工建设，2020～2025年实现两电站送电华中、华东和川渝电网，中部输电通道还要满足瀑布沟和锦屏水电站开发后部分电力东送需要。

(3) 北部电网。“十五”期间在现有大同（山西）至房山及丰镇（蒙西）经张家口至昌平共计3回500kV西电东送线路的基础上，加大蒙西、山西向京津唐送电力度与神头二厂二期、托克托等电厂相配合，建设丰镇—张家坊—顺义，托克托－应县－安定双回；神头二厂二期至徐水至天津500kV线路。

做好“三西”地区和宁夏煤电基地前期规划工作，随着“三西”地区煤电电源建设，2010年左右逐步形成下述西电东送格局：

1) 建成晋北大同与神头二厂东送京津唐和河北南网共4回500kV交流输电工程。

2) 建成蒙西达拉特、丰镇等东送京津唐的相应500kV交流输电工程。

3) 建成蒙西托克托东送的2回500kV交流输电工程。

4) 建成晋东南王曲电厂向山东送电的2回500kV交流输电工程，送电距离285km，送电容量初期（2005年左右）为2×60万kW，2010年左右争取达到4×60万kW。

5) 研究陕北煤电基地开发及送电京津唐电网的输电方案。

6) 随着公伯峡、拉西瓦水电站的开发与建设，积极开展西北向华北送电方案的研究，适时实现西北与华北的联网，同时配合公伯峡送出，以项目带动西北高一级电压等级的出现和建设，在陕甘之间规划建设一回750kV的线路，在青海满坪与甘肃兰州之间建设一回750kV线路，初期降压运行；配合拉西瓦电站的建设，建成750kV变电所，750kV线路全压运行。

3. “西气东输”与天然气发电

(1) 新疆塔里木盆地的天然气“西气东输”发电。“西气东输”工程主要特指通过建设4200km左右管道，将新疆塔里木盆地的天然气东送，经甘肃、宁夏、陕西、山西、河南、安徽、江苏到上海，供应长江三角洲地区和沿线各省（区）的工业和居民用气。初期年供气120亿m^3左右，以后将随着资源勘探的深入和下游用气市场的开拓，逐步增加供气量。国家已把它作为西部大开发的重点工程。

天然气电站主要在三峡水电站供电区域内即河南、江苏、上海以及浙江进行布局，重点是在华东地区，江苏应该作为“西气东输”天然气电站的重点布局省份。上海和浙江除可以利用“西气东输”天然气外，还可以利用东海近海天然气以及进口液化天然气。考虑到与三峡的补偿运行，河南省可以结合老厂改造，建设适当规模的燃气电厂。“十五”期间主要是对老电厂进行改造或对现有燃油机组进行燃气替代改造。根据“西气东输”工程建设进度，在天然气电站具有竞争性的前提条件下，规划开工建设180万kW左右，主要是江苏望亭电厂燃油机组改造60万kW，老厂改造120万kW（江苏、河南各30万kW，上海60万kW）；“十一五”期间，主要考虑与三峡电站的补偿运行，在相应地区特别是在经济发达，环境容量较小的长江三角洲地区规划建设承担电网调峰和与三峡补偿运行的主力燃气电厂，规划开工建设390万kW左右，初步设想江苏150万kW、上海120万kW、浙江90万kW、河南30万kW。以上共规划建设570万kW左右，发电用气量50亿m^3左右，约占“西气东输”气量的40%。

(2) 利用陕西长庆气田输气进京华北发电。利用陕西长庆气田输气进京工程，在规划建设北京三热燃气电站（60万kW）的基础上，“十五”期间规划建设第二条输气管道，相应在北京先期建设120万kW左右燃气电站，最终规模达到300万kW左右。

(3) 利用四川天然气发电。在四川和重庆规划布局一些天然气电站。随着川气出川，在湖北省规划建设必要的天然气电站。

(4) 利用青海天然气发电。拟对西固热电厂进行改造，同时规划新建燃气电站。

七、电力工业发展与结构调整

1. 电力结构调整

1）调整电网与电源比例。

“十五”期间，新建220kV及以上交流输电线路与电源新开工容量之比为7.81km/万kW，新建220kV及以上变电容量与电源新开工容量之比为2.87kV·A/kW，分别比“九五”增长2.67 km/万kW、1.24kV·A/kW。

“十五”期间电网建设投资占全部电力建设投资比重提高到40%，逐步扭转电网建设滞后于电源建设的局面，达到电网与电源协调发展。

2）调整东西部的电源布局。

“十五”期间及未来相当长的时期内，必须加快西部地区电力的发展速度，同时，对于东部地区，特别是华北、华东、山东、广东等省区的电源建设要严格控制，要严格控制常规燃煤电厂的建设速度，为“西电东送”让出市场份额。

“十五”期间西部地区新开工规模占总开工规模的37.4%；其中水电59.7%。到2005年，西部地区装机总容量占全国的26.9%，比2000年提高1.4个百分点；装机容量年均增长4.2%，比全国平均水平高1.1个百分点。在满足自身需要的同时，增强了西部电力外送的能力。

3）调整电源当中水火核电的比例。

“十五”期间水电开工规模占开工总规模的31.8%；投产规模占总投产规模的25%；2005年水电总装机9530万kW，占总装机容量的26.1%，比2000年提高了1.7个百分点。

燃煤电厂开工规模占总规模的比重略超过一半(51.8%)，投产规模（大中型）占总规模的比重也下降较快（59.7%），电源结构比例调整的作用初步显现。

核电开工规模400万kW，占“十五”开工规模的5.1%。投产规模660万kW，占总投产规模的9%。

4）调整大中小型机组的比例，关停小火电。

至2003年，全国基本关停规模效益差、浪费资源、污染环境的5万kW及以下纯凝汽式小火电机组近2500万kW。“十五”后两年力争将5万kW及以下纯凝汽机组全部关停。至2005年20万kW及以上机组的容量将由1998年底的约52.2%提高到约60%。到2015年，要把10万kW及以下剩余的约1560万kW凝气式机组全部关停，同时把20万kW及以上大机组的比重在现有基础上再提高5～10个百分点。

5）优化火电结构。

“十五”期间燃煤电厂主要建设单机容量30万kW及以上的高参数、高效率、调峰性能好的机组，引进和发展超临界机组，积极推进CFBC、PFBC、IGCC等洁净煤发电示范工程的前期工作，通过引进和消化吸收国外先进的循环流化床技术和脱硫技术，加快流化床锅炉和脱硫设备的国产化步伐。根据资源经济性和电网需求，适时适量规划建设天然气电站。

在“十五”规划开工的燃煤电厂中，30万kW及以上机组占火电开工总容量的87.8%；洁净煤发电项目开工规模占火电开工总容量的2.2%。占了一定比例。

6）采用多种能源。

“十五”期间，抓住国际石油天然气价格偏低的有利时机，启动进口LNG项目；新能源发展的重点是风电，太阳能、地热能和海洋能发电要继续搞好试点。

燃机发电，特别是天然气发电装机有了质的提升，开工规模占10.2%，投产规模占5.3%。

风电开发进一步扩大，“十五”规划开工和投产规模分别占1%和1.1%，由于当前风电项目造价和上网电价仍然偏高（比一般电源项目高1倍），加上当前国家没有相应的经济政策，风电开发受到较大限制。若国家出台扶持政策，则风电规模还可有一定提高。2005年底风电总规模达到118.4万kW。

7）“以大代小”和技术改造。

“十五”期间，在关停小火电的基础上，根据条件和需要，安排“以大代小”项目的建设，规划开工规模占“十五”开工总规模的6.3%。对20万kW级和30万kW级火电机组进行更新改造，降低煤耗，提高机组等效可用系数和调峰能力。20万kW级火电机组平均供电煤耗降低10g/(kW·h)，30万kW级火电机组平均供电煤耗下降10～15g/(kW·h)，主要火电机组的调峰能力达到50%。

8）加强电网调峰能力。

加强需求侧管理，运用价格杠杆调节需求，适度提高负荷率，减小峰谷差。加大对现有机组改造的力度，以增加调峰能力；新上机组，必须要求具有良好的调峰性能，同时根据需要，适当安排调峰机组的建设，“十五”期间安排抽水蓄能电站开工500万kW，投产220万kW；安排建设天然气电站792.5万kW，投产390.5万kW。运用多种手段加强电网的调峰能力。

2. 重点发展电网，加快城乡电网建设与改造，推进全国联网，消除电网瓶颈，实现全国资源优化配置

电网发展实行统一规划、统一建设、统一管理和统一调度，重点加强、改造和完善输电网及受端网络，远近结合，优化结构，逐步实现分层分区。积极创造条件，推动跨大区联网。

“十五”期间，重点是加强、改造及完善各省主干网架、大区主干网架和受端网架，为大区电网间的互联奠定良好的基础。到2003年，以三峡电站建设为契机，首先形成我国的中部电网；到2010年左右我国电网基本形成北、中、南三个跨区互联电网。北部电网由华北、东北、西北及山东电网组成，其中西北电网在330kV电压之上出现750kV电压等级的输电工程；中部电网由华中、华东、川渝和福建电网组成；南部电网由广东、广西、贵州、云南、香港、澳门及海南电网组成。随着电网的不断扩大和主网架的加强，电网之间相互靠拢和出现多点互联，预计2010～2015年期间基本形成全国统一的联合电网。

继续高标准做好三峡输变电工程建设和东北与华北联网工程建设。“十五”期间实施的联网工程主要有：福建与华东联网、西北与华中联网、华中与华北联网、川渝与西北联网和山东与华北联网工程（通过王曲电厂输电工程实现）以及华中与南方联网、华东与山东联网等。“十五”期间跨大区送电及联网工程新增500kV交流线路2500km，直流线路1600km，直流容量616万kW。还要做好西北与华北、海南与广东、福建与广东等联网工程的前期论证工作，适时开工建设。

配电网发展主要是做好城乡电网建设与改造。

发展电网还要做好调度自动化、通信等二次系统发展规划。

3. 积极发展水电，促进西部开发

在国家的“西部大开发”战略中，电力工业的首要任务是积极开发西部的水电资源，实现“西电东送”。

重点开发黄河上游、长江中上游及其干支流、红水河、澜沧江中下游和乌江等流域，实行流域梯级滚动开发。2015年左右使我国电源结构中水电比重力争由目前的23.5%提高到30%。

“十五”期间开工龙滩、公伯峡、小湾以及贵州三板溪等调节性能好的大型水电站，改善水电性能。同时要通过技术进步和技术改造，实现水电站无病险坝；使大中型水电机组平均等效可用系数保持稳定；对部分水电机组进行扩机增容改造，提高出力和效率，提高水电站自动控制水平。

积极做好金沙江溪洛渡（1260万kW）和向家坝（600万kW）水电站、澜沧江糯扎渡（550万kW）水电站、黄河上游拉西瓦（372万kW）和积石峡（100万kW）水电站、大渡河瀑布沟（330万kW）和独松（140万kW）水电站、乌江构皮滩（240万kW）水电站、红水河恶滩（60万kW）、雅砻江锦屏一级（300万kW）和锦屏二级（300万kW）、金沙上游的虎跳峡（500万kW）和白鹤滩（1000万kW）等水电站的前期工作，为“十一五”和“十二五”的开工建设做好准备，同时还要增加国家投入，做好水电河流规划和重大项目的前期工作，保持必要的前期储备。

4. 优化发展火电

优化和调整火电机组结构、技术结构、品种结构和地区结构，通过优化火电结构促使火电技术的产业升级和更新。大力推行设计改革，控制和降低工程造价。

1）对20万kW级和30万kW级火电机组进行更新改造，降低煤耗，提高机组等效可用系数和调峰能力，合理延长机组寿命。同时，要使电厂自动化达到集控水平，基本满足厂网分开，竞价上网的要求。

2）关停小火电，禁止或严格限制小火电发展，提高大机组比重。

3）燃煤电厂主要建设单机容量30万kW及以上的高参数、高效率、调峰性能好的”以大代小”技术改造项目和必要的新建、扩建项目。

实行输煤与输电并举，重点在“三西”、西南等能源基地进行规划布局，视市场需要，分阶段分批投资建设坑口电厂，推动坑口电厂向东部及沿海缺能地区送电，促进最大范围资源优化配置和推动全国联网。

4）引进和发展超临界机组，积极推进CFBC、PFBC、IGCC等洁净煤发电示范工程的前期工作，通过引进和消化吸收国外先进的循环流化床技术和脱硫技术，加快流化床锅炉和脱硫设备的国产化步伐。

“十五”重点建设四川白马CFBC、大连台山和江苏贾旺PFBC、山东烟台IGCC等洁净煤发电试点项目。

5）根据资源经济性和电网需求，适时适量规划建设天然气电站。

国内天然气：利用天然气进京“十五”期间开工建设北京第三热电厂。根据近海气田的开发时间和经济性，在沿海地区适当布局建设一些电站。配合国家的“西气东输”工程，结合电力市场及调峰需求，

"十五"期间在华中、华东地区开工建设180万kW燃气机组。"十一五"规划开工390万kW天然气发电的布局。

进口管道天然气：主要是根据俄罗斯天然气管道走向，在东北、华北和华东地区进行规划布局。

进口液化天然气LNG：主要在华东、广东、福建地区进行规划布局。"十五"期间在广东地区开工一个LNG项目，建设一定规模的天然气电站。"十一五"开工建设华东LNG项目，相应开工建设450万kW左右的天然气电站。

6）加强调峰手段，加强需求侧管理，适度提高负荷率，减少峰谷差，提高电网运行效率。

7）加大环境保护力度，特别是加大对二氧化硫污染控制的力度。

5．适当发展核电

以国产化为前提，"十五"期间重点开工建设山东核电（200万kW）国产化驱动项目，争取实现自主设计、自主制造、自主建设和自主运营。同时视国产化进程在广东开工建设200万kW级的核电站。

6．因地制宜发展新能源发电

根据统计到1999年底，我国风电装机容量约26万kW，预计到2000年底可达到37.5万kW。"十五"期间规划在华北、东北和西北等地区建设47.6万kW风电；在华南、华东等沿海地区建设28万kW风电。这样争取在2005年底我国风电总规模能达到118.4万kW左右，在有国家经济政策支持的条件下，可进一步提高建设的规模。

太阳能、地热能和海洋能发电要继续搞好试点，在西藏一些边远无电县开发光电池发电，在1999年底已建225kW的基础上，"十五"期间再建设500～1000kW，进一步解决无电县供电问题。在东南沿海建设潮汐能示范电站的基础上，加大科技投入，争取"十五"期间能推进商业化开发。

7．高度重视环境保护

加大环境保护投资力度，特别是加大对二氧化硫污染控制的力度。

1）位于"两区"范围内的新建、改建或在建燃煤含硫量大于1%的火电厂，必须安装脱硫设施。

2）位于"两控区"范围内已建燃煤含硫量大于1%的火电厂，在2000年前必须采取减排二氧化硫的措施，在2010年前分期分批建成脱硫设施或采取其他具有相应效果的减排二氧化硫的措施。

3）除以热定电的热电厂外，禁止在大中城区及近郊区新建燃煤电厂。

八、实现电力装备发展目标的外部需求

1．"十五"计划投资需求

"十五"期间所需电力建设资金约7000亿元，其中电网建设投资需要2800亿元，约占40%。

2．燃料需求

2005年需要约5亿t标准煤，折7亿t原煤。

3．发电设备需求

由于"十五"期间规划投产规模为7600万kW，考虑一定的裕度，则"十五"期间约需发电设备9000万kW。

九、相关专题规划

1．科技创新

（1）发展目标。到2015年我国电力工业的总体技术应用水平达到国际一流，技术研究及开发与发达国家同步，部分处于领先地位，为电力工业在21世纪持续、稳定、健康发展提供技术支撑。要逐步建立适应电力工业总体发展目标的科技进步机制，为电力工业提供实用化的技术与设备，为我国电力工业具有世界一流的技术水平与竞争能力提供保障。

（2）科技工作重点与科技创新。着重进行电网技术的研究，提高自动化水平，提高控制的灵活性、系统运行的稳定性和供电的可靠性，并最终促进全国大区电网互联的早日实现；要发展大容量、高效低污染超临界火电机组，积极采用洁净煤发电新技术；要全面进行大型水电站建设关键技术的研究，缩短工期，降低造价；要掌握大容量机组烟气脱硫的设计制造技术，降低运行成本，提高经济效益；要有重点有选择地进行节能技术、降低线损技术、新能源发电技术和大型核电站关键技术的研究，扩大洁净能源发电在公司总发电容量中的比重；要大力开展信息技术、新材料在电力系统中的应用研究，加快电力行业高技术化的进程。

在战略上需首先跟踪2010年世界先进水平，重点选择能够占据国际电力科技制高点的项目、能够为加强电力行业技术实力、提高经济效益服务的项目和能够为促进电力工业可持续发展、提高创新能力的项目。重点研究的技术：

1）输电网相关技术。包括电网规划、全国大区电网互联、超高压及特高压输变电关键技术；电网安全、稳定、经济运行关键技术；电网调度自动化、电力系统通信关键技术；输变电工程设计、施工、管理关键技术；电网商业化运营关键技术等。

2）电力科学管理与决策等电力软科学技术。

3）电力环保相关技术。

4）电力设备相关技术。其中包括洁净煤发电关键技术；高参数、大容量火电机组关键技术；电厂自动化关键技术；抽水蓄能机组关键技术；大型水电机组稳定运行关键技术；核电关键技术；新能源发电关

键技术等。

5）电力设计施工相关技术。其中包括大型水电工程勘测、设计关键技术；大型水电枢纽建设、运行关键技术。

6）改造传统生产方式的技术。利用新技术对电力系统的传统生产方式进行改造和技术升级，注重电子信息等技术与电力系统传统产业的嫁接，大力开发和应用改造传统工艺的先进技术和工艺。通过改造，大幅度提高技术装备水平，产生更高的效益。

（3）人才、资金与成果转化。新世纪科技人才的培养，重点是富有创新能力的年轻的高层次人才和科技企业家的培养。人才投入主要是人才的培养和人才使用。要有科学的用人机制，竞争机制和激励机制。人才培养要有重点和层次。重点是对具有国内、国际先进水平的学术技术带头人，给予自由选题、自愿结合的条件，提供充分的物质保证，结合科技创新，实现高新技术产业化。吸引国内外高层次人员到电力行业从事，选择科研课题，组成课题组，以达到既出成果，又培养人才的目的。选拔一批具有真才实学的青年科技人员，有重点、有计划的送到国外深造，作为学术技术带头人的第二梯队。

科技资金投入是科技创新，技术创新的物质保证。国家应每年提出一定资金用于技术开发。技术开发经费主要用于电力行业新技术开发及重点科研项目，特别是促进科技成果商品化、产业化的项目。提倡多渠道、多种方式增加技术开发的投入。逐步探索新的技术开发投资形式。

2．利用外资与国际合作

利用外资要从过去追求利用外资数量转变为提高利用外资的质量和水平，充分利用国内国际两个市场、两种资源，除必要的设备和技术引进必须利用外资外，其余利用的外资都要从降低融资成本进而降低工程造价的角度确定利用外资途径和数量。

在有效合理利用外资的同时，要积极扩大对外投资，发挥自身的优势，进一步扩大海外工程承包和对外投资以及劳务合作，逐步扩大参与的领域，逐步提高我国电力工业参与国际竞争的能力，开拓国外电力市场，实施电力输出的战略。

3．人力资源

2015年以前建立具有一流管理水平的功能完备的人力资源开发与培训体系。进一步努力调整各类人员结构，2010年初步形成规模适当、结构合理、门类齐全、素质优良的各类专业人才队伍；2015年形成满足21世纪电力工业发展需要，并能参与国际竞争的素质优良的企业家队伍、高级管理人员队伍、高级专家队伍和高级技能人才队伍，实现人力资源与生产要素的最佳配置。

4．深化电力工业体制改革，建立现代电力企业制度

按照建立现代企业制度的要求和市场化改革的方向，着力于体制建设和机制转变，真正形成“政府宏观管理、行业协会自律服务、企业自主经营”的新型体制框架。理顺农村电网管理体制，建立适应市场经济要求和农村实际的新型管理体制；加强农电企业管理，提高人员素质和服务质量。

5．加强企业管理

坚持改革、改组、改造与加强管理相结合，深入开展全面质量管理工作，加强财务会计管理，从管理思想、管理组织、管理人才、管理方法和管理手段等方面进行改革创新，推进企业管理现代化。

6．加强精神文明和行风建设

要求各级领导干部基本掌握马克思主义理论的科学体系和精神实质，不断提高马克思主义理论水平和分析、解决问题的能力；职工积极进取、健康向上，形成与电力体制改革和电力发展基本相适应的企业价值观、经营理念、企业精神和企业形象；服务意识进一步增强，服务态度和服务质量进一步提高，行业作风明显改善；提高电力职工的现代科技水平和法制观念，不断减少消极腐败现象。加强企业文化建设，培养严谨细致、开拓创新、艰苦奋斗、追求卓越的企业精神，树立诚实守信、义利并举、服务人民、奉献社会的经营理念，形成文明礼貌、用户至上、优质服务的企业形象。

十、经济政策及建议

1．继续实行积极的财税政策，促进电力工业的适度快速发展

建议将当前征收的电力建设基金和贴费并入电价；三峡建设基金继续征收。国家资金优先投资电网特别是农村电网、调节性能好的大中型水电站、洁净煤发电、新能源发电和提高能源利用率、促进产业升级的电力项目，并视需要采取贴息政策。对于调节性能好的大中型水电站、洁净煤发电、超临界和新能源发电项目等实行税收优惠政策，如采取低税率或先征税后返还政策。

2．加快制定和出台《电价管理办法》，对电价实行法制化管理

改革现行的一厂一价的还本付息电价机制，按照市场化原则建立和完善竞争的上网电价形成机制。加大输配电价比例，形成有合理利润的输配电价机制。优化电价结构，加大峰谷、丰枯分时电价比例，促进优化配置资源。制定电价监管法规，实现电价的法制化监管。

3．加快出台电力市场法规，构筑市场法律体系，

促进最大范围的资源优化配置

加快制定电力市场准入及公平竞争法规，制止各省市区甚至所属地区不接受外来电力的垄断行为。

加快推进厂网分开、竞价上网。加快建立全国电力监管机构，形成公平、公正、公开的市场交易规则，加强交易及调度监管。

对于跨网、跨省区资源优化配置的项目（如南方联营电网的"西电东送"），在当前电力供应出现缓和的情况下，西部已开发的资源得不到充分利用。建议国家制定经济政策和必要的宏观调控政策，协调资源省与用电省之间的经济利益关系，使购售电双方达到互利互惠，依法经营，按合同办事，真正实现资源优化配置。

4. 制定切实可行的政策，促进水电的开发，拉动国家经济增长

5. 对风电等新能源开发进行扶持

6. 关停中低压小火电机组

7. 对西部电力开发和"西电东送"实行必要的扶持政策

8. 建立国家电力基金或国家电力调节基金，专项用于西部电力开发和结构调整

9. 加快电力工业存量资产重组，增强电力企业直接融资功能，如发行企业债券、境内外上市以及设立电力产业基金等

国家电力公司总经理高严在国家电力公司2000年度工作会议上的工作报告（摘要）

这次会议的主题是贯彻落实党中央提出的西部大开发战略和"走出去"的开放战略，落实管理年的各项工作，落实安全生产责任、资产经营责任和党风廉政建设责任。2000年的工作，必须突出"两个战略"、"一个管理年"和"三项责任制"，以此带动各项工作全面、有效地开展。

一、1999年工作回顾

1. 基本实现了全年五项工作目标

售电量完成7989亿kW·h，比1998年增长6.9%。

在对13家铝厂让利4亿元的情况下，实现利润总额86.7亿元，超额完成86亿元的利润目标。实现利税313.7亿元。

电热欠费总额277.8亿元，比1998年末增加0.8%。

积极推进了城乡电网建设与改造工程，1999年完成投资595亿元。改造工程取得成效，特别是农网改造后低压线损平均下降8个百分点，电价降低0.06元。

以东北—华北联网工程开工建设、三峡输变电工程顺利实施为标志，跨大区联网工程取得重大进展。

2. 较好地完成了六项资产经营考核任务

1999年是公司系统推行预算管理的第一年，也是按照现代企业制度的要求，建立健全激励和约束机制，落实资产经营责任制的第一年。经过公司系统全体职工的努力，较好地完成了6项资产经营考核任务。

利润总额超额完成预定目标。比预算超亿元的单位有华东、华北、华中和山东，四个单位合计占利润总额的74%。按省公司计算，实现利润总额居前5名的是江苏、山东、上海、辽宁、浙江。除个别单位由于客观原因部分指标未完成外，其余单位都超额完成了预算目标。

资产保值增值率完成101.96%，比预算提高0.22个百分点。南方公司最高，比预算提高8.46个百分点。到1999年末，公司系统资产总额达到8735.8亿元。

投资收益率完成5.68%，比预算降低0.03个百分点。华东最高，为11.7%。

资产负债率53.5%，比预算降低5.1个百分点。

不良资产比率2.8%，比预算降低0.4个百分点。

投资收益20.1亿元，完成预算的94.5%。

在资产经营责任考评中，综合得分居前5位的是华东、山东、华北、华中和辽宁。

3. 各项工作均取得新成绩

以安全为基础，电力建设、生产水平再上新台阶。

（1）确保了电网安全稳定运行，特别是圆满完成建国50周年和澳门回归庆典的安全保电任务，解决了计算机2000年问题，顺利实现电力系统安全、稳定地跨越2000年，树立了公司的良好形象。

（2）基建安全形势大为好转，自1991年以来首次实现全系统群伤群亡为零的"无重大事故"目标和85%施工企业"无死亡事故"目标。

以改革为动力，形成了以改革促发展的良好局面。

（1）体制改革取得重大进展。一年来，公司在国发［1996］48号文和国办发［1998］146号文精神指导下，继续推进了"厂网分开，竞价上网"改革试点、农电体制改革、省公司改组成独立经营实体和公司实体化改革，圆满完成了各项改革预期目标。

（2）经营机制有所创新。实行了资产经营责任制，把对子公司的控制和对企业经营者的评价由过去的行政控制和行政评价转变到资产管理和效益评价。

实行了经济活动分析制度，推动了行政型管理向经济型管理转变、粗放型经营向集约型经营转变，促进了管理水平提高。初步建立了审计监督体系，形成了审而要究、审而要改、审而要用的良好机制。推进了法治化管理，呈现出依法治企的良好风气。

以市场为导向，以效益为中心，结构调整取得新进展，生产经营基本保持平稳态势。

(1) 大力调整电力结构。重点发展电网，1999年电网投资达到855亿元，创历史最高水平；从严控制常规火电项目开工，推迟开工325万kW，关停小火电182万kW；加快了西部水电开发，“五大一小”水电项目前期工作进展较快；推进了环保型、国产化项目，洁净煤燃烧示范项目、超临界机组和核电国产化项目的前期工作取得重大进展。在结构调整中，坚持“科技兴电”，坚持依靠技术进步和产业升级促进公司可持续发展。

(2) 加大了跨区送电特别是“西电东送”的力度。葛沪直流净送华东电量15亿kW·h，比1998年增加5亿kW·h，减少了华中电网水电弃水，发挥了葛沪直流的联网效益；南方互联电网通过合理优化调度，大力实施“西电东送”，全年互供交易电量79.8亿kW·h，比1998年增长41.5%。

(3) 积极增供扩销。各电力公司认真研究对策，采取有效措施，提高了电能在终端能源消费中的比重，也提高了公司售电量占全社会用电量的比重。扣除厂用电量和线损电量因素，1999年公司售电量占全社会用电量的比重为77.7%，比1998年增长0.9个百分点。

(4) 努力开展资本运营。境内新上市公司募集资金30.68亿元，1997国电债在上海证交所挂牌交易，“国电电力”成为公司第一个境内直接融资窗口。加强国际合作，积极、合理、有效地利用了外资，贷款签约完成5亿美元。择优投资有较高获利水平的金融、证券业，获得了良好回报。

以人为本，加强领导班子和队伍建设，公司系统呈现出良好的精神面貌。

(1) 坚持高标准、高质量和“两不误、两促进”，圆满完成了公司本部司处级以上干部的“三讲”教育，并全面部署了公司系统的“三讲”教育工作。

(2) 加强了领导班子建设，在公司本部实行聘任制，在整个公司系统加大交流轮岗力度，开展干部培训工作，优化了领导干部的年龄结构、知识结构和专业结构。

(3) 实行了党风廉政建设责任制，增强了各级领导干部抓党风廉政建设的责任意识，加大了反腐倡廉工作力度，坚决查处大案要案，“失之于宽、失之于软”的问题有所好转。

(4) 加强行风建设和精神文明建设，进一步树立了公司良好形象。公司系统有31个单位被评为“全国创建文明行业工作先进单位”，57个单位被评为“全国建设文明单位工作先进单位”。密切联系群众，关心离退休人员生活，确保了全系统的政治稳定。

(5) 继续推行减人增效。到1999年末，公司系统职工总数为148万人，比1998年减少1.8万人，减幅达1.2%，实现连续3年负增长目标。劳动生产率为124055元/(人·年)，比1998年增长7.6%。

4. 存在的问题和不足

总结1999年的工作，存在的不足和问题主要有：

第一，经营风险和压力依然存在。主要表现在以下几个方面。一是担保风险，二是投资风险，三是欠费风险，四是控股、参股的部分独立电厂亏损较为严重，五是城乡电网改造的财务压力逐渐显现，六是增供扩销压力加大。

第二，管理中存在不少薄弱环节。成本管理中仍存在跑、冒、滴、漏现象，加上电厂改制增加了对发电企业成本管理的难度、两网改造增提资产折旧，电力成本增幅较大。投资管理仍较为粗放，乱投资情况虽有所好转，但存在一些长期没有收益甚至亏损的企业或项目。

第三，思想观念需进一步转变。1999年各项工作成绩的取得，得益于我们初步树立了市场经济、资本经营、科技创新等思想观念。但是我们的观念转变与工作要求还存在很大差距。

第四，党风廉政建设有待进一步加强。当前对党风廉政建设还存在认识不足、不想抓、不敢抓、不真抓的问题，责任分解不明确，责任措施不到位，责任实施不得力，检查考核和责任追究的力度不够，影响了党风廉政建设责任制的落实。

5. 几点共识

第一，公司应该、也必须在实施“西部大开发战略”中发挥重要作用。

党的十五届四中全会指出：“在社会主义市场经济条件下，国有经济在国民经济中的主导作用主要体现在控制力上。”“国有经济在关系国民经济命脉的重要行业和关键领域占支配地位，支撑、引导和带动社会经济的发展，在实现国家宏观调控目标中发挥重要作用。”正因为如此，公司自成立以来，牢牢把握自己在国民经济中的市场定位和功能定位，始终把促进全国联网、实现资源优化配置，促进社会经济发展，满足人民生活水平提高，作为最重大的责任和义务。根据公司发展规划，通过大区电网互联，最终将形成全国电网。“西电东送”是解决我国能源资源分布和负荷中心分布不均衡矛盾的最佳途径，对于促进全国联网、建立全国电力市场有着重要意义。我们的“西电东送”能源开发战略完全符合中央提出的西部大开发战略，充分说明公司在西部大开发中必将大有作为。

“西电东送”是一个关系国民经济全局的宏大系统工程。我们必须从全局出发，同时关注电源和电网，同时考虑供给和需求，同时研究西部和东部，抓住这一千载难逢的重大机遇，为从根本上实现电力结构的战略性调整，实现我国电力工业乃至能源工业的可持续发展，作出我们应有的贡献。

第二，建立和完善责任制，实现管理机制的重大转变，是确保完成经营目标的有效措施。

1999年，我们与分公司、子公司签订了授权经营责任书、资产经营责任书、党风廉政建设责任书。一年来的实践表明，建立责任制度，效果非常显著。通过一年来的实践，在公司上下形成了这样一种共识：体制、机制、责任制3者之间有着相辅相成的关系，体制创新是机制创新的前提，落实责任制是实现新机制、巩固新机制的保证。改革不到位，新机制就难以建立；制度不落实，机制也不可能发挥作用。1999年的经营形势较为严峻，正是由于实行了资产经营责任制，加大考核力度，使得分公司、各网省公司有了实实在在的经营压力，有了加强管理、挖潜增效的动力，从而保证了公司经营目标的圆满实现。制度不在于多，而在于落实、在于有效。2000年，我们重点强调落实安全生产责任、资产经营责任、党风廉政建设责任三项责任制度，这是管理年的重中之重。在这次会上，我们要对完成1999年经营考核目标的经营者进行表彰，兑现公司的奖励承诺。同时，还将与各分公司、各网省公司签定安全生产责任书、授权经营责任书、资产经营责任书和党风廉政建设责任书。我们一定要继续完善这项制度，并加大力度，坚持下去。

第三，推进电力体制改革，必须解放思想、实事求是，既要积极，又要稳妥。

成立国家电力公司，是党中央、国务院为深化电力体制改革作出的重大决策。公司的改革一直是按照党中央、国务院确定的改革方向和国务院领导的指示稳步推进、按照国家有关部门批准的文件规范操作的，并据此决定了公司在实现国家宏观调控目标中应该发挥的重要作用，以及在国民经济中的战略地位。

一年多来，在国家经贸委的指导下，在各综合部门的大力支持下，公司积极地推进体制改革，“四步走”的改革部署已经取得阶段性成果。电力改革的历程充分证明，认识并把握电力改革的大趋势，立足于基本国情、网情，根据电力生产力发展水平和生产要素的市场化程度，积极、稳妥地推进改革，这是电力工业改革取得成功的基本经验。在今后的改革中，我们将继续坚持以上原则。

打破垄断、引入竞争、降低电价、改善服务、提高效益是电力工业改革的基本取向，也是我们始终坚持和倡导的改革思路。在市场经济中，竞争是准则，垄断是例外，应该竞争的领域必须打破垄断，需要垄断经营的领域则必须按照客观规律和体现国家控制力的要求，在政府的监管下，依法经营。电力行业带有自然垄断的特性，但不是所有的环节都必须垄断经营。在发电等环节引入竞争，建立规范、有序的电力市场；对具有自然垄断行业特性以及网络特征的输电、配电实行在政府监管下的垄断经营，这既是国际上电力工业市场化改革的基本经验和基本规律，也是现阶段中国电力工业改革的基本取向。电网发展和电网安全，关系国计民生，根据十五届四中全会精神，电网是国家必须控制的领域，以体现国有经济的控制力、影响力和带动力。在现阶段，鉴于我国经济发展的水平和电网比较薄弱的现状，为保证电网安全，必须对电网实行统一规划、统一建设、统一调度、统一管理。

目前公司还拥有和控制相当比例的电厂，这是历史形成的，也是改革必然经历的过渡阶段。我们要加大厂网分开的力度，积极做好“厂网分开、竞价上网”试点工作和资产重组，培育跨地区的独立发电公司，为建立竞争有序、规范运作的电力市场作出积极的努力。同时积极配合政府，做好《电力法》的修改、电力市场规则的制定和电价机制的改革工作，严格依法管理、依法经营、依法调度。

我们要积极进行将省电力公司改组为股权多元化的有限责任公司的试点，探索电网经营企业以“国家电力”品牌整体上市的可行性，加快分公司的改革。在进行分公司和省公司的改革中，一定要把建立现代企业制度作为改革的中心环节，坚持规范改制，依法确定公司本部、分公司、省公司的定位和职责。公司本部主要抓战略、抓全局、抓重点；要依法保护省公司的经营自主权；依法授予分公司与其责任相对应的权利。我们过去多次强调，这里再次重申，应该由省公司做的事，分公司不要去做；应该由分公司做的事，公司本部不要去做。充分调动公司本部、分公司、省公司三个方面的积极性。

在体制改革的进程中，我们要特别处理好长远目标与现阶段目标的关系，国际趋势与中国国情的关系，改革的全面推进与试点突破的关系，体制改革与电网安全稳定的关系，把握好推进改革的节奏，把握好改革各阶段之间的衔接，坚持改革速度与效果的统一，解放思想，实事求是，稳中求进、稳中求快、稳中求好。

二、2000年的工作目标和着力抓好的工作

2000年公司系统要重点完成八项工作目标。

（1）售电量达到8450亿kW·h，同比增长6%。

（2）实现利润达到86亿元，解决伊敏电厂债转股后，力争实现利润94亿元。

（3）电费拖欠情况要有所好转。各单位确保2000年不发生当年欠费；1999年发生的欠费全部清欠；1998年及以前发生的欠费，以1998年末欠费总额为基数压欠5%。

（4）资源优化配置工作要取得新进展。关停小火电310万kW。三峡输变电工程投产“一变三线”，新开工“五变三线”，同时要做好三峡电能消纳方案。东北—华北联网工程建成投产，其他联网工程加快前期工作。为促进更大范围资源优化配置，在对西藏电力公司进行代管的基础上，积极研究与内蒙等电网的合作模式。

（5）公司系统要初步建立起现代企业制度，省电力公司实现公司制改组。明确公司本部、分公司和子公司的工作界面，建立适应公司战略管理要求的、科学的运行机制，实现体制创新、机制创新和管理创新。

（6）公司实体化改革要取得突破性进展。年内完成分公司改革，公司本部具备集团化公司核心企业的基本功能，逐步成为战略规划中心、调度指挥中心和资本运营中心。争取2000年、确保2001年进入世界500强。

（7）“厂网分开、竞价上网”工作要在总结和完善6省试点工作经验的基础上，制定推广计划。在东北、南方地区进行区域电力市场改革试点。

（8）城乡电网建设与改造和“两改一同价”工作要取得更大成果。32个城市的城网建设和改造初见成效；81个城网改造项目中，10～15个城网全面高标准完成。60%以上的县完成农网建设和改造。完成趸售县改革和乡电管站的改革。在具备条件的省逐步推行城乡生活用电的同网同价工作。

为了实现公司2000年的工作目标，要着力抓好以下几项工作。

1. 以西部大开发为契机，促进电力结构战略性调整

把握西部电力开发的原则。西部电力开发要立足当前，着眼长远；立足西部，着眼全国。把西部电力开发与国民经济特别是西部经济发展结合起来，为国民经济协调发展服务；把西部电力开发与电力工业“十五”计划和2015年远景规划以及公司的总体发展战略和长远规划结合起来，促进公司产业结构战略性调整，实现产业升级；把西部电力资源开发与市场开拓结合起来，加快西部城乡电网改造，大力推进“西电东送”，积极开拓市场；把西部电力资源开发与环境保护结合起来，促进可持续发展；把企业行为与政府支持结合起来，争取政府在投资、税收、价格等方面必要的政策引导，形成积极、合理、有效的西部电力开发机制。

促进电力结构战略性调整。以三峡输变电建设工程为中心，加快形成“西电东送”的北、中、南3个通道，积极推进跨大区联网工程，促进形成全国统一电网。结合资源分布特点，优先、大力发展西部水电，促进形成西南水电基地、西北五省水电和煤电基地、山西和蒙西煤电基地，研究利用西部天然气发电；在东部调整电源结构，适当发展高技术、环保型高效机组，包括LNG、核电、抽水蓄能等，构成“西电东送”的电源支撑系统。结构调整中，要继续坚持依靠技术进步促进产业升级。

大力推进“西电东送”。要对“西电东送”工作进行认真总结，加大组织、协调力度，严格执行已经签订的送受电协议。以整体效益更优、实现更大范围内资源优化配置为目标，按照市场规律和互惠互利的原则，促进东、西部地区签订长期送电协议，并根据市场实际需要，充分发挥“西电东送”现有通道的送电能力，尽可能提高“西电”的市场份额。要重点协调好南方互联电网送电问题。要抓住机遇，深化电力体制改革，为“西电东送”提供良好的体制条件。

加快西部电力项目前期工作。抓紧开展华北—西北、华中—华北工程的前期工作；加强西部区内网架、“西电东送”送端网架及东部受端网架的建设；加快龙滩、小湾水电的前期工作；落实西部地区城乡电网建设与改造项目、技术改造项目。加快西部水电开发和大型坑口火电建设，重点抓好公伯峡、龙滩、小湾、洪家渡、三板溪等大型水电站和蒲城二期、托克托等大型坑口电站的前期工作。

2. 切实加强企业的科学管理

公司管理年的重点是落实三项责任制，目标是各项工作再上新台阶。

电力系统的安全问题，不仅是生产经营问题，而且关系到社会稳定。我们的安全基础还很薄弱，抵御事故的能力还不强，对此我们要有清醒的认识，绝不可掉以轻心。要通过安全责任制的层层落实，加强安全的基础工作，保证电力系统的安全水平有实质性的提高。

全面完成经营指标，提高企业的经济效益，是资产经营责任制的核心内容。作为企业，这是我们应尽的责任和义务。从2000年的经济景气预测和开局形势看，我们的经营环境要好于1999年。我们确立的实现利润指标是经过科学论证的，完成是有一定把握的，但也是有一定困难的。轻轻松松过关，不是具有光荣传统的电业职工应有的品格，我们就是要在困难的条件下，考验领导班子，锻炼职工队伍。要把是否

具有较高的经营水平和盈利水平上升到巩固国有经济主导地位、树立国家电力公司良好形象的高度来认识。

党风廉政建设，体现了党对领导干部的基本要求，是两个文明一起抓的主要内容。通过实行党风廉政建设责任制，进一步增强各级领导班子抓党风廉政建设的责任意识、领导干部的廉洁自律意识，加快党风廉政建设领导体制和工作机制的形成，最大限度地防范违法违纪和腐败现象的发生。

要以落实三项责任制度为企业管理的“龙头”，通过分解指标、落实措施，将企业的各项管理工作纳入三项责任制度的管理体系，并在落实三项责任制中切实坚持“三不放过”，形成目标明确、责任清晰、管理有效、奖惩分明的局面，促进公司各项工作再上新台阶。

把企业管理工作的着眼点始终放在转变经营机制上。

建立国有资产保值增值机制。把国有资产保值增值与提高企业经济效益统一起来，进一步完善资产经营责任制考核办法，加大考核力度。

建立科学决策机制。认真执行决策程序，建立集体决策并可追溯个人决策责任的决策规则，提高决策的科学性和民主性。

建立约束和激励机制。2000 年，中央企业工委将向公司派驻监事会，公司将随之向全资子公司派出外部监事会。公司通过法人治理结构规范管理子公司。因此，必须建设一支高素质的专职董事、监事队伍，并建立外部董事、监事和独立董事制度。要在部分具备条件的企业中进行年薪制和持有股权的试点、技术等生产要素参与收益分配的试点、加大与贡献挂钩的活工资比例的试点。

建立优胜劣汰和减员增效机制。要通过竞争上岗、末位淘汰、任期制、聘任制等方式，逐步达到经营者能上能下、员工能进能出、收入能增能减。2000年，公司减员增效任务很重，全系统员工总量要减少10万人，其中主业员工减人 5 万人。要提高人员效率水平，发电企业每千千瓦时占用职工由 2.03 人提高到 1.9 人，供电企业人均售电量由 270 万 kW·h 提高到 284 万 kW·h，工业企业全员劳动生产率由124000 元/（人·年）提高到 130000 元/（人·年）。要分解减员增效指标，规范减员增效行为，特别要做好深入细致的思想政治工作，保证职工队伍稳定。

施工、修造企业要以市场为导向，加大改革力度，把改革的着力点放在转变和建立经营机制上，通过战略性重组和减员增效，增强对市场的应变能力和占领市场份额的竞争力。

“严”字当头，切实解决企业管理中的重点问题。

高度重视安全管理。党中央、国务院对安全工作历来十分重视，就加强安全生产、防范安全事故、保持社会稳定，下发了一系列文件，召开了多次会议。江泽民总书记等中央领导对安全工作也曾作过许多重要批示，并一再强调“安全责任重于泰山”。公司系统各单位、各部门要坚决贯彻党中央、国务院关于安全生产的指示精神，在工作中认真加以落实，为此，公司颁发了《安全生产工作规定》，规范了公司系统各单位、各部门、各主要领导干部的安全工作行为和管理关系，这是公司企业内部安全生产的重要指导性文件，各单位要认真学习、贯彻执行，切实做到第一责任人责任到位，措施落实，加强安全基础工作，强化安全管理，确保不发生重大系统事故、重大设备事故和重大伤亡事故。

强化财务管理。一是全面推行预算管理，完善《预算管理办法》，建立预算执行情况跟踪分析制度；二是认真、及时地编制企业的资产负债表、损益表、现金流量表，发挥好“三张表”在企业经营管理中的重要作用；三是强化成本管理，努力挖潜增效，重点放在购电成本、可控成本和工程成本的管理上；四是严肃财经纪律，严格执行《会计法》，严肃处理账目不清、数字不实、信息失真甚至弄虚作假问题。

严格投资管理。认真执行投融资管理的各项规定，优化资金投向，保证主业资金需求。各级所有者代表的责任要到位，要严格规范各公司的投资权限，严禁“三乱”，对以往的投资项目要进行清理，尽快处理长期严重亏损的投资项目。

狠抓质量管理。无论是电力产品质量还是工程质量、服务质量，都要树立以质量求生存、树形象的思想，瞄准国际标准或国外先进标准，达到 ISO9000 标准，建立严密、规范的质量保证体系。

广泛采用现代管理技术、方法和手段。要将现代信息技术运用于管理上，保持各企业间、各行业间、产业上下游间、上下级间、各生产流程间信息畅通，避免信息不对称造成的决策和管理上的失误。要引进和借鉴国外先进的现代管理方法，尽可能地量化考核指标。要注意总结过去行之有效的管理经验，根据企业客观环境的变化，不断赋予其新的内涵。

3. 大力培育新的经济增长点

首先要大力开拓电力消费市场，在主营业务中寻求新的增长点。开拓市场的目的是增加市场份额，提高电能在终端能源消费市场中的占有率。不但要使用户用上电，还要保证充足、安全、可靠的电力供应，使用户多用电、用好电，这是我们的责任；不但要扩大城市市场，还要开拓农村市场。要在对不同用户群体的用电需求及用电特性分析的基础上，寻找电力市场变化与发展的规律，制定正确的营销策略，培育新的用电增长点。要充分利用国家的环保政策，扩大市场容量；利用资源节约政策，扩大低谷和季节性用电市场；利用价格杠杆，引导消费。

要卓有成效地开展资本运营，努力增加资本收益。在经营理念上，要从“实物”转向“价值”，从“规模”转向“效率”，从“外延”转向“内涵”，以获得资本价值增值为目标。要认真研究制定和实施积极的资本运营战略，合理配置各种资本要素，并促进其有效流动；进行积极的资产重组，优化资产结构，提高资产经营效益；充分利用资本市场，吸纳社会资本，实现资金融通社会化，促进资产证券化；切实优化资本投向，提高资产质量，获得较高的资本盈利能力。当前，要围绕加强电网建设、优化电源结构、促进西部开发，大力开展资本运营，寻求新的经济增长点；同时，谨慎、择优进入有较高获利能力的非电力领域，增加资本收益率。

要以市场为导向，以效益为中心，积极、稳步地发展多种产业。发展多种产业是公司经营工作的重要组成部分，是增加公司效益、分散经营风险的必要措施，也是减人增效的重要途径。要研究制定多种产业发展战略，调整多种产业结构，并将其纳入公司改革与发展的总体战略。在发展多种产业中，要切实坚持以市场为导向，以效益为中心，充分利用主业的设备、技术、人才和管理等方面的优势，实现多种产业与主业的协调发展。要慎重投资，优先考虑在与主业技术和市场相关的领域发展多种产业，防止滥铺摊子、盲目进入不熟悉的领域。当前，网络技术、信息产业已成为支撑现代社会经济发展的重要支柱，我们要认真研究利用电力系统长期以来在这些领域已经形成的资源优势和人才优势，结合输配电网建设、供电服务和电力市场技术支持系统建设，加快信息、网络技术开发，开拓具有“新经济”特征的多种产业，与主业形成协调发展的产业链。发展多种产业一定要明晰与主业之间的产权关系，实现多种产业股权多元化，真正走出一条自主经营、自负盈亏、自我发展、自我约束的发展之路。

要在实施“走出去”开放战略上有所作为。随着我国加入WTO日益临近，我国经济面临世界经济全球化的机遇和挑战。中央最近提出要充分利用我国的比较优势，实施“走出去”的开放战略。公司也制定了国际合作战略,并召开工作会议作了部署。在电力领域,许多国家包括发展中国家的电力公司都在本国之外积极寻找新的市场,谋求更大的发展。公司有责任也有能力适应这一趋势,发挥比较优势,获得应有的国际市场份额。要大胆地走出去,开展并逐步加大对外投资力度,不断扩大资本、劳务、技术、产品和管理输出,2000年要抓紧做好景洪向泰国送电的前期工作。

三、几点要求

1. 大兴学习之风、大兴调查研究之风

大兴学习之风、大兴调研之风，是公司实现跨世纪发展的必然要求。面对新世纪风起云涌的政治、经济形势和日新月异的科技发展，切实转变观念，提高驾驭经济的能力，提高管理创新和技术创新水平，已成为公司系统亟待解决的问题。观念转变仍然是当前突出和首要的问题。要把观念转变到社会主义市场经济上来，但又要注意立足国情，从实际出发，而不能全盘西化，不能照搬。要改变工作作风。

认真学习是提高水平的前提和基础。要学习马列主义、毛泽东思想，特别是邓小平理论，要加强理论武装，解放思想，转变观念，创造性地开展工作；要学习、借鉴世界一切先进的文明成果，特别是我们尚不甚熟悉的市场经济、工商管理、资本市场、国际贸易以及处于科技前沿的信息技术和电力科技新技术，提高公司的经营管理水平、科技创新水平和参与全球电力市场的竞争力，达到跻身世界500强的目标；要学习和吸取电力工业改革和发展进程中的经验和教训,特别要对公司成立以来推进市场化改革的实践进行认真的总结，找出问题和不足并及时加以解决。

深入调查研究，改进工作作风。正确的决策产生于深入细致的调查研究之后。企业的高级经营管理者要观全局、务大事，从琐碎的事务堆里、繁杂的应酬圈中走出来，从经验主义和本本主义的束缚中解放出来，围绕公司的战略目标，针对电力工业改革和发展所涉及的深层次矛盾和热点、难点问题，深入实际调查研究，理清思路，找到解决问题的途径和办法。

为在公司系统大兴学习、调研之风，结合“三讲”教育，公司党组已作出《关于理论学习方面的整改措施》，并对党组管理的干部提出了学习和调研方面的具体要求，其中规定每年保证60个工作日到基层搞调研，上报1～2篇调研报告并进行交流和评选。

2. 大力推进企业技术创新

科技进步是企业兴旺发达的灵魂和不竭动力。当前，推进科技进步、全面提高公司技术创新能力的关键是解决在规划、设计、生产、运行、管理等方面的重大技术问题，在某些领域实现技术跨越，为公司进入世界500强、达到“国际一流”提供技术支撑。为保证技术创新工作有一个大的进展，必须做好以下工作。一要在制定公司科技创新战略的基础上，组建国家电力公司技术中心，建立公司系统技术创新体系。二是通过深化科技体制改革，促进产学研结合，提高企业自主开发能力，建立科技创新面向市场、跟踪世界电力科技前沿、加快成果转化的机制。三是把科技

创新与电力结构调整结合起来，与电力可持续发展结合起来。继续推进“五项跨世纪科技导向工程”。四要进一步加大科技投入，增加科技开发资金，发挥公司集中力量办大事的优势，对事关提高公司综合实力和竞争力、实现技术跨越、促进产业升级的重大科研项目进行集中攻关。五要重视高科技人才的价值，尽可能地为他们提供良好的科研环境和优厚的物质条件，使他们工作专心、安心。

3. 建设富有创新能力的高素质人才队伍

高度重视和实施人才开发战略。建设并不断壮大忠实执行党的路线方针政策、起先锋模范作用的党政干部队伍；具有丰富的管理经验和较高管理水平的经营管理者队伍；极富创造性思维和科技攻关能力的科技人员队伍；团结奋进、具有较高凝聚力的职工队伍。要在公司系统内，努力形成尊重知识、尊重人才的良好风气，创造人尽其才、才尽其用、鼓励创新人才脱颖而出的机制。

要大力培养人才。首先是发现人才，要在改革和发展的实践中，考察人的素质，尤其要注重发现和选拔年轻的优秀人才。其次，要广泛采用人才交流、挂职锻炼、岗位轮训等有效形式，让人才在实践中成长。公司将从东部和中部以及公司本部选派有培养前途的优秀青年干部到西部大开发的实践中去锻炼，同时，也要从西部选派干部到经济发达地区和经营管理水平较高的企业挂职学习。另外，开展有针对性的、系统的理论培训也是人才成长的不可或缺的环节。公司高级培训中心要成为人才培训的基地，还要启动国际合作培训计划。在理论培训和实践锻炼中，要有计划地调整现有的不甚合理的人才结构，注意培养急需人才和复合型人才。

要广泛招揽人才。减人增效是动态的，一方面要疏通分流富余人员的出路，另一方面要广开招揽急需人才、高级人才的渠道。在这方面国际著名跨国公司的经验值得我们借鉴。

4. 从严治党、从严治企、从严治各级领导班子

高标准抓好“从严治党”。要坚持党的先锋队性质，坚持“为人民服务”宗旨，坚定共产主义信念，牢固树立江泽民同志关于“党是中国先进生产力的代表、是中国先进文化前进方向的代表、是中国最广大人民群众根本利益的代表”的新思想。“三讲”教育是从严治党的创造性探索和重大举措，是党建工作的重中之重。从公司系统的“三讲”和“回头看”已取得的成果看，各级领导班子和领导干部在党性、党风、党纪方面都有明显提高，我们必须把这项工作继续深入下去，尤其要切切实实抓好整改，巩固和扩大“三讲”教育成果。

“严”字当头，狠抓企业管理。这个问题已在报告中作为今年应着力抓好的工作进行了阐述，在这里，我们再次强调，各级领导干部特别是党政一把手要担负起责任，要敢于坚持原则、敢于碰硬，反对好人主义，切实抓好各项具体措施的落实。

从严治各级领导班子是“三严”的核心。治企必先治党，治党必治领导班子。治领导班子，重点是解决如何增强拒腐防变能力这一历史性课题。江泽民同志在对企业调研时指出：“有没有好的领导班子和负责人，对企业的发展具有决定性的意义”。领导干部言为人则，行为世范，已不正，焉能正人？我们要按照党中央的要求，对各级领导班子和领导干部严格教育、严格管理、严格监督。任职前，把好考察关；任期内，把好监督关，建立有效的监督管理制度和机制；离任时，把好审计关，把对领导干部任期业绩进行综合评价，作为干部使用的依据。要按照党风廉政建设责任书的要求，落实责任目标。领导班子和领导干部不发生严重违反党风廉政和廉洁自律有关规定的问题；对干部进行德、能、勤、绩、廉全面考核，不发生违反干部选拔任用程序并造成恶劣影响的问题；不发生瞒案、压案或阻挠、干扰办案工作的问题；不发生对应受到责任追究的领导干部姑息、袒护的问题。

5. 坚持两个文明一起抓，确保职工队伍稳定

精神文明建设要常抓不懈。实现社会主义物质文明和精神文明的协调发展，是建设有中国特色社会主义的本质要求。必须坚持“两手抓、两手都要硬”的方针，高度重视和持之以恒地抓好精神文明建设。要探索在社会主义市场经济条件下进行精神文明建设的规律，针对电力企业的特点，开展整顿行风、建设文明窗口、实现城乡供电营业规范化服务等活动，树电力企业良好形象。开展多种形式的理想教育、思想道德教育、爱岗敬业教育、科学文明教育，研究和创建电力企业文化，使企业文化建设成为物质文明建设和精神文明建设的最佳结合点。

有针对性地做好思想政治工作，把稳定放在突出位置。由于经济体制改革、社会活动和生活方式的改变、信息传播渠道的拓展，必然会给人们的思想观念和价值取向带来积极作用和消极影响，思想政治工作要适应新形势的变化，兴利除弊，在把握导向、化解矛盾、理顺情绪方面下功夫。2000 年，公司将以前所未有的力度推进体制改革、结构调整、强化管理、社企分开、主辅分离和减人增效，要统筹考虑改革的速度、推进的力度与职工群众的承受度。党政工团各级组织和各级领导都要乐于、勤于、善于做深入细致的思想政治工作，要全心全意依靠广大职工，把干部群众的积极性引导好、保护好、发挥好，把一些影响稳定的因素及时抑制在萌芽状态，保证职工队伍的稳定，保证电网运行的稳定。

监事会第25办事处主席路耀华在国家电力公司中层以上干部见面会上的讲话（摘要）

根据党中央、国务院向国有重点大型企业派出监事会的决定，国务院派驻国家电力公司的监事会正式进入国家电力公司。这个监事会主要由国有企业监事会办公室第25办事处组成。监事会主席路耀华，专职监事有王文斌、禾云、孙忠义、贾红雨、宋健雄等5位同志，还有一些兼职监事和工作人员，将逐步到位。

未来的3年里，我们将和大家一起，为搞好国有企业，完成好国务院赋予监事会的各项任务共同工作。

一、党中央、国务院决定向国有重点大型企业派出监事会，是国务院稽察特派员制度的完善和发展，是推进国有企业改革和发展，建立和完善现代企业制度、健全和规范国有企业监督体制与机制的重大举措。

1997年9月12日，江泽民总书记在党的十五大报告中明确提出：要“建立有效的国有资产管理、监督和营运机制，保证国有资产的保值增值，防止国有资产流失”。1998年3月，全国人大九届一次会议通过的《国务院机构改革方案》决定，建立国务院稽察特派员制度，向国有重点大型企业派出稽察特派员，代表国有资产所有者对企业行使监督权。

稽察特派员制度试行两年来，先后有38位稽察特派员对62家国有重点大型企业进行了稽察。不仅查出了许多问题，而且发现了一些好的企业。实践证明，这项工作成绩巨大，效果明显。为建立科学、规范的国有企业监督机制作出了积极有效的探索，积累了宝贵的经验，也为稽察特派员制度向监事会制度过渡奠定了基础。1999年9月22日，党的十五届四中全会通过的《中共中央关于国有企业改革与发展若干重大问题的决定》指出，要“积极探索国有资产管理的有效形式，继续试行稽察特派员制度，同时，要积极贯彻十五大精神，健全和规范监事会制度，过渡到从体制上、机制上加强对国有企业的监督，确保国有资产及其权益不受侵犯。”

稽察特派员制度向监事会制度过渡，是稽察特派员制度的完善与发展。党中央、国务院对这项工作十分关心与重视。为落实十五届四中全会精神，进行了一系列周密的准备。1999年12月25日，全国人大常委会修改了《公司法》的有关条款，为国务院向重点大型企业派出监事会提供了法律依据。今年3月15日，国务院发布了《国有企业监事会暂行条例》，对监事会的性质、任务、职责、工作程序和工作方式等，作出了明确规定。今年1月至5月，国务院先后三次听取中央企业工委关于稽察特派员制度向监事会制度过渡工作的汇报。6月1日，中央政治局常委听取了汇报；6月23日，国务院任命了36位监事会主席；7月15日，国务院批准了第一批派驻监事会的企业名单；8月17日，中央企业工委召开会议，具体部署了向第一批企业派出监事会的工作，宣布了27位监事会主席和派驻监事会的67家企业的名单。至此，由稽察特派员制度向监事会制度的过渡基本完成。

国有企业是我国国民经济的支柱。国有重点大型企业是我国国民经济的重要支柱。国务院向国有重点大型企业派出监事会，不仅对于加强对国有企业的监督，确保国有资产的安全完整、保值增值具有重大意义，而且事关有中国特色社会主义制度的巩固和发展。是推进国有企业改革和发展，建立和完善现代企业制度、健全和规范国有企业监督体制和机制的重大举措。

二、关于监事会工作的几个问题

第一，关于监事会的性质

《国有企业监事会暂行条例》对此做了明确的规定。这就是监事会由国务院派出，对国务院负责，向国务院报告。这既是监事会的精髓，也是监事会的性质。党的十四届三中全会，十五大和十五届四中全会，全国人大八次会议、九次会议都对我国国有资产的性质作出了明确阐述。这就是国有资产属全民所有，国务院是国有资产所有者的代表。由国有资产所有者的代表——国务院向国有企业派出监事会，对国有资产的经营状况进行监督，是所有者不容置疑的权力，完全符合党中央的决定和全国人民代表大会通过的决议。具有充分的法律基础和法律依据。

第二，关于派出监事会的目的

派出监事会的目的，《国有企业监事会暂行条例》也做了明确的阐述。一是实现对国有企业的有效监督；二是确保国有资产的保值增值；三是维护国有资产所有者的权益。在实际工作中，这些目的体现在7个方面。

首先，在保证国家的方针、政策、法规，能够在国有企业中得到贯彻落实。其次，可使国有企业的经营管理者和监事会一起，共同维护国有资产所有者的权益，提高国有资产的运营质量，实现国有资产的保值增值。因为国有企业中的董事会、经理层，以及厂长等，也是接受国有资产所有者代表的委任与授权，其目的也是要实现国有资产的保值增值。所以，监事会与国有企业经营管理者的最终目的是完全一致的。第三，是搞好国有企业，增强国有经济的控制力和竞争力，充分发挥其在国民经济中的主导作用。第四，是推进现代企业制度的建立和完善，加强企业管理，规范决策、执行和监督体系，使国有企业真正成为自主经营、自负盈亏的法人实体和市场主体。第五，是对企业主要负责人的经营行为和经营业绩进行评价，并提出奖惩任免的建议。第六，是通过监事会的检查报告，提醒、教育和帮助企业经营管理者在经营决策和经营管理等方面遵纪守法。第七，是澄清问题，明鉴真相，还事物以本来面目。防止不实之词挡道，好干部受冤。总之，派驻监事会的目的是明确的、正确的。

第三，关于监事会的任务和职责

监事会与企业是监督与被监督的关系。监事会的主要任务就是以财务监督为核心，对企业的经营决策和经营管理进行全面监督。具体说是两个监督，一是监督企业的财务活动；二是监督企业经营管理者的经营管理行为。这些任务概括起来就是检查、验证、评价和建议。依此，监事会的职责就是四个检查：一是检查企业贯彻落实有关法律、法规和规章的情况；二是检查企业的财务状况，验证企业财务会计报告的真实性、合法性；三是检查企业的经营效益、利润分配、国有资产保值增值和资产运营状况；四是检查企业负责人的经营行为，对其经营管理业绩进行评价，并提出奖惩任免建议。

第四，关于监事会工作方式

监事会一般每年对企业定期检查1～2次，并可以根据实际需要不定期地进行专项检查。监事会开展监督检查的方式可以用“讲、听、看、查、访、问、辩、报”8个字来概括。“讲”就是进驻企业后，首先讲清来意，讲清政策规定，讲清对企业的要求。“听”有四个方面要听：一是听取企业领导人、财务人员对企业资产、财务、经营管理状况的汇报。必要时，还请企业领导人作出更进一步说明。二是召开各种汇报会、座谈会，听取和了解与监督检查事项有关的各种情况。三是多层次、多角度地听取企业干部职工的情况反映和意见、建议。四是列席企业有关会议，听取企业经营决策过程、经营管理过程和最终的决定。“看”就是实地察看工厂，看车间、看工艺、看班组及生产指挥系统及过程，把了解现场的管理作为评价整个经营管理的重要组成部分。“查”就是查企业的财务会计报告、报表、账簿、凭证等财务会计资料及与经营管理活动有关的其它资料，如各种会议记录等。查分为三种主式，一是监事会自己核查；二是聘请会计师事务所进入企业审计；三是建议国务院责成国务院审计机关依法对企业审计。这种审计可以是综合全面的，也可以是专项的。“访”就是访问有关的政府部门，如税务机关、工商机关、金融机构和企业内部的各个部室等。“问”就是发问卷，测民意，尽可能掌握企业各个方面对企业财务状况、经营管理状况和领导人员的评价与看法。“辩”就是在广泛收集信息、资料、意见、看法、评价的基础上，进行去伪存真、由表及里的分析判断，以辩明是非、分清曲直，做到客观公正地反映企业和领导人员的真实情况。“报”就是向国务院写出客观公正的、符合企业本来面目的检查报告。

第五，关于检查报告

《国有企业监事会暂行条例》规定，监事会每次对企业进行检查结束后，应当及时作出检查报告。检查报告的内容，主要包括两个评价与两个建议。两个评价是对企业财务以及经营管理情况的评价，对企业负责人经营管理业绩的评价；两个建议是对企业负责人奖惩任免的建议，对企业存在问题的处理建议。如果国务院还有其他要求，或者监事会认为需要报告的其他事项，也要在报告中写出。

第六，关于监督范围

已经明确，集团公司、总公司的国有资产的经营管理延伸到哪里，监事会就监督到哪里。也就是说，监事会不仅监督检查集团公司或总公司的本部，而且要监督其子公司、分公司、控股公司甚至关联公司。因为这些下属公司和关联公司的国有资产也要保值增值，国家在这些单位的权益也要得到保护。根据国家电力公司的实际情况，下属的分、子公司、省级公司也应是重点监督检查的范围。

第七，关于监事会人员的组成

监事会人员由两种身份、五种类型的人员组成。两种身份是指专职监事与兼职监事。专职监事是指从有关部门和单位选任，并由中央企业工委任命的监事，兼职监事是指由国务院有关部门、单位派出的代表和企业职工代表担任的监事。兼职监事如何参加工作，有关部门将做出规定。五种类型的人员是指国务院任命的监事会主席，中央企业工委任命的专职监事，有关部门派出的代表，企业选派的职工代表和另外聘请的监事会工作人员。依据《国有企业监事会暂行条例》的规定，专职监事由司局级和处级人员担任。他们本身是现职国家公务员，按国家公务员进行管理。

第八，关于监事会工作纪律

为了保证监事会客观、公正、高效、廉洁地开展工作，中央企业工委还对监事会人员提出了“六要、六不”的行为规范。“六要”是“一要认真学习邓小平理论，学习江泽民‘三个代表’的重要论述，贯彻党的基本路线，与以江泽民同志为核心的党中央保持一致。二要坚持原则，清正廉洁，严于律己，公道正派，光明磊落。三要依法办事，敢于讲真话，不怕得罪人，勇于同违反国家政策、财经纪律、弄虚作假的行为斗争，自觉维护国家利益。四要努力学习，不断提高政治素养、政策水平、业务能力。五要正确行使监督权力，实事求是，全面准确地评价和反映企业的经营、财务状况和领导人员工作业绩。六要严格履行公务员义务，恪尽职守，埋头苦干，深入群众，注意听取各方面意见，提高工作质量和工作效率。”“六不”是“一不得泄露检查结果和企业商业秘密。二不得参与和干预企业生产经营管理活动。三不得直接向所监督企业发表结论性意见和提出经营管理方面的建议。四不得让企业承担监督检查费用和接受企业的任何馈赠、报酬、福利待遇。五不得吃请受礼、借机游山玩水和参加有可能影响公正履行公务的活动。六不得在企业兼职、购买股票和为自己、亲友及他人谋取利益。”此外，《国有企业监事会暂行条例》还规定，监事会成员对企业的重大违法违纪问题隐匿不报或严重失职的，与企业串通编造虚假检查报告的，以及违反《条例》规定的其他各项纪律的，要给予处分，直至撤销职务；构成犯罪的，要依法追究刑事责任。

第九，关于监事会近期工作

国务院派驻国家电力公司的监事会，同时也是国务院派驻中国昊华化工(集团)总公司和中国轻工业对外经济技术合作公司的监事会。根据监事会工作部的安排，近期我们将利用一个月左右的时间，分别到上述三家企业的总部进行调研，包括与中层以上干部见面，听取企业领导班子和财务人员的汇报，召开各种座谈会，察看工厂、车间，深入到子公司了解情况等等。然后，提出监督检查提纲，经批准后开展工作。

三、对企业支持和配合监事会工作的几点要求

第一，企业的干部职工要认真学习《公司法》和《国有企业监事会暂行条例》，统一思想，提高认识，充分理解和认识国务院向国有重点大型企业派出监事会的重大意义。把思想统一到党的十五大和十五届四中全会决定的精神上来，统一到《国有企业监事会暂行条例》的精神上来，统一到对国有资产高度负责，国有资产神圣不可侵犯的认识上来。要理解向国有重点大型企业派出监事会是《公司法》规定的，是市场经济条件下国有企业监督体制与机制的一种转换与完善。它不是针对某一个企业或某几个个人的。凡纳入中央企业工委管理的企业都要派出监事会，都要接受监督。这是一种机制。所以，企业要勇于接受监督，干部职工要支持与配合监督。

第二，要及时、全面、系统、完整地向监事会提供监督所需的各种资料、凭证、文件等，并保证真实。不得以任何借口或理由拒绝、阻碍监事会依法履行职责；不得拒绝、无故拖延向监事会提供有关财务状况和经营管理情况的资料；更不得隐匿、篡改、伪报重要情况和有关资料。企业的有关部门要按照《会计法》的要求依法履行职责。

第三，为了执行《国有企业监事会暂行条例》第7条和第12条的规定，企业要事先以书面形式向监事会通报未来拟召开的会议情况，以及报告重大经营管理活动情况。

第四，按照《国有企业监事会暂行条例》第5条第1款关于“检查企业贯彻执行有关法律、行政法规和规章制度的情况”的规定，凡由企业向监事会报送的1999年度的会计报告，必须按照财政部关于印发《国有企业年度会计报表要经注册会计师审计暂行办法》的通知（财经字［1998］114号），聘请有资质的会计师事务所进行审计。已经审计过的，要将审计报告报监事会。还未审计的，要立即聘请有资质的会计师事务所进行审计，并于11月15日前向监事会提交经审计的1999年度会计报告和审计报告。

第五，请企业为监事会开展工作提供必要的办公条件。

四、几点说明

第一，监事会开展工作，不会影响企业正常的经营管理活动。监事会的成员只带眼睛与耳朵，不参与、不干预企业的经营决策和经营管理活动。因此，企业要依法、放手开展正常的经营管理活动。绝不可因监事会进驻而影响生产，影响经营。当然，对于监事会查出的认为是重大的问题，要向有关部门甚至国务院报告。但这绝不是阻止和妨碍企业正常的生产经营。总之，我们是依法监督，企业是依法经营，是各负其责，各务其职。我们充分尊重企业的自主经营的权力，绝不碍手碍脚，否则，我们的工作就是失败的。

第二，监事会不替代、不承担有关部门的职责。也不负责处理或办理监督过程中发现的有关情况与问题。而只是向国务院报告监督检查中发现的重要情况、重大问题，以及提出对其处理的建议。这些情况与问题的报告经国务院批复后，分别交由有关的职能部门和单位处理并落实。

第三，欢迎广大职工干部主动积极地反映情况，勾通信息。但也反对无中生有、搬弄是非、搞不团结的行为。实事求是、客观公正将是开展监事会工作要遵循的最基本原则。

第四，不事无巨细，凡事都管，而是要严格按照《国有企业监事会暂行条例》的规定办事，严格遵循重要性原则，把精力与时间放在两个评价与两个建议上。

第五，监事会不是钦差大臣。只有查账权、监督权、建议权，没有处置权。不代替企业领导，不指挥

企业的生产经营。也不会随心所欲，凭主观意志办事。监事会将严格尊重事实，尊重企业的广大干部职工，通过严密的工作程序、反复的校对核实、科学有效的工作方法，产生符合事物本来面目的检查报告，使这个报告能经得起时间与历史的检验。

第六，不给企业增加经济上的负担。监事会所需的经费，全额列入国家财政预算。在经济上、监事会与企业是井水不犯河水，各记其账，各支其费。

全国联网与西电东送工程

全国联网格局

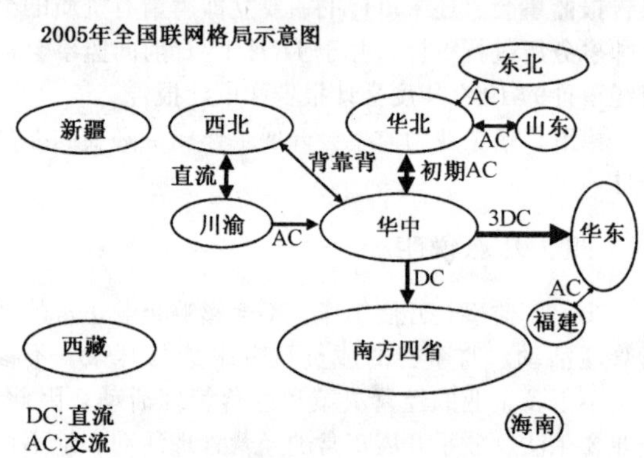

1. 全国电网互联的基本格局

按照西电东送、南北互供、全国联网的方针，全国互联电网的基本格局是：全国将以三峡输电系统为主体，向东、西、南、北四个方向辐射，形成以北、中、南送电通道为主体、南北电网间多点互联、纵向通道联系较为紧密的全国互联电网格局。北、中、南三大片电网之间原则上采用直流背靠背或常规直流隔开，以控制交流同步电网的规模。

2. “十五”期间全国电网互联建设项目

“十五”期间全国联网是以三峡工程为契机，并以三峡电站为中心，向东、西、南、北四个方向辐射，建设东、西、南、北四个方向的联网和送电线路，并在条件成熟的电网间实现周边联网。

除已建成的东北与华北联网工程、拟开工建设的福建与华东联网工程外，其他项目的实施顺序是华中与华北联网工程、华中与华东联网工程(三峡至华东第一回直流工程)、山东与华北联网工程(德州—沧州)、华中与南方联网工程(三峡至广东直流工程)、华中与川渝联网工程(通过三万线)、华中与西北联网工程、川渝与西北联网工程、山东与华东联网工程等。

与此同时，还要做好山东与华东、西北与华北、海南与广东、福建与广东等联网工程，以及金沙江一期、龙滩、小湾、瀑布沟、三板溪等大型水电站输电规划的前期论证工作。

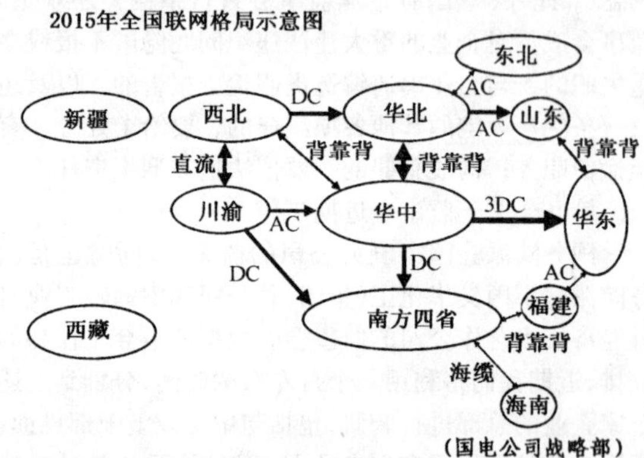

(国电公司战略部)

国务院总理朱镕基就“西电东送”首批项目开工作重要批示

10月23日国务院总理朱镕基就“西电东送”首批工程开工，作了重要批示。

朱镕基总理的重要批示是：“‘西电东送’工程是西部地区大开发的重点骨干项目，必须全力以赴，按时完成，力争到‘十五’计划期末新增向广东送电能力1000万kW，这对于开发西部地区电力资源，满足广东经济发展用电需要，提高双方整体经济效益，都有重要作用。‘西电东送’工程的开工标志着西部地区大开发拉开序幕，我代表国务院表示祝贺。”

国务院确定“十五”西电东送广东1000万kW

国家电力公司部署落实项目安排

2000年9月，国务院办公会议研究确定，“十五”期间向广东送电1000万kW。9月12日，国家电力公司召开西电东送第二次工作会议，落实国务院的决定，具体部署加快送电广东各项工程的前期及建设工作。这次工作会议也标志着西电东送工作已从论证规划阶段转入启动实施阶段。

国家电力公司副总经理周大兵出席会议并讲话。国家电力公司西电东送办公室主任、总经理助理周小谦作了会议总结，国电公司西电东送办公室副主任、战略规划部主任姜绍俊做了工作报告。

国务院办公会议初步明确向广东送电工程的项目及工作包括：天广三回500kV输变电工程；贵州至广东输变电及电源建设工程；云南宝丰—罗平—天生桥500kV交流工程；三峡电力送广东交流及直流工程；龙滩、小湾电站的前期工作；加快三—万线建设，实现川渝联网，使二滩电力送华中，置换华中部分电力到广东。为保证以上主体工程建成并发挥效益，配套进行的工程包括：天广直流的建设，天生桥换流站联变建设，贵州和云南各省配套建设的电网工程建设，向广东送电二次系统等工程。

周大兵在讲话中指出，这次西电东送工作会议标志着西电东送工作已从论证阶段转入启动阶段，从规划阶段转入实施阶段。他要求有关各单位要从资源优化配置、全国联网以及深化电力改革等方面来认识这一工作的重要性和意义，高度重视，增强紧迫感，明确任务，落实计划，落实责任，落实进度，务期必成。他同时要求设计研究工作要跟上工程的要求，优化设计，降低造价，加强对系统稳定性的研究。对施工安全，周大兵也提出了具体的要求。

周小谦在总结讲话中对送电广东1000万kW的具体项目问题进行了明确的部署和安排。来自国家电力公司本部、国电南方公司、有关省电力公司以及相关设计、科研单位的代表出席了本次会议。

国家电力公司总经理高严在国家电力公司加快西部地区电力发展战略研讨会上的主题发言（摘要）

（2000年3月21日）

在1999年11月召开的中央经济工作会议上，党中央明确提出了实施西部大开发战略，这是以江泽民同志为核心的党中央高瞻远瞩，统揽全局，面向新世纪作出的重大战略决策。国家电力公司党组衷心拥护党中央的英明决策。我们要深刻领会这一战略决策的重大意义，进一步解放思想，更新观念，充分认识电力工业在西部大开发中所处的地位和作用，坚定不移地贯彻党中央关于西部大开发的各项政策措施，增强历史使命感和必胜的信心，在实施西部大开发战略中有所作为、大有作为。

实施西部大开发战略，加快中西部地区发展，具有重要的现实意义和深远的历史意义

开发和建设西部地区，促进国民经济的协调发展，是党中央领导经济工作的一贯方针。早在50年代，毛泽东主席在《论十大关系》中，就强调要处理好沿海工业和内地工业的关系；在80年代我国改革开放和现代化建设全面展开以后，邓小平同志提出了“两个大局”的战略构想；以江泽民同志为核心的第三代领导集体高度重视这个具有全局意义的重大问题，明确提出实施西部大开发战略是全国发展的大战略。江泽民总书记强调，加快开发西部地区，对于推进全国的改革和建设，对于保持党和国家的长治久安，是一个全局性的发展战略，不仅具有重大的经济意义，而且具有重大的政治和社会意义。加快中西部地区发展的条件已经基本具备，时机已经成熟。从现在起，这要作为党和国家一项重大的战略任务，摆到更加突出的位置。

实施西部大开发战略，加快中西部地区发展，是我国现代化建设的重要组成部分，是实现第三步战略目标的客观要求。西部地区国土面积540万km^2，占全国陆地国土面积的57%，总人口2.85亿，占全国的23%。耕地面积占全国的23.7%，有着极为丰富的资源。但是西部地区的国内生产总值却仅占全国的14.7%。不大力开发西部地区，促进西部地区的经济发展，就没有全国经济社会的可持续发展；没有西部地区的现代化，也就谈不上全国的现代化。

实施西部大开发战略，加快中西部地区发展，是实现共同富裕、民族团结、社会稳定、巩固边防的战略举措。

实施西部大开发战略，加快中西部地区发展，是应对世界范围的经济结构调整，提高我国国际竞争力的迫切要求。

西部大开发战略，包括西部地区的基础设施建设、生态环境保护与建设、调整产业结构、发展科技教育、加快人才培养、加大改革开放力度等重要内容，是一项规模宏大的系统工程，也是一项长期而艰巨的历史任务。实施西部大开发战略，加快中西部地区的发展，电力要先行，这是电力工业在经济发展中所处的地位和作用所决定的。

电力工业在西部大开发中具有重要的地位和举足轻重的作用

电力作为一种方便、高效、清洁的能源，已渗透到社会经济生活的各个领域。保证充裕、安全、可靠的电力供给，是促进我国国民经济持续快速健康发展的先决条件之一。历史的经验告诉我们，电力供应不足将严重制约国民经济的发展和人民生活水平的提高。从这个意义上说，电力是国民经济的基础和命脉。在加快中西部地区发展过程中，电力工业同样处于极其关键的重要地位。

西部大开发是一项复杂的系统工程，涉及到能源、水利、交通、通信、环保等基础产业的综合开发和协调发展。电力工业在西部的发展不但与其他基础产业的发展存在相互依存的关系，而且具有开发西部地区丰富的水电、煤炭资源，充分发挥其得天独厚的自然资源优势的特殊性。因此，因地制宜发展西部地区的电力工业，对于满足西部地区经济大发展对电力的需求，改善西部地区的投资环境，保护和改善生态环境，开发优越的矿产资源，发展科技教育事业，促进西部地区的产业结构调整和进一步改革开放，都具有举足轻重的作用。

充分发挥西部地区丰富的资源优势，在统一规划的基础上，通过兴建一批起点高、效益好的电力设施，不仅可以促进西部地区电力工业的发展，而且可以进一步带动一批电力相关产业的发展。配合“西电东送”战略，不仅可以变西部自然资源优势为经济发展优势，而且为推动电力结构调整和全国联网创造有利条件，实现全国范围能源资源的优化配置。

国家电力公司必须在西部大开发中大有作为

国家电力公司作为在电力行业中居主导地位、在国民经济中有控制力的国有企业，作为以加快全国联网、推动全国能源资源优化配置为己任的国有企业，必须、也有能力在推动西部大开发战略中有所作为，这是责无旁贷的义务，也是历史赋予我们的责任。

西部大开发战略的实施，也为我们加快西部地区电力发展，增强国家电力公司实力和可持续发展能力提供了难得的机遇。我们要按照建立社会主义市场经济体制的要求，适应经济增长方式转变的特点，运用新思路，探索新办法，建立新机制。对如何积极推动西部大开发战略的实施，如何抓住机遇，加快西部电力发展，发挥电力作为基础产业在加快西部经济发展中的先导作用，进行认真的分析和研究，并制定出相应的策略和措施。

总的来说，就是要坚持可持续发展和资源优化配置的原则，把加快西部地区电力发展同实施国家电力公司的总体发展战略有机结合起来，同加快西部电源基地特别是水电资源的开发、实施“西电东送”结合起来，同加快西部城乡电网改造和区域电网建设、推动全国联网结合起来，同加快电力结构调整、推动产业升级结合起来，同打破省间市场壁垒、建立更大范围和规模的电力市场结合起来，同加强东西部干部交流、加大对西部技术和人才支持结合起来。

第一，要认真做好西部地区电力发展规划的专题研究工作。西部开发是一项长期的战略任务，我们要在党中央和国务院统一部署、统一指挥下，坚持从实际出发，深入进行调查研究和科学论证，认真做好西部地区电力发展规划的专题研究工作，并纳入电力工业的“十五”计划和2015年的远景规划，以科学的规划来指导西部各具体项目的建设。研究制定西部地区电力发展规划，要正确处理好眼前需要与长远发展的关系，正确处理好西部本身与全国整体的关系。既要依据西部地区经济发展水平，因地制宜地发展电力，又要根据资源外送这一西部开发的特点，加大电源点和电网设施的科技含量，避免低水平的重复建设。

第二，要认真贯彻“西电东送”战略，促进全国能源资源的合理配置。一方面，“西电东送”能够推进西部地区丰富的能源资源开发，进而带动西部地区经济的快速发展。另一方面，“西电东送”可以改变东部地区电力结构不合理状况，对东部发达地区经济的健康发展起促进作用。更为重要的是，“西电东送”将从根本上优化我国能源资源的配置。我们要把实行“西电东送”作为国家电力公司贯彻西部大开发战略的一项重要举措、一个组成部分认真抓好抓实，加大对“西电东送”的组织、协调力度。

第三，要优先开发水电。水电资源是西部地区主要的优势资源之一。要坚持优先发展水电的方针，优先开发那些调节性能好，经济技术指标优越，有利于改善区域生态环境的大型水电工程，促进当地经济的良性发展。要认识和掌握水电建设的特点，建立和完善流域滚动开发的机制，继续开展西部地区水电河流规划和大型水电站的前期工作，增加水电项目的前期储备，以达到充分利用丰富的水电资源，保证西部水电稳定持续开发的目的。

第四，要加强西部地区的电网建设，推动全国联网进程。重点是结合西部大型水电基地的开发，加强和完善西部区域主干网架和负荷中心受端网架建设，进行高一级电压等级输电建设，积极推进区域联网、全国联网和跨国联网，逐步提高电网安全稳定运行和自动化水平，为西部大开发提供可靠、优质、经济的电力，为西部地区的电力输出开辟道路。同时，要继续加强城乡电网建设与改造工作。

第五，要十分注重生态环境的保护，坚持可持续发展战略。要加大对现有电厂污染排放的治理力度，限期达标。要大力推广运用新技术，逐步提高洁净能源和可再生能源发电的比重。要降低火电厂对水资源的消耗，提高水资源的利用效率。要在水电开发过程中做好河流和库区的生态保护工作。

第六，要十分重视高素质人才在西部大开发中的作用，加大对西部地区电力人才的培养和交流力度。

第七，发挥电力工业在西部大开发中的作用需要国家的有力支持。由于西部地区的经济发展、投资环境相对落后，因此，要充分发挥电力工业在西部大开发中的作用，需要国家的有力支持，主要是政策上的调控和资金上的支持，以及其他条件上的支持，为西部开发创造更为有利的宏观环境。

国家计委副主任张国宝在华南地区“西电东送”工作会议上的总结讲话（摘要）

（2000年11月7日）

关于如何满足广东用电需求问题

国务院决定广东“十五”期间新增电力需求主要由“西电东送”解决，原则上不再新建火电电源点，这是党中央、国务院高瞻远瞩做出的重大战略决策。这一方面有利于变西部地区资源优势为经济优势，促进西部地区大开发战略的尽早实施，实现共同富裕目标；另一方面，也是对广东省经济发展的重大支持，使广东省可以将资金更多地从传统产业转向高新技术产业，尽早实现产业发展的升级换代，继续在国民经济的发展中起带头作用。

目前已经明确的电源项目和输电线路项目都要按计划的工期抓紧实施，并力争尽早投产。天生桥至广东的直流输电线路，必须确保今年底单极投产，明年汛期前双极投产，这是确保2001年广东用电需求的关键工程。天生桥至广东的第三回交流线路，要在2002年汛期前投产。贵州至广东的交流输电线路要在2003年汛期前投产。三峡至广东和贵州至广东的两条直流输电线路的输电容量全部采用300万kW，以更好地利用现有三峡送电华东的直流设计资料，并以三峡送电华东的直流输电线路工作为基础，尽快加紧各项前期工作，尽早开工建设，力争2004年汛期前能够单极投产。国家电力公司要负起责任来，加强组织和协调，确保各条输电线路的按时完成。这是确保“西电东送”能否如期实现的关键。所有参与“西电东送”工作的部门和单位，都要加强协调，密切配合，采取有效措施，脚踏实地，一步一个脚印地开展各项工作，不得有丝毫的马虎和怠慢。

“西电东送”要按照国际上通行的“照付不议”做法进行。广东省要按照签订的协议接收西部电力，云南和贵州也要按照签订的协议向广东提供电力，即使自己“拉闸限电”也要满足广东的需要。我们各省、区和各个部门都要讲信用，信用是市场经济的基础，也是我们做好“西电东送”工作的基础。

西电电价有竞争力是实施“西电东送”的重要条件。云南、贵州的电力送到广东的落地电价一定要比广东建设电源的上网电价要低。从目前天生桥送电广东的电价来看，西电电价的优势是非常明显的。贵州、云南和南方电力联营公司都要进一步加强管理，努力降低工程造价，把这种西部地区的电价优势保持下去。特别是过网费一定要严格控制，目前的过网费水平已经不低了，今后主要靠增加电量来提高电网的效益，如无特殊情况，原则上不要再提高过网费。

对于广东省提出的一些合理意见，在做规划时要认真考虑，特别是调峰问题，要高度重视，在适当的时候可以考虑抽水蓄能电站的建设。

关于“西电东送”的电源问题

“西电东送”要突出水电，要以水电开发为主，火电建设只能适当，主要用来解决短平快向广东，送电问题。尽管贵州、云南都有比较丰富的煤炭资源，但燃煤电厂总是对环境有一定的排放。目前贵州、云南都有不同程度的酸雨问题，火电建设一定要适当控制，煤炭资源再丰富，也有枯竭的时候，必须要优先使用可再生的水能资源。贵州、云南和广西都要抓紧落实水电前期工作，特别是小湾、龙滩两座大型水电站，是送电广东的骨干工程，对于满足“十五”期间华南地区电力需要具有重要作用，要尽早开工建设。其他水电站，如糯扎渡、构皮滩等大型水电站也要加强勘测设计等各项工作，力争早日开工建设。

关于输变电工程建设问题

输变电工程是电力系统的重要组成部分。我国500kV电网建设和运行管理的历史还不长，虽然华北、东北、华中、华东已形成了500kV的跨省网架，广东、广西、云南和贵州通过500kV输电线路联系成了南方四省联营电网，四川、山东和福建也出现了500kV线路。但我国电网结构还很薄弱，电网结构不能适应电力资源优化配置的问题非常突出。因此，加强电网建设将是“十五”期间以及今后相当长时间电力建设的重要任务之一。

“西电东送”建设的重要内容之一就是建设长距离、大容量的输电线路。如果在输电线路的设计和管理上能够有所突破，比较显著地提高输电线路的输电能力，那么经济效益将是巨大的。

关于直流设备国产化问题

我国直流设备的研究和生产起步是比较早的。早在1983年，我们就开始引进直流设备生产设备和技术。这些年来，国家各有关部门都给我国直流设备生产提供了大量的资金支持。经过十多年的引进研究和消化工作，我国直流设备的设计和制造技术都具备了相当的水平。相信通过三峡至常州直流输电工程的建设，我国的直流设备研究和生产企业将能够基本掌握直流输电设备的设计和制造技术。今后，我国直流输电线路的建设都要优先采用国产设备，只要国内已经能够生产，质量也是合格的，都要采用国产设备。

随着“西电东送”工程的进一步实施，我国直流输电线路建设的任务将越来越重。除这次新增的三峡和贵州送电广东的两条直流输电线路外，即将开工的小湾水电站的送出工程，三峡后续项目溪洛渡和向家坝水电站的送出工程都将要建设直流输电线路。直流输电设备的市场是很大的。各直流设备制造企业都要认清这个形势，抓住这个机遇，进一步加强管理，更好地吸收和消化已经引进的技术和工艺，尽快掌握直流输电设备的设计和制造技术，为我国直流输电工程的建设做出贡献。

其他问题

关于水电前期费用问题，要区分政府行为和企业行为。凡是河流规划、资源普查、大型骨干工程的预可行性研究等需由政府牵头进行的工作，可纳入政府的水电前期费中。国家计委从今年开始将恢复每年3000万元水电前期费，用于大型河流的规划、资源普查等工作。各省计委也要根据各地的情况安排一些水电前期费，做好水电建设的前期储备工作。

水电前期工作中应由企业承担的费用，如预可行性研究和可行性研究都将由企业承担。全国已经成立了多个流域水电开发公司，各大流域都有了明确的开发机构，企业投资的实力已经很强。各水电开发公司都要积极筹措资金，做好水电前期工作。

关于支持水电开展的优惠政策问题。目前，除了已经讨论了很长时间的增值税外，今天有的同志发言还谈到了耕地占用税和矿产资源税，也应考虑水电的特点给予优惠。水电是可再生清洁能源，是国家优先发展的产业，国家应在宏观政策上给予一定的倾斜和支持。税率的调整是一件很复杂的事情，涉及许多部门和企业的利益，目前财政部和国家税务总局也都认识到，由于水电无进项税可以抵扣，实际税赋比火电要高得多，正在研究将水电的生产型增值税改为消费型增值税问题。这样可以大大降低水电的实际税赋。对于水电建设期间的耕地占用税和矿产资源税问题请职能机构深入研究一下，如果确实存在不合理的地方，可以向有关部门反映，研究进行调整的可能性。但水电建设中也要考虑移民的安置和生计，要兼顾各方的利益。

关于建设资金筹措问题。水电建设是一种资金密集型投资，需要的资金量很大。目前，电力建设已经形成了多渠道筹集资金和多家办电的格局，各方面包括银行对电力投资都很感兴趣，愿意投资，愿意贷款。从目前来看，资金筹措还不存在大的问题。但“西电东送”要进一步拓宽资金筹措的渠道，积极吸收和引进国内外的资金，进一步研究扩大直接融资的措施和办法，使电力建设的资金筹措真正落到实处，为“西电东送”的建设创造良好的条件。

国家电力公司副总经理周大兵在水电前期工作汇报会议上的讲话（摘要）

党的十五届五中全会通过的《中共中央关于制定国民经济和社会发展第十个五年计划的建议》，把实施西部大开发、“西电东送”作为重要内容，明确指出电源建设要“发展水电、坑口大机组火电…”。朱镕基总理最近为华南地区“西电东送”一期工程作了重要批示：“‘西电东送’工程是西部地区大开发的重点骨干项目，必须全力以赴，按时完成，力争到‘十五’计划期末新增向广东送电能力1000万kW，这对于开发西部地区电力资源，满足广东经济发展用电需求，提高双方整体经济效益，都有重要作用。‘西电东送’工程工标志着西部地区大开发拉开序幕…”最近国家批准开工的华南地区“西电东送”一期4个电源项目中，水电站就占了3个。国家计委在华南地区“西电东送”工作会议上，进一步明确“西电东送”要以水电为主，优先发展水电；要求在做好批准开工水电项目工作的同时，抓紧做好龙滩、小湾、索风营的开工准备工作，还要做好平班、构皮滩、思林、糯扎渡等项目的前期工作，争取这些水电站在“十五”末或“十一五”初能开工建设，以满足华南地区“西电东送”接续实施的需要。

上述表明，“十五”期间党和国家对大力开发水电给予高度的重视，把大力开发水电作为实施西部大开发和“西电东送”战略的重要组成部分，为加快水电的开发创造了良好的机遇。

围绕西部大开发和“西电东送”，国家电力公司开展了大量的富有成效的工作，除完成了全国“西电东送”北、中、南三条主干线的规划，采取有效措施确保华南地区“西电东送”一期工程按期实施外，积极组织系统有关单位完成了红水河、金沙江中下游、黄河上游龙青段、乌江干流、澜沧江中下游、大渡河干流、雅砻江下游、沅水干流、岷江上游、嘉陵江、南盘江、闽江等大型河流开发规划，还完成了龙滩、小湾、索风营、公伯峡、三板溪、杂谷脑、南桠河、瀑布沟、溪洛渡、向家坝、糯扎渡、景洪、锦屏一级、拉西瓦、积石峡等一批大型和特大型水电站和泰安、张河湾、桐柏、琅琊山、西龙池、宜兴、宝泉等一批大型抽水蓄能电站的前期工作，公司本部还直接参与投资了洪家渡、龙滩、小湾、公伯峡、三板溪、杂谷脑等水电站的建设，这些都为国家大力开发水电、实施西部大开发战略和“西电东送”工程打下了基础。

抓住机遇，转变观念，研究探索水电开发的新思路

目前水电开发面临着不可多得的发展机遇，同时也存在不少问题和挑战，我们要抓住机遇，面对挑战，转变观念，研究探索水电开发的新思路。

一、转变水电开发的观念

目前和将来一段时期，水电开发要优先及主要开发调节性能好的水电站，为电力的可持续发展服务，同时要从全电力行业乃至全社会经济发展的角度综合考虑和研究水电的开发强度，避免出现水电开发的浪费和大量的季节性电能的浪费。由于多方面的原因，我国水电开发过分偏重于径流式水电站，影响了水电的形象，在一定程度上限制了人们开发水电的积极性。作为设计单位，我们也要研究和反思这种现象，除政策方面的因素外，在规划设计方面有没有问题。在做河流规划和电站设计时，不能为了求得某一个水电站的加快开发，而破坏了河流的总体开发和长远发展，更不能因此而影响水电的可持续发展。因此，要进一步拓展设计观念，规划和设计出更能适合电力发展要求的电站，为实现电力的可持续发展服务。

二、研究探索水电开发的新思路

要研究和探索大力推进流域梯级滚动综合开发的思路。在这方面我们取得了很大成绩，可能是将来加快水电开发力度的一个主要模式。

要尽快研究水电站上下游效益分配的具体办法。没有这一办法的法律化，在一条河流多家开发的背景下，要实现龙头电站的优先开发是很难的。

要研究和重视移民与生态环境问题。移民特别多的水电站越往后就越难以开发，我们要及时研究相应的河流规划，调整水电站的梯级布置，使之能够适应移民与生态环境的要求，并能使电站得到及时的开发。

要研究探索和提出国家对水电开发的宏观经济政策。水电开发集一、二次能源开发于一身，在很大程度上是一种国家行为，国家对水电开发的宏观经济政策是能否加快水电开发的前提和关键。作为水电开发、规划设计的主体，我们必须在宏观经济政策方面进行研究和探索，向国家综合部门提出建议，在筹资、税赋、移民、综合利用投资分摊及水电前期费用等方面要重点研究，不断宣传和倡议，争取为水电开发创造良好的宏观经济政策环境。

近期应做好的几项水电前期工作

为了进一步做好水电前期工作，以适应国家实施西部大开发和“西电东送”工程的需要，在水电前期工作方面，国电公司各部门要加强规范化管理，按照职能分工各负其责，加强协调，近期内共同做好以下几项主要工作。

一、做好华南地区西电东送一期工程项目的勘测设计工作

华南地区“西电东送”一期工程，即“十五”期间向广东增送1000万kW电力，已经国务院批准正式启动，朱镕基总理对此作了重要批示。为了认真贯彻朱镕基总理的重要批示，动员并落实做好华南地区“西电东送”一期工程的各项工作，国家计委和国电公司于11月7日在贵阳共同主持召开了专门的工作会议，会议要求参建单位精心组织、精心设计、精心施工、严格管理、密切配合，只争朝夕、真抓实干，确保工程按期顺利完成。在华南地区“西电东送”一期工程中，包括新建三座水电站和一座水电站扩机，共计新增装机容量203万kW。

二、落实国家计委下达的水电前期工作任务

国家计委从2000年开始，恢复安排每年3000万元的水电前期工作经费，同时颁发了《国家计委水电前期工作管理暂行办法》。该《办法》明确规定，国家计委负责管理属于政府行为的水电前期工作，包括水电发展政策研究、全国水力资源普查、大中型河流(河段)水电规划及其补充规划、部分具有战略意义的大型水电站预可行性研究；水电前期管理的主要工作委托给了水规总院，这充分体现了国家计委对国电公司和水规总院的信任。我们希望水规总院认真履行好国家计委赋予的职责，严格按照《办法》的规定，组织并落实好国家计委负责管理的各项水电前期工作，国电公司各有关部门要积极参与和配合做好这些工作。同时，我们也希望承担规划设计项目的各设计

院，按规定做好勘测、设计和研究工作，高质量按期完成；项目所在地的各省电力公司、水电开发公司要积极搞好配合，为项目的顺利进行创造有利条件。

三、开展西电东送和水电开发的统一规划工作

我国水电开发主要在西部，但其电力市场主要在东部，为了使“西电东送”能够按计划按步骤实现，必须对包括东部、西部在内的电力市场进行研究，使西部水电的开发与东部市场实现有机对接。根据东部电力市场发展和全国电力宏观规划、西部水电资源点开发条件和前期工作深度、“西电东送”线路和全国联网规划，按照“统筹规划、突出重点、分步实施”的原则，统一研究和部署西部水电开发的规划布局和分期实施方案，使西部水电电源点能够连续建设，并及时发挥其在东部电力市场中的效益。因此，国电公司及所属的有关单位应该积极开展或配合国家有关部门开展“西电东送”和水电开发的统一规划工作，战略规划部要督促水规总院尽快启动这项工作，尽快拿出一个专题成果来，为西部大开发规划提供依据。

四、结合西电东送规划，抓好“十五”及以后水电开发电源点的前期工作

1．南路“西电东送”

要抓紧龙滩、小湾、索风营、三板溪水电站的前期补充工作，尽快按国家基本建设程序报批立项和开工建设；抓紧开展澜沧江糯扎渡、乌江构皮滩前期工作，尽快开展金沙江中游虎跳峡、乌江思林水电站的前期工作，逐步开展金沙江中游、澜沧江和乌江的其他梯级水电站的前期工作。特别是虎跳峡，作为“西电东送”和提高金沙江直至长江三峡、葛洲坝水电站等整个梯级总体效益的战略性工程，必须按照国家计委下达的水电前期工作计划，尽快启动预可行性研究工作。

2．中路“西电东送”

尽快完成金沙江溪洛渡和向家坝水电站的可行性研究，它们作为金沙江水电基地的一期工程和“西电东送”中路的近期工程，是我国的第二个“三峡工程”，在做好前期研究工作的同时，还要做好宣传工作，争取溪洛渡水电站在“十五”末“十一五”初开工；根据四川省开发水电外送的战略构想，加快研究雅砻江锦屏一、二级及官地，大渡河瀑布沟等作为中路“西电东送”的水电电源点开发和外送规划，尽快完成这些电站的前期设计工作或补充工作，使之具备报批条件；抓紧开展金沙江中下游的白鹤滩、乌东德水电站、雅砻江的两河口水电站、大渡河的独松水电站前期研究工作，逐步开展大渡河和雅砻江其他梯级水电站的前期工作。其中虎跳峡、白鹤滩、独松、两河口等水电站是中路的战略性项目，需要尽早启动预可行性研究工作。

3．北路“西电东送”

要重点研究黄河的拉西瓦、积石峡等水电站，拉西瓦是北路“西电东送”的战略性工程，其前期工作应给予足够的重视。

五、国电公司应认真研究自身水电开发规划，做好相应前期工作

大力开发水电是国家实施西部大开发战略和“西电东送”工程的需要，并且水电又具有良好的经济效益、综合利用效益、环境效益和社会效益。国电公司作为国家的大型电力企业，无论从国家还是从企业的角度，都应该重视水电的开发。国电公司充分地认识到了这个问题，公司成立不久，便着手部署直接投资建设“六大一小”水电项目，并取得了很好的进展。但是，国电公司亟待结合自身实际研究制定适应国家实施西部大开发战略和“西电东送”工程的公司水电开发规划，公司系统各单位都要积极行动起来，投入必要资金及时开展相应的前期工作。

国家电力公司总经理助理周小谦在国家计委“西电东送”发展战略研讨会上的讲话（摘要）

（2000年4月11日）

“西电东送”是西部大开发战略的一个重要组成部分

实施西部大开发战略，是党中央国务院根据邓小平同志关于我国现代化建设“两个大局”战略思想，统揽全局，面向新世纪作出的重大决策，是世纪之交我国现代化建设即将实现第二步战略目标，全面迈向第三步战略目标的重大战略举措。

实施“西电东送”策略是全国贯彻落实西部大开发战略的极其重要的组成部分。电力工业是国民经济的基础工业，也是我国四个现代化的物质技术基础。实施西部大开发战略，加快中西部地区的发展，电力是基础，电力要先行。根据党中央国务院关于西部大开发的具体部署，我们认为，国务院、国家计委提出的“西电东送”策略，具体将包括以下三项工作：①是继续加快西部地区城乡电网建设和改造，扩大电力市场，拉动国内需求，为西部地区的发展做好服务。②是围绕国家“西气东输”重点工程，做好利用天然气发电的规划及选点建设工作。3月25日和26日，国家计委已经召开了“西气东输”工程建设领导小组会议，具体部署了下一步工作。按照国家计委的总体部署，在做好规划的基础上，根据市场需求和天然气电站竞争性，落实具体项目。③是做好西部地区电力发展总体规划，加快西部地区电力发展，调整地区电力结构。在首先满足西部地区自身需要的基础上，大力推进“西电东送”。

全面推进“西电东送”的策略，对于实施西部大开发战略具有重要意义。①是开发西部电力资源并实施“西电东送，是西部大开发的重要组成部分，是西部大开发战略实施的前提条件和重要保证。②是水利资源的合理利用是西部地区的一个突出问题，加大西部水电开发力度，能提高西部水资源利用程度，从而充分利用西部的水力水利资源，促进西部地区生态环境建设。③是开发西部电力资源，提高西部电气化水平，能够有效的改善西部地区能源消费结构，大大减少对森林和草本植物等生物资源的消耗，提高资源的利用效率，有利于退耕还田还林和水土保持，有利于生态环境保护。④是开发西部电力，能够有效地带动相关行业的发展，拉动国内需求。开发西部丰富的水能资源和煤电资源，通过低廉电价和改善投资环境，可以刺激相关产业特别是具有市场前景的高能耗产业如冶金、采矿、化工等产业发展，促进东部工业西移，将西部资源优势逐步转化为经济优势，缩小东西部差距，促进西部地区特别是边疆的繁荣和稳定，有利于边疆地区的长治久安。⑤是开发西部电力，提高西部地区电气化水平，能够提高西部地区人民的生活水平，促进精神文明建设和普及科学文化教育。⑥是开发西部电力，实施“西电东送”，有利于东部地区电力结构战略性调整，缓解东部地区日益严重的环保压力。⑦是开发西部电力，实施“西电东送”，有利于实现大区电网互联，实现全国统一的联合电网，进而在更大范围内实现资源优化配置，实现电力工业的可持续发展。

总之，必须从全国的高度、战略的高度，从振兴中华、加快实现社会主义现代化建设宏伟目标的高度，充分认识西部大开发、西部电力开发以及“西电东送”的重大政治意义、历史意义，把思想和行动统一到中央的战略决策上来，进一步解放思想，更新观念，按照建立社会主义市场经济体制的要求，适应经济增长方式根本性转变，运用新思路，探索新办法，建立新机制，加快西部电力发展，发挥电力作为基础产业在加快西部经济发展中的先导作用，不失时机地推进“西电东送”。

西部大开发、“西电东送”现状与存在的问题

西部地区（本部分指重庆、四川、贵州、云南、西藏、陕西、甘肃、青海、宁夏和新疆10个省市区）有十分丰富的能源资源，水电资源理论蕴藏量约55749万kW，占全国的82%，可开发水电资源约27434万kW，占全国的72%；已探明煤炭资源保有储量为3882亿t，约占全国已探明保有储量的39%。

改革开放以来，西部地区电力工业得到了快速发展，从长期以来严重缺电局面转变成为供需基本平衡甚至略有过剩，基本满足了西部地区国民经济和社会发展的需求，促进和带动了西部地区经济的发展。1998年西部地区国土面积538万km^2，约占全国的55%；总人口为2.85亿，占全国的22.8%；当年GDP为11583.8亿元，占全国的14.56%。1998年，西部地区发电装机约5071万kW，占全国的18.3%；发电量约2036亿kW·h，占全国的17.6%；35kV及以上线路长度为15.3万km，占全国的23.3%；35kV及以上变电容量12570万kV·A，占全国的15.1%；35kV及以上公用变压器9535万kV·A，约占全国的14%。总的来说，西部电力的发展与西部的经济的发展是相当的，但从地域与人口比例来看，显然是落后于中东部地区，从区域结构上看存在着严重的失调。

“西电东送”策略是一个从东向西不断推进的过程。80年代末、90年代初，党中央国务院决定开发红水河流域向广东送电，从而拉开了“西电东送”的序幕。经过10年的艰巨工作，“西电东送”作为国家的一项长期战略，已经取得了一定的成效。表现在：

1.“西电东送”负荷及电量均有了一定程度的提高

南方互联电网1993年8月开始联网运行以来，已经实现了将天生桥水电站和云南、贵州的季节性电能送往广东。到1999年底，累计上网电量超过497亿kW·h，其中累计送广东约175亿kW·h，送广东最大负荷瞬间达128万kW；送广西近130亿kW·h。

从1989年起到1999年止，通过葛洲坝至上海南桥的±500kV直流输电工程，华中电网累计净送华东电网电量108.29亿kW·h，送电最高负荷达到46万kW。

从1989年开始到1999年，蒙西累计送京津唐的电量达到390亿kW·h。最大输电负荷达到93.8万kW，最大年送电量67亿kW·h。近两年山西送电京津唐负荷达到150万kW左右，年送电量100亿kW·h左右。

蒙东境内的元宝山150万kW、通辽80万kW和伊敏100万kW等共330万千瓦容量送电东北三省。1999年净送80亿kW·h。

2.通过“西电东送”扩大了电网规模，初步实现了较大范围的资源优化配置

通过天生桥、鲁布革等水火电的开发及相应电网建设，初步形成了南方互联电网；通过葛洲坝外送华

东的葛沪直流线路，实现了华东与华中电网的初步联网，以及通过蒙西电力开发及送电京津唐电网，形成了由内蒙包头（达旗电厂）经丰镇到沙岭子、北京昌平的北通道，扩大了电网，扩大了资源优化配置的范围。

3. 南方互联电网的“西电东送”对缓解广东电力供应紧张（尤其是夏季），减轻环境污染，优化广东电网电源结构，稳定电网运行，平抑广东电价都起到了积极的作用

通过“西电东送”，缓解了广东1993、1994年的严重缺电局面，同时也提高了广东核电的运行稳定性。也初步解决了广西电网枯水期缺电问题。

4.“西电东送”在建工程进展顺利

随着天生桥一级、二级电站投产，南方电网天广直流工程将于2000年末投入。

随着三峡水电站的开工建设，公司目前正在抓紧进行三峡输变电工程建设。规划再架设2回直流输电线路，随着正在建设的三峡水电站2003年开始投产、2009年全部建成，届时送电华东电网容量达到720万kW，同时也将打通四川“西电东送”通路。

华北电网目前正在建设丰镇经张家口到北京第二回500kV输电工程，将于年内建成投产。届时将提高蒙西“西电东送”能力。

送电江苏的山西阳城电厂（一期装机规模210万kW）目前已投产一台30万kW。

5.“西电东送”前期工作取得较大成果

根据国家“西电东送”战略以及国家有关部门的要求，国家电力公司组织有关部门及中介机构做了大量的“西电东送”规划前期工作，也开展了一些重点项目如龙滩、小湾等水电站的前期工作。多个研究成果表明，“西电东送”能够给国家和企业、东部和西部带来巨大的经济效益和社会效益。如，对南方四省规划进行的初步论证表明，实施“西电东送”，东部和西部都能从中获得巨大的经济效益和社会效益，是一个“双赢”战略：①是在保证电网同等可靠性的条件下，四省联网后比各省单独运行在2020年可减少装机700万kW，总费用现值减少700亿元，其中运行费用减少440亿元，投资减少260亿元。②是1999～2020年期间，广东可少排二氧化硫189万t，广西少排二氧化硫149万t，而贵州仅多排二氧化硫14万t，云南仅多排二氧化硫1万t。按现行收费标准，四省由于二氧化硫排放量减少可减少经济损失80亿元。③是从东西部发电可变成本比较，“十五”期间，如果用协议以外多出的西电替代广东油电或煤电，利用电价差，可对供输受三方产生30亿元以上的直接经济效益。按现行政策测算，2006～2020年期间由于电价的降低可取得近80亿元的降电价效益；若考虑水电站增值税降低为13%，还贷期延长至30年，梯级电站下游效益部分补偿上游电站等优惠政策，则有近300亿元以上的降电价效益。

虽然在“西电东送”方面取得了一些成绩，但“西电东送”的进展缓慢，力度不够，在西部电力开发与“西电东送”上还存在着一些不可忽视的问题，主要体现在：

1. 西部地区水电开发力度不够，水电资源的开发程度还相当低

到1999年底，已开发2693万kW，占可开发资源量的9.8%，远低于世界平均水平（22%）和工业发达国家水平（50%以上）。同时，由于受经济能力、经济政策和人口等多种因素的影响，西部水电的开发除黄河水电基地调节性能较好外，大部分已开发的水电调节性能比较差。

2. 电力结构不合理

(1) 是电源结构中调节性能较差的水电站占较大比重，现有水电，少有多年调节电站，丰水期大量弃水调峰，枯水期缺乏发电量。

(2) 是小火电机组较多。1998年西部地区5万kW及以下机组约占总装机数的72%，装机容量占37.9%，高于全国平均水平。

3. 电力在终端能源消耗的比重较低，用电水平较低，没有充分发挥潜力

1998年西部地区发电装机约占全国的18.3%，发电量约占17.6%，均低于国土面积占全国的55%、总人口占22.8%的比重；人均占有发电装机0.1778kW，为全国平均水平的80%；人均占有发电量714kW·h，为全国平均水平的77%。

4. 省间市场壁垒严重，西部地区基本就地平衡，“西电东送”潜力尚未得到有效利用

1998年西部地区发电量约2036亿kW·h，用电量为1911亿kW·h，基本上就地平衡。“西电东送”虽初见端倪，但尚未达到经济规模，资源优势尚未转换为经济优势。

5. 市场信誉较低，一些双方或多方签订的协议因市场供需发生变化而得不到执行；个别“西电东送”电源上网电价较高，加上长距离输送，电价竞争力下降，影响了“西电东送”

总之，既要充分肯定“西电东送”已经取得的成绩，同时又要实事求是地分析西部电力发展与“西电东送”存在的深层次问题，才能做好规划，有针对性地解决问题，更好地推进“西电东送”。

推进“西电东送”的总体思路

实施“西电东送”要放在西部电力开发乃至西部大开发战略的大局下统筹谋划。要坚持最大范围资源

优化配置和可持续发展的原则，把推进“西电东送”同加快西部电力开发和国家西部大开发战略结合起来，同加快西部水电资源开发结合起来，同加快西部城乡电网改造和区域电网建设、推动全国联网结合起来，同加快电力结构调整、推动产业升级结合起来，同打破省间市场壁垒、建立竞争有序开放的区域电力市场结合起来，同加强东西部干部交流、加大对西部技术和人才支持结合起来。

实施“西电东送”要以市场需求为导向，要符合市场经济规律。要实现结构调整和可持续发展，要促进电力体制改革，打破本省就地平衡和省间的市场壁垒。总体原则是：总体规划、分步实施、突出重点、加强协调、全面推进、坚决制止重复建设。

根据以上指导思想和总原则，“西电东送”的具体思路是：

1．坚持统一规划的原则，防止重复建设

我国一次能源主要分布在经济不发达的西部地区，生产力主要在东部地区布局，如东南沿海地区及环渤海地区等，则这些地区电力需求较大，但一次能源相当缺乏。这种一次能源分布与生产力布局的不协调，宏观上决定了“西电东送”必然成为我国最大范围内资源优化配置的基本取向。因此，“西电东送”作为西部大开发战略的重要组成部分，是一项长期的战略任务，要有战略思维，需要深入进行调查研究和科学论证，正确处理好眼前需要与长远发展的关系，正确处理好西部本身与全国整体的关系，正确处理好“西电东送”与“西气东输”的关系，认真做好西部地区电力发展与“西电东送”的专题规划研究工作，纳入国家电力工业发展规划之中，纳入全国国民经济和社会发展“十五”计划和2015年远景规划之中，以科学统一的规划来指导西部电力开发与“西电东送”的各项具体工作。

要按照最大范围资源优化配置的原则，对西部电力开发、“西电东送”以及东部电力发展实行统一规划。首先是要最大程度满足西部地区国民经济和社会发展对电力的需求，最大程度满足西部大开发对电力的需求。要努力开拓西部地区自身的市场，继续加快西部地区城乡电网建设和改造，扩大内需，在满足自身需要的基础上，大力推进“西电东送”，实现全国资源优化配置。第二是要立足区域、全国市场，甚至于国际市场，按照市场经济的法则，东部电力市场必须留出一定规模给西部地区。并要向邻国寻求市场，如澜沧江景洪水电开发向泰国送电等；第三是要立足于区域甚至全国范围的电力结构调整和资源优化配置，东西部电源与电网要进行统一规划，东西部水电、火电、核电、天然气电站以及新能源发电都需要进行统一规划，防止重复建设。东部地区更要加快结构调整，并停小火电机组，严格限制常规燃煤火电项目的建设，为“西电东送”腾出必要的空间。第四要切实加强西部地区电网、东部受端电网和“西电东送”电网的规划建设，积极推动全国联网进程。重点是结合西部大型水电基地的开发，加强和完善西部区域主干网架和负荷中心受端网架建设，进行高一级电压等级输电网络建设，积极推进区域联网、全国联网和跨国联网，逐步提高电网安全稳定运行和自动化水平，为西部大开发提供可靠、优质、经济的电力，为西部地区的电力输出开辟通道。

2．充分发挥现有“西电东送”的资源及其通道能力

国家要加强宏观调控，加大协调力度，主要通过经济手段、短期可采用必要的行政手段，切实做好吸纳三峡、二滩、天生桥水电站和伊敏、阳城电厂电力电量工作。三峡电力电量必须纳入华中、华东甚至华北各省市平衡之中。二滩电力电量必须纳入四川重庆电网的平衡之中，同时研究通过三峡输变电系统外送华东的可行性。天生桥一级、二级电量纳入南方四省平衡之中，防止不必要的弃水。提高蒙西向华北送电力度。这些都是下一步落实“西电东送”的关键。否则，难以进一步推进“西电东送”工作。

3．优化调整电力结构，满足西部地区国民经济和社会发展对电力的需求

优化调整西部地区电力结构，最经济地满足本地区国民经济和社会发展对电力的需求，是加快“西电东送”的前提条件。西部地区电力开发要积极发展水电，优化发展火电，实行水火调剂、补偿运行，因地制宜发展新能源发电，重点改造和建设城乡电网，加强送端电网建设和“西电东送”电网建设，大力推进“西电东送”。

水电是可再生的清洁能源，水电资源也是西部地区主要的优势资源之一。积极发展水电，开发西部地区水力资源，提高利用效率，是西部大开发的重要内容。要优先开发调节性能好，经济技术指标优越，有利于改善区域生态环境的大中型水电工程，促进当地经济的良性发展。国家要增加对西部地区水电河流开发勘探规划的前期投入，适时做好水电河流规划和大中型水电站的前期工作，保持必备的水电项目前期储备，保证西部水电稳定持续开发。要不断认识和掌握水电建设规律，建立和完善水电流域滚动开发机制。西部地区水电开发主要采取流域滚动开发方式，充分发挥现有水电流域开发公司的作用，因地制宜组建新的水电流域开发公司。流域开发公司也要不断深化改革，引入多种经济成份，有条件的实现股份制改造和重组。

要做好山西、陕西、蒙西即“三西”和贵州煤电

基地的规划论证和项目前期工作，根据市场需要分阶段进行开发建设。燃煤电厂还要重视发展节水型机组，重视改善环境。还要根据各地实际，积极发展以风电为主的新能源发电，利用国家开发西部天然气资源和实施“西气东输”的有利时机，适当规划建设天然气电站。

西部地区城乡电网改造是西部大开发的重要内容，要继续在国家城乡电网改造工程取得成果基础上，按照当地人口聚居和分布情况，按照城乡经济发展和人民生活的需要，合理建设和改造高低压电网，特别是要结合未来西部地区小城镇的发展和城市化程度的提高，做好城镇电网的规划与建设工作。

4.加强送端电网、受端电网、西电东送电网及大区联网工程建设

要切实加强西部地区电网、受端电网和西电东送电网的建设，推动全国联网进程。重点是结合西部大型水电基地的开发，加强和完善西部区域主干网架和负荷中心受端网架建设，进行高一级电压等级输电网络建设，积极推进区域联网、全国联网和跨国联网，逐步提高电网安全稳定运行和自动化水平，为西部大开发提供可靠、优质、经济的电力，为西部地区的电力输出开辟通道。同时，要继续加强城乡电网建设与改造工作。

我国电网按照“西电东送”格局，未来将形成北、中、南三个跨区电网，三个跨区电网之间再进行有限的互联，逐步形成全国统一电网，以取得巨大的西电东送效益和联网效益。北部电网要认真研究“三西”煤电基地及黄河上游公伯峡、拉西瓦开发东送输电网络；中部电网要在三峡电站和三峡输变电工程建设的基础上，研究溪洛渡、向家坝水电站开发东送输电网络；南部电网随着红水河龙滩电站、澜沧江小湾、糯扎渡等梯级水电站开发以及贵州火电基地开发，研究其电力送出网络。

5.坚持市场经济原则，充分利用市场机制来促进“西电东送”

实行社会主义市场经济，2000年要初步形成体制框架，到2010年，要形成比较完善的社会主义市场经济体制。所以，坚持市场经济原则，充分利用市场机制是大力推进实施“西电东送”的必然选择。试图单用计划的手段、用行政的方法来实现“西电东送”是不符合客观规律的也是难以奏效的。对此：

(1) 要彻底消除省间壁垒，加快建设竞争有序开放的区域电力市场。目前，国家正在上海、浙江、山东和东北三省进行厂网分开、竞价上网的试点，将在不断总结完善的基础上在全国进行推广。随着省级政府机构改革的逐步完成，政企分开在省级也将初步实现，这就为跨省区域内实行厂网分开、竞价上网,建立区域电力市场创造了条件。各级地方政府要加大力度支持，消除省间市场壁垒，支持建立区域电力市场，这是实现“西电东送”的体制条件。

(2) 深化电价改革，加快建立科学合理的电价形成机制和电价结构。国家应早日出台电价管理条例，加快研究上网电价、输配电价和销售电价三段式电价,建立有效的峰谷、丰枯分时电价结构。合理的电价机制和结构是实现“西电东送”的经济条件。

(3) “西电东送”电价要有竞争力，一般要与东部地区平均上网电价大致相当，最高不能高于东部地区自身的最高上网电价。这就要求西部地区电力企业加强企业管理，降低成本，对“西电东送”电源和电网工程要严格控制造价。电价没有竞争力，东部不可能接收，即使因行政手段等原因一时实现了“西电东送”，也不可能具有生命力。电价具有竞争力是“西电东送”的市场条件。

(4) 东西部双方或多方签订的长期合同或协议要按照国家法律，不折不扣地得到执行。鼓励东西部各方根据自己的市场需要，按照互惠互利的原则，可以签订具有法律效力的长期电力交易合同或协议，也可以签订短期电力交易合同或协议。一经合同生效，各方都必须严格执行，这是“西电东送”的法律条件。

6.依靠科技进步，促进实现产业升级

“西电东送”是一项系统工程，涉及方方面面，其中科技创新和促进产业升级也是一个重要方面。重点抓好高压直流输电、大型空冷机组、新能源发电等设备的技术创新和国产化工作，同时做好西北750kV电压等级及其他地区更高一级电压等级的技术经济论证工作。

7.坚持保护生态环境的原则，实施可持续发展战略

西部地区的生态环境保护和建设已作为西部大开发战略的重要组成部分。要加大对现有电厂污染排放的治理力度，限期达标。要大力推广运用新技术，逐步提高洁净能源和可再生能源发电的比重。要降低火电厂对水资源的消耗，提高水资源的利用效率。要在水电开发过程中高度重视河流和库区的生态保护工作。

关于当前几项具体工作的安排

按照以上“西电东送”的总体思路，近期及“十五”期间就“西电东送”方面重点要抓好以下几项主

要工作：

1. 加大协调力度，发挥现有“西电东送”能力

国电公司将继续抓好三峡输变电工程建设，控制工程造价。国家计委将于4月20日左右召开三峡水电站电力电量分配工作会议，一旦确定，建议纳入有关省市电力市场及电源建设规划中，严格控制这些地区的电源建设进度和规模。同时，我们将采取有力措施，充分发挥现有葛沪直流线路的作用，增加电力交易量。

随着天广直流线路年度投产，南方电网的“西电东送”能力有了较大的提高，建议国家有关部门加大协调力度，在充分吸纳天生桥电能的同时，尽可能多的消纳云南、贵州的季节性电能。

建议国家出台必要的扶持政策，提高二滩水电站的电价竞争性，以促进四川重庆两省市特别是重庆市多接纳二滩电力电量。目前，国电公司正在加快川渝与西北联网步伐，利用西北火电的调节裕度，消纳部分二滩季节性电能。同时，国电公司已决定将三峡至万县双回500kV线路提前建设，力争于2002年投运。四川电力公司也正在与华东电力集团公司进行商谈，并探讨利用三峡输电系统把二滩水电站弃水电力送到华东电网的可行性，千方百计为川电外送创造条件。

华北电网也要利用现有送电能力，加大吸纳蒙西的电力电量。东北电网要安排好机组运行，更好地发挥伊敏电厂作用。对此，相关的协调工作请有关政府部门予以支持。

阳城电厂因为上网电价过高，导致到江苏电网的电价超过了江苏电网的承受能力，必须要采取有力措施，平抑电价。为此，建议国家有关部门加强协调，例如山西省要积极支持，为降低电厂的运行成本提供条件，以创造良好的投资环境。

2. 加强协调工作，早日开工建设一些“西电东送”电源

根据我国电力市场供需状况和电力发展实际，“十五”期间，重点是挖掘现有“潜力”，充分发挥效益，适当增加“西电东送”电力交易。“十五”期间，我们认为根据市场需要，一些重点项目如龙滩、公伯峡、景洪、小湾、三板溪等水电站和一些火电站如山西王曲电厂、托克托电厂等应早日开工建设，为“十一五”及以后增强“西电东送”力度创造条件。同时，也需要加强拉西瓦（310万kW）、糯扎渡（550万kW）、构皮滩（200万kW）、平班（40万kW）、溪落渡（1260万kW）和向家坝（600万kW）等大中型“西电东送”水电站项目的前期工作，为“十一五”及以后中型“西电东送”水电站项目的前期工作，为“十一五”及以后的开工建设做好准备工作。当前重点是一方面要按照规定程序及深度要求加快政府部门的审批工作，同时也请求政府部门协助落实龙滩、小湾、公伯峡等水电站的电力市场协议问题，争取送受双方尽快签订长期够受电合同或协议。

3. 大力加强“西电东送”网架建设，抓紧安排大区电网互联，加强送受端电网建设

当前重点要抓紧做好以下跨区联网工程的开工建设：

(1) 三峡输变电工程。“十五”期间，华中与华东电网新增一回直流输电工程，华中与川渝电网通过双回500kV交流线路实现互联。到2005年，主要是满足三峡左岸机组送出，建成投产约5700km（其中“十五”投产5000km）的500kV交直流线路和约1150万kV·A（其中“十五”投产1075万kV·A）的500kV降压变电容量。同时，华中、华东、川渝电网内部500kV主网架结构得到显著加强，为形成坚强的中部电网，实现三峡电力的外送和加强“西电东送”力度打下基础。

(2) 西北与华中联网工程。陕西秦岭至三门峡现有一回330kV线路，曾降压110kV分列运行。“十五”期间计划增加一套36万kW背靠背设备，实现西北与华中联网。一方面为“西电东送”建设一条通道，更主要为我国直流设备国产化提供工业性试验工程。

(3) 华中与华北联网工程。就近实现互联，对加强东部受端电网建设及扩大“西电东送”受电范围都有一定的意义，两大网互联与可以取得水火调剂、互为备用等联网效益。联网方式采用先交流后直流方式，工程建设规模包括一条长210km交流线路，输电容量初期选择60万kW。

(4) 川渝与西北联网工程。该项目实施，对于加强“西电东送”送端电网具有一定的意义，同时通过川渝西北联网可以取得水火补偿调节，消纳弃水电量；互为备用，提高两电网的供电可靠性和系统抗扰动能力都有一定的作用。也有利于发电能源资源优化配置，为在水电枯水期适当考虑西北向川渝送电提供了可能性。该项目拟采用直流联网方式。工程建设规模包括一条长600km的直流线路，输电容量初期按60万kW考虑。

(5) 山东与华北联网工程（通过王曲电厂输电工程实现）。该项目既保证了王曲电力的外送，并且由于同时实现电网互联取得相应的联网效益，也提高了王曲送出工程输电能力。该工程拟采用交流联网方式，建设王曲经邯东至山东的双回500kV线路。该项目需与王曲电厂一期工程同步建设。

(6) 要尽快研究落实西北电网750kV电压等级

示范工程的建设，以加强西北电网结构及确保拉西瓦等大型水电站的送出。

(7) 还要抓好西北电网与华北电网的联网规划论证工作，适时实现“西电东送”。

“西电东送”需要国家强有力的宏观调控和政策扶持

国家对西部大开发需加强宏观调控和出台相应的扶持政策。否则，西部大开发战略就难以顺利实施，“西电东送”也难以更快地推进。

1. 加强政府宏观调控，深化经济体制改革，消除省间市场壁垒，加快建立区域电力市场

(1) 按照市场经济法则，尽早出台促进西部大开发的法律，使东部地区如广东、华东、京津唐地区在保证受电端电网供应安全的前提下，必须按一定比例为“西电东送”留出一定市场容量。根据市场供需状况，在2005年适当提高接受西电容量，到2010年和2015年要有较大幅度的增加。为此，建议国家有关部门加强协调，早日使供受电双方签订长期购售电合同或协议，纳入各省市区的电力发展“十五”计划及2015年远景规划之中，同时加强合同或协议执行的监管力度。严格控制东部地区常规燃煤电厂建设。

(2) 随着省级政府机构改革逐步到位，进一步深化电力体制改革，特别是加强对市场开放的监管力度，真正做到竞价上网，且能保证电力的稳定供应，建立竞争有序开放的区域电力市场。建议国家有关部门先在南方互联电网开展建立竞争性区域电力市场的试点工作。

2. 对西部地区大中型水电特别是大型水电站的开发要给予优惠扶持政策，降低水电站的建设与运行成本，从而降低上网电价，提高水电竞争力

西部地区要进一步对外开放，努力创造良好的投资环境，吸引区外及国外资金，实现西部电力开发投资多元化和社会化，是加快发展西部电力的必然选择。对于水电站，建议国家出台的主要扶持政策是：

筹资方面：国家发行长期国债优先用于大型水电开发；允许电力企业发行企业长期债券甚至上市；适当提高资本金比例。国家优先安排政策性低息贷款；采取贴息1～2个百分点等方式降低贷款利率；适当延长还贷款期限，一般延长到25年或30年。

税赋方面：可比照农副产品和火电的办法，稳定一个固定抵扣率作为水电站的进项税，从而使水电站增值税税率降低到6%左右。水电所得税实行“两免三减半”政策，将还贷期所得税率由33%降至15%。考虑到水电站具有综合效益，耕地占用税比照大型水利枢纽（如三峡）和小水电按现有税率的1/3征收。免征耕地占用税、矿产资源税、基本农田保护费、补充耕地费和水资源费等。

实行滚动开发政策：建立梯级补偿效益返还机制，鼓励优先投资建议龙头水电站。

实行综合利用投资分摊政策：大型水电设施除发电效益外，兼有防洪、灌溉、供水、航运、水产、旅游等方面效益，建议实行效益投资分摊制度，如防洪、灌溉效益所应分摊投资由国家及地方政府投入等。

移民政策：实行有利于水电开发的水电移民政策，是西部地区各级地方政府改善西部地区投资环境的具体表现。要建立移民业主监理制。

增加勘探规划前期投入：建议国家恢复原财政部每年安排的水电河流勘探规划拨款，专款专用，由国家电力公司提出具体项目安排，财政部或其他有关部门进行监督。

3. 对“西电东送”输电线路实行优惠政策，合理降低输电电价

远距离输电的费用占电价的比例较大。例如小湾送电到广东的电价构成中输变电约占32%；贵州火电送到广东的电价构成中输变电约占25%；龙滩送电到广东的电价构成中输变电约占18%。因此，需要制定出台必要的优惠政策，降低水电电价，提高“西电东送”电价竞争力。主要体现在筹资方面，①是国家优先安排政策性低息贷款；②是采取贴息1～2个百分点等方式降低贷款利率；③是适当延长还贷期限，一般延长到20年左右。

要研究和建立合理的输电电价体制，输电电价应由电量电价、容量电价和联网效益电价三部分组成，使电网经营企业能还本付息，保证获得合理的利润，具备发展的能力和空间。

4. 加大东部地区对西部电力开发的支持力度

东部地区要为西部电力东送让出应定的市场空间。关键是要把“西电东送”电源纳入东部地区电力电量平衡，并要以契约、合同的形式固定下来，东部要以当地新增火电的边际成本为尺度将“西电东送”容量纳入平衡，发挥西部水电的容量效益，避免重复建设，改善环境，支持西部大开发。

西部各省市区需要进一步对外开放，积极创造良好的投资环境，吸收东部及其他外来投资者来投资，以及加强水火电的优化开发规划，实现西部能源的产业化开发，保证“西电东送”电力电量的稳定供应。

西部地区的电力企业要大力加强自身高素质人才的培养。通过培养和水平。进行东西部间的人才交流，逐步提高西部地区电力企业的人员素质和管理。

电力体制改革

国务院办公厅关于电力工业体制改革有关问题的通知

（国办发［2000］69号）

各省、自治区、直辖市人民政府，国务院各部委、各直属机构，国家电力公司：

为了更好地满足经济建设和人民群众日益增长的物质文化生活需要，推动电力工业的健康发展，促进电力工业引入竞争机制，尽快建立符合社会主义市场经济要求的电力工业管理体制，经国务院同意，1998年12月国务院办公厅转发了《国家经贸委关于深化电力工业体制改革有关问题的意见》（国办发［1998］146号，以下简称《意见》）。经过各地区、各有关部门的共同努力，改革试点工作取得了一定成绩，为下一步继续深化电力工业体制改革（以下简称电力体制改革）积累了经验，打下了基础。根据目前改革试点工作的实际情况，国务院决定对已经开展的电力体制改革试点内容作必要的调整。为做好此项工作，经国务院同意，现就有关事项通知如下：

一、电力体制改革工作由国家计委牵头，会同国家经贸委、财政部、国务院法制办、国务院体改办、国家电力公司及中国电力企业联合会等有关部门和单位组成的电力体制改革协调领导小组负责。电力体制改革总体方案由协调领导小组组织制订，报国务院审批。地方各级政府不再相应设置电力体制改革领导机构，也不得自行制订或出台本地区电力体制改革方案。

二、按照政企分开的原则，各省、自治区、直辖市要继续按照《意见》的要求，结合地方机构改革工作，将电力局（公司）现承担的行政管理职能移交给地方政府综合经济管理部门，并接受其指导与监督。地方各级政府均不设立电力专业管理部门。

三、自本通知下发之日起，除按照《意见》确定的辽宁、吉林、黑龙江、上海、浙江、山东6省（市）外，其余各省、自治区、直辖市一律暂停执行地方政府或电力企业自行制订、实施的“竞价上网”发电调度方式。已经进行试点的6省（市）电力公司，在新的电力体制改革总体方案出台前，可以继续在原试验电量的范围内进行竞价上网发电调度。有关省为实体的试点范围暂不扩大，尚未进行的一律暂停。关于改革农村电力管理体制，实现“两改一同价”的工作，仍按《意见》的精神继续进行。

四、为确保电网的安全运行和电力体制改革的顺利进行，国家电力公司系统及其他电力企业要加强管理，明确责任，服从调度，切实保证电力企业日常生产和各级电网的安全运行。

五、为规范运作，防止国有资产流失，除正常生产经营外，有关各级国有电力企业资产重组、电站出售和其他资产处置问题，将纳入电力体制改革总体方案统筹考虑。目前除按国家规定程序审批的资产重组、电站出售、盘活存量项目外，停止其他任何形式的国有电力资产的流动，包括电力资产的重组、上市、转让、划拨及主业外的投资等；凡项目未经国家批准的，其已经变现所得的资金应停止使用并予以暂时冻结。

各地区、各有关部门和单位要顾全大局，统一认识，按照国务院的统一部署和各自职责分工，做好电力体制改革有关工作。对因玩忽职守，给国家电力资产造成损失或酿成安全事故的单位和个人，要依法严肃追究有关责任人的责任。

二〇〇〇年十月十七日（印）

国家经贸委副主任石万鹏在国家经贸委电力工作座谈会上的讲话（摘要）

二〇〇〇年九月十四日

一、当前经济运行的形势

（一）经济增长出现重要转机

2000年以来，我国的经济运行出现了一系列积极变化，整个经济出现重要转机。经济增长扭转了连续数年减速运行的局面，上半年，GDP同比增长8.2%。2000年1～8月，全国完成工业增加值14968亿元，同比增长11.6%，这是近3年来同期最高的增幅。1～7月，全国工业盈亏相抵后实现利润2022亿元，较1999年同期增加1055亿元，同比增长1.09倍，其中国有及国有控股企业实现利润1132亿元，同比增长1.94倍，大大超过1999年全年盈利967亿元的水平。亏损企业的亏损额继续下降，1～7月，亏损企业亏损额785亿元，同比下降9.9%，其中国有及国有控股亏损企业亏损额520亿元，同比下降8.8%。国有及国有控股工业产成品存货继续下降，到2000年7月末产成品存货3557亿元，同比下降1.5%。工业产品销售率提高，全国工业产品销售率为96.98%，同比提高1个百分点。工业流动资产周转次数加快，1～7月，已达到1.51次，同比加快0.14次。部分工业品价格出现了恢复性回升，经济运行的质量明显提高。经济运行中出现的这些可喜的变化，主要是两年多来中央所采取的一系列宏观调控政策得到了落实，同时也是国际经济环境趋好（国际货币基金组织预测，2000年全球贸易增长将达到7%，较1999年提高3个百分点），经济结构调整初见成效，以及国有企业、住房、教育等各项改革进一步深化的积极结果。具体来讲，一是国家通过积极的财政政策和稳健的货币政策，扩大内需，有力地促进了经济增长；二是严厉打击走私，提高退税率、扩大出口经营权等政策起了重要的作用；三是支持国有企业改革脱困的政策，比如：核销呆坏账、债转股、技改贴息等，加快了国企改革脱困的步伐，四是按市场需求实施总量控制、关闭“五小”、淘汰落后生产能力，大大改善了企业经营的宏观环境和市场环境，优化了经济结构，为推动工业经济效益的回升起了重要作用。

（二）几个重点行业发展态势良好

1. 纺织工业

纺织曾经有过辉煌的发展历史，但由于多年来的低水平重复建设，加之冗员过多、包袱沉重，自1993年以来整个国有纺织工业连年亏损，到1996年，全行业亏损17亿，国有纺织企业亏损83亿。分行业看，亏损额居全国国有工业首位，纺织成了国有工业中困难最大、亏损最严重的行业。

1997年10月30日～11月1日，朱镕基总理到上海调研并召开了四省市领导座谈会，提出了要把纺织作为国企3年改革与脱困的突破口，同时确定了突破口六项政策的基本框架。1998年1月23日，上海敲响棉纺压锭第一锤，标志着突破口战役全面铺开。

到1999年底，全国累计压锭906万，分流安置职工116万，国有纺织企业实现利润9.5亿，曾经是国有企业中最困难的纺织行业，率先实现了国有企业改革与脱困的突破。纺织行业2000年的形势更好，全行业1～7月盈利129.9亿元，其中国有及国有控股企业实现利润28.4亿元，2000年纺织全行业的利润有望达到200亿元以上，其中国有及国有控股企业可能会超过50亿元。1～7月，纺织行业出口大幅增长，成为带动全国外贸出口高速增长的重要力量，纺织品服装出口285.4亿美元，同比增长37.3%，占全国出口总额1/5强。

纺织行业的率先突破，为国有企业的改革与脱困走出了一条路子，其实践意义是深远的。第一，压锭制止了纺织工业的重复建设，压缩了过剩的生产能力，改善了供求关系，为国有纺织企业摆脱困境创造了有利的宏观环境。第二，压锭减人，为纺织行业走出困境争取了主动。第三，敲掉落后的棉纺锭，实行资产重组，使有效的国有资产向优势企业集中，为国有经济在竞争性领域实现战略性调整探索了路子。第四，压锭淘汰了落后棉纺锭，为加快纺织产业升级、全面提高纺织行业的整体素质和竞争能力创造了条件。

纺织行业走出困境，坚定了我们压缩过剩生产能力和进行行业结构调整的信心。2000年，我们又以冶金、制糖、煤炭等行业为重点，按市场需求实施总量控制，压缩过剩的产量，坚决淘汰落后生产能力，取得了一定进展。

2. 冶金行业

“钢铁元帅”在新中国工业中曾经长时期居于十分重要的地位。但自1993年以后，冶金工业产量连年增加、效益却连年下滑。1993年全国生产钢材7707万吨，实现利润294亿元，而1998年生产钢材1.07亿吨，实现利润仅20亿元（这是快报数，实际决算数只有9亿）。1999年国家提出了冶金行业要实行总量控制，结果钢产量由1998年的1.14亿吨增加到1.24亿吨，1999年钢材价格平均每吨又下滑150元。1999年冶金工业的资产7500多亿，占国有工业资产的10%，但实现利润只有30亿元。根据国务院领导的指示精神，我们2000年对钢铁工业按市场需求实施总量控制，进一步加大关小、淘汰落后和结构调整的力度。

2000年1月份全国钢产量增长过快的势头有所遏制，但个别省、个别企业仍存在不顾市场需求盲目增产的问题。根据党委组决定，我们于2000年2月28日主持召开了超产较多的四个省的省长、经贸委和冶金主管部门负责人参加的座谈会，要求明确责任，制订措施，确实做好关小、淘汰落后、限制市场供过于求长线产品的产量等工作。

抓纺织压锭，体会最深的就是要狠抓落实。借鉴纺织压锭的经验，从2000年3月下旬到6月中旬，我们先后到浙江、江苏、山西、山东、湖北等省进行督促检查，与各地领导交换意见，并深入到这些省的钢铁企业，召开了多次座谈会，了解情况，交换看法，进一步明确了钢铁的发展主要是在品种，质量上下功夫，要控制总量、调整结构，提高效益。具体做法是：一是关小。凡50m^3以下的小高炉、10t以下的小转炉和小电炉一律关闭。全国共有小钢铁企业

225户，今年拟关闭103户，第一批50家的名单已正式公布，预计10月底前可以完成。第二批拟关闭53家，现正在准备过程中。二是大中型钢铁企业坚决淘汰落后工艺和设备，即淘汰平炉炼钢、化铁炼钢、横列式轧机等。大冶钢厂淘汰了厂内最后一座平炉；青岛钢厂淘汰了40万t化铁炼钢的落后工艺，结束了化铁炼钢的历史。三是限制严重供大于求的长线产品的生产。

在上述措施的综合作用下，2000年1～7月，全国钢产量7181万t，同比增长3.52%，比1999年平均增幅回落了近5个百分点。4月中旬以来，螺纹钢、线材、中板等品种的价格一改6年持续下滑的局面（生产资料价格连续47个月下降，2000年2月止跌回升），出现快速回升，钢材价格由年初的2000元/t左右，恢复性上涨到2400元/t左右，螺纹钢、线材的价格平均涨幅约300多元/t。经济效益显著回升，冶金行业去年全年实现利润22亿元，而2000年1～7月实现利润已经达到64.4亿元。同时，企业还增提折旧费26亿元。科技开发费的提取也大幅增加。应收账款和库存都明显下降。全年实现利润有望达到100亿元以上。

3. 制糖行业

近年来，糖的市场严重供大于求，全国制糖行业已连续亏损，累计亏损近100亿元，其中1999年亏损达22亿元，企业生产经营十分困难，行业陷入困境。

为此，我们采取了以下措施：一是压缩甜菜糖生产能力，调整了食糖的生产结构。甜菜含糖低，制糖成本高，全国共拥有甜菜糖生产能力180万t，我们调整压缩了近100万t（保留49户企业，85万t的生产能力），宁夏、甘肃、河北、山西、辽宁、吉林、陕西等7个不宜发展糖业的省区整体退出制糖行业，内蒙古、黑龙江部分退出，形成了北方甜菜糖以新疆为主，南方蔗糖以广西、云南、广东为主的新布局。二是关闭一批糖精厂，为食糖腾出了市场。1t糖精的甜度相当于500t蔗糖，削减糖精生产能力客观上为食糖腾出了很大的市场空间。全国共有14户糖精生产企业，2000年准备关停转产9户，压缩生产能力2.8万t，现正在操作。三是关闭一批小糖厂，大大减少了糖的市场压力。全年准备关闭152户小糖厂，压缩生产能力273万t。目前关闭企业名单已下达，现已有108户停产。

由于采取了关闭糖精厂、小糖厂，大力进行结构调整，加上广西、云南甘蔗受灾减产的影响，2000年上半年，糖的总量得到了有效控制，本榨季糖的总产量为681万t，比上榨季减少产量201万t。糖价在连续3年下跌的情况下，止降转升，由年初的每吨2000元回升到3400元左右，大部分糖厂实现了顺价销售，制糖行业的困难局面明显改观。2000年1～7月，全行业实现利润0.29亿元，比1999年同期净亏损13.32亿元相比，减亏增盈13.6亿元，其中7月份实现利润1.42亿元，全年有望实现盈利5亿元以上。

2000年7月底，食糖产区的糖价每吨已接近4000元，这对关闭小糖厂，调整糖业结构十分不利。因此，遵照国务院领导的意见，我们已会同有关部门采取措施，动用国家储备糖投放市场，8月下旬以来，糖价开始止跌回落，产区糖价已降至每吨3700元左右，市场趋于稳定。

4. 煤炭行业

2000年年初确定，煤炭产量根据市场需求要控制在9亿t。围绕这一目标，我们主要做了两方面的工作：

一是关闭非法及布局不合理的小矿，截止2000年7月末，全国累计取缔和关闭非法及布局不合理小煤矿37415处，压减产量3.2亿t。其中2000年1～7月关闭非法小煤矿6115处，压减产量4132万t，非法小煤矿已大部分被取缔，随意布点、滥采乱挖的现象得到遏制，煤炭生产经营秩序趋向好转。

二是狠抓了煤炭出口工作。2000年1～7月，已累计出口3111万t，增长47.8%，大大缓解了国内煤炭市场的压力。同时，使铁路、港口等相关企业的能力得到充分发挥，综全效应非常显著。煤炭出口的好形势，主要得益于1999年国务院及时批复了我们会同有关部门制定的6条鼓励政策。2000年这6条政策继续发挥着作用。我们与有关部门加强配合，努力为煤炭出口创造一个宽松有利的环境，帮助企业落实货源、开拓市场、协调运输，充分调动煤矿、铁路、港口、出口公司各方面的积极性，大幅度提高了煤炭出口水平。按照目前的速度，2000年出口量有望达到5000万t，创历史最好水平。

2000年1～7月，煤炭产量为5.36亿吨，同比减少4133吨，煤炭价格出现了止跌趋稳的迹象，与年初相比煤价每吨回升约1～2元。原中央财政煤炭企业累计亏损26.5亿元，同比减亏5.7亿元。

除此之外，石油石化行业在取缔土炼油场点6000多个的基础上，关闭了违规建设、违法经营以及产品质量、污染排放达不到标准的小炼油厂111家。关小水泥厂、小玻璃厂、小火电厂、小烟厂的工作也取得一定进展。

在工业经济效益回升的情况下，我们要求各企业务必把该提的折旧提足，该付的利息付足，该用的技术开发费用足，该缴纳的税金缴足，该付的职工工资和离退休养老金付足，该摊销的递延资产摊足。

现在遇到的问题是，在需求回升、价格上扬的情况下，一些地区重复建设有所抬头，出现重开、新上属于严格控制的项目；一些企业对关小、淘汰落后、压缩过剩生产能力的工作有所放松，已淘汰的落后企业及生产能力有死灰复燃的苗头。为此，还要做好以下工作：一是继续统一思想，提高认识，狠抓落实，坚持不懈地把关闭“五小”、淘汰落后、压缩过剩的生产能力、调整结构的工作抓到底。二是坚持按市场需求实施总量控制，坚定不移地压缩市场供过于求的长线产品，为结构调整和产业升级创造有利条件。三是进一步完善有关法律法规，继续制订和实施产业政策，努力做到有法可依，依法行政。四是充分运用法律手段关闭质量低劣、污染环境、不符合安全生产条件的小厂、小矿，运用经济手段，对落后的生产能力、工艺、产品和重复建设项目，通告银行不予贷款，同时辅之以必要的行政手段，包括停止供电、吊销营业执照和取消生产许可证等，以发挥各种手段的综合效应。

我们就上述情况向朱镕基总理和吴邦国副总理写了个报告，镕基总理作了重要批示：“两年多来，国家经贸委积极组织实施产业结构调整工作，取得显著成绩。经验证明，对污染环境、破坏资源、质量低劣、不符合安全生产条件的企业，必须依法采取行政关闭的措施，不如此，这些企业不会自动退出市场。”

(三)清醒看待当前经济回升，正确把握总体走势

当前，经济出现了明显的回升势头，这是一个积极的重要的变化，对增强人们的信心，提高各方面的积极性，促进改革向纵深发展是非常有效的。但是也应看到目前的这种回升是初步的，基础是不牢固的。

第一，目前的经济回升受政策性、季节性和外部等短期因素影响比较大，从总体上看，社会有效需求不足的问题还有待于进一步解决。从固定资产投资看，上年增发的600亿特别国债结转的投资和今年新增的1000亿特别国债提前列入了年初的预算，加之技改贴息、停止征收投资方向税、房改等措施，有力地推动了投资的增长。销售市场的活跃，主要是由于1999年下半年国家提高了城市中低收入者收入水平，以及春节、“五一”延长放假所形成的“假日消费”的带动。出口的快速增长，有国际经济形势好转的因素，也有国家提高出口退税率、扩大出口经营权等鼓励政策的作用。另外，1999年同期出口基数较低，2000年属于恢复性增长。从市场价格变动的趋势看，主要是在略升和略降之间波动，集中地反映出社会有效需求不足的矛盾还没有完全解决。

第二，已经出台措施的积极效应对经济增长的拉动将趋于减弱。在投资方面，投资增长更多的是依赖国债投资的带动，下半年随着国债投资高峰已过，投资效应可能递减。所以，还要继续实行积极的财政政策。最近，人大已经通过国务院2000年再增发500亿元特别国债的建议。在市场销售方面，提高居民收入、延长假日等政策在下半年仍将发挥作用，但效应有可能减弱。出口方面，由于出口退税政策效益的递减以及基数的提高，高速增长将难于持续。另外，国际市场也存在一些不稳定因素（如原油的价格走势等)。

第三，经济增长的内在活力仍然不足。积极的财政政策对刺激经济的短期回升是有力的，但全社会投资增长快慢对国债的依赖性明显上升，经济本身的内在活力仍然不足。一是非国有经济增长虽略有加快但仍显乏力。非国有经济已经成为经济增长中不可忽视的力量。近几年由于受投资领域准入的限制，融资渠道不畅，以及短期收益率不高的影响，非国有经济投资增长持续低缓。二是农民收入增长缓慢，有效的购买力不足。农民收入增幅已经连续3年下降。2000年上半年农民人均现金收入同比增长1.8%，低于1999年同期2.9个百分点，大大低于同期城镇居民7.7%的增幅。三是城镇下岗人员增多，消费支付能力下降，城镇居民住房、医疗、教育支出压力依然很大，这些制约使城镇居民即期消费难于有较快的增长。四是国有企业本身转换经营机制、强化管理等内在作用的效果还不突出。

二、电力工作的主要进展

2000年以来，电力运营情况良好，各项指标呈稳定回升态势。全国发电装机总容量突破了3亿kW，迈上了一个新台阶。电力供应基本满足了国民经济发展和人民生活的需求。1～7月份，发电量平稳增长，全国发电量完成7453亿kW·h，比1999年同期增长10.5%；全社会用电量全面回升，同比增长11.4%。从产业类别看，用电量增速分别为：第一产业4.9%，第二产业11.1%，第三产业13.9%。全行业用电增长11.1，城乡居民生活用电同比增长13.3%。

电量快速增长的原因：一是上半年我国国民经济运行良好，重点行业、重点工业企业生产增加和经济效益明显改善，拉动了电力需求。二是积极开拓市场，城乡电网改造和电价整顿有效地刺激了城乡居民生活用电增长。三是今年天气持续高温和部分地区干旱使得空调和灌溉负荷增加，推动了用电增长。电力增长能够保持良好态势，除以上原因外，和大家共同努力、积极工作也是分不开的。

(一) 政企分开改革取得实质性进展

2000年6月初，经国务院领导同意，中央机构编制委员会办公室和国家经贸委联合下发了《关于调整电力行政管理职能有关问题的意见》，进一步明确了国务院关于“地方各级政府均不设立电力专业管理部门”的要求，同时强调各省要将分散在各专业管理

部门、行政性公司等单位的政府管电职能，一并划入经贸委，实行政企分开，这是电力工业管理体制的一次重大转变。为了做好这项工作，国家经贸委印发了《关于做好电力行政管理职能调整有关工作的通知》，就调整电力行政管理职能、机构撤销等工作进行了具体部署。两年来，政企分开、转变政府职能、构筑新型政企关系等工作取得实质性进展。目前，政企分开改革工作进展顺利，江苏等省已上报了撤销省电力工业局、移交电力行政管理职能的文件。已有26个省、自治区、直辖市经贸委设立了电力处，并有效地开展了工作。其他省份“三定”方案已经落实，正在积极筹备组建。

（二）厂网分开、竞价上网改革试点取得阶段性成果

根据国务院办公厅国办发［1998］146号文件要求，积极推进厂网分开、竞价上网试点工作。认真组织了在浙江、上海、山东、辽宁、吉林、黑龙江等6个省（市）进行厂网分开、竞价上网的试点工作，同时成立了由我委牵头、国务院有关部门参加的厂网分工、竞价上网试点工作小组，加强对试点工作的组织和协调。2000年初，上海、浙江、山东三省市已开始试运行，通过试运行，增强了发电企业的市场竞争意识，降低了上网电价，完善了技术支持系统，探索了发电企业重组的思路，积累了电力市场监管的经验，改革取得了积极的进展和阶段性的成果，也为下一步工作开展积累了经验。

（三）农电体制改革成效明显

根据国务院国发［1999］2号文件的精神和要求，对农电体制改革工作进行了全面动员和部署。目前，农村电力体制改革和加强农村电力管理工作已取得成效。针对在推进改革过程中出现的情况和问题，国家经贸委向国务院进行了专门汇报，按照朱镕基总理“要统一认识，才能有统一行动，方可完成这一历史性任务”的批示精神，下发了进一步做好农村电力体制改革工作有关问题的通知，进一步统一了思想，明确了方向，保证了改革的顺利进行。

目前，各省（区、市）和新疆生产建设兵团都已全部上报了加快农村电力体制改革、加强农村电力管理的实施方案，已审查了29个，下达批复了24个。据初步统计，全国2400多个县中：1040多个趸售县，已有251个县完成了公司制改革，有80个县上划省电力公司直接管理，其余已全部实现代管；847个直供直管县，已有11个进行了子公司改革试点。600个自供自管县也正在因地因网进行改革。乡镇电管站改革作为农电体制改革的重点，已有1022上县完成改革，取消乡镇电管站1.77万个，精减农村电工23万5千多人。通过加强管理，有效地制止了“三电”“三乱”现象，使得农村电价明显下降。

（四）电力行业规划及结构调整工作稳步推进

电力行业规划是电力行政管理的一项重要职能，是政府部门制定产业政策、实施宏观调控的基础。按照党中央、国务院的统一部署和国家有关部门的要求，进行了电力工业“十五”规划的编制工作。在调查研究和多次召开座谈会的基础上，提出了电力行业结构调整和“十五”规划基本思路。目前，全国电力行业“十五”规划（草案）已提交国家有关部门，为国民经济和社会发展“十五”规划纲要的编制提供重要的基础性材料。

根据1998年中央经济工作会议和全国经贸工作会议的部署，关停小火电作为关“五小”之一，成为我国经济结构调整的一项重要内容。在深入进行调查研究的基础上，提出了关停小火电机组有关问题的意见，国务院办公厅同意并转发了我委的意见。根据关停工作中的实际问题，印发了关停小火电机组实施意，制定下发了热电联产和综合利用机组认定管理办法，指导关停小火电工作的具体实施。

目前，关停小火电机组工作进展顺利，到1999年底已累计关停574万kW。2000年将关停约420万kW，到2000年底将累计关停1000万kW左右，约占应关停小火电机组总容量的1/3。

（五）电力市场秩序得到规范

规范市场秩序是经贸委很重要的一项工作。工作中必须注意研究和把握市场的变化。为规范调度秩序，提出了优化电力资源配置，促进公开、公平调度的意见，并加强了监督检查。围绕理顺电价矛盾、有效发挥价格杠杆作用，认真研究电价等问题，向国务院领导及有关部门提出了“调整电价结构、调整电价政策、保持电价稳定”的电价工作思路，并参加了全国电价的调整工作。做好整顿电价秩序工作，参加了取消各地随电价乱收费、乱加价的检查，有效地减轻了企业不合理电费负担。

为积极开拓电力市场，及时总结了一些省份鼓励用电、推动当地经济发展的经验和作法，与国家计委共同印发了关于利用电价杠杆促进电力消费的通知。同时，根据中央12号文件精神，调整了电力增容费的收取标准，对促进社会用电增长，启动市场起到了一定的推动作用。为减轻高耗能企业电费负担，提出了对电解铝等7种有色金属企业实行优惠电价的政策，已经国务院批准同意执行。

在推动发电企业和大用户直接购售电力方面进行了探索。先后对宝钢自备电厂直供益昌薄板厂、二滩水电站直供黄磷厂等问题进行了协调，为开展更大范围的供需见面，积累了经验。

（六）电力法制建设继续加强

搞好电力法制建设，推进电力依法行政是我委两年来的重要工作，也是我们履行国务院政府管电职能的重要内容。我们以国家经贸委令颁布了《电力设施保护条例实施细则》、《电力行业标准化管理办法》；正在修改和制订《电网调度管理条例》、《农村电力管理条例》、《发电市场运营规则》、《发电市场监管办法》等一些重要的电力法规和规章。为适应社会主义市场经济体制的要求，适应电力工业改革和发展的要求，我们已着手研究《电力法》的修改问题，并研究改革和完善新形势下的电力行政执法工作，继续抓好电力标准化这一基础性工作。

三、今后一段时期电力的主要工作

今后一段时期电力工业改革和发展的主要任务是：按照建立社会主义市场经济体制的要求，控制总量，调整结构，培育市场，规范秩序，深化改革，促进发展，加强法制，依法行政，紧紧围绕改革，以改革促发展，发展中促改革，按照国务院确定的电力改革的各项工作部署，进一步抓好工作的落实，推动工作的全面开展。

（一）狠抓落实，加快推进电力改革

电力工业管理体制改革仍要继续以政企分开为重点并不断深化。实现政企分开是一项长期而复杂的任务，是电力工业改革和发展的重要基础。目前，大部分省区市按照国务院的统一部署，结合政府机构改革，将电力行政管理职能划入经贸委。

要继续抓好厂网分开、竞价上网改革的试点工作，加大工作力度。厂网分开、竞价上网是电力市场化改革的重要内容，是一项十分复杂的工作。改革涉及发电企业重组、监管体系等一系列重要问题，也必然涉及到电力行业有关方面的利益。要继续按照国务院的要求，加大工作力度，试点地区的经贸委要加强研究和协调，在电力企业重组、电价机制创新和市场监管等方面大胆探索。取得经验，以推动、指导面上电力改革。

农电体制改革和加强农电管理工作要在取得阶段性成果的基础上，抓好批复方案的落实，把党中央、国务院减轻农民负担、开拓农村市场、改善农村生态环境的要求真正落到实处。要着眼长远，加大农村电力管理的力度，巩固改造、改革已取得的成果。要牢固确立农村电力发展在国民经济全局和电力工业发展中的地位和作用，突出电力为农业、为农民、为农村经济发展服务的方向，制定我国农村电气化发展纲要，加快农村电气化工作步伐，建立起适应社会主义市场经济的农村电力体制。

（二）加快西电东送步伐，搞好电力结构调整

当前调整电力结构的任务十分繁重，要继续做好电力行业“十五”规划的编制工作，提高编制质量和效率。应当看到，当前电力供需的平衡是一种低水平的平衡，我国电力工业在经济效益、运行质量和服务水平等方面与世界先进水平相比还存在很大差距，在能耗、供电可靠性和劳动生产率等方面与国外的差距更大。要利用当前电力供需缓和的有利时机，以西电东送为重点，以加强管理和技术进步为基础，以市场需求为导向，以结构调整为出发点进行电力工业的战略性调整。要贯彻好国家能源产业政策，重视环境保护，坚持控制总量，调整结构，实现电力发展由重视数量向重视质量的转变。要努力提高电力在一次能源消耗和在终端能源消耗中的比例，提高电气化水平。加快水电和新能源发展，提高可再生能源在总装机中的比例，积极推进洁净煤发电技术。

要认真研究西电东送的有关政策和措施，积极有效地推动和实施。“西电东送”是我国电力工业发展的战略选择，开发西部电力资源实施西电东送，对贯彻西部大开发战略和可持续发展战略，将西部资源优势变成产业优势和经济优势，促进西部地区经济发展具有重要意义。要结合西部大开发，不断延伸送电范围，扩大送电规模，实施和促进全国联网。要积极引导国内外投资向西部地区倾斜，充分利用西部地区丰富的能源资源，加大西部电力开发力度，促进西部地区经济和社会发展。

（三）培育和规范电力市场，优化资源配置

当前，要加快清理缺电时期对生产和人民生活的各种限制性政策，满足经济发展和人民生活的用电需求。及时调整价格政策和用电政策，改进电力企业的服务方式，积极扩大电力需求。要积极实行峰谷电价和丰枯电价，对高耗电企业要按政策实行优惠价格。在有条件的地区，要鼓励使用电锅炉、电热水器等用电设备，支持城市开展的“光亮工程”、“亮丽工程”。

电力资源优化配置的根本目的是促进资源的节约和充分利用。要着重抓好公平调度和经济调度，充分利用水能资源和可再生能源，在电力供大于求的地区，要推行以水代火；充分发挥高效、环保机组的生产能力，继续加大关停小火电机组工作的力度，严格控制小火电机组发电；适应电力体制改革的需要，加大资源优化配置协调工作力度，加强对电网公开、公平、公正调度落实情况的检查、监督。打破行政区域界限，消除省间壁垒，促进省间电量交换，充分发挥市场对资源配置的基础性作用，结合实施“西电东送”战略，实现更大范围内的电力资源优化配置。

（四）加强管理，积极推进电力企业现代企业制度建设

电力企业要适应市场经济的要求，要面临市场竞争和优胜劣汰的考验，就要强化管理，搞好服务，讲

求实效。近几年来，电力企业与市场不相适应，导致成本升高和效益下降，也使得国内电力企业的整体素质难以与国外先进水平相比较和竞争，这里很大的一部分原因是由于实行科学管理的动力不足，压力不够。加强企业管理是企业工作永恒的主题。国务院确定2000年是管理年，把加强和改善企业管理摆在了十分突出的位置。在这方面电力企业不仅是有可为，而且是大有可为。要认真总结行业中的成熟经验和作法，一些电力公司围绕市场加强管理，开拓市场，改进服务，扩大电力销售。

建立现代企业制度，是公有制与市场经济相结合的有效途径，是国有企业改革的方向。要全面理解和把握产权清晰、权责明确、政企分开、管理科学的要求，电力行业要在继续推进电力政企分开、厂网分开和农电体制改革工作的基础上，结合电力改革的新形势和新要求，积极研究和探索国有资产管理的有效形式，按照国家所有、分级管理、授权经营、分工监督的原则，逐步建立国有资产管理、监督、营运体系和机制，建立健全严格的责任制度。电力企业要通过规范的公司制改革，建立规范、完善的法人治理结构，明确职责，形成各负其责、协调运转、有效制衡的机制。要通过股份制改造，积极发展多元投资主体的股份有限公司和有限责任公司。要着力转换企业经营机制，要加强对国有资产的监督管理，实现国有资产的保值增值，提高资本运营效率。

（五）进一步加强电力法制建设，推进依法行政

依法治国，建设社会主义法治国家，要求政府及其职能部门依法行政，这是新形势下对政府工作的基本要求。经贸委作为政府重要的经济综合管理部门，在解决存在的矛盾和问题过程中，必须综合运用经济手段、法律手段和必要的行政手段，其中最根本、最重要的还是要依靠法制，要加强电力法制建设，切实转变职能，转变工作方式，依法行政，依法管理经济，把基本的经济手段、行政手段纳入法制化的轨道。

当前要继续抓紧进行修改《电力法》的调研工作，使《电力法》的修改能够尽快形成一个基本的框架，同时继续做好制定或修改相关电力行政法规、规章的工作，努力提高法规、规章起草质量。各级经贸委在配合做好修改《电力法》调研工作的同时，要结合本地实际，积极推动开展地方电力立法工作，要进一步加强和完善电力行政管理职能，积极总结和探索新形势下加强执法监督的经验和实践。通过上下共同努力，尽快形成以《电力法》为龙头，电力行政法规、地方性电力法规、电力行政规章相配套的完整的电力法律法规体系，使电力方面的各种经济关系都实现有法可依。

（六）加强学习，改进方法，提高工作水平

经贸委的工作千头万绪，面对复杂的情况，要完成繁重的任务，需要付出加倍的努力，很多同志是新到电力工作岗位上来，工作热情很高，万事开头难，大家要理清工作思路，找准切入点。要加强学习，善于学习，承担起推进电力改革的历史责任。新形势下，新思想、新知识、新观念不断出现，需要我们不断学习，向实践学习，向基层学习，要自我加压，少些应酬，多些学习，不断充实和提高自己。要加强对前瞻性改革和发展问题的研究，特别是对理论问题的研究和探讨。

要注意改进工作方法，转变工作作风，注意协调好各方面的关系，妥善处理好改革、发展和稳定的关系，保证电力生产和电网运行安全稳定，这是我们经贸委工作必须始终把握的大原则。深入调查研究，善于总结规律性的东西，及时发现方向性、代表性的问题，提高工作的敏锐性和洞察力。建设社会主义市场经济，尤其是在中国这样的具体国情条件下搞电力改革，没有经典可以找到答案，也没有成功的先例可以照搬，完全靠我们自己在实践中去探索、把握和创新。

中电联理事长、国家电力公司副总经理赵希正在中国电力企业联合会三届二次理事会议上讲话（摘要）

（2000年2月29日）

当前，中国电力工业正处在体制转轨、机制转换、结构调整、经济增长方式转变的重要历史时期。在国务院的领导下，在国家经贸委的具体指导下，电力工业各项改革正在健康、有序地推进，取得了一些实质性进展和阶段性成果，同时也触及到一些深层次问题，有待进一步深化改革，逐步加以解决。一是政企分开已在中央层面形成“政府宏观管理、企业自主经营、行业协会自律管理和服务”的管理体制新格局。今年，网、省电力局的政企分开随着省级政府机构改革的推进全面展开，现在已不是我们想不想政企分开，而是要考虑如何实现政企分开，在市场中求生存、求发展；已不是讨论行业协会要不要成立，而是要深入考虑如何办好行业协会，发挥好在市场经济中的特定功能。在此，特别强调在组建省行业协会时一定要注意行业协会所具有的广泛的代表性，既代表中央电力企业的利益，也代表其他电力投资主体的利益。中电联与各省行业协会的关系不是上下级的关系，而是在中电联《章程》约束下的会员关系。二是全国性的整顿电价、城网改造和农电“两改一同价”初见成效，为进一步开拓电力市场、降低电价、减轻

农民负担、改善服务创造了条件。但是，由于电力企业在观念转变上还有差距，城乡电网的基础还比较薄弱，降低电价、改善服务的效果与社会和用户的期望值仍有比较大的差距。三是电力市场化改革已经起步，6个省公司的“厂网分开、竞价上网”试点在政府的推动下已经取得阶段性成果，在上海、浙江、山东在试运行阶段已显示出良好的效果。“厂网分工、竞价上网”的目的是建立“三公”的竞争机制，建立市场对企业的约束机制，这已成为全行业乃至全社会的共识。但目前市场主体的行为还不够规范；市场规则和市场监管正处于研究、探索阶段，依法管理还存在某些法律真空。四是随着三峡电站的投产和西部大开发战略的实施，全国电力资源优化配置提到了历史性的重要日程。在这方面，作为中电联重要会员的国家电力公司将发挥不可替代的作用，但必须在全行业进一步转变观念，突破省间和区域间的市场壁垒。这不仅符合国家的整体利益，也符合全行业的整体利益。五是国家积极推进各项配套改革，使企业的宏观环境正在好转。企业办社会职能逐步分离并移交社会，电力行业的养老统筹和医疗保险已实现了社会化，电力企业和多种经营企业基本理清了产权关系，这些都为电力企业建立现代企业制度创造了良好的外部条件，但更为重要的是要加快企业员工观念的转变和企业机制的转变。

电力工业结构调整是我国国有经济进行战略性调整的重要组成部分，事关电力工业结构的优化、质量和效益的提高以及可持续发展。电力供应基本满足需求是我们对当前形势的基本判断，但是，电力在消耗能源中只占40%，在终端能源中的比例不足10%，大大低于国际平均水平，这说明在能源转化上，电力还有相当大的发展空间。电力结构调整为电力工业发展带来难得的机遇，我们要始终保持清醒的头脑，抓住机遇，积极进取，在结构调整中保持一定的发展速度，在保持一定的发展速度中进行结构调整；要高举可持续发展的旗帜，研究并找准电力工业可持续发展的着力点；要按照党中央、国务院关于结构调整的整体部署，使电力工业的结构调整与煤炭、石油、天然气、机械制造等相关行业的结构调整协调一致地推进。中电联要站在政府宏观管理的高度和电力企业可持续发展的角度，研究电力发展和结构调整的重大问题。主要是：围绕西部大开发，实施“西电东送”战略，加快全国联网；大力提高水电、新能源在发电结构中的比例；加大关停小火电的力度；积极推广清洁燃烧技术和节能节电技术。中电联要通过深入的调查研究，向政府提出支持西部大开发、水电滚动开发和新能源发展的政策建议；向政府反映关停小火电后电力企业在人员安置、腾出的市场容量分配原则、电力企业的效益补偿等方面的合理要求；向社会宣传电力替代传统电源的优势。中电联在推进和服务于电力工业结构调整中应该大有作为。

在当前电力工业改革和发展的大好形势下，电力企业乃至电力行业，也有自身难以解决的问题和难以逾越的障碍。中电联作为电力企业的协会，代表所有会员的合法权益，反映全体会员的正确呼声，同时也就代表了电力行业的根本利益。

——为推进电力市场化改革，中电联呼吁政府尽快建立健全电力法治体系，特别是修改完善《电力法》，建立当前“厂网分开、竞价上网”急需的市场竞价规则和监管规则，保证电力企业和各投资主体的合法权益，维护市场的公平竞争。

——为有利于建立电力企业自我发展机制和公平竞争机制，中电联呼吁国家有关部门尽快实施电价改革，建立合理的电价形成机制，当务之急是解决新、老电厂的上网电价水平悬殊和电网经营企业合理的输电价格问题，使电价真正体现其价值，真正发挥市场中的杠杆作用。

——为防止愈来愈严重的欠费问题，保证电力企业的正常经营，中电联呼吁政府出台经济手段和必要的行政手段相结合的措施；呼吁在社会上营造重合同、守信用的规范的市场经济氛围。

国家电力公司副总经理谢松林在国家电力公司系统企业总会计师及财务部门负责人会议上的讲话（摘要）

（2000年6月5日）

新修订的《会计法》和《国有企业监事会暂行条例》，已经正式颁布。国家电力公司是520户国有重点企业和被国务院确定需要派驻监事会的157家中央管理的大型国有企业之一。

国家电力公司系统必须认真贯彻实施新修订的《会计法》

江泽民总书记指出，各级领导干部应当学点会计知识，所有企业都要严格执行国家的法律规定，及时、准确地编制资产负债表、损益表和现金流量表，真实反映企业的经营状况。对重大经营决策、合同管理、担保审核、对外投资、经济纠纷处理等，都要建立健全相应的规章制度。

管理科学、依法经营，是现代企业制度的一项重要标志，也是搞活国有企业的重要措施之一。当前，在我国国有企业的经营决策和经营管理中，仍然存在着一些十分突出的问题，主要表现为：财会信息普遍失真，账目混乱，账实不符；资产状况不良，潜在问题突出，风险大；违反决策程序，重大决策失误多，企业利益受到严重损害；乱投资，对外投资效益差；内部管理混乱，有章不循，监管失控，责任不清；违法违规经营问题多；国有资产转移、流失的问题严重；境外公司监管严重失控；上市公司运营不规范，股市泡沫大等等。这些问题，在国家电力公司系统的一些单位也程度不同地存在着，有的甚至还比较严重，我们切不可掉以轻心，必须严格按照《会计法》和其他有关法律法规，予以规范和纠正。

国家电力公司十分重视财务会计工作。多年以来，我们通过学习贯彻《会计法》，在规范和加强会计工作，促进企业依法经营、严格管理、提高经济效益等方面，取得了显著的成效。财务管理已经成为电力企业管理工作的重要组成部分，水平不断提高，会计工作日益受到重视。特别是去年以来，我们通过对外整顿电价，对内整顿财务，大力开展财务管理年活动，加强了预算管理、投资管理、对外担保管理和资产管理，落实了资产经营责任制，推进了财务管理现代化进程，国家电力公司本部和公司系统会计信息、财务分析报告的质量和财务管理的水平，得到了较大提高，高严总经理多次给予了充分肯定和鼓励，并强调要进一步加强财务会计工作，认真抓好财务管理年活动。他还身体力行、率先垂范，认真学习《会计法》，亲自听取财务部门负责人讲解“三张表”，指示要抓好新《会计法》的贯彻落实工作，定期分析“三张表”。我们要以实际行动，认真学习贯彻《会计法》，进一步提高财务会计管理水平。

1. 大力宣传新修订的《会计法》，准确领会和掌握《会计法》的各项规定。各单位要立即行动起来，结合新《会计法》的实施，采取各种形式，利用多种媒体，大力宣传《会计法》。各单位要把学习贯彻《会计法》作为今年财务会计工作和财务管理年活动的一项重要内容，抓出成效。各单位中层以上干部和经营管理人员，特别是财务会计人员，要带头学习《会计法》、模范遵守《会计法》，通过学习，一要明确自己有哪些法定职责，每项职责包含什么内容；二要明确应当如何履行这些法定职责；三要明确哪些经济行为、会计行为是违法的，要承担哪些法律责任；四要进一步依法规范会计核算，整顿会计秩序，提高会计信息和会计工作的质量，有效发挥会计工作在加强企业管理、提高经济效益、维护社会主义市场经济秩序中的职能作用；五要督促本单位领导、职工学习《会计法》，使他们自觉维护本单位的会计秩序，为确保单位会计资料质量，创造良好的环境。

2. 单位负责人要对本单位的会计工作切实负起责任，把依法做好会计工作放到事关企业健康发展的重要位置。单位负责人要履行好会计责任，必须认真学习和领会新《会计法》的有关规定，较好地掌握财务会计的基础知识，了解和熟悉自己对会计工作应负的责任，知道如何结合企业的实际情况履行好自己的职责，知道哪些经济行为、会计行为是违法的，如何防范违法行为的发生。单位负责人要自觉接受政府、社会和企业内部的监督，使自己的工作和企业财务会计报告，能经得起上级主管部门和政府有关部门的审查，经得起审计等社会中介机构的审查，经得起时间的检验，经得起任期和离任经济责任审计。会计人员是会计工作的主要承担者，单位负责人还要为会计人员创造良好的工作环境，关心和支持会计机构和会计人员的工作，加强对会计人员的考核和业务、岗位培训等继续教育，保证会计工作的顺利开展。

3. 以学习贯彻新《会计法》为契机，进一步开展“财务管理年”活动。新《会计法》从2000年7月1日起正式实施，各单位要把贯彻落实《会计法》作为2000年财务管理年活动的一个重要内容，针对本单位存在的实际问题和薄弱环节，进一步整顿会计秩序，规范会计核算，夯实会计基础工作，提高会计工作的质量，保证会计信息的真实性、完整性和准确性。财务管理年活动，要以加强预算管理为手段，促进企业全面加强科学管理；强化资金管理，提高资金的流动性、效益性和安全性；加强成本管理，严格控制成本支出；加强财务稽核职能建设，从组织上完善财务监督体系，财务内部要强化监督，严肃财经纪律。

4. 建设一支高素质的总会计师、财务总监队伍和财务干部队伍。人是万物之灵。任何好的制度、好的法规，都必须靠人贯彻执行。新修订的《会计法》能否全面正确地实施，与会计机构是否健全、会计人员能否严格依法办事，有着直接的关系。

总会计师在企业财务会计管理工作中发挥着不可替代的重要作用。目前，公司系统已有相当一部分单位设置了总会计师，但仍然有不少单位或者没有设置，或者总会计师的设置长期不到位。按照新的《会计法》，如果再不设置总会计师，就属于违法。财务总监是代表出资者对企业财务会计工作行使监督。近年来，深圳、上海、杭州等地的政府部门，先后进行了向国有企业派驻财务总监的探索。去年，我们在东北电网体制改革中也进行了这方面的尝试。最近，高严总经理指示要研究建立财务总监制度，派出财务总监，代表国家电力公司对各分公司和子公司进行监督，确保国家资产的保值增值。

建立健全总会计师制度和财务总监制度，对发挥会计职能作用，保护所有者权益，严格财务会计监督，具有重大的意义。我们应按照《会计法》的规定，在国家电力公司系统建设一支高素质的总会计师和财务总监队伍，充分发挥总会计师和财务总监在财务管理、决策、监督中的作用。同时，要实行公司系统会计人员准入制度。财务会计人员，要恪尽职守，不断增强会计工作的责任感和使命感，充分认识会计工作的重要性；要不断提高自身的素质，加强业务知识和法律法规的学习，努力提高法律意识、职业道德素质和业务能力；要以严肃认真的态度做好会计核算和会计监督；要敢于以身护法，不畏权势，捍卫法律的尊严；要积极主动参与管理，善于发现经营管理中的漏洞，及时提出加强管理的建议，促进各单位提高经济效益，努力推动企业健康发展。

学习贯彻《国有企业监事会暂行条例》，认真做好材料的填报工作

实事求事、严肃认真地做好《企业基础资料》的填报工作。

根据十五届四中全会关于稽察特派员制度向国有企业监事会过渡和《国有企业监事会暂行条例》的精神，国有企业监事会工作办公室在《稽察工作基础资料》的基础上，对要求企业填报的基础材料作了进一步的修改和完善，定名为《企业基础材料》，供监事会开展监督检查工作时使用。

材料填报要求的单位范围很广。国家电力公司是总分公司与母子公司体制并存，填报《企业基础材料》的单位要延伸到国家电力公司的二级单位，即包括国家电力公司本部、全资子公司、绝对和相对控股公司、驻外机构和办事处等。各单位要按照产权纽带关系、管理关系和合并会计报表的原则，进行填报。

材料填报要求严格，时间紧迫。各单位法定代表人，要对需要填报的所有资料的真实性、完整性、合法性，承担法律责任。材料填报完成后，务必于今年七月底前，报送国有企业监事会工作办公室。

为了做好国家电力公司系统填报《企业基础材料》的工作，提出以下几点要求：

(1) 加强领导，实事求是，认真做好填报基础材料的组织工作。填报基础材料，目的是把企业的情况搞清楚。填报好基础材料重在组织。部分单位曾经按照稽查特派员制度的要求做过这项工作，在这次会议上，华中电力集团公司和山东省电力公司将介绍他们如何做好填报的组织工作情况。对原已按照稽查特派员制度的要求做过这项工作的单位，要按照这次会议布置的资料和国有企业监事会工作办公室的要求，继续做好填报工作。没有填报过的单位要把填报的要求搞清楚，实事求是，一丝不苟，认真做好填报的各项工作。

由于填报材料的工作量很大，内容细致，牵涉到企业的各个方面，不是仅靠财务部门一家就可以完成的，需要各单位其他有关部门的支持和配合。所以，各单位要加强领导，成立填报工作领导小组，并由总会计师或负责财务会计工作的副总经理具体主持填报工作。在填报工作领导小组下面，可以设立专门的工作班子，配备得力人员，负责具体填报。国家电力公司的资料填报工作由财务与产权管理部牵头，各单位在填报过程中如有不清楚的问题，要及时向国家电力公司财务与产权管理部汇报和沟通，对需要向监事会工作办公室请示、报告的问题，由国家电力公司统一请示、汇报。

(2) 落实责任制，一级对一级负责。各单位法定代表人要按照"法定代表人的声明"，保证提供的资料准确和完整，国家电力公司不再组织审查。由分公司受托管理国家电力公司国有法人股权的控股公司以及电力集团内的省电力公司，分别由分公司和集团公司组织填报。要求各单位在七月十五日前，按规定将材料报送国家电力公司，由国家电力公司统一转报国有企业监事会工作办公室。

(3) 填报的内容要真实准确，经得起考验。真实准确，就是要如实反映企业的本来面目。真实准确，是对各单位的一次考验，如果企业账目中有虚假、错漏和不实的，要利用这次机会，经过请示，调整过来。要达到这个要求，有些事情的原始资料和原始数据不足，很难说清楚，但可以通过这次填报，奠定了一个基础，有一个说法，就如同数学上的迪卡尔坐标，总要有一个原点。这次就是要准确地确定一个原点，这也是我们通过填报《企业基础材料》所要取得的一个重大收获。大家要利用这次机会，做一次辨别和确认，使填报的内容完整可靠，经得起时间和监事会的检查。在填报材料时，企业是什么情况，就如实填报什么；有没有问题，有什么问题，是什么性质，问题有多大，都要如实填报。实践证明，这些问题最终都是要暴露出来的。

(4) 通过填报，找准经营管理中的薄弱环节。各单位要把填报《企业基础材料》作为加强和规范企业财务管理的一个起点、一个契机，充分认识填报工作本身，对各单位摸清家底、改进管理、加强财务控制和防范风险，有很大的作用。填报材料，也是各单位总会计师和财务部门负责人一次难得的全面清理财务的机会。

各单位应当充分利用这次机会，按照布置的资料，全面理清企业情况，从这套资料设计的思路上，找出企业管理的重点和改善财务状况的方向，建立相关的制度，规范企业财务会计活动，全面加强和改进企业管理。

城乡电网建设与改造

提高认识全面完成城网建设改造任务

2000年3月18日～19日，国家电力公司城网建设改造工作会议在京召开。会议要求各有关电力公司进一步提高认识，增强紧迫感，加快工程进度，优质、高效、全面完成城网建设改造任务，为国民经济发展作出贡献。

1998年，城网建设与改造工程启动，目前已取得重大进展。到1999年底，已有163个项目开工，新增10kV及以上变电容量2900万kV·A，线路2.7万km，完成一户一表改造250万户。城网建设与改造进度快的城市，已初步形成合理、可靠的电网网架，供电质量明显提高。城网建设与改造工程还拉动了相关产业的发展，产生了明显的社会效益。

但是，目前城网建设与改造工程仅完成总投资规模的1/3，按计划完成城网建设与改造任务压力很大。针对这种情况，会议提出了确保完成今明两年城网建设与改造任务的具体措施：一是切实落实“管理年”的要求，加强工程“五制”管理；二是进一步抓紧做好工程前期工作；三是重点抓好中、低压电网建设改造，加快实施一户一表工程；四是加强工程统计分析与工程造价分析，及时掌握工程进度和投资完成情况，控制工程造价，抓紧城网还贷电价测算。会议还要求因地制宜地执行好城网建设与改造的技术路线。

国家电力公司副总经理陆延昌发表讲话。他指出，解决认识问题仍是加快城网建设改造的关键。他要求各有关电力公司认真贯彻落实党中央、国务院对城网建设与改造的要求，要从国家电力公司目标定位的角度深化对加快城网建设改造的认识。他还要求采取有效措施，保证城网建设改造如期完成。要加大西部城网建设改造力度，积极参与西部大开发战略。要抓住城网建设改造的机遇，调整电网结构。在“管理年”活动中，要进一步强化“五制”工作。要重视工程效益，积极争取还贷电价早日出台。陆延昌还对制定城网“十五”规划提出了要求。

国家经贸委电力司副司长吴贵辉充分肯定了城网建设改造的成绩。他说，两年多来，国家电力公司系统各单位努力工作，城网建设改造进展顺利，改善了供电条件，增强了电网安全可靠性，加强了城市基础设施建设，为扩大内需，拉动经济增长，保证国民经济发展作出了贡献。他指出，要用发展的眼光看待城网建设和改造，对电网要有新的认识。他还要求，在城网建设与改造中，要重视规划，加强管理，保证质量，进一步搞好工程设备采购工作。

国家计委基础产业司电力处处长王骏说，要重视城网建设改造工程的效益分析，必要的成本进电价是合理的，但同时要尽量控制电价。电力企业应以市场为导向，把企业近期利益与长远利益结合起来，把握城网建设和改造的时机，进一步搞好城网建设与改造工作。

国家电力公司总工程师张贵行作会议总结，对如期完成城网建设改造任务提出了要求。他指出，到2001年底，国家电力公司系统城网建设改造项目争取全部竣工，这个目标不能动摇。要正确处理好电价与效益的关系，应首先考虑用工程投产后取得的经济效益还贷，同时积极清理整顿电价，并利用电价形成机制改革后腾出的价格空间，用于发展电网。一定要落实城网项目资本金，企业自有资金要向城网项目倾斜。要进一步深入做好前期工作，创造良好的工程条件。张贵行还通报了国家电力公司系统的安全生产形势，对电力企业安全生产提出了要求。

国家电力公司发输电运营部主任王炳华，审计部主任欧阳胜英分别作了城网建设改造工作报告和城网建设改造审计工作报告。

国家计委主任曾培炎在全国农村电网建设与改造工作先进表彰电视电话会议上的讲话（摘要）

2000年农网改造投资计划546亿多元，要在已完成500多个县基础上，再完成1000个以上县的农网改造

农网改造只能向农民收取自用电表及电表以下进户线的设备费和材料费，此外再不能向农民收取任何费用

国家计委主任曾培炎在“全国农村电网建设与改造工作先进表彰电视电话会议”上讲话时指出，全国农村电网建设与改造工作成绩显著，当前，各地农网改造进展不平衡，实现城乡用电同价任务还非常繁重，要进一步统一思想，提高认识，加快实施农网改造工程步伐。

全国农村电网建设与改造工作启动两年来，取得了显著成效。据初步统计，到2000年5月底，全国农网改造工程已累计完成投资约800亿元，占已下达投资计划的74%；完成110kV变电站483座、线路9066km，35kV变电站1947座、线路2.56万km，10kV线路42.9万km，低压线路超过124万km，更换高耗能变压器34万台，配电台区改造超过39.5万个。全国已有512个县全部完成了低压电网改造任务，占全部农网改造县的22%。从对农网改造竣工县的验收情况看,农网建设管理基本符合规定要求,工程施工质量良好。农村电网改造完成的乡镇,低压供电质量明显改善,线变损普遍下降10～15个百分点,一些地方下降幅度超过20%。用户电价水平明显降低,农村用电量明显增加。1999年全社会用电量同比增长6.54%,其中县及县以下用电量增长8.39%,农村用电量增长9.47%。与此同时,乡镇电管站改革作为这次农网“两改一同价”工作的主要内容,进展顺利。

曾培炎指出，当前农网改造工作仍存在一些问题，主要是各地进展不平衡，工程质量问题时有发生，有些地方乱收费问题比较突出，实现城乡用电同价的任务还非常繁重。

曾培炎说，2000年的农网改造投资计划已经下达，共安排投资546.4亿元，到目前为止，农网改造已累计下达投资计划1630亿元，占计划总投资的86%。同时，为了减轻西部地区农网投资的还贷压力，支持西部大开发战略的实施，促进西部地区经济发展，2000年西部地区农网改造的国债投资已由贷款改为拨款，加上贷款偿还期的延长和用电收益权质押担保措施，西部地区农网改造的投资效益将会得到有效发挥。2000年要在已完成500多个县的基础上，再完成1000个以上县的农网改造，确保2001年底基本完成农网改造任务。

曾培炎强调，各级政府和各有关部门都要进一步统一思想，提高认识，精心组织，密切配合，协调一致，加快实施农网改造工程的步伐；要严格执行国家和各地的有关规定，加强监督和检查，严把各个环节的质量关，确保工程的质量和效益；加强建设资金管理，坚决制止以农网改造为由向农民乱收费，把减轻农民负担作为农网改造工作的一件大事来抓；抛开部门和局部利益，解放思想，实事求是，结合各地的实际情况，制定城乡用电同价方案，认真落实城乡同价方案，努力降低农村电价。

会上，在农网改造工作中做出贡献的48个先进集体和100名先进个人受到了表彰。

国家电力公司副总经理陆延昌在城网建设改造工作会议上的讲话（摘要）

（2000年3月18日）

一、城网建设改造取得重大进展

1. 做好可研，把握规模，创造条件，实施开工，成绩显著

在国家计委、国家经贸委的指导和支持下，国家电力公司组织各网省（市）电力公司编制了各地、市级城市电网1998～2001年建设改造可行性研究报告，经组织专家评审复核，基本掌握了城网状况，确定了工程目标和总投资规模。国电公司系统城网建设改造涉及28个省、自治区、直辖市，共241个项目。这些工程的实施，有力推动了国内机电产业产值增长，建设和改造后的城网解决了有电“送不进、落不下、用不上”的问题。1998年和1999年国家计委已批复国电公司系统城网项目可研报告199个，可研资金规模1129亿元；经审查各项前期工作条件，批准163个城网项目相继开工，可研资金规模1070亿元。其中1998年国家计委批准开工81个城网项目，可研资金838.3亿元，到1999年末工程形象进度累计完成投资327亿元，计划投资完成率71.2%；1999年国家计委新批复开工82个城网项目，年度计划投资49.2亿元，在计划下达较晚，工程实施时间紧的条件下，年末工程形象进度完成39.8亿元，计划投资完成率80.8%。两年累计开工163个城网项目，共完成投资367亿元。

2. 一批城网工程取得重大进展，产生了明显的社会效益

工程实施两年来，国电公司系统163个城网工程新增10千伏及以上变电容量约2900万kV·A、线路2.7万千米，380伏线路2万千米，完成一户一表改造250万户。这些城网工程完成后，城市配电网络供电能力和电能质量有了很大的提高和改善，形成了合理的、较为可靠的城网网架，基本达到了“n－1”要求，配电网互供能力和电能质量、供电可靠率明显提高，城区主干道电缆入地、一户一表改造进展迅速，产生了明显的社会效益。

3. 认真贯彻落实“五制”管理，确保工程质量

这两年城网工程实施中，国家电力公司严格执行“五制”管理，建立了一整套质量保证体系，使“五制”得到了认真执行，建成了一大批精品工程，没有出现一起重大质量事故。

4. 加强资金管理，严格控制工程造价

国家电力公司高度重视工程资金管理，大多数工程决算比计划概算节约6%～10%。

二、解决认识问题是加快城网建设改造的关键

两年来，城网建设改造取得了很大成绩，但发展不平衡，特别是城网项目投资完成量的反差很大，有的省只完成年度投资计划的1/5。问题的关键仍然是认识问题没有解决好。

1. 认真贯彻落实好党中央、国务院对城市电网建设改造的要求

党中央、国务院对加快城网建设改造寄予厚望，我们必须从全局的高度，从讲政治的高度来认识加快城网建设改造的重要意义，来增加我们加快城网建设改造的紧迫感。

高严总经理在长春召开的第一次城网会议上曾经就提高对城乡电网建设和改造的认识问题作过非常全面、精确的论述，我们要进一步认真学习。

2. 从国家电力公司目标定位，深化对加快城网建设改造的认识

国家电力公司提出了“两型两化国际一流”的战略目标，力争今年确保明年跻身世界500强。一流的公司，要有一流的经营管理、一流的技术水平、一流的职工队伍、一流的经济效益。其中设备装备水平和管理水平不高是我们的不足，特别是城网，历史欠账太多，许多问题需要解决。加快城网建设改造，保证安全可靠供电，在建设和改造的同时加强科学管理，这是我们的责任、是社会对我们的要求，也是历史赋予我们的光荣使命。我们应当将这种压力转为动力，抓住机遇，主动把城网建设改造从“上级要我改造”转变到“我要改造”的观念上来，积极采取措施，加快发展电网，创造一个良好的供、用电环境，为实现国家电力公司改革战略目标奠定基础。

三、努力完成今明两年城网建设与改造的任务

1. 采取有效措施，保证城网建设改造如期完成

各网、省电力公司都要从全局的高度，来认识城网建设改造工作的重要性、紧迫性和它的深远意义，切实加强对城网建设改造工作的领导。要认真分析和研究城网建设改造取得的经验和存在的实际问题，根据国民经济和社会发展的整体部署，结合电力改革的实际，面向市场，突出重点，抓住机遇，采取多种措施，精心组织，加紧工作，确保国务院提出的用三年左右的时间，使全国城市电网改造目标如期实现。

2. 加大西部城网建设改造力度，为实现西部大开发战略作好基础工作

加快西部基础设施建设是西部大开发的首要任务。国家电力公司在实施西部大开发战略中应当有所作为，一是加大水电开发力度，使资源优势转变为经济优势；二是建好输电网，促进西电东送；三是要向西部地区输送和培养更多的优秀人才；四是要加快中西部地区城网建设与改造，为西部经济发展提供有力保证。要从全局高度认识城网建设改造对实现国家西部大开发的重要意义，要转变观念，加大力度，加强管理，提高质量，利用今明两年时间，很好完成西部城网建设改造任务，为实现西部大开发作好基础工作。

3. 抓住城网建设改造机遇，切实做好城网结构调整

电力企业应抓住国家经济结构调整的大好机遇，抓紧电力结构的调整，彻底解决历史上形成的“重发轻供不管用”的格局。调整城网结构，关键是要以市场为导向，围绕市场搞调整，走按照市场经济需求来建设改造城网的道路，避免建设改造的盲目性。同时要依靠科技进步促进调整。在调整城网结构时，要尊重规律，尊重科学，处理好高压配网与中、低压配网的关系、变电站布点与保证合理供电半径的关系、电网与自动化的关系、环网供电与辐射供电的关系、架空线与电缆化比例的关系等。

通过这次城网建设与改造，城网结构将更趋合理，供电可靠性稳步提高，线损率合理下降，电能质量符合标准，改造后的若干年内不会出现因城网的原因而使需求得不到满足甚至发生再度拉闸限电的现象。

4. 在“管理年”活动中，进一步强化城网“五制”工作

今年是国务院确定的“管理年”，国家电力公司在“管理年”中要全面加强管理，在城网建设改造工程中，进一步加强“五制”工作。

坚持项目法人制。省电力公司是城网项目法人单位，应对公司内的城网工程负全面责任。今年全部城网项目开工启动后，省公司一定要认真抓好每个城网项目资本金的筹措，银行贷款的落实，大宗设备材料的招标采购，工程质量的监理等，同时，还要做好城网工程费用的审计和工程竣工决算工作，确保资金有效使用，工程顺利完工。

落实城网项目的资本金。随着供电贴费政策的改

革和业扩工程的相对减少，用供电贴费作为城网工程资本金的比重将逐渐减少。各省电力公司应认真贯彻资本金制度，千方百计采取措施，筹集安排城网工程所需的资本金，要改变过去有钱不愿投电网，更不愿投城网的观念。企业的更改资金，自有资金以及盘活资产的资金和投资收益，应当向城网项目倾斜。

继续搞好设备的招投标。要继续坚持由省公司集中组织招标的原则，进一步克服怕麻烦的思想。根据国家的要求，城网项目中，常规设备不得购买国外设备，招标不得搞地方保护、行业保护，要坚持公平、公开的原则。在招标活动中，不得向设备制造厂乱收费，也不得向城网项目乱摊费，确保招标质量，维护好企业形象。

全面实施工程监理制。各省公司要在认真总结以往两年城网工程监理的经验教训的基础上，对目前工程监理尚未到位问题，采取措施，加强管理，切实做到不论工程量大小，都有人负责监理，以确保工程质量不出问题。工程进度按计划执行，工程不超概算。

加强城网建设改造工程中的安全管理。根据最近的情况反映，在城网建设改造工程中，人身伤亡事故的次数有上升的趋势，这必须引起我们的高度重视。特别是今明两年是城网建设改造工程的高峰年，工程施工范围广、任务重、停送电操作多、运行方式变化大，更要严格管理，采取有针对性的措施，贯彻落实好党中央、国务院近期针对全国安全生产上发生的问题提出的要求，确保施工中的人身安全和供电安全。

5. 重视工程效益，积极争取还贷电价早日出台

6. 注意总结城网建设改造的经验，着手制定好城网“十五”规划

在制定城网“十五”规划时，一是要坚持以市场为导向，按市场的需求作规划；二是要重视城网结构性的调整，这次城网改造中，来不及解决或难以全面解决的结构性问题，在“十五”规划中应当下决心解决好；三是要依靠科技进步，提升城网现代化管理的水平，为电力企业进行改革发展奠定物质基础；四是要做好影响供电可靠性、供电服务质量等技术政策的论证工作，有目标，有方向，引导城网改造中采用有前瞻性的工程技术，不断提高城网安全稳定运行水平、保证电能质量和供电服务水平。

2 大事记

2000年电力行业八件大事

1. 我国发电装机容量突破3亿kW

4月19日14时42分，苏州工业园区华能发电厂2号30万kW机组投产发电。至此，我国发电装机容量突破3亿kW，上了一个新的台阶。

2. 西电东送工程全面开工，成为社会关注热点

11月初，全国瞩目的“西电东送”工程——贵州洪家渡水电站、引子渡水电站等七项工程全面开工，如此大规模、跨省区的电力建设项目同时开工，在我国电力建设史上还是第一次。“西电东送”工程是促进东西部共同发展的双赢举措，是西部大开发的标志性工程。朱镕基总理在对“西电东送”首批工程开工的重要批示中指出：“西电东送工程的开工标志着西部地区大开发拉开序幕，我代表国务院表示祝贺。”

3. 电力工业体制改革稳步推进

国务院确定的六省（直辖市）“厂网分开、竞价上网”改革顺利，并取得阶段性成果，为发电市场引入竞争，深化电力体制改革打下了良好的基础；按照国务院的部署，继续推进政企分开改革，完成了撤销大区电管局、省（自治区、直辖市）电力工业局的准备工作，8个电力工业局已经批准撤销。

4. 农电“两改一同价”工作取得实效

6月29日，国家计委和国家电力公司表彰农网建设与改造先进单位和个人，这标志着“两改一同价”工作取得阶段性成果：第一批竣工县全面通过验收；全国40%的乡镇电管站完成体制改革任务；全国农村电价平均每千瓦时下降0.1元，每年可减轻农民负担约230亿元。“两改一同价”有力地拉动了农村用电量的增长，促进了农村经济发展。

5. 国家电力公司进入世界500强

国家电力公司按照党中央国务院的要求，积极实施“走出去”开放战略。7月23日出版的《财富》杂志公布了2000年度全球企业500强，国家电力公司首次入选，居第83位；在我国入选的10家企业中名列第2位；在入选的全球电力企业中名列第3位。

6. 国家电力公司超额完成2000年利润目标

国家电力公司2000年围绕“两个战略”“一个管理年”和“三项责任制”，经营工作取得显著成效。销售收入预计完成3450亿元，同比增长15.6%；实现利润92亿元，同比增长6.1%；实现利税353亿元，同比增长12.5%。

7. 世界最大的抽水蓄能电站——广州抽水蓄能电站建成

3月14日，广东省广州抽水蓄能电站二期工程8号机组投产，电站总装机容量达240万kW，成为世界上最大的抽水蓄能电站。

8. 全国最大的火电厂——北仑电厂建成

9月28日，浙江北仑发电厂二期工程最后一台60万千瓦机组顺利通过168h试运行。至此，北仑发电厂总装机容量达到300万kW，成为目前国内最大的火力发电厂。

2000年　大　事　记

1月1日　全国电力系统顺利通过2000年。在进入新千年的时刻，全国各大区电网、各省电网运行稳定，发电厂机组运行状态良好，广大城乡地区供电正常，各级企业间电力通信畅通，电量计量和计费信息准确无误，没有发生因Y2K问题影响电力系统运行和对用户可靠供电的事故。

1月4日　国家电力公司以国电总［2000］28号文，印发《国家电力公司工作规则（试行）》。

1月5日　山东省人民政府和国家电力公司在山东省人民政府礼堂隆重召开表彰山东电力集团公司大会，表彰山东电力集团公司所属鲁能泰山足球俱乐部在1999年全国足球甲A联赛和足协杯比赛中取得“双冠王”的突出成绩。

1月26日　国家电力公司直接控股的第一个境内融资窗口——由东北热电发展股份有限公司改组的国电电力发展股份有限公司三届一次董事会在大连召开。国家电力公司总经理高严当选公司董事长。

2月1日　国家电力公司以国电发［2000］74号文印发了《关于面向21世纪电力营销工作的若干意见》。该文件提出：到2002年，初步建立起市场化运营、法制化管理、规范化服务的电力营销新机制；到2002年，建立起客户至上、以客为尊的优质服务体系，客户满意率达到95%以上；到2010，全面建立起适应社会主义市场经济发展的现代化营销管理体系。

2月16～17日　国家电力公司国际合作工作会议在南京召开。国家电力公司总经理高严出席会议并作重要讲话。

2月22～24日　国家电力公司人才援藏总结表彰大会在广西北海召开。

2月26日　国家电力公司党组书记高严主持召开党组会议，会议对体改办提出的公司对西藏电力公司实施代管的意见进行了研究；会议还对如何深化和改善东北电网体制改革进行了研究，并原则通过了体改办提出的意见。

2月26～27日　国家电力公司党风廉政建设暨第二次“三讲”教育工作会议在上海召开。公司党组成员全部出席了会议。

3月11日　国家电力公司邀请在京参加九届全国人大三次会议和全国政协九届三次会议的31名电力系统代表、委员一起座谈，共商电力发展大计。

3月13日　西藏电力公司管理体制改革座谈会在京召开。会上，西藏自治区党委副书记、主席明确与国家电力公司党组书记、总经理高严在《西藏自治区人民政府、国家电力公司关于落实国家经贸委国经贸电力［1999］1213号文件的纪要》上签字。纪要明确，西藏自治区人民政府委托国家电力公司正式对西藏电力公司实施管理。

国家经贸委副主任石万鹏到会并讲话。

3月21日　国家电力公司在京召开加快西部地区电力发展战略研讨会。国家电力公司总经理高严在会上作主题发言，副总经理赵希正、周大兵、谢松林，总经理助理刘忱等出席研讨会。财政部、国家经贸委、国家计委、国务院发展研究中心、国务院研究室、水利部、国家开发银行、中国工程院和中国科学院等单位和部门的有关领导和专家应邀到会。西部地区相关省（自治区、直辖市）电力公司及国家电力公司本部有关部门负责同志参加了研讨会。

3月22日～4月1日　国家电力公司副总经理陆延昌率团访问了日本。对东京电力、中国电力、中部电力、电源开发、伊藤忠商事、日本绝缘子、荏原等公司和通产省进行了考察访问。

4月5～6日　国家电力公司在京召开“西电东送”工作会议。

4月11～12日　由国家计委主办、国家电力公司承办的“西电东送”发展战略研讨会在京召开。

4月16～18日　“世界经济论坛·2000年中国企业高峰会”在京举行。国家电力公司总经理高严出席会议并在关于国有企业改革的讨论会上介绍了中国电力工业的现状和发展前景，详细阐述了国家电力公司的改革方向。

4月19日　随着苏州工业园区华能发电厂2号30万kW机组的投产发电，至此我国发电装机容量突破3亿kW。

4月20～22日　国家电力公司2000年工作会议在广州召开。

高严总经理强调，2000年的工作必须突出“两个战略”、“一个管理年”和“三项责任制”，以此推动各项工作全面、有效地开展。

高严总经理指出，为了实现公司2000年的工作目标，要着力抓好以下几项工作：①以西部大开发为契机，促进电力结构战略性调整；②切实加强企业的科学管理；③大力培育新的经济增长点。

会议期间，高严总经理与所属18个分公司、子公司总经理签订了2000年度资产经营责任书，与38个生产单位签订了安全生产责任书，与58个直属单位主要负责人签订了2000年度党风廉政建设责任书，与国电南方公司签订了法人授权书，并对完成年度资产经营考核指标的单位进行了表彰。

4月23日　国家电力公司党组书记高严主持召开党组扩大会议。重点总结分析了电力体制改革的现状和存在的问题，研究了今后一个阶段进一步深化改革、促进发展、保持稳定的若干重大问题。

4月26日～5月10日　国家电力公司副总经理周大兵率团访问了英国、德国和丹麦，对三国风电发展现状、有关风电发展方面的政策及风电项目的实施和管理进行了深入的了解，并就风电的发展交换了意见，对风电领域可能的合作进行了探讨。

4月30日　国家电力公司在京召开公司系统全国劳动模范及先进工作者代表座谈会。

5月15日　国家电力公司党组书记高严主持召开党组会议，讨论并原则通过了西北、华东、华中电力集团公司改制为国家电力公司分公司的体制改革方案。

同日　国家电力公司以国电计［2000］251号文，印发《国家电力公司企业债券管理暂行办法》。

5月18日　国家电力公司高级培训中心在京正式挂牌成立。

5月19日～6月4日　以赵希正副总经理为团长的国家电力公司代表团一行6人，应邀对加拿大、挪威和比利时进行了访问和考察。在加拿大期间，代表团出席了第一届“世界能源管制论坛”会议，赵希正副总经理在会上作了题为“中国电力工业的改革与发展”的演讲。代表团对访问国电力工业的改革和发展情况作了较为详细的考察。

5月20日　国家电力公司与福建省人民政府在北京就福建电力体制改革有关问题举行会议。双方同意通过水口水电站产权界定的办法，一揽子解决福建电力产权问题。国家电力公司总经理高严、福建省省长习近平在会议纪要上签字。

5月23～24日　国家电力公司干部工作会议在武汉召开，会议认真学习贯彻了江泽民总书记提出的“三个代表”的重要思想，总结了公司成立以来的干部工作。

5月25～26日　国家电力公司总经理高严到河北省抚宁供电分公司就“两改一同价”及农村电网建设与改造等工作进行调研，并就有关工作发表了重要意见。

5月31日～6月1日　国家经贸委会同国家电力公司在井冈山召开了全国县级供电企业股份制改革、建立现代企业制度工作会议。会议提出将进一步推进和规范县级供电企业股份制改革，力争2001年股改工作基本完成。

6月4～20日 国家电力公司总经理高严率代表团一行五人，对西班牙和英国电力体制改革情况进行了考察，与日本东京电力公司签订了交流合作备忘录。

6月6日 中共中央政治局常委、全国人大常委会委员长李鹏在北京市委书记贾庆林、市长刘淇和国家电力公司副总经理赵希正等的陪同下，到北京供电局考察工作，听取了华北电力集团公司和北京供电局的工作汇报，并作了重要指示。

6月15～17日 国家电力公司在青岛召开公司系统上市公司座谈会。

6月26日 福建省电力有限公司正式成立。

福建省电力有限公司是国家电力公司出资设立的国有独资有限责任公司，是国家电力公司的全资子公司，是经营省内电网并依法对省内电网实施调度管理的企业法人。

6月28日～7月15日 国家电力公司副总经理谢松林率团访问了美国、意大利和奥地利，代表团重点考察了美国GE金融公司和南方能源公司内部机构设置和财务管理情况，以及意大利和奥地利电力体制改革和公司重组上市等有关问题。

6月29日 国家电力公司在武汉召开三峡输变电工程建设工作会议，贯彻落实国务院三峡建设委员会第九次会议精神，检查三峡输变电工程及各网、省公司配套输变电工程的建设情况，部署2003年前后三峡输变电工程及各项配套工程的建设工作。

同日 四川杂谷脑水电开发有限责任公司在成都成立。

同日 原武汉水利电力大学宜昌校区与湖北三峡学院合并组建成立三峡大学，国家电力公司总经理助理刘忱出席成立大会并讲话。

7月3日 国家电力公司与内蒙古自治区政府联合印发了《内蒙古自治区电力改革与发展有关问题会谈纪要》。纪要就蒙西电网东送电、内蒙古自治区电力体制、调整电力结构等有关问题达成共识。

7月3日、7月5日、7月6日 国家电力公司华东公司、华中公司、西北公司分别在上海、武汉、西安挂牌成立。

7月5～14日 以国家电力公司副总经理周大兵为组长的国家电力公司考察组赴西藏考察电力工作。考察期间，考察组还与西藏自治区政府就西藏电力工业的改革与发展有关问题进行了商谈并形成纪要。

7月12日 国家电力公司以国电科［2000］406号文，印发《国家电力公司科学技术进步奖励办法》和《国家电力公司科学技术进步奖励办法实施细则》。

7月17～18日 国家电力公司党组书记高严主持召开公司党组会议，会议讨论并原则通过了公司直属科研单位体制改革方案。

7月20日 国家电力公司以国电人资［2000］420号文决定在公司本部成立电源建设部，同时撤销火电建设部、水电及新能源发展部。

7月23日 当日出版的《财富》杂志公布了2000年度全球企业500强，国家电力公司首次入选，名列第83位。

7月26日～8月3日 以周大兵副总经理为团长的国家电力公司代表团赴柬埔寨参加了中电技公司以BOT方式承建的基里隆一级水电站修复项目协议签字仪式，其后顺访了新加坡和泰国，就两国工程承包市场及中电技公司、水电总公司在两国承包的工程项目实施情况进行了调研和考察。访问期间，周大兵副总经理一行与柬埔寨王国总理洪森进行了会晤，还分别与三国政府有关部门和电力公司进行了交流和洽谈。

7月26～29日 国家电力公司多种经营暨减人增效工作会议在山东济南召开。

7月27～28日 国家电力公司厂务公开经验交流会在河北保定召开。

8月2日 中共中央决定：祝新民同志任中纪委驻国家电力公司纪检组组长，李雪莹同志任中纪委驻信息产业部纪检组组长，免去其中纪委驻国家电力公司纪检组组长职务。

同日 原分属于教育部、国家电力公司、国家测绘局、湖北省政府的武汉大学、武汉水利电力大学、武汉测绘科技大学、湖北医科大学合并组建成新的武汉大学。

8月3～4日 国家电力公司科技工作会议在哈尔滨召开。

8月7日 国家电力公司以国电调［2000］447号文，颁发《特殊时期保证电网安全运行工作规范》。

8月22日 中共中央组织部印发任免通知，同意祝新民同志任国家电力公司党组成员，免去李雪莹同志的国家电力公司党组成员职务。

8月23日～9月7日 应南斯拉夫联邦经济部、国际大电网会议、法国电力公司和西门子输配电集团的邀请，陆延昌副总经理率国家电力公司代表团分别对南斯拉夫、法国、瑞士和希腊进行了正式访问。

8月24日 由国家电力公司和中央电视台联合举办的“国电杯”会计知识大赛决赛在北京举行。华北电力代表队荣获冠军。

8月25日 国家电力公司党组以国电党［2000］64号文，制定下发了《国家电力公司党风廉政建设责任追究办法（试行）》。办法对责任追究内容、追究方式、追究标准和追究程序等作出了明确的规定。

同日 国家电力公司以国电人资［2000］489号文，印发《国家电力公司职工教育培训暂行规定》。

同日 国家电力公司以国电人资［2000］499号文，颁发《供电劳动定员标准》（试行）和《水力发电厂劳动定员标准》（试行）。

8月30～31日，国家电力公司思想政治工作会议在福州市召开。

9月4日 国家电力公司在京召开欢迎国务院国有企业监事会进驻大会。

9月11日 国家电力公司分别以国电发［2000］542、543号文，印发《国家电力公司创建国际一流供电企业考核标准（试行）》和《国家电力公司创建国际一流火力发电厂考核标准（试行）》。

9月16～17日 国家电力公司企业管理工作会议在新疆召开。

9月19日 由水利部、国家电力公司和三峡总公司等单位联合主办的第20届国际大坝会议在北京国际会议中心开幕。国务院副总理温家宝出席会议并讲话。1500多名中外水利水电建设知名专家、学者出席了会议。

9月28日 国家电力公司以国电发［2000］589号文，印发《防止电力生产重大事故的二十五项重点要求》。

9月29日 中共中央政治局常委、国务院副总理李岚清视察了国家电力公司电力自动化研究院。

9月30日 国家电力公司和云南省人民政府在昆明举行了会谈，就进一步加快云南省电力发展，加快实施“西电东送”战略达成一致意见。云南省省长李嘉廷、国家电力公司总经理高严分别代表双方签署了会谈纪要。云南省委书记令狐安、副省长牛绍尧参加了会谈和签字仪式。

10月12日 国家电力公司在京召开学习贯彻党的十五届五中全会精神大会，公司党组成员出席会议。

10月14日 国家电力公司分别以国电任［2000］87和89号文决定：聘任石成梁同志为电源建设部主任，免去其思想政治工作办公室主任职务；免去刘本粹同志电源建设部主任职务。

10月15～29日 国家电力公司总经理高严率团一行6人，对丹麦、挪威和意大利电力工业进行了考察。途经德国时，高严总经理代表国家电力公司与西门子公司签订了合作框架协议。

10月17日 国务院办公厅以国办发［2000］69号文，发出《国务院办公厅关于电力工业体制改革有关问题的通知》，对电力体制改革试点内容作出调整。

10月17～20日 由国家电力公司和中国电机工程学会联合主办的2000年中国供电国际会议在上海召开。来自22个国家和地区供电领域的专家、学者、工程技术人员400多名代表参加了会议。

10月20日 国家电力公司以国电发［2000］643号文颁发《电业生产事故调查规程》，自2001年1月1日起在国家电力公司系统内贯彻执行。

10月22日 在财政部与中央电视台联合举办的“金蝶杯”全国第二届会计知识大赛决赛中，国家电力公司代表队荣获团体冠军。

10月26日 国家电力公司以国电发［2000］659号文颁发《输电网安全性评价（试行）》，自2001年1月1日起在国家电力公司系统内贯彻执行。

10月31日 国家电力公司以国电规［2000］642号文印发《国家电力公司统计管理办法》。

10月31日～11月15日 以周大兵副总经理为团长的国家电力公司代表团对南非、巴西和秘鲁进行了考察访问。

11月7日 由国家电力公司、中电联和中国国际贸易促进委员会共同主办的第八届北京国际电力设备及技术展览会在北京中国国际展览中心开幕。全国政协副主席钱正英为展览会剪彩，国家电力公司副总经理谢松林致开幕词，来自世界40多个国家和地区的200多家企业参加了展览。

11月8日 华南地区“西电东送”工程开工典礼在贵州省洪家渡水电站隆重举行，洪家渡水电站等7个“西电东送”首批发输电项目全面开工。

国务院总理朱镕基就工程开工作了重要批示。国家计委副主任张国宝，国家电力公司副总经理陆延昌，贵州省委书记刘方仁，省委副书记、省长钱运录，副省长郭树清，以及来自中央有关单位和西南四省（区）的领导出席了开工典礼。

11月9日 中共中央印发通知，决定：刘振亚同志任国家电力公司党组副书记。

11月13～14日 国家电力公司工会工作会议在上海召开。

11月21日～12月1日 以国家电力公司副总经理谢松林为团长的电力法律考察团一行6人，对斯德哥尔摩商会，瑞典能源管理局，瑞典ABB公司，西班牙国家电网公司，西班牙福斯特惠勒公司以及海牙国际法庭等进行了访问和考察。

12月2日 国务院印发通知，任命刘振亚为国家电力公司副总经理。

12月4～9日 国家电力公司副总经理周大兵一行出访朝鲜，出席中朝水力发电公司理事会第53次会议。

12月10～12日 国家电力公司在北京香山饭店召开总经理办公会议，公司领导、顾问、总经理助理、总师及各部局主要负责同志参加了会议。

会议听取了公司本部各部局主要负责同志关于本部门 2000 年工作情况及 2001 年工作思路和重点工作的汇报，总结了国家电力公司 2000 年的工作，研究部署了公司 2001 年重点工作。

12 月 12 日　中共中央政治局常委、国务院总理朱镕基到浙江省电力公司考察工作，听取了浙江省电力公司关于“厂网分开、竞价上网”改革试点情况的汇报，鼓励浙江省电力公司继续试点，为深化全国电力体制改革探索有益经验。

12 月 13 日　国家电力公司召开公司本部处级以上干部及在京直属单位主要负责人会议，党组书记、总经理高严在会上宣读了中共中央、国务院关于刘振亚同志任国家电力公司党组副书记、副总经理，焦亿安同志出任国有重点大型企业监事会主席职务的决定。

12 月 16 日　国家电力公司总经理高严出席我国目前最大的火电厂——浙江北仑发电厂二期工程投产典礼暨庆功表彰大会，要求北仑发电厂强化管理，积极开拓，勇于创新，把电厂建设成示范型、效益型、现代化的国际一流火电厂。浙江省省长柴松岳、副省长卢文舸到会祝贺。

12 月 23～25 日　国家电力公司在深圳召开 2001 年工作座谈会，贯彻党的十五届五中全会和中央经济工作会议精神，总结公司 2000 年工作，研究部署 2001 年的工作。

高严总经理发表重要讲话，强调面向新世纪，要认清新形势，树立新观念，确立新思路，明确新任务，研究新举措。要紧紧抓住改革、发展、稳定、服务、管理这五个重点，做好 2001 年的工作。

会议部署了 2001 年国家电力公司要重点做好的八项工作：一是高度重视并确保安全生产；二是继续调整电力结构；三是大力推进“西电东送”和全国联网；四是积极稳妥地推进电力体制改革；五是努力实现机制创新和管理创新；六是认真开展“电力市场整顿和优质服务年”活动；七是进一步加强干部队伍建设；八是加强党的建设和精神文明建设。

12 月 29 日　国家电力公司以国电发［2000］821 号文，印发《国家电力公司技术改造工作管理办法（试行)》。

3 电力概况与宏观管理

2000年电力工业概况

电力工业基本情况

据统计，2000年全国发电装机容量31932万kW，比上一年增长6.88%，其中水电7935亿kW，占24.9%；火电23754万kW，占74.4%；核电210万kW，占0.7%；风力、太阳能等新能源发电约33万kW。全国220kV及以上输电线路达16.4万km，其中500kV输电线路2.7万km；220kV及以上变电容量41000万kV·A，其中500kV变电容量9400万kV·A；500kV直流线路1045km，额定换流容量120万kW。全国发电量完成13685亿kW·h，同比增长11%，其中水电2431亿kW·h，增长14.2%；火电11079亿kW·h，增长10.2%；核电167亿kW·h，增长12.8%。

电力生产主要特点

(1) 发电量保持较高增长水平。由于国家继续实施积极的财政政策，坚持扩大内需的方针，经济快速发展使用电需求出现了快速增长的态势。2000年发电量增长达到11%。

(2) 水电增幅较高。2000年水电的增幅高，一方面反映了来水情况较好，另一方面，充分利用水能资源的问题得到了社会的高度关注，一些地方政府、电力企业出台了相应的政策措施，运用市场机制，提高了水能资源的利用率。

(3) 电力供需基本平衡，但出现了新情况。部分地区一度出现了供需矛盾紧张的局面，广东、河北等地出现拉闸限电现象。各级政府和电力企业采取措施，加大了“西电东送”及跨省资源调配力度，未出现大面积的停电情况。夏季过后，空调负荷相对减少，电力供应紧张局面缓解。

(4) 网、省间电量交换增加。天生桥至广东，葛洲坝至上海等跨区线路和省间输电线路发挥重要作用，网、省间交换电量增加，区域电力资源优化配置有新进展。

用电情况

2000年，全社会用电量达13466亿kW·h，同比增长11.36%，其中第一产业用电534亿kW·h，增长1.76%；第二产业用电9786亿kW·h，增长11.13%；第三产业用电1474亿kW·h，增长14.17%；城乡居民用电1658亿kW·h，增长12.8%。

(1) 工业用电持续快速增长。全国工业用电11794亿kW·h，同比增长11.03%。其中重工业7550亿kW·h，增长8.7%；轻工业用电1940亿kW·h,增长11.8%。

(2) 商业饮食业服务业和公用事业用电高速增长，达17.2%。

(3) 城乡居民用电增势强劲，其中城市居民用电增长13.9%，乡村居民用电增长11.2%。

(4) 农业用电增幅较低。农林牧渔水利业用电715亿kW·h，增长2.8%。

(5) 各地区用电增长很不平衡。东部沿海地区用电增幅较大，东北及中西部省份相对较低。其中浙江、广东、江苏、上海、福建等省用电增幅较大，浙江、广东增幅达20%以上；贵州、宁夏工业生产回升，用电增幅超过了10%，吉林、黑龙江增幅较低。

电力工业行政管理

2000年电力行政管理情况

在委党组领导下，全司同志紧密团结，努力工作，认真贯彻党的十五届四中全会和中央经济工作会议精神，按照2000年经贸工作中心任务和电力工作要点，坚持控制总量、调整结构、深化改革、开拓市场、整顿秩序，工作取得一定成效。

(一) 积极推进电力工业体制改革

1. 政企分开改革取得实质性进展

1998年政府机构改革，撤销了电力部，形成新的体制框架，在组织上实现了政企分开。两年来，推动政企分开改革一直是我们工作的重点，2000年6月我委和中央机构编制委员会办公室印发了《关于调整电力行政管理职能有关问题的意见》。要求各省、自治区、直辖市机构编制委员会、经济贸易委员会(经济委员会）严格按照中共中央、国务院关于地方政府机构改革的精神，“地方各级政府均不设立电力专业管理部门”的要求，将分散在各专业管理部门、行政性公司等单位的政府管电职能，划入经济贸易委员会。撤销原电力部直属的北京等27个省（区、市）电力工业局，并将其承担的电力行政管理职能移交给所在省（区、市）经贸委，随后撤销原电力工业部派出的电力工业部华北、东北、华东、华中、西北电业管理局，实行政企分开。为了做好工作，我委印发了《关于做好电力行政管理职能调整有关工作的通知》，就调整电力行政管理职能、机构撤销工作进行了具体部署，要求在调整省级电力行政管理职能时，结合电力工业政企分开改革实际，与有关部门密切配合，做好隶属原电力工业部的各省（区、市）电力工业局和大区电管局行政职能移交工作和撤销事宜。到2000年底，已撤销了北京、天津、江苏、山西、黑龙江等省（区、市）等11家电力工业局，预计2001年7月基本完成撤销各省（区、市）电力工业局工作。

2.“厂网分开、竞价上网”试点工作取得阶段性成果

国家经贸委按照国办发［1998］146号文件部署，结合试点省市制订方案情况，在充分考虑各方利益，调动各方面办电积极性的基础上，多次召开会议，吸取有关政府部门、电网经营企业、独立发电公司和地方办电投资主体的意见，研究确定了“积极稳妥、因地制宜、整体设计、分步推进”的工作方针。各试点省（市）在深入调查研究和广泛征求意见的基础上，根据本地实际并借鉴国外经验，形成了各具特色的试点方案。从2000年初开始，经过批准，上海、浙江等省市开展了竞价上网试运行，竞争电量约占全部电量的10%～15%左右。通过试运行，对改革的必要性认识进一步提高，发电企业的竞争意识和市场意识有所增强，上网电价水平有所下降，技术支持系统进一步完善，对改革的必要性认识进一步提高，为进一步深化改革试点积累了经验。

经过两年的探索，试点省（市）大力推进发电企业的规范和改制。

(1) 厂网分开试点取得阶段性成果。一批发电企业初步建立了现代企业制度。原来厂网不分的发电厂基本上改组成独立核算的发电公司；集资办电建设的发电厂，正在按照现代企业制度的要求，改组成规范的股份制发电公司；由其他投资主体建设而一直由省电力公司代管的发电厂，已逐步与省电力公司解除代管关系，管理方式由出资人自主决定。

(2) 初步形成了一套运营和监管制度。试点省（市）全部完成了各自电力市场运营规则，对市场竞争主体的资格、竞争方式、经济关系、市场限制以及市场管理等内容作出了系统而明确的规定，使竞争有章可循。在市场的监管方面，试点省（市）初步组织了由政府部门、电力企业、用户和有关专家组成的市场监管委员会，办公室设在省经贸委，对电力企业的市场行为进行必要的监督协调。

国家经贸委在充分听取各方面意见和考虑电力体制、机制以及技术条件等多方面因素，起草了指导试点工作的《发电市场运营基本规则》、《发电市场监管暂行办法》、《发电市场技术支持系统基本规范》和《实行厂网分开的若干政策意见》等文件。

3. 农村电力体制改革取得较大进展

两年来，在党中央、国务院的直接领导下，我委会同国务院有关部门及各地人民政府和各级经贸委的不懈努力，农村电力体制改革工作取得了较大进展。截止2000年底，各省（自治区、直辖市及新疆生产建设兵团）结合本地实际，按照国发［1999］2号文件精神，制定了《加快农村电力体制改革加强农村电力管理的实施方案》。经我委会同国务院有关部门审查后，除北京市外，已先后批复31个省（市、区）方案。目前，各地正按照批复的方案认真组织实施。农电体制改革取得较大进展主要体现在：一是县级电力企业体制改革工作取得突破性进展。全国2450个县中，已有98个县改革为省电力公司的子公司，392个县改制为有限责任公司或股份有限公司，1286个县上划省电力公司或由省电力公司代管。其余674个县正按照因地因网制宜的原则进行改革。二是乡镇电力体制成效显著，全国3.49万个乡镇电管站中已有2.83万个改革为县电力企业的供电营业所，农村电工也从108.8万人精减到70.4万人。三是农村电力市场秩序明显好转，供电服务质量进一步改善，农民用电负担大幅降低。据统计，全国农村电价平均下降0.1元/（kW·h），每年减轻农村负担约230亿元。全国农村用电快速增长，2000年生活用电量同比增长18.7%，极大地促进了农村经济的发展。

（二）电力行业规划及结构调整工作稳步推进

1. 编制完成了电力工业“十五”规划初稿

在完成电力市场预测分析、“九五”计划执行情况总结等有关六个专题研究的基础上，编制完成了电力工业“十五”规划初稿。按照工作计划，组织有关单位和有关专家对各省电力工业“十五”规划初稿进行评审，下发了评审意见。同时对各地区、各省电力“十五”规划的编制工作进行指导和协调，为最终形成电力“十五”规划作准备。在编制过程中结合电力工业改革与发展需要，以及结构调整的要求，有针对性地开展了电力工业节水、节油规划，电力工业热电、环保、技术改造规划，以及加入WTO对电力工业的影响及应对措施等研究工作，为充实完善电力工业“十五”规划奠定了基础。

2. 关停小火电工作进展顺利

2000年关停小火电420万kW。为进一步遏制小火电盲目发展的势头，促进热电联产和资源综合利用机组的发展，国家经贸委制定了《关停小火电工作中对热电联产机组的鉴定办法》和《资源综合利用机组鉴定办法》。

3. 加强了对老旧机组替代改造和电力技术改造项目前期工作的指导和协调

在电力项目行业审查方面，按照国家产业政策和总体规划，针对各电网电力供需形势，加强了对电力老旧机组替代改造和其他电力技术改造项目前期工作的指导和协调。如：河北的唐山、河南的焦作热电厂项目建议书得到批准；河北的保定、山西的太原

二热、湖南的株州和河南的周口项目可研报告得到批准；江苏的徐塘、湖南的株州、辽宁的抚顺和阜兴、山西的太原二热、重庆半山脱硫等工程开工报告得到批准。属于国债项目的9项工程全部开工。

（三）电力法制建设继续加强

2000年，电力法制建设取得了较大进展，国家经贸委向国务院法制办公室报送了《农村电力管理条例》（送审稿），颁布了《电力可靠性管理暂行办法》、《电网调度信息披露暂行办法》，发布了107项电力行业标准。同时组织研究修改《电力法》、《电网调度管理条例》等工作，研究起草了《电力市场运营规则》、《电力监管办法》，完成了《电力行政执法若干问题研究报告》。

2001年电力工作思路及主要任务

电力工业作为基础产业，在国民经济和社会发展中发挥着十分重要的作用。“十五”期间，电力工业将适应建立社会主义市场经济体制的要求，进一步深化改革。

2001年电力工作的指导思想是：按照建立社会主义市场经济体制的要求，控制总量，调整结构，培育市场，规范秩序，加强法制，依法行政，深化改革，促进发展，紧紧围绕改革，以改革促发展，发展中促改革，按照国务院确定的电力改革的各项工作部署，进一步抓好工作的落实，推动工作的全面开展。

2001年电力工作主要任务是：

（一）狠抓落实，加快推进电力改革

在配合电力体制改革协调小组制定好改革方案的同时，继续按照国务院的部署和要求，积极推进电力工业政企分开改革，厂网分开、竞价上网的改革试点和农村电力体制三项改革，巩固工作成果，抓住并利用好当前的机遇，进一步改善改革的环境。

（二）积极推进电力结构调整

2001年是“十五”计划的第一年，在保持电力工作健康发展的同时，要大力推进电力工业战略性调整。主要从以下几方面做好工作：

一是组织实施好电力行业“十五”规划，遵循电力工业的客观规律，保持电力工业合理的发展速度，满足国民经济和社会发展的需要。围绕实施西部大开发战略，以西电东送为重点，加大资源优化配置力度，提高资源利用效率。

二是完善促进电力科技创新的政策环境，鼓励技术创新和技术进步，发展电力高新技术，提升技术水平。支持电力产、学、研结合和高新技术产业化。重视新能源的应用，推广洁净煤燃烧技术等。

三是利用当前电力供需缓和的有利时机，以市场需求为导向，贯彻国家能源产业政策、环境保护政策，坚持控制总量，继续加大关停小火电机组的力度。

四是推进农村电气化。在巩固农电“两改一同价”成果的基础上，组织制定农村电气化的发展规划，发挥电力行政管理部门的主导作用，提出政策措施和建议，推动相关政策和工作落实。

五是开源与节流并重，转变发展方式，重视需求侧管理。我国现有3亿多kW的装机容量，通过采用新技术、政府引导和政策支持等，挖掘和发挥潜力，提高电力运行质量。

（三）大力改善电力工业改革与发展的环境

规范、培育和开拓电力市场，促进电力资源优化配置，实行以水代火，充分利用水能资源，加强省间电量交换的协调管理，提高电网运行的整体效益。加强对电力调度的监督，规范信息披露制度，促进电力调度的公开、公平和公正。规范电力市场秩序，调整用电政策，提高社会用电水平，促进电力企业降低成本，改进服务。在有条件的地区，支持城市开展“光亮工程”和“亮丽工程”。同时，继续加强农电管理，改善农村用电环境，减轻农民负担。

加快电力立法步伐，加强电力法制建设。抓紧进行修改《电力法》的基础工作，使《电力法》的修改能够尽快形成一个基本的框架；同时，加强与电力改革相配套的电力立法工作，继续做好制订或修改相关电力行政法规、规章的工作，使电力工作实现有法可依，引导和推动电力改革和电力发展。切实转变职能，加强和完善电力行政管理职能，转变工作方式，做到依法行政。

（郭秋英）

电力工业行业管理

中电联工作机构按照第三届理事会第二次会议提出的2000年工作的指导思想和总体目标，继续深化改革，坚持“服务、沟通、协调、监督、自律”的工作原则，不断加强中电联建设，继续理顺内外部关系，大力发展服务网络，进一步充实完善了行业管理和服务功能。在开展日常业务工作的基础上，积极拓展社会服务领域，举办了一些在社会和行业中产生了重要影响的服务活动。

中电联按照国务院48号文件要求，完成了社团法人登记工作。民政部已于2000年6月14日，正式发给中电联社会团体法人登记证书。

树立公开、公平、公正的公众形象

贯彻落实国家经贸委《关于加快培育和发展工商领域协会的若干意见》的精神，找准行业自律管理与服务的位置，逐渐在全行业、全社会树立了公开、公平、公正的公众形象，达到了较好地为企业、为社会服务的目的。

（一）中电联在上海召开了第三届理事会第二次会议

在这次会议上，审议通过了常务理事会的工作报告、中电联1999年度经费收支情况和2000年经费预算草案报告、中电联改革和发展规划框架意见，以及中电联组织管理的若干意见。会议还通过了关于聘请中电联顾问、增补中电联副理事长，聘任中电联副秘书长以及增补和调整部分理事和常务理事的决定。会议确定了2000年中电联工作的指导思想和建立现代行业协会的奋斗目标。由于认真贯彻这次会议精神，中电联工作机构2000年已开展的各项工作取得了实效。

（二）加强组织建设，理顺中电联内外部工作关系

首先，初步理顺了中电联与外部的工作关系，初步建立了有序的工作联系制度。为进一步了解政府、有关社会团体和企业对中电联工作的建议和意见，2000年初召开了“中电联工作汇报会”，分别邀请了有关部门、企业的领导同志听取中电联的工作汇报。

其次，初步理顺了与各分会之间的工作关系，注重发挥中电联整体优势，开展各项工作。

第三，积极做好会员的发展和组织管理工作，基本完成了各分会会员的转换工作，现包括多种投资主体、多种所有制形式的中电联会员总数已达1069家。目前已基本完成《中电联会员发展与管理办法（试行）》等一系列规章制度的建章立制工作和建立会员数据库等基础工作。

第四，逐步完善行业服务网络。制定出符合中国国情、适合电力行业特点的《中电联服务网络建设意见》，并组团或派人考察国内外行业协会的组织建设经验。配合省级电力机构改革，大力推进省级电力行业协会组织的培育和发展，多次派人参加省级电力行协的成立大会并给予了必要的业务指导。10月在北京召开了省级电力行（企）协工作交流会，广泛进行了工作交流。目前已成立了18家省级电力行协，已逐步形成了省级服务网络。

第五，联合会领导参与了国内外的重大活动，扩大了中电联的影响。2000年5月，赵希正理事长在加拿大举行的世界能源管制论坛上，发表了关于“中国电力工业的改革与发展”的演讲。日本电气事业联合会太田会长一行应赵希正理事长的邀请，于12初到我国进行了访问。刘宏常务副理事长参加了9月国家经贸委电力工作座谈会，应邀在会上作了讲话；10月下旬代表中电联参加了第11届亚太电协理事会，中电联被推举为副主席单位，赵希正理事长出任副主席，并将在2003年承办亚太电协理事会、2004年承办亚太电协大会。叶荣泗副理事长参加了中国工经联行业工作委员会工作和中德行业高层论坛。名誉理事长张绍贤等其他领导也都积极参加中电联的重要会议和活动。这些活动进一步扩大了中电联在会员单位和国内外行业协会中的影响。

（三）在政府有关部门和会员单位的支持下，中电联开展了一些在社会和行业有较大影响的活动

1．2000年年初，在北京成功地举办了2000年经济形势走向及政策分析预测会。这次会议邀请了政府部门的负责人和专家学者以及企业的高层管理人员等各方面有见地的人士，多角度、多方位、多层面地介绍有关情况，对参会同志开拓思路、把握宏观、学习政策很有收益，引起了大家的共识，达到了预期的目的，受到各方的普遍赞扬。

2．举行了2000年电力可靠性指标发布会，发布了1999年各类可靠性指标。这是可靠性管理纳入行业管理职能之后，电力可靠性指标第二次由中电联代表全行业独立发布。目前，可靠性指标的权威性已体现在电力企业达标和创一流的活动中，已成为企业改进管理和技术优化的重要依据。

3．为提高电力职工队伍素质，引导、鼓励广大电力职工立足本职，钻研技术，走岗位成才道路，中电联、国电公司、劳动和社会保障部、全国水电工会于6月中旬成功举办了全国电力行业变电站值班员技能竞赛。

4．在电力工业管理体制改革和教育体制改革的新形势下，探索电力行业“产、学、研”结合的新形式，发挥高校教育资源的优势，为电力行业服务。中电联为配合第十二届“国际科学与和平周”活动，联合全国20多所设有电力专业的高校，成立中国电力教育大学（院）校长联席会。在（院）校长联席会的支持下，中电联举办了“21世纪电力科技与社会进步报告会”，8位知名院士与教授就21世纪中国电力科技及其应用的8个主题进行了具有前瞻性和导向性的演讲。

（四）积极主动参与电力体制改革，并结合电力工业改革，进行了一批重点课题调研工作

目前已完成国家经贸委委托的《关于电力工业管制问题的研究》、《关于电力市场监管问题的研究》、《关于电力市场运营规则的研究》、《中国农村电气化（2001～2015年）发展纲要》等课题的研究报告。参

与了国家经贸委电力司组织的全国供电营业区划分及制定相关管理办法的调研工作。完成了《河北、河南省电力公司超高压输变电电网建设和管理体制改革调查报告》，并以中电联会［2000］19号文印发。

从行业角度推动电力施工企业的脱困。在实现国企三年脱困目标的最后一年，中电联深入电力施工企业进行了调查分析，提出了体制创新、技术创新、行业结构调整和建立现代企业制度等解决脱困的意见，得到中国工业经济联合会的好评。

组织会员单位承担了《“厂网分开、竞价上网”有关重大问题的研究》、《电力企业市场化改革目标模式研究》、《电力行业协会发展战略研究》、《电力行政执法问题的研究》、《供电企业投资主体多元化的研究》、《大用户直接从发电厂购电的研究》、《触电伤亡防范体系及事故处理办法研究》、《〈电力法〉修改意见的研究》等重要课题的研究工作。

以上课题围绕电力工业改革，有很强的针对性，在某个层面或某些范围内支持和推动了电力工业的改革，受到了政府和企业的关注，其调研成果将为政府决策和企业发展提供有益的参考。

（五）积极开展国际合作交流工作

成立了中电联引进国外智力领导小组，完成了向国务院港澳办申办中电联《因公往来香港、澳门特别行政区通行证》备案的工作，现已取得出具证明权。

9月初，中电联主办了上海第六届国际供用电专业设备展示会。来自11个国家和地区的国内外200多家专业厂商参展，展出面积超过6000m^2。

10月下旬，中电联组团参加了第11届亚太电协理事会。在落实政府委托的合作协议项目中，选派了参加瑞典CIDA培训项目人员，办理了国家经贸委委托的2000年中英合作五个子项目的工作，布置了电力行业外国经济专家“友谊奖”评选工作。

11月初，中电联、国家电力公司、中国国际贸易促进会共同主办的第八届国际电力设备及技术展览会在北京举行。

树立开拓创新意识，全面履行自律性行业管理与服务职责

（一）为企业服务工作

加强了中电联网站的建设，受到广大会员单位和各方面的关注。

成立中电联质量体系认证中心，获得了国家经贸委和国家质量技术监督局的支持和批准，并完成工商注册登记工作。

5月，在京召开了电力行业卫生工作座谈会。会议探讨了当前电力企业卫生体制改革中的难点和热点问题，传达了全国卫生厅局长会议精神和国务院有关文件，提出了2000年工作重点和要求。

编审出版了《1999年度电力建筑施工统计资料汇编》和《1999年度电力建筑业统计分析报告》，并及时完成建筑业统计快报。

（二）电力标准化工作

在2000年初召开的“电力标准化工作会议”上，以宣传、贯彻国家经贸委第10号令《电力行业标准化管理办法》为今后工作的目标，审议了《电力行业标准化管理委员会章程》、《电力行业专业标准化技术委员会章程》和电力行业专业标准化技术委员会调整方案等文件，总结了电力标准化工作的经验，研究了今后的工作思路和改革措施。年中召开的企业标准化座谈会推进、引导、指导了企业标准化工作，有效地为企业进行服务。

（三）电力可靠性管理工作

完成了《电力可靠性管理暂行办法》的修改，已由国家经贸委颁发。成功召开了“全国电力可靠性管理工作会议”。

完成了1999年电力可靠性全部数据的整理、汇总工作。拟定并颁发了《直流输电可靠性统计评价规程》。参加了世界能源理事会效能小组会议，通过国际交流，注意国际上电力可靠性的发展动态与趋势。

参与国家电力公司组织的对发、供电企业创一流的考评工作、基建移交生产达标验收工作和国家电力公司有关一流标准的修改与制定工作。

（四）职业技能鉴定工作

2月，召开了全国电力行业职业技能鉴定工作会议。会后，在健全组织机构方面，陆续审批成立了海南、湖北、吉林等省电力公司鉴定中心。劳动和社会保障部就业培训司于2000年5月17日以［2000］10号文件正式批准了电力行业第二批66个鉴定站的成立。100个工种鉴定规范完成收尾工作，已交付出版社出版。现已有20多个工种开考，有2万多名工人参加了考试，平均合格率为75%。

（五）电力建设技术经济工作

受国家经贸委委托，完成《电力工程建设管理办法》（征求意见稿）起草工作。与建设部协商并得到同意，将电力行业作为特殊行业由中电联技经中心负责本行业内造价工程师的注册管理工作，完成了工程造价咨询单位的年审工作。

召开了电力建设工程概算定额（建筑、电气册）主编工作会议，总结了自概算定额颁发以来使用的情况，及时进行了补充、修编。召开了电力建设工程预算定额（电气册）主编工作会议、总体协调电气、热

控、通信及调试部分的定额水平。

（六）教育培训工作

组织完成了国家经贸委电力司委托的“电力市场建立及管制”培训基础材料——《英国电力市场的发展过程、运作模式及管制》的编写工作；面向会员单位，举办了一系列有影响的高级研讨班或培训班；组织完成了第四届职业教育教学成果和优秀教材的评选；接受教育部委托，与国家电力公司共同组织制定了国家级电力行业中等职业教育归口专业目录和发电、供电、热动三个专业教学改革方案；完成了中华电力教育基金会和许继奖学金 2000 年度的奖励、资助项目的评审和表彰等工作。

（七）科技推广与服务工作

制定了电力行业计划外科技成果评审的管理办法，组织召开了“城乡电网建设与改造技术研讨会”，举办了第一期互联网应用技术培训班。

主要事件

1月 9～10 日，中电联理事长会议在北京河南大厦召开。

1月 18 日，电力可靠性管理中心以国电可［2000］03 号文颁布了《直流输电系统可靠性统计评价办法（暂行）》，正式开展了我国支流输电系统的可靠性统计与评价工作。

1月 22 日，中电联在辽宁省大连市召开了“电力行业可靠性管理委员会 2000 年工作会议”。

1月 26 日，应海南省电力公司要求，中电联对海南省电力公司与美国安然公司签订《购电合同》执行中的问题进行法律咨询。写出了《清澜电厂购电合同评估报告》，提出以买断方式处理为宜，海南省政府采纳此建议，历时 4 年的纠纷终于获得解决，为海南省电力公司挽回了重大经济损失。

1月 28 日，中电联标准化中心主持在京召开会议。

1月 28 日，中电联标准化中心根据国家质量技术监督局关于征集 2000 年国家标准制、修订项目建议的要求，代国家经贸委电力司拟文上报了 2000 年电力国家标准制、修订计划项目建议共 42 项，其中推荐性国标 39 项，强制性国标 3 项。

1月，中电联教育培训中心召开了 2000 年度电力行业高等教育自学考试工作研讨会，会上表彰了助学先进单位和优秀工作者。

2月 21～23 日，中电联在山东省济南市组织召开了《全国电力行业职业技能鉴定工作会议》。

2月 27～29 日，在上海世博会议大酒店，召开中电联三届二次常务理事会会议。上海市副市长蒋以任，中电联名誉理事长高严、张绍贤，国家经贸委电力司副司长黄永达，中国工业经济联合会副会长顾家麒，中电联理事长、副理事长、常务理事以及本部各部门负责人参加了会议。会议主要审议常务理事会工作报告；审议中电联会员组织管理的若干意见和建议；审议中电联 1999 年度会费收支情况和 2000 年度会费预算报告；审议增补部分理事、常务理事，补选副理事长；讨论中电联改革和发展规划框架意见等其他事项；会议决定聘请袁宝华、顾家麒、吴敬琏三位同志为中电联顾问，增补林孔兴同志为中电联副理事长，决定聘任王永干、范继祥两位同志为中电联副秘书长，决定接纳山东中华发电有限公司等 13 家单位为中电联单位会员；会议审议通过了《中国电力企业联合会工作规则》。

2月 28 日，中电联电力建设技术经济咨询中心发布《电力建设工程施工台班费用定额》。

2月，中电联会员部举办 2000 年经济形势走向及政策分析预测会，邀请了国家经贸委、国家电力公司等部门的 11 位领导和专家就国企改革、电力工业改革、社会保障体系的建立和发展、金融改革、开拓电力市场等内容作报告，有 300 多名电力企业经营者及企协负责人参加会议。

2月，由中电联牵头组织的大型外宣图书《新中国电力工业》出版发行。

3月 8～10 日，受国家经贸委委托、由中电联标准化中心承办的电力行业标准化工作会议在北京召开。

3月 9 日，中央国家机关精神文明建设协调领导小组授予中电联 1999 年度“中央国家机关文明单位”称号。

3月 21 日，中国电力企业联合会引进国外智力领导小组正式成立，并报国家外国专家局备案。

3月，中电联会员部召开了中电联企业管理咨询委员会第五届代表会议。会议明确了中电联企业管理咨询委员会作为中电联的专委会开展工作。同时，认定中级咨询顾问 63 名，向中国企业联合会推荐高级咨询顾问 15 名。

3月，中电联电力建设技术经济咨询中心颁布《全国电力工程建设常用设备（1999 年）价格》。

4 月 25 日，中电联标准化中心以中电联标［2000］28 号文批准成立了电力行业水电规划设计标准化技术委员会。该标委会挂靠在国家电力公司水电水利规划设计总院。

4 月 26 日，为加强中电联监察工作，经研究，确定由叶荣泗任组长，范继祥、赵天荣任副组长等九位同志组成新的中电联监察小组。

4月，中电联电力建设技术经济咨询中心颁布了电力工程装材综合价格及单项材料预算价格调整系数。

4月，中电联会员部举办了2000年电力行业企业家活动日，活动日的主题是“竞价上网、厂网分开”。

4月，中电联教育培训中心组织完成了国家经贸委电力司委托的“电力市场建立及管制”培训基础材料《英国电力市场的发展过程、运作模式机管制》的编写工作。

5月31日，中电联标准化中心以中电联标［2000］35号文批准成立了电力行业电力规划设计标委会。

5月，中电联向国务院港澳办申报了中电联《因公往来香港、澳门特别行政区通行证》备案的工作，并取得出具证明权和因公往来香港、澳门特别行政区通行证的自办权。

6月1日，中电联常务副理事长刘宏会见了香港中华电力有限公司中国业务总监邝荣昌先生等人，商谈该公司作为中电联会员问题。

6月3日，中电联在北京发布了1999年度电力可靠性指标。

6月15日，中电联标准化中心以中电联标［2000］40号文批准成立了电力行业电网运行与控制标准化技术委员会。该标委会挂靠在国家电力调度通信中心。

6月16～29日，根据中央部署和国家电力公司党组要求，中电联进行了为期15天的“三讲”教育“回头看”活动。

6月20日，中电联标准化中心以中电联标［2000］38号向各会员单位、各专业标准化技术委员会印发了《电力行业标准化指导性技术文件管理办法》。

7月26日，中央“三讲”办企业工作调研组到中电联就大中型企业“三讲”教育有关问题与各部中心主要负责同志进行了座谈。

6月，中电联教育培训中心组织完成了第四届职业教育教学成果和优秀教材的评选。

6月，中电联与国电公司、劳动和社会保障部、全国水电工会在黑龙江齐齐哈尔市联合组织举办了“全国电力行业变电站值班员技能竞赛”，除西藏外，全国30个省、市、自治区共派出32支代表队和64名选手参赛。通过竞赛，有3名选手获得全国技术能手称号，21名选手获得全国电力行业技术能手称号。会后印发了《关于表彰全国电力行业变电站值班员技能竞赛获奖单位和个人的决定》。

6月，中电联会员部完成《独立发电企业经营评价指标体系》（试行）及实施细则。

7月4日，受国家经贸委委托，国际部在北京组织并召开了“英国电力工业商业化运营国际研讨会”，电力系统120名管理技术人员参加，国家经贸委电力司领导出席并致辞，会议取得了预期的效果。

7月14日，中电联完成了在国家民政部的社团登记注册。

7月21日，刘宏常务副理事长在北京会见了韩国电机协会会长，双方探讨了在教育培训方面合作的可能性。

7月26日，中电联标准化中心以中电联标［2000］46号关于实施《电力企业技术标准备案办法》发与各有关会员单位。

7月31日，中电联电力建设技术经济咨询中心发布了《光纤复合架空地线（OPGW）安装定额》。

7月，中电联会员部完成《电力行业卫生专业中、高级技术职务评审条件》的修改制定工作。

8月21日，中电联函复国家发展计划委员会，推荐刘宏常务副理事长参加电力体制改革协调领导小组工作。

8月，中电联会员部召开企业现代化成果评审会，审定了42项优秀成果，其中一等奖3项、二等奖9项，三等奖30项。

9月1日，中电联电力建设技术经济咨询中心颁发《电力建设工程概算定额》。

9月5～8日，中电联国际部在上海成功举办了“第六届国际供用电专业设备展览会”；同时配合理事会工作部和中电联网站，进行了中电联网上展览会的策划和组织工作，并在展览会上成功地进行了中电联互联网的宣传工作，提高了中电联网站的知名度。

9月22日，根据中电联、黑龙江省电力公司与日本东北电力株式会社的交流协议，该社取缔役部长青木康芳先生一行6人访问了中电联，国际部主任孙守义向日方介绍了中国电力改革情况。会后，日本代表团前往黑龙江省电力公司进行定期技术交流。

9月28日，“中国电力可靠性”网页正式推出，这是我国首家电力可靠性的专业网站。

10月21日～11月3日，中电联刘宏常务副理事长等在菲律宾参加了第11届亚太电协理事会议，会上中电联被推举为副主席单位，赵希正理事长出任副主席。

10月24日～11月3日，中电联常务副理事长刘宏率中国电力代表团一行22人赴菲律宾参加了第13届亚洲及西太平洋供电协会大会。会后顺访香港中华电力有限公司和澳门电力公司。

10月28日～29日，中电联在南京召开了《电力市场运行规则》和《电力市场监管办法》课题研讨会。40多名来自全国各地的代表针对两个课题报告提出了许多宝贵意见，在此基础上进一步修改后于

11月26日向经贸委提交送审稿。

10月31日～11月10日，叶荣泗副理事长率7人代表团赴新加坡参加了亚太法协国际会议，会后成功地顺访了泰国电力公司。

10月中旬，中电联在福建召开了“全国电力可靠性管理工作会议”。会上以中国电力企业联合会与中国水利电力工会全国委员会联合表彰了近年来在电力可靠性管理工作中做出突出成绩的先进单位和先进个人，并授予了奖牌与证书。

10月，由标准化中心主办的中国电力标准化网正式开通。中国电力标准化网是面向企业的通过国际互联网进行电力标准化信息服务的专业性网站，其网址是：WWW.dls.org.cn。

10月，中电联教育培训中心接受教育部委托，与国家电力公司共同组织制定了国家级电力行业中等职业教育归口专业目录和“发电、供电、热动”三个专业教学改革方案。

10月，中电联本部举办了4期计算机培训班，共有103人参加培训，有89人获得培训结业证。

11月1日，根据中国电力企业联合会与德国西门子公司签署的合作交流协议，中电联与西门子公司在北京联合举办电力设备运行技术研讨会。

11月7～11日，中电联国际部在北京成功地举办了第八届国际电力展览会。

11月25日，中电联2000年第二次理事长会议在海南海口召开。会议审议通过了《中电联会员发展与管理办法（试行）》、《关于中电联吸收新会员的决定》。

11月26～27日，在海南海口，召开中电联三届三次常务理事会会议。刘宏常务副理事长作中电联2000年工作汇报；会议审议通过了《中电联服务网络建设意见（2000～2003年）》、《关于认真履行会员义务、按时足额缴纳会费的决议》、《关于设立中电联水电规划设计分会、水利水电建设分会的决议》。国家经贸委电力司司长史玉波应邀到会并讲话，中电联名誉理事长张绍贤作会议总结。

11月，中电联教育培训中心组织完成面向电力行业自学考试“电力、热动”两个专业本科、专科各两个层次两个学期共10门课程的助学协调，教材（含助学材料）的编制。

11月，中电联会员部召开两次中电联分会秘书长工作会议。在第二、三季度协助供电分会、输变电设备分会、农电等分会的换届工作。

12月6日，中电联理事长赵希正在京会见并宴请日本电气事业联合会太田会长一行，讨论国际电力市场发展趋势，并探讨两国电力行业合作关系。常务副理事长刘宏、副理事长叶荣泗、林孔兴等在座。

12月19日，中电联标准化中心以标综［2000］23号文向国家经贸委电力司请示下达2000年度电力行业标准制、修订计划项目。今年制、修订的电力行业标准计划项目以修订超龄标准为主，共105项。12月29日，国家经贸委电力司以电力［2000］号批准下达了2000年电力行业标准制、修订计划。

12月20日，中电联组织召开电力行业血吸虫病防治工作表彰总结会。

12月29日，中电联召开工作汇报会，向有关部门汇报中电联2000年工作及2001年初步工作设想。

电力工业企业管理

概述

2000年是国家电力公司实施改革与发展战略承上启下的一年，国家电力公司以邓小平理论和江泽民同志“三个代表”重要思想为指导，围绕“两个战略”、“一个管理年”、“三项责任制”和“三严一表率”，深化改革、开拓进取，全面完成了全年工作任务，在推进公司战略部署、实现公司战略目标的进程中迈出了坚实的步伐，为全国电力工业完成“九五”计划做出了应有的贡献。

国家电力公司坚持以战略统揽全局。认真贯彻党中央、国务院提出的“西部大开发”战略和“走出去”战略，紧密结合公司改革与发展的实际，实施公司“两型、两化、国际一流”的战略目标。制定并实施公司经营发展战略、市场营销战略和科技创新战略，形成了公司系统战略目标清晰、战略重点突出、战略措施明确的全方位战略管理体系，标志着公司的管理由过程管理转向目标管理，由战术管理转向战略管理。

战略管理的实施，使国家电力公司管理方式改变，管理水平提高，生产经营迈上新的台阶。2000年7月，美国《财富》杂志主编杰佛里·科文致函国家电力公司高严总经理，告之国家电力公司已被《财富》杂志列人最新评定的“世界500强”企业，成为“带领全球经济进入新世纪的精英集团之一”。

在全球500家最大的企业中，国家电力公司的销售收入360.761亿美元，列第83位；利润6.471亿美元，列第239位；资产1331.11亿美元，列第101位；股东权益480.99亿美元，列第10位；雇员114.93万人，列第2位。在上榜的17家全球最大的电力公司中，国家电力公司仅次于日本东京电力公司，列第2位。在进入“世界500强”的中国9家企业中，国家电力公司列第2位。

进入“500强”使国家电力公司在世界上的知名度大大提高，为国家电力公司实施“走出去”战略，参与国外水利、电力建设市场竞争，创造了很好的条件。但是，将国家电力公司置于世界先进企业的参照系，对比差距，就可以看到：国家电力公司还不够强，与500强其他企业相比，国家电力公司在经营成果（利润）、劳动生产率（雇员人数）等方面还存在相当大的差距，国家电力公司还需不断努力，增强经济实力，提高竞争力，加快与国际管理接轨，争取尽快成为国际一流企业。

电力建设和生产情况

配合电力结构调整，投产容量适度减少，适应国民经济出现的重大转机，发电量、售电量大幅增加，购电比重继续上升。2000年公司系统控股、参股发电项目完成投资511.91亿元，投产装机容量1273.5万kW，其中水电253万kW，火电1020.5万kW。电网投资大幅增加，达1208亿元，新增220kV及以上输电线路12364km，变电容量3268万kV·A。由于需求转旺，投产项目效益有所改善。到2000年底，公司全资及控股发电设备容量1.51亿kW，增长4.3%，完成发电量6770亿kW·h，比1999年增长8.5%，其中水电1070亿kW·h，增长5.2%，火电5700亿kW·h，增长9.2%。发电能力年均利用小时数4610h，售电量完成8821亿kW·h，比1999年增长11.2%，购电量7518.1亿kW·h，增长21.9%，购电量已占全部售电量的77.45%。

2000年公司系统坚定不移地贯彻“安全第一，预防为主”的方针，加强安全生产管理，保证了电网安全稳定运行。主要电网频率和电压合格率达到较高水平，频率合格率达99.9%以上，电压合格率大都在98%以上，全国主要城市10kV用户供电可靠率(RSI)达到99.892%，比1999年又有提高。但主要电网的峰谷差仍在加大，负荷率降低，调峰更加困难。国家电力公司在电网规模不断扩大，设备数量不断增加，生产、建设、城乡电网改造任务十分繁重的情况下，较好地处理了安全生产与其他工作的关系。公司系统连续四年没有发生电网瓦解引发的大面积停电事故及对社会生产有重大影响的事件，设备事故率下降，没有发生电网稳定破坏事故，没有发生垮坝事故，生产、基建共死亡55人，比1999年减少15人，下降21.4%。

能源使用效率进一步提高。2000年，公司系统实现供电煤耗376g/（kW·h)，比1999年下降3g/（kW·h),实现电网线损率7.18%，比1999年下降0.08%。

多种产业健康发展，2000年实现总收入1238亿元，利润72亿元，2000年公司系统减员10.3万人，劳动生产率达到13.8万元/（人·年)。

资产、经营和财务情况

2000年，国家电力公司资产总量继续增加，经济效益有所提高，财务状况进一步好转。年末公司资产总额9249亿元，比1999年增长10.9%，所有者权益4178亿元，比1999年增加119亿元，负债总额5071亿元，比1999年实际增长16.2%。资产负债率54.8%，同比上升1.3%，比预算降低1.2%。资产、负债比1999年增加主要是城乡电网改造步伐加快，增加投入的结果；所有者权益增加主要是电建、贴费等财政性资金投入130亿元。公司2000年收取投资收益完成21.42亿元，各单位全部足额完成了核定的上缴任务，是国家电力公司成立以来，收益收取情况最好的一年。各分公司、子公司抓住2000年国民经济出现重大转机的机遇，采取有效措施，开拓市场、增供扩销，提高了电能在终端能源消费中的比重，2000年公司系统售电量完成8821亿kW·h，比1999年增长11.2%。公司系统全年实现利润总额92亿元，超额完成国家确定的利润指标，这一利润水平是在消化了城乡电网改造带来的成本费用上升等背景下实现的，利润质量比往年提高。资产保值增值率完成101.98%。比考核目标提高30.58%。主营业务收入完成3158亿元，比预算增长11%，其中电力产品销售收入2912亿元，比预算增长12.5%，主营业务成本2836亿元，比预算增长12.9%，其中电力产品销售成本2795亿元，比预算增长13.6%，成本增幅超过收入增幅的主要原因是购电成本大幅上升。2000年公司系统购电成本1915亿元，比预算增加283亿元，其中因购电量增长而增加的购电成本248亿元，因购电平均单价提高而增加的购电成本35亿元。成本增长过快，挤占了获利空间，影响了利润水平的提高。

为完成2000年公司财务预算目标，国家电力公司采取了多种措施。

(1) 落实资产经营责任制。公司法人代表分别与各所属单位负责人签订《资产经营责任书》，按照《国家电力公司资产经营考核办法》，严格考核。2000年资产经营考核得分列前五位的是华东、山东、福建、辽宁和华能。

(2) 努力稳定电力产品利润、积极拓展新的利润增长点。首先，大力开拓电力市场，增供扩销，努力疏导电价矛盾，在1999年11个省已经出台新目录电价的基础上，2000年又有16个网省公司目录电价得到了调整，使售电平均单价提高了20.07元/（MW·h),电量增长和电价提高稳定了直接经营的电力产品利润。第二是强化了投资收益管理，2000年长期股权投资收益73.8亿元，比1999年实际增加27.6亿元。第三是积极挖潜，提高资金运作效益。通过委贷获得投资收益9.5亿元，通过结算中心资金运作增收3.8亿元，国债和银行存款利息收入24.7亿元。

(3) 抓住重点环节，严格控制成本费用支出。一是继续把严格控制购电平均单价上升作为成本控制重点，通过采取竞价上网、水火电置换、严格控制小火电上网等措施，使得购电平均单价增幅比售电平均单价增幅低2.4%。二是继续把节约利息支出作为费用控制重点，通过采取提前还贷、推迟借款、调整债务结构和垫付工程款，使网省公司利息支出比预算下降8.6亿元。

(4) 优化资金调度，切实控制资产负债率上升。2000年公司系统各单位普遍加大对负债与资金的管理力度，在确保资金供应的基础上，严格按照工程进度拨付资金，积极利用经营活动沉淀资金，通过采取提前还贷、垫付工程款、推迟借款等手段，使长期借款比预算减少558亿元，短期借款比预算减少21亿元，资产负债率控制在预算水平之内。

(5) 积极化解各种经营风险，促使财务状况进一步好转。2000年公司财务口径电热欠费余额比预算减少50亿元，比1999年实际减少39亿，处理住房周转金赤字234亿元，转销坏帐损失23亿元；摊销递延资产10亿元；计提长期投资减值准备金6亿元；处理华中和湖北电费结算历年累计差异近10亿元。

(6) 继续推行全面预算管理，从制度上保证预算的完成。一是完善预算编制办法，包括规范预算体系，提高科学性，扩大预算管理范围等；二是加强预算分析，加大预算执行的季度监控力度；三是加大预算考核力度，进一步完善资产经营责任制。

电力体制改革稳步推进

2000年，国家电力公司深入贯彻国务院办公厅国办发［1998］146号文件，继续推进电力体制改革，在充分总结、研究东北公司改革经验的基础上，完成了对华东、华中、西北电力集团公司改制为国家电力公司分公司的工作。分公司代表国家电力公司经营、管理大区电网，控制了500kV（330kV）网架和重要的调峰调频骨干电厂，国家电力公司通过法人授权制度、经营目标责任制度和财务管理制度，理顺了与分公司的管理关系。

按照国务院的要求，华能集团公司与华能国际电力开发公司实行重组，境外上市的山东华能和华能股份合二为一，改变了“两个华能”竞争的局面。

2000年5月，国家电力公司与福建省人民政府签订了划分福建电力产权的协议，按照国家有关部门的要求，在福建省政府的支持下，国家电力公司完成了组建福建省电力有限公司的工作，为福建电力的进一步发展和福建电网与华东电网互联创造了良好的条件。

为了进一步做好电力援藏工作，加快西藏的电力发展，巩固祖国的西南边疆，根据国家经贸委国经贸电力［1999］1213号文件，2000年3月，国家电力公司与西藏自治区政府签订会议纪要，明确了国家电力公司对西藏电力公司代管的有关事宜。应西藏自治区政府的邀请，国家电力公司派出考察组，于2000年7月赴西藏考察访问，进一步落实了代管协议和一批援藏项目。西藏电力与国家电力的联系更加紧密。

按照国务院的部署，结合地方政府机构改革，各省、自治区、直辖市电力管理体制也进行改革，撤销省级电力工业局，电力行政管理职能交省经贸委，省电力公司成为独立的法人实体，真正的电网经营企业。2000年，国家电力公司配合国家经贸委，完成了撤销省电力工业局和大区电业管理局的准备工作，江苏、河北等8个省电力工业局已批准撤销，职能移交已基本完成，实现了电力管理体制的政企分开。

根据国办发146号文件，浙江、上海、山东和辽宁、吉林、黑龙江全面展开网厂分开、竞价上网试点。按照国家电力公司制定的《实行厂网分开建立发电侧电力市场的实施方案框架》（试行）和《发电侧电力市场运营规则框架》、《发电侧电力市场监管规则框架》，试点单位积极探索，大胆实践，已经取得了阶段性的成果，积累了宝贵的经验。浙江等省电力市场开始运行，通过竞价上网，成本受到有效控制，电价有所降低。国家电力公司正在总结试点单位的经验，按照稳中求进的原则，逐步在全公司系统推行“网厂分开，竞价上网”。

贯彻国务院国发［1999］2号文，国家电力公司与各省、自治区、直辖市人民政府密切合作，大力推进农电体制改革，完成了1183个县公司的代管、223个县的股份制改造和20000个乡电管站的改革，配合农村电网建设与改造工程的实施，理顺了农电体制，精减了农村电工，降低了农村电价，使广大农民得到了实惠。

2000年6月，国务院决定加快电力体制改革步伐，由国家计委牵头研究电力体制改革方案，并成立了电力体制改革协调领导小组。按照国务院的部署，国家电力公司积极配合国家计委等部门，对进一步加快电力体制改革进行了大量的调查研究工作，认真听取各个方面的意见，提出了加快电力体制改革的意见和建议。

结构调整取得了重大进展

2000年，国家电力公司贯彻党中央确定的“以结构调整为主线”的方针，加大结构调整力度，取得了重大进展。

1.大力推进西电东送

我国能源资源在空间分布上很不均衡，东部经济发达，但资源相对贫乏，环境容量有限，西部地区蕴藏着丰富的能源资源。在资源丰富的西部，因地制宜地建设大型电厂，向东部负荷中心送电，对促进西部变资源优势为经济优势，满足东部负荷增长需要，保护环境都具有重要意义。国家电力公司大力推进西电东送，配合国家计委于2000年11月，隆重举行了洪家渡、引子渡、乌江渡扩机三个水电项目和天广三回、云南宝峰—罗平500kV输变电项目的开工典礼，标志着电力工业在西部大开发中先行一步。

2.调整电源结构

为了改变火电比重过大，严重污染环境的局面，调整电源结构，在2000年的开工规模中，水电项目上升，占到36%。同时，国家电力公司参与投资的龙滩、小湾、三板溪、公伯峡、杂谷脑等西部水电项目的前期工作加快。装机容量仅次于三峡的龙滩电站，前期工作已基本完成，计划2001年7月正式开工。

天然气发电、洁净煤示范工程、风电、核电等环保型电源项目的前期工作加快，为进一步调整电源结构打下了基础。

西气东输是西部大开发的重要内容，国家电力公司配合西气东输，根据气源供应和电力市场情况，积极开展天然气发电的前期工作，在华东、北京、湖北、山东、甘肃、广西、广东等地规划了一批天然气发电厂，总容量近1000万kW，完成了戚墅堰电厂二期、南京热电厂等项目的初步可研审查，正抓紧报批项目建议书。

为了减少污染，保护环境，国家电力公司大力推广洁净煤燃烧技术，支持并积极参与洁净煤示范工程，国家电力公司投资参股四川白马循环流化床示范电站有限责任公司，使白马洁净煤示范工程前期工作大大加快，已报批可研报告，基本具备了开工条件。

3.切实加强电网建设

过去在电力建设中长期存在重电源、轻电网的倾向，造成“重发轻供不管用”的局面，发出的电送不出、落不下、用不上，为了改变这一状况，作为电网经营企业的国家电力公司重视电网的作用，切实加强了电网建设，在考虑电源布点时，着眼于加强网架结构，在建设电源时，同时建设配套送出工程。2000年，公司系统电网投资达到1156亿元，占全年固定资产投资的68.2%，比1999年提高近15%，再创历史最高水平。

4.推进全国联网

国家电力公司负有在全国范围内优化配置电力资源的责任，因此，建设跨大区输电工程，推进全国联网成为2000年公司工作重点之一。

三峡工程以其装机容量大、地理位置适中的优势，成为全国电网的中心和支撑点，以三峡输变电工程的建设为契机，跨区输电线路建设和全国联网的步伐大大加快，继三峡输变电工程长寿—万县500kV输变电工程建成投产后，2000年又新开工了“三变三线”，将新增交流线路735km，变电容量225万kV·A,三峡—常州直流工程的开工，标志着三峡输变电工程建设进入新的阶段。根据国务院的决定，还将建设三峡—广东的输变电工程，向广东送电300万kW，连同黔电送粤、云电送粤，共向广东增加供电1000万kW，将为广东的经济发展和环境保护作出巨大贡献。

与此同时，大区电网互联取得了重要进展，东北与华北联网工程基本建成，进入启动调试阶段；华东与福建联网工程已具备开工条件；华北与华中、华中与西北、西北与川渝、山东与华北联网工程正在抓紧前期工作。

上述工程建成投产后，将使全国电网基本上联成一片，形成全国电网，各电网的优势将更好地发挥，电网间调峰、错峰、备用、支援等效益将充分发挥，在全国范围内实现资源优化配置，促进全国统一的电力市场的建立。

5.大力推动跨区输电

经过多年建设，已经建成了内蒙—京津唐、葛洲坝—上海输电线路和南方互联电网，为了发挥这些工程的效益，满足华东、华北和广东等增长热点地区的用电需求，国家电力公司大力推动跨区输电，协调有关各方，形成共赢。2000年华东、华中电网跨区送受电量完成31.6亿kW·h，减少了汛期弃水；南方电网向广东送电72亿kW·h，对缓解广东夏季用电高峰的缺电局面发挥了重大作用；华北电网进一步完善内蒙送北京的输电线路，完成蒙电送京69.8亿kW·h,不但保证了北京的用电需求，还有力地支持了北京市政府的环境整治计划。

6.积极关停小火电

国家电力公司积极开展关停小火电工作，并组织制定了《国家电力公司系统关停小火电机组人员分流安置的指导意见》，协助各网省公司做好关停小火电机组的人员分流安置工作。到2000年底，国家电力公司系统关停小火电机组311万kW，占全国关停小火电机组78%，完成了2000年关停计划。

城乡电网建设与改造取得突破性进展

1998年，城乡电网建设与改造工程被列为国家六大重点投资项目之一。国家电力公司抓住机遇，广泛动员，精心组织，经过各项法人的积极努力和广大干部、员工的辛勤工作，城乡电网建设与改造工程取得了突破性进展。

（一）城网建设与改造

城网建设与改造的重点是加强城市电网、提高供电能力、改善居民供电条件、提高供电可靠性、节能降耗等。2000年，国家电力公司完成城网投资300亿元，计划投资完成率约80%，工程实施三年来城网工程累积投资680亿元，完成可研总投资的56%，新增10～220kV变压器容量4005万kV·A，线路68340km。其中35～220kV新建改造变电站1216座，变压器容量3207万kV·A；新增架空线路5640km，电缆1085km；10kV及以下配电网新增配变容量798万kV·A，线路55000km，电缆12700km；完成一户一表工程340万户。淘汰高、中压高损耗变压器506万kV·A。北京等58个城网项目总投资完成率达到70%以上，实现初见成效，其中华北、山东等12个公司的19个城网项目投资完成率超过90%，率先实现基本竣工，超额完成年初国家电力公司提出的33个城网初见成效，13个城网项目基本竣工的目标任务。

（二）农网建设与改造

农网建设与改造工程以实现城乡同网同质同价为目标，是向八亿农民送温暖、送光明、送娱乐，让农民用上电，用好电，用得起电的“德政工程”。到2000年底，全系统累计完成投资1100亿元，占总投资的71.6%，全系统已有1848个县实施了农网改造，有1070个县（市、区）完成10kV及以下工程计划，基本达到了竣工要求。

2000年公司系统农网改造完成投资650亿元，大大超过1999年完成的投资量。通过农网改造工程的实施，公司系统已经建设改造110kV变电所813座，容量23511MVA，线路1.39万km，35（66）kV变电所3176座，容量14207MVA，线路3.04万km，10kV线路57.36万km，低压线路187.48万km，累计更换高耗能配变49.46万台，改造配电台区65.61万个。农村电网多年存在的发展缓慢、网络结构薄弱、供电可靠性低、电能质量差、线路损耗大和用电不安全等问题得到了初步解决。

管理年活动取得成效

2000年是国务院确定的“管理年”，国家电力公司围绕“两型、两化、国际一流”的战略目标，主动适应社会主义市场经济的要求，解放思想，转变观念，加强企业管理，推进管理创新，积极开展管理年各项工作，在达标创一流，行风建设，队伍建设等方面都取得了成效。

1. 以创一流为载体，提高企业管理水平

为贯彻把国家电力公司建成国际一流公司的战略部署，在公司更大范围内开展创一流工作，提高管理水平，增强企业的市场适应能力和竞争力，使企业有明确的奋斗目标，2000年，国家电力公司修订了一流火力发电厂、一流供电企业、一流电力设计企业标准，并制订了国际一流火力发电厂、国际一流供电企业标准和国际一流电力公司标准框架，极大地推动了创一流工作的开展。

2000年，经检查、审核，批准1999年度达标的发供电、科研院（所）调度共24家；命名一流企业50家；命名了首批一流科研院（所）及设计企业；继山东电力集团公司之后，华能国际电力股份有限公司成为第二个一流电力公司；浙江、福建、上海电力公司具备了一流公司条件；河南、四川、山西、青海、新疆、广西电力公司实现了一流“零”的突破。截止2000年底，公司系统有56个一流火电厂，11个一流水电厂，50个一流供电企业，加上科研、设计、调度等，共136家一流企业。这些企业成为国家电力公司在新世纪向国际一流公司迈进的排头兵，对全系统产生了良好的示范作用。国家电力公司将加强对一流企业的动态管理，着重做好省级电力公司创一流工作，并在此基础上，引导企业积极开展创国际一流工作，争取在2～3年内，实现国际一流发供电企业和电力公司“零”的突破，为实现国家电力公司“两型两化国际一流”战略目标打下坚实的基础。

2. 坚持服务宗旨，推动行风建设

适应电力由卖方市场向买方市场转变，服务理念由计划用电向开拓市场转变。国家电力公司牢固树立“人民电业为人民”的服务宗旨，把搞好优质服务作为电力企业的基本使命，行业作风大大转变。2000年公司大力推进变用电管理为营销服务，为此制定了市场营销战略，并纳入公司战略管理，置于社会和群众监督之下。开展“为人民服务，树行业新风”、“优质服务月”、“服务承诺制”、供电营业“窗口”建设、“彩虹工程”等活动，提高了服务质量和社会满意度。

通过严格执行电价政策，整顿电价秩序以及城乡电网改造，城市电价平均降低0.05元/（kW·h）以上，农村电价平均降低0.1元/（kW·h）以上。实施“村村通电”、“户户通电”等电力扶贫共富工程，采取有效措施，努力解决无电县和贫困人口用电问题，全国无电县减少到四个，乡镇通电率提高到98.59%，行政村通电率提高到98.69%。国家电力公司积极参与和捐助社会公益事业，抗灾、赈灾，支持希望工程，树立了良好的企业形象。

3. 提高员工素质，加强队伍建设

国家电力公司党组重视人的作用，重视提高人的素质，重视领导班子和职工队伍的建设，在管理年中，公司坚持“从严治党、从严治企、从严治领导班子，领导干部要做表率”的方针，全面落实“三项责任制”，落实企业法人任期经济责任审计制度，落实对领导班子和领导干部的检查监督制度和党风廉政建设各项规定。党的建设和领导班子建设得到全面加强。公司以改革的精神，从事业发展的角度，加大干部交流力度，强化市场经济和现代企业管理知识的培训，加强年轻干部的培养选拔，优化了干部队伍结构。

公司党组按照“全心全意依靠工人阶级办企业”的方针，调动职工群众投身电力改革与发展的积极性，广大职工学技术、学业务、优质服务、爱岗敬业，涌现出贺广庭等大批优秀典型，电业职工保持了团结奋斗、拼搏奉献的精神风貌，在社会上赢得了广泛的赞誉和理解支持；电力企业的凝聚力和向心力不断增强。2000年公司系统减员10.3万人，队伍精简了，战斗力更强了。公司圆满完成了2000年改革、发展、生产建设各项任务，同时精神文明建设也取得丰硕成果，2000年有84%以上的单位被评为地、市级以上文明单位，60%以上的单位被评为省部级文明单位，公司本部继续被国家机关党工委评为精神文明先进单位，公司系统有54人被评为全国劳动模范，2人被评为全国先进工作者。

国家电力公司2000年工作要点

指导思想

高举邓小平理论伟大旗帜，深入贯彻党的十五大、十五届四中全会和中央经济工作会议精神，全面落实国发［1996］48号文件和国办发［1998］146号文件要求，继续深化改革，坚持稳中求进，正确处理改革、发展、稳定的关系，强化安全生产，加快结构调整，推动产业升级，加强经营管理，大力开拓市场，努力提高效益，改善员工生活，树立公司形象，全面完成第二步改革发展任务，为争取2000年、确保2001年进入世界500强和推进公司第三步改革打下坚实的基础，向着控股型、经营型、现代化、集团化管理的国际一流企业的目标不断迈进。

基本原则

以市场为导向，以改革为动力，以安全生产为基础，以科技创新为灵魂，以效益为中心，以管理为重点，以服务为宗旨，国家管电网，大家办电厂，重点建设电网，积极发展水电，优化发展火电，适当发展核电，因地制宜地发展新能源，高度重视环保，开发与节约并重、提高能源利用效率。

主要工作目标

售电量完成8360亿kW·h，比1999年增长4.1%；利润实现82亿元，力争86亿元；电费2000年不发生当年欠费，1999年发生的欠费结零，1998年及以前发生的欠费以1998年末财务口径欠费总额为基数，压欠5%；关停小火电机组310万kW。

进一步深化改革

国办发［1998］146号文件是实施第二步改革的指导性文件，2000年要全面完成文件规定的各项改革任务。

制定并实施国家电力公司发展战略及配套子战略，以战略统揽全局。加快现代企业制度建设，在公司系统初步建立起现代企业制度。随着地方政府机构改革，完成省电力公司政企分开工作。适时撤销各大区电业管理局，并把行业管理和行业服务职能移交中电联。

因地因网制宜，完成电力集团公司改组为国家电力公司分公司的改革。明确界定国家电力公司、分公司、子公司间的管理界面，完善国家电力公司分公司和子公司体制。完成华能集团公司和华能国际电力开发公司的重组。

努力完成山东、上海等六省（市）“厂网分开、竞价上网”改革试点。在东北电网和南方电网进行区域电力市场改革试点，在更大范围内实现资源优化配置。

加大农电体制改革和农村电网改造力度，继续推行城乡居民用电同网同价。

完成公司系统教育体制改革。全面推动公司系统科研、设计、施工、修造、多经、后勤等领域的改革，实行主辅分开，分离企业办社会职能。积极发展多种产业，大力实施下岗分流、减人增效和再就业，加大体制外减人力度。

坚持“有进有退”“有所为有所不为”，大力推动投资主体多元化和股权多元化。积极探索电网经营企业的股权多元化，通过控股和参股增强对电网的控制力。

适应市场经济和现代企业制度要求，稳步推进干部人事制度改革。以建立决策科学、权责明确、相互制衡、运转高效的内部机制为目标，进行建立规范的法人治理结构的试点，取得经验，适时推广。

安全生产

始终坚持安全第一、预防为主的方针。强化安全管理，提高安全意识，深入落实安全生产责任制。生产领域的各项改革必须在确保安全生产的前提下稳步推进。继续加强电网调度管理，确保电网安全、稳定、优质、经济运行。确保重要节日和重大活动期间的安全稳定供电。减少重大设备损坏和人身伤亡事故，杜绝群伤群亡、系统稳定破坏、大面积停电、水电站溃坝等恶性事故。

继续加大电力结构战略性调整力度

继续调整投资结构，进一步加大电网投资比重。积极加强三峡输变电工程建设，加快跨大区联网工程、大区主干网架、“西电东送”工程和大型电源基地送出工程的建设。继续加强城乡电网建设与改造，并取得阶段性成果。

电源建设继续实施总量控制，优化电源结构，保持适度在建规模。继续严格控制常规火电开工规模，加快大型水电、大型坑口火电、新能源项目和新技术示范工程、国产化驱动项目、环保项目的建设。配合国家西部大开发战略的实施，加快西部大型电源基地的建设。加大关停小火电工作力度，确保实现310万kW的关停目标。抓住机遇，用好国债贴息政策，大力加强技术改造、节能和环保工程的立项和实施。

加快科技进步，提高技术创新能力

制定并实施公司技术创新战略。加大研究开发投入，组建国家电力公司技术中心，建立公司技术创新体系和运行机制。密切跟踪国外电力科技领域的先进技术，加快实施国家电力公司跨世纪科技导向工程。结合电力结构调整，在实施全国联网、优化电源结构、电力市场建设和加强环境保护等工作中，积极推动洁净煤发电、超临界机组、直流输电、面向电力行业的国产化地理信息系统、电力系统商业化运营支持软件，以及水电建设中新型混凝土材料和新型施工机械等高新技术的引进、开发、应用，加强联网技术和大电网稳定技术的研究，推动技术创新和技术跨越，缩短与国外先进水平的差距，并争取在个别领域达到世界先进水平。结合直属科研院所改革，组建一批高科技企业。推动电力环保产业的发展。

加强经营管理，大力开拓市场

大力加强公司经营工作和资产、资本、资金运营，优化资产结构。加大在两个资本市场直接融资力度。加强跨区电网经营。加强成本管理，深挖内部潜力。坚持以电力为主导，积极开展多种经营。进一步整顿公司系统财务秩序，规范财务报表，加强财务监督。转变计划经济体制下的管理方式，适应市场经济要求，加强综合计划管理、全面预算管理和综合统计分析。加强审计监督和对审计成果的运用。落实资产经营责任制。

制定并实施公司市场营销战略。加强市场调查和分析，充分发挥价格杠杆作用，配合政府有关部门继续进行电价清理整顿，研究科学的电价理论与政策，疏导电价矛盾。打破省间市场壁垒。开展“三公”调度。加强和改善供电服务。积极开发新的用电市场。进一步加强电费回收工作。充分发挥公共关系和形象策划在市场营销中的作用。加强公司国际化战略的研究，积极开拓海外市场。

实施依法治电，积极推动公司的法制化管理

加强法律知识普及工作，增强法制观念，规范电力企业行为，维护企业合法权益。完成立法机关和政府部门交办的立法任务，推动以《中华人民共和国电力法》（以下简称《电力法》）为核心的电力法规体系的建立健全和完善。研究提出《电力法》修改建议，推动《农电工作条例》和修改后的《调度条例》的出台。加强“三段式”电价的研究工作，推动电价形成机制改革。加强公司制度建设，建立健全国家电力公司规章制度体系，形成科学的授权、决策、监督、约束、激励和防范风险机制。加强合同管理，做好法律救济工作。

加强党的建设和精神文明建设

高标准、高质量地完成公司系统“三讲”教育工作。探索新形势下加强党建工作的方法和途径。深入推进邓小平理论的学习。大兴调查研究之风，大兴奋发学习之风。进一步加强思想政治工作和精神文明建设工作。继续加强行风建设，深化双文明创建活动和供电服务承诺制等活动。坚持不懈地抓好稳定工作。加强离退休工作。加强员工职业道德教育，推进企业文化建设，培育企业精神。加快公司标识的宣传和推广使用，树立公司整体形象。进一步加强党风廉政建设和反腐败工作，继续推行并落实党风廉政建设责任制。

中国电力年鉴

4 组织机构

国 家 电 力 公 司

国家电力公司 2000 年组织机构图

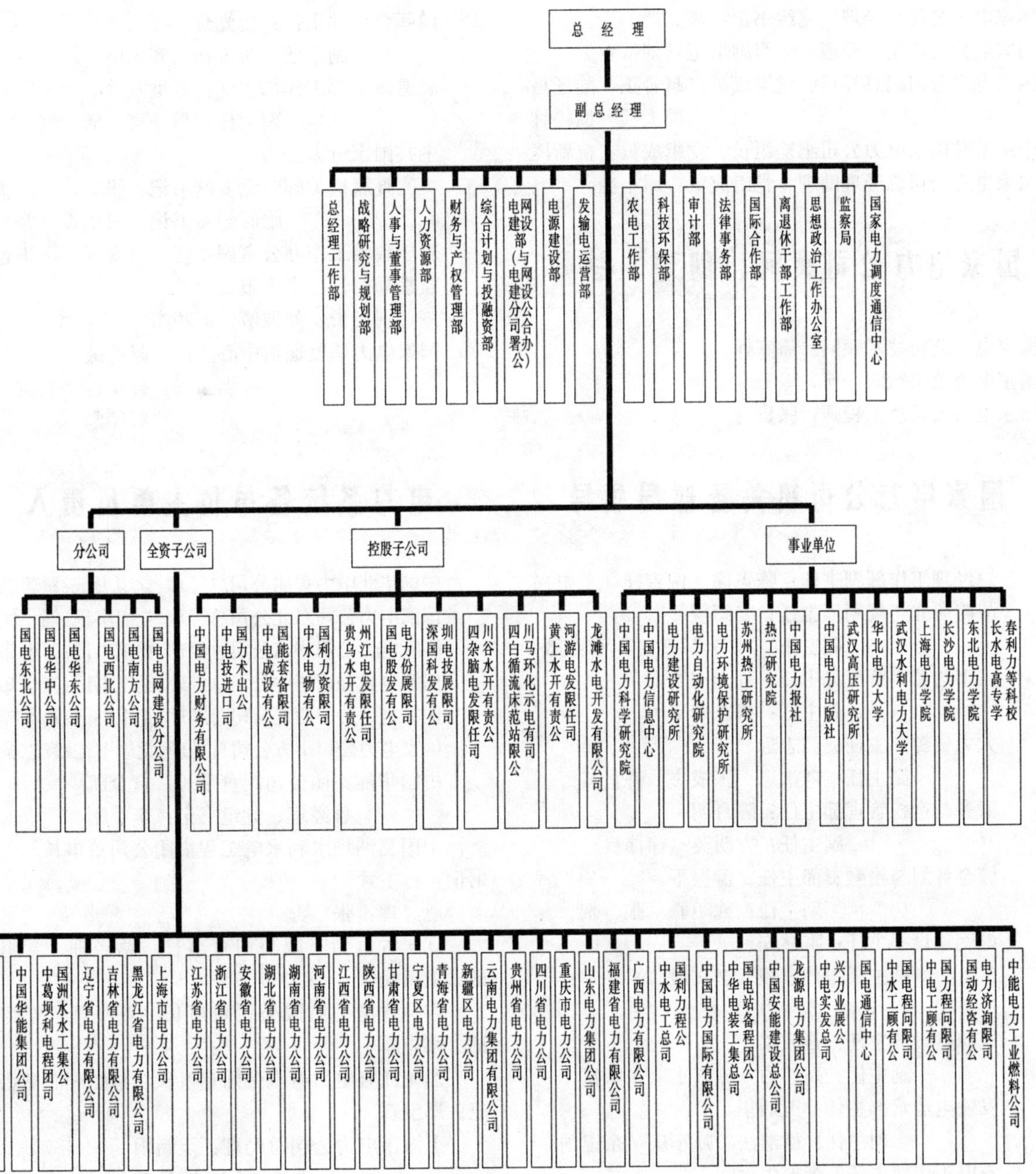

国家电力公司系统干部配置

国家电力公司领导

国家电力公司总经理、党组书记：高　严
国家电力公司副总经理、党组副书记：刘振亚
国家电力公司副总经理、党组成员：赵希正　陆延昌
周大兵　谢松林
中纪委驻国家电力公司纪检组长、党组成员：祝新民
国家电力公司总经理助理、党组成员：周小谦

国家电力公司顾问、助理、总师

国家电力公司技术顾问：潘家铮
国家电力公司顾问：何　璟
国家电力公司总工程师：张贵行

国家电力公司机关各部局领导

总经理工作部副主任：陈飞虎　倪吉祥　王中兴
战略研究与规划部主任：姜绍俊
副主任：梅宗华 王宝乐 张燕敏
人事与董事管理部主任：程光杰
副主任：曹志安
人力资源部主任：吴志远
副主任：刘洪恩　张成杰　许世辉
财务与产权管理部主任：陈月明
副主任：方明英　徐伟良
综合计划与投融资部主任：孟振平
副主任：魏昭峰　张　贺
电网建设部主任：霍继安
副主任：孙家骏　李文毅
苏　力
电源建设部主任：石成粱
副主任：高伟力　陈东平　张宗富
发输电运营部主任：王炳华
副主任：徐继法　帅军庆　余卫国
农电工作部主任：李振生
副主任：原固均
科技环保部主任：张晓鲁
副主任：詹仲晦
审计部主任：欧阳胜英
副主任：许以作
法律事务部副主任：吕振勇
国际合作部主任：魏光耀
副主任：张玉新　齐志坚
离退休干部工作部主任：肖世友
副主任：樊全喜　邱文红
中共国家电力公司
直属机关临时党委副书记：张安乐　田华香
临时纪委书记：田华香（兼）
思想政治工作办公室副主任：张安乐　田华香
监察局局长：李庆奎
副局长：刘淑敏　王颖杰
国家电力调度通信中心主任：赵遵廉
副主任：孙正运　王益民
舒印彪

电力系统各单位主要负责人

中国华北电力集团公司总经理、党组书记：翟若愚
国家电力公司东北公司总经理、党组书记：刘　忱
国家电力公司华东公司总经理、党组书记：邵世伟
国家电力公司华中公司总经理、党组书记：张学知
国家电力公司西北公司总经理、党组书记：刘本粹
国家电力公司南方公司总经理、党组书记：袁懋振
中国华能集团公司副董事长：黄金凯
总经理、党组书记：李小鹏
中国葛洲坝水利水电工程集团公司董事长、党委书记：孙玉才
总经理：张　野
辽宁省电力有限公司董事长、总经理、党组书记：王禹民
吉林省电力有限公司董事长、总经理、党组书记：张志厚
黑龙江省电力有限公司董事长、总经理、党组书记：郑宝森
上海市电力公司总经理：于新阳
党委书记：顾敏芷
江苏省电力公司总经理、党委书记：寇士清
安徽省电力公司总经理、党组书记：邱国富

浙江省电力公司总经理、党组书记：陈积民

湖北省电力公司总经理、党委书记：陆启洲

湖南省电力公司总经理、党组书记：周绍文

河南省电力公司总经理、党组书记：李菊根

江西省电力公司总经理、党组书记：胡德成

陕西省电力公司总经理、党组书记：赵杰臣

甘肃省电力公司总经理、党组书记：刘肇绍

宁夏电力公司总经理、党组书记：刘应宽

新疆电力公司总经理、党组书记：张铭洲

青海省电力公司总经理、党委书记：王久玲

山东电力集团公司董事长、总经理、党委书记：刘振亚

四川省电力公司总经理、党委书记：石万俭

重庆市电力公司总经理、党组书记：叶　明

云南电力集团公司董事长、总经理、党组书记：肖　鹏

贵州省电力公司总经理、党组书记：向德洪

福建电力有限公司董事长、总经理、党组书记：刘顺达

广西电力有限公司董事长、总经理、党组书记：赵建国

中国安能建设开发总公司总经理：陈方枢

党委书记：徐国武

中国水利水电工程总公司总经理、党组书记：郭建堂

电力规划设计总院院长、党组书记：吕伟业

水电水利规划设计总院院长、党组书记：程念高

中国华电电站装备工程（集团）总公司总经理、党委书记：江自生

龙源电力集团公司临时党委书记：朱永芃

副总经理：谢长军

中兴电力实业发展总公司总经理：梁裕厚

临时党委书记：丁长顺

国电通信中心副主任：李新祥

中国电力科学研究院院长、党委书记：吴玉生

国家电力公司南京自动化研究院院长、党组书记：卜凡强

国家电力公司热工研究院院长、党组书记：蒋祥军

电力建设研究所所长：李一凡

党委书记：薄树明

武汉高压研究所所长、党委书记：张文亮

中国电力信息中心主任、临时党委书记：孙佩京

中共国家电力公司党校校长（兼）：赵希正

副校长：冯雪原、敖桂兰

国家电力公司高级培训中心主任（兼）：刘　忱

副主任：冯雪原、敖桂兰

华北电力大学校长：刘吉臻

党委书记：徐大平

中国电力报社社长、党委书记、总编：沈凤仪

中国电力出版社社长、党委书记：宗　健

国家电力公司动力经济研究中心主任：王信茂

深圳国电科技发展有限公司董事长、党组书记：黄德晨

天津市电力公司总经理、党组书记：杨　庆

河北省电力公司总经理、党组书记：刘彭龄

山西省电力公司总经理、党组书记：王光华

西藏电力公司总经理、党组书记：杨海滨

国电电力发展股份有限公司董事长：高　严

总经理：朱永芃

中国电力国际有限公司董事长：高　严

总经理、临时党委书记：丁中智

中国电力财务有限公司董事长：谢松林

副董事长、总经理、党组书记：陈兴铭

中国水利电力物资有限公司董事长、总经理:朱明昆

党委书记:孙淑芳

中国电能成套设备有限公司董事长、临时党委书记：谢振华

总经理：房家栋

中国电力技术进出口公司总经理：叶迎春

临时党委书记：张羡崇

黄河上游水电开发有限责任公司董事长、党组书记：刘本粹

总经理、党组副书记：夏忠

龙滩水电开发有限公司董事长：赵建国

总经理：陈飞

贵州乌江水电开发有限责任公司董事长：戴绍良

总经理：金泽华

党委书记：刘撇成

天生桥一级水电开发有限责任公司副董事长：张恒伟

国电外事服务有限公司董事长、总经理：魏光耀

广核等四集团董事：周小谦

中国水利水电科学研究院院长、党委书记:高季章

苏州热工研究所所长：吴迪忠

党委书记：魏勤华

上海电力建设有限责任公司董事长、党委书记：施申新

总经理：华林裕

南京电力环境保护研究所副所长：陈永康

党委书记：谭国柱

中国超高压输变电建设公司经理：万长江

党委书记：卢定奎

陕西电力建设有限责任公司总经理、党委书记：贾国栋

广西水电工程局局长：韦家森
党委书记：龙先进
水口水电站工程建设公司副总经理：王阳和
天生桥水力发电总厂厂长：皇甫学真
党委书记：陈杰雄
华东电力设计院院长：刘腾达
党委书记：陈胜明
中南电力设计院院长：迟宝德
党委副书记：关业林
西南电力设计院院长：周大吉
党委书记：卢良臣
西北电力设计院院长：张文斌
党委书记：孙林山
华北电力设计院院长：朱兴楚
党委书记：祁金海
东北电力设计院院长：曹宝君
党委书记：许金明
北京勘测设计研究院院长、党委书记：陈兴耀
中南勘测设计研究院院长、党委书记：廖家凯
华东勘测设计研究院院长：张为民
党委书记：何斌铨
贵阳勘测设计研究院院长、党委书记：兰春杰
成都勘测设计研究院院长：胡敦渝
党委书记：张小庆
西北勘测设计研究院院长、党委书记：郑合顺
昆明勘测设计研究院院长：段荣国
副书记：熊庆丰
中国水电第一工程局局长：姜成年
党委书记：车治中
中国水电第二工程局局长：王岩峰
党委书记：安兰廷
中国水电第三工程局局长：张治源
党委书记：陈庆和
中国水电第四工程局局长：郑征宇
党委书记：王振南
中国水电第五工程局局长：郭志强
党委书记：何永定
中国水电第六工程局局长：李维科
党委书记：林玉杰
中国水电第七工程局局长：范集湘
党委书记：冯觉林
中国水电第八工程局局长：杨荣强
党委书记：樊建平
中国水电第九工程局局长：袁春炎
党委书记：易明龙
中国水电第十工程局局长：文端超
党委书记：王国华
中国水电第十一工程局局长：王宗敏
党委书记：孙玉民
中国水电第十三工程局局长：童劲松
党委书记：张广旗
中国水电第十四工程局局长：李跃平
党委书记：曹保华
中国水电闽江工程局局长：李良顺
党委书记：陈纯鹏
中国水电基础工程局局长：宗敦锋
党委书记：张源智
国家电力公司配件中心总经理：曹荫昌
中国电力企业联合会理事长：赵希正（兼）
中朝水力发电公司中方理事长：周大兵
广东电力集团公司董事长、党委书记：吴希荣
总经理：王野平
内蒙古电力（集团）有限责任公司
董事长、副书记：乌若思
总经理：赵凤山
党委书记：乔歧山
海南省电力有限公司总经理：朱万顺
党委书记：韩涿生
华能国际电力股份有限公司总经理：叶大戟

机构设置文件

关于撤销广西岩滩水电站工程建设公司的批复

（国电人资［2000］67号）

广西电力有限公司：

你公司《关于撤销广西岩滩水电站工程建设公司的请示》（桂电人劳字［1999］1393号）收悉，鉴于岩滩水电站工程建设任务已基本完成，经研究，同意撤销岩滩水电站工程建设公司。

二〇〇〇年一月三十一日（印）

关于组建沈阳、锦州、长春、哈尔滨、齐齐哈尔超高压局的通知

（国电人资［2000］197号）

东北公司，辽宁、吉林、黑龙江省电力公司：

为贯彻落实国家电力公司《关于深化和完善东北电网体制改革的意见》（国电总［2000］118号）的精神，现就组建沈阳、锦州、长春、哈尔滨、齐齐哈尔超高压局的有关事项通知如下：

一、超高压局的性质、管理方式及级别

超高压局是国家电力公司为对东北电网500kV主网架实施直接管理而设立的生产运行工区；各超高压局的人、财、物由东北公司直接管理，财务实行预算报帐制；级别均为正处级。

二、各超高压局的主要职责

1. 沈阳超高压局：负责沈阳、鞍山、抚顺、本溪、辽阳、铁岭境内500kV送变电的生产及建设管理工作。

2. 锦州超高压局：负责锦州、赤峰、朝阳、葫芦岛、盘锦境内500kV送变电的生产及建设管理工作。

3. 长春超高压局：负责吉林省境内500kV送变电的生产及建设管理工作。

4. 哈尔滨超高压局：负责黑龙江省东部地区（含大庆）500kV送变电的生产及建设管理工作。

5. 齐齐哈尔超高压局：负责黑龙江省西部地区和内蒙古呼盟境内500kV送变电的生产及建设管理工作。

三、超高压局的人员组成

1. 各超高压局的变电人员，由辽宁、吉林、黑龙江省电力有限公司所属相关电业局500kV变电站的现有人员组成（成建制划入）；

2. 各超高压局的输电线路人员，原则上以已投运的设备按现行劳动定员标准核定的人数（含维护，不含检修），由相关电业局现有从事输电线路的人员选配组成；

3. 各超高压局的管理人员，原则上按内部机构设置需要确定的人数，由相关电业局现有管理人员选配组成；

4. 各超高压局的其他必备人员，原则上按工作需要确定的人数（对于在建工程，其生产准备人员的人数要按即将颁发的新的劳动定员标准确定），由相关电业局现有人员选配组成。

以上选配的具体人选，由东北公司征求三省电力公司及有关电业局意见后确定。

四、超高压局的内设机构及人员编制

根据超高压局的主要职责，各超高压局下设若干精干的职能部门和生产部门，具体设置由东北公司确定；各超高压局的人员编制待组建完成后另行核定。

五、其他事项

1. 为确保东北电网500kV主网架的安全运行和平稳过渡，在未正式交接前，东北公司仍要按进度向三省电力公司拨付500kV电网的维护等费用，三省电力公司及有关电业局仍要负责相应的运行、维护及安全生产工作。

2. 三省电力公司及有关电业局须将东北电网500kV送变电设备的技术档案及辅助资产（如房产、车辆、实验设备、检修工具、备品备件等）随各超高压局的组建一并移交，其中房产移交如有困难，交接双方可经过协商置换；三省电力公司及有关电业局须将未结束项目的资金随各超高压局的组建一并划转。

3. 三省电力公司及有关电业局须将划入和选配人员的人事关系等随着各超高压局的组建一并移交。各超高压局组建后，将根据实际移交的人数、工资发放水平和工资基金来源等情况确定工资的划分。

4. 三省电力公司要积极配合东北公司做好各超高压局的组建工作和有关移交工作，并明确一名公司领导和相关部门负责此项工作，协调处理好组建工作和移交工作中的有关事项和问题。

5. 东北公司、三省电力公司及有关电业局要按照本通知要求，抓紧工作，本着成熟一个组建一个的原则，力争6月底前全部完成各超高压局的组建和有关移交工作。

二〇〇〇年四月十二日（印）

关于成立电力建设工程质量监督机构的通知

（国电人资［2000］268号）

国家电力公司系统各单位：

根据国家经贸委《关于委托国家电力承担电力建设工程质量监督工作的复函》(国经贸电力［1999］1027号)精神，为做好电力建设工程质量监督工作，经研究，决定成立“国家电力公司电力建设工程质量监督总站”和“国家电力公司水电建设工程质量监督总站”(以下简称“两站”)。现就有关事项通知如下：

一、主要职责

1. 国家电力公司电力建设工程质量监督总站的主要职责

(1) 负责火电、输变电建设工程质量监督工作的归口管理；

(2) 受委托制定火电、输变电建设工程质量监督的规章、制度并监督实施；

(3) 组织重大、特大质量事故的调查，向有关部门提出事故责任的处理意见；

(4) 参加国家重点火电、输变电建设工程的竣工验收。

(5) 国家经贸委和国家电力公司交办的其它工作和任务。

2. 国家电力公司水电建设工程质量监督总站的主要职责

(1) 负责水电建设工程及新能源建设工程质量监督工作的归口管理；

(2) 受委托制定水电(含新能源)建设工程质量监督的规章、制度并监督实施；

(3) 组织重大、特大质量事故的调查，向有关部门提出事故责任的处理意见；

(4) 参加重要水电工程的蓄水验收和竣工验收及新能源工的竣工验收；

(5) 国家经贸委和国家电力公司交办的其它工作和任务。

二、人员组成及编制

“两站”的人员由国家电力公司有关部门的专业人员兼任，不再另确定编制。国家电力公司电力建设工程质量监督总站的站长由国家电力公司火电建设部主任刘本粹同志兼任，国家电力公司水电建设工程质量监督总站的站长由国家电力公司水电与新能源发展部主任张学知同志兼任。

三、办事机构

“两站”下设秘书处，作为“两站”的办事机构，负责“两站”的日常事务。国家电力公司电力建设工程质量监督总站的秘书处设在国家电力公司火电建设部,国家电力公司水电建设工程质量监督总站的秘书处设在国家电力公司水电与新能源发展部。

二〇〇〇年五月十八日(印)

关于中国华电电站装备工程（集团）总公司更名为中国华电集团公司的批复

(国电人资［2000］278号)

中国华电电站装备工程(集团)总公司：

你公司《关于企业更名的请示》(装备人［2000］32号)收悉。经研究，同意你公司更名为中国华电集团公司，并相应变更公司章程。

请据此到国家工商行政管理局办理更名事宜。

二〇〇〇年五月十七日(印)

关于成立国家电力公司华东公司的通知

(国电人资［2000］282号)

中国华东电力集团公司：

为深入贯彻落实党的十五届四中全会《决定》精神,根据国务院国发［1996］48号、国务院办公厅国办发［1998］146号文件确定的改革要求，按照国家电力公司《关于印发中国华东电力集团公司改革方案的通知》(国电总［2000］271号)精神，经研究，决定成立国家电力公司华东公司(简称“国电华东公司”)，同时撤销中国华东电力集团公司。

国电华东公司是国家电力公司的分公司，是国家电力公司在华东地区的派出机构，是国家电力公司在华东地区的区域战略规划中心、调度指挥中心、电力电量交易与结算中心和内部利润中心。国家电力公司对国电华东公司实行法人授权委托制度、经营目标责任制度和内部工效挂钩考核制度。国电华东公司按照国家电力公司的委托与授权从事经营管理活动。

请据此办理成立国家电力公司华东公司和注销中国华东电力集团公司的有关工商手续事宜。

二〇〇〇年五月二十七日(印)

关于成立国家电力公司华中公司的通知

（国电人资［2000］283号）

中国华中电力集团公司：

为深入贯彻落实党的十五届四中全会《决定》精神，根据国务院国发［1996］48号、国务院办公厅国办发［1998］146号文件确定的改革要求，按照国家电力公司《关于印发中国华中电力集团公司改革方案的通知》（国电总［2000］272号）精神，经研究，决定成立国家电力公司华中公司（简称“国电华中公司”），同时撤销中国华中电力集团公司。

国电华中公司是国家电力公司的分公司，是国家电力公司在华中地区的派出机构，是国家电力公司在华中地区的区域战略规划中心、调度指挥中心、电力电量交易与结算中心和内部利润中心。国家电力公司对国电华中公司实行法人授权委托制度、经营目标责任制度和内部工效挂钩考核制度。国电华中公司按照国家电力公司的委托与授权从事经营管理活动。

请据此办理成立国家电力公司华中公司和注销中国华中电力集团公司的有关工商手续事宜。

二〇〇〇年五月二十七日（印）

关于成立国家电力公司西北公司的通知

（国电人资［2000］284号）

中国西北电力集团公司：

为深入贯彻落实党的十五届四中全会《决定》精神，根据国务院国发［1996］48号、国务院办公厅国办发［1998］146号文件确定的改革要求，按照国家电力公司《关于印发中国西北电力集团公司改革方案的通知》（国电总［2000］273号）精神，经研究，决定成立国家电力公司西北公司（简称“国电西北公司”），同时撤销中国西北电力集团公司。

国电西北公司是国家电力公司的分公司，是国家电力公司在西北地区的派出机构，是国家电力公司在西北地区的区域战略规划中心、调度指挥中心、电力电量交易与结算中心和内部利润中心。国家电力公司对国电西北公司实行法人授权委托制度、经营目标责任制度和内部工效挂钩考核制度。国电西北公司按照国家电力公司的委托与授权从事经营管理活动。

请据此办理成立国家电力公司西北公司和注销中国西北电力集团公司的有关工商手续事宜。

二〇〇〇年五月二十七日（印）

关于成立福建省电力有限公司的通知

（国电人资［2000］327号）

公司系统各单位：

为适应社会主义市场经济体制和电力工业体制改革的需要，根据国务院国发［1996］48号和国办发［1998］146号文件精神，经研究，国家电力公司决定以福建省电力工业局的现有国有资产出资设立福建省电力有限公司，该公司是国家电力公司的全资子公司。

请福建省电力有限公司筹备组根据本通知精神，按照《公司法》的有关规定，尽快组织制定其公司章程，经国家电力公司批准后，到国家工商行政管理部门办理公司登记注册等事项。

二〇〇〇年六月十三日（印）

关于成立四川杂谷脑水电开发有限责任公司的通知

（国电人资［2000］361号）

公司系统各单位：

为加快四川岷江杂谷脑河流域的水电资源开发，根据国家电力公司、四川岷江电力（集团）公司、四川省电力公司、安蓉建设总公司、中国水利水电建设工程咨询公司和国家电力公司成都勘测设计研究院等六单位共同签署的《关于设立四川杂谷脑水电开发有限责任公司发起人协议书》，同意成立四川杂谷脑水电开发有限责任公司。现将有关事项通知如下：

一、公司性质

该公司是由国家电力公司相对控股，四川岷江电力（集团）公司、四川省电力公司、安蓉建设总公司、中国水利水电建设工程咨询公司和国家电力公司成都勘测设计研究院参股的有限责任公司，实行独立核算、自主经营、自负盈亏。

二、经营范围

主营：岷江杂谷脑河流域水电项目的投资、建设、运营和管理；依据并网、调度协议和购售电合同向四川省电力公司出售电力电量。

兼营：水电站检修、水利电力工程建设的咨询和监理、科技开发、建筑安装工程、建筑材料、运输、房地产、饮食服务、商业、旅游等。

请四川杂谷脑水电开发有限责任公司筹备组按照《公司法》的有关规定和《发起人协议书》，尽快组织制定公司章程，经国家电力公司批准后，到当地工商行政管理部门办理登记注册等事项。

二〇〇〇年六月二十五日（印）

关于将国家电力公司劳动保护科学研究所交由湖北省电力公司代管的通知

（国电人资［2000］390号）

湖北省电力公司：

鉴于目前武汉水利电力大学宜昌校区因教育管理本制改革等原因，不宜再对国家电力公司劳动保护科学研究所（以下简称劳保所）履行代管职能的情况，为理顺和加强劳保所的管理，经研究决定，在国家电力公司直属科研院所体制改革方案未出台前，劳保所由你公司全面实施代管。请认真组织有关人员，了解情况，并与武汉水利电力大学宜昌校区联系，做好劳保所的交接工作，确保劳保所各项工作的平稳过渡，确保职工队伍的稳定和生产科研工作及改制任务的完成。

二〇〇〇年七月四日（印）

关于设立电源建设部的通知

（国电人资［2000］420号）

国家电力公司系统各单位：

根据国家电力公司本部职能部门机构设置的原则，为精干机构，理顺管理职能，加强公司系统电源项目建设的统一管理，经研究，决定在国家电力公司本部设立电源建设部，同时撤销火电建设部、水电与新能源发展部。电源建设部的主要职责、处室设置、领导职数及人员编制如下：

一、主要职责

负责公司直接投资的电源项目的建设管理；负责公司系统电源建设中的安全、质量管理；参与研究、落实公司系统电源建设工程设计及施工优化方案；协调解决公司系统电源建设中的重大问题；负责公司系统新能源的研究、利用与开发以及项目的建设管理；受委托负责电力建设工程质量监督总站和水电建设工程质量监督总站等工作。

二、处室设置

内设综合管理处、水电项目处、火电项目处（与大楼办合署办公）、工程协调处、质量技术处、新能源发展处六个处室。

三、领导职数及人员编制

领导职数为一正三副，处长职数为12人；人员编制为30人。

二〇〇〇年七月二十日（印）

关于西藏自治区电力公司机构编制方案的批复

（国电人资［2000］480号）

西藏自治区电力公司：

你公司《关于西藏自治区电力公司机构编制方案的请示》（区电发［2000］34号）收悉，经研究，原则同意你公司上报的机构编制方案，现就有关事项明确如下：

一、公司本部内设总经理工作部、规划计划与投融资部、人事劳动部、财务与产权管理部、生产技术部、工程建设部、安全监察部、审计部、思想政治工作与监察部（机关党委）9个部门。

二、公司本部的人员编制为100人。

三、公司总经理、副总经理、总会计师、总工程师、总经济师、纪检组长和工会主席等职数不超过9个，总经理助理、副总师、各部门正副主任及主任师职数不超过30个。

四、同意西藏自治区电力调度通信局作为过渡暂单独设置，其人员编制由你公司自行核定。

五、同意组建公司机关服务中心，统一管理公司机关的后勤服务工作。

二〇〇〇年八月十六日（印）

关于直属科研事业单位转制工作有关问题的通知

（国电人资［2000］484号）

各直属科研院所：

为贯彻中共中央、国务院《关于加强技术创新，发展高科技、实现产业化的决定》（中发［1999］14号），落实公司科技工作会议精神，按照国务院办公厅国办发［2000］38号文件以及公司党组原则通过的直属科研院所企业化转制方案的要求，现就国家电力公司直属科研事业单位转制工作的有关问题通知如下：

一、转制后的企业名称

各院所转制后的企业名称要尽量规范，要具有本企业的特点和特征，要符合《公司法》或《企业法》的要求。原则上采用新的企业名称进行工商注册登记。

二、转制的类型

公司直属科研院所全部转制为科技型企业，其转制的类型如下：

1.中国电力科学研究院、中国电力信息中心、电力自动化研究院、动力经济研究中心暂按国有独资企业进行转制；

2.热工研究院、电力建设研究所、武汉高压研究所、电力环境保护研究所、苏州热工研究所转制为多元化投资主体的有限责任公司或股份有限公司；

3.劳动保护科学研究所进入湖北省电力公司进行重组；杭州机械设计研究所、郑州机械设计研究所、产品质量标准研究所进入中国华电电站装备工程（集团）总公司。

三、转制方案的内容

为使各院所上报的转制方案统一规范，内容完整，具备批复条件，符合审批要求，各院所上报的转制方案应包括以下内容：

1.前言（主要是转制工作的文件依据）

2.指导思想

3.原则

4.转制后的企业名称、性质（全资、控股、参股）、注册资本金，经营范围

5.企业的发展方向和目标（经营和体制两方面）

6.企业的运作模式（财务、人事、社会保险等）

7.公司制企业的法人治理结构（国有独资企业可暂缓建立）

8.领导班子职数、企业的内设机构（附组织机构图）和部门领导职数等

9.其他（其他需要说明的有关事项和问题）

10.附公司（企业）章程

四、有关要求

1.转制为多元投资主体的有限责任公司或股份有限公司的院所，要抓紧与愿意参与本单位股份制改造的企业进行联系，具体落实股东，并签订有关协议。

2.各院所要组织力量，按照上述通知事项的要求，进一步修改、完善转制方案，并于9月底前报公司，公司批复后再组织实施。

3.以今年年末完全具备工商登记条件为工作目标，统筹安排，加快各环节和各方面的工作，按国务院对科研事业单位改革的总体进度要求，确保在年底前完成转制后企业的工商注册登记工作。

4.各院所要对职工做好深入细致的思想政治工作，及时解决转制过程中出现的问题，确保平稳过渡和职工队伍的稳定。转制中遇到的重大问题，请及时向公司报告。

二〇〇〇年八月十八日（印）

关于新疆维吾尔自治区电力公司更名的批复

（国电人资［2000］781号）

新疆维吾尔自治区电力公司：

你公司《关于变更公司名称的请示》（新电总［2000］709号）收悉。经研究，同意将你公司名称变更为“新疆电力公司”。请据此办理更名事宜。

二〇〇〇年十二月十九日（印）

关于成立国家电力公司“西电东送”领导小组的通知

（国电人资函［2000］22号）

国家电力公司系统各单位：

为加强对"西电东送"工作的领导和协调,经研究,决定成立国家电力公司"西电东送"领导小组(以下简称"领导小组")。现将有关事项通知如下:

一、领导小组的主要职责

1. 贯彻国务院西部大开发战略,落实国家宏观经济调控部门有关"西电东送"的各项决定,研究国家电力公司"西电东送"的重大事项,并就贯彻实施意见作出决定。

2. 负责"西电东送"规划、项目前期、投资决策及项目实施过程中重大问题的领导和协调。

3. 负责"西电东送"经营计划、市场开发、电力营销等业务的组织与协调工作。

4. 及时向国务院和国家宏观经济调控部门作出报告。

领导小组的职责将根据工作进展需要及时进行调整。

二、领导小组的组成

组 长:高严

副组长:赵希正 周大兵 周小谦

成 员:战略规划部 姜绍俊

计投部 赵建国

财务部 陈月明

人事部 程光杰

人资部 吴志远

电网部 霍继安

水电部 张学知

农电部 李振生

科技部 张晓鲁

发输电部 王炳华

国调中心 赵遵廉

电规总院 吕伟业

水规总院 程念高

动经中心 王信茂

西北电力集团公司 谢振华

南方公司 袁懋振

三、领导小组的办事机构

领导小组下设办公室,为领导小组的具体办事机构,主要负责领导小组的日常事务及联系工作。办公室设在国家电力公司战略规划部,周小谦同志兼任办公室主任,姜绍俊兼任办公室副主任。

二〇〇〇年四月四日(印)

关于成立国家电力公司在京直属企业社会保险管理中心的通知

(人资组[2000]16号)

国家电力公司社会保险事业管理中心及在京各有关单位:

根据北京市劳动和社会保障局《关于确认国家电力公司社会保险管理经办机构的复函》(京劳社养函[2000]7号),决定成立"国家电力公司在京直属企业社会保险管理中心"(下简称"中心")。现就有关事项通知如下:

一、基本职责

该"中心"是国家电力公司在京直属单位社会保险经办机构,负责国家电力公司在京直属单位(华北电力集团公司除外)养老保险基金缴拨;编制年度预、决算;管理职工个人帐户及社会保险统计等日常管理工作。

二、管理方式和人员编制

该"中心"与国家电力公司社会保险事业管理中心合署办公,实行"一套人马、两块牌子",业务上受北京市社会保险部门的指导和监督。其人员编制维持不变。

附件:关于确认国家电力公司社会保险管理经办机构的复函(略)

二〇〇〇年三月四日(印)

关于同意"电力工业部核电培训中心"更名为"国家电力公司核电培训中心"的批复

(人资组[2000]100号)

苏州热工研究所:

你所《关于"电力工业部核电培训中心"更名为"国家电力公司核电培训中心"的请示报告》(苏热办字[2000]第85号)收悉。经研究,同意将在你所设立的原"电力工业部核电培训中心"相应更名为"国家电力公司核电培训中心"。

请你所据此办理有关更名事宜。

二〇〇〇年十月二十日(印)

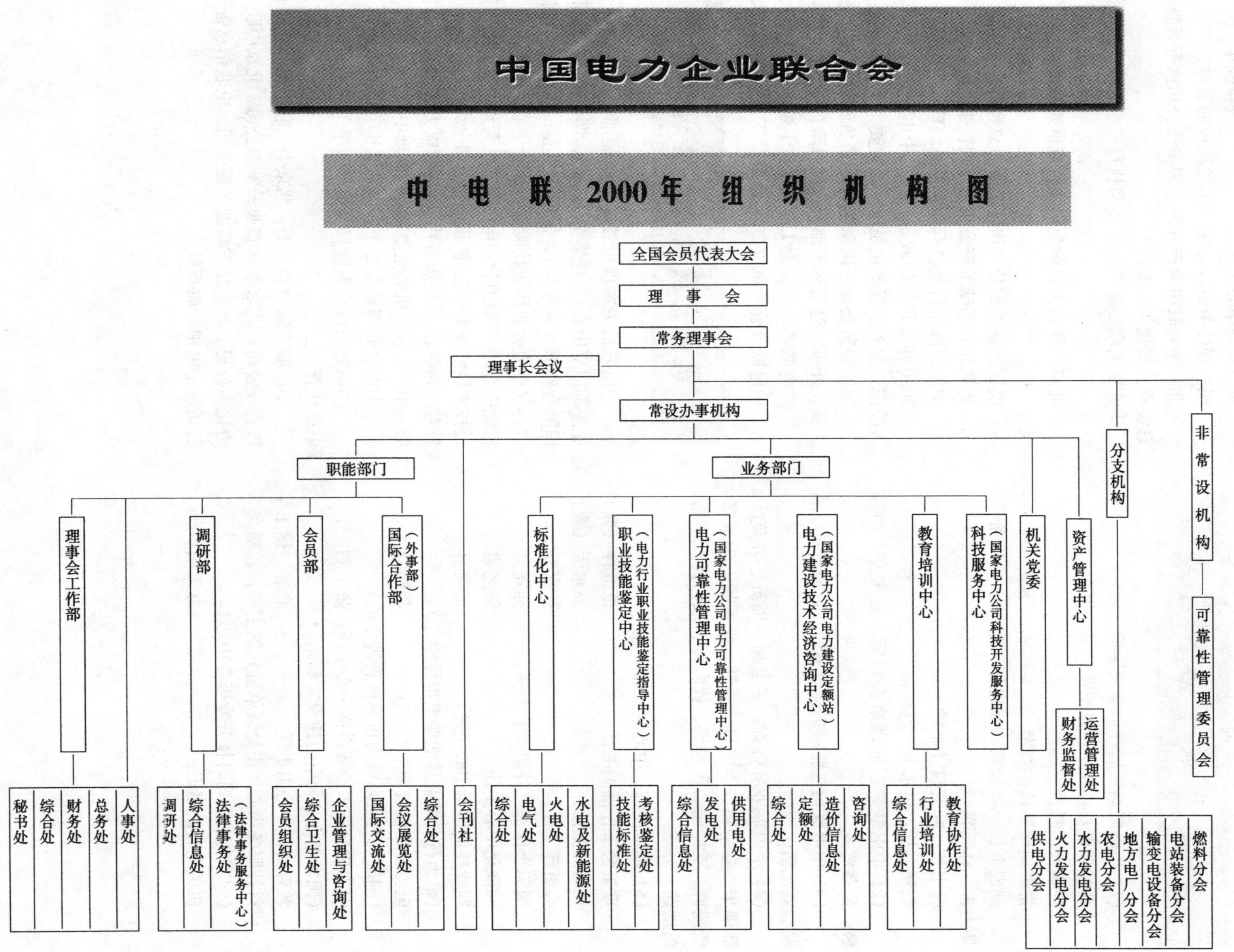
中国电力企业联合会
中电联2000年组织机构图
全国会员代表大会
理事会
常务理事会
理事长会议
常设办事机构
非常设机构
可靠性管理委员会
分支机构
燃料分会
电站装备分会
输变电设备分会
地方电厂分会
农电分会
水力发电分会
火力发电分会
供电分会
职能部门
业务部门
理事会工作部
人事处
总务处
财务处
综合处
秘书处
调研部
（法律事务服务中心）法律事务处
综合信息处
调研处
会员部
企业管理与咨询处
综合卫生处
会员组织处
（外事部）国际合作部
综合处
会议展览处
国际交流处
会刊社
标准化中心
水电及新能源处
火电处
电气处
综合处
（电力行业职业技能鉴定指导中心）职业技能鉴定中心
考核鉴定处
技能标准处
（国家电力公司电力可靠性管理中心）电力可靠性管理中心
供用电处
发电处
综合信息处
（国家电力公司电力建设定额站）电力建设技术经济咨询中心
咨询处
造价信息处
定额处
综合处
教育培训中心
教育协作处
行业培训处
综合信息处
（国家电力公司科技开发服务中心）科技服务中心
机关党委
资产管理中心
运营管理处
财务监督处

中电联干部配置

(1) 中电联第三届理事会领导成员：

名誉理事长：高严、张绍贤

理事长：赵希正

常务副理事长：刘宏

副理事长：叶荣泗、钱忠伟、秦中一、吴希荣、乌力吉、林孔兴

秘书长：叶荣泗（兼）

副秘书长：王永干、范继祥

(2) 中电联第三届理事会顾问：袁宝华、顾家麟、吴敬琏

(3) 中电联第三届理事会业务顾问：姜贤荣、吉辅、刘纪鹏

(4) 中电联业务咨询：王宏超、周沂、许英才、潘锁华、赵宗鹤、李宝祺、晏勤、张孟扬、朱成章、费翊群、王桂云、张选堪、黄海涛、朱仁元、李岱、黄幼茹

(5) 本年度部、中心主任级干部：

理事会工作部副主任：范继祥（兼）

调研部主任：王永干（兼）

会员部主任：孙永安

国际合作部（外事部）主任：孙守义

标准化中心主任：陆宠惠

职业技能鉴定中心主任：王文喜

(电力行业职业技能鉴定指导中心)

电力可靠性管理中心主任：蒋锦峰

(国家电力公司电力可靠性管理中心)

电力建设技术经济咨询中心主任：张千驷

(国家电力公司电力建设定额站)

教育培训中心副主任：薛静、徐玉华

科技服务中心（正处级单位）副主任：杜福兴

(国家电力公司科技开发服务中心)

机关党委副书记：赵天荣

资产管理中心主任：蒋晓华

(6) 现任中电联直属公司总经理的名单：

北京中兴联房地产开发有限责任公司执行董事兼总经理：蒋晓华（兼）

北京电联实业开发总公司执行董事兼总经理：刘学良

北京中联动力化学公司执行董事兼总经理：李润汉

电联信息咨询公司执行董事兼总经理：胡修谱

北京北方基础工程公司总经理：张兰岐

中电国际旅行社执行董事兼总经理：王晓军

2000 年 6 月经民政部批准，中电联进行社团法人登记，业务主管单位是国家经贸委

国家经贸委委托国家电力公司负责中电联党务、人事、外事、退离休干部及后勤保障管理工作。

中电联本部机关为 130 人（含工勤人员 10 人）

中电联及管理单位 2000 年底职工总数为 190 人。

机构设置及人员变动情况

中电联机关本部设置 4 个职能部门（部）、6 个业务部门（中心）：理事会工作部、调研部、会员部、国际合作部（外事部）、标准化中心、职业技能鉴定中心（电力行业职业技能鉴定指导中心）、电力可靠性管理中心(国家电力公司电力可靠性管理中心)、电力建设技术经济咨询中心(国家电力公司电力建设定额站)、教育培训中心、科技服务中心(国家电力公司科技开发服务中心),并设机关党委和资产管理中心。

中电联管理单位 2 个：电力文协、电力体协。

国电公司社会保险局人员的人事工资关系仍由中电联代管。

中电联直属公司 6 个：北京中兴联房地产开发有限责任公司、北京电联实业开发总公司、北京中联动力化学公司、北京北方基础工程公司、电联信息咨询公司、中电国际旅行社。

中国电力年鉴

5 电力生产与经营

战略规划与投融资

战略研究与规划

综合概述

近年来电力供需形势出现了较大的波动。1998年全社会用电增幅仅为2.8%，跌至“九五”时期谷底。1999年开始出现恢复性增长，2000年增幅猛增至10%以上，个别地区电力供应又显紧张。2000年全社会用电量13466.2亿kW·h，增长11.4%，其中：第一产业用电534.0亿kW·h，增长1.8%，第二产业用电9786.1亿kW·h，增长11.1%，第三产业用电1474.3亿kW·h，增长14.2%，城乡居民生活用电1671.8亿kW·h，增长13.7%。

伴随着电力需求的回升，电力建设增速加快。2000年电力固定资产投资以结构调整为主线，电源建设规模有所下降，电网投资比重进一步加大，技术改造项目投资增加，区域分布也有所调整，西部地区投资比重上升，投资结构得到进一步改善，投资完成情况和资金到位情况良好。全年全国电力建设及城乡电网建设与改造工程完成投资2108亿元，同比增长14.7%，其中，电力基建完成投资954亿元，同比减少17.3%，“以大代小”项目完成投资43亿元，同比增长28.5%，城乡电网建设与改造工程完成投资1111亿元，同比增长71.0%。按投资方向划分，电网投资完成1753亿元，电源投资完成642亿元，分别占全部电力固定资产投资的65.0%和30.5%，电源投资继续小于电网投资。在完成的电力固定资产投资中国家电力公司参股、控股和全资项目完成基建投资794.9亿元。

全国电力新增能力仍然保持了相当的规模。全年投产发电设备容量2012万kW，其中水电452万kW，火电1560万kW（含“以大代小”），河北、辽宁、浙江、山东、广东等省及跨区的新增装机都超过100万kW；基建新增220kV及以上送电线路和变电容量13496km和4158万kV·A，城乡电网工程投产线路192万km，变电设备8799万kV·A，“一户一表”的总户数达到3030万户。到2000年底，全国发电装机容量达到31932万kW以上，其中水电7935万kW、火电23754万kW、核电210万kW。

全国发电量完成13684.8亿kW·h，比1999年增长11.0%，其中：水电2431.3亿kW·h，火电完成11079.4亿kW·h，核电167.4亿kW·h，分别增长14.2%、10.3%、12.8%。全国发电设备平均利用小时数4530h，比1999年增加137h。线损、煤耗继续下降，电力消费能源占一次能源比重继续提高，达到41%，比1999年增加将近一个百分点。

2000年，全国装机容量超过1000万kW的省份有14个，其中广东省装机容量达到3190万kW。11个百万以上电网装机容量达到30699万kW，占全国装机容量的96.1%，其中，华东、华中、华北、东北和西北五大跨省电网装机容量分别达到5666、4556、4277、3786和922万kW，南方四省联营电网装机容量达到5390万kW；2000年全国又有北仑二期、丰城、绥中 、双辽、湛江、天生桥一级、天生桥二级以及万家寨等电厂进入百万电厂行列，使全国百万千瓦电厂达到88座，总装机容量10696万kW，占全国发电装机容量的33.5%；全国20万kW及以上机组达到545台15739万kW，占全部装机容量的49.3%，仍为目前运行中的主力机组。

战略研究

围绕深化电力体制改革的新形势和新要求，战略规划工作努力转变思想观念，调整工作方式，大胆创新，积极开拓，在公司领导的亲自指导下，在涉及公司改革与发展的重大问题和难点、热点问题上保持灵敏的反应，适时为公司领导提供战略研究报告。按照公司党组提出的战略构想、战略框架，全面完成《国家电力公司经营发展战略》的编制工作，并已经公司领导审核通过。完成了《国家电力公司资产重组战略研究》、《电力市场研究》、《县级电力企业公司化改造问题研究》、《确保进入500强，创建国际一流电力公司的跟踪研究报告》、《1990年中国产业发展跟 踪研究年度报告》、《国家电力公司股票期权制度问题研究》、《中国铁路改革跟踪研究》等国家电力公司战略研究报告，提交公司领导决策参考。

在公司系统，初步建立了公司战略研究工作体系，并加强与国务院发展研究中心、国务院体改办、国家经贸委等政府部门和一些有影响力的专家学者的交流，建立了公司“战略研究专家库”。

对外合作研究取得进展。结合公司改革的需要，协助、配合安达信和华宝德威公司共同完成了《国家电力公司组织结构重组和企业管理程序设计的咨询项目报告》，该《报告》对国家电力公司外部环境进行评估，分析了控股公司模型（被动控股公司和控股公司的主要区别、公司系统内部各公司间的利害关系，国家电力公司的外部有关单位及关系），在商业流程设计中将人力资源管理和人事管理流程细化，提出了规划和预算管理方面的咨询意见，为公司改革提供了一定的借鉴经验。基本完成与世界银行合作研究课题——《中国电力市场研究》的最终咨询报告和亚洲开发银行的合作研究项目——《中国电力部门重组》的最终咨询报告。

电力规划

在公司党组的领导下，以公司经营发展战略指导规划，强化公司规划管理，以规划、市场和效益指导电力项目前期工作，积极推进结构调整和西部大开发。根据国家计委"十五"计划思路的要求，以充分分析国内外发展环境和市场的基础上组织编制完成了电力工业"十五"计划及2015年远景规划（草案），经公司总经理会议审议通过后，正式上报国家计委和国家经贸委。与国家经贸委电力司联合对各省（市、区）经贸委及电力局编制的电力行业"十五"计划进行了分区评审，充分听取专家和各地区的意见，正式下发了评审意见，对指导各地区电力规划工作起到了良好的作用。在电力工业"十五"计划的指导下，组织研究编制国家电力公司"十五"计划及2010年远景规划纲要。

组织召开了全国风电规划工作座谈会，交流工作经验，摸清情况，形成风电发展共识。在调查研究的基础上完成了《全国风电发展战略研究报告》，在此基础上，组织编制完成了全国第一个规范的《中国风电"十五"计划及2010年远景规划》；组织召开了调峰战略研讨会，对全国调峰问题进行了广泛深入的讨论，形成了一致认识，编写出了《全国调峰战略研究报告》；组织完成了《全国天然气"十五"计划及2010年远景规划》，为"西电东送"和结构调整做好基础工作。

以"西电东送"规划为基础，紧紧抓住电源项目的前期工作，积极推进"西电东送"。在公司"'西电东送'领导小组"的领导下，各有关部门相互合作、相互配合，重点开展了向广东送电1000万kW工程的网络规划和系统研究工作，组织编制"西电东送"规划，作为电力工业"十五"计划及2010年远景规划的专题规划；积极抓好龙滩、小湾、三板溪、公伯峡等水电站以及贵州、内蒙等西部地区火电项目的前期工作；组织研究提出向广东送电1000万kW的电源规划建设安排建议；紧紧抓住"西气东输"和"陕京天然气发电"项目的前期工作，为国务院"西气东输"工程做好配合协调工作；继续做好华东LNG项目前期工作，开展福建LNG项目规划前期工作。2000年，共向国家计委、国家经贸委报出项目建议书22项，容量1567万kW，已批复2项，150万kW。

组织开展《关于全国电力二次系统及信息化建设》战略研究，向公司领导提交了研究报告。委托研究并组织评审了《西北地区电力发展战略研究》课题，把"西电东送"工作从南方及时地扩张到西北。联合组织召开电力市场座谈会，对全国电力供需形势进行探讨；委托组织研究电力发展与国民经济发展的关系，力求在数量关系上有所突破。组织编制并下发《公司规划内容深度要求》、《风电项目前期管理暂行规定及内容深度要求》和《公司境外投资管理办法》，为下一步前期工作的规范化管理打好基础。

"中加合作南方四省（区）能源战略规划项目"二期工作进展顺利，组织规划人员赴加拿大参加电力规划人员培训及电力发展专题研讨，对南方四省（区）能源规划继续进行研究，并提供设备及人员培训，为强化电力规划工作起到了很好的交流作用。

全国联网

对全国联网规划进行了滚动修订，向总经理办公会汇报，并原则通过。自年初启动开展金沙江一期输电系统规划设计工作以来，工作进展顺利，到2000年底已基本明确大区电能消纳比例，为分省消纳研究和输电方案研究提供有利条件。完成了龙滩、小湾电能合理消纳研究报告，并邀请专家进行了咨询，印发了咨询意见，为下一步输电方案研究打下了基础。基本完成了向广东送电1000万kW系统研究工作，为"西电东送"网架项目决策提供了重要依据。圆满完成大区电网及重点省级电网2010年目标网架规划及评审工作，并结合"十五"计划及2015年规划编制工作布置2015年电网中长期规划研究工作。组织开展了《关于全国电力二次系统及信息化建设》战略研究，向公司领导提交了研究报告。

统计与市场

根据《统计法》的要求，结合电力行业的实际，组织修订完成了《国家电力公司统计管理办法》，并研究制定了《国家电力公司综合统计报表制度方案》和《电力统计工作指南》。调整、修订了部分报表制度，为提高工作效率和传输速度，进一步开发完善了统计软件，推行了应用互联网信息传输技术。

完成了《2000年上半年全国电力市场分析报告》、《2000年全国电力市场分析报告》编辑、出版工作以及《2000～2005年全国电力市场分析报告》

的编辑；组织实施了负荷特性调研工作，并完成了《负荷特性调研与分析》一书的编纂工作；完成了《2001年中国电力市场分析与研究》一书的组稿、编辑、出版发行工作。组织了对各网省公司《“十五”电力市场分析报告》的专家评审工作。

基础工作

围绕公司经营发展战略，确定了公司本部开展的软科学研究项目。为进一步加强国家电力公司本部软科学项目的管理工作，特别制定了《国家电力公司本部软科学项目管理办法》。2000年完成软科学研究项目36个。

协调公司各部门“西电东送”工作，处理大量“西电东送”办公室日常工作，建立了“西电东送”简报制度，及时传递中央及公司领导关于“西电东送”的最新指示，了解和掌握“西电东送”工程前期和建设进度，反映工作中遇到的问题，促进工程的顺利进行。

加强理论学习和队伍建设，不断提高政治理论水平和业务素质。在系统内组织了一期“公司规划编制研讨班”，交流和探讨新时期第一个公司规划的编制工作，研究探讨电力行业“十五”计划和公司“十五”计划编制的理论与方法，解决工作中出现的实际问题。为促进公司战略研究工作，提高公司系统战略研究人员的水平，举办了“国家电力公司战略研究研讨班”。根据基层统计人员的工作特点，在加强统计的基础工作、提高统计人员素质上下工夫，为拓宽统计人员的专业知识和相关知识，开办了“‘城乡电网改造’统计业务培训”。

综合计划与投融资

生产计划完成情况

（一）发电量

2000年公司全资及控股机组发电量6572.93亿kW·h，同比增长5.38%。其中，水电1062.62亿kW·h，同比增长4.49%；火电5508.61亿kW·h，同比增长5.56%。

（二）售电量

2000年完成8821.3亿kW·h，同比增长10.45%，是1996年电力供需形势出现重大变化以来公司系统售电量增长幅度最大的一年。扣除厂用电量和线损电量因素，公司售电量占全社会用电量的比重为77%，与1999年基本持平，说明随着全社会用电量的增长，公司系统售电量仍在全社会用电量中占主要地位。

（三）跨区输电

通过葛沪直流，华中送华东电量24.2亿kW·h，华东送华中电量7.5亿kW·h，扣除计划外电量1.7亿kW·h，计划内净送电15亿kW·h，超额完成年度计划1.7亿kW·h的任务；系统能量利用率为36.1%，比1999年提高了11.2个百分点。通过南方电网，广东受西电73.52亿kW·h，同比增长82.79%；广西受西电35.55亿kW·h；贵州送出电量16亿kW·h；云南送出电量1.14亿kW·h。通过川渝联络线，四川送重庆电量累计10.05亿kW·h（不含二滩送重庆电量），同比增长6.24%。二滩电厂全年完成发电量83.85亿kW·h，超额完成83亿kW·h的计划发电量，其中，四川完成60.16亿kW·h，重庆完成22.85亿kW·h。蒙西送京津唐电量70.13亿kW·h，同比增长4.55%。

投资计划完成情况

（一）投资完成

2000年公司系统固定资产投资完成1808.6亿元，完成年计划1920.1亿元的94.2%，同比增长13.3%。

（1）大中型基本建设。完成投资740.7亿元，完成年计划635.5亿元的116.6%，同比下降19%；其中电源项目完成投资512亿元，完成年计划403.6亿元的126.9%，同比下降21.4%；电网项目完成投资228.7亿元，完成年计划231.9亿元98.6%，同比下降13.1%。

（2）“以大代小”技术改造。完成投资37.5亿元，完成年计划27.4亿元的137%，同比增长56.4%。

（3）城乡电网改造。完成投资976.1亿元，完成年计划1220.4亿元的80%，同比增长64%；其中城网项目完成投资339.2亿元，完成年计划373.9亿元的90.7%，同比增长38.2%；农网项目完成投资636.9亿元，完成年计划846.5亿元的75.2%，同比增长82.1%。

（4）小型基本建设。完成投资54.3亿元，完成年计划36.9亿元的147%，同比下降13.5%。

在固定资产投资中，电源项目完成投资549.5亿元，占公司系统固定资产投资完成的30.4%，同比下降18.6%；电网项目完成投资1204.8亿元，占公司系统固定资产投资完成的66.6%，同比增长40.3%。

在重点建设项目中，三峡输变电工程全年完成投资14.8亿元，完成年计划20.4亿元的72.5%。全国联网项目东北与华北联网工程完成投资1亿元，完成计划1.64亿元的61%，项目基本建成。

2000年固定资产投资完成情况

单位：亿元

项目	计划	完成	计划完成率	同比增长率
固定资产投资	1920.1	1808.6	94.1%	13.3%
其中：大中型基建	635.5	740.7	116.6%	19%
限上技改	27.4	37.5	137%	56.4%
城乡电网改造	1220.4	976.1	80%	64%
小型基建	36.9%	54.3	147%	-13.5%

（二）资金到位

2000年公司系统固定资产投资项目到位资金1592亿元，其中非经营基金1.1亿元，国债资金113.3亿元，银行贷款1002.4亿元，利用外资158亿元，企业自有174.9亿元，中央专项基金44.3亿元，地方及其他资金97.9亿元。

（三）2000年计划执行的主要特点

（1）固定资产投资增速加快。2000年公司系统固定资产投资比1999年增长13.1%，比1999年的增长率提高了约8.3个百分点。造成固定资产投资上升的原因是国家实行积极的财政政策，宏观经济环境改善，全社会固定资产投资规模总体水平上升。在国家大的宏观背景下，电力工业也加大了产业结构调整的步伐，在保持电力主营业务投资的同时，电网投资的比重进一步上升。2000年电源开工规模较上年分别上升了35%。但是2000年城农网建设与改造投资完成尚不理想。截止2000年底，公司系统城网241个项目已经全部开工，但累计完成投资仅占3年城网改造总投资的58.7%；公司系统农网改造完成投资占累计下达计划的84.1%，占3年农网改造总规模的71.6%，同时各地进度也很不平衡。

（2）资金到位中银行贷款比例进一步加大。2000年公司系统固定资产投资到位资金中银行贷款比例达到了63.4%，较1999年提高了4.8个百分点，1999年比1998年提高了4.2个百分点，近年来出现了上升的势头。主要原因是国家宏观调控和金融体制改革，使国内银行业间展开了相互竞争。由于电力项目的投资风险相对较低，各银行积极参与电力项目贷款，此外近几年城农网改造80%的资金依靠银行贷款也是引起贷款比例上升的一个主要原因。从另一方面看，银行贷款比例上升也反映出公司系统融资目前结构相对单一，公司系统应努力改善资金来源结构，扩大融资渠道，降低融资成本，逐步提高国债资金、直接融资在公司融资结构中的比例。总体上看，2000年电力投资项目资金供给环境比较宽松，资金基本上满足工程建设需要；同时各公司在资金运作中，更加注重降低融资成本和提高资金使用效率，以求进一步降低工程造价。

（3）投资结构进一步改善。2000公司系统固定资产完成1808.6亿元，其中电源投资比重为30.3%，同比下降12个百分点；电网投资比重为66.6%，同比上升12.8个百分点，创历史最高水平。公司系统是我国电网投资的主要投资者，公司系统投资结构的变化也将带动全国电力投资结构的变化。从全国看，“九五”期间电网投资比重从1995年的16.4%上升到了2000年的70%。

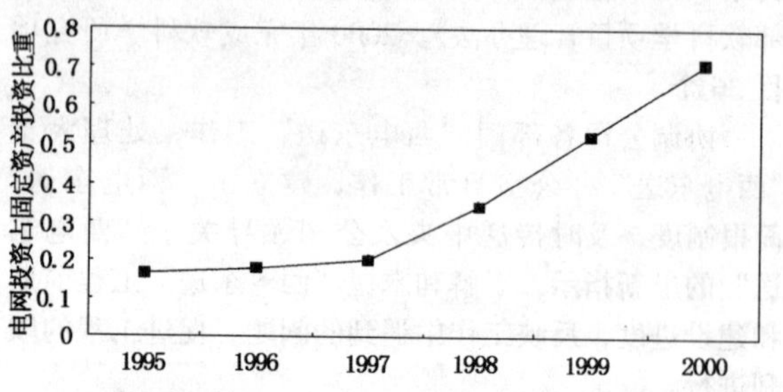

“九五”期间全国电网投资比重变化趋势

引起电网投资较大幅增长的原因是城农网改造投资完成额大，增长率均超过了60%。从投资结构上看,基建项目完成投资比1999年下降了19%,电网和电源基建项目均出现了两位数的下降,电网基建项目仅完成年计划的89%,但这并没有改变电网投资总体上升的趋势。电网基建投资下降的主要原因上是2000年城网农网的投资规模巨大,不仅占用了大量电网建设人力、物力和财力,而且由于城农网改造的需要,使得把过去本应纳入基建规模的电网项目放入了城农网改造中,因此减少和挤占了电网基建项目的投资规模。

（4）投资布局趋于合理，西部开发投资力度加大。2000年国家提出了西部大开发战略并出台了实施西部大开发若干政策措施，明确提出了提高中央财政性建设资金用于西部地区的比例，中央将采取多种方式，筹集西部开发的资金。国家电力公司积极响应党中央、国务院的号召，提出了“西电东送”战略。2000年公司系统开工建设了一批西部开发项目，开工的西部电源项目共计357.2万kW，其中水电177.2万kW，火电180万kW。这些项目分别是四川南亚河一期37.2万kW，贵州洪家渡水电站54万kW、引子渡水电站36万kW、乌江渡水电站扩建50万kW，宣威五期2×30万kW，内蒙托克托2×60万kW；开工输电线路工程是天广第三回500kV交流输电线路和云南宝峰至罗平500kV交流输电线路。这些项目的启动正式拉开了“西电东送”的帷幕。

开工、投产及重点项目进展情况

（一）新开工规模

(1) 电源项目。新开工18项724.7万kW，其中水电6项223.7万kW，项目分别是南椏河一期(37.2万kW)、洪江电站（22.5万kW)、碗米坡电站（24万kW)、洪家渡电站（54万kW)、引子渡电站(36万kW)、乌江渡电站扩建（50万kW)；火电12项501万kW，项目分别是徐塘（60万kW)、阜新(20万kW)、太原二热（20万kW)、抚顺（20万kW)、株洲（60万kW)、重庆烟气脱硫、沈阳热电三期（5万kW)、二道江二期（10万kW)、托克托(120万kW)、莱城3、4号机（60万kW)、宣威五期（60万kW）和蒲城二期（66万kW)。

(2) 电网项目。新开工14项，建设规模为330kV及以上变电容量1427万kV·A，线路4040.8km；其中500kV12项，变电容量1175万kV·A、线路2897.8km；330kV2项，容量252万kV·A、线路1143km。

（二）投产规模

(1) 电源项目。公司系统电源项目投产1238.6万kW，占年计划1064.7万kW的116.33%，占全国投产容量2052.98万kW的60.33%。其中水电242.3万kW，火电996.3万kW。在公司系统投产容量中，基建1197.7万kW，其中水电242.3万kW，火电955.4万kW；“以大代小”技改40.9万kW，均超额完成全年计划。

(2) 电网项目。大中型基建电网项目投产110kV及以上变电容量3329.8万kV·A，其中500kV1599.4万kV·A，220kV1552万kV·A，110kV61.4万kV·A；投产110kV及以上线路14421.48km，其中500kV线路6156.33km，220kV线路5501.25km，110kV线路2057.9km。

(3) 城网改造。投产变电容量3055万kV·A，其中220kV249万kV·A，110kV1714万kV·A，35kV455万kV·A，1～10kV及低压593万kV·A；投产线路54878km，其中220kV线路1149km，110kV线路3233km，35kV线路2109km，1～10kV及低压线路23104km。

(4) 农网改造。投产变电容量4846万kV·A，其中220kV12万kV·A，110kV1378万kV·A，35kV1193万kV·A，1～10kV及低压130911万kV·A；投产线路159万km，其中220kV线路30km，110kV线路6575km，35kV16869km，1～10kV及低压线路365672km。

（三）重点项目进展情况

(1) 三峡输变电工程进展顺利。投产“一变三线”，新增交流变电容量75万kV·A，交流线路594km。新开工“三变三线”，交流变电容量150万kV·A，交流线路735km。为确保2003年首批机组电能送出，促进大区电网互联，对2003年前投产的三峡输变电项目进行了优化调整，比原方案提前建设交流线路1185km、变电容量175万kV·A。牵头组织了三峡电能消纳方案的研究。

(2) 全国联网工程取得新进展。东北—华北联网项目线路主体基本建成，华东—福建联网工程批复可研，具备开工条件。三峡输变电工程投产“一变三线”；新开工“三变三线”。上报华北—华中联网工程和华中—西北联网工程可研。完成西北—川渝、山东—华北联网项目可研报告。

(3)“西电东送”战略迈出实质性步伐。洪家渡、引子渡、乌江扩建三个水电项目和天广三回、云南宝峰至罗平500kV输变电项目开工建设。加快天广直流建设，早日实现单极投运。抓紧三峡（华中）至广东直流输电项目、贵州至广东交直流输电项目可研工作。积极推进了龙滩、小湾、公伯峡等西部水电项目的前期工作，上报了龙滩项目的可研补充报告。继续推进了四川白马、江苏贾旺、山东烟台等洁净煤示范工程项目和福建、上海、河北等风电项目以及山东海阳核电项目的前期工作，为“十五”开工创造条件。

资本运作

（一）上市融资

(1) 完成国电电力10配8的高比例配股方案。盘活存量资产24.24亿元，募集资金8.18亿元，拥有装机353万kW。通过此次配股，国电电力不仅在地域上跨出辽宁，走向全国，而且还实现了产业结构的调整与优化，成为不仅拥有火电，还有水电、新能源及高科技的综合性电力产业公司。公司的发展战略也得到了投资者的认可，配股方案公告后，股价大幅上扬，按11月1日的收盘价计算，流通市值已超过申能（国电电力29.9亿元，申能28.5亿元)，为下一步进入三零指数股创造了良好的条件。

(2) 推进中电国际“两步走”的融资发展战略。重点协调落实了中电国际作为拟上市的上海电力股份公司第二大股东的方案，上市前持有29.4%的股份，摊薄后占25%的股份。

(3) 推动上市工作。实现湖北长源、广西桂冠、重庆九龙等二支新股上市，筹集资金17.4亿元，加上葛洲坝、龙电股份等控股上市公司配股和增资扩股，共筹资55.6亿元。为培育第一家创业板上市企业，启动了国电南瑞的改制上市工作。

（二）继续积极、合理、有效地利用外资

(1) 清理外资项目债务情况。根据世行、亚行和日本海外协力基金贷款项目外资情况的清理结果，着重对各项目的剩余贷款的安排和使用提出意见。先后完成了东北输变电工程等12个项目的利用外资方案或其余款使用方案，办理了二滩送出、东北输变电及棉花滩水电等项目的外资额度退还手续；根据国家恢复外资项目进口设备免税政策，先后办理了一批项目的免税手续。着重对各省公司通过地方政府立项的利用外国政府贷款项目，特别是利用外资风电项目的外债情况进行了统计和清理，完善已初步建立的外债信息管理系统。开始对直接利用外资项目(外资全资、合资、合作)的外债情况进行清理，以进一步完善外资项目管理系统。

(2) 切实作好贷款计划。制定了公司系统利用国际金融组织和JBIC贷款的滚动计划，确定了今后几年公司系统利用国外贷款的项目：江苏宜兴抽水蓄能电站，2.5亿美元，4×300MW，世行2002财年；沈阳—大连500kV输变电工程，亚行贷款2001财年，1.0亿美元；跨区联网工程，亚行贷款1.0亿美元，2002财年；河北张河湾抽水蓄能电站，4×250MW，亚行贷款2.1亿美元，2002财年；华北输变电工程，亚行贷款1.0亿美元，2003年；湖南三板溪水电站，JBIC贷款2.0亿美元，2001年；山西西龙池抽水蓄能电站，JBIC贷款2.0亿美元，2002年。以上贷款项目预计总贷款规模11亿美元。

(3) 稳步实施贷款项目。2000年，公司系统利用国外贷款项目共4个，贷款总额度6.94亿美元，基本完成年初计划目标。其中，实际签约额度3.8亿美元，1999年结转项目签约0.6亿美元。其他额度基本完成贷款谈判。

1) 组织进行了山东泰安抽水蓄能电站的日方评估工作，中、日双方签署了项目评估谅解备忘录。日方初步同意为该项目提供总额为180亿日元的贷款。

2) 组织完成琅琊山抽水蓄能工程的对外融资工作。安徽琅琊山抽水蓄能电站工程拟利用国优惠国外贷款1.0亿美元，采用国际招标方式，确定融资机构和设备供应商。

3) 组织、协调亚行贷款风电项目的对外评估和贷款谈判工作，包括新疆、辽宁和黑龙江三省（区）的3个风电场开发及相关技术援助。为了软化亚行贷款的融资成本，通过积极争取和与亚行多次磋商，争取到全球环境基金（GFF）无息贷款和赠款各600万美元，开创了GEF无息贷款直接用于补贴项目投资的先例，实现了新的突破。同时，总额为600万美元的赠款可帮助国家进行风电电价的政策研究，为国家进一步开发风能资源创造政策环境。

4) 组织项目单位完成了沈阳—大连500kV输变电工程的亚行初步考察。

5) 组织项目单位完成了世界银行对江苏宜兴抽水蓄能电站的初步考察。

6) 及时协调和处理外资项目在实施过程中的外资使用计划变更问题以及由于体制改革后对外签约主体发生变化等问题，使各项目得以顺利实施。

(三) 银企合作

就华北—东北联网工程公司本部与开发银行签订贷款合同的准备工作已经全部结束，这是公司本部用于电网项目的第一个固定资产长期贷款合同。

就有关省公司城网改造贷款问题，加强了与银行的协商、合作，确保了资金到位。

财务与资产经营

2000年国电公司各项财务和经营目标完成情况

国家电力公司系统确定的各项财务和经营目标完成情况良好。2000年末资产总额12407亿元，负债总额7620亿元，所有者权益（不含少数股东权益）4139亿元，分别比1999年增长9.68%、12.72%和4.12%。资产、负债比上年增长主要是全国联网、城农网改造步伐加快，增加投入的结果；所有者权益增加除税后净利增加外，主要是电建、贴费等财政性资金的投入。资产负债率为61.42%，比1999年上升1.66个百分点。年发电量5472亿kW·h，购电量4596亿kW·h，售电量9052亿kW·h。实现产品销售收入3561亿元，利税522亿元，其中利润183亿元。（注：自2000年起，国家电力公司会计报表按合并报表，报表范围扩大）

全面预算管理

推行全面预算管理，做好公司系统、本部、财政资金三个体系的预算

1. 强化和完善公司系统预算管理

在认真分析和总结1999年度预算执行和资产考核工作的基础上，2000年系统预算突出强调了贯彻公司整体经营战略，进一步扩大了预算和资产经营考核范围；突出强调预算的科学性、计划性和全面性，通过自下而上和自上而下相结合的方式，进行层层分解和落实，从制度上保障了公司系统今年经营目标的实现 。

2. 规范公司本部预算管理

理顺公司本部预算管理体制，通过制定、实施《国家电力公司预算管理委员会工作规则》，初步建立了公司本部预算管理委员会的运作模式，确立了由各业务部门、预算管理委员会、总经理会议构成的三级预算管理模式；划清预算工作界面；强化本部预算基础管理工作，全面清理帐目、档案，明确资金的核拨程序和权限，初步实现计算机信息化管理；按“保证重点，兼顾一般”原则，合理调度资金。

3. 做好财政资金预算

按照财政部实行部门预算要求，国家电力公司纳入部门预算管理的资金共有农网转贷资金、三峡基金、电建基金、供电贴费、所得税退税、拨补流动资本、部门基金和经营基金、拨改贷转资本金、下岗职工生活补贴、小型基建、科技经费、企业挖潜改造资金等十几项，涉及到几十家单位，资金总额达184亿元。这些资金全部按时按规定请领、拨付和使用。

4. 加强对预算执行情况的分析和监控

建立了预算执行情况定期分析制度，通过季度预算分析，及时跟踪了解落实情况，解决执行过程中存在的重点问题，初步实现了过程控制和动态控制。

财务管理现代化

以国家电力公司跻身“全球500强”为契机，按照国际一流企业的标准，全面推进财务管理现代化

(1) 推动公司正式进入全球500强。按照国际惯例编报了公司系统合并会计报表，组织编制、提交了申报所需的大量财务会计资料，有力地配合了公司申报工作的完成。

(2) 结合以后年度继续申报全球500强的需要，从强化企业管理、推动公司财务信息与国际接轨的要求出发，改革了公司系统的财务报表体系。决算报表信息从以满足政府需要为重点转移到以满足企业内部管理需要和国际化交流为重点；从以提供单纯的会计信息为重点转移到强调提供包括会计信息在内的各种综合管理信息以满足公司改革与发展，提升企业管理水平为重点。

(3) 确保财务信息质量，重视财务信息的分析与使用。为保证决算报表审计集中统一，确保财务信息真实、可靠，国家电力公司本部按照统一的标准经过招标公开选择会计师事务所，按照统一的标准对决算报表进行审计。充分利用快报信息，通过快报分析报告，为公司决策服务。

(4) 加快财务管理信息系统建设，推进财务管理现代化。公司本部开发了《财务信息系统》软件，现已投入运行，并积极关注与支持系统内其他单位开发财务管理信息系统的实践与探索。

积极参与公司各项体制改革

(1) 积极参与分公司改制工作。全过程参与并协调解决了华东、华中、西北三个分公司改制过程中涉及的财务问题，并及时印发了《国家电力公司关于加强集团公司改组前财务管理的通知》、《华东、华中、西北分公司财务管理模式》及《分公司财务管理办法》，从财务机构设置及职责划分、财务管理体制、预算、会计、资金、资产、产权、税收、电价管理等方面，逐步理顺了分公司的财务管理体制，界定了总分公司的职责权限。

(2) 协调解决了国电电力、中电国际、中电财、福建省电力公司重组改制工作中的财务、资产及价格问题。将国电电力、中电国际、中电财纳入公司预算与资产经营考核体系；积极落实相关股权重组、资产划转、配股、财务关系调整等工作；通过水口水电站的产权比例界定，一揽子解决了历史遗留的产权问题，为福建省电力工业局改制为国家电力公司的全资子公司创造了条件。

(3) 参与公司体改方案的研究。撰写《关于国电公司资产重组的报告》，详细阐述了自1998年以来公司系统资产重组的依据、内容、程序、变现资金投向及效果等；撰写《关于国电公司电网经营利润的剖析与思考》，揭示了公司电网盈利能力薄弱，存在隐性亏损的事实；撰写《多种电价情况及电价改革建议》报告，客观评价了多种电价的历史与现状，并对公司电价改革的方向与步骤提出了具体建议。

参加全国会计知识大赛，并取得一等奖的优异成绩，向全社会展示了电力系统财会人员的精神风貌

全国会计知识大赛，是由财政部组织，以学习、贯彻《会计法》为宗旨，以强化财务管理基础工作和提高财会人员业务素质为目的。国家电力公司代表队以预赛第二名的成绩进入10月22日在中央电视台举行的只有6个代表队参加的全国会计知识大赛决赛，取得了一等奖的好成绩。高严总经理从国外发来贺电表示祝贺，《中国财经报》以“一次会计界的奥林匹克盛会”为题，详细报道了电视决赛的盛况。通过大赛，国电公司的财会人员从一个侧面向外界树立了良好的公司形象。

强化出资者权益管理

(1) 继续摸清产权和资产“家底”。组织完成公司系统1500余户企业国有资产产权重新占有登记审

查及分析总结工作，编印了《国家电力公司1999年度产权登记资料》、撰写《国家电力公司1999年度产权登记分析报告》。对全国发电资产进行摸底调查，提交了《国电公司系统发电市场构成情况调查》报告。

（2）探索建立有效的激励与约束机制。启动并初步完成公司系统法人资本金效绩评价课题研究工作。参与研究制订了上海市电力公司经营者年薪制度试点方案。

（3）资产重组工作进一步规范。2000年以来，共进行资产重组项目33个，涉及发电装机1539万kW，涉及金额424.6亿元。

加强电价管理，全面完成疏导电价矛盾工作

（1）完成1999～2000年度公司系统疏导电价矛盾工作。全国28个省市出台了电价调整方案，公司系统平均调价标准为3.13分/（kW·h），其中电网调价1.47分/（kW·h）、农城网改造还本付息0.38分/（kW·h）。疏导电价矛盾工作不但拓展了电网盈利空间，而且进一步促进了统一销售电价工作。

（2）研究并提交了"三段式"电价研究报告。报告按照电价改革与电力体制改革相结合、整体电价改革与具体问题相结合、国外成功经验与我国实际相结合的原则，提出了电价改革的方向和具体的实施步骤，为国家价格管理部门早日出台电价改革方案提供了思路。

（3）协同国家计委组织全国电价检查，巩固清理整顿不合理电价成果；认真研究2分钱电力建设基金并价方案，落实城乡电网改造还本付息的电价政策；组织完成《三峡电站输电电价研究》报告。

财务监督机制

以配合监事会进驻为契机，建立健全内部财务监督机制

（1）按监事会要求，及时上报了公司系统及本部的《企业基础材料》以及需要单独说明的各项专项材料的填报工作，得到了监事会的好评。

（2）与有关部门密切配合、全面准备，顺利地完成了监事会进驻的各项工作。

（3）全面清理了国家电力公司成立以来的所有会计核算和账务处理资料及各部门的账外资金。

（4）按照经常性监督与专题性监督相结合、全面性监督与针对性监督相结合、事前监督与事后监督相结合的基本要求，组织制订了《国电公司稽核管理办法》、《国电公司系统重大经济事故报告办法》等部门规章，加快财务监督机制建设的系统化与制度化步伐。

转变观念，拓宽视野，加强交流与合作，加强公司系统财会队伍的建设

（1）重视与社会上理论界的沟通与合作。充分利用公司系统内、外两种资源，通过直接聘请、接受培训、合作研究等多种方式，借助社会研究机构、咨询机构、大专院校及中介机构力量，为公司财务管理工作出谋划策，高起点地构建公司财务管理工作的框架和体系。

（2）采取"走出去，请进来"，积极吸收、借鉴国外大企业先进的财务管理经验，从观念、思想、方法、手段等方面，学习国外的先进经验，尽快缩小与国际知名电力企业的差距。

（3）配合人事部门，培养和建设一支高素质的总会计师队伍。按照新《会计法》的要求，配合人事部门开展研究财务总监、总会计师的任职资格确认制度、财务总监委派制度。

（4）加强年轻干部的培养步伐。通过引进、交流、培训、基层锻炼等方式，优化财会人员知识结构，提高财会人员业务素质和业务能力。

（高富斌）

国电公司审计

2000年审计工作目标是：认真落实高严总经理关于"利用审计成果，深化改革，促进现代企业制度建立"和对经营方面出现问题也要坚持"三不放过"的指示，加强审计体系建设，突出审计重点，加大审计力度，落实审计成果，服务公司目标，初步建立适应现代企业制度的审计工作机制。

制定审计战略，加强审计制度建设

（1）按照公司的统一部署完成了审计战略的制定，初步提出了审计"十五"计划。

（2）为规范公司及公司系统审计工作，重点开展了审计制度体系的研究和相关制度的建设。组织力量对公司审计定位、方式、方法、标准和规范等进行了研究，初步提出了审计制度体系的基本框架。对公司系统审计制度建设情况进行了调查，并筛选了部分适用性和指导性较强的制度，组织编印了《国家电力公司系统内部审计制度选编》。起草了公司《领导干部任期经济责任审计暂行办法》和《审计人员培训规划》等，公司系统各单位审计部门也将审计制度建设

列入重要议事日程，各单位结合实际情况制订了一批审计制度。

充实审计队伍，探索审计管理体制改革，加强审计组织建设

由于公司领导的重视，审计部2位副主任已经配备到位，领导力量得到了充实和加强。在分公司的体制改革方案中，明确规定各分公司设立独立的审计机构。

为了探索审计管理体制改革的模式，组织对黑龙江和江苏省电力公司审计体制改革进行了专题调研。实践证明，以上措施取得到了积极的成果，如黑龙江实施审计派出制后，集中审计力量对所属9个电业局的用电营业进行了全面审计，受到公司各个方面的高度评价。

在科研体制改革中，强调要加强审计工作。在农电体制改革中，积极探索审计体制改革，重点建立审计机构、配备审计人员。西北审计部和黑龙江省电力公司已开始着手在农电体制改革中建立县级供电企业审计体制的试点工作。山东省电力公司制定了《代管趸售县供电企业内部审计管理办法》。

许多单位继续坚持向职代会报告审计工作。有的单位还专门安排会议听取审计工作情况汇报，收到了较好的效果。

加强审计派出机构管理，发挥审计派出机构作用

2000年是公司6个审计派出机构实际运转的第一年，重点落实了审计派出机构人员、职责和管理的“三个到位”。

(1) 由于公司领导重视，在人事部和派出机构所在地单位的支持下，目前，东北、西北、华南审计部主任已经到位。通过选聘、招聘和考核或考察，严把质量关，目前东北、西北、华东、华南等审计部的其他人员也已陆续到位。

(2) 为了发挥审计派出机构的作用，审计部实行每季度召开一次审计派出机构负责人会议制度。审计派出机构负责人会议主要就公司重点工作统一思想认识，对审计工作中的问题进行研究讨论，对下一步的工作进行安排部署。会议采取听取汇报、实地检查、研究讨论等多种形式，考核各审计派出机构的工作情况。

(3) 加强工作制度建设，建立正常的工作秩序。东北审计部注重加强制度建设和内部岗位责任制的建立，相继制订和修订了《审计工作规则》、《请示报告制度》、《岗位责任制度》和《内部工作程序》等。

各审计派出机构在所在地分公司和集团公司支持下，认真开展各项审计工作。共完成委派的审计项目14项，其中任期经济责任审计6项，资产经营责任和预算执行情况审计7项、专项审计调查1项。此外，各审计派出机构围绕所在分公司、集团公司和所辖地区各公司中心工作，积极开展审计指导和调研，取得了较好的效果。各审计派出机构都召开了所辖范围单位的审计工作会议，沟通情况，交流经验，布置工作。西北审计部布置检查了制订审计战略情况，并专门到宁夏电力公司检查落实公司本部下达审计意见的情况，开展了经营风险审计调查；华中审计部组织开发的任期经济责任审计和资产负债损益审计计算机软件通过鉴定，并进行了人员培训和推广使用；华东审计部对所辖范围内的单位开展了审计工作评比；华南审计部是新设立的，克服了人员少的困难，在成立之时就召开了所辖范围内单位的会议。

认真安排，突出重点，全力做好审计工作。

1. 认真开展任期经济责任审计

按照高严总经理要求的“离任时，把好审计关，把对领导干部任期业绩进行综合评价，作为干部使用的依据”，审计部2000年共安排对华中、南方、黑龙江、新疆、青海、湖北、广西、福建、江苏、天津、武高所、中能燃料、信息中心、龙源、成套、物资公司等16个单位主要领导人员任期经济责任审计，有5个单位正在进行现场审计，有11个单位正在审定审计报告。另外，审计部还完成了1999年21个任期审计项目的后续工作，其中4个单位的签报已报出，17个单位已下达了审计意见，11个单位落实审计意见的情况已经反馈。截止9月，公司系统开展了1121个任期经济责任审计项目。

(1) 制订滚动计划，规范审计程序。为了落实公司《关于加强企业管理的若干意见》中要继续加强对企业经营者实行任期经济责任审计，按照“三不放过”和“审而要究，审而要改，审而要用”的要求，审计部按照“离任必审”的原则，初步制订了任期经济责任审计5年滚动计划。在任期经济责任审计中，实行部门领导负责制，规范程序，强化责任，现场审计实行组长负责制，审计报告实行处长负责制。

(2) 密切配合、精心组织。在任期经济责任审计中，得到了公司有关部门的大力支持和密切配合。为了增强审计的针对性，加强了审前调查，规范了审计内容，结合各单位情况突出审计重点，制定审计方案。为了提高审计效率，促进各单位审计工作的开展，要求按照分级审计的原则，检查被审计单位审计工作的开展情况，充分利用审计成果；检查以前审计或检查的整改情况。为了防范审计风险，要求各单位对提供资料的真实性和完整性进行承诺。为了加强各

部门的沟通，提高审计质量，还实行了审前调查听取有关部门的意见，审计组的报告征求有关部门的意见，向公司领导报送的审计签报会签有关部门，审计通知和下达的审计意见抄送有关部门，审计意见落实情况反馈有关部门。在审计中，要求不断研究改进审计方法，加强了内控制度审计，开始探索防范经营风险审计。2000年审计部克服了人员不足的困难，采取直接审计、组织联合审计、委托社会中介机构审计等方式，除完成1999年部分任期审计项目的后续工作外，全面完成了2000年的任期经济责任审计项目。

（3）任期经济责任审计工作初见成效。①任期经济责任审计得到各级领导的关注，有的主要领导亲自签发审计通知，亲自批阅审计报告，亲自过问审计成果的应用；②许多审计报告已成为领导决策的参考，成为有关部门加强管理、严格考核的依据之一；③审计报告已成为考核领导人员经营业绩、分清经济责任的依据之一；④部分单位已经实行了"先审计后离任"。目前任期经济责任审计的覆盖面逐步提高，有的单位离任经济责任审计覆盖面已达100%。有的单位还开展了对重要岗位人员的任期经济责任审计。

2．积极开展以城乡电网为重点的工程项目审计

公司系统积极开展工程项目审计，特别是城乡电网建设改造项目审计。城乡电网建设与改造工程实施两年来，2000年进入投资高峰期，项目审计任务十分繁重。公司系统各级审计机构和审计人员克服种种困难，取得了阶段性成果。主要表现在：①通过大力开展工程预决算审计，核减了工程投资，控制了工程造价，促进了项目管理。②通过加强对项目资金使用和管理的监督，对防止挪用和挤占项目资金发挥了有效作用。③组织或参与有关部门对两网项目的检查，发挥了各专业部门的综合监督作用，强化了监督效果。审计部今年组织或参与国家计委、农电部、发输电部、监察局对各网省公司两网检查共有56人次。④加强对工程和设备材料采购等招标工作的监督，促进了"五制"贯彻执行。⑤通过与业务部门分工协作，促进了管理部门责任到位，强化了项目约束机制。⑥积极探索在县级供电企业建立健全审计体制。

为了做好两网项目的审计工作，各级审计部门采取了一系列措施，如全面落实项目审计责任制，真正使责任到部门、责任到人；制订并在实践中完善项目审计制度，规范项目审计工作；加强对项目审计人员培训，认真总结和交流项目审计经验；充分利用审计资源，努力扩大审计覆盖面等。审计部召开了城乡电网项目审计工作座谈会，对1999年度城乡电网项目审计工作28个先进集体和29名先进个人进行了表彰，推动了两网项目审计工作的深入开展。据不完全统计，截止2000年9月，共完成了城乡电网项目审计总金额413亿元，查出违规金额6007万元（其中已纠正5438万元），通过审计核减项目投资8.2亿元。

在重点抓好城乡电网项目审计的同时，各级审计部门继续认真开展了其他工程投资项目的审计。华东审计部2000年在完成的3个大中型发输电项目的审计中，共核减投资1.05亿元。华中审计部截止9月对本部直接投资的111项小型工程审计中，审计金额2550万元，审减额336万元，审减率达12%。通过审计对加强项目投资预算管理、降低工程造价、维护企业权益等方面发挥了积极作用。据不完全统计，截止9月，公司系统完成工程审计签证2.7万项，工程审计1911项，提出审计建议1232条。

3．组织开展资产经营责任和预算执行情况审计

为了配合公司开展的管理年活动，确保资产经营责任考核指标的真实性及预算管理的先进性和有效性，审计部安排各审计派出机构组织力量，分别对辽宁、山西、河北、甘肃、湖南、浙江等6个省电力公司进行了资产经营责任和预算执行情况审计，通过资产经营责任审计，发现和纠正了一些潜亏挂帐、虚盈实亏、指标不实等问题，查找并分析了产生上述问题的主、客观原因（包括考核指标体系不完善，下达指标缺乏科学依据，指标考核及奖惩不严肃，自行委托中介机构审计年度会计决算等等）。提出了科学的设置考核指标体系，合理确定指标基数，年度会计决算变自行委托审计为公司统一委托审计等建议，进而为严肃财经纪律、完善资产经营责任考核办法、确保国有资产保值增值起到了一定的积极作用。通过预算执行情况审计，不仅指出了预算管理中预算编制不全面、执行过程随意调整预算、缺乏预算分析制度等薄弱环节，而且还针对性的提出了重视预算管理、强化内部控制、严格执行公司《预算管理办法》等审计建议，引起了各单位领导的重视和关注。

4．开展审计调查和其他审计工作

为服务公司资产重组，开展了对深圳三公司资产重组的审计；为适应公司试行"年薪制"改革试点的要求，开展了对上海市电力公司试行"年薪制"试点的审计；为了推动"同级审计"工作的开展，审计部对原机关事务局机关财务收支进行了审计，对公司本部财务部1998～1999年度的财务收支进行了审计，对本部直接投资项目——国家电力调度中心工程进行了审计调研；为配合开展"双文明"和"创一流企业"活动，参加了对天津电力公司、华能国际电力股份有限公司等单位的检查验收；对水电施工企业1999年度盈亏进行了调查；配合监察局开展对原福霖公司、南自院、中电国际和四川省电力公司等单位有关经济问题的调查；配合有关部门向监事会提供有

关资料；组织完成了原中电信和系统财务公司资产负债损益的审计；组织或配合有关部门完成了人民来信的调查处理等工作。

公司系统各单位还开展了不同形式的专项审计和审计调查。截止2000年9月，共开展经济合同审计签证1.9万项、内控制度审计128项、经济效益审计418项、其他专项审计2035项，审计调查415项。

5. 努力推进审计成果运用

按照高严总经理“对各单位审计结果和解决意见，要高度重视，利用审计成果，深化改革，加强管理”和赵希正副总经理“报告下达后，要定期检查对审计报告的落实情况”的重要批示，审计部将推进审计成果运用纳入2000年审计工作重点：①加强了审计意见落实情况的跟踪；②建立了审计结果落实反馈制度；③组织开展了审计成果运用执行情况的检查。据统计，近三年来，公司系统审计查出违纪违规金额约59亿元（其中1998年为15.5亿元、1999年为22.3亿元、2000年1～9月为20.2亿元）；查出损失浪费2.3亿元（其中1998年为0.6亿元、1999年为1亿元、2000年1～9月0.7亿元）；促进增收节支36.2亿元（其中1998年为11亿元、1999年17亿元、2000年1～9月8.2亿元）。两年来，公司系统各单位对审计建议的采纳率为89.7%，其中对内部审计意见（或决定）执行率为87%，对外部审计意见（或决定）执行率为95.8%，审计部直接审计的13个单位对审计部下达的审计意见执行率达95%以上。

从对审计成果运用情况检查的情况来看，大多数单位领导比较重视审计成果的运用，推动了审计建议和审计意见向管理行为的转化，促进了被审单位内控制度建设和经营、财务管理的加强。

6. 认真开展审计人员培训，加强审计信息交流

为了制订审计人员培训规划，审计部组织开展了对公司系统各单位审计机构、人员配备和专业结构等方面情况的调查。在人力资源部和人才交流中心的大力支持下，建立了高级审计师职称评审办法，解决了多年来电力系统没有审计高级职称评审系列的问题，对稳定审计队伍，提高审计人员素质起到了重要作用。组织了审计人员计算机应用培训班、审计统计报表培训班、输变电工程审计培训班和审计负责人培训班等。对中国建设银行审计体制改革，设立审计派出机构和配备总审计师的作法进行了调研，对公司系统建立健全审计派出机构和推行总审计师制度具有一定的借鉴意义。组织公司系统审计负责人与广东大亚湾核电站、香港中华电力公司审计同行进行学习、研讨与交流。参加了审计署和中国内审学会组织的对《内部审计条例》的研讨，在征求意见的基础上，提出了对《条例》的修改建议。参加了中国内审学会组织的《内审准则》和物资比价采购等研讨会。参加了中国内审学会召开的理事会，被推选为常务理事和能源协作组（煤炭电力）的组长。参加了国家审计署和中国内审学会组织的中国代表团，赴美国参加国际内部审计师协会第59届年会；组团对新加坡、泰国和香港的审计工作进行了考察，加强了与国外审计同行的交流和对国际审计动态的了解。为配合公司工作重点、掌握审计工作动态、交流审计工作经验，增加了《审计信息》，扩大了审计信息的交流，共发《审计信息》21期和《情况反映》14期。

加思想政治教育，开展争先创优

(1) 加强理论学习，坚持“两手抓”、“两手都要硬”。通过警示教育活动，提高了对反腐倡廉的认识。加强了党员的思想教育，发展了1名党员，派2人参加了机关党委举办的入党积极分子学习班，党支部的凝聚力和战斗力得到了进一步的加强。审计部党支部在今年“七一”前夕，被机关党委授予1998～1999年度“先进党支部”。开展了与员工谈心和其他群众性的文体活动等，审计部分工会被机关工会授予“合格职工之家”。

(2) 强化内部管理，落实岗位职责。为了使本部门内部管理有序、员工职责到位，加强了内部管理制度的建设与考核，制订并在本部各处试行了审计工作计划管理制度、审计质量管理制度、审计工作规程、编写工作计划和工作小结及大事记规定、审计档案管理等制度。这些制度的建立与实施，规范了内部管理，强化了各处和每个员工的岗位责任。通过对员工的测评考核和开展“创文明处（室），做文明员工”等活动，增强了全体员工的竞争意识和责任意识。

(3) 结合工作实际开展调研活动，不断更新知识，提高业务水平。在公司举办的董事监事培训班上，与学员一起进行了研讨与交流，并派人参加了学习。对公司法人治理结构中审计与董事会、监事会和总经理的关系，进行了初步研究与探索。派人参加了公司举办的工商管理、英语等培训班的学习。审计部多数审计人员参加了不同形式的会计后续教育培训，鼓励并支持他们参加后续研究生学历培训、国际注册内部审计师统一考试等。

当前审计工作面临的主要困难及存在的不足

回顾2000年的审计工作，尽管取得了一定成绩，发挥了一定作用，但仍然存在一些困难和不足。主要有：①人员少，任务重，机构、人员不到位，审计工作发展不平衡，影响了审计的及时性、有效性和

后续跟踪审计；②审计工作标准和制度尚需加快建设；③审计与董事会、监事会和财务总监的关系尚需继续探讨；④监督约束机制不能适应现代企业制度的要求，总审计师配备不到位，影响了审计作用的发挥；⑤审计人员跨部门交流较少，掌握了解的信息较少，参加学习培训的机会较少，致使业务水平与工作要求不适应，审计手段比较落后，影响了审计效率和审计质量的提高，存在一定的审计风险。

主要事件

1月5~7日，在武汉召开审计派出机构工作会。会后，参加对华中电力集团公司开发的《审计之星》计算机辅助审计系统鉴定会。

1月17日，欧阳胜英主任带领审计部副处长以上干部与审计署有关部门座谈。审计署有关部门7人参加了座谈会。

1月28日，欧阳胜英主任参加中国电力财务有限公司揭牌仪式，并作为该公司监事长参加其第一届董事会第二次会议。随后参加与华北审计部工作座谈会。

1月17~27日，在华北电力大学举办培训班，来自22个省（市、区）电力公司的50名工程审计人员参加了培训班。培训结束后经考试全部合格，颁发了国家电力公司培训证书。

2月28~29日，在厦门召开东北、华北、西北地区电力审计工作座谈会。

3月16~21日，在海口举办一期审计报表软件培训班，各网省公司及部分公司其他直属单位等共75人参加了培训，审计署经贸司李捷处长应邀参加。

3月6日，下发《关于召开城乡电网项目审计工作检查情况汇报会的通知》，8~9日召开会议，汇报城乡电网项目审计检查情况，总结城乡电网审计工作。

4月5日，欧阳胜英主任前往华北电力大学（保定校区）进行调研，听取该校审计工作的汇报，探讨高校体制改革中如何如何加强审计工作的问题。

4月24日，审计部在深圳召开审计派出机构（第2季度）负责人会议。

4月25~27日，审计部在深圳举办审计研讨会，请大亚湾核电站和香港中华电力公司的同行讲课。公司系统有关单位审计负责人共56人参加了研讨。

4月29日，审计部与华北审计部联合召开在京直属单位审计工作座谈会。

4月4日，完成并向总经理工作部信访处报送对《国家电力公司本部受理接待人民群众来信来访归口分工暂行办法（征求意见稿）》的修改建议。

5月29日~6月9日在华北电力大学举办审计、财会软件和办公自动化培训班。公司系统有关单位近50人参加了培训。

7月12~13日，审计部在郑州召开审计派出机构（第3季度）负责人会议。

9月12~14日，在长沙召开了网省公司城乡电网项目审计工作座谈会议，来自6个审计派出机构的有关人员、27个省（市、区）电力公司的审计部门负责人和项目主管出席了会议，国家电力公司农电部、财务部、监察局派人参加了会议。大会宣读了《关于表彰城乡电网项目审计工作先进集体和先进个人的决定》（审计［2000］31号），对28个先进集体和29名先进个人进行了表彰。

12月21~24，日国家电力公司审计信息暨统计报表会议在北海召开。

12月26日，在京召开了6个派出机构自国电公司成立以来的审计工作汇报会议。

生 产 运 营

安 全 生 产

2000年公司实体化运营取得实效，各项经济技术指标完成较好，保证了国民经济、社会发展和人民生活用电的需要。

截止2000年底，公司全资及控股机组容量为14971.27万kW，其中水电装机3393.64万kW，火电装机11570.10万kW。2000年，国家电力公司发电量完成6572.55万kW，比1999年增长5.37%。其中水电完成1062.25万kW，增长4.46%；火电完成5508.61万kW，增长5.56%。售电量完成8700 kW·h，比1999年增长10%；供电煤耗完成372 g/(kW·h)，比1999年降低4g/(kW·h)；线损率7.18%，比1999年略有下降。

1．2000年度安全工作评价

2000年，公司系统广大干部职工坚持“安全第一，预防为主”的方针，完善安全生产的规程、制度，落实安全生产责任制，积极开展安全大检查，加大安全生产宣传、教育、培训的力度，努力提高安全管理的科技含量。在电网规模不断扩大，设备数量不断增加，电力生产任务十分繁重的情况下，较好地处理了安全生产与其他工作的关系。人身死亡事故和设备事故逐年减少，据统计，国家电力公司系统人身死亡55人，比1999年同期减少15人，下降21.4%，其中华北直属、黑龙江、浙江、江西、四川、云南、青海、山东、华东、华中、西北、南方、西藏、华能国际、国电电力等公司实现了全年生产、基建人身死亡零目标；在电网容量增加，系统不断扩大的情况下，国家电力公司系统没有发生电网瓦解引发的大面积停电事故及对社会产生重大影响的事件；没有发生电网稳定破坏事故；没有发生垮坝事故。电力生产设备事故也有较大幅度下降。2000年共发生电力生产设备事故830次，比1999年减少109次，下降11.6%。总体上看，2000年通过广大干部职工辛勤工作，国家电力公司系统安全生产情况保持了比较平稳的局面。

2. 安全生产主要工作

(1) 结合安全形势的变化以及安全工作的要求，组织召开了2次安全生产电话会议，1次电视电话会议，1次安全处长会议，1次锅监工程师座谈会等，为及时稳定公司系统安全生产工作起到了积极作用。

1月31日，召开国家电力公司系统安全生产电话会议，目的是要落实党的十五届四中全会上提出的“坚持预防为主，落实安全措施，确保安全生产”的要求，进一步贯彻落实1999年年底国务院召开的全国安全生产工作紧急电视电话会议精神和国务院“关于加强安全生产有关问题的紧急通知”的各项要求，总结去年一年电力安全生产的经验和教训，分析当前安全生产中存在的主要问题，坚持不懈地做好2000年的安全工作，以保证电力体制改革和公司系统各项工作的顺利进行。

7月13日，召开国家电力公司系统安全生产电话会议，目的就是要认真贯彻落实江泽民总书记关于安全生产工作电视电话会议精神，从讲政治、保稳定、促发展的大局出发，以对国家财产和人民生命高度负责的精神，切实做好国家电力公司系统各企业的安全生产工作，为国家的经济发展和社会稳定提供保障。布置8月份的安全生产大检查工作，对检查的重点、检查的内容做了具体的安排和部署。

9月26日，召开国家电力公司系统安全生产电视电话会议，目的是对在7月13日召开的电话会议上布置的安全大检查进行总结，通报公司系统安全大检查情况和近一个时期的事故情况，认真分析在检查中暴露出的问题，明确当前以及之后几个月的安全生产工作任务，要求落实好国家电力公司颁发的《关于国庆节前后保证安全生产稳定的通知》精神，保证公司系统国庆节前后的安全生产和稳定。

7月11～12日，国家电力公司在吉林双辽电厂召开了安全处长会议，会议传达并认真贯彻落实党中央和国务院领导同志关于安全工作的重要批示及有关会议精神，逐步实现安全生产管理科学化、制度化，进一步加强公司系统安全管理的制度建设，研究社会发展和电力体制改革过程中的新情况、新问题，提高公司系统安全管理的水平。

4月12～14日，在福建省邵武市召开了国家电力公司锅监工程师座谈会。电站锅炉压力容器的安全监察工作在电力体制改革不断深化的情况下，面临新的形势，为了理清思路，统一思想，会上对下一步如何开展锅监工作展开了探讨。

(2) 加强制度建设，针对体制改革中出现的政府职能的移交、网厂分开、农电体制改革、工程建设实行项目法人责任制等情况，及时制定和修订了部分规定、规程和标准，这些规程、规定和标准对于指导全系统安全生产工作起到了非常重要的作用。

3月18日颁发了《安全生产工作规定》；10月20日颁发了《电业生产事故调查规程》；10月26日颁发了《输电网安全性评价》。

(3) 在有关部门的支持下，完成归口管理的日常业务，完成了一些重大事故和特别重大事故的调查处理工作，尤其是阜新“8.19”事故的处理得到了国家经贸委的好评；组织编制了《安全生产责任书》，作为国家电力公司与其子公司签属的三个责任书之一；在日常的工作中对基层单位的安全工作进行指导；按照党中央国务院的部署，组织了全系统的安全工作大检查和锅炉压力容器的大检查工作。

(4) 2000年，发送安全情况通报12期，电力事故快报11期；及时通报事故情况，对于事故多发时段，为加快信息传递，采取一期多报的形式；对相同事故性质，进行集中传递，并认真分析，提出要求。

(5) 为适应新形势下安全工作的需要和更好地贯彻2000年度颁发的一系列规定、规程，国家电力公司分别于5月23日～6月12日和10月10～20日在浙江省电力公司安全培训中心举办了两期安全工程师培训班；12月12～14日在四川成都召开了《电业生产事故调查规程》等规程宣贯会，会议对2000年度颁发的《安全生产工作规定》、《电业生产事故调查规程》、《输电网安全性评价》、《防止电力生产重大事故的二十五项重点要求》等文件的学习贯彻情况进行交流，并请规程、规定起草组织者或主要起草人对上述规程、规定的要点做必要的诠释和说明。

(6) 为了认真组织学习贯彻《安全生产工作规定》，国家电力公司于7月17日对分公司、集团公司、省（区、市）电力公司、华能集团和华能国际的行政正职、行政副职、正副总工程师、安监部门负责人进行了《安生生产工作规定》内容的考试。

(7) 为了进一步发挥国家电力公司系统安全监督体系的作用，加大对各电力公司安全监督的力度，加强各电力公司之间的交流，国家电力公司于5月10～18日开展了区域间安全检查活动，对活动的组织形式、内容及要求等做了具体的规定。5月20日各检查组组长在北京召开了总结会，国家电力公司并在7月11～12日的安全处长会上通报了检查情况。

(8) 组织编写了与《电业生产事故调查规程》配套使用的电业生产事故《填报手册》以及《电业生产事故统计分析程序》，为事故的统计分析、指导公司系统的安全工作奠定了基础。

(9) 为加强安全生产教育和宣传，提高《电力安全技术》、《电力安全录像专辑》的出版质量，扩大发行量，使其更好地服务于电力安全生产，召开了《电力安全技术》、《电力安全录像专辑》业务工作会议。

(10) 安全度过计算机2000年元旦及闰月等Y2K问题。在国家电力公司的统一领导和电力系统各单位共同努力下，经过认真排查，全力整改，国家电力公司电力生产运行系统的计算机系统全部安全度过2000年元旦、闰2月以及3月1日等高危点，保证了安全可靠发供电。

节能降耗

2000年是20世纪最后一年，在过去的一年里，国家电力公司根据国务院关于调整经济结构，关停规模效益差、浪费资源、污染环境的小火电机组的指示和提高发电企业安全运营水平和管理水平的要求，加大了电力工业结构调整和技术改造力度，依靠技术改造、技术进步和加强管理推进发电企业的产业升级和实施电力可持续发展战略，提高了发电企业整体素质和市场竞争力，促进了电力企业的改革和发展。通过各分公司、电力集团公司和各省(区、市)电力公司以及直属和控股发电厂的共同努力，2000年公司系统供电煤耗完成372g/(kW·h)，同比下降4g/(kW·h)。全国火电厂供电煤耗完成394g/(kW·h)，比1999年下降5g/(kW·h)。公司系统完成关停小火电机组311万kW。

针对发电设备在设备质量和可靠性方面存在的问题，进一步吸取发电设备发生的重大事故的教训，从加强设备质量管理、生产技术管理和技术监督管理入手，加强设备管理和技术监督工作，提高发电设备防范事故的能力，提高设备的安全运行水平。

(1) 针对近年来发供电企业发生的重大事故如轴系断裂事故、锅炉汽包缺水事故、电缆着火事故、发电机烧损事故、汽轮机弯轴事故、水电站水淹厂房事故以及发电厂、变电站全厂（站）停电事故，发输电部组织有关单位和专家通过总结分析这些事故的特征，在原能源部《二十项反措》基础上，进一步修改、充实、完善，重新制订、颁布了《防止电力生产重大事故的二十五项重点要求》(简称《二十五项反措》)，同时，组织有关专家编制了《防止电力生产重大事故的二十五项重点要求》辅导教材，指导发供电企业做好反事故措施，提高防范重大事故的能力，提高发供电设备的可靠性和安全运行水平。

(2) 完善和加强技术监督管理，继续完善和修订技术监督有关规定制度，完善、修编有关运行、检修规定、制度。在完善发电设备运行规程方面，颁发了《汽轮发电机运行规程》并组织了宣贯工作；召开了修订《发电厂检修规程》的研讨会，对该规程的修订工作进行了布置。

(3) 组织召开了2000年公司系统生技部主任工作会议，总结交流了电力生产技术管理工作的经验，研究部署在发电企业打破垄断、引入竞争、降低电价、提高服务的新形势下搞好发供电企业生产技术管理工作，保证发电厂和电网安全稳定优质运行的措施和途径。

(4) 组织火电厂设备状态检修试点工作。组织召开水电厂在线检测和状态检修工作研讨会，推动水电厂设备状态检修工作的开展。提出了《火电厂设备状态检修导则》(讨论稿)。

(5) 加强了公司系统节能、节水工作，组织有关人员对火电厂节水、节油情况进行调查，制定了《火电厂'十五'节水和节油规划》。

小火电关停工作

根据国务院关于调整经济结构和关停小火电机组的要求，国家电力公司系统认真做好了小火电关停工作。尽管在地方关停小火电机组进度缓慢等外部不利环境的情况和影响下，公司系统各电力公司千方百计克服困难，采取水火置换、代发电量等有效措施，开辟多种渠道分流安置关停小火电机组所涉及人员，确保了2000年关停小火电机组任务的完成。

(1) 根据国务院和国家经贸委的要求，认真制定2000年度小火电机组关停计划，组织交流关停小火电机组的具体措施。

(2) 组织制定《国家电力公司系统关停小火电机组人员分流安置的指导意见》，推动关停小火电机组工作，协助各电力公司做好关停小火电机组的人员分流安置工作。

(3) 在国家电力公司各单位的共同努力下，千方百计克服各种困难，按时完成了2000年公司系统关停小火电机组311.1万kW计划，占全国关停容量389万kW的78%。2000年关停小火电机组涉及人员近4万人，占2000年分流安置总人数的30%。

发电厂技术改造和技术进步工作

2000年进一步加强了发电设备的技术改造和技术进步工作，根据国家结构调整，促进产业上级和可持续发展的要求，完成了一批技术改造项目审批和利用国债贴息贷款技改项目的实施工作，同时加强了对技术改造工作的管理。

(1) 2000年经国家经贸委批复的项目共8个项目总投资12.5亿元。其中利用国债贴息的重点技术改造项目有山西永济热电厂等410t/h循环流化床改造项目和南京自动化设备厂技术改造项目6个，以及华能辛店电厂200MW油机改燃煤项目。

由国家电力公司批复的项目或受国家经贸委委托批复的项目共5项目5.64亿元，主要有洛阳热电厂改造项目、望亭发电厂14号机组（300MW）技术改造和洛河发电厂300MW机组技术改造工程，安徽马鞍山发电厂供热改造工程，国家电力公司南方公司2000年大修、技改、事故备品备件项目。上述13个项目2000年约完成投资6亿元。2000年全年发电设备技术改造投资总计完成约25亿元。

(2) 对公司直接管理的电力企业技术改造工作加强管理，对分公司有关技改方面授权的细化，颁发了《国家电力公司技术改造工作管理办法》与《国家电力公司分公司技术改造工作管理办法》。

(3) 组织编制国家电力公司2001～2005年发电厂技术改造规划，指导公司"十五"期间的技术改造工作。

安全工作

防汛和水电站大坝安全工作是生产管理部门的重要工作之一，尤其是大坝安全责任重大，必须组织到位、措施到位、工作到位，决不能有任何侥幸心理。2000年发输电部在吸取1998年和1999年洪涝灾害对电力设施造成损失的教训的基础上，把电力设施防汛和大坝安全作为重点工作，主要完成了如下工作：

(1) 3月份召开了国家电力公司2000年防汛和大坝安全电话会议。会议之后，组织三个调查组于4～5月对部分网省电力公司和发供电企业进行防汛抽查。

(2) 召开了水电站大坝第二轮安全定检会议，推动大坝安全定检工作。到2000年底，已对57座水电站大坝开始第二轮安全定期检查工作，已完成23座，其中2000年完成9座

(3) 为了增强各网省公司主管大坝安全管理工作领导的安全意识，全面落实水电站大坝安全责任制，根据公司领导的要求，对公司系统和部分系统外电力公司的主管领导进行大坝安全培训，组织了大坝安全高级研讨班，取得了良好效果，对进一步搞好水电站大坝安全管理工作打下了坚实的基础。

(4) 为了转变各省电力公司防汛工作重水电、轻火电和输变电的情况，全面做好发供电设施的防汛工作，加强了对火电厂和输变电设施的防汛检查，组织编写了《供电企业防汛检查大纲》、《火电厂防汛检查大纲》和《水电站防汛检查大纲》进一步完善发供电企业的防汛管理工作，促进防汛工作的规范化、科学化。

规范的建立和执行

(1) 加强专业管理的基础工作，重视制度的完善与建设及新技术的采用。组织召开了国家电力公司系统的线损管理、高压开关专责人会议和变压器、线路、电缆专业工作会议。提出了进一步加强专业技术管理，积极探索采用新技术，解决运行中出现的问题，提高管理水平。

(2) 积极探索新技术应用，稳步应用推广。组织研究、考察、制定有关配网自动化、配电网地理信息系统的应用和有关规范性文件。与国家机械工业局共同组织召开配网自动化高级论坛会议，集思广益，要求供电企业在网省电力公司的组织下，选择试点，贯彻国家电力公司颁发的《10千伏配网自动化发展规化要点（试行）》、《配网自动化终端设备通用技术条件（试行）》等规范性文件，认真总结、交流经验，在总结试点实践经验的基础上稳步推广。同时着手组织起草制订有关配网自动化开关设备的技术条件和有关通信规约。

(3) 电力设施保护工作。国家电力公司内部职能调整，将电力设施保护的管理职能移交发输电运营部。发输电运营部组织开展了对国家电力公司系统电力设施破坏情况的调查，并将情况汇总，上报国家社会治安综合治理委员会、国家经贸委和公安部。

(4) 电网技术国际交流活动。10月17～20日，国家电力公司与中国电机工程学会在上海共同组织召开了中国供电国际会议暨供电设备展示会。会议的主题是"21世纪的城市供电"。这是中国首次举办大型供电国际会议。国际供电会议主席及350多名中外代表参加了会议。国家电力公司陆延昌副总经理作了题为"依靠技术创新，建设改造城市电网"的主旨发言。会议共汇集了20多个国家和地区177篇论文。期间会议代表进行了论文宣读、评选和交流讨论。

电力营销管理

1．制订营销战略，开拓电力市场

（1）研究制定了《国家电力公司市场营销战略》，并颁发了《关于面向21世纪电力营销工作的若干意见》，从而确立了公司电力营销战略的基本框架，明确了基本的营销策略，为各省电力公司制定相应的营销战略打下了基础。

（2）抓住机遇，继续大力开拓电力销售市场，促进电力消费。据营销部门统计，公司系统全年完成售电量8856亿kW·h，同比增长10.55%。采取的主要措施有：配合国家治理大气污染，与国家经贸委联合召开全国蓄冷（热）-节能技术交流会，大力推广冰（水）蓄冷电力空调和蓄热电锅炉；配合城乡电网改造，推进实施“一户一表”工程，实现“供电到户，抄表到户，收费到户，服务到户”的居民客户总数比1999年增加了10%，促进了居民用电的大幅度增长；在部分条件较好的地区如山东、江苏、辽宁等省，建设了一批电气化小区示范点，为进一步推广取得了经验；根据国家计委、财政部的要求（计价格［2000］91号），为缓解氯碱企业生产经营困难，促进产业结构调整，对氯碱行业生产用电实行了优惠电价政策。这些措施有力地促进了电力在终端能源消费的增长。

（3）编制并发放《电力蓄冷（热）技术手册》近10万册，有力地促进了冰（水）蓄冷电力空调和蓄热电锅炉在全国范围内的推广。

2．依法经营，努力营造良好的供用电秩序

（1）确保电费回收目标任务的完成。今年，国家电力公司首次将电费回收作为对各网省公司的经营责任指标进行考核，并签订了责任书，加大了电费回收考核力度，并强化了电量、电费统计的分析与管理工作。每月15日前要向公司领导及有关部门报送上个月的《国家电力公司系统电力销售情况快报》，每季度要向公司系统各网省公司发《电费回收情况通报》，及时分析电费回收动态，营造电费回收环境。经过公司系统全体员工的努力，2000年度，公司系统当年电费回收率为99.86%，累计欠电费总额168.94亿元，比年初下达的指标下降了8.2亿元。

（2）协调处理了《国家计委、国家经贸委关于调整供电贴费标准等问题的通知》（计价格［2000］（744）号）中存在的问题，协助国家计委、国家经贸委出台了《关于调整供电贴费有关问题的补充通知》（计价格［2000］（1288）号）。

（3）协调处理了辽宁省杨家杖子、本溪等矿山破产后电力设备及相关人员接收问题。协助国家经贸委研究并共同印发了《关于资源枯竭矿山和中央所属关闭破产企业供电系统移交问题的意见》。

（4）协调处理上海宝钢自备电厂向宜昌薄板厂直接供电问题。

（5）根据国家计委要求，全面开展电力价格检查，切实减轻客户负担。

（6）根据中央经济工作会议精神，保证取缔、关闭技术落后，质量低劣，严重污染环境，不具备完全生产条件的“五小”企业工作的顺利进行，落实国家经贸委《关于停止向列入清理整顿范围的“五小”企业供电的通知》（国经贸电力［1999］1289号）要求，对国家予以取缔、关闭的企业，按照要求及时停止供电。

3．夯实营销基础工作，提高优质服务水平

（1）加强营销基础管理工作，建立电力营销分析制度，开展经济活动分析和需求侧分析，实现了每月一小结、每季一分析、每半年进行一次全面总结，为公司领导及时掌握营销现状，调整相关决策起到参谋作用。

（2）加强营销统计工作，强化并规范营销报表制度，力求做到营销报表数据准确、真实、可靠。

（3）制定规范性文件和标准。制定了《电力营销管理信息系统设计规范》、《电气化居民小区标准》、《电能计量装置技术管理规程》等技术标准和规范。

（4）加强电力营销宣传，开展多种形式的优质服务。加强营业窗口建设，开展城市供电营业规范化服务活动，树立电力企业服务形象；在大中城市，推广实施与银行联网的电费收费系统，方便客户到就近到银行缴纳电费；利用“3.15”消费者权益日，在部分地区开展电力消费服务宣传日活动；配合行风建设，在10月份集中开展“优质服务月”活动，收到良好社会效果。通过向广大客户赠送《电力需求侧管理》杂志，引导客户合理用电。

（5）为贯彻国家关于实行招投标制的规定，推进城乡电网建设改造健康发展，规范设备招投标及其管理工作，制定并下发了《单相交流感应式长寿命技术电能表》、《单相交流感应式有功电能表》、《单相交流静止式有功电能表招标书（技术部分）》。

（6）组织进行了公司系统2000年度一级用电检查资格考核。

4．加强电能计量管理，依法做好贸易结算用电能表的强制检定工作

（1）为依法公正、公平做好贸易结算用电能表的强制检定工作，国家电力公司对公司系统贸易结算用电能表强制检定及其相关工作进行了一次大检查。检查的目的是总结强制检定工作经验，进一步加强管理，提高依法检定水平，为今后电力市场化改革创造

条件。

(2) 配合国家质量技术监督局开展对电能表生产秩序及产品质量进行整顿的工作，起草“关于电能表产品质量监督方案”。

5. 积极开展并研究营销管理机制改革

(1) 对公司系统电力营销抄、核、收管理体制和电能计量管理模式进行调研，探索地市供电企业营销管理的新模式。

(2) 参加《电力法》的修改及“三段式电价”的研究。

电能计量工作

(1) 建立了中国电科院，华东、华北电科院、西藏电研所的电测、热工计量最高标准，共11台(套)。

(2) 举办煤质检验、压力标准、温度标准、互感器、高压静电电压表、高压电容电桥等计量人员技术培训班，共367人参加。

(3) 对电力系统29个单位305名电测、热工计量检定人员进行了考核、发证。

(4) 北京水电勘测设计院中心试验室通过计量认证；电力部直流电源柜成都质检站、电力设备及仪表质检中心电能和直流柜检测站、东北和贵州发电用煤质检中心通过计量认证的复查换证；6个电煤质检中心，5个水电工程局中心试验室、安全工具质检中心，管道质检中心共3个质检单位完成计量认证后的监督检查。

(5) 对援建西藏电力计量室仪器仪表配备进行了审查，计139台（件、套)，费用750万元。

(6) 编写并实施珀电阻，热电偶自动检定装置测试规范，国家计量认证电力评审组工作程序及发电厂燃料质量检验人员上岗考核实施细则。

(7) 组织对电能计量系统二次压降和燃煤电厂电子皮带称实物校验装置的有关问题进行调研，提出改进意见和措施。

(8) 组织评选出2000年电力系统质量管理先进企业（山东电力集团公司、大连电业局)，全国质量管理先进工作者和全国质量管理突出贡献奖。

跨网运营（国电公司）

2000年国家电力公司实体化运营工作取得了新的成绩。公司本部直接投资建设的跨区电网的生产经营管理工作进一步得到了规范和加强；葛南直流、长万线交换电量增加，联网效益提高，安全文明生产水平明显改善；三峡送出及跨区联网输变电工程的建设和生产准备工作进展顺利；年内实现了“一变三线”项目的投产，公司实体化运营规模进一步扩大。

(1) 葛南直流和长万线生产运营情况。2000年葛南直流交换电量完成31.7亿kW·h，较1999年的22亿kW·h提高9.17亿kW·h。交换电量的增加，缓解了华东夏季用电高峰的压力，减少了华中电网汛期的弃水。葛南直流冬季和夏季的输送功率分别达到了25万kW和78万kW，均达到历史最高水平。长万线2000年交换电量近4亿kW·h，对加强万州地区与重庆主网的联系，支援三峡库区的建设和加强大电网向偏远地方电网的延伸，发挥了重要作用。

为配合二滩水电东送和三峡电站2003年首批机组投产，针对葛南直流输电系统存在的问题，国家电力公司进一步加大了设备技术改造力度，重点安排了直流线路调爬、葛洲坝换流变修复、葛洲坝换流变消防系统及光纤机改造等一批技改项目，集中研究解决了直流载波通道消缺、控制保护系统整改和部分直流设备国产化试制等问题。在加强设备管理的同时，换流站安全文明生产水平有了很大程度的提高，葛洲坝和南桥换流站年内均通过了国家电力公司组织的“安全文明生产换流站”达标验收。2000年葛南直流的各项运行指标在上年的基础上又有了进一步的提高。直流系统可用率达到了86.93%，较1998年以前平均提高近20个百分点。

(2) 三峡送出和跨区联网工程生产准备及运营工作。2000年三峡输变电工程建设规模为“九站十线一直流”，跨区联网工程在建的有华北—东北联网工程。其中500kV南昌变电站、风南线（凤下段)、双南线、迁绥线等工程实现了年内竣工投产。2000年底国家电力公司直接经营管理500kV交直流输电线路5条，长度2000km；变电站2座，换流站2座，变电（换流）容量315万kV·A。

(3) 积极研究跨省电网资源优化配置工作。针对东北电网和南方电网的实际情况，积极研究和探索了现行体制下通过组建区域电力市场打破省间发供自我平衡壁垒、实现更大范围的资源优化配置的问题。这些探索和尝试发挥了大电网的整体运营效益，推动了公司系统跨省（区）资源优化配置工作。

(4) 积极协调和解决二滩水电站的经营困难。为妥善解决二滩水电站经营困难，国家电力公司积极协调和督促川、渝电网落实国家计委下达的发电计划，克服电网运行方式安排上的困难，采取安全和技术措施，确保了二滩水电站83亿kW·h发电计划的完成。

(5) 完成了常州超高压管理处的组建工作。为理顺跨大区联网工程龙泉—政平直流输电工程的管理关系，加强政平换流站的生产筹建工作，国家电力公司在江苏省常州市成立了常州超高压管理处，负责政平换流站的生产筹建和投运后的运行维护工作。

厂网分开、竞价上网试点工作

(1) 参加国家经贸委组织的对浙江、上海、山东三个试点单位的《试点方案及实施意见》的审查。

(2) 以公司文件印发了国家电力公司发电市场“市场运行规则”、“市场监管办法”框架白皮书。

(3) 跟踪试点单位的工作情况，到山东、浙江、上海和东北三省调查了解试点工作的进展情况。

达标创一流工作

1. 达标创一流工作情况

(1) 1999年度创一流申报单位。①申报一流供电企业的有：上海市东供电局、深圳供电局、佛山电力局、惠州电力局、威海电业局、青岛电业局 泰安电业局、聊城电业局、盘锦供电公司、厦门电业局、云南省个旧供电局、云南省滇东电业局、大同供电分公司、保定供电公司、沧州供电公司、邯郸供电公司、苏州供电局、镇江供电局、南京供电局、扬州供电局、合肥供电局、金华电业局、湖北孝感供电局、河南许昌市电业局、赣州供电局、武汉供电局、湖北省鄂州供电局、西宁供电局、汉中供电局、成都电业局、湖北超高压输变电局。②申报一流发电厂的有：黄浦电厂、湛江电厂、青岛发电厂、福建漳平电厂、厦门嵩屿电厂、福建水口水力发电厂、华能国际电力股份有限公司、河北衡丰发电责任有限公司、太原第二热电厂、徐州发电厂、台州发电厂、戚墅堰发电有限公司、安徽马鞍山万能达发电有限责任公司、江苏常熟发电有限公司、郑州热电厂、洛阳首阳山电厂、新疆玛纳斯发电有限责任公司；江西万安水力发电厂、湖南五强溪水力发电厂、广西岩滩水力发电厂、十三陵蓄能电厂、白山发电厂、牡丹江水力发电总厂。③申报一流调度机构的有：福建电力调度通信中心、河南电力调度通信中心、江苏省电力工业局电网调度所、上海市电力公司中心调度所、华东电力调度通信中心、湖南电力调度通信中心。④申报一流研究院所的有：山东省电力科学院、辽宁省电力科学研究院、吉林电力科学研究院、湖南电力试验研究所、内蒙古电力科学研究院。各部门能够按照一流标准认真检查本部门申报的一流企业，按国家电力公司对发供电企业等考评验收的要求，检查高标准、严要求，检查实事求是、客观公正的进行检查后向国家电力公司申报。

(2) 申报达标单位。①申服达标的火力发电厂有、黑龙江鹤岗发电有限责任公司、蒲城发电厂、华能营口电厂、邵武电厂、胜利油田管理局胜利发电厂、湖南湘潭发电有限责任公司。②申报达标的水电厂有：松江河电厂。③申报达标的调度机构有：黑龙江省电力有限公司调度局、江西省电力调度通信中心、青海省电力调度通信中心、西北电力调度通信中心、陕西电力调度通信中心、甘肃电力调度通信中心、新疆电力调度通信中心。④申报达标的超高压局有：南方公司梧州超高压局、南方公司贵眼阳超高压局、南方平果超高压局、来宾超高压局、曲靖超高压局。⑤申报达标的试验院所有：新疆电力试验研究院。⑥申报达标的供电企业有：贵州凯里供电局。⑦申报达标的单位有：葛洲坝换流站。

2. 加强电力公司创一流工作的过程指导

根据创一流工作的开展情况，2000年加大了电力公司创一流的工作力度，加强了电力公司创一流工作的过程指导，于3月和10月，组织部分专家分别对天津、上海电力公司创一流工作进行了考查取得了实效，促进了两公司整体工作水平的提高。

3. 制订和修改部分一流标准

按照2000年的工作计划组织有关专家修改并颁发了《一流火力发电厂考核标准》、《一流供电企业考核标准》，使标准更加符合实际；制订颁布了《一流火力发电厂考核标准》、《一流供电企业考核标准》和《一流电力设计企业考核标准》，制订《国际一流电力公司考核标准（框架)》并下发广泛征求意见，促进基层企业和网省电力公司加大创建一流工作力度，提高创一流工作的标准，特别是对已经实现一流目标的企业起到了具有方向性的指导作用。

4. 组织召开了公司系统的企业管理工作会议等重要会议

2000年是国务院确定的“管理年”，也是公司系统达标创一流10周年，为贯彻落实“管理年”的要求和总结达标创一流工作成果，按照公司领导要求，分别在6月、8月和9月份在深圳、长春和新疆召开了公司系统创一流供电企业工作会议、创一流发电企业工作会议和企业管理工作会议，会后各单位认真贯彻落实会议精神，对管理工作起到了良好的推动作用。

5. 达标创一流工作成果显著

2000年经检查、审核批准1999年度达标的发供电、科研院（所)、调度共24家；命名了一流企业50家；命名了首批一流科研院所及电力设计企业；继山东公司之后，华能国际电力股份有限责任公司成为第2个一流电力公司；河南、四川、山西、青海、新疆、广西电力公司实现了一流企业“零”的突破。目前全国共有一流企业136家。公司在新疆召开的企业管理工作会议上，系统地总结了10年达标创一流的经验，并对今后这项工作的开展提出了更加明确和符合企业发展实际的要求。

对外工作

(1) 完成了日本东京电力公司对山东电力集团公司的一流诊断。

(2) 负责准备国家电力公司与东京电力公司第15次交流活动材料，并参加交流活动，取得了良好的效果。

(3) 组织国家电力公司第16期省级公司干部赴东京电力公司研修班，达到预期目的，学员收获很大，学习到了东京电力公司的先进管理经验。

(4) 完成联合国项目的启动工作及部分试点省国外考察工作。

电力调度管理

在国家电力公司党组的直接领导下和国家经贸委电力司的大力支持下，国调中心按照公司党组2000年的工作目标，突出围绕“两个战略、一个管理年和三项责任制”的工作重点和中心5年分三步走的规划，主动开展工作，全面实现了2000年的工作目标。

1. 加大西电东送力度初见成效，联网效益创历史最优

为落实公司党组大力推进西电东送的战略部署，国调中心主动会同有关部局，积极采取措施，加大组织、协调力度，在严格履行已经签订的送受电协议的基础上，根据市场需求，充分发挥互联电网的作用，西电东送电量创历史最高。

(1) 发挥国家电力公司在跨大区电网经营中的主导作用，加大网间电力电量交换。通过协调，增加了华东、华中电网的跨区送受电量。2000年已完成送受电量31.7亿kW·h，比1999年增加44.7%。最大送电负荷达780MW，达正常运行最高。

加大网间电力电量交换，既缓解了供需矛盾，又有效利用了能源资源，提高了电网效益和社会效益。

2000年夏季，华东出现持续高温，华东电网出现短时用电紧张局面，上海面临拉闸限电。通过及时协调，利用葛南直流调用计划外电量，对华东网进行紧急支援，有效地缓解了华东的供需矛盾，避免了拉闸限电情况的出现。

2000年10月中旬，华中地区出现秋汛，各大水库来水颇丰，主要水电站水库水位迅速升高，火电按最小方式发电尚不能利用全部水电，水电站面临大规模弃水局面。针对这种情况，国调中心积极组织协调，优化调度方案，在华东、华中公司及其调度部门的积极配合下，及时调整电网运行方式，增加向华东输送功率。期间（2000年10月13日～11月8日），华中送华东电力78万kW，比计划增加77%，多送计划外电量1.68亿kW·h，减少了华中电网的弃水，使联网效益得到有效的发挥。

(2) 按照国家宏观调控的要求，保证南方互联电网向广东送电任务的完成。2000年国务院、国家经贸委及公司领导多次指示要协调好广东的用电，为落实国务院有关领导的指示，在公司党组的直接领导下，国调第一次以调度令的形式，组织安排向广东送电1200MW，并每日监督执行情况。至11月底，共送广东电量67.8亿kW·h，比1999年增加93.2%。

(3) 实事求是，创造条件实现二滩外送电量83亿kW·h计划。2000年二滩电站6台发电机组提前全部投产，国家计委下达了83亿kW·h的电量计划，由于吸纳能力、电价等市场因素的影响，加之系统输送能力的限制，完成计划的压力和保证电网安全运行压力都很大。

国调中心为此加强了运行方式计算，调整稳定极限，密切监视运行情况，对运行中出现的问题及时协调和研究。截止10月底，川渝电网购二滩电站电量62.44亿kW·h。其中四川购电47.82亿kW·h（含竞价电量和水火电置换电量3.75亿kW·h，供黄磷厂电量3.92亿kW·h），占76.59%；重庆购电14.62亿kW·h，占23.41%。二滩水电站发生事故后，为在保证电网安全的前提下，尽量使二滩电站的电量完成不受影响，国调中心立即及时调整电网运行方式，使二滩的送出电量恢复正常。到年底可实现外送83亿kW·h电量计划。

(4) 精心安排，提高内蒙古向北京送电的输送能力。

多年来，内蒙古向京津唐电网送电问题主要受制于电网稳定极限。2000年，国调与华北网调共同努力，在运行方式上采取措施，最终将稳定控制限额提高到938MW。截至2000年11月底，完成送电63.8亿kW·h，比1999年同期增长5.9%。2000年可完成69亿kW·h输送电量。

(5) 加强水火电优化调度，减少水电弃水损失。

重点解决了黄河下游用水紧张与水库开闸弃水的矛盾问题和华北陡河水库调水与确保陡河电厂取水的矛盾问题。

2000年，国调中心根据黄河来水持续偏少的特殊情况，会同西北电网有关人员精心制定水库运行方案，实时调整电网和水库的运用方式，减少水电弃

水。

为缓解水库下游用水紧张问题，落实国务院应急调水计划，国调中心密切保持与国家防总的联系，积极协调有关方面工作，避免了刘家峡水库开闸弃水，从而减少梯级损失电量约3.3亿kW·h，取得了明显的社会效益和经济效益。

积极协调陡河水库调水工作，确保陡河电厂和京津唐电网的正常运行。

2．安全年工作卓有成效，继续确保电网无稳定事故

电网安全运行是事关国民经济发展和电力工业深化改革的大事。必须始终坚持预防为主，安全第一的方针。

至2000年5月，公司在全国调度系统开展了安全年活动，并取得了显著效果。为此，公司及时总结推广成功的经验和做法，对保电网运行成绩显著的调度机构和个人进行了表彰。也分析了国内国外的典型电网事故事例，从中吸取教训。

此外，对全国电网的安全水平进行深入调查，从国情出发，组织修订了稳定导则，适度提高了电网的稳定标准。

建立了一套电网调度系统保电工作规范，使保电工作纳入规范化运作。

针对人为责任事故依然存在的现状，通过各种途径提高调度员处理事故的能力，取得了实际效果。

2000年全国主要电网未发生稳定破坏和主网瓦解事故；发生大范围停电事故2起，比1999年降低50%。

9月下旬以来，二滩电站连续出现4次机组故障跳闸以及10月13日二滩因监控系统计算机死机，致使机组甩出力890MW，造成川渝电网大面积停电事故，调度室及时了解情况，四川省调、重庆市调及时准确判断事故，相互配合，国调中心通力协调，迅速采取措施，及时调整运行方式，使系统以最短的时间恢复正常，表现出了很强的战斗力和处理电网突发事故的能力。

圆满完成防汛值班任务。

3．阳城实行实时调度，进入国电公司直调电厂新阶段

2000年，实现了对阳城发输电系统的实时调度，进入了国家电力公司直接调度线路和电厂的新阶段，为直接调度三峡电站乃至实现全国联网积累实时调度做好了必要的人员和技术准备。经过近一年的运行，证明国调中心有能力完成公司实时调度的任务。

2000年1、2、5月，分别对500kV三堡开关站、东明开关站、阳城电厂及发输电系统进行了启动调试工作，圆满完成了调试调度任务。调试中，国调中心经过多次潮流计算分析，首次编制出启动调试调度方案；首次进行了保护整定计算，开出了154张定值单无一差错；自动化国调主站扩充了前置机功能；首次成功地应用了我国电力行业颁发的DL—5—1999规约，接入阳城输电系统厂站实时信息；对通信的开通作了大量的协调工作，从而为阳城发输电系统的调试提供了可靠的通信保证。

为提高工作效率，及时处理现场出现的技术问题，首次在现场调度，处理解决了单机单线的运行问题、500kV串补问题，及时发现了GE公司等供货的问题，纠正了设备选型问题，确保不给电网的安全稳定运行留下隐患。

调试和试运行期间，共下达操作命令任务183项，操作命令1483条，处理故障异常15次，下达保护定值单154张，均无差错。

2000年11月27～30日，国调指挥阳城电厂外送的串补试验，这是我国500kV第一个串补，对以后电网运行有重大的指导意义。

4．以管理年为主线，全面推进电网调度管理工作

为贯彻国务院及国电公司开展管理年的部署，在全国安全年取得成效的基础上，公司全国调度系统内开展了调度管理年活动，目的在于强化电网运行安全责任制；认真组织落实“西电东送”输电任务，发挥大电网优势，实现资源共享；加大试点单位电力市场技术支持系统指导力度；强化“三公”调度等。

管理年活动有力地推动了全国调度系统的工作向深度发展。

会同电通中心召开了间断了8年的通信运行工作会议，使通信运行工作又打开新的局面。

编制了全国调度系统“十五”规划和科技规划。

在开展管理年活动过程中，全国网省调把管理年与创一流工作密切结合起来，扎扎实实地开展工作，不断刷新自己的各项指标。目前全国36个网省调度机构，除重庆、海南、西藏外，达标单位达33个；通过一流电网调度机构验收的单位7个。通过达标、创一流验收的网省调不仅各项考核指标有了明显的提高，在调度管理的科学化、规范化上有了很大提高，管理水平上了一个新台阶。

为了加快创建一流电网调度机构的步伐，推进一流工作的向前发展，对建立国际一流电网调度机构的考核框架进行了研讨，讨论稿正在修改中。

5．规范电力市场支持系统，加强电力调度信息披露

(1) 随着“网厂分开、竞价上网”试点单位投入实时运行，对原下发的《发电侧电力市场技术支持系

统功能要求》进行了修改，提出了新的技术支持系统的结构组成和功能要求。与原下发的功能要求相比，它在实用性、可靠性、安全性、开放性、可扩展性等方面进一步有所提高，更加贴近于实际，满足了我国电力市场实时运行的需求，对各网电力市场技术支持系统的建设将具有深远的指导作用。

(2) 编写了《关于加强电力市场技术支持系统管理的若干意见》并下发执行。该《意见》进一步对技术支持系统的规划、建设和运行进行规范。以充分利用现有资源，避免重复投资，满足于电力市场现时和未来运行的需要。

(3) 加强了“三公”调度的信息披露制度，目前，四川、福建、山西、湖南、华北、江苏、上海、浙江、湖北等网省调以不同方式开展了信息披露，收到好的效果。

(4) 对华东、华中利用葛南直流系统开展电力市场交易的可行性进行了深入研究，并对华东华中电网的实际情况进行调研，在此基础上，提出了新的交易模式和交易方法。

6．科技进步与系统培训工作

认真贯彻落实国家电力公司“科教兴电”的方针，充分发挥调度自身的特点和技术优势，开发和推广先进、成熟、适用的技术，努力提高科技的创新能力和应用水平，同时把科技进步和安全文明生产达标、创一流工作有机地结合在一起，通过科技进步，使电网运行水平和调度管理水平上了一个新的台阶。

(1) 结合三峡工程，引进了新的电网模拟计算分析系统，大大提高了电网分析计算的准确性和时效性。

(2) 在总结我国电网稳定管理的经验、参考国际标准、充分考虑我国的国情、立足当前适度提高的原则，组织了对《电网稳定导则》的修订研究工作，现已基本完成。

(3) 80%网省调的AGC功能达到实用化。AGC功能的普及和ACE控制技术的应用，减轻了调度员调频工作强度，提高了电网运行控制水平和管理水平。

(4) 网络拓扑、状态估计、调度员潮流、静态安全分析、负荷预测等EMS应用软件基本功能在网省调实际应用方面取得了较好的效果，DTS在部分网、省调发挥了实效。水调自动化系统、雷电定位监测系统和调度生产管理信息系统（DMIS）的建设在一些网、省调也取得了一定的进展。

(5) 国家电力数据网络（SPDnet）已初具规模。数据网络的建设和应用，大大地改善了实时信息的传输质量，提高了信息的传输效率，扩展了信息的应用范围和应用领域，在生产指挥和调度机构的现代化管理方面起到了重要的作用。

(6) 完成了三峡系统调峰调频系统的研究。

(7) 组织召开了全国调度系统科技大会。提出了调度系统“十五”科技规划，根据网厂分开和全国联网的需要，确定高度科技攻关方向。

(8) 加强标准化管理，成立了电网运行控制标委会。

(9) 按照计划举办了两期网省调度局长培训班。

(10) 组织了全国网省调度值班人员普考和调考，起到了促进调度员业务学习的作用。

7．按工程管理“五制”的要求，做好调度设施工程建设

为了切实做好公司交办的负责三峡输电系统二次系统有关工程的实施任务，国调专门成立了工程领导小组，严格按照工程管理“五制”的要求进行，先后组织完成了国家电力公司电能量计量（计费）系统工程、国调中心水调自动化系统一期工程、西单大楼UPS工程等招标工作，得到了投标商和公司本部有关部门的肯定。

在三峡输电工程及东北华北联网、华东福建联网、华中华北联网、华中西北联网等全国联网工程中，国调中心积极参与系统的可行性研究和有关厂站的二次系统设计审查，对一些厂商提出的不合理的通过变电站采用监控系统向调度传输信息的技术方案提出相应的改进方案并协助实施（如修改了ABB公司在龙泉、政平换流站提出的向国调和修改网省调的信息传输方案）避免了葛洲坝、南桥换流站已有问题的再次发生。同时，国调中心针对大区联网给电网运行与控制方面带来的新问题，积极组织有关网调和科研单位开展研究，先后完成了三峡电力系统频率控制方案和东北华北电网联络线功率与频率偏差控制方案的研究，在技术上为今后系统运行和控制做了相应的准备。

8．完善内部管理，实现安全文明生产达标

2000年，国调中心实现安全文明生产达标，是中心5年分三步走的第一步。从2000年开始，我们把机关党委的“一创一做”活动、“三讲教育回头看”及在党员干部中开展警示教育与在中心内部开展安全文明生产达标活动结合起来。中心主任已与各处室签定了廉正责任书与目标责任书，国调中心内部达标实施细则及各处室职责分解已落实到各处，党总支部向中心全体党员发出倡议书，号召全体党员争当达标工作的排头兵，为提高中心整体工作水平做贡献。目前中心各处室的同志在生产任务重、人员少的情况下，积极落实达标的细则，修编规章制度，制定工作流程，规范工作程序，以技术标准为主体的三大标准体

系基本建立，达标工作进展顺利，并在2001年1月18日通过公司验收。

电力环境保护

全面推进了网省公司烟尘和废水达标工作。为实现2000年底烟尘废水全面实现达标排放，全方位加强了环保达标工作的检查、监督和技术指导的工作力度。在要求网省公司环保自查的基础上，对18个网省公司、30个电厂组织进行了现场环保达标检查，取得了较好的效果。到2000年底，基本实现了烟尘废水达标排放目标。

编制完成国家电力公司及电力行业环境保护"十五"计划和2015年长期规划。这是对"九五"期间国家电力公司和电力行业的环境保护工作、特别是烟尘、废水、二氧化硫和灰渣综合利用等方面的环保工作进行全面总结的基础上，对电力工业今后一段时间内将面临的环保形势和任务进行了深刻的分析，着重研究制定了重点地区和重点城市火电厂二氧化硫排放控制计划，对环保产业发展以及各种污染物排放控制，包括水土保持和电磁辐射控制等，提出了切实可行的发展目标及对策措施和政策建议，对环保投资资金和效益进行了宏观分析预测。

国家电力公司火电厂大气污染防治战略研讨会召开。与国务院、国家综合管理部门的有关领导，就国家电力公司火电厂大气污染防治战略及火电厂脱硫技术经济等问题进行了研讨，向有关领导汇报了国电公司对火电厂SO_2排放控制的认识和所作的工作，听取了有关方面的指导意见。

国家电力公司环保领导小组会议召开。2000年10月26日，国家电力公司副总经济、公司环保领导小组组长陆延昌在京主持了国家电力公司环保领导小组会议，环保领导小组副组长张贵行总工程师、张晓鲁主任以及环保领导小组成员参加了会议。会议听取了国家电力公司环境保护"十五"计划及2015年长期规划的编制情况以及公司火电厂烟尘和废水达标检查情况的汇报，并对几项环保工作进行了研究，陆延昌副总经理作了重要指示。

组织进行了1999年电力环境统计汇审工作，参与了公司系统排污收费纠纷及污染纠纷的处理工作，根据国家有关部门要求，进行了环境影响评价证书和水土保持方案证书的预审、核报工作。

受国家环保总局的委托，组织进行了推进火电厂脱硫相关政策研究，召开了火电厂烟气连续监测技术研讨会，就火电厂烟气监测规范征求了有关方面专家的意见。积极配合国家环保总局进行火电厂脱硫宣传报道工作。

为了公司环保技术和管理水平的提高，积极开展了多方面环保国际合作，参与了全球气候变化洁净发展机制有关活动和交流以及世行、日本与公司合作项目的管理工作。

电力建设

电源建设

2000年电源建设概况

2000年7月20日，国家电力公司印发了《关于设立电源建设部的通知》（国电人资［2000］420号），通知指出：根据国家电力公司本部职能部门机构设置的原则，为精干机构，理顺管理职能，加强公司系统电源项目建设的统一管理，经研究决定在国家电力公司本部设立电源建设部，同时撤销火电建设部、水电与新能源发展部。

电源建设部的主要职责是：负责公司直接投资的电源项目的建设管理；负责公司系统电源建设中的安全、质量管理；参与研究、落实公司系统电源建设工程设计及施工优化方案；协调解决公司系统电源建设中的重大问题；负责公司系统新能源的研究、利用与开发以及项目的建设管理；受委托负责电力建设工程质量监督总站和水电建设工程质量监督总站等工作。

处室设置：综合管理处、水电项目处、火电项目处（与大楼办合署办公）、工程协调处、质量技术处、新能源发展处。

基建投产情况及在建工程管理

2000年大中型发电机组投产表　　单位：万kW

计划类型		机组名称		
国电公司系统控股参股项目	火电机组	绥中1号80	绥中2号80	双辽3号30
		双辽4号30	河津1号35	河津2号35
		北仑港3号60	北仑港4号60	北仑港5号60
		广安2号30	日照1号35	华能苏州2号30
		丰城4号30	邯峰1号66	平凉1号30
		阳城1号35	沙岭子7号30	吴泾八期1号60
		宝二3号30	井冈山1号30	莱城1号30
		运河1号13.5	运河2号13.5	高资1号13.5
		高资2号13.5	红雁池1号20	成都技改1号14
		成都技改2号14	桥头六期1号12.5	
	水电机组	高坝洲2号8.4	高坝洲3号8.4	天生桥一级3号30
		天生桥一级4号30	凌津滩6号3	凌津滩7号3
		凌津滩8号3	凌津滩9号3	天生桥二级5号22
		天生桥二级6号22	天荒坪3号30	天荒坪6号30
		石泉1号4.5	石泉2号4.5	小关子1号4
		小关子2号4	小关子3号4	冷竹关1号6
		冷竹关2号6	芹山2×3.5	徐村2×2.6
		响洪甸蓄能1号4	响洪甸蓄能2号4	天堂蓄能2×3.5
国电公司系统外项目	火电机组	湛江4号30	连州1号12.5	连州2号12.5
		三河2号35	后石1号60	珠海2号66
		淮北1号30	淮北2号30	来宾1号36
		来宾2号36		
	水电机组	小浪底4号30	小浪底5号30	小浪底6号30
		万家寨4号18	万家寨5号18	万家寨6号18
		广蓄二期8#30		
合	计	投产大中型机组73台1793.5万kW		

注　统计范围水电机组2.5万kW以上，火电机组10万kW以上。

截止2000年12月31日，公司系统投产大中型发电机组56台1237.5万kW。以2000年4月19日苏州华能电厂2号机组投产为标志，我国发电装机容量已突破3亿kW，我国电力建设又上了一个新的台阶，一年内投产水电机组近500万kW、连续13年投产大中型机组超过1000万kW。北仑电厂装机容量300万kW，成为全国最大火电厂；单机为80万kW的全国最大的火电机组在绥中电厂投产；天生桥一、二级水电站装机总容量252万kW全部建成投产，成为“西电东送”的主力电厂；以洪家渡、引子渡和乌江渡水电站扩机等工程为标志的“西电东送”电源项目正式开工建设，拉开了“西部大开发”的序幕。

2000年公司新开工电源项目724.7万kW，其中水电223.2万kW，火电510.5万kW。从项目的区域分布看，西部项目423.2万kW，占58.4%；从构成比例上看，水电项目占31%，突出反映了加快水电开发、加大电力结构调整力度、加快“西电东送”等战略的实施。

为确保公司系统在建水电、火电工程建设的顺利进行，充分发挥国电公司的整体优势，坚持组织开好每月一次的基建工程协调会议，反映在建工程存在的问题，共同研究解决问题的措施，及时协调解决在建工程中出现的难点问题，特别在设计、制造、施工及涉外等方面进行了充分地协调，并重点抓好跟踪落实。重点对阳城、绥中、蒲城、九江等火电项目及天生桥二级、天荒坪、天生桥一级等水电站工程的建设体制、设备制造、设备供货及质量、机组试运行等问题多次进行了协调，通过协调明确有关各方的责任，落实解决问题的措施，促进了工程建设的顺利进行。

在2000年电源建设管理工作中，坚持抓好公司直接投资项目的实施与管理，主要是龙滩、小湾、洪家渡、三板溪、公伯峡、杂谷脑等重点水电项目和四川白马循环流化床示范电站及贵州纳雍、黔北、安顺二期等一批“西电东送”重点火电项目。

为认真实施“西电东送”战略和“黔电送粤”计划，保证电厂主机设备的制造质量及制造周期，电源建设部会同国家机械局共同组织召开了贵州纳雍电厂、黔北电厂、安顺电厂二期工程共8台30万kW机组三大主机设备合同签字仪式及提高主机制造水平、保质保期、树立品牌、工程创优的座谈会。

电力基建工程质量管理

深化达标考核，推动达标创精品活动的深入发展，强化和完善考核措施，进一步提高电力建设工程质量水平。

通过研究解决达标投产工作中存在的问题，结合工程实际组织修订《火电机组不投产考核标准（2000年版）》，新标准重点调整和充实了加强技术经济考核和体现工程全过程管理方面的内容，以加强对机组技术、经济指标和过程管理的考核，使达标投产考核更加规范、严密，标准更高，操作性更强。同时，通过开展达标投产及创精品工程的研讨活动，进一步规范了精品工程的八项条件。

根据西部部分在建火电工程项目开展达标投产的实际情况，在肯定西部工程项目管理、提高质量和工艺水平方面取得成绩的同时，找出与全国、特别是与东部先进水平相比存在的差距。组织召开以深化达标投产和提高西部地区建设水平为专题的研讨会、结合贵州安顺2号机组达标复检工作召开有关的座谈会等形式，帮助西部地区提高达标投产水平，促进西部地区电力建设水平的整体提高。

通过加强东、西部之间的合作与交流，结合“西部大开发”战略的实施，重点推动西部地区达标投产上水平，逐步缩小东西部差距，全国提高电力建设的整体质量水平。

据统计，至1999年底全系统有70台火电机组、8台水电机组达标投产；2000年又有27台火电机组通过了复检，申请审批命名。水电机组的达标投产正在向大容量机组发展，广蓄二期4台300MW机组经广东抽水蓄能电站联营公司申请通过复检，已被国家电力公司正式命名为达标投产机组，目前，水电已有12台机组实现了达标投产。

这些机组刷新了一批技术经济指标的新记录，反映出公司系统达标投产水平又有了新的提高。例如，华能福州电厂3号机组试生产期后2个月的供电煤耗为318.5g/(kW·h)，接近目前全国300MW级火电机组的最好水平；扬州二厂2号机组的真空严密性达到0.073kPa/min，日照1号机组的最大轴振为3.93丝、热工自动投入率达100%；太一14号机组半年试生产期间未发生非计停运等。通过达标投产活动使火电机组投产后第一年的等效可用系数大幅度提高。

加强在建工程质量监督，及时组建电力建设工程质量监督职能机构。根据国家经贸委授权，国家电力公司代行公司系统电力工程质量监督管理职能，按此精神，电源建设部加快组建了电力建设工程质量监督总站，并调整了质量监督工作的基本思路，拟定了《电力建设质量监督管理规定》和电力建设质量监督体制改革的实施步骤。于2000年8月召开了电力建设质量监督工作会议，通过认真研究质监方面的政策、法规，组织有关的调研和研讨，初步确定了质监工作的思路：①组建政府授权的独立中介机构；②由质监总站、省级质监中心站为实体的二级质监体系，明确总站为各省级中心站的管理机构；③取得由建设主管部门颁发的资质等级和人员资格；④从事以保证设备安全、结构安全、公共安全、人体健康和环境保护为核心的监督活动。

按照确定的工作思路，成立了两个质监总站并开展工作，组织制定了质量监督管理办法，讨论了强制性质量标准等。

电力基建工程安全管理

针对2000年安全形势，从维护电力建设秩序、职工队伍稳定和确保公司经营效益出发，始终坚持“安全第一、预防为主”的方针，坚决贯彻落实党中央、国务院和国家电力公司关于加强安全工作的一系列指示精神，进一步强化以项目法人为核心的各级安全生产责任制，重点对安全基础薄弱地区、工程项目和施工企业开展检查，促使他们进一步提高对安全工作的认识，明确目标，落实责任，严格制定和落实“事故零目标”的措施。继续加强企业的安全基础管理，积极推行电力施工企业安全性评价工作，逐步提高安全管理科学化、规范化水平。

为全面总结电力建设安全管理工作经验，促进电力建设安全工作经验交流，与全国水电工会联合于2000年4月16日在长沙召开了电建安技分委会换届暨电力建设安全工作经验交流表彰大会，对近两年来涌现出的一批安全先进集体和先进个人进行了表彰，并组织电力建设安全管理经验交流，旨在总结电力建设安全工作经验的基础上，不断探索和创新，推进电力建设体制改革，实现电力建设安全管理与国际接轨，为实施“两 型、两化、国际一流”发展战略提供安全基础。这次会议命名了21个“无事故工程”、授予36个单位为“电力建设安全先进施工企业”及100名“安全卫士”。

认真落实国务院关于开展安全生产大检查活动的精神，5月份组织了六个区域、24个电力建设项目的安全大检查，重点检查了各单位贯彻党中央、国务院安全会议精神，落实国电公司安全会议要求，落实长沙会议精神及项目法人、监理、施工单位落实安全责任制、实现安全生产零目标、“重大机械事故、重大设备事故、重大火灾事故、人身伤亡事故”预防措施的落实情况。同时，对宝二、阳城、德州、外高桥四个工程进行了安全复检。

对2000年水电重点防汛在建项目，提出了防汛标准和要求，并对重点项目进行了防汛检查。落实国电公司大坝安全与防汛工作会议要求，认真抓好天生桥一级、天生桥二级、棉花滩、凌津滩、天荒坪、大朝山六个重点在建水电工程防汛工作，全面落实防汛责任制和防汛措施，确保了在建水电工程安全渡汛。

通过狠抓安全管理工作，落实安全管理措施，公司系统安全管理水平和文明施工水平又有新的提高。

2000年电力基建死亡26人，比1999年减少6人，下降了23%，其中火电及送变电施工企业死亡5人，比1999年减少3人；水电施工企业死亡21人，比1999年减少3人。

电力基建工程监理

按照国务院关于严格工程监理制度的要求，2000年在认真开展对电力工程监理情况调研的基础上，对电力建设监理工作进行了新的定位，修改和制定了监理导则、办法、标准、取费、大纲、合同示范文本等有关规定，对保证工程建设质量、促进监理事业发展、规避“同体”监理、规范建设市场行为、优化建设组织管理模式等都将发挥重要的促进作用。

组织召开全国电力监理工作会议，认真总结了几年来电力工程开展建设监理的经验和教训。

电力设计管理

以益阳电厂的示范作用，继续推动和促进全系统在建项目设计优化工作，推行开展项目的设计优化咨询。

宁夏石嘴山电厂2×300MW工程按照2000年示范电厂设计模式逐步实施，充分显示出设计革命思想带来的优势：DCS、SIS及MIS系统统筹考虑，一次投资建成，且将电气控制、汽水取样和加药、旁路控制系统纳入DCS，可大大提高电厂的自动化控制水平和现代化管理水平；按示范电厂思路进行机、炉、电模块式布置，主厂房布置新颖，压缩占地面积，减少四大管道和电缆长度；环保问题给预了高度重视。

山东电力设计院在山东莱城电厂3、4号机组的设计过程中，深入后石、湄州湾、合肥二电厂、日照、来宾、沙角C等项目进行设计调研，吸收了上述项目设计优点，在3、4号机主厂房布置、辅助生产建筑、设备备用裕度、MIS系统、电气进DCS、四大管道材料、节水和环保等方面进行了多方案的比较和优化，节省了大量投资，并为全国其他项目的设计优化工作提供了借鉴作用。

刚开工及已批复可研报告的项目都在积极开展设计优化，部分项目优化报告已经审查。沁北、黄石、托克托、准格尔等工程也正在按2000年示范电厂设计模式进行优化；有的项目聘请大区设计院对项目的设计进行优化咨询。

设计优化和设计改革不仅在火电建设中得到深入开展，而且在水电、输变电工程中也逐步开展起来。云南小湾水电站通过设计优化取消了一条泄洪洞，大大节省了投资；山东青岛500kV变电站工程结合2000年示范变电站设计研究成果，积极采用模块化设计手段，对厂区占地和系统进行了优化，应用微机监控等新技术、新设备、新材料，与省内同类型工程相比，不仅节约了投资，而且提高了整个工程的技术经济的合理性和先进性。这些设计优化成果，对全国其他项目的设计优化工作具有很好的借鉴意义。

根据电力工程质量不断提高，生产、技术进步的要求，结合国内外先进的设计思想、方案和手段，经过大量调查论证，积极协助审查、修编了电力设计的《大火规》。最终审查稿比过去的八稿更具特色，既有前瞻性，更有现实性；既充分考虑了适当提高机组运行和办公自动化水平，采用新厂新办法，节水、节地、节能、降低造价等原则，又充分考虑了控制造价的若干措施，在降低备用和裕度等方面也有较大的突破。

电力工程造价控制与定额管理

在1998年水平限额设计控制指标基础上，根据2000年火电、送变电工程概、预算资料及“大火规”、2000年示范电厂思路，并进行了部分技术方案及工程量的调整，经专家评审，通过了1999年水平火电、送变电工程限额设计控制指标。控制指标与1998年相比：2×300MW新建工程投资下降了3%；2×600MW新建工程投资下降了2.8%。

针对定额管理工作的新形势，积极配合电力建设定额站等部门，着重加强了定额管理向实行信息化管理和动态管理的转化。颁发了《电力建设工程施工机械台班费用定额（1999)》，发布了安装工程定额基价调整办法，完成了火电工程（125MW、200MW、300MW、600MW机组）及送电线路工程投资估算指标的编制与审查，组织开展《新预规（1997版)》的修订准备工作，促进了公司系统电力建设基础性管理工作的标准化、制度化、法制化建设，也为逐步建立完善的企业定额标准体系奠定了基础。

为适应社会主义市场经济体制改革的需要，更好地与国际通用的工程计价办法接轨，合理确定水力发电工程投资，控制水电工程造价，组织制定了《水电工程“实物法”概算编制导则》。

该导则是我国水电工程项目一种新的工程计价办法，它的编制完成，实现了水电工程造价改革的目标，也是水电工程造价改革的一次跨越，将对加快我国水电工程造价改革起到积极的推动作用。

结合现阶段国内水电建设的实际情况，该导则宜先在招标阶段的项目概算、标底和投标报价及建设实施阶段工程计价和控制中应用，有条件也可用于其他设计阶段的工程计价。各建设、设计、咨询和施工等单位应积极推广应用。

电力施工、设计单位改革

电力施工企业改革是国电公司改革的重要组成部分，也是国电公司“四步走”改革发展战略部署的重要内容。为贯彻落实党的十五届四中全会精神，加快电力施工企业深化改革、建立现代企业制度的步伐，积极组织开展了施工企业改革调研活动。

随着电力体制改革的深入和电力建设市场的逐步规范、施工企业面临着改革的最后机遇和生存与发展的严峻挑战。面对这一机遇和挑战，部分电力公司和施工企业积极行动起来，在改革的道路上迈出了坚定的步伐，取得了可喜的成绩。为此，积极组织有关部门和单位通过对东北三省、山西、河北、山东、江苏等一些有代表性的省电力公司和施工企业进行深入细致的调研，提出了《电力施工企业改革调研报告》，报告阐述了施工企业面临的形势、存在的主要问题、面临改革的机遇；介绍了部分网省电力公司施工企业改革的做法；明确了深化施工企业改革的思路、目标和步骤；提出了改革的政策性要求和建议。

充分利用各种渠道和场合宣传改革的要求和思路，加大对施工企业改革的交流、研讨和宣传，通过实践积极推动了国电系统施工企业改革进程。目前，施工企业改革工作已经稳步展开，国电系统分公司、省公司、水电总公司普遍成立了领导小组，体改、人事、劳资、财务、多经等部门参与研究、实施。大部分公司制定了改革方案，在减人增效、开拓市场、公司改制、改组、转换企业经营机制等方面进行了有益的探索，明确提出了减员、队伍重组目标，推动了国电公司施工企业改革。

《电力施工企业改革调研报告》荣获了2000年国电公司本部“世纪杯”首届优秀调研报告一等奖。

随着我国加入WTO步伐的进程，为使施工企业管理水平尽快与国际接轨，及时组织了火电工程管理经验交流会，学习推广国外火电施工的先进管理方式和建设管理经验，提高施工企业的现代化管理水平。

根据国务院关于设计单位改革文件，2000年与公司有关部门一起，积极进行了电力设计单位的改革调研，先后走访了建设部、中石化建设公司、中编办、煤炭规划院等单位，分别召开了水电、火电设计系统院长座谈会，结合电力建设的实际情况，初步提出了电力设计单位的改革意见。

电力基建创建国际一流

1998年4月在山东邹县电厂召开了全国电力建设现场经验交流会，两年多来，全系统认真落实高严总经理的要求和会议精神，电力建设整体面貌又发生了显著的变化：项目管理进一步步入规范化、科学化轨道；安全文明施工、施工工艺水平显著提高；大力推进设计革命，在提高设计水平的同时有效地控制了工程造价；积极稳步地推进施工企业改革等。

2000年10月27～29日，国电公司在温州主持召开了全国电力建设现场经验交流会。各分公司、省公司、集团公司，水总，安能公司，各水电工程局，火电施工企业，水电“六大一小”项目公司及四川白马示范电站公司等单位的负责人参加了会议。

会议的主题是：全面贯彻落实国电公司“两个战略、一个管理年、三项责任制”的工作要求，深入总结、交流邹县电厂电力建设现场经验交流会以来的经验，推广温州电厂工程项目管理的先进做法，认清形势，统一思想，继续深化施工企业改革，加强工程项目管理，创建国际一流电力建设水平。

2000年，正在建设中的温州电厂二期工程全过程采用先进的项目管理模式，在现场安全文明施工、施工工艺水平及施工企业科学管理等方面又有创新，集中反映出了目前电力建设的新水平。

电 网 建 设

2000年电网建设概况

2000年电网建设发展较快，全年新投产110kV及以上输电线路(含城乡电网)28142km，变电容量8059万kV·A。到2000年底全国110kV输电线路总长度达到36.49万km，变电容量达到76873万kV·A。2000年线路和变电的增长率分别达到5.84%和8.54%，电网结构有所改善。2000年和投产的电网装置中500kV线路6250km，变电1974万kV·A，增长率分别为102.94%，73.93%；330kV线路706km，变电147万kV·A，增长率分别为－6.78%、－28.99%；220线路7780km，变电2391万kV·A，增长率－2.0%、－15.5%；110线路13451km，变电3547万kV·A，增长率为30.28%、37.85%。

重点电网工程建设情况：东北大马路工程、天广直流工程、福建—华东联网工程、东北—华北联网工程、三峡输变电工程、西电东送工程。

2000年全年完成主网投资260亿元，占全国电力固定资产总投资比例12.23%，全年完成城网投资354亿元，农网投资774亿元，连同城农网投资汇总计的电网全部投资占总投产的比例为65.33%。

到2000年末，我国已形成7个跨省电网，以及山东、福建等独立省网。

在建设体制下，电网开始摆脱作为电源送出配套项目的老模式。电网作为独立项目进行规划设计立项建设，投资比例得到了初步的改善。

电网建设开始运用新技术。

继续进行城网、农网建设。

三 峡 电 网 建 设

电网公司在2000年度内，按照国家电力公司的统一部署，继续以工程建设为中心，以三峡输变电工程、“西电东送”工程和跨大区联网工程为重点，加大公司内部管理的力度，进一步加强国家电力公司系统电网建设的管理水平与国际先进水平接轨，提高电网建设科技水平和整体建设水平。为确保把三峡输变电工程建设成国际一流工程并实现“两个100%”的建设目标加强了工程建设管理的力度。

1. 编写、修订了电网建设标准、规程和管理规定

为把三峡输变电工程建设成国际一流的精品工程，电网公司在充分调研、考察的基础上，针对我国电网建设的实际情况，组织编制了《三峡输变电工程建设一流标准》、《输变电工程达标投产考评标准》、《国家电力公司输变电工程评优办法》、《工程建设标准强制性条文》、《加强送变电施工安全的若干意见》和《送变电施工现场安全设施标准化规定》等工程建设的有关标准、规程和管理规定。

确定的三峡输变电工程建设“两个100%”质量目标是：工程质量的合格率为100%和分项工程的优良品率达到100%。这一质量目标要求远远超过了以往电网建设质量要求标准，三峡输变电工程建设的各方对此认识不一致，甚至有的认为是不可能实现的目标，执行起来有非常大的难度。

为贯彻国务院三峡工程建设委员会年初工作会议精神，检查三峡输变电工程及各网、省电力公司配套输变电工程的建设情况，部署2003年前后三峡输变电工程及各项配套工程的建设工作，于2000年6月有武汉召开了三峡输变电工程建设工作会议，全面部署“两个100%”和“国际一流”的建设目标要求。于2000年11月份又在郑州召开了三峡输变电工程建设的监理、施工经验交流会，通过电网公司坚持高标准、严要求，参建各方强化内部挖潜、强化过程管理，经过2000年工程建设的实践，这一目标得到了很好的实现，最终统一了各方的认识，工程建施工质量、外部环境等全方位有所提高，取得明显成效。

2. 推进三峡输变电工程建设管理体制改革，基本形成比较完善的“小业主、大监理”的管理模式

三峡输变电工程建设必须按照现代企业制度要求进行工程建设管理，这是党中央、国务院确定的基本原则。电网公司作为三峡输变电工程建设的业主，在工程建设管理中坚决贯彻执行党中央、国务院的方针、政策，在很好地实行了“四制”的基础上，努力探索三峡输变电工程建设的具体管理模式，基本形成了“小业主、大监理”的工程建设管理模式。“小业主、大监理”的管理模式是业主、监理、施工各施其职，各负其责，有机结合的形象说法，基本上沿用了国际上现在通用的工程建设管理模式，这一管理模式的核心思想是突出强调了监理工程师在工程建设管理中的职责和作用。

3．积极建设工程管理系统

为实现工程建设的现代化管理，加强信息交流，优化工程管理决策程序，提高管理水平和工作效率，电网公司加强了管理系统建设，引进并二次开发了国际上普遍采用的P3和EXP工程建设管理软件，针对三峡输变电工程建设的特点和实际情况，完成了管理软件的系统编码和规划及试点工作，为在工程建设中全面使用打下了坚实的基础。同时建设并开通了工程建设管理局域网。通过这些先进的管理手段，提高了工作效率，使管理工作更具有科学性和合理性，三峡输变电工程建设整体管理水平得到了大幅度提高。

4．加强公司内部管理，努力实现管理工作的规范化、科学化

2000年是《中华人民共和国招投标法》正式实施的第一年，电网公司根据《中华人民共和国招投标法》和《中华人民共和国合同法》，结合近年来的工作实践经验，对公司现行的设计、施工、监理、物资设备采购等6个招投标文件和18个合同范本进行了修订，使之更加规范。同时还拟定、修订了《电网公司工程质量管理办法（试行）》、《电网公司电力建设安全管理规定实施细则》、工程建设《安全责任制》和《质量责任制》等规章制度。针对三峡输变电工程设备、物资供应的特殊要求和执行过程中积累的经验，完善并修订了物资采购招标文件和9个合同范本，对招标工作的原则，招标方式、程序，标包的捆绑等方面进行了补充和完善。

针对电网公司与国家电力公司电网建设部合署办公的具体情况，重新调整了机构设置并拟定了相应的岗位职责。

5．加强计划前期工作

2000年，电网公司加强了三峡电网与相关网、省电力公司的协调工作，进一步明确了三峡输变电工程配套500kV间隔投资划分和建设分工的原则，明确了相关网、省电力公司负责建设的500kV间隔和220kV配套工程的建设责任以及进度要求，并且对立项报批等前期工作给予督促和跟踪检查。明确了220kV出线回数、方向以及二次系统方面的要求，并加强了与国家电力公司计划与投融资部、战略规划部、发输电运营部、国家电力调度通信中心以及电力规划设计总院之间的交流和沟通，为单项工程的顺利建设创造了条件。

国家电力公司系统内电网建设管理

加强电网建设是国家电力公司核心工作之一，电网建设部作为国家电力公司系统内电网建设管理的职能部门，在2000年度重点抓了电力公司系统内的电网建设的安全、质量、达标投产和优质工程评定等工作，使公司系统内的电网建设水平和管理水平有了明显提高。加快实施“西电东送”和全国联网工程建设的规划、建设管理工作，按党中央、国务院2000年6月北戴河会议精神，积极贯彻落实在“十五”期间向广东送电1000万kW电力电量的规划、设计等建设前期准备工作，年内完成了三峡送电广东300万kW直流输电工程的换流站选站及有关专题研究工作。重新修订并颁发了《输变电工程监理工作文件范本（一套五本）》、《110～500kV架空电力线路工程施工质量验评标准》、《输变电工程达标投产评定办法》、《国家电力公司送变电优质工程评选办法》、《关于加强送变电安全施工工作若干意见》、《送变电工程施工标准化安全设施规定》。另外，《110kV及以上送变电工程启动及验收规程》、《变电站保护和控制设备的抗扰度要求》、《±500kV直流棒式复合绝缘子技术条件》、《送变电施工企业安全性评价》等在起草或修订当中。

国家电力公司系统（包括广东省电力集团公司）在2000年内达标投产输变电工程11项，分别是：500kV沂蒙输变电工程、500kV淮阴上河变电所工程、500kV厦门变电所及后泉Ⅰ回线路工程、500kV莆田变电所工程、500kV洛郑输变电工程、500kV菩提开关站工程、500kV二自三回线路工程、500kV东莞变电所工程、500kV廉州（石南）变电所工程、330kV龙乌输变电工程、330kV桥陵变电所工程。评选出国家电力公司系统输变电优质工程9项，分别是：500kV平罗二回输电线路工程、500kV方哈输电线路工程、500kV水泉输变电工程、500kV绍金输变电工程、330kV青铜峡变电所工程、220kV江淮变电所工程、220kV定远变电所工程、220kV弥勒变电所工程、220kV阳泉西变电所工程。

财务、资金管理

随着电力工业体制改革的深入，电网公司本部化改制后，承担着国家电力公司电网建设管理的行政职能，电网公司与电网建设部合署办公。要求三峡输变电工程的资金和电网公司的财务管理适应国家电力公司总体管理的要求。国家电力公司执行的是预算管理，电网公司纳入国家电力公司预算管理的对象，采取预算控制、按季拨付的办法取代了以往三峡基金按月足额拨付，余额沉淀的资金管理模式。

为适应这一新情况，对1999年出台的预算管理办法作了全面修改和完善，重新设计了预算表格。并跟踪考核预算执行情况，分析调整预算指标，强化预算的控制力。相应地修改并完善了会计核算、财务管理和竣工决算编制三个管理办法。聘请中瑞会计师事务所建立了财务工作规范化手册，将会计记录、会计档案、电算化、财务分析、决算编制等工作总体纳入规范化管理。

尽管三峡输变电工程建设的资金实行“静态控制、动态管理”的总原则未变，但资金的拨付体制发生了根本性变化。电网公司在2000年度对三峡输变电工程所需建设资金加强了计划管理，加强了与有关方面的沟通，为资金的及时、足额到位，暂缓资金紧张状况做出了努力。三峡输变电工程建设的资金在内部财务管理上实行项目专责制，并注意提高财务管理人员对三峡基金作为财政专项资金严肃性认识，自觉按照国家的有关规定，规范使用，避免出现挤占、挪用的现象出现。

物资、设备、材料供应

1. 基本情况

2000年三峡输变电工程建设所需物资、设备、材料供应工作按照三峡输变电工程建设计划优质、及时、安全、稳妥、顺利进行。线路工程中，双河—南阳、凤凰山—下陆500kV输电线路工程设备、物资、材料供应工作结束；岗市—长沙、郑州—新乡、汉阳—孝感500kV输电线路工程的物资、设备、材料供应先后进入高峰期；龙泉—政平±500kV直流输电工程进入招标供应阶段。输电线路方面共签订供货合同41份，合同金额26493.4万元，其中：铁塔8396t，6522.8万元；导线6043.6km，11718.8万元；地线、光缆610.7km，2814.3万元；绝缘子122303片，1677.3万元。

变电工程中，南昌变电所投入运行；凤凰山和双河500kV扩建间隔工程接近结束；孝感、长沙、益阳、新乡、小刘500kV变电所及龙泉和政平换流站的交流部分的设备均进入交货、安装的高峰期；万县变电所500kV扩建工程开始进行设备招标。变电工程方面共签订供货合同163份，合同金额28287.3万元。

2000年度三峡输变电工程共签订国内设备、材料、物资供货采购合同204份，合同总金额54780.7万元。

在建的一条直流工程的直流设备采购通过公开国际招标全部完成，2000年合同执行情况良好，无论是国外直接供应的还是国内技术转让部分都可以按计划按期交货。

2. 物资、设备、材料供应管理

随着三峡输变电工程建设施工的高峰期的到来，其相应的设备、物资、材料的采购工作提前进入了高峰期。经过前几年的物资供应工作的探索，形成了比较成熟的适应三峡输变电工程建设管理模式的物资供应渠道和管理方法。2000年三峡输变电工程建设所需物资、设备、材料的采购、供应工作的主要内容是按已形成的相对比较固定的模式和程序进行招标，注意保证公开、公平、公正的招标原则，重点放到了合同的执行和质量保证上，对采购的主要设备和材料，都委托有经验的单位进行加工全过程的监造，以保证出厂质量。

加强电网建设技术创新

加强电网建设技术创新，努力实现电网建设技术的跨越，是建设一流电网，节省工程投资的重要措施。

在送电线路方面全面采用海拉瓦技术和送电线路的设计优化决策程序，使线路设计优化水平大幅度提高。结合工程开展线路大跨越金具定型的研制，并将应用于直流线路中，大截面导线张力架线工艺研究与配套工器具研制也取得了阶段性成果。合成绝缘子试验成功并投入应用。三峡左岸电站8回500kV出线线路跨越永久船闸，交通部从安全角度出发要求架设保护网解决电磁干扰和工频电场的安全问题。电网公司对此十分重视，经过组织专家在多次模拟实验的基础上进行了周密的分析和科学的论证，认为可以放心大胆地取消防护网，并已经与交通部达成共识。

变电方面，在三峡输变电工程的第一座变电站——南昌变电所国内首次大胆使用了国产微机监控、保护，大幅度地节省占地和降低工程造价，取得了成功，并在新乡、益阳、长沙、孝感四个变电站进行了推广。电网公司投资的电磁兼容试验室、导线力学实验室、杆塔试验站、电力系统仿真研究中心在与有关各科研单位的共同努力下均已建成并通过验收，都不同程度地发挥了作用。为使变电所进一步减少占地、少维护、小型化、更加紧凑，电网公司组织国内有关专家，重点研究了PASS技术，并与HIS、GIS技术进行比较，考察了国际上率先采用该技术的瑞士、澳大利亚等少数国家，与西门子、ABB、三菱、东芝、阿尔斯通等公司进行了大量的技术交流，形成专题报告，得到了国家电力公司和国务院三峡办的认同，目前着手进行在三峡输变电工程上进行工业性应用试验。试验一旦成功，将普遍采用。

另外，电网公司还组织编写了《直流棒形悬工复合绝缘子技术条件》通过行业标委会审定，成为行业标准报批稿《变电站保护和控制设备的抗扰度要求》和《送变电工程启动及竣工验收规程》形成行业标准的征求意见稿。

有关前期工作

(1) 参与四川（二滩）近期电力东送方案研究。为贯彻党中央、国务院关于加快西部大开发的战略，贯彻国家电力公司“西电东送”和“走出去”两个战略，电网公司把三峡—万县500kV输电线路工程作为国家电力公司“西电东送”的形象工程，提出了关于加快三峡—万县500kV输电线路工程建设，实现川电东送的意见，研究确定了方案并通过专家论证和审查，并对项目实施后的三峡输变电项目建设进度进行了相应调整。

(2) 安排华中（三峡）—广东直流输电工程、湖南—广东交流联网工程的可行性研究等前期工作。这两项工程是党中央、国务院提出的“十五”期间向广东送电1000万kW的重点项目，时间非常紧迫。按照国家电力公司的统一布置，研究提出了两项工程的建设进度计划，制定了可研工作大纲，并委托相关电力设计院开展可行性研究工作，同时提出了工程建设模式、咨询方式、外国咨询商以及对外商务工作方式等，待报国家计委审批。

主要事件

1月16～24日，公司组织东北电力设计院、中南电力设计院赴瑞士对ABB高压技术有限公司生产制造的PASS设备及技术进行了实地考察和技术交流。

1月24～27日，三峡—常州±500kV直流输电换流站设计与ABB公司的联络会议在京召开。

1月28日，公司在京主持召开了三峡—常州±500kV直流输电工程换流站初步设计概算收口会议，最终确定了概算并形成上报国务院三建委待审批稿。

2月15日，霍继安总经理等陪同国家电力公司党组成员、总经理助理周小谦同志到国务院三峡办向郭树言主任等有关领导汇报拟在三峡输变电工程中采用PASS设备的可行性调研情况。郭树言主任等领导同意汇报意见，并提出尽快进行更深入的论证工作。

2月25日～3月7日，章龙才总工程师率团赴法国ALSTOM公司对三峡—常州±500kV直流输电工程两端换流站交流场一次设备进行中期试验验收。

3月3日，国家电力公司三峡办公室印发《国家电力公司三峡办公室第一次工作会议纪要》（国电三峡办［2000］1号）。纪要中明确电网建设部（与电网建设分公司合署）：负责三峡输变电工程建设及管理，提出年度项目建设计划及投资计划建议，组织协调解决有关建设方面的问题，负责三峡输变电工程建设和二次系统设计，参与研究电网规划及滚动计划。

3月16日，三峡—常州±500kV直流输电工程OPGW光缆设备采购合同在国家电力公司签定。该合同的签订是国家电力公司取得外经、外贸权后直接签署的第一个工程设备采购合同。

3月23日，国家电力公司高严总经理主持召开国家电力公司“西电东送”领导小组第一次工作会议。会议通过了领导小组成员名单和职责。研究确定了“西电东送”在当前的工作重点、总原则、规划思路、协调机制等。

3月27日～4月28日，物资部鲍瑞副主任带队赴瑞典ABB公司和德国西门子公司完成三峡—常州±500kV直流输电工程两端换流站变压器和平波电抗器等设备的监造和试验鉴证工作。

3月31日～4月30日，孙家骏副总经理率团赴瑞典ABB公司和德国西门子公司执行直流换流站设备监造和进行有关监造、试验安排协调工作。

4月3～4日，公司2000年工程计划工作会议在武汉召开，会议落实了工程建设项目计划，明确了工程进度。

4月19日，国家电力公司陆延昌副总经理主持召开会议，就PASS技术及设备在我国进行工业性应用试验进行研讨，统一意见。

4月26日，公司与汇丰保险（亚太）有限公司签订了龙—政平±500kV直流输电工程专业保险顾问服务协议，服务费用20万美元。

4月27日～5月7日，根据国家电力公司的安排，霍继安总经理率团赴澳大利亚布里斯班市，考察昆士兰州电力公司(POWER LINK)在275kV和330kV变电工程中采用PASS设备和技术情况，达到预期目的。

5月7～9日，苏力副总经理主持中方与瑞士ABB公司间的PASS技术及设备在中国进行工业性应用试验的技术和商务谈判。

5月21日，三峡—常州±500kV直流输电工程首批进口物资抵达上海港，标志着直流进口设备开始交货。

6月1日，霍继安总经理会见瑞士ABB自动化公司总裁、副总裁，ABB香港自动化公司总经理，ABB广州电力通信及自动化设备公司客人等一行，双方就电力通信的有关技术问题交换了意见。

6月8日，龙政直流换流站首批进口设备、材料抵达上海港，标志着进口设备、材料国内转运工作正式启动。

6月14日，国家电力公司陆延昌副总经理主持召开了中国500kV电网应用PASS技术开展工业性试验工作会议。

6月28日，国务院三峡工程建设委员会批复调整三峡输变电部分单项工程设计通信方式问题，同意处于电网通信主干线上的部分三峡输变电单项工程设计通信方式进行调整，增设光纤通信方式,与相应的单项工程同步设计、同步建设;在三峡输变电工程建设投资中列支的新增光纤通信项目的投资规模,暂按已经开工建设项目初设执行概算相比节约额的50%进行控制。

6月29～30日，国家电力公司在武汉召开了三峡输变电工程建设工作会议。会议布置了2003年三峡首台批组发电前的工程建设任务，重新明确了三峡输变电工程建设管理的目标，进一步明确了电网建设部、计投部、财务部、战略规划部、发输电部、国调中心、电通中心、电规总院、相关分公司及省公司等部门、单位的职责分工。

7月7日，霍继安总经理参加国家电力公司三峡办第四次工作会议。会议明确三峡输变电调度自动化问题由国调中心负责；由国调中心委托电规总院对列入三峡二次7.83亿元的通信项目做出总体设计；发输电部进出三峡电能计量系统关口计量点的总体规划和配置方案，能赶上基建工程的随单项工程一并实施,费用按每站55万元在单项工程概算中计列;二次系统总体设计经费在三峡输变电工程前期费中列支。

7月20日，国务院三峡工程建设委员会批复三峡—常州±500kV直流输电工程龙泉、政平换流站技术设计审查意见,批复换流站总概算为356932万元(93年5月价格水平),其中,外资271096万元(33467万美元,按1:8.1换算),内资85836万元。

7月27日，三峡—常州±500kV直流输电换流站工程建设开工仪式在湖北宜昌龙泉换流站举行。

8月3～15日，苏力副总经理率团一行8人赴南非执行紧凑型架空输电线路技术考察任务。

9月8日，三峡—常州±500kV直流输电线路工程施工招投标工作在北京市公证处的公证下，在国务院三峡办、电力公司发输电运行部、电规总院和公司有关人员组成的监视组的监视下开标。

10月24日，公司向国务院三峡办报告三峡—常州直流输电工程建设工期调整情况，将原直流工程调试时间由2002年3月改为2002年9月或年底，同时将直流单极投运时间相应改为2002年12月底，换流站的建设进度维持原计划不变。

11月8日,国务院三峡工程建设委员会颁发《三峡输变电工程投资静态控制、动态管理办法》。该办法规定了管理原则、职责、控制目标、考核和调整价差依据、价差计算方法、结算、跟踪预测、编制统计报表、竣工决算、监督和奖惩等方面内容共计28条。

12月16～17日，李文毅副总经理在广州参加了三峡（华中）—广东直流工程可行性研究审查会。会议确定送端换流站在荆州与交流站合建，受端换流站在广东惠州响水镇。

12月20～22日，国家电力公司电网建设专家委员会第五次会议在广州召开。陆延昌副总经理，周小谦助理与会并发表了重要讲话。

（刘 博）

城市电网建设与改造

城网建设与改造的重点是加强城市电网、提高供电能力、改善居民供电条件、提高供电可靠性、节能降耗等。2000年，国家电力公司完成城网投资300亿元，计划投资完成率约80%，工程实施三年来城网工程累积投资680亿元，完成可研总投资的56%，新增10～220kV变压器容量4005万kV·A，线路68340km。其中35～220kV新建改造变电站1216座，变压器容量3207万kV·A；新增架空线路5640km，电缆1085km；10kV及以下配电网新增配变容量798万kV·A，线路55000km,电缆12700km;完成一户一表工程340万户。淘汰高、中压高损耗变压器506万kV·A。北京等58个城网项目总投资完成率达到70%以上,实现初见成效,其中华北、山东等12个公司的19个城网项目、投资完成率超过90%,率先实现基本竣工,超额完成年初国家电力公司提出的33个城网初见成效,13个城网项目基本竣工的目标任务。

城网的建设与改造，取得了明显的成效。主要表现在：

(1) 城市电网规模扩大。多数城网35～110kV变电容载比达到1.8～2.1，中低压配电网络规模迅速增加，供配电能力大幅度提高。初步扭转了配电网“卡脖子”的局面，北京等一些城网在2000年夏季负荷迅猛增长的情况下，基本上没有发生过负荷、烧设备和限制用电的现象。

(2) 完善城网高压网架、加强中压配电网络“手拉手”结构。增强了抗御意外事故冲击的能力，配电网的运行灵活性和互供能力大大提高，基本上可以满足“N-1”安全供电准则要求。2000年夏季一些城网经受高峰负荷和大风暴雨等自然灾害袭击，城网运行安然无恙，配网事故明显减少。

(3) 城网建设改造工程已经显示出明显的技术经济效益。工程进度较快的北京、山东、陕西、江苏、湖南等省市电力企业售电量增幅比全国同期平均增幅高出2%～3%，全国城乡居民用电量增长17.4%，比全社会同期用电量增长9.5%，高出8%。2000年许多省公司的城网居民用电量比1999年同期增长普遍超过10%，与此同时，城网线损率逐年下降，每年可减少损失电量10多亿kW·h。

(4) 社会效益突出。在城网建设改造中，一批大城市中心区主干道、繁华地区实施电缆入地；在居民小区、绿化地带采用箱式变压器和低噪声干式变压器；实行“一户一表”用电管理，广泛建立客户服务窗口和服务中心，对客户的服务明显改善；推广使用电锅炉，推进居民生活电气化，带动家用电器的生产销售，提高了人民生活质量，改善了城市环境。

2000年是国家城乡电网建设与改造的关键一年，为此，2000年3月份召开国家电力公司系统城网建设改造工作会议，要求提高对开展城网建设改造重要性的认识，会议要求重视工程的安全与质量，加快工程进度，提出了经国家发展计划委员会批准开工建设与改造的241个地级及以上的城市电网项目中，年内33个城网项目要基本建成，初步取得实效，其中13个城网项目竣工的工作目标。国电公司于7月、11月组织了两次对城乡电网建设与改造项目完成情况的执法监督检查，对完成工程的安全、质量、进度、管理规范化等情况进行了抽查。组织制定了城网评估、城网技术改造设备招标标书范本、城网竣工档案建立及管理办法等规范性文件，并组织制定了编制城网“十五”规划的大纲，为今后五年的城网建设打好基础。2000年末58个城网项目实现基本建成、初见成效，其中北京、青岛、宝鸡等19个城网项目基本竣工。为此，国家电力公司召开公司系统电视电话会议，对完成城网工程成绩突出的山东电力集团公司、华北电力集团公司、陕西省电力公司、江苏省电力公司、湖南省电力公司、云南电力集团有限公司6个网省电力公司，北京、长春、上海市区、福州、青岛等58个供电企业和笪鸿兴、杨祝辉、费圣英等102名个人给予了表彰并颁发奖牌。同时部署2001年的城网建设改造工作，确保按照规划进度圆满完成3年城网建设改造任务。

农村电网建设与改造

1. 投资完成情况

国家计划批复国电公司系统农网改造总投资规模为1537亿元，截止到2000年12月底，全系统累计完成投资1100.74亿元，占下达计划的84.05%，占总投资的71.6%，其中2000年计划完成了54.07%。全系统已有1848个县实施了农网改造工程，有1070个县（市、区）完成10kV及以下工程计划，基本达到了竣工要求。

2000年是国电公司系统农网改造工作力度较大的一年，全年共完成投资650亿元，大大超过1999年所完成的投资量。

在完成竣工县任务方面，1999年和2000年国家共下达国电公司系统竣工县计划1249个，到年底完成了1070个，占计划的85.66%。

2000年6月，国家计委与国电公司共同组织召开了农网改造工作表彰先进电视电话会议，对48个先进集体和100名先进个人进行了表彰，其中国电公司系统受表彰的先进集体33个，先进个人63名，极大地鼓舞和推动了农网改造工作。

2. 农网改造工程取得的效果

通过农网改造工程的实施，全系统已经建设改造110kV变电所813座，容量23511MV·A，线路1.39万km，35(66)kV变电所3176座，容量14207 MV·A，线路3.04万km，10kV线路57.35万km，低压线损187.48万km，累计更换高耗能配变49.46万台，改造配电台区65.61万个。使农村电网多年来存在的电网发展缓慢、网络结构薄弱、供电可靠性低、电能质量差、线路损耗大和用电不安全等问题得到了初步解决。农村电网结构得到了优化，供电能力有所增加，供电质量和供电可靠都有明显提高，农村到户电价得到了控制，逐步达到合理水平。

城乡电网同价工作取得进展。大部分省采取的是分步实施的做法，即在电网改造完成后的地区，先将电价降下来，执行过渡性电价，实行统一电价或最高限价，待全县或地区完成电网改造和农电体制改革后，实行区域性城乡用电同网同价。江苏省和浙江省的同价工作比较到位，首批竣工县已于去年底实现了城乡用电同价，河南省部分地区电网改造后农村用电实行统一电价，河北省武安县实现在一县内的城乡用电同价。

3. 农网改造工程存在的问题

(1) 工程投资存在缺口，竣工县改造面偏小。据统计，全系统农村中低压电网改造和漏项大约存在资金缺口700亿元。大部分省竣工县的低压电网改造面为60%～70%，个别地方的低压电网改造面只有40%～50%，有的地方行政村改造面不到30%。

(2) 国家对农网改造工程的一些优惠政策得不到较好落实。如：10kV及以下工程支付占地和青苗赔偿费用问题普遍存在，农村原有资产的上划、处置较困难，农民对农网改造政策认识不清，户表以下部分集资到位率低，影响了电网改造后的“四到户”管理。另外，对于农民户表改造的施工费列支问题、农网工程的税收问题，国家没有明确的政策规定，给工程建设单位增加了工作难度，并相应增大了工程成本，影响了工程改造规模。

(3) 部分省份政府支持力度不够，配套政策不到位，项目法人工作环境不宽松。一些单位反映在工程实施中，存在地方工商、税务、技术监督、土地、林业等部门以种种借口向农网改造收费现象。

(4) 部分地区工程管理工作还存在薄弱环节。如工程项目优化不细，工程造价偏高；资金拨付手续不完善，短期挪用建设资金；农民户表出资管理不规范，出现超标准，乱收费影响；施工安全管理不到位，安全工作存在隐患；有的地方在执行工程招投标中有议标现象等。到2000年底，全系统累计完成投资1100亿元，占总投资的71.6%，全系统已有1848个县实施了农网改造，有1070个县（市、区）完成10kV及以下工程计划，基本达到了竣工要求。

2000年公司系统农网改造完成投资650亿元，大大超过1999年完成的投资量。通过农网改造工程的实施，公司系统已经建设改造110kV变电所813座，容量23511MV·A，线路1.39万km，35（66）kV变电所3176座，容量14207MV·A，线路3.04万km，10kV线路57.36万km，低压线路187.48万km，累计更换高耗能配变49.46万台，改造配电台区65.61万个。农村电网多年存在的发展缓慢、网络结构薄弱、供电可靠性低、电能质量差、线路损耗大和用电不安全等问题得到了初步解决。

农网改造取得了明显的效果，主要表现在：

(1) 高低压线损大大下降。吉林、安徽等省的线损下降幅度在11%以上，河南、湖北、云南的线损下降幅度达到25%。

(2) 供电可靠性有所提高。有16个省的竣工县供电可靠率达到95%。天津、山西、新疆等13个省、区、市的竣工县供电可靠率达到99%。

(3) 电能质量得到改善，电压合格率平均达到90.87%，天津、河北等省、市电压合格率超过95%。农民家里的电灯不闪了，电视图像稳定了。

(4) 年供电量增长较快。有10省、区、市年供电量增长在12%以上，浙江、贵州、青海省年供电量增长率超过20%，从一个侧面反映了农民生活水平的提高。

(5) 农村到户电价降低，趋于合理。1004个竣工县通过农网改造和供电所改制，到户电价下降，累计减轻农民负担36.29亿元。浙江、福建、河南、广西四省农村电价降幅在0.14元以上，江苏、安徽、江西、湖北、云南、新疆六省区农村电价降幅在0.2元以上，江西、河南等省年减轻农民用电负担均在5亿元以上。使农民不但用上电，还能用好电，用得起电。

农 电 管 理

农 村 用 电 量

(1) 2000年全国县及县以下总用电量为5669亿kW·h，比1999年增长13.79%，占全国全社会总用电量的42.75%（比1999年的41.20%提高了1.55个百分点）。其中，农村用电量2921亿kW·h，占县及县以下总用电量的51.53%；县城用电量2748亿kW·h，占县及县以下总用电量的48.47%。

县及县以下用电量按其用电分类分：工业用电量（含县办工业和乡镇工业用电量）3470亿kW·h，占县及县以下总用电量的61.21%；农、林、牧、渔、水利业用电量601亿kW·h，占县及县以下总用电量的10.6%；居民生活用电量1142亿kW·h，占县及县以下总用电量的20.15%；其他用电量456亿kW·h，占县及县以下总用电量的8.04%。

(2) 2000年全国县及县以下人均用电量达到了501.92kW·h/（人·年），比1999年人均447.32kW·h/（人·年）提高了12.21个百分点；人均生活用电量101.08kW·h/（人·年），比1999年的人均91.57kW·h/（人·年）提高10.39个百分点；农业人口人均农村用电量321.91kW·h/（人·年），比1999年人均290.53kW·h/（人·年）提高10.8个百分点；农业人口人均生活用电量77.24kW·h/（人·年），比1999年人均70.35kW·h/（人·年）提高9.8个百分点。

(3) 全国县及县以下人均用电量超过300kW·h/（人·年）的县1234个，比1999年增加79个；农业人口人均农村用电量超过160kW·h/（人·年）的县1199个，比1999年增加54个；农业人口人均生活用电量超过50kW·h/（人·年）的县1236个，比1999年增加82个；全国县及县以下人均用电量情况见“统计资料”篇。

农村供电电源和设备

2000年全国县及县以下发电设备装机容量4613万kW，发电量1541亿kW·h，扣除厂用电量及供电损耗，县及县以下发电设备的供电量为1232.8亿kW·h，占县及县以下总用电量的21.75%；大电网供电4436.2亿kW·h，占县及县以下总用电量的78.25%，比1999年提高0.51个百分点。

（1）供电设备。2000年全国县及县以下共有高压线路319万km，其中：110kV线路13万km；35～63kV线路31万km；3～10kV线路275万km；低压线路716万km；3～10kV线路与低压线路之比为1:2.6。

全国县及县以下变电站容量29495万kV·A，其中：110kV变电站4017座，变压器6416台，容量17693万kV·A，平均单台变压器容量2.76万kV·A/台，与1999年平均单台容量相比基本持平。

35（63）kV变电站16395座，变压器26865台，容量11820万kV·A，平均单台变压器容量4400kV·A/台，与1999年平均单台容量相比增长了2.49%。

配电变压器324万台，容量34458万kV·A。35/0.4kV配电变压器11409台，容量1032万kV·A，平均单台容量905kV·A/台，与1999年平均单台容量相比增长了37.33%。3～10/0.4kV配电变压器323万台，容量33426万kV·A，平均单台容量为103.49kV·A/台，与1999年平均单台容量相比增加了8.98%。

（2）用电设备。2000年全国县及县以下用电设备36221万kW，比1999年增加3458万kW，增长10.55%。其中，农村用电设备21485万kW，县城用电设备14736万kW。排灌、副业及生产、乡镇企业的用电设备分别占农村用电设备总容量的20.07%、19.37%和39.34%。

农村通电情况

通电面

（1）2000年全国乡、村、农户通电率分别为98.45%、98.23%和98.03%，分别比1999年提高0.14%、0.46%、0.6%。

（2）全国乡通电率达到100%的县2341个（占全国总县数的94.97%），比1999年增加38个；村通电率达到100%的县2028个（占全国总县数的82.27%），比1999年增加111个；农户通电率达到95%及以上的县有2005个，比1999年增加95个，农户通电率低于50%的县有87个，比1999年减少19个；其分省分布情况见附表(二)。

通电类型

2000年，全国通电县（含市郊）中，有：

（1）直供县854个；

（2）趸售县1131个；

（3）以小水电供电为主的县433个；

（4）以小火电供电为主的县20个。

农电职工及农村电工

2000年农电职工人数833059人，比1999年减少17966人，下降2.11%；农村电工人数846213人，比1999年减少82695人，下降8.9%。

农电体制改革

2000年的农电体制改革在1999年的基础上又上新台阶，取得了更大的成果。截止到2000年10月底，已经全部完成了趸售县的代管，代管趸售县达到1140个；在规范趸售县代管的前提下，趸售县股份制改革试点取得成效，已经完成221个县股份制的改革工作；直供直管县改革试点工作取得较大进展，有16个直供直管县改组成为省电力公司的子公司；乡镇电管站改革取得明显成效，撤销乡镇电管站19704个，成立乡镇供电所18733个，精简农村电工199308人。改革后的农村供电所，基本实现了“四到户”、“五统一”、“三公开”的规范化管理。

（1）在1999年完成了16个省的农电体制改革方案的审查、批复工作之后，2000年又完成了14个省的体改批复工作。

（2）积极推进县供电企业股份制改革，建立现代企业制度。在充分肯定江西省经验基础上，提出了要对县级供电企业进行股份制改革，建立现代企业制度的工作目标。到目前为止，凡是有趸售县的省都进行了股份制改革试点。从已推行县级供电企业股份制改革试点的效果看，基本上理顺了体制，加强了管理，大幅度降低了农村电价，扩大了农村电力销售。

（3）开展了直供直管县级供电企业子公司改革试点工作。到11月底，全国已有安徽的肥西等16个供电局改为省公司的子公司，并按建立现代企业制度的要求规范公司行为。

（4）乡镇电管站改革取得明显成效。乡镇电管站改革是农电体制改革的核心，是规范农村电力市场，降低农村电价，减轻农民负担的重要措施，也是实现城乡用电同网同价的关键。2000年，重点抓乡镇电管站改革进度，抓规范管理，抓政策的落实工作。

为规范改革后供电所的管理，先后制订下发了《供电所营销管理》《供电所线损管理》《供电所规范化服务》《供电所安全管理制度》等管理办法；制订了乡镇电管站改革验收细则以及供电所信息系统规范标准等。与有关部门协调出台了一系列解决有关人员、成本、安全以及农网改造还本付息电价等方面的政策，为“两改一同价”创造了宽松的外部环境，解除了省电力公司对于农电投入和实行同网同价的后顾之忧。

(5) 开展创一流活动，巩固改革成果。为巩固农电“两改一同价”成果，加强县局管理，制订了《国电公司县级供电企业创一流标准》和《验收细则》。对全国先进县进行评比，推选出14个县作为第一批创一流县电力企业。

农电扶贫工作

农电部在完成第一期扶贫项目国电公司投资1600万元后，年初制定和下达了国电公司第二期(1999～2002年) 电力扶贫项目计划，国电公司继续对湖北省四县（区）投入资金1600万元，并按计划拨付了1999、2000年的扶贫资金，并与电机工程学会一起在湖北、四川、甘肃举行了送科技下乡活动，对国电公司定点扶贫的四个县（区）的希望工程小学给予了教学设备捐赠，此项活动受到公司领导和社会的极大好评。

农电优质服务

2000年度共有100个农村供电所（乡电管站）被国电公司授予优质服务文明示范窗口，1450个农村供电所（乡电管站）被省电力公司授予优质服务文明示范窗口，以推广规范化服务为主要内容，制定下发了《农村供电营业规范化服务标准》及《农村供电营业规范化服务考核细则》，为提高职工队伍素质和优质服务水平奠定基础。

核电与新能源建设管理

核电生产

2000年是“九五”计划执行的最后一年，也是制订“十五”计划的关键一年。自年初开始在国家计委的统一组织下，有关政府部门和相关企业以及研究机构都积极参与到核电发展的第十个五年计划的编制工作中，做了大量细致的调研分析研究工作，纷纷提出各自的设想。为早日实现核电国产化，提高核电的市场竞争力，确保核电的可持续发展，各部门、各企业求大同存小异，互相合作，以积极推进的态度探讨各种可行的方案，力争在“十五”计划中核电有一定建设规模，并保持适当的发展速度。

在关注今后核电发展方针、路线的同时，核电的生产和建设一直也倍受重视，总体情况良好。2000年大亚湾核电站和秦山核电站生产稳定，完成发电生产计划，秦山二期、岭澳核电站、秦山三期以及田湾核电站的建设工程进展基本顺利。截止到2000年底，全国核电总装机容量已连续6年零增长，一直保持在210万kW，在全国总电力装机中所占比重持续下降，从1%下降到了0.66%左右，在世界拥有核电的国家中居末位，甚至低于印度和巴基斯坦。不过，2000年我国核电的发电量有了较大幅提高，比1999年增加了12.83%，总发电量为167.37亿kW·h，占全国总发电量的1.22%。

2000年我国核电在建规模与前一年持平，依然是8台机组，装机容量640万kW，在世界上属在建规模较大的国家之一，并且以进口设备为主，约占85%左右。虽然有个别机组因客观原因调整了工程进度计划，但绝大多数机组的建设基本按计划实施。秦山二期及岭澳项目的1号机组均已进入调试阶段，秦山三期和田湾项目也已进入设备安装高峰。

2000年全国核电总发电量为167.37亿kW·h，比1999年增长了12.84%，累计电量为1026亿kW·h。大亚湾和秦山一期核电站已积累了23.4堆年的运行经验。

自1999年9月恢复运行以来，秦山一期核电站运行情况良好，2000年度计划发电18.60亿kW·h，实际完成发电量20.35亿kW·h时（上网电量19.04亿kW·h），比1999年增长177.86%，负荷因子为77.24%，计划外停堆2次。截止到2000年底，秦山一期核电站累计发电144.37亿kW·h，平均负荷因子60.95%。此外，2000年2月1日至2月14日，秦山一期核电站进行了一回路新旧海水管道切换工作；2000年11月14日开始了电站第五次大修，所用时间为60天；2000年12月25日签订了“秦山

300MW核电站乏燃料接管合同”。

2000年大亚湾核电站计划发电量为142亿kW·h，实际完成发电量为147.01亿kW·h（上网电量为140.63亿kW·h），超额完成计划，比1999年增长了4.26%，平均负荷因子为85.05%，其中1号机组发电73.62亿kW·h（上网电量为70.44亿kW·h），负荷因子为85.18%，计划外停堆1次，大修所用时间为41天；2号机组发电73.39亿kW·h（上网电量为70.19亿kW·h），负荷因子为84.91%，未发生计划外停堆事件，大修所用时间为36.5天。大亚湾核电站两台90万kW机组已累计发电881.87亿kW·h，其中1号机组为437.72亿kW·h，2号机组为444.14亿kW·h，平均负荷因子为75.39%。

核电前期工作

为配合核电国产化的实施，国家电力公司、广东核电集团有限公司和中国核工业集团公司纷纷投入了大量的人力财力进行备选依托项目的前期工作，经过多年的努力，各备选项目，包括山东海阳、岭澳二期和浙江三门的厂址方面工作均已基本完成。

以国家电力公司、山东电力集团公司、中国核工业集团公司、山东省国际信托投资公司和烟台市电力开发有限公司共同意向出资的山东海阳核电项目，在国家电力公司的积极推进下，各方的共同努力下，以及山东电力集团公司的具体组织下，厂址方面的可行性研究工作已基本完成，并通过了专家评审。同时还上报了项目建议书补充报告。

岭澳二期是在岭澳核电站的基础上扩建，其前期工作相对于其他全新厂址的项目而言，条件更加优越。广东核电集团有限公司在组织完成岭澳二期的厂址可行性研究工作的同时，还做了大量的设备选型论证工作，为核电国产化技术路线的确定奠定了基础。

在国家电力公司的指导下，浙江三门厂址的可行性研究工作起步较早，但因意向投资方迟迟未定进展速度较慢，去年在中国核电集团公司和浙江省政府的共同努力下，打破僵局，其厂址的可行性研究工作得以深入。

山东海阳、岭澳二期和浙江三门均已完成项目立项之前的前期工作，均力争成为核电国产化依托或示范项目，并争取“十五”期间开工建设。

核电技术开发

核电的发展离不开技术的研究开发。2000年我国“863”计划能源项目中的65MWe快中子增殖实验反应堆（简称实验快堆）和10MWe高温气冷实验反应堆（简称高温堆或HTR-10）及其发电技术的研究开发和实验项目的建设，有了重大突破。

高温气冷堆发电技术具有安全性能好，系统简单，发电效率高，可模块式建造，建造周期短，经济竞争力强等特点，已被国际核能界普遍认为是继轻水堆、重水堆之后的新一代核能发电技术。2000年12月21日，由清华大学核能技术研究院经过十几年开发，五年建设的高温堆HTR-10项目顺利实现了临界，这标志着我国已成为世界上少数几个掌握高温气冷堆技术的国家之一，并为其发电技术的应用开发奠定了基础。在该项目的开发建设过程中，取得了一系列重大技术创新成果，形成了我国自主的知识产权,使我国的高温气冷堆技术已跻身世界前列。

为支持新技术的开发研究，有利于技术创新向产业化推广，在政府的大力支持下，国家电力公司与清华大学于2000年12月签订了《关于共同出资组织开展10万kW级模块式高温气冷堆示范电站（简称HTR-PM）技术方案论证工作的协议》，并委托有关单位开展相关的研究工作。

实验快堆工程作为科研工程，技术难度大，科研含量高，系统复杂。据统计，工程共有214个大小系统，非标设备约3536台套（主要设备468套），标准投标约5567台套（主要设备861套）。由中国核工业集团公司的组织，中国原子能科学研究院具体承担的实验快堆经过15年的努力，2000年10月已完成了核岛厂房地板的施工，项目基本具备开工建设条件，预计2005年建成并达到临界。

核电在建项目

核电在建项目一览表

核　电　厂	开工时间	计划投产时间	设备来源	投资方
岭澳核电站（2×90万kW）	1997.05.15	1号2002.07 2号2003.03	法马通、阿尔斯通	中广核、广核投
秦山二期（2×60万kW）	1996.06.02	1号2002.06 2号2003.04	相当部分国外采购	中核集团（50%）等
秦山三期（2×70万kW）	1998.06.08	1号2003.02 2号2003.11	加拿大AECL	中核集团（51%）等
田湾核电站（2×100万kW）	1999.10.20	1号2004.7 2号2005.7	俄罗斯	中核集团（50%）等

注 1. 中广核及广核投均是由广东省（45%）、中核集团（45%）和国家电力公司（10%）出资组成，其全称是中国广东核电集团有限公司和广东核电投资有限公司。

2. 秦山二期的投资方还有华东电力集团公司（6%）、浙江省电力开发公司（20%）、上海申能集团有限公司（12%）、江苏省投资管理有限责任公司（10%）和安徽省能源集团有限公司（2%）。

3. 秦山三期的投资方还有华东电力集团公司（10%）、浙江省电力公司（10%）、浙江省电力开发公司（10%）、上海申能集团有限公司（10%）和江苏省国际信托投资有限公司（9%）。

4. 田湾核电站投资方还有华东电力集团公司（10%）、江苏省电力公司（20%）、江苏省国际信托投资有限公司（20%）。

浙江秦山二期核电站

1号机组已进入调试阶段，2号机组尚处在设备安装阶段。2000年4月17日，实现220kV备用电源送电一次成功；7月28日，实现1LX厂房DVE、DVL、DVC系统送冷风节点目标：11月8日，1号机组主控室首次启动DEG冷冻水泵，标志着1号机组主控室安装基本完成：11月30日，1MX汽机高压缸扣缸完成，标志着1MX厂房汽机本体安装基本完成。2000年度完成投资242184万元，累计完成969291万元，约占总投资概算的65%，其中核岛工程占40%，常规岛工程占13%，BOP工程占16%，其他辅助工程占31%。

浙江秦山三期核电站

工程整体进展顺利。1号机组主控室基本具备安装条件，汽机厂房封闭，汽轮发电机定了定位；2号机组稳压器安装就位，汽机厂房钢结构吊装完成，共计完成里程碑节点26个，其中2000年度完成15个。2000年1月16日，2号机组冷凝器吊装就位；4月5日，1号机组稳压器吊装就位；5月8日，1号机组汽轮机定子进入厂房；5月30日，1号机组除氧器吊装就位；6月17日，2号机组排管容器就位；7月14日，1号机组第一台蒸汽发生器吊装就位；8月19日，1号机组汽轮机定子就位；10月16日，2号机组汽轮机定子到现场。2000年7月13日，联合调试队正式成立。

2000年度完成工程投资539769万元，累计完成1293238万元，占工程总投资概算的54%，其中核岛工程占46%，常规岛及BOP工程占33%，其他工程占21%。

广东岭澳核电站

通过良好的组织管理及各方的共同努力，全面完成了岭澳核电站的2000年年度计划任务，工程开始进入设备安装高峰阶段，调试工作已经展开，并按计划进行生产准备工作。截止到2000年底，土建施工已基本完成，其中核岛和常规岛土建施工已分别完成了100.6%和99.5%，设备安装工程量已完成70%左右，其中核岛为66%，常规岛为65%，BOP方面为85%。

2000年完成投资7.9亿美元（折合人民币65.57亿元），累计完成投资24.3亿美元（折合人民币201.69亿元），占总概算投资的60.4%

江苏田湾核电站

1999年10月工程开工,2000年整个工程的土建施工全面展开。2000年4月16日,1号机组常规岛土建工程开工;4月26日,前池工程标段开工;9月20日,2号机组核岛主厂房开工,浇筑第一罐混凝土。

2000年度完成工程投资156410万元，累计完成402827万元，占总投资概算的15%。

（周苏军）

新能源项目实施与管理

积极组织开展世行贷款风电项目的开放准备工作。完成了风电项目可行性研究报告的编制和审查，配合中咨公司、建设银行完成了项目的技术经济评估，并按世行要求完成了项目购售电协议文本；完成了招标采购设备的资格预审文件；起草了组建项目公司的有关文件等。

组织协调亚行贷款风电场开发项目的前期工作，与亚行完成了贷款协议和项目协议的谈判。同时，抓紧了风电项目的实施，协调了风电工程施工建设质量和进度，特别加强了对西藏无电县光伏电站工程的建设与管理，并对西藏6个无电县光伏电站工程组织了工程竣工验收。

围绕风电场的设计、建设和生产，编制了《国家电力公司风电场建设管理办法》、《风电选址导则》、《风电场项目可行性研究报告概算编制办法及费用标准》、《风电场安全生产规程》、《风电设计检修规程》等标准；颁发了《风电场安全文明生产达标考核实施细则》；落实了《风电场验收办法》、《风电场事故调查规程》、《风力发电机组基础技术条件》、《风电场中央控制系统技术条件》等标准的编制计划工作。以上标准为今后风电项目的建设实施，建立了一系列较为完善的管理制度。

2000年完成新建、扩建工程项目共7个，新投产规模约7.58万kW。至2000年底，全国建成风电场共25个，总装机容量为34.5万kW。

6 重点工程

三 峡 枢 纽 工 程

工程建设与管理概况

2000年是三峡工程混凝土浇筑的高峰年，也是大坝接缝灌浆、基础帷幕灌浆、金属结构安装和机电设备安装全面展开的一年，具有混凝土施工强度特高、多工序多工种平行作业且相互制约干扰等特点，施工任务十分繁重。为了完成2000年生产计划，中国三峡总公司精心组织参建各方，全面贯彻三峡工程建设委员会第九次全会精神，认真落实质量检查专家组意见，科学安排关键项目，深入研究各项施工措施和技术难题，严格生产管理制度，充分调动一线施工人员生产积极性，提高质量意识，创造了混凝土年浇筑548.17万m^3的新的世界纪录，工程建设总体情况较好，主要项目实物工程量除金属结构、机电安装项目外均完成或超过年度计划工程量，主要工程形象和建设目标达到了年度生产计划要求，为实现2003年蓄水、通航、发电三大目标创造了有利条件。

2000年，中国三峡总公司加强工程建设管理，全面落实三峡工程质量检查专家组意见，采取各种有效措施，切实加强工程质量管理：加大监理管理力度，使监理工作更加规范化和制度化；不断完善分项目管理体制；加快合同经济问题处理速度；重视工程建设信息管理，掌握现代化的信息管理手段；细致研究工程建设总施工进度计划，安排好月、周计划；逐步建立监控得力、措施到位的安全生产管理责任体系。2000年三峡工程共进行14307个单元工程质量评定，优良率83.1%，合格率100%，其中主体工程混凝土单元工程质量评定10237个，优良率81.5%，合格率100%，工程总体质量良好。

（一）完成固定资产投资及工程量

2000年，三峡工程完成总投资1263197.91万元，占年计划1288000.00万元的98.07%。三峡水利枢纽工程完成投资1253292.53万元，占年计划1279600.00万元的97.94%。其中：建安工程完成393718.38万元，占年计划358940.00万元的109.69%；机电设备完成20521.91万元，占年计划28220.00万元的72.72%；金结设备完成34067.25万元，占年计划34710.00万元的98.15%；其他费用28326.87万元，占年计划29030.00万元的97.58%；基本预备费15610.68万元，占年计划29800.00万元的52.38%；价差预备费249750.14万元，占年计划252100.00万元的99.07%；贷款利息148854.10万元，占年计划196800.00万元的75.64%；水库淹没处理补偿费362443.20万元，占年计划350000.00万元的103.56%。

全年完成混凝土浇筑548.17万m^3，为年计划的105.42%；土石方开挖572.94万m^3，为年计划的136.41%；土石方填筑441.24万m^3，为年计划的140.07%；金结机电埋件及安装2.26万t，为年计划的98.26%；机组埋件0.96万t，为年计划的114.29%；接缝灌浆12.02万m^2，为年计划的111.31%；固结灌浆3.44万m，为年计划的143.50%；帏幕灌浆7.05万m，为年计划的116.87%。如表1所示。

表1 三峡工程固定资产投资及主要工程量完成情况表

项 目	单 位	年 计 划	本年累计完成	占年计划（%）
固定资产投资				
三峡水利枢纽工程	万元	1279600.00	1253292.53	97.94
建安工程	万元	358940.00	393718.38	109.69
机电设备费	万元	28220.00	20521.91	72.72
金结设备费	万元	34710.00	34067.25	98.15
其他费用	万元	29030.00	28326.87	97.58
基本预备费	万元	29800.00	15610.68	52.38
水库淹没处理补偿费	万元	350000.00	362443.20	103.56
价差预备费	万元	252100.00	249750.14	99.07
其中：枢纽工程	万元	122100.00	132193.34	108.27
水库淹没处理补偿费	万元	130000.00	117556.80	90.43
贷款利息	万元	196800.00	148854.10	75.64

续表

项目	单位	年计划	本年累计完成	占年计划（%）
主要工程量				
土石方开挖（主体工程）	万 m^3	420.00	572.94	136.41
土石方填筑（主体工程）	万 m^3	315.00	441.24	140.07
混凝土（主体工程）	万 m^3	520.00	548.17	105.42
固结灌浆（主体工程）	万 m	2.40	3.44	143.50
帷幕灌浆（主体工程）	万 m	6.03	7.05	116.87
接缝灌浆（主体工程）	万 m^2	10.08	12.02	111.31
钢筋制安（主体工程）	万 t	12.50	14.57	116.56
机电安装（主体工程）	万 t	0.84	0.96	114.29
金结安装（主体工程）	万 t	2.30	2.26	98.26

（二）主要项目工程形象和建设目标完成情况

(1) 大坝工程的泄洪坝段基本全线达到 90m 以上高程，泄 5 号以右坝段完成深孔上块扣顶，泄 12 号、18 号～22 号导流底孔弧门安装已经完成，深孔工作门开始埋件安装，左导墙坝段到达 103m 并缝高程；左岸厂房坝段 1 号～4 号甲块平均达到▽172m，5 号～安Ⅲ坝段甲块平均达到▽137m，7 号～14 号甲块平均达到▽106m，1 号～6 号机钢管安装只剩下上弯段未完成，8 号～10 号机钢管斜直段安装全部完成；左岸电站厂房 1 号～11 号机厂房尾水平台已浇至设计高程，1 号～5 号机组蜗壳安装完毕，4 号、5 号机基本具备保压浇混凝土的条件，6 号机完成蜗壳挂装，7 号～13 号机锥管安装完成，14 号机完成肘管安装。

(2) 永久船闸六闸首公路桥 6 月按期通车；六闸首和一闸首分别于 7 月、8 月份开始人字门吊装，目前六闸首北线人字门已安装 22 节，一闸首南北线人字门各安装 8 节，二、三、四闸首混凝土已上升到顶，为金结安装提供有利条件；地下输水系统六级、一级南北及南二、北二、北三阀门井已具备向金结交面条件，六级和北二检修井混凝土上升到顶，除检修井和五级大小井由于施工组织及 f1096 断层处理滞后计划工期 1～2 个月，其他部位施工进展顺利；升船机上闸首混凝土第 1～3 块达到▽175m 以上，第 4 块右侧已到设计高程 185m。

(3) 右岸茅坪防护大坝一期工程顺利结束，正在进行二期工程招标工作；右岸地下厂房进水口预建项目完成明挖及部分边坡锚固工作，引水洞上平段完成 5 号、6 号上导洞开挖施工；右岸二、三期衔接工作正在深入研究之中，右岸三期工程施工总布置初步规划已经完成。

(4) 砂石料项目全年生产成品砂石料 1205 万 t（其中人工砂 365 万 t，骨料 840 万 t），砂子含水率、离差系数、骨料粒径严格控制在合同许可范围以内，为三峡工程 2000 年完成混凝土浇筑，任务提供了有力保障。

（三）质量控制和保证体系已经建立并逐步得到健全

自工程开工以来，参建各方高度重视质量管理，建立了质量保证体系，并在实践中逐步完善。特别是从 1999 年初以来，参建各方认真贯彻中央领导同志的一系列指示，全面落实国务院三峡工程建设委员会三峡枢纽工程质量检查专家组意见，逐步健全了质量管理组织机构，完善了质量管理办法等规章制度，陆续编制并实施了原材料检验、岩石基础开挖和处理、混凝土浇筑、金属结构和机电设备制造安装等一系列检测标准。

2000 年为进一步强化质量管理，在二期工程主体合同中，设立了质量特别奖，鼓励一线施工工人严格工艺作风，精心施工；聘请了中外专家担任专业质量总监，加大质量监督力度，对质量控制措施进行深入研究；推行了混凝土仓面工艺设计制度，严格按工艺设计进行施工和检查。这些制度和措施对提高工程质量起到了重要作用。

（四）物资、设备供应及管理

2000 年，中国三峡总公司保质保量、经济合理地组织三峡工程物资供应，确保施工高峰期主要物资的供应。全年累计采购钢材 194039t、木材 8795m^3、油料 39389t、炸药 4867t、水泥 93.07 万 t、粉煤灰 31.76 万 t，采购总金额 12.18 亿元。全年累计供应钢材 196709t、木材 7393m^3、油料 41350t、炸药 4867t、水泥 93.58 万 t、粉煤灰 3176 万 t，供应总金额 10.03 亿元。同时，中国三峡总公司结合合理资源分配和竞价采购，使水泥采购成本较 1999 年节约

3348万元,粉煤灰采购成本较1999年节约247万元。

2000年，中国三峡总公司根据施工设备、金属结构、启闭机设备、机组设备管理的特点，狠抓设备质量和安全管理，进一步完善设备保障体系，从招标采购、设备制造验收、运输仓储、安装调试、运行管理入手，提高设备管理水平。全年组织召开设备设计联络会5次，设计审查会20次，出厂验收110次，设备到货验收29274.7t，共计支付合同总金额3.42亿元。中国三峡总公司设备年累计拌制混凝土379.6万m^3，运输混凝土287.2万m^3，分别占三峡工程年浇筑混凝土总量的69.93%和52.91%。

（五）工程科研及应用

2000年中国三峡总公司共签订各类科研项目合同60项，主要围绕设计、施工、运行及管理等方面开展科学研究。其中重要的研究项目有：通航建筑物上游引航道“全包方案”泥沙冲淤验证试验；临时船闸改建为冲沙闸方案优选；三峡右岸电站机组参数选择研究；永久船闸中隔墩稳定专题分析；三峡“机组与厂房振动问题分析”；压力钢管外包预应力混凝土的研究以及其他重大施工研究项目等。

2000年三峡工程取得了多项科研成果。中国三峡总公司技术委员会依靠全国相关领域专家的力量，组织安排的8个单项技术设计审查科研工作取得了丰硕的科研成果，仅在2000年内就组织专家对75个科研项目进行了验收。这些科研成果的取得，有力地配合了8个单项技术设计的审查工作，为单项技术设计的审查通过提供了重要的依据。由原国务院三峡工程建设委员会办公室泥沙专家组（现为中国三峡总公司泥沙专家组）组织实施的“‘九五’期间三峡工程泥沙问题研究”课题，从1995开始主要围绕下述专题展开研究：三峡水库拦沙泄水对下游河道冲淤影响及对策研究；三峡工程坝区泥沙问题研究；长江上游建库与水土保持对三峡水库泥沙淤积和运行的影响研究；水库变动回水区泥沙淤积及治理研究。经过全国各相关单位科研人员5年来的努力工作，已全面完成课题研究，并在2000年内经过了专家组验收。由中国三峡总公司主管的“‘九五’国家重大技术装备研制和国产化三峡水利枢纽工程成套设备项目”有关专题研制也取得相应进展，在年内也有部分项目通过了验收。如：“全液压大功率混凝土振捣车研制和国产化”专题；“三峡机组水系统特殊设备研制”专题；“特大型混凝土制冷系统设备研制”专题等。这些科研成果的取得，已经或将要为三峡工程重大技术问题的决策提供依据，为三峡工程的设计、施工和运行及管理提供有力的支持。

（六）施工区环境保护

2000年，中国三峡总公司继续“以建立规范化管理为中心，以环境监测的监督管理和污染防治设施的监督管理为工作重点，以加大环境保护宣传为手段，突出两手抓（即一手抓环保宣传，一手抓规范管理）的指导思想”，按《三峡工程施工区环境保护实施规划》全面开展各项环保工作。一年来，施工区环境保护工作正常有序，生态环境质量总体良好，未发生环境污染事故、传染病流行和食物中毒事故。环境质量同比有了进一步改善。

2000年施工区环境监测工作仍由长江委水资源保护局总承，宜昌市环境保护监测站和三峡坝区急救中心分承，坝区环保中心负责执行情况的监督管理。除继续开展环境空气、噪声、地表水、生产废水、生活污水及施工红线敏感点粉尘和噪声例行监测外，在1999年基础上进行了适当调整，新增了入江涵洞水质、化粪池污水监测。2000年4月4日，中国三峡总公司工程建设部正式颁布了《长江三峡工程环境监测监督管理办法》。监测结果表明，与1999年比，施工区地表水继续保持稳定，环境及空气质量总体好于1999年，详见表2所示。

表2 环境及空气质量一览表

功能区	污染物	污染指数	空气质量级别	质量状况	首要污染物	较1999年升降（%）
办公生活区	二氧化硫	7	Ⅰ			
	氮氧化物	13	Ⅰ			
	总悬浮颗粒物	68	Ⅱ	良	总悬浮颗粒物	-2.9
施工作业区	二氧化硫	6	Ⅰ			
	氮氧化物	14	Ⅰ			
	总悬浮颗粒物	118	Ⅲ1	轻微污染	总悬浮颗粒物	-16.3

2000年共处理垃圾量4525.6t。清扫保洁面积62万m^2。新增维护绿地37.47万m^2、维护树木52778株，绿化维护面积达85.04万m^2，树木维护达138608株。清理、改造雨水口、污水井1270个，更换、补盖盖板、篦子289块（套）；砌污水（检查）井2个、沉砂池2个、围墙17.6m^2，清理截（排）水沟10801m，疏通下水道14次，共清除碴土约1325.7m^3；清掏化粪池29个，出渣1757m^3；清除路边杂草2150m^2；清运生活区41个垃圾点（斗）的垃圾共3027.1t。市政监察处理各类违章事件754起，拆除违章建筑5414m^2，为施工单位清理场地64088m^2，还对施工区流动摊点进行了全面清理。

（七）国际合作与交流

2000年，中国三峡总公司围绕服务三峡工程建设、电力生产、公司建设，强化外事管理，以办好国际大坝会议及海峡两岸技术研讨会、引进国外技术项目、做好输变电设备以及施工设备引进合同的执行、落实三峡电厂管理及运行人员的国外培训、加强对外宣传为中心内容，开展国际合作与交流。

中国三峡总公司全年共派出69批团组、236人·次前往25个国家和地区执行合同、考察、培训和出席国际会议，其中执行合同和培训的达145人·次，每个团组均顺利完成出国（境）任务；全年共接待来自38个国家和地区的境外团组156批2558人·次，其中部长、大使、大公司总裁级48人·次。

（八）计划合同与财务工作

2000年，中国三峡总公司进一步加强投资计划管理和概算控制，加大招投标管理工作力度，实现了工程“进度、质量、投资”三控制的目标。全年完成总投资1263197.91万元，占年计划1288000.00万元的98.07%。三峡工程建设除泄洪坝段等少数几个部位的形象面貌未达到计划要求外，其余各部位均达到或超过计划要求。2000年，中国三峡总公司共签订合同399项，合同金额13.26亿元。截至2000年12月31日，中国三峡总公司共签订各类合同4958项，合同总金额365.82亿元。

2000年，中国三峡总公司积极筹措资金，全年共筹集资金135.44亿元。其中：三峡基金48.25亿元；国家开发银行贷款30亿元；商业银行贷款23.5亿元；利用外资3.69亿元；成功发行“1999三峡债券”，筹集资金30亿元；满足了工程建设和库区移民的需要。在执行过程中，灵活安排资金调度，努力降低融资成本，全年利息总支出为18.80亿元，比年初计划的19.68亿元降低0.88亿元。

2000年，中国三峡总公司对物资、设备采购业务实行集中核算，统一支付，加强对施工单位预付款、垫付款的管理。综合费用余额由1999年末的27.8亿元降低到2000年底的22.7亿元。同时加强外汇资金的使用管理；加强资产管理，维护国有资产权益；加强费用管理，严格控制费用支出。

国务院三峡建委第九次全体会议在北京召开

2000年6月16日，国务院三峡建委第九次全体会议在北京召开。国务院总理、国务院三峡建委主任朱镕基在会上作了重要讲话。他强调：三峡工程是中华民族的千秋大业，质量是三峡工程的生命。要本着对国家、对人民、对子孙后代高度负责的精神，把工程质量放在首位，确保三峡工程质量经得起历史考验。同时，要加强库区的环境保护和生态建设，积极稳妥地做好移民安置工作，加大搬迁工矿企业结构调整的力度，实现库区经济、社会事业和生态环境建设的协调发展。

这次会议对三峡工程前一个时期取得的成绩给予了充分肯定。会议强调：三峡工程是世界瞩目的宏伟水利枢纽工程，工程的全体建设者都要有崇高的历史责任感，时刻牢记质量是三峡工程的生命，始终把确保工程质量放在首位。要处理好施工进度和工程质量的关系，坚持质量第一，进度服从质量。

会议指出：为实现2003年三峡工程正常蓄水发电，要努力完成2000年移民工作的既定任务。要努力做好2000年移民外迁试点工作，为2001年大规模外迁做好准备。要加大搬迁工矿企业结构调整的力度，积极协调、指导对口支援三峡库区企业迁建工作。

会议指出：要加强库区的环境保护和生态建设，对落实中央的西部大开发战略，保证三峡枢纽工程的正常运行，促进库区的可持续发展，树立三峡工程的良好形象，都具有重大的现实意义和历史意义。

会议提出：对三峡工程的电能消纳和分配，要结合中国电力体制改革通盘考虑，协调安排。

国务院副总理、国务院三峡建委副主任吴邦国和全国政协副主席、三峡工程质量检查专家组组长钱正英，三峡工程质量检查专家组组员、两院院士张光斗出席会议并讲话。国务院三峡办负责人、国家计委等有关部门和湖北省、重庆市的负责人以及有关专家等在会上作了汇报和发言。

1999三峡债券发行

2000年7月25日，“1999三峡债券”在全国各地发行。本次发行的“1999三峡债券”是国内首支浮动利息企业债券，发行总额30亿元人民币，期限为10年，信用等级为AAA，主承销商是中信证券股份有限公司。1999年12月20日，“1999三峡债券”

在上海挂牌上市。本次债券发行收入将全部用于2000年三峡工程建设。

至此，中国三峡总公司已累计发行了3期4个品种共计60亿元的企业债券。

三峡工程发生重大伤亡事故

2000年9月3日18时50分，位于三峡大坝泄洪坝段正在检修的3号塔带机布料皮带与塔身平台连接处一吊耳根部断裂，其机臂及部分皮带跌落至20m以下的混凝土浇筑仓面，造成死亡3人，重伤5人，轻伤25人的重大伤亡事故。此次重大伤亡事故直接原因之一为3号塔带机吊耳焊缝焊接质量有严重缺陷，导致皮带机尾部断裂。因“9·3”事故原因而采用临时供料现浇筑混凝土的3号塔带机于2000年12月25日全面修复，并具备了创高产的能力。

乔石视察三峡工程

2000年9月14日，原全国人大委员长乔石及夫人郁文在中国三峡总公司副总经理贺恭等的陪同下视察了三峡工程。在三峡工程展览馆，乔石为三峡建设者欣然题词：“为三峡建成一流工程而奋斗”，以此勉励三峡工程建设者。

陪同乔石考察三峡工程的有湖北省省委书记贾志杰、省长蒋祝平、省人大常委会主任关广富和宜昌市市委书记孙志刚、市长王振有等。

李鹏视察三峡

2000年11月11～13日，全国人大常委会委员长李鹏视察了三峡工程。李鹏委员长这次对三峡的考察更为细致和全面，每到一处都热情地与建设者握手、致意，仔细听取业主、施工、监理等单位负责人的情况汇报，并不时询问一些技术问题。13日上午，李鹏委员长在三峡工程建设管理中心听取了中国三峡总公司总经理陆佑楣、副总经理李永安、贺恭的汇报。

李鹏说，工程大变样，建设管理体系正向现代化迈进，他感到满意。他强调质量是生命线，三峡工程理所当然要达到一流标准。他同时指出，未来3年，施工难度更大，质量要求更高，三峡建设者要进一步加强责任心和光荣感，确保二期工程建设任务的完成。

全国人大与国务院三峡建委有关单位领导王朝文、乔晓阳、吴文昌、赵留江、郭树言、李世忠、漆林，新华社总编南振中，湖北省委书记贾志杰、省长蒋祝平、重庆市委书记贺国强、市长包叙定，中国三峡总公司总经理陆佑楣、副总经理李永安、贺恭、王家柱、郭涛，宜昌市委书记孙志刚、市长王振有陪同李鹏委员长考察三峡工程并参加汇报会。

李岚清视察三峡工程

2000年12月18日，中共中央政治局常委、国务院副总理李岚清到三峡工地，首次视察三峡工程。

李岚清副总理及夫人章素珍在中国三峡总公司总经理陆佑楣、副总经理贺恭、王家柱、郭涛、杨清的陪同下，视察了永久船闸、大坝主体、机组安装、泄洪坝段等施工现场，并实地察看了导流明渠。李岚清说，百闻不如一见，今天实地看了三峡工程，印象很深刻。

陪同李岚清副总理考察三峡工程的有湖北省省委书记贾志杰、省长蒋祝平、副省长张洪祥和宜昌市市委书记孙志刚、市长王振有等。

（柳定祥　时香丽　乔仁贵）

三峡输变电工程

2000年是三峡输变电工程进入大规模建设的高峰年，是全国联网工程全面启动建设的一年。在2000年里，电网建设部、电网建设分公司按照国家电力公司的总体部署，围绕国家电力公司“两型、两化、国际一流”的奋斗目标，积极落实管理年的各项要求，坚持以三峡输变电工程和全国联网工程建设为中心，全面提高工程建设质量，促进电力公司系统电网建设水平全面提高，较好地完成了各项任务。通过加大公司内部管理，进一步加强电网建设的规范化管理，努力促进科技进步，大力推进电网建设管理水平与国际先进水平接轨。

三峡输变电工程建设计划执行情况

截止到2000年底，三峡输变电工程共20项。其中建设投产“3线1变”，即双河—南阳、凤凰山—下陆、南阳—郑州500kV交流输变电线路和500kV南昌变电所工程，线路全长594km，变电容量75万kV·A；续建工程“4线3变1直流”，即岗市—云田、汉阳—孝感、左岸8回出线、郑州—新乡500kV输变电线路工程（其中包括双河变扩建间隔、凤凰山扩建间隔、郑州变扩建间隔），长沙、孝感、新乡500kV变电所，龙泉至政平±500kV直流输电线路和两端换流站，线路全长1341km，变电容量75万kV·A，换流容量600万kW；新开工程“3线5变”，即常州—繁昌、常州—瓶窑、三峡—万县500kV输变电线路，益阳、荆州、宜兴、阜阳500kV变电所和荆门500kV开关站，线路全长735km，变电容量300

万 kV·A；预开工工程有小刘—开封 500kV 输电线路和开封 500kV 变电所及万县变电所 500kV 扩建。

2000 年三峡输变电工程资金计划 301182 万元，实际完成 296454 万元，为年计划的 98%。其中，固定资产投资完成 179350 万元，为年计划的 92%；完成综合费用 117104 万元，为年计划的 92%。固定资产投资中完成静态投资 145321 万元，价差预备费 34029 万元。由于 2000 年受引进 PASS 技术影响，使准备进行 PASS 技术设备工业性试验的变电工程建设进度减慢，影响了固定资产投资计划的完成。

各单项工程具体建设情况

1．年内建成投产工程

双河—南阳 500kV 输电线路全线架通，完成竣工验收；凤凰山—下王太 500kV 输电线路工程于 2000 年 6 月 21 日完成竣工验收，10 月份正式带电移交投入商运营；南阳—郑州 500kV 输电线路工程于 2000 年 12 月全线架通，完成竣工验收预检工作；500kV 南昌变电所工程于 2000 年 10 月份完成启动验收即移交投入商业运营。另外，500kV 小刘变电所扩建间隔工程于 2000 年 12 月份全部建成并启动带电成功：500kV 双河变电所扩建工程、500kV 凤凰山扩建工程均于 2000 年 10 月份建成并启动带电成功。

2．续建工程

岗市—云田 500kV 输电线路工程完成基础施工，计划 2001 年 6 月 30 日建成投运；郑州—新乡双回 500kV 输电线路工程（含黄河大跨越）全线杆塔 136 基，完成 120 基，架线 43.3km；三峡左一—龙泉Ⅲ1×65km 500kV 输电线路完成基础施工，进入组立塔阶段；汉阳—孝感 500kV 输电线路工程于 2000 年 12 月 28 日正式开工，进入全面基础施工；500kV 长沙变电所工程，建筑工程基本完成，一次设备安装完成 50%，主变压器安装完毕，计划于 2001 年 12 月 31 日前竣工；500kV 孝感变电所，建筑工程基本完成，一次设备安装完成 50%，主变压器安装完毕，计划于 2001 年 12 月 31 日前具备竣工验收条件；500kV 新乡变电所，建筑工程基本完成，一次设备安装完成 50%，主变压器安装完毕。

3．新开工工程

三峡左一—万县 500kV 输电线路工程于 2000 年 10 月 10 日正式开工，进入基础施工及组塔阶段；常州—繁昌 500kV 输电线路工程于 2000 年 11 月开工，完成基础施工的 10%；常州—瓶窑 500kV 输电线路于 2000 年 11 月开工，完成基础施工的 10%；500kV 益阳变电所本期规模 75 万 kV·A，主体工程于 2000 年 6 月 6 日开工，计划 2001 年 12 月 31 日前具备竣工验收条件；500kV 荆门开关站于 12 月中旬开始场平工作；500kV 阜阳变电所工程，本期规模为 75 万 kV·A，年底完成征地并开始“四通一平”工作。

500kV 荆州变电所工程和宜兴变电所工程本期规模均为 75 万 kV·A，因拟进行引进 PASS 技术设备进行工业性试验而推迟工期，准备组织审查紧凑型、智能化设备招标文件；500kV 万县变电所扩建工程完成初设收口，做好开工准备。

4．直流工程

三峡—常州±500kV 直流工程是三峡输变电工程建设中的重中之重。2000 年资金计划 128000 万元，其中投资计划 27940 万元，完成资金计划 128885 万元，投资计划完成 33105 万元。

在 1999 年基本完成中外联合设计和联络会的基础上，2000 年完成了初步设计审查收口工作，批准了概算，并据此完成了国内归口的总体布置，桩基、基础、水源、排水、电缆等地下设施设计，完成“四通一平”、物资采购、施工招标等开工前的准备工作，于 2000 年 7 月 27 日正式开工建设。

龙泉换流站完成“四通一平”验收；桩基工程全部完成；500kV 交流开关场构支架基础完成并交付安装；换流建筑物和换流变压器基础基本完成；站内道路按永久和监时相结合的方式设计并建成；站内排水、交流滤波器区域基础，辅助建筑物基础施工完成；综合楼及检修库建设完成 60%；大件运输道路通过中间验收。

政平换流站“四通一平”工程完工并通过验收；桩基完工；站内道路路基施工完成；控制楼基础开始浇铸；大件运输道路通过预验收，交付使用；500kV 交流场构架基础基本完成，构架安装基本完成；辅助生产设施基础完工，储油罐等辅助设施开始制作安装；电气安装着手准备。

换流站建筑物钢构件等进口设备于 2000 年 9 月份陆续到达现场；交流场设备基本到齐。

完成了阀、交流场设备、直流设备、控制保护硬件和软件、远动和通信设备的国外监造、试验和验收；换流变压器和平波电抗器监造、试验和验收基本结束。

直流线路及长江、汉江大跨越工程全线开工，进展顺利。

按利用国外贷款转贷款合同关于保险的要求，完成直流工程设备运输、安装保险和第三者责任险，并争取到安装工程一切险 0.161% 和第三者责任险免费的优惠承保条件，运输保险将原定由中方购买的国内运输保险改为由外方延伸到目的的。经评审，确定保险由中国人民保险公司作为首席承保人，并与中国太平洋保险公司、中国平安保险公司以共保形式承担。

三峡—华东第二回±500kV 直流输电工程前期启动并取得了阶段性成果，完成两端换流站造址及有关专题报告。

跨大区联网工程

2000年共安排建设四个联网工程，东北—华北联网工程线路本体和绥中间隔全部完工，完成投资22951万元；福建—华东联网工程经国家计委批准，线路工程开始施工；华北—华中联网工程、华中—西北联网工程的可研报告经过审查，报国家计委待批，完成资金1300万元。

（刘 博）

北仑发电厂

位于浙江省宁波市北仑区新矸镇，厂区紧靠杭州湾口外金塘水道之南岸。全厂总装机容量为五台600MW机组，是20世纪末中国已建成容量最大的燃煤火力发电厂。

建设简史。本厂一期及二期工程均为世界银行贷款，一期工程建设2台600MW机组。1号机组于1988年4月开工，1991年4月并网发电。2号机组于1990年10月动工，1994年10月投入运行，二期工程于1996年6月8日开工，3号机组已于1998年12月24日并网发电，以后每隔7个月投产1台；5号机组已于2000年4季度投入商业运行。

一期工程总投资28.26亿元，二期工程批准概算的动态投资为122.2亿元。

厂址条件。厂址地形平坦，从地表至-19.0～-40.0m为第四系全新统淤泥质黏土。土质条件很差，厂区构筑物均需地基处理。

电厂燃用晋北烟煤，经海运至电厂。一期及二期工程已分别建成两个5万吨级卸煤码头泊位和一个3000吨级大件码头兼卸油码头。

总平面布置。按五台600MW机组进行总体规划，厂区所占岸线控制在1km范围内，主厂房纵向轴线垂直海堤布置，详见总平面布置图。

电厂水源。凝汽器循环水、工业冷却水及冲灰水采用海水，设岸边水泵房直接取自金塘水道。锅炉补给水及生活用水等采用淡水，其水源取自新路岙水库和岩太水系，并在距电厂2.5km处建有千亩岙水库，作为电厂专用的淡水调蓄水库。

电厂灰场。一期工程在厂区北侧海涂上建成了近期灰场，堆灰库容为640万m^3。该灰场从二期工程开始作为全厂的堆渣场和事故灰场。永久灰场（泥螺山灰场）建在北距厂区28km的海涂上，库容可达5000万m^3以上，分期建设。干灰以高浓度水力输送至泥螺山灰场，也可以干灰方式卸入密封罐车，或装袋综合利用。

电厂接入系统。以500kV电压接入系统，并设一台500MVA联变降压至220kV。一、二期工程共有3回500kV出线。200kV出线现已有两回，最终为五回。500kV及220kV配电装置均采用户内式GIS。

技术特点。主设备的供货厂商及设备概况见表。

主设备的供货厂商及设备概况

机 组	供货厂商	机 组 概 况
1号机	日本东芝	单轴冲动式、四缸四排汽、双背压凝汽器、八级回热系统。额定功率600MW，VWO+5%OP出力为656.619MW，额定工况热耗7877kJ/（kW·h）
1号炉	美国CE	强制循环、四角摆动喷嘴切向燃烧、一次再热、亚临界汽包炉。BMCR出力为2007t/h，额定工况效率为92.8%（LHV）
2号机	法国阿尔斯通	单轴冲动式、四缸四排汽、双背压凝汽器、八级回热系统。低压缸末级叶片长1072.5mm，额定功率600MW，VWO+5%OP出力为661.03MW，额定工况热耗7790kJ/（kW·h）
2号炉	加拿大B&W	自然循环式/前后墙对冲燃烧，一次再热亚临界汽包炉，BMCR出力为2021t/h，额定工况效率为93.48%（LHV）
3、4、5号机	日本东芝	同1号机，但低压缸末级叶片长度采用1072.5mm（1号机为850.5mm），额定工况热耗7773kJ/（kW·h）
3、4、5号炉	日本IHI	自然循环式/前后墙对冲燃烧，一次再热亚临界汽包炉，BMCR出力为2045.27t/h，额定工况效率为94%（LHV）

摘编自《中国电力百科全书·火电卷》（第二版）

制粉系统采用中速磨煤机直吹系统，每台炉配六台磨。1、2号机组各设一座240m烟囱。二期三台锅炉合用一座组合式烟囱，内置三个内径6500mm钢内筒，高度也是240m。

给水系统采用2×50%容量的汽动给水泵和一台30%容量的电动调速泵。旁路系统采用容量为50%BMCR的高、低压二级串联系统。

输煤系统　电厂的两个5万吨级卸煤码头泊位设计年卸煤量可达1200万t，除满足5×600MW机组的燃煤量外，还有部分余量可中转至镇海电厂。码头配备四台1500～1800t/h抓斗式卸船机和一台1600t/h装船机。

自动化水平　1、2号机组分散控制系统采用美国CE公司的MOD-300系统，二期三台机组选用美国BAILEY公司的INFI-90系统。

辅助系统如凝结水精除盐、化学水处理、废水处理、输煤及出灰等均采用可编程控制器，以CRT和键盘进行监视和控制。

环境保护　大气环境的防治、水体的保护、灰渣的治理、噪声的防治等采取了一系列工程措施，使环境得到了有效的保护。

1号机组在1995年1月，2号机组于1995年5月进行环境监测测试。测定结果表明：北仑电厂及周围地区大气环境中二氧化硫、氮氧化物和总悬浮微粒均未超过国家规定的大气质量二级标准。总平均浓度：SO_2：0.007mg/m^3，NO_x：0.020mg/m^3，TSP：0.050mg/m^3，分别占二级标准的4.7%、20.0%和16.7%，对废水处理系统、灰渣处理系统、噪声污染也同样进行了严格的监测，也均达到国家标准。

绥中发电厂

位于山海关东北23km处的渤海辽东湾海滨。电厂规划容量为3200MW，本期安装两台由俄罗斯成套引进的800MW超临界机组。燃用山西晋北煤由大秦铁路运至电厂。用500kV和220kV两级电压分别接入主网和向地区供电。主机型式见表。

机组采用8级回热系统即“三高四低一除氧”并设置起动大旁路系统。每台机组配2台出力为1500t/h的汽动给水泵，根据中方要求，另设2台出力为600t/h的电动给水泵作为起动备用。凝结水系统采用三级泵串联，汽轮机凝汽量为1426.8t/h，凝汽器面积为41200m^2，采用单元制海水一次循环冷却系统，每台机配出力为44750m^3/h立式斜流循环水泵两台。锅炉断面，采用中速磨直吹式制粉系统，每台炉装有8台中速磨煤机。4×12只燃烧器采用前后墙对称布置。每台炉安装2台轴流式送风机；2台一次风机，2台炉烟再循环风机，3台引风机，3台再生式空气预热器及3台6电场除尘效率为99%的电气除尘器。两台炉合用一座双筒（金属排烟筒）组合烟囱，高270.00m。除灰采用干灰气力集中、灰渣分除、海水水力输送。锅炉补水采用两级化学除盐加混床系统，出力为250t/h。监控自动化系统分全厂与单元机组两级，全厂级在中央控制室进行，单元机组采用机、炉、电集中控制。

主机型式表

项目	型号	出力MCR	主要参数	生产厂家
锅炉	ПП—2650—25—545KT矩型单炉体T型布置直流炉	2650t/h	主汽：$p=25$MPa；$T=545$℃；$Q=2650$t/h 再热：$p=3.62$MPa；$T=545$℃；$Q=2152$t/h 给水：$T=277$℃ 效率：$\eta=92.3$%	塔干罗格锅炉厂
汽机	K—800—240—5单轴五缸中间再热双背压凝汽式	800MW	蒸汽：$p=23.5/3.32$MPa；$T=540/540$℃ 背压：3.57/4.54kPa 净热耗：8033kJ/（kW·h） 可用率：98%，末级叶片长：960mm	列宁格勒金属工厂
发电机	TBB—800—2EY3型水氢氢冷却方式	800MW	额定电压/电流：24kV/21400A 功率因数：0.9 效率：98.75% 同轴交流励磁、可控硅整流	列宁格勒电机厂

主厂房全长230.00m，宽198.00m。汽轮机房跨度为51.00m，汽轮机采用纵向布置，运转层标高为11.40m，设有地下室，标高－4.20m。其外侧设有跨度为2×12.00m的偏屋，布置有中央控制室（网控），单元控制室和厂用电。锅炉房跨度为42.00m，两侧对称布置有16.50m跨度的磨煤机间和12.00m跨度的煤斗间。除氧间布置在汽机房侧煤斗间的顶层。锅炉房后部是跨度为24.00m的再生式空气预热器间。电除尘器高位布置在引风机室的顶层。炉后烟气建筑占地宽度为96.00m。主厂房采用钢结构，围护结构为陶粒混凝土墙板。整个主厂房面积为84634m^2，建筑体积为1835747m^3（其中地上部分体积为1756535m^3）。

绥中电厂厂区占地62.17ha，每兆瓦占地0.0389ha。由配电装置至煤场将厂区分为5.40m、7.00m、11.00m、14.10m、17.00m五个阶梯，主厂房零米标高为7.00m。

两台机组概算总投资为103亿元。在额定负荷时发电煤耗率320g/(kW·h)，厂用电率5.28%，供电煤耗率338g/(kW·h)。投产时间：1号机组2000年5月，2号机组2000年10月。绥中发电厂的两台机组是20世纪末中国已投产的单机容量最大的火力发电机组。

摘编自《中国电力百科全书·火电卷》（第二版）

广州抽水蓄能电站

位于中国广州市从化县吕田镇，距广州市直线距离90km。上水库位于召大水上游的陈禾洞小溪上，下水库位于九曲水上游的小杉盆地。上下水库间距离约3km，水位落差约500m。电站装机容量2400MW（8×300MW），分两期建设，一、二期工程各装机1200MW，多年平均发电量一、二期分别为23.8亿kW·h和25.089亿kW·h，电站以3回500kV输电线路接入广东电网，配合大亚湾核电站的安全稳定运行，解决广东电力系统的调峰填谷的需要，并担负系统的事故备用、调频、调相等任务。电站一期工程于1988年9月开工，第一台机组于1993年8月发电；二期工程于1994年9月开工，1998年7月第一台机组发电。2000年3月，该电站8台机组全部建成发电，是20世纪末全世界已建成的装机容量最大的抽水蓄能电站。

上水库和下水库。一、二期工程共用上下水库。

上水库坝址以上流域面积5km^2，多年平均流量0.209m^3/s，水库正常蓄水位一期工程810m，二期抬高到816.8m，相应库容分别为1700万m^{3}和2406万m^3，死水位797m，相应库容700万m^3，调节库容一期1000万m^3，一、二期共1716万m^3。大坝为混凝土面板堆石坝，最大坝高68m，按万年一遇洪水校核，左岸设有岸边侧槽式溢洪道（宽40m）。

下水库坝址以上流域面积13km^2，多年平均流量0.544m^3/s，水库正常蓄水位一期工程283m，二期抬高到287.4m，相应库容分别为1750m^{3}万和2340万m^3，死水位275m，相应库容750万m^3，调节库容一期1000万m^3，一、二期共1711万m^3。大坝为碾压混凝土重力坝，最大坝高43.3m，按万年一遇洪水校核，溢流坝段设两孔宽9m的溢流孔。

输水系统。由上下水库进出水口、引水隧洞、上下调压井、尾水隧洞等组成。输水线路一期工程长3858m，二期总长4438m，均采用一洞四机布置。上平段洞径9m，分别长925.77m和883.5m，与上调压井相接，调压井后为两级斜井和中平段，一期总长1066.22m，二期902m，洞径8.5m，下弯段后为设计水头高达775m的钢筋混凝土岔管，直径8.0～3.5m，其后用4条3.5m的钢支管进入厂房与水泵水轮机连接。尾水洞一、二期各设1条，洞径9m，一期总长1521.01m、二期长2190.34m，均设有2个尾水调压井。上、下调压井均为阻抗式，上调压井上室直径25m，升管直径14m；下调压井为带上廊道的阻抗式，大井直径一期20m、二期14m、升管直径5.6m。

厂房和机电设备。主副厂房、变压器室等均布置在地下，一、二期工程厂房长146.5m，宽21m，高分别为44.54m和47.65m。各安装4台单机容量为300MW竖轴单级混流可逆式水泵水轮机和发电电动机组。水泵水轮机转轮直径3.985m，转速500r/min，吸出高度－70m。发电工况：最大、最小水头一、二期工程分别为537.18m和504.29m、及535.64m和497.6m；额定出力分别为347.7MW和350.3MW。抽水工况：一、二期工程最大、最小扬程分别为550.01m和514.14m、及552.8m和514.5m，最大扬程时输入功率分别为326.08MW和325.8MW。发电电动机为竖轴三相空冷半伞式，额定电压18kV，发电时，单机容量为300MW，功率因数0.9；抽水时，功率因数0.95。采用自并激晶闸管静态励磁。电动机启动采用静止变频器和背靠背同步启动两种方式。

一期工程主变压器和高压配电装置室位于厂房下游侧，主变压器室长114.24m，宽17.24m，高27.4m；二期工程主变压器室长138.07m，宽17.24m，高17.6m。主变压器室内均装有单台容量为340MV·A的500kV强油水冷三相变压器4台。一期500kV气体绝缘密封电器布置于地下，500kV出线2回，用电缆经出线洞引出；二期工程开关站布置于户外，长102m，宽55.5m，500kV出线1回。

工程量。一、二期工程的主体工程量分别为：土石方明挖149万m^3、77.12万m^3，石方洞挖86万m^3、

94.72万m^3,混凝土25万m^3、19.12万m^3,土石方填筑31万m^3、33.24万m^3,钢材1.38万t、1.096万t。

设计和建设单位。广东省水利电力勘测设计研究院设计，广州抽水蓄能联营公司负责建设，中国水利水电第十四工程局施工。

摘编自《中国电力百科全书·水电卷》(第二版)

天生桥一级水电站

位于中国红水河上游南盘江干流上，地跨贵州安龙县和广西隆林县，是红水河梯级水电站的最上一级。下游7km是天生桥二级水电站首部枢纽，上游约62km是南盘江支流黄泥河上的鲁布革水电站厂房。电站以发电为主，并可提高下游已建的天生桥二级、大化和岩滩3个水电站的保证出力共计884MW和年发电量共计40.77亿kW·h，同时对下游梯级水电站及河道防洪均有作用。电站装机容量1200MW(4×300MW)，保证出力405.2MW，年发电量52.3亿kW·h，用220kV电压输电线路4回接下游右岸距水电站4km处的马窝换流站，用直流±500kV电压向广东送电。混凝土面板堆石坝最大坝高178m。工程于1991年筹建，1994年截流，1998年底第1台机组发电，第4台机组已于2000年12月建成发电。

水文和水库特性。坝址以上流域面积50139km^2，占南盘江全流域的89.4%。多年平均流量612m^3/s，多年平均年径流量1.93亿m^3。主体工程按千年一遇洪水设计，洪峰流量20900m^3/s，相应库水位782.87m，相应泄流量15282m^3/s。按可能最大洪水校核，洪峰流量28500m^3/s，相应库水位789.86m，相应下泄流量21750m^3/s，总库容102.57亿m^3。正常蓄水位780m，相应库容83.95亿m^3。死水位731m，调节库容57.96亿m^3。属不完全多年调节水库。电站设计水头110.7m，最大工作水头143m，最小工作水头83m。

枢纽布置。坝址河谷比较开阔，岩层由石灰岩、砂岩、泥岩及泥灰岩组成。坝址区地震基本烈度Ⅵ度，设计烈度7度。枢纽工程包括拦河坝、右岸放空隧洞及右岸开敞式溢洪道、左岸引水系统和厂房等建筑物。主坝断面坝顶高程791m，防浪墙顶高程792m(墙高4.7m，露出坝顶1m)，最大坝高178m，堆石体最大高度为182.7m，坝顶长1168m，坝顶宽12m，最大坝底宽505.82mm，上游坝坡及下游平均坝坡为1:1.4，总填筑量约1800万m^3。混凝土面板厚度从坝顶部的0.3m渐变为坝底部的0.9m，单层双向配筋，顺坡向含筋率0.4%，水平向含筋率为0.3%。面板竖向缝间距为16m，共69块。混凝土趾板厚0.6～1.0m，宽6～10m，用锚筋与基岩连接，并进行固结灌浆及帷幕灌浆。面板与趾板连接处的周边缝设有3道止水：缝底部为止水铜片；中部为塑胶止水带；顶部为塑胶混合填缝料。靠近岸边的面板张性竖向缝，缝底设止水铜片，缝面涂沥青乳剂，缝顶覆盖塑胶混合料。靠河的压性竖向缝，只在底部设1道止水铜片，缝面涂沥青乳剂。另在坝上游坡面下部铺盖土料，起辅助防渗作用。坝的堆石体主要采用溢洪道区开挖的石灰岩，部分利用工程开挖的砂岩泥岩混合料。趾板建基面为弱风化岩层，整个坝的堆石体坐落在清除覆盖层后的岩基面上。

溢洪道布置在右岸垭口处。引水渠长约1122m，底宽120m。溢流堰顶高程765m，溢流前沿总宽81m，设溢流孔5孔，用13m×20m的弧形闸门控制。泄槽长530m，底宽98m，出口为挑流消能。

放空隧洞进口底坎高程660m，全长1033.9m，压力洞段圆形断面直径为9.6m，无压洞段断面为8m×12m，出口为挑流消能。

引水道由4条内径9.6m,长288.84～290.02m的后张法有粘结预应力衬砌隧洞及其后的4条内径9.0～7.8m,长191.11m的高压钢管组成。主厂房为地面岸边式,长145m、宽26m、高61.5m,安装4台容量为300MW的混流式水轮发电机组。120MV·A单相主变压器13台(含备用相1台)布置在尾水平台上。

工程施工。设计主要工程量为：土石方明挖2298.59万m^3，石方洞挖83.16万m^3，土石方填筑1898.34万m^3（其中坝体1770.9万m^3），混凝土和喷混凝土120.03万m^3（其中坝体11.83万m^3），帷幕灌浆5.4万m，固结灌浆2.32万m，金属结构安装18300t。枢纽施工采用左岸2条13.5m×13.5m导流隧洞导流。场内外交通均采用公路运输。

摘编自《中国电力百科全书·水电卷》(第二版)

天生桥二级水电站

中国红水河梯级水电站中的第二级，位于红水河支流南盘江下游河段上，地跨贵州省安龙县和广西壮族自治区隆林县，距贵阳市385km，有公路相通。电站为引水式，初期装机容量880MW，保证出力199MW，多年平均年发电量49.2亿kW·h；最终装机容量1320MW，保证出力730MW，多年平均年发电量82亿kW·h。混凝土重力坝最大坝高58.7m。电站以5回（其中1回备用）500kV输电线路向广东、广西和贵州送电，以2回220kV输电线路连天生桥一级水电站的换流站的交流母线与天生桥一级联络，以4回220kV输电线路向广西、贵州送电。工程于

1982年开始筹建，1986年11月截流，1992年12月第一台机组发电，1997年12月一期工程4台机组发电；2000年12月二期工程2台机组建成发电。

水文和水库特性。坝址以上流域面积50194km^2，占南盘江流域面积的89.3%。多年平均流量615m^3/s，多年平均年径流量194亿m^3。百年一遇设计洪水流量13500m^3/s，千年一遇校核洪水流量19400m^3/s。多年平均年输沙量1490万t。总库容0.88亿m^3，调节库容0.184亿m^3，属日调节水库。电站设计水头176m，最大水头204m，最小水头174m。

枢纽布置。坝址区地层为薄层灰岩夹页岩，引水隧洞洞线通过的主要地层为灰岩和砂页岩，厂区主要地层为砂页岩。枢纽建筑物由首部枢纽、引水系统和电站厂房等组成。

首部枢纽工程有河床溢流坝段，左、右岸非溢流坝，右岸进水坝段和冲沙闸等，坝顶全长463m。河床溢流坝为碾压混凝土重力坝，长138.1m，设有9个溢流表孔，孔口尺寸为12m×13.7m，由平板钢闸门控制，采用面流消能，护坦长30m。右岸引水系统由进水口、引水隧洞、调压井和压力管道等组成。引水隧洞共3条，洞线近于平行，平均洞长9.55km。根据不同的开挖方法和衬护型式，隧洞各段内径不等，为8.7～9.8m。3座调压井均采用带上室的阻抗式，圆井内径21m，高88m。调压井后分为6条压力管道压力管道内径5.7m。

电站厂房为岸边式厂房，厂内安装6台混流式水轮发电机组，单机容量220MW。水轮机转轮直径4.5m，转速200r/min，吸出高度－5.5m。发电机为空冷斗伞式，额定容量220MW，额定功率因数0.9，额定电压18kV。3台单台容量为500MV·A的500kV三相双绕组强油风冷组合式变压器及高压配电装置设在厂房后侧。500kV和220kV电压间设有750MV·A自耦联络变压器一组。

工程施工。首部枢纽采用明渠导流、过水土石围堰枯水期挡水施工方式。引水隧洞根据不同地层情况分别采用钻爆法和全断面掘进机（直径10.8m）开挖方式。总工程量为：土石方明挖603万m^3，石方洞挖351万m^3，混凝土浇筑150万m^3，喷混凝土18.5万m^3，金属结构安装1.63万t。

摘编自《中国电力百科全书·水电卷》（第二版）

西电东送已开工水电项目

贵州乌江洪家渡水电站

洪家渡水电站位于贵州省黔西县和织金县交界的乌江干流六冲河下游。

电站安装3台180MW混流式水轮发电机组，总装机540MW，保证出力171.5MW，多年平均发电量15.49kW.h。

该电站的水库正常蓄水位1140m，水库总库容45亿m^3，水库具有多年调节能力。

水库淹没耕地62943亩，迁移人口45697人。

电站枢纽由大坝、洞式溢洪道、泄洪洞、引水尾水系统、地面厂房等组成。大坝为钢筋混凝土面板堆石坝，最大坝高179.5m。

电站采用220kV三回出线和110kV四回出线接入贵州电网。220kV三回出线其中二回接至占街变电所，一回接至毕节。110kV四回出线，其中一回接至黔西，一回接至大方，二回接至织金。

工程动态总投资492715万元，静态总投资426478万元。

洪家渡水电站由国家电力公司和贵州省投资公司共同组建的乌江公司负责筹资、建设、运营和管理，其中30%资本金由乌江公司负责筹集，其余70%为银行贷款，分别由国家开发银行和中国农业银行贷款264900万元和80000万元。

该电站建设总工期6年9个月。其中施工准备期2年3个月，主体施工期4年5个月。第一台机组发电5年9个月。

贵州乌江渡水电站扩建工程

乌江渡水电站于1970年开工，1982年3台机组全部投产（3×21万kW），1983年工程竣工验收移交生产。由于电网的需要及乌江渡水电站在电力系统的重要地位和运行方式的变化，早在1984年，国家有关部门即开始对乌江渡水电站扩建项目进行研究和论证，通过十余年的工作，该项目的项目建议书和可研报告于2000年先后得到了国家计委的批复。同时根据贵州和广州省电力工业发展的需要，国家计委将乌江渡水电站扩建工程列为贵州省“西电东送”的首选电源建设项目之一。

乌江渡水库的正常蓄水位为760.00m，现运行死水位为720.00m。工程扩建后水库正常蓄水位仍为760.00m。经比较，确定电站扩建后的运行死水位为736.00m。乌江渡水电站扩建工程装机50万kW（2×25万kW）。扩建后（整个乌江渡水电站）保证出力33.2万kW，多年平均发电量40.56亿kW.h。

该工程动态总投资为8.33亿元，静态总投资为7.92亿元。工程由乌江水电开发有限责任公司负责建设、运营和管理，其中该工程总投资的20%资本金由乌江水电开发有限责任公司负责筹集，其余80%由中国工商银行和中国建设银行贷款，各为

3.332亿元。

该工程不增高大坝，不改变原水库的正常蓄水位，不增加水库淹没，不涉及水库移民安置问题，不影响原电站正常发电，特别是随着上游库容为49.25亿m^3的洪家渡龙头电站的建成，为乌江渡电站的扩建增容工程提供了必要条件，可以提高电站保证出力、减少汛期弃水、增加枯期调峰电力电量、改善电网运行条件、提高系统整体经济效益。

贵州引子渡水电站

贵州引子渡水电站位于贵州省平坝县与织金县交界的乌江上游三岔河上。

电站安装3台单机容量为12万kW的立轴混流式水轮发电机组，总装机容量36万kW，多年平均发电量9.78亿kW·h。

该电站正常蓄水位1086m，水库总库容4.55亿m^3，调节库容3.22亿m^3。

水库淹没耕地8590亩，移民5039人。

电站枢纽由面板堆石坝、溢洪道、引水隧洞、调压井、地面厂房等组成，大坝最大坝高134.5m。

电站以220kV电压等级两回出线接入贵州电网。

电站动态总投资15.93亿元，静态总投资14.72亿元。

该电站由贵州省电力投资公司（占38.08%）、国投中型水电实业开发公司（占36.92）、贵州省基建投资公司（占15.38%）、贵州省新能实业发展公司（占3.85%）、贵州省普定县资源开发公司（占5.77%）共同组建的黔源电力股份有限公司负责筹资、建设、运营和管理。该项目所需融资12.73亿元，其中中国农业银行、中国工商银行贵州分行、中国银行提供贷款分别为10亿元、1.4亿元、1.4亿元。

电站第一台机组发电工期3年，工程总工期4年。

1. 天生桥—广东第三回交流500kV输变电工程

本工程为南方电网“西电东送”输电通道重要组成部分。它的建设增大了云、贵外送通道的输电能力，将有利于提高南方电网的稳定水平，对加强电网结构、提高供电可靠性、缓解广东省用电紧张局面发挥重大作用。

工程建设规模为：①新建天生桥—百色—南宁—玉林—茂名500kV交流线路797km，其中天生桥—百色230km，百色—南宁219km，南宁—玉林207km，玉林—茂名141km；②扩建天生桥换流站，安装75万kV·A变压器一台、12万kvar高抗一组，云南罗平至天生桥二级的500kV线路开断，接入天生桥换流站，新建500kV线路7.4km；③新建百色500kV开关站，安装12万kvar高抗一组；④新建南宁500kV变电站，安装75万kV·A变压器一台、12万kvar高抗一组和5万kvar低抗三组；⑤扩建玉林变压器500kV间隔2个，安装15万kvar高抗2组；⑥扩建茂名变压器500kV间隔1个；⑦建设相关二次系统和OPGW通信工程等。

国电公司为本工程项目法人，授权国电南方公司负责建设、经营及债务偿还。工程动态总投资为218751万元（可研批复概算）。本工程已开工，预计2002年6月投运。

本工程投产后，南方电网“西电东送”将形成“三交一直”通道，使天生桥出口输电能力提高到480万kW，进入广东的输电能力可达到370万～390万kW。

2. 云南宝峰—罗平500kV输变电工程

本工程是实现国家西部大开发战略的重要工程。该工程的建设，对加强云南500kV电网建设，完善电网结构，保证电力东送容量达到160万kW，提高电网供电质量和可靠性，均起到重要的作用。

工程建设规模为：新建宝峰—罗平500kV交流线路210km；扩建罗平变电站，安装一组75万kV·A变压器；扩建宝峰变压器500kV间隔；两站低压侧安装并联电抗器等。本工程由云南电力集团有限公司负责建设、经营及债务偿还。工程动态总投资为62885万元（可研批复概算），其中资本金12577万元，国内银行贷款50308万元。

本工程于2000年底开工，预计2002年6月投运。

本工程投产后，云电外送输电能力可达到160万kW。

3. 天生桥—广东直流输电工程

天广直流输电工程是我国继葛上直流工程之后的第二项超高压、大容量直流输电工程，也是实现西电东送战略规划的标志性工程。

天广直流工程西起云南、贵州、广西三省交界处的天生桥一级水电站，东至广东省广州市北郊换流站，线路全长960km，电压等级为±500kV，输送容量为180万kW。国电南方公司负责建设、经营及债务偿还。工程动态总投资为39.8亿元，其中资本金7.9亿元，国内贷款17.45亿元，使用日元贷款210亿日元，折合人民币14.45亿元。本工程于1998年开工，2000年底直流单极投运，2001年6月双极投运。

本工程的建成投产，形成了我国第一个交直流并列运行的输电通道，其输电技术具有国际先进水平。该工程交直流比例基本合适，直流输电系统具备一定的过负荷能力，因此既可发挥交流输电的优势，有利于加强南方电网500kV主网架的建设；又可利用直流系统传输功率快速调节的特点来改善系统的稳定，例如当交流线路故障时能借助于直流紧急功率支援和功率调制等功能，提高整个系统的安全稳定性和输电通道的输送容量。

目前，由云南电网、贵州电网和天生桥电站组成的送端系统可通过“两交一直”输电通道向受端广东省送电，与之相配套的安全稳定控制系统也已投运，使送电能力在广东入口断面上达到300万kW，实现了预定的输电目标，对广东省的经济和社会发展具有重要作用，同时对促进西部地区的开发也有重要意义。

中国电力年鉴

7 部分电力企事业单位

国电电力发展股份有限公司

国电电力发展股份有限公司（原为大连东北热电发展股份有限公司，以下简称“国电电力”股票代码600795），自1997年上市以来，实现了生产规模、经营业绩和股本总额的高速增长。公司现有国有法人股股东3家，持有公司国有法人股占公司总股本的74.9%。其中，国家电力公司占34%；辽宁省电力有限公司占31%；龙源电力集团公司占9.9%。公司上市流通股份占总股本的25.1%。国电电力是国家电力公司在国内A股市场唯一直接控股的上市公司。

公司拥有和经营的发电规模为353万kW，净资产达40多亿元，同时公司还拥有一批涉足电力环保、节能等高科技产业公司。公司经营的业务范围目前已由东北地区走向全国，公司在东北、华北、四川、山东等地拥有电厂、子公司和控股公司，拥有职工总数达13000人。

目前，公司拥有火电厂三座，水电厂三座，主要为大型坑口火电厂、大型流域水电厂和城市供热电厂，具有较好的经济效益和开发前景。大同二电厂是公司全资拥有的发电企业，位于大同市南郊，是由我国自行设计、施工、安装的坑口火力发电企业，是华北地区的主力发电厂，为国家特大型企业。总装机容量6×20万kW，年发电量为70亿kW·h左右，其电力直供北京，近年来机组基本处于满发状态，发电成本低于全国火电厂平均水平，为今后的“竞价上网”积蓄了很强的竞争优势。公司控股的国电大渡河流域开发有限公司所属的龚嘴水力发电总厂是大渡河流域的梯级电站，流域滚动开发条件优越。龚嘴水力发电总厂拥有龚嘴、铜街子两个水电站，总装机容量130万kW。龚嘴水电站总装机容量7×10万kW，该厂近五年年均发电量29.12亿kW·h。铜街子水电站总装机为4×15万kW。1994年12月全部机组建成投产。该厂近五年年平均发电量为24.25亿kW·h。朝阳发电厂是公司全资拥有的发电企业，位于辽宁省朝阳市龙城区，装机容量为40万kW，是东北电网的骨干电厂。1967年第一期工程开始动工，1972年第一台20万kW机组并网发电，1975年第二台20万kW机组并网发电，是东北电网的主力发电厂。桓仁发电厂、太平哨发电厂是公司全资拥有的水电企业。这两个水电厂都位于辽宁省境内，桓仁水电厂由桓仁水电站和回龙山水电站组成，是东北电网大型水力发电厂之一，装机总容量为29.45万kW，年设计发电量6.5亿kW·h。大连开发区热电厂是公司全资拥有的发电企业，一期工程装机两台1.2万kW，二期工程扩建2台5万kW发电机组、3台220t/h高温高压固态粉煤炉。是供热为主、热电联产的燃煤电厂，也是大连市开发区唯一的热电厂。

拥有并继续努力发展高科技产业是国电电力的显著特点。2000年配股进入公司的龙源六个公司即龙源电力环保技术开发公司、中能电力科技开发公司、龙源电气公司、龙源电力技术工程公司、龙威发电技术服务有限公司、烟台龙源电力技术有限公司，经营业务涉及环保、节能、技改等领域，其中烟气湿法脱硫技术、等离子点火居国内或国际领先地位。环保公司拥有德国斯坦米勒公司湿法脱硫技术，已与国外公司合作完成了北京一热、重庆、浙江半山、云南小龙潭等电厂的脱硫技术改造工程，并新近签署了太二和黄台电厂50万kW脱硫工程的总承包意向书。此外，最近中标并已签约的北京石景山电厂一台20万kW机组的脱硫项目是北京申奥重点项目。烟台龙源公司开发成功的等离子点火装置已通过部级鉴定验收，在世界上首次利用等离子点火技术实现了贫煤锅炉无油启动和稳燃。据了解，全国近1.8亿kW火电机组用于点火稳燃、助燃用油每年高达520万t，加上全国工业锅炉用油，每年用于点火稳燃、助燃用油高达600多万t。等离子点火装置的诞生意味着每年可为国家节省大量资金，目前该项目已达到了工业应用水平。

“未来社会的重要特征就是信息化、数字化”，为此，公司积极向网络、通信、高科技领域挺进。目前，国电电力与中国电力信息中心共同持股的北京国电联合商务网络有限公司已正式投入运行。公司与电力通信中心、江苏省电力公司合资的城市宽带通信网络公司正在组建中。此外，公司还积极投资可在创业板上市的高科技公司，先后参股国电南瑞科技股份有限公司、上海复旦网络股份有限公司、珠海远光新纪元软件有限公司、深圳雅都图形股份有限公司等，均成为第二大股东。这一切既为公司培育了新的利润增长点，又为公司今后的产业升级打下了坚实的基础。

公司根据《公司法》及其他法律法规的要求，建立现代企业制度，按照上市公司的运作要求，自主经营、自负盈亏、自我约束、自我发展，公司股东大会为公司的最高权力机构，董事会由股东大会选举，并对全体股东负责；经营班子由董事会聘任，对董事会负责，与控股股东实现了人员、财务、资产三分开，实现了公司发展及效益的持续、快速、健康增长，成为二级市场上具有高成长性的绩优股。

公司注册地目前在辽宁省大连市。根据公司业务已由东北地区走向全国的情况，为有利于公司发展，公司管理总部已迁至北京。

在新的世纪里，国电电力全体员工将以高度的责任感、高度的敬业精神、高度的进取精神和精诚团结的团队精神，共铸公司更加美好灿烂的未来。

国电电力2000年年度大事记

2000年1月23日，大连东北热电发展股份有限公司以通信方式召开了2000年第一次临时股东大会，通过了公司名称变更为国电电力发展股份有限公司的议案、关于修改公司章程的议案、关于推举新一届董事会成员候选人的议案、关于推举新一届监事会候选人的议案。

2000年1月26日，公司董事会三届一次会议在大连召开，选举高严先生为第三届董事会董事长，王禹民、朱永芃先生为副董事长。经董事长提名，聘任王炳华先生为公司总经理；经总经理提名，聘任章钢柱先生为常务副总经理，张贺先生为副总经理。讨论通过了关于公司简称的议案，公司简称定为“国电电力”。根据公司第三届董事会第一次会议决议，2000年1月25日起公司简称由“东北热电”变更为“国电电力”。

2000年3月17日，公司三届二次董事会在北京召开。

2000年4月28日，公司三届三次董事会在北京召开。

2000年5月29日，公司1999年度股东大会在大连召开，审议通过了1999年度董事会工作报告、公司1999年度财务决算报告、1999年度利润分配议案、1999年度监事会工作报告、公司2000年配股议案、公司自筹资金收购朝阳发电厂议案、授权公司董事会人民币8000万元以下投资权限的议案。

2000年7月20日，公司三届四次董事会在大连召开，讨论并通过了公司2000年中期报告及摘要、发起设立国电南瑞科技股份有限公司的议案、人事变动议案。根据工作需要，王炳华先生辞去公司总经理职务，张贺先生辞去公司副总经理职务，张国厚先生辞去公司董事会秘书职务，经公司董事长高严先生提名，选举公司副董事长朱永芃先生兼任公司总经理，聘任陈景东先生为本公司董事会秘书。

2000年9月14日，公司三届五次董事会在北京高新大厦九层召开，会议讨论并通过了以下议案：①参股上海复旦网络工程有限公司的议案。②参股珠海远光新纪元软件产业有限公司的议案。③参股深圳市雅都图形软件有限公司的议案。④发起设立北京国电商务网有限公司的议案。⑤发起设立国电江苏宽带网络发展有限公司的议案。

2000年9月14日，公司与中国电力信息中心、国电南京自动化股份有限公司、深圳国电科技发展有限公司、中国水利电力物资有限公司在北京签署了发起设立“北京国电商务网有限公司”、建设运营“国家电力商务网”的协议。

2000年9月14日，公司与复旦大学在北京签署了关于上海复旦网络工程有限公司股权转让的协议。

2000年10月28日，公司在《中国证券报》和《上海证券报》上刊登了2000年配股说明书。

2000年11月23日，公司首次召开全系统干部工作会议，学习、贯彻党的十五届五中全会精神，公司总经理朱永芃在会上做重要讲话。

2000年12月13日，公司2000年配股获配可流通股份上市交易，其中董事、监事和高管人员获配的45,529股与原有股份暂时冻结。

2000年12月20日，公司控股的国电大渡河流域水电开发有限公司正式成立。国家电力公司副总经理周大兵、四川省副省长邹广严等出席成立大会。

中国华能集团公司

2000年，华能集团公司认真贯彻国务院关于华能系统实施重组的决定，在国家电力公司的正确领导下，在地方政府、各网省电力公司和投资者的大力支持下，在广大职工的共同努力下，深化改革、积极开拓、确保稳定、促进发展，较好地完成了年初确定的“实施系统重组、实现运营目标、确保长远发展”的三大工作任务。

完成了国务院要求的实施系统重组任务

圆满完成了华能国际电力股份有限公司购并山东华能发电股份有限公司的工作。华能国际电力股份有限公司购并山东华能发电股份有限公司是在党中央关于搞好国有企业改革和发展决定精神的指引下，按照国际惯例进行战略性购并的一次尝试，是国务院确定的华能系统重组的重要内容，有利于理顺股权关系、优化资源配置，将增强竞争能力和抗御风险能力。

完成了华能国际电力开发公司的股权调整。按照华能系统重组的精神，国家电力公司将持有的华能国际电力开发公司17.22%的股权，划转给重组后的中国华能集团公司，使华能集团公司对华能国际电力开发公司的股权达到51.98%。

完成了部分煤代油资金贷款转为资本金的工作。根据国家有关文件精神，完成了部分国家以煤代油专项资金贷款转为国家对华能集团公司的资本投入，降低了华能集团公司的资产负债率。

重组了华能集团公司本部的组织机构，确定了新的部门设置和职责；重组了华能集团公司各地分支机构，赋予了基本职责和授权职责。

完成了华能综合产业有限责任公司的组建和华能财务有限责任公司、华能国际经济贸易有限公司的重组工作。

华能系统实施重组，进一步明确了华能“以电力产业为核心，综合发展”的战略方针，实现了电力企业强强联合，非电产业重新组合，优化了资源配置，理顺了股权关系，扩大了电力核心产业的经营规模，增强了整体实力和竞争力。

较好完成2000年生产、建设、经营指标

(1) 电力生产超额完成计划。2000年，华能集团全口径发电量1303亿kW·h（全资、控股电厂发电量1124亿kW·h),超额完成了年初确定的1193亿kW·h的确保目标和1231亿kW·h的力争目标，约占全国发电量的9.6%，比1999年增长16.54%，超过了全国发电量平均增长9.5%的水平。

(2) 电力建设任务圆满完成，新增装机103.15万kW。2000年，华能集团电力基本建设超额完成了年初确定的工作目标。电力项目投产容量56.55万kW，力争投产90.55万kW，实际完成投产容量103.15万kW。投产机组为：华能太仓电厂二号机组(30万kW)、华能井冈山电厂一号机组（30万kW)、华能苏家湾电厂油改煤工程（10万kW)、华能小关子水电站一、二、三号机组（3×4万kW)、华能冷竹关水电站一、二号机组（2×6万kW)、华能大理徐村水电站一、二、三号机组（3×2.6万kW)、华能南澳风电厂（18×750kW)。

(3) 达标、创一流工作取得突出成绩。2000年，华能国际电力股份有限公司专门成立了创一流工作领导小组和创一流办公室，加强了创一流工作的组织领导和协调工作，并按照《中国一流电力公司考核标准》，组织了认真的自查和整改。经过国家电力公司联合验收组的严格考核，2000年7月12日国家电力公司命名华能国际电力股份有限公司为“中国一流电力公司”。

(4) 完成国家电力公司下达的经济指标。2000年，华能集团主营业务收入345.2亿元，比1999年增长33%，其中电力产业实现销售收入280亿元，非电产业实现销售收入60多亿元。完成了国家电力公司下达的经济指标。到2000年底，华能集团合并资产总额1504亿元，资产净值444.35亿元。

确保长远发展的工作有积极进展

(1) 积极转变观念，初步树立了新的发展观。2000年，华能集团按照中央实现“两个根本转变”的要求，基本确立了适应有中国特色的社会主义市场经济的全新发展观，即：市场经济观、主导产业观、规模优势观、集团整体观、企业效益观。

(2) 确定了“十五”发展规划的编制原则，初步编制了“十五”计划和2015年远景规划。经过充分研究，华能集团未来发展和“十五”规划必须坚持以下原则：①贯彻中央精神。华能是党中央、国务院明确的“以电力产业为核心，综合发展”的国有大型企业集团，在发展上必须认真贯彻党和国家的路线、方针、政策，为社会主义建设服务。②体现公司目标。发展规划必须紧紧围绕实现公司的战略目标。③转变思想观念。必须进一步实现“两个根本转变”，树立全新的发展观，遵循科学的项目选择原则。④大力调整结构。必须以经济效益为中心，从华能的发展方针和战略目标出发，大力推进结构调整和产业重组。⑤依靠科技进步。科学技术是第一生产力。必须以科技进步为动力，加强体制创新，提高产业技术水平。⑥创新体制机制。必须进一步深化企业改革，转换经营机制，建立适应社会主义市场经济要求的企业管理体制和经营机制。⑦符合市场需求。必须坚决树立市场需求的意识，坚持市场导向，确保经营效益和投资回报。⑧服务贡献社会。必须坚持经济效益和社会责任并重，贡献国家，服务社会。⑨确保长远发展。必须坚持经济发展和环境保护同步协调进行，确保公司长期、稳定健康发展并为社会经济的可持续发展贡献力量。在上述原则的指导下，初步编制了华能电力产业“十五”计划和2015年远景规划。

(3) 遵循科学的项目选择原则，抓好项目开发工作。坚持市场需求、商业可行、量力而行、资源优化、建购并重、科技进步等科学的项目选择原则，积极稳妥地开展电力项目的前期工作。

主要事件

1月7日，国家电力公司以国电任［2001］1号文件决定：设立中国华能集团公司董事会。

郎成伟同志任董事长；查克明、刘金龙同志任副董事长；程光杰、李小鹏、金浪川、刘凤堂、王一楠、王晓松、张廷克、叶大戟、邹泽锦、魏云鹏同志任董事。职工董事由中国华能集团公司按有关规定产生。

1月7日，国家电力公司以国电任［2000］2号文件决定：李小鹏同志任中国华能集团公司总经理(法人代表)；金浪川、刘凤堂、王一楠、王晓松、张

廷克同志任中国华能集团公司副总经理。

1月7日，中共国家电力公司党组以国电党组［2000］1号文件决定：成立中共中国华能集团公司党组。原中共中国华能集团公司党组、中共华能国际电力开发公司党组自行撤销。

李小鹏、郎成伟、查克明、刘金龙、金浪川、刘凤堂、王一楠、王晓松、张廷克、叶大戟同志任党组成员，李小鹏同志任党组书记，刘凤堂同志任工会委员会主任。

1月18日，华能国际电力股份公司董事会召开临时董事会议，通报了华能系统重组的有关情况，审议通过了部分高级管理人员工作变动的决议案：选举王晓松为公司副董事长，推荐冯大为、陈宝良、黄龙为董事；聘任叶大戟为股份公司总经理，冯大为、陈宝良、黄龙为副总经理。

2月26～27日，李小鹏总经理出席国家电力公司在上海召开的党风廉政建设暨第二次“三讲”教育工作会议。

2月27～29日，王晓松副总经理参加了在上海召开的中国电力企业联合会第三届理事会第二次会议。

2月28～31日，李小鹏总经理和华能国际电力股份有限公司叶大戟总经理一行在美国奥兰多市参加了西门子西屋公司主办的电力研讨会。李小鹏总经理在会上发表演讲，并会见了西门子西屋公司领导人。

4月19日14时42分，苏州工业园区华能发电有限责任公司一期工程2号机组顺利通过168h试运行。该工程1998年5月6日开工，仅用23个月13天就顺利完成了两台30万kW机组的基建任务。

4月23日，华能国际电力股份公司与江苏省投资管理有限公司及南京市投资公司在南京正式签署关于合作建设金陵燃气电厂的原则协议。

4月25日，国家计委以计基础［2000］446号文，批复了河南沁北电厂2×60万kW超临界火电机组国产化依托项目的可行性研究报告。沁北电厂一期工程建设规模为120万kW，按1998年价格水平，工程静态投资为438341万元。项目由华能集团公司、河南省建设投资总公司及河南省电力公司分别按60%、25%、15%的比例投资建设。

5月1日，伊敏华能东电煤电有限责任公司供电局的贾克彬被评为全国劳动模范。

5月24日，汕头南澳风电项目最后一台风机顺利并网发电。至此，该项目18台风机全部投入运行。

5月30～31日，华能集团公司2000年度电力安全生产工作会议在杭州召开。会议分析了当前安全生产趋势，确定2000年安全生产目标和工作重点。会上，集团公司与17个电厂签订了《安全生产责任书》。

6月2日，华能国贸公司经中国进出口商品质量认证中心（CQC）的严格审核，通过了ISO9002国际质量体系认证。

6月6日，华能国际电力股份有限公司股东年会在京召开。会议通过了董事会1999年度报告，并推选了新一届董事会和监事会成员。

6月10日，刘凤堂副总经理在上海出席了上海京银大厦整体转让合同签字仪式。该大厦由华能集团公司、华能房地产开发公司和韩国汉拿株式会社共同建设，总建筑面积70653.97m^2，整体转让给上海宏普实业投资有限公司。

6月27～29日，郎成伟董事长、金浪川副总经理参加了集团公司组织华北电力集团等单位45名专家对天津华能杨柳青电厂5、6号机组达标投产进行的验收。

7月11～14日，全国火电大机组竞赛第29次会议暨20周年庆祝会议在南京召开。在本次竞赛中，华能德州电厂、上安电厂、威海电厂、福州电厂、南京电厂、大连电厂、珞璜电厂、石洞口电厂等8个电厂13台机组获奖。

7月12日，集团公司召开全体干部职工大会，公司领导李小鹏、郎成伟、金浪川、刘凤堂、王一楠、王晓松、张廷克、邹泽锦、魏云鹏出席会议。会议宣布了集团公司党组关于公司本部各部（室）正副经理（主任）、正副处长及部分员工岗位安排的文件。李小鹏总经理在会上做了重要讲话。

7月12日，国家电力公司以国电发［2000］402号文件，命名华能国际电力股份有限公司为“中国一流电力公司”，并颁发奖牌和荣誉证书。

7月18日，国家电力公司党组以国电党组(2000) 19号文决定：成立中共中国华能集团公司党组纪律检查组；王晓松同志任中共中国华能集团公司党组纪律检查组组长。

7月18日，华能国际电力股份公司和山东华能发电股份公司在北京签署了吸收合并协议。根据协议，华能国际电力股份公司以57.68亿元人民币整体收购山东华能发电股份公司。

7月21日，中国人民银行以银办函［2000］552号文件批复，华能财务公司改组为有限责任公司，同意该公司注册资本金由3亿元人民币增加至5.1亿元人民币。

7月26日，刘凤堂副总经理出席了在韩国汉城召开的上海京银大厦建设发展有限公司一届八次董事会，并拜会了汉拿建设株式会社名誉会长郑仁永、会长郑梦元。

8月3～4日，华能集团公司基建管理工作会议

8. 2000年底中国100万kW及以上已投产和在建水电站位置示意图（图中编号水电站的名称与装机容量参见下表，未编号者表示该水电站的装机容量小于100万kW；本图未含香港、澳门特别行政区及台湾省水电站）

9. 2000年底中国100万kW及以上已投产和在建水电站情况表

序号	水电站名称	已投产容量（万kW）	在建容量（万kW）	序号	水电站名称	已投产容量（万kW）	在建容量（万kW）
1	白山	30×5		12	漫湾	25×5	
2	水口	20×7		13	刘家峡	22.5×5	
3	五强溪	24×5		14	龙羊峡	32×4	
4	葛洲坝	17×2+12.5×19		15	李家峡	40×4	
5	隔河岩	30×4		16	小浪底		30×6
6	广州抽水蓄能Ⅰ期	30×4		17	天荒坪	30×4	30×2
7	广州抽水蓄能Ⅱ期	30×3	30×1	18	三峡		70×26
8	岩滩	30.25×4		19	大朝山		22.5×6
9	二滩	55×6		20	万家寨	18×2	18×4
10	天生桥二级	22×4	22×2	21	丰满	100.25	
11	天生桥一级	30×2	30×2	22	小湾		70×6

注：本表数据未含台湾省和香港、澳门特别行政区。

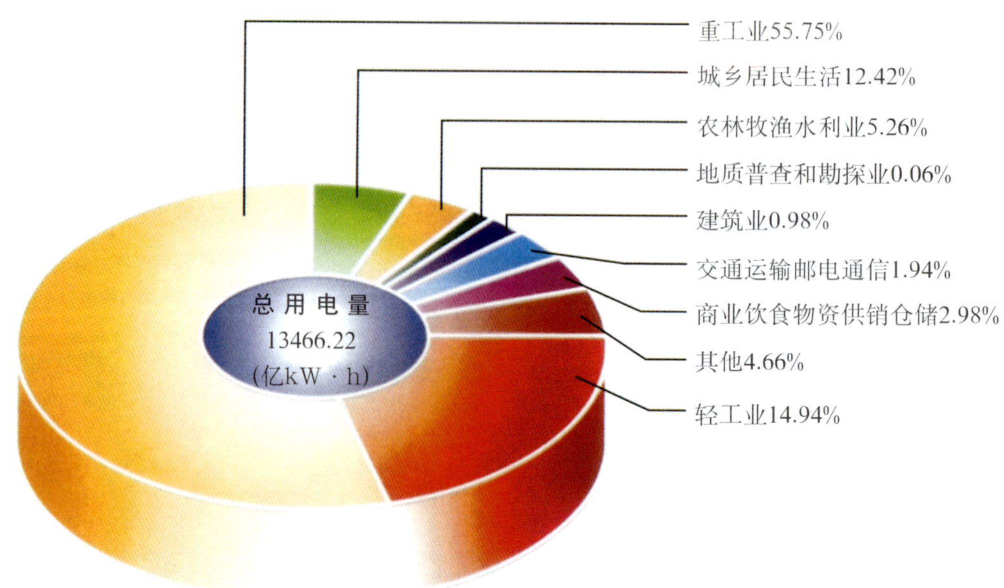

10. 2000年底中国总用电量及其构成示意图(未含香港、澳门特别行政区及台湾省数据)

年份	总用电量(亿kW·h)	用电量构成(%)								
		城乡居民生活	农林牧渔水利业	重工业	轻工业	地质普查和勘探业	建筑业	交通运输邮电通信	商业饮食物资供销仓储	其他
1987	4902.7	5.46	7.05	64.53	16.45	0.07	0.82	1.57	1.01	3.04
1988	5358.7	6.00	7.01	64.04	16.22	0.07	0.81	1.62	1.14	3.00
1989	5762.0	6.46	6.95	63.99	15.80	0.07	0.77	1.67	1.18	3.11
1990	6126.0	7.53	6.78	62.60	16.07	0.08	0.74	1.71	1.26	3.23
1991	6696.8	7.94	6.93	61.69	16.03	0.08	0.79	1.73	1.34	3.47
1992	7455.4	8.50	6.78	61.22	15.86	0.08	0.85	1.78	1.47	46
1993	8201.1	8.89	6.30	61.19	15.48	0.08	0.99	1.84	1.63	3.60
1994	9046.5	9.67	6.27	60.32	15.10	0.09	1.07	1.85	1.82	3.81
1995	9886.36	10.17	6.22	59.78	15.04	0.08	1.10	1.84	1.93	3.84
1996	10570.29	10.71	6.11	59.28	14.80	0.08	1.10	1.86	2.12	3.94
1997	11039.11	11.35	6.19	58.33	14.64	0.08	1.04	1.87	2.39	4.12
1998	11347.30	12.22	5.88	57.61	14.16	0.07	1.05	1.94	2.62	4.44
1999	12092.28	12.16	5.75	57.46	14.36	0.07	1.01	1.96	2.75	4.49
2000	13466.22	12.42	5.26	56.75	14.94	0.06	0.98	1.94	2.98	4.66

11. 1987~2000年中国总用电量及其构成情况表(未含香港、澳门特别行政区及台湾省数据)

12. 2000年命名的中国一流电力企业光荣榜

序号	企业名称	命名时间	序号	企业名称	命名时间
67	上海市东供电局		100	河南许昌电业局	
68	深圳供电局		101	鄂州供电局	
69	佛山电力局		102	武汉供电局	
70	惠州电力局		103	赣州供电局	
71	十三陵蓄能电厂	2000年5月15日	104	西宁供电局	
72	白山发电厂		105	汉中供电局	
73	牡丹江水力发电总厂		106	成都电业局	
74	黄埔电厂		107	湖北超高压输变电局	
75	湛江电厂		108	河北衡丰发电责任有限公司	
76	威海电业局		109	太原第二热电厂	
77	青岛电业局		110	徐州发电厂	
78	泰安电业局		111	台州发电厂	
79	聊城电业局		112	戚墅堰发电有限公司	2000年9月22日
80	盘锦电业局		113	安徽马鞍山万能达发电有限责任公司	
81	厦门电业局	2000年7月3日	114	淮南田家庵发电厂	
82	云南省个旧供电局		115	江苏常熟发电有限公司	
83	云南省滇东电业局		116	郑州热电厂	
84	青岛发电厂		117	洛阳首阳山电厂	
85	福建漳平电厂		118	新疆玛纳斯发电有限公司	
86	嵩屿电厂		119	江西万安水力发电厂	
87	福建水口水力电厂		120	湖南五强溪水力发电厂	
88	华能国际电力股份有限公司	2000年7月12日	121	广西岩滩水力发电厂	
89	大同供电分公司		122	福建电力调度通信中心	
90	保定供电公司		123	河南电力调度通信中心	
91	沧州供电公司		124	江苏电力工业局电网调度所	
92	邯郸供电公司		125	上海市电力公司中心调度所	
93	苏州供电局	2000年9月22日	126	华东电力调度通信中心	
94	镇江供电局		127	湖南电力调度通信中心	
95	南京供电局		128	山东省电力科学院	
96	扬州供电局		129	辽宁省电力科学院	
97	合肥供电局		130	吉林省电力科学院	
98	金华电业局		131	湖南省电力试验所	
99	湖北孝感供电局		132	内蒙古电力科学院	

注：序号1～66为1994～1999年底命名的中国一流电力企业，请参见《2000中国电力年鉴》彩色插图第17页。

13. 2000年2月，李鹏委员长视察北京供电局　　　　（王　飞　摄）

14. 2000年12月12日，国务院总理朱镕基在国家计委和浙江省委、省政府领导的陪同下，到浙江省电力公司考察电力市场试点工作。

（浙江电力公司　供稿）

15. 2000年12月18日，国务院副总理李岚清在陆佑楣总经理的陪同下，亲切接见参加三峡永久船闸施工的武警水电部队官兵。

（武警水电部队指挥部　供稿）

16. 2000年4月1日，人大副委员长田纪云视察菏泽电厂。

（山东电力公司　供稿）

17. 2000年2月4日，北京市市委书记贾庆林和市长刘琪到北京供电局看望春节期间坚持生产的电力职工并向广大电力职工祝贺春节。

（王　飞　摄）

18. 2001年1月26日，陕西省政府召开庆功表彰大会，对省电力公司2000年度收入超过百亿元给予表彰。

（陕西省电力公司　供稿）

19. 2000年1月31日，国家电力公司副总经理陆延昌视察中国电力科学研究院电力系统仿真中心。

（电科院　供稿）

20. 2000年2月5日（农历正月初一），安徽省委书记王太华来到建设中的合肥二电厂工地，亲切慰问电力职工。

（安徽电力公司　供稿）

21. 2000年2月6日，江西省省长舒圣佑（左二）到省电力调度通信局慰问春节期间坚持生产的一线职工。

（李三立　摄）

22. 2000年3月23日，广西电力有限公司控股的广西桂冠电力股份公司在上海隆重上市。图为国家电力公司副总经理谢松林和广西电力有限公司总经理马远騄在鸣锣上市。

（黄启辉　摄）

23. 2000年4月29日，宁夏自治区党委书记毛如柏在大坝电厂视察。

（宁夏电力公司　供稿）

24. 2000年10月28日，全国政协常委、经济委员会副主任史大桢在国电东北公司副总经理栾军的陪同下视察东北电力调度中心。

（国电东北公司　供稿）

25. 2000年夏季，武警总部副政委刘源在西藏自治区副主席加保的陪同下到易贡泥石流塌方现场看望抢险的官兵们。

（杨生成　摄）

26. 2000年9月30日，山西省省长刘振华、副省长杨志明等领导参加了山西电网新调度中心启用仪式。

（田　进　摄）

27. 2000年11月9日，国家电力公司总经理、党组书记高严在国电东北公司总经理翟若愚的陪同下视察了东北电力调度中心。

（国电东北公司　供稿）

28. 2000年11月29日，国家电力公司副总经理周大兵视察三峡工程。

（张　雅　摄）

29. 2000年12月5日，国家电力公司高严总经理视察华北电力调度中心。

（华北电力集团公司　供稿）

30. 香港特区行政长官董建华、中电控股主席米高·嘉道理和香港科技大学校长吴家璋主持中电风洞实验所启用仪式。

（香港中电控股公司　供稿）

31. 河北省委书记王旭东带领有关部门领导在河北电力系统基层单位调研。

（河北电力公司　稿）

32. 海南省副省长吴昌元在海南电力有限公司领导陪同下视察省电力调度通信中心。

（海南电力公司　供稿）

在成都召开。郎成伟董事长、金浪川副总经理出席了会议。会议对1999年的电力建设工作完成情况进行了总结，对2000年基建工作作了安排，金浪川副总经理在会上作总结发言。

8月23日～9月6日，华能国际电力股份公司副董事长王晓松率领路演工作小组，到英国、美国8个城市进行了路演活动。

9月1日，华能辛店电厂二期改建工程全面开工。该工程将拆除2台670t/h燃油锅炉，新建燃煤锅炉；对2台20万kW汽轮机通流部分进行改造。

9月8日，“华能上海燃气电厂出资比例协议签字仪式”在沪举行，华能国际电力股份公司与上海申能公司、上海市电力公司的领导出席了签字仪式。

10月11～13日，王晓松副总经理出席在山东威海市召开的华能集团公司纪检监察审计工作座谈会，并在会上讲话。

10月29日，冷竹关水电站1号机组通过72h试运，投入生产。总装机容量18万kW的华能冷竹关水电站，是瓦斯河流域梯级滚动开发一期工程，从主体工程开工到1号机组投入运行仅用了27个月。

11月7～8日，集团公司在上海召开电力企业多种经营工作会议。会议传达了国家电力公司“多种经营暨减人增效工作会议”精神，讨论了集团公司《电力多种经营企业工作管理办法》，金浪川副总经理作了会议总结。

11月9～10日，集团公司在上海召开燃料工作会议。会议讨论修订了集团公司《燃料管理办法》，金浪川副总经理作了会议总结。

11月16～19日，小关子水电站2号机组顺利完成72h试运，移交生产。

12月6日，集团公司召开中层以上干部会议，国家电力公司高严总经理出席会议并作了重要讲话。

国家电力公司人事董事部程光杰主任宣读了国家电力公司党组的任免决定：黄金凯同志任中共中国华能集团公司党组成员，免去郎成伟同志的中共中国华能集团公司党组成员的职务；宣读了国家电力公司的任免决定：委派黄金凯同志为中国华能集团公司董事、任副董事长（临时主持董事会工作），免去郎成伟同志中国华能集团公司董事长职务。

12月8日，华能财务有限责任公司首届股东会召开，成立了董事会、监事会，并召开董事会、监事会第一次会议，会议选举魏云鹏为董事长，邹泽锦为监事会召集人。

12月17日15时30分，华能井冈山电厂1号机组完成168h试运，正式移交试生产。

12月26日，中国银行向华能国际电力开发公司和华能国际电力股份公司提供100亿元人民币授信额度协议的签字仪式在北京举行。中国银行行长刘明康、副行长孙昌基，华能集团公司总经理李小鹏、副董事长黄金凯出席签字仪式。

12月26～27日，王晓松副总经理与山东省副省长黄克华就华能国际购并山东华能涉及山东省的有关问题进行了会谈，并形成了《会议纪要》。

中国电力工程顾问有限公司

概况

根据国务院国发［1996］48号文和原电力部电政法［1997］198号文批准，在原电力部电力规划设计总院的基础上组建了中国电力工程顾问有限公司(以下简称电力顾问公司)，1998年5月18日正式成立。电力顾问公司与电力规划设计总院采取两块牌子并存，两种职能分开，领导兼任的方式过渡。

电力顾问公司是国家电力公司的全资子公司，下设东北、华北（控股）、华东、中南、西北、西南电力设计院和中国电力建设工程咨询公司七个子公司，按企业集团模式经营管理。该公司是面向国内外市场，为电力建设提供全方位综合性服务的中介机构，已取得国家外经贸部批准的对外经济技术合作业务权；经国家有关部门批准，具有进行项目审查、评估资格，审查评估结果作为国家批准项目可研报告的依据；承担政府部门、金融机构、投资方、发展商和项目法人等委托各项业务。其主要服务范围包括电力发展规划，发电、输电和变电工程的勘测、设计、咨询、监理、总承包，项目融资和建设管理等。

电规总院现任院长吕伟业，副院长胡志澄、赵洁、总工程师尹福道。内部主要设有办公室、总工办、规划处、离退休干部处。

电力顾问公司现任董事长、总经理吕伟业，副总经理胡志澄、赵洁、姚强、汪建平，总工程师尹福道。内部主要设有专家委员会、总经理工作部、人力资源部、财务部、审计处、质保标准化部、经营计划部、规划部、监理部、发电部、送变电部、信息技术部、党政监察合署办工作部。

主要工作

1. 电力规划研究

2000年主要开展和完成的规划研究工作有：

(1) 受国家计委、国家经贸委和国家电力公司的委托，着眼于战略性、宏观性、前瞻性，按时完成了政策性强、起点要求高的全国“十五”电力行业规划基础研究报告初稿，为上级有关部门编制“十五”行业规划提供了参考。

(2) 组织有关大区院开展了“十五”期间向广东送电1000万kW的规划研究工作，提出了6份高质量的专题报告,为政府和国家电力公司的宏观决策提供了重要依据,为向广东送电项目的实施奠定了基础。

(3) 开展了全国电网二次系统规划和三峡光缆总体设计工作，并通过专家评审。结合全国二次规划，承担了甘肃、广西等省（区）电力公司的二次系统规划和设计工作。

(4) 组织进行了电源装机优化调整的研究，完成了全国各大电网电源装机优化调整报告和汇总报告。

(5) 结合电力市场改革及“厂网分开、竞价上网”对电网企业发展的要求，开展了电网项目投资机制研究，提出了电网经营企业投资回收模式报告。

(6) 根据西北地区自身电力需求、华北和山东电网的市场需求及其电源建设规划，初步完成了西北电网向区外“西电东送”方案的研究。

(7) 开展了新疆电力发展规划研究工作，提出了全疆联网规划和新疆2010年目标网架，并对项目的实施进度以及项目的投融资分析、规划方案的经济评价等提出了初步结论和建议。

(8) 在完成金沙江一期工程溪洛渡、向家坝水电站电能合理消纳方案研究工作的基础上，通过对其电能在华中和华东地区分配和消纳问题的研究，提出了电能分配报告初稿。

(9) 加大了电力规划数据库和信息系统开发应用力度，初步建立了集图形、数据库、信息管理、分析计算、辅助规划、数据查询为一体的电力规划信息管理系统，为电力规划、管理、决策提供了先进手段。

2. 工程评审和工程咨询服务

2000年共完成发电工程评审59项·次（含收口及专项评审），其中可研（含补充可研）审查16项计1350万kW，初步设计（含最终版）和预初步设计审查8项计560万kW，工程项目优化复查评审7项计540万kW；完成送电工程初设审查28项计3506km，变电工程初设审查43项计1145万kV·A；完成一次、二次专题及接入系统设计审查36项；完成勘测工程项目审查8项。

在工程评审中，全面贯彻国家电力建设方针和2000年示范工程设计思路，认真掌握设计标准，积极推行限额设计，严格控制工程造价。通过审查、审核，全年核减工程投资约41亿元，为国家节省了大量资金：其中发电工程核减32亿元，送变电工程核减9亿元。

继续推行限额设计，编制了《火电、送电、变电工程限额设计控制指标（1999年）》并经国家电力公司批准发布执行，2000年水平的限额设计控制指标编制工作也已启动；组织编制、出版了《变电及通信工程概算编制细则》，该《细则》对变电工程、微波工程及光纤通信工程的概算编制原则和内容做出了明确规定，填补了此项工作的空白。

为了做好电力工程初步设计概算的核查工作，受国家计委委托，2000年8月提出了《关于进行电力工程项目核查的建议书》，开展了对有关工程项目的核查工作。

3. 工程监理

坚持“四控制、两管理、一协调”，贯彻“独立、公正、科学、可靠”的质量方针，严格履行合同，切实改进服务，管理规范，服务到位，客观公正，做到了“干一个工程，树一块丰碑”，工程监理的质量和水平显著提高。在公司承担的22个监理项目中，全年提出合理化建议111条，推进了工程进度，节约工程投资约6600万元。

4. 对外合作

积极与国外开发商、制造商建立广泛联系并争取为其提供服务，努力寻求新的市场进入。分别与丹麦史密斯公司、美国西屋公司、日本中部电力公司、ABB公司自动化总部、福斯特惠勒能源公司、Bechtel公司、NCI公司等，在燃气轮机电站、核电、送变电、高压电力变电站自动化、洁净煤发电、电力规划及电力市场等方面进行了技术交流。

5. 工程设计管理和科技开发

涌现出了一批以全国优秀勘察设计院长、勘察设计大师为集中代表的科技骨干和以获奖工程为标志的优秀工程勘测设计。在2000年12月召开的第十四次全国勘察设计工作会议上，电力顾问公司系统有3名院长分别当选为全国优秀勘察设计院长，2名总工程师分别被评为国家勘察设计大师。2000年，在公司系统完成的工程勘测设计项目中，有23项分别获全国优秀工程勘测、设计奖和标准设计奖，其中金奖5项、银奖11项、铜奖7项；有13项获国家电力公司优秀勘测设计奖；3个咨询项目获中国工程咨询协会优秀咨询奖；10个项目获电力规划设计行业科技进步奖。公司继续深化2000年示范电站和示范送变电工程的设计研究，主持修编的《火力发电厂设计技术规程》通过了审查，已由国家经贸委批准实施。

(1) 2000年示范工程设计思路得到进一步贯彻落实。在国家电力公司支持下，重点进行了黄石、石嘴山示范电厂试点工程的设计咨询和审查工作，开展了嘉兴、株州电厂的设计咨询，完成了宣威、盘山二期、莱城等6个发电工程和500kV华东与福建联网工程、永圣域至丰镇、天生桥至广州、330kV乌兰至格尔木送变电工程，开封、锦西变电站等送变电工程的设计复查和设计优化工作，取得了较好的成效。

(2) 积极开展高新设计技术的研究、应用与储备。向国家计委有关部门专题汇报了电力产业结构调整、"西电东送"、洁净煤燃烧技术（PFBC、CFB、IGCC、LNG和FGD）、超临界机组、煤层气发电和核电国产化等工作，得到了国家计委有关部门的好评。深入研究了洁净煤燃烧等电站项目的技术含量和经济性，为国家电力公司选择控股项目提出了建议；通过调研和对外技术交流，提出了烟台IGCC示范电厂建设模式的建议，编制完成了《中国发展高效超临界机组的可行性研究报告》；通过对我国煤层气的开发和利用前景进行调研与分析，提出了《煤层气发电前景调研报告》和《部分地区建设天然气发电项目分析研究报告》；开展了深圳东部LNG电厂（3×300MW）可研报告和山西枣园煤层气电厂可研报告的编制工作。

(3) 积极开展核电自主设计的有关准备工作。完成了山东海阳核电站"设备采购方式的研究"、可研报告厂址条件内部审查和沈阳核低温供热堆工程可研工作大纲评审等工作，组织并参与了核电招标书编制研究（标书框架）、核电工程造价及上网电价研究、核电设计接口研究等工作。

(4) 加强了科研、标准化、信息工作。认真贯彻国家电力公司经营发展战略和科技创新战略，在电力设计行业规程规范编制、科研、标准化、工程项目评优、科技开发成果鉴定、专业技术信息网活动等方面，受有关方面委托，继续开展了大量工作。完成了公司系统2000年新开科研、标准化、信息项目申报立项工作，其中15项为国家电力公司控制项目，16项为电力顾问公司控制项目。公司在行业技术进步方面继续发挥了主导作用，在企业科研标准化建设工作中起到了示范作用。

2000年，公司（院）系统创建文明单位的整体水平再上新台阶，中南院荣获国家电力公司1998～1999年度双文明单位标兵称号，西南院、东北院、华东院荣获国家电力公司双文明单位称号。

6. 六个大区电力设计院简况

电力规划设计总院直接管理的东北、华北、华东、中南、西北、西南电力设计院，是电力勘测设计行业的骨干力量，均为中国勘察设计单位综合实力百强设计院。六个大区院是解放后我国最早诞生的一批电力设计单位：东北电力设计院成立于1950年5月28日，华北电力设计院成立于1953年1月1日，华东电力设计院成立于1953年3月，中南电力设计院成立于1954年11月1日，西北电力设计院成立于1956年10月20日，西南电力设计院成立于1961年6月21日。2000年六个大区院职工总数7926人，工程技术人员5248人，占66%，其中高级工程师2002人、工程师2308人、助理工程师886人、技术员52人。六个大区院勘测设计队伍专业配套，具有坚实的理论基础、丰富的工程设计和技术管理经验，可承担大型发电工程和超高压送变电工程的勘测设计、咨询、监理及总承包任务。

2000年六个大区院共完成大中型发电工程初步可行性研究23项，36394MW；可行性研究16项，5115MW；初步设计18项，7007MW；施工图12项，5865MW。六个大区院全年总产值83722.04万元，人均10.35万元；总收入834594.7万元，人均10.53万元，交纳税金43246.7万元；拥有固定资产原值39197.09万元，净值22148.5万元。

六个大区院除承担国家重点建设项目外，在科研、标准化、信息工作方面发挥了主导作用，并在国内外新技术跟踪研究，引进技术的消化、吸收、工程创优，推广应用新的勘测设计技术和手段，进行技术储备的研究等方面也做了大量工作。

7. 中国电力建设工程咨询公司简况

中国电力建设工程咨询公司（CPECC）于1981年经国家计划委员会批准成立，是国家电力公司直属承担国内、外火力发电厂、送电、变电工程及核电（常规岛）工程的全国性工程咨询（集团）公司。公司在世界银行和亚洲开发银行登记注册，并经国家批准具有对外咨询服务权和对外派遣劳务权。

咨询公司是中国电力工程顾问有限公司全资子公司，是在电力规划设计总院（EPPEL）的基础上建立的。公司总部设在北京，并分别在长春、西安、武汉、上海、成都以电力规划设计总院所属的东北、西北、中南、华东、西南五个电力设计院为依托设立了五个子公司和一个环境公司，另在河南、山东、浙江设立了三个分公司；与美国萨金·伦迪工程公司及西北电力设计院合资组建了京萨电力工程公司；与国网电力物资有限公司合资兴办北京洛斯达航测技术咨询有限公司等。咨询公司与美国博莱克·威奇公司、柏克特公司、奔驰诺公司、丹麦的DPC、德国FICHNA等国外有关咨询机构保持密切的联系，组成了全国规模最大、技术实力最强的电力工程咨询(集团)公司。

2000年，咨询公司时任总经理汪建平，副总经理吴毅强、孙寿广、吴春利、方正，总工程师尹福道（兼）。咨询公司及所属子、分公司合计共有9100余名职工，其中技术人员占66%，中高级技术人员4700余名。此外还聘有高级顾问并设有专家委员会，集中了一百多名各专业高级专家，其中全国勘察设计大师12名。公司按GB/T1900——ISO9000系列标准建立了质量管理和质量保证体系，并通过了质量认证。咨询公司具有为电力工程建设项目的评估、咨询、勘测设计、业主工程师、工程建设监理、工程总承包等方面提供优质服务的能力。

公司对国外接受世界金融机构和各国政府机构、经济团体和个人的委托，提供工程咨询服务，对国内接受各部门、各地区和项目法人等经营单位的委托，承担电力系统规划，发、送、变电工程项目可行性研究报告的编制、项目可行性研究和初步设计的评估，技术咨询、工程监理、环境评价等技术服务工作。

咨询公司还负责国家及部颁技术标准中电力勘测设计行业的技术规程、规范、定额标准设计、施工管理规程、概预算标准的编制，负责本行业的科学研究与开发工作，是电力行业中集工程咨询评估、勘察设计、监理、承包、科研、标准化为一体的技术密集型的大型企业（集团）。

公司开展的主要工作有：

（1）完成了一大批工程项目的评估咨询与审查任务。近年来接受国内外金融机构，各部门、各地区和项目法人及政府有关部门委托，共完成了3035余项、总容量为1.536亿kW发电工程项目可研和初设的评估咨询与审查任务，1998～2000年共完成送变电项目评估咨询102余项，规划咨询设计项目211余项。

（2）可行性研究报告评审咨询。2000年公司接受的可行性报告评审咨询22项，其中发电项目17项，送变电项目5项：如阳逻电厂三期工程（2×600MW超临界）可行性研究补充审查；云南开远电厂（2×300MW）循环流化床工程可研咨询；北京第三热电厂天然气燃机联合循环可研报告评审；唐山发电厂技改工程烟气脱硫可研报告评审；山东海阳核电厂设备采购方式研究；天生桥至广东第三回500kV交流输变电工程可研究审查。

（3）初步设计审查及设计优化评审。2000年公司共完成初步设计咨询审查111项，其中发电项目21项，送变电项目42项，规划及系统二次项目48项。如盘山电厂二期工程（2×600MW）设计优化评审，浙江长兴电厂（2×300MW）设计评审；重庆白鹤电厂二期工程2000年设计思路优化方案评审及初设审查；三峡左岸至万县Ⅰ回500kV送变电线路工程审查；贵州鸭溪（黔北）至贵阳至福泉（黔东）至玉屏500kV送变电工程初设审查；浙江省EMS系统初步设计工程；南方四省（区）目标网架规划评审；新疆电力发展规划研究。

（4）设计咨询。受有关业主委托，承担了一批设计咨询业务。如：河北国华定曲发电厂一期2×600MW机组技术咨询服务；宁夏石嘴山电厂2000年可范电厂设计方案咨询；嘉兴发电厂二期（4×600MW）工程设备国产化方案咨询；山西大同小营500kV变电站新建工程可行性研究评审咨询。

（5）开展了设计招标业务。公司接受委托，承担了一些标书编制和评标工作。如：霍州第二发电厂2×300MW发电机组项目初步设计招标文件编制；深圳西部电厂主设备技术评标咨询；四川白马电厂30万kW循环流化床示范工程初步设计招标文件编制；国调新EMS技术规范书工程。

（6）开展了建设监理业务。2000年已经完成正在进行的监理业务有：国华北京热电厂技改工程烟气脱硫项目工程；浙江半山发电厂脱硫项目石膏堆场工程；甘肃平凉电厂2×300MW机组发电工程；500kV郑西开关站及送电线路工程；贵州500kV福玉输变电工程等20余项工程。

（7）承担独立工程师和业主工程师工作。受国华投资公司委托，承担了国华准格尔（2×300MW）的业主工程师工作，与BLACK&VETCH公司合作承担了嘉兴二期（4×600MW）的业主工程师工作。受国家开发银行委托，承担其贷款建设的格—乌线、侯—侯线的独立工程师工作，与德国FCHINER公司合作承担了日照电厂（2×350MW）、邯峰电厂（2×600MW）、常熟（2×600MW）的独立工程师工作。受业主委托承担了石家庄热电厂技改工程CFB锅炉岛业主工程师工作。

主要事件

1月18日，电力顾问公司召开全体职工大会，总结1999年工作，安排2000年计划。

1月19～21日，电力顾问公司董事长兼总经理吕伟业同志在北京主持召开了顾问公司系统2000年工作座谈会，系统各单位院长、书记及办公室主任参加了会议。

1月26日，国家经贸委电力司史玉波司长、吴贵辉副司长及有关领导参加了在电力顾问公司召开的“十五”电力发展规划编制工作会议并做了指导，院、公司领导及有关部门负责人参加了会议。

3月31日，电力顾问公司党组以电顾党组［2000］6号文向东北电力设计院发出“关于汪建平同志任职的通知”，汪建平同志为东北电力设计院院长。

3月31日，电力顾问公司党组以电顾党组［2000］7号文向东北电力设计院发出“关于许金明同志任职的通知”，许金明同志任中共东北电力设计院党委书记。

4月28日，电力顾问公司党组以电顾党组［2000］10号文向西北电力设计院发出“关于蔡国贤同志任职的通知”，蔡国贤同志任中共西北电力设计院党委副书记。

5月19日，国家电力公司总经理工作部副主任兼设计体制改革领导小组组长陈飞虎同志在中南院主持召开顾问公司系统体制改革座谈会。电力顾问公司董事长兼总经理吕伟业及各大区院的主要领导参加了会议。

5月20～21日，电力顾问公司董事长兼总经理吕伟业同志在中南院主持召开顾问公司系统2000年工作会议，研究部署了顾问公司系统的各项工作，吕伟业同志分别与六大区院的书记、院长签订了党风廉政建设责任书。

6月7日，电力顾问公司党组以电顾党组［2000］13号文向华东电力设计院发出“关于张鹏飞同志任职的通知”，张鹏飞同志为华东电力设计院副院长。

7月28日，电力顾问公司以电顾党组［2000］14号文转发中共国家电力公司党组“姚强同志任职”的通知（国电党任［2000］18号），姚强同志任中共中国电力工程顾问有限公司党组成员。

7月28日，电力顾问公司以电顾人［2000］30号文转发国家电力公司“姚强同志任职”的通知（国电任［2000］44号），姚强同志任中国电力工程顾问有限公司副总经理。

8月4日，国家电力公司文明办马国志副局长、狄仁英同志来我院（公司）举行首都文明单位发证仪式。国电公司领导充分肯定了我院（公司）精神文明建设取得的成绩，希望再接再励，向更高的目标迈进。

8月11日，电力顾问公司党组以电顾党组［2000］17号文向东北电力设计院发出“关于曹宝君同志任职的通知”，曹宝君同志任东北电力设计院院长。

8月13日，电力顾问公司党组以电顾党组［2000］20号文向西南电力设计院发出“关于卢良臣同志任职的通知”，卢良臣同志任中共西南电力设计院党委委员、党委书记。

8月23日，电力顾问公司党组以电顾党组［2000］22号文向西南电力设计院发出“关于周大吉同志任职的通知”，周大吉同志代理西南电力设计院院长，免去其中共西南电力设计院党委书记职务。

8月31日，电力顾问公司党组以电顾党组［2000］23号文向华东电力设计院发出“关于胥蜀蛟同志任职的通知”，胥蜀蛟同志为华东电力设计院副院长（正院级）。

9月27日，电力顾问公司党组以电顾党组［2000］27号文向东北电力设计院发出“关于李若平等同志任职的通知”，李若平同志任东北电力院副院长，刘钢同志任东北电力设计院总工程师。

9月27日，电力顾问公司党组及电顾党组［2000］28号文向西南电力设计院发出“关于周大吉等同志职务任免的通知”，周大吉同志任西南电力设计院院长；苑奇同志任西南电力设计院副院长，免去其总工程师职务；宋培庆同志任西南电力设计院副院长；辛晓光同志任西南电力设计院总工程师，免去其副院长职务；蔡约超同志任中共西南电力设计院党委委员、党委副书记兼纪委书记。

11月8日，根据国电华北电力设计院工程有限公司董事会决议，电力顾问公司以电顾人［2000］47号文向国电华北电力设计院工程有限公司发出“关于赵洁等同志任职的通知”，赵洁同志任国电华北电力设计院工程有限公司董事长。

11月16日，国家电力公司以“关于命名一流电力设计企业的通知”（国电发［2000］718号）命名华东电力设计院、中南电力设计院为一流电力设计企业，并颁发奖牌和荣誉证书。

12月18日，在第十四次全国勘察设计工作会议上，电规总院吕伟业院长、华东院刘腾达院长、华北院朱兴楚院长分别被评为全国优秀勘察设计院长；东北院严城一总工程师、西北院陈祖茂总工程师分别被评为全国工程勘察设计大师（第三批）。

12月29日，电力顾问公司以电顾人［2000］53号文任命孙寿广、吴春利、方正同志为中国电力工程顾问有限公司总经理助理。

中国电力规划设计协会简况

中国电力规划设计协会（以下简称协会）成立于1985年，并于1991年9月在民政部注册，是经国家民政部批准的具有独立法人资格的全国性社会团体，主要职责是负责对电力勘测设计行业的协调、监督、服务工作。

根据原电力工业部电政法［1997］198号文的精神，协会从1999年8月1日起独立行使行业管理职能，标志着电力规划设计总院政企职能已经分开，电力规划设计行业管理新体系已经初步建立。国家电力公司电力规划设计总院院长、中国电力工程顾问有限公司总经理吕伟业同志任协会名誉理事长，沈融同志任协会理事长。目前，协会内部机构设有秘书处、政策研究部、市场管理部和标准化质量部。下设勘测分会、城网设计分会、省(区)院分会、经营管理研究会、质量管理研究会、统计信息管理专委会、档案管理专委会、计算机管理专委会等8个分支机构以及华北、东北、华东、中南、西北、西南6个大区协作会。现有会员单位69个，其中甲级设计单位34个，乙级设计单位

31个,省(区)级勘测设计协会4个。2000年全国省以上电力勘测设计单位职工总数达19020人,其中工程技术人员13252人,占职工总数69.7%。总产值226584.33万元,总收入228148.35万元。

2000年协会按照“强化服务意识、改善服务质量、转变工作作风、提高工作效率”的原则，加强自身建设，不断完善内部管理制度，在履行行业管理职能，为会员单位提供服务方面，做出了很大努力。

编制了电力设计体制改革文件汇编和部分省(区)、设计院改革实施意见等指导性文件，将国家的改革政策及时传达到各会员单位；召开相关研讨会、座谈会，确定了电力勘测设计体制改革试点单位。

积极组织电力工程勘测设计收费标准修订工作。为了贯彻国办发［1999］101号文中“对原收费标准适时调整提高”的要求，适应改企建制的需要，国家计委和建设部组织了各行业勘察设计收费标准的修订工作。协会作为收费标准评审专家组成员和电力设计行业的代表参与了这项工作。

组织开展电力勘测设计行业创一流工作。编制起草了《国家电力公司一流电力设计企业考核标准》(试行)，制定了考核实施细则。组织了对山东电力工程咨询院、浙江省电力设计院、华东电力设计院、中南电力设计院的考评工作。经国家电力公司审批，上述4个单位被正式命名为国家电力公司一流电力设计企业。全行业的创一流电力设计企业工作全面展开。

2000年全行业共完成大型发电工程项目初步可行性研究50项，约4892.4万kW；可行性研究45项,1574.36万kW;初步设计41项,1170.4万kW;施工图设计38项,1274.3万kW;完成330kV及以上送电线路工程初步设计41项,5051.5km;施工图54项,6036.4km;完成变电工程初步设计33项,1294万kV·A;施工图设计41项,1672万kV·A。

2000年初下达了2000年电力工程设计招投标计划及设计预安排计划，完成了设计评标专家库的上报工作。协助国家经贸委修订了《电力工程设计招投标管理规定》，同时协助业主做好设计招标的有关工作。到2000年底为止，已进行设计招标的发电工程项目共6项，380万kW；500kV、330kV送电工程25项，5329km；变电工程23项，1290万kV·A。

加强勘察设计市场整顿工作，逐步完善市场管理。积极为2001年换发企业资格证书做好准备；配合建设部、国家电力公司分别做好勘察设计单位设计资格标准修编的准备和电力行业2000年工程咨询资格年检复评工作；组织对行业143名监理工程师、401名一级结构工程师和42名一级注册建筑师的注册、颁证及资质年检等工作；组织对3个设计院的档案晋升国家一级考评工作。

受人事部、建设部委托，由协会牵头组建全国勘察设计注册工程师管理委员会电气专业管理委员会。为组建该委员会，协会做了大量准备工作，组织编写了《关于建立注册电气工程师执业资格制度的报告》并报建设部；受建设部委托参加编制了《全国注册工程师总体框架》、《全国注册工程师管理暂行办法》等文件；参加了由建设部、人事部共同召开的研讨会，并在会上作了重点发言。

2000年编辑出版《电力勘测设计》五期（含一期专辑),《电力设计信息》二十四期，通过宣传报道工作，体现了协会为政府服务、为会员单位服务的宗旨。

2000年标准化共下达项目131项，完成大纲编制6项，完成征求意见稿5项，完成送审稿10项，完成报批稿12项。批准发布中国电力规划设计协会标准6项，受中电联委托组织完成了对《大火规》送审稿的审查工作。科研项目共下达81项，2000年完成并组织鉴定12项，其中计划内项目9项，计划外项目3项。

组织优秀工程、科技进步奖评审工作，经电力规划设计科技进步评审委员会评审，共评选出1999年度部级优秀工程设计18项，优秀工程勘察项目4项。共有1999年12项科、标、信项目申报电力勘测设计科技进步奖，经评审、共评出一等奖4项、二等奖3项、三等奖4项。

组织了本系统设计大师、勘察大师及优秀院长的初评工作。经过初评和建设部终评，共有2人被评为设计大师，7人被评为优秀设计院长。

与长城(天津)质量保证中心配合,共组织复评了12个院,监督、审核31个院。预审、初次认证7个院。至2000年底止,全行业贯标认证的单位已达50家。

组织了优秀QC小组评选。2000年全行业共申报项目54个，经过初评，评审出20个优秀QC小组报水电质协，其中前5名报中国勘察设计协会。在2000年QC小组发布会上，表彰了十年来推进QC小组活动的先进单位和先进个人，其中先进单位8个，先进个人19人。根据水电质协的要求，组织了系统内的质量效益型企业的申报工作，共有9个单位进行申报，推荐到水电质协6个单位，均得到“全国电力行业质量效益型先进企业”的称号。

中国电力规划设计协会在全国33个行业中是最规范的全国性行业协会之一，多年来为推进电力勘测设计事业的改革与发展，促进行业技术进步和管理现代化，做出了积极努力。在全国电力企业和全国勘察设计行业协会评选中，曾多次获得“优秀协会单位”的荣誉称号。

中国水电工程顾问有限公司

2000年中国水电顾问有限公司继续深入贯彻党的十五大精神，以及国家电力公司“两型两化国际一流”的发展战略目标，研究确定了“管理集团化、公司股份化、经营专业化、技术现代化”的发展战略。经过系统全体职工一年的不懈努力，全面完成了各项生产任务，取得了较好的经济效益，精神文明建设进一步加强，职工队伍保持了稳定，在改革和发展的进程中又迈出了坚实的一步。

水电水利勘测设计系统改革情况

1．机构改革

（1）公司本部进行了实体化改革。为了强化和规范公司内部管理，逐步理顺各种关系，使工作走上制度化和科学化的轨道，2000年完成了中国水电顾问有限公司（以下简称顾问公司）的实体化改革。上半年将水电顾问公司、水规总院和水电咨询公司纳入一体化管理，划分了三者的业务范围，理顺了内部关系，人力资源得到合理配置，增强了公司整体实力，同时对公司内部的机构设置也进行了调整。

在对公司内部机构的设置进行调整的基础上，按照顾问公司干部人事制度改革的统一部署颁布施行了《各部门岗位职责（试行）》，定岗、定责，明确任务，责任到人，并以此作为对各部门负责人和工作人员进行考核的依据。

（2）系统改革。顾问公司按照建设部和国家电力公司的统一部署，研究制订了《中国水电顾问有限公司（水电水利规划设计总院）系统深化改革总体方案》，上报国家电力公司体改办。北京院以院属勘测设计主体和部分管理人员为基础，按现代企业制度的要求，注册组建了北京国电水利电力工程有限公司，并在股权多元化方面进行了有益的尝试。昆明院、华东院及其他各院也上报和正在制订深化体制改革的方案。

为了将水规总院和直属院的行政隶属关系转变为资产纽带关系，实现国有资产的保值、增值，在1999年初步试点的基础上，根据系统的实际情况，制订了《中国水电顾问有限公司资产经营考核办法（试行）》，对各院领导班子的业绩以签订责任书的形式进行考核，实行优则奖、劣则罚。2000年各院都较好地实现了责任书所确定的责任目标，使全系统2000年的经营情况和效益都好于往年。

2．干部队伍建设和人事制度改革

（1）系统情况。顾问公司按照中央和国家电力公司的要求，加强干部队伍建设，推进人事制度改革，加大了培养选拔优秀年轻干部的力度，使领导班子的新老交替稳步进行，形成了合理的专业结构和年龄结构。

北京国电水利水电工程有限公司成立后，实行了全员劳动合同制和岗位聘任制，取消行政级别，打破干部和工人的界限，专业技术职务实行评聘分开；公司根据需要自主进行劳动力资源的优化配置；根据市场标准和企业效益自主确定工资水平和分配办法。

（2）公司本部情况。2000年顾问公司本部首次实现了中层干部聘任上岗，并在计划经营部和科技工作部进行了竞争上岗试点。确定了各部门“四定”方案，对处级以下员工，实行全员“双向选择、聘任上岗”，由部门主要负责人与员工签订聘任协议。公司成立“人才交流服务中心”，对9名待岗人员进行了再就业培训，促进全体员工转变观念，增强“今天工作不努力，明天努力找工作”的危机意识。

按国家电力公司的要求，顾问公司严格执行了国家规定的离退休制度。并根据一人多岗的原则减少临时工的使用人数。对1997～1998年度考核中称职率达不到规定比例的人员，严格按规定进行了不晋升工资的处理。

完成的主要工作

1．水电站前期勘测设计任务完成情况

顾问公司系统完成设计定额工日67.0万工日，钻探5万标准m，平洞2.5万标准m，竖井2115.0标准m，坑槽14.7万标准m^3，物探11.0万标准点，测量936.0标准km^2，地质39.0万定额工日，水文96标准站年，地震3.7标准台年。

完成前期设计报告28项，其中规划阶段报告8项，预可研报告9项，可研报告11项。

2．水电在建工程设计和监理工作完成情况

系统各院承担了三峡、二滩、李家峡、大朝山、洪家渡、棉花滩、天荒坪、天生桥一级、二级、小浪底水电站等全国大部分大中型在建水电项目的勘测设计和监理任务，还承担了一大批中小型水电站的招标设计和技施设计，为完成当年25台机组（装机容量达237.1万kW）如期投产作出了重要贡献。

通过努力，国家计委恢复安排了水电前期工作经费，使处于停滞状态的水电前期工作步入正轨。

公司本部完成规划报告审查一项，预可研报告审查四项（总规模392万kW），可研报告审查六项（总规模310万kW）。开展了溪洛渡、向家坝、小湾、龙滩、洪家渡、公伯峡、三板溪、杂谷脑河、水布垭、龙羊峡、棉花滩、芹山、引子渡、乌江渡扩机、泰安蓄能电站等大中型水电项目和一批风力发电项目的设计、审查、评估、咨询和安监工作。

3. 水电科技工作完成情况

(1) 全面完成了"九五"国家重点科技攻关任务。"碾压混凝土高坝筑坝技术研究"和"高坝工程技术研究"二个项目中，200m级高碾压混凝土重力坝研究、100m级高碾压混凝土拱坝研究、200m级高面板堆石坝、300m级高拱坝枢纽布置和快速勘探技术等五个课题及所属的23个专题，全面按计划、按要求完成，并通过科学技术部组织的验收，其成果被认定为"总体达到国际先进水平、部分达到国际领先水平"。

(2) 组织力量向国家电力公司申报了年度重点科技攻关项目。《深覆盖层地基上的混凝土面板堆石坝关键技术研究》、《纤维混凝土应用研究》、《抽水蓄能电站厂房结构振动研究》和《高水头大单宽流量底流消能技术研究》四个课题通过专家论证，被列入了国家电力公司2000年度重点科技攻关项目。

(3) 《MgO筑坝技术研究》课题也于2000年启动。

(4) 完成了国家电力公司科技进步奖的推荐工作。向国家电力公司推荐了昆明院的《筒形阀在漫湾电站的应用研究》、《顶盖取水在漫湾水电站的应用研究》、东北院的《白山水电站泄洪溅水与雾化模型试验研究》、北京院的《抽水蓄能电站经济评价软件(EEPP1·0)》、中南院的《湖南沅水洪江水电站"实物法"概算》、贵阳院的《东风水电站中孔弧形工作闸门的设计研究》、华东院的《大直径、深埋藏钢筋混凝土新型(隔壁式)岔管研究》共7项科技进步成果申报奖项目。

(5) 积极开展标准化工作。电勘测设计标准化委员会，落实了2000年度技术标准项目的修订修编工作计划。启动《水工预应力锚固设计规范》的编制，完成了《抽水蓄能电站设计导则》等3项征求意见稿、《继电保护设计导则》等4项送审稿。完成了《水电工程施工压缩空气》等七项规范的复审和报批。《施工导流设计导则》(DL/T5114—2000)、《碾压式土石坝施工组织设计导则》(DL/T5116—2000)、《水利水电工程坑探规程》(DL/T5050—2000)、《水工建筑物抗震设计规范》(DL/T5073—2000)共4项标准经国家经贸委批准已颁布执行。

4. 评优情况

(1) 顾问公司系统的北京院、西北院的2名同志被建设部评为第三批中国工程设计大师，西北院和中南院的2名同志被评为优秀勘测设计院长。

(2) 公司组织了科技进步奖的评选工作。评出了系统1999年度水电科技进步奖13项，其中：筒形阀在漫湾电站的应用研究等4项研究成果获一等奖，《高水头大直径深埋藏钢筋混凝土新型(隔壁式)岔管研究》等8项研究成果获二等奖。

在第十四次全国勘察设计工作会议上，顾问公司系统获9项优秀勘察设计奖，其中设计金奖2项、银奖2项、铜奖2项，勘察金奖3项。

(3) 完成了国家电力公司科技进步奖的推荐工作。向国家电力公司推荐的《筒形阀在漫湾电站的应用研究》等7项成果申报奖中，北京院的《抽水蓄能电站经济评价软件(EEPP1·0)》和贵阳院的《东风水电站中孔弧形工作闸门的设计研究》获国家电力公司科技进步三等奖。

公司本部生产科研工作也迈出了可喜的一步。2000年承接并完成了《重庆江口可研阶段的拱坝应力计算和分析》、《江口技施阶段拱坝应力分析与坝体优化》；开展了《锦屏一级拱坝有限元计算分析》；安排了《拱坝沿拱座基面滑动控制》、《多径复杂大型地下结构研究》等专题研究工作。

5. 质量管理和贯标认证工作

继续推进全面质量管理工作，广泛征集职工对"公司质量方针和质量目标"用语的意见，确定了公司质量方针和质量目标；编制顾问公司(咨询公司)质量体系文件框架结构。再次举办质量体系文件编写人员培训班，制订了《质量体系文件编写规定》和《质量体系文件编制实施计划》，质量体系文件的编写工作已基本完成。

6. 经营目标完成情况

(1) 顾问公司系统各院营业收入98748万元，比1999年收入89536万元增长了10.29%，比2000年度计划目标90675万元增长8073万元，增长幅度为8.9%；2000年全年劳动生产率为8.9万元/(人·年)。较好地完成了2000年确定的经营目标。其中顾问公司本部决算收入2545万元，比计划目标1900万元增长34%，比1999年决算收入1580万元增长61%。

(2) 加大开拓国外市场的力度，参加国外投标共26项，中标6项，签订合同额4974万元。

精神文明建设

1. 党风廉政建设和精神文明建设取得了新的成绩

公司召开了系统党风廉政建设工作会议，贯彻国家电力公司党风廉政建设工作会议的精神。

有6个设计院被评为系统双文明单位。其中西北院被评为国家电力公司双文明单位标兵，中南院、昆明院和华东院被评为国家电力公司双文明单位，有6个院继续保持省级双文明单位称号。

公司本部认真贯彻中央4号文件精神，切实加强公司党的建设。结合内部机构的改革重组，完成了党支部的调整和选举工作。开展了优秀党员和优秀党务工作者和先进党支部的评选活动，受到国家电力公司机关党委表彰的优秀党员3名、优秀党务工作者2名、先进支部一个。

2．企业文化建设

顾问公司先后开展了征集“企业精神表述语”和“我为公司树形象、加强企业文化建设”的宣传活动；加强市场经济知识的学习；组织了WTO知识讲座，并开展了WTO知识竞赛活动。

3．职工培训

为了适应社会主义市场经济的需要，提高中层干部的经济管理水平和素质，顾问公司本部和北京院联合举办了中层干部工商管理培训班，成都和中南院也参加了此项活动，本部95%以上的现职处级干部参加了培训，公司本部全面完成了中层干部工商管理培训任务。公司本部和北京院还联合举办了项目经理培训班，本部有12人参加了培训。配合会计证年检，组织本部所有持证人员参加全脱产继续教育培训，学习《会计法》、《合同法》、《预算法》等专业知识，改善会计人员知识结构，提高财会人员的专业素质。

主要事件

1月7～10日，水电顾问公司受国家经贸委的委托，会同江苏省计委在江苏宜兴市共同主持召开《江苏宜兴抽水蓄能电站可行性报告》审查会。

2月24日，水电顾问公司以水电顾人劳［2000］0001号文转发了国家电力公司《关于同意程念高等同志兼职的批复》。经国家电力公司人事与董事管理部研究，同意：程念高同志兼任中国水利水电建设工程咨询公司董事长（法人代表）、总经理；何根寿、童显武、晏志勇、董成银同志兼任中国水利水电建设工程咨询公司副总经理；王柏乐同志兼任中国水利水电建设工程咨询公司总工程师。

3月10～29日，水电顾问公司在杭州举办本系统工程建设总承包项目经理第一期培训班。

3月27～29日，水电顾问公司在广西南宁召开了2000年全国电力行业（水电水利勘测设计系统）优秀QC小组成果评审会议。

4月3～7日，水电顾问公司受国家经贸委委托，在贵州省贵阳市主持召开了《乌江渡水电站扩机工程可行性研究报告》审查会。

4月23～26日，水电顾问公司在三亚召开了系统经营工作会议，公司领导与各直属院院长签订了《2000年资产经营责任书》。

4月24～26日，水电顾问公司受国家经贸委的委托，会同贵州省计委共同主持召开了《乌江索风营水电站预可性研究报告》审查会。

4月27日，水电顾问公司在三亚召开了2000年党风廉政建设会议。党组书记、院长程念高与各直属院院长、党委书记分别签署了《2000年度党风廉政建设责任书》。

5月11～12日，水电顾问公司根据福建省电力工业局的要求，在福建省福州市与国家环保总局监督管理司共同主持召开了《福建省水口、沙溪口水电站环境影响后评估报告书》审查会议。

5月25～26日，国家电力公司体制改革领导小组在北京召开了水电勘测设计系统体制改革座谈会。体制改革领导小组听取了各直属水电勘测设计研究院的相关意见和建议。公司总经理、副总经理，各直属院院长、党委书记及事改企工作部门负责人参加了座谈会。

6月1～2日，水电顾问公司在北京召开了《柬埔寨王国基里隆水电站修复项目可行性研究报告》审查会议。

7月24日，公司本部（总院机关）在开展“三五”普法宣传、教育工作的同时进行了普法知识问答测试。公司98.5%的职工参加了本次问答测试活动。

7月31日～8月2日，水电顾问公司在北京主持召开了水电规划设计标准化技术委员会成立大会暨第一次工作会议。

8月14～17日，水电顾问公司受国家经贸委的委托在广西南宁召开了《平班水电站可行性研究报告》审查会议。

8月23日，受国家电力公司的委托，水电顾问公司主持召开了《利用亚行贷款建设营口西崴子风电厂一期工程可行性研究报告》审查评估会议。

8月23～24日，水电顾问公司受国家计委、国家电力公司的委托，在北京召开了《利用亚行贷款建设风电场项目可行性研究报告》审查评估会议。

8月25日，受国家电力公司的委托，水电顾问公司在北京主持召开了《利用亚行贷款建设新疆达坂城风电三厂可行性研究报告》审查评估会议。

8月27～29日，水电顾问公司受国家经贸委的委托，在武汉召开了《清江水布垭水利枢纽可行性研究工程占地及移民安置规划报告》审查会议。

8月28～31日，水电顾问公司受国家经贸委的委托，在安徽省滁州市召开了《琅琊山抽水蓄能电站项目利用外资可行性研究报告书有关专题》审查会议。

9月1日，日本海外电力调查会到水电顾问公司进行了技术交流。

9月11～13日，水电顾问公司受国家经贸委的委托，会同湖北省计委在武汉市召开了《湖北省江坪河水电站预可行性研究报告》审查会议。

9月28日，童显武副总经理会见了挪威AGN公司到水电顾问公司洽谈建立联营事宜的代表。

9月29日，奥地利土木工程专家Gerald Zenz来水电顾问公司与机电处、科技处、新能源发电工程处及水库处进行了技术交谈。

10月8日，水电顾问公司以水电顾监审［2000］0022号文发出了《关于表彰水电顾问公司系统勤廉兼优先进典型的决定》。晏志勇等八名同志被授予“水电顾问公司系统勤廉兼优先进典型”的称号。

10月12～31日，水电顾问公司受国家电力公司的委托，对负责管理的国家“九五”水电科技公关五个课题23项专题进行了验收和成果鉴定。

10月13日，水电顾问公司受国家计委和国家电力公司的委托，在北京召开了《浙江苍南风力发电场三期工程可行性研究报告》审查评估会议。

10月17～18日，水电顾问公司党组在西北院召开了系统思想政治工作会议。

12月7日，水电顾问公司以水电顾人劳［2000］0029号文发出了《关于王柏乐同志兼任管理者代表的通知》。总工程师王柏乐同志兼任中国水电顾问有限公司管理者代表。童显武同志不再兼任中国水电顾问有限公司管理者代表职务。

中国水利水电工程总公司

中国水利水电工程总公司（简称水电总公司）是国家特大型水利水电工程建设综合企业。具有国家工程总承包一级资质和AAA级资信等级，是国家外经贸部批准的具有海外工程承包和进出口经营权的特大型外经企业，是国家电力公司的全资子公司，公司注册资本19.26亿元，总资产129亿元。

2000年，水电总公司系统各单位坚持改革、发展和稳定的方针，积极开拓国内、国际两个市场，努力实施水电施工企业走出去的战略，各项工作取得了显著成绩。

圆满完成各项经济指标

2000年水电总公司系统共完成企业总产值115亿元，其中国内建筑业产值88亿元（包括非水电建筑业产值17亿元）；国外产值12亿元。企业总产值、水电建筑业产值、非水电建筑业产值和国外产值分别比1999年增长10.8%、11.5%、14.8%和18.9%；工业第三产业产值完成15亿元，和1999年持平；全员劳动生产率达到92899元/（人·年），比1999年增长14.7%；实现净利润2212万元，企业国有资产保值增值率达到100.8%；固定资产的综合折旧率达到8%，较好地完成了2000年总公司工作会议确定的各项经济指标。

全面完成施工生产任务

2000年，全国大中型水电装机投产41台411.5万kW，水电总公司系统完成了29台268.7万kW，占全国水电装机投产总量的65%；在建的大中型水电建设项目和其他建设项目的施工进展良好，都实现了合同目标的要求。

国外中标正在施工的16个项目进展顺利，不论是形象进度还是合同结算情况，均比预期的好，赢得了所在国和业主的普遍信任和赞誉。

经营管理工作成绩显著

1. 开拓市场取得明显成绩

2000年，水电总公司系统各单位在开拓市场、承揽工程上取得了可喜的成绩，在大力开拓国内市场的同时，加大了国际市场的开拓力度，全系统新中标国内工程项目785个，合同额71亿元，比1999年增加13亿元。中标国际项目23个，合同额14亿元，其中以水电总公司名义签约的项目12个，合同总额9.5亿元。水电总公司已逐步确立了对外经营的指导思想和发展战略。在1994年，水电总公司提出“组织集团化、资产股份化、产业多元化、经营国际化”的基础上，又进一步提出了迎接WTO挑战，实施“走出去”战略，打好国电公司品牌，做好CWHEC文章，整和集团优势，参与国际建筑市场竞争，进一步开拓国际市场，争取在今后几年内进入全国最大对外经营企业前10名行列的战略目标和任务。

目前水电总公司已初步建立了对外经营工作的组织体系和运作机制。

2000年，水电总公司在原有国际业务部门的基础上，改组成立了国际公司，代表总公司开展对外工程承包业务，并先后在11个单位设立了直属国际工程部，在9个国家和地区设立了9个经理部、代表处和分公司。2000年5月，根据公司对外经营工作发展的需要，又成立了国际贸易部。同时培养锻炼了大批对外经营工作的专门人才。

目前，水电总公司系统已建立起门类齐全、业务精湛、总数近500人的国际经营人才库，其中有相当数量的人员属于技术型、管理型、经营型、懂法律、通商务、会外语的复合型人才。

水电总公司（CWHEC品牌）已经在国际建筑市场，特别是在第三世界国家市场上崭露头角。2000年完成营业额6166万美元，在中国50家外经企业中居第25位，首次进入了世界前225家大型承包商行列，排行136位。目前，水电总公司海外工程在建规模达2.6亿美元，可以说，水电总公司已经初步实现了巩固亚洲市场，发展非洲市场，进军美洲市场的战略目标。

2. 强化了工程项目管理

2000年，水电总公司系统各单位本着向工程要效益、向管理要效益的原则，按照项目法施工的要求，通过强化管理、文明施工和成本控制等手段，健全管理制度，认真做好工程项目中的设备、材料、资金管理，并狠抓制度的落实，使在建工程按合同履约，增加了工程利润。对新上项目，及时组建项目部，选配好项目经理，对工程进度、质量、成本、安全以及文明施工等进行规范管理，并制定、落实、考核项目生产经营责任制。

为提高项目经理的经营管理水平，规范项目经理的管理行为，2000年总公司举办了3期项目经理培训班,共培训项目经理260人，收到了良好的效果。

3. 加强了资产和资金管理

水电总公司系统各单位逐步建立了一套行之有效、科学合理的决策、执行和监督的财务管理体系，采取加大行政监控力度，强化过程管理、规范内部市场法则，使生产要素流动显著增强，内部经济关系更加清晰，逐步形成良性运行的经营机制，保证了经营目标的实现，对提高管理效率和保护资产的安全与完整等，都具有明显的作用。

企业内部银行以资金结算、调度和控制为手段，形成整体资金实力，有效地控制了资金的体外循环，提高了资金的使用效率。

水电总公司还对各工程局、厂的流动资金贷款及工程投标、预付款、履约等银行保函出具了信誉担保，由于审批程序严格，责任明确，未发生因担保引起的经济损失。

4. 企业管理的信息化水平有了明显的提高

为加快企业的信息化建设，提高企业的经营管理水平，适应社会信息化，总公司加强了对工程局网络信息技术的宣传推广工作，并成立了水电总公司信息中心，注册了水电总公司域名及中国水电域名，建立了总公司网站，加强了信息资源的开发、利用和管理，并正在建立总公司局域网。各单位从加强业务工作和办公电算化、自动化入手，加强了信息基础建设。虽然单位之间发展不平衡，但总体上企业信息化建设的步伐大大加快了，一些工程局实现了办公自动化，并初步实行了电算信息网络化管理。有的工程局在企业经济比较困难的情况下，不断加大信息化建设的投入，提高了信息化管理水平。

安全生产和质量管理工作取得了突出成绩

总公司在大力开拓市场的同时，把安全生产、质量管理作为经营管理的重要工作来抓。在2000年总公司工作会上，水电总公司与各单位局、厂长签定了《安全生产责任书》，明确了安全指标，做到了领导到位，工作机构到位，责任到位，并由水电总公司负责对系统各单位进行安全规范考核。通过不懈努力，2000年水电总公司的安全工作取得了突出的成绩，创总公司成立以来产值最高，安全生产最好水平。有11个工程局实现了零事故的目标；被国家电力公司评为“九五”期间安全生产先进单位4个、先进集体6个、先进个人8人；被评为水电总公司安全生产先进单位7个，合格单位10个，安全生产优秀项目部16个，安全生产优秀项目经理16人。

在工程质量管理上，系统各单位按照文明施工、均衡生产和科学管理的要求，积极创造条件，开展创优活动，取得了良好的成绩。1999年在全系统全部通过ISO9000质量体系认证的基础上，2000年质量体系认证全部通过复审。工程质量合格率达到100%，优良率达到85.3%，未发生质量事故。

企业改革工作取得了显著的成绩

2000年是水电总公司系统的改革年，年初就确定了改革的指导思想，确立了改革的目标，并具体制定了《中国水利水电工程总公司及所属企业体制改革总体方案》，提出了通过资产重组调整水电施工企业队伍结构、产权结构和产业结构的改革总体思路和“剥离、改制、重组”三步走的改革战略。

为了积极推进全系统的改革工作，我们按照总体改革方案精神，制定下发了《关于推进水电总公司系统企业改革和发展的意见》等10余个政策性文件。并适时召开了企业改革研讨会，出台了相关的政策和措施，进一步对改革工作进行了安排部署。各工程局、厂根据总公司的统一部署，制定了改革初步方案，取得了局部突破。有些单位对多种经营企业进行了股份制改造，一些单位对后勤服务行业进行了剥离,对人员进行了分流；有些单位开始把学校等企业办社会职能移交到社会，或分离分立，独立经营，自负盈亏；各单位相继深化了三项制度改革。

在系统进行改革的同时，总公司本部也加快了改革的步伐。本部的实体化进程加快了，机构改革取得了明显的成绩。通过改革，使员工的思想观念发生了深刻的变化，竞争意识、忧患意识、服务经营意识、经济效益意识都有了明显的加强。

企业的科技进步工作成果明显

2000年，全系统围绕生产经营和企业的长远发展，继续加大开发推广科技成果的力度，提高科技创新的能力，各局普遍建立了自己的科技发展规划、科技管理办法和考核办法，加大了科技开发研究及推广应用的力度，取得了一定的成绩。

水电总公司本部年内承担了“软岩筑坝”、“施工研究”、“混凝土分拌机”共国家三项重点科研项目。全系统获国家科学技术进步二等奖一项；获国家电力公司科学技术进步二等奖一项、获水电总公司科学技术进步奖十五项；修订五项水轮发电机标准。

企业内部监督工作得到进一步加强

2000年是水电总公司系统全面开展党风廉政建设责任制的第二个年头，在年度工作会议上，总公司与所属17个局、厂的党政一把手签订了《2000年党风廉政建设责任书》，把党风廉政建设责任制摆在与生产经营责任制、安全生产责任制同等重要的位置上，同部署、同落实、同检查、同考核。总公司严格按照中央纪委对国有企业领导干部提出的“五条八不准”要求，规范各单位的领导干部廉洁自律行为，年中对部分单位进行检查，年底又组织5个考核组对所属17个单位进行全面考核，考核结果均为优良。2000年总公司所属各单位普遍开展了“勤廉兼优先进典型”的评选活动，表彰了一批勤廉兼优的各级领导干部。总公司评选表彰了11名勤廉兼优先进典型。

同时，总公司还加强了审计工作，2000年总公司系统审计部门其查处违纪金额23438.94万元，其中14435.19万元得到纠正，促进增收节支1950.79万元。通过对内部审计办法、监督制度的贯彻实施，使内部监督工作进一步规范化、科学化、制度化，并在观念上变被动监督为主动监督，变事后监督为事前监督，保障了企业生产经营的顺利进行。

企业党的建设和精神文明建设取得明显成绩

2000年水电总公司系统各单位坚持以生产经营为中心，加强了党的建设，精神文明建设和思想政治工作。

首先，紧密结合实际，深入学习邓小平理论和江泽民同志“三个代表”的重要思想，学习党中央一系列方针政策，加大理论武装力度。二是积极组织文明单位的系列创建活动，使创建活动做到规范化、制度化、经常化，推进了两个文明建设的协调发展。目前，总公司系统已有6个局、86个局属二级单位建成总公司双文明单位，有5个局、27个局属二级单位建成国家电力公司双文明单位，还有一些单位被地方政府授予“双文明单位”荣誉称号，总公司本部继续保持了中央国家机关和首都文明单位荣誉称号。三是利用多种形式，积极开展形势任务教育，激发广大职工群众热爱党、热爱祖国、振兴企业的热情，自觉投身于企业的改革和发展。四是结合企业改革，针对在岗职工、下岗职工和离退休人员不同的思想问题，有的放矢地做好思想政治工作，引导职工正确处理国家、集体、个人之间的关系，保证了各项改革措施的实施。2000年有16个单位被评为水电总公司思想政治工作先进单位，有5个单位被评为国家电力公司思想政治工作先进单位，有31人被评为总公司先进思想政治工作者，有9人被评为国电公司先进思想政治工作者。五是加强了企业文化建设，培育经营理念，提炼企业精神，通过健康有益的文化体育活动，陶冶了职工的情操，营造积极健康的文化氛围，各单位广泛深入地开展同“法轮功”邪教组织的斗争，积极做好“法轮功”练习者的教育、转化工作，维护了社会的稳定。

领导班子建设得到进一步加强

2000年，水电总公司加大了对现职领导班子的考核调整力度，先后对水电三局、闽江工程局领导班子进行了整体换届考核，对水电七局，基础局等10个单位领导班子成员进行了适时调整，按照“一看思路、二看业绩、三看群众公认程度”选贤任能的工作标准，考核、选拔、任用了24名优秀中青年干部，其中有7名走上了在职领导岗位。为系统领导班子增加了新鲜血液和活力。根据工作需要和业主、政府部门的需求，我们积极推进了干部交流工作。

同时加强了培养选拔年轻后备干部的工作，坚持“选、育、管、用”一条龙的动态管理，在“急、难、险、重”任务中考验，使后备干部能够尽快地成长、成才。目前，各工程局（厂）领导班子组织建设和思想建设都得到了进一步的加强。领导班子在年龄、专业和知识结构上有了较大的改善，更加趋于合理，整体功能有了较大的提高，做到了优势互补、能力叠加，开拓市场、深化改革、适应市场经济的能力不断增强，工作业绩较为显著，为下一步深层次的水电施工企业体制、机制改革打下了坚实的组织保证。

2001年水电总公司将以更加积极的姿态，进一步实施“走出去”的战略，更好地利用国内国际两种资源、两个市场，为企业寻求更大的发展空间。要做好加入世界贸易组织的各项准备工作，不断提高企业的竞争能力，抓住机遇，锐意改革，加快发展，为国家经济建设作出新的更大的贡献，把水电总公司建成国际一流的集团公司。

中国华电集团公司

概况

中国华电工程（集团）公司（国家电力公司电力机械局），以下简称“华电”，是国家电力公司的全资子公司，注册资本金2.16亿元，总资产20亿元。

主要任务完成情况

2000年在全体员工的努力下，基本完成了既定目标：全年实现销售收入11亿元，实现利润574万元，其中本部销售收入11亿元，实现利润958万元。

华电北京本部工作情况

1. 完成生产经营目标计划

全年实现销售收入1.8亿元，实现主业签订合同5.7亿元。

（1）物料输送部根据“系统和产品两条腿走路”的战略，重点加强产品开发和技术支撑，严格项目专业化执行和过程控制，成功开发了管带机、华视2000和风冷排渣机，以武汉中南华电为主的系统前期技术支撑体系已开始运行，市场开发和销售拓展形成的两条产品线——畅销产品线和新产品线全面开花，全年签订合同18370万元，其中单项产品（主要是自行开发的拳头产品）合同额2053万元。全年实现销售收入6700万元。

（2）钢结构部利用已有的品牌效应，继续向行业外、海外拓展，以科技创造空间，靠实力争夺市场，开发了余热锅炉壳体制作出口美国FWEC，行业外项目在做到对综合项目以有力支持的同时取得了项目自主承包，并克服项目由来料分包加工到带料独立制造、外资项目预付款方式由50%到1:8:1、原材料价格上涨等不利因素，全年签订合同13000万元，实现销售收入8346万元。

（3）环境保护部技术和管理两条线齐头并进，从初级的单件小型产品生产、成套设备代理发展到加强高、精技术创新，以电厂的灰系统改造为龙头，依靠其自行开发研制的Duneflow软件，以内旁通密相气力输送核心技术为基础，结合设计、工程承包、关键设备制造，完成交钥匙工程，全年签订合同6000万元，实现销售收入2097万元。

（4）水处理工程部重点开发的“含煤废水处理工艺和设备”、“电厂和稀土工业废水处理技术”已申请专利，与美国U.S.Filter公司和英国Kennicott公司分别就凝结水精处理技术签订了合作协议，依靠项目执行中良好的技术服务和高质量的产品保证赢得市场，全年签订合同5484万元，实现销售收入909万元。

（5）管道工程部继邯峰项目结束后又取得国内单机容量最大的外高桥电厂2×900MW机组的管道承包合同，并采用CAESERⅡ软件对管道系统进行应力分析和柔性计算，部门全年签订合同5000万元，实现销售收入2828万元。

（6）水电设备与施工机械部“发挥技术优势，调整市场方向”，积极向水电工程及系统外、行业外寻找市场，取得可喜成绩，全年签订合同2570万元，实现销售收入1000万元；输变电部在创办企业实体方面取得实质性进展的同时，克服产品代理业务、承揽总包工程难度越来越大的困难，继续开发总包工程市场，取得成功，全年签订合同2200万元，实现销售收入3245万元，均较1999年上了一个新的台阶。

（7）在龙头专业继续保持良好发展势头的同时，新增专业如人工环境部抓住全球呼吁环保的机遇，大力推进冰蓄冷、电锅炉等领域的新技术、新产品开发，加大市场开拓、管理制度创新、企业文化建设等的力度，充分发挥杭州本部和北京公司一南一北的优势，全年两地共签订合同9806.7万元，其中北京新签合同1960.2万元，并实现当年有利润。同时，为适应公司发展，加强公司竞争力，提升集团公司总的资本运作能力，正积极筹备成立“华电华源人工环境股份有限公司”。

（8）进出口部和厦门公司在华电最初创业中做出了很大贡献，面对变化的市场和集团公司业务的调整，积极寻找新的市场渠道，除代理集团公司业务外，自营4000多万元合同，开发的烟气监测等新产品有良好的市场前景，在调整中开始迈向新台阶。

（9）华电投资管理有限公司、华电化学技术工程有限公司、华电抗磨公司均实现零的突破，呈现出较好发展势头，为集团公司的发展增加了形成新经济增长点的可能性。

（10）中光公司加强技术开发，充实营销队伍，全年签订合同821.3万元，实现销售收入206.8万元；华电工程公司积蓄力量、拓展市场，为2001年再上台阶打下基础；培训中心在完成集团公司交办的房改等任务的同时，转变观念、调整职能，针对集团公司迁址后出现的新情况采取措施，在生存和为集团公司财产经营上寻找新的出路。

各公司均实现预期目标。

2. 强化职能部门管理，加强体制管理创新

2000年集团公司为规范管理，强化了职能部门

力量，管理工作取得较好业绩。

由发展计划部牵头，按照集团公司整体部署，在体制改革和基础管理方面重点作了以下工作：

(1) 制定集团公司的总体改革方案（已上报国家电力公司），全资及控股公司的改革全面铺开。

(2) 集团公司五年规划框架初步完成。

(3) 综合经营计划管理办法，投资管理规定拟定完成，为集团公司管理上档次打下基础。

(4) 推进直属厂所的改革改制工作。

(5) 在财务部配合和支持下，开始着手统筹几十个子公司的管理、重组和发展问题。

资金财务部在完成正常财务、会计工作的同时：

(1) 编写制定一系列总公司财务管理办法，与审计部共同制定了总公司财务审计制度。

(2) 参与总公司及下属公司、企业、研究所的改制，并介入证券领域。

(3) 继续取得建行系统 AAA 信用等级；取得中行 1000 万美元授信额度，并且为耒阳项目特别申请 200 万美元投标授信。

(4) 理顺出口退税流程，并取得出口退税 950 万元，累计退税额已达 1300 万元；办理各项贷款 1.55 亿元；取得国家电力公司各项拨款 260 万元。

人力资源的开发与管理、薪酬与福利体系的建立、绩效考核指标的制定，对公司的发展至关重要。在集团公司确立现代企业制度之际，人力资源部做了大量的工作：

(1) 草拟集团公司人力资源开发与管理纲要，基本形成了集团公司人力资源管理改革与发展的基本思路。

(2) 制定集团公司全员劳动合同制实施办法，并就该办法的实施做了必要的准备工作。

(3) 酝酿并拟推出集团公司薪酬与福利改革方案。

(4) 与党组办公室一起初步完成组织机构调整与干部的配备工作，规范岗位及工作说明书编制工作正在进行中。

质量和技术管理部完成集团公司 2000 年度质量体系运行工作的同时：

(1) 对集团公司合格分承包方、首次分承包方名单进行了重新确认，并培养了自己的内审员和质量检验员。

(2) 完成了集团公司及直属企业多项质量体系文件及标准。

(3) 组织参加国家电力公司 2000 年度科学技术进步奖，并获二等奖一项。

(4) 对相关企业进行了多项核发生产许可证、进行质量认证、资质认证等工作，全面提高他们的竞争力。

审计部完成年初制定的对子公司的审计任务，并与财务部一起配合完成了国电公司对集团公司的审计；商务与法律事务部作为新成立的职能部门，在人员紧缺条件下，在承担进出口业务同时，为集团公司合同的商务管理做了很多工作，与此同时，在与其他部门协调工作的过程中，尽力加强本部门的建设。

党组办公室为集团公司直属厂所干部队伍建设做出努力；局办公室在集团公司的市场宣传、计算机网络建立、与培训中心一起完成集团公司办公地点乔迁中功不可没。

3. 资本运营初试取得成效

(1) 运作战略投资者“桂冠电力”股票法人配售项目，使集团公司与全国第一大水电站为主体的上市公司，产业链条结合在一起。

(2) 为拓宽集团公司的直接融资渠道，拟以环保、高科技等题材为主组建“华电华源人工环境股份有限公司”并谋求上市，现前期材料方案正在讨论编制中。

(3) 集团公司作为五个发起人之一（53 万元人民币购买 35 万股）的北京首发股份有限公司（主营业务为高速公路管理），运行良好，具有较高成长性。

(4) 作为战略投资者以发行价购入“路桥建设”200 万股。

4. 双文明建设喜获丰收

2000 年党委办公室在党委和纪委指导下，与全体员工共同努力，取得精神文明建设丰收：

(1) 领导干部在 2000 年的“反腐年”中抓好“三严一表率”，做到既是经营管理的表率和责任人，也是党风廉政建设的表率和责任人。同时员工的政治、业务、文化素质全面提高。

(2) 武汉电力仪表厂、扬州电讯仪器厂、郑州机械设计研究所被评为全国电力系统双文明单位。

(3) 张海青同志被评为国家电力公司“巾帼建功”标兵，其事迹编入表彰大会材料汇编；白绍桐、葛亮、黄沈阳三位同志的家庭被评为国家电力公司“五好家庭”。

(4) 国家电力公司“女职工巧手比赛”，王军同志获二等奖，王碧芬同志、邵志英同志获三等奖。

(5) “华电公司工会”被命名为国家电力公司“合格职工之家”。

(6) 集团公司女队获国家电力公司第六届乒乓球比赛团体第二名。

华电内部形成一种健康、向上、敬业、爱岗的氛围，增强了职工的凝聚力，是集团公司宝贵的管理资源和财富，我们应不断地加以发扬光大。

全资子公司工作情况

1. 推进本部和厂、所体制改革，向现代企业制度迈进

建立现代企业制度是发展社会化大生产和市场经济的必然要求，是我国国有企业改革的方向，现代企业制度的核心是股权结构的多元化。因此，华电将“改制、重组、减人”放在2000年工作的重中之重，并要求所属全资子公司的五个直属厂、三个研究所，体制改革工作以股权多元化改造为突破口，按十五届四中全会要求，广泛吸收包括自然人在内的各种资本成分参加，以在公司内部形成更好的约束和激励机制。

全资及控股公司的改革，由于地区不同，工作进度参差不齐。

武汉电力仪表厂、扬州电讯仪器厂、杭州钻探机械厂三厂所在地政府推行改革力度较大，他们的改制方案已经分别批复，其主要思路是：整体改制、职工参股、一次享受（政策）、一步到位。按照精干企业和产权结构多元化要求，对企业资产经评估后进行核销（2437万元）、剥离（735万元）、提留（3841万元）工作，尽可能享受地方政府及国家电力公司的优惠政策，由职工有偿置换部分国有资产并作为发起人之一，集团公司参股其中，分别成立有限责任公司和股份有限公司。现已进入资产评估、确认阶段。

南京电力自动化设备总厂的改革，在为支持国电南京自动化股份有限公司上市、大部分资源组进股份公司、留在总厂的员工面临生存等严峻形势下，面对现实，进行了超常思维，丢掉一切幻想，坚韧不拔地走改革之路，他们调整结构，建立新机制，拓展新专业，内退了102人，并成立若干个多元化公司。经过艰苦努力，达到了以改革求稳定、求发展的目标。

吉林水工机械厂，由于连年亏损已资不抵债，濒临破产，多种改制方式都探讨过，但成效仍不显著。

杭州机械设计研究所、郑州机械设计研究所、产品质量标准研究所按照国家和国电公司关于科技体制改革的整体部署，依照先改制后重组的原则，第一步先将三个研究所转制成集团公司的全资子公司，并按科技型企业进行运作，待条件成熟时，进一步构造成多元化的股份制企业或有限责任公司。

现三所已参加了基本养老保险，正在建立健全职工基本养老保险个人账户和办理养老金的社会发放，并根据国家电力公司财务与产权部的安排，对所内现存的固定资产、可变资产、非经营性资产进行全面的清产核资，对现有资产净值有了一个较为清晰的账物核对反映，为改制的顺利实施打下基础。目前，各所清产核资情况已报国家电力公司财务与产权部，等待批复。

挂靠在三所和电力机械局下的十几个检测中心也在按国家关于科技体制改革的要求逐步改革为具有第三方资格的有限责任公司。

2. 全资单位生产经营情况

五个直属厂全年实现销售收入76079万元，出口交货值450万元，利润总额4221万元。

主要事件

3月1日，华电作为“桂冠电力”的战略投资者，在网上公开申购该公司对法人配售的股票825万股。

4月10日，国电公司副总经理周大兵一行宣布华电新一届领导班子。

4月29日，华电总经理江自生传达贯彻全电会精神。

6月13日，华电转发国务院办公厅下发的“关于科研机构管理体制改革实施意见通知”。

7月4日，华电下发“改革改制意见通知”。

8月9日，周大兵副总听取华电工作汇报，其中重要内容是直属厂、所改制。

9月1日，华电改制招股书出版。

10月18日，华电改制方案向国电公司报文，请求批准。

11月10日，北京国电商务网络有限公司第一届股东大会召开，“国电南自”为第三大股东。

11月28日，华电向国电公司汇报5厂、3所改制情况。

12月11日，国电公司审计华电资产、负债、损益。

12月21日，华电与许继就扬州厂重组事宜签署合作协议。

中国电能成套设备有限公司

2000年中国电能成套设备有限公司在国家电力公司/国家开发投资公司的领导、支持和帮助下，公司领导按照股东会、董事会确定的目标和要求，带领全体员工努力奋斗，狠抓企业科学管理，进一步提高了服务的质量、水平，大力开拓市场，加强精神文明建设，较好地完成全年预定的各项经济指标。

2000年全国共投产大中型火电39台/1374万kW，由我公司成套15台/506万kW，占全国投产机组的38.5%，如不计算进口机组，占国内投产机组的76.6%；水电机组2台/60万kW，占国家电力公司水电总计划投产的31%。

狠抓企业科学管理，继续把做好各项基础性管理工作放在重要的位置

(1) 2000年1月中国船级社质量认证公司对电能成套设备有限公司质量体系的有效性进行了审核，2000年2月公司取得了ISO9001质量体系认证证书，8月份通过了复审，由于认真贯彻质量体系的各项要求，确保设备总承包、招标成套、项目咨询和设备监造等四项产品为顾客提供满意周到的服务。

(2) 成立信息管理中心。建立《中国电力设备信息网运行管理办法暨实施细则》、《中国电能成套设备有限公司网站信息员工作制度和守则》、《中国电力设备信息网》用户注册登记管理办法。从网上发布和提供电力工程建设项目和技改项目的设备及技术的信息服务。10月18日《中国电力设备信息网》正式开通，11月30日实现了与《国家电力信息网》链接。

2000年公司启动了OA办公自动化系统，通过企业内部网实现信息资源的共享，进一步提高公司科学管理水平和工作效率。

(3) 启动企业管理工作，制订了决策控制程序、人力资源使用及开发控制程序、财务控制程序、激励机制控制程序、企业奖惩实施程序、行政事务控制程序等六个相关文件，为2001年企业管理体系的正式建立和运行奠定了基础。

(4) 加强了财务管理。根据国家电力公司的规定和公司的实际情况，制定了公司投资管理、预算管理、采购管理、销售管理、固定资产管理、现金管理、成本费用管理等一系列相应的内部控制和管理制度。使公司的经济、经营活动纳入内部制度监控之下。加强对各处室财务控制，进行成本费用核算；组织填报国务院监事会下发的企业基础材料。

(5) 加强了投资管理。对投资项目认真地进行可行性研究，做到科学决策、民主决策，尽量规避风险。重大投资项目按国家电力公司投资管理的有关规定和公司董事会决议执行，强调投资效益，加大投资回收力度。

(6) 加强审计工作。健全审计机构，配置审计人员，制定了《中国电能成套设备有限公司审计实施办法》，对在京三个子公司，进行了内部审计。配合国电公司审计部完成对第一届董事会董事长的离任审计。

(7) 加强经营管理工作，按照国家电力公司要求，成立了经济活动分析领导小组，定期召开经济活动分析会，指导各项重大经济活动，形成经济活动分析报告。

(8) 加强对子公司的管理监督。我们对公司的全资子公司和参股公司逐个进行了审查，对缺乏正规经营管理的公司进行撤销和关闭。使子公司在经营管理上有了一定的提高。

积极做好电力工程设备招标及成套服务工作，把成套服务质量提高到一个新水平

(1) 坚持招标择优订货。通过规范化的招标，获得性能好、质量优、价格合理的设备，有力的控制了工程造价。

2000年火电项目主、辅机招标项目有：莱城2×300MW、株州2×300MW、石嘴山2×300MW；进行主机招标的有：定曲2×600MW、嘉兴4×600MW、红雁池2×200MW、永城2×300MW、喀什2×50MW、姚孟1×300MW（技改）；进行辅机招标项目有：石家庄2×200MW、保定2×100MW、长兴2×300MW、信阳2×300MW、德州2×660MW。

进行的输变电项目有：

1）三峡送出及全国连网工程；

2）国家电力公司西单大楼综合布线、程控交换机、计算机信息系统、电视电话会议系统，国调中心生产调度管理系统改造工程；

3）部分网省公司的主要项目有：丰镇—张家坊—顺义—迁西500kV线路526/—、平凉电厂—兰州东330kV送变电584/3×24、来宾—玉林500kV送变电200/75等项目。

(2) 从设备上确保了电力工程的达标投产和提高效益，确保国家电力公司电力建设计划的全面完成。例如公司成套服务的襄樊电厂机组建设速度快，质量好，创造了全国电力建设达标投产的新纪录。河北邯峰电厂，采用世界第一台配660MW机组的W火焰锅炉，该机组的顺利投产，标志着我国电力建设进入世界领先水平，公司的技术咨询、成套服务为其提供了很好的设备质量、交货保证：不属公司成套的韦湖梁电厂125MW机组，发生了严重的机组设备质量问题，公司为使工程尽快投产和提高效益，做了大量的、艰苦细致的协调服务工作，并取得了显著成效，获得新疆电力公司和苇湖梁电厂的高度评价；有些厂商因资金紧张交货进度满足不了工程要求，为保证工程按期投产，公司分别在井冈山、益阳电厂、信阳电厂召开了现场设备协调会，请生产厂到现场听取公司对设备进度的意见，观看现场工程进度后排定生产厂的交货期，会后又分别派出工作组，对重点厂进行落实，从而有力地保证了井冈山、平凉电厂2000年按时投产，以及益阳等电厂地顺利安装。

(3) 确保大中型项目的设备质量管理，会同电规院联合召开了1999年版《电力工程设备主要辅机推荐厂家名录》的评审工作会议，发布推荐名录。会同水规总院联合进行了《水电工程主要机电设备推荐厂

家名录》2000版的评审工作。配合国家电力公司安运部、农电工作部对各网、省、市电力公司推荐的城乡电网改造所需设备推荐生产厂家名单及产品明细进行汇总，编辑出版了《城乡电网建设改造使用手册》。及时收集质量信息，出版了1999年《安装投产机组电力设备质量情况》（黄皮书）和《电力设备质量通报》。

（4）2000年监造的项目还签订了4台300MW机组的三峡送出等6个500kV变电站设备的监造合同，福建峡阳、甘肃龙首两个水电站主要设备的监造合同。设备监造工作进一步向深度广度拓展，2000年完成了宝鸡4×300MW主机，平凉2×300MW机组等多项工程的主要设备监造工作，盘山电厂2×600MW机组，三峡送出工程等多个项目电器设备监造工作总结84册，监造工作简报372期，派员现场服务180多人·次，协调解决了大量的设备质量问题。

转变经营观念，开拓成套服务经营的新领域

（1）开拓基建工程设备承包的新领域。宁夏石嘴山电厂4×300MW机组部分辅机设备，已签订了承包服务合同并已完成设备招标签约工作，取得较好的效益。黄石电厂2×300MW机组的设备承包问题尚在商谈落实中。积极探索姚孟技改项目同设备总承包相结合的工作也取得很好的效果。

（2）开拓电力技改项目设备成套及备品备件的市场。我国自行设计制造的第一批300MW机组，目前已到退役时期，设备技术改造势在必行。我们组织专家到姚孟电厂深入了解情况，提出合理化建议，得到业主的肯定和赞赏，签订了姚孟电厂1号机组改造的设备承包服务合同，主要设备已完成了招标签约工作。公司还完成了几个电厂有相当难度的一些备品备件的采购供应工作，我们正争取法国EDF投资管理的广西来宾电厂2×300MW机组备品备件承包采购供应。

（3）开拓设备技术咨询市场。我们运用多年积累的经验，发挥人才、技术、信息的优势，巩固利用外资火电机组技术咨询的市场，完成了韩城2×600MW和耒阳电厂2×30万kW机组炉岛的国际招标设备技术咨询工作。等级机组国际招标设备技术咨询得到业主的肯定。此外利用外资水电项目设备技术咨询取得了零的突破，2000年正式签订泰山抽水蓄能电站4×250MW机组技术咨询合同，我们已经提供的咨询服务也得到业主的肯定和赞赏。

（4）继续开拓设备招标成套和设备监造的市场。设备招标成套仍然是公司的主要产品和主要效益来源，虽然基建新项目减少，市场竞争异常激烈，我们仍然加大力度开拓市场，特别是对技术含量高的600MW火电大机组发挥技术、经验的优势，做好项目前期服务工作。现已完成华能沁北电厂2×600MW超临界机组主机设备标书的编制、修改工作。嘉兴、定曲主设备已完成招标定标工作。经过努力330kV、500kV输变电项目大部分由公司代理招标成套。三峡送出500kV交流输变电工程设备招标成套全部由公司代理。与乌江水电开发公司正式签订了洪家渡水电站主机和主要配套设备的招标成套服务合同。2000年还签订了4台300MW机组和三峡送出等6个500kV变电站主要设备的监造合同。

（5）开拓了设备投标的出口市场。1999年下半年和2000年开拓对利用世行、亚行贷款项目国际招标的设备，代理国内制造厂投标出口设备的业务，有三个工程投标设备中标，合同总额达2100万美元，现合同都在执行中，预计有一定效益。

顺利完成办公楼改扩建工作

2000年12月27日通过三方验收，12月31日前完成办公楼的回迁。通过改扩建主要解决了以下问题：新增面积1310m²；抗震强度达到八级以上；完善了办公楼各项使用功能。

加强党风廉政建设和精神文明建设

认真落实了国家电力公司关于从严治党、从严治企、从严治领导班子的方针，紧紧围绕企业的中心工作，落实党风廉政建设责任，配合现代企业制度下的法人治理结构的建立，完善公司的监督、约束机制。

继续取得中央国家机关在京单位精神文明先进单位和国家电力公司在京直属单位先进党委的光荣称号。

公司面临的问题和对策

随着电力结构调整，常规的电力成套项目减少，而成套单位增多，我们面临来自系统内、系统外，兄弟单位和网省局的激烈竞争，电力系统内部的不规范竞争加剧，直接影响公司主要业务的开展和经济效益；由于公司成套服务费在全国各行业中最低，而深入现场服务各项开支不断增大，导致成本逐年攀升；新的经济增长点一时难以见到实效，出现企业后劲不足等诸多困难。为此，必须进一步转变观念，充分利用多年从事电力成套设备工作的丰富经验和信息资源，深化企业成套服务内涵，大力开拓市场，捕捉新的经济增长点，按照建立现代企业制度的要求，强化内部管理，开源节流、降低成本，增强市场竞争能力。

主要事件

1月7日，国家电力公司陆延昌副总经理召开会

议，听取华能集团关于沁北电厂主机设备标书准备工作的情况汇报，华能张廷克副总经理为主汇报，电能成套设备有限公司就标书编、审有关情况作了补充汇报。

2月13日，国家电力公司精神文明领导小组电能成套设备有限公司检查工作。检查小组领导在听取了报告后同意推荐电能成套设备有限公司为本年度“中央国家机关文明单位”。

2月16日，公司取得由中国船级社质量认证公司颁发的质量体系认证证书。

3月18日，董事长林依水主持召开有限公司首届二次董事会，董事会成员房家栋、杨庆、施洪祥、杨西永出席会议，并一致通过了首届二次董事会决议。

3月23日，房家栋总经理主持召开有限公司首届八次办公会，同各部门签订2000年承包合同。

4月18日，林依水主持召开有限公司第三次董事会，审议通过了公司1999年的财务合并报告，确定了公司1999年的利润提成和利润分配方案。

4月27日，林依水主持召开公司党政联系会，向与会人员传达国家电力公司全国电力工作会议精神。结合公司实际部署下一步工作。

6月16日，根据国家电力公司要求，公司成立党风廉政建设责任领导小组。

6月22日，房家栋主持召开有限公司第八次总经理办公会，研究网站建设工作。讨论通过《中国电力设备信息网》网站运行管理办法。

10月18日，《中国电力设备信息网》正式开通。

2000年公司完成的大中型机组项目明细表
（单位　台×万kW）

一、火电成套项目（共计16台，518.5万kW）

项目	台×万kW	项目	台×万kW
双辽3号、4号	2×30	广安2号	1×30
丰城4号	1×30	平凉1号	1×30
宝二3号	1×30	莱城1号	1×30
邯峰1号	1×66	淮北1号、2号	2×30
沙岭子7号	1×30	井冈山1号	1×30
红雁池1号	1×20	华能苏州2号	1×30
吴泾八期1号	1×60	桥头六期1号	1×12.5

二、水电成套项目（共计2台，34万kW）

项目	台×万kW	项目	台×万kW
天生桥一级4号	1×30	响洪甸蓄能1号、2号	1×4

三、火电监造项目共计（14台，385万kW）

项目	台×万kW	项目	台×万kW
襄樊1号、2号3号、4号	4×30	宝鸡	4×30
温州2号	2×30	平凉	2×30
粤连	2×12.5		

四、水电监造项目共计（1台，4.8万kW）

项目	台×万kW
沙县	3×1.6

五、技术咨询项目共计（10台，584万kW）

项目	台×万kW	项目	台×万kW
邯峰	2×66	德州	2×66
韩城	2×60	耒阳	2×30
石家庄	2×20	泰山蓄能	4×25

中国安能建设总公司

概况

中国安能建设总公司也叫武警水电指挥部。2000年，武警水电部队深入贯彻国务院［1999］国发6号文件精神，按照武警总部、国家电力公司和国家机关有关部委的工作部署，坚持立足长远搞建设，盯着问题抓落实，狠抓基础性、经常性工作的思路和要求，认真履行参与国家经济建设和维护社会稳定的双重职能，积极参与国家的水利水电工程建设和抢险救灾，圆满完成了以施工生产为中心的各项任务，部队建设形势呈现出向上发展的良好势头。

主要生产经营指标超额完成

生产经营管理上，该部坚持在调整中抓发展，坚持依靠科技进步和体制创新深化内部改革，按照现代企业制度的管理要求，继续实行两级法人、三级核算制度，严格控制成本，明确经营管理指标，资产经营和施工管理进一步规范。全年共完成施工产值23.8亿元，其中自营完成施工产值17.5亿元，分别占年计划的119%和116%，自营产值与上年同比增长15%；自营完成土石方1667万m^3，混凝土89万m^3，金属结构安装2938t，房屋竣工面积5.58万m^2；全年按计划安装投产机组6台，投产容量45.05万kW，占国电公司系统水电年投产计划的22.8%；承建项目单元工程合格率达到100%、综合优良率达到85%以上；全员劳动生产率人均10万元，超额完成年度生产经营指标，工程质量安全、进度和效益取得了较好的成绩。指挥部2000年通过了ISO9002质量管理体系认证，所属部队均已全部通过质量认证。

建章立制圆满完成施工任务

工程建设上，该部围绕缩短工期、降低项目成本、提高工程质量和效益，全面推行施工项目负责制。结合天生桥、三峡永久船闸、西藏满拉、沃卡和新疆等地承建重点项目的施工要求，制订了《项目负责制施工管理办法》、《质量安全管理规定》、《物资装备管理规定》、《成本管理及内部核算办法》、《文明施工细则》及《劳务使用管理规定》等制度，加强了施工项目的经营管理，严格按质量管理要求组织生产，

2000 年度在建项目施工任务完成圆满。

天生桥一、二级水电站施工任务按期完成。天生桥二级水电站重点抓好 5、6 号机组的安装投产，该部克服了机组设备到货严重滞后，工地移民纠纷造成的多次堵路，三号引水隧洞不良洞段处理施工难度大、技术要求高等对施工的影响，按合同要求 5、6 号机组分别于 11 月 23 日和 12 月 28 日完成 72h 试运行后，投产移交电厂运行管理。至 12 月底，天生桥二级水电站全部主体工程基本按设计要求完工。天生桥一级水电站大坝填筑工程提前 6 天达到 791m 高程，防浪墙混凝土浇筑 6 月 18 日结束；主要尾工项目基本完成，电站溢洪道特大弧型钢闸门安装 9 月份通过验收，施工质量优良，达到了设计要求，受到了业主的奖励。

三峡永久船闸南北线一闸首施工提前交付验收。三峡永久船闸二期工程地质复杂，技术标准要求高，施工难度大。该工程项目加强了施工现场管理，严格按规程规范组织施工，进一步建立健全责任制，对施工项目管理的运作起到了规范作用。全年完成混凝土浇筑 54.4 万 m^3，占年计划的 109%。永久船闸南北线一闸首分别于 7 月 24 日、8 月 10 日正式通过土建向金属结构安装交付工作面的验收，比合同目标工期提前一个月，受到了业主、监理的一致好评和奖励。南二闸首混凝土施工于 12 月 21 日达到设计高程，比原计划提前 10 天。南北线一、二闸室及二闸首、上下游引航道混凝土浇筑均按合同计划进行，较好地完成了年度的施工生产任务。

西藏在建水利水电项目基本竣工。2000 年是西藏满拉水利枢纽施工的关键一年，该部在资金到位滞后、驻西藏施工部队参加了易贡河抢险抽走部分技术人员及施工设备的情况下，主要防洪渡汛项目的施工抓得紧，取得了较好的成绩，满足了泄洪洞 7 月初正常过水的需要，大坝等水工建筑物经受了近百年一遇洪水的考验。3、4 号机组分别于 5 月底和 7 月底完成 72h 试运行后，正式并网发电。该工程除泄洪洞出口挑流段左、右岸坡水毁后还需进一步完善外，其他工程已全部完成，基本具备竣工验收条件。西藏沃卡河一级水电站于 10 月 11 日通过了由国家电力公司等有关部门组成的竣工验收委员会的竣工验收。西藏普兰水电站工程位于藏北边境县，海拔高程近 4000m，施工环境差，条件十分艰苦，建设规模为两台装机共 500kW 的水轮发电机组。历经一年多时间的顽强拼搏，1、2 号机组于 11 月正式投产发电，按计划要求实现了发电的目标。

新疆风城、希尼尔水库项目工程进展顺利。2000 年 6 月 1 日，新疆风城水库坝体及放水隧洞已通过安全鉴定，7 月 30 日水库通过蓄水前阶段验收，8 月 5 日水库开始蓄水；新疆希尼尔水库工程系世界银行贷款项目，坝体采用混凝土面板均质砂砾材料，库容 9800 万 m^3。该工程自 5 月 18 日开工，全面超额完成年度计划。

“西电东送、西气东输”工程开发建设做贡献。国家实施西部大开发，该部积极参加了西部地区重点工程建设。11 月初，首批“西电东送”标志性工程——贵州洪家渡水电站等 7 个大型项目的开工，拉开了西部大开发水电建设的序幕，该部通过竞标承揽了洪家渡、引子渡两大型水电站工程的主要工程项目的施工。其中洪家渡工程 1、2 号交通洞于 9 月底全部完工并交付使用，创造了导流洞开挖月进尺连续三个月突破 300m 的好成绩；左右岸坝肩开挖等其他工程项目进展顺利。引子渡水电站长 130m 的上游钢结构施工桥已于 7 月 27 日提前 4 天架通；交通洞于 8 月 29 日贯通；导流洞、场内公路等施工按计划要求进展顺利。该部承担的部分：“西气东输”涩—宁—兰管道工程于 2000 年 3 月 27 日开工，现已完工。共完成管沟开挖 45.5km，伴行公路 47.2km，工程质量全部被评为优良。

江河治理水利工程建设谱新篇。2000 年，该部承担的长江流域堤防工程共 18 项，至年底已经完成了湖北荆南防洪堤、湖南长江干堤加固；长沙东岸垸大堤整治工程、长沙长善垸奎塘河整治工程、安徽贵池秋江圩堤防、芜湖麻风圩堤防；长江荆南干堤第三标段、芜湖县小斗门至桦树根段；武汉长江堤防居字号工程、湖北监利团结闸防护大堤工程、湖北咸宁下桃红段应急加固工程等 11 个项目的工程建设任务；其他项目按合同要求抓紧施工，工程进展顺利。呼和浩特二道洼水库建设管理效益明显，完成土石方填挖 477 万 m^3，提前完成了年度计划。

西藏易贡河抢险立新功

4 月 9 日，西藏波密县易贡河扎木弄沟发生了世界罕见的巨型山体崩塌滑坡，22 日，该部接到国家防总及水利部的指令后，当即组织抢险部队参加西藏易贡河抢险减灾工作。从所属部队抽调技术骨干共计 341 人，调运设备 140 多台（套），于 26 日到达指定地点，按照国家防总专家组和西藏自治区易贡抢险救灾总指挥部制定的“开渠引流”方案，迅速投入到易贡抢险之中。水电部队承担了技术负责、工程总协调的任务，发挥了战斗队、主力军作用。在历时 33 天的鏖战中，参战官兵顾大局、识大体，始终以国家和人民的利益为重，昼夜坚守在最危险的地段，用生命和汗水开挖出一条长 850m 的引水导流渠道，共开挖土石方 135.5 万 m^3，为保护国家财产和人民的生命安全做出了突出贡献，受到了国家防总、地方政府和总部首长的高度赞扬。开渠引流任务完成后，根据西藏自治区易贡抢险总指挥部的决定和要求，该部及时派出 116 人和约 30 台（套）主要施工设备，对通麦桥至排龙乡段约 25km 的川藏线水毁公路进行抢修,参战官兵顽强拼搏,较好地完成了水毁道路的抢修恢复任务。

坚持“三为主”面向市场谋发展

随着施工生产的市场化和项目化,国家指令性工程建设项目基本竣工,该部任务来源主要依靠参与市场竞标。在投标找任务方面,坚持以市场为导向,初步建立起面向市场承揽工程任务的工作机制,深入贯彻“抓大放小”、“收缩战线”,坚持“三为主”的投标方向(以水利水电、边远地区和国家大中型项目为主),力争多承担国家重点项目、西部艰苦边远地区项目和水利水电项目的建设任务。把推广项目施工管理与拓展市场、转换生产经营机制紧密结合起来,进一步增强了市场竞争能力。加强了对贵州洪家渡、引子渡、河南盘石头水库、广州新机场、以及工业民用建筑等大型工程项目投标工作的领导,进一步健全了指挥部、总队两级投标工程信息交流制度,定期分析制度,努力提高投标项目的编标质量和报价水平,充分发挥水电部队的整体优势和实行信息资源共享,进一步落实项目跟踪目标责任制,逐步实现重心西移和合理布局,投标工作取得了明显的成绩,中标项目工程总价 19 亿元,使后续任务有了保障。

思想政治建设进一步加强

加强了各级干部的理论学习教育,先后组织了 17 名军师职干部参加总部理论集训,举办了 3 期师团干部理论学习班,共有 168 人参加培训。深入开展了“建设电站、造福人民,永远做党和人民忠诚卫士”为主题的四个教育活动。加强了分散施工条件下的思想政治建设,狠抓经常性思想工作的落实,涌现了以三峡工程指挥部、西藏易贡抢险功臣和“中国武警十大忠诚卫士”赵秀玲、全国青年岗位能手王世武为突出代表的先进集体和先进个人。各级党委领导班子建设进一步得到加强,较好地贯彻了民主集中制原则,核心领导作用得到较好发挥,班子团结、敬业、廉洁。加强了干部队伍建设,干部选拔任用考核制度和党风廉政建设不断完善,机关作风得到了进一步改进,整体建设水平有了新的提高。

部队正规化建设有了新的提高

2000 年 7 月份,该部在三峡召开了水电部队正规化管理暨项目负责制管理现场会,总结推广了三峡工程指挥部及部分单位加强正规化管理和项目施工负责制的经验。深入贯彻从严治警方针,严格按照条令条例实施管理,制定了《水电部队机关正规化管理规定》、《水电部队基层正规化管理规定》等规章制度,安全教育和作风纪律整顿进一步加强,部队的“四个秩序”日趋正规。各级领导注重深入基层调研查摆问题,切实抓好建章立制。全部队重点抓了“人、车、枪、弹、酒、内外关系和施工隐患”大教育、大检查、大整改、大落实活动,安全工作制度进一步得到落实,有效地遏制了事故案件和严重违纪问题的发生,收到了较好效果。全年责任事故案件和严重违纪问题与上一年同比分别下降了 57% 和 33%。兵员复补调整 2200 余人,安全顺利地完成了补退工作。

注重科技进步和人才培养

坚持以人为本,不断完善技术创新体制,以改进传统技术为起点,以研究、应用、推广新技术、新工艺为方向,切实抓好科技进步和人才培养工作。该部一季度组织召开了水电部队科技大会,制定了《水电部队 2000～2002 年科技发展规划》,加强了对科技工作的组织领导和科技人员队伍建设。注重依托工程建设,加大科技投入,集中力量组织重点项目科技攻关,对科技创新实行重奖制度,确保在竞争中增强技术创新能力。广泛开展了“小点子、小窍门、小经验、小革新、小创造”活动,营造开展科技创新和科技竞赛氛围,切实抓好技术研究和科技成果的转化应用。加强了水电技术学校的教学改革和人才培养工作,全年毕业学员 184 名,新收学员 220 名。加强了施工项目经理培训,经建设部、国家电力公司评审,现有获得项目经理资格的 284 人,其中一级项目经理 98 人,为参与市场竞争、规范项目施工管理打下了良好基础。

后勤综合保障能力进一步增强

进一步加强了后勤基础设施建设,部队基层后勤建设和部队生活有所改善。努力保障工程资金到位,成本核算控制得到加强。组织召开了设备维修管理专题研讨会,通过参观见学,对设备维修管理的特点规律、任务目标和工作重点取得了共识,进一步加强了设备的维修管理。全年完成设备大修 221 台(套),压缩库存 3681 万元。在全面检查抓好试点的基础上,召开了军械装备、爆破器材安全管理工作会议,武器弹药、爆破器材安全管理无事故。修理工、操作手培训有所加强,圆满完成了西藏易贡河抢险的后勤保障任务,后勤管理进一步规范,取得了较好的成绩。

主要事件

1 月 18～20 日,该部在京召开党委扩大会议,会议总结了 1999 年度工作,安排部署了 2000 年度的工作,分别与各单位签订了质量安全责任书和党风廉政责任书。武警总部刘源副政委、水利部张基尧副部长、国家电力公司周大兵副总经理等领导到会做指示。

2月29日，武警总部召开警种部队工作座谈会，吴双战司令员、徐永清政委等领导听取水电部队工作汇报并做重要指示，朱成友副司令员代表总部首长对水电指挥部工作进行讲评。

3月20～21日，该部在京召开科技大会，研究制定了2000～2002三年科技发展规划、水电部队科技管理办法。

3月30日，该部参建的涩宁兰“西气东输”管道工程在西宁隆重举行开工仪式，青海省、甘肃省、武警总部、中国石油天然气集团公司等单位领导白恩培、赵乐际、郭昆、阎三忠、刘源等出席了开工仪式。

4月22日，国家防汛总指挥部、水利部下达西藏易贡河抢险救灾任务，武警水电部队迅即调集兵力和机械设备，赶赴西藏易贡灾区实施抢险救灾。

5月3日，新疆自治区副主席阿不来提．阿不都热西提在自治区水利厅、克拉玛依市领导陪同下视察风城水库工地，亲切慰问节日期间仍奋战在施工一线的水电部队官兵。

6月4日，西藏自治区易贡抢险总指挥部、国家防总专家组视察、验收易贡抢险救灾工程，自治区常务副主席、易贡抢险救灾指挥部总指挥长杨传堂、国家防总专家组对水电部队克服重重困难，出色地完成了易贡抢险任务给予了高度评价和赞誉。

6月9日，西藏自治区常务副书记、人大主任热地，自治区常务副书记、政府主席列确等领导在拉萨接见参加易贡抢险的水电指挥部副主任李光强、三总队总队长李创坚，听取易贡抢险情况汇报，充分肯定了水电部队在易贡抢险中所作的贡献。

6月11日，全国人大蒋正华副委员长在西藏自治区和日喀则地区领导的陪同下，到满拉水利枢纽工程工地视察并看望施工部队。

7月1日，浙赣线樟树段昌傅车站由北京开往南昌的147次列车发生9节车厢脱轨，该部二总队组织抢险，出动官兵150人·次，车辆10余台·次，圆满完成了抢险任务，受到地方领导和群众的高度赞扬。

7月10～14日，武警水电部队正规化管理暨施工项目负责制现场会在三峡工地召开，武警总部副政委刘源中将、副参谋长冯守正少将等领导出席会议并作重要指示。

7月14日，国家电力公司在拉萨召开水电部队易贡河抢险救灾表彰大会，西藏自治区常务副书记、人大主任热地、自治区常务副主席徐明阳等领导出席大会并讲话，高度赞誉水电部队拼搏奉献、鏖战易贡河抢险救灾，为西藏的稳定发展立下了不可磨灭的功绩。

7月21日，中共江西省书记舒惠国在新余市委书记潘逸阳、市长洪礼和的陪同下，视察该部承建的新余第三水厂工程，对部队所作的贡献和精湛的施工工艺、严谨的工作作风表示赞赏和肯定。

7月31日～8月1日，武警总部政委徐永清、副司令朱成友、副政委刘源视察三峡工地并作重要指示。

西藏自治区加保副主席到满拉工地检查工作，协调满拉电站上网电量电价问题，并看望施工部队。

上海市建委公布，该部承建的上海白玉苑E楼高层住宅工程经上海市建设工程优质结构评审委员会评审，被评为2000年上海市建设工程优质结构。

8月19日，武警水电13支队在新疆巴州博湖线抗洪抢险中表现突出，被新疆巴州、库尔勒市政府表彰为“抗洪抢险先进集体”。

9月25日，三峡永久船闸北线一闸首人字闸门安装开工。

9月27～29日，武警水电部队承建的天生桥二级水电站3号引水系统通过了分部分项工程验收。专家组鉴定3号引水系统“工程质量符合有关规程、规范的规定，满足设计要求”。

10月12日，西藏沃卡一级水电站顺利通过国家电力公司组织的竣工验收。

11月3～7日，武警总部副司令员朱成友中将率考核组对该部二总队2000年度工作进行全面考核，对该部取得的成绩给予肯定和提出明确要求。

11月8日，国家计委、国家电力公司、贵州省举行洪家渡电站等六项“西电东送”工程开工典礼，武警水电部队代表施工单位在洪家渡开工典礼上发言。

11月12日，中央政治局常委、全国人大委员长李鹏视察水电部队承建的永久船闸工地并慰问看望施工部队。

11月13日，武警总部副司令员张进宝、政治部副主任方南江视察水电三总队机关。

11月29日，国家电力公司副总经理周大兵视察水电部队承建的三峡永久船闸工地，详细了解工程建设情况并看望施工部队。

12月18日，中央政治局常委、国务院副总理李岚清在三峡总公司总经理陆佑楣陪同下，视察水电部队承建的永久船闸工地并看望施工部队。

12月22日，天生桥二级水电站6号机进行了72h试运行后投产并网发电。安装速度和质量创国内同类机组安装记录，受到了领导和专家的广泛赞誉。

龙源电力集团公司

概况

1999年6月，根据国家电力公司决定，龙源电力集团公司（以下简称龙源公司）实现了合并重组。重组后的龙源公司是经国家经贸委批准成立的国家电力公司全资子公司，是中国电力工业技术改造与技术进步的全国性企业集团，主要从事电站经营、技术改造、科技开发、新能源业务，是国家电力公司控股的上市公司——国电电力发展股份有限公司的股东之一。

龙源公司是北京新技术产业试验区认定并注册登记的高新技术企业；经过国际知名的评级机构——美国标准普尔、穆迪公司评定为BBB和Baal，具有良好的国际信誉；具有二级施工总承包权、进出口权、环保专项工程设计证书等。

龙源公司的经营范围是：

(1) 经营管理国家电力公司投入的资本和公司所属全资子公司及控股、参股公司中相应的国有法人股权，承担保值增值责任；根据公司的发展，开展国家电力公司批准的电力项目投资、融资业务。

(2) 电力设备的技术改造、科技进步、风力等新能源发电、节能技术等项目的开发和投资经营，电力工程总承包和咨询服务，产品的进出口。

(3) 国内外电力相关产品和设备的销售及租赁、技术转让、技术贸易、技术咨询服务、房地产等。

2000年上半年，国家电力公司党组再次决定对龙源公司进行结构调整，龙源入股国电电力发展股份有限公司（以下简称国电电力），持有国电电力9.9%股份，成为第三股东。2000年11月龙源公司配股国电电力两个全资子公司和四个控股公司，净资产为8051万元。

截止2000年底，龙源公司资产总额为14.1亿元，净资产为8.26亿元，负债5.85亿元，资产负债率为41.46%。2000年实现利润总额5733万元，公司本部实现利润1300万元。

目前，龙源公司拥有3个全资子公司和1个参股公司。

2000年龙源公司的项目清理工作取得进展，已清理项目8个，回收沉淀资金1354万元。在对福霖公司的项目清理整顿过程中，始终本着“积极稳妥，稳定人员，化解风险，减少损失”的原则，不断采取各种有效措施，控制了财务和经营风险，减亏51%，为整体解决福霖公司问题创造了良好的条件。

龙源集团累计参与投资电站项目总装机容量1320MW。主要包括：江苏天生港电厂（2×125MW）、江西景德镇电厂（2×125MW）、江苏夏港电厂（2×125MW）、四川五通桥气改煤电厂（2×50MW）、四川磨房沟水电厂（2×12.5MW）等项目；累计参与投资风电项目总装机容量47.8MW。主要包括：汕头福澳风力发电有限公司、汕头南方风能发展有限公司、内蒙古福霖风能开发有限公司等项目。

龙源公司具有一大批懂技术、善经营、有敬业精神的高素质人才。具有大专以上学历的占职工总数的85%以上；具有高中级职称的占职工总数的70%以上。

科技开发和经营工作

龙源公司继续贯彻国家改善能源结构、保护生态环境，大力开发可再生能源的产业政策，在国家有关部门及国家电力公司的大力支持下，积极实施由德国政府贷款的内蒙古风电项目（总装机5400kW）、世行风电项目（总装机19万kW）以及湖北通山风电项目，开展了多方面的风电前期工作。在国家电力公司领导下，组织风电各方面专家、科研人员、调研兆瓦级风机国产化的可行性，解决有关技术问题，为加速风电设备国产化进程而积极努力。

LY系列汽封装置是龙源公司开发的一项高新技术产品，已取得国家专利局颁发的实用新型专利。它适用于目前国内、外各种类型的汽轮机汽封系统的改造。LY系列汽封装置的特点是能够有效地克服汽封齿与转轴的碰磨，同时大大减少蒸汽的泄漏损失，对提高机组运行的安全可靠性和经济性有明显的效果。

龙源公司自行研制的等离子点火装置，首次利用等离子点火技术实现了贫煤锅炉无油启动和稳燃。该装置采用等离子技术直接点燃煤粉，用以启动或稳燃煤粉锅炉的等离子点火煤粉燃烧器系统，并在220t/h燃用贫煤锅炉上试用成功，彻底取消了燃油系统。国家电力公司于2000年9月28日在烟台召开了等离子点火装置鉴定及现场技术交流会，充分肯定了试点工程。目前，等离子点火已在100MW及200MW锅炉试点成功，300MW机组的试验将于2001年在山东潍坊电厂组织实施。通过试点，总结经验，进一步完善并形成系列化产品，进而推广应用。

龙源公司主要业务包括电站投资与经营、风电投资与经营、高科技产业和房产经营，目前参股电站11个，其中，火电项目5个，水电项目1个，风电项目5个。经营性房产6000m^2。根据龙源公司与国家电力公司签署的2000年资产经营责任书，2000年完成利润总额5733万元；资产保值增值率107%；投资收益率27%；资产负债率41%；并按要求完成投资收益上缴任务。

完善内部管理制度

公司合并重组以来修订完善了一套管理制度、管理规定30多个，经过对原有管理制度的清理、充实和完善，健全了内部制约机制，规范了经营行为，有效地防止了经营风险。

加强精神文明建设

公司合并重组后，精神文明和企业文化建设逐步加强，特别是在配股机构、人员变化过程中，领导成员基本上做到了分工负责，团结协作，实现了平稳过渡。

公司认真贯彻党中央和国家电力公司有关反腐倡廉的决定，采取有效措施，抓好党风廉政建设工作，制定了领导干部廉洁自律规定，每季召开民主生活会，接受群众监督，逐级签订党风廉政建设责任书，并制定了《党风廉政建设责任制实施办法》，对廉政建设实行目标管理。

进一步加强干部队伍建设，通过对子（控股）公司领导班子调整，把干部考核与离任审计、资产经营考核相结合，对不同层次的干部提供各种培训机会，提高了各级干部的业务素质和管理水平。

中国电力财务有限公司

2000年是中国电力财务有限公司（以下简称公司）改制成立的第一年。在国家电力公司和公司董事会的正确领导下，在中国人民银行的大力支持下，公司上下认真贯彻落实党的十五届四中全会、五中全会和国家电力公司2000年工作会议精神，紧紧围绕国家电力体制改革总体部署和中电财公司改组经营战略，坚持改组、经营两不误的原则，以饱满的工作热情和奋发向上的精神，努力拼搏，圆满地完成了公司改组的各项任务，并取得了良好的经济效益。截止到12月31日，公司资产规模为256.5亿元，完成全年计划210亿元的125%。其中：本部资产规模为144.8亿元；东北分公司资产规模为117.7亿元。公司实现税前利润2.89亿元，完成全年计划2.5亿元的115.67%。其中：本部实现利润1.51亿元，完成全年计划1.2亿元的126.15%；东北分公司实现利润1.38亿元，完成全年计划1.3亿元的106%。公司资产保值增值率为113%，资本充足率为16.70%，贷款逾期率为4.90%。超额完成了各项经营责任目标。

工作综述

1. 以改革创新的精神，构筑企业新的运行机制

1999年1月2日，中共中央办公厅、国务院办公厅联合发布关于《中央党政机关金融类企业脱钩的总体处理意见和具体实施方案》的通知（中办发［1999］1号文）。通知中明确要求中国电力信托投资有限公司等六家信托投资公司改组为财务公司。2000年1月12日，中国人民银行以银复［2000］8号文件正式批复了中国电力信托投资有限公司改组为中国电力财务有限公司。1月28日，公司本部举行了揭牌仪式，宣告中国电力财务有限公司正式成立，圆满完成了公司本部的改组工作。

随着东北电力集团公司改组为国家电力公司东北公司，东北电力集团财务公司体制改革也随之展开。2000年1月，人民银行正式批复其改组为中电财公司东北分公司。2月，中电财公司印发了《中国电力财务有限公司东北公司管理办法（暂行)》，明确了东北公司经营管理的有关问题。东北公司的顺利改组合并，为其他几家财务公司改组合并工作提供了许多有益的经验。

随着国家电力公司改革的推进，西北、华东、华中电力集团财务公司改组工作也开始全面启动。5月26日，公司与国家电力公司财务与产权管理部共同组织召开了电力财务公司改组工作座谈会，统一认识，明确工作步骤。6月中旬，公司牵头组织了西北、华东、华中电力集团财务公司清产核资及资产评估招标会，并召开了改组领导小组第一次会议，确定了分公司的改组方案和改组工作时间表。6月23日，中国人民银行以银复［2000］119号文件下发了《关于西北电力集团财务有限公司等四家财务公司改组为中国电力财务有限公司分公司的批复》。6月30日，国家电力公司以财预［2000］116号文件转发了银复［2000］119号文件，并提出了对分公司改组工作的总体要求。7月下旬，各分公司完成了清产核资和资产评估工作。7月31日，公司一届四次董事会暨二次股东会召开，会议通过了关于西北等三家财务公司改组为中电财公司分公司的议案，股权设置议案及新的公司章程。11月初，国家财政部对评估报告给予了正式批复。11月下旬，召开了电力财务公司改组领导小组第二次会议，对前段改组工作进行了总结，并对下步改组中的几项重点工作进行了部署。12月上旬，国家电力公司以正式文件上报中国人民银行申请更换中电财公司法人许可证和各分公司营业许可证。公司也以正式文件上报国家工商行政管理局申请更换营业执照。至此，公司改组的主要工作基本完成。

2. 全面拓展经营业务，确保改组期间的经济效益

在改组、经营两不误的原则指导下，经过公司全体员工的共同努力，公司全年经营任务超额完成了与董事会签定的年度经营目标。

(1) 做好优质服务，挖掘客户存款潜力。2000年通过各业务部、营业部的延伸服务，不断提高服务

质量，调动了成员单位的存款积极性。到12月底，开户数量达到70家，月均资金流量87亿元，信托存款日均余额13.25亿元。截止12月末，公司本部存款规模达到81.4亿元，存款规模大幅度增长。

(2) 努力扩大贷款规模。到年末，公司自营贷款规模达到了41.9亿元，委贷规模达到40.9亿元，实现收入1.97亿元。

(3) 逐步多元化经营，不断拓宽业务领域。公司有重点地开展了债券基金短期投资和企业债券发行承销等项业务，实现收入2542.73万元。公司所属北京、天津证券营业部一方面积极做好转让工作,同时通过加强内部管理，提高服务质量，创造良好的交易环境等措施，实现利润2786.57万元。

(4) 积极为成员单位服务，努力发展业务部。截止到12月底，公司已组建了福建、四川、广西、贵州、云南、内蒙古、南方、广州、重庆9个业务部，资产规模93.73亿元，实现营业利润4891.23亿元。同时加强各业务部的基础管理工作，实行规范管理运作，使业务部健康快速发展。目前，业务部的规模和效益已成为支撑公司业绩的基础。

(5) 加大实业投资清理整顿和逾期放款清欠工作的力度。2000年，公司继续加强了对原有实业投资的清理整顿工作，集中精力抓了上海白玉苑项目，实际销售额7180万元，销售总量为70%。同时，经过一年来的艰苦努力，公司的清欠工作取得了非常优异的成绩。全年收回资金和资产价值（不包括债务重组类项目）计1.57亿元，解决了很大一部分历史遗留问题。

(6) 构筑电力系统内部融资中心。从1999年年底内部融资中心开始正式运作，到2000年年底，内部融资中心已与东北分公司、华中分公司、西北分公司及云南、福建、四川、广西、内蒙古、南电联、重庆等七个业务部开展了内部融资业务。内部融资中心累计融资规模64.9亿元，充分发挥了调剂资金余缺的作用，减少了财务费用，为提高国家电力公司整体经济效益做出了贡献，也为降低系统风险迈出了可喜的一步。

此外，公司还成功启动了保险代理业务，取得了全国性财产保险代理资格，为公司进一步开展保险代理业务创造了条件。在保险经纪工作方面，2000年，根据董事会决议，由公司联合国家电力公司各省公司及其他行业的大企业，共同组建面向电力系统及全社会保护服务的长安保险经纪公司。公司成立了申报筹备领导小组，完善了筹建的组织机构，落实了股东入股意向，完成了股本结构设计。7月份已将申请筹建保险经纪公司的材料上报保监会，12月13日获得中国保监会的批准。长安保险经纪公司的成立，使公司步入了又一个新的业务领域，它将成为公司新的利润增长点。

3. 加强内部管理，进一步完善公司法人治理结构

公司自成立伊始即严格按照建立现代企业制度和《公司法》的要求，形成由股东会、董事会、监事会和管理层组成的公司治理结构，健全完善了股东会、董事会、监事会制度，并建立了董事长办公会议制度，从体制上为公司规范运作提供了保证。

在管理体制上，公司按照财务公司管理的要求，对总公司、分公司、驻省业务部各层面的管理进行了深入研究，并重点加强了以下几个方面的工作：

(1) 加强了计划管理和重点目标考核。为确保完成经营目标，提高企业经济效益，防范金融风险，公司成立了预算管理委员会，并以计划为龙头，下达2000年重点工作目标、工作计划及经济责任制考核办法。下发了各业务部门考核指标、重点工作目标及考核办法，并每季度召开部门的经济活动分析会，每半年召开一次全公司经济活动分析会，使公司工作有条不紊地开展。

(2) 进一步强化了财务管理和财务监督。公司修订了《会计核算办法》、《财务管理办法》、《财务收支预算管理办法》和《经济活动分析工作暂行办法》等；制订了《固定资产管理办法》等八项制度；随着营业部工作的全面展开和业务流程的日益复杂严密，制订了《账户管理规定》和《支付结算业务处理办法》，并加强了财务预算和组织实施工作、营业费用的日常管理和分析控制工作等。

(3) 防范金融风险。公司重点抓贷款规范化管理，不断提高贷款质量，认真加强稽核审计工作。按照《贷款通则》和人总行资产负债比例管理的要求，公司严格执行贷款“三查”和审贷分离制度，成立了贷款审查委员会，制定了《贷款风险管理办法（试行)》，对原有贷款等业务的管理办法进行了相应的修订，并完善了《票据贴现管理办法》及业务操作规程，有效地降低和控制贷款风险。为强化内部监督，稽核审计部修订和制订了《稽核办法》、《非现场稽核办法》和《审计档案管理办法》，起草了《内控考评办法》和《稽核审计工作管理办法》等制度，同时，完成了对财务公司的汇总审计、对业务部内控情况的调查、对财务决算的审计分析，充分发挥了审计监督的作用。

(4) 加强对分公司人事、劳资工作的规范化管

理。制定印发了《东北分公司劳动人事管理办法》，从制度上为分公司在人事劳资工作上的统一管理和规范操作创造了条件，在此基础上，着手修订完善了《中电财分公司劳动人事管理办法》；在考察、评议的基础上，聘任了各分公司新一届领导班子，通过稳定和充实分公司主要干部队伍，切实保证了分公司改制工作的平稳进行和经营工作的正常运转；修订了有关人事劳资报表，初步建立起了科学、有效的统计和信息反馈渠道。

4. 立足公司长远发展，注重公司发展战略的研究

本着“高起点、高标准、高要求”的原则，公司从年初就将发展战略研究做为一项重点工作来抓。拟订了中国电力财务有限公司发展战略研究大纲，确定了提纲中子课题撰稿人选，3月份成立了“中国电力财务有限公司发展战略研究”课题领导小组，并聘请有关专家担任课题顾问。4月和7月，分别召开了中国电力财务有限公司发展战略课题组会议和研讨会，进一步讨论、修订了“中国电力财务有限公司发展战略研究大纲”，并在公司一届三次董事会会议上形成议案向董事会进行了专题汇报。在此基础上编辑了近三万字的《中国电力财务有限公司发展战略》（征求意见稿）。

5. 加强业务学习和培训，不断提高员工的综合素质

公司着眼于未来，坚持以人为本，成立了中国电力财务有限公司武汉培训中心，开展了多种多样的培训活动。公司编制下发了年度公司员工教育培训工作计划，并通过季度检查和年中督查，加强了对员工培训计划的动态跟踪和协调服务工作，加强了对计划执行力度的考核，确保了培训工作的有效完成。同时，通过采取请进来专题讲座、走出去专业培训，以及实习锻炼、出国考察等方式，努力实现员工队伍素质的稳定提高。

6. 加强信息化建设，努力实现公司管理现代化

随着公司改组和各项业务的深入进行，为使公司建立统一、完善的信息管理系统，实现公司管理现代化做了大量的工作。一是公司网络系统扩充全面完成，从而取得了公司信息化建设阶段性的成果，每个员工一台办公用计算机，实现了DDN专线联网。同时，基本完成了办公自动化应用系统开发，业已投入公司本部试运行，并开始了全面培训。二是在福建、四川等四省业务部安装了业务管理信息系统，华东、西北、东北分公司信息化建设均已起步，发挥了公司计算机协作网的作用。三是初步完成了财务公司业务管理信息系统的升级和功能完善工作，即将进入推广、试运行阶段。

7. 认真加强思想政治工作和双文明建设，积极推进公司民主管理

公司加强了基层党组织的建设工作，提出了党建工作创新规划，完成了支部改选和对党务干部的培训。按照中央《关于加强和改进思想政治工作的意见》和国电公司的工作部署，公司党委下发了《中国电力财务有限公司精神文明建设和思想政治工作总体规划》，提出了加强和改进新形势下精神文明建设和思想政治工作的思路、目标和规划。国家电力公司党风廉政建设暨“三讲”教育工作会议召开后，公司在全体职工大会上对会议精神进行了传达，并结合公司的实际情况，签定了《党风廉政建设责任书》，每季度对各部门党风廉政建设情况进行检查和考核，对在党风廉政建设中涌现出来的好人好事及时进行通报表扬，以提高廉洁自律意识，防患未然；同时，督促各支部加强对党员的教育与管理，组织党员学习《党章》、《党员纪律处分条例》和《廉政准则》等相关规章制度，通过组织参观展览、观看教育影片、收看收听讲座等形式加强对党员干部的教育；组织召开领导干部民主生活会等。这一切有效地促进了干部理想信念的提高和廉政意识的增强。

按照公司党委争创国电公司系统双文明单位的工作目标，公司印发了《关于加强社会主义精神文明建设开展创建双文明单位活动的决定》和《争创国家电力公司双文明单位考评实施细则》，并成立了由党政工团组成的“双文明建设协调领导小组”，公司在双文明建设中开展了许多有声有色的活动，取得了可喜的成绩。

为了加强企业文化建设，公司把企业文化建设作为公司发展战略的重要内容之一提到了议事日程。行政、工会、党委、共青团分工负责，协调配合，初步制定了公司企业文化建设纲要，创建了公司网站和内部刊物，开设了信息之窗和交流园地，组织开展有益身心健康的文体活动，丰富了员工的文化生活，有效的增强了公司的凝聚力。

公司坚持以人为本的方针，重视发挥全体员工的聪明才智，鼓励职工积极参与企业民主管理，并开展了一系列的活动。1999年共召开四次全体员工大会，通报公司经营、管理中的重大事项；组织评选了优秀党员、优秀党务干部、“先进职工之家”、巾帼建功先进集体、巾帼建功活动标兵及五好家庭；民主选举推荐公司后备干部；开展了员工合理化建议征文活动等等，这些工作促进了公司双文明建设的协调发展，为创造公司自己的形象和美好的明天奠定了坚实的基础。

资产负债情况

具体情况如表所示。

中国电力财务有限公司资产负债表

单位：千元

资　　产	金　额	负债及所有者权　益	金　额
流动资产		流动负债	
货币资金	10,300,000	短期存款	13,178,000
短期贷款	6,616,000	委托存款	6,503,000
委托贷款	6,456,000	应付款项	582,000
拆出资金	257,000	其他流动负债	696,000
应收款项	209,000	流动负债合计	20,959,000
其他流动资产	685,000	长期负债	
流动资产合计	24,523,000	长期存款	3,087,000
长期资产		长期应付款	25,000
中长期贷款	390,000	长期负债合计	3,112,000
长期投资	126,000	所有者权益	
固定资产	228,000	实收资本	1,066,000
其他长期资产	309,000	公积金	394,000
长期资产合计	1,053,000	未分配利润	123,000
无形、递延及其他资产合计	78,000	所有者权益合计	1,583,000
资产总计	25,654,000	负债及所有者权益总计	25,654,000

中国电力技术进出口公司

中国电力技术进出口公司是于1997年3月，根据原电力部和国家电力公司的决定，由原中国电力技术进出口公司和从原中国水利电力对外公司分立出来的部分合并组成，是我国电力系统唯一从事国际经济技术合作和国际贸易的专业公司。

合并组建四年来，依托电力系统，大力开拓国际、国内两个市场，充分利用国内、国外两种资源，发挥企业自身优势，与国内外著名企业、金融机构和政府部门建立了良好的合作关系，公司的经营规模不断扩大，经济效益稳步提高，企业实力明显增强。

2000年是公司苦练内功，开拓创新，全面提高公司整体能力的一年，经过全体员工的共同努力，基本实现了公司的各项经营目标，完成了年初确定的各项任务，为实现公司战略和发展目标迈出了稳健的一步。

1．基本实现各项经营目标

进出口业务方面：全年新签进出口合同额为2.57亿美元。完成营业额5.34亿美元。基本完成公司年初确定的经营计划。

国际工程承包与劳务方面：全年新签合同额9843万美元。完成营业额4521万美元。创造公司合并组建以来的最高水平。

实业开发方面：青岛恒顺电器有限公司已形成一定的经营规模，企业知名度不断上升，经济效益逐年提高。新疆达坂城风力发电项目，因进口发电机组海损索赔未果，项目仍未投产。

国际货运代理业务走出了困境，开始步入良性发展方向，营业收入稳步提高，超额完成上缴任务。通过加大市场开拓力度，扩大对外交流，加强内部合作，扩大了中电国际货运代理业务的影响，企业实力也在不断增强。

其他业务大多完成年度经营计划，经营规模有所扩大，经济效益有所提高。

至2000年年底总资产达5.17亿元，实现利润水平超过往年。各项经济指标都控制在公司正常经营范围内。

继1998年公司首次成为中国进出口额最大的500家企业后，1999年的排名有了较大幅度的提升，列第40名，预计2000年的排名会在40名左右。公司已连续三年跻身全球最大225家国际承包商之列，1999年为第173名，预计2000年的排名会有所提升。

所有这些表明，中电技公司在我国外经外贸系统的影响力越来越大，对我国电力系统外经外贸业务的发展具有较大影响，已经成为国家电力公司实施“走出去”的开放战略和国际化战略的一支重要力量。

2．加大市场开拓力度收到成效

进出口贸易方面，中电技公司并不满足于在电力进口项目的招标代理中承担牵头的主导角色，而是充分利用“赢得业主和用户忠诚度”的有利条件，利用中电技公司的商业信誉，向国内贸易、代理投标、工程承包等业务领域拓展，开拓内、外两个市场。同时也加大了出口的力度，收到了一定的成效。公司在电力建设规模调整和进口形势不利的情况下，进口业务并没有萎缩，仍保持稳定发展，同时出口业务有了一定的突破，收入和利润水平逐年提高。

国际工程承包围绕巩固亚洲市场，稳定非洲市场，积极开拓拉美市场的目标开展工作。2000年公司根据市场行情，及时进行了市场布局的调整，重点培育新加坡、以色列、菲律宾、坦桑尼亚、泰国、柬埔寨、秘鲁等支柱市场，坚持以点带面、稳定一方、四周扩散、发展区域市场的市场开发战略。重点整顿了菲律宾市场，清除了影响国际承包事业健康发展的一些不利因素。在2000年新签合同中有三个项目的合同额超过1000万美元，其合同额占全年合同额的62%，它们分别是新加坡大士电厂二期油罐项目，菲律宾马—马灌溉工程，以投资、修复、经营的柬埔寨基里隆水电站项目。由此可见，只有将项目开发的重点转移到大中型项目上去，才能使经营规模上台阶。尤其是公司以BOT方式投资、修复、经营柬埔寨基里隆水电站，为我们开创了国际工程承包领域新的经营方式，成为国电公司系统第一个海外BOT项目。全年投标额达到4亿多美元，为2001年国际工程承包事业的发展打下了基础。

实业方面，青岛恒顺电器有限公司，在创得同行业当年开工，当年建成，当年生产，当年盈利领先水平后，通过加强经营管理，进一步加大市场开拓力度，2000年营业额超过2500万元，利润超过300万元，做到了企业规模、商业信誉、生产效率、利润水平同步增长。

国际货运代理业务，取得了三峡输变电工程直流设备的海运代理业务；开创了集装箱出口业务，其规模已超过1000箱；与德国德高公司签订了长期合作协议，还有一批跟踪项目可望在2001年得到落实。

3. 按照现代企业制度，进一步完善法人治理结构，规范对分、子公司的管理工作

按照现代企业制度的要求，进一步完善了公司对控股子公司的法人治理结构，基本建起了股东会、董事会、监事会的架构，进一步确立了股东会、董事会、经理层之间的制衡关系，初步建立了决策、激励和监督约束机制，公司基本做到按照出资人身份，履行股东职责、行施股东权利、确保股东利益的原则，通过“三会”实现对子公司的有效、规范管理。青岛恒顺电器有限公司董事会对经理层实行年薪制，为公司加大建立对经营者激励机制的有效性进行了有益的探索。公司还研究新加坡分公司进行股份制改革试点的方案，完成了上海分公司改制为子公司——中电技上海进出口有限责任公司的工作。与此同时，结合加强国际招标采购工作，公司召开了国际招标采购和进出口分公司工作会议，提出了进一步加强了国内分公司管理的意见，为下一步工作打下了基础。

4. 以财务管理为中心的企业管理工作得到进一步加强

公司总部及有关分、子公司基本建起了成本——效益经营目标责任制，将成本与经营指标进行逐级分解，并尽可能落实到个人，极大地提高了员工的成本意识。公司就海外机构和工程项目的财务管理问题专门召开会议，制定了整套财务管理制度和规定，以期无章可循、有章不循等现象得到纠正。

在资金管理上，加强了资金预算管理，抑制了无计划使用资金的情况，初步建立起公司内部资金市场的概念，为公司资金的集中统一调度使用打下了基础。同时，成立清欠办公室，运用法律等手段，加大了清欠力度，增加了公司的有效资金。在公司的筹资活动中能努力控制借贷规模、调整借贷结构，降低融资成本，控制财务风险。

公司认真执行内部审计制度，对分、子公司经理离任实行审计，并有计划地进行年度审计。

5. 国际工程承包基本实现“经营管理型”的经营模式

长期的国际工程承包实践，使我们深刻体会到“窗口型”经营方式存在的诸多缺陷，公司承担了项目的责任和风险，却难于掌握经营主动权，难于获得相应的经营成果。随着大量的实体公司获得外经权后，使单纯窗口型外经公司面临生存危机。为此公司认清外经发展形势，及时进行战略调整，已基本完成了经营方式的转变，实现了“经营管理型”的模式，新加坡分公司过去在分包项目上一直采用自主经营的方式，尽管大士电厂二期油罐这个总承包项目对他们来说是新的挑战，自主经营有不少困难，但为了提高公司在国际市场上的竞争力，提高自己的经营管理能力，仍坚持自主经营，目前进展顺利。在坦桑尼亚和秘鲁的部分项目、以色列劳务等项目实行了自主经营，既锻炼了队伍、培养了人才，又取得了较好的经济效益，增强了信心。

6. 加强了对公司员工的业务培训

2000年公司正式启动人才培训工作，成立了员工教育委员会，制定了《员工教育培训管理办法》及培训规划和年度计划，选派部分中层以上干部参加工商管理课程培训，并进一步加大了对全体员工计算机网络信息及外语、经济法规、国际贸易和国际工程承包专业的培训，同时鼓励员工利用业余时间进行自学，安排员工进行继续学历教育。尤其值得一提的是：公司大胆将新毕业的大学生和年青人放到国外项目上去锻炼培养，无论是在施工现场或在业主的谈判桌上，这些年青人不怕苦、不怕累，勤于思考和学习，已涌现出不少有发展前途的好苗子。公司通过多项并举的培训措施，极大地激发了员工的学习热情，提高了员工的综合素质。

7．企业精神文明和文化建设取得丰硕成果

公司坚持中心组理论学习制度、坚持领导干部民主生活会制度，设立党风监督员，征求群众对公司党风廉政建设的意见和建议。同时，抓好日常的反腐倡廉教育，请北京国家安全局作经济安全保密教育报告，教育职工，认清当前反腐败斗争的重要性、复杂性，做到警钟长鸣。

公司员工崇尚“团结、敬业、求实、开拓”的企业精神，以企为家，以主人翁的责任感努力做好本职工作，艰苦奋斗、乐于奉献成为职工的自觉行动。在公司的改革发展中，涌现出许多先进集体和个人，如受到国电公司表彰的思想政治工作先进集体—公司驻以色列代表处，电力系统劳动模范、优秀共产党员、工程一部经理、党支部书记孙金平等，他们在国外项目上努力拼搏，作出了突出的工作成绩。还有一大批在海外工作的同志，克服个人、家庭的种种困难，有的顾不上照顾生小孩的爱人，有的放弃了多次节假日与亲人团聚的机会，我们要向他们表示敬意。

充分发挥职代会的作用，关系公司改革发展和职工切身利益的重大问题，都必须经过职代会的讨论和审议。实行企务公开制度，成立企务公开领导小组，制订《企务公开、民主管理实施细则》，调动了职工的积极性和创造性。

中国电力国际有限公司

中国电力国际有限公司（简称“中电国际”）是国家电力公司在香港设立的全资子公司，是国家电力公司的境外融资窗口和国际化发展的载体。中电国际本部设在香港。北京设立代表处，负责境内资产的运营。中电国际主要拥有辽宁清河、河南姚孟、江苏常熟、安徽平圩、芜湖等控股发电公司，总装机500多万kW。

为了实现国家电力公司赋予的两大战略定位，经公司董事会批准，确立了中电国际“三步走”的发展战略思路：第一步，引进国际战略投资者，实现股权多元化、国际化；第二步，进一步扩充资产规模，整合和优化资产结构，努力实现境外上市，树立国电公司国际化形象；第三步，积极开拓国际资本市场和电力市场，实现跨国经营，为国电公司开辟新的利润增长点，成为国电公司境外资本运营中心。

围绕着这一发展战略思路，在国家电力公司的直接领导和大力支持下，中电国际一方面着力加强控股发电公司的管理，不断提高资产质量和获利能力；另一方面全面推进第一步融资计划，引进国际战略投资者。经过中电国际系统各级领导班子和广大员工的共同努力，圆满地完成了2000年的任务，各项重点工作取得了突破性进展。

经营成果显著

中电国际控股的清河、姚孟、常熟、平圩发电公司2000年完成发电量238.61亿kW·h，售电量222.76亿kW·h，分别比上年增长了3.07%和3.27%；供电煤耗358.3g/（kW·h），比上年下降了1.66g/（kW·h）；销售收入48.08亿元，比上年增长9.3%；实现利润10.03亿元，比上年增长189.9%，比计划增长4.3%，其中企业内部挖潜增利达1.66亿元，平均净资产利润率达到12.9%。常熟公司实现利润3.79亿元，比计划增长15%，净资产利润率达18%，均居控股发电公司之首。清河公司一举扭亏为盈，实现利润2亿元。平圩公司积极开拓市场争发电量，完成了资产经营考核指标。各公司当年上网电费平均回收率为85%，比上年有较大改观，姚孟公司达93.8%。兆达公司与芜湖发电厂一道，努力提高盈利水平，积极落实还贷计划，维护了企业信誉。洪泽公司扭转了长期以来的亏损局面，实现盈利。

中电国际当年实现利润4.04亿港元（未提取坏账准备金），比上年增加3.2亿港元，增长了378%，上交国家电力公司投资收益2.25亿元人民币。到2000年底，中电国际总资产达到51.6亿港元，净资产48亿港元，资产负债率6.3%，净资产利润率8.4%，资产保值增值率109.1%，国电公司对中电国际投资收益率9.7%，全面完成了与国家电力公司签订的资产经营责任制的各项指标。

融资工作取得重要进展

一年来，先后完成了财务顾问等中介机构的遴选，积极配合中介机构完成了审慎调查，取得了较为理想的审计报告、机组寿命评估报告和资产估值结果，建立并开放了京港两地的资料库，组织投资者到控股发电公司进行了实地考察。成功地举行了四次中电国际经营层向国际投资者的推介会。年底，国家电力公司谢松林副总经理又专程赴港，向投资者作了进一步的推介活动，大大增强了投资者的信心。

按照年初确定的分三条主线全面开展工作的部署，在有步骤地推动引进国际战略投资者各项工作的同时，着力提高资产质量，积极落实后续发展项目。经多方努力，中电国际入股上海电力股份公司的方案已获国家电力公司的正式批准，从而向投资者进一步展示了公司未来的发展前景，增强了对投资者的吸引力。投资者的反响和最终报价情况良好。按照公司一届三次董事会的决定，年底前与投资者开始技术谈判。

安全生产保持稳定局面

在全面推进各项工作的过程中，公司系统始终把安全生产放在首位，层层签订了安全生产责任书，严格落实安全生产责任制。坚持日常自查、定期互查以及年终复查相结合，加大安全管理的检查和监督力度，建立安全生产信息网，保证了安全生产情况的及时通报、安全防范措施的及时落实、安全管理经验的及时交流。2000年中电国际系统未发生重大人身伤亡事故、重大设备损坏事故以及重大火灾和责任性交通事故，一般设备事故比上年下降了70%，人身轻伤事故比上年下降了12.5%，6个控股发电公司共实现了17个百日安全无事故。到1999年底，清河、姚孟、常熟、平圩、洪泽等发电公司连续安全记录超过了200天，特别是清河发电公司克服了设备老化事故易发点多等实际困难，实现连续安全生产895天，创历史最好水平。

在强化安全管理措施的同时，各控股发电公司按照创建一流发电企业的要求，加大技术改造投入，不断提高设备技术水平和管理水平，相继对自动化和节能环保项目进行了改造，力争机组在安全稳定、环保要求、调峰能力、自动化控制水平和主要技术指标等方面达到国产同类型机组的先进水平。平圩、常熟发电公司被国家电力公司命名为一流发电企业。

独立发电公司远营模式初步建立

在对控股发电公司进行公司制改造的同时，为了探索独立发电公司的运营模式，中电国际本着“突出重点，分步推进”的原则，抓住亟待解决和规范的突出问题，组织有关人员分专题进行了广泛的调查研究，并学习考察了国外独立发电公司的管理经验，经过较长时间的研究、论证和广泛征求各方面的意见，制定下发了中电国际控股发电公司董事会议规则、资产经营责任制考核办法、财务管理若干规定、人事及劳动工资管理暂行办法和减人增效工作指导意见共五个方面的管理办法，规范了决策程序和相应的管理制度。各控股发电公司认真落实经营责任，着力强化经营意识，外抓市场，内抓管理，企业整体管理水平有了明显的提高。2000年，各控股发电公司在积极参与竞价上网，多发电量创利6800万元的同时，充分挖潜内部潜力，控制煤价、降低煤耗、减少燃油等方面节支7600万元，减少财务费用5000万元，压缩修理费、管理费等开支4000万元。

外部关系逐步理顺

在工作中，中电国际注意加强与各有关方面的联系，积极争取支持。在国家电力公司有关部门和有关网省公司的大力支持下，比较顺利地完成了内部结算电价的核定和购售电合同、并网调度协议的签订，在河南、安徽两省的电价调整中，平圩、姚孟发电公司的上网电价也得到了相应的调整。各控股公司注重加强与网省公司和地方政府有关部门的联系与沟通，主动争取对工作的指导，赢得了理解和支持，企业外部环境得到改善。中电国际入股上海电力股份公司得到了国家电力公司领导的高度重视和各有关部门的积极配合。在国家电力公司领导的关心和支持下，邀请到国家经贸委、国家计委、财政部的有关人员专程赴港，听取了中电国际发展战略和融资工作的全面汇报，考察了香港金融市场和境外电力企业的运作情况，得到了国家综合管理部门的理解和肯定。所有这些不仅为中电国际的正常运营创造了有利的条件，而且有力地推动了融资工作的全面开展。

精神文明建设取得硕果

按照国家电力公司党组“三严一表率”的要求，公司系统着力加强党组织自身建设和领导班子建设，层层落实党风廉政建设责任制，中电国际本部和控股发电公司全面完成了党风廉政建设责任目标。针对改革中出现的新情况、新问题，公司系统各级党组织和工会组织，切实加强和改进思想政治工作，保证了企业安全生产和员工队伍的稳定。清河、姚孟、常熟、平圩发电公司被国家电力公司授予“双文明单位”称号，姚孟发电公司还被评为国电公司系统思想政治工作先进集体和河南省“职业道德建设十佳单位”，清河发电公司党委书记郭延秋被国电公司评为思想政治工作先进个人。适应公司发展的需要，国家电力公司党组正式批准成立了中电国际党组，为全面加强公司系统常的建设提供了组织保证。

中兴电力实业发展总公司

在2000年的各项工作中，按照国务院和国家电力公司关于开展管理年活动的总体要求，坚持依法经营，从严治企的方针，认真落实各项责任制，较好地促进了公司年度各项工作任务的顺利完成。

1. 巩固改革重组成果，深化公司内部改革

全年经营总收入2.13亿元，实现利税837万元，固定资产规模扩大了1.4亿元，注册资金增加了1亿元。公司被评为2000年度中央国家机关精神文明先进单位。

2. 物业管理工作

物业公司组建一年来，有效地承担起原机关事务局的服务职能，并通过深化运行机制改革、抓管理、

练内功等有效措施，在工作中坚持高标准、严要求，使公司外部形象和内部管理服务水平上了一个新台阶。11月通过了北京市9000认证中心的外部审核，12月20日取得了物业管理国际质量标准认证。所管理的国家电力信息通信综合楼和法源寺西里住宅小区双双获得北京市物业管理优秀大厦（小区）称号。为进一步走向社会市场，竞争更高档次的物业管理项目，打下了良好的基础。

3. 房地产开发

北京方庄“城市芳庭”项目建筑面积3万m^2，完成销售83%，实现收入1.6亿元；长沙“京电花园”项目，完成销售74%，实现收入1.1亿元。

4. 项目建设

1998年投资建设的贵州白水河二级水电站项目，装机容量3.8万kW，2000年按期竣工，9月8日正式发电，10月27日并入南方电网运行。取得良好的经济效益。

5. 搞好电力科技产品的开发、推广和应用

完成了长沙电业局天顶220kV变电站计算机监控工程、益阳电厂工业电视监控工程，以及35kV、110kV变电站综合自动化等多项工程。

中国电力信息中心

概况

中国电力信息中心（简称中心），正在改制为国家电力公司全资子公司，主要负责国家电力公司信息网络、电力信息资源的开发建设和运行维护。服务范围包括：国家电力信息网的运营与用户接入服务，各类网站的建设，信息咨询、信息服务、技术培训；开发、研制计算机及网络产品；信息工程及计算机网络工程的设计、咨询、集成、监理、实施与技术服务，组织电力信息展览；出版、发行电力技术刊物及其广告发布。

主要工作

1. 中国电力信息网的发展建设

中国电力信息网在稳定运行的基础上，2000年有了更大的发展。网控中心体系结构进行调整，网络、主机的主干核心设备更新换代，服务器升级，大部分设备已安装调试；目录服务、RADIUS、计费系统、用户管理、Webmail等软件逐步开发，大楼局域网建设改善，网络资源和应用服务有所增加。网络覆盖面进一步扩大，由1999年的22个接入单位增加到34个，新扩用户增加1000户有余，整体访问性能提高。

2. 计算机2000年问题

计算机2000年问题在1999年做了大量准备工作的基础上，白广路主机房与府佑街机房顺利跨越2000年1月1日零点和2月28日零点，没有发生任何问题。得到了公司领导的充分肯定。《解决管理信息系统计算机2000年问题年度工作总结》已报送国家电力公司科技环保部。

3. 国家电力调度中心计算机信息网络系统项目

在国电公司项目工程指挥部的领导和有关单位的协作下，该项目已完成了设计方案制定并通过审查，招评标工作即将完成。为此，中心专门成立了“项目工程小组”主持这项工作，整个工程严格按照国电公司的部署和市场规则进行。

4. 信息资源的开发和建设

2000年除了对已上网的“中国电力之窗”、“世界电力之窗”、“电力科技之窗”、“宏观经济预测”、“电力法规信息系统”进行运行维护、更新外，还对SP主页进行了改造，使版面更加清新、亮丽，功能齐全，方便查询；完成了“国电人才交流中心网上发布系统”、“地方电力快讯”、“国内外经济参考”、“国家电力商务网”和“英文网页”的设计、制作及上网运行。使电力信息网具有了更加实用的价值；电力期刊、电力科技成果、电力自产科技文献、国际会议目录、电机工程学会会议论文等数据库都已建成并已具备了对外检索查询的条件。

5. 期刊出版和信息服务工作

《中国电力》除完成12期，近300篇，150万字的编辑、校对、出版任务外，还编辑了《节能专辑》、《安全专辑》和《电力市场》、《可再生能源》专栏。《中国电力工业年报》、《英文电力》、《国际电力动态》、《电力科技文摘》也按时完成，并制定了新的出版、发展计划。

我们还为国电公司领导和部局提供信息服务，继续对电力系统内外开展信息咨询、检索及文献阅览服务，取得了较好的社会效益。

6. 三期日贷项目

三期日贷项目2000年是全面完成的一年，到年底，机房环境建设、计算机网络、系统管理的大部分设备已完成安装、测试，并投入试运行和现场培训等几个阶段。正在根据运行情况，完善参数设置、系统性能调整、修改和编写项目文档。全部项目完成后，网络运行质量将得到明显提高。

7. 建设国家电力商务网

国家电力商务网是在国家电力公司直接领导下，由信息中心控股的北京国电商务网络有限公司建立并运作的行业电力商务网站，服务于电力行业以及其他相关行业的企业，及时、全面、准确地发布国内外电

力行业的重大新闻、经济动态等综合信息，以及项目招投标、设备采购、物资供需等商务信息；提供电力企业、电力产品等基础数据查询服务；提供企业形象宣传和产品展示服务；提供安全、可靠、快捷的电子化商务与交易平台服务。已初步建成电子商务网络平台。

8．“全国电力二次系统规划”信息网络规划

参加了战略规划部组织的“全国电力二次系统规划”信息网络规划及信息化应用系统的制定、修改、审查等有关工作。

9．电力系统信息安全示范工程

主持完成《国家科技攻关项目建议书——电力系统信息安全示范工程》并上报国家电力公司科技环保部、国家科技部。

10．国家电力公司五个跨世纪科技导向工程情况

电力信息化工程是“国家电力公司五个跨世纪科技导向工程”之一，根据国电公司领导的指示和科技环保部要求，我们完成了电力信息化工程工作情况调研表和电力信息化工程执行情况总结报告，包括：电力信息化工程的主要工作及现状、基础装备、网络建设、信息资源开发利用、信息化重大工程等。为国电公司领导在电力信息化方面的发展决策提供了参考依据。

11．中心改革工作

从2000年7月，信息中心开始进行内部机构改革。经过思想动员、组织准备和改革实施三个阶段，除公司党组管理的干部外，所有员工竞聘上岗，2000年11月底竞聘工作结束。中心内部机构改革后，由原21个部门精简为11个。除2个下属公司外，按照精简、效能、机构优化的原则，设有总经理工作部、政工办、财务部、市场发展部、系统服务与运行部、技术项目部、信息资源部、中国电力杂志社以及离退休干部工作部。在职人员由原来174人减少为133人，减少了23%。17位原处级干部不再担任领导职务，7位新同志走上了领导岗位。中层干部年龄降低、知识层次提高。

12．国家电力公司公开招聘中国电力信息中心副主任工作

在人事与董事管理部的亲自组织和领导下，5月26日至8月24日，国家电力公司公开招聘中国电力信息中心副主任。这项工作，认真执行了国家电力公司《公开招聘中国电力信息中心副主任简章》的规定，始终坚持公开、平等、竞争、择优的原则，推动了干部选拔任用思想观念的解放，取得了好的效果。共有18人报名应聘，11人参加了公共、专业、英语科目的考试和人才资质测评答题，6名笔试成绩合格者进入面试。2名面试合格者进行组织考察。从发布招聘简章、公开报名、资格审查、笔试、面试、组织考察的整个过程，都做到了认真、细致、严密、规范。

10月28日，国电公司人董部主任程光杰到信息中心宣布公开招聘的中心副主任唐义良、王继业任职。

主要事件

1月1～2日，白广路主机房与府佑街机房顺利跨越2000年，没有发生任何Y2K问题而产生的严重故障。

1月10日，信息中心2000年问题工作组完成了《解决管理信息系统计算机2000年问题年度工作总结》，并报送国家电力公司科技环保部。

1月19日，信息中心向国家信息中心贷款办汇报了三期日贷第二次设备采购工作到货、测试、安装、集成等情况，并报送了使用三期日元贷款建设国家经济信息系统电力子项目1999年下半年工作进度报告。

1月底，信息中心完成了《国家电力公司五个跨世纪科技导向工程——信息化工作情况调研表》的制定工作，并报国家电力公司科技环保部。

2月下旬，根据陆延昌副总经理的指示及国家电力公司科技环保部的要求，信息中心完成了《国家电力公司五项跨世纪科技导向工程——电力信息化工程执行情况总结报告》，并报科技环保部。主要内容包括：电力信息化工程的主要工作及现状、基础装备、网络建设、信息资源开发利用、信息化重大工程等。

2月28～29日，为了保障管理信息系统顺利过渡2000年问题的第二个高危时间点，信息中心主任冯涪生、副主任阎鸿勋亲自到单位值班，现场指挥管理信息系统过渡2000年闰年的工作。中心Y2K工作组、系统运行处等有关负责人及技术人员连续两个晚上在单位值班，并设立了值班热线电话，及时了解各单位在2000年闰年过渡期间的有关情况。

3月1日凌晨，各单位管理信息系统未发生因Y2K问题而产生的严重故障。电力系统各单位管理信息系统顺利过渡了2000年闰年。

3月2日，系统运行处在解决了2Mbps因特网出口连通的具体问题后，国家电力公司信息网正式开放2Mbps因特网出口通道，效果较好。至此，国电信息网的出口为2Mbps+256kbps。

4月20日，接国家电力公司精神文明建设领导小组通知，经中央国家机关精神文明建设委员会批准，信息中心再次被命名为1999年度中央国家机关文明单位。

4月28日，国家电力公司信息网主网站第三次正式改版，更好的突出了国家电力信息网的门户主网站的作用，突出了国家电力公司的整体形象，改版后网站内容更加集中，挂接的电力网站、电力商业网站将逐步增多。

5月19日，国家电力公司副总经理陆延昌及人事与董事管理部主任程光杰等领导同志到信息中心，宣读国家电力公司［2000］22号任免文件，孙佩京任国家电力公司信息中心主任，免去冯涪生信息中心主任职务、免去孙嘉平信息中心副主任职务。陆延昌副总经理在会上发表重要讲话。

5月26日，国家电力公司公开招聘中国电力信息中心副主任工作开始。在《北京日报》、《中国电力报》和《因特网》上发布《公开招聘中国电力信息中心副主任简章》，并同时开始报名。

5月份，“中国水电”网页开通，该网页的制作受国家电力公司水电开发部委托，以宣传中国水电建设工程、报道水电工程建设的进度和动态为目标。

6月15日，孙佩京主任主持召开了中心业务发展及“十五”规划工作会。会议主要讨论了信息中心中、短期及未来5年的建设项目与发展规划。最后，孙主任强调，首先要明确信息中心的定位，同时也要看到信息资源对中心发展的重要性。

6月20日，中心成立了国家电力调度中心工程（西单大楼）项目组。

6月26～30日，信息中心参加了“西单大楼综合布线系统”的评标工作。

7月31日～8月8日，信息中心组织对西北电力设计院提交的“国家电力调度中心工程信息网络及办公自动化系统初步设计”进行了内部审查并参加了设计修改工作，基本达到了设计要求。

8月3日，国家电力公司机关党委副书记田华香及马国志、狄仁英代表国家电力公司精神文明建设指导委员会为中心送1999年精神文明先进单位证书。

8月5～10日，中心主持完成《国家科技攻关项目建议书——电力系统信息安全示范工程》并上报国家电力公司科技环保部、国家科技部。

8月28～30日，信息中心参加了《国家电力调度中心工程》程控交换机的评标工作。

9月8日，国家电力公司科技环保部组织召开了“使用三期日元贷款建设SEIS项目电力子项目验收会”。来自国家信息中心、清华大学、中科院、财政部、冶金局等单位的专家听取了信息中心的汇报和演示。

1月～9月，中心参加并完成了战略规划部组织的“全国电力二次系统规划”信息网络规划及信息化应用系统的制定、修改、审查等有关工作。

10月19日，全体员工大会，公布中心机构设置和岗位设置方案，孙主任做竞聘岗位动员报告。

10月28日，国电公司人董部主任程光杰到信息中心宣布公开招聘的中心副主任唐义良、王继业任中国电力信息中心副主任，免去覃永新、阎鸿勋的中国电力信息中心副主任职务。

11月1～2日，对国家电力商务网项目进行了验收，其中包括运行环境、系统配置、程序运行和技术文档，并形成了《国家电力商务网软件开发项目验收意见》。

11月9日，国家电力公司科技环保部组织了《国家电力商务网项目可行性报告》审查会，国家电力公司人董部、计投部、财务部、人力资源部、法律事务部等部局参加，会议由国家电力公司总工程师张贵行主持，会议审查并通过了《国家电力商务网项目可行性报告》。国家电力商务网是由中国电力信息中心、国电电力发展股份有限公司、深圳国电科技发展有限公司、国电南京自动化股份有限公司、中国水利电力物资有限公司5家共同组建的。中心主任孙佩京和副主任王继业参加了会议。

12月20～22日，信息中心组织召开了国家电力信息一级网信道改造工作会议。一级网单位、科研试点单位，以及国家电力公司科环部、国调等单位的领导和技术人员出席了会议。技术项目部就信道改造试点工作及本次信道改造技术方案（讨论稿）进行了全面介绍，并提交会议讨论，形成了会议纪要，为项目的顺利启动实施打下良好基础。

中国水利电力物资有限公司

经营指标

全年实现商品销售收入125,901万元，与年度预算指标相比，超额完成25,901万元，增长幅度为25.9%。

2000年实现利润总额1,074万元，与去年同期的1,100万元基本持平，与年度预算相比超出574万元，超额114.8%。

市场开拓

面对激烈的市场竞争和不宽松的外部环境，公司领导和全体职工凭着拼搏、进取的精神，坚持“创新、诚信、高效、优质”的企业宗旨，坚持用发展的办法解决前进中的问题，不断提高物资供应的技术含量和服务质量，巩固了原有的市场，开辟培育了新的经济增长点，经营工作再上新台阶。

1. 提高物资经营的技术含量，进一步开拓市场

2000年在为三峡、全国联网、西电东送工程的输电线路铁塔加工用钢材的供应工作中，发挥了钢材批量采购的规模和协调优势，既享受了价格优惠，又提高了服务的技术含量。在继续完善《输变电铁塔用热轧等边角钢的技术要求》和《输变电铁塔加工用热轧等边角钢质量异议的处理试行办法》的前提下，协调了冶金工业区、冶金规划总院及有关钢厂，提高了铁塔加工用角钢的技术要求和产品的表面质量，满足了用户的要求，赢得了用户的信任，进一步提高了公司在冶金行业、铁塔制造业中的商誉，连续两年共为工程提供了近15万t优质钢材。

2000年公司的成套业务工作在认真分析了国家实施西部开发战略的大环境下，抓住了“西电东送”的有利契机，凭着对市场的准确预测和判断，及早介入项目，争取到了火电建设一次性招标机组数量最多，合计容量最大的贵州8×300MW项目的主机设备成套招标代理，并协助立项、审批，连续60天组织完成了三大主机的设备招标工作。成套工作已由过去的辅机成套发展到现在的主机成套。

电厂的四汽管道供应业务开始向管道、工厂化加工配制方面发展，提高了四汽管道供应的技术含量。先后调剂了库存700多t，价值1000多万元。管道供应业务每年创造效益近千万元。电厂提供了管道、工厂化加工配制和技术改进等一条龙服务，形成了优势。

连续二年成功地举办了“全国城乡电网建设与改造设备及技术展览会”，收到了较好的社会效益和经济效益，为城、农网改造做出了积极的贡献。

2000年在国家对成品油和煤炭市场进行整顿规范的过程中，公司克服了重重困难，成功地争取到了二项国家特许经营的资质。

公司进口工作力度加大。并争取到了进口燃料油配额和钢材进口指标。组织开展了电力通信设备、水利农田建设设备进口代理。

2000年公司的运输工作通过为运输企业提供信息咨询，协调与项目单位的联系，联合投标等七个变电站的设备运输评标工作等取得了较好的经济效益。

2. 开辟了新的业务领域

积极发展电子商务。2000年开通了中国电力设备招标电子商务网站。与国电信息中心、国电电力组建了北京国电商务网络有限公司，并开通了国电商务网站。为改变企业传统的流通模式，进行了积极的尝试与探索。

开拓高新技术领域。如建立电力系统的ATM网和信息中心计算机网络系统，争取到了吉林省电力公司ATM网的建设项目。积累了开拓高新技术产业市场的实践经验。

物流配送是现代物资流通的一种营销方式。公司的电厂轴承配送工作目前已与全国30家电厂开展了业务，与100多家电厂建立了良好的关系，已经取得了一定的经济效益和社会效益。

公司内部改革

积极推进直属公司体制改革。公司领导班子下大气力，狠抓了直属公司的改制工作。得到了国家电力公司领导的支持。目前该项工作已经取得了一定的进展，但难度很大。

改革方案得到了国家电力公司领导的肯定与支持。经过一年多的反复协商，目前西安公司已经顺利划归黄河上游水电开发公司，成为其物资管理部门。

管理工作

2000年是我国的管理年，也是贯彻国电公司管理年各项工作任务、进一步加强管理工作的一年，公司对资金管理、成本管理、质量管理等重点工作，制定了措施和办法，降低了生产成本，取得了预期的效果。

1. 2000年4月11日，公司顺利通过了英国SGS公司ISO9002国际质量体系认证。它标志着我公司的业务运行体制已步入国际质量体系

公司的各项业务已经按照ISO9002国际质量体系标准要求自觉运作，已由过去的“事后控制”变为现在的“事前控制”，各项业务工作有章可循。保证了服务质量，规范了业务流程，控制了风险，树立了公司良好的形象。

加强了合同评审和资金风险控制。根据ISO9002质量体系的标准要求和《合同法》，我们修订了《合同管理办法》和《合同评审程序》，建立了以合同评审为核心的质量保障体系和以《合同法》为核心的法律保障体系。成立了资金合同评审委员会，对200多万元限额以上的合同进行了集中审查，从而有效地防止了合同纠纷和无效合同发生，2000年公司没有形成新的风险资金。

2. 加大投资管理和资产保全工作

(1) 妥善处理了公司在飞捷的股份转让，解除了对飞捷公司的2000万元担保责任，避免了风险资金的产生。

(2) 按《公司法》对投资的公司进行规范化管理。进一步完善了清理整顿小公司的实施办法，对中电运输、大连万德等公司进行了改制。与三峡、恒辉等部分公司重新签订了经营承包协议书和经济责任书。考核调整了宝鸡、蓬莱公司的班子成员。加强了审计监督和质量管理。对新疆新兴大厦加强了法律诉讼，目前一审已经胜诉。

(3) 在资产保全工作中，公司全力支持和配合上

海公司，精心运作，收回了东关水泥厂投资本金及其增值部分合计1600万元。成功地操作了债转股200万元。盘活了180万元股权，用约1/10的低成本收购了352万元股权，理顺了股东关系，使投资企业得以正常开展经营。

在债权保全工作中，经过一年多的努力，已销售低债电缆3000多万元，使资产保全工作逐步得到落实。

（4）按国家电力公司要求，我们加强了企业预算管理，提高会计基础工作质量。对公司系统库存物资进行清查盘点工作，汇总编制了企业基础材料。

（5）充分利用银行的信用政策和结算手段降低资金成本。公司采取了加大进口信用证和银行承兑汇票的结算规模，占公司销售额50%左右。同时很好地处理了银企和税企关系，享受到工行最优惠利率水平。争取到了国家和地方政府的税收优惠政策，通过开源节流直接创效益上千万元。

（6）发挥内部审计监督、服务作用，不断完善企业内部控制制度。公司坚持审计与考核相结合，在职审计与离任审计相结合，年度审计和专题审计相结合的工作。重视审计结果，做到坚持审而必用，审而必纠，审而必改的工作方针，督促企业在开展经济活动中执行并遵守国家财经法规，强化资产经营责任落实，切实为实现企业发展战略和经营目标服务。

（7）进一步完善企业各项基础管理工作。加大干部考核、社会保险、职工培训工作力度。为企业进一步深化改革奠定了基础。企业的统计工作保持了多年先进称号，普法工作也受到了国电公司表扬。文档管理工作已向办公自动化迈进。

（8）在行业管理中，树脂、保温材料、水塔填料的归口管理工作，严格审批和检测制度，杜绝伪劣产品流入电力市场，取得了较好的经济效益和社会效益。协会工作坚持为企业服务，在探索改革中物资工作的定位和在电力达标创一流中发挥物资部门作用。去年又组织了业务人员培训和出国调研等活动。

党的建设和精神文明建设

1. 思想政治

按照国家电力公司党委的布置，组织学习了江泽民同志关于“三个代表”的论述，开展了反腐倡廉的警示教育活动，学习了十五届五中全会及中央经济工作会议精神。

（1）开展了以支部为单位的“三个代表”的学习座谈。使每个党员从思想上加深理解和提高新时期江泽民同志对党的性质、宗旨、根本任务的新概括和新阐述。动员组织党员更好地围绕企业的中心任务，做好改革、经营和管理等各项工作。

（2）加强反腐倡廉的警示教育工作。参观了“打击经济犯罪”展览，观看了《生死抉择》影片、《胡长青警示录》录相片，组织学习了《警钟》教育读本，使思想教育工作落实到每个职工，按照反腐败抓源头的工作要求，公司制定了责任追究等相关制度，签订了党风廉政建设责任书。防腐倡廉，警钟长鸣，自觉地抵制腐败思想的滋生。经自查我公司未发现违法违纪现象。

（3）制定了“干部理论学习计划”，坚持理论中心组学习，并结合学习对企业的改革和发展进行了研讨。

（4）在与法轮功邪教组织的斗争中，坚持教育全体干部职工和离退休职工做到旗帜鲜明、立场坚定，与党中央保持一致，深刻揭示其反动本质及对社会的危害。目前公司无一人参与法轮功组织的活动。

2. 创建双文明单位的活动

2000年我们在继续创建双文明单位的工作中，开展了以下工作。

（1）完善了各项创建活动的办法和措施，明确任务，落实责任，做到组织和制度双落实。

（2）围绕创建工作我们组织开展了各种学习和健康有益的文体活动，组织大家学习了创建文明个人、文明处室规定。

2000年度被国家电力公司评为党风廉政建设优秀单位和法律工作先进单位。

3. 支部建设达标活动

2000年，公司评选出9名优秀党员，其中3名为国电公司优秀党员，2名优秀党务工作者，4名为有限公司优秀党员。公司党委荣获了国电公司级先进党委称号。

8 各地区电力工业

华　北　地　区

中国华北电力集团公司

综述

2000年，在国家电力公司的领导下，华北电力集团公司全体干部、职工贯彻落实党的十五届四中、五中全会和中央经济工作会议精神，紧紧围绕“两个战略”“一个管理年”“三项责任制”的中心任务，以确保电网安全稳定及重大政治活动安全可靠供电、实现国家电力公司下达的经营目标和维护职工队伍稳定为工作重点，以饱满的热情和科学的态度，真抓实干、奋勇拼搏，经受了夏季1530万kW电网负荷的冲击，保证了电网的安全可靠供电，圆满完成了2000年的各项任务。生产经营工作主要呈现以下特征：

售电量完成751.36亿kW·h，同比增长10.54%，比预计增长率有较大幅度的提高，高于华北电网9.50%的售电量，增长率1.04%。

京津唐电网统调机组发电量完成760.95亿kW·h，同比增长11.56%。集团公司机组发电量占总发电量的24.27%；独立发电公司及独立核算机组发电量占总发电量的72.34%。

集团公司2000年底资产总额885.94亿元，同比减少0.98%。资产负债率34.28%，同比降低1.9%。

集团公司实现产品销售收入265.16亿元，比1999年增加32.95亿元，同比增长14.19%；产品销售成本支出261.27亿元，比1999年增加28.56亿元，同比增长12.27%。近几年首次出现了成本增长低于销售收入增长的现象。

产品销售利润扭亏为盈，实现利润总额5.26元(其中直属部分实现利润4.26亿元)，超额完成国家电力公司下达的利润预算目标。

工资总额及发放水平均控制在计划范围内。

全面完成国家电力公司下达的资产经营考核指标。利润总额实际完成5.26亿元，超额完成年度考核指标1.87亿元（年度指标3.39亿元）；资产保值增值率实际完成100.81%（指标100.38%）；投资收益率实际完成2.28%（指标1.29%）；资产负债率实际完成36.27%（指标42.66%）；欠费余额1.22亿元（指标1.31亿元）。

完成了国家电力公司下达的安全生产考核指标。全网未发生电网稳定破坏及大面积停电事故；未发生特、重大设备责任事故以及重大以上的火灾、交通事故；基建施工未发生人身死亡事故；直属单位未发生生产死亡事故；连续4年发供电企业生产设备事故、一类障碍均较同期有所下降。

电力生产

京津唐电网直接担负着保证首都北京、天津及冀北地区安全可靠供电的繁重任务，电网的安全工作是集团公司工作的重中之重。集团公司认真落实安全生产责任制和各项安全措施，精心组织，周密安排，针对保主网、保重点小地区、保重要用户三个基本环节，加强对电网的安全分析；对电网运行的薄弱环节进行动态风险分析，制定事故预案；多次组织各省中调、区调及部分电厂进行联合反事故演习；针对社会电力需求的快速增长，集团公司合理安排设备检修计划，同时采取严格的考核措施，促进直属电厂以及各独立发电公司狠抓设备检修，切实提高设备健康水平。圆满完成了利用十三陵电厂4号机组经小系统启动京能热电机组的“黑启动”试验，提高了电网抵御事故、迅速恢复供电的能力。在全网的共同努力下，今年京津唐电网未发生电网稳定破坏和大面积停电事故，保证了电网的安全稳定运行，保证了首都及各地区的安全可靠供电。

2000年7月份开始，华北地区出现连续高温，电网负荷持续增长。7月26日，北京地区最大用电负荷达到678万kW，比1999年最大负荷增长11.5%；京津唐最大负荷达到1530万kW，比1999年最大负荷增长10.37%。负荷高峰时，京津唐电网可调火电机组全部满发，已没有备用出力；西电东送的4条500kV线路全部压稳定极限运行，电网经受了严峻的考验。由于集团公司准备充分、措施得当，全网机组和输变电设备运行稳定，保证了社会的用电需求。

电网建设

主干电网建设力度加大。2000年，集团公司投产500kV输电线路1条（顺义—万全）214.5km，破口改造500kV输电线路2条（昌平—安定双回）；投产500kV变电站1座（顺义变电站），变电容量150万kV·A。2000年新开工及在建500kV输电线路2条(丰镇—万全二回、顺义—迁西）312.4km，500kV

变电站1座（迁西变电站），变电容量75万kV·A。基本完成了华北—东北联网工程。

稳步推进城乡电网建设与改造。集团公司2000年完成城市电网建设与改造工程投资25.23亿元，累计完成120.15亿元；当年改造220kV变电站5座，增容72万kV·A；新建及扩建110kV变电站6座，增容55万kV·A；新建及改造110kV电缆、架空线125.6km。集团公司农村电网建设与改造当年完成投资31.3亿元，累计完成投资63.4亿元；新建220kV变电站2座，线路64km；新建及改造110kV变电站27座，线路633km。冀北地区391个10户以上的无电自然村实现了全部通电。

认真落实国家电力公司关于结构调整的要求。集团公司2000年完成电网建设与改造项目投资72.8亿元，占全年固定资产投资（共75.2亿元）的96.8%，体现了投资结构向电网倾斜；没有新开工电源项目；按计划停运退役机组11台，共计38.7万kW。

体制改革

贯彻落实国务院有关文件精神，按照国家电力公司部署，完成了对石景山发电总厂的整体改制以及大同第二发电厂的资产上划。

作为政企分开改革的重要标志，天津市、河北省、山西省电力局已经撤销，北京市电力局撤销和政府职能移交工作正在稳妥进行；北京市、天津市、山西省电力行业协会组建成立，河北省电力行业协会正在筹建中。

根据国家关于科研单位和教育体制改革的政策及整体部署，集团公司对华北电力科学研究院进行了股份制改造，使其转变经营机制，实现企业化运作；完成了北京电力高等专科学校与北方交通大学的合并。

农电体制改革稳步推进。乡镇电管站的改革取得明显进展，京津唐电网共有乡电管站1335个，其中1099个完成了改革任务，完成率82.4%（冀北地区811个，完成率95%；天津216个，完成率100%；北京72个，完成率27%）。县供电企业的股份制改造、资产上划以及趸售县规范代管工作取得初步进展。

经营管理

2000年，在集团公司发电利润进一步减少、电网项目还本付息电价不到位的严峻经营形势下，集团公司坚持以市场为导向，以提高经济效益为中心，实施积极的经营策略，采取一系列有效措施，开拓市场，增供扩销，增收节支，优化购电结构，严格预算管理，加强电费回收，尤其是制定并实施了新的经济责任制考核办法，加大了奖惩力度，充分调动了基层单位加强经营管理、提高经济效益的积极性，全面完成了国电公司下达的各项资产经营考核指标。加强审计监督，严肃财经纪律，严格合同管理，保证了城乡电网建设和改造工程规范运作。规范了对外投资、借款和担保，清理整顿工作成绩显著，截至1999年底，共清理整顿对外投资2.66亿元、借款2.57亿元，减少和避免担保风险2.56亿元。加大了依法治企力度，通过诉讼、非诉讼手段为集团公司挽回经济损失4897万元。施工、修造企业在完成生产任务的同时，面向市场，深化改革，在精干主业、分流富余人员方面成绩显著。严格劳动用工制度，严把人员入口关，加强劳动合同管理，2000年集团公司进人比1999年减少272人，同比下降26.5%；采取各种措施，完成了国电公司下达的减员5252人的计划和劳动生产率计划。

精神文明建设

集团公司本部在抓好“三讲”教育整改方案和整改措施落实的同时，认真完成了“三讲”教育“回头看”活动，巩固和扩大了“三讲”教育成果。各级领导干部的思想政治素质得到全面提高，干部队伍建设得到加强。加大了领导干部的交流力度，1999年交流任职24人。加强了对领导干部的教育、考核和对后备干部的培养，使局管领导班子的平均年龄由48.9岁下降到47.6岁，文化、专业结构更为合理。几年来，集团公司为国家电力公司输送了不少人才，近期还推荐了3名优秀年轻干部交流到西北，支持西部开发。为适应公司制改组的需要，加强和规范了对公司制企业董事、监事的管理，制定了规范的工作程序和相应的管理办法。

认真贯彻党风廉政建设责任制。将党风廉政建设责任制目标分解细化，落实到班子成员、各主管部门和直属各单位。直属系统全年共查处违纪案件26件，挽回经济损失216万元。认真组织开展了以成克杰案等重大典型案件和发生在身边的违法违纪案件为内容的警示教育，进一步提高了党员干部的廉洁自律意识。

精神文明建设取得新成果。天津市电力公司获得国家电力公司系统双文明公司称号，集团公司所属单位中有59.3%获得省、部级文明单位称号，33.3%的单位获得地市级文明单位称号；100%的地市供电企业、55%的县市供电企业达到《城市供电营业规范化服务标准》；46%的乡镇供电所（电管站）达到《农村供电营业规范化服务标准》。

加大了思想政治工作力度。围绕集团公司改革、发展、稳定的各项任务，大力开展形势任务教育，使广大干部职工认清形势，明确任务，把思想和精力集中到全面完成安全生产和经营目标上来，确保了电网稳定和职工队伍的稳定。针对职工在深化电力体制改革中出现的思想波动，组织开展了“电力走向市场”大讨论活动，进一步提高了干部职工对电力体制改革必然性和紧迫性的认识。积极推行厂务公开，加强了职工民主管理，企业监督约束机制逐步得到完善。认真做好老干部工作，关心离退休职工生活，积极为生活困难职工排忧解难。各单位逐级落实了维护稳定责任制，耐心细致地做好“法轮功”练习者的教育、转化工作，维护了社会和企业的稳定。

主要事件

2月15日，华北电力集团公司二届三次职工代表大会暨工作会议召开。出席大会的有：国家电力公司副总经理谢松林、国家经贸委电力司司长史玉波、中国水利电力工会全国委员会主席吕保柱、中国电力企业联合会常务副理事长刘宏、北京市经委委员朱鼎恒等，他们分别在会上做了重要讲话，对集团公司的工作提出了要求和希望。

2月26日，国家环保总局副局长祝光耀一行到大港电厂视察海水淡化、文明生产及环境保护工作。他在参观了生产现场后指出：大港发电厂的海水淡化系统设备先进，生产经验丰富，海水淡化利用量这么大的在全国仅此一家，值得在全国推广。

3月2日，作为国家“九五”科技攻关项目的昌房500kV紧凑型输电线路工程顺利通过了国家科学技术部主持的项目验收。专家验收组认为该项目技术成熟、经济效益明显，成果达到了国际先进水平，并有多项技术处于国际领先地位，建议在全国有计划地推广。

3月29日，北京京能热电股份有限公司召开成立大会。北京市副市长刘海燕，国家电力公司副总经理助理刘忱，中国电力企业联合会常务副理事长刘宏，中国证监会北京办事处主任孙家琪，北京市体改委主任高佐之，北京国际电力开发投资公司董事长李舜等出席了成立大会。北京京能热电股份有限公司是由北京国际电力开发投资公司和中国华北电力集团公司共同出资建设的原石景山热电厂进行股份制改制后成立的。五家股东分别为北京国际电力开发投资公司（持股51.85%）、中国华北电力集团公司（持股47.862%）、北京市综合投资公司（持股0.144%）、北京电力设备总厂（持股0.072%）、北京变压器厂（持股0.072%）。该公司是北京市第一家股份制发电供热企业。目前拥有4台20万kW现代化大型燃煤供热汽轮发电机组，发电装机总容量80万kW。

4月6日，中央党校省部级领导干部学习班成员约100人在国电公司副总经理赵希正、纪检组组长李雪莹和集团公司总经理黄金凯等陪同下，来到十二陵蓄能电厂视察。领导们在听取了厂长王保忠的情况介绍后，对该厂在争创一流电厂方面所取得的成绩给予了充分肯定。

4月12日，北京市环保局与华北电力集团公司举办了电采暖报告会。集团公司北京供电局在采取的缓（免）贴费等优惠政策支持下，在北京已有97个用电单位进入电采暖使用阶段，其中电锅炉83户、164台，建筑面积42.6万m^2，用电容量3.42万kW：电热膜小区6个，建筑面积7.6万m^2，用电容量0.35万kW：热泵8个用电单位、132台、建筑面积6.34万m^2，用电容量0.23万kW。

4月12～15日，集团公司召开2000年农网改造设备招投标会议。集团公司、河北省经贸委、河北省成套局的有关领导及44家投标企业的代表参加了会议。

4月18日，分属于国家电力公司、铁道部的北京电力高等专科学校、北京交通大学合并大会在北方交通大学召开。教育部副部长周远清、铁道部副部长蔡庆华、北京市教委主任徐锡安、国家电力公司总经理助理刘忱、集团公司副总经理朱国祯等领导出席会议。会议宣布，两校合并后新的北方交通大学为教育部直属高校，原北方交通大学校长谈振辉任校长，原北京电力高等专科学校校长宋守信任副校长。

5月16日，集团公司总经理黄金凯在直属直管单位党政主要领导会议上，与6家供电单位、8家发电单位签订了《经营目标责任书》，与35家单位签订了《党风廉政建设责任书》。加上原在集团公司工作会议上已签订的《安全生产责任书》，三项责任制已全部分解、落实到各责任单位。

5月17日，北京电力设备总厂为秦山核电二期工程1号机组生产的650MW离相封闭母线及厂用变压器共箱封闭母线通过了由秦山联营有限公司与华东电力设计院进行的产品验收。该产品是目前国内生产的最大单机容量的离相封闭母线。

5月25日，国电公司高严总经理视察河北省秦皇岛市抚宁县“两改一同价”工作。他在听取了“两改”工作汇报后，视察了抚宁县留守营镇官庄村的“两改一同价”情况，深入农户家进行了走访，并接受中央电视台《焦点访谈》节目组的采访。高严总经理对秦皇岛电力公司和抚宁供电分公司的“两改”工作表示满意，并给予了“认识高、决心大、抓的实、效果好”的高度评价。他希望秦皇岛电力公司和抚宁供电公司的创一流工作要走在全国电力系统的前面。

6月6日，全国人大常委会委员长李鹏及夫人朱琳在北京市委书记贾庆林、市长刘淇、人大常委会主任张健民，国电公司副总经理赵希正、集团公司总经理黄金凯等陪同下到北京供电公司视察，参观了该公司区调、调度仿真培训中心，并会见了北京供电公司部分老同志。在听取了北京电网及北京供电公司的发展状况的汇报后，李鹏作了重要谈话（附后）。

8月1～2日，集团公司在京召开2000年上半年生产经营形势分析会，集团公司总经理黄金凯对下半年工作做出重要指示。会议由集团公司总经理黄金凯主持，集团公司副总经理杨祝辉、朱国祯分别就上半年生产、经营情况作了总结分析。2000年上半年安全生产形势比较平稳，未发生重大恶性事故。夏季大负荷期间京津唐电网负荷大幅度增长，最大负荷达到1530.5万kW，同比增长10.37%。在出现最大负荷当日，电网已没有备用出力，2000年下半年和2001年上半年的新投机组容量仅为300MW，而京津唐电网的负荷仍会保持较高的增长速度，预计2001年的夏季大负荷期间就会出现拉闸限电。

8月8日，北京电力行业协会在京成立。朱国祯当选为协会理事长，赵双驹为常务副理事长。国家电力公司副总经理赵希正、中电联名誉理事长张绍贤、常务副理事长刘宏、集团公司总经理黄金凯以及国家经贸委、北京市经委，宣武区、大唐公司和河北、山西、天津电力公司的领导出席了成立大会。北京市委常委、市总工会主席阳安江、原北京市常务副市长韩伯平为协会揭牌。阳安江、赵希正、黄金凯、朱国祯分别在成立大会上讲话。

8月14日，国家电力公司人事董事部主任程光洁宣布国家电力公司干部任命文件，任命张丽英同志为华北电力集团公司总工程师。

8月25日，集团公司派出4名选手参加国家电力公司“国电杯”会计知识大赛，获得团体冠军和一个单项第一名。

8月29日，吴邦国副总理在国家经贸委史玉波司长的陪同下，来到集团公司就深化电力体制改革进行调研。吴邦国副总理参观了华北电力调度中心，详细了解电网情况。之后，与集团公司总经理黄金凯、副总经理杨祝辉、朱国祯等集团公司领导进行了座谈。8月30～31日，吴邦国副总理先后来到北京供电公司区调、大用户营业站、宣武营业站及王府井220kV变电站参观并召开座谈会，对深化电力体制改革的有关问题进行了深入的了解。

9月19日，国家电力体制改革协调小组到华北电力集团公司调研。国家计委主任曾培炎听取了集团公司副总经理杨祝辉关于华北电网及京津唐电网的情况汇报。国家计委、国务院体改委、国家电力公司、中电联的同志及集团公司副总经理钱遵培、郭要斌、总工张丽英参加了座谈会。一行人并参观了华北电网调度中心。

9月30日下午，国家电力公司副总经理陆延昌来到华北电力调度大厅了解节日期间电网负荷情况，并问候值班人员。

10月18日，进驻国电公司的中央企业工委监事会主席路耀华一行6人来到集团公司，就集团公司1998年至2000年9月生产经营和财务状况听取总经理黄金凯的汇报。10日，路耀华一行到网调、北京供电公司及西大望变电站和王府井变电站检查工作。

11月1日，顺义500kV变电站经系统调试后一次启动成功，并经24h试运行后正式投入运行。此次投运2台75万kV·A主变压器以及昌顺双回、顺安双回共4条500kV线路和顺遂双回220kV线路。该变电站是西电东送和东北向华北送电的重点工程。

10月30日～11月11日，北京首都机场的主供线路被3次盗割，致使倒塔5基，首都机场失去一路主供电源19h，电力部门直接经济损失50万元，为建国以来北京供电史上最为严重的破坏案件。事发后，北京市副市长刘海燕、北京市公安局副局长刘德、集团公司副总经理杨祝辉赶往现场处理事故。11月14日，北京市政府召开办公会议，市长刘淇主持，保护电力设施为重要议题。

11月22日，集团公司副总工邓建玲、财务部经理许山城、廊坊供电公司经理孙少平经国电公司考核后分别选调甘肃、青海和新疆电力公司任职，支援西部地区的电力建设。

12月5日，国家电力公司总经理高严、人事及董事管理部主任程光杰来到集团公司，在集团公司部门副经理以上干部及直属直管单位主要领导会上宣布国家电力公司党组人事任免决定：免去黄金凯华北电力集团公司（电管局）党组书记、总经理（局长）职务；免去李援朝同志华北电力集团公司（电管局）党组成员、纪检组组长职务。任命翟若愚同志为华北电力集团公司（电管局）党组书记、总经理（局长）；任命胡绳木同志为华北电力集团公司（电管局）总会计师。高严总经理对黄金凯同志及华北电力集团公司在确保50年大庆供电、城网农网改造、选送人才支援西部开发等各个方面的工作给予了很高的评价，并就全国的电力改革和发展发表重要讲话。会前，高严总经理视察了华北电力调度中心。

12月16日，国家电力公司授予华北电力集团公司“城市电网建设与改造工作先进单位”称号。

［附］李鹏委员长在北京供电公司视察时的谈话：

一、电力要发展。目前电力供大于求的买方市场是暂时现象，从长远看电力的社会需求会增加。北京1999年负荷已达到608万kW，已出现了部分拉闸限电。预测2005年将增加到1000万kW，还有400万kW负荷需要解决。要正确估计电力形势，北京作为国际化大都市，人均用电水平只有0.5kW，远远低于世界发达国家城市的用电水平。我们应该看到买方市场结构调整所给的时间是非常短的，这给了我们一个建设改造电网的机会，对于电源电网的建设一定要未雨绸缪。二、北京要坚持可持续性的发展，要成为清洁的城市。今后，电源发展总的方针是“西电东送”，它也适应西部大开发的形势。“送电”比“送煤”要经济，对开发大西北也有好处。另外，从电网稳定性考虑，北京必须要有可靠的电源，可适当地增加保安电源，要把这个矛盾统一起来。如果北京没有足够支撑的电源，就有可能发生重大停电事故；重要点如中南海、人民大会堂等应该有二路供电。因此，对北京市来说，第一，一定要发展清洁能源；第二，要加强电网完善与改造，以保证供电可靠性；第三，外部可以建一部分保安电源，价格调整要合适；第四，要考虑与全国、三峡的联网。负荷率的主要构成过去是工业用电，现在是生活用电，这是世界发达国家国际化大都市的特点，推广低谷电，进一步使用电热，要形成产业。北京供电公司今后的发展要坚持人民电业为人民的思想，坚持两个文明建设，依靠科技进步，实行现代化的管理方式。保持电力行业的优良传统，搞好安全生产。希望北京供电公司能把握先进技术、先进生产力的潮流，更好地为北京市供好电，为北京市市民服好务。

天津市电力工业

概况

2000年，天津市电力公司职工以创一流的决心，克服重重困难，全面完成各项生产经营指标。发电量计划完成63.4亿kW·h，实际完成64.8亿kW·h，比同期增长7.56%；售电量计划完成185亿kW·h，实际完成186.7亿kW·h，比同期增长8.76%；供热量计划完成530万GJ，实际完成584.73万GJ，比同期增长10.29%；供电煤耗计划完成371 g/(kW·h)，实际完成371 g/(kW·h)，比同期降低4 g/(kW·h)；销售收入达到64.38亿元，实现利润10050万元。继续保持了电费上缴年度结零的成绩。

生产经营

2000年是20世纪的最后一年，也是国家“九五”计划的完成年。在此期间，天津市电力公司（以下简称公司）以创建一流管理电力公司为目标，依靠广大电力职工全面完成各项任务，并取得了可喜成绩。圆满完成了华北电力集团公司下达的各年度工作任务，实现了“九五”生产经营目标。2000年，公司资产达到143亿元，较“八五”末增长82亿元。售电量五年累计完成828.9亿kW·h；发电量累计完成318.6亿kW·h；供热量累计完成2853.38万GJ；销售收入累计完成269.37亿元；实现利润累计完成6.13亿元。并取得了连续五年电费上缴结零的好成绩。多种经营得到较快发展，多经净资产由1.86亿元增长到8.84亿元。

安全生产

在天津市经济保持高增长，电网结构相对薄弱的情况下，全力保证安全生产。1996～2000年中，天津电网未发生重大设备事故、大面积停电事故和对社会造成不良影响的事故。特别是在1998年华北电网因恶劣天气污闪严重、1999年和2000年夏季天津市用电负荷连创历史新高的情况下，公司坚持电网统一调度，维护电网安全稳定运行，保证了天津经济建设和社会发展的用电需要。

电网建设

抓住机遇，着力解决电网建设滞后的问题。“九五”期间共投资57.75亿元，建成500kV变电站1座；新建、扩建和改造220kV变电站12座；新建、扩建110kV变电站11座，35kV变电站81座，新增主变压器容量5497.35MV·A。新建、改造35kV及以上线路1800余km，完成了3800多个行政村的低压电网改造。由此天津电网技术装备水平明显提高，地区供电能力不足的矛盾得到缓解。

优质服务

为适应电力由卖方市场向买方市场转变的形势，公司以市场为导向的服务意识明显增强。居民用电一户一表、市区联网售电、业扩电话报装等便民服务业务得到拓展，营业窗口规范化建设进一步加强，有力地支持了天津市近年来进行的大规模平房改造和市政建设工程，使社会用电量稳步增长。天津的“两改一同价”工作继续在全国保持领先地位，完成了4县农电股份制改造，推动了农村用电管理和服务水平的提高。以服务为切入点的各项工作，使公司赢得了良好的社会声誉，得到了政府的肯定、市民的认可。

企业管理

通过深入开展达标创一流工作，大大推进了公司管理的规范化、制度化建设。建成了覆盖各发供电单位的ATM广域网，电力电量交易、变电站无人值班、用电管理、办公自动化等子系统日趋完善，企业管理的现代化水平明显提高。公司实现了政企分开，多经改制和主辅分开的改革逐步深化。以内部模拟市场为依托，以财务预算管理和经营目标管理为核心的经营管理方式初步确立。

精神文明建设

公司精神文明建设取得显著成效。公司形成“两手抓”的工作机制，健全完善了两级中心组学习制度、党风廉政建设制度、职代会制度、集体协商制度和集体合同制度、“厂务公开、民主管理”制度。以党组织和党员“立功立项”、党支部达标、职工劳动竞赛、技术创新、“青年号（手）”为主题和各项活动，推动了政治工作与经济工作的紧密结合，促进了公司两个文明建设的不断发展。公司先后被授予市级文明行业称号，并被国家电力公司命名为双文明电力公司。全公司94%的基层单位进入了地市级文明单位行列。

农村电网“两改一同价”成果显著

从1998年开始的农村电网“两改一同价”（即：改造农村电网、改革农电管理体制、实现城乡电网同网同价）工作到2000年底进展顺利，已经取得阶段性成果。在这次农村电网改造中，天津市作为全国4个农电改革的试点省市之一，国家分批下达给天津市的农网建设与改造工程投资计划累计20亿元。到2000年底，已累计完成投资18.5786亿元，占总投资规模的92.89%，处于全国领先地位。

在对全市12个区县进行的农村电网建设与改造中，新建和改造110kV及以上变电站10座，新增供电能力599MV·A，110kV线路256.5km；新建与改造35kV变电站44座，新增供电能力598.95GV·A，线路329.15km；改造更换10kV高耗能配电变压器5522台，容量715.24MV·A；新建和改造10kV供电线路2311.4km；新建和改造农村低压线路（400V以下）4502km。

与此同时，农村电力体制改革也已完成。1998年底，宝坻县率先成立了供电有限责任公司，到1999年4月底，宁河、武清、静海三个县级供电企业进行了股份制改造。至此，组建由天津市电力公司控股的供电有限公司的任务全部完成，以资产纽带关系替代了过去的行政代管关系，使天津电力企业市场化运营机制进一步完善。对农村乡镇电管站体制的改造，按天津市经委制订的改革方案，全市撤消了216个原由各乡（镇）设置的电管站，新组建了63个供电营业所和161个用电营业站，对原电管站工作人员和农村电工进行培训考试，各区县公开择优录用5311名电工（比原人员减少40%），承担农村电力用户的用电服务工作。

2000年，结合天津市农村用电和电价水平的实际情况，天津市在“同网同价”的大目标指导下，先期完成对农村各类用电分别统一规范为同一价格。这样全市农村的到户电价一律降到0.49元/(kW·h)，农村居民生活用电电价分别下降了0.082～0.070元/(kW·h)左右，全年可减轻农民（包括农村企业）负担2亿元人民币左右。

主要事件

1月12日，《天津电力世纪展》揭幕。该展览通过118件实物、408幅照片、36张图表、21件有关文件和图书，以及多媒体等音像设备，再现了天津电业在1个多世纪特别是新中国成立50年中的发展历程。

1月15日，天津市电力公司召开大会隆重纪念天津电业局成立50周年。天津市市委书记张立昌题词祝贺，天津市副市长梁肃、中电联名誉理事长张绍贤、华北电力集团总经理黄金凯等领导出席了大会，天津市电力公司总经理寇士清发表重要讲话。纪念大会上，与会领导庄重地向参加大会的各单位职工代表发放了《天津电力50年》大型画册、《天津电力发展50年》文献专著和建局50年纪念画。

3月1日，天津市电力公司二届四次职代会暨2000年公司工作会召开。会上提出天津市电力公司要实施竞争发展战略，努力实现创建一流电力公司目标。会上签订了2000年集体合同，隆重表彰了1999年度公司双文明单位、集体和个人，部署全年8项重点工作。

3月，天津市电力公司被中共天津市委员会、天津市人民政府、天津警备区评为1999年度拥军优属模范集体称号。

3月15日，天津市电力公司人事部、高压供电公司、天津市电力公司信息中心联合开发研制《天津市电力公司干部人事管理多媒体信息网络系统》，通过天津市科技成果鉴定。

3月29日，在天津市集体协商集体合同工作经验交流会上，天津市电力公司被评为“区县局总公司（集团公司）推动集体协商集体合同工作先进单位”。

4月10日，在天津市召开的施工暨建筑业管理工作会议上，天津电力建设公司承建的盘山发电厂二期扩建工程被授予“市级文明工地”称号。

4月14～15日，2000年多种经营暨优秀经营者表彰会召开。会议确定了2000年公司多种经营工作目标，完成经营总收入23.02亿元、实现利润1.76元、增值劳动生产率3.1万元/(人·年)、资产保值增值率108%。

4月，公司进行现职干部委聘工作。经公司（党委）2000年4月11日第100次常委会议研究决定，对公司（局）管领导干部职务进行聘任、任命，聘、任期2000年4月1日至2004年3月31日。

5月10日，全国电力系统京剧及地方戏交流演唱比赛在津开幕。这次大赛共有来自全国电力系统27个单位的62名演员参加，参赛的剧种有17种，55个剧目。

5月18日，公司召开“科技名人”和科技创新、管理创新成果表彰大会。受表彰的有7位科技名人、7项科技创新成果、7项管理创新成果，并有11项管理创新项目受到表扬。

6月2日，公司第一次国际合作工作会议召开。

6月21日，公司2000年度基建质量工作会议召开。出台了《天津市电力公司电力基建工程质量管理办法》《天津市电力公司建设工程质量巡查管理办法》《天津市电力公司实施电网工程档案管理实施细则》等规定。

6月23日，天津市召开农电“两改一同价”工作会议。会上，天津市电力公司及东丽、西青、汉沽、宝坻、静海、宁河、蓟县供电分公司等受到表彰。

7月1日，北仓变电站改造工程正式启动。

7月5日，公司职代会职工代表团（组）长会议通过了《天津市电力公司住房货币分配实施意见（修改稿）》。至此，公司的货币分房工作正式启动。

7月15日，公司创建双文明工作通过国电公司考评组验收。

8月30日，在国电公司召开的政治工作会上，天津市电力公司被命名为1998～1999年度国家电力公司双文明公司，成为全国电力系统7个双文明电力公司之一。同时公司所属8个基层单位获双文明单位称号，其中第一热电厂获得双文明单位标兵称号。

8月31日，公司与中国工商银行天津分行联合发行电费统一结算卡。该卡是公司与工行天津分行共同开发的“牡丹——民电联名专用卡”，可通过工行在市区县的300多个储蓄网点预存电费，并由银行按居民用电的应交电费数额进行扣缴。该卡为全市一户一表的用户提供了方便，在全国电力系统中尚属首家。

9月4日，天津市电力公司领导班子调整，根据中共国家电力公司党组国电党（2000）51号文件《关于杨庆同志任职的意见》、并征得中共天津市委同意，任命杨庆同志为天津市电力公司（天津市电力工业局）党委常委、副书记，主持工作；并兼任副总经理（副局长），主持工作。原天津市电力公司党委书记、总经理（局长）寇士清调离另行安排。

9月8日，2时45分军粮城发电厂发生一起人身死亡事故，当场死亡一人，另一人送医院因呼吸衰竭抢救无效，于9月22时30分死亡。

10月16日，天津市电力职工思想政治工作研究会第五届会员代表大会暨第五届理事会第一次会议召开。

10月17～18日，公司举行工会第八次代表大会，会议审议并通过了工会第七届委员会工作报告、财务报告、经审工作报告和《关于工会委员会委员、经费审查委员会委员实行替补、增补的暂行规定》；选举产生了天津市电力公司工会第八届领导机构，司国仓、闫领弟分别当选为工会主席、副主席。

10月，公司在全市开展“真诚服务，满意在电力”优质服务活动月活动。

11月3日，天津市电力工业局和天津市公安局联合召开打击窃电行为工作会议。会议出台了由两局共同签署的《关于建立打击窃电行为工作机制的意见》。

11月11日，由天津市科委组织并主持的PTV硅橡胶涂料应用技术鉴定会召开。与会代表一致认为，由天津市电力公司和清华大学联合开发的这项技术总体水平达到了国内领先、国际先进，为提高防污闪工作技术水平，保证电网系统安全运行作出了突出贡献。

11月17日，公司党委第五次常委会决定，为适应深化电力体制改革的需要，成立公司体制改革办公室。

11月30日9时11分，根据国家电力公司、华北电力集团公司关于低能高耗的小机组分步退出现役的安排，第一发电厂3、4号机组在运行了46年和42年后光荣退役。这2台机组分别投产于1954年和1958年，容量为2.5万kW。

12月9日，第一热电厂档案通过了国家档案局、国电公司、华北网局和天津市档案局联合进行的国家一级档案标准验收。这是天津市电力公司第一个通过国家一级档案验收的单位。

12月12日，经天津市技术监督局计量检测体系认证评审组的考核认定，天津高压供电公司成为天津地区电力行业首家通过ISO 10012—1测量设备计量确认体系的认证单位。

12月24日，随着蓟县城关镇最后一户新电表安装完毕，标志着全市农村低压电网改造工程竣工，历时三年的天津农村电力体制改革、农村电网改造任务基本完成。

河北省电力工业

生产经营概述

2000年，河北省电力系统进一步深化改革、转换机制、强化管理，从而保证了发供电设备的安全稳定运行，取得了较好的经济效益。截至2000年底，全省新增发电装机容量1436.4MW，6MW以上发电装机总容量达到15702.9MW，比1999年增长1253.4MW，其中省电力公司增长549MW。省电力公司新建220kV变电站5座，变电容量1500MV·A；新建220kV输电线路18条490km；新建500kV变电站3座，变电容量2250MV·A；新建500kV输电线路3条342km，从而大大改善了河北省南部地区的电网结构，缩小了供用电双方的矛盾。

发电量：全省完成840.46亿kW·h，比1999年增长9.52%。其中省电力公司完成350.17亿kW·h，比1999年增长8.8%。

售电量：全省完成683亿kW·h，比1999年增长8.52%。其中省电力公司完成436亿kW·h，比1999年增长8.09%。

省电力公司供电标准煤耗：完成381 g/(kW·h)，比1999年下降5 g/(kW·h)。

全省线损率：完成5.64%，比1999年增长0.07%。其中省电力公司完成6.75%，比1999年升高0.12%。

省电力公司机组等效可用系数：完成92.07%，比1999年提高0.04%。

南网供电可靠率：完成99.964%，与1999年同期相比提高0.012%。

南网供电电压合格率：完成99.17%，较1999年度提高0.22%。

省公司直属工业企业劳动生产率117140元/(人·年),实现利润4.6亿元，上交税金8亿元，实现销售收入139亿元。

电力建设

(一) 电源建设

1. 邯峰发电厂1号机组通过168h试运

邯峰发电厂一期工程1号66万kW机组于2000年11月并网，2000年12月31日经168h试运成功，比合理工期提前了四个月。

1996年12月，国家“95”重点工程——邯峰发电厂一期工程正式开工建设。该厂规划容量240万kW，一期工程建设两台66万kW进口燃煤机组，工程概算投资114.65亿元人民币。合资单位为华北电力集团公司、河北省建设投资公司、河北省电力公司、德国西门子电力开发邯峰有限责任公司、德国汉堡电力公司。投资比例分别为30%、20%、10%、24%、16%。由邯峰发电有限责任公司负责筹资、建设、经营和还贷。该公司主要设备采取了国际招标投标，德国西门子公司和美国福斯特惠勒公司组成联合体中标，进口设备总价3.848亿美元。该工程由河北省电力勘测设计院负责工程的国内部分及与国外接口部分的设计，河北省电力建设监理公司负责工程监理，河北省电力建设第一、二工程公司负责承建主体工程及附属工程的土建、安装及调试，另有铁道部18、19工程局及河北省安装工程公司、中国建筑总公司二局和河北省建设一公司等单位参与其他工程的建设。河北省电力公司成立工程指挥部，负责组织各参建单位的协调工作。参建各方严格履行合同，对工程高度负责，团结一致，确保了工程的正点运行。

2. 张家口电厂7号机组并网发电

由山西省电建一公司承建的国家重点工程——北京大唐发电股份有限公司张家口电厂二期工程7号机组继10月15日汽机冲转一次成功后，于10月17日12时23分实现并网发电一次成功。

(二) 电网建设

1. “三站、三线”竣工投运

随着邯峰发电厂的建设和西柏坡二期扩建工程的开工，国家计委和国电公司在这两项工程的审批报告中，明确了送变电工程的配套项目：新建500kV蔺河和廉州变电站及邯峰发电厂至蔺河500kV输电线路、蔺河至廉州500kV输电线路；新建沧西500kV变电站及廉州至沧西500kV输电线路。为了加快500kV“三站、三线”工程建设，河北省电力公司成立了超高压输变电工程指挥部，行使建设单位职能，设计单位分别为华北电力设计院和河北省电力勘测设计院，其中华北电力设计院承担西柏坡发电厂二期配套送出的沧西500kV变电站、廉州至沧西500kV输电线路和邯峰发电厂三个送出工程的廉州500kV变电工程设计，即“二站”“一线”；河北省电力勘测设计院负责邯峰发电厂配套送出的邯峰发电厂至蔺河、蔺河至廉州500kV输电线路和蔺河变电站工程设计，即“二线”“一站”。工程施工采用招标投标方式，分别选用了河北省送变电公司、北京送变电公司和内蒙古送变电公司参与施工。该工程于1998年底和1999年初分别开工，于2000年先后竣工投运。

2. 两改一同价工作成效显著

2000年，河北南网农电系统认真贯彻党中央国务院关于“两改一同价”工作的各项指示，按照国家电力公司和省电力公司的总体部署，在各级政府的正确领导和有关部门的大力支持下，齐心协力，兢兢业业，努力工作，全面完成了年初确定的工作任务和奋斗目标。河北南部2000年农网建设改造工程完成投资28.14亿元（累计为46.888亿元）。完成新建改造110kV变电站34座，1173MV·A（累计为61座，2229MV·A）；完成新建改造35kV变电站107座，660MV·A（累计231座，1270MV·A）；完成新建改造110kV输电线路223.47km（累计468km），35kV输电线路717.4km（累计1338km），10kV配电线路12113.5km（累计20847km），0.4kV线路39765km（累计64786km）；更新高能耗变压器5534台，410MV·A（累计14842台，972.5MV·A）；完成16995个（累计25820个）农村的低压电网改造任务。到2000年底，已有孟村、桃城、曲周、临城、南宫、隆尧、赵县、鹿泉、深州、满城、徐水、肃宁、吴桥、安国、高碑店、安新、博野、容城、饶阳、柏乡、无极共21个县（市）通过了省公司组织的预验收；其中，孟村、桃城、曲周、临城、南宫、隆尧、赵县、鹿泉、深州、满城、徐水、肃宁、吴桥、安国共14个县（市）通过了省政府组织的正式验收。

电力生产

（一）发电

1. 西电4号机周年运行取得好成绩

6月4日，西柏坡发电有限责任公司4号机组周年实际运行实现了7890.20h，比3号机组（1999年全国同类机组最高纪录保持者）多运行208.42h；非计划停运6次，比3号机组少2次；非计划停运时间仅34h，比3号机组少124h，完成发电量19.57亿kW·h。该公司4号机组在前3台30万kW机组的基础上，各项主要经济指标又上了一个新的台阶，真正实现了上级领导提出的一台更比一台好的目标。

该公司在总结前3台30万kW机组各项经验的基础上，抓科学管理，讲责任落实，用最短的时间使机组达到稳定运行。同时，该公司严格执行各项规章制度，做到奖罚分明。运行人员做到积极配合，设备责任人积极主动巡视检查设备，及时发现设备隐患及时处理，真正做到了小缺陷不过班、大缺陷不过天，重大缺陷一抓到底。该公司还把缺陷管理输入计算机，对设备的登记、签发、注销、归类等进行统一管理，并将消除缺陷与经济责任制挂钩，进行严格考核。这套安全生产管理系统的建立，使公司领导和各专业人员及时了解和掌握设备缺陷消除情况，便于果断采取措施，从而使主设备完好率达到了100%。

2. 石家庄热电厂首次实现安全生产1200天

11月13日，石家庄热电厂建厂44年来首次实现了安全生产1200天。

作为省电力系统的老企业，石家庄热电厂面对设备老化、机组多、检修任务重、人员少等一道道难题，知难而进，从抓职工安全思想教育入手，大搞设备治理，健全各项安全管理制度，进而取得了较好的业绩：1998年达到无渗漏企业标准；1998年荣获“二星级火力发电厂”称号；1998、1999连续两年夺得省公司安全生产金牌；2000年又完成年初制定的三个百日无事故的目标。该厂之所以能取得如此好的成绩，主要抓了如下几个方面：

（1）做好预防措施。2000年6月份以后，该厂安全生产达到了1000天。对此，部分职工思想麻痹，出现了一些不安全的苗头。针对这一情况，厂领导提出了安全生产“四到位”，即谋划到位，思考到位，落实到位，考核到位。通过这一活动，找漏洞，挖死角，加大事故隐患的治理力度，使安全生产形势得到明显好转。

（2）安全检查到位。每逢重大节日或汛期、冬季等特殊季节，石家庄热电厂都制定详细的安全生产措施。2000年7月，为落实国电公司安全生产电话会议精神，开展了安全大检查，共查出各类事故隐患137项，并制定了相应的整改措施。

（3）加大考核力度。在生产中，对发现设备缺陷和在安全生产中做出贡献的职工酌情予以奖励；对违反操作规程，出现不安全现象的职工除进行经济处罚外，还令其下岗培训。3月2日，锅炉车间一职工发现8号炉水冷壁漏，该厂就一次奖励了100元。2000年先后有3名司机发生交通事故，该厂就令其下岗2至3个月接受培训。

（二）供电

石家庄电业局安全生产突破1000天：

（1）截至9月27日，石家庄电业局首次实现安全生产1000天，创下了电力生产人身无事故、设备无事故、人为责任无事故、火灾及重大交通无事故的历史最好纪录。

（2）安全教育，以人为本。石家庄电业局始终坚持“以人为本”的原则，使“不伤害别人、不被别人伤害、不伤害自己”的防范意识在每位职工思想中牢固树立。该局每年利用生产淡季开展安全教育月活动，定期组织职工学习《安规》、《运规》以及《电力法》，举办工作票签发等三种人的培训班，利用各基层单位的职工活动室，全年开展安全教育及一线职工“紧急救护法”的培训。同时，该局还针对近年来大批年轻职工走上工作岗位，大量新设备不断运用，对安全工作提出了更高要求的实际情况，组织全局职工积极开展“安全素质、防范事故能力专业技术”培训活动，使职工深刻地认识到安全生产是改革的需要、社会稳定的基础、企业发展和家庭幸福的基石。为了让职工充分理解和遵守《安规》等各项制度，他们每年都对管理人员、工作负责人、专责工等各类人员进行岗位培训、练兵及封闭调考、答辩和对抗式比赛。据不完全统计，仅1999年就举办各类培训班25次，培训职工达1000余人·次，组织各类专业技术的规程考试300余次，参加人数2200余人·次。此外，他们还组织了多次现场事故演习和专业知识竞赛，使全员培训率达到了80%以上。

（三）农电

1. 张家口无电自然村全部通电

在2000年底之前，张家口供电公司为了让农民兄弟过上一个亮亮堂堂的节日，广大职工奋力拼搏，使全市剩余的26个自然村实现了全部通电。

无电村通电工程是按照农网改造工程进行的，且供电可靠性好、质量高。该公司站在讲政治的高度，自筹资金266.086万元，平均为每户补贴4298.64元。农民只是出资解决由电表箱到户内线的资金，这样每户平均出资不超过169.46元。26个自然村多为边远的贫困村，电力职工克服了施工环境的艰难、天气反复无常的变化，硬是人拉肩扛地把电杆和导线运到了沟壑之间、陡峭的山崖上，共立电杆26基，架低压线路12.205km，安装电表集装箱226个，高质量、高速度地完成了无电村通电工程，从而结束了无电的历史。在通电过程中，电力职工严守农网改造中的各项规定，紧紧围绕农网改造为民不扰民这一原则，自备伙房，受到村民的称赞。

2. 藁城局千方百计增加售电量

藁城市供电局去年售电量7.85亿kW·h，2000年将达到8.9亿kW·h。该局售电量激增的原因是：①该局十分重视电网建设。近年来，共投资上亿元，进行变电站的建设和增容改造；抓住“两改”机遇，在全市范围内掀起低压整改高潮；加强表计管理，抓线损，降低电价，使农民的家用电器增多了。②改善了用电服务质量。该局采取了许多便民、利民的措施，深入开展“三德、三好、三满意”活动；进行农电体制改革，实行一户一表制，从而改善了农村用电环境。③石家庄地区近几年降水量的减少，导致农业生产用电量的增长，使电力部门的售电量猛增。截至7月底，藁城市供电局的售电量已达到4.87亿kW·h。

3. 曲周局10kV线损达6.53%

曲周县电力局从考核、分析、激励等环节入手，多措并举狠抓线损管理。2000年1～7月10kV线损率实现6.53%的好成绩，创历史最好水平。

考核即按照既定指标严格奖惩。2000年初，该局根据每条线路的长度、用电负荷、设备状况等，科学测算，确定每条线路的线损率指标，对供电所完成指标的人均奖50元，每降1%人均奖80元，每升高1%人均罚80元，真正拉开分配档次。对线路人员实行末位淘汰制。2000年以来共有两名管理人员因线损率超指标而下岗三个月。

分析即每月10日召开线损分析会。由主管副局长主持，组织用电、生技、各供电所负责人参加，分析各所及重点线路线损高的原因，制定相应的措施，进行重点整治。

激励即采取正反典型的方法，表扬先进，鞭策后进。该局推行线损管理黄牌警告制度，每季度综合评比，由完成好的供电所、线路管理人员介绍经验，未完成任务的当场领取黄牌，以示警戒，从而激发了广大职工的工作积极性。2000年4月份，河南疃供电所034线路由于管理不善线损率高达20.89%，为此供电所受到了黄牌警告。于是，该所变压力为动力，调整了管理人员，全力攻坚，第二个月就降至3.87%，当月节约电量21300kW·h，创造经济效益1万多元。

4. 平山县网改激活消费

平山县东回舍村在几天内就买回36台彩电、12台冰箱、20台空调、78台电扇。村民们说：“网改后线损低了，电压稳了，使用起来方便了，我们农民也就和城里人一样生活了。”这是平山县农网改造给农民消费带来的新变化。

平山县的低压线路大部分是五六十年代架设的，因电网老化陈旧，致使电能损失大、电压不稳，农民们只能为“电”生气。平山县供电局把农网改造作为一项“德政工程”“民心工程”认真组织实施。自1998年下半年以来，该局投入大量人力、物力、财力，定期召开协调会，进一步加快网改步伐。到2000年，全县累计完成投资5500万元，新建35kV变电站3座，在建110kV变电站1座，新建改造10kV线路200km，更换高损耗配变220台，完成农村低压线路改造450个村。据统计，完成网改的村低压线损率由17%降至10%以下，农村供电质量及安全可靠性得到改善，激活了农村的电力消费，农民们新办企业和家用电器拥有量持续增长。全县新办农副产品加工企业和私营企业136家，新增个体工商户1650个，农民新购电视机2465台，新购冰箱1690台，新购洗衣机2230台，新购空调1680台，新购潜水泵1276台，新购电饭锅、电扇等电器共计9670台。

5. 武强局65天建成一座变电站

9月13日，武强县新建张法台35kV变电站正式投运，参加剪彩仪式的衡水电业局副局长贾丽华说：“从开工到竣工只用了65天，70天便正式投运，这个速度在整个衡水市尚属首例。”

新建张法台35kV变电站投资380万元，一期工程主变压器容量5000kV·A，10kV出线4路，担负着13个村的供电任务，该站的建成将大大缓解武强县西部地区的供电压力，提高供电可靠性，为该区域提供优质充足的电力能源。在张法台35kV变电站的建设中，武强县电力局精心组织，科学谋划，坚持“安全、节俭、优质、高效”的八字方针，增强时间观念，每10天进行一次调度，每10天对进度进行一次张榜公布，并严格责任，做到一级抓一级、一级带一级。广大建设者们付出了常人难以想象的心血和汗水，每天早晨5时上班，一天工作十七八个小时，顶风雨、冒酷暑，披星戴月。张法台35kV变电站是衡水电业局指定的“百日工程”，但通过武强县局广大职工的艰苦努力，仅用了65天就完成了任务。

电网调度

省调实现安全生产3000天：

(1) 省电力调度通信中心调度处对安全工作常抓不懈，截至8月10日，实现安全生产3000天，保证了电网的安全、经济、优质运行，为全面完成省公司各项经济技术指标做出了突出贡献。

(2) 调度处一直把安全生产工作放在一切工作的首位，始终坚持“安全第一、预防为主”的方针，连续多年坚持实施安全生产的目标管理，并与“安全风险抵押金制度”相结合，做到人人有指标，人人有压力。多年来，该处的“两票三制”检查合格率一直保持在100%，未发生过人为责任事故，最大限度地保障了电网的安全运行。该处已连续几年先后获得“河北省先进集体”“省公司先进集体”“河北省青年文明号”“华北电力系统青年文明号”等称号，并获得“1999年全国电网调度系统安全年活动实现目标单位”奖牌。

(3) 调度处还坚持把强化业务训练、提高人员素质、培养良好的工作作风作为安全生产的基础。调度员从开始实习到值班，到晋升正值、值长，都要经过严格的现场学习、理论考试和答辩，成绩合格后才能上岗。近年来，河北省南网系统规模不断扩大，500kV系统也从无到有。对于投入运行的新型设备，该处都请专业人员进行技术讲解，从而保证了培训质量；另外，调度处还定期组织全处人员参加安全会，分析工作中存在的不安全隐患；系统出现事故后，及时召开事故分析会，汲取经验教训，从而为更好地从事调度工作打下了坚实的基础。

(4) 在安全管理上，调度处坚持结合电力企业的特点，不断总结探索符合实际的安全管理方法，并加以完善和提高。自1997年起，该处全面实行了“岗位责任制”和“安全风险抵押金制度”，有力地促进了“安全第一、预防为主”方针的落实，保证了省调安全生产长周期的实现。

管理经营

1. 省电建一公司出台新的物资采购管理办法

7月20日，被职工誉为“阳光下采购”的新的物资采购管理办法在省电建一公司全面实施。作为基建单位，物资采购费用在该公司工程成本中占相当大比重，约占工程总额的70%，如果不能有效降低成本，在招投标中就只有死路一条。在多年的实践中，该公司形成了一套比较完善的物资采购制度，保持了较低的物资采购价格水平，但与市场经济的要求相比还有一定差距。面对市场的严峻挑战，该公司从1999年年初开始着手进行物资采购管理制度的改革。该公司派人到邯钢、山东亚星集团等单位进行学习调研，结合本公司实际，制定出了一套具有较强可操作性的物资管理办法。

规范后的物资采购管理制度体现了以下原则：“集权”原则。将原来由施工、安全等部门负责的部分采购工作集中划归供应科管理，避免多头采购，减少管理接口。“分权”原则。为了提高决策的正确性和管理的透明度，避免“集权”带来的不良反应，同时进行“分权”，对采购的材料和设备分门别类制定出各自的采购实施程序，每项工作根据金额多少划分权限范围，提供相应工作记录。在监审部门设立物价审核员，根据省材料指导价及市场信息，进行价格控制。将采购合同章放在监审科，变监审部门的事后把关为事前监督和过程监督。进一步明确大宗材料采购的招投标程序及材料的比价采购程序，同时制定各类采购合同标准示范文本，使合同签订及管理进一步规范。新的管理办法不仅可以有效降低工程成本，还在物资采购管理上筑起了反腐倡廉的牢固防线。

2. 承德供电公司网改资金纳入审计

承德供电公司十分重视对农网改造资金使用情况的审计监督。该公司决定，在年度决算审计中，把农网改造资金列入决算审计的一项重要内容。该公司的具体做法是：①重视，工作落实。这个公司在安排全年度财务决算审计工作时，要求审计部门对农改项目及资金使用情况进行全面监督。审计部门在年度决算审计时，提前对有农网项目的基层单位进行一次集中审计，对审计出来的问题进行分类整理，建立档案。②公司要求财务部门对年内审计发现的问题，在年末决算中必须进行处理和纠正，如：农网资金核算问题、自行采购材料加价问题、执行“五制”不规范问题等等，各被审单位在年度决算中都必须认真纠正。

3. 河北电力试验研究所推出“A管理模式”

河北电力试验研究所“A管理模式”经过数月的准备，7月份开始正式推行。这是该试验研究所继1999年通过ISO 9002质量体系认证后的又一个在管理上的创新。“A管理模式”是刘光起先生根据国外先进的管理经验，结合中国企业实际创造出的一套高效、实用的管理模式，目的是为解决中国管理企业所面临的种种困境。随着电力工业改革的不断深化，电研院所面临着市场的挑战，河北电力试验研究所“A管理模式”的推出，是该所面对市场挑战的一项重大举措。该所“A管理模式”的推行分三步走：紧紧抓住学习这个关键环节；克服各种阻力；检验“A管理模式”推行的效果。

体制改革

1. 河北南网乡站改革基本完成

乡电管站改革是整个农电体制改革的核心内容，按照国家电力公司确定的2000年底改革全部到位的目标要求，省公司把其列为2000年全公司六项改革内容之一，从组织领导到具体实施，都给予了高度的关注。为确保年底完成改革任务，省电力公司配合省经贸委制定下发了《河北省乡（镇）电管站改革验收办法》，使改革有章可循，避免了走弯路，减少了损失。通过开调度会、重点督导、通报进度、分片指导等多种方式，有力地推进了工作的开展。到2000年底，南网98个县（市）完成了农村用电管理体制改革，共撤销乡镇电管站1693个，建立供电所1243个，精减农村电工22797名。农村用电基本实现了“五统一、四到户、三公开。”

2. 河北省电力公司机构改革力度大

7月5日，河北省电力公司召开公司本部机构改革动员大会，正式拉开了省公司本部机构改革、员工双向选聘、竞争上岗的序幕。

该公司本部机构改革的指导思想是，根据国家电力体制改革的总体部署，按照建立现代企业制度，实现“公司化改革、商业化运营、法制化管理”的方向，立足政企分开、企业管理职能与行业管理职能分开的原则，参照国家电力公司本部机构改革方案，结合河北电力改革的实际和总体改革思路，改革省公司本部的管理机构。改革重点的把握是，贯彻现代企业管理的基本原则。改革的基本内容包括机构设置，党组聘任部门负责人，员工双向选择和竞争上岗。本部员工可由8种选择：参加公司本部各职能部门岗位的竞争上岗；申请参加多经系统各公司以及关联公司的岗位竞争；按规定自荐担任省公司各全资、控股、参股、合资公司的专职董事；申请到省公司直属直管单位的各级岗位工作；申请到国内有关院校脱产进修；申请内部离岗待退，到法定年龄再正式办理退休手续；终止劳动合同等。该公司本部此次机构改革，共设11个部、1室、1办、1中心。机构数量与处室机构相比，精简了10个；部室级负责人为47个，比改革前减少8个；部室下设机构共36个，比原科室机构减少了11个；改革后科级职数为41个，比改革前的科级职数减少了19个。公司本部一般干部定员精简为341人，比改革前减少32人。

3. 河北省电力工业局改为公司制运营

11月13日，国家经贸委以国经贸电力（2000）1078号文作出《关于同意撤销河北省电力工业局的批复》，同意撤销河北省电力工业局和河北省冀北电力办公室。11月15日，河北省经贸委以冀经贸函（2000）60号文发出了《关于实施河北省电力行政管理职能移交方案的函》的建议。在11月20日到21日办理了有关交接事宜，并在11月底召开了“河北省电力行政管理移交工作会议”。举行了摘牌仪式。至此，河北省电力工业局正式改为公司制运营。

主要事件

1月19日，经国家经贸委审核，批准衡水发电厂、石家庄热电厂、保定热电厂为档案目标管理国家二级企业。

1月25日，华电电力集团公司做出决定，授予省公司所属石家庄电业局桥西紧急修理班等11个车间、班组为1999年度“青年文明号”，王强等11名同志为“青年岗位能手”称号。

2月2日，省委书记叶连松在省委常委、省委秘书长张群生、副省长郭世昌等的陪同下，到邯峰发电厂工程施工现场调研。省公司总经理刘彭龄，副总经理戚辉敏向叶连松等领导同志汇报了工程建设情况。

2月4日，省委书记叶连松，省委副书记赵世居等领导同志在省公司总经理刘彭龄，副总经理刘铭刚的陪同下，到石家庄电业局桥东营业厅看望了节日期间坚守岗位的电业职工。

4月7日，国家电力公司以国电（2000）187号文作出决定，授予河北省电力建设第二工程公司、河北省送变电公司“电力建设安全先进施工企业”荣誉称号。

4月11日，国家电力公司、共青团中央联合做出表彰决定，河北省衡水供电公司用电服务中心、河北省电力建设第一工程公司大件吊装青年突击队被命名为1999年度全国“青年文明号”；石家庄电业局桥东营业厅、西柏坡发电有限责任公司1号机组运行岗位、邢台发电厂锅炉分场机动三班、保定电业局用电服务中心被继续认定为1999年度全国“青年文明号”。

4月27日，国家电力公司做出关于对1999年度实现安全生产目标的企业和做出贡献的个人进行表彰的决定，河北省电力公司等13个电力公司，河北电力调度通信中心、邯郸供电公司、衡水供电公司及兴泰发电有限责任公司等180个电力生产企业获得表彰。

9月29日，河北省省长钮茂生，副省长才利民等在省公司总经理刘彭龄的陪同下，到石家庄供电公司看望节日期间坚守在生产一线的电力职工。

9月30日，国家开发银行、保定华源热电有限责任公司2台125MW热电联产项目借款签字仪式在保定举行。省公司副总经理、保定华源热电有限责任公司董事长刘铭刚、国家开发银行石家庄分行行长樊海斌代表双方分别在借款合同书上签字。

10月30日，国务院派驻国家电力公司监事会主席路耀华一行5人来河北省电力公司调研。调研期间，监事会一行认真听取了省公司领导和财务、纪检监察、生产技术的工作汇报，检查了省公司制度建设和财务基础管理工作。

11月7日，全国政协常委、经济委员会副主任、原电力部长史大桢，在省公司总经理刘彭龄陪同下，到调通中心调研。

11月9日，全国政协委员视察团视察了石家庄电业局桥东营业大厅。

11月11日，省委书记王旭东，省委副书记赵金铎在衡水市委、市政府主要领导同志和省公司副总经理戚辉敏的陪同下，到衡丰发电有限责任公司调研。

山西省电力工业

综述

2000年，山西省电力工业继续深化体制改革，强化内部管理，促进了山西省电力工业的发展。特别是以山西省电力公司为主的电力企业，按照国家经贸委体制改革的整体部署，实施“政企分开”，强化企业功能，从机构体制改革入手，调整机构职能，并向山西省政府全部移交行政职能，召开了山西电力行业协会第一次会员代表大会，标志着“政府宏观管理，企业自主经营，行业协会自律管理和服务”的新型管理体制已经形成。

(1) 体制改革，转轨发展，完善功能。2000年山西省电力公司进行了精简机构，部门由33个减至18个，中层管理人员由原来的95人减少至45人，经过一年的运转调整，初步形成了功能完善，精干高效，规范有序，政令畅通的运行机制。同时积极探索施工企业和设计、科研单位的改革，酝酿提出股份制、多元化的改革思路；农村电力体制改革在山西省运城、阳泉等13个市、县进行了试点，建成乡镇供电所235个，撤销乡镇电管站296个，减少农村电工1135人，杜绝了人情电、关系电、权力电和乱搭车、乱摊派、乱加价现象，农村供用电秩序明显好转；多种产业改革纳入电力改革发展的总体战略中，组建晋能集团公司，对山西省电力公司所属的多经企业、物资、燃料、进出口、驻外单位等部门以及修造企业的体制进行了改革，规范了管理；教育体制改革顺应形势，完成了山西电力高等专科学校与山西大学的合并，其他中专、中技电校也都在改革发展中迈出了新的步伐。

(2) 经营状况明显改善。通过改革转轨，山西省电力公司重新修订资产经营责任制的考核办法，加大力度将发供电单位的资产经营考核纳入资产经营效益和经营风险的统一核算中，进行有效地监控；将考核目标与单位负责人任期业绩紧密结合，作为调整聘任干部的依据；将预算管理与内部挖潜有机地结合，实现了对成本的控制；强化现金集中调度和使用管理，提高了资金的使用效率。强化市场营销管理，加强用电市场分析和营销网点的建设，探索建立了计算机营销系统的投入。实行了电价优惠政策，利用价格杠杆增供扩销取得了好的效果。发挥合作、协作关系的优势，利用银行与企业的合作关系，实行了煤电互抵，较好完成电费回收。

(3) 生产管理有新的提高。按照山西省电力公司年度指导思想全面强化电网安全生产管理的要求。在全省电力系统中狠抓“安全职责”的到位，严格执行持证上岗，违章下岗的制度，自上而下形成了安全生产责任保证监督体系，从而有效地促进了各发供电企业安全生产的落实，使全年没有发展大的电网事故，保持了相对稳定的安全生产局面。全面推行技术责任制，不断提高“三项分析”（安全性，可靠性，经济性）水平，从检修、运行，技改的单项技术问题到相互联系的技术负责，形成一个完整的技术责任制体系，按照检修ISO 9002国际质量标准的要求，提高检修质量和设备健康水平。2000年设备事故和一般障碍与1999年相比分别下降21.7%和11.72%，山西省电力公司直属发电机组等效可用系数完成92.21%，比1999年提高1.3%。输变电可靠性完成99.8%以上，主网电压合格率完成99.84%，达到一流标准。同时电力调度开展了创星级企业活动，发供电企业纷纷跨入二星级企业行列，其中大同供电分公司，太原二电厂率先成为国家电力公司一流企业，为推进创一流工作起到了示范作用。

(4) 电力建设投产达标再创新业绩。山西省电网在建工程的候马至太原侯村 500kV 输变电工程开工建设，基础施工完成 99.3%，组塔完成 60%，工程质量分段达标；长治侯堡、运城解州、太原马庄、忻州义井、晋城高平等 5 项 220kV 工程建设实现了年内投产；阳泉西 220kV 变电站工程被国家电力公司评为优质工程。火电建设工程的太原第一热电厂六期工程通过国家电力公司火电优质工程复查组的验收；河津电厂一期 2×35 万 kW 机组实现年内双机投产的目标，其中 2 号机组部分单项达到省内领先，创华北地区电力建设较好水平；阳城电厂工程建设质量均达到优良标准；省外承建工程张家口发电厂 7 号机组圆满完成 168h 试运“达标”移交生产。农网建设改造完成 110kV 变电站 26 座、165km 线路，完成 46 个县、20152 个行政村、456 万户的中低压线路的改造任务。城网改造新建 110kV 变电站 32 座、127km 线路，完成 820km 的低压线路工程，进一步提高了城乡电网的供电水平。

(5) 实现多种经营新的格局。2000 年，山西省电力公司着眼于拓展电网经营企业新的发展空间，确立多种产业与主导产业“两翼齐飞”的发展战略，调整多种产业的发展思路、组织形式和业务方向，按照现代企业制度的要求，建立了多种产业集团化管理的组织框架。太原供电分公司等 7 个供电单位、神头一电厂等 3 个发电单位以及省电建一公司的多种产业年产值超亿元，成为山西省电力系统多种产业的骨干企业。另外，长治供电分公司的金属镁冶炼，大同一电厂的花卉基地效益明显，表明电力系统的多种产业向非电领域的发展迈出了新的步伐。晋能集团公司的重组，促进了山西省电力公司直属多种产业的发展。推进规模经营和集约管理，组建了一批主营业务明确、市场潜力较大的专业公司，特别是跨行业、跨地区参与区域性地支柱产业的发展，与有关合作方共同实施了大同、朔州、永济等高耗电产品基地的扩建和企业重组，加大了硅铁、电石，碳素等产品的生产能力，拓宽了多种产业的经营领域，培育了新的效益增长点。

(6) 精神文明建设增强了企业的凝聚力。按照江泽民同志“三个代表”的重要思想和国家电力公司“三严一表率”的要求，山西省电力企业加强党的建设，从领导班子和领导干部作起，认真开展了“三讲”教育活动，建立健全党的各级组织机构和各项规章制度。坚持党管干部的原则，强化监督管理，对 26 个单位的领导班子进行整体年度考核，有 47 名干部进行了专项考察，34 个单位的领导班子通过职代会民主评议，调整了 23 个单位的领导班子，78 名干部进行了交流。改进和加强思想政治工作，完善民主管理，推行企务公开。太原二电厂创建的“大政工”思想政治工作法在国家电力公司思想政治工作会议上得到了肯定和推广。截至 2000 年底，山西省电力公司共有 20 个单位获得省部级双文明单位称号，其中有 3 个单位跨入国家级文明单位行列。神头一电厂共青团组织被团中央授予全国“五四红旗团委”称号。全系统有 11 个单位通过了“企业建家”工作验收，95.3%的基层班组保持和建成了标准化班组。电力企业呈现了生动活泼、积极进取的企业文化精神，增强了企业的凝聚力。

(7) 存在的问题和困难：①新旧体制转变接轨的交叉运行中存在的矛盾，特别是企业生产经营建设全过程的激励约束机制不够完善，高效、协调运转的机制还不够健全。②安全生产基础还不够牢固。安全规章制度执行还不够严格，习惯性违章导致的人身伤亡事故还没有杜绝。③经营形势依然严峻，电价不到位，偿债能力弱，投资收益率低，电费陈欠仍然居高，直接影响着企业的正常生产经营，加大了企业的经营压力和风险。④基建施工队伍庞大，施工任务严重不足，人员分流问题突出。⑤一批小火电厂的政策性关停带来大量人员的安置问题，企业普遍存在用人偏多，减人增效的压力很大。

主要生产经营指标的完成

(1) 发电量：完成 620.7 亿 kW·h，比 1999 年增长 9.47%；省直属和控股电厂等省内全口径发电量完成 543.8 亿 kW·h，比 1999 年增长 10.50%；省调的发电量完成 472.35 亿 kW·h；比 1999 年增长 11.69%；其中省电力公司直属发电量完成 251.95 亿 kW·h，比 1999 年增长 2.81%，分别占到省内全口径和省调发电量的 46.39%、53.33%。

(2) 售电量：山西省全社会用电量完成 502.09 亿 kW·h，比 1999 年增长 10%。其中省电力公司售电量完成 400.56 亿 kW·h，比 1999 年增长 9.60%，向省内售电量完成 355.23 亿 kW·h，比 1999 年增长 9.13%，向省外售电量完成 45.33 亿 kW·h，比 1999 年增长 13.22%；省电力公司售电量占省内市场份额的 70.75%。向外购电量完成 172.77 亿 kW·h。

(3) 供电煤耗：完成 414 g/(kW·h)，比 1999 年降低 11 g/(kW·h)，直属和控股电厂完成 385 g/(kW·h)，比 1999 年低 3 g/(kW·h)，其中直属电厂完成 393 g/(kW·h)，比 1999 年降低 1 g/(kW·h)。

(4) 线损率：完成 6.66%，比 1999 年降低 1.3%。其中网损为 1.82%，比 1999 年降低 0.32%。

(5) 电力销售：省电力公司总收入 114.53 亿元(含税)，比 1999 年增长 10.92%，其中在省内销售 103.11 亿元，比 1999 年增长 10.65%；省外销售 11.42 亿元，比 1999 年增长 12.8%。

(6) 实现利润：省电力公司总额为1.74亿元，比1999年提高了0.68%，完成了资产经营责任制利润考核指标。

(7) 劳动生产率：省电力公司生产企业完成111052元/(人·年)，比1999年提高1.18%；施工企业完成80934元/(人·年)，比1999年降低24.64%。

(8) 外欠电热费：省电力公司由1999年底的94891万元的余额下降到72944.63万元，与华北电力集团公司签订的目标，超额完成173.37万元。

(9) 多种经营：总收入30.4亿元，实现利润1.47亿元，分别比1999年提高10.8%、12.7%。

电力生产

2000年，山西省电力生产为适应经济改革新形势，从体制变化到适应市场需求，本着高效、饱满的原则，按照“组织、管理、督察、服务”的思路，以全新的面貌开展工作，发电量、供电量均超额完成全年生产计划，发电机组等效可用系数、10kV以上供电可靠性均有所提高。供电煤耗、技术线损均比1999年有所下降，设备检修质量提高，发电设备的锅炉四管防漏和供电线路、变电站的综合治理卓有实效，故障强迫停运次数均比1999年减少，实现了2000年的奋斗目标。

(1) 发电。山西省电力公司直属和控股发电厂机组等效可用系数完成了92.7%，比1999年提高2.71%；非计划停运系数完成2.0%，比1999年下降了1.85%；全省发电量比1999年增长9.4%，其中包括电厂改制，小火电机组的关停以及新机组的投产。特别是省电力公司直属电厂虽然发电量增长运低于全省发电量的增长幅度，实际有45.2万kW机组在体制改革发生了不同变化，但仍然保持着快速增长的势头。2000年省电力公司购电量完成221亿kW·h，比1999年增加63亿kW·h，其中包括购小电厂电量19亿kW·h，反映了山西省电力生产由于体制变化而相互弥补仍然增长的形势，充分满足了社会用电需求。如2000年全省用电最高发电负荷达到750万kW，比1999年增长8%，峰谷差最大达到200万kW以上，峰谷差率达30%以上，正是由于电网的合理调度，倾斜需求侧的用电管理，改善了电网调峰途径。使电力生产在市场销售回升的形势下，发电量比往年有较大幅度的提高。

(2) 供电。2000年山西省宏观经济形势有所好转，电力供应销售加快，全省供电销售比1999年增长8.6%，外送电量增长11.1%。从行业用电比例看，山西省的工业用电有不同增长，总的增长达到10.45%，其中吕梁、临汾、运城、忻州等四个地区的供电增长平均达到两位数。抓住这种机遇，增加供电销售，是山西省供电部门坚持“安全生产”，确保供电设备的“高效”、“饱满”运行的动力。他们吸取1999年太原供电分公司“7.20”事故的教训，以保人身、保电网、保运行的原则，努力降低线路跳闸率和变电事故率，减少设备的临停次数，设备健康水平和电网安全运行水平有了明显提高，为加大供电量，提高经济效益发挥了作用。

1) 供电可靠性指标：10kV以上供电可靠性，QS-1完成99.86%，比1999年提高0.68%；RS-3完成99.87%，比1999年提高0.08%。

2) 输变电设施可靠性指标：变压器可用率99.48%，比1999年提高0.28%；断路器可用率99.6%，比1999年降低了0.08%；输电线路可用率99.50%，比1999年降低0.13%。

3) 主网电压合格率：完成99.83%，供电电压合格率完成97.44%。

(3) 检修。全面推行技术责任制。发电企业，①巩固技术责任制的组织体系，形成以总工程师为首、各专业工程师为核心的各级技术骨干参加的完整体系，对检修、运行、技改等技术问题由专责负主要责任，规范技术人员工作程序，不断激励提高检修质量；②加强质量的监督、检查、考核，结合运行管理考核检修的质量，并开展主要检修运行达标活动，确保机组的安全运行；③大修实行重点治理，对确定的大修项目力求根除故障根源，以保证大修后的机组运行时间达到考核期的要求。如太原第一热电厂的13号机组、大同一电厂的8号机炉，永济热电厂的6号机组和5号炉等检修后实现了全优，霍州电厂2号机组实现了初优。供电企业重点对地区电网、直源电源、电缆防火、旧瓷件、老旧保护等设备进行整改，消除事故隐患，避免安全生产管理上的隐患和漏洞。2000年主要对侯马等20个枢纽变电站进行综合治理，检修解决变压器、继电保护、接地装置等遗留问题，对15条220kV线路进行综合治理，检修了线路耐张串跳爬100基，加消雷器2组，加负角保护90基、180根针。对52条年久失修的110kV线路进行了整治，对运行15年以上瓷质绝缘子进行检测和更换，对有裂纹的水泥杆进行了更换及补强。从而保持了相对稳定的安全生产局面。

(4) 技改。2000年，主要解决了太原第一热电厂的新建灰场，并排除了当地农民的干扰，于年底完工。神头一电厂新建灰场也已开工，解决处理了坝基软弱夹层更改设计、征地事宜。另外，太原第二热电厂、娘子关电厂新建灰场抓紧初步设计和办理征地手续。神头一电厂4号炉、娘子关电厂1号炉的除尘器改良已完成，霍州电厂、神头二电厂、娘子关电厂的发变组保护和励磁系统进行了改造并已完成。发电企业在技改工作上坚持规范质量管理，加强监理，做到凡事有章可循，凡事有人负责，凡事有人监督，凡事有据可查，在保证重点技改和大修工程的质量基础上，保证发电生产的安全稳定运行，保证了技改过程中的人员、设备安全。供电生产管理侧重于带电作业。为减少设备停电次数，强化日常安全生产管理，不断进行设备摸底调查，及时发现和堵塞安全生产管理上的漏洞。不断提高带电作业水平，输变电的带电水冲洗，特别是10kV带电作业，达到国内先进水平，为供电设备安全可靠性运行奠定了基础。

(5) 调度。2000年，山西电网由省电力公司调度的发电装机容量1006万kW、220kV以上变电容量1197.6万kV·A，以及220kV以上线路已全部实现集成电路或微机保护双重化配置，纵联共计453套。其中集成电路保护189套，微机保护264套，为山西省电网安全稳定运行起到至关重要的作用。山西电网2000年出现积极走势，工业生产明显好转，电力销售出现大幅度增加势态。为适应电网负荷大幅攀升，电力调度加强电网运行方式的管理，利用现代化高科技管理手段，执行《山西电网发电侧电力市场并网机组运行规约》，加大并网发电企业的考核力度，积极协调电网运行的全部过程，及时深度分析电网运行中的不利因素，尤其小电厂入网的技术管理，提前预想可能影响电网运行的事故苗头，尽可能地减少事故、分隔事故和缩小事故范围，在提高电网安全稳定运行的可靠性中发挥了积极作用。同时充分利用现代化调度管理手段，以计算机网络传输信息周波，及时调整，实现全省故障信息运转系统全面联网，监督监控继电保护装置，严格执行继电保护全过程管理制度，提高保护动作正确率。截至年底，由山西电网调度的发电企业完成发电量473.97亿kW·h，超计划发电19.97亿kW·h；省电力公司直属发电企业完成252亿kW·h，超计划11.5亿kW·h。电网电压合格率为99.83%，主网网损率为1.63%，全部保护装置正确动作率99.91%，调度执行操作票2476张，下达操作指令17194条，无一疏漏，未发生调度事故。发电功率总加完成率99.66%，用电负荷总加完成率99.35%，全年山西电网安全稳定运行，没有发生主网稳定破事故，没有造成大面积停电事故。

(6) 安全。2000年，山西省电力公司共发生4起人身残废事故和3起人身重伤事故。其中生产事故死亡2人，与1999年持平，重伤1人，比1999年增加1人·次。基建施工单位，未发生人身死亡事故，重伤1人，比1999年增加1人·次。农网系统，人身死亡2人，重伤1人，比1999年死亡增加2人·次，重伤增加1人·次。生产设备事故、发生22次，与1999年持平。全年事故保持在下降的原因有：①接受1999年太原供电分公司“7.20”设备重大事故的教训，从领导到职工强化安全意识，落实安全生产责任制，杜绝唱高调，说大话作风，认真落实安全措施；②及时组织检查安全教育情况，反违章反事故措施计划完成情况，查管理、查现场、查设备、找差距、找隐患、找问题，有针对性地制定改进措施，促进安全工作的落实。③狠抓安全基础工作，健全反违章机制，加大反违章力度，成立反违章纠察队，纠正不安全行为，违章者下岗不得重返工作岗位，实行安全工作重奖重罚见到成效。

电力建设

2000年，山西省新增发电装机容量148万kW（阳城电厂1×35万kW、河津电厂2×35万kW、河坡电厂2×10万kW、万家寨水电站1×18万kW、天石发电公司2×2.5万kW）。全省总发电装机容量达到1315万kW，其中：水电78.2万kW，火电1236.8万kW。省内发电装机容量为1160万kW，（不含大同二电厂），省电力公司直属发电装机容量为452.3万kW。新建220kV变电站7座，已投运5座，增容108万kV·A，220kV线路增长185km。新建110kV输变电项目27项，其中变电增容130.15万kV·A，线路增长359.1km。全省电网220kV及以上变电站总计53座，主变压器87台，容量为1196.7万kV·A。城乡电网改造完成110kV变电站20座，线路142km；35kV变电站60座，线路211km。

(1) 发电工程建设。阳城电厂1号锅炉1月24日首次点火，机组整套进入试运，4月底完成168h满负荷和甩负荷试验，具备向江苏送电条件，但由于在机组移交过程中就有关设计、设备等问题，与国际使用方没达成协议，直到年底仍未移交。2号机组陆续进入分部试运阶段，3号、4号、5号机组进入锅炉、汽机安装的分项调试，6号机组开始大件吊装；河津电厂1号机组4月8日锅炉点火，开始整套启动，8月22日顺利通过168h满负荷试运。2号机组9月25日整套试运，11月26日完成168h满负荷试运，实现2000年内两台机组移交生产投运的目标。其中：1号机组取得满负荷率100%，平均负荷35万kW，热控自动投入率100%，保护装置投入率100%，程控投入率100%，主要仪表投入率100%等五项100%的好成绩。2号机组土建、安建工程优良率100%，15114道锅炉焊口合格率为98.9%，安装试运全部达到10个一次成功，工程质量在省内属领先水平，并跨入华北一流工程行列；天石发电公司为山西省灵石县地方合资兴办的发电厂，由山西省电建三公司承建，安装有2台2.5万kW机组，锅炉为烧煤矸石，节能环保型。2000年11月开始点火，12月开始汽机冲转，年底整套启动开始试运行；侯马电厂三期扩建工程为2×5万kW，于6月19日取得初步设计批复，施工现场开始“三通一平”工作，主厂房基础开挖。

(2) 输变电工程。2000年新建220kV电网工程并投产的有7项。其中：运城解州、太原马庄、长治侯堡、忻州义井、晋城高平等为输变电工程，长治康庄至高平、大同二电厂至十里铺为输电线路工程。共新增108万kV·A变电容量，199.95km输电线路。在建的太原侯村至侯马500kV输变电工程，6月份批复，经面向全国施工招标确定施工单位后，8月份开工到年底工程进度：基础完成98.7%，组塔完成40.5%，其中，侯马的500kV变电站地基处理结束，开始建筑施工；怀仁220kV变电站工程土建施工结束，室内进入装修；长治城南220kV变电站基础工程结束，主要建筑物基础已出零米；太原杨家堡，东流、大同城南预建220kV变电站工程征地已经进行；朔州至黄骅电气化铁路配套项目东治220kV变电站正在办理征地手续。

(3) 城乡电网改造。山西省电力公司负责的太原等四个城市城网改造工程，累计完成投资（实际资金支出）8.3亿元，工程形象进度完成12亿元。其中2000年度完成4.93亿元，工程形象进度完成8.1亿元，包括新建110kV变电站7座，新增主变压器13台，50.5万kV·A；改造110kV线路15条，127km；新建10kV开闭所15座，10kV电缆线路30.7km，新建及改造10kV线路217.3km，新建及改造低压线路320km，突出地解决了临汾、运城等城市用电负荷卡脖子问题，并仍继续加快改造进度，又有一批10kV配套工程已完成设计审查，主要设备、材料已完成订货，并陆续开工建设。乡镇农网改造，已完成35kV变电站60座、线路211km的改造；更换高耗能变压器13360台，103.6万kV·A；已完成10kV线路7523km，低压线路50545km，配电变台15269个，农村低压改造落实到村、到户，2000年完成行政村17266个，3894080户，正在施工的还有1494个村，242057户，整改村和户达到年计划的90%以上，有31个县低压改造覆盖面达到85%以上。

(4) 基建管理。2000年，山西省电力公司基建施工队伍总人数为2.02万人，其中火电施工队伍4个，送变电2个，劳动生产率为8.23万元/(人·年)，人均工资为1.2万元。经济状况送变电企业优于火电施工企业。但整个施工企业仍处于经营负担过重，效益不佳的境况，几年累计外欠款不能及时收回，施工任务不足，队伍庞大，使基建体制改革难以迈步。然而在这样举步维艰的形势下，基建队伍艰苦创业，树安全文明施工的企业形象，积极参与市场竞争。阳城电厂、河津电厂、太原一电厂等工程现场，设备堆放整齐，作业平台，通道干净畅通。施工单位全年实现“无人身死亡事故、无重大设备事故、无火灾事故”的“三无”目标。管理从严做细，为参与市场竞争创造优势，从内部挖潜做起，创建具备工程建设的良好条件，合理而周密制订标书，选择高素质、精干的队伍，制造良好施工环境和招投标氛围，控制工程造价，大胆地走出去参与市场投标。如侯马电厂三期扩建的投标，太原二电厂的五期扩建的投标，侯马500kV输变电工程的投标，城乡电网改造工程的招投标，激励施工企业提高管理水平。为加快基建改革步伐，2000年国家电力公司已将山西省火电施工企业的减人增效列为全国试点单位，山西省电力公司也根据自身实际情况，制定了改革方案，从精简人员开始，进行人事用工制度、分配制度的改革，采取提前退休、内部退养、自愿解除劳动合同等多种办法，从体制上转换经营机制，精减机构。供电承装公司尝试股份制改造，电力设计院、电科院酝酿股权多元化改革的初步思路，火电施工队伍探索“所有制转换”的改制方案。

经营管理

2000年，山西省随着中国加入“WTO”进程的加快和西部大开发战略的实施，各项政策措施的启动，省内经济增长明显加快，产业结构的调整，产品的升级换代，煤炭、钢铁、化工，有色金属等山西省经济优势受到国际市场价格上涨的影响，企业效益明显好转，工业生产稳定增长，市场销售的回升，电力市场也出现了积极走势，电力需求较1999年有大幅度提高。

(1) 电力市场经营形势。2000年山西省全社会用电量发生了结构性变化，突出几个行业电力需求大幅度增长，其中有：商物仓储用电量比1999年增长23.74%，工业用电增长12.43%，农林牧渔水用电量增长9.38%，城乡居民用电量增长7.13%，交通邮电等用电量增长均在6.78%以上。这些行业用电量的增长强劲，远远大于1999年同期几倍，反映了山西省的经济增长，也反映了电力市场销售的回升。这种增长波动是从2月份开始，二季度初异常活跃，售电量增长率大于10%，到四季度增长幅度较大。甚至造成运城、临汾地区出现过载限电等。2000年售电收入完成93.17亿元，比1999年增长10.23%，其中因售电量增加而增加收入7.7亿元，向省外售电收入完成11亿元。清欠电费回收1.34亿元，使累计欠电费有大幅度的降低，但新欠电费3917万元，全年电费回收率为99.64%。

(2) 电力建设投资。2000年共投资84.4万元，比1999年增长17.3%。其中：基建项目完成投资32亿元，比1999减少44%，包括火电建设减少67%，电网建设却增长42.8%，农网建设与改造投资30亿元，比1999年增长150%。这些投资反映了山西省电力公司在电力建设的侧重面，尤其在自有资金投融资共计50.62亿元中，占到当年投资的52.3%，有92.6%用于电网项目的建设。而这些投资又分为4.65亿元为自有专项投入资金，1亿元为贴费投入，还利用中央预算内资金投入农网建设的资本金和专项投入基本建设输变电工程的资本金共计1亿多元，加上银行贷款37.86亿元（开行、工行、建行、农行）和引黄专项款，其他资金款的3446万元等。年内全部投资项目资金供给环境较好，对电网建设、城乡电网改造进度的加快起到明显地促进作用。

(3) 资金经营。2000年，山西省电力公司资产负债率完成60.6%，资产保值增值率完成101.05%，投资收益率完成2.41%，实现利润1.74亿元，上缴投资收益8900万元。完成了国家电力公司下达的资产经营考核指标。山西省电力公司在资金运营方面，采取了一系列措施：①积极促成山西省电网销售电价方案的出台，由省电力公司总经理王光华带领多次到省政府、国家电力公司、国家计委汇报反映山西电网电价问题，并得到了延续加价3厘，对高耗能企业和大工业用户执行优惠政策后，减免上交3000万元的电价调整政策，缓解了电价矛盾。②及时调整基层单位经营考核指标，制订内部挖潜增效的措施，明确销售收入的增收计划和利润调整的额度。确保资金的回收和利润指标的完成。③在财务管理上，将资产经营考核指标层层分解，合理预测，跟踪检查落实，及时针对存在问题采取措施。④加大预算管理力度，从严控制成本费用，本着以收定支、量入为出的原则，下达限额开支范围，实行压缩20%的额度。⑤加强货币资金集中管理，控制经费拨款，按每月分三次均衡拨付生产经费，制订电费上缴考核奖励办法，加大资金运营力度，逐步介入高效益的金融证券投资领域，提高资金使用效益。2000年，山西省电力公司一方面紧缩银根，一方面又谨慎投资，在城乡电网改造工程资金上垫付3.08亿元，节约银行贷款利息1275万元，降低工程造价。投资了国泰君安证券1亿元，申购“西山煤电”股票563万股，投资3657万元。吸收内部存款6.6亿元，通过银行开展贷款业务，累计放贷6500万元，实现营利578万元。通过资产重组和内部企业改制，对处置关停小火电机组的资产评估，收9900万元，扣除报废损失，可取得变现收入4000万元。规范管理程序，清理向外担保情况，转出贷款担保份额，电网工程与概算造价相比，节余资金达346.9万元。

(4) 多种经营。2000年，山西省电力公司在多种经营体制进行了改组改制，成立晋能集团公司后，总经营收入达到30.40亿元，比1999年增长10.8%，实现利润1.47亿元，比1999年增长12.7%，其中有11个单位产值超亿元。全系统从事多种经营人数为3.8万人，其中有安置主业转岗职工1.6万人，有集体职工9902人，经营形势呈现良好发展态势。组建晋能集团公司是山西省电力公司进行大规模资产重组和实施多元化经营战略的主要突破口，他们注册资本金为5.86亿元，下属16个专业公司，主要经营范围有：电力燃料的运销、生产、加工；电力物资的采购、仓储、配送；电力自动化设备，电力环保设备，电站辅机研究与制造；物业管理，房地产开发，发电生产与高耗电产品冶炼，装潢材料生产及施工，化学工程，进出口贸易，电网工程施工，服装制造等。各分公司按照建立现代企业制度的要求，大胆创新，破立并举。凡纳入重组范围的企业进行经营现状调查，按照“有所为，有所不为”的原则，与市场，与管理，与经营总体论证，创建了一批支柱产业和龙头企业，实施品牌战略，稳步推进多种产业的健康发展。如长治容海电力有限公司投资1000万元，建设金属镁厂，上马2台1.2万kV·A的电石炉；晋北阳高，朔州和晋南的永济先后上马三个高耗电产品生产基地，抓住高耗电产品市场需求趋旺的有利时机，上档次，上规模，出效益。物资分公司坚持保证发供电的供应，全年完成供应总额13.14亿元，其中向省电力公司发电单位供应2.56亿元，向供电单位供应10.58亿元的物资，包括为城乡电网改造的9.59亿元物资材料等。燃料供应完成供煤总量1626.35万t，供油总量2.59万t，入炉综合标煤单价实现147.25元/t，比1999年降低3.08元/t，实现利润341万元。山西省电力公司以改革为动力，构筑起多种产业与主导产业“两翼齐飞”的战略格局。

主要事件

1月19日，山西阳光发电有限责任公司的综合管理信息系统（简称MIS系统）通过华北电力集团公司的验收。

2月23日，山西省电力公司完成本部机构改革，改革后的省电力公司本部共设18个部门，聘任44名负责人，涉及14个基层单位，交流干部20名，平均年龄下降4.87岁，是一次力度较大的干部调整。

3月29日，山西省电力公司召开农电工作会议，重点抓农网改造和农电体制改革工作，健全农电安全管理体系和线损管理体系，确保农村用电秩序稳定和农网运行管理水平、装备水平以及经济效益的全面提高，为实现山西农电事业跨世纪的发展奠定坚实的基础。

4月14日，山西省实施煤电并输战略的重点项目，国家重点工程阳城电厂1号35万kW机组完成168h试运，于5月18日向江苏并网发电成功，实现1号机组按期并入江苏电网运行的目标。

5月10日，山西省召开省级机关机构改革动员大会，其中明确山西省电力工业局，山西省电力公司政企分开改革方案，政府管电职能移交的前期工作已在实施。

6月13日，山西省直工委、省直文明委，在评选文明标兵单位、文明单位和精神文明建设先进表彰大会上，山西省电力公司荣获"文明标兵单位"称号。

7月14日，山西省电力公司召开年中工作会议，启动公司经营发展战略，作出大力发展多种产业，构筑主导产业和多种产业"两翼齐飞"格局的战略决策。

8月16日，山西电网500kV主干线、省重点工程太原候村至晋南侯马市的500kV输电线路工程正式开工建设，此线路贯穿山西省南部地区，线路全长298km，与北部地区连网形成山西省超高压的主干线路，是山西省北电南送的主要通道。

9月28日，山西大同供电分公司、太原二电厂被国家电力公司正式命名为一流供电企业和一流火电厂。

9月30日，集指挥、交易、结算三大功能为一体的山西电网新调度中心正式启用，使电力工业管理手段上了一个新的台阶。

10月31日，山西省电力公司农网建设与改造进度跃居全国第二，累计完成电网建设与改造资金28.8939亿元。

11月26日，山西省河津电厂一期工程2台35万kW机组分别于8月22日、11月26日完成168h试运，实现高质量地年内两台机组投产发电的目标。

12月22日，原山西省太原电力专科学校与山西大学正式合并办学，改为山西大学工程学院并正式挂牌。

12月25日，山西省太原一热电厂1～4期工程的7号机组拉闸关机，停止运转。自1999年6月首批关停到2000年共关停7台机组18.6万kW。从而实现了省电力公司向省政府所做的承诺目标。在这最后一台老机组关停时，山西省副省长杜五安，太原市副市长袁高锁，省电力公司党组副书记、副总经理李援朝以及为太原一电厂做出过贡献的老领导、老职工代表到现场参加了关停活动。

12月28日，根据国家经贸委统一要求，山西省政府召开省电力行政管理职能交接会，原山西省电力工业局的行政管理职能正式移交省经贸委，并摘牌。

内蒙古自治区电力工业

综述

2000年，内蒙古电力（集团）有限责任公司紧紧抓住西部大开发战略起步之年的良机，全力推进"西电东送"战略，深化改革，认真落实安全生产责任制、资产经营责任制、党风廉政建设责任制，圆满完成了自治区下达的生产经营指标和重点工作目标，实现了国企改革脱困三年两大目标。

电力生产经营

全年发电量完成229.73亿kW·h，同比增长7.49%，完成年计划的105%；售电量完成219.3亿kW·h，同比增长7.78%，完成年计划的104.6%；其中东送电量完成70.13亿kW·h，同比增长4.56%，完成年计划的103.1%；供电煤耗完成396g/(kW·h)，同比下降6g/(kW·h)，比年计划下降4g/(kW·h)；线损率完成6.06%，同比下降0.01%，比年计划下降0.57%；工业增加值完成26.8亿元；利税完成9.5亿元，同比增长1.02%；其中税金8.2亿元，同比增长6.49%，完成年计划的103%；利润完成1.3亿元，同比增长6.56%，完成年计划的103%；保值增值率完成100.2%；劳动生产率完成120171元/(人·年)，同比增长9.8%；全年完成基建技改投资22.5亿元；投产发电能力36.52万kW；多经总收入16.1亿元，实现利润2558万元。

（1）安全生产。认真贯彻落实国务院、国家电力公司、自治区一系列安全生产的指示精神和国电公司《安全生产工作规定》。出台了《内蒙古电力（集团）有限责任公司关于加强安全监督工作的规定》，各单位设立独立的安全监督机构，保证系统安监网络的正常有效运转。积极推广"危险点预控法"，全面开展安全性评价活动，包头供电局、包头二电厂、乌拉山发电厂、乌兰察布电业局、丰镇发电厂、呼和浩特供电局通过了安全性评价。认真开展调度系统管理年活动。始终坚持电网安全稳定运行就是最大经济效益的原则，精心安排运行方式，准确调度，认真做好电网负荷预测及保东送潮流工作，合理安排发供电设备检修，做好电网事故应急处理预案。与此同时，在保证电网及发供电设备安全经济运行上加大资金投入，实现了蒙西电网全部220kV、重点110kV线路保护改造为微机保护；全部220kV变电站和部分110kV变电站的录波装置改造为微机故障录波器。特别狠抓“两厂三局两线”的安全生产，蒙西电网经受住了华北电网丰万线解网“11.8”事故的重大考验。积极开展状态检修和标准化检修，供电检修管理基本实现了由计划检修向状态检修的转变。全年完成发电设备大修24台·次，大修优良率超过80%，机组各指标明显改善，全年没有因发电出力不足造成系统限电或降潮流。系统频率合格率100%。配合增供扩销，积极开展输电、变电、配电检修的带电作业，提高了供电可靠性，为增供扩销创造了有利条件。同时组织专家组对达电各类非计划停运及降出力原因进行分析研究，制定相应措施，确保达电4台机组安全经济运行。丰电、蒙达公司发电量全面超额完成年度计划，充分发挥了大机组的效益优势。公司一般事故和一类障碍分别比1999年下降7次和17次，未发生人身重伤及以上事故，实现无人身死亡周期纪录371天，未发生重大设备损坏事故。年内继续保持了所属施工企业、工程现场人身死亡“双零”目标。大规模农网改造过程中无一起职工死亡事故，农村触电死亡由1999年的5人减少至1人。内蒙电科院通过了国电公司首批“一流电力科学研究院”。

(2) 经营管理。突出抓好内部模拟电力市场运作，严格执行公司2000年还贷计划，合理安排还贷资金，全年财务费用比年度计划节约1亿元。电费上划由过去的每周一次改为每日一次，大幅度提高了资金调度的有效性。继续强化成本管理，坚持倒推成本、定额、定时、限价、限额的管理方式，发供电企业成本较去年继续下降。通过调整大矿煤供煤结构、改变计价方式等方法，节约燃料费用3700万元。在系统内全面投用电量计费系统。竞价电量同比增长13.95亿kW·h，增长6%。10月15日起蒙西电网执行统一销售电价，结束了长期双轨制电价的局面。与此同时，利用清理整顿出的电价空间，解决了新投入机组和电网还本付息及老机组提高电价等问题，将蒙西电网电价提高0.024元/kW·h，岭西电网电价提高0.015元/kW·h；调整了包头一电厂、包头二电厂、包头三电厂供热价格，缓解了供热亏损。剥离了12.5亿元的非经营性资产，优化了公司资产结构。7.26亿元的债转股已得到国家批复，为完成公司负债率指标和利润指标奠定了坚实基础。出台了蒙达公司、丰鑫公司、丰电5、6号机组、丰泰公司、包头三电厂等单位的独立运作实施方案，企业效益明显提高。网外三局子公司运作一年来全部实现大幅度减亏。经济责任审计覆盖率100%，共查出各类不合理金额5537万元，促进增收节支122.6万元。公司在还贷压力大、铁路运费及燃油价格上涨等困难条件下，仍实现了负债率63%、利润1.3亿元的目标，结束了公司多年来的财务困境局面，使公司进入了良性经营期。

(3) 电力营销。公司及时出台了鼓励用电的多项措施及优惠电价政策。增供扩销取得突出成绩，售电量比公司年度计划增长9.7亿kW·h。公司投入5000万元加速居民一户一表改造工程，呼市、包头、乌海三市完成19万户。照明电量同比增长14.24%，增加电量1亿kW·h，其中生活照明同比增长10.24%，增加电量4000万kW·h，享受额度电价的居民用户达3万户，额度电量800万kW·h；高能耗电量达到22亿kW·h，同比增长34.09%；旗县及以下用电量超过50亿kW·h，同比增长10%。积极推进三、四级模拟市场，充分调动了各基层供电单位的积极性。乌盟局、准格尔矿区供电局、乌海局、伊盟局、呼供、巴盟局售电量均呈两位数增长。网外三局供热量同比增长均超过40%，全年新增供热面积160万m^2。《供用电合同》签订工作全部结束，供用电步入了法制化管理的轨道。加大对营销技术支持系统的投入，加快营销信息系统升级并对原无控装置进行功能扩展，初步建立了具备市场策划与开发、需求侧管理、业务发展、客户服务、电力销售合同管理、公共关系与形象设计、用电新技术、新产品开发与咨询等功能的新的营销体系。电能计量检定成为华北地区首家取得授权的单位。针对今年电热费欠费增长速度较快的情况，全公司上下采取了一系列措施，严格考核，实现了公司电费回收率98%，陈欠电（热）费回收率50%的目标。

电力公司推出优惠电价。适当降低符合国家产业政策，达到经济规模的高耗损能企业用电价格；对部分不在国家下策规定范围内实行优惠电价的部分高能耗企业用电执行临时合同电价。电石生产企业的生产用电在目录电价的基础上最高下浮8%；铁合金生产企业的生产用电最高下浮9%。同时免征电建基金；对其他工业企业在生产规模不扩大的前提下新增的用电量，在不超过现行价格10%的幅度内下浮；实行一户一表的城镇及农村居民用电，分别以150kW·h、80kW·h为基数，超过基数电量在目录电价基础上下浮30%；光亮工程用电低谷时段用电，在现行目录电价基础上下浮45%。

(4) 重点工程和施工企业改革。基本建设以创精品、样板工程为突破口，全面贯彻“五制”管理措施，严格执行《建筑工程质量法》、《新启规》要求，强化全过程监理，重点工程建设全面实现目标。呼厂扩建工程主厂房冷封闭、水塔、烟囱到顶的目标。万家寨4、5、6号机组投运，使蒙西电网水电容量达到54万kW，大大提高了全网调峰的能力和质量。锡二厂热网工程、海拉尔供热工程、乌兰浩特电厂热电机组扩建工程全部投运。新增风力发电装机 16 台共 5280kW。扩建集宁霸王河 3 号变电站、乌海地区变电站，新建乌海三道坎和包头西北门 110kV 变电站、伊和 220kV 变电站送出工程及海勃湾电厂至乌海地区变第三回 110kV 线路、乌达新站无功补偿工程，解决了影响乌海、乌盟地区高耗能负荷迅速增长的卡脖子问题。万昭 220kV 线路 7 月投产；呼市东郊至昭君 220kV 线路工程投产；永丰 500kV 输变电工程 9 月 1 日开工，年底变电站工程交付安装、线路杆塔组立完；坚持执行招投标管理制度，使公司在两网改造、基建设备等方面节约资金 1.1 亿元。四个施工企业完成减员 4000 人，实现了施工企业职工养老保险单基数统筹。同时公司积极加大施工企业清欠力度，为下岗分流提供专项保障资金，使内蒙古电力施工企业力度最大、难度最大的改革顺利实施，为施工企业下一步改制重组，在市场中求生存求发展打下了坚实的基础。前期工作为公司健康、持续发展创造了较好条件。城网二期工程可研报告已上报国家计委，银行融资已落实。国家计委正式批复了呼厂扩建工程开工报告；永圣域至丰镇 500kV 输变电工程开工报告已正式上报国家计委；海勃湾电厂二期工程落实了投资方、签订了投资协议，项目可研报告报国家计委。达电三期工程、岱海电厂、呼和浩特抽水蓄能电站、正蓝电厂前期工作取得新进展。利用 700 万马克政府混合贷款建设辉腾锡勒风电场 5400kW 项目签订协议。

(5) 企业内部改革。公司章程、董事会议事规则获自治区政府批复，法人治理结构体系进入良性运作。按照精简、效能、缩小管理幅度的原则，公司系统机构重组、改制、归并等大力度整合开始启动。公司所属单位由 65 个缩减至 46 个。呼伦贝尔、兴安、锡林郭勒三局按子公司运作。阿拉善电业（农电）局改制为有限责任公司，成为内蒙古电力公司的子公司，拓展了蒙西电网的覆盖面，加强了电网的统一管理。随着电力公司《人员总量控制办法》、《新员工管理办法》、《职工提前离岗退养规定》、《人事代理制度》改革措施的出台，电力公司实现了第三个人员负增长年，职工人数比去年同期减少 5300 人，下降近 10%。公司制定的减员“三个 1000 人”年度目标全部超额完成。工资总额同比增长 8.7%，人均年平均工资同比提高 2600 元。再就业服务中心实体化运作，为减员增效、下岗分流和再就业工程打下了良好基础。全年共筹集下岗职工基本生活费 275 万元，进入各级再就业服务中心的下岗职工 1349 人，累计 1529 人领取了基本生活费。养老保险统筹意识不断增强，职工个人账户建账率达到 100%，基本养老保险金收缴率达到 95%。规范用工管理和职业技能鉴定，开展了劳动用工大检查，通过鉴定和双考，取得国家职业资格证书的合格职工占鉴定工种职工的 68.2%。继续推进房改工作，公积金收缴达 1.2 亿元。公司系统出售公房工作全部结束。

(6) 两改一同价。国家经贸委批复我区农电体制改革方案后，公司迅速组织实施，除赤峰、通辽两市外，原已实行行业代管的 46 个趸售农电企业已全部正式注册组建了旗县电力有限责任公司。同时，一县一公司改制已全部完成。710 个乡电管站改制率达 71%，并成立 385 个供电所，精简农村电工 3463 人，占总数的 1/3。年内共下达农网改造计划 15.7 亿元，累计下达 8 批计划共 31.56 亿元。电力公司管辖范围内的 10kV 以下农网改造任务全部完成，并基本通过了盟市农网改造领导小组的验收。农村牧区四到户工程深入人心，完成农网改造的农牧区 100%实现一户一表，取得了显著的社会效益和经济效益。全区 90%的农电局达到部级“三为”服务标准，包头郊区农电局具备一流农电企业验收条件。农网供电可靠性显著提高，全区农业生产季节性用电保证率达到 100%，改造后的低压电网线损由改造前的 17%以上降至 12%以下，农村牧区电价管理成效显著，减轻农牧区不合理负担 2000 多万元。批复了 75 个重点旗县的城乡用电同价方案。

(7) 科教兴企。蒙西电网年月日负荷预测及交易计划决策系统达到国内先进水平，负荷预测精度大于 97%，为蒙西电网商业化运营创造了有利条件。着力解决了丰电 1、2 号炉高温过热器超温爆管；1、3 号机凝汽器喉部开裂等问题。这些科技攻关项目大部分处于国内领先水平，其中丰电 6 号机高压缸前汽挡环改造取得国家专利。呼和浩特发电厂废水回收系统不仅取得了直接经济效益，而且成为一项环保、生态工程。内蒙古电力管理信息广域网建设又取得新进展，完成了两厂两局广域网互联及二期规划工作。坚持人才兴企方针，强化学历教育，加强在职培训，注重高层次人才的培养。为享受政府特殊津贴人员和自治区有突出贡献的中青年专家办理了“购房优惠卡”、“医疗保健卡”等，建立人才发展基金，基本形成了较宽松的人才环境。共有 35 人考取工程硕士，63 人参加了北方交通大学 MBA 进修班学习。完成了国家和自治区经贸委要求对所有厂处级干部进行工商管理轮训的目标。公司机关聘请国内著名专家学者举办四次面向 21 世纪系列知识讲座。举办各类专业技术培训班 56 期，培训人员 3268 人·次，开展岗位适应性培训累计受培 112740 人·次。公司共接受毕业生 266 人，专业对口、高学历比例比去年有明显提高。2000 年，公司首次建立了的科技进步奖励基金，鼓励专业技术人员、管理人员进行技术创新和科技成果转化。员工的科技质量和效益意识普遍提高，7项QC成果获国家级优秀成果奖；72项获全国电力行业优秀成果奖；18项获自治区优秀成果奖；25项获华北网局优秀成果奖。

(8) 多种经营。针对多经的现状，多经系统进行了“新一轮大发展”专题讨论，在确立多经二次创业基本思路和目标的基础上，开展多经企业互查，健全了财务管理制度，加强了财务集中管理和会计委派制。满都拉资产管理公司进入实体化运作，其中满都拉商厦整体转租给新世纪广场，不仅盘活了资产，而且结束了商厦连年亏损的局面，得到了乌云代主席的肯定。加大所属多经企业清欠力度，遏制了效益下滑的不利局面。与上海、深圳、海南三个驻外公司签订资产经营责任状，加强了对驻外公司的有效管理和监督，为驻外公司走上自负盈亏、自我发展之路奠定了基础。对所属多经企业进行股份制改造试点，多经职工总数实现减1000人目标。乌兰水泥厂克服资金短缺等一系列困难，全年生产水泥超20万t；乌海电业局多经高耗能产品实现产销率100%，并初步形成了产业化经营；丰镇电厂多经启动了工业废水回收项目，每年可为电厂节约排污费131万元。

(9) 精神文明建设。公司调整领导干部280人·次，交流任职干部106人·次。继续保持全区窗口行业创建文明行业先进单位。通过了国电公司和自治区“三五”普法依法治理工作检查验收。成功组织了“内蒙古电力公司第三届职工文化艺术节”，充分展现了内蒙古电力企业文化建设的成果和风貌，得到了自治区领导和上级有关部门的赞扬。电业文工团走出国门为内蒙古电力赢得声誉。紧紧抓住实施西部大开发战略，加快西电东送的机遇，全方位加大宣传力度，产生了积极广泛的影响。工会、老干部、共青团和政研、企协及各种专业协会工作取得明显成绩。“青年文明号拉力赛”活动受到团中央表彰。同时，公司拿出4000万元专项资金，用于解决困难企业、困难职工的实际问题和施工企业整体脱困。

主要事件

1月11日，国家经贸委批复《内蒙古自治区加快农牧区电力体制改革、加强农牧区电力管理的实施方案》。其中，阿拉善盟电业局上划内蒙古电力（集团）有限责任公司；在赤峰、通辽地区，对内蒙古所属旗县级供电企业全部上划国家电力公司东北公司。

3月28日，国家发展计划委员会正式批复了《内蒙古永圣域至丰镇500kV输变电工程可行性研究报告》，同意建设内蒙古永圣域500kV变电站和永圣域至丰镇第2回500kV线路工程。该工程总投资为5.4408亿元。

4月7日，公司取得了用于贸易结算的电能表的检定授权。成为华北地区电力系统首家取得这一授权的单位。

4月29日，中国信达资产管理公司与内蒙古电力（集团）有限责任公司、乌兰水泥有限责任公司、锡林浩特热电有限责任公司分别签订债转股议。

5月24日，丰电1号机组低压缸通流部分及热工控制系统改造工程通过了由国电公司电科院、内蒙古电力公司、内蒙古电科院、北京龙威公司等专家组成的验收组的验收鉴定。

5月30日，丰镇发电厂被中国质量管理协会评为1999年度全国质量效益型先进企业，成为全国电力系统唯一获此荣誉的发电企业。

6月24日，国家计委正式批复呼和浩特发电厂2×20万kW供热机组扩建工程的开工报告。

7月3日，国家电力公司与内蒙古自治区人民政府签订了《内蒙古自治区电力改革与发展有关问题的会谈纪要》。纪要明确，内蒙古电力（集团）有限责任公司将改组为国家电力公司控股、内蒙古自治区参股的有限责任公司。国家电力公司持股51%，内蒙古自治区持股49%，建立规范的法人治理结构。

7月20日晚，蒙西电网高峰全网发电出力达到333万kW，创出蒙西电网有史以来的最高纪录。

7月21日，海勃湾电厂二期工程2×20万kW机组、乌海热电工程2×12MW机组出资协议书在呼和浩特市签署。出资各方一致同意按照法律规定自愿出资设立“内蒙古海勃湾发电有限责任公司”和“内蒙古蒙华乌海热电有限责任公司”。

7月21日，内蒙古电力科学研究院以总分571分的成绩，通过了国家电力公司一流电力科学研究院所考评验收，实现了内蒙古电力公司创一流零的突破。

8月14日，全长152km的丰镇电厂至河北张家坊500kV交流输电线路正式开工建设。该线路是提高蒙西电网向华北电网送电的稳定性的重要工程。

9月5日，辉腾锡勒风电场5400kW风电项目在京举行签字仪式。该项目利用德国政府700万马克混合贷款，引进NOROEX公司9台600kW风力发电机组，计划2001年6月底投产发电。

10月11日，万家寨水利枢纽第5台机组并网发电，至此，万家寨水利枢纽已投产5台水轮发电机组，其中两台承担蒙西电网的调峰。

10月12日下午，由内蒙古自治区、北京市、国家电力公司三方联合举办的“内蒙古西电东送十周年座谈会”在北京人民大会堂举行。

截至10月，电力公司用户欠电热费突破10亿元之巨，已使电力公司正常生产经营活动受到严重影响。公司成立了以赵凤山总经理为组长，由财务、营销、干部、纪检等部门组成的电热费清欠领导小组。

11月8日，公司决定于11月15日至12月31日，在所属各单位开展安全大检查。检查安全性评价及危险点预控工作、锅炉压力容器检查等情况，确保公司全年各项任务的完成。

11月8日，自治区人民政府决定，将阿拉善电业（农电）局划归内蒙古电力公司管理，并改制为内蒙古电力公司全资子公司。

11月17日，托县农网改造工程通过自治区计委组织的考评验收，是全区75个竣工旗县第一个通过验收的。

12月18日，内蒙古电力（集团）有限责任公司完成发电量221.5亿kW·h，售电量211亿kW·h，圆满完成自治区经贸委下达的全年售电计划任务。

东 北 地 区

国家电力公司东北公司

概述

2000年，国家电力公司东北公司广大员工围绕公司2000年工作会议确定的工作目标和中心任务，以饱满的工作热情和奋发有为的精神状态，卓有成效地开展各项工作，取得了显著成绩，为公司在新世纪实现新发展奠定了坚实的基础。

2000年，发电量进一步回升，能耗指标进一步下降，火力发电设备利用小时数比1999年有所提高,电网安全生产基本平稳，为实现全年生产经营目标奠定了基础。在确保电网安全和可靠供电的同时，东北电网管理体制改革也取得了重要成果。分公司体制进一步完善，运作更加顺畅，功能得到充分发挥，管理界面更加清晰，尤其是联络线关口调度的成功实现，大大改善了分公司、子公司之间的关系；组建了独立发电公司，为推行“厂网分开、竞价上网”做了进一步准备，同时也实现了经营方式的转变；在三省电力公司的支持下，顺利完成锦州、沈阳、长春、哈尔滨、齐齐哈尔超高压局的组建工作，直接负责公司所属500kV主网架的运营管理。这是东北公司作为电网经营企业完成善自身功能、实现经营实体化的战略性步骤，同时也推动了国家电力公司的经营实体化过程。区域电力市场建设和农电体制改革稳步推进，结构调整和电网建设取得重要进展。

2000年，生产经营目标全面实现。

全网完成发电量1532.63亿kW·h，同比增长6.20%。全网完成售电量1108.36亿kW·h，同比增长6.99%。到2000年末全网装机容量达到3782.28万kW。

东北公司全资及控股发电量完成170.64亿kW·h,同比增长6.38%，直管供电公司完成售电量37.52亿kW·h，同比增长4.60%。

全网火力发电设备利用小时数为4714h，同比增加45h。公司全资及控股火电机组利用小时数为5221h,同比增加766h,供电煤耗率完成366g/(kW·h)，同比下降4g/(kW·h)。直管供电企业地区线损率完成3.16%，同比下降0.04%。

公司固定资产投资完成14.03亿元，其中大中型基建项目11.53亿元，小型基建项目0.5亿元，城网改造项目2亿元。投产500kV送电线路1256km，新增变电容量89万kV·A。

公司全年实现销售收入40.26亿元。实现利润4680万元，比预算指标增加2680万元，增加134%。实现利税2.5亿元。公司资产总额128.36亿元，净资产57.57亿元，资产负债率为55.15%。

电热欠费余额为1297.44万元，含应核销坏帐661.3万元，实现当年电热费金额回收，压降陈欠电费11%。

安全生产

2000年，东北电网生产经营的形势十分严峻，其特点是用电负荷增长较快、系统峰谷差不断加大、水电调峰调频能力严重不足、电网结构比较薄弱、输变电工程和新机组投产运行较多、调度方式和主网架运营方式变革较大。为此，公司把安全生产作为全年工作的首要任务，继续坚持“安全第一，预防为主”的方针，牢固树立“保人身、保电网、保设备”的原则，全面落实安全生产责任制，加强调度管理，加大设备治理力度，夯实安全生产基础，保证了电网的安全稳定运行，供电可靠性进一步提高。2000年东北电网没有发生人为责任的重大设备损坏事故、大面积停电事故、电网瓦解事故和重大火灾事故，公司设备健康水平有所提高，较好地满足了地区国民经济和人民生活对电力的需求，确保了公司各项生产经营指标的完成。

电力建设

2000年，东北电网投产发电装机容量达244万kW。其中辽宁160万kW（绥中发电厂2台80万kW机组）；吉林84万kW（双辽发电厂2台30万kW机组、辽源热电厂1台10万kW机组、二道江发电厂1台10万kW机组、小山水电站4万kW机组）；黑龙江省和东北公司直管单位没有新机投产。

电网建设成果显著。东北与华北联网工程东北区段建设基本完成。2000年是东北电网有史以来500kV送变电工程竣工项目最多的一年。到2000年末新建500kV送电线路1289km；新建500kV变电所5座；改建变电所6座；投产变电容量155万kV·A。辽长吉哈佳500kV送变电工程，完成工程形象进度为：1080.5km送电线路全部完成并竣工投产792.5km；变电工程除辽阳、沙岭变电所改扩建工程没完成以外，群林、永源、梨树、包家新建变电所及方正、哈南、合心扩建变电所全部竣工投产。绥董二回线500kV输变电工程已全部完成并陆续投产。500kV本溪徐家送变电工程到2000年末送电线路全部完成，变电所内土建、500kV设备及部分220kV设备竣工验收全部完成，变电所具备投产条件。平庄、开鲁220kV送变电工程完成初步设计审查，主要设备招标正在进行。

电源结构调整进展顺利。全面完成了国家电力公司下达的关停小火电计划。水电、风电建设项目全面展开，临江和义州电站已与朝方交换设计资料，赤峰达里风电场二期建设工程正式启动，丰满、白山工程项目完成前期准备。

城网改造全面实施。赤峰、通辽两市城网改造工程进展顺利，改造效果初步显现，售电量和供电可靠率有所提高。农网改造工程经与内蒙古自治区协商达成一致，并完成相应交接工作。

电网调度

2000年是东北电网深化体制改革的一年，也是东北公司推进经营实体化和电网市场化的一年，电网改革和经营的任务十分繁重。确保电网安全稳定运行，电网调度部门负有无可替代的重要的责任。一年来，东北电力调度通信中心广大干部和职工团结拼搏，持续高强度运行，较好地完成了安全生产和电网改革的各项任务。

（1）坚持“安全第一，预防为主”的方针不动摇，确保电网安全稳定运行。2000年，东北电网运行的主要特点：“一少”、“一多”、“一变”。

“一少”：继1997年以来，东北电网2000年是第四个枯水年，全年水电发电量大幅度下降，水电调峰、调频和事故备用的能力受到较大的削弱。

“一多”：2000年是东北电网新建500kV输变电工程最多的一年，辽长吉哈佳500kV工程9月份以来分段陆续投产，电网操作多，运行方式变化大。

“一变”：2000年是东北电网500kV网络运行管理体制发生重大变化的一年，锦州、沈阳、长春、哈尔滨、齐齐哈尔五个超高压局相继组建，能否确保电网安全稳定运行，是东北公司面临的严峻挑战之一。

2000年，东北电力调度通信中心全面落实安全生产责任制，建立健全安全生产保证体系，坚持电网检修计划会签制度，重大运行方式会商制度、电网安全运行月分析制度、调度员周安全活动制度、处长周例会制度，认认真真、扎扎实实地抓电网安全运行工作。到12月15日共完成电网操作24000余项，正确处理各类事故和异常300次，较好地完成了元旦、春节、五一和国庆节假日期间的保供电任务，杜绝了电网稳定破坏事故和电网大面积停电事故，保证了东北电网安全稳定运行。在2000年内，实现了三个百日无事故记录，至12月18日，调度通信中心已实现连续安全运行537天。2000年5月，东北电力调度通信中心被国家电力公司评为全国电网调度系统安全年活动先进单位。

（2）成功地实现联络线关口调度，全面完成电网调度运行管理方式的改革任务。1999年10月15日东北电网开始联络线关口调度模拟运行。经过半年多在运行规则、技术支持系统和人员培训等方面的充分准备，于2000年5月10日开始正式实行联络线关口调度。在网省调度的共同努力下，7个多月来，电网运行平稳，频率正常，联络线关口计划执行情况良好。东北电网较好地完成了调度运行管理方式的改革任务。实践表明，联络线关口调度是与电网体制改革后东北电网管理体制相适应的电网调度方式，联络线关口调度为联络线电力电量交易计划的执行，为在电网管理体制改革后电网的安全稳定运行，提供了机制上的保证。没有联络线关口调度，就很难有今年联络线电力电量交易计划较好的完成和改革后电网安全稳定运行的正常局面。

(3) 积极开展经济调度工作。2000年来，东北电力调度通信中心紧紧围绕东北公司2000年经营目标，积极开展经济调度工作。把中朝电量差平衡，完成元宝山、通辽和伊敏发电厂年度发电计划，完成丰满电厂三期2000年发电量计划作为调电工作的重点。到10月末，丰满三期已完成2000年2.3亿kW·h的发电计划；元通发电公司全年完成发电量95.7亿kW·h,比计划多发7.75亿kW·h。10月12日实现伊敏发电厂双机双线运行方式后，双机运行比较稳定，至2000年末完成了40亿kW·h发电计划。2000年朝方在其控制的水丰和渭源电厂大量超发60Hz电量同时大量欠发50Hz电量，尽管东北公司作了大量工作，但由于朝方的原因到2000年末电量差仍有6000万kW·h之多。

虽然2000年东北电网水库来水枯少，但由于网调抓住8月末和9月中旬的12号、14号台风的影响，造成东北地区降水的机会，蓄满了白山和云峰水库，并在丰满水库来水较枯的不利情况下，通过长时间的控制发电，使水位从3月上旬的244m至9月末恢复到256m以上。1～11月，通过合理的水库调度，实际运行与按水库调度图操作相比，白山、丰满和云峰三大水库共节能1.9亿kW·h，2000年节能2.12亿kW·h，水能利用提高率为5.0%，高出中国一流电网调度机构标准（3%）2%。

(4) 争创中国一流电网调度机构。2000年，东北电力调度通信中心根据“创一流”目标，制定了创一流工作规划，重点解决了AGC和短期负荷预报等难点问题。网调新建的CC-2000系统SCADA和AGC功能已通过国家电力调度中心组织的实用化复查，短期负荷预报准确率上升为全国领先水平。其他主要指标经自检也均达到了中国电网调度机构一流标准。

体制改革

在认真总结东北公司改革试点经验的基础上，配合国家电力公司提出了关于深化东北电网体制改革的意见以及对东北公司法人授权委托书的实施说明和补充授权，进一步明确了东北公司的功能定位和发展目标模式，明晰了母公司、分公司和子公司三者之间的管理界面，完善了分公司的经营职能，为国家电力公司将大区集团公司改组为分公司提供了借鉴。

按照国务院的改革部署，继续推进政企分开改革，完成了撤销东北电业管理局的准备工作。积极稳妥地推进电网调度体制改革，成功地实现了省间联络线关口调度。认真贯彻落实国家电力公司总［2000］118号文件精神，积极推进厂网分开改革，规范组建了元通发电有限责任公司和松花江水力发电有限责任公司；东北公司经营实体化迈出了实质性步伐，在国家电力公司的正确领导下，依靠三省电力公司的支持，锦州、沈阳、哈尔滨、齐齐哈尔和长春五个超高压局相继组建并顺利实现生产移交，进一步提高了公司运营电网的能力；东北区域电力市场改革试点取得阶段性成果，试点方案、运营规则通过国家电力公司审查，并进行了竞价交易的模拟运行，现正按国家经贸委的要求进行完善。农电体制改革稳步推进，具体实施方案已由内蒙古自治区政府批复，由地方政府自管的开鲁县农电公司交由东北公司管理，并完成了对19个县农电局的资产清查和审计调查，为进一步理顺关系、规范管理创造了条件。

经营管理

认真贯彻落实国家电力公司关于开展管理年活动的各项要求，以落实三项责任制为重点，全面加强企业管理工作。完成了东北地区电力发展“十五”计划及2015年规划和东北公司规划专题报告，围绕“四个中心、一个一流”的发展目标，初步制定了相应的战略实施计划。加强资金、成本管理，强化预算管理，修订了成本费用定额，实现了开支标准一体化。供电企业按线、台区承包，保证了线损率的降低和电费的全额收缴；火电厂燃料购买统一结算，减少中间环节，降低了标煤单价。强化公司的财务、审计监督，完善公司的自我约束机制。以经济效益为中心，加强经济活动分析，加强电网经济调度，实现水火互济，保证了公司利润目标的超额完成。

以达标创一流为载体，注重实效，狠抓人员、设备、管理三个环节，有效地提高了企业的整体素质。白山发电厂进入了国家级一流水电厂行列。公司的科技创新能力有所提高，两项科技成果获国家电力公司科技进步奖。依法治企成效显著，元宝山发电厂二氧化硫诉讼案胜诉，维护了企业的合法权益。

精干主业，分离辅业，精简富余人员，分离企业办社会职能。大力发展多种经营。公司实现减员424人的目标。员工劳动生产率达到人均15.8万元，同比增长8.2%。

党建及精神文明建设

坚持“两手抓、两手都要硬”的方针，按照“三个代表”的要求，不断加强党的建设和精神文明建设。认真贯彻中央和国家电力公司党组的要求，坚持“三严一表率”，加强干部队伍建设，合理调整干部队伍结构，大力培养选拔优秀年轻干部，公司本部提拔干部13人，为超高压局选配干部24人，8个直管单位调整了领导班子。干部素质明显提高，干部队伍活力增强，促进了全年各项工作的开展。

根据国家电力公司党组的统一部署，东北公司

“三讲”教育“回头看”活动从6月20日开始，7月4日结束。认真抓了领导干部廉洁自律工作。东北公司党组与直管单位党政领导签订了2000年度党风廉政建设责任书，制定了党风廉政建设责任制考核办法和评分标准；督促检查“三讲”教育整改方案中关于提倡勤俭节约，反对铺张浪费的八条整改措施的落实，坚持了领导干部收入申报、礼品登记、业务招待费向职代会报告制度和厂务公开制度；在公司机关和直管单位开展了以胡长青、成克杰案例为主要内容的警示教育。继续开展“双创”（创双文明单位、创思想政治工作先进单位）工作。经2000年初检查考核，有8个直管单位被评为1999年度“东北公司思想政治工作先进单位”，有7个单位被评为1999年度“东北公司双文明单位”。在此基础上，白山发电厂等4个单位被评为1998～1999年度“国家电力公司双文明单位”，通辽发电厂被评为国家电力公司思想政治工作先进单位，东北公司思想政治工作部主任金汝传、云峰发电厂党委书记杜凤岗被评为国家电力公司思想政治工作先进个人。加强了纠风和行风建设。制定了《国电东北公司关于落实〈国家电力公司1999～2001年纠风和行风建设工作规划〉的实施意见》和《贯彻国家电力公司〈关于在地级及以上城市开展供电营业规范化服务的通知〉的实施意见》等五个文件，并深入到农电窗口检查。2000年在农电系统开展了国家级，东北公司级、供电公司级的三级示范窗口创建活动。10月份，在供电农电系统中大张旗鼓地开展了优秀服务员活动，并评选出东北公司“十佳服务明星”和“十佳服务明星单位”，向国家电力公司推荐了服务先进单位和个人。到2000年末，东北公司100%地级供电营业窗口、80%县级供电营业窗口、10%的农村供电所（电管站）达到了规范化服务标准。积极推行厂务公开、民主管理和民主监督，切实维护职工合法权益。切实关心离退休职工和下岗职工的生活，维护了公司的政治稳定。

主要事件

1月17～18日，国电东北公司2000年工作会议在沈阳召开。

2月3日，辽宁省省长张国光、副省长陈政高带领省政府有关部门领导，到国家电力公司东北公司视察。

2月17日，国家电力公司副总经理赵希正率相关部门负责人在长春召开座谈会，专题讨论研究深化和完善东北电网体制改革的具体措施。

2月22日，国电东北公司总经理翟若愚在公司机关部主任以上领导干部会上，传达了国务院副总理吴邦国、国家电力公司总经理高严、副总经理赵希正对东北电力体制改革情况给予充分肯定的有关讲话和批示精神，并围绕东北公司“四个中心、一个一流”的功能定位和目标模式，推进东北公司经营实体化、大区电力市场化，作了进一步部署。

3月3日，国电东北公司和东电工委召开第一次直管单位庆“三八”妇女大会，隆重表彰了10名岗位女明星、12名优秀女职工工作者、19名女工之友、23个文明家庭等先进个人和先进集体。

3月9日，中国共产党国电东北公司机关第一次党员大会在沈阳召开，正式选举产生了第一届机关党委和机关纪委。

3月21～23日，国电东北公司思想政治工作暨党风廉政建设工作会议在沈阳召开。

4月24～25日，东北地区“十五”电力行业规划评审会在沈阳召开。

5月10日0时，东北电网省（区）间联络线关口调度正式运行。

5月15～16日，国电东北公司2000年经营工作会议在沈阳召开。

5月12日，国电公司副总经理陆延昌、国电公司火电建设部副主任张宗富、国电公司东北公司总经理翟若愚、辽宁省电力公司副总经理钟俊、国华电力公司总经理顾峻源等领导莅临绥中发电有限责任公司视察工作。

5月18日，国电东北公司锦州超高压局成立。此后，沈阳、齐齐哈尔、哈尔滨、长春超高压局分别于8月1日、9月19日、9月20日、11月16日挂牌。各超高局交接顺利，运行平稳。

5月24日，东北区域电力市场管委会成立。东北区域电力市场于6月20日启动并首次开评标，有41个发电主体131台机组参加竞价。

5月23日，国电东北公司召开首次营销工作会议。

5月23～24日，东北电力系统工会工作会议在长春召开。

6月，白山发电厂、双辽发电厂、牡丹江水力发电总厂、盘锦供电公司、辽宁电力科学研究院相继进入国家电力公司一流行列。

6月，东北公司直管8个单位被评为1999年度“东北公司思想政治工作先进单位”，7个单位被评为1999年度“东北公司双文明单位”。白山发电厂等4个单位被评为1998～1999年度“国家电力公司双文明单位”，通辽发电厂被评为“国家电力公司思想政治工作先进单位”。东北公司思想政治工作部主任金汝传、云峰发电厂党委书记杜凤岗被评为“国家电力公司思想政治工作先进个人”。

6月2日，以美国能源部部长助理克利波维兹·

鲍伯为领队的美国能源代表团一行5人访问了国电东北公司。

6月20日，国电东北公司召开“三讲”教育“回头看”活动动员会。历时15天的“三讲”教育“回头看”活动于7月4日结束。

6月30日，国电东北公司机关全体共产党员欢聚一堂，隆重纪念中国共产党成立79周年。会上，15名新党员进行了入党宣誓，4个先进党支部、4个先进党小组、11名优秀党员和3名优秀党务工作者受到表彰。

7月11日，辽宁省高级人民法院就辽宁省电力有限公司因“二氧化硫排污缴费”状告辽宁省环保局一案，作出终审判决，辽宁省电力有限公司胜诉。7月27日，呼和浩特市中级人民法院就元宝山发电厂因“二氧化硫排污缴费”状告内蒙古环保局一案，作出终审判决，元宝山发电厂胜诉。

7月21日4时20分，吉林省德惠市境内的500kV合南线在龙卷风的袭击下，发生10基铁塔倒塔的严重设备事故。吉林省送变电工程公司于7月25日投入抢修，合南线于8月7日正式恢复送电。此次事故抢修在及早恢复合南线送电，减少南送功率损失上打了一个漂亮仗，并得到了国家电力公司副总经理陆延昌的电传表扬。

8月7日和8月8日，元通发电有限公司和松花江水力发电有限公司先后挂牌成立。

10月中旬和11月初，根据国家经贸委国经贸电力［2000］30号文件精神，国电东北公司对内蒙赤峰、通辽地区实施农电体制改革，赤峰和通辽地区先后开始农电上划工作。

10月9日，国家电力公司总经理、党组书记高严来东北公司考察工作，并宣布刘忱同志任国电东北公司总经理、党组书记，翟若愚同志调任华北电力集团公司总经理、党组书记。

10月，东北公司在农电系统开展了国家级、东北公司级、供电公司级的三级示范窗口创建活动。并评选出东北公司“十佳服务明星”和“十佳服务明星单位”。

10月28日，全国政协党委、经委副主席史大祯在东北公司副总经理栾军陪同下视察了东北电力调度通信中心。

东北电网辽长吉哈佳500kV输变电工程中的梨合段于11月17日投运，佳方永哈段于11月29日投运，绥锦二回线于12月30日投运。这是自1998年5月开工以来，该工程竣工、投产项目最多的一年。

12月18日，东北电力调度通信中心已实现连续安全运行537天。在2000年内实现了三个百日无事故记录。2000年5月，东北电力调度通信中心被国家电力公司评为全国电网调度系统安全年活动先进单位。

吉林省电力工业

一、基本情况

吉林省电力有限公司是一个以电力生产、建设和经营管理为主，多种产业协调发展的特大型企业，是由国家电力公司单独投资设立的有限责任公司，注册资本金62亿元人民币，负责经营管理国家电力公司投入本公司的资本和公司所属的全资子公司、控股公司、参股公司中相应的国有法人资本，以及所属企业和单位的国有资产，承担保值增值责任，依法对省内电网实施调度管理。

截至到2000年末，公司所属单位39个，其中发电企业10个，供电企业8个，施工企业2个，修造企业2个，关联公司8个，中介组织4个，其他直属单位5个。省电力公司系统共有职工42884人。长期职工中，大专及以上学历占29.7%，中专和技校学历占30.7%，高中及以下学历占39.6%。

省电力公司拥有资产总额226.2亿元，固定资产原值123.3亿元，净值71.4亿元，负债总额142.4亿元，所有者权益83.1亿元。

省电力公司全资、参控股电厂发电装机609.5万kW，占全省装机总容量的72.3%。全省6000kW及以上发电机组装机总容量843万kW，其中水电厂19座，装机342万kW，火电厂38座，装机501万kW。

全省有500kV线路5条，总长552.287km。220kV线路103条，总长5783.559km。有500kV变电所2座，容量256.8万kV·A。220kV变电所44座，容量732.3万kV·A。

二、生产经营目标全面超额完成

2000年，继续贯彻“强化管理，深化改革”的工作思路和“一包、两派、一打、一压”的管理措施，按照“一型三化国内一流”的发展战略，出色完成了各项任务。

省电力公司实现利润总额2297万元，完成国家电力公司下达利润指标的114.85%。售电量完成227.18亿kW·h，同比上升5.49%。售电平均单价完成309.18元/(MW·h)，比同期提高1.57元/(MW·h)。标煤单价完成304.26元/t，比预算降低7.11元/t。营业外增收完成6915.4万元，比1999年的

3893.4万元增长77.61%。用户累计拖欠电费8.82亿元，比1999年下降5.6亿元。综合线损率完成10.38%，同比下降1.76%。地区线损率完成7.97%，同比下降1.12%。扣除虚假电量的影响，综合线损率完成9.4%，同比下降3.02%。全资机组发电量完成51.62亿kW·h，同比下降23.5%（电源结构调整，全资机组容量减少）。全资机组供电煤耗完成368 g/(kW·h)，同比下降11 g/(kW·h)。基本建设投资完成27.57亿元。全年新投产机组84.28万kW，为历史最高水平。城网改造完成投资16.36亿元，完成年度计划的112.1%，是1999年的3倍，累计完成投资24.46亿元，占总投资的54.7%。农网改造完成投资9.76亿元，完成年度计划的107%，是1999年实际完成额的1.5倍，累计完成投资额17.96亿元，占总投资规模的69.1%。完成全员劳动生产率113998元/(人·年)。多种产业累计实现总收入43亿元，实现利润2.3亿元。

三、电力体制改革不断深化

政企分开工作顺利进行。就移交政府职能，撤销“吉林省电力工业局”工作，省电力公司已形成方案，并向吉林省人民政府和国家电力公司写出了报告，近期将获批准。吉林省电力行业协会筹备办公室建立并开始筹建工作。吉林省电力行业协会将于近期宣告成立。“厂网分开、竞价上网”取得明显进展。吉林电力股份公司浑江发电有限责任公司、吉林电力股份公司二道江发电有限责任公司、珲春发电有限责任公司、长春第二热电有限责任公司、长春第一热电有限责任公司相继挂牌。各发电公司全部完成了年度基本上网电量计划，竞价上网电量完成14.6亿kW·h，占竞价机组上网电量的11.37%。延边等8个供电公司在全国率先组建了市（州）级电力市场，为电力市场的规范运作和分级管理开辟了一条新途径。

四、农电“两改一同价”扎实推进

在农网改造取得突破性进展的同时，全省800个乡（镇）电管站已经全部改制为县供电公司的二级机构乡（镇）供电所，基本建立起了规范化的服务机制。完成竣工县32个，占应改造县总数的72.7%。竣工县和竣工台区实现了临时综合电价0.65元/(kW·h)[含差价还息0.04元/(kW·h)]，有12个竣工县农村生活电价平均下降了0.072元/(kW·h)；全省农村生活电价普遍下降了0.0364元/(kW·h)，电价由改造前的0.716元/(kW·h)下降到0.679元/(kW·h)，减轻农民负担3726万元。

积极探索机制创新。四平等6个供电公司的“扁平式、本部化”管理取得阶段性成果。长春发电设备总厂和四平线路器材厂的减人增效工作按“哑铃式”管理模式取得一定成效。电科院已成功地改制为吉林电力科技有限责任公司，省内所有发电厂都作为发起人参股。

五、减人增效取得显著成果

认真贯彻国务院和国家电力公司关于实施减人增效的要求，出台了一系列措施。公司上下高度重视，党政工密切配合，做过细的工作，广大职工理解改革，支持改革，积极投身改革，形成了“岗位靠竞争，减人靠机制”的良好氛围，使减人增效取得了实质性进展，截至到2000年年底，职工期末人数为42885人（含临时工4911人），比1999年减少6244人，降低12.7%。其中，正式职工减少4373人，降低9.4%，临时工减少1871人，降低65.8%。集体职工期末人数为12218人，比1999年减少3958人，降低24.5%。全民、集体职工退养、放假3376人，调出系统及其他减员540人。超额完成了国家电力公司下达的减人指标。

六、电力基本建设取得突破性进展

电力基本建设工作不断规范“五制”管理，强化出资人的监管行为，统一“安全第一，达标投产，控制造价”的管理共识，“学丹东，赶威海”，努力赶超国内先进水平，从投资规模、投产容量、投产水平到建设管理都取得了突破性进展，已完成投资25.64亿元，是全年计划的127.85%；新增发电装机84.28万kW，创造了历史最高纪录。

新建、扩建220kV变电所3座，500kV开闭所1座，新增变电容量42.3万kV·A；建成并投入运行500kV送电线路430km；建成并投入运行220kV送电线路281km。双辽发电有限责任公司30万kW 3、4号机组顺利通过168h试运行，相隔24天相继投产，宣告了吉林省首家百万千瓦电厂的诞生。其安全管理、建筑安装、生产指标、调整试验和工程档案管理都取得了新成绩，综合质量考核指标达到国内领先水平。二道江、辽源发电有限责任公司各一台10万kW机组近期分别投产发电；两江水电站一台2万kW机组已移交生产。

风电二期工程的38台机组当年开工，当年投产，建成了3.06万kW装机的全国第四大风力发电厂。延西220kV变电所当年开工，当年投产，为榆树川电厂关停提供了电源保证，创造了吉林省220kV变电所建设的新纪录。以全省光纤骨干网为重点，共建成420km架空地线复合光缆，160km自承光缆，并开通了相关电路，保证了调度、自动化通道，特别是继电保护通道定期投运，为各项重点工程的投运提供了通道保障。

七、电力结构调整取得重大进展

根据国家开发银行将松江河水电工程的贷款及利息转给信达资产经营公司并停止继续贷款的情况，省电力公司果断决定停建松江河梯级电站的双沟电站等工程，以避免投资风险和金融风险。

通过合并重组，实现了“一个火电施工企业、一个送变电施工企业、一个培训中心”的战略调整目标。继1999年将3个火电施工企业合并重组为2个之后，2000年，又将2个火电施工企业合并重组为吉林省电建总公司；将管道公司并入送变电公司，已实现财务并表；将高级管理培训中心和职业技能培训中心合并重组为省电力公司培训中心，将132名年轻职工分流到驻长春的5个电业单位。

通过关停小火电机组，改善了电源结构。按照国家电力公司的要求，共停运了10.6万kW高耗能小火电机组。其中，榆树川发电厂是全国唯一一个需要全体职工家属整体搬迁的企业。该厂处于民族地区，42%的职工是朝鲜族，涉及问题较多，政策性强。为了妥善处理该厂停运问题，省电力公司提前将1700多名全民、集体员工及离退休等人员稳妥地分流到有关电力企业。2000年12月24日上午，榆树川发电厂正式停运，中央电视台记者现场采访并在当晚的《新闻联播》节目中进行了报道。

通过对准备上市的龙华公司进行资产优化重组，使之成为有一定竞争实力和盈利能力的多厂一公司的独立发电公司。在将白城发电厂等6个电厂的省电力公司机组统一交龙华发电公司经营后，报请国家电力公司批准，并经财政部确认，将白城发电厂等5个电厂中的省电力公司资产及吉林热电厂2台20万kW机组中77.71%的股份有偿转让给龙华公司，又将吉林热电厂技改工程建设2台10万kW机组中省电力公司应投资的80%部分转让给龙华公司，使省电力公司筹措了大量资金用于电网建设和改造，实现了投资结构的战略性调整。既改变了省电力公司“小、老、旧”机组多，电源结构不合理的状况，又使龙华公司的资产结构状况有了明显的优化，为龙华股票顺利上市奠定了基础。

通过移交中、小学，解决企业办社会问题。将吉林电力子弟学校移交长春市南关区政府（共带走71名教师），现在，全系统9所中、小学移交工作除长山厂外已全部结束。

八、强化管理，经济效益大幅度提高

省电力公司认真落实“管理年”的各项工作，坚持计划管理的刚性原则和全面预算管理的严肃性，不断完善预算管理体系。2000年初进一步完善了省电力公司与各单位签订的资产经营承包和经营管理承包合同。深入开展经济活动分析，通过月检查、季度分析，了解各项经济技术指标的真实性，掌握经济运行的发展态势，及时调整部署和采取相应措施。通过2000年9月初召开的1～8月份经济活动分析会，适当地调高了某些经济技术指标，适时做出部署，这些新追加的任务到年底都得到了圆满完成；10月底，又召开了高层管理人员参加的“十五”规划和2001年计划研讨会，大体确定了2001年工作的思路和主要工作目标。

全面预算管理工作初见成效，财务监督机制已初步形成，资金调度趋于科学合理，会计电算化管理手段不断强化，财务状况开始好转。省电力公司实现利润2297万元，比1999年增长14.85%，这是在消化了历史遗留的亏损问题和支付了一些改革措施的费用后取得的。

龙华公司股票上市文件材料已上报有关部门，等待审批。强化内部审计和监督职能，对所属6个供电公司和省火电一公司等单位进行了经营责任审计，同时开展了各类工程审计、资产经营责任审计等，有力地促进了企业管理的加强和经济效益的提高。充分发挥驻厂董事、审计专员的作用，强化了对生产经营活动的监控。

开拓电力市场，促进电力销售，使售电量大幅度提高。深入推行按线、按台区承包，调动了营销职工的积极性。投入7.2亿元，加大防窃电改造的力度，加强线损管理，使营销工作基础得以巩固，售电量、欠费额、线损率、营业外增收等多项指标都创历史最好成绩。延边供电公司、白城供电公司首次实现无欠费供电公司。

深入开展打假复真工作，认真进行线损管理的检查，严肃查处弄虚作假和里勾外连的问题，使营销职工队伍得到了整顿，实事求是的工作作风得到了确立，营销管理得到了加强。全省营销系统共有148人受到各种处罚，营销工作正在步入良性轨道。

加强依法维护企业利益的工作。全省反窃电稽查机构共查处窃电3708件，追补电费及违约使用电费4152万元，逮捕、治安拘留、刑事拘留处罚19人。省电力公司办理诉讼案件56起，办结31起，避免和挽回经济损失1494万元。

管理信息网络建设取得阶段性成果。办公自动化系统全面投入运行，WWW信息网站已经成为各级领导和管理人员不可缺少的辅助工具。

燃料管理工作发挥集中管理的优势，使燃料费用大幅度下降，转抹电热费3.5亿元，超额完成燃用省内煤800万t的任务，为拉动地方经济发展，维护社会稳定做出贡献，得到省政府的充分肯定。

物资管理工作充分发挥主渠道作用，保证了两网改造及电力生产建设的物资供应，物资和工程两个招标公司组织省内、公司内企业参与竞争，在两网改造及电力基本建设工程中共采购地方产品7.5亿元，占采购总额10.73亿元的69.89%。全省电力工程消耗物资10亿元，其中7亿元订在省内。

坚持"安全第一"的方针和"保人身、保电网、保设备"的原则，在生产、基建和改革任务十分繁重的情况下，克服重重困难，采取了各种有效措施，保持了相对稳定的安全生产局面。2000年7月，在对不可抗力造成的500kV合南线倒塔事故抢修中，由于组织严密，行动迅速，仅用12天就全部完成恢复工作，受到国电公司通报表扬。

九、多种经营得到长足发展

1999年，省电力公司党组重新确立多种经营"半壁江山"的战略地位，进一步调动了各主办单位的积极性，多种经营系统在深化改革、强化管理、提高效益等各方面有了长足的发展。经济指标全面快速增长，累计实现总收入预计超出43亿元，同比增长19.4%；预计实现利润2.3亿元，同比增长15%。

深化企业改革取得了阶段性成果。38个主办单位已有12个组建了总分公司或母子公司体制，现有548家独立法人企业中，有414家企业采用7种不同形式实现了转机建制工作，占企业总数的75.6%。

企业清理整顿压缩数量及减人增效工作迈出了实质性步伐。通过关、停、并、转等措施，使多种经营企业由去年年初的735家减少187家，占原企业总数的25.4%。

十、两个文明协调发展，共同进步

省电力公司继续保持了"全国精神文明建设工作先进单位"称号；保持了"吉林省精神文明建设先进系统"称号；所属单位20%进入国家电力公司双文明单位行列。

省电力公司党组顺利进行了"三讲"教育"回头看"活动。活动表明，"三讲"教育为改革、发展和稳定提供了有力的政治保证和强大的精神动力，奠定了坚实的思想基础。

坚持"三严一表率"的方针，制定并出台了《认定和处理嫌疑腐败行为的暂行规定》，连续两年实现了处级干部零犯罪的目标。严肃查处了个别单位的人事违纪问题和用电营销工作中违规违纪案件，维护了用户和省电力公司的利益；树立了一批勤廉兼优的典型。党风廉政建设的不断加强，确保了省电力公司大好形势的不断发展。

认真贯彻全心全意依靠工人阶级办企业方针，不断完善职代会制度，推行了厂务公开制度。在各项改革中注意发挥广大职工的民主参与作用，凡事关企业和职工切身利益的事情，在决定前一律经职代会讨论通过，确保了决策质量和执行效果。

省电力公司的"三五"普法工作分别被国家电力公司和吉林省评为先进单位。

以中央电视台《焦点访谈》栏目对公主岭市农网改造中所发生的一些问题进行报道为契机，举一反三，进行大规模的农网改造工程检查，对查出的问题均进行了严肃认真的整改。为了推进行业作风建设和优质服务活动，加快达标窗口的建设，狠抓了农村乡镇示范窗口建设。选树了"心系农民的供电所长"贺广庭这个典型，广泛开展学习活动。行风建设继续保持全省先进水平。

坚持用数字说话，让事业选择干部，在改革与发展中识别干部，选拔年轻干部。省电力公司举办了一期年轻干部培训班，选拔了58名基础素质好，学历层次高，有一定实践经验的年轻干部参加培训，结业后全部走上了领导岗位。一年来，共调整、充实了54个单位的领导班子，提拔副处级以上干部137名，其中大学本科毕业生75名，交流任职119人，有力地促进了各项工作的完成。

加强了离退休职工的管理工作，加强了离退休职工党组织的建设，接收原火电公司和管道公司离退休职工的各单位都能认真落实两项待遇，为他们解决了许多实际困难。

黑龙江省电力工业

概况

2000年，黑龙江省电力有限公司大力开展"营销年"和"安全年"活动，较好地完成了2000年初确定的两个文明建设的各项任务，生产、经营和精神文明建设取得新成果。

2000年发电428.8亿kW·h，比1999年增长3.1%。完成售电量297.5亿kW·h，比1999年多售电量15.9亿kW·h，增长5.6%，打破了近几年售电量徘徊的局面。电费收缴实现当年结零，回收陈欠2.9亿元；热费收缴实现当年和陈欠双结零。因而保证了省公司全年实现利润1.028亿元，比1999年增长1.4倍，超额完成了国家电力公司下达的利润指标。

2000年电网调度连续安全运行超过7000天，齐齐哈尔电业局、哈尔滨热电厂、送变电工程公司等12个单位创造了千天以上长周期安全记录。

强化管理经济效益创历史最好水平。2000年大力推行全面预算管理，企业管理的重点逐步转移到了降低消耗、成本和造价上来。2000年综合线损率完成8.55%，比1999年降低0.77%，减少电量损失2.5亿kW·h。供电煤耗率完成376g/(kW·h)，比1999年降低6g/(kW·h)。强化内部审计监督，两级审计机构全年完成审计项目730项。同时积极开展资本运作，电力股份有限公司在A股市场新增发4500万股，融资6.75亿元。

城网和农网改造较好地完成了计划。城网改造工程完成投资14.3亿元，累计完成投资21.6亿元，占已批复投资总规模的62.9%。农网改造工程完成投资20.0亿元，累计完成投资48亿元，占下达资金计划的89.5%；44个县完成了农网建设改造任务。全省农村居民生活电价平均下降3分钱。

基本建设完成大中型项目投资11.05亿元，投产220kV线路69.8km，变电容量45万kV·A。哈尔滨第三发电公司4号60万kW机组、鹤岗发电公司2号30万kW机组通过部级达标投产复检；佳木斯—方正—永源—哈尔滨500kV输变电工程实现无缺陷移交。

科技教育工作扎实推进。等离子无油点火技术的应用取得进展，蓄能式电锅炉及供暖系统投入试运行。与中国电力科学研究院联合开发的电力市场技术支持系统投入试运行。自主开发的地区级电能自动计量系统已通过技术鉴定。富拉尔基发电总厂、双鸭山发电公司通过了ISO9002质量体系认证，至此获此质量体系认证的企业已达到9个。开展工业污染源综合治理取得重要成果，公司系统12个火电厂在全省率先实现了达标排放。率先开办了清华大学远程教育哈尔滨校外站。各单位全方位的岗位和技术培训使职工整体素质有了提高。

多种产业实现总收入57亿元，比1999年增长5.6%，实现利润4.8亿元，比1999年增长6.7%。2000年完成投资3000万元，新投产项目18个，关停了19家无发展前途的企业，盘活不良资产1000万元，对18家企业进行了技术改造；完成了8家企业的集团公司（或有限责任公司）和19家二企业的股份制改造。

基本建设进展顺利，施工企业步入市场

2000年，黑龙江省电力有限公司系统虽然没有新建电源工程投产，但是各项在建工程和输变电工程建设进展顺利；施工企业改革进一步深化，并适应市场经济的发展，努力抢占国内外电力建设市场。

基本建设严格贯彻“五制”，创精品意识明显增强。2000年竣工项目全部实现达标投产。进一步加强了质量监督工作，2000年共对系统内5个电厂、5个变电所、3条线路和2个地方、自备电厂进行了26次质监检查。其中火电工程13次，输变电工程9次，地方电厂3次，农网1次，在建工程受监率100%。七台河发电厂、鸡西发电厂“以大代小”和群林变电所等在建工程文明施工水平和工艺质量有了很大提高。施工企业已连续3年实现人身死亡零目标，2000年也没有发生重大机械设备损坏事故。前期工作取得进展，木兰风电厂可行性研究已经上报，富锦风电项目和佳木斯第二发电厂异地热电联产项目已得到国家有关部门批复。

电力施工企业加大了减人缩编力度，队伍缩编为火电两个公司、送变电一个公司，人员减至4586人。妥善处理了原火电四公司撤销工作和其担负的七台河、鸡西工程移交工作；完成了原四公司在鹤岗发电工程现场大型机械设备的转移工作。处理盘活施工企业长期闲置的固定资产价值1400多万元。省送变电工程公司，省火电一、三公司，省电力设计院等瞄准国内外电建市场，紧紧抓住西部大开发的契机，实施“走出去”战略。2000年对外承揽了三峡送出工程和亚美尼亚锅炉安装等国内外电建及其他工程项目30项，签订合同金额3.2亿元。

国产60万kW优化机组达标投产

哈尔滨第三发电有限公司4号60万kW国产优化机组2000年9月16日正式通过国家电力公司达标投产复检，成为首台实现达标投产的国产优化型60万kW机组。

哈三发电公司4号60万kW机组是由哈尔滨三大动力厂引进美国技术制造的第三台国产优化型60万kW机组，1999年12月25日投产。在此之前，哈三发电公司3号机组已安装了国产第一台优化型60万kW机组。4号机组达标投产的过程，使机组设计、制造、安装、调试、运行各个环节走到了一起，创造了一次点火成功、一次并网成功、一次通过“168h试运”成功等多个一次成功。机组的系统性能指标达到国内先进水平，试生产期实际可用小时数达2758.84h。热工自动投入率达98.52%，保护投入率达到100%，标志着国产化机组整体性能显著提高，60万kW机组在技术上已经走向成熟。国家电力公司检查组对这台机组按照达标投产考核细则2000年新版本，通过对安全、技术指标、施工工艺、工程档案等方面的对标考核，共计得分542.1分，以较好的

成绩通过复检，并认为哈三发电公司4号机组在总体水平上已实现质的飞跃。

安全生产

2000年，黑龙江省电力公司实现了“安全年”。2000年没有发生生产人身死亡事故和生产人身重伤事故，实现了近16年来第一个无人身死亡“安全年”。其中供电和电力建设企业已连续三年消灭了人身死亡事故。2000年没有发生重大及以上设备事故；没有发生电网瓦解和大面积停电以及重大火灾事故；设备事故率和千人负伤率均低于国家电力公司规定的指标。全公司连续三年消灭了电气误操作事故。12个单位创造了千天以上长周期安全记录。

狠抓安全培训。2000年由省电力公司统一举办的各种安全管理、生产技术培训班共48期，参加集中培训的人数累计达1328人·次；举办各类发、供电生产专业技术竞赛5项；年度冬训检查中，对各局厂389人·次进行了随机抽考，对110人·次进行了现场考问。在2000年国家电力公司举办的全国变电运行技术竞赛中，省电力公司取得了团体总分第一和个人全能第一的好成绩。

常抓不懈，保持安全形势稳定。春秋检作业实行全过程控制和管理，哈尔滨电业局、鹤岗电业局等涌现了独具特色的春检模式。全公司全部春秋检过程未发生人身轻伤以上事故，未发生误操作事故，创历史最好水平。一些电厂安装了电缆防爆系统、锅炉四管泄漏报警装置。各电厂全部落实了电缆中间接头加装高强度有机阻燃槽盒措施。

安全生产形势喜人，一大批单位实现长周期安全记录。截至2000年底，调度局7044天、佳木斯电业局1687天、鹤岗电业局1353天、鸡西电业局1298天、绥化电业局1215天、齐齐哈尔电业局1106天，哈尔滨热电厂2710天、佳木斯第二发电厂2338天、哈尔滨发电厂1452天、双鸭山发电厂1406天、鸡西发电厂1018天，省送变电公司2039天、省火电三公司1676天。

设备改造和生产管理取得新成果

2000年，加大了生产设备在环保、节能降耗等方面的技术改造，通过这最后一年的环保设备改造，已使火电厂污染物全部达标排放。节能降耗改造、励磁系统改造等都取得显著成果。

2000年，完成了富拉尔基第二发电厂、牡丹江第二发电厂、哈尔滨热电厂4台机组的电除尘改造。牡丹江二电厂三期扩建工程、北安发电厂“以大代小”工程和鹤岗发电厂一期工程通过了国家环保总局组织的环保设施竣工验收。以高等级公路建设大量用灰为重点的粉煤综合利用量比1999年有了较大增长。完成了佳木斯发电厂机炉热控空调改造等工业卫生项目，该厂被评为全国电力行业职工卫生工作先进集体。

节能改造见成效。投资90万元对哈尔滨发电厂新投产的4号机组进行低真空改造，使全厂煤耗下降10 g/(kW·h)。对辅机实施变频调速改造，北安发电厂完成两台引风机电机改造；富拉尔基热电厂完成一台灰浆泵电机改造；哈尔滨热电厂完成一台中继泵站灰浆泵电机改造；哈尔滨第三发电公司完成一台江岸补水泵电机改造。对鹤岗发电公司首台30万kW机组进行了节能综合治理，胶球清洗系统改造使收球率达98%以上。节油调峰工作重点搞了富拉尔基第二发电厂1号、6号炉，成功地进行了三台磨煤机不投油的低负荷稳燃试验；对哈尔滨第三发电公司1号炉、富拉尔基第二发电厂2号炉、牡丹江第二发电厂7号炉和北安发电厂2号炉的燃烧器进行了改造；佳木斯发电厂13号炉安装了等离子无油点火装置等。

完成了3台20万kW机组DCS改造；小机组的自动化改造有了可喜突破。完成了3台发电机的励磁系统改造，哈尔滨第三发电公司20万kW1号发电机更换为微机励磁调节器。对省电力公司系统火电厂的总共83台氢罐中不同程度发生鼓包的35台氢罐，更换了29台，各氢冷电厂的氢系统全部安装了在线报警仪。

“双达标”、“创一流”工作取得新成果。2000年，牡丹江水力发电总厂进入国家一流发电企业行列；省电力调度中心、鹤岗发电公司实现“双达标”；牡丹江第二发电厂恢复国家电力公司“双达标”企业称号。

牡丹江水力发电总厂

黑龙江省电力有限公司系统的唯一水力发电厂牡丹江水力发电总厂，2000年9月通过了国家电力公司一流发电企业检查验收。9月28日“一流水力发电厂”命名表彰会在牡丹江举行。

牡丹江水力发电总厂是一厂两站的水力发电企业。总厂下设镜泊湖发电厂和莲花水电站。其中镜泊湖发电厂由两部分组成：①日寇占领中国时修建的老站，装1.8万kW水轮发电机组两台，共3.6万kW；②70年代末建成的中型水电站，装1.5万kW水轮机组4台，容量6万kW。镜泊湖水电站总共9.6万kW。莲花水电站是90年代新建的黑龙江省唯一大型水电站，装13.75万kW水轮发电机组4台，总容量55万kW。1998年9月四台机组全部建成发电。1997年12月投产的两台机组于1998年11月通过国家电力公司达标投产验收；1999 年，后两台机组达标投产，成为全部机组达标投产的水电站。莲花电站达标投产后，牡丹江水力发电总厂瞄准国家一流发电企业的目标努力奋斗，一年一个台阶，终于于 2000 年 9 月达到国家“一流水力发电厂”标准。

黑龙江省公司火电厂全部实现达标排放

在 2000 年 12 月 7 日佳木斯第二发电厂通过省政府 2000 年工业污染源达标排放领导小组办公室达标排放验收之后，黑龙江省电力有限公司系统各火电厂全部通过省政府验收，实现工业污染源达标排放，在全省各行业中，率先实现行业所属企业全部达标排放。

为了切实贯彻 1996 年 8 月国务院《关于环境保护若干问题的决定》中确定的“到 2000 年全国所有工业污染源排放污染物要达到国家或地方规定的标准”这一目标，黑龙江省电力公司在系统各火电厂高效除尘机组比例偏低，国家排放标准提高的困难情况下，下大力气，不等不靠，加大投入，真抓实干。从 1997 年起，全面规划、逐年实施，四年总计投入资金 3.4989 亿元，共计完成了 35 项达标排放的治理改造项目。其中除尘器改造项目 21 项，工业废水的治理改造项目 8 项，其他治理改造项目 6 项，所有改造项目均按期按标准完成。1999 年 11 月，哈尔滨第三发电公司、富拉尔基热电厂在全省首批通过省政府的达标排放验收，受到马淑杰副省长的肯定。2000 年，部分尚未达标的电厂，更是采取了非常规的手段，集中资金全力投入环保治理，终于实现了全部达标排放的预期目标，并从 1995 年开始到 2000 年连续 6 年完成与省政府签订的环保目标责任状。

“营销年”工作取得成效

2000 年初，黑龙江省电力有限公司党组提出，要把 2000 年做为“营销年”，以“大营销”的观念，开拓电力市场，努力增供扩销，加大收费力度，注重优质服务。经过一年的辛勤努力，售电量、电费收缴、售电平均单价等主要指标明显高于年初预算目标，创近几年最好水平。

增供扩销成绩显著。在运用优惠政策、实行优惠电价的同时，进一步扶持、启动和稳定高耗能企业，相继启动了齐齐哈尔电石厂、丹峰碳化硅厂、西林钢铁厂（电炉）、牡丹江树脂厂、鸡西北方钢厂等一批高耗能企业和高耗能设备，一些高耗能企业用电量增长明显。2000 年主动促销电量达到 7.1 亿 kW·h，占年售电量的 2.39%。推广使用电锅炉取暖、用热的宣传工作和优惠政策见成效，2000 年新上电锅炉 4346 台，增容 10.2 万 kW，采暖期电量达 2.4 亿 kW·h。推进用电示范小区建设，到 2000 年底，哈尔滨市已建成两个用电示范小区，4.75 万 kW，全省还有 7 个用电小区在建设中。摘除企业转供电由电网直供工程，2000 年投入资金 5000 万元，摘转用户近 5 万户，既扩大了电网直供范围，又增加了售电量，减少了欠费。

电费收缴取得新突破。2000 年，电费收缴从省电力公司到各电业局、各供电局直至营销人员，层层签订包保责任状，采取划定责任区、定人定量、限时收回、重奖重罚、按月兑现等措施，抢前抓早，从 1 月份开始控制新欠。特别是鸡西电业局采取多种新措施，使全省欠费第一大户鸡西矿务局一季度电费结零，2000 年不发生新欠，实现了历史上的突破。全省加大了“催、抹、封、限、停”的力度，遏制了欠费增长，并收回陈欠 2.9 亿元，电费抹帐 10 亿多元，2000 年底电费收缴实现结零；客户累计欠费下降到 8.13 亿元。

优质服务又有实质性进展。2000 年，注重广告宣传，开通了咨询、举报、投诉、服务热线和网站，取得较好社会影响。全面推进无障碍办电，大规模进行一户一表和内线改造，2000 年改造居民用户 49 万户，非居民、动力户 4 万余户，不仅有效控制了窃电，而且使绝大部分被改造线路的线损都降到了 10% 以下。2000 年少损电量 1.5 亿 kW·h。

黑龙江省出台优惠电价政策

为改善经济和投资环境，进一步开拓电力市场，扩大电力消费，从 2000 年 7 月 1 日起，黑龙江省在全省范围内实行电价优惠政策。

这个由省物价局、省电力公司联合发文出台的电价优惠政策的主要内容：①“定量定价”优惠，对实行一户一表、抄表到户的居民实行梯级电价，即居民生活用电每户每月超过 150kW·h 以上部分，每千瓦时降价 0.06 元；超过 300kW·h 以上部分，每千瓦时降价 0.10 元。由物业管理部门抄表收费的物业小区用电优惠另定。②对单独抄表的城市楼体亮化和美化城市的灯饰设施用电实行优惠电价，执行居民生活用电电价。③单独安装峰谷表的用户低谷用电每千瓦时再降 0.10 元。对使用集中电锅炉供热（含低温辐射板等电采暖设备）的用户，除免交贴费外，电价在执行居民生活电价的基础上，每千瓦时再降 0.04 元。④为鼓励低谷蓄热用电，对安装峰谷表的用户实行峰谷电价，即在 22 时至次日 5 时低谷用电电度电价在执行居民生活电价基础上每千瓦时降低 0.10 元。⑤对符合国家产业结构调整政策的高耗能企业（含炼钢企业），经省电力有限公司批准可实行“一厂一策”的电价办法，优惠电价的降低幅度不超过目录电价的

10%；对年产3万t及以上规模的氯碱企业生产用电，免征每千瓦时2分钱的电力建设基金。⑥对居民用电户办理增容和一户一表用电免收贴费，居民用户新增的单体电锅炉、低温辐射板、电空调用电免收贴费。⑦对居民电气化试点小区和各地市政府批准的经济实用住房用电免收一半贴费。

黑龙江省开通用电咨询举报电话

2000年4月20日，黑龙江省电力有限公司设立的省级“用电咨询投诉举报中心”，开通了用电咨询举报电话。

2000年是黑龙江省电力有限公司确定的“营销年”。“营销年”首先打“服务牌”。为在全省范围内搞好营销服务工作，“用电咨询投诉举报中心”应运而生，并于4月20日在省内各大新闻媒体公布了一个“3654315”，即谐音“365天天天都是‘315’”的热线电话。

窃电者被判处刑罚

2000年7月18日，黑龙江省牡丹江市西安区人民法院公开审判了一起窃电案件。依法判处窃电分子牡丹江市庆丰肉罐制品厂厂主汤占永有期徒刑13年，并处罚金3万元；判处窃电分子原牡丹江电业局东安供电局抄表员贾学财有期徒刑12年，并处罚金2万元。这起由电业职工和个体业主内外勾结的窃电大案，是《电力法》颁布实施以来黑龙江省对窃电的犯罪嫌疑人首次做出的刑事判决。

汤占永于1997年5月接手经营肉罐制品厂时，在原厂主姚桂珍（另案处理）的带领下找到贾学财，让贾学财先将电接上，以保证肉罐厂生产。在没有申办动力电许可的情况下，贾学财在牡丹江电业局配电线路西郊干51号杆上擅自接动力电进入肉罐制品厂窃电生产。从1997年5月开始窃电长达两年之久。1999年5月案发后，5月20日中午，为了逃避电业人员检查窃电容量，在汤占永之父汤吉福指使下，三名雇工用三轮车先后三次运走三个电暖气。5月23日至6月初在案件查证期间，汤占永又指使其二哥汤占和10余次私自攀登电杆接电，每晚8时至9时接电开工生产，次日凌晨3时至4时再登杆将动力电线拆除，继续进行窃电活动。

1999年7月1日，汤占永、贾学财被牡丹江市公安局西安分局依法拘留；7月21日被西安区人民检查院以涉嫌盗窃罪批准逮捕。贾学财被清出电业队伍。牡丹江电业局在此案中对严重失职、包庇窃电的抄收员毛国忠给予开除留用处分，给予抄收员于舰等人行政处分。

法院审理认为，肉罐厂两年共窃取电量156942kW·h，窃电价值85533.37元。认定汤占永犯盗窃罪。贾学财系肉罐厂原厂主姚桂珍的“干儿子”，他不但帮助窃电，隐瞒窃电事实，还将厂主办电的6000元据为己有，并拉拢其他电业职工帮助窃电和隐瞒窃电事实。二犯罪分子为窃电付出了沉重的代价。

农电“两改一同价”大步推进

2000年是全面启动农电“两改一同价”的重要一年。“两改”工作按计划稳步推进，不断为“同价”奠定基础。2000年购电量完成52.3亿kW·h，比1999年增长6.1%；趸售提成总收入5.49亿元，比1999年增长11.3%；购千瓦时电量收入105.06元，比1999年增长1.2%。2000年没有发生重大设备、水灾、交通事故，没有发生职工生产死亡事故。

农网建设改造稳步推进。国家批复黑龙江省三年建设改造资金（含2000年国家为林区增加的15亿元及农垦区的农网改造资金）共计63亿元。2000年，完成20亿元，农网改造已累计完成投资48.05亿元。到2000年底已有44个县完成了农网改造工程。农村居民生活电价从12月1日抄见电量起平均下降3分钱。

农电体制改革取得阶段性成果。全省乡镇电管站已改革合并为948个（站所合一）。其中607个完成了第一阶段乡镇电管站改革，精减农村电工5309人，减少了30%，有36个县（市）局完成了乡站体制改革。

服务示范窗口建设效果显著。全省评出省级单位769个，新推荐国家电力公司示范窗口单位8个。

多种产业继续得到发展

2000年，黑龙江省电力公司系统多种产业结合实际积极开展了转机建制、强化管理、调整结构等工作，圆满完成了年初确定的各项工作任务和生产经营指标。总收入和利润分别达到57亿元和4.8亿元。

调整产业结构。对相关产品趋同的企业进行了重组。采用转、售、租、破、靠等办法对19家规模小或无发展前景的企业进行关停。投资1029万元对18家老企业进行了技术、设备、产品等改造。除已投产的18个新项目外，另投资9000万元，正在建设新项目16个；正在做前期可研的项目11个，预计投资2500万元。环保、信息等一些新兴产业得到开发。

转机建制工作。2000年完成了8家总公司改制，二级企业有10家改制为有限公司，9家完成股份合作制改造。一些企业还试行合同制、竞争上岗、聘任制、经营者年薪制等，初步建立起符合本企业实际的分配制度。

企业管理不断加强。各总公司强化了营运资金收支、资本性收支、对外投资、对外借款等方面的监督。2000年对16家总公司的58家企业进行了审计。有15家企业通过了ISO 9000系列质量认证。2000年安置富余人员120人，裁减临时工580人。

多种产业各企业全年完成电力系统内部工程任务5亿；完成系统外工程2.1亿元。齐齐哈尔电业局和牡丹江水力发电总厂多经公司被国电公司评为“双文明单位”。

精神文明建设又上新台阶

行风建设取得新成效。到2000年底，全省电力系统已有85%以上的地市营业窗口达到了国家电力公司示范窗口规范化服务要求。哈尔滨电业局荣获“全国职工职业道德建设十佳单位”殊荣。通过“两改一同价”全年减轻农民负担1325.7万元。

文明单位创建成果显著。省电力有限公司顺利通过了文明行业建设先进系统标兵的复检。大庆电业局进入国电公司系统“双文明单位标兵”行列；鹤岗发电公司等九个单位进入“双文明单位行列”。齐齐哈尔电业局荣获国电公司“思想政治工作先进单位”称号。

落实“三严一表率”要求，大力加强干部队伍建设和党风廉政建设。

2000年受理信访举报176件，做到了件件有着落，事事有结果。2000年立案11起，结案11起，结案率100%，有力地惩治了违法违纪行为，维护了党纪政纪的严肃性。

各级工会组织认真贯彻全心全意依靠职工办企业方针，加强民主管理，大力推进厂务公开和民主评议干部、集体协商工作，实施了送温暖工程。全系统业务招待费比1999年下降10.2%。开展了青年文明号、青年岗位能手和青年安全监督岗等活动，共青团组织的作用得到了较好的发挥。

黑龙江省公司开展“三讲”教育

根据国家电力公司的统一安排，黑龙江省电力有限公司机关从2000年3月6日开始到4月18日用44天时间开展了“三讲”教育。

国家电力公司向黑龙江省电力有限公司派驻了由张民政为组长的“三讲”教育巡视组。

从8月14日开始至8月25日，又开展了“三讲”教育“回头看”活动，检查“三讲”教育期间制订的各项整改措施落实情况。“三讲”教育结束以后，省电力公司党组大力推进整改工作的开展，各项整改措施均得到了很好的落实，“三讲”教育中查找出的主要问题基本得到解决，各级干部增强了党性，转变了作风，努力工作，推动了公司系统两个文明建设的发展。

国电东北公司两个超高压局在黑龙江省成立

国家电力公司东北公司齐齐哈尔超高压局和哈尔滨超高压局9月19日和20日分别在齐齐哈尔市和哈尔滨市成立。国电东北公司总经理翟若愚和齐齐哈尔市代市长杨信、哈尔滨市副市长方存忠为两个局揭牌。国电东北公司副总经理陈峰、黄传兴，黑龙江省电力有限公司总经理郑宝森、副总经理路书军等出席两个局揭牌仪式并讲话。

超高压局是专门经营500kV输变电设施的生产单位，直属国家电力公司东北公司。东北公司根据500kV输变电设施情况共设有5个超高压局，其中辽宁省两个（沈阳和锦州），吉林省一个（长春），黑龙江省两个。齐齐哈尔超高压局共管辖500kV输电线路3条，总长800.025km，500kV变电所1座，容量106.8万kV·A，该局固定资产20.95亿元。其所辖500kV输电线路是国家“八五”重点工程伊敏煤电项目南送电力的唯一通道。哈尔滨超高压局共管辖500kV输电线路3条，总长度320km，变电所3座，总容量213.6万kV·A。固定资产总值10.7亿元。

主要事件

1月1日，黑龙江省委书记徐有芳到哈尔滨热电厂慰问节日在岗坚持工作的电力职工。

2月3日，黑龙江省委副书记、代省长宋法棠，省委副书记杨光洪，副省长张成义到省电力公司慰问全省电力职工。

2月12日，清华大学远程教育哈尔滨站在黑龙江电力职工大学成立。清华大学副校长杨家庆和省电力公司领导出席成立大会。

2月18日，国家电力公司副总经理赵希正到哈尔滨第三发电有限责任公司检查工作。

2月22日，黑龙江省电力设计院更名为黑龙江省电力勘察设计研究院。

3月25日，黑龙江省电力工业局副局长、省电力有限公司副总经理王久玲赴青海省电力局任职。

3月31日，黑龙江天恒招标咨询有限责任公司荣获全国电力系统首家《机电设备招标咨质》。

4月22日，在国家电力公司召开的2000年工作会议上，黑龙江省电力公司由于圆满完成对国电公司1999年度资产经营考核指标，而成为全国电力系统16个受表彰、奖励的公司之一。

4月23日，省电力有限公司领导为黑龙江省电力系统三位全国劳动模范李庆长、于中权、孙玉庆进京参加全国群英会送行。

4月30日，双鸭山第一发电有限责任公司副经理田绍林获首届黑龙江省十大杰出“青年创业明星”称号。

5月12日，省委常委、省经济工作委员会书记杜宇新到龙电集团检查工作。

6月6日，黑龙江省电力公司系统有13个发供电和基建企业，做为1999年度实现安全生产目标的企业，受到国家电力公司表彰。

6月16日，省电力有限公司邀请中财国企投资有限公司总经理姚平、东北师范大学国际工商管理学院副院长孙启明为省电力公司领导就资本运营等方面内容进行讲座。

6月27日，省电力公司纪检组、监察专员办公室深入省公司系统各单位，历时40多天，召开36场党风党纪教育会，向4160多名各单位中层以上干部和重点部门人员通报了省公司系统近年发生的违法违纪案例。

7月7日，鹤岗发电公司2号机组通过国家电力公司、国电东北公司等联合复检，成为黑龙江省首台基建达标投产的30万kW机组。

8月3日，国家电力公司科技工作会议在哈尔滨召开。

8月17日，黑龙江省委常委、政法委书记唐宪强，副省长王东华到牡丹江第二发电厂检查社会治安综合治理工作。

9月16日，哈尔滨第三发电有限公司4号60万kW国产优化机组通过国家电力公司达标投产复检。

9月21日，省电力有限公司召开全省集中整治反窃电“哈尔滨行动”总结大会。为期16天的反窃电活动共追补电量391.58万kW·h，追补电费和违约电费932万元。

9月28日，牡丹江水力发电总厂获国家电力公司“一流水力发电厂”命名大会在牡丹江市召开。

11月5～12日，在佳木斯地区进行反窃电集中整治行动，追补电费和违约电费414万元。

11月7日，黑龙江省华富风力发电富锦有限责任公司在佳木斯成立，省内第一座风力发电站建设进入运作阶段。

11月16日，黑龙江省副省长王东华到牡丹江第二发电厂检查“三五”普法和依法治理工作。该厂已于11月7日通过了国家电力公司系统“三五”普法依法治理复查验收。

11月22日，省电力有限公司宣布国家电力公司和国电公司党组对省电力公司领导干部的任免通知。熊良印、李维翰、蔡立山、唐忠贵、杨洪义、葛贵芳、孙同君不再担任黑龙江省电力工业局、黑龙江省电力有限公司原有职务。任命原钢为省电力工业局副局长、党组成员，张庭斌任总经济师。省电力有限公司一届五次董事会根据国家电力公司意见，聘任原钢为省电力有限公司副总经理，聘任张庭斌为总经济师；解聘熊良印的副总经理、唐忠贵的总经济师职务。

12月1日，即日起黑龙江省农村居民生活用电每千瓦时降价3分钱。

12月5日，由佳木斯第二发电厂和佳木斯电业局共同投资兴建的黑龙江省第一家公司制水力发电企业——佳木斯云峰水电有限责任公司成立。

12月5日，黑龙江省电力股份有限公司在上海召开2000年公募增发A股推介会，预计增发人民币普通股8000万股。

12月21日，佳木斯电业局所属电力实业集团总公司发生一起5人死亡、2人重伤、车辆重毁的特大恶性交通事故。

12月22日，国家经贸委以国经贸电力［2000］1224号文，对黑龙江省经济贸易委员会黑经贸委电力联呈［2000］548号文《关于撤消黑龙江省电力工业局的请示》作出批复，“撤消黑龙江省电力工业局，自发文之日起施行”。

辽宁省电力工业

概述

截至2000年末，公司所属企业单位88个，其中全资子公司12个，分公司19个（供电公司13个，发电厂6个），事业及其他单位17个，控股公司8个，参股公司32个。拥有总资产451.90亿元，其中：固定资产236.31亿元，注册资本金总额100亿元，资产负债率48.96%。全省发电量完成642.88亿kW·h，同比增长5.31%；售电量完成548.63亿kW·h，比目标多售电28.6亿kW·h，同比增长9.2%。

实现销售收入187.68亿元，同比增长19.6%；售电平均单价完成334.9元/(MW·h)，比预算增加34.04元/(MW·h)。

按可比口径完成利润5.61亿元，实现超额利润1.27亿元；上缴投资收益1.3亿元。

实现劳动生产率95724元/人，增长9.2%。

电费累计欠费余额为11.97亿元，比1999年下降1.57亿元。全资及控股电厂供电标准煤耗完成374 g/(kW·h)，同比下降4 g/(kW·h)；地区线损率完成5.64%，完成2000年初计划。

2000年未发生电网瓦解和大面积停电事故；未发生有人为责任的重大设备损坏事故；未发生重大火灾和重大交通事故；但人身事故有所上升，死亡3人。

2000年关停小火电机组35万kW；新增发电容量160万kW；基建新增220kV输电线路71km，变电容量66万kV·A。城乡电网改造分别完成投资27.4亿元和30亿元。

多种经营总收入完成68.5亿元；实现利润1.94亿元。

电力生产

辽宁省电力有限公司坚持以提高经济效益为中心，以安全生产为基础的原则，加强发、供电设备检修、维护和设备技术改造，取得可喜成效。

(1) 确保电网安全稳定运行。深入开展安全性评价工作，制定安全性评价管理规定，组织专家对10余个发供电企业进行安全性评价。积极推进检修现场安全标准化作业和危险点分析预控，安全管理水平进一步提高。合理控制联络线调度，电网电压合格率达到99.71%，频率合格率为99.99%，220kV系统继电保护正确动作率为99.5%。

(2) 加快电力结构调整，积极进行城乡电网建设与改造。对城乡电网改造工程实行统一管理，严格按照基建程序，认真落实“五制”。所属13个供电公司的城网改造工程已经全部开工，累计完成投资46亿元，占全部投资的49%，新增变电容量131万kV·A；农网改造工程累计完成投资39.7亿元，占全部投资的79%，竣工42个县（区），特别是采用新技术、新设备和新工艺，在确保工程质量的同时，降低了工程造价，改变了被动局面，进入全国先进行列。改造后的城乡电网线损普遍下降，地区平均电量有所增长，农村9个县（区）综合电价平均下降5分/(kW·h)。

结构调整力度加大。严格执行国家关于关停小火电机组政策，按计划关停小火电机组7台共35万kW。抚顺、阜新二期和沈阳热电厂三期“以大代小”改造工程已经国家批准开工建设，实现了绥中2台80万kW机组投产。一批送变电工程项目实现投产达标。

经营管理

辽宁省电力有限公司坚持以经济效益为中心，全面实现资产经营目标。2000年，为扩大电力销售，对用电量较大的高耗电企业采取扶持政策，使已停产的100多户企业重新恢复了生产，增加网供电量15.82亿kW·h。在政府有关部门的理解和支持下，出台辽宁省统一销售电价，理顺各种关系，打破辽宁省多年电价平议双轨制的不合理状况，实现售电量大幅增长，沈阳、鞍山、两锦、营口等4个供电公司的售电量实现两位数增长。

(1) 认真做好电费收缴和打击窃电工作。2000年，继续把电费收缴、完成电费清欠工作作为各单位一把手及领导班子成员主要业绩考核；通过负荷控制管理系统和抹账等手段和形式，完成电费回收目标，2000年仅通过煤电抹帐，就回收电费5亿元，1998年以前陈欠电费回收2.74亿元，占陈欠总额的21.6%。依靠各级政府，深入开展打击窃电工作，一批重大窃电户受到法律追究，2000年共追补电量1.3亿kW·h时，追补电费及违约使用电费1.28亿元。

(2) 全面实施预算管理，注重投资收益。建立健全了预算管理制度，规范预算管理行为，严格预算审批程序和纪律。压降成本措施有力，在1999年压降3%的基础上又压降3%，增利0.39亿元。完善投资收益管理办法，加强对参股和控股企业的经济活动分析，确保公司作为出资者的收益，投资收益同比增加3.06亿元。公司还研究并提出向控股公司推荐高级管理人员及其经营业绩的考核办法。在盘锦、铁岭等两个供电公司试点，改革电费上缴方式。锦州电厂合资经营取得突破性进展，外方投资全部到位。

(3) 巩固和完善内部模拟电力市场。通过内部模拟市场办法的不断修改和完善，使发、供电企业实现内部自主经营、自负盈亏，达到降耗增效，培育电力市场的目的，2000年完成内部模拟电力市场利润3.59亿元。

(4) 企业管理进一步加强，创一流活动扎实有效。全面开展创一流工作。盘锦供电公司、辽宁电力科学研究院进入国家一流企业行列；调度通信中心、鞍山、沈阳及两锦供电公司等4家单位具备申报国家一流企业条件。营口、抚顺、丹东、铁岭等4家供电单位和沈阳电厂、阜新电厂已具备申报省一流企业条件。

有效控制经营风险。重点加强对投资、贷款和担保行为的控制与管理，对所发生的贷款和担保行为建立审批制度和程序，组建公司投贷管理委员会，全权负责投贷审批事宜。重视和加强审计工作，发挥内审机构作用。注重合同管理，依法经营、依法维权的意识增强。

大力开展科技攻关。一批高科技成果研制成功并推广应用。信息网络主干网升级千兆，广域网实现了36个单位宽带连接。

多种经营

2000年，辽宁电力有限公司组建了大连数码科技股份有限公司等一批符合现代企业制度的股份制企业；积极进行产业结构调整，开发LED大型显示屏等科技含量较高的项目，促进多经企业升级；进行集团化建设的尝试，组建一批行业性集团和综合性集团，以资本为纽带组建的跨地区、跨行业的辽宁电力国际旅游公司已获得国家旅游局的批准；稳步推进多经系统劳动人事制度改革，为公司减人增效作出贡献，2000年末，集体职工为31705人，比1999年末减少4865人。

体制改革

配合辽宁省经贸委完成政企分开工作，各项改革不断深入，战略规划工作进展顺利。2000年，辽宁电力有限公司厂网分开，竞价上网的试点工作顺利进行。农电体制改革取得一定进展，县级供电企业股份制改革扩大试点方案和有关管理办法正在完善，乡级电管站体制改革的目标基本完成。减人增效成绩显著，2000年末在册正式职工63271人，其中从事多种经营和支援集体22543人，累计内部退养5353人，下岗1734人，三项合计29630人，占全部正式职工的46.8%。另外，解除劳动合同1454人。2000年末，主业在岗人数比1999年末减少10244人。施工、修造企业全部达到并超额完成核定的定员指标，发、供电企业也基本达到国电公司新定员标准。沈阳电力高等专科学校顺利移交地方。

审计工作

根据通用的会计、审计准则，对辽宁省电力有限公司2000年度会计决算及主要财务、经济指标完成情况进行了审计。

经审计，公司2000年度会计决算符合一贯性原则（除国家规定的变化之外）。企业营运能力、偿债能力和获利能力增强，财务运行状况健康、平稳，内部经济秩序及发展态势良好。各专项资金审计情况：

（1）房改资金。截至2000年末，累计归集住房公积金9.1亿元，帐面累计支出1.8亿元，归还贷款0.6亿元（2000年），实际结存6.4亿元。

（2）社保基金。2000年度，职工社会保险基金累计收入4.6亿元（其中基本养老保险基金收入3.5亿元，调剂金收入1.1亿元），弥补1999年节余−0.2亿元，累计支出4.4亿元（其中基本养老保险基金支出2.6亿元，上缴1.8亿元），收支基本持平。

通过审计，社保基金的管理基本上做到了机构、人员、制度到位，基础工作较为扎实，未发现重大违纪违规现象。

（3）城乡电网建设和改造工程。截至2000年底，城网改造工程累计到位资金61亿元，累计下拨资金49亿元。累计完成投资46亿元（2000年完成投资27.4亿元，占完成投资额的59.6%），其中已竣工投资为26亿元。

城网改造工程已竣工报审的工程项目为369项，已审计320项，占报审项目的87%；已竣工报审的工程项目投资为21亿元，已审计13.7亿元，占报审投资额的65%。

截至2000年底，农网改造工程全省累计资金到位43.9亿元（其中2000年到位27亿元，占到位资金的62%）；累计完成投资39.7亿元（其中当年完成30亿元，占完成投资的75.6%）。累计竣工工程投资额25.8亿元（其中九个竣工县完成投资2.3亿元）。有五个竣工县已审计完毕，一个县正在审计。已竣工项目75项，已审计63项，占84%。

2000年，辽宁省城乡电网建设与改造工程取得了较大进展，在项目管理和资金使用方面未发现有重大失误和违纪问题。

（4）内部审计。2000年共完成审计项目849项，查处亏损挂帐、挤占成本、收入挂帐等金额约3亿元，为企业增收节支9966万元；共提出审计建议1285项，落实率为78%。其中，公司审计部完成审计项目22项，查处亏损挂帐、挤占成本、收入挂帐等金额1.5亿元，为企业增收节支1141万元。

通过审计，辽宁省电力有限公司的管理水平有所提高并进一步科学化、规范化，经营成果较为明显，企业总体运行状况良好，1999年度审计报告中披露的问题和提出的建议大部分得到了较好的解决和落实。

财务工作

2000年，公司财务工作贯彻年初职代会和工作会议的精神，面对复杂的用电市场，较大的增支压力和沉重的欠费负担等不利因素，采取积极预算政策，坚持电价并轨改革，实施增供扩销举措，加大查、防窃电力度，大力压降成本，抵御各种经营风险和金融风险。

（1）全省售电量持续增长，标志辽宁地区经济发展势头由低转高。

（2）主营电力销售收入有所增长，热力销售收入和其他销售收入与2000年持平。

（3）固定成本增长幅度低于电力收入增长幅度。固定成本34.75亿元，扣除不可比因素后，低于电力收入增长幅度5.78%，成本增长势头得到遏制，

2000年初实施压降3%成本的紧缩开支政策已见成效。

(4) 全资发电厂借助买方市场，竞价购煤，采购价格继续走低。综合平均标煤单价304.89元/t，比预算降低11.38元/t。

(5) 在公司责任机制的作用下，关联公司和出资的控股、参股公司增产降耗、增收节支，较好地完成了各自的利润目标。投资收益同比增加3.06亿元，超额完成年度预算任务。

(6) 部分全资子公司效益下滑、经营亏损的状况得到遏制。6家施工企业实现利润达1900万元，同预算相比增加200万元，增幅11.76%。4家修造企业同比减亏1937万元，减亏幅度达35.32%。

2000年初，辽宁电力有限公司同国家电力公司签订的年度资产经营责任书中的6项资产经营目标，已经完成或超额完成。公司财务状况良好，经营秩序井然。

1. 资产、负债及所有者权益状况

2000年，公司资产总值451.9亿元，其中：固定资产净值154.39亿元，流动资产160.29亿元，长期投资67.54亿元。负债总额229.19亿元，其中长期负债139.02亿元。所有者权益222.71亿元，其中，实收资本99.93亿元，资本公积金118.12亿元。

2. 收入、成本和实现利润

实现销售收入187.68亿元，比预算增加30.78亿元，增幅达19.62%，管理费用0.93亿元，财务费用0.92亿元，销售税金0.81亿元，实现利润7.61亿元，扣除转让朝阳发电厂净收益2亿元，可比口径实现利润5.61亿元，比责任目标增加1.27亿元，增幅29.26%。生产企业实现利税16.94亿元，同比增加0.7亿元。施工单位实现收入13.20亿元，抵减成本、税金等支出后，实现利润0.19亿元。

3. 折旧资金的提取和使用

折旧资金来源13亿元，其中：2000年提取折旧资金10.9亿元（计提折旧的固定资产原值为198.7亿元，平均年折旧率为5.5%），从有限公司分得折旧1.6亿元，1999年节余0.5亿元。折旧资金支出11.4亿元，其中：基本建设项目安排1.8亿元，小型基建1.5亿元，技术改造3亿元，科研事业及其他支出2.1亿元，归还基建贷款3亿元。2000年结余1.6亿元。施工企业自提自用。

4. 职工福利费用的提取和使用

2000年按工资总额14%提取福利费0.79亿元，扣除支出，2000年略有赤字。

领导班子建设和精神文明建设

积极研究和探索领导干部管理的新机制，坚持党管干部与法人治理结构相结合。推进新老干部交替，一批德才兼备的年轻同志被选到各级领导岗位，2000年提职的75名干部中，40岁以下的34人，占45%；大学本科以上学历的64人，占85%。

深入开展精神文明建设。在公司本部副处级以上领导干部中开展“三讲”教育和三讲教育“回头看”活动，并把各项整改措施落到实处。深入开展党风廉政教育和反腐败工作，案件查处和效能监察工作取得新进展。员工职业道德建设进一步规范化和制度化。行风建设不断向高层次发展，在全省行风测评中，连续四年获得第一名，涌现出一大批供电服务示范窗口。组织职工深入开展“九五”建功立业活动。围绕公司安全生产和经营目标开展各种形式的劳动竞赛、合理化建议和双增双节活动，大力开展群众性岗位练兵，提高了广大职工技术技能水平和全员安全意识，增强了职工主人翁责任感和企业凝聚力。

主要事件

1月23日，辽宁省电力有限公司总经理王禹民把20个聘书分别发到总经理联络员手里。这是省公司成立后聘任的第一批总经理联络员。

1月24～25日，辽宁省电力有限公司首届一次职工代表大会在沈阳举行。

2月，辽宁省电力有限公司正式出台了《辽宁省电力有限公司平等协商办法》规定。

4月3日，下午1时50分，作为全国厂网分开竞价上网6家试点单位之一的辽宁省电力有限电力公司电网发电侧电力市场开始正式试运行。

4月18日，阜新发电厂二期技术改造工程开工。二期技改工程建设是“以大代小”技改项目，投资8.3亿元，安装一台20万kW供热机组。

4月23日，阜新电业局实现连续安全生产2000天，创省公司安全生产之首。

4月27日，第九届辽宁省十大杰出青年评选揭晓，阜新电业局局长魏庆海荣获“十杰”称号。

5月6日，辽宁省电力有限电力公司2000年工作会议在沈阳召开。

6月22日，绥中发电有限责任公司一号80万kW机组，于15时20分顺利通过了168h+72h试运行。绥中发电工程安装两台俄罗斯的发电设备，是我国目前单机容量最大的火力发电机组。

7月24日，受到广泛关注的辽宁省电力有限公司因不服缴纳二氧化硫排污费通知书做出的决定，起诉辽宁省环境保护局一案，经省高级人民法院终审判决，维持沈阳市中级人民法院一审判决，辽宁省电力有限公司胜诉。

8月1日，国家电力公司经研究并征得中共辽宁省委同意，决定赵首先任辽宁省电力工业局副局长（列钟俊之后）、中共辽宁省电力有限公司（电力局）党组成员。

8月24日，国家电力公司党组发出决定，命名沈阳供电公司党委为全国电力系统“思想政治工作先进单位”，命名省公司思想政治工作部主任罗文生、辽宁送变电工程公司党委书记于弘适为全国电力系统“先进思想政治工作者”。

8月30日，国家电力公司党组发出决定，授予大连供电公司为全国电力系统“双文明单位标兵”称号；授予沈阳热电厂、沈阳供电公司、两锦供电公司、盘锦供电公司、营口供电公司、鞍山供电公司、辽宁送变电工程公司、辽宁电科院、辽宁调度通信中心为“双文明单位”称号；授予沈阳供电公司多经总公司、大连电力建设有限公司为“多经双文明单位”称号；授予营口市老边供电局、锦州市北宁供电局为“农电双文明单位”称号。

9月5～9日，全国电力系统第二届（国电公司首届）生产焊工调考在大连举行。

9月上旬，由辽宁省电力有限公司党组成员、省电力工会主席郝郁邻任团长，省电力职工文化艺术交流团一行10人，在澳门进行了为期8天的文化艺术交流活动。

9月16日，辽宁省经济贸易委员会、辽宁省财政厅、辽宁省地方税务局正式确认辽宁电力科学研究院为辽宁省省级企业技术中心。

9月20日，辽宁省物价局、经贸委、电力工业局联合发出《辽宁省利用价格杠杆促进电力消费暂行办法》的通知，出台了辽宁省促进电力消费新的优惠政策。

9月23日，由辽电三公司承建主体工程的绥中发电厂2号80万kW机组，于23日8时一次并网成功，25日18时43分达到额定负荷，最高负荷达到81.2万kW。

10月26日，国电东北公司、辽宁省电力有限电力公司和日本北陆电力株式会社三方签定了排烟脱硫技术共同研究合同。

10月27日，辽宁电科院举行“国电公司一流电力试验研究院”“辽宁省电力有限公司技术中心”揭牌仪式。

10月30日，国家电力公司经研究并征得中共辽宁省委同意，决定韩水、赵自力任辽宁省电力工业局副局长；免去陈训江的辽宁省电力工业局副局长职务；免去于立滨的辽宁省电力工业局副局长的职务，由国家电力公司党组另行安排工作。

10月，辽宁省电力有限公司、省电力工会结合1999年“双庆”活动开展了评选表彰“十大文明职工标兵”活动。决定授予沈阳电业局赵作生等10名同志为文明职工标兵称号。

10月，作为辽宁省电力有限公司在青海省的扶贫办事机构——辽电青海办事处，圆满完成了对青海省达日县的第二轮扶贫任务。

11月10日，国家电力公司总经理高严在国电东北公司总经理翟若愚，辽宁省电力有限公司总经理王禹民、副总经理钟俊等领导的陪同下视察了辽宁电网。

11月24日，抚顺电业局召开“抚顺市打击窃电违法犯罪行为新闻发布会”，当地新闻媒体记者就《严厉打击窃电违法犯罪通告》发布新闻。

12月4日，历时20天的全省第二次查处窃电行动结束。此次行动共抽调近80名同志，行程近1万km，先后对辽宁省内的14个城市的84个县区用电情况进行了检查，共检查各类电力用户12481户。共追补电量323万kW·h，收缴追补电费及违约使用电费762万元。

12月5日，辽宁、陕西两省电力公司多经企业西部开发项目洽谈会在沈阳举行。

12月8日，继阜新供电公司之后，朝阳供电公司再创突破安全生产2000天纪录。

12月18日，辽电三公司在沈阳召开“东北电力负荷预测中心大楼工程”获得中国建筑工程最高奖——“鲁班奖”庆功会。这是东北电力系统基本建设工程项目建国以来获得的最高荣誉。“东北电力负荷预测中心大楼”开工于1994年3月，楼体高188m、44层，1997年12月建成投入使用。

12月21日，辽宁省电力有限公司召开农网建设与改造工作会议。截至11月末，全省完成农网改造投资33.2亿元，占到位资金72%。完成全省农网改造总工程量的66%，一举扭转了农网改造的被动局面。

12月28日，辽宁电力信息网络系统工程获2000年辽宁省政府科技进步二等奖、辽宁省经贸委企业管理进步成果奖，并获得中国电力信息中心颁发的“99’国际电力信息技术及产品展示会优秀参展单位”奖。

12月，在召开的辽宁省思想政治工作会议上，省电力公司获得辽宁省委、省政府颁发的“思想政治工作先进单位”“文明单位”“文明行业”三块金牌。

华 东 地 区

国家电力公司华东公司

综述

2000年华东电力集团公司的最大变革，就是由具有法人资格的主体改制为国家电力公司非法人经营机构。2000年5月27日，国家电力公司印发中国华东电力集团公司改革方案，将中国华东电力集团公司改组为国家电力公司的分公司，定名为国家电力公司华东公司，并撤销中国华东电力集团公司。国家电力公司对华东公司实行法人授权委托制度、经营目标责任制度和内部工效挂钩考核制度。华东公司的功能定位为区域战略规划中心、调度指挥中心、电力电量交易与结算中心以及内部利润中心。2000年内继续执行国家电力公司下达的资产经营考核办法，从2001年1月1日起按新体制运行。2000年7月3日，国家电力公司华东公司在上海成立。

（一）完成各项安全生产任务

新安江、富春江、望亭、天荒坪四个电厂全年共完成发电量77.5亿kW·h，其中水电34.4亿kW·h（抽水蓄能14.5亿kW·h）、火电43.1亿kW·h。2000年是华东公司系统历史上面临技改、检修项目最集中的一年，投入资金约3.5亿元（含500kV主网架）。

各单位按照国电公司“管理年”提出的要求，采取有效措施，较好地处理了生产任务重和确保安全生产的关系。一是狠抓全员安全责任制。通过强化教育来增强职工的安全意识和责任心；在制度的执行过程中做到“监管有力，赏罚分明”，从而使安全水平有了进一步提高。二是突出重点，狠抓电网安全运行。坚决贯彻国电公司安全生产电话会议精神，紧紧抓住主网架、主要电厂等重点环节，千方百计确保电网安全稳定运行。公司主要领导还带队深入500kV变电站等检查落实安全措施，促进了电力生产“安全第一，预防为主”的方针落到实处。电网已连续保持28年无稳定破坏和大面积停电事故发生。三是狠抓设备技改和检修质量。各单位都能充分认识设备质量对提高设备利用小时的重要意义，严格执行规程，坚持“修必修好”原则，通过监督与考核，使项目的安全、质量和技术措施得到落实，确保了主、辅设备优良率达到100%，既提高了设备运行可靠性，又为实现企业的安全生产目标奠定了基础。

电网运行和电能质量稳步提高。2000年全网平均用电峰谷差达到1000万kW，比1999年增大13.5%，但电能质量仍然保持在较高的水平上，50±0.2Hz频率合格率为99.95%、50±0.1Hz为99.1%；电压合格率为99.57%，均比1999年要好。公司系统线损率6.7%，比1999年下降0.1个百分点、供电煤耗346g/(kW·h)，比1999年下降3g/(kW·h)。

天荒坪抽水蓄能电厂在安全运行水平逐步提高的同时，经过天建公司等数万建设者历时近7年的艰苦拼搏，终于在12月22日最后一台机组投产发电而宣告基本完成了建设任务。

华东电力试验研究院作为电网“四个中心”和科技进步骨干单位，在加强技术服务、技术监督和技术开发等方面的同时，对于发现的发供电企业的设备缺陷，能积极参与分析，提出处理意见和解决办法。培训中心加大了全网生产一线人员的技术培训力度，全年共举办各类教育培训班81期，受训1126人·次，为电网的安全稳定运行作出了贡献。

（二）经营效益达到预期目标

全年华东公司系统累计完成售电量124.6亿kW·h，同比上升15.28%；完成销售收入43亿元，同比上升40.52%；实现利润总额5.4亿元，同比减少1.1亿元；资产总额168亿元，同比增长14.29%；资产保值增值率达到114.46%。

2000年全公司系统在经营工作中遇到了来水锐减、生产检修任务繁重等困难，但是，机关各部门、各生产单位都能以效益为中心开展工作，使公司系统在经济效益方面仍然取得了不俗的业绩。其中，一是继续以内部利润（目标费用）承包考核为抓手，促进企业效益稳步提高。通过扩大考核内容、强化考核力度，使公司系统的成本支出比计划有所降低。二是加强水电运行管理，使有限的水力资源发挥出最大效益。在来水创历史低点的情况下，通过合理控制水位，认真执行调度命令，完成了调频调峰和事故备用任务，有效地实现了水电资源的经济运行。三是积极组织并参与电力电量竞价上网交易。为促进华东电网电力电量合理流动，华东公司在原来5亿kW·h电量的基础上，继续划出7亿kW·h代发电量参与竞价上网，中标平均电价比原网受电价240元/(kW·h)减少了56.59元/(kW·h)，降低代发电成本约4000万元。四是强化财务管理和审计监督，积极促进增收节支。针对全年技改和大小修项目多的特点，各单位能以财务管理为中心，认真做好项目成本核算，并对项目签约、大宗物资采购等实行事前审计监督等措施，有效地核减了不合理开支68万元，促进增收节支80万元。

公司系统的多种经营企业，在激烈的市场竞争中，克服困难，也取得了较好业绩，全年实现总收入4.8亿元，利润为2500万元，分别比1999年增长20%和60%。

（三）电网规划工作有所加强

根据分公司功能定位，加强了电网和电源结构的优化调整工作。按照国家宏观经济发展逐步回升的预测，贯彻国家西部大开发战略决策，认真落实国电公司大力推进“西电东送”和积极推进全国联网的指导方针，编制完成了华东公司和华东三省一市电力发展“十五”计划及2015年远景规划（初稿），完成了三峡2003年送电华东的电力电量消纳方案和配套项目的前期研究工作。同时，还为2003年的“西气东输”，启动了利用西部天然气建设燃气——蒸汽联合循环机组工程的前期工作，从6月至年底，审查完成了上海、江苏、浙江8家燃机电厂的新装或改装共740万kW机组的初步可行性研究报告。

（四）企业改革稳步向前推进

按照国电公司的改革战略，年内公司党组把实现集团公司向分公司转制作为深化改革的重大任务来抓。首先在公司范围内做好转变观念、统一思想的工作，保证与国电公司党组在思想上、行动上一致；其次在实施改制过程中，能够按照中央和国电公司关于电力体制改革的文件精神，在分公司的功能定位、与国电公司以及国电子公司的职能界面、内部组织机构与设置等方面做了大量工作，从而保证了集团公司在2000年7月3日平稳顺利地改制为国家电力公司华东公司。

同时，企业内部继续以减人增效为重点，积极推进劳动用工制度改革。2000年国电公司下达给华东公司系统的减人计划数为110人，实际完成142人，超额完成减人指标。其中，①加强劳动合同管理，对企业富余人员采用经济补偿办法，了断劳动合同关系，望事发电厂按照这一政策裁减了6人；②实行提前退休政策，对在沪社保单位的36个艰苦工种办理了47人提前退休；③按照国电公司有关文件精神，取消高级专家退休延长期，仅这一项，公司机关就减少了14人。另外，公司系统还继续加大推行企业内部退养制度的力度，至2000年底内退人员达到299人，大大减轻了企业负担。

（五）企业综合素质得到进一步提升

围绕落实“三项责任制”，以创一流为载体，深入开展“管理年”活动，强化了以市场需求为导向的市场意识、以客户满意为宗旨的服务意识、以文明生产为基础的安全意识、以挖掘潜力和提高两效为目的的效益意识，大大促进了基础管理工作和管理创新工作。

（六）党的建设和精神文明建设再上新台阶

通过“三讲”教育和“回头看”活动，领导干部的政治素质和思想作风有了明显变化，班子更加团结协调，民主意识普遍加强。积极推进党风廉政建设责任制，通过加强各级领导干部反腐倡廉教育、层层签订党风廉政建设责任书、建立检查考核办法和责任追究办法，促进了党员干部，尤其是领导干部廉洁奉公的自觉性。年内公司系统处级以上领导干部未发生一起违纪事件，信访量比1999年下降了53%。形成了良好的“争先创优”氛围，公司系统共8家一级机构，有7家单位为地（市）级及以上“双文明单位”，其中华东电试院等4家单位继续保持了省（部）级“双文明单位”称号。

电力生产

2000年在电网运行上呈现非同一般的特点，第一是用电的增长幅度是十几年来少有的，第二是新安江库区来水特枯情况也是十几年来少有的，第三是大机组集中投产也是几年来少有的，这些特点对电网运行增加了压力，增加了难点，是机遇也是挑战。

在电网安全运行管理方面，加强了主网架的运行方式管理，提高运行方式分析对电网安全运行的前瞻性和指导性。年初在集团工作会议上提出要深入分析阳城电厂远距离送电到华东引起的安全问题，网调在一季度就把一份完整、详细的计算分析报告提交国电公司，国电公司根据这份计算报告和所提出的建议，专门组织专家进行讨论，落实了事故处理的原则和运行方式管理规定。

二是在运行方式管理中加强了用电需求预测分析，并且滚动修正及时调整。在1999年底进行电力电量平衡的时候，没有预料到2000年用电增长是如此大的幅度，达15.39%。但是计划、调度部门加强了对月度的用电分析，及时提出对策。在第一季度刚过发现2000年的用电增长势头非同一般，来势很猛，集团公司领导决定召开2000年华东电网迎峰渡夏工作会议，重新调整了运行方式，基建部门也加大工作力度，在夏季高峰来临之前把兰亭的2号变压器、肥西的4号变压器投入运行，解决电网制约供电的薄弱环节，确保了迎峰渡夏供电安全。另外，三省一市电力公司和直属单位加强了大机组的管理，大机组的可靠性明显提高，对满足大幅度用电增长都发挥了非常重要的作用。因此在用电大幅增加情况下，网调不但没有拉限一度电，而且在系统出现 3919.7 万 kW 这个最高负荷时候，还有 150 万 kW 的旋转备用。

三是进一步规范了基于 AGC 的电网运行控制规则，完善了相应的经济管理办法。第一是在夏季高峰来临之前推出了区域控制偏差考核全额收费。第二是配套推出了省际之间旋转备用、事故支援办法和经济处理办法，这对提高 AGC 的投运率和电网频率质量都发挥了很大的促进作用。第三是省际电力电量交易管理办法和手段进一步规范，交易电量大幅度增加，和前年相比翻了几倍，省间交易电量达到了 30 多亿 kW·h。4 月份编制完成双边交易的实施细则和省际竞价电量运作管理办法，进一步促进了省际电力电量的交易，通过引进竞价机制上网发电，既促进了区域电网资源优化，也降低了购电费用，三省一市电力公司 8 亿kW·h竞价电量平均上网电价为 0.221 元/(kW·h)，分公司 7 亿 kW·h 电量平均电价是 0.183 元/(kW·h)，减少代发电差价 4000 万元，减少购电（成本）费用近 1 亿。与此同时网调和电试院密切配合，用半年时间就把省际双边交易模式完全电子化。2001 年 1 月 8 日这套电力电量的电子商务系统在华东电网投入运行。第四就是直属电厂特别是新安江电厂，在大机组跳闸后调度进行事故处理过程中，反应迅速，发挥了很大的作用；天荒坪电厂尽管在 2000 年夏季高峰前新机组刚刚投产，机组还有缺陷，在夏季用电高峰中按照电网的要求保证了 4 台机稳定运行，这为满足高峰用电负荷，解决用电高峰、季节高峰时段缺出力的矛盾发挥了不可替代的作用。

电力经营

（一）落实资产经营六大考核指标，确保完成集团利润 28 亿元和华东公司利润 5.4 亿元的目标，实现国有资产的保值增值

年初，在分析 1999 年资产经营指标完成情况、预测 2000 年资产经营目标的基础上，编制了本部的年度财务预算，对省（市）电力公司提出资产经营目标建议，经多次向国电公司汇报，确定了集团的资产经营考核指标。后由于安徽平圩电厂划转中电国际，利润受到影响，又相应调整了集团的考核指标。然后，对集团的资产经营考核指标进行分解，确定省（市）电力公司的各项考核指标，起草省（市）电力公司的《资产经营责任书》。

下半年，着重分析和检查资产经营预算的执行情况和预测公司的利润完成情况。2000 年，由于三省一市统一销价全部出台，且售电量增幅较大，为顺利完成集团公司利润奠定了基础。但华东公司由于水电少发及公司改制和改革的成本较大，完成 5.4 亿元利润有一定的困难，因此采取以下一些措施，如借助省（市）公司统一销价的出台、收取一部分新建输电线路的利息费用、进一步提高资金收益、清理 500kV 资产的汇兑损益和财务费用等，努力完成了各项指标。

（二）进一步改革电价形成机制，积极落实电价出台方案，配合上级部门进行电价研究

1．参与华东电网竞价工作

为促进华东电网电力电量合理流动，适应电力体制改革的要求，根据国电公司关于竞价上网的要求和 2000 年华东电力集团管委会会议精神，积极参与华东电网的竞价工作，降低代发电差价近 4000 万元，并减少了全网的供电成本。

2．落实天荒坪电厂上网电价

天荒坪电厂上网电价在投资方、省（市）物价部门和省（市）电力公司的共同配合下，经过不断努力，国家计委发文核定了天荒坪电厂上网电价。综合平均上网电价 0.598 元/(kW·h)，与 1999 年天荒坪电厂临时综合上网电价 0.327 元/(kW·h)相比，按天荒坪电厂今年计划发电量 14 亿 kW·h 计，将减少亏损 3 亿元。

3．调整华东公司收费标准

2000 年，基数内互供电价未调整，但固定电费、输变电费用根据实际情况进行了调整。其中，输变电费用为 7.76 亿元，比 1999 年增加 1.7 亿元；固定费用达 2.3 亿元，比 1999 年增加 1400 万元。代发电差价仍维持在 1997 年水平。这对完成 2000 年华东公司利润起到很好的作用。

4．华东输变电电价研究开始起步

由于未来华东公司将是电网公司，主要是经营电网资产，故原先的输变电收费办法需相应调整。

（三）落实各项经济政策，增强企业经济实力，提高职工收益，不断改善企业的经营环境

（1）重视财政定额退税工作。

（2）继续做好国有企业的拨补流动资本工作。

（3）完成 2000 年度徐沪线、天荒坪配套外汇借款项目增值税退税还贷的申报工作。

（4）认真做好企业工效挂钩方案的测算和清算工作。

（5）完成特种拨改贷转增资本金的申报工作。

（6）超额完成新安江库区移民资金的征收工作。按照国务院的要求，为解决新安江水库移民遗留问题，从 1995 年 10 月 1 日起至 1999 年 9 月 30 日，连续 4 年对华东电网全部电量价外加价 1 厘钱，用于一次性解决浙江、安徽、江西省移民生活和发展生产，实际征收 52656 万元，比计划 41000 万元超征

25.37%。

（四）贯彻《会计法》，保证会计资料和财务报告的真实性、完整性和公允性

电力基建

（一）2000年工程建设完成情况

按照国家基建计划的要求，2000年投产14台机组计458万kW，具体项目为天荒坪抽水蓄能电站3、6号机组（2×30万kW）、吴泾八期1号机组（60万kW）、华能太仓2号机组（30万kW）、镇江电厂1、2号机组（2×12.5万kW）、北仑二期3、4、5号机组（3×60万kW）、合肥二电厂1号机组（35万kW）、淮北二电厂1、2号机组（2×30万kW）及响洪甸抽水蓄能电站1、2号机组（2×4万kW）。除合肥二电厂1号机组外，以上机组已建成投产，共计423万kW。

华东电网500kV线路工程，建成投运阳城——淮阴线1437km，石洞口——黄渡开断环入杨行21km，共计1458km；500kV变电所是兰亭2号主变压器、肥西2号主变压器、黄渡5号主变压器扩建工程，投运的变电容量为230万kV·A。

另外，正抓紧进行500kV线路瓶窑——南桥、杭东——瓶窑、金华——温州、石牌——胜浦、瓶斗线开断环入武南变、斗黄线开断环入石牌变和泗泾、杨行、石牌、胜浦、杭东、温州等9座新（扩）建变电所的建设。

（二）工程质量、达标投产情况

全网积极开展达标投产工作。据统计，目前全网已有15台达标机组。今年扬州第二发电厂2号机组、铜陵3号机组、500kV上河输变电工程已通过达标复检，报国家电力公司待批。同时，各施工企业通过创建"精品工程"进一步提升了华东电力建设水平，工程质量显著提高。2000年扬州第二发电厂（2×60万kW）已申报国电公司优质工程，此外，扬州第二发电厂、台州四期、500kV东善桥变电站已申报国家鲁班奖，并已通过现场复检，外高桥一期工程正在申报国家质量奖。

（三）安全文明施工水平不断提升，工艺水平有了新的突破

近年来，全网各级领导注重安全工作，全网在建工程的安全文明施工状况不断改善，安全文明施工水平不断提升。继"扬州第二发电厂、北仑"后，最近国电公司在温州召开的全国电力建设现场经验交流会上，温州二期工程现场的安全文明和工艺水平得到了国电公司领导的高度赞誉，成为全国电建同行学习的楷模。迄今为止，全网全口径死亡人数为2人，是近几年最好的记录，未发生任何大型机械设备事故，电源和电网建设的施工工艺水平也上了一个新的台阶。

（四）强化管理、服务基层

进一步增强管理意识、做好工程协调、管理的各项工作。深入天荒坪工程、500kV华东江苏输变电工程及望亭电厂供排水二期工程现场，协调工程进度、质量。完成1999年价格水平装材综合预算价格编制工作并组织各类培训班，为基层做好服务工作。同时，组织了全网各类资质审查、年检，为施工单位进入市场创造了条件。

（五）积极开展以"六比"为主要内容的劳动竞赛，进一步促进工程管理

"扬州第二发电厂、北仑、吴泾八期"三个工程的建设、施工单位进行了广泛的接触、交流，达到了互帮互学、共同提高的目的。

主要事件

1月20～21日，2000年度华东电力集团工作会议暨集团管委会议在南京召开。

1月26～27日，2000年度华东电力集团公司直属单位工作会议在望亭发电厂召开。

1月26日，国电公司党组批复，免去杜学彬江苏省电力公司（工业局）副总经理（副局长）职务，免去彭康宏上海市电力公司（工业局）总工程师、党委委员职务。

3月13日，国电公司党组决定，梁绍斌任浙江省电力公司（工业局）总工程师，免去薛钟苏上海市电力公司（工业局）副总经理（副局长）、党委委员职务。

3月17～24日，国家计委价格检查司电价检查组一行5人来华东电力集团公司，检查电价执行情况。

3月31日，华东电力集团公司党组通知，根据国电公司党组意见，征得浙江省委组织部同意，决定赵义亮任浙江省电力公司（工业局）副总经理（副局长）、党组成员。

4月18日，国电公司党组批复，周永兴任上海市电力公司（工业局）副总经理（副局长）、党委委员。

5月2日，上海市电力公司在全国率先在居民中试行分时电价，首批1.2万户居民从5月2日起将优先享受优惠电价。每天6～22时电价与全市统一居民电价一样为每千瓦时0.61元，每日22时至次日6时为每千瓦时0.35元。

5月24日，华东电力集团公司在杭州召开2000年季度经济活动分析会。

5月27日，国家电力公司印发中国华东电力集团公司体制改革方案，并决定成立国家电力公司华东公司，同时撤销中国华东电力集团公司。

6月16日，国电公司党组决定成立中共国家电力公司华东公司党组。邵世伟、陈文贵、王根和、徐航、王祥富、李树林、李永鸣七同志任党组成员，邵世伟任党组书记，陈文贵任党组副书记。成立中共国家电力公司华东公司党组纪律检查组，李树林任纪律检查组组长。李永鸣任中国水利水电工会华东工作委员会主任。

同日，国家电力公司决定邵世伟任国家电力公司华东公司总经理；陈文贵、王根和、徐航三同志任副总经理；王祥富任总会计师；免去王祥富中共江苏省电力公司（局）委员会委员、江苏省电力公司（局）副总经理（副局长）职务；通知原华东电力集团公司总工程师陈开庸同志退休。

同日，国电公司党组决定于新阳任中共上海市电力公司（局）委员会副书记。

6月19日，华东电力集团公司和上海市电力公司在上海电力建设有限责任公司召开进一步深化上海电力建设体制改革座谈会。

6月22日，华东电力报报道，经教育部批准，南京机械高等专科学校与南京电力高等专科学校两校合并组建南京工程学院。南京电力高等专科学校原隶属于国家电力公司，创建于1946年，2000年2月划转江苏省管理。

7月3日，国家电力公司华东公司在上海成立。国家电力公司总经理高严和苏、浙、皖、沪三省一市领导为国电华东公司揭牌。

7月21日，由于受副热带高压控制，从7月17日开始，华东电网所在地区的气温持续上升，7月21日最高达38.2℃，致使华东电网用电负荷和日用电量再创新高。7月21日全网最大负荷达3919.7万kW，日用电量达8.09亿kW·h，分别比1999年最高记录增加11.16%和13.32%。

7月26日~8月7日，国电华东公司对全网重点发供电单位（直属的新安江、富春江、望亭、天荒坪电厂和黄渡、瓶窑、肥西、武南等500kV枢纽变电站）进行了一次包括安全管理、生产运行管理和设备管理的安全生产大检查。

7月31日，建设三峡向华东送电的第一条通道，三峡至常州500kV直流输电工程东端常州政平换流站举行开工奠基仪式。

8月1日，国电公司党组决定：寇士清任中共江苏省电力公司（工业局）委员会委员、书记，江苏省电力公司（工业局）总经理（局长）；免去顾智鹏中共江苏省电力公司（工业局）委员会书记、委员、江苏省电力公司（工业局）总经理（局长）职务，任江苏省电力工业局巡视员。

9月28日，浙江北仑发电厂二期工程最后一台60万kW机组顺利通过168h试运行考核。至此，北仑发电厂总装机容量达到300万kW，成为目前国内最大的火力发电厂。12月16日，北仑发电厂二期工程投产典礼暨庆功大会隆重举行。

9月29日，中共中央政治局常委、国务院副总理李岚清在文化部部长孙家正、科技部副部长邓楠、江苏省委书记回良玉、省长季允石等陪同下，视察国家电力公司南京自动化研究院。

10月13~31日，华东电网经葛南直流线路再次增受华中电网9738万kW·h电量，预计增受总量将超过1.4亿kW·h，最大限度地减少了华中弃水电量，又一次实现了大区电网间有效的资源优化配置。

10月17日，首届中国供电国际会议在上海国际会议中心召开，新技术、新产品和城市电网技术进步展示会也同日开幕。

10月17日，国家电力公司副总经理陆延昌在国电华东公司总经理邵世伟、上海市电力公司总经理于新阳等陪同下，视察参观了吴泾八期工程。

11月1日，国电公司党组决定：庄毅群任中共国电华东公司党组成员、华东工委主任；免去李永鸣中共国电华东公司党组成员、华东工委主任职务。

同日，国电公司任命张启平为国电华东公司总工程师。同日国电公司党组决定：李永鸣任中共上海市电力公司（工业局）委员会委员、纪委书记；免去胡寿佛中共上海市电力公司（工业局）委员会委员、上海市电力公司（工业局）副总经理（副局长）职务；免去吴平中共上海市电力公司（工业局）委员会纪委书记职务，任上海市电力公司（工业局）副总经理（副局长）；杨光照任上海市电力公司（工业局）总会计师。

11月6日，国家电力公司总经理高严由国电华东公司总经理邵世伟、上海市电力公司总经理于新阳、党委书记顾敏芷陪同到松江考察。

12月22日，装机容量180万kW、单机容量30万kW的国家重点建设工程天荒坪抽水蓄能电站第6号机组通过启动验收，正式并网发电，投入试运行。这标志着该电站已按照国家计划基本建成，不仅填补了华东电网世界级抽水蓄能电站的空白，也是华东电力建设史上光辉的一页。

上海市电力工业

综述

2000年，上海市电力公司认真贯彻执行党中央、国务院关于国有企业改革发展的方针政策和国家电力公司“两型、两化、国际一流”的战略目标，坚持“经营型、控股型”发展战略、生产、经营指标全面完成，电力生产稳定增长，电力基建任务完成，稳步推进电力体制改革，认真开展“三讲”教育和“回头看”活动，精神文明建设力度不断加大，树立起良好的企业形象。

截至2000年末，公司直接管辖的发供电企业16个，修造、施工、设计、科研、医院、教育等单位19个，共有职工30630人。全网发电装机容量为704万kW，35～500kV变电站459座，变电容量977万kV·A，年发电量504.7亿kW·h。

2000年全年利润总额为7.8亿元，资产负债率38%。资产保值增值率104%，投资收益率12.3%，上缴投资收益1.43亿元，电费新帐结零，旧帐减少31.65%；全员劳动生产率25.1万元/(人·年)；多经总产值60亿元、利润5亿元，各项经营指标均完成或优于计划。

电力生产

2000年上海国民经济继续呈现良好的上升态势，尤其夏季用电负荷屡创新高，7月21日最高用电负荷已达到1048万kW，日用电量达至2.04亿kW·h，均创历史之最。各电厂、市调、各供电单位精心维护、精心操作，及时消除设备缺陷，保证了电网安全运行和正常供电。全公司保持无“五大事故”，电力生产无人身死亡事故为442天，无人员责任性设备重大事故已达到871天。上海统调口径用电量完成548.03亿kW·h，同比增长11.65%；统调口径发电量完成503.11亿kW·h，同比增长12.25%；售电量完成395.69亿kW·h，同比增长12.58%；供电煤耗完成351g/(kW·h)，同比下降3g/(kW·h)；线损率6.58%，同比下降0.04个百分点。

电力建设

2000年完成基建投资51.2亿元，工程质量、造价、进度达到一个新水平。全年完成500kV工程3项，新增输变电容量225万kV·A；220kV工程12项，新增输变电容量229万kV·A；35～110kV工程新建变电站9座，新增输变电容量42.3万kV·A。500kV、220kV等级线路建设完成85.4km。被列为上海市和国家重点工程的吴泾八期1号发电机组，在迎峰度夏前高标准移交生产，并及时形成生产能力。石洞口电厂3号机组改造工程也在迎峰度夏前竣工，为缓解夏季上海用电高峰严峻形势发挥了作用。

企业改革

遵照国务院、国家经贸委、国家电力公司和上海市委、市政府关于政府机构改革和深化电力工业体制改革的总体部署和要求，根据上海市电力公司的战略定位，实现“政企分开”，经国家经贸委和市政府批准，2000年底已顺利完成行政管理职能的移交。“厂网分开，竞价上网”改革试点工作逐步完善，竞价现货上网电量34.1亿kW·h，取得一定的社会效益。农村电力体制改革将原乡镇用电站改制为上海市电力公司所属的供电营业站，至年底已完成闵行、奉贤供电所的试点工作。公司内部体制改革不断完善，按公司“经营型、控股型”发展战略和资产组带关系，总分公司、母子公司格局基本形成，转换了经营机制，增强了企业活力。为提高办事效率，更好地为基层服务，按精简、高效的原则，完成机关机构改革，部门由23个压缩到17个，人员定编从1999年末的404人下降到358人。

“三讲”教育

按照国家电力公司党组的部署，公司认真开展“三讲”教育和“回头看”活动。按照“三个代表”的要求，坚持“三严一表率”，落实党风廉政建设责任制，开展警示教育，发扬整风精神，严格自我剖析，通过批评和自我批评，找准问题，征求到意见和建议324条，进行边整边改，取得明显成效。在抓好干部思想教育的同时，围绕企业转制改革，同步抓好领导班子和干部队伍建设，普遍实行聘任制、任前公示制，有7名后备干部被提任或调配到局级领导岗位，23名后备干部提拔到部门或基层单位负责人岗位，为干部年轻化迈出了可喜的一步。

精神文明建设

公司围绕“创建文明行业，加强行风建设，开拓电力市场，深化优质服务，树立社会形象”这一主题，结合企业“创一流”，积极开展企业文化建设、企业行风建设以及市府实事立功竞赛等多种形式活动，并推出一系列新举措；建立公司报修中心，统一报修电话，公开社会承诺，实行365天营业服务，与大用户签订“供用电合同”以提高供电质量和服务质量，聘请社会行风监督员，实行有奖举报，树立了良好的社会形象。公司系统13个营业窗口全部保持华东公司供电营业规范服务达标窗口称号，闸北电厂燃机工程公司电机一班和市南供电公司实业公司线路带电班被评为上海市“百佳”文明班组，外高桥电厂被评为全国电力系统双文明思想政治工作先进企业。全公司有10个单位评为全国电力系统双文明单位，有7个下属公司在立功竞赛活动中荣获上海市优秀公司称号。

主要事件

1月1日零点10分，于新阳总经理向上海市计算机两千年问题“零点”过度行动指挥中心汇报：“上海电力系统顺利进入2000年，一切情况正常。”

2月4日，上海市市长徐匡迪、副市长蒋以任一行在上海市电力公司总经理于新阳、党委书记顾敏芷等陪同下，来到上海电力股份有限公司南市发电厂，亲切慰问坚持节日生产的电力职工。

3月16日，国家经贸委副主任石万鹏、电力司司长史玉波在上海市经贸委副主任辜昌基等陪同下，来到上海市电力公司，调研上海市“厂网分开、竞价上网”试点工作。石万鹏充分肯定了上海试点的经验，并表示对全国6个试点中比较成熟的可以提前批准投入“实价试运行”，以切实推动“厂网分开、竞价上网”工作。

5月26日，为真理和光明英勇牺牲的王孝和烈士半身塑像，在具有光荣传统的杨树浦发电厂广场落成，成为电力职工缅怀先烈，开拓未来，进行爱国主义教育的生动教材。

7月14日上午,国家和上海市重点工程、吴泾热电厂八期工程首台沪产60万kW机组圆满完成168h试运行后正式移交生产。中共中央政治局委员、国务院副总理吴邦国发来贺信,中共中央政治局委员,上海市委书记黄菊、市长徐匡迪、国家电力公司副总经理赵希正等亲切会见了建设功臣并出席投产仪式。

全国首次对12.5万kW机组改造在上海闵行电厂获得成功。国家电力公司、上海市经委于8月7日组织全国50多位专家，通过对该机组增容降耗改造工作科技成果的鉴定。国电公司总经理助理周小谦、市经委副主任俞国生等出席鉴定会。

9月底，上海市电力公司召开电厂干出灰工程总结表彰大会，宣布石洞口电厂、闵行电厂、杨树浦电厂已基本结束向黄浦江和长江排放灰水的历史，实现了“零排放”。

10月上旬，国家电力公司总经理助理周小谦等一行参观了由市东供电局和北方科技开发公司合作开发的“380V电力线载波自动抄表系统”。该系统在1999年获得“国家级重点新产品”等荣誉称号。

11月，作为凝聚上海电力职工群体意识的上海市电力公司企业精神，在公司党政领导的亲自倡导下，通过广泛的征集提炼正式产生，企业精神为“创新务实、追求卓越”。

11月14日，中共中央政治局常委、国家副主席胡锦涛，上海市委书记黄菊，市长徐匡迪等领导在考察卢湾区五里桥街道社区工作时来到沪东供电所职工李扣成家了解情况。

12月5日，上海市电力公司宣布，根据《电力法》及相关法律，从即日起正式实施举报他人窃电行为的奖励办法。任何单位和个人，凡署名向电力部门举报窃电行为的，一经查实均可获得电力部门奖励，奖金最高不超过一万元，并为举报行为保密。

（余勤德　包　鹏）

江苏省电力工业

电力生产

2000年累计完成全社会用电量970.5亿kW·h，比1999年增长14.52%；全省500kW及以上发电机组完成发电量970.3亿kW·h，比1999年增长15.02%；供电煤耗完成385g/(kW·h)，比1999年下降9g/(kW·h)；线损率完成7.48%，比1999年下降0.34%。

安全生产取得较好水平。确保了全省电网的安全稳定运行和可靠供电，发输变电事故率在华东电网处于最好水平，生产设备事故比1999年同期下降13.6%。在电力生产上，历经十年，首次实现人身死亡零目标，人身轻伤事故比1999年下降了38%。实现电网安全管理连续28年无电网瓦解、无稳定破坏和无大面积停电事故。

电力开发

1. 电力投资

2000年全省电力建设共完成投资160.9亿元，同比增长15.45%。其中，送变电工程21.9亿元、城网建设改造工程35.9亿元、农网建设改造工程66.6亿元、发电工程34.4亿元、小型基建2.1亿元。

2. 电网建设

2000年建成投运220kV送电线路413km、变电容量216万kV·A。500kV华东江苏工程新建5个、扩建2个500kV变电所及957km线路全面开工建设。500kV山西阳城向江苏送电工程双回路部分线路1459km已经移交生产，第三回路247km线路已基本建成。城乡电网建设改造工程进展顺利，36个竣工县10kV及以下农网改造项目已完成并通过验收，第二批竣工县农网改造工程完成了年度计划。全省13个市的城网建设改造工程全面开工，其中苏州、徐州两市的城网工程已基本完成。

3. 电源建设

2000年共投产大中型发电机组57万kW。徐塘电厂2台30万kW机组技改工程和淮阴电厂2台5万kW机组热电技改工程已开工建设。盐城电厂扩建13.5万kW机组工程已具备开工条件。田湾核电站土建工程进展顺利。关停小火电机组3台共9万kW。

4. 规划与前期工作

宜兴抽水蓄能电站项目的可行性研究报告已完成，并被列入世界银行近期的贷款计划。根据国家“西气东输”的规划和建设进度，戚墅堰电厂、南京热电厂燃气机组项目建议书已上报，张家港电厂燃气机组项目初可研报告已审查。

经营管理

2000年实现利润8.13亿元，产品销售收入和产品销售成本分别为342.68亿元和323.08亿元，分别比1999年增长20.84%和18.07%，实现了产品销售收入增长幅度高于产品销售成本增长幅度的目标。电费回收实现了“当年结零、陈欠回收30%”的目标，共回收电费394.71亿元，当年电费回收率100%，回收陈欠电费1.63亿元，陈欠回收率33.19%。修造企业全面完成资产经营考核指标，完成利润1497万元。多种经营全年销售总收入达120亿元，实现利润6亿元，安置主业分流人员2.3万人。

电力改革

1. 政企分开

在全国率先推进电力政企分开改革，完成了省级电力行政管理职能的移交工作，9月13日国家经贸委批复撤销了江苏省电力局。制订了《江苏省电力公司组建市、县供电公司实施方案》，各市、县供电局在实行政企分开、公司化改组时，公司名称统称为省电力公司某供电公司。

2. 农电体制改革

农村电力管理体制改革取得实质性进展。撤销了1993个乡（镇）电管站，组建为县供电公司所属的供电所，对其人、财、物实行了统一管理，分帐核算，实行了财务收支两条线。农村集体电力资产正抓紧清理和移交，全省77个县、区中除7个县、区外，39个县、区已完成移交，31个县、区清理结束。苏、锡、常三个市10个农网工程竣工县（市）于12月1日实现了城乡居民生活用电同价。

3.“厂网分开”改革

下关电厂改制评估工作已进入实质性操作阶段。南京热电厂项目改制方案正积极稳妥地进行。淮阴、盐城、徐塘发电厂改制和资产重组工作亦有序推进。

重视和加强电网“公平、公正、公开”调度管理工作，增强了调度信息透明度，实行了电网运行情况通报例会制度。这种公开电网调度信息的做法，江苏创全国之首，得到了国家经贸委的充分肯定和全省发供电企业的好评。

达标创一流

2000年，徐州发电厂和戚墅堰发电有限公司，南京、镇江、苏州、扬州供电局等6家发供电企业和省电网调度所被国家电力公司批准为1999年度一流发供电企业和一流调度机构。至此，在13个市供电局中，已有7个局成为国电公司一流企业、5个局成为华东电力系统一流企业、1个供电局成为国电公司达标企业。公司系统5个具有申报国电公司一流发电企业资格的单位（400MW以上），已有3个成为国电公司一流企业、2个成为华东电力系统一流企业。

电力基建达标投产工作已向125MW机组和220kV输变电工程全面拓展，凡是应该达标投产的发电工程和输变电工程项目，都以国内同时期同类型工程领先的水平通过验收。

科技进步

继续加快技术改造步伐。谏壁、徐州电厂和戚墅堰发电有限公司、扬州发电有限公司等技改机组，经过节能增容改造和DCS、DEH改造后，机组热耗率均下降7.5%以上，额定出力增加2万kW左右，等效可用系数提高了2～10个百分点，机组的可靠性、可调性和经济性得到了明显提高。扬州发电有限公司5号技改机组连续运行300天以上，创电力系统大修全优之首。

科技攻关取得新成果。2000年下达省重点项目72项，投入费用6990万元，获得国家电力公司科技进步三等奖1项，获得江苏省科技进步一等奖1项、二等奖1项、三等奖5项。

MIS系统开发与应用工作得到进一步加强。全省信息化第二期工程建设的规划和设计已完成，11个应用子系统得到了深入开发和扩展应用，电力系统内外的网上信息发布工作逐步开展。FMIS系统的开发突出了“预算管理、内部控制、会计核算三位一体信息化”，实现了企业经营业务、预算、会计控制与计算机管理的有机结合，实现了财务会计与管理会计业务的统一。FMIS系统已在部分基层单位试运行。全面完成了市、县供电局营业窗口建设。以江苏电力信息主干光纤网、ATM传输网和可视会议电话为主的江苏电力信息“高速公路”已建成并投入使用。

坚持可持续发展战略，加强环保工作。国家“九五”重点科技攻关项目——贾汪发电厂15MW联合循环中试电站取得阶段性成果，标志着洁净煤技术的研究向工业化试验迈出了一大步；中日合作示范项目扬州电厂4号机组烟气脱硫工程通过了初设审查；配合电网建设，加强和规范了输变电系统的环境保护工作；继续大力开发利用粉煤灰，2000年粉煤灰综合利用达420万t，综合利用率达到100%。

精神文明

企业领导班子和党风廉政建设进一步加强。公司领导班子和机关处级以上干部认真开展了“三讲”教育“回头看”活动，进一步巩固“三讲”教育成果。加强了各级领导班子建设。全年共考察、调整、充实和配备了24个单位的领导班子。严肃查处违法违纪案件，受到党纪、政纪和法律惩处的处级干部有3人，科级干部有8人，一般干部和其他人员32人。为维护政治稳定，积极做好“法轮功”练习者的教育转化工作。重视和加强了群众来信来访的接待处理工作，化解矛盾，确保稳定。

创建双文明单位和省级文明行业取得显著成绩。建成并被国家电力公司授牌的“示范窗口”3个；华东授牌的“示范窗口”14个。“城市供电营业规范化服务达标”100%。省电力公司授牌的“农村示范供电所”150个，“农村文明供电所”1332个，共占全省1993个供电所的近75%。

问题与不足

一是观念转变不够，干部职工的忧患意识、风险意识、竞争意识不强，进行这方面的教育不够，赶超一流的步子要进一步加快。创一流是一个不断提高的过程，我们应该有不断的更高的要求。二是安全基础不牢固，2000年发生误操作事故5起，比1999年增加3起，其中2起500kV变电所误操作事故和1起220kV变电所恶性误操作事故，性质尤为严重。三是调峰矛盾十分突出，用电峰谷差继续加大。2000年平均峰谷差达436.9万kW，同比增长6.5%，最大峰谷差达到576.2万kW，而电网调峰能力不足，给电网运行调度造成较大压力。四是电费回收难度加大，电费欠交严重。公用事业单位和农业用电欠费严重，全省欠费百万元以上的翻水站达6户；农业欠费占累计欠费总额的比例由1999年的6.1%上升到7.9%；工业方面欠费大户集中为国有大中型企业中的煤矿、铁矿等，欠费总额超过1亿元。

主要事件

1月25～27日，江苏省电力公司二届五次职代会暨省电力工作会议在南京召开，副省长陈必亭、省总工会副主席李晓布、华东电力工委主任李永鸣到会作了重要讲话。

1月30日，扬州第二发电厂一期工程2号机组以580.8分的好成绩通过了达标投产验收。

2月16日，国家电力公司国际合作会议在南京召开。国家电力公司总经理高严、江苏省副省长陈必亭出席会议并讲话，国家电力公司副总经理周大兵作工作报告。

2月23日，中日合作扬州发电公司副产品利用型简易脱硫系统研究合作项目附属协定书签字在南京举行。

3月30日，全省如期实现国家首批36个县（市）17848个行政村的农村电网建设改造工程竣工目标。

4月16日，全国单机容量最大的核电工程——田湾核电站1号100万kW机组常规岛工程举行开工仪式。

“五一”前夕，省电力系统有3名全国劳模进京接受表彰；同时有4名个人、4个集体荣获江苏省“五一”劳动奖章、奖状。

6月23日，江苏省和华东电网北端的重要输电枢纽500kV上河输变电工程以高分顺利通过国家电力公司和华东电力集团公司组织的达标投产复检。

6月29日，在国家计委和国家电力公司联合召开的农村电网建设与改造电视电话表彰会上，江苏省公司副总经理徐松达代表省公司介绍了江苏省农网建设改造工作取得的成效和主要做法。全省共有省电力公司等3个单位被评为先进集体，徐松达等4位同志被评为先进个人。

7月12日，江苏电力集体资产运营中心正式成立。

7月28日，国家“十五”重点建设项目、全省最大的电力技改工程——徐塘发电厂技改工程正式开工，江苏省副省长陈必亭、国家电力公司华东公司总经理邵世伟等领导同志出席了开工仪式。

8月24日，省电力公司代表队荣获首届“国电杯”全国电力系统会计知识大赛团体第二名。

9月11日，省电力公司召开机关暨直属单位处级以上干部会议，国电公司党组书记、总经理高严和江苏省委常委、常务副省长俞兴德在会上做重要讲话。国家电力公司人事与董事管理部主任程光杰宣布了国电公司关于寇士清、顾智鹏同志职务任免的决定。国家电力公司根据工作需要，经研究并取得中共江苏省委同意，决定：寇士清同志任中共江苏省电力公司（电力工业局）委员会委员、书记；免去顾智鹏同志中共江苏省电力公司（电力工业局）委员会书记、委员职务；寇士清同志任江苏省电力公司（电力工业局）总经理（局长）；顾智鹏同志任江苏省电力工业局巡视员，免去其江苏省电力公司（电力工业局）总经理（局长）职务。

9月16日，省政府在南京召开全省城乡电网建设改造工作会议，副省长陈必亭与省电力局局长寇士清和13个市政府的领导分别签订了城乡电网建设改造目标责任状。

9月26日，江苏电力燃料集团暨江苏电力燃料集团有限公司在南京成立，副省长陈必亭为集团公司揭牌并作重要讲话。

9月，苏州、镇江、南京、扬州供电局，徐州发电厂，戚墅堰、常熟发电有限公司和江苏省电力公司调度通信中心等8家单位于国庆节前被国家电力公司被命名为1999年度一流企业。

10月11日，扬州第二发电厂一期工程顺利通过国家级竣工验收。

10月18日，省电力公司召开全省电网运行情况通报会，通报今年1~9月电网运行调度执行情况。

10月18日，省电力公司向全省各有关电力企事业单位转发国家经贸委同意撤消江苏省电力工业局的批复，并就有关事项发出通知。

11月17日，省电力公司召开多种经营工作会议，部署多经发展工作，提出了“解放思想多经大发展，苏源电力十年创名牌”的战略构想。

12月6日，国家电力公司召开了城市电网建设改造工作先进单位、先进集体和先进个人表彰电视电话会议，表彰了6个先进单位、58个先进集体和102名先进个人。省电力公司荣获国家电力公司城市电网建设改造工作先进单位称号，苏州等5家供电企业和费圣英等11名个人受到表彰。

12月1日，苏州市、无锡市和常州市部分地区的农村居民生活用电价格执行与城市居民生活用电价格同样的标准，即按每千瓦时0.52元收费。

11月21日～12月3日，受国家电力公司的委托，国电华东公司纠风工作领导小组副组长刘汉生等一行5人对江苏省供电系统创建市（县）供电营业规范化服务达标窗口、示范供电所活动进行检查验收，至此全省13个省辖市25家地市级供电营业厅全部达到了城市规范化服务达标窗口考核标准。

（何大春）

浙江省电力工业

概述

“九五”时期，全省6000kW及以上发电装机达1557.2万kW，比1995年净增740.93万kW，增长90.77%；发电量比1995年增长73.11%；110kV及以上变电容量达3935万kV·A，比1995年增长94.88%；全省110kV及以上的线路长度达14661km，比1995年增长44.74%；全省用电量比1995年增长65.06%。省电力公司管理电厂供电煤耗比1995年下降35 g/(kW·h)，直接经营电网供电线损率比1995年下降1.18个百分点。

生产经营

生产能力得到充分挖掘。全省6000kW及以上电厂发电量达665.51亿kW·h，比1999年增长率16.83%，其中统调发电量508.4亿kW·h，比1999年增长23%。统调火电厂发电量利用小时为6118h，比1999年增加479h。

用电需求增势旺盛。全社会用电量727亿kW·h，比1999年增长19%（不含天荒坪），高出全国平均用电增长10个百分点，其中统调用电量为569亿kW·h，比1999年增长23.4%。省公司售电量561亿kW·h，比1999年增长22.23%。统调最高负荷922.7万kW，比1999年增长19.49%；统调最高日用电量1.99亿kW·h，比1999年增长27.18%。

生产经营成本得到有效控制。省公司管理电厂供电煤耗347 g/(kW·h)，比1999年下降11 g/(kW·h)；省公司直接经营电网供电线损率4.4%，与1999年基本持平。年末职工人数31820人，同口径比1999年减少3493人（不含十二工程局），完成了国电公司下达的减人指标；生产企业全员劳动生产率16.15万元/(人·年)，比1999年提高7.3%。

经济效益有所提高。实现销售收入231.56亿元，比1999年增长36.91%。实现利润5.28亿元，超过国电公司下达年度考核指标的14.87%。在售电量大幅度增长的情况下，电费回收情况较好，当年电费回收率99.98%，收回陈欠1.14亿元，陈欠电费清欠率达32%。资产保值增值率101.71%，比国电公司下达的指标增加0.27个百分点。投资收益率、资产负债率均完成国电公司下达的指标。多种经营继续保持稳步增长势头，公司所属单位完成多种经营收入73.7亿元，实现利润6.5亿元。

审计工作成效明显。强化了审计监督和内控制度审计，减少了经济损失。全年完成审计项目360项，查出并纠正违规金额2920万元，促进增收节支7248万元。

安全生产保持稳定。始终坚持“安全第一、预防为主”的方针，认真落实安全生产责任制，保障了电网安全稳定运行。全年省公司系统未发生电力生产人身死亡事故，杜绝了特大、重大设备事故以及大面积停电和重大火灾事故。

创一流工作结硕果。到2000年底，公司系统达到国电公司一流企业标准的有六个单位（绍兴电力局、北仑第一发电有限责任公司、嘉兴发电有限责任公司、金华电业局、台州发电厂、省电力设计院）；达到华东电力系统一流企业标准的有五个单位（萧山发电厂、紧水滩水电厂、乌溪江水电厂、镇海发电有限责任公司、半山发电有限责任公司）。为加大“创一流”工作力度，公司确定杭州、宁波、嘉兴、湖州、衢州五个局和省电力中调所、紧水滩水电厂等七个单位为2000年度创国电一流企业重点单位，省公司领导班子成员每人负责具体指导一个重点单位。通过上下共同努力，这些企业绝大多数已基本实现国电公司一流企业目标。

基本建设

电源建设取得可喜成绩。北仑发电厂二期三台60万kW机组工程全面建成投产，使北仑发电厂装机总容量达300万kW，成为2000年全国最大的火力发电厂。

温州发电厂二期工程（2×30万kW）、安全、质量、造价和工期都受控良好，已进入安装、调试高峰，3号机开始分部试运转。

电网建设进展顺利。新建成500kV变电容量75万kV·A（兰亭2号主变压器）、220kV线路111.27km、变电容量120万kV·A。城网完成投资14.73亿元，农网完成投资47亿元，分别完成年度计划的87.61%和94%。

改革改制

“网厂分开、竞价上网”试点工作取得初步成效。在各发电企业改制为独立发电公司的基础上，浙江省发电市场在2000年中做了大量试点工作。除华能长兴电厂外，从2000年1月1日始，省内5万kW以上燃煤机组在统一的市场规则下，全部实行实时竞价上网。打破了发电垄断局面，引入了竞争机制，增强了发电企业的市场意识，加大了电厂设备的整治力度，调动了降耗节支的积极性。

农电体制改革逐步深入。进一步理顺了省、地（市）局供电企业与县供电企业的关系，加强了对趸售县供电企业的管理。瑞安、苍南、平阳三个直供直管县供电企业改制成为省公司的全资子公司。全省全年有15个县基本完成农网改造，实现了城乡居民生活用电同网同价。

电价改革进一步深化。完成了统配电价、集资电价、加工电价的并轨，对用户实行了全省统一的分类销售电价，用户平均电价下降0.023元/(kW·h)。同时对部分国有企业实行电价折让政策，调整了小水电、小火电上网电价和县供电企业的趸售电价，初步理顺了电价结构。

现代化管理

继续推进科技进步。全年科技投入1.45亿元，占公司销售收入的1%，科技进步贡献率47%。全省发电机组AGC装机容量达到366万kW。变电站自动化水平和设备无油化率显著提高，180座（110kV、35kV）变电所实现了无人值班、少人值守；紧水滩、乌溪江两座水电厂实现了无人值班、少人值守，运行稳定。

技改力度进一步加大。对4台国产20万kW机组通流部分进行改造，增加出力2.8万kW，降低供电煤耗约10 g/(kW·h)，其中一台20万kW机组完成了分散控制系统等改造，自动化水平明显提高。全省国产12.5万kW机组通流部分改造、DCS改造已全面展开。

高度重视环境保护。绍兴钱清发电厂1号机组采用芬兰脱硫工艺，脱硫效率达70%左右；半山发电厂4、5号机组采用德国湿法脱硫工艺，脱硫效率达95%。到2000年底，省电力公司管理的各发电企业排放的烟尘、二氧化硫、废水均做到达标排放。

积极实施标准化管理。建立了公司标准化委员会，完成了公司标准化体系、结构图及《标准化工作导则》等标准化文件的制定和标准化编标软件查询系统的开发。已有金华、绍兴电力局取得地方标准化三级认证，有57人取得浙江省质量技术监督局颁发的“资格证书”。

管理创新稳步推进。财务管理信息系统已在全省电力系统中的9个单位投入了试运行，其中省电力公司、绍兴局已通过国电华东公司组织的会计核算的阶段性验收，其他单位正在进行资料准备和上线前的培训工作。

电力营销客户信息系统，实现省电力公司、市电力局、县（市）供电局、基层营业所四级电力营销信息联网运行，完成绍兴、杭州、宁波、温州、金华、衢州、嘉兴、湖州等八个地（市）局新老系统的转换并投入试运行。

设备和物资自动化管理系统，已在北仑发电厂、绍兴电力局、半山发电厂、杭州电力局、宁波电业局、湖州电力局等六个单位试点，较好地发挥了R/3软件的集成优势和管理效能。

办公自动化系统，已完成省电力公司所属26个单位与省电力公司同步建设和使用，完成了企业内部网站建设。省电力公司的公文运转基本实现电子化。

经过一年的电力市场运行，电力市场技术支持系统不断完善，基本满足了《市场规则》要求，实现了报价、调度、电能量计费、信息发布等实时在线正常运行，并已通过国电公司组织的鉴定，认为整体水平达到国内领先，其中实时交易功能达到国际先进水平。

党建工作

注重加强干部队伍建设。完成了对省电力公司系统45个企业领导班子的全面考察考核。按照党的干部“四化”方针和“德才兼备”原则，选用和充实了一批既有较高思想政治素养和专业理论水平，又有一定实践经验和管理能力的优秀年轻干部。按照建立现代企业制度的要求，制订了《浙江省电力公司委派董事管理办法》、《浙江省电力公司委派推荐监事管理办法》。加大了对领导干部监督与管理的力度，印发并实施了《关于建立领导干部谈心谈话制度的实行意见》和《关于建立领导干部监督的若干意见》。强化领导干部的政治理论和业务培训，有107人·次参加了政治理论和工商管理培训。完成了对18个直属企业领导班子的调整充实工作。

党风廉政工作进一步落实。修订了《浙江省电力公司2000年党风廉政建设责任追究实施办法》，确定了《浙江省电力公司党风廉政建设和反腐败的组织领导和责任分工》，建立了公司党风廉政建设定期分析会制度，增强了各级领导班子党风廉政建设的责任意识，推动了公司系统的党风廉政建设和反腐败斗争，加大了查案工作力度，全年共立案21件，结案12件。针对“两网改造”工作量大、任务重、时间紧的特点，开展了“两网督审”和执法监察工作，确保了“两网”改造任务的顺利完成。

行风建设

行风建设取得新成绩。按照国电公司优质服务和行风建设（1999～2001）三年规划，2000年全省又有萧山供电局等30个城市供电窗口通过了国电华东公司级的规范化服务达标验收，镇海蟹浦等5个农电站通过了国电公司的复查。连续召开了“全省统一销售电价执行情况”、“今夏用电形势”等新闻发布会，使全社会及时了解电力形势和用电政策，树立良好的公众形象。根据国电公司的2000年优质服务月活动，并统一在10月15日举行了声势浩大的现场服务、咨询活动，为群众提供优质服务和解答难点、热点等问题。

以创建“双文明”单位，积极有效地开展宣传思想工作。在部署公司系统创建“双文明”单位三年目标的基础上，进一步明确了“双文明”单位创建工作的指导思想、目标要求和方法措施。经过努力，省电力公司系统已有18个单位获国电公司“双文明”单位光荣称号；21个单位进入国电华东公司“双文明”单位行列，其中，绍兴电力局和嘉善县供电局还荣获国电公司“双文明单位标兵”称号。

法制建设

法制工作摆上重要位置。通过召开全省电力法制工作会议，举办公司系统领导干部法制讲座，贯彻“抓住重点、解决难点、关注热点、处理焦点”的工作方针，使公司系统的法制工作得到了全面加强。组织了对触电人身伤亡、电费回收、电力设施保护、反窃电和农电体制改革等方面的法律事务专题研讨，加强了与法院审判组织的交流和沟通，有效地维护了电力企业的形象和合法权益。修订了供用电合同示范文本，制订并实施了《浙江省电力公司物资采购管理办法》、《浙江省电力公司合同管理办法》、《浙江省电力公司诉讼案件管理试行办法》，加强了内部的法制化管理。

存在问题

近几年由于电源新开工专案偏少，明后两年电力供应形势严峻；由于征地、拆迁等政策处理困难，线路路径与城市规划矛盾，使得不少输变电项目进展受阻，导致局部地区设备卡脖子而拉闸限电；退役机组人员下岗分流和减人增效任务还相当艰巨；现代化管理人才缺乏，难以适应新形势需要；安全生产和经营管理仍有不少薄弱环节；违规违纪问题仍时有发生等等。这些都是浙江省电力工业发展中存在的问题，有待在深化改革中认真研究和逐步解决。

主要事件

1月1日，浙江省电价改革实施方案报经国家计委批准同意，省政府决定，在全省范围内实行统一销售电价。

2月15日，乌溪江水电厂正式实施“无人值班（少人值守）”运行方式。

5月17日，浙江桐柏抽水蓄能电站动工兴建。

7月1日，乌溪江水电厂起草的国家电力行业标准《水轮机运行规程》在全国正式颁布实施。

7月7日，500kV兰亭变电所2号主变压器投入运行，该变电所的变电总容量增至225万kV·A，成为2000年华东地区容量最大的变电所。

7月10日，台州玉环县被4号强热带风暴损坏1条35kV线路、9条10kV线路和部分低压线路，该县供电局职工奋力抗灾，经6天的抢修，恢复送电。

7月14日，220kV宁南（潘桥）输变电工程竣工投运。

7月，在全国火电大机组竞赛中，浙江北仑第一发电有限责任公司1号60万kW机组、嘉兴发电有限责任公司2号30万kW机组荣获特等奖。

8月3日，金华市武义县首座无人值班变电所110kV熟溪变电所竣工投运。

8月，绍兴电力局和嘉兴市嘉善县供电局被国家电力公司授予“全国电力系统双文明单位标兵”荣誉称号。

8月，嘉兴发电有限责任公司、台州发电厂、乌溪江水力发电厂、紧水滩水力发电厂、嘉兴电力局、金华电业局、湖州电力局、省火电建设公司、省电力设计院荣获1998～1999年度国家电力系统双文明单位。

9月22日，国家电力公司命名台州发电厂、金华电业局为国家电力公司一流企业。

9月28日，浙江北仑第一发电有限责任公司二期工程最后一台60万kW（3号机组）机组顺利通过168h的满负荷考核试运行，动态移交生产。至此，二期工程三台机组（3×60万kW）全部投产，装机总容量达300万kW，成为2000年国内最大的火力发电厂。

10月27日，500kV秦山—杭东双回路输电线路正式开工。

11月7日，浙江省超高压输变电公司承建的500kV绍金输变电工程，由国家电力公司组织考核，确定为“部优工程”。

11月16日，浙江省电力设计院被国家电力公司命名为一流电力设计企业。

11月24日，国电公司华东公司供电营业窗口规范化服务达标组对台州市黄岩、路桥、天台三个供电局的供电营业窗口进行了达标验收，结果全部合格。

11月，第四届全国职工焊接技术比赛在成都举行，浙江省火电建设公司组建的浙江队取得了团体总分第3名。陈立虎荣获手工电弧焊比赛第2名，同时荣获“全国技术能手”和“全国焊工技术能手”称号。

12月2日，紧水滩水电厂“无人值班（少人值守）”运行管理通过国家电力公司考评验收。

12月12日，国务院总理朱镕基在浙江省委书记张德江、省长柴松岳等领导的陪同下，到省电力公司考察浙江电力市场试点工作。

12月18日，国家电力公司总经理高严来浙江电力调度通信中心视察电力市场和电网生产情况。

12月24日，镇海发电有限责任公司的灰水pH治理工程通过由浙江省环保局和国家电力公司、浙江大学等单位的领导和专家组成的验收组的达标验收，所有工业污染物均实现达标排放。

12月25日，浙江天荒坪抽水蓄能电站6号发电机组并网发电。至此，该站6台机组全部投产，总容量（6×30万kW）180万kW。

12月31日，萧山发电厂年发电量达17.56亿kW·h，创历史最高水平。

12月31日，舟山市电力公司市电网发电量首次突破10亿kW·h大关。

12月，浙江省火电建设公司成为浙江省第一家、全国第一家通过2000版ISO9001标准审核认证的企业。

（任龙献）

安徽省电力工业

综述

2000年，安徽省电力工业紧密围绕全省国民经济发展大局，围绕年初制定的各项奋斗目标，正确处理改革、发展、稳定的关系，坚持两个文明建设协调发展；坚持改革创新、科学管理、真抓实干；坚持转变观念，强化服务意识，大力开拓电力市场，全省电力安全生产、经营管理、体制改革和精神文明建设都取得了新的进步。

2000年，列入省公司统计范围的单位共39家。较1999年增加“安徽电力燃料有限责任公司”；减少“淮南平圩发电有限责任公司”、“马鞍山发电厂”、“安徽力源电力发展有限责任公司”。到年末，省公司共有职工41929人，较1999年减少5650人，下降11.8%。

全省发电装机871.86万kW，其中火电817.61万kW，水电54.25万kW。年发电量368.14亿kW·h，较1999年增长15.24%；其中火电360.84亿kW·h，水电7.30亿kW·h，分别较1999年增长17.54%和减少41.45%。省公司经营口径线损率8.18%，较1999年减少0.05%；供电标准煤耗率375 g/(kW·h)，较1999年下降5 g/(kW·h)。全省拥有500kV线路1121km，变电容量285万kV·A；220kV线路6768km，变电容量930万kV·A；110kV线路6357km，变电容量945.2万kV·A。（以上变电容量均为公用变）

年末省公司资产总值232亿元，较1999年增加35亿元；销售收入97.75亿元，较1999年增加17.5亿元；实现利润2.14亿元，资产负债率60.65%，资产保值增值率111.04%，不良资产率0.83%，工业企业全员劳动生产率101667元/(人·年)，同比增长3.79%。

电力建设

全省全年完成基建投资24.81亿元，其中发电19.5亿元，输变电4.31亿元，小型基建1亿元。淮北二电厂两台30万kW机组建成投产；合肥二电厂两台35万机组实现并网发电。建成投运500kV变电容量80万kV·A；220kV变电容量84万kV·A，线路360km。

城乡电网建设（改造）

农网建设改造去年累计完成投资23.27亿元，占总投资的46.54%。建成投运110kV变电所12座，变电容量35.7万kV·A，线路237km；35kV变电所87座，变电容量34.94万kV·A，线路497km；10kV线路20516km，低压线路10万km；建设改造配电台区29400个。全省有66个县基本完成农村电网建设改造任务。

城网建设改造，1999年累计完成投资6.01亿元，占总投资的23.6%。扩建220kV变电所2座，变电容量24万kV·A；新建改造110kV变电所7座，变电容量42万kV·A，线路43km；新建改造10kV配变486台，变电容量16.6万kV·A；建设改造10kV架空线路478km，380V架空线路738km。

电力生产

在认真贯彻落实江泽民总书记关于安全生产一系列重要批示，狠抓各级安全责任制落实，加强安全基础管理，确保安全生产的前提下，全省全年完成发电量368.14亿kW·h，同比增长15.24%；全年全社会用电量338.93亿kW·h，同比增长8.10%，超额完成了“确保用电量增长6%”的预定目标；全年送网电量28.70亿kW·h，是1999年的5.02倍，扭转了“九五”期间安徽省发供电生产几年徘徊不前的被动局面。

电网实现了安全、稳定、经济运行。年平均最高用电负荷471.28万kW，最大日用电负荷580.73万kW（7月21日），分别较1999年增加29.25万kW和25.24万kW；最大日用电量11545.33万kW·h（7月24日），较1999年同期增加871.76万kW·h；最大日用电峰谷差235.27万kW（8月22日），较1999年同期减少7.66万kW。全年电网频率运行的合格率为99.995%，电压合格率为99.58%。

社会用电

全省全社会用电量完成338.93亿kW·h，全口径发电量完成364.63万kW·h，分别较1999年增长8.1%和15.25%，其中统调用电量完成315.23亿kW·h，发电量完成343.97亿kW·h，分别较1999年增长7.91%和15.49%。

农林牧渔水利业用电量完成21.31亿kW·h，同比下降0.75%；工业合计用电量238.83亿kW·h，同比增长7.7%；地质普查和勘探业合计用电量4110万kW·h，同比下降1.01%；建筑业合计用电量3.75亿kW·h，同比增长4.50%；交通运输和邮电通信业合计用电量4.22亿kW·h，同比增长11.57%；商业、物资等用电量5.74亿kW·h，同比增长12.77%；城乡居民生活用电量合计53.03亿kW·h，同比增长12.45%；其他事业合计用电量12.20亿kW·h，同比增长13.13%。

2000年全省用电增长的主要因素之一是，全省工业经济受宏观经济的带动和省内工业结构的优化组合与调整已见成效；二是积极开拓电力市场为全省用电的增长发挥了作用。从结构上看，乡村工业用电量已多年无较大增长，农业用电与上年基本持平。

多种经营

多经企业认真贯彻国电公司“三十六字”方针，加快产业化发展步伐，加强内引外联，加快市场接轨，探求上档次上水平，逐步由生产经营型向资产经营型和资本经营型方向转化，取得了明显的成效。全年完成总收入52亿元，同比增长10%，实现利润2.8亿元，同比增长12%。

精神文明建设

通过“三讲”教育，开展创一流企业、双文明单位活动，以及广泛开展优质服务和创建文明行业活动，企业面貌和职工队伍的精神状态大为改观。年内建成国电公司一流企业2家，网一流企业4家。建成国电公司双文明单位13家，有7家单位获得第二届安徽省文明单位标兵，37家单位获得第二届安徽省文明单位标兵，37家单位获得第四届安徽省文明单位荣誉称号。

企业改革

2000年省电力公司在改革方面，一是完成了省公司政企分开改革方案和组建省电力行业协会方案，上报待批；公司机关机构改革方案已经制定完成，正在进行定职责、定岗位、定人员等“三定”工作。二是省公司直属的控股公司改制重组工作进展顺利。三是省属四个水电站管理体制改革方案上报待批。四是农电体制改革进展顺利，已完成65个县级供电企业改制工作；基本完成乡电管站改制为供电所工作。五是大力推进减人增效改革，制订了11项改革措施，对省公司系统人员进出、鼓励职工内退或辞职自谋职业、实行下岗分流、清理劳动关系、实行持证上岗等，作出明确规定。

主要事件

1月15日，省政府在合肥召开全省农电“两改一同价”工作电视电话会。省委常委、常务副省长张平主持会议。

2月5日，（农历正月初一）省委书记王太华、副省长黄岳忠到省电力调度中心和合肥二电厂建设工地，慰问坚守岗位的电力职工。

3月2日，省公司“三讲”教育动员会在合肥召开，省公司“三讲”教育活动正式开始。

3月3日，国家电力公司副总经理周大兵视察合肥二电厂工地，并到滁州检查指导琅琊山抽水蓄能电站的前期筹备工作。

3月26日,2000年全省电力工作会议在合肥召开。

4月13日，国家“九五”重点建设项目，中外合作淮北二电厂首台30万kW机组顺利通过168h满负荷试运，提前35天正式投入商业运营。

4月14日，500kV肥西变电所扩建工程完成。该扩建工程投资8672万元，扩建后该变电所变电容量达184万kV·A。

6月12日，中港合资平圩发电有限责任公司挂牌成立。

7月17～18日，国电华东公司受国家电力公司委托在合肥主持召开《安徽电网2010年目标网架论证报告》及《安徽电网“十五”建设方案》评审会。

至8月10日止，2000年全省基本没有因超负荷拉闸限电。

9月26日，由省电力公司和省能源集团公司共同出资设立的“安徽电力燃料有限责任公司”挂牌成立。

10月25日，响洪甸抽水蓄能电站因阀门爆破发生水淹厂房事故。

11月7日，副省长黄岳忠率省经贸委、计委、物价局及有关部门负责同志到省电力公司调研。

11月28日，被列为全国农村电力体制改革试点县之一的肥西供电局，在华东电网率先实现改制，挂牌成立了“安徽电力肥西供电有限责任公司”。

（王小平）

上海电力建设有限责任公司

综述

2000年是上海电力建设有限责任公司深化改革的攻坚年，也是挤占并立足市场的一年。全公司坚持以经济效益为中心，坚持以深化改革统揽全局，坚持两个文明建设一起抓的指导思想，团结奋斗，克服了前所未有的困难和压力，较好地完成了各项工作任务。

2000年全公司完成施工生产产值11.5亿元，全员劳动生产率为13万元/(人·年)，实现利润1000万元。全年移交生产机组5台，总容量781MW。

全公司加快了经营观念的转变，按照稳固上海，走向国际，立足电力，跳出电力的经营战略，全方位地把施工、生产经营任务拓展到系统外及国外工程的竞争中，2000年开拓市场的能力有新的提高。

在创建精品工程中，树立了公司新形象。工程建设以ISO 9000系列贯标为龙头，以达标投产为契机，以创精品工程为载体，大幅度提高了在建工程的总体质量水平。

在施工管理中，积极探索与国际惯例接轨的新模式，促进了安全文明施工水平的提高。

职工队伍的职业道德、敬业精神在2000年也有了进一步提高。同时培养和选拔的一批年轻干部，在工程建设中发挥了重要作用。

在抓党风廉政建设的同时，监督机制得到了进一步完善。

体制改革

6月19日，华东电力集团公司和上海市电力公司在上海电力建设有限责任公司召开深化上海电力建设体制改革座谈会。会议按照国家电力公司271号文件精神要求，宣布“将上海电力建设有限责任公司改制为上海市电力公司子公司，并创造条件进一步深化改革”的决定。上海电力建设有限责任公司党政领导班子成员表示，坚决拥护这一决定，并决心在国家电力公司华东公司和上海市电力公司的领导、支持下做好工作。

工程建设

2000年在建电站工程总容量为1381MW；移交生产机组5台，总容量781MW，分别是：

威钢高炉发电机组（50MW），5月15日移交生产。

海口电厂4号机组（125MW），5月18日移交生产，海口电厂工程全面竣工。

新美热电工程（2×3MW），1号机组8月5日移交生产，2号机组8月30日移交生产。

上海吴泾热电厂八期扩建工程1号机组（600MW）7月10日完成168h试运行移交生产。

企业管理

(一) 安全

全公司遵循"安全第一、预防为主"的方针和《企业负责、行业管理、政府监察》的原则，贯彻了"落实安全责任、强化安全教育、严格安全监察、推行科学管理"的工作主线，实现了全年无重大事故和案件，未发生火灾和影响企业、社会稳定的事件，一般事故控制在年度目标的范围以内，为公司完成全年生产经营任务提供了保证。全公司系统坚持执行《安全生产责任书》、《安全技术措施计划制》等五项规定。公司与所属各单位签订了《安全责任协议书》和《治安责任协议书》。所属各单位也层层签订了《安全协议书》，制定了年度安全技术措施计划，严格进行多种形式的安全检查，广泛开展安全消防和治安教育。公司同时加强了上海吴泾热电厂八期扩建工程、外高桥电厂二期工程等重点在建工程的安保管理，为创精品工程提供了保证。

全公司在建的各主要施工项目均能严格执行国家电力公司颁布的安全文明施工标准，把安全文明施工作为施工综合管理水平的载体。主要施工现场基本做到材料设备堆放定置化，工具房、集装箱统一规划、分区布置，道路畅通，永临结合，整洁有序。特别是在单体工程施工中采用的封闭式模块施工，对每个危险点制订相应的对策措施，进行监护控制，使安全文明施工达到较高的水平。全公司先后有 14 个工地被授予上海市重大工程"文明工地"称号。

为提高公司的职业安全卫生和环境管理水平，更好地遵守国家有关职业安全卫生和环境保护的政策法律法规标准及其他要求，上海电建有限公司提出了在系统内开展"职业安全卫生管理体系标准"和"ISO14000 环境管理体系"的贯标和认证工作计划。公司及所属四个施工企业被列为上海市第一批试点单位，并积极开展有关工作及正式发布了职业安全卫生和环境管理体系文件，于 2001 年 1 月 1 日开始实施。

(二) 质量

全公司施工的各主要工程项目质量指标均处于受控状态，分项工程优良率为 98.1%，单位工程优良率为 95%，未发生重大质量事故和上报质量事故。在工程建设中以 ISO 9000 系列贯标为龙头，积极开展施工工艺革命，大幅度提高了在建工程的总体质量水平。吴泾热电厂八期扩建工程坚持着力提高施工工艺水平，深化达标投产内涵，使达标投产的内容、范围不断拓展，无论是主厂房钢结构制造安装、汽机基座、输煤栈桥的施工，还是安装工程的管道连接、保温、电缆敷设、二次接线工艺都达到了精品工程的要求，受到了国家电力公司、上海市委、市府领导的肯定和表扬。

公司于 1999 年 11 月通过上海质量体系审核中心 ISO 9002 认证后，在 2000 年 4 月进行的第一次内部质量审核的基础上，于 5 月顺利通过了上海质量体系审核中心的监查，9 月又进行了第二次内部质量审核，公司的质量体系保持有效运行。

(三) 经营

2000 年全公司在符合国家政策导向的燃机电厂、垃圾焚烧电厂、两网改造等一些新的市场领域中有了良好的开端。全年共投标 294 个，中标 115 个，产值为 11.2 亿元，其中 2000 年度市场项目为 6.67 亿元，占全年产值的 58%。外高桥电厂二期工程 5 号标、国内最大容量的浦东生活垃圾焚烧电厂、三峡直流送出 500kV 线路，深圳月亮弯燃机电厂和两网改造中的变电站等一批项目的中标，标志着上海电力建设有限责任公司的市场开拓有了实质性的突破。同时还通过了一些项目的投标，公司及所属单位都建立起投标数据库，已初步形成集中与分散相结合的投标体系。

多种经营

全公司多种经营总收入 1.8 亿元，实现利润 180 万元，资产保值增值率 101.8%，分流人员安置率 20.4%。2000 年全公司多经企业根据建立现代企业制度的要求，将工作重点放在尽快建立一种适应市场经济及能满足企业自身发展要求的经营机制上，全公司 61 家多经企业中 12 家企业已改制为有限责任公司或股份合作制企业。各多经企业在抓紧进行现代企业制度建设的同时，抓紧企业内部改革，加强整章建制工作，建立了多经企业财务总监制度、多经企业投资管理制度、集体资产管理暂行办法等多项制度。

教育培训

教育培训工作利用现有的教育资源，围绕重点工程建设，全方位组织各类业务技能和政治素质的培训。在领导干部和专业技术干部中，开展工商行政管理、计算机应用、热机和电气质检员、监理工程师、项目经理、市场招投标、财会专业、成本核算等培训；在技术工人中，开展复合工种、特殊工种、班组劳动保护监察等培训。2000 年全公司系统共有 4147 人参加了培训，其中干部培训 1574 人，技能培训 2745 人，较好地保证了干部队伍的政治素质和在施工生产经营中业务技能的要求。

精神文明建设

2000 年，全公司系统各单位认真学习和贯彻江泽民总书记关于进一步加强和改进思想政治工作的重要指示，紧紧围绕建设"精品工程"和提高员工素质，进一步加强企业精神文明建设，重点抓了五方面工作：一是采用党委中心组、学习班等形式，组织党员、干部学习邓小平理论和江泽民总书记关于“三个代表”的重要论述，坚持企业精神文明建设的正确方向。二是通过立功竞赛、“三青”活动、典型宣传等方法，调动广大职工的积极性，为工程建设提供精神动力。三是进一步加强职业道德教育，深入开展“三学”活动，努力提高队伍的思想和职业技能。四是建设企业文化，塑造良好的企业形象，促进了企业创文明单位活动的深入开展。公司所属安装一公司、安装二公司、建筑公司、送变电公司、调试所等5个单位被评为华东电力集团公司双文明单位，其中安装一公司、安装二公司被评为国家电力公司双文明单位。

主要事件

1月7日，上海电建有限公司召开“1999年度吴泾电厂八期创精品工程立功竞赛总结表彰会”。会议对11个记功集体和50名记功个人给予了表彰，并对吴泾八期创精品工程围绕“创优达标”继续开展立功竞赛提出了要求。

1月24日，上海电建有限公司召开公司本部处以上干部会议，传达贯彻2000年华东电力集团公司工作会议暨集团管委会会议精神。

1月28日，上海电建有限公司获得由国家核安全局颁发的民用核承压设备安装许可证。

2月1～2日，上海电建有限公司召开一届二次职代会暨2000年工作会议。

2月2日，公司所属上电一公司王柳琴被全国总工会授予“全国先进女职工”称号。所属二公司财务科被上海市总工会授予“上海市先进女职工集体”称号。所属机械化公司王爱华被上海市总工会授予“上海市先进女职工标兵”称号。

2月24日，公司召开2000年安全保卫文明施工工作会议。

3月23日，公司召开2000年第二次安全工作会议。

4月1日，上海市副市长蒋以任、上海市经委主任黄奇帆等领导视察由上海电建有限公司施工的吴泾热电厂八期扩建工程。

4月19日，公司所属调试所、二公司被评为1999年度“全国电力行业质量效益型先进企业”。所属一公司被评为1999年度“全国电力行业用户满意工程先进单位”。

5月24日，上海电建有限公司与上海外高桥电厂二期工程筹建处签订上海外高桥电厂二期工程5号标段施工合同。

6月19日，华东电力集团公司和上海市电力公司在上海电力建设体制改革座谈会上宣布“将上海电力建设有限责任公司改制为上海市电力公司子公司，并创造条件进一步深化改革”的决定。

7月14日，吴泾电厂八期工程1号机组举行投产仪式。中共中央政治局委员、国务院副总理吴邦国发来贺信，对国产600MW机组胜利投产表示祝贺。中共中央政治局委员、上海市委书记黄菊、市长徐匡迪、国家电力公司副总经理赵希正等领导亲切接见建设功臣，并出席投产仪式。

7月17日，有限公司召开安全工作紧急会议，传达江泽民总书记和朱镕基、李岚清等中央领导关于对江门“6.30”重大爆炸事故的批示以及上海市安全生产领导小组等关于落实中央领导批示的要求，会议结合公司安全工作实际，提出了10个方面的要求。

9月28日，所属上电二公司汽机管道班班长施勇被授予“全国劳动模范”称号。

10月31日，所属二公司焊工胡金月、一公司焊工夏强在第四届全国焊工比赛中，分别获得手工电弧焊第三名和第五名，为上海市荣获团体第二名作出了贡献，同时被大赛组委会授予“全国焊工技术能手”称号。

（沈夫林　林　红）

华 中 地 区

国家电力公司华中公司

电网概况

至2000年底，华中地区6000kV及以上发电装机容量达到4432.52万kW，比1999年增加205.50万kW，增长率为4.86%。其中水电增长10.91%，火电增长2.29%。在输、变、供电设备方面，共拥有35kV及以上电压等级的变压器4228台，13118万kV·A。其中：500kV变压器65台，1732.9万kV·A；220kV变压器415台，6250万kV·A；110kV变压器1662台，6706万kV·A；35kV（含66kV）变压器 2089 台，800 万 kV·A。35kV 及以上电压等级的输电线路 3933 条，75509km。其中：500kV 线路，直流 1 条，479.35km，交流 21 条，3408.8km；220kV 线路 420 条，19761km；110kV 线路 1629 条，29358km；35kV（含 66kV）线路 1863 条，22799km。

电网生产

（一）发、供、售电量生产指标完成情况

2000 年华中地区 6000kW 及以上电厂完成发电量 1769.98 亿 kW·h，比 1999 年增长 7.25%。统调电厂发电量 1379.93 亿 kW·h，增长 6.61%。华中四省6000kW 及以上口径和统调口径发电量详见表 1。

2000 年，华中四省电力企业完成供电量 1569.45 亿 kW·h，比 1999 年同期增长 5.13%。原华中电力集团口径完成供电量 1434.98 亿 kW·h，售电量 1319.45 亿 kW·h，分别比 1999 年同期增长 7.50%和 7.27%。2000 年华中向华东售电量 24.24 亿kW·h，比 1999 年增加 5.79 亿 kW·h，增长 31.38%。

华中公司经销电量的四个电厂（葛洲坝、隔河岩、丹江和阳逻电厂，其中阳逻电厂为一期）2000 年发电 238.59 亿 kW·h，比 1999 年同期增长 8.62%，完成年度计划的 106.68%。其中葛洲坝电厂发电 162.22 亿 kW·h，比 1999 年多发电近 5 亿 kW·h；丹江发电 29.32 亿 kW·h，是 1999 年发电量 15.4 亿 kW·h 的近两倍；隔河岩发电量 25.06 亿 kW·h，多发 4 亿 kW·h；阳逻电厂一期少发 2.23 亿 kW·h。

（二）全社会用电量

2000 年华中四省全社会用电量 1836.40 亿 kW·h，比 1999 年同期增长 6.80%，其中第一产业用电 119.99 亿 kW·h，增长 0.30，占全社会用电量的 6.53%，比重略有降低，反映出 2000 年的风调雨顺，降雨均匀、气候正常，抗旱排涝负荷减轻；第二产业用电量 1330 亿 kW·h，占全社会用电量的 72.42%，增长 5.87%，增长率高于 1999 年同期近 2 个百分点，反映出 2000 年华中地区工业得到恢复，是国有企业脱困的结果；第三产业用电量 173.87 亿 kW·h，增长 13.77%，比重 9.47%，增长率和比重都比 1999 年同期增加明显；城乡居民生活用电 212.54 亿 kW·h，增长 11.37%，比重由 1999 年同期的 11.10% 提高到 11.57%，既反映出人民生活水平的提高，又是近年来大力开拓消费市场的结果。

华中四省中，河南省的全社会用电量增长 6.93%，湖北省增长 5.81%，湖南增长 7.85%，江西省增长 6.70%。河南、湖北和江西的增长率比 1999 年同期提高 2～3 个百分点，湖南提高了 5 个百分点以上（见表 2）。

表 1　华中四省发电量情况表

6000kW 及以上口径	发电量（亿 kW·h）	增长率（%）	水电（亿 kW·h）	增长率（%）	火电（亿 kW·h）	增长率（%）
华中四省	1769.98	7.25	502.51	17.23	1267.47	3.75
河南省	699.64	6.81	20.34	46.68	679.30	5.95
湖北省	538.11	6.48	261.38	17.57	276.74	-2.22
湖南省	344.50	9.19	180.98	19.24	163.52	-0.12
江西省	187.73	7.58	39.81	-2.15	147.91	10.53
统一调度口径	发电量（亿 kW·h）	增长率（%）	水电（亿 kW·h）	增长率（%）	火电（亿 kW·h）	增长率（%）
全网	1379.93	6.61	404.23	17.09	975.71	2.80
直调厂	385.78	6.90	283.14	15.57	102.64	-11.42
河南	424.81	8.78	17.63	52.92	407.17	7.41
湖北	208.86	2.53	11.13	71.75	197.73	0.25
湖南	197.54	4.40	65.55	18.89	131.99	-1.56
江西	162.96	8.60	26.78	-1.47	136.18	10.83

表2　华中地区社会用电基本情况表

地　区	全社会用电量（亿 kW·h）	增长率（%）	三个产业增长率			城乡居民生活用电增长率（%）
			第一产业（%）	第二产业（%）	第三产业（%）	
华中地区	1836.40	6.80	0.30	5.87	13.77	11.37
河南省	718.52	6.93	10.09	6.71	1.37	11.02
湖北省	503.02	5.81	-9.93	5.21	5.59	16.43
湖南省	406.12	7.85	-8.03	6.03	37.69	8.92
江西省	206.91	6.70	-0.07	4.22	38.60	4.55

从分行业看，工业用电量的比重占全社会用电量的71.87%，虽然比重比1999年减少0.16个百分点，但比重仍然较大，工业用电量7.24%的增长对全社会用电量的增长起主要作用。城乡居民生活用电增长11.37%，是近年来增长较高的水平，比重也增加了0.67个百分点。农林牧渔水利业用电量没有增加，抗旱排涝用电较1999年同期减少。

（三）网省间电量交换情况

2000年，华中电网网省间交换电量83.39亿kW·h（以湖北侧计），比1999年同期增加12.07亿kW·h。其中，与华东电网交换电量的31.36亿kW·h中，送华东24.24亿kW·h，比1999年同期增加5.79亿kW·h；华东送华中7.12亿kW·h，增加3.99亿kW·h。网内省间电量交换52.03亿kW·h，比1999年同期增加2.29亿kW·h，但仍然未达到1998年的水平。

华中电网近年来省间电量交换逐年减少，1990～1995年一直保持在65亿kW·h以上，1996年达到83亿kW·h的历年最高值。1997～1998年，减少到56亿kW·h左右，1999年跌到了49.74亿kW·h。交换电量的减少，减少了华中电网水火调剂的效益，全网电力资源没能得到优化配置。2000年，为了充分发挥葛沪直流的作用，加大了华中与华东电量交换的力度，2000年两网电量交换比1999年同期增加了9.78亿kW·h。1990～2000年网省间电量交换情况表见表3。

表3　1990～2000年网省间电量交换情况表

（亿 kW·h）

年　份	1990年	1991年	1992年	1993年
华东与华中	11.15	12.06	12.78	13.41
网内省间	70.96	69.63	65.70	73.45
网省合计	82.10	81.70	78.47	86.86

续表

年　份	1994年	1995年	1996年	1997年
华东与华中	15.01	11.67	13.39	16.29
网内省间	70.80	67.06	83.13	56.98
网省合计	85.81	78.73	96.53	73.27
年　份	1998年	1999年	2000年	合计
华东与华中	17.50	21.58	31.36	176.19
网内省间	55.76	49.74	52.03	715.25
网省合计	73.26	71.32	83.39	891.44

（四）2000电网运行的主要特点

1．水情较好，水量均匀，水电厂发挥了最大效益

2000年华中地区的来水形势好于1999年。电网抓住各流域来水形势好的时机，精心调度，取得了十分明显的成效。葛洲坝全年发电162.22亿kW·h，是20年来第四个发电超过160亿kW·h的年份；五强溪创记录地发电49.69亿kW·h，与往年总是在39～43亿kW·h之间徘徊的情形相比，发生了质的飞跃；特别是丹江，2000年摆脱了连续多年严重枯水、水库遭到破坏性运用的被动局面，年发电量达到29.32亿kW·h，基本恢复正常，库水位也由死水位以下5m多恢复到正常高水位；隔河岩2000年7月份突然来水，电网积极为其寻找电能销路，经与湖南省电力公司协商，降价销售部分电量，避免了隔河岩电站在汛期弃水。另外，东江电厂发电增长28%，黄龙滩电厂增长了140%，柘溪、万安等也有不同程度的增长。

水电厂的弃水损失减少到了最小。2000年，12座主要水电厂共弃水1313亿m^3，弃水损失电量仅8.88亿kW·h，占发电量的2%左右。

2．火电厂发电受到限制

2000年水情较好，在电力消费市场一定的情况

下，火电厂的发电受到限制。一季度，全网统调发电量增长2.4%，水电增长64.12%，其中直调厂水电量增长44.61%，湖北省调水电量增长116.39%，湖南省调水电量增长239.47%。这时的火电厂发电量是负增长，增长率为-6.62%。二季度，水电来水减缓，这时的电力消费市场有所增加，统调发电量增长10.08%，水电量只有5.6%的增长，其中江西的水电量是负增长。三季度，发电量增长6.53%，水情与1999年同期相比有所减少，水火电量的增长率分别为5.62%和7.02%。进入四季度，水情又开始好转，统调水电量增长25.16%。为了避免弃水损失，全网加大了火电厂的调峰力度，甚至停机让出市场。例如，为了让丹江电厂大发，避免弃水，襄樊电厂4台机组全停40多天，致使襄樊电厂在全省火电厂超额完成计划的条件下差一点未能完成年度计划。在丰水期机组全停的火电厂还有石门电厂、耒阳电厂等。因全停时间过长，煤炭积压，铁路部门停运了直达石门电厂的运煤列车，在网局的协调下才得以恢复。

3. 电网最大负荷、最大日电量和峰谷差均创新高

2000年7月27日，全网统调最大发电出力达到2555万kW，比1999年最大增加了275万kW，增长率12.06%。峰谷差956万kW，比1999年增加了46万kW，最大峰谷差发生在1月份。全网全年用电最大负荷也发生在7月27日，达2499万kW，比1999年同期最大增长11.96%。

全年的最大日发电量51522万kW·h发生在7月27日，这一天最高日用电量也是最大，达到50044万kW·h，增长率均超过12%，第一年双双突破5亿kW·h大关。全网50±0.1Hz频率合格率也创历史最好成绩，达到99.85%。

全网2000年电压合格率为99.27%，比1999年同期上升0.13个百分点。其中：华中网调99.47%、湖北99.41%、河南99.28%、湖南99.31%、江西98.90%。

全网全年地调及以上限电拉闸统计共278条次，低于1999年的2613次，用电环境大为宽松。

表4为近几年统调电网运行的部分参数比较。

表4　近年来华中电网主要运行指标

指　标	1997年	1998年	1999年	2000年
最大发电负荷(万kW)	1927	2019	2280	2555
最大用电负荷(万kW)	1889	2011	2232	2499
最大峰谷差(万kW)	713	821	910	956
最大发电负荷率(%)	89.59	88.82	87.40	88.00
平均发电负荷率(%)	81.17	79.10	78.60	78.91
最小发电负荷率(%)	73.25	71.14	70.40	69.50
最大日发电量(万kW·h)	39254	40431	45724	51522
最大日用电量(万kW·h)	38388	39542	44626	50044

4. 煤耗率显著下降，线损率略有上升，技术经济指标不平衡

原集团属火电厂供电标准煤耗率378g/(kW·h)，比1999年同期降低5g/(kW·h)。华中四省公司都有不同程度的下降，其中河南降低4g/(kW·h)，湖北下降13g/(kW·h)，湖南降低4g/(kW·h)，江西下降7g/(kW·h)，网公司控股电厂下降了5g/(kW·h)。

全网线损率8.05%，与1999年同期相比，上升了0.20个百分点，其中：湖南下降0.05个百分点，河南、湖北、江西分别增加0.03、0.75和0.01个百分点。

电网建设

（一）投资计划完成情况

1. 资本性支出的资金来源

全网资本性支出来源合计2021958万元，其中：

（1）企业内部产生434543万元；

（2）国家电力公司注入112674万元；

（3）盘活存量资产22000万元；

（4）融资1360001万元；

（5）其他来源92740万元。

2. 资本性支出情况

全网资本性支出合计2015634万元，构成图见图1。

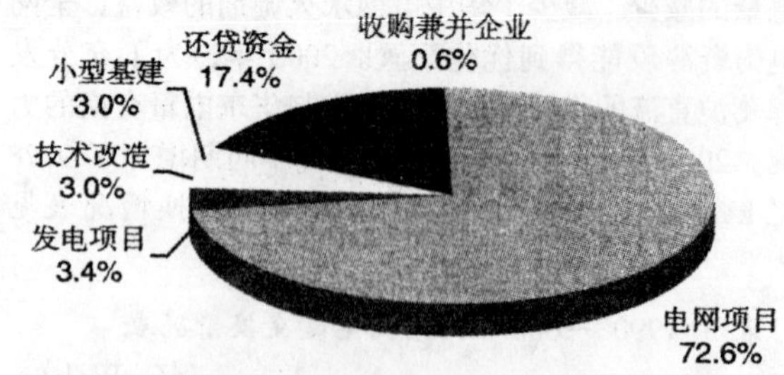

图1　资本性支出构成图

（1）电力投资1485878万元，其中：电网建设项目1419756万元，占电力投资的95.55%，其中：城网改造487070万元，农网改造798791万元。发电项目投入66122万元，占电力投资的4.45%；

（2）技术改造项目投入58290万元，占支出的

2.89%；

(3) 小型基建投资 58796 万元，占支出的 2.92%；

(4) 还贷资金 340303 万元，占支出的 16.88%；

(5) 收购、兼并企业投资 12585 万元，占支出的 0.62%。

3. 华中公司控股项目

(1) 投资计划执行情况。2000 年华中公司控股投资的信阳电厂、益阳电厂、九江电厂等下达的年度投资计划约为 26.6 亿元，1～12 月共完成投资约 26.3 亿元，投资完成率为 99%；资金到位 24.5 亿元，资金到位率为 92%。投资计划执行情况较好。从资金到位情况看，信阳电厂和益阳电厂资金到位较好；九江电厂资金到位情况较差，资金到位率为 65%。

(2) 资本金到位情况。到 2000 年底，国家下达给信阳电厂、益阳电厂、九江电厂等三电厂资本金计划累计为 112990 万元，实际累计到位 74778 万元，到位率为 66%，累计差额为 38212 万元；其中国家下达给华中公司应投入资本金计划累计为 67716 万元，实际到位 39985 万元，到位率为 59%，相差 27731 万元。具体情况是：到 1999 年底，国家下达给华中公司资本金投入计划累计为 35660 万元，资本金累计到位了 30293 万元，比计划少投入 5367 万元。2000 年，国家下达给华中公司投入三个控股发电项目的资本金计划为 32056 万元，资本金累计到位了 9692 万元，比计划少投入 22364 万元，到位率仅为 30%。

电网经营

(一) 资产经营考核指标完成

(1) 利润总额。全网实现利润 123077 万元，完成目标利润 108870 万元的 113.05%；四省完成利润情况见图 2。

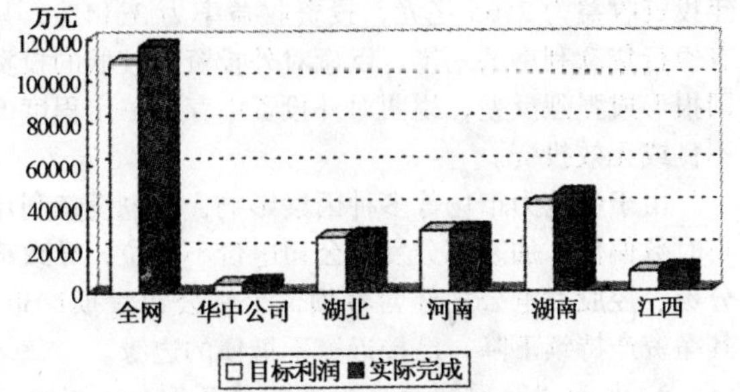

图 2　完成利润情况

(2) 资本保值增值率。全网资本保值增值率为 102.17%，比目标值 101.55%高出 0.62 个百分点；

(3) 投资收益率。全网投资收益率为 6.04%，完成目标值 5.33%的 113.32%；

(4) 资产负债率。全网资产负债率为 56.49%，控制在目标值 59.84%以内；

(5) 电热欠费。全网电热欠费为 294281 万元，控制在目标值 301424 万元以内；

(6) 上交投资收益。全网上交投资收益 29790 万元，按国电要求及时足额上缴。

(二) 其他指标

(1) 发电量。全网完成发电量 1769.98 亿kW·h，比 1999 年的 1650.35 亿 kW·h 增长 7.25%；

(2) 购电量。全网购电量 11466847 万 kW·h，比 1999 年的 10315459 万 kW·h 增长 11.16%；

(3) 售电量。全网完成售电量 13303042 万 kW·h，比 1999 年的 12297233 万 kW·h 增长 8.18%；

(4) 线损率。全网线损率为 8.41%，同比降低 0.10 个百分点；

(5) 发电标准煤耗。发电标准煤耗 358.19 g/(kW·h)，同比下降 3.37 g/(kW·h)；

(6) 资产总额。全网资产总额 11267597 万元，比期初 10529279 万元增加 7.01%；

(7) 劳动生产率。全网劳动生产率 9.69 万元/(人·年)，比 1999 年提高 9.30%。

(三) 利润总额分析

全年实现利润 123077 万元，比 1999 年的 136933 万元减少 10.12%，同口径（河南姚孟调价以及周口局上划）调整后减少 818 万元，减 0.60%。主要增减因素和原因分析如下：

1. 增利因素

(1) 主营业务利润增加增利 3276 万元；

(2) 其他业务利润增加增利 1041 万元；

(3) 投资收益增加增利 16558 万元；

(4) 以前年度损益调整增利 9357 万元。

2. 减利因素

(1) 财务费用增加减利 24182 万元；

(2) 营业外收入增加减利 13487 万元；

(3) 营业外支出增加减利 4551 万元。

(四) 电力产品利润分析

全年实现电力销售收入 4264561 万元，增加 452468 万元，增 11.87%，扣除周口局上划增加的收入后，周口径增长 10.88%。其中：

1. 产品销售收入增加

(1) 电力产品销售收入 4210867 万元，增长 12.01%，扣除周口局上划增收 37822 万元后，同比增长 11.00%。其中：由于售电量增加增收 274264 万元。售电量增加的主要原因，一是由于我国经济增长加快，特别是工业生产增长加快；二是各省公司采取增供扩销措施，使得售电量增长；三是由于改造城农网形成的增长。由于售电均价提高增收 139306 万元。售电均价提高的主要原因是电价调整。

(2) 热力产品销售收入 17303 万元，比 1999 年 20505 万元减少 15.62%；

(3) 修造产品销售收入 15147 万元，比 1999 年 16497 万元减少 8.18%；

(4) 其他产品销售收入 19734 万元，比 1999 年 15616 万元增加 26.37%。

2. 成本增幅低于收入增幅，产品销售利润增加

产品销售成本 4101551 万元，比 1999 年 3709363 万元增 10.57%，其中：

(1) 电力产品成本 4046675 万元，比 1999 年的 3601697 万元增加 444978 万元，增长 12.35%，扣除由于姚孟电价上调和周口局上划增加的成本后，同口径增长 10.43%，比电力收入增幅低 0.57 个百分点。

(2) 热力产品成本 24334 万元，比 1999 年减少 11.76%。

(3) 修造产品成本 10182 万元，比 1999 年减少 8.93%。

(4) 其他产品成本 17442 万元，比 1999 年增加 36.86%。

3. 财务费用和营业外支出增长过快，利润总额同比减少

2000 年全网产品销售利润尤其是电力产品利润大幅增加，但由于财务费用和营业外支出增长过快，造成全年利润总额不升反降。

4. 购电费持续增长，占总成本的比重进一步提高

购电费 2722534 万元，增 16.27%。其中：购电量 11466847 万 kW·h，比 1999 年同期 10253011 万 kW·h 增加 1213836 万 kW·h，增支 277216 万元；购电单价 237.43 元/(kkW·h)，比 1999 年同期 228.38 元/(kkW·h)提高 9.05 元/(kkW·h)，增支 103777 万元。

(五) 资产负债分析

1. 资产总额增加，递延资产得到消化，应收帐款占总资产的比重减少，资产质量有所提高

全网资产总额为 11267597 万元，比年初 10529279 万元增长 7.01%，其构成为：

(1) 流动资产 3348844 万元，比年初 3565692 万元减少 214864 万元，减 6.08%。占总资产的比重为 29.72%，下降 4.14 个百分点。

(2) 长期投资 1572016 万元，与年初基本持平。

(3) 固定资产 6282500 万元（净值，下同），占总资产的 55.76%，比年初 5296586 万元增 985914 万元，增 18.61%。

(4) 递延资产 36761 万元，比年初 72670 万元减少 35909 万元，占总资产的比重为 0.33%，下降 0.36 个百分点。

不良资产状况：

不良资产合计 222940 万元，比 1999 年同期 152628 万元增加 70312 万元，增 46.07%。其中：待处理财产损失 4624 万元，亏损及挂帐 1504 万元，3 年以上应收帐款 213783 万元。

从资产变动情况看，全网资产总额增加，递延资产得到消化，应收帐款占总资产的比重减少，资产质量有所提高。但不良资产同比上升，全网存在潜亏的可能。

2. 资产负债率上升，长期偿债能力略有降低

全网负债合计 6783285 万元，比年初 6270098 万元增长 513187 万元，增 8.18%。

3. 所有者权益有一定幅度增长

所有者权益期初余额 4259182 万元，本期增加 225131 万元，期末余额 4484313 万元。

(六) 存在的问题

1. 欠费回收的外部环境没有根本性好转，全网电热欠费余额仍居高不下

截至 2000 年底，全网应收帐款达 596778 万元，比年初 616455 万元略有减少，其中电热欠费（财务口）448393 万元，比年初减少 97367 万元。从四省公司欠费情况看，河南、江西和湖南省公司控制较好，河南电热欠费余额 61619 万元，减少 23425 万元；江西电热欠费余额 62834 万元，减少 16675 万元；湖南电热欠费余额 166003 万元，减少 11239 万元；湖北电热欠费余额 157937 万元，增加 820 万元。巨额欠费中蕴藏着较大的风险，目前全网欠费已占当年销售收入的 15%。其中：确实为坏帐的应收款有 10 亿元；3 年以上的陈欠达 24 亿元。

2. 投资效益不高，投资风险增加

截至 2000 年底，全网长期投资余额 156 亿元，当年实现投资收益为 6.6 亿元，投资收益率为 4.22%。其中对独立发电公司的投资为 85 亿元，当年投资收益为 2.65 亿元，投资收益率为 3.14%，只有银行贷款利率的一半。巨额对外投资与较低的投资回报形成强烈反差，说明对外投资中存在一定程度的不良或无效投资。

由于受电力市场等多种因素影响，发电设备利用小时数偏低，加之部分发电公司电价不到位，导致部分参、控股发电公司经营亏损，个别公司亏损严重，其净资产持续下降，已接近资不抵债的边缘。

3. 由于“两网”改造配套政策不到位，对电网经营企业财务状况产生了一定的负面影响

城农网改造既为电网带来了一定的经济效益，同时，对全网的财务状况也有一定影响。全网 2000 年“两网”改造增加长期借款 97 亿元，引起全网资产负

债率上升1.21个多百分点，是全网资产负债率升高的主要因素。同时，据快报统计，2000年因“两网”改造增加财务费用6826万元，增加折旧费8510万元，目前增加的这部分费用还无法得到有效的补偿或补偿甚微。

4. 经营包袱依然很重

虽然近几年来，不断采取措施，强化企业管理，全网的递延资产得到很大程度的消化，但由于历史原因形成的经营包袱沉重，目前全网仍有3.7亿元的挂帐尚未消化。

5. 控股电厂的资本金来源出现缺口

信阳电厂、益阳电厂和九江三期三个控股项目均已进入到投资建设的高峰期，资本金需求量较大。而华中公司资本金来源不足，出现了较大的缺口，已开始影响到国家投资计划的完成和项目融资的到位。

电网安全

(一) 基本情况

至2000年底，华中电网保持了连续18年无主网稳定破坏事故，连续17年无垮坝、漫坝、水淹厂房事故发生。1996年以来，没有发生重大生产设备损害事故和大型机械损害事故及重大火灾事故，生产和基建安全形式基本稳定。但局部电网事故时有发生，对电网安全稳定运行的威胁不容忽视。

2000年全网累计发生设备事故134次，比1999年同期131次，增加3次，上升2.3%。其中：发电事故20次，比1999年同期16次增加4次，上升25%。供电事故114次与比1999年同期115次下降0.86%。供电事故中：输电事故24次，比1999年同期37次减少13次，下降35%；变电事故90次，比1999年同期78次增加12次，上升15.4%；发生设备一类障碍581次，比1999年同期544次增加37次，上升6.8%。其中发电设备一类障碍209次，比1999年同期231次减少22次，下降9.5%；供电设备一类障碍372次，比1999年同期313次增加59次，上升18.8%。

(二) 安全生产中存在的主要问题

(1) 国产500kV电流互感器设备质量成为电网安全隐患。2000年以来，沈变厂生产的500kV电流互感器在华中电网已发生二起爆炸事故，并且均造成了严重的后果。

(2) 管理不善和人员责任是引发事故的重要原因。根据1～12月的事故信息统计，因管理不善、运行监调不当、检修及调试质量不良等人员责任造成的事故障碍占37%。

(3) 电气误操作事故大幅度上升。2000年以来，全网共发生电气误操作事故16起（其中湖北7起、湖南4起、江西3起、河南2起），同比上升100%。多起恶性电气误操作事故，不同程度地造成对用户中断供电，也给华中电网的安全运行造成了严重威胁。

(4) 变电站全站失压事故没有得到遏制。2000年以来虽然没有发生大的电网停电事故，但是危及大电网安全的事故仍频频发生，突出表现在220kV变电站全停事故较多，到12月底，全网已经发生了12起110kV及以上变电站全停事故。

(5) 外力破坏和人为责任事故不容忽视。除了不可抗拒的自然灾害外，供电设备事故、障碍比1999年有所增加。

(6) 锅炉四管爆漏故障居锅炉事故障碍之首。全网三类频发事故中锅炉四管爆漏66次，同比1999年下降18%，占锅炉事故（障碍）的61%。

(7) 电力生产人身伤亡事故没有杜绝。2000年以来共发生人身死亡事故4人·次，同比上升33%，重伤4人·次，同比上升100%。

据不完全统计，2000年度的事故（一类障碍）共造成累计少发电量815.55万kW·h，同比1999年上升3.19%；累计少送电量1381.35万kW·h，同比1999年下降20.1%；造成设备的直接经济损失1350.6万元，同比1999年上升153.77%。人身伤亡事故造成的经济损失27.25万元，同比上升60%；折算工日19890个，同比上升23.77%。

劳动工资情况

1. 全网职工人数减少13900人，减幅6.3%

从快报情况来看，华中公司在增加300余人生产准备人员的情况下，全部职工比1999年同期减少244人，较好地完成了国家电力公司下达的目标。各省电力公司经过多方努力，采取各项有效措施，全部完成国家电力公司下达的减人计划。

2. 劳动生产率比1999年提高7.74%

全网劳动生产率完成95599元/(人·年)，比1999年增加了7.74%。华中公司的劳动生产率增幅高达36.34%，达到238716元/(人·年)，比全网劳动生产率增长率7.74%高出28.6个百分点。湖北、湖南、河南、江西四省劳动生产率分别完成64498元/(人·年)、128002元/(人·年)、104580元/(人·年)、77057元/(人·年)，增幅分别达到7.0%、10.5%、0.3%和5.4%。

科技教育

华中公司2000年的科技工作思路是：加强技术创新，完善“十一大系统”，新建“四大系统”，在八个领域进行攻关，为实现国电公司“两型两化、国际一流”目标而奋斗。

认真编制下达了国家电力公司华中公司2000年度科技开发推广项目计划。组织高新技术成果ASVG产业化可行性初步论证工作，撰写了3万多字的论证报告。技术中心、调度局与清华大学合作，分析ASVG在华中电网的稳定中所起的作用，提出几个需要安装ASVG的地点，并将主要计算结果及相关结论撰写成两篇论文，在《电力系统自动化》杂志上发表。

普及群众性QC小组活动，推动企业贯彻国际标准ISO 9000，促进企业标准化管理工作。获得国家级优秀QC成果奖的有12个，分别是武汉供电局、荆门供电局、襄樊供电局、黄石发电厂、九江发电厂和贵溪发电厂等单位，其中武汉供电局江南变电分局在全国分组发布会上取得第一名。

根据国务院有关精神和国家电力公司的有关要求，对原集团公司所属学校稳步推进改革工作。上半年完成了《华中电力职工教育改革与发展》的课题研究。目前，湖北省政府已下文明确，华中电业联合职工大学改办为非学历教育的职工培训中心。将长沙电力学院划归湖南省政府管理，并对公司管理学院五年来的工作进行了全面的总结。

教育培训以继续抓好岗位培训和继续教育为重点，全年举办了各类培训班30个，共培训人员1260人·次。

继续做好博士后的日常管理工作，保证博士后课题的顺利进行。两名博士后的研究课题《华中电网销售电价结构的数理模式分析与设计》和《华中电网省间电力市场研究》课题研究已接近尾声，将于2001年出站。

改革与管理

（一）电力体制改革取得新进展

2000年，原集团公司党组和国电华中公司党组、四省公司党组（委）带领广大职工，认清改革形势，增强改革意识，落实改革部署，积极做好各项改革工作。湖北省公司与政府有关部门共同提出了《湖北省电力工业政企分开工作的实施办法》，得到省政府批准，为政企分开工作做好了准备。河南省公司积极推进电力体制改革，上划直管许昌、济源、驻马店、信阳和周口市电业局，统一了全省电网，理顺了管理体制。湖南省公司狠抓内部改革，促进了“三项”制度改革和减人增效工作。江西省公司坚持“先改制后改造、资金跟项目走、项目跟体制走”的原则，全面理顺了全省农电管理体制。

（二）落实国电公司下达的“三项责任制”取得新成果

（1）全面落实安全生产责任制。全年全网没有发生重大电网事故和重大火灾事故，没有发生电力生产企业员工重大伤亡事故和电力施工企业员工死亡事故。全网的生产和基建安全形势基本稳定。

（2）全面超额完成各项资产经营考核指标。

（3）认真落实党风廉政建设责任制。原集团公司本部和河南、湖南、江西省公司的处级及以上干部深入开展了“三讲”教育和“三讲”教育“回头看”活动，达到了中央提出的要求。同时，全网从健全制度、建立机制入手，坚持检查和考核相结合，使党风廉政建设得到了加强。

（三）资源优化配置工作迈出新步伐

（1）网内省间交换电量从1999年的最低谷开始回升。鄂豫、鄂湘、鄂赣交换电量比1999年分别增长5.43%、1.74%和9.84%，电网整体效益得到提高。

（2）大胆探索华中电网与华东电网两大区域电网联合优化调度工作。2000年，两大电网共交换电量31.74亿kW·h，创历史最高水平。

（3）发挥大电网的优势，合理安排运行方式，尽可能多发水电，全网弃水调峰损失电量显著减少。2000年，全网统调水电厂累计弃水调峰损失电量比1999年减少3亿kW·h，

（4）充分利用网内各水库调节能力的差异，进行水库群之间的优化调度和水火电调剂，并尽力对全网的备用容量进行统一管理，降低了全网的旋转备用容量，减少了燃油调峰成本，仅河南省2000年就减少调峰燃油1400t，效益十分显著。

（四）企业管理水平得到新提高

电网的安全生产管理水平得到新的提高。主网架实现了全年安全无事故运行。电网技术经济指标有了进一步提高。2000年，全网频率按50±0.2Hz考核的合格率达到99.99%，按50±0.1Hz考核的合格率达到99.85%，电压合格率达到99.27%，频率和电压指标均创历史最好记录，实现了华中电网电能质量质的飞跃。企业创一流工作取得新突破，全网有13个企业被国家电力公司命名为一流企业。积极探索强化电网经济运行的管理措施，国电华中公司主持制定了《华中电网电力电量管理及考核办法》、《华中电网发用电计划编制管理办法》和《华中电网网省间市场协议电能购售管理办法》（以下简称“三个办法”），2000年在全网试行。

（五）编制并修订了《华中地区“十五”电力发展规划》

按照党的十五届五中全会精神，在充分听取四省政府和四省公司意见的基础上，国电华中公司主持对《华中地区“十五”电力发展规划》进行了调整。

（六）精神文明建设取得新成绩

2000年，全网受到国电公司表彰的文明单位68个，双文明标兵单位5个，湖南省公司被国电公司授予“双文明省公司”称号。河南省公司连续四年被省委、省政府命名为“文明系统”。国电华中公司通过了湖北省委、省政府组织的“最佳文明单位”验收，国电华中公司党组中心学习组被湖北省委授予“先进中心学习组”称号。

主要事件

2月16～17日，华中电力集团2000年工作会议在武汉召开。

3月3日～4月18日，根据国家电力公司党组的统一部署，公司深入开展“三讲”教育活动。

7月5日，中国华中电力集团公司改组为国家电力公司的分公司。国家电力公司华中公司揭牌。张学知同志任公司党组书记、总经理；韩学仲同志任党组副书记、副总经理；季勇、付文灿、牛文波同志任党组成员、副总经理；吴瑞安同志任党组成员、党组纪检组长、监察专员办公室监察专员；徐鑫权同志任党组成员、中国水利水电工会华中工作委员会主任；韩启业同志任总经济师、刘常荣同志任总会计师、李向荣同志任总工程师。

7月20日，华中公司与华中四省电力公司签订资产经营责任书。

7月22日，华中公司与各控股发电公司签订安全生产责任书。

7月27日，华中电网最大日用电负荷2499万kW，日用电量50044万kW·h；最大发电出力2555万kW，日发电量51522万kW·h，均刷新历史纪录。

8月22日，华中公司与本部各部门签订党风廉政建设责任书。

11月16～17日，公司调整和修订完成《华中地区电力工业“十五”规划》。公司在湖南主持召开华中电网参与和服务西部大开发暨电网规划研讨会。

公司系统企业达标、创一流工作取得丰硕成果。全年共有13个企业被国家电力公司命名为一流企业。

公司党的建设和精神文明建设工作取得新成绩。党组中心学习组再次被湖北省委授予“先进中心学习组”称号，公司再次通过湖北省“最佳文明单位”考核验收；公司厂务公开工作受到国家电力公司的充分肯定，华中电力工委再次被评为湖北省“工会重点工作优秀单位”；完成《国电华中公司“十五”精神文明建设规划纲要》的制订。

河南省电力工业

经济技术指标

主要指标完成情况走在了全国同行业的前列。2000年全省发电量完成702.73亿kW·h，居全国第五位，比1999年增长6.66%，“九五”年均递增4.98%；全社会用电量完成717.65亿kW·h，居全国第七位，比1999年增长6.8%，“九五”年均递增4.78%；河南省电力公司售电量完成518亿kW·h，居全国第六位，比1999年增长6.49%，“九五”年均递增6.93%；河南省电力公司统调机组发电煤耗完成347g/(kW·h)，比1995年下降了12g/(kW·h)；线损率完成6.71%，比1995年降低了0.5个百分点。

河南省电力公司进入全国大型工业企业“百强”行列。销售收入排名由1996年的第三十五位上升到1999年的第二十一位，列全省工业企业首位。2000年销售收入完成155.7亿元，比1999年增长15.2%，“九五”期间年均递增12.4%；累计实现利税70.2亿元，5年年均实现利税14.04亿元。到2000年底，河南省电力公司资产总额达到339.52亿元，比1999年增长6.59%，比1996年的201.8亿元增长69.87%；资产保值增值率完成101.84%；投资收益率完成6.01%；资产负债率完成65.42%；投资收益上缴0.6332亿元；利润实现2.91亿元；用户欠费3.87亿元，均完成了国家电力公司下达的考核指标。

持续保持了良好的安全生产局面。全系统未发生重大人身伤亡事故、重大电网事故、重大火灾事故以及有人员责任的重大设备损坏事故。

“九五”期间，河南省电力公司连年完成省政府下达的各项责任目标，多次被省政府评为“责任目标管理优胜单位”、“廉政建设责任目标优秀集体”、“双文明建设先进系统”。圆满完成了国家电力公司系统下达的各项任务，完成了资产经营、安全生产和党风廉政建设二项责任制指标。

电力建设

到2000年底，全省装机容量累计达到1531.7万kW，居全国第六位。其中“九五”新增装机容量597.61万kW，超额完成省人大通过的《河南省国民经济和社会发展“九五”计划和2010年远景目标纲要》确定的500万kW目标，年均递增8.75%。“九五”期间，全省电力建设大中型项目共完成投资332.8亿元，其中电源建设完成166亿元。开工建设了一批骨干电厂，发电设备已经跨入以亚临界30万

kW机组为主的高参数、大容量发展阶段。

加大了电网建设投入，实现了电网和电源建设同步发展。从1996年到2000年，共完成电网建设投资160.1亿元，新增110kV及以上线路3899.8km，变电容量1082.25万kV·A。其中新增500kV线路270.8km，变电容量150万kV·A；新增220kV线路1876km，变电容量559万kV·A。初步形成了以500kV为骨干网架、220kV更加合理完善的全省统一电网。建成光纤通信干线738km，建成了电视电话系统骨干网，并开通了高宽带、多业务综合平台ATM豫南广域网。

城乡电网建设与改造工程取得阶段性成果。国家先后批复河南省城乡电网建设和改造资金177.58亿元。截至2000年底，农网建设与改造累计完成投资68亿元，完成下达计划的85.3%，完成总工程量的68.6%，竣工县达到88个；农村低压线损由改造前的18%以上，下降到12%以下，农民生活电价由改造前的平均0.85元/(kW·h)，下降到0.69元/(kW·h)，减轻了农民负担。城网投资完成50.43亿元，完成下达计划的90%以上，完成总工程量的64.3%。一户一表完成57.73万户，比1995年末增长82.9%。全省城网供电能力平均每年增加10%以上，配电过载率由改造前的20%下降到1%以下。全省主网电压合格率达99.28%，供电区综合电压合格率达到93.5%，用户供电可靠率达到99.9%，均比“八五”有显著提高。

火电机组结构调整取得实效。1996～2000年，省电力公司共关停小火电机组66.1万kW，占所属小机组的86.9%，完成了国家电力公司下达的关停任务。同时，积极开展“两优一高”技术改造替代项目，新乡、开封火电厂技改项目进入实施阶段。

体制改革

明确界定政府、行业和企业的职能，全面完成了省电力公司层面的政企分开工作。按照国家电力公司的整体部署，根据国家经贸委和河南省人民政府的文件要求，2000年12月22日河南省电力工业局撤销，电力行政管理职能平稳移交省经贸委。按照国务院电力体制改革的有关精神，2000年12月19日河南省电力行业协会成立，电力行业管理职能移交给了行业协会。省电力公司按照现代企业制度的要求，实现了真正意义上的企业化经营。

实现了全省电网的统一管理。通过积极与地方政府协商，采取补偿性划转的办法，相继完成了许昌、济源、驻马店、信阳、周口5个市电业局的上划工作，实现了对全省18个市电业局的直接管理，形成了统一管理的河南电网，理顺了全省供电管理体制。

根据“厂网分开、竞价上网”的电力体制改革目标，大力推进所属发电企业的改革，“厂网分开”取得积极进展，全省已经组建了19个独立发电有限责任公司。目前所有新建电源项目均成立了发电有限责任公司；除首阳山电厂外，集资电厂均完成了公司化改组。

在实施“竞价上网”改革方面，公司认真落实电网“公开、公平、公正”的调度原则，实行发电量计划和调度执行情况公开，增加了电网生产运行的透明度。公司已与各发电公司、地方电厂全部签定了并网调度协议和购售电合同，进一步规范了发电市场。同时积极制定完善市场竞争规则和技术支持系统，为建立发电侧完全竞争性电力市场做各方面的准备。在电价改革方面，从2000年开始，河南电网已由过去实行双轨制电价模式改为实施统一销售电价。

教育、科研、设计、燃料、施工等单位的管理体制改革稳步推进。教育资源的优化配置和结构调整取得积极进展，电力职工大学、河南电力工业学校、南阳电力技工学校通过调整完成了由职前学历教育向职后教育培训的转变，形成了结构合理、分工明确、较为完善的职工培训体系。电力施工、修造企业通过改组、兼并、转换机制等方式，逐步走出困境，实现了新的发展。其中河南电力安装公司整体并入火电二公司，实现了优势互补，在国家电力公司系统施工企业改革中走出了新的路子。燃料公司按照《公司法》的要求组建为公司制企业，顺利完成改制，建立了法人治理结构，规范了电力燃料市场，有效降低了燃料成本。

农电管理体制改革取得实质性进展。完成了对118个县级供电单位的代管，乡级电管站和农村电工全部实现了统管，农村电工精简2万余人，农村用电市场秩序得到有效规范。在代管的基础上，进行全资子公司和控股有限公司的改制，到1999年底已完成10个县级供电单位有限责任公司的改制目标。目前，代管、直管、控股有限责任公司三种模式并存，分层管理，规范运作，农电管理走上了系统正规化道路。

科技进步

“九五”期间，河南省电力公司筹集技改资金39.1亿元，科研经费2.52亿元，大力实施科技开发和技术改造，取得了显著的社会效益和经济效益。科技投入产出比达到1:5.1，科技进步贡献率达36%。5年来，共有303项科研项目获得省电力科技进步奖，118项科技成果获得网、省、部级科技进步奖。科技进步和创新在电力工业改革、发展中的巨大推动作用，正日益显现。

发电设备技术改造成绩喜人。成功研制了异种钢焊接新工艺，使锅炉“四管”爆破事故率大幅度降低，平均每台机组年下降2.02次；通过对33台锅炉燃烧器改造，为电网增加调峰能力100余万kW，综合调峰能力由1996年的不足25%，提高到48%，基本满足了省网调峰需要。通过对焦作、首阳山电厂等机组汽机通流部分改造，平均每台机组增加出力10%以上，煤耗降低14 g/(kW·h)。利用先进成熟技术对省网20万kW机组的热控系统进行改造，使机组自动化控制水平显著提高。

电网领域技术改造成效显著。紧紧抓住提高用户供电可靠性、电压合格率和降低损耗等关键问题，广泛开展带电作业、状态检修、界面无功管理等一系列改造工作，提高了电网安全稳定运行水平，配网“卡脖子”现象和配电过载问题基本得以解决。2000年，又加大了对变电站和输变电线路的综合技术改造，高耗能变压器将通过3年的改造或更换，代之以节能、高效的先进变压器。

环境保护和综合治理取得可喜成绩。通过对除尘器的改造，使除尘效率达到99.2%，每年减少烟尘排放6.5万t。对黄淮流域电厂进行废水治理，新增废水处理能力1500万t，年节约用水1920万t。基本实现火电厂污染物达标排放。

电力调度自动化和管理现代化水平走向新阶段。自动发电控制（AGC）从无到有，目前已实现可控发电装机容量370万kW，占统调机组容量的34.94%；从加拿大引进的能量管理系统（EMS）已投入运行，具有完善的信息采集和监控功能；电能量计费系统初具规模，现已投运厂站74个，占总厂站的68.5%；静止无功发生器研制成功，使我国成为世界上第四个掌握该技术的国家；计算机管理信息系统（MIS）初步建成，并已投入运行。调度自动化和管理现代化水平上了一个新台阶。

市场开拓

“八五”末，全省人均用电量仅为554kW·h。1996年以来，社会用电量增幅下滑，电力市场疲软，面对严峻的经营形势，河南省电力公司及时调整经营战略，采取多种措施，大力开拓电力市场，取得实效。到2000年底，人均用电量增长35.92%。

停止和取消了计划经济体制下的限制用电政策。坚决取消一切不合理的价外收费，停止了有关限制用电的规定；以优惠电价政策，帮助停产、半停产企业启动生产；鼓励高耗能企业多用低谷电力；千方百计回收由周边省供电的市场；鼓励广大用户采用洁净能源，大力提倡和推广使用新型电器产品；推广电热锅炉和蓄冰制冷空调技术；深入开展供电承诺服务活动，加快报装接电的速度等等。2000年，河南省电力公司电力市场占有率达到85.73%，比“八五”末提高了10.3个百分点。

努力改善外部经营环境。取消双轨制电价政策，从2000年1月1日起全省实行统一销售电价，进一步理顺了电价体系，增强了电价的透明度。同时，在省政府的支持下，逐步理顺了县以下趸售电价政策，加大了小火电上网电价管理，从4月1日起，小火电上网电价降低0.01元/(kW·h)；7月1日起趸售电价上调0.015元/(kW·h)，使全省综合电价逐步达到国家批复标准。

加强小火电运行管理。认真执行国家产业政策，严格控制小火电发电量和上网电量。同省政府有关部门一起制定了全省小火电机组发电计划，优化电力资源结构。一批地方小火电发电量由部分上网变为全额上网，2000年实现增售电量5.5亿kW·h。

努力抓好电费回收工作。正确处理依法催收和增供扩销的关系，坚持有理、有利、有节清缴电费，进一步规范了电费滞纳金管理办法；采取煤电互抵、铝电互抵等多种方式，保证了电费回收任务的完成。

经营管理

加强资金管理，优化资金投向，严格成本控制。河南省电力公司出台了资金管理、对外投资管理、预算管理等一系列规章制度，规范投资行为，降低融资成本，化解资金风险。同时，充分利用财务公司和资金结算中心优势互补功能，集中管理资金，保证了电网建设和重点技改项目，以及两网改造的资金需求。“九五”期间，资金运作效益达1.15亿元。

积极探索优化资本结构、实施资本运营的新途径。盘活丹河电厂等存量资产，收回资金1.9亿元。抓住证券公司增资扩股的有利时机，进入证券市场，积极拓展多元化投资领域，努力寻求经济增长点。“九五”期间，累计实现投资收益5.97亿元。

企业管理水平明显提高。从1996年到2000年，5年迈出了三大步：首先，开展综合治理。建立了各项管理制度、考核激励机制，彻底治理了脏乱差，企业面貌焕然一新。其次，广泛深入开展“双达标”活动。河南省电力公司所属31个生产性单位有27个实现了安全文明生产达标，占87.1%，生产管理、安全管理、电网稳定经济运行管理走入规范化轨道。第三，创建一流电力企业取得突破。电力调度通信中心、首阳山电厂、郑州热电厂和许昌市电业局率先进入全国一流电力企业行列，为河南省电力公司实现国内一流电力公司奠定了基础。

减人增效工作取得实质性进展。认真落实国家电力公司的有关要求，出台了鼓励职工自谋职业、分离企业办社会职能、职工退出岗位休养等一系列减人增效配套措施和相关经济政策，分解指标，加强考核。截至2000年底，河南省电力公司系统实现内部退养职工1356人，减人2935人。其中清理规范劳动关系减人1826人，职工自谋职业减人610人，完成了国家电力公司下达的减人计划。

初步建立了有效的约束机制。开展了厂（局）际劳动竞赛，对各单位领导班子实行年度千分制考核，把企业的安全生产、管理、效益、职工生活、思想政治工作等纳入考核范围，形成规范的考核体系。在全面推行内部模拟电力市场管理办法的基础上，推行了资产经营、安全生产和廉政建设三项责任制，并加大考核力度，确保了河南省电力公司经营目标的连年实现。同时，强化内部审计工作，广泛开展经济效益审计、领导干部任期经济审计等，对企业实行了有效的监督和约束。

建立了完善的社会保障体系。积极开展养老、医疗、工伤、生育保险改革。建立健全了一整套保险和资金管理制度，确保了职工、下岗职工和离退休人员的保险待遇。保险基金做到了保值增值，保障结构和保险水平趋于合理。稳妥推进了住房制度改革，提高了住房公积金单位支助比例，开展住房公积金支取和个人贷款业务，提高了职工住房消费能力。

多种经营

围绕电力主导产业，多经企业实现了由安置福利型向规模效益型的转变，产业规模不断扩大，多元化经营取得新进展，初步形成了多层次、多门类的产业群体。产权结构由单一集体所有制，发展为中外合资、国有集体合资、以及职工个人参股等多元化的产权结构。产业结构调整初见成效，产值超亿元的单位达到20个，多种经营逐步走上了规模化经营之路。

截至2000年底，多经企业资产总额达到55.3亿元，从业人员达到38950人，其中安置主业分流人员15322人，占河南省电力公司系统全民合同制职工总数的28.8%。总收入完成50.2亿元，比1999年增长12.1%，完成“九五”计划的200.8%，年均增长28.3%；利润完成1.66亿元，同口径完成“九五”计划的166%，年均增长15%；劳动生产率完成137229元/(人·年)，“九五”年均增长10%。

党建和精神文明建设

“九五”期间共考核公司管领导班子116个·次、成员929人·次；考核任免副处级及以上干部684人·次，其中提职397人·次，免职166人，交流215人·次。截至2000年底，系统541名现职副处级以上干部平均年龄45.4岁，比“八五”末下降4岁；大专及以上文化程度占93.3%，比“八五”末上升47.3%。领导班子结构和领导干部队伍素质得到明显改善和提高。

5年来，仅河南省电力公司和电力工会“双节”救助困难企业、困难职工金额即达1600余万元。

加强离退休工作管理，积极为老同志办实事、办好事。

以创建文明窗口、纠正行业不正之风、塑造企业形象为重点，大力开展提高服务水平活动。河南省电力公司所属单位已经全部建成市级文明单位，进入省部级文明单位的企业占全系统的85%，许昌市电业局进入了全国精神文明建设先进单位行列，平顶山市电业局用电办获得全国创建文明行业先进单位称号，河南省电力公司系统多年保持了河南省文明单位建设先进系统荣誉称号。

职工物质文化生活条件显著改善，职工生活水平明显提高。2000年职工人均收入比1999年增长14.4%，“九五”年均递增15.42%，职工人数实现了负增长。

职工后勤“五个一工程”基本完成，取得显著成绩。“九五”期间新建职工住房250万m^2，是1995年以前几十年建房总量的1.56倍。目前河南省电力公司职工人均住房面积达79m^2。截至2000年底，有54%的单位职工生活“五个一工程”所有考核项目全部达标。共建成职工住宅文明小区67个，占住宅小区的65%，绝大多数生活区被当地政府命名为文明小区。安阳、新乡、焦作市电业局住宅小区被建设部命名为住宅示范小区和优秀小区。完善、优质的后勤服务稳定了人心，鼓舞了志气，广大电力职工焕发出高昂的工作热情，企业的凝聚力和战斗力明显增强，为河南省电力公司胜利跨入21世纪奠定了坚实的群众基础。

主要事件

1月，河南电网1148套在线运行的计算机监控系统和设备经受了Y2K问题的考验，顺利通过Y2K测试。

1月7日，河南省电力公司2000年安全工作会议在郑州召开。

1月7日，安阳电厂10号机组、鸭河口电厂1号机组被国家电力公司命名为1999年基建移交生产达标投产机组。全国共有27台机组获此荣誉。

1月18～19日，全省电力工作会议在郑州召开。省人大副主任钟力生、省政协副主席杨显明、华中电力集团公司副总经理季勇出席，副省长张洪华做了重要讲话。

1月，经国家发展计划委员会批准，河南省政府同意，从元月1日开始，河南电网实行统一销售电价，省电网平均售电价为0.359元/(kW·h)，同时规定了各类用户的电价。

1月20日，河南超高压运检公司揭牌。姚郑、姚双500kV线路运检工作移交河南超高压运检公司。

1月24日，省电力多种经营工作座谈会在新乡召开。

1月25日，河南省电力公司在南阳召开2000年电力生产工作会议。

2月16日，平顶山鸿翔热电有限责任公司五期热电联产项目合资协议签定，张树民副总经理代表河南省电力公司与平顶山煤业（集团）有限责任公司等四家单位签定了合资协议。

2月29日，河南省电力公司营销工作会议在郑州召开。

4月26～27日，河南省电力公司召开经营工作会议。会上李菊根总经理分别与18个供电企业、10个发电企业、7个实体性公司、4个施工单位签定了2000年资产经营责任书和年薪制责任书。宁瑞琪总会计师作了制订《河南省电力公司预算管理办法》有关情况的说明。

4月25日，河南电力基本建设工作会议在洛阳召开。

4月25日，国家计划发展委员会正式批复沁北电厂一期工程可行性研究报告。

5月16日，河南电力系统纪检监察暨行风建设工作会议召开。

5月17日，河南省电力公司与周口地区行署签定周口地区电业局上划协议，周口地区电业局正式上划。至此，河南省18个地市电业局全部由河南省电力公司直接管理。

5月19～20日，河南省电力公司三届三次职工代表大会召开。

5月22～23日，国家调度通信中心主任赵遵廉任组长的国家电力公司验收组一行24人对河南电力调度通信中心创一流电网调度机构进行了检查验收，五项考核指标平均得分97.3分，总分为486.5分，符合中国一流电网调度机构考核细则的标准。23日验收组正式宣布：河南电力调度通信中心通过中国一流调度机构的检查验收。

经省政府第73次常务会议研究，河南省电力局和其他19个单位一起被省政府评为1999年度完成责任目标优秀单位，并下发文件进行表彰。

安阳电厂部分机组因缺水被迫停运。严重的干旱造成安阳电厂水源地——彰武水库蓄水水位接近死库容，电厂的正常发电受到严重威胁。6月12日的有效库容不足40万m^3，安阳电厂供水量仅为每秒0.5m^3，一台5万kW机组被迫停运，一台30万kW机组也因供水量波动运行状态极不稳定。

6月15日，开封光明发电有限责任公司成立。河南省电力公司、开封电力（集团）有限公司、河南电力实业（集团）有限公司和河南火电二公司的代表召开了开封光明发电有限责任公司首届股东会和董事会，通过了公司章程和各投资方委派的董监事人选。四方的投资比例为60%、20%、10%和10%。

6月27日，河南省电力公司和清华大学合作研制成功的我国第一台±20Mvar新型静止无功发生器(ASVG)在洛阳通过国家电力公司组织的鉴定。鉴定委员会认为，该装置填补了国内空白，达到国际先进水平。±20Mvar新型静止无功发生器是柔性交流输电技术的核心组成部分。

7月19日，国家经贸委下发《关于焦作电厂2台10万kW热电联产机组技改项目建议书的批复》，同意该项目立项并开展可行性研究工作。该项目已被列入国家重点技术改造项目“双高一优”导向计划。

8月2日，温县电业局改制为供电有限责任公司签字仪式在温县举行，标志着河南省县级农电体制改革工作取得新突破。

8月10日，新乡火电厂3号5万kW机组退役，这是目前河南省关停的最大容量小火电机组。

8月21日，河南省政府主持召开全省农网改造暨供电体制改革电视电话会议。

9月4日，河南省电力公司在郑州召开“三讲”教育回头看活动总结大会。

9月5～6日，河南省农电工作现场会在焦作召开。

9月21～22日，河南省电力公司思想政治工作会议在郑州召开。

9月22日，国家电力公司命名一流电力企业，河南省电力公司“创一流”工作实现零的突破，其管辖的许昌市电业局、郑州热电厂、洛阳首阳山电厂和河南电力调度通信中心榜上有名。

10月18日，温县供电有限责任公司正式挂牌运行，这是河南省首家实行公司制改组的县级供电企业，标志着全省县级供电管理体制改革取得重大突破。

10月23日，河南省电力公司在安阳召开多种经营工作会议。

10月30日，河南省经济贸易委员会下文，批复成立河南省电力行业协会。

11月21日，河南省电力公司召开减人增效暨基本养老金发放工作会议，要求全面推进减人增效和基本养老金社会化发放工作，到2005年公司系统主体产业用人总量要减至32000人，比1999年减少23870人。

11月23日，国家电力公司人事董事部领导在河南省电力公司领导干部会议上宣读了国家电力公司党组和国家电力公司调整河南省电力公司领导班子的决定，卢建、高航同志任中共河南省电力公司（工业局）党组成员、副总经理（副局长），秦启根同志任中共河南省电力公司（工业局）党组成员，河南省电力工会委员会主席，丁世龙同志任中共河南省电力公司（工业局）总会计师。

12月6~7日，河南省电力工业工作会议在郑州召开，张以祥副省长到会做重要讲话，对河南省电力工业局（公司）的工作予以充分肯定，面对新形势下的电力工作，要求深化电力体制改革，促进电力工业发展。

12月19日，河南省电力行业协会第一次会员代表大会在郑州召开，河南省电力行业协会正式成立，副省长张以祥到会讲话，中电联副理事长林孔兴、省经贸委副主任谢伟民为行会结牌。

12月20日，河南省电力燃料有限公司挂牌运营，这是为适应电力体制改革和煤炭行业清理整顿的需要，发挥集团优势，而对现行燃料管理体制所进行的股份制改革。

12月22日，国家经济贸易委员会下发《关于撤销河南省电力工业局的批复》（国经贸电力［2000］1227号），按照政企分开的电力体制改革要求，宣布撤消河南省电力工业局。

湖北省电力工作

综述

“九五”期间，湖北电力工业成就巨大。其主要标志，一是电源建设突飞猛进。汉川、鄂州、阳逻、襄樊、高坝州、王甫州、天堂抽水蓄能等一批水火电机组相继建成投产，新增机组容量452.25万kW，位居华中四省之首，占华中地区新增容量的36.5%，从根本上解决了长期以来制约全省国民经济发展和人民生活水平提高的严重缺电问题。电力供应步入了相对富裕的新阶段，初步实现了向大电源、大电网、大市场的转变。二是电网建设走在全国前列。电网覆盖面不断扩大（实现了直供直管县村村通电），电网结构明显改善，电网稳定水平有较大提高。三是城乡电网建设与改造进展顺利。电网的供电能力和供电可靠性大大提高，农村平均电价明显下降。四是通过持续开展达标创一流活动，狠抓技术改造，发供电设备性能和设备状况得到了较大改善。

“九五”是湖北电力改革逐步深化，改革力度最大的5年。先后组建了长源、汉新等发电有限责任公司，湖北长源电力发展股份有限公司A股2000年3月在深交所挂牌上市。推行全员劳动合同制，开展了平等协商签订集体劳动合同工作。完善培训制度，压缩职前招生，实现了企业教育体制从职前教育为主向职后教育为主的根本性转变。按照一流企业标准，开展了劳动工资制度改革，调整了企业新的定员定岗标准和工资标准。大力开展减人增效工作，公司人员实现了负增长；为适应市场经济发展的需要，理顺和调整了公司本部职能机构。全面推行基本建设项目法人制、资本金制、招投标制、监理制、合同管理制等，工作逐步规范，管理水平得到提高。积极稳妥地开展了政企分开工作，成立了湖北省电力行业协会。深化农电体制改革，对23个非直供直管县电力企业实行了代管，乡电管站改革工作稳步推进，县级供电企业股份制改造迈出了实质性的步伐。养老保险、医疗保险、失业保险等一系列改革取得成效。

“九五”期间，党的建设和精神文明建设也取得了丰硕成果，涌现出王爱芳等6名全国劳模、6名“五一”劳动奖章获得者和32名省级劳模；省超高压局党委被省委授予先进基层党组织称号；黄冈供电局等5个单位被中央文明委命名为全国精神文明建设先进单位；省公司连续两届被命名为省文明系统，公司直属二级单位中，省部级文明单位创建面达到65%以上。1998年，在抵御百年罕见的特大洪涝灾害斗争中，湖北电力系统做出了突出贡献，省电力公司及所属9个基层单位、17名个人分别受到国家抗旱防汛总指挥部，湖北省委、省政府、省军区以及国家电力公司等各级部门的表彰。

2000年底，省公司总资产263.32亿元，比“八五”期末增长129.75%；所辖发电、供电、电网调度、科研、电力设计、电力建设、电力设备制造、专业学校等企事业单位42个，年末职工人数59070人，是“九五”期间减员幅度最大的年份；全员工业劳动生产率68695元/(年·人)，比“八五”期末增长46.7%，年均增长6.4%。随着企业经济效益的不断提高，员工生活水平得到逐步改善。“九五”期间，公司系统工资总额年均增长12.96%，员工家庭人均住房面积由1995年的7m^2/人，增加到2000年的13m^2/人。

基本建设

2000年省公司基本建设以电网建设为重点，全年完成投资43亿元。基建招投标和工程监理全面实施，运作逐步规范有序。修订颁发了新的招标管理办法，共有42个项目进行了公开招标，金额近17亿元，公司范围内电源及主网建设项目全部实施了工程建设监理，有效降低了工程造价，确保了工程工期和质量。

1.电网建设

全年新增220kV变电容量66万kV·A，新增220kV输电线路210km。完成丹黄系统改造工程。鄂东南电气化铁路送电配套工程进展较为顺利，为4座110kV铁路牵引站供电的共计8回110kV线路及相应间隔已施工完毕，并具备向电铁供电条件。襄樊电厂外送配套的220kV谷城输变电工程和武当输变电工程相继建成投产，襄电外送项目全部消号。220kV天堂至路口输变电工程投运，为天堂水电站的系统联调及发电外送创造了条件。

在主网建设加快的同时，湖北省城网改造工作力度进一步加强。全省城网累计完成投资22.50亿元，完成累计进度的75.9%。荆州城网220kV周家岭变电站增容改造工程（2×18万kV·A）已投产送电，武汉城网220kV武展及生成南里输变电工程（变电站）已基本安装完毕。全年城网改造共投产220kV主变压器2台，新增容量12万kV·A；110kV变压器11台，新增容量35.75万kV·A。新建改造110kV线路35km，其中电缆8.7km；35kV线路15km，10kV线路660km，新增改造配电变压器984台，低压线路1400km。

2.电源建设

青山电厂油改煤一期工程12月底全部投产。该工程是将青山热电厂原9号、10号油炉拆除，在原址重新配置2台高压自然循环、平衡通风燃煤气包炉，并加装1台冷凝式汽轮发电机组，该工程于1998年4月动工，比合同工期提前3个月完工。松木坪综合利用矸石电厂工程1月14日开工建设，12月底全面竣工投产，创造了国内中温中压循环硫化床锅炉安装工期短、质量优的最好记录。该工程是在国家对高能耗的中小型火力发电厂实行限期关停和电力结构调整的背景下，考虑国家对燃用煤矸石等低热值燃料的电厂实行鼓励政策及有关环境保护条例，为有效利用当地资源优势，兼顾地方经济发展与关停机组后职工安置的需要而实施的重组与改造项目。黄石西塞山电厂工程已通过了由电力规划总院组织的2000年示范电厂补充初步设计的审查，成立了黄石西塞山发电股份有限公司，现场的“四通一平”已完成90%工作量，购电合同、EPC合同谈判及各项招标投标的准备工作正在紧锣密鼓地进行。外商独资的蒲圻电厂工程（BOT项目），“四通一平”基本完成，签署了EPC总承包合同及与上海新科电力工程有限公司的联合体协议，完成了主机、主要辅机及建筑施工的招标工作，安装工程的招标工作即将进行。天堂抽水蓄能电站土建施工与安装工作基本完成，2号机组已完成冲水试验及整套启动试运，移交试生产。1号机组已进入调试阶段。该工程是开发湖北水力资源，改善电源结构，增强电网调峰能力，为修建更大容量抽水蓄能电站积累经验而投资建设的项目。

2000年末，全省6000kW及以上发电装机容量1432.42万kW，其中水电631.34万kW，占44.08%；拥有500kV输电线路1919.93km，变电站4座，变电容量503.2万kV·A；220kV线路6139.39km，变电站67座，变电容量1354.5万kV·A；35～110kV线路25560.75km，公用变电站861座，公用变压器容量1520.08万kV·A。

农电建设

“九五”期间，省公司筹集电力扶贫资金1.44亿元，解决了311个村38.5万个农户的用电问题，直供直管县实现了村村通电；农村电气化建设取得成效，36个县（市）建成农村电气化县（市），57个县（市）供电企业实现农网“三为服务达标”，老河口市被授予全国节能先进县（市）称号，48个县级调度自动化系统通过实用化达标验收；清理整顿电价秩序，取消了65个价外加价项目，压减了60个县（市）二次综合电价，减轻农民负担3.07亿元。

2000年，全省农网改造累计完成投资49.4亿元，占已下达农网改造投资计划的69.1%。1999年度20个农网改造竣工县已通过验收，2000年农网改造40个竣工县工程进展情况良好，已完成投资20.19亿元，占40个县中低压投资规模的62.5%。通过农网改造，农村平均电价已由改造前的0.85元/(kW·h)下降到改造后的0.73元/(kW·h)。

生产管理

2000年全省6000kW及以上发电厂发电量538.11亿kW·h，比1999年增长6.48%，其中：省直属电厂发电量39.74亿kW·h，同比增长4.74%。省直售电量355.89亿kW·h，同比增长5.74%。主网最大负荷769.3万kW，同比增长0.81%；主网最大日用电量15721万kW·h，同比增长2.48%；公司直属厂供电煤耗率382 g/(kW·h)，同比下降15 g/(kW·h)；省直线损率9.83%，同比上升0.75百分点。2000年，继续加大力度，调整结构，关停小火电机组16.2万kW，使全省“九五”关停小火电机组数达22.7万kW。

2000年电力生产中全面落实安全生产责任制。严格规范电网管理，合理安排运行方式，对全省电力系统继电保护及自动装置进行了全面检查，确保了电网安全稳定运行；及时制订了《两网改造工程安全规定》等有关措施，使网改工程安全管理逐步走上正轨；积极推行安全性评价工作，对汉川电厂、黄石发电股份有限公司、荆门供电局和十堰供电局的安全工作进行了专家查评；制订了《农电安全工作规定》，组织了县供电企业专职安全员的安全培训班，使农电企业的安全保证体系和安全监察体系得以逐步建立和完善；加强劳动环境治理，改善作业环境，专门成立了治理"尘、毒、噪"中心控制站，并在荆门热电厂开展了粉尘治理的试点工作，取得了初步成效。2000年底，湖北电网已连续18年无主网稳定破坏事故和大面积停电事故。

2000年重点加强了电网调峰、调频管理。制订了《湖北省电力公司电网调峰调频管理办法（试行）》，对并网机组调峰、调频进行了明确规定，制订了考核和奖惩办法，基本完成了大机组的调峰、调频改造。为了增强湖北电网电压、无功的调节手段，保证枯水季节的电压质量，充分发挥大机组的进相能力，为系统无功调度和机组安全运行提供依据，组织完成了省内11台20～30万kW机组的进相运行试验。技改工作利用有限资金，突出项目安排上的合理性，把经济运行、确保机组和电网安全稳定放在首位，以提高经济效益和节能降耗为目标，加大设备治理力度，消除设备缺陷，更新改造技术落后和高能耗设备，全年共投入技改资金1.20亿元。"九五"围绕"一控双达标"工作，投入资金1.5亿元，主要环保技术指标均好于"八五"时期。

经营管理

"九五"期间，公司售电量年均增长3.01%。公司利润总额19.54亿元，年均利润3.9亿元。全省全社会用电量年均增长4.4%，其中：第一、二、三产业用电量年均增长分别为－2.08%、3.49%、7.29%，城乡居民用电量年均增长11.45%。2000年，省公司利润3.22亿元（不含丹江挂帐），资产保值增值率102.05%，资产负债率60.62%，投资收益率6.01%，上交投资收益7910，上述指标均完成或超额完成国家电力公司考核目标值。但电费回收未完成国电公司考核目标。全省用户累计拖欠电费8.63亿元。其中：当年新增欠费1.148亿元，比1999年减少1.4亿元；收回陈欠电费1.36亿元，回收率15.4%。

2000年，省公司积极开拓电力市场。出台了2000年进一步开拓电力市场的措施，开展了规模空前、声势浩大的营销宣传活动。积极参与市场竞争，努力争取政府及环保部门的支持，大力推广电热锅炉和蓄冰制冷空调。全年共推广电热锅炉54台，容量3.5万kW；蓄冰制冷空调在湖北邮电大厦和武汉桥口营业供电中心相继投运，实现了全省市场"零"的突破。建立了自上而下的用电检查和稽查体系，严肃纪律，加大惩罚力度，坚决制止电力营销违纪违规行为。规范公司系统内部自用电秩序，出台《加强企业自用电管理的规定》和《对违反自用电有关规定追究责任办法》，扭转了内部用电管理混乱的状况。加快实施企事业单位生产生活用电分开及城市居民一户一表工程，努力解决增供扩销和电费回收的矛盾。全年新增一户一表居民35万户，城区一户一表普及率达到40%。

省公司还进一步加强购电管理、预算管理、线损管理等工作。加强购电管理，与48家独立发电企业重新签订了购电协议，对各类购电合同进行了彻底清理，制订下发了公司电力生产计划管理和购电管理办法，购电管理基础工作得到显著增强。加大预算管理力度，先后修订下发了预算管理、资金管理、现金流量管理、投融资管理等多项管理办法，对销售收入、各项可控成本、资本性收资均纳入预算管理，并作为企业经营者业绩考核的主要依据，强化了预算执行的严肃性。加强线损管理，成立了线损专项工作组，在全省范围内开展了线损情况摸底，组织了四次潮流实测和理论线损计算，为进一步制订科学合理的降损计划提供了理论依据。加大线损管理的基础建设的投入，全面推行了线损"分区、分线、分压、分台区"管理。努力完成电费回收任务，推行电费回收目标责任制，加大回收工作的激励和奖惩力度，实行电费回收风险抵押；采取积极有效措施，对交费信誉不高或临时用电的用户，实行购电制，对享受优惠电价的企业，实行月结月清，对效益差或即将关停的"五小"企业，办理优良资产抵押用电，积极推行"以煤抵费"、"以材抵费"，促进了电费回收率的提高。发挥审计监督职能，全公司共完成审计项目659项，查出违规金额2914.7万元，增收节支6797万元。

企业改革

2000年与省经贸委共同提出了湖北省电力工业"政企分开"工作实施意见，得到省政府的批复。积极推进"厂网分开"，加快独立发电公司组建步伐，完成了鄂州电厂的改制工作。

农电体制改革取得进展。全省共计完成980个乡镇电管站的改制工作。2000年9月，罗田供电有限责任公司正式挂牌成立，拉开了全省县级供电企业股份制改造工作的序幕。

减人增效工作深入进行。制订下发了《湖北省电力公司2000年减人增效方案》、《企事业单位机构设置方案》，16家基层单位对现行机构设置进行了调整和改革；分解下达了国家电力公司2580名减人计划，提出了6项具体措施，24个单位完成了减人计划，全公司系统实际减员2598人，超额完成国电公司减人目标；妥善地将1320名各类大中专技校毕业生和复员退伍军人分配安置到多经产业，确保了全公司主业人员实现负增长的目标。

全面推进社会保险制度改革。完成了在职员工的基本养老保险关系、个人帐户和离退休人员待遇台帐的移交工作，进行了企业补充养老保险制度的配套改革。在总结医改试点工作的基础上，出台了一系列医疗保险制度改革的相关规定，进行了基本医疗和补充医疗保险的配套改革，为省公司整体参加省直职工基本医疗保险制度改革打下了基础。

科技教育

“九五”期间，投入技术开发资金1.96亿元，完成了1104个技术开发项目和325个推广应用项目，其中：获奖项目110个，占总项目的9.96%。湖北省超高压输变电局研制的“200～500kV输电线路导线舞动的试验研究与治理”获国家级科技进步一等奖；27个项目获省、部级科技成果奖；80个项目获国家电力公司华中公司科技成果奖。与此同时，注重人力资源的开发和员工素质的提高。“九·五”期末，大专以上学历的员工比“八·五”期末增加5114人，增长48.6%；初中及以下文化程度的员工同比减少9352人，下降40.7%。全面开展各级各类管理人员、专业技术人员岗位适应性培训和继续教育，开展生产人员的技能培训与鉴定工作，全员培训率达到65%。

2000年，注重了人才培养新机制的建立，着力于人才资源开发，大力开展以各类岗位培训为重点的教育培训工作，全年共有41993人次参加了各级各类培训，全员培训率为68.5%。科技工作在项目制订方面体现“抓大放小”原则。“抓大”即对科技投入高的项目进行系统管理，使之有较高成功率；“放小”则是给基层单位一定的自主权，使之合理的用好科技费用。全年共制订191项科技计划，并逐项明确项目管理人，进行全过程管理，确保项目的完成。2000年，共评出省公司科技进步奖44项，有19项获华中公司科技进步奖，1项获国家电力公司科技成果奖。省公司在全国率先举办了电力行业标准DL/T 664—1999《带电设备红外诊断技术应用导则》宣贯班。制订了《湖北省电力公司科技创新工作规划（2001～2005～2015）》，并通过评审。

多种经营

“九五”期间，省公司多经总收入累计达208.57亿元，比“八五”期间增加144.83亿元，增长227.2%。2000年各项经济指标与1995年相比：总收入48.09亿元，增长78.3%；全员劳动生产率37799元/(年·人)，增长110.3%；固定资产原值32.25亿元，增长409.5%；利税3.84万元，增长86.4%。全公司多种经营系统已建立独立核算企业360个，超过亿元收入的有14个企业。多经企业职工达3.39万人，其中有专业技术管理骨干5457人，累计安置全民企业富余职工12995人，安置职工待业子女4361人。

2000年11月，省公司召开公司系统多产业工作会议，提出了省公司系统“以省为实体，多元化经营，集约化管理，规模化发展”的多产业总体战略，并结合湖北省多产业发展实际，及时研究探讨了多产业发展方向，为公司系统多产业的健康快速发展奠定了基础。全年全省电力多产业经营总收入完成48.09亿元，实现利润1.75亿元，分别比1999年增长26.55%、16.67%。

综合管理

1. 加大创一流力度

编制了《湖北省电力公司创建中国一流电力公司实施细则》；针对创一流工作中的重点和难点，成立了减人增效、线损管理、商业化运营、标准化管理、三级数据网建设等5个专门工作组；对各发供电单位的达标创一流进行了复查，重点检查了企业的管理工作及主要经济技术指标完成情况。通过努力，孝感供电局、鄂州供电局、武汉供电局、省超高压局等四个单位被国家电力公司命名为一流企业，实现了省公司供电企业创一流“零”的突破，省超高压局成为全国首家被命名的一流超高压输变电企业。

2. 大力开展反窃电专项斗争

积极争取省政府和公检法等司法部门的支持，制定出台了《关于在全省范围内开展反窃电专项斗争的通知》、《湖北省反窃电专项斗争工作方案》、《关于办理盗窃电能案件的意见》。各供电单位根据全省反窃电专项斗争的总体部署，配合公安等司法机关，坚持以打击严重窃电犯罪分子为重点，按照“以打为主、打防结合”的方针，共投入用电稽查人员54151人·次，查获窃电6899起，违章用电3738起，追补电费1903.92万元，追缴违约金1027.8万元，公司合理增收2931.72万元。在专项斗争中，挖出了一批以窃电为主的“窃电专业户”，成功地破获了富苑假日酒店等一批特、重大窃电案，其中，有5名窃电人员被判刑，有743人受到刑事拘留和治安处罚，有9名内外勾结窃电的公司系统员工被除名。

3. 狠抓党建和精神文明建设

全年，纪检监察部门共收到群众来信563件(次)，共立案43件，结案37件，挽回经济损失146万元。

进一步加强和改进思想政治工作。制订《加强和改进思想政治工作的实施意见》，建立和完善了适应电力企业运作特点的思想政治工作机制。荆门热电厂被命名为全国电力系统思想政治工作先进单位，省公司荣获了全国思想政治工作优秀企业称号。

进一步推进行风建设。鄂州等4个供电局和广水、沙洋、东宝等12个县级供电企业在地方政府组织的行业作风建设与优质服务的民主评议中均名列前茅。全部市级供电企业都向社会作出了公开服务承诺，58个直供直管县（市）供电局中已有48个建立了供电承诺责任制。全省36个市级以上的城市供电营业窗口和63个县级城市供电营业窗口中，70%以上达到了城市供电营业规范化的服务标准，980个农村供电营业窗口中，有120个达到了农村供电营业规范化服务标准，供电服务质量有了显著提高。

各级工会组织全面推进厂务公开工作，深入开展创建一流班组活动，组织开展了群众性的“安康杯”安全竞赛和高技能比武活动，省电力工会被全国总工会命名为“全国模范职工之家”。

主要事件

1月19～21日，全省电力工作会议暨省电力公司二届四次职工代表大会召开。副省长周坚卫到会并作重要讲话。

1月份，在湖北省团委、省经贸委、省科委、省科协联合表彰的全省第十四届青年优秀“五小”成果中，省电力公司系统有35名青年职工的“五小”成果获奖，其中一等奖1名，二等奖3名，三等奖31名。

1月24日，一场多年未遇的暴风雪袭击荆楚大地，武汉地区降雨雪量最高达9.8mm，为5年来之最，湖北其他地区降雪量有的超过10mm，为10年所不遇。湖北电网经受住恶劣气候条件的考验，主网线路安然无恙。

2月18日，省电力试研所蔡成良等人研制的EMT-1型输电线路损伤检测仪通过技术鉴定。专家称，该仪器居国内领先水平。

3月1日，湖北电网实时调度自动化系统、通信专网、继电保护及自动装置等均顺利跨越闰年高危时段，标志着省电网解决Y2K问题取得全面胜利。

3月9日，湖北省电力公司信息管理系统（MIS）实用化通过国家电力公司验收，成为率先通过国电公司验收的少数几个省级电力公司之一。

3月16日，由湖北省电力公司控股的湖北长源电力发展股份有限公司A股“长源电力”在深圳证券交易所挂牌上市。

3月29日，省经贸委、省环保局、省技术监督局和省电力公司联合发出通知，要求全省各地即日起在中心城区、生态保护区和风景名胜区推广应用电热锅炉，鼓励电热消费。

4月14日，国家电力公司、中国电机工程学会在湖北巴东县溪丘湾乡举办“电力扶贫、送科技下乡电力示范活动”，拉开了全国电力系统“科技下乡”活动的序幕。国电公司副总经理、中国电机工程学会理事长陆延昌及华中电力集团公司、省电力公司的负责同志出席了开幕式。

4月18日，湖北省“九五”规划的重要能源项目、湖北省首家外商独资电厂——蒲圻赛德电厂举行隆重奠基仪式，这是湖北省中美合作项目的又一重要里程碑。该厂总投资4.54亿美元、装机容量2×30万kW。

4月25日，湖北省“九五”重点工程——王甫洲水利枢纽实现首台机组并网发电。该电站装机容量4×2.725万kW，总投资24.3亿元，由水利部和湖北省政府合资兴建。

4月28日，中美合作经营黄石电厂“大代小”技改项目合同在武汉签署。副省长周坚卫、美国驻华使馆商务参赞布鲁斯等出席签字仪式。该项目已被国家电力公司列为2000年示范电厂试点工程。

4月30日，清江水电梯级开发的第二个骨干电站——清江高坝洲水电站蓄水发电。该电站装机容量3×8.4万kW，动态总投资30.76亿元。

6月29日，全省首次220kV带电作业表演赛在武汉落下帷幕。获得前6名的24名选手选入省电力人才库。

6月30日，省委书记贾志杰到省电力公司调研，提出当好西电东送“二传手”，建设高水平电气化省。

6月，湖北省电建一公司正式承接伊朗萨汉德2×32.5kW火电厂工程现场土建、安装的监督、技术指导工作。这是该公司继承担伊拉克燃机电站工程监理工作后，打开的又一新的国际市场。

7月4日，陆启洲出任湖北省电力公司总经理。

7月23日，襄樊电厂4×30万kW机组实现达标投产，成为华中地区首座全部机组达标投产的电厂。其中由省电建二公司承建的4号机组，位列华中地区19台达标投产机组榜首。

8月10日，省政府办公厅下发《关于在全省范围内开展反窃电专项斗争的通知》，拉开全省城乡大规模反窃电专项斗争的序幕。

9月7日，由荆门热电厂和武汉水利电力大学共同研制开发的“20万kW机组停用防锈保护新方法”

科技成果通过省电力公司鉴定。该成果居国内先进水平。

9月14日，罗田县供电有限责任公司挂牌成立，全省县级供电企业股份制改造拉开序幕。

9月16日，武汉发生一起400余人暴力抗检、挟持围攻检查人员、并威逼供电部门对依法中止供电的变压器恢复送电的严重事件。

9月，孝感供电局、鄂州供电局、武汉供电局、省超高压输变电局等4个单位被国家电力公司命名为一流企业。

10月25日，澳大利亚CEPU工会友好访华团参观湖北汉新发电有限责任公司。

10月26日，装机容量6×3.6万kW的伊拉克阿卜杜拉电厂顺利竣工。该电厂由中国机械设备进出口公司总承包，湖北省电建一公司承担工程建设的全面协调及施工指导工作。

10月19日，经省电力公司批准，湖北省电力试验研究所更名为湖北省电力试验研究院。该院建于1952年，是湖北电力系统技术监督中心、技术服务中心、技术开发中心和科技信息中心。

11月16日，三峡电站至万县500kV输电工程巴东段正式开工。该工程是国家电力公司实施西电东送战略、促进全国联网的重点工程之一。

12月4日，省电力公司机关档案工作目标管理通过国家电力公司与省档案局组织的认定考评，达到企业档案工作目标管理国家一级。

12月28日，松木坪电厂煤改工程——松木坪综合利用矸石电厂工程竣工投产，该工程在湖北省电力系统首次采用循环流化床锅炉技术。

12月底，由湖北宏源电力工程股份有限公司总承包建设的青山电厂油改煤一期工程（2×410T/h油改煤+10万kW）全部投产。该工程于1998年4月动工，比合同工期提前3个月完成全部建设任务。

（杨 倞）

湖北清江水电开发有限责任公司

概况

2000年，清江水电开发有限责任公司（简称清江公司）在湖北省委、省政府的领导下，高举邓小平理论的伟大旗帜，按照“首战隔河岩、再战高坝洲、会战水布垭”总体部署，坚持改革、创新和发展，克难奋进，取得了清江流域开发新的胜利。

高坝洲电站3台机组全部投产发电，实现了开工三年半基本建成的目标，创造了我国同类型水电工程项目建设新速度，标志着清江流域开发迈入新的阶段；水布垭前期工程全面展开，现场“五通一平”基本完成，可行性研究报告报批工作进展顺利，流域开发进一步向纵深拓展；电力生产克服清江来水不均、电力市场竞争加剧等重重困难，不断优化水库调度，积极开拓电力市场，全年发电29.16亿kW·h，占年计划的100.6%，实现销售收入7.84亿元；多种经营在依托主业、服务主业的同时，积极调整结构，向外拓展，全年完成经营收入3.37亿元，实现利润4319万元。

清江公司通过了“省级最佳文明单位”的考核验收；隔河岩电厂获得了国家电力公司“双文明单位标兵”的称号，并被省委企业工委推荐为省级最佳文明单位；公司总经济师肖正明被评为全国劳动模范，副总工吴启煌被评为湖北省优秀共产党员；公司被国家列为全国国企改革的五大典型之一，被省委命名为国企党建“十面红旗”，被省经贸委评为“2000年度湖北省思想宣传工作先进单位”，被评为全国保密系统先进集体、湖北省“三五”普法先进集体和“湖北省企业、科技事业档案工作双百强”单位，被省总会授予“先进职工之家”。共有3名个人和1名集体获得了湖北省“青年岗位能手”和“青年文明号”称号。

（一）水布垭前期准备工作进展顺利，拉开了决战水布垭的序幕

2000年5月，清江公司按照精干高效的原则，通过双向选择、竞争上岗，顺利完成了的水布垭工程建设公司的组建工作，落实了水布垭工程的责任主体和实施主体。

继国家正式批准水布垭项目立项后，水布垭项目报批工作重点转到可研报告的编制和报批上来，经过艰苦努力，8月份编制完成了水布垭工程可研报告，10月份国家电力公司以国电计（2000）628号文正式将水布垭可研报告报送国家计委；投资双方——湖北省清江水电投资公司和国家电力公司华中公司以联（2000）01号文承诺项目资本金，将隔河岩、高坝洲水电站的投资收益作为水布垭水电站的项目资本金注入；项目融资部分由银行提供贷款，国家开发银行、中国工商银行、中国农业银行、中国建设银行均出具了贷款意向书，国家开发银行已开始项目贷款评审；7月份清江公司与国家电力公司华中公司正式签订了电站并网及电量销售原则协议。

按照2002年水布垭工程截流的总体目标要求，清江公司加强了与设计单位的联系，落实了2002年截流前的勘测设计工作。11月，长江委正式成立了水布垭代表处，全面开展现场技术服务，使施工中的技术问题能够在现场得到及时地协商解决；与可研报告报批相关的专题审查也取得进展，枢纽总体施工规划、泄洪消能模型试验、安全监测、消防安全、水土保持等专题已先后通过审查。

水布垭导流隧洞工程监理招标结束，施工招标已经开始；场内公路已发包40多km，椰水公路全线路基基本完成，水布垭大桥已经合拢，供水、供电工程正抓紧建设，各项前期工程施工进展顺利。水布垭工程全年共完成投资4.01亿元，累计完成投资7.5亿元。

10月25日，国家经贸委同意了《水布垭工程占地及移民安置规划报告审查意见》；10月11日，国土资源部同意水布垭工程控制性单体工程先行使用土地，为前期工程的顺利施工创造了有利条件；10月份分别与巴东县、长阳县签订了坝区占地及移民搬迁安置包干协议。全年完成坝区征地9355亩，坝区移民已基本搬迁完毕，共搬迁595户，总计1802人。

（二）高坝洲工程基本建成，取得了清江流域开发的又一重大胜利

经过建设、设计、施工、监理单位及地方政府的共同努力，高坝洲2号机组和3号机组于2000年2月相继具备发电条件，其中，2号机组于2月18日完成72h试运行后投入商业运行，3号机组于7月3日投入试运行；7月20日高郭线、高楼线合环成功，7月21日3号机投入商业运行；高坝洲工程设计线以下移民搬迁、专业项目水下部分施工、交通复建、库底清理工程在4月下旬全部完成，并顺利通过蓄水验收，4月30日，水库正式下闸蓄水；至此，高坝洲主体工程（除升船机外）开工三年半全部完建，创造了国内同类型水电工程建设速度新纪录。高坝洲水电站主体工程完工，标志着清江流域开发迈上了一个新的台阶。

（三）隔河岩升船机正加紧建设

按照2003年通航的要求，隔河岩升船机正在按计划进行建设，主要形象进度基本达到了年初制定的目标。一级升船机机房已封顶，明渠段侧墙浇筑完毕，渡槽段正在浇筑槽身；二级升船机筒体已浇筑到▽149.4m，10月开始了设备制造。全年完成投资1.06亿元。西寺坪岸线整治同环境整治和旅游设施建设统筹考虑，旅游接待大楼已投入营运，一、二号广场正在施工。隔河岩工程截止2000年，共完成投资47.65亿元。

（四）电力生产经营取得可喜成绩

2000年，受经济不景气的影响，华中地区，特别是湖北电力市场持续低迷。同时，清江的来水也极不均衡，给清江公司电力生产带来了很大的困难。清江公司坚持以经济效益为中心，以发展市场、培育市场为手段，在高坝洲电站投产发电后，充分发挥梯级电站综合调度的优势，合理分配梯级各电站的出力。同时，加强与网、省公司的协调联系，在清江来水过于集中的情况下，采取低价销售计划外电量的措施，向上海、河南、湖南等输送电量，最大限度地利用来水，减少弃水，开拓清江电力的新市场。全年发电29.16亿kW·h，占年计划的100.6%。其中，隔河岩电厂发电25.06亿kW·h，高坝洲电厂发电4.10亿kW·h。

（五）多种经营发展取得重大突破

2000年，清江公司注册成立了清江（香港）控股公司，接受了湖北昌丰化纤有限公司股权转让，实现了对昌丰公司的控股，组建了昌丰公司董事会和监事会并已开始实际运作。根据公司发展需要对部分多种经营公司进行了调整。撤并了高坝洲实业公司、隔河岩实业公司和养殖公司，组建了清江工程公司，并实施了增资扩股；新组建了三亚涯湾公司，开发三亚地产及旅游项目。

加大对清江旅游开发的力度是清江公司2000年多种经营工作的一个重点。这一年，公司完成了清江流域旅游整体规划和隔河岩土家风情园区的设计论证工作，为系统开发清江流域旅游资源提供了蓝图；组建了隔河岩旅游建设项目部，启动了隔河岩土家风情园区的前期建设工作。按照三星级标准建设的隔河岩度假村具备了开业的条件，为清江旅游开发创造了良好的基础条件。

（六）科技攻关和研究取得丰硕成果

2000年，围绕工程建设和电力生产加大了科技攻关和优化设计工作力度，取得了显著的经济效益。水布垭导流洞布置及结构的优化设计与审定的可研报告相比，可节约投资6000万元；隔河岩沿江护坡的优化设计节约投资4000万元，升船机中间渡槽浇筑方式的优化可节约投资1600万元，升船机混凝土所采用的骨料优化设计可节约投资90万元；水布垭《施工规划专题咨询》、《马崖高边坡开挖稳定性风险决策》、《泄洪消能模型试验平行研究》、《水布垭层水波动对机组稳定性影响研究》等科研项目的进行，对搞好工程建设、提高设计质量、优化工程设计起到了重要作用；高坝洲水轮机预应力混凝土锅壳的采用为高坝洲工程三年半建成投产起到了关键作用，高坝洲电厂计算机监控系统研究、水轮机稳定性研究等，为高坝洲电厂安全运行打下了良好的基础。

清江流域开发的体制与管理荣获全国企业管理现代化创新成果一等奖。清江隔河岩大坝外观变形GPS自动化监测系统、清江流域开发体制的研究与实践，已获得湖北省科技进步一等奖，正在申报国家科技进步奖。清江流域旅游资源调查与评价、大型集成管理信息系统等项目正在申报湖北省科技进步奖。流域梯

级电厂上网电价方案的研究、梯调经济调度工作站的前期开发工作取得了明显的进展。数字清江、隔河岩大坝安全专家决策支持系统模型研究、隔河岩提高正常蓄水位可行性研究等重大科研项目已经启动。

（七）精神文明建设再上新台阶

清江公司纪委制定了《领导班子廉洁自律行为准则》、《关于领导干部报告个人事项的实施细则》、《二级单位领导人员离任审计暂行办法》等相关规章制度，聘任了17名党风廉政义务监督员，多次组织公司领导听取党风廉政义务监督员的情况反映和建议，组织力量对五个项目的立项、招标发包、合同签订、合同管理、验收决算等各个环节进行了调查研究。

清江公司以创建省级最佳文明单位为目标，开展了多种多样的精神文明创建活动，2000年共评选文明职工、五好文明家庭1034人和696户，分别占参评总数的97%和92%。自1997年开始的职工建家活动取得突出的成效，2000年集中表彰了10个“先进职工之家”和9个“先进职工小家”。开展了管理知识竞赛，电力生产安全、节能、满发一条龙劳动竞赛，“书与我”征文，“清江杯”体育比赛等一系列活动，极大地调动职工的积极性，活跃了职工文化生活，促进了公司的精神文明建设。

清江高坝洲水电站枢纽工程胜利建成

继高坝洲1号机组1999年7月具备发电条件后，2号机组和3号机组于2000年2月也相继具备发电条件。2000年4月，中国水电顾问有限公司组成专家组，对高坝洲水电站枢纽工程进行了蓄水前安全鉴定，提出了安全鉴定意见，指出“工程总体设计方案合理，勘测设计符合现行规范，施工质量包括土建工程和金属结构制造安装合格，工程面貌满足蓄水要求，枢纽工程具备蓄水条件”。湖北清江高坝洲水电站蓄水前验收委员会于2000年4月下旬在高坝洲工地举行了湖北清江高坝洲水电站蓄水前验收会议，顺利通过了《湖北清江高坝洲水电站蓄水前验收鉴定书》，同意蓄水验收。4月30日，湖北清江水电开发有限责任公司组织高坝洲工程的参建各方在工地隆重举行高坝洲水电站下闸蓄水仪式，胜利实现了下闸蓄水。至此，高坝洲水电站工程从1996年10月26日一期工程截流以来，在建设、设计、施工、监理、电厂各单位的通力协作和共同努力下，经过广大建设者们3年零6个月的精心施工和奋力拼搏，主体建筑安装工程除升船机项目外基本完成，创造了我国同类型水电工程建设新速度，是清江流域梯级滚动综合开发史上又一个重要里程碑。

清江公司被列为全国国企改革五大典型之一

2000年7月，经湖北省委、省政府推荐，中共中央宣传部、国家经贸委考核并报中央领导同志批准，湖北清江水电开发有限责任公司和上海宝钢、东北制药、青岛海信、河南安彩等五家企业被列为国有企业重大典型在全国进行集中宣传。新华社、人民日报、中央电视台、中央人民广播电台、光明日报、工人日报、经济日报、中国企业报、中国电力报的报道组先后深入清江公司各个工地进行采访。从7月31日起的一周时间里，12篇通讯先后出现在中央各大媒体的显要版面，其中《人民日报》头条题为《清江体制》，《工人日报》题为《清江公司大胆构建国企营运新体制》和《八百里画廊上的探索》，《经济日报》题为《清江模式——滚动的奥秘》，《新华每日电讯》题为《清江神话是怎样创造出来的?》和《清江：一江两制的启示》，全面介绍了清江公司在改革与发展中取得的成功经验和做法，使清江公司、清江流域开发、清江体制成为全国广泛关注的热点。湖北省委宣传部、宜昌市委宣传部也组织了省市各大媒体进行配合宣传。

湖南省电力工业

综述

2000年湖南省电力公司动员和依靠全体员工，突出发展和改革，创特色、争一流，克服了经营风险加剧、经营形势愈加严峻等诸多困难，取得了一系列新的成绩。全年，完成利润总额4.55亿元，资产保值增值率为102.66%；投资收益率8.6%，资产负债率50.44%，上缴投资收益9520万元，应收电费余额（用电口径）14.67亿元。上述国家规定的六大考核指标的全面完成，表明该公司的盈利能力继续保持了稳定，资产负债结构更趋优化，资产质量有所好转，财务状况进一步改善。此外，省公司其他主要经济技术指标也完成较好。全年全省发电装机容量为1040万kW（其中水电590万kW，火电450万kW），比1999年增长13.5%；省公司装机容量571万kW（其中水电300万kW，火电271万kW），比1999年增长9.5%；发电量222亿kW·h，比1999年增长6.76%（全省增长7.76%）；售电量281亿kW·h，比1999年增长8.53%，是“九五”期间增长最快的一年；输电线路（35kV及以上）34340km，公用变电站容量（35kV及以上）2682万kV·A。省公司所属系统供电标准煤耗421 g/(kW·h)，系统发电最高负荷542.3万kW，电网频率合格率为100%，供电煤耗率394 g/(kW·h)，比1999年下降3 g/(kW·h)；线损率完成8.49%，比1999年下降0.09个百分点；同时，多种经营总收入完成42.18亿元，实现利润1.76亿元，分别比1999年增长13.4%和15.3%；拥有职工总人数41728人，工业企业劳动生产率为104580元/人。

电网建设

2000年，该公司大力加强电网建设，特别是城乡电网建设与改造；取得较好成效。主网基建任务全面完成：投产攸县等220kV变电站4新2扩，容量84万kV·A，线路13条、485km；投产川花桥等110kV变电站2座，容量5.15万kV·A，线路37条、697.85km；长沙—岗市500kV线路已开工建设，益阳、长沙两个500kV变电站土建施工已完成80%。

1. 城网建设与改造年度目标基本实现

全年完成投资14.4亿元；长沙大王家巷等13个110kV输变电新、扩建工程投产，年内新增供电能力55万kV·A；完成110kV变电站无人值班改造26个，现有城网100多个110kV变电站全部实现了无人值班。通过城网的建设改造，产生了较好的企业效益和社会效益。全省已基本解决了城市变电容量不足和供电“卡脖子”的问题，所辖城网基本上没有对用户拉闸停电（如果不计入“两网”改造停电因素的影响，全省城网全年平均每户停电时间仅为11.93h）。城区供电负荷和售电量分别比1999年增长11.8%和12%，供电可靠性指标达99.864%，线损率较1999年降低0.24个百分点。

2. 农网建设与改造进度明显加快

全年共完成农网改造投资22.62亿元，37个县（含年初确定的30个竣工县）完成了省公司下达的投资计划和工程项目任务，基本完成了农网投资计划的改造任务。共新建、改造110kV变电站31座，容量65.5万kV·A，线路524.2km；35kV变电站53座，容量16.85万kV·A，线路657.7km；10kV配电变压器16486台，容量119.37万kV·A，线路10582.7km；配电台区6869个；0.4kV线路56963.3km；整改村11515个。继上年实现16个县（区）竣工后，又有37个县（区）竣工，圆满完成省委、省政府下达的年度任务。

通过网改后的地区，农村配网综合线损由过去的40%以上下降到25%左右，为降价提供了技术支撑。通过农电体制改革，加强了农电管理，实现了抄表到户，杜绝了“人情电、关系电、权力电”，为降价提供了组织保证。全省已完成农网改造的13233个村，到户电价合格率达到100%。全省通过整顿农村电价，加快“两改”，加强管理，使农村到户电价平均下降0.12元/（kW·h），减轻农民电费负担近3亿元，调整、减免增容贴费3亿元，两项合计减轻农民负担近6亿元。然而，因大小电网并存，农电管理体制改革相对滞后，建设改造资金到位缓慢，外部施工环境不太理想等因素，致使湖南农网改造相对落后。

企业改革

1. 农电体制改革

2000年，农电体制改革工作取得重大进展。省公司范围内共撤消乡镇电管站819个，占乡镇总数的50.37%，完成年度计划任务的100.74%，精减乡村电工10892人。目前，全省已累计撤消乡镇电管站1305个，占乡站总数的80.26%，建立县（市、区）供电企业直属的派出机构即供电所780个，乡村电工由47875人精减到34161人，精减乡村电工13714人。37个竣工县的乡站改革也已同步完成，共撤消乡镇电管站587个，建立供电所368个，精减乡村电工7492人。全省已有74个县全面完成乡站改革任务。

在理顺省公司与地方电力企业关系方面，全年顺利对沅陵、隆回2个县级地方电力公司实施了代管，并且怀化地方电网与省电网实现了正式并网。与此同时，抓紧实施对代管县级供电企业的股份制改造工作，同时对代管县运作情况进行了考察，就代管县电力公司的股份制改造计划、资产评估、出资方式、出资比例和法人治理结构等有关问题进行了研究，提出了原则性意见。此外，进一步深化和扩大了“县为实体”改革试点工作，在道县、双峰、新邵等10个县电力局开展了“县为实体”改革试点，对浏阳、攸县、石门电力局进行了模拟全资子公司试点。

2. 营销体制改革

2000年，全网最大用电负荷和日用电量创出新高，分别达到543.8万kW和1.143亿kW·h，分别比1999年增长20%和27%。通过进一步规范购售电合同管理，组织部分电量实行超基数竞价上网和适时优惠销售，扩大了销售电量，使社会和客户获取了利益。电费回收在1999年实现当年电费基本结零、基本扭转欠费恶性增长局面的基础上，继续巩固和扩大成果，不仅实现了当年电费基本结零，而且收回1998年及以前的陈欠电费8578万元。其中，组织物电抹账1.766亿元，煤电抹账1.46亿元。

企业管理

1. 财务

2000年，省公司财务状况稳中趋好，财务工作质量稳步提高。主要表现在如下几方面：

(1) 全年，省公司利润走出了连年不增长的困境，实现盈利4.55亿元，超额完成了年初预定任务；实现利税12.2亿元。该公司资产实力进一步增强，拥有和控制的资产（合控股公司）达463亿元，其中直接经营管理的资产达283.06亿元。资产结构进一步优化，电网资产占省公司总资产的比重为75.7%，比“八五”期末增长21.78个百分点，供电卡脖子现象得到明显缓解。对外非电投资比重逐步加大，单一的投资结构得到有效改善，并实现较好回报。电费回收情况向好；不良资产上升的势头得到控制，资产质量稳步提高。省公司偿债能力良好，资产负债率仅50.44%，比国家电力公司系统平均水平低7个百分点。

(2) 在规范、整顿电费会计核算方面，以电费会计整顿为突破口，大力整顿会计工作秩序，先后颁发了《关于整顿电费会计工作秩序的通知》、《电费会计核算规范》和《电费会计核算办法》，并重点安排，着手清理、规范专项资金流向，解决资金运作过程中存在的问题，部署开展了专项资金流向清理整顿工作。

(3) 加大力度，强化管理，资产管理、资金管理、电价管理、费用管理四个方面都有新收获，拓宽融资渠道，保证了各项资金的按期支付，全年预算实现资金运作效益8000万元，实际完成8906万元。

(4) 开拓进取，着力创新，财务管理开始从传统管理向战略管理转变，财务机制得到进一步优化，同时依靠科技进步，着手建立了以财务管理信息系统为核心的企业资源计划（ERP）系统，以实现财务手段现代化。

2. 审计

2000年省公司紧紧围绕“管理”和“效益”开展内部审计工作，全年共完成审计项目3882项，查处违规违纪金额1612.84万元，促进增收节支16522万元；提出审计建设374条。

2000年，省公司认真开展第二轮营销环节的审计，根据省公司“营销审计要长抓不懈，一抓到底”的精神，相继对郴州、怀化和株洲电业局进行了用电营销环节第二轮审计。通过审计，查出涉及存在各类问题金额达7680万元。全面、深入地实施对城乡电网建设与改造工程的审计，各地（市）电业局省公司的统一布置下，按照开工前进行“五制”执行情况审计，建设过程中进行资金筹措与使用情况审计及竣工后进行结算审计的审计内容实施全过程审计。全系统今年共完成472个城乡电网建设与改造工程项目的结算审计，送审金额10.37亿元，审减金额达1.4亿元，审减率为13.5%。积极开展任期经济责任审计，为领导和组织部门考核、使用干部提供了参考依据。积极开展有关专项资金的全面审计检查，组织省公司所属各单位对1998年以来的大修、更改、燃料、科研、城乡电网建设与改造资金进行全面审计检查。大力开展城乡电网项目以外的工程签证审计，共完成工程签证审计2403项，审减的工程投资达2552万元。六是不断完善内部审计制度，组织力量认真编写了审计工作战略规划初稿，制定了《湖南省电力公司内部审计项目质量检查暂行规定》、《湖南省电力公司内部审计处理处罚暂行规定》。12月国家电力公司审计部在广西召开审计信息会议，会上省公司审计处被评为审计信息先进单位。

3. 用电

2000年，用电工作成绩显著，主要营销指标完成较好：售电量280.7亿kW·h，比1999年增长22亿kW·h；电费回收率100%，并收回1998年及以前的陈欠电费8578万元；售电均价398.14元/(kW·h)，电费收入111.734亿元（含税），比1999年增长12.8123亿元；其他常规计量工作指标也完成较好。

电费回收工作一直是公司较薄弱的工作，通过对所属供电单位提高电费回收工作认识，年初提出“两个挂钩、两个重点、一个突破”等措施，修改完善电费回收与工资挂钩考核办法，分解下达了陈欠电费回收指标，签订电费回收责任状，增强责任，加大奖励力度，是电费回收工作取得新的突破，实现当年电费回收结零，并收回陈欠8578万元。

科技工作

2000年，湖南省电力公司科技攻关工作突出重点，着力提高电网技术水平，评选及上报科技成果53项获奖，90%以上的科技成果得到推广应用。被视为管理手段创新的信息化工作得到重视和加强，该公司和部分基层单位编制了《信息化发展规划（1999～2005年）》并开始付诸实施。省公司先后进行了MIS系统的建设和改造，建成了千兆位以太网，各管理岗位配备了微机，初步实现了信息管理集成化、管理手段现代化。湖南电力计算机广域网一期工程已经建成，实现了省公司系统绝大部分单位局域网的互联，与此同时，广域网与中国电力信息网和Internet的互联也已实现，并注册了省公司和有关单位的域名。涵盖省公司本部和各单位的广域办公自动化系统基本建成，实现了省公司系统文件的自动传递和电子邮件、广域办公等功能。目前湖南电力广域OA的规划、基础平台和其应用水平在国家电力公司系统处于先进水平。

多种经营

2000年度湖南省电力公司系统多种经营总收入在1999年37.2亿元的基础上，突破40亿元大关，达到42.18亿元，增长13.4%；实现利税3.17亿元，增长13.9%，其中利润1.76亿元，增长15.3%；劳动生产率33789元/(人·年)，增长12.7%；企业亏损个数比1999年减少19个；多种经营从业人数29348人，年内新安置主业转岗分流职工1375人，公司系统已有13008名主业职工分流到多经企业，占公司系统全民在职职工41939人的31%，占多经企业职工人数的44.3%。长沙电业局多经总收入首次突破4亿元，岳阳、常德电业局突破3亿元。

“九五”省公司多种经营年总收入比“八五”本净增27.53亿元，利税净增2.1亿元，利润净增1.220亿元，从业人数增加5580人。累计总收入比“八五”增加106亿元，累计利润6.18亿元，比“八五”的1.66亿元增加4.52亿元。

五强溪水电厂多种经营企业基本上作到了与主导产业的分轨运作。株洲、岳阳、湘西等电业局的多种经营企业已经进行了股份制改造，火电建设公司、湘潭电厂等单位的多种经营企业的股改工作已经全面启动，并正在实施之中。邵阳、常德、永洲等电业局多种经营企业的清理整顿、规范管理在原有基础上又有新的起色。株洲电厂筹资几千万元，按照现代企业制度所要求的管理模式，新办玉晶石厂项目已经开工；耒阳电厂开发了高温高压密封垫圈与干式法生产保温材料，两个电厂在产品发展的道路上迈出了新的步伐。此外，积极探索湖南电力宾馆旅游业联合经营之路，在灰汤召开了部分基层单位参加的征求意见会，为下一步省公司宾馆旅游业向产业化、集团化经营奠定了基础。

要事特辑

1. 湖南电网发电企业超基数发电竞争首次开标成功

3月27日，湖南电网发电企业超基数发电竞争首次开标获得成功。9家参与竞争发电的企业中，五强溪、凌津滩、江垭水电厂（站）和株洲火电厂因报价高而未能拿足4月份竞争电量的最高限额。此次省电力公司共拿出11037.2万kW·h的发电指标，供9个首批被纳入超基数发电竞争的发电厂（站）竞争，它们是：五强溪、凌津滩、江垭等3个水电厂（站）和华能岳阳、湘潭、石门、金竹山、株洲、下摄司等6个火电厂。之所以率先在他们当中试行超基数发电竞争，是由于这9个厂大都是实行还本付息及上网电价相对较高的企业。

参与竞争发电企业其上网电量分为基数电量和竞争电量，各占年计划的90%和10%。省调每月25日17时前，根据电网安全的需要及水情预报和负荷变化等，确定并发布次月省网竞争电量及各竞争发电企业竞争发电最高限额等信息；竞争发电企业则于每月27日11时前申报3个价格及对应的发电量，价格随电量的增加而增加；省调再根据竞争发电企业申报的价格由低到高排序，在省网总竞争电量内选择较低价位最终确定各发电企业的竞争电量，并于每月28日17时前公布报价结果。

2. 沅水流域梯级滚动开发一期项目——碗米坡水电站开工

2000年8月18日，沅水流域梯级滚动开发一期项目——碗米坡水电站工程开工典礼在保靖县碗米坡电站工地隆重举行。湖南省省长储波致电祝贺，省政协主席刘伏生为工程点响开工炮，省委常委、常务副省长周伯华，省委、省政府、省人大、省政协及有关厅、局、委、办领导，当地党、政领导出席开工典礼。

碗米坡水电站是沅水流域规划的第四级水电站，下游尾水位与凤滩水电站正常蓄水位衔接。工程以发电为主，兼有航运、养殖等综合效应。水库正常蓄水位248m，总库容3.28亿m^3，调节库容1.25亿m^3，具有不完全季节调节性能。电站装机容量24万kW，年发电量7.92亿kW·h，工程静态总投资20.15亿元。碗米坡水电站对外交通便利，施工条件好，工期短，具有较好的经济效益和社会效益。

3. 开拓电力市场，促进电力销售

2000年，株洲及湘潭、益阳、衡阳、岳阳、永州等电业局在营销体制改革方面进行了大胆探索和改革，取得了一定效果。以“公变台区综合管理”为核心的新型营销基础管理模式试点，在500余台公变台区、4万多用户中推行后已初见成效。通过继续执行企业超基数用电优惠与发电企业竞价上网联动的政策，不断培育用电市场，有效地激发了客户的电能消费欲望，使电网的负荷率得以回升。全网最大用电负荷和日用电量创出新高，分别达到543.8万kW和1.143亿kW·h，分别比1999年增长20%和27%。通过进一步规范购售电合同管理，组织部分电量实行超基数竞价上网和适时优惠销售，扩大了销售电量，使社会和客户获得了利益。

4. 湘西自治州电力公司整体上划省电力公司

2000年12月20日，湘西自治州电力公司整体上划湖南省电力公司，成为全省县以上供电企业上划首例，这个原处于“自发、自供、自管”的地方供电体系，从此正式汇入全国电力大市场。

湘西自治州电力公司始建于1955年，经过40多

年的发展，已成为拥有固定资产近6000万元、年售电量近4亿kW·h、职工300多人的中型企业。该公司的上划说明，随着社会的发展和自治州国民经济的崛起，引进和依靠大电网，走大小电网协调发展之路已成为必然，同时对全省深化和推进电力管理体制改革具有十分重要的意义。

5. 凌津滩水电站正式并网发电

2000年12月28日，沅水干流梯级开发中最后一个梯级电站——湖南凌津滩水电站第9台3万kW正式并网发电，该电站27万kW机组全部建成投产，至此，沅水梯级流域已形成洪江（在建）、五强溪、凌津滩三座水电站的格局，总装机容量达到147万kW。

凌津滩水电站位于湖南省桃源县境内，装机9台，年发电12.2亿kW·h，总投资35亿元。该电站于1995年动工兴建，1996年11月大江截流，1998年12月第一台机组投产发电。作为五强溪水电站的反调节电站，凌津滩水电站的建成投产，为五强溪水电站在湖南电网中充分发挥调峰作用创造了条件，并从根本上改善了沅水中、下游河段的通航条件，使大型船只可以从洞庭湖直达沅陵县。

主要事件

1月17～20日，湖南省电力工作会暨省电力公司二届五次职代会在长沙隆重召开。湖南省省委常委、常务副省长周伯华、副省长郑茂清，华中电力集团公司副总经理牛文波、省总工会副主席吴天保、省经贸委副主任陈学军等领导到会并讲话。

截至1月17日，耒阳电厂实现连续安全生产2620天，创下连续7年安全无事故记录，创该厂连续7年安全记录居全国同类机组领先地位的佳绩。

1月27日，湖南电力建设监理咨询有限责任公司正式注册成立。

3月3日下午，省电力公司在长沙召开首次市场营销工作会议。会上出台了企业用电超基数优惠和居民用电分时段试点两个办法激活市场。

3月5日～4月18日，湖南省电力公司开展“三讲”集中教育。

3月9～11日，省电力公司2000年安全工作会议在灰汤召开。

3月14日，省电力公司发出通知，将“湖南电力调度通信局”更名为“湖南电力调度通信中心”。

截至3月18日18时，株洲电业局500kV云田变电站实现连续安全运行12年，创华中电网同类变电站安全生产最高记录。

截止3月20日18点38分，凤滩水电厂连续安全运行2000天，创建厂以来的最高记录。

3月21日，从该日开始，总装机容量120万kW的五强溪水电厂运行管理实现无人值班。

3月22日，湖南省2000年防汛工作座谈会在长沙召开，副省长庞道沐出席会议，并高度赞扬省电力局为全省防汛工作做出的重大贡献。

4月13日下午，全国政协委员、湖南省政协副主席、中科院院士姚守拙率领湖南大学各级人大代表、政协委员考察团一行30人到常德电业局进行考察。

4月16～17日，全国电力建设安技分委会暨安全工作经验交流表彰会在长沙召开。

4月27日，省电力公司召开全系统2000年全国劳动模范、省劳动模范座谈会。

5月14～16日，湖南省电力公司在岳阳召开全省电力多种经营工作会议。

5月17～19日，2000年全省电力基建企业改革座谈会在株洲召开。

7月15日，湖南省（电网）最大用电负荷突破500万kW，日用电量达1.0158亿kW·h，这是湖南省自建国以来最高用电负荷。

7月14～31日，湖南电力艺术团应德国艺术与教育国际交流促进会的邀请，赴德国参加2000年青年博览会青少年文化艺术交流。

截至7月15日，耒阳电厂实现安全生产2800天，创建厂以来历史最高记录，跃居全国同类机组火力发电厂前列。

8月17～20日，湖南省最大的技术改造项目株洲电厂二期技改2×30万kW机组工程初步设计方案，有关部门审查并通过。

8月17日，省公司总经理周绍文专程到对口扶贫点——泸溪县长坪乡元茂田村考察。

8月30～31日，省电力公司在湘潭召开营抄管理模式改革座谈会。

9月1日，省长助理阳宝华在耒阳电厂二期工程建设工作会议上要求，各级政府和机关部门要站在甲方的位置上服务于重点工程，省电力公司副总经理李维建出席会议并向与会人员介绍了耒电二期工程准备情况。

9月5日，岳阳洛王——君山变110kV输电线路海缆合同签订仪式在长沙举行，湖南省电力公司总工程师林干与英国BICC首席代表顾德思分别代表双方在合同上签字。该线路采用110kV、大截面三芯交联海缆穿越湖底，在全球尚属首次。

9月29日，湖南省委副书记吴向东在全省窗口行业精神文明建设工作座谈会上，高度赞扬湖南省电力公司在精神文明建设方面所取得的成绩。

9月30日，湖南省首座利用世界银行贷款建设的220kV输变电工程项目——220kV汉寿输变电工程正式动工建设。

10月5日，自该日起，为开拓电力市场，促进电力销售，省电力公司决定，各电业局对使用集中电空调等电器的用电将执行优惠政策。

10月5日，全省1万多名电力职工以多种形式开展优质服务和增供促销宣传活动，从而拉开了全国供电优质服务月活动的帷幕。省公司领导分别深入株洲、长沙、常德、益阳、湘潭与供电职工一道开展活动。

10月7日，湖南省第一台12.5万kW汽轮机改造项目在金竹山电厂竣工。

10月11日12时18分，湘江干流上第二座水电站——近尾洲水电站胜利实现大江截流。

10月13日，省电力公司召开农电“两改一同价”新闻发布会，《湖南日报》、《三湘都市报》、湖南卫视、湖南经视、有线电视台、省电台等省会主要新闻媒体参加发布会。

10月16日，省公司举办企业资源计划培训班。来自澳大利亚的4位专家阐述了全新的管理模式——企业资源计划。此次培训班共举办4期，省公司领导、各处室负责人、各单位行政正职和主管经营的副职及有关人员近200人参加。

10月17～18日，省电力公司在长沙召开思想政治工作座谈会，省委常委、宣传部部长文选德及省文明办和国电公司华中分公司有关领导参加会议并讲话，会上举行隆重仪式，授予27届奥运会上夺得一金二铜的奥运冠军刘璇为“湖南省电力公司名誉职工”称号，并给予20万元奖金。

10月20日，省电力公司召开城乡电网建设改造工作汇报会，国电公司发输电部副主任帅军庆带领的城乡电网执法检查组听取了汇报。

10月21日，湖南省电力线路器材厂职工董启明获2000年度残疾人奥运会女子200米混合泳S11和1C0米仰泳两项世界冠军。

10月25日，中纪委驻国电公司纪检组组长祝新民在周绍文陪同下，考察了全国农电示范窗口——长沙电业局安沙供电站。

11月10日，湖南五凌水电开发有限责任公司洪江水电站5×4.5万kW灯泡式机组国际招标合同在长沙签订。湖南省人民政府副秘书长王道生、国家电力公司国际合作部副主任齐志坚、省电力公司副总经理俞新强、省经济建设投资公司副总经理（兼五凌公司副董事长）陈建长、五凌公司总经理李瑞师及省政府办公厅等有关单位负责人参加了签字仪式。

11月28日，省电力公司召开打击窃电电视电话会议。副省长周时昌参加会议并强调，对窃电案件要进行严肃处理。

11月28～30日，全省创建文明社区工作暨文明单位系列表彰会在石门县召开。

12月27日，耒阳电厂二期工程汽机岛合同签字仪式在长沙举行。耒阳电厂二期工程是湖南省首个利用世行贷款的火电项目，也是湖南迄今为止利用外资最大的项目。

12月28日，沅水干流梯级开发中最后一个梯级电站——湖南凌津滩水电站第9台3万kW机组正式并网发电。湖南省委常委、常务副省长周伯华，省人大常委会主任高锦屏、省经贸委副主任陈学军等有关厅局负责人和省电力公司总经理、五凌公司董事长周绍文等参加发电庆典。

截至12月，湖南电网已连续安全运行19年7个月。

截至年底，省公司装机容量为570.6万kW（其中水电300.1万kW，火电270.5万kW），发电量221.5亿kW·h（其中水电118.6亿kW·h，火电102.9亿kW·h），分别比1999年增长9.5%和6.76%。

江西省电力工业

综述

2000年是江西电力改革发展取得明显成效的一年。江西省电力公司认真落实国家电力公司、华中公司和江西省委、省政府的一系列要求，紧紧围绕着年初确定的任务，落实三项责任制，坚持“三严一表率”，克服了电力市场相对疲软、电费回收难、人多老厂包袱重等困难，全面完成了各项目标任务。

统调发电量完成162.95亿kW·h，与1999年比增长8.6%；售电量完成151.54亿kW·h，与1999年比增长7.65%；线损率完成7.44%，与1999年比上升0.1个百分点，比计划下降0.1个百分点；厂用电率（统调）完成6.89%，与1999年比下降0.06个百分点；供电煤耗率（统调）完成382 g/(kW·h)，与1999年比下降7 g/(kW·h)。

在消化历史挂账1.5亿元的基础上，利润总额实现1.03亿元，与1999年比增长7.39%；用户累计欠电费（用电口径）4.56亿元，控制在考核指标范围内；资产保值增值率完成101.00%，高于华中公司考核指标 0.25%；投资收益率完成 2.37%，高于华中公司考核指标 0.29%；资产负债率完成 51.65%，低于华中公司考核指标 0.65%；上交投资收益 5098 万元，完成考核指标。

多种产业实现产值 19 亿元、利润 1 亿元。

电力建设

全年新增装机容量、变电容量是近年来最多的一年。新增装机容量 600MW，220kV 变电容量 57 万 kV·A、输电线路 232.6km，110kV 变电容量 42.5 万 kV·A、输电线路 346.45km，500kV 变电容量 75 万 kV·A、输电线路 168km 分宜电厂循环流化床锅炉改造工程开工建设，柘林水电厂扩建两台 12 万 kW 工程开始安装。工程质量稳步提高，实现工程投产一个，达标一个，有效控制工程造价的好成绩。

开工在建设 40 个工程项目，其中 220kV 输变电工程 9 个，变电容量 63 万 kV·A，输电线路 225.45km，110kV 输变电工程 31 个，变电容量 63.65 万 kV·A，输电线路 407.677km。

经营管理

继贵溪电厂创一流之后，万安水电厂、赣州供电局进入国家电力公司一流企业行列，电力调通局成为国家电力公司达标企业。引入了大修监理机制，九江电厂 4 号机组大修后连续运行 381 天，刷新了全国同类机组最长运行记录。1 项科研成果获国家电力公司科技进步三等奖，14 项科研成果获国家电力公司华中公司科技进步奖，自行开发研制的“0.01 级功率电能表”荣获国家科技进步三等奖。8 个 QC 小组获国家级命名，32 个 QC 小组获省部级优秀成果奖。全部统调火电厂提前 3 个月在全省 259 家企业中率先实现工业污染源“一控双达标”目标，合作开发的洁净煤燃烧技术经中央电视台宣传报道后，产生了广泛的影响，环保工作得到全国“2000 年城市环保与可持续发展论坛大会”的好评。

一年来，经营管理不断加强，经济效益明显提高。年初，争取了国家计委出台电力调价方案；与基层各单位签订了资产经营责任状，加大了奖惩考核力度；注重了新《会计法》的学习贯彻，全面推行预算管理制度；改进了每月经济活动分析会办法，注重优化经济调度，全面推进和深化了电力模拟市场运作；省电力公司本部和部分单位开始实行“无纸化”办公；加强了电费回收考核，完成物电互抵 2.4 亿元；80% 的多经企业实行了股份制改革，加大了多种产业资产运作和绿色环保等电力相关市场开发的力度，注重了对外投资决策的风险分析，赣州供电局实现多经利润 1000 万元；坚持做好任期经营者责任审计，完成任期审计项目 53 项，加大了对审计成果的运用；大力开拓电力市场，新增营业网点 20 个，对 25 家工业用户实行了让利销售，让利 2300 万元；开展了对控（参）股发电公司管理的研究；制定了县公司“三大目标”考核办法和规范县公司管理的 26 个基本制度。

电力改革

一年来，改革步伐进一步加快。制定了江西省电力公司发展战略，在全系统范围内组织了 23 个重点政研课题研究；完成了对信丰等 5 个老电厂的资产重组工作，人员分流 6000 多人；推进了庐山无烟山环保工程进程；省电力试研院由省经贸委确认省级专业性技术中心已挂牌运作；90% 的基层单位后勤服务职能与管理职能分离；成立了江西省电力行业协会；组建了南昌电力抄表公司和江西电网超高压运行检修公司；将监理公司改制成股份制监理公司；与武汉凯迪公司等合作组建了江西分宜凯迪发电有限责任公司；积极推进电力政府职能的移交。

农网改造

农村电网建设与改造进展比较顺利，工程质量良好。继第一批 23 个县竣工后，2000 年又有 43 个县 10kV 及以下工程基本完工，累计完成投资 29 亿元，占全省总投资计划（57.67 亿元）的 50.2%，占国家下达计划的 68%。完成 110kV 变电站 14 座，变电容量 10 万 kV·A，35kV 变电站 113 座，变电容量 20 万 kV·A；完成 110kV 线路 458km，35kV 线路 1110km，10kV 线路 23000km，低压线路 4 万 km，更换高能耗配电变压器 50 万台，容量 51 万 kV·A，完成配电台区改造 1.9 万个。到 2000 年底，完成农网建设与改造投资 29 亿元，66 个县 10kV 及以下工程基本完工。农电体制改革进展顺利，全省 93 个县（市、区）供电企业全部实行了股份制改革，乡镇电管站改革取得明显效果，92% 的乡镇电管站已经改为县供电有限责任公司的派出机构，精简农村电工 6305 人。改造后农村低压线损由改造前的 40% 降到了 20% 以下，供电可靠性、电压质量明显提高、电压合格率平均提高 10%，农户平均电价由改造前的 1.5 元/(kW·h)以上，下降到 1 元/(kW·h)以下，两年共减轻农民负担 8.16 亿元。

安全生产

自 1998 年以来已连续 3 年实现了全网生产基建全口径无人身死亡事故的“零”目标，基建系统连续五年实现了人身死亡事故和大型机械设备损坏事故“双零”目标。全网连续 17 年未发生电网瓦解大面积停电事故，主网连续安全稳定运行达6346天，全系统连续13年消灭了重大火灾事故，连续7年未发生须负主要责任的重大及以上设备事故，一般设备事故率控制在国家电力公司、国电公司华中公司规定指标内，全面实现了省电力公司党组年初提出的安全管理目标及国家电力公司安全管理目标和江西省人民政府2000年安全生产工作考核目标。得到国家电力公司和江西省人民政府的充分肯定。

（一）2000年安全生产主要指标

1. 人身事故情况

2000年全系统未发生电力生产重伤及以上的人身伤亡事故。

2. 设备事故情况

2000年全公司系统发生设备事故16次，比1999年同期的20次减少4次，下降20%，其中中断安全记录的设备事故11次，比1999年的13次减少2次，下降15.38%。

2000年公司系统共发生设备一类障碍122次，比1999年同期132次减少10次，下降7.58%。

3. 实现百日安全记录情况

2000年全系统各发供电企业、修造企业和三个施工企业及省电力调通局共实现百日安全运行（施工）记录105个，其中实现四个百日安全记录的企业有13个，实现三个百日安全记录的企业有17个，实现两个百日安全记录的企业有2个。全网安全运行（施工）记录超千天的企业有15个：其中火电厂4个水电厂6个；供电局1个；施工企业3个；省电力调通局连续安全运行5479天。

（二）2000年电力安全的主要工作

江西电力公司在认真宣传国家电力公司《安全生产工作规定》的基础上，下大力抓了安全制度建设，结合全省实际制订了有关安全生产的规章、规定，规范了安全管理工作；一年来，全省深入开展了安全宣传和教育活动，在系统内营造了良好的安全生产氛围，提高了全员的安全意识；省电力公司狠抓了安全性评价后的整改落实工作和班组安全建设，加大设备整治力度，夯实了安全基础。

全面布置统一行动，在全系统范围内认真开展了安全生产大检查活动。

深入开展全国第十次安全生产周活动，普及安全生产知识，提高全员安全意识。在安全生产周活动期间，省电力公司在《江西电力报》上组织了一次以《安全生产工作规定》、《电业安全工作规程》及《电业生产事故调查规程》为主要内容的全省电力安全生产知识竞赛，据统计全省有12000多人参加了这次安全知识竞赛。

认真开展安全性评价查评及复查工作，督促各单位落实评价后的整改，消除安全隐患，提高安全生产水平。

狠抓生产班组“三级控制”措施的落实，基建施工班组安全建设达标工作，务实了班组这一安全基础。

狠抓了安全技术措施和反事故措施的落实，认真组织劳动保护措施项目和反事故措施的实施。

认真开展安监网络活动，加强安监系统建设和内部管理，强化安全生产监督工作。

（三）2000年安全生产及安全管理方面存在的突出问题

（1）少数企业分流后及多经产业与主业之间关系不够理顺带来的安全问题。

（2）供电系统外部环境对安全生产的影响日益突出。

（3）两网改造工程特别是农网改造工程中的安全问题及县级供电公司的安全现状对省电力公司实现安全生产管理目标的压力增大。

（4）班组安全活动还存在流于形式的现象，习惯性违章仍是引发事故的主要因素。

（5）220kV变电站（升压站）失压事故突出，对电网安全稳定运行构成威胁。

教育培训

1. 职工培训计划完成率和培训质量进一步提高

全年共举办省电力公司层面培训班153期，累计培训近万人·次，培训计划完成率达84.1%。其中举办处级干部工商管理培训班两期，培训65人，处级干部已增总人数达在岗处级干部的87%；举办科级干部工商知识班四期，培训141人，已培总人数达273人，完成总人数达在岗人员的10%以上。

生产培训方面，将工作重心定位于省电力公司2000年十项重点工作之一的“第二届职工生产技术运动会”上，承担了规模最大的“计算机竞赛”项目的组织领导工作，全力以赴配合电力工会，认真组织了“生运会”中“变电值班员”等其他九个项目的赛事活动。通过竞赛，在全系统掀起岗位练兵、争当技术能手的高潮的，达到了以赛促培、以赛促学，鼓励岗位成才的目的，也全面地检验了省公司和各单位的教育培训工作。其中变电值班员比赛后，组成了省电力公司代表队参加全国电力系统变电值班员比赛，夺得三等奖，两名选手分获国电公司“技术能手”和“优秀技能选手”称号。计算机项目比赛后，组成了省电力公司代表队参加全省计算机比赛，取得团体亚军及个人第二、第五、第十名，其中两名选手荣获省“五一”劳动奖章。

2．农电培训工作发展态势良好

省电力公司进一步规范了农电培训归口管理，制定了《农电人员培训指导性管理意见》，并对农电人员培训实行分层次培训，规定：乡、站长及以上管理人员，主要专业技术人员以及特殊工种由省电力公司统一培训，其他人员由各地市供电局自行培训。完成了省电力公司农电培训中心划转至省电力教育中心管理的交接工作，并逐步完善了各项管理制度。同时，积极争取了国家电力公司的支持，已取得自行培训县局领导班子的资格和作为国电公司的农电培训点。

举办了县级供电局局长培训班，重点培训工商管理等知识。并开办了农电大专、中专班，使农电职工队伍的素质有了一定的提高。

3．专业学校改革稳步推进

根据市场需求状况，对专业学校招生的专业和数量进行了科学的预测，并对整个招生工作进行了认真部署，指导专业学校完成了招生工作，2000年共招收职大生552人，普通中专生324人，成人中专生48人，高级技工生94人，中级技工生205人。

4．培训方式方法研究有新进展

以远程教学网建设为重点，大力开展职工培训方式方法研究等基础性工作。远程教学网完成了调试和“输配电”专业课件制作工作，试办了远程教育培训班，取得较好的效果。题库建设整体运作状况顺利，根据年初工作分工，各有关单位积极组织人员开展题库建设工作，取得了阶段性成果。

精神文明建设

精神文明建设取得丰硕成果。认真组织学习了江泽民总书记关于“三个代表”的重要论述和党的十五届五中全会精神；深入开展了“三讲”教育和“三讲”回头看；广泛征集了“企业精神”表述语；“三五”普法通过国家电力公司和省政府验收；对口支援民族乡村工作受省政府表彰；加大了创建文明单位力度，全网有32个单位跨入江西省文明单位行列，占系统单位的76%，1个单位获国家电力公司双文明单位标兵，10个单位获国家电力公司双文明单位，18个单位跨入网公司双文明单位行列，39个单位获地市级双文明单位，7个县公司率先成为省电力公司双文明单位。

党风廉政

开展了以警示教育为主要内容的党风廉政教育；与各基层单位签订了党风廉政建设责任书；在全省14个城市供电营业窗口开展了规范化服务活动；深入开展了效能监察，全年挽回经济损失445万元，避免经济损失11503万元。江西省电力公司系统上下联动开展了社会民主评议行风活动，在全省行风评议中被评为优良单位，树立了电力行业在社会上的良好形象。加强了领导干部的理论学习，为365名处级干部建立了廉政档案，选拔任用干部坚持了德能勤绩廉综合考评，调整充实了26个基层领导班子，加大了干部交流力度，易地易岗交流处级干部31人，提拔年轻处级干部23人。

民主管理

工会管理和民主建设大力推进。全面推开了厂务公开工作，涌现了一批全心全意依靠职工办企业优秀党政工领导干部；建立了175份特困职工档案；强化了职工持股会建设；举办了第二届全系统生产技术运动会，掀起了职工岗位练兵、争当技术能手的高潮；规范了县公司工会管理；深入开展劳动竞赛活动，1人获全国劳动模范称号，1人获全国先进工作者称号，2人获省“五一”劳动奖章，12人获省级劳模称号。

主要事件

1月1日零点，江西省电力系统计算机安全渡过2000年。

1月21日，全省电力工作会议暨二届四次职代会在南昌召开。

1月29日，江西省委书记舒惠国、省长舒圣佑、省委副书记步正发等领导视察瑞昌220kV裕丰变电站，并慰问电力职工。

2月9日，江西省委副书记、常务副省长黄智权，省长助理凌成兴看望并慰问南昌500kV变电站建设职工。

3月5日，赣州供电局用电管理所获全国创建文明行业工作先进单位；江西贵溪火力发电厂获全国精神文明建设先进单位。

3月6日，江西柘林水电厂2台120MW扩建工程开工。

3月25日，江西省电力公司召开党风廉政建设工作会议，并对领导干部的廉洁自律作出“七不准”的规定。

3月30日，江西省电力公司做出关于对部分工业企业实行电力让利销售决定，以进一步开拓电力市场。

4月11日，国家计委批复江西电网销售电价平均每千瓦时提高0.9分，以解决江西省新投产电力项目的还本付息问题。

4月20日，国家计委在井冈山召开三峡水电站电力电量分配协调会，该会初步确定三峡电力电量分配方案。

4月22日，江西省火电建设公司李鸿应同志当选全国劳模，江西省电力试验研究院教授级高工曾昭智同志当选为全国先进工作者，并于“五一”节前夕进京参加全国劳模表彰大会。

5月2日，江西省委书记舒惠国视察正在建设中的井冈山华能电厂。

5月9日，萍乡供电局调度大楼遭到因窃电而被停止供电的湘东区金狮水泥厂40余人冲击。

6月16日，江西省电力公司发送紧急通知，要求坚决制止干预城乡电网建设与改造工程中物资采购、施工承包等经济活动的违规违纪行为。

6月20日，江西省人民政府舒圣佑省长一行视察柘林水电站扩建工程。

6月28日，丰城发电有限责任公司4号机点火成功。

7月1日，经江西省环保局等13家单位考评，新余发电有限责任公司通过省环保达标排放验收，成为全省第一家工业污染源达标排放合格企业。随之江西省电力公司统调9个火电厂提前3个月先后在全省259家工业企业中率先通过“一控二达标”验收。

7月13日，江西省人民政府朱英培副省长、凌成兴省长助理视察柘林水电站扩建工地。

7月15日，江西省电力公司出台12条供用电优质服务便民措施。

7月16日，赣州供电局刘小海荣获全国电力行业技术能手。。

7月18日，江西省电力公司召开半年度工作会议。省电力公司与基层单位一把手正式签定了2000年资产经营目标责任书，兑现1999年模拟市场考核奖励。

7月20日，江西省电力调度通信局被国电公司授予安全生产文明生产达标企业。

7月29日，江西省公司精神文明建设取得了丰硕成果，有3个单位获国家级文明单位称号，32个单位成为省级文明单位，1个单位成为国家电力公司双文明标兵单位，10个单位成为国家电力公司双文明单位。

8月13日，江西省电力公司在南昌八一广场举行“开门议风和开放用电”宣传，受理全省用电客户的供电行风投诉和用电咨询。

8月15日，贵溪发电厂被国家电力公司授予“全国双文明单位标兵”。

8月27日，由省电力公司投资兴建的江西省首座电力希望小学——罗湾乡电力希望小学举行隆重开学典礼。

8月29日，经江西省环保局验收，江西省电力公司统调发电企业目前的烟尘和二氧化硫排放达标率为100%。

9月16日，江西省电力公司出台《江西省电力公司审计行为违法违规的处理处罚办法（暂行)》。

9月25日，万安水电厂、赣州供电局被国家电力公司命名为“一流企业”。

9月26日，江西省电力行业协会暨首届会员代表大会在南昌举行。胡德成总经理任会长，姚迪明、张星、江进章任副会长。省经贸委主任虞中一同志任名誉会长。

9月28日，南昌电力抄表公司在昌成立。

10月18日，江西鑫能股份有限公司成立。

10月20日，江西省电力公司“三五”普法工作以97分的成绩通过省司法厅、省直机关工委普法办的考核验收。

10月26日，江西省电力公司被评为全省行风建设“优良单位”。

10月26日，江西省第一座500kV南昌变电站带电投入运行。29日主变带负荷一次启动成功。

12月6日，江西省电力公司出台《供电企业电费收缴责任制度》。

12月6日，江西九江电厂4号机实行大修监理制，连续无故障运行381天，创全国同类机组最高纪录。

12月17日，江西省电力公司总经理胡德成出席在北京召开的“2000年城市环境保护占可持续发展论坛大会”并作题为《大展宏图伟业，共享碧水蓝天》的发言。

12月17日，井冈山华能电厂1号机组30万kW机组于15:30，通过168h试运行并正式移交生产。

12月22日，江西电力系统档案目标管理实现全面达标。其中：国家一级6个，国家二级29个，其余为省、部级。

“九五”江西电力

1996～2000年是我国的第九个五年计划时期。过去的五年，是江西电力快速发展的五年，也是江西省电力公司努力加快发展、增强实力的五年。

“九五”期间，全省新增发电装机容量189.16万kW，平均年增长37.84万kW，全口径发电量年平均增长2%。新增220kV变电容量191.7万kV·A，110kV变电容量123.79万kV·A，220kV线路1232.45km，110kV线路1751.24km。注重了电力结构调整和电网技术含量的提高，把电力建设的重点从电源建设转到电网建设上来，争取国家对江西城乡电网建设改造投资 82.9 亿元，五年来电网建设完成投资70.4 亿元，平均年递增 14.1 亿元。基建管理水平不断提高，基建项目建设一个，投产达标一个。设计、施工、监理企业参与市场竞争能力明显增强。

全省电力系统除 5 万 kW 机组以外，已全部关停小火电机组 26 台，容量 34.9 万 kW。拉闸限电逐年减少，供电质量明显提高，供电可靠率达到 99.826%。

电力改革取得重大进展

坚持了“先改制后改造、资金跟项目走、项目跟体制走”的原则，全面理顺了全省农电管理体制。

实现了江西电网的统一管理。1999 年成立了宜春供电局，结束了全省最后一个地区没有成立供电局的历史，同年，吉安供电体制上划，结束了全省最后一个地级电网没有统一管理的历史。

在“八五”的基础上，与省投资公司、华能集团等投资方共同组建了 18 个股份制公司，其中 9 个发电公司，江西电网已出现了 6 个办电主体，发电企业投资主体多元化格局基本形成。

江西三和电力股份有限公司成功地收购了上犹江水电厂、洪门水电厂，盘活、变现存量资产 3 亿元，加快了上市步伐。通过资本嫁接，组建了“森田公司”。

通过法律手段，有效解决了水资源费不合理征收，国务院以国办［1999］1 号文明确水资源费范围，减少了不合理开支，并对全国产生重大影响。1999 年 10 月，江西省人大第十二次常委会通过《江西省反窃电办法》，出台了全国第一部反窃电地方性法规。

江西省电力公司综合实力大大增强

通过大力开拓电力市场，遏制了电量下滑势头，“九五”期间，年均售电量递增 3%。

全面推行江西电网内部模拟市场考核办法，强化资产经营责任，强化以达标创一流为重点的企业管理，加大了对外投资，强化资本运营和加快多产业发展。1999 年首次实现了多种经营全行业扭亏为盈，完成产值 16.7 亿元，利润 7800 万元。累计完成审计 1.93 万项，查出违纪金额 1620 万元，促进增收节支 3.12 亿元。

在完成当年利润目标的基础上已累计消化历史挂账 10.5 亿元，累计上交国家税收 26.12 亿元，资产得到保值增值。

（崔保卫　丁国生）

西 北 地 区

国家电力公司西北公司

综述

2000 年是西北电力集团公司与国电西北公司体制并存的一年。在国家电力公司的正确领导下，国电西北系统紧紧围绕广州会议确定的“两个战略”、“一个管理年”和“三项责任制”的中心任务，以强化六项经营指标考核为重点，抓住西部大开发机遇，推进改革，加快发展，突出重点，狠抓落实，各项工作取得了新的成绩。

（一）主要生产经营指标完成情况（按原集团口径）

全系统本着外抓市场、内抓管理的总体要求，按照年初集团工作会议的部署，克服了电力生产和经营中的重重困难，保证了生产经营目标的完成。

1．发电量

全系统完成发电量 856.6 亿 kW·h，较 1999 年增长 8.21%，其中水电完成发电量 257.4 亿 kW·h，火电完成发电量 597.8 亿 kW·h，风电 1.4 亿 kW·h。陕西完成发电量 241.68 亿 kW·h，较 1999 年增长 4.36%；甘肃完成发电量 246.9 亿 kW·h，较 1999 年增长 5.65%；青海完成发电量 125.08 亿 kW·h，较 1999 年增长 11.8%；宁夏完成发电量 127.59 亿 kW·h，较 1999 年增长 16.86%；新疆完成发电量 115.44 亿 kW·h，较 1999 年增长 9.57%。

2．发电设备平均利用小时

全系统 4401，其中水电 3643，火电 4845。陕西 4000，其中水电 2991，火电 4201；甘肃 4511，其中水电 4046，火电 4916；青海 3597，其中水电 3515，火电 4003；宁夏 5729，其中水电 2969，火电 6165；新疆 5146，其中水电 4272，火电 5386，风电 2479。

3．供电标准煤耗率

全系统 398 g/(kW·h)，较 1999 年下降 6 g/(kW·h)，

其中陕西 388 g/(kW·h)，较 1999 年下降 3 g/(kW·h)；甘肃 381 g/(kW·h)，较 1999 年下降 8 g/(kW·h)；青海 428 g/(kW·h)，较 1999 年下降 12 g/(kW·h)；宁夏 382 g/(kW·h)，较 1999 年增长 1 g/(kW·h)；新疆 457 g/(kW·h)，较 1999 年下降 18 g/(kW·h)。

4. 售电量

全系统售电量 757.3 亿 kW·h，较 1999 年增长 9.94%。其中陕西 243.3 亿 kW·h，较 1999 年增长 8.31%；甘肃 229.5 亿 kW·h，较 1999 年增长 7.72%；青海 93.1 亿 kW·h，较 1999 年增长 9.39%；宁夏 115.7 亿 kW·h，较 1999 年增长 18.41%；新疆 75.6 亿 kW·h，较 1999 年增长 10.8%。

5. 线损率

全系统 7.15%，较 1999 年降低 0.09 个百分点，其中陕西 8.1%、青海 5.39%，分别比 1999 年降低 0.14、0.34 个百分点，甘肃 6.67%、宁夏 7.26%，新疆 7.2%，分别比 1999 年上升 0.15、0.22、0.13 个百分点。

6. 财务状况

完成销售收入 200.43 亿元，比 1999 年增长 13%，实现利润 2.0889 亿元，资产保值增值率、投资收益率、资产负债率分别为 100.56%、1.40%、54.70%，应收电费余额完成 96413 万元，控制在指标以内，完成或超额完成了国家电力公司下达的各项资产经营目标。

（二）电网运行

坚持“安全第一、预防为主”的方针，全面落实安全生产责任制，加强安全管理与监督，全系统未发生电网瓦解和大面积停电事故，未发生特重大责任性事故，误操作事故同比有大幅度减少，全网频率合格率 99.9966%，创历史最好，负荷预测准确率 97.23%，名列全国第一。针对黄河来水偏枯和汉江汛期丰水的情况，合理安排电网经济运行方式，开展跨流域和梯级水库调节，进行水火电联合经济调度，最大限度优化资源配置，同比增发水电 17 亿 kW·h，提高了全网的整体经济效益。强化“三公”调度原则，电网运行秩序稳定。深入开展安全文明生产双达标和创一流活动，取得新的进步，陕西汉中供电局、青海西宁供电局和新疆玛纳斯发电厂跻身全国一流电力企业。

（三）电力体制改革

按照国电公司的统一部署和第二步改革战略的实施步骤，贯彻国电总［2000］273 号文件精神，坚持“稳中求快、稳中求好”的原则，积极稳妥地实施了分公司改制，保证了电网运行、经营秩序以及职工队伍的稳定。为进一步落实改革方案，在深入调查研究和广泛征求意见的基础上，制定和修订了西北电网电力电量平衡分配、电力电量交易与结算、调度运行管理等六个管理制度和办法。对直属发输变电资产的管理、运行、技改和维护等情况进行了调查，积极探索建立新的管理方式。在政府机构改革的同时，进行了政企分开、厂网分开改革的研究与准备。

（四）电力发展和结构调整

编制了西北地区“十五”电力发展规划、西北电网 2010 年目标网架规划，通过国家计委和国电公司的联合评审。与电力规划总院签订“西电东送”规划协议，开始启动西北与华北联网工程的初可研究。组织对全系统电源和电网规划建设项目进行了审查。加快黄河上游水电开发的公伯峡项目已经国务院批准立项，工程现场完成“三通一平”。积极调整电力结构，加强电网建设，全年建成投运 220kV 以上线路 918km，新增变电容量 237 万 kV·A，关停小火电机组 24.2 万 kW。

（五）企业经营管理

按照国电公司开展“管理年”活动的要求，以落实“三项责任制”为重点，强化六项经营指标考核，突出投资收益和成本控制管理，制定了对控股、参股公司的管理办法，加强对董事、监事队伍的建设，促进控、参股公司建立规范的法人治理结构。完善内部财务管理等方法，基础管理工作得到加强，成本控制成效明显。资产经营管理取得新的进展，完成了秦岭电厂的资产重组工作，安康、大坝、刘家峡三个电厂的股权改制和宝二电厂的资产盘活做了大量工作。大力开拓电力市场，合理运用价格杠杆政策，引导电力消费，售电量保持了较快增长，全网最高日用电量达到 2.27 亿 kW·h，最大用电负荷 1103 万 kW。编制了“十五”期间西北电力市场分析预测报告，通过国电公司组织的评审。积极疏导电价矛盾，五省（区）平均电价同比增长 12.01 元/(kkW·h)，改善了企业的外部经营环境。作为增强企业经济实力重要支撑的多种经营得到了快速发展。

（六）党建和精神文明建设

认真开展“三讲”教育“回头看”活动，按照“四查四看”的要求，进行认真的剖析和对照检查，进一步落实整改方案，收到明显成效。以学习江泽民总书记“三个代表”的重要思想为主要内容，加强党的思想组织作风建设，开展了“创优争先”和“警示教育”活动。加强领导干部队伍建设，重视对年轻干部的培养选拔和在职领导干部的轮岗交流，改善了知识结构和年龄结构，提高了领导干部队伍的整体素质。大力开展企业文化建设和精神文明建设，创建“文明单位”和“文明机关”，涌现出一批精神文明建设先进单位。

大事记

(1) 2000年1月18～19日，中国西北电力集团工作会议在西安召开，会议传达贯彻国电公司2000年工作座谈会精神，谢振华总经理作了题为《抓住西部大开发机遇，迎接历史性挑战，为谋求西北电力事业更大发展而努力奋斗》的工作报告。

(2) 为正确把握西部大开发的历史性机遇，2000年3～8月，西北电力集团公司在全系统深入开展"西部大开发，我们怎么办"大学习、大讨论活动，取得积极效果。

(3) 3月28～30日，国家电力公司副总经理周大兵在西北电力集团公司考察工作，强调要抓住西部大开发机遇，大力推进西电东送。

(4) 4月6～11日，日本四国电力株式会社来我公司进行友好访问和技术交流。

(5) 4月15日，陕西秦岭（秦华）发电有限责任公司在西安举行揭牌仪式，陕西省省长程安东出席并揭牌。

(6) 4月18日，中共西北电力集团公司机关第一次代表大会召开。

(7) 5月15日，国家电力公司总工程师张贵行在西北电力调度中心检查指导工作，他充分肯定了西北电网调度在电网安全经济运行和实现区域资源优化配置中取得的成绩。

(8) 5月30日，西北电力集团总经理工作座谈会在银川召开，会议进一步贯彻国电公司广州工作会议精神，签订2000年资产经营责任书，确保全面完成国电公司部署的各项任务。集团公司领导谢振华、薛光、邵仲仁、祁书堂以及五省（区）电力公司和黄河水电公司总经理参加了会议。

(9) 6月12～27日，按照国电公司党组的统一部署，西北电力集团公司开展了"三讲"教育"回头看"活动，通过进一步查找问题，落实整改方案，巩固了"三讲"教育成果。

(10) 6月16日，西北电力信息广域网工程正式建成投运。

(11) 按照国电公司的统一部署，西北电力集团公司改制为国家电力公司西北公司，7月6日，在西安举行成立挂牌仪式，陕西省省长程安东、国家电力公司副总经理赵希正为公司揭牌。

(12) 7月6日，中共国家电力公司西北公司党组宣布成立，谢振华、邵仲仁、祁书堂、陈方增、薛光、史高社6位同志任党组成员，谢振华同志任党组书记；同时，成立中共国家电力公司西北公司党组纪律检查组，薛光同志任纪检组组长；史高社同志任中国水电工会西北电力工作委员会主任。

国家电力公司任命谢振华为国家电力公司西北公司总经理、邵仲仁任国家电力公司西北公司副总经理兼总工程师、祁书堂任国家电力公司西北公司副总经理兼总会计师、陈方增任国家电力公司西北公司副总经理。

(13) 9月13日，国家"九五"重点工程陕西宝鸡第二发电有限公司3号机组一次并网发电成功。

(14) 11月22日，国家电力公司对西北公司领导班子进行重大调整，刘本粹同志任中共国家电力公司西北公司党组书记、总经理，张嗣兴同志任中共国家电力公司西北公司党组成员、副总经理，薛传殿同志任中共国家电力公司西北公司党组成员、纪检组长。免去谢振华同志的中共国家电力公司西北公司党组书记、总经理职务，免去祁书堂同志的中共国家电力公司西北公司党组成员、副总经理、总会计师职务，免去薛光同志的中共国家电力公司西北公司党组成员、纪检组长职务，张嗣兴同志国家电力公司西北公司审计部主任职务。国电公司周大兵副总经理在西北公司本部副处级以上干部和公司直属单位主要负责人大会上作重要讲话。

陕西省电力工业

一、综述

2000年末，陕西省发电装机容量737.56万kW，其中火电592.44万kW，水电145.12万kW。330kV送电线路39条，3019.8km；220kV送电线路9条，823.75km；110kV线路435条，7341.6km；35kV线路599条，8252.8km。拥有330kV变电站19座，变电容量672万kV·A；220kV变电站6座，变电容量96万kV·A；110kV变电站244座，变电容量1025万kV·A；35kV变电站295座，变电容量180.45万kV·A。

陕西省发电量完成283亿kW·h，同比增长7.2%，其中火电247亿kW·h，水电36亿kW·h。全社会用电量292.8亿kW·h，同比增长7.59%，其中，农、林、牧、渔、水利业用电22.89亿kW·h，工业196亿kW·h，地质勘探业0.15亿kW·h，建筑业2.28亿kW·h，交通运输、邮电通信业14亿kW·h，商业、公共饮食、供销仓储业8.44亿kW·h，其他事业15.66亿kW·h，城乡居民生活用电合计33.31亿kW·h，其中，乡村用电12亿kW·h，城市21.3亿kW·h。全社会净用电量242.4亿kW·h，同比增长8.26%。

陕西省电力公司计划管理电厂发电装机容量623.5万kW，其中，火电515.8万kW，水电107.8万kW。发电量完成241.75亿kW·h，同比增长4.39%，其中火电211.71亿kW·h，同比下降1.47%；水电30.04亿kW·h，同比增长79.65%。公司累计售电量完成229.22亿kW·h，同比增长7.32%。电费回收率完成99.89%，陈欠电费回收率24.94%。利润完成3069万元，供电煤耗完成387g/(kW·h)，同比降低4g/(kW·h)。线损率完成8.02%，同比下降0.4个百分点。资产保值增值率100.21%，比计划指标高0.07个百分点。投资收益率完成0.51%，比计划指标高0.18个百分点。资产负债率控制在59%以内。上缴投资收益1950万元。应收电费余额2.243亿元。全公司在职职工人数49662人，全员劳动生产率74515元/(人·年)。

二、电力建设

电源建设稳步推进。韩城第二发电厂、户县热电厂“以大代小”、延安天燃气联合循环电站改造工程的前期工作正在加快开展；石泉水电厂扩机工程4号、5号机建成投运；宝鸡第二发电厂3号、4号机组按照达标投产的目标，认真组织安装调试，质量不断提高，3号机组2000年9月底完成了168h试运行，一些主要技术指标创造了西北历史最好水平。灞桥热电厂改扩建工程2000年6月28日开工，蒲城发电厂二期工程10月30日开工。同时，公司的电建队伍积极开拓系统外和省外市场，先后进入三峡输出、工业民用建筑领域，为公司树立了良好的社会形象。

1. 城网建设

重点建设电网，加快城乡电网建设改造，电网的高科技含量大幅提高，供电可靠性普遍增强，抗御自然灾害能力显著加强。

截至2000年底，城网改造全省累计完成投资30.72亿元，占总投资的66.8%，工程形象进度达75%。

2000年，完成投资11.04亿元。新建、改造110kV变电所17座，10kV线路822km；新增、更换配电变压器1355台，容量35.8万kV·A；改造低压台区694个，一户一表改造12.25万户，0.4kV线路1141km；新增容量71.56万kV·A，新建110kV线路145.98km。

2. 农网建设

截至2000年底，省电力公司农村电网建设改造工程累计完成投资350810万元，占国家下达计划的90%。

2000年，完成投资19.5483亿元。建成投运35kV及以上农网输变电工程46项，其中110kV工程项目17项，变电容量486500kV·A，线路290km；35kV工程项目29个，变电容量87600kV·A，线路315km。

10kV及以下农配网工程分五批下达投资计划241097万元，建设改造10kV线路14300km。新增更换配变19297台/1600MV·A，建设改造400V线路29134km，改造台区14445个。完成改造行政村7152个，实行一户一表工程948356户。当年完成投资112142万元，累计完成224710万元。

三、电力生产

1. 电网调度

针对2000年基建投产任务、城农网改造任务重的实际情况，精心编制启动方案。进一步完善内部各项业务管理制度，确保了电网的安全稳定运行。

先后完成了黄陵变、柞水变、石泉扩机工程、神华电厂、宝鸡第二发电厂3号机组和神朔电铁接入系统等新改扩建工程的启动。

责任频率合格率99.9994%，考核点电压合格率99.77%，主网线损率2.07%，220kV及以上系统继电保护及安全自动装置正确动作率97.66%，远动系统可用率99.15%，调度端计算机系统可用率100%，调度日报制表合格率98.65%。

努力提高负荷预测准确率，加强与网调和甘肃省调的联系，在符合调度原则的前提下合理安排机组运行方式。抓住有利时机，充分利用石泉、安康的水电资源，千方百计降低联络线购电价格，减少购电量。加大公司统一核算电厂的发电比例，严格控制地方小火电发电量，通过经济调度，2000年为公司创造经济效益6000万元。

2. 技术改造

2000年，陕西供电企业技改工程累计下达计划投资786.6万元，结转70万元，主要用于部分修试设备的零购，其中修试设备的零购341.6万元；开关更新168万元；直流系统改造151万元；其他126万元。

利用有限资金，及时为各基层单位配置了新型的试验、监测仪器和检修器具。公司投资212万元，分别对神东电网两座110kV变电站的主变压器进行了有载调压改造，更换了16台35kV多油断路器，大大提高了神东电网的安全、可靠性供电水平。

发电企业技术改造项目55个，安排资金4485万元，其中公司切块资金1960万元，专项资金470万元，蒲城发电有限责任公司自筹2055万元。

四、多种经营

2000年，公司多种产业实现收入38.5亿元，同比增长19.5%，实现利润1.11亿元，同比增长38.3%。

多种产业劳动生产率26296元/(人·年)，同比增长12.9%。

多种产业职工总数为27353人，安置主业人员17133人。

积极实施银河发展战略，成功地组建了“陕西电力银河集团公司”与“银河集团”。拥有9个控股公司、8个参股公司、12个协作成员的大型企业集团，初步建立了规范的法人治理结构，为进一步走向市场，参与竞争奠定了基础。

2000年，银河集团公司实现经营收入2.7亿元，利润2426万元，超额完成省公司下达的指标。

五、管理

1. 安全生产

2000年，公司系统未发生特大、重大事故，未发生电网瓦解、大面积停电事故，未发生误操作事故，人身伤亡、一般设备事故和障碍次数均比1999年有明显下降。电压合格率、供电可靠性等生产技术指标比1999年有大幅度提高。电网运行顺利通过了Y2K关键时段。圆满完成了“双节”、“五一”、“十一”期间及“东西部经贸洽谈会”、“西安香港节”、“杨凌农业高新技术博览会”、“中国科协年会”等重大活动的安全供电任务。在汛期提前、汛情异常迅猛的形势下，公司各级加强防汛工作，落实措施和预案，确保了石泉、安康、水库大坝的安全，确保了发供电设施安全运行。汉中供电局“创一流”工作取得突破，通过了国家电力公司一流企业验收，达到国家电力公司一流企业标准。咸阳、渭南供电局实现了省公司一流企业目标。

2. 生产经营

2000年，完善了内部模拟市场和经营承包责任制实施办法，加大经济责任考核力度，使公司各级既有压力，更有动力。通过严格控制成本，挖潜增效，公司销售成本的增长低于销售收入的增长，为利润的增长创造了相当的空间。进一步强化资金、工程、设备物资和燃料的集约管理，减少环节，堵塞漏洞，降低费用，发挥优势，取得了效益。通过对资金的集约管理，扩大结算中心的业务范围，资金实行银行网络结算，开展委托贷款业务，优化资金运营和债务结构，提高资金周转率和使用效率，创造效益8000多万元。

积极推进电价机制的改革，努力争取新电价出台，制订了铜川“一市一价”和宝鸡“一县一价”方案并报国家计委待批，争取了陕西电网电气化铁路电价调整政策的提前出台，规范基本电价的执行标准、范围，整顿县区用电结构，提高售电单价，为公司效益的增长起到了一定的积极作用。

开展多种形式的营销宣传活动，启动高耗能企业恢复生产，积极推广电热锅炉和家用电器，推进电气化小区建设，提高居民建筑用电标准，努力开拓电力市场。2000年公司售电量稳步增长，比1999年增长7.32%。同时，加大电费回收力度，抓重点，攻难关，采取多种措施帮助客户扩大销售，增加收入，电费回收工作不断进步。2000年电费回收率和陈欠回收率均比1999年有大幅度提高。集中开展打击窃电、打击破坏电力设施的犯罪活动，集中3个月在全省开展反窃电专项斗争，通过查处窃电和侦破破坏电力设施案件，挽回经济损失2000多万元。

六、企业改革

2000年，体制改革迈出了关键的一步。组织成立了陕西省电力行业协会，行协工作确定了远近结合、立足当前的工作思路，明确了职责，落实了措施，工作稳步推进。同时，加强与政府的沟通，正在进一步准确界定政府、企业和行业的管理职责，将按省政府和国家电力公司的安排，并尽快完成行业职能的移交，为电力行业新体制的运作打好基础。

“厂网分开”改革坚持整体改制，规范运作的原则，建立完善的法人治理结构。秦岭（秦华）发电有限责任公司已经正式运营，蒲城发电厂和灞桥热电厂完成了改制工作，进一步加强了独立发电公司直接管理生产经营工作的力度。

全面完成了农电体制改革，乡镇供电所的规范化管理进一步深化，资产、营销、安全、服务、领导组织等方面的管理纳入了公司管理序列。开展了创建一流县供电企业活动，农电县局的有限责任公司改制取得了突破，完成了岚皋县电力局的股份制改革，榆林地区电网管理得到理顺，公司对电网的控制力进一步增强。

“主辅分开”、“体制外分流”和人事制度改革作为公司机制创新的主要内容。“体制外分流”一是对发电企业通过资产重组、转让，按现代企业制度的要求组建独立发电公司，实行整体改制，实现体制性分离。二是将所属学校、医院整建制移交地方政府管理，或实行股份制改造，实现“体制外分流”。三是对修造、基建企业通过资产重组、招商引资、合资合作，组建股份有限公司，实行体制外分流。

“主辅分开”是对医院、设计、试验、监理、后勤服务系统，彻底与主业分离，参与市场竞争，实现自我发展。2000年，与主业分离的物业管理、设计、试验、监理等部门勇于走向社会，走向市场，在市场竞争中得到锻炼，得到发展，实现了机制转换和创新。

扩大职工“6.2.2”动态管理机制的试点，对管理干部逐步实行公开招聘，面向社会选聘了3名高级证券管理人才。在系统的多经、修造企业开展经营者年薪制的试点，全面加强对经营者的业绩考核，进一步促进了职工思想观念的转变，实现了企业内部机制的创新。2000年通过主辅分开、体制外分流、职工动态管理、清理计划外用工等措施，实现减人10239人，其中，成建制剥离4115人，解除劳动合同511人，内部退养410人，向多产分流3978人，清退临时工1225人，超额完成国家电力公司下达的减人指标。

七、教育培训

2000年，继续贯彻公司“116”人才培训工程的总体部署，以培育创新人才为重点，全面实施素质教育，加快推进职工队伍整体素质的提高。

与西安交通大学联合培养工程硕士、工商硕士研究生，2000年录取工程硕士61名，工商硕士21名。举办了为期1个月的电力电缆、计量和变电运行技师、高级技师脱产培训班。有103名学员参加，经过严格培训，考试全部合格。

在机关干部中进行了计算机培训，男50岁、女45岁以下必须参加全国计算机中级考试，共举办培训班10期，280人，参加考证人数196人，其中优秀者19人，优秀率10%，及格率70%，合格率80%以上。公司领导及部分副总师、部主任也参加了培训。

举办各类培训班94期，3987人·次，其中由教培处举办的企业领导干部工商管理培训2期，51人；中青年干部强化班2期，45人；高级经营管理干部强化培训班一期，49人；教育科长网络培训班和工程师网络培训班各一期，分别为24和27人；公司系统计算机应用技术培训考证80期，2300人，参加考证人数2121人，已取得国家等级证书者1697人。

八、精神文明

巩固“三讲”教育成果，以“三个代表”为指导思想，坚持“三个从严”的方针，努力加强党的建设，加强党风廉政、精神文明建设和思想政治工作，认真组织实施公司机关的“三讲”教育“回头看”活动，进行“十查一思考”，进一步落实“三讲”教育整改措施。

重视干部职工队伍建设，加强各级领导干部的管理，及时调整不能适应工作要求的干部，加大干部交流力度，保持领导干部的动态管理。2000年交流轮岗领导干部103人，占党组管理干部总数的23%。

认真落实党风廉政建设责任制和“三严一表率”的各项要求，实行领导干部廉洁自律“十不准”和重大决策失误、用人失察“两追究”制度，开展警示教育，对12名处级干部进行了诫勉谈话，对91名拟提拔任用的干部进行了廉政鉴定，对领导干部的考核晋级，坚持廉政一票否决制，严肃查处违法违纪问题。抓住“管好钱、管好权、管好事、管好人”四个重点，认真开展效能监察。强化工程项目和设备的招投标管理，使招标、评标、议标三权分立、相互制衡，确保了全年招投标工作没有一起出现问题。

积极开展“创佳评差”、“争当服务明星”、“示范窗口”建设、“供电营业规范化服务”等系列活动，地级城市供电局全部达到城市供电营业规范化服务标准，有效地促进了电力销售，“始于客户需求、终于客户满意”的优质服务宗旨得到良好落实。

九、主要事件

3月28日，陕西省电力行业协会成立大会在西安隆重举行。国家电力公司副总经理周大兵、陕西省政府副省长巩德顺为行业协会成立揭牌并讲话。

4月15日，陕西秦岭（秦华）发电有限责任公司揭牌仪式在西安举行。陕西省省长程安东、省人大副主任徐山林、陕西电力建设投资开发公司董事长刘春茂、国家电力公司财务与产权管理部副主任徐伟良分别为陕西秦岭发电有限责任公司揭牌。公司总经理赵杰臣在揭牌仪式上致辞。

4月20日，正在陕北视察工作的国务院副总理温家宝在陕西省副省长贾治邦等陪同下，来到由陕西送变电工程公司施工的330kV神榆输变电线路工地。该工程项目二分部主任陈同玉向温家宝汇报了工程概况和施工情况。温家宝副总理看过该项目部驻地的各种管理制度、工程指挥图、厂务公开栏后说：野外施工，企业能管理到这种程度管理水平很不错。

9月22日，汉中供电局被命名为国家电力公司“一流企业”，成为陕西省第二家全国一流企业，标志陕西电力公司供电企业管理水平跃上一个新台阶。

10月30日，陕西蒲城发电厂第二期2×33万kW工程开工建设。该工程总投资25.68亿元，计划2002年全部建成投运。

11月8日，陕西电力银河集团公司成立。公司拥有资产5亿元，9个控股子公司。标志公司所属修造企业和多经企业通过体制创新、机制创新、管理创新，引进资金、技术、管理，实现了修造企业整体扭亏为盈的良好开端，成为公司新的经济增长点。

12月28日，榆神送变电工程建成投运，标志贯通全省南北的超高压电网330kV输变电工程全线建成。

2000年，优质服务又上新台阶。狠抓行业作风建设，促进优质服务。公司领导带队上街宣传，掀起增供扩销高潮；各地市建立"优质服务窗口"，截止年底前9个供电局全部建成客户服务中心；在全省纠风办组织的"行业创佳评差"活动中，公司再次荣获"最佳厅局"称号。

2000年，制定了《陕西电力2000～2015年发展构想》。

（原增光）

黄河上游水电开发有限责任公司

综述

黄河上游水电开发有限责任公司是为了适应国家西部大开发的需要，以新的机制加快黄河上游水电资源开发，建设我国西部商品电基地，推进全国联网，由国家电力公司、原西北电力集团公司、青海省电力公司、陕西省电力公司、甘肃省电力公司、宁夏回族自治区电力公司、陕西省投资公司、青海省投资公司、甘肃省电力建设投资开发公司、宁夏电力开发投资有限责任公司等10个单位共同发起和出资（注册资本金10亿元），于1999年10月28日在陕西省西安市正式挂牌成立，并于2001年1月1日起正式开始运作。

公司运作建立在流域滚动开发机制之上，以"生产、经营、开发建设"三大职能为中心，全面负责黄河上游青海龙羊峡至青铜峡918km河段的大中型水电站的开发。公司业务范围涉及水电开发、建设、生产经营以及与此相关的工程咨询、检修安装、物资设备的供应、仓储及运输等诸多领域。公司目前拥有龙羊峡和李家峡两座大型水电站，总装机容量288万kW。公司下设发电、建设、检修安装、物资仓储、多经等5个分公司、2个控股公司和1个工程建设部等8个单位。本部机关设置7部2室1局。截止2000年末，全公司共有正式职工1847人。

经济技术指标

2000年公司完成发电量101亿kW·h，为年计划的105.4%；全年全公司综合耗水率3.685m²/(kW·h)；完成售电量100亿kW·h，为年计划的105%；全年实现应收电费17.06亿元，实现销售收入14.58亿元；全年回收电费9.9亿元，当年回收率为59.29%，综合回收率为43.27%；年末累计欠收电费13.03亿元。

2000年公司完成基本建设投资5.43亿元，其中公伯峡水电站1.69亿元，李家峡水电站完成2.80亿元，龙羊峡水电站尾工完成7590万元，小型基建1697万元。

2000年末公司总资产173亿元；因龙羊峡水电站上网电价过低和李家峡水电站电价、电量不到位等因素，公司全年亏损12856万元，其中经营性亏损8384万元，政策性亏损4528万元。

2000年全公司全员劳动生产率完成113万元/(人·年)；全年缴纳各类税21913万元，荣膺青海省财政支柱企业称号。

工程建设

为加快公伯峡项目进程，2000年公司把公伯峡水电站前期工程建设作为各项工作的重中之重，从各个方面保证工程建设的顺利进行。公司所属建设分公司把办公地点移至施工现场，全体干部职工吃住在工地，充分发挥业主单位管理、协调、监督、服务等各项职能，保证了施工进度和施工质量。

截止2000年末，公伯峡工程累计完成投资3.37亿元，施工区工地征用、电站专用公路、场内施工道路、生活区场地平整、部分生活办公用房、生活用水、通信、施工用电网的建设等工作已完成，连接黄河两岸的大桥已完成吊杆安装，导流洞施工支洞于2000年6月底施工完毕，导流洞主洞于2000年7月1日正式开工，其他各项配套工程正加紧施工，整个工程已具备主体工程开工条件。

公伯峡水电站施工规划报告于2000年3月在西宁通过审查，确定了4年半发电、6年半竣工的总工期和分标原则。

2000年李家峡水电站工程共完成投资2.80亿元，电站大Ⅱ标工程、电气部分、机电安装、机械部分等均按年度计划完成，尾工工程基本竣工，库水位达到2170m高程，工程初步具备竣工验收条件。

2000年龙羊峡水电站尾工和虎山坡工程共完成投资7590万元。虎山坡工程当年年末基本具备竣工验收条件，尾工工程预计2001年中旬具备竣工验收条件。

小型基建工程均按计划顺利开展，黄河上游（西宁）梯级电站调度大楼开工建设。

安全生产

2000年公司牢牢坚持"安全第一、预防为主"的方针，严格执行有关安全生产的规定和要求，从加强安全管理基础工作入手，狠抓班组建设，强化全员安全教育，健全安全监察体系和安全保证体系，严格落实各级安全生产责任制，严格执行奖惩规定，加强安全工作法制化管理和安全管理规范化、标准化建设，认真开展安全大检查等工作，在保证管理体制平稳过渡的同时基本保证了安全形势的稳定。在防汛工作上按照来大水、防大汛的思想，早安排、早部署、早落实，发现隐患、及时整改，龙羊峡、李家峡两库和公伯峡施工现场安全渡过汛期。龙羊峡发电分公司实现垮年度安全生产记录1244天，检修安装分公司实现1110天。李家峡发电分公司年内发生一起因产品质量问题而引起的“6.6”滤水器室阀门崩裂造成的非责任性水淹厂房重大事故。

技改与科技

公司狠抓综合整治，努力提高发电设备的健康水平，全年完成机组大修2台，小修12台（次）和200多项检修和技改工作，及时处理了一批影响安全生产的隐患，并完成了龙羊峡水电站吊一龙公路水毁修复工程等灾后综合治理工作。

科技工作方面突出信息化和办公自动化，公司本部机关、李家峡发电分公司的MIS系统建成投运；龙羊峡发电分公司的MIS系统设计审查已完成，厂长远方指挥系统已投运实施；两发电分公司“无人值班，少人值守”工作正在积极进行，一些管理信息初步实现了局域网上的共享。搭建并开通了“青海电力”和“青海湖在线”两个网站，提高了公司信息科技工作水平。

经营管理

一是充分考虑生产、管理、建设等各方面因素，在科学预测和周密计算的基础上确定年度生产经营计划，经董事会批准后据此对生产经营进行全过程、全方位优化和控制；二是积极向有关方面汇报协商龙羊峡水电站上网电价，经努力使国家计委核批电价较地方政府上报电价每千瓦时提高1分钱，为企业争得了一定经济权益，同时公司与有关税务部门反复蹉商，尽力降低企业税赋；三是突出抓好电费回收工作，努力提高电费回收率，在国电公司和国电西北公司的协调帮助下取得一定成效；四是在公司系统推进内部模拟市场，加强资金成本管理，严格控制三项费用支出，公司一成立就设立了资金结算中心，对全公司资金进行集中统一管理，同时根据银行利率调整政策，适时调整公司贷款结构，以降低财务费用；五是为避免物资重复采购、积压、浪费现象的发生，对全公司物资供应实行了统一归口管理；六是定期开展认真的经济活动分析，及时采取有效的措施和手段，重点是降低生产成本和工程造价，以减少支出，提高效益；七是建立建全审计、监察等监督机制。通过艰苦的工作努力和采取上述种种措施，将公司的亏损降低到了最低程度。

2000年，公司及时进行了已终止和撤销的原青海李家峡水电有限责任公司和原黄河上游水电工程建设局的资产清算和移交工作，防止了国有资产的流失；对组建黄河水电公司的原各有关单位的多经企业进行了清理整顿，并制定了改革方案。

管理与机制创新

鉴于公司组建伊始，参与组建各单位原管理体制和管理方式均有较大差异，为确保各项工作健康顺利进行，2000年公司将“规范企业管理，推进管理创新和机制创新”作为重要任务，着重抓好理顺体制和管理基础建设工作，取得了良好成效。按现代企业制度和法人治理结构要求，规范领导工作体制，公司经营层严格在董事会领导下和授权范围内行使职责和开展工作，遇有重大事项及时向各股东方和董事会汇报和沟通，在内部决策上重要工作均通过总经理办公会议集体研究决定，切实加强了公司经营层工作的程序性和规范性；明确机关各职能部门职责和各二级单位工作性质、范围、工作定位。各部门和各二级单位组建后立即按自身职责开展工作，并加强工作衔接和沟通，最大可能的减小了因体制转变对工作带来的影响，保证了工作的平稳过渡并在较短的时间内建立了新的运作管理机制；突出抓好制度建设，加强管理基础。根据全公司工作实际，提出了《公司制度建设三年规划》，以此指导和规范公司制度建设工作，由各部室和各二级单位依据自身职责范围、工作内容、工作程序建立各级、各个方面、各个环节的责任制度。2000年公司机关已建立包括生产、基建、经营、行政、政务、思想政治工作等各项管理制度56部，公司各项工作基本形成了有制可依、有章可循的格局。同时，公司法律事务、政策研究等工作已经起步。

人力资源开发与培训

年内选送了一批干部参加了国电公司举办的工商管理培训班和天津大学、西安交通大学举办的研究生班进行学习和深造，并加大了其他干部职工的在职教育和业务培训，在一定程度上提高了干部职工的业务素质和工作水平。

思想政治工作和精神文明建设

2000年在党群机构未组建的情况下，公司根据新组建运作的新形势、新情况、新问题，把工作做在前面，积极探索思想政治工作的新形式、新方法、新途径、增强了思想政治工作的针对性和有效性。在管理体制发生重大变革的情况下，职工群众思想稳定、队伍稳定，而且企业凝聚力、向心力不断增强。在廉政建设上强化监督机制、实施标本兼治和反腐败的关口前移，落实了廉政建设责任制。受国电西北公司委托基本解决了原黄河上游水电工程建设局遗留的债权债务问题。坚持全心全意依靠工人阶级办企业，厂务公开制度已在全公司系统推行。

深化精神文明创建活动，成建制划转的基层单位在原来工作的基础上向更高目标努力，新组建的基层单位也分别制定了阶段性工作目标，创建工作在公司系统全面展开。年内龙羊峡和李家峡发电分公司分别被国电公司和青海省委授予“双文明单位标兵”和“省级文明单位标兵”荣誉称号，其他具备条件的单位均取得了县（区）级以上文明单位称号。

困难和不足

由于客观原因，公司党群组织未组建，虽然公司在党建、思想政治工作、精神文明建设等方面做了一些工作，但相对讲，公司党建、工会、纪检监察以及共青团等工作受到一定影响；电费回收极为困难，截止 2000 年末，欠费总额已达 13.03 亿元，巨额欠费使公司生产、经营、开发建设举步维艰、困难重重；龙羊峡水电站上网电价过低，每千瓦时仅 0.104 元，李家峡水电站的电价电量不到位，致使公司经营出现巨额亏损，公司发起人协议和重组方案中部分条款无法实现，也给公司实施滚动开发带来现实的困难；从企业内部讲，公司组建伊始，各项管理工作到位尚有一个磨合和衔接的过程，粗放管理的现象时有发生，需进一步加强企业管理，夯实管理基础，提高管理水平。

主要事件

1998 年

9 月 12 日，国家电力公司、西北电力集团公司、青海省电力公司、甘肃省电力公司、宁夏回族自治区电力公司、陕西电力建设投资开发公司、甘肃省电力建设投资开发公司、青海省投资公司、宁夏电力开发投资有限责任公司在宁夏银川举行组建黄河上游水电开发有限责任公司发起人会议。会议通过了组建公司发起人协议，协议对公司设立、公司任务、公司股权设置及注册资本、公司增资及增资方式、公司运作、公司筹组等进行了约定。

1999 年

1 月 28 日，黄河上游水电开发有限责任公司第一次股东会在西安召开；会议产生了董事会和监事会会议一致推选西北电力集团总经理谢振华为董事长，国家电力公司水电与新能源发展部主任张学知为副董事长；会议通过了公司章程。

同日，黄河上游水电开发有限责任公司第一届第一次董事会在西安召开会议明确黄河上游水电开发有限责任公司筹备组组长为史天锡，副组长为徐尚阁。

9 月 7 日，国家电力公司以国电财（1999）472 文件对西北电力集团上报的《黄河上游水电开发有限责任公司资产重组与财务重组方案》进行了批复。批复同意在龙羊峡水电站和李家峡发电有限公司资产重组的基础上，国家电力公司与西北电力集团公司、青海省电力公司、陕西省电力公司、甘肃省电力公司、宁夏回族自治区电力公司、陕西省电力建设投资开发公司、甘肃省电力建设投资开发公司、宁夏电力开发投资有限责任公司和青海省投资公司等投资方共同出资组建黄河上游水电开发有限责任公司。各投资方的投资比例为：国家电力公司 26.5%，西北电力集团公司 35%，陕西省电力公司 1.5%，青海省电力公司 21.1%，甘肃省电力公司 1.5%，宁夏回族自治区电力公司 1.5%，陕西省电力建设投资开发公司 3.9%，甘肃省电力建设投资公司 3.9%，青海省投资公司 4.0%，宁夏电力开发投资有限责任公司 1.1%。

9 月 15 日，国家财政部以财评字（1999）433 号文件对青海省电力公司以龙羊峡发电厂、西北电力集团公司等五家股东以李家峡水电有限责任公司净资产组建黄河上游水电开发有限责任公司项目资产评估报告书进行了批复。

10 月 24 日，黄河上游水电开发有限责任公司第二次股东会暨一届二次董事会在西安召开，并对有关问题作出决议：会议原则通过了章程修改意见；会议认为根据国家税法的有关规定，流转税、增值税交纳电站所在地；会议通过了龙羊峡、李家峡电厂改制方案，即实行分公司管理模式；根据发起人协议精神，从西北电力集团公司 36.5%股份中划 1.5%股份给陕西省电力公司。陕西省电力公司首期出资 1500 万元以西北电力集团公司在李家峡的净资产出资，以后增资以自有资金出资；会议决定于 1999 年 10 月 28 日在西安举行公司揭牌仪式；董事会聘任史天锡同志为公司总经理，徐尚阁同志和周新光同志为公司副总经理；会议原则通过了公司机构设置方案。

10 月 26 日，国家电力公司副总经理周大兵在青海省副省长苏森等陪同下视察了公伯峡前期准备工程工地和李家峡水电厂，并要求将公伯峡水电站工程建成“精品工程”，李家峡水电厂实现一流管理。

10 月 28 日，黄河上游水电开发有限责任公司在西安人民大厦正式挂牌成立。

12 月 16 日，公司举行机构组建大会，聘任公司机关职能部门七部一室及各二级单位负责人。

2000 年

1 月 12 日，为解决公司缴税跨省管理问题，经与陕西、青海省国税局协调公司跨省税收管理体制，并达成协议。明确公司增值税交纳在青海省，可得税在陕西省交纳，其他税按税法规定按属地原则交纳。

1月13日，龙羊峡水电站大坝垂线自动监测系统投运。

1月25、26日，黄河水电公司召开2000年年度工作会议，会议对公司筹备期间的工作进行了总结，并对2000年度全公司工作作出安排。

同月，根据国电公司国电财（1999）472号《关于对黄河上游水电开发有限责任公司资产重组与财务重组方案的批复》精神，公司完成了资产重组工作。

2月1日，水电检修安装分公司通过ISO9002质量体系认证。这是全国水电检修安装行业首家通过该质量体系认证。

3月3日，西北电力集团公司在与青海省电力公司、黄河水电公司、青海省物价局共同协调一致的基础上，在只归还银行贷款，不考虑滚动开发资金，同时根据公司实际及电力市场状况，并兼顾各方利益的情况下，经国家电力公司同意，以西电集团财字（2000）17号文件批复龙羊峡水电站临时上网电价为0.1256元/（kW·h），并自2000年1月1日起执行。

3月8日，青海省人民政府副省长苏森一行在公司领导陪同下考察李家峡水电站，并听取了李家峡水电站建设情况的汇报。

3月29日，黄河上游水电开发有限责任公司青海公司注册成立。

4月5~16日，黄河水电公司第一届三次董事会在陕西省西安市召开。董事会聘任夏忠同志担任公司副总经理；原则通过公司2000年度的工作安排、《黄河水电公司2000年度经营方案》、电费回收奖励措施、公司岗位工资执行标准；同意公司在青海省西宁市修建黄河上游梯级电站调度楼。

4月26～30日，国家计委西部开发办公室经济组长、基础产业司副司长李洪勋一行考察龙羊峡、李家峡发电分公司、公伯峡施工现场和拉西瓦坝址。

5月16日，以全国政协副主席罗豪才为团长的全国政协委员赴青视察团在青海省政协副主席程步云的陪同下视察了龙羊峡发电分公司。

5月25～28日，由国家电力公司、国调中心、国电大坝中心、西北电力集团公司、福建省电力公司等组成的防汛检查组对公司及所属发电分公司进行了防汛工作检查。

5月26日，黄河水电公司职工持股会成立大会暨首届会员代表大会召开。会议通过了持股会章程，选举产生了职工持股会理事会。

6月6日，凌晨6:50分左右，李家峡水电站水塔楼滤水器室供水系统一阀门崩裂，造成水进厂房，正在运行的3台机组被迫停机的重大事故。公司紧急组织抢修、经参与抢修各方艰苦奋战，7日上午10:30分2号机组并网发电，晚23:01分4号机组并网发电。

6月11～14日，全国大型水电厂（站）1999年度经验交流及劳动竞赛大会在龙羊峡发电分公司召开，会议除完成预议程外，吸收李家峡发电分公司为全国大型水电厂劳动竞赛委员会成员单位。

6月14日，在青海省第五次精神文明建设工作会议上，李家峡发电分公司被授予全省文明单位标兵称号。

6月15～22日，黄河水电公司一届一次监事会在西宁召开，监事会对公司所属单位进行了全面考察，并了解了公司财务及经营状况，提出了工作建议。

7月1日，公伯峡水电站导流洞正式开挖。

7月24～25日，青海省第22次质量管理小组代表大会在龙羊峡发电分公司召开，龙羊峡发电分公司机械分场水轮机班QC小组被评为1999年度青海省优秀QC小组之一。

7月24日，中电联叶荣泗副理事长一行26人对公司及李家峡发电分公司工作进行了考察。

8月7日，中国电力企业联合会在京主持召开了“加快公伯峡水电工程开发专家研讨会”，两院院士、中国工程院副院长潘家铮、国家电力公司顾问何景等30余人参加会议，与会专家一致认为公伯峡水电站应尽早开工建设。

8月16日，西宁黄河上游梯级电站调度大楼开工。

8月24～25日，《黄河龙羊峡水电站竣工验收安全鉴定报告》定稿会在西宁召开，会议通过了鉴定报告，标志着龙羊峡水电站竣工安全鉴定顺利通过。

8月25日，由外交部组织的外国驻华使节、国际组织驻华代表及外交部领导共同组成的外国驻华使节访问团150余人，在省政府副省长白玛、省外事侨务办公室负责同志的陪同下视察了龙羊峡发电分公司。

8月31日，龙羊峡发电分公司被国家电力公司授予“1998年至1999年度国家电力公司双文明单位标兵”称号；李家峡发电分公司被国家电力公司授予“1998～1999年度国家电力公司系统思想政治工作先进单位”称号。

9月8日，黄河上游水电开发有限责任公司和中国水利电力物资西安公司共同投资组建的“陕西黄河上游水电物资有限责任公司”协议在西安正式签字。

9月16日，青海省副省长蒋洁敏率政府副秘书长王耀东及有关工作人员到公司调研，在了解了公司有关工作情况后，对公司工作提出了希望和建议。

9月24日，参加北京第20届国际大坝会议的14名中外专家学者，对龙羊峡水电站进行了考察。

10月10日，经国家电力公司党组推荐，张民政同志到公司工作。2001年1月19日，公司一届四次董事会聘任张民政为公司副总经理。

同日，由伏明霞、周继红、杨绍琦、奎缓缓等人组成的奥运健儿祖国西部行青海团在团长、国家体育总局游泳运动管理中心主任石天曙的带领下考察龙羊峡水电站，受到龙羊峡发电分公司党政领导、广大职工和当地群众的热烈欢迎。

10月26日，国家电力公司在北京召开黄河上游水电开发有限责任公司有关问题协调会，会议由国家电力公司副总经理谢松林主持。会议对公司成立以来的工作开展情况予以充分肯定，并就公伯峡立项、公司电费回收、龙羊峡上网电价涉及公司发起人协议和重组方案等有关文件中和经营过程中有关经济问题进行了研究并确定了工作原则。

11月21日，国家计委以计价格（2000）2163号文《国家计委关于核定龙羊峡水电厂上网电价的通知》核定龙羊峡水电厂上网电价为每千瓦时0.104元(含税)，从2000年4月1日起执行。

11月23日，在中国质量管理协会、共青团中央、中华全国总工会、中国科技协会联合组织召开的全国第二十二次质量管理小组代表会议上，龙羊峡发电分公司被命名为“2000年度全国质量管理小组活动优秀企业”，该分公司水轮机组QC小组被命名为“2000年全国优秀质量管理小组”。

12月10日，全公司共计完成发电量96.1128亿kW·h，为年度计划发电量96亿kW·h的100.12%，公司提前21天完成全年计划发电任务。

12月21日，国家发展计划委员会以国计基础(2000) 2505号文件正式批复公伯峡水电站项目建议书。

（王　超）

甘肃省电力工业

一、综述

2000年底甘肃省发电装机容量已达到655.218万kW，其中水力发电容量295.148万kW，火电发电容量359.95万kW，风力发电容量0.12万kW。35kV至330kV输电线路长度达到25827km，变电总容量1566.336万kV·A，其中：330kV线路3520km，变电容量471万kV·A；220kV线路1307km，变电容量361万kV·A；110kV线路7913km，变电容量513.01万kV·A；35kV线路13087km；变电容量221.326万kV·A。2000年全省发电量280.2653亿kW·h，比1999年增长6.8%，其中水力发电量114.3376亿kW·h，比1999年下降2.67%，火力发电量165.9049亿kW·h，比1999年增长14.48%。全省售电量247.9202亿kW·h，比1999年增长12.11%；全省用电量达到295.333亿kW·h，比1999年增长7.58%。甘肃省电力公司全年完成发电量94.4409亿kW·h，比1999年下降5.85%，其中水电76.606亿kW·h，比1999年下降7.58%，火电17.8349亿kW·h，比1999年同期增长2.41%。供电煤耗401g/(kW·h)，比1999年下降1g/(kW·h)；线损率6.67%，比1999年上升0.15个百分点；完成工业总产值252415万元。省公司售电量229.5319亿kW·h，比1999年增长7.72%；实现销售收入57亿元，完成利润6809万元；资产保值增值率为100.47%；投资收益率1.99%；不良资产比率0.20%；资产负债率62.28%；全员劳动生产率98117元/(人·年)，职工总人数年末为38973人。

二、电力建设

年内甘肃省电力公司共完成基本建设投资计划43.0235亿元。其中，电力大中型项目14.6亿元，全省农网建设与改造14.4572亿元，全省城网建设与改造9.5亿元，省列计划完成4.466亿元（含小型基建2.0412亿元）。

(1) 电源建设。建成投产平凉电厂1号机组30万kW；完成刘家峡水电厂5号机组增容改造工作，单机容量由26万kW增至32万kW；建成玉门风电厂一期工程。2000年，甘肃省电力公司所属企业新增发电容量38.32万kW。

(2) 电网建设。建成330kV平凉电厂送出工程中的和平变电所及平和线路，新增变电容量72万kV·A，投产330kV输电线路583.5km；330kV平凉变电所土建工程已结束，正在进行电气设备安装；平凉电厂至平凉变线路工程已完工，具备投产条件；220kV成县2号变扩建工程和220kV桃树村2号变扩建工程均已竣工，新增变电容量27万kV·A。

(3) 城农网建设与改造。依照国家电力公司的整体部署，已完成兰州、天水、白银等12城市电网建设改造可行性研究报告的报批工作，经国家发展计划委员会批准全面开工。2000年，完成城网建设与改造计划投资9.5亿元，累计完成城网建设投资16.23亿元。至2000年底，城网建设改造工程共投产35kV及以上送变电工程项目19项，占计划的20.4%，城网建设改造项目计划的可研完成率为95%，初设完成率为86%。农网建设与改造完成110kV送电线路386km；35kV送电线路1679km；10kV配电线路7222km，0.4kV低压线路1248km。新增110kV变电容量32.5万kV·A；35kV变电容量30.5万kV·A；10kV配电容量56万kV·A。

（4）基建管理工作。为加强对省公司系统电力工程招投标工作的领导、监督，规范招投标工作程序，省公司于年初成立了电力工程招投标领导小组，制订了有关电力工程招投标的工作程序和管理规定。通过1年的实施，省公司系统电力工程招投标管理逐步进入了法制化、规范化管理的轨道。在平凉电厂工程建设管理中，认真组织建设各方紧紧围绕达标投产开展工作，取得了良好效果。2000年投产的平凉电厂1号机组168h满负荷试运行一次通过，自动投入率94.95%，试运期间，机组连续平均负荷率为101.7%，最大负荷32.5万kW，发电煤耗为340.7g/(kW·h)。除汽机真空严密性试验外，其他各项技术指标均达到了设计要求。在电网工程特别是新建110kV输变电工程建设管理中，通过采取严把设计标准和设计审查关，及时按照市场变化调整概算中设备的价格，规范设备、材料的招标采购等措施，使工程总造价得到了有效控制。2000年，通过推广采用合同范本，坚持建设合同的审计、鉴证制度，使合同的履行得到了有效的监督与控制。

三、基建前期规划工作

紧紧围绕“发展是硬道理”这个中心，通过市场调查与分析，编制了2000年度、2001年度及“十五”电力市场分析报告，已上报国家电力公司，并通过了严格的评估，为公司领导决策提供了依据；3月份制定了《甘肃省电力“十五”发展规划》，该规划已纳入甘肃省“十五”规划中；10月份制定了《甘肃省电力公司“十五”发展规划》，该规划已通过国家电力公司评审。这两个规划为新世纪甘肃电力工业的发展描绘了蓝图。

（1）电源前期。为确保平凉电厂3号、4号机组建设工程在2001年开工，组织有关人员对3号、4号机组三大主机设备进行了选型考察，同时，牵头组织了3号、4号机组主机的招标工作；完成了西固天然气电厂的可行性研究报告，项目建议书已报送国家计委（待批）；积极参与兰州燃气电厂的前期工作，协助组建了项目筹建处，该项目建议书已报送国家计委；完成了连城电厂2×30万kW扩机工程项目可研阶段技术设计工作，完成了建厂环境保护、水土保持报告的设计，并通过国家环保局、水利部的审查。同时，为落实资金正积极与投资商谈判；完成了刘家峡排沙洞扩机项目建议书，已由国家电力公司上报国家计委。为落实建设资金，多次与国家计委协商并已征得同意，计划利用外国优惠贷款（4000万美元）建设该项目；继续对张掖电厂初可阶段建厂外部条件进行论证，完成了张掖电厂用水地下水勘测报告，同时，对永昌电厂2×30万kW机组扩建积极进行外部论证；提出并组织了“甘肃南部水电开发研讨会”，甘肃省政府已同意将甘肃南部水电开发规划权交给甘肃省电力公司，对我公司综合开发白水江、白龙江水电资源创造了有利条件。同时，经多次与日本协力银行谈判，日方已同意汉平咀水电站（2×30万kW）利用日本协力银行援助性贷款3500万美元（40年还贷，年利率1.8%），这一优惠贷款使得开发汉平咀电站成为可能；完成了玉门风电场二期的项目建议书审批，为“十五”投产奠定了基础。

（2）电网前期。配合城农网建设，适时有序地安排布置了8个地区供电局110kV系统设计工作并进行了审查批复；为确保国防用电需要，及时完成了“东风”基地电网并网系统设计及基地电网改造论证；针对城、农网建设中工程造价居高不下问题，提出了具体实施意见，使城网造价总体下降约15%；参与西北电网“西电东送”方案研究论证及公伯峡750kV接入系统设计审查；完成了5地区调度自动化项目引进外资相关手续，已通过财政部及银行的审查；审查通过了平凉电厂安全自动装置立项可研及初步设计报告；完成了天水、白银、金昌电网调度自动化项目可研审查及主设备招标；完成了电网二次系统专项光缆工程的前期工作。

四、电力生产

2000年全省发电能力有所增强，发电量有一定增长。通过安全生产，加强电网经济调度，加快实施城乡电网建设改造工程，提高了全网供电可靠性，为全省经济增长8.7%做出了积极的贡献。

（1）发电。2000年在黄河及白龙江流域来水偏枯的情况下，合理安排水火电发电生产任务，全公司系统发电设备等效可用系数完成90.19%，比1999年上升1.98%，其中火电机组86.36%，同比上升1.33%；水电机组94.64%，同比上升3.05%。全公司设备利用小时完成4546.01h，同比增加231.47h，其中，火电机组利用小时完成4902.56h，同比增加529.03h；水电机组利用小时4169.8h，同比减少243.67h。强迫停用率1.61%，同比下降0.4%；非计划停运次数1.34次，比1999年下降0.27次。全省计划完成发电机组大（扩）修 26 台（套）。截至 2000 年底，除刘家峡水电厂 1 号机调整到 2001 年下半年，其余均按计划完成。

（2）供电。从强化安全生产管理入手，健全安全体系，落实安全责任，杜绝了各类事故的发生，保证了电网安全。全网中枢点电压合格率年度目标值为 98%，实际完成 98.71%；高压网损 330kV 年度目标值为 3.0%，实际完成 2.42%；综合电压合格率 95.05%，同比上升 1.36%；配网可靠性 99.793%，与上年持平；主网保护正确动作率 97.26%，主设备一类率 100%。

（3）电网调度。认真履行电网调度、继电保护、通信、自动化专业的管理职能，优化电网运行方式，以确保电网安全为根本，以实现电网输电环节利润为目标，精心组织商业化运营工作，努力挖掘经济运行潜力，提高了电网的经济效益。安全生产上，实现了“三消灭”、“一杜绝”、无事故；调度指令正确率和操作票正确率均为 100%；全网统调部分发电量 241.42 亿 kW·h，其中火电完成 140.87 亿 kW·h，水电完成 100.55 亿 kW·h；用电量 267.85 亿 kW·h，受电量 26.43 亿 kW·h；火电高效机组发电比年度目标值为 91.5%，实际完成 96.1%；年责任频率合格率年度目标值为 99.5%，实际完成 99.9997%；盐锅峡水电厂、八盘峡水电厂两厂节水增发电量 8365 万 kW·h，水能利用提高率 3.2%，高于 3% 的年度目标值；跨省电网、省网间联络线月电能量采集完成率为 98.94%，比年度目标值高出 3.94%；调度端计算机系统可用率年度目标值 99.9%，实际完成 99.98%；调度端通信设备月运行率为微波 99.99%，载波 100%，程控 100%，光纤 100%；母线保护投运率为 99.12%，录波完好率为 97.06%。

（4）农电工作。农电管理体制改革稳步推进，对条件成熟的 10 个县级趸售农电企业进行了资产评估，为下一步进行县级农电企业股份制改革做好了准备；全省乡镇电管站改革成果显著，已对 931 个乡镇电管站进行了改制，成立了 871 个乡镇供电所，完成了乡站更名，成为县电力局的派出机构，财务实行收支两条线，对乡站工作人员进行考核和定岗、定责、定编，其中高台等 25 个县实现农村集体电力资产的上划。通过乡级电力体制改革，共撤销 60 个乡镇电管站，精减农村电工 2480 名；按照全省“两改一同价”的实施计划，2000 年底，有 18 个县实现居民生活用电同价的目标，同价后居民生活用电水平为 0.48 元/(kW·h)，农村居民照明电价下降了 0.06 元/（kW·h)；为了进一步落实党中央、国务院、省政府关于减轻农民负担的方针政策，根据《中共甘肃省委办公厅、甘肃省人民政府办公厅关于在全省开展农民负担三项重点问题专项治理的通知》精神，对农村电价电费专项治理进行了全面部署，并按照清理检查、认真整改和检查验收三个阶段在全省范围开展工作，对查出的问题进行了及时的纠正和严肃处理，对上访的有关问题进行了及时答复。通过以上工作使全省现行农村平均到户电价由每千瓦时 0.508 元下降为 0.469 元，降低了 0.039 元；农村用电水平有所提高，全省县及县以下用电量达到 72.83 亿 kW·h，与去年相比递增 6.1%，人均生活用电量达到 364kW·h。农灌用电量 29.75 亿 kW·h，同比增长 4.5%；全省乡、村、户的通电率分别为 99.5%、95.1%、92.8%，分别比 1999 年增长 0.6、1.2、2.7 个百分点。全年解决无电乡 10 个、无电村 202 个，使 76 万无电农业人口用上了电。

（5）发供电设备技术改造。全年安排技改工程 73 项，其中重措及专检考核项目 51 项，投资 30908 万元。刘家峡水电厂 5 号机组增容改造工程于 11 月 8 日顺利通过 72h 试运行。经测试，发电机、水轮机出力、效率、稳定性等各项技术性能指标满足设计要求，新增发电出力 6 万 kW；靖远第一发电有限责任公司 3 号机组达产改造工程从 5 月 9 日开工，于 11 月 16 日正式完工，至此，省公司党组提出的靖远电厂达产攻关任务全面完成，4 年技改增加出力 16 万 kW；对西固热电厂 6 号炉、8 号炉实施了改造，同时对永昌电厂 6 号炉燃烧系统进行了改造。西固热电厂 6 号炉改造后，各项性能达到了设计要求，NO_x 排放降低 60%，为兰州市重见蓝天做出了贡献；盐锅峡水电厂 1～9 号机增容改造工作已经招标并与东方电机厂签订了供货合同，刘家峡水电厂 1 号机增容工作已与厂家签订了供货合同；八盘峡水电厂增容改造工作首台机（4 号机）于 3 月份投入试运，试运中发现该机在空转时转速不稳，造成并网困难。经与供货方上海希科公司共同研究并由希科公司专家测试后认为造成此现象的原因是空载时水流流态不稳。年内希科公司已提出解决方案并已经过试验，其结果仍不理想；组织协调并分析了兰州第二热电厂热网供热能力及热力公司新建管网换热站存在问题，研究分析了兰州第二热电厂热网优化的方案，积极组织兰州第二热电厂 10 万 kW1 号机组现代化改造的前期准备工作；重新设计了兰州第二热电厂灰水回收工程施工图，加快了工程进度，现工程已完成并投运，兰州第二热电厂烟尘、废水排放已达到环保要求；对《靖远电厂 1 期灰水回收工程方案》进行了审查，提出了先达标、后回收达零排放的意见；制定了省公司“十五”发供电设备的技术改造规划。

（6）科技工作。2000 年全公司投入科技经费 4900 万元，安排项目 160 个，项目实施完成率为

88.7%。在计划实施中，将工作重点放在电网技术支撑、信息化建设、环保与烟气污染治理三大方面，加大了科技成果转化力度。将实施状态检修作为供电单位科技进步的突破口，取得了较为明显的成效。以天水供电局为主制定的状态检修导则已接近审定阶段，自主开发的变电设备绝缘在线监测系统已在7个110～330kV变电站得到应用。色谱分析和红外应用的有机结合，使我公司状态检修工作在国内位于先进行列；具有自主知识产权的“IDR防渣低污染双区燃烧系统”在靖远电厂一期4台锅炉岛改造工程中获得成功应用，至2000年底，已在省内8台电站锅炉上得到成功地推广应用；由兰州电力修造厂开发，在兰州第二热电厂安装试验的“电除尘器前雾化增湿简易脱硫”装置，经一年多试运行于2000年5月通过了省环保局组成的专家鉴定验收，脱硫率达50%以上，它具有运行成本低、占地小、宜于改造的特点；在西固热电厂6号炉改造中开发应用了“基于双区燃烧系统的高低温烟气复合脱硫脱氮技术”，经省环境监测中心测试，锅炉脱硫率达72.3%，脱氮率（$O_2 \approx$ 6%）达到了50%以上，这项技术在国内是首家开发成功的，在初投资、运行成本、所占场地方面大大优于国外同类技术，具有良好的推广前景；为迅速扭转公司信息化工作水平低于全国电力系统平均水平的被动局面，将2000年定为“甘肃省电力公司信息化建设与应用年”，制定了全公司数据网与信息网发展规划与大量的功能模型书，为公司信息化网络与系统建设提供了技术指导建议与规范。组织审定了全公司信息广域网建设的可研报告，确定了技术方案，配合西北网调，开通了西北电力信息网甘肃节点。公司系统MIS建设进展顺利，2000年有5家单位通过了MIS可研审查，靖远电厂MIS建设经验收达到了西北电力系统优秀标准；全公司环保工作以达标为目标，以烟气、废水治理为重点，基本完成了年度达标排放的任务。基本完成了西固热电厂6～10号环保改造工程，新建一座210m高的烟囱，全部配备了三电场静电除尘器，除尘效率大于99%，6号炉改造后脱硫率达72%，脱氮率达38%，改造工程得到了国家和省上的高度评价。2000年按计划关停了小火电机组，编制完成了省公司“十五”环保规划，兰州第二热电厂、靖远电厂解决了灰水pH超标问题，永昌电厂、连城电厂通过治理完成了灰水、废水排放问题，全公司粉煤灰综合利用率达50%以上。2000年省公司被国家环保总局评为“建设项目环境管理先进单位”。省公司获得甘肃省科技进步奖三项：“大功率高精度变频调压实验电源”荣获二等奖，“5万伏直流高压测试仪”和“用电监测监测仪”获三等奖。省公司认定的科技成果有4项，其中“大型地网接地电阻测量仪”通过省科委鉴定，达到国内领先水平；“水轮发电机组水压脉动测试装置”通过省科委鉴定，达到国际先进水平。省公司推广的自主开发与合作开发的成果有8项，这些成果的推广使省公司有关单位以较低的价格获得了技术水平很高或较高的技术与装备，尤其是调度管理信息系统，成效显著，处于国内先进水平。

五、企业管理

开展了以提高商业化运营效益为主题的基础工作建设年活动，强化企业基础管理，提高了适应市场的能力。及时转发了国电公司新颁布的一流火电、水电和供电企业标准，修订下发了省公司新的一流企业标准，进行了新标准的宣贯，积极推进公司创一流企业的工作。在调度通信局实现省公司达标的基础上，组织有关人员对其进行检查指导，消除薄弱环节，最终通过了部级达标验收，为进一步实现一流的电网调度机构打下了基础。按照《甘肃省电力公司综合管理考核评价办法》，牵头对各基层单位经济效益，企业运营监控、企业管理等方面进行考核评价，评出了1999年度的十佳单位和优良单位。并在2000年职代会上进行了表彰奖励。

（1）安全生产。2000年，甘肃省电力公司确定了坚定不移地贯彻“安全第一、预防为主”的方针，牢固树立安全生产在电力生产和建设、管理工作中的基础地位，正确处理好安全与改革、发展、效益的关系，努力实现“三消灭、一杜绝”（即消灭特大事故，消灭责任性重大事故，消灭人身死亡事故；杜绝五种电气恶性误操作事故）的安全奋斗目标。各基层单位进一步强化安全措施，完善安全规章制度，夯实安全生产基础，保证了全年未发生特大事故和重大事故。全公司24个发供电单位中有18个单位实现了“三消灭、一杜绝”的安全目标。基建施工单位狠抓“反三违”和安全责任制的落实，连续第三年实现了全年人身死亡“零目标”。2000年城农网建设改造任务繁重，为确保“两网”改造过程中的安全生产，省公司努力理顺工作关系，明确安全责任，制订工作程序，狠抓现场控制，实现了全年无重伤及以上人身事故的好成绩。为落实国家电力公司3次安全生产电话会议精神，开展了全公司范围内的3次安全大检查活动，对查出的问题和隐患限期整改，取得了一定成效。在日常工作中，注重从过程管理入手，立足于促进规范化管理，加强对“两票三制”执行情况的检查指导和对重点项目安全技术措施、事故情况“三不放过”原则的落实，进一步完善安全规章制度，针对误操作事故频发的实际，制定了《甘肃省电力公司系统防止电气误操作规定实施细则》；针对事故汇报不及时，不准确等问题，制定了《甘肃省电力公司系统事故及时汇报规定》；根据公司安全实际情况，修订了《电力安全生产奖惩规定》；针对公司“五误”闭锁装置落后，有些电厂电缆防火设施不全等问题，从“安措”资金上重点解决了9个220kV变电站、3个电厂升压站微机防误闭锁装置的安装及连城电厂、盐锅峡水电厂电缆防火项目的改造。在锅炉监察、金属监督、焊接管理方面，举办了全公司的焊接、射线技术比赛，参加了国家电力公司举办的全国第二届无损检测比赛，公司获得团体第十名的成绩，在西北第七届焊接比赛中荣获了个人第一名的佳绩。尽管如此，安全生产工作中还存在着很多的问题和困难，全年发生设备事故34次，一类障碍104次，电力生产性人身死亡3人，重伤3人，轻伤32人。

(2) 经营工作。经营运作出现了一些波折，主要是水电回落，对经营预算执行造成影响，经过努力完成了各项经营目标和资产经营考核指标；较好地完成了电网建设、城农网改造，各项生产技术改造资金供应及管理工作；完成了国有企业监事会各项材料及准备工作；争取出台电价1.7分/(kW·h)，完成了对集资电厂电价的梳理清算工作，完成了对各地县趸售综合电价及农村综合分类电价的审定工作；配合完成了国电公司西北审计部门对公司的资产经营审计工作，已协调处理了有关问题；完成了全公司呆坏账损失申报工作，已取得批件，并全部安排落实；完成了决算复审及部分单位的财务检查工作，有关问题已全部处理完毕，基本完成了税务稽察中有关问题的协调工作；完成了对西固热电厂的改制工作，制订了遗留财务问题处理方案，并已全部处理完毕；完成了几项重要制度建设工作，包括《预算管理实施细则》、《控股公司预算监管办法》、《集资电厂财务管理办法》、《控股公司董事监事财务报告制度》等，完成了新的资金管理办法的草拟修订工作；参与中电联委托课题《电力市场运营规则》的研究。

(3) 审计工作。全年公司两级审计机构共完成各类审计项目308项，其中任期经济责任审计60项，资产经营责任审计24项，财务预算审计47项，会计决算审计29项，经济效益审计14项，专项资金审计25项，内部控制制度审计4项，工程审计（含城农网改造）26项，其他审计项目41项，审计调查27项。全年纠正处理违纪金额10419.01万元，其中上交省公司654.82万元，包括上交财政税务2.4万元，上交上级部门342.16万元，调整账户7998.43万元，其他2030.42万元。2000年，审计部门坚持“应审必审”的原则，集中精力，组织力量先后对公司所属12个单位的行政一把手和部门负责人进行了任期经济责任审计，重点对天水供电局、金昌供电局、嘉峪关电业局和陇南地区电力局等单位“两网”建设与改造工程的部分项目进行了抽查审计，并逐步探索努力开展对代管地方农电企业的审计监督。2000年，有4家供电单位开始对部分农电企业单位进行了审计监督试点。审计部门加强了对企业经营管理全过程的审计监督，并不断完善，加强审计制度建设，制定了《甘肃省电力公司审计监督工作发展战略规划（草案）》，结合公司系统实际，制定下发了《委托社会中介组织审计管理办法》，对委托社会中介组织进行审计的行为明确了程序和办法。

(4) 营销工作。抓住西部大开发的契机，大力开拓市场，加大电费回收力度，创新服务手段，全面完成了年初确定的各项营销任务。为进一步开拓电力市场，省公司在严格测算，认真评估的基础上有选择地对50户中小高耗能企业实行一厂一策优惠政策启动负荷，促销电量近7亿kW·h；积极推广高效节能电热锅炉、蓄冷空调、低温辐射电热膜等新技术、新产品，已有了良好的开端；城市光亮工程初见成效，兰州市的5个大型商场延长了营业时间，4条主要商业街及滨河路光亮工程既美化了城市，又增加了售电量。制定下发了《甘肃省电力公司售电量考核暂行办法》，调动了各供电单位开拓电力市场的积极性。在电费回收方面，抓住主要矛盾，紧盯欠费大户，完善了电费回收奖惩考核办法，加大了资产、产品抹账的力度，规范了资产、产品抵交电费变现上交办法。在优质服务方面，以创建文明行业为目标，以创建供电营业规范化服务窗口为落脚点，在供电企业所在地开展了尚未达标窗口的规范化服务达标活动，同时，在全公司系统开展了“优质服务月”活动，推出了客户投诉（举报）、意见（建议）被采纳有奖的“彩虹工程”，供电服务质量客户评价制度，在基层各供电单位开通了800客户免费投诉电话等三项优质服务新举措；加快了一户一表改造工程进度，认真开展用电检查工作，依法规范用电检查资格和行为，努力提高检查人员的法律意识和政策水平。通过落实电力营销目标责任制，制定售电量考核办法，建立增供促销专项奖励基金，把电费回收与各单位商业化运营成果、效益工资双挂钩，有效地促进了售电量和电费回收目标的完成。2000年售电量是“九五”增长最快的一年，电费回收遏制了1995年以来欠费逐年上升的趋势，实现了当年基本结零，累计欠费负增长，同比减少2.3亿元。通过开展优质服务活动，全年建设城市供电营业规范化服务窗口9个，农村示范窗口59个。

(5) 劳资工作。全面实施省公司职能部门的机构改革工作，制定了省公司机关岗（职）位设置的意见；按照电力体制改革的要求和省公司党组的决定，撤销归并了水工维护检修公司；给所属单位下达并分解了省公司体制外减员3000人的减人计划；制定了代管县（市、区）电力公司劳动管理意见；组织实施了2000年高级技校毕业生录用考试，择优录用116人，同时对中级技校毕业生家庭特别困难的，破格照顾录用7人，接收安置1999年度转业军人18名，退伍军人235名，接收大中专毕业生308名；全局完成了国电公司下达的计划指标，制定了《甘肃省电力公司工资总额管理办法》，上报了省公司2000年工效挂钩方案和调整工资基数的报告，劳资方面广泛采用在FIP方式进行数据传输信息管理新技术，初步形成了计算机网络管理体系；完成了《“十五”至2015年人才资源开发规划》的编制工作，制定下发了《大中专毕业生分配管理办法》和《大中专毕业生试用期管理办法》。

(6) 干部管理。对领导班子进行调整补充。调整了定西电力局、甘南州电力公司，兰州电力修造厂班子；对甘肃火电工程公司，兰州电力技工学校班子进行考核，拿出了调整意见；完成了公司机关机构改革方案和职能部门定员方案，配备了新的机关部室负责人两批共计73人，保证了工作的顺利衔接；制定了《领导干部退居“二线”管理办法》、《领导干部保健和休假管理办法》、《领导干部选拔任用工作条例以及董事、监事管理与考核办法》和《领导干部“十五”培训规划》，全面完成了司属33家基层单位的干部人事档案达标预验收工作和达标准备工作。

六、企业改革

根据国家电力公司关于电力体制改革的最新思路，结合西北电力集团公司改组为分公司后省公司的职能及经营范围，对《甘肃省电力工业体制改革方案》做了进一步的完善，并视省政府机构改革的进展情况，按照上级的统一部署加以实施；在调整研究的基础上，研究确定了修造企业改革的总体思路，并着手起草相应的实施方案，对设计、施工、科研、教育及农电体制的改革进行了讨论研究；积极推进资产重组工作，完成了西固热电厂的改制工作；西固热电有限责任公司于6月1日正式独立运行；兰州第二热电厂、永昌电厂的改制工作在完成改制方案的基础上，起草了有关协议，与省投资公司进行了充分讨论，就有关问题达成了共识。同时，大力推进公司内部改革，完成了公司“三讲”教育整改措施中的阶段性改革任务，根据电力体制改革的新形势，起草了进一步规范水检公司体制的改革方案，经总经理办公会讨论通过后，已经正式实施；按照“输配分离”的改革方向，研究了省公司超高压输电体制改革思路，并在有关基层单位组织实施；完成了调度机构本部化改革方案的制定，并以正式文件下发实施。

七、职工培训

2000年全公司参加岗位培训、专项培训及各级各类短期培训人数为25770人，完成年培训率60%。其中，管理及专业技术人员7711人，培训率为56.5%；生产及服务人员培训18259人，培训率为61.6%。其中，有61名基层厂（局）级领导干部参加了理论教育学习班；67名后备干部参加了中青年干部强化班；150名县级农电局领导干部参加了工商管理知识培训班；541名科级干部参加了工商管理知识培训班；378名员工参加了计算机取证培训班。受国电公司委托，6～9月间在兰州面向全国电力企业举办了3期《岗位培训手册》学习班，培训442人，之后赴内蒙古电力公司举办了两期90人参加的《岗位培训手册》学习班。全年向有关院校送培成人学生422人；完成了兰州电力学校和兰州电力高级技工学校年度招生计划，电力学校招100人，电力技校招263人，现在册函授生700余人；5月份，在兰州成功承办了由国电公司组织的全国电力系统教育工作研讨会；又承办了由中国成人教育协会在兰州组织的“面向21世纪中国成人教育改革发展研讨会”，组织了国家开设的执业资格、职称外语等级考试，共有1700多人参加。

八、精神文明建设

2000年，重点抓了以下几个方面的工作：一是增强针对性，加大结合性，扎扎实实做好党建工作。认真开展公司党组和领导班子成员及机关副处级以上干部“三讲”教育“回头看”工作，制定完善了党组和各部门的整改措施，涉及党组的7大项30条，各部门自身整改的有219项343条，修订了12项制度并汇编成册。2000年，换届改选的2个单位，重新组建和新建的3个单位，更名的2个单位，补选调整的1个单位，撤销原企业党委的2个单位。命名表彰了15个双文明处室。全年举办各种培训班8期，培训干部351人。对803厂、嘉峪关电力局两个单位进行了文明单位的验收和命名表彰，兰州供电局等6个单位被国电公司命名为双文明单位，盐锅峡水电厂被国电公司命名为双文明标兵单位。天水供电局北道供电所用电营业部和民勤县大滩乡电管站站长陈应录分别被国家电力公司命名为“十佳服务明星单位”和“十佳服务明星”。

九、共青团、工会工作

企业共青团、工会工作稳步推进。从10月下旬至2001年元月下旬，举办甘肃电力青年科技创新主题活动季，共计启用团青工作管理信息系统软件，青年计算机技能比武，互联网网页设计大赛，青年科技成果展评4项内容。年内28个单位顺利完成了第二轮集体合同续签工作，省公司集体合同文本修订工作基本就绪，职工互助补充保障体系不断完善，使送温暖工作得以持续、深入地发展。年内为公司系统46名职工提供了23400元的保险补助，对特困职工档案实行了动态管理，年末公司系统共建立特困职工档案107户，安排399名职工进行了疗休养；劳动竞赛形式多样，职工群众的主力军作用得到充分发挥。天水供电局的雷宏同志被评为全国劳动模范；兰州供电局的崔晨帆，靖远第一发电有限责任公司的魏军被评为“全国电力行业技术能手”，公司系统5项技术攻关项目、19项优秀技术成果、3项重大合理化建议受到省总工会的表彰；白银供电局被评为全国职业道德建设先进单位和甘肃省职业道德建设“十佳”单位，天水供电局等4个集体被评为甘肃省职业道德建设先进单位；兰州电力修造厂的刘书锦等5名职工和调通局自动化科等2个集体被评为甘肃省职工读书自学活动先进个人、先进集体。

十、多种经营

年内实现多种经营总收入25亿元，利润6600万元。结合省公司改制和全局多种经营工作的实际，提出了多经集团化改制方案，多经企业创新机制的思路，多经企业上市融资的初步设想和多经发展战略的初步构想。成立了以省公司为主的“南部水电开发及电网建设领导小组”，引进了日本协理基金贷款46亿日元，取得了多经引进大额外资方面的突破，筹建了“甘肃南部水电开发有限公司”。年内共清理回收资产资金近1000万元。

十一、主要事件

3月8日，省公司女工委获全国工会先进女职工集体。

3月20日，省委、省政府授予甘肃电力档案馆“全省档案工作先进集体”称号。

3月23～24日，二届五次职代会及全省电力工作会议召开。

5月，天水供电局雷宏获全国劳动模范称号。

5月，甘肃电力公司5个成果获国家级“优秀QC小组成果”称号。

6月，按照调整产业结构的要求和省公司的安排，安口电厂和嘉峪关电厂最后一台0.6万kW的火电机组在上半年先后关停，西固热电厂（老厂）两台2.5万kW的火电机组也在年底正式关停。从而圆满完成了国电公司“九五”期间下达的小火电机组的关停计划。

6月1日，永靖县盐锅峡镇朱王电力希望小学落成，至此，由全公司近4万名职工捐资102万元兴建的6所甘肃电力希望小学历时3年全部落成并投入使用。

8月下旬，为寻求省公司新的经济增长点，组织召开“甘肃南部水电开发研讨会”，经省政府同意，由省公司负责甘肃南部水电的规划与开发，为我公司综合开发南部水电资源创造了有利条件。经与日本协力银行谈判，日本同意汉坪嘴电站利用日本协力银行优惠贷款约4000万美元(40年还贷，1.8%/年利率)。

8月8日，330kV和平变电所及平凉—和平送电线路工程实现投产。

8月29～31日，在全国电力系统思想政治工作会议上，我公司荣获双文明公司称号。盐锅峡水电厂荣获双文明标兵，兰州供电局等6家企业被评为1998～2000年度双文明单位。同时，靖远第一发电公司获全国电力系统思想政治工作优秀企业。李旭、于林森获全国电力优秀政工干部称号。

9月6日，平凉电厂首台30万kW机组顺利完成168h试运行移交试生产。

10月，全国总工会、省总工会授予白银供电局“全国职业道德建设先进单位”和“甘肃省职工职业道德十佳单位”。

10月，省公司团工委被团中央、国家经贸委、国家知识产权局、中国科协授予全国企业青年创新创效活动先进单位。

10月，在国电公司的电视片评比交流及《国电动态》研讨会上，我公司选送的电视片《煤油灯下的向往》被评为一等奖。

11月23日，国家电力公司党组成员、副总经理周大兵、人事与董事管理部主任程光杰、人事与董事管理部干部处处长胡贵福等来兰，代表国家电力公司宣布甘肃省电力公司领导班子调整，刘肇绍同志任党组书记、总经理；邓建玲同志任党组成员、副总经理；原党组书记、总经理黄德明任巡视员；原党组成员、副总经理汪振中同志退休；原党组成员、副总经理初义信同志退居二线工作。

11月1日起，甘肃省电力公司离退休人员养老金实行社会化发放。

11月8日，刘家峡5号机增容改造工程顺利完成72h试运，经测试发电机、水轮机的出力、效率、稳定性等各项性能指标满足设计要求，新增发电容量6万kW。

11月16日，靖远电厂3号机组达产改造完成机组并网发电，至此，“八五”期间省电力公司党组提出的靖远电厂的达产攻关任务全面完成，新增发电容量16万kW。

青海省电力工业

一、综述

截止到2000年底，全省发电装机总容量395万kW，其中水电311万kW，火电84万kW，35～330kV电压等级输电线路全省为6629km，省公司所属5365km，其中公司所属的330kV 1467km，110kV 2633km；35kV 1265km。变压器总容量全省为636万kV·A，省公司所属412万kV·A。线损5.39%较1999年减少0.34%，供电标准煤耗410g/(kW·h)，其中：桥头发电厂一厂为450g/(kW·h)；二厂为394g/(kW·h)。

2000年完成工业总产值4.433亿元，全员劳动生产率88367元/(人·年)，截止到2000年底，省公司所辖发电、供电、调度、电力建设、科研设计、电力培训等企事业单位19个，职工总数9362，其中正式职工8173人。固定资产净值313083万元。

二、电源建设

2000年完成基本建设投资6.98亿元，较好地完成了各项基建和城农网建设与改造目标。桥头电厂第六期扩建工程第4台12.5万kW机组顺利建成投运。该扩建工程5号机组可行性研究通过了国家电力公司西北公司审查，并由西北电力设计院完成了机组的初步设计工作。此外，在其他电源建设方面还做了大量的前期工作，一是完成了西宁10万kW天然气电站的初步可行性研究，并完成了现场厂址选择工作。二是完成了格尔木30万kW天然气电站初步可行性研究和该电站接入系统设计（一次部分），已向省计委上报了项目建议书。力争2002年开工建设。三是受尼那水电站的委托，完成了尼那水电站接入系统设计。

三、电网建设

年内，完成了《青海省电力公司“十五”及2015年公司战略规划》编制。该规划确定了青海电网今后5～15年的负荷发展水平。330kV电网将延伸至海西西部地区，110kV电网将覆盖青海大部分地区，并出现750kV高一级电压。年内，国家电力公司批复了330kV乌兰—格尔木送变电工程初步设计，并在年内9月开工建设，线路设计长度为388km，一期主变容量15万kV·A，2000年底建成。城网建设和改造方面，年内计划投资1582万元，实际完成6499万元。建成110kV线路250.8km，10kV线路25.3km。低压线路17.89km，新开工110kV变电所7座。

四、电力生产

1. 发购电

2000年全省发电量为138.80亿kW·h，较1999年增长11.81%，青海电网全年发电122.29亿kW·h,较1999年增长10.97%，其中水电101.25亿kW·h，增长12.02%；火电21.03，较1999年增长5.40%；省公司所属完成发电量（全资电厂）5.88亿kW·h，完成年计划的98%。年内由于龙羊峡电厂体制性划转，省公司电量结构发生了很大的变化，购电量占到供电量的94%左右。为提高公司经济效益，公司加大了对购电工作的管理，有效地控制了购电成本。一是积极争取龙羊峡电厂上网电价核定在合理水平。二是测算小水电计划上网电量，实行计划内与计划外分段计价。三是合理使用李家峡电厂电量，努力降低购电成本。2000年购电量为93.11亿kW·h，其中购龙羊峡电厂50.06亿kW·h，购电单价为104元/(kW·h)；购李家峡电厂电量22.05亿kW·h，其中基数电量15.01亿kW·h;超基数电量7.04亿kW·h。根据省际间互供电考核及奖励办法，全年奖励省公司2264.5万kW·h电量，减少购电费568万元。购李家峡电厂电平均单价为216.42元/(千kW·h)，同比下降1.45元/(千kW·h)；购桥头发电有限责任公司13.63亿kW·h，购电平均单价为245.48元/(kkW·h)；购上网小水、火电7.37亿kW·h，购电平均单价为246.37元/(千kW·h)；同比下降21.02元/(千kW·h)。

2. 电力营销与用电

2000年电力营销以“市场的基础在工业，市场的潜力在城镇居民，市场的保证在服务”为战略指导思想，通过各供电企业及全体营销人员的努力拼搏和辛勤工作，较好地完成了年初确定的各项电力营销任务。全年售电量完成93.14亿kW·h，较1999年增加8亿kW·h，增长率为9.39%。圆满完成了国电公司下达的年末欠费总额控制在8599万元的电费回收指标，当年电费回收率99.42%，较1999年提高了3.13个百分点；陈欠电费回收率达21.56%。平均售电电价255.13元/(千kW·h)；较1999年增加0.47元/(千kW·h)。一户一表改造工程完成36832户，超额计划6832户增加负荷14万kW。优质服务取得进展，五个供电企业在行风评议中全部合格，客户满意率有所提高。

根据国家关于利用价格杠杆刺激电力消费的有关政策，按照“双赢”的策略，出台了对部分高耗能产品超用量实行优惠电价政策，在此政策的激励下

2000年用电量达21亿kW·h（不含山川等大户）增长幅度达27.35%，综合开炉容量达到59%左右，全年享受优惠电量为15.1亿kW·h，优惠电费5368万元。此外，年内共受理高低压报装客户3.93万户，申请容量32万kW，接电3.92万户，装见容量31.9万kW，接电率为99%。为鼓励城镇居民多用电，对抄表到户的居民用电量执行优惠的“阶梯电价”，大大激发了居民使用电炊、电采暖的积极性，使居民生活用电比1999年同期有较大提高，其中居民照明用电增长17%，电炊增长30.23%，商业增长9.56%。

为了不断提高公司营销工作规范化、现代化水平，满足为客户服务的需要，年内首先在西宁供电局成立客户服务中心，做到了客户可在任意地点、时刻电话申请，并与工商银行实现数据实时交换，实现了客户可在工商银行任意网点交费，大大方便了客户用电申请和交费。

2000年公司电费回收外部环境仍没有改善，虽然经过千辛万苦完成了电费回收任务，但特困企业和破产造成的电费坏账损失愈来愈大，2000年因此造成的电费损失达3956万元。

由于青海经济欠发达，电网用电结构很不合理，第一产业和第三产业所占的比重仅为8.66%，第二产业用电量占全社会用电量的91.34%，与1999年基本持平。其中工业用电量占全社会用电量的90.76%。由于对一户一表实行阶梯用电优惠价格，使城乡居民生活用电大幅增长，其用电在社会用电总量中占3.68%，较1999年提高了1.72个百分点。

3．电网调度

2000年电网调度以“全国调度管理年活动”为契机，紧紧围绕“以达标创一流为手段强化内部管理、确保电网安全、稳定经济运行”这一中心工作，突出职能管理、调度体制改革和职工队伍建设开展了一系列工作。2000年3月通过网公司组织的调度机构达标验收，被授予国电公司调度机构达标单位。调度本部化顺利实施。全网安全生产局面基本稳定，调度系统各专业管理和内部管理得到加强，电网调度工作进一步规范；工作质量进一步提高，调度纪律严明、有序。

2000年电网调度运行指标完成较好，主网电压合格率99.8%较1999年下降0.11个百分点；主网网损2.63%，较1999年下降0.17个百分点；年频率合格率：100%；全年发电量122.29亿kW·h，较1999年净增122.4MW。年最大用电负荷138.65万kW(11月)，较1999年净增12.24万kW；最大日用电量：3028万kW·h，日最高负荷1387.00MW，日最小负荷908.00MW，峰谷差175.50MW。2000年省际直供电量28.28亿kW·h，其中青海供甘肃30.58亿kW·h，甘肃供青海2.298亿kW·h。

4．农电工作

2000年是农网建设与改造快速发展的一年，成绩斐然。年内下达3批计划，项目投资计划27471.5万元，实际完成34757万元。年内完成35kV变电站6个；35kV线路177km，110kV线路136km，0.4kV线路7029km；改造配电台区3397个，完成1999年结转及2000年工程投资共43394万元，计划工程竣工县9个，实际完成9个。计划在县城、农村安排1000户电炊用户，实际完成10800户。在农电体制改革方面，对海西东部的都兰、乌兰、天竣、德令哈四县及海北的祁连已完成上划接收工作（待国电公司审批），并对贵南、玛沁两县组建了电力有限责任公司，甘德、达日将随着青海电网的延伸，也将设立供电营业所，归属大武电网有限责任公司统一管理。对原趸售县贵南县经多次与地方政府磋商进行了改制并组建了贵南电网公司，按现代企业管理制度规范运作。通过改制理顺了乐都和民和境内的“网中网”，有10个乡交由海东局直接管理。年内有5个县完成了“三公开”、“四到户”、“五统一”的县乡一体化体制改革，撤销了87个乡站，建立了51个供电营业所，精简了930名村电工，到年底有50%的乡站实行了撤站建所的体改。

年内进一步加强农电安全管理，实现了无农电职工死亡、无重大设备损坏，无农村触电群伤亡事故的农电安全目标。全年发生一起农村触电伤亡事故，死亡1人，事故率较1999年下降66%。

经过整改的低压线损率分别达到12%～15%的目标，所有村社控制在分类综合电价水平之内，县及县以下用电增长率为7.1%。互助双树、大通长宁、湟源和平三个乡镇供电营业所基本达到国电公司系统文明和示范窗口验收条件。

5．发供电设备技术改造

2000年省公司共安排技改大修项目137项，计6878.24万元，其中技改项目28项，1596.61万元；大修项目109项5281.636万元，总项目完成率98%，计划资金完成率为100%。项目投资比重：送电28项，投资915.25万元；变电28项，投资1807.7万元，自动化6项，投资333.3万元；继电保护3项，投资252.25万元；通信11项，投资311.68万元；技术进步11项，投资370万元；火电15项，投资279万元；全电防汛、加强对精神文明建设投入，改善工作生活环境（机关大楼大修）等其他项目16项，2499.066万元；全电网的安措费用110万元。这些项目的完成，大大提高了设备健康水平，到2000年底，五个供电单位全部通过了调度自动化实用化验收。

五、多元产业

解放思想，开拓进取，扩大视野，努力提高效益，2000年省公司在多产业多元化方向发展迈出了可喜的一步。当年全公司多元产业共实现经营收入6.23亿元，较1999年增长9.28%；实现利润1585.4万元，较1999年增长55.43%。继西宁电力实业总公司后，青海华电铁合金股份公司经营收入也突破亿元。先后成立了海星铝业公司、恰达小水电开发公司、海东天润电力有限公司、光达电线电缆有限公司、青海瑞丰电力科技有限公司等。适时成立了青海万立水电有限责任公司，通过收购兼并等方式，使该公司共拥有三个控股子公司、三个分公司、两个参股公司，资产规模迅速扩大，经营方向出现多产业、多元化，已形成集团公司雏形。

六、电业管理

1.安全生产

2000年，创造了全公司连续2936天无电力生产人身死亡事故的记录。电网安全稳定运行，没有发生大面积停电事故。年内共发生设备事故17次，较1999年增加9次；其中中断记录事故8次，较1999年增加3次；年内发生重大设备事故1次，较1999年减少1次。

在所发生的事件中：发电设备事故3次，较1999年增加3次；供电设备事故14次，其中输电3次，变电11次，较1999年增加6次，年内共发生设备一类障碍52次，较1999年增加7次；发生人员责任设备事故（含一类障碍）17次，占全部事故（含一类障碍）的24.64%，较1999年增加2次；共发生继电保护事故（含一类障碍）7次，较1999年减少4次；年内发生道路交通事故6次，较1999年减少5次，其中重大交通事故3次。

2.财务管理

2000年财务工作以发展、改革、管理、效益的工作方针为指导，以扭亏增盈为目标，以增强企业实力为核心，较好地完成了各项财务指标，取得了较好的经营成果，年内实现销售总收入232491万元。国家电力公司下达的利润预算指标为42万元，实际完成2994万元；资产负债率预算指标为35%，实际完成34.09%；投资收益率预算指标0.01%，实际完成0.04%；资产保值增值率预算100.01%，完成100.04%；上缴投资收益预算615万元，完成615万元；应收电费余额预算为8599万元，完成8316万元，较1999年减少2000万元，下降18%。全面完成国家电力公司下达的六项资产经营指标。

从2000年财务运行总体情况看，公司的财务状况基本稳定，收入有较大幅度的增长，成本在预算的要求以内，现金流量处于较好的状态，经济效益稳步上升，资产经营预算完成较好。

2000年公司经营活动呈现出几个特点：一是受龙羊峡水电厂体制划转的影响，公司资产总量、负债总量以及资产负债率均有大幅度降低，现金流量减少。2000年公司资产总额110亿元，较1999年减少18亿元，负债总额37亿元，较1999年减少15亿元，资产负债率较1999年下降7个百分点；二是增供扩销和城、农网改造效应开始呈现，售电量的高速增长带动了售电收入有较大幅度的增长。年内售电量增长9.39%，实现电力产品销售收入20.32亿元，较1999年增加1.78亿元；三是受龙羊峡电厂改制的影响，成本结构发生变化，购电成本的比例由原来的45%上升到68%，较1999年增长23%；四是实现利润大幅度超预算完成，获利能力增强。2000年净利润2994万元，超预算2952万元；五是电热欠费考核初见成效，应收账款净额同比下降。2000年财务口径应收账款净额1.62亿，较1999年下降0.28亿元，下降率15%，在收入增长的情况下，应收账款净额下降，使得现金流量增加，这是公司加强电费管理取得的成果，凝聚着广大营销人员辛勤的劳动和汗水。

3.劳资与保险

2000年劳资工作坚持政企职能分离，机构精简高效，运作规范有序的原则，提出了公司本部机构设置方案，取得较好效果。从2000年1月1日起，龙羊峡和李家峡两个水电厂成建制划转到黄河上游水电开发有限责任公司。鉴于两个水电厂划转后在人员负担工资基数、工资计划、养老保险、劳动组织机构等方面存在的特殊困难，省公司积极向国电公司客观反映实际情况，取得了国电公司的支持和一定的政策倾斜。按省人民政府的规定对离退休人员养老保险基金机制进行了调整，并增加他们离退休金。在接收地方电网工作中，配合有关部门对接收人员的工资标准、工资计划进行了审核和重新确定。在劳动组织方面，根据农电体制改革的要求，结合公司农电管理的具体情况，研究制定了《供电营业所定员管理办法》。年内，根据国电公司的要求，研究制定了省公司《供电营业所定员管理办法》；研究制定了省公司《关于推进减人增效工作的实施意见》圆满地完成了国电公司下达的减人指标。根据省有关政策规定，结合省公司的具体情况，制定了《青海省电力公司职工自谋职业暂行规定》，同时，为了建立新的用工制度，还制定了《青海省电力公司新员工管理办法（试行）》，完善了内部劳动力市场运作规程。在保险方面，经过大量艰苦细致的工作，实现了一次性养老社会化发放，年底基本医疗保险行业办法终止，为2001年与地方接轨做好了准备工作。随着多种经营管理局的撤销，着手对多元产业各项保险进行清理，为下一步移交有关部门奠定了基础工作。

4.物资供应

经营工作取得了历史最好水平，对外销售额达3000万元，实现收入（毛利）130万元，业务人员人均销售额超过100万元。在清收陈欠贷款、销售库存积压物资等方面都取得了前所未有的好成绩。同时，顺利通过了英国摩迪公司的审核认证并取得了证书。配合城乡电网改造，年内共组织招标10余次，招标金额达1.5亿多元，其中，水泥电杆79966根，导线1880.85t，变压器377台，电能表326124只，漏电保护器276555只，真空开关27台。在开拓外部市场方面，采取以市场换市场的方式，为水泥电杆厂供应水泥2077t，钢材650t；为变压器厂供应硅钢片110t，变压器油150t，为桥头电厂供应点火用柴油110t。年内在办理物资仓库移交过程中，基本消化处理了库存积压物资，但带来的问题：一是库存物资降价损失96万元，二是库存物资报废及盘亏68.97万元，三是转出上述物资进项税10.9万元，三项合计175.07万元。

七、企业改革

2000年省公司改革工作遵循“积极推进，重点突破、平稳过渡，保持稳定”的方针，在五个方面取得了成效。一是按照企业和职工双方自愿的原则，制订了职工自谋职业的措施和方法，减人增效显著，完成了国电公司下达的减员任务，推动了用人制度的改革；二是政企分开的改革，在继续清理和界定政府、企业和行业管理等职能的基础上，将电力行政管理职能全部移交省经贸委；以省电力企业协会为基础，拓展功能，完成了省电力行业协会的筹组与批复工作；三是撤销了燃料公司，理顺并规范了桥头发电有限责任公司；撤消了朝阳水电厂建制，对其资产进行重组，人员妥善安置；四是在多元产业改革上，组建了以公司职工持股会为主要投资方的万立水电有限公司；五是完成公司本部改革，25个处室通过职能合并或重组成立15个部室。组建了信息通信中心。

八、科技教育

2000年省公司下达科技项目20项，资金388万元（不含桥头电厂自筹500万元），科技项目由10个单位承担。按类分：工程地质、勘测类2项；火力发电2项，电气技术7项；环境保护1项，综合类8项。科技开发工作的重点主要是信息建设工作，约占全部项目的30%，投入资金约占66.49%，基础研究约占15%，投入资金约占8.5%，电网技术研究占15%，投入资金约占10.3%，用于电网设备技术完善约占15%，占资金约3.86%。桥头电厂有限责任公司科技项目所需资金全部自筹，省公司只负责项目的立项。2000年完成16项，占全部项目的80%，其余4项为跨年度项目。

2000年公司以适应市场经济发展的需要为重点，加快企业急需高、中层次专业技术和管理人才的培养。年内有11名处级干部参加了国家经贸委组织的工商管理培训班。250名中层管理人员参加了省公司举办的工商管理培训班，并取得上岗证；680人参加了由各基层单位组织的培训班。与西安交通大学工程学院及工商管理学院签订培训协议，有95人参加MBA工程管理硕士研究生的学习；17人参加电气工程硕士研究生的学习。共举办各类培训班92期，520人取得上岗证书。对生产人员，仍然以岗位技能及各专业工种的技能培训为主，并配合职业技能鉴定工作先后举办了各专业工种考前培训班44期，有1740人参加了培训班。在继续教育工程方面；重点培训一批能够解决复杂难题、具有创新能力、代表电力技术发展先进水平的学术带头人。年内，全公司采取外送内培等形式对109名专业技术人员进行了再培训，并建立相应的继续教育登记制度。在学历教育方面，年内全公司各类成人招生226人，其中华北电力大学函授招生26人，甘肃工业大学自学考试招生200人。年内完善了电气运行内线电工、焊工、电气试验、送变电线路等11个培训基地。

九、精神文明建设

2000年底，省公司系统现有全国精神文明建设工作先进单位2个，省级文明单位标兵4个，省级文明单位14个，国电公司双文明单位标兵1个，双文明单位7个，省级以上文明单位已达单位总数的82%，省公司系统被省委、省政府命名为“创建文明行业工作先进行业”。企业文化建设规划已纳入省公司战略发展规划，年内先后举办2期企业文化学习研讨班。

省公司按照“三五”普法规划，积极推进法制宣传教育和以法治企工作，使各级干部、职工守法、护法、依法维权意识明显增强。年内省公司分别通过国电公司和省依法治省领导小组组织的“三五”普法及依法治理工作验收，受到高度评价。

主要事件

1月1日，龙羊峡水力发电厂与青海省电力公司进行体制性分离后，黄河上游水电开发有限责任公司对原青海电力公司所拥有的龙羊峡水力发电厂资产，以负债形式偿还，经评估省电力公司获债权总额46.6亿元。

2月，省电力公司被青海省人民政府评为全省利税大户、财政支柱企业，连续6年获得表彰。

3月1日，为进一步开拓电力市场，更好地为客户服务，西宁供电局成立客户服务中心。

3月17日，中共国家电力公司党组经研究，并征得中共青海省委同意决定：王久玲任中共青海省电力公司委员会委员、书记，青海省电力公司总经理、同时免去史天锡中共青海省电力公司委员会书记、总经理职务。

3月28日，9时31分330kV黄家寨变电站因收发信机误停信，保护误动，造成全站失压停电的重大设备事故，10时53分恢复正常。

4月17日，全省农电2000年“两改一同价”工作会议在省公司召开，苏森副省长到会并作重要讲话。

4月18日，青海省电力公司职工持股会正式成立，到2000年底，职工参股共计3172万元。

5月10日，省经贸委以省经贸能（2000）207号批复同意省电力公司筹备组建青海电力行业协会。

5月19日，110kV西宁中心变电所正式开工，容量为2×40000kV·A。

是月，青海送变电工程公司张生峰被全国总工会评为劳动模范。

6月13日，在全省第五次精神文明建设工作会议上，青海省电力公司被青海省委、省政府命名为创建文明行业工作先进行业称号。

6月27日，原青海桥头发电厂第五、六期工程资产合并，注册成立青海桥头有电有限责任公司，青海省投资公司控股60%，省电力公司参股40%。

6月29日，青海电力公司荣获全国农村电网建设与改造工作先进集体称号。

9月10日，成立青海电力信息通信管理中心。

9月11日，青海省电力行业协会筹备处正式成立。

9月17日15时38分，桥头电厂第六期4号机组经过168h满负荷试运，移交桥头发电有限责任公司进行半年试生产，至此，桥头电厂第六期2×12.5万kW机组全部建成投产。

9月22日，西宁供电局被国家电力公司批准并命名为全国一流供电企业。

10月13日，格尔木330万kW天然气电站项目初步可行性研究报告经国家电力公司西北公司审查通过，西宁10万kW天然气电站的初步可行性研究完成。

10月16日，经省公司总经理办公会研究决定，正式撤销朝阳水电厂。

10月17日，国家计委以计基础（2000）924号文批复330kV乌兰—格尔木输变电工程可行性研究报告。

11月21日，国家计委以计价格［2000］2103号文核定龙羊峡水电厂上网电价为每kW·h 0.104元（含税），从2000年4月1日起执行，青海省电网销售电价不调整。

11月25日17时整，青海电网最大负荷为1386MW，创历史新记录。

11月26日，青海电网最大日用电量为3028.1万kW·h，创历史新记录。

12月1日，青海电力行政管理职能向省经贸委移交仪式在省经贸委举行，省电力公司总经理王久玲与省经贸委主任骆玉林分别在《省经贸委、省电力局关于政府电力行政管理职能移交纪要》上签字。

12月1日，青海华电铁合金厂收购湟源县第一（年产量约1.4万t）第二（年产量约4400t）硅铁厂和湟源县碳化硅厂（年产量1.0万t）。

12月14日，省公司首家规范化股份公司——青海万立华电铁合金股份有限公司成立。

12月18日，龙羊峡—乌兰输变电工程经国家电力公司确认，批复为达标投产工程，成为西北地区第一个变电工程和输电工程同时达标的工程。

12月23日，35kV大武—甘德、达日送变电工程竣工投运，结束了甘德、达日两县严重缺电的历史。

（尹兰英）

宁夏回族自治区电力工业

概述

宁夏电力公司在国电公司、西北公司的正确领导下，在自治区党委和政府的领导、关怀和支持下，以改革统揽全局，围绕“三个战略定位❶”、“五项目

❶ “三个战略定位”：宁夏电力是宁夏工业的龙头产业，宁夏自治区国民经济的支柱产业之一。是西北火电基地之一和西北电网外送电的重要窗口。宁夏电力公司多种经营企业是未来宁夏经济发展中的一支重要力量，将在自治区经济中占有一定份额。

标❶”，认真落实“六项措施❷”和“三项责任制❸”，出色地完成了各项任务。

到2000年底，公司所辖电网装机总容量221.4万kW（大坝电厂120万kW，大武口电厂40万kW，石嘴山电厂25万kW，中宁电厂5万kW，青铜峡水电厂30.2万kW），其他1.2万kW，其中火电191.2万kW，水电30.2kW。全口径发电量完成127.58亿kW·h，为年计划114亿kW·h的111.92%，比1999年增长16.86%。供电煤耗全公司平均完成382g/(kW·h)，较1999年增长1g/(kW·h)。公司售电量116.75亿kW·h，比1999年增长18.53%，其中购进李家峡电量5.3亿kW·h。六项资产经营指标全面实现，其中利润实现2753万元，为预算的137.65%；资产保值增值率为100.98%，为预算的100.5%；投资收益率1.59%，为预算的137.07%；应收电费余额为1393.37万元，比预算减少2704.63万元；资产负债率为49.73%，比预算减少1.77%；上缴投资收益为960万元，完成预算的100%。全年销售收入达到26.92亿元，比1999年增长20.91%；电力生产成本费用26.3亿元，比1999年增长16.9%。多种经营总收入为15.5亿元，同比增长28%；利润7674万元，同比增长38%。城农网建设与改造任务完成较好。城网到年底累计完成5.92亿元，占总投资8.23亿元的71.9%。农网方面国家批准两批投资合计为12.76亿元，第一批计划已全部完成；第二批增补计划正在加紧进行，其投资完成比例在全国名列第一。10个县的农网建设与改造也通过了整体预验收。

截止到2000年底共建成35kV及以上送电线路5352km，变电容量599.7万kV·A。其中330kV送电线路592km、220kV送电线路1115km、110kV送电线路2248km、35kV送电线路1407km；330kV变电所2座54万kV·A；220kV变电所11座228万kV·A；110kV变电所40座250.6万kV·A；35kV变电所容量79.1万kV·A。全年线损率平均完成7.26%，较1999年增长率0.22%。全公司厂用电率平均完成6.47%，与1999年持平。供电可靠性完成99.92%，电压合格率完成99.86%。

❶ “五项目标”：建设宁夏电力基地、建成外送电窗口、建设现代化电网、实现全区电气化、建设一流电力公司。

❷ “六项措施”：继续转变观念，深化改革；加强战略研究，科学编制规划；加强企业管理，推进公司现代化进程；开拓电力市场，改善经营状况；大力发展多种经营，壮大企业实力；加强精神文明建设，树立良好形象。

❸ “三项责任制”：资产经营责任制、安全生产责任制、廉政建设责任制。

全面完成了公司本部机构改革。本着组建精干、快捷、高效、规范的管理机构，通过撤销、归并、合署等办法，将原来的29个处室设置为十三部一中心一委。共为15个机构聘任主任和副主任35名、室主任20名，共55名。其中基层到公司本部任职的14名，从公司本部交流到基层（含行协）任职的18名。聘任公司顾问6名、调研员7名、部门调研员5名。改革后的机构较合理，干部更年轻，文化程度也有提高。处级干部中具有大专以上学历的由原来的81.6%提高到了92.5%；平均年龄由原来的51.1岁下降到了44.6岁。到年末全公司有职工17532人，其中临时工382人。有大专以上学历4695人、中专2766人、合计7461人，占职工总数的43%。具有高级专业技术职称的367人、中级专业技术职称的1598人、初级专业技术职称的3413人，合计5378人，占职工总数的30.7%。

电力生产经营

1. 电力生产工作

1999年全区社会经济用电剧增，电网用电负荷和日用电量最高分别达到195万kW和4040万kW·h。在新的形势下，切实加强了安全生产管理，确保了电网稳定运行，满足了全区经济发展和人民生活用电日益增长的需求。全年公司管理的火电机组平均年利用小时达到6127h，为近几年最高。

到年底发电机组主设备完好率为100%。其中一类设备完好率：300MW、100MW为100%，50MW为93.75%，36MW、20MW为92.3%。发电机组计划大修6台，完成6台。计划扩修1台，完成1台。计划小修17台，完成17台。非计划检修61台。300MW机组平均计划检修率0.065%；非计划检修率0.028%。100MW机组平均计划检修率0.042%；非计划检修率0.003%。50MW机组平均计划检修率0.026%；非计划检修率0.042%。36MW和20MW水电机组平均计划检修率0.141%；非计划检修率0.009%。

各供电局共完成线路综检5928km。其中35kV线路113条2125km；110kV线路115条2118km；220kV线路25条1094km；330kV线路5条591km。更换合成绝缘子2117串，其中220kV 1088串，110kV 1029串。对鸟害区线路加装防鸟挡板，使一、二类设备完好率达100%。主变压器大修14台，其中220kV 4台390MV·A；110kV 10台212.5MV·A。新增或更换变压器17台827.5MV·A，其中220kV 3台390MV·A；110kV 14台437.8MV·A。开关大修89台，其中220kV 8台；110kV 41台；35kV 40台。110kV及以上TV、TA大修6台。

完成了各项技术监督工作，组织召开了全公司化学、节能、金属、励磁、电测五个技术监督会，全公司系统进行了2次技术监督检查，完成五厂四局的生产粉尘、噪声、毒物的监测。共举办12期专业培训班，有334人·次参加了培训。其中高压专业举办了3期104人·次；金属专业举办了4期100人·次；热工专业举办1期43人·次；节能培训班1期20人·次；电测专业举办3期167人·次。

2.安全工作

(1) 对发生的人身事故组织讨论，认真反思，并从事故中吸取教训。

(2) 严格执行“两票三制”，认真抓电气防误操作工作，制定并颁发了《防止电气误操作装置管理规定》，使得这方面工作有章可循。

(3) 认真组织职工参与全国第十次“安全生产周”活动。

(4) 由工会、安监部、思想政治工作部共同发起，在公司系统开展“安康杯”百日安全劳动竞赛活动。

(5) 安全文明双达标和创一流工作取得新的成绩，公司应达标的11个企业已经全部达标。

在安全生产中取得了一定的成绩，电网保持了安全运行。但安全生产的基础还不牢固，在电厂检修、线路施工以及农网建设与改造等工作中，由于违章作业等原因，发生了几起人身安全事故，教训极为深刻。

3.经营工作

(1) 疏导电价矛盾，调整目录电价。根据国家疏导电价的有关精神，认真研究测算了疏导项目的上网电价和加价目标，向区物价局、经贸委汇报。在自治区政府的支持下，积极催批，于2000年6月国家计委以计价格［2000］790号文下发了《关于调整宁夏电网销售电价有关问题的通知》，将宁夏电网销售电价平均每千瓦时提高了1.6分，大大缓解了宁夏电力公司的生产经营压力，疏导了电价矛盾。

(2) 电费回收工作。电费回收工作，在各级供电局的重视下，经过广大营销人员的努力，较好地完成了公司下达的电费回收任务。当年电费完成100%。收回1999年欠费578.3万元，占1999年欠费的67.1%；收回1998年及以前的欠费1735.7万元，占1998年及以前欠费的68.05%。

(3) 继续执行优惠电价政策，努力增供扩销。

(4) 财务工作。主要财务预算指标全面完成。公司统一核算单位全年实现销售收入28.69亿元，较上年增长20.87%；电力销售成本完成26.30亿元，较上年增长16.01%；电力销售收入的增长高于电力成本增长5.47个百分点。销售利润实现1606万元，较上年的6846万元增加8452万元；利润总额完成2705万元。公司及各子公司财务状况明显好转。

积极筹措基本建设基金，落实工程用款计划。1998年至2000年共计下达农网改造投资计划93388万元，到位资金93379万元。期间公司拨付农网改造资金60793万元，财务口径农网工程支出完成69039万元。

城网改造从1998～2000年共计下达投资计划57900万元，实际到位资金57900万元，公司共计拨付城网改造资金45355万元，城网工程支出完成42425万元。

石嘴山电厂扩建送出工程计划总投资112651万元。1999年至2000年国家电力公司共计下达投资计划15625万元，公司依次下达投资计划7340万元。截至2000年末实际工程支出完成5359万元。

2000年应归还基本建设贷款14269万元，实际归还14269万元，其中：归还国家开发银行贷款10269万元，归还电力投资公司电建资金贷款4000万元。

制定了《宁夏电力公司内部电力市场考核管理办法》、《宁夏电力公司内部电力市场成本、利润管理办法》、《宁夏电力公司内部电力市场财务管理及内部会计核算办法》，并对方案中各项财务经济指标进行了大量、反复的测算工作。内部电力市场管理方式的建立，为实现公司的资产经营考核指标起到了重要的作用。

在产权运营和资本管理方面主要开展了以下工作：一是完成了大坝电厂一期产权界定工作，经过多方努力，大坝一期的产权比例最后确定为53:47（即电力公司为53%，电力投资公司为47%）；二是完成了大坝电厂一期产权界定后与二期资产合并规范组建大坝发电股份有限公司方案的测算、上报工作；三是完成了大武口电厂等改组、改造方案的测算工作；四是完成了农电体制改革工作；五是进行了电力修造厂改制方案的审查和资产评估工作。

学习宣传《会计法》，积极参加全国第二届会计知识竞赛，并取得优异成绩。自行组织了七期《会计法》学习班，共有544名财会人员参加了学习。在自治区会计知识竞赛中获团体冠军。公司代表队又代表自治区进京参加全国比赛，在笔试中获得第六名，个人并列第五名。为宁夏电力公司赢得了荣誉。

职工收入稳步增长，保险福利待遇进一步改善。2000年公司在提高劳动生产率和经济效益的基础上，职工收入有所增加。自2000年1月1日起，根据自治区政府有关住房公积金的文件精神，公司系统除个别单位外，职工住房公积金有所提高。

根据国家有关规定，公司系统向职工出售公有住房工作已基本结束，公司职工基本实现了职工有住屋。

电力基本建设

1. 电源建设

电源建设紧紧围绕石嘴山电厂4×300MW扩建工程力争早日开工，具体做了以下工作：

(1) 深入开展设计优化，严格控制工程造价，使该工程的静态投资由46.78亿元降低为42.62亿元；动态投资由60.98亿元降低为45.58亿元。

(2) 积极协助并配合石嘴山发电有限责任公司完成了扩建的初步设计审查及其收口、司令图审查、主机设备和主要辅机设备的招标工作，为施工图设计的顺利进行奠定基础并创造了良好的条件。

(3) 积极组织进行工程开工前期准备，完成了前两台机组主体建筑和主体安装工程及部分附属工程的施工招标。工程施工现场的"五通一平"工作已基本结束。开工报告已正式上报国家计委。至年底，1、2号机组主厂房基础开挖基本完成；火车卸煤沟可保持冬季连续施工，烟囱年底达到17m的高度；1号冷却塔环基基础施工已结束。工程的运输材料的铁路线已贯通，基本具备进货条件。

(4) 组织建筑施工队伍到外地进行学习考察。为了保证工程建设，组织了承担主厂房、烟囱和冷却塔的施工队伍到菏泽、德州、禹洲、温州等电厂考察，学习先进管理经验，对安全、质量、文明施工和工艺等方面的管理水平起到了促进作用。

2. 电网建设

2000年是宁夏电网建设快速发展的一年。送变电工程建设任务十分繁重，仅新开工的110kV及以上的变电站10座、线路11条，其中很多项目要求当年开工，当年投运，这在宁夏电力建设史上没有过，其重点工作有：

(1) 按照国家电力公司关于电力建设"四十八字"方针的总体思路和公司领导的具体要求，在电网建设中大力推广"五制"，使工程质量和安全文明施工管理水平都上了一个新水平，工程造价也有所降低。

(2) 全年新建投运220kV变电所1座，150MV·A,扩建投运220kV变电所一座，120MV·A，220kV线路42.5km；110kV变电所11座，465.5MV·A,110kV线路139.24km；扩建和改建110kV出线间隔12个。共完成投资33500万元。满春、金沙渠110kV送变电工程施工基本结束，将在2001年1月投产。

(3) 通过了陶乐、田老庄、迎水桥B所、固原南郊、彭阳等一批110kV送变电工程的初步设计审查，已进入施工图设计阶段，其他前期准备基本结束。

3. 质量管理和质量监督

(1) 继固原330kV变电所创建部级优良工程，大坝电厂3、4号机组达标投产。青铜峡330kV变电所又获得国家电力公司"优质工程"称号。

(2) 今年先后开工建设的变电站和线路工程项目达30多项，始终抓住质量体系的建立、保证质量制度的完善和实施，从而保证了所有在建工程的质量，全年未发生一起质量事故和质量问题。

(3) 抓工程"达标投产"。不仅工程建设的总体水平得到了提高，而且特别受到生产运行单位的支持和欢迎。已被命名为达标投产的崇岗110kV变电所和新平220kV线路等工程，一直运行正常，从未发生过因工程质量而引起的事故。

(4) 组织完成了银川热电厂土建工程、石嘴山电厂扩建工程先期开工的部分工程、大武口电厂供热工程等质量监督工作。组织完成了对电力建安公司和送变电公司土建试验室的资质复审和认证工作。

4. 招投标工作

2000年共完成31个项目及标次的施工招标，累计中标额达54500万元。其中：小型基建工程13个，4131万元；生产技改工程2个，720万元；城农网(110kV及以上）项目五个，7950万元；石嘴山电厂4×300MW扩建工程11个标次，41699万元。特别是石嘴山电厂4×300MW扩建工程1、2号机组主体建筑和安装两次大规模的招标活动，全过程运作较为规范，收到了很好的效果，这两次招标活动也受到了国电公司和自治区有关部门的赞扬和肯定。

5. 监理工作

监理各项业务比1999年都有较大幅度的增长，全年新签订的工程监理合同22个，合同金额近270万元。受监工程项目质量合格率100%，不少项目达到优良级。

6. 城农网建设与改造

(1) 农网建设与改造。为切实做好农网改造工程管理工作，坚持实行项目法人责任制、资本金制、招投标制、工程监理制和合同管理制，形成了一套较为完整的工程管理体系和监督体系。严格执行了《宁夏电力公司城网农网建设与改造工程管理办法》等8个规章制度，从工程规划、项目实施、资金管理、安全质量、竣工验收、监督审计等方面都做了严格的规定，使工程建设处于全方位的监督管理之下。推行样板工程，完成了10kV及以下线路变台架典型设计。编制了送变配各专业的施工质量检查记录，坚持巡回检查，掌握质量管理动态，发现问题，及时整改，确保了农网改造工程的质量和效益，全区农网改造工程优良率达到了80%以上。

农电体制改革工作进展顺利。完成了五个趸售代管县供电局上划直管工作和16个县（市）乡镇电管站的体制改革工作，240个乡镇电管站改制为供电所或营业站，占需要改制总数的89.6%。

宁夏农垦国有农场电力管理体制改革（贺兰山农牧场）试点工作已于10月底结束。其他15个农场的体改工作也基本完成。乡（镇）电管站的体改和资产的实物性交接工作如期完成。

（2）城网建设改造。公司成立了城网改造领导小组和城网改造办公室，并与各建设单位和部门分别签定了《责任书》。截至2000年底累计下达城网资金计划6019亿元，完成投资5.92亿元，占计划的71.93%。其中银川供电局累计完成80.6%；银南供电局累计完成62.4%；石嘴山供电局累计完成63.58。均实现了年初下达的目标。

新建110kV变电所两座12万kV·A；110kV线路110km；改造110kV变电所15座30.2万kV·A；新建及改造10kV线路150km；新增配电变压器1.84万kV·A；更换高耗能变压器164台4.35万kV·A等等。一户一表改造完成71858户。

科技教育

1. 科技工作

（1）大坝电厂4号炉推广应用了声波技术吹灰，使4号炉效率大大提高。在各发、供电企业推广应用了计算机数据自动备份系统，提高了各基层局域网系统的数据安全和防病毒能力。

（2）建成了公司所属发、供电企业9个点的会议系统网络，目前已具备了公司系统内召开电视会议的条件，建成了公司10个点的广域网信息系统，并已通过工程验收，目前可在网上查询公司所属发、供电企业、调度、科研等生产、经营、服务等方面的学习信息，也可与国电公司、西北公司相互浏览业务，实现了与Internet的互联。电能量系统待工程验收。公司所属发、供电企业MIS系统90%通过实用化验收。300MW机组仿真系统仿真大坝1号、2号机的升级改造已完成。

（3）全年宁夏电力公司评审出科技进步奖63项，其中科技成果奖5项（一等奖1项，二等奖3项，三等奖1项）。科技成果推广奖44项(二等奖11项,三等奖23项)取得直接或间接经济效益2144.33万元。

2. 教育工作

（1）按照公司2000年度的中心工作，送培27名处级干部参加国家电力公司组织的工商管理培训。举办3期电力公司机关干部理论学习班127人。办2期科级干部工商管理培训班76人。办1期宣传科长培训班16人。举办中青年干部理论强化班，计17人。计算机等级培训10期338人，并完成了考试、考核及发证工作。同时举办了电力系统各类人员计算机短期培训班9期。

（2）组织了职工中专的入学考试工作，录取了496名学员，实际注册337人，有100多人办理了集体保留学籍一年的手续。完成了三个毕业班共176人的毕业答辩工作；职业中专招收了43名学生。完成了电校中专、技工、代培班及转业军人培训班400余名毕（结）业生的技术等级考试、鉴定工作，有381人取得了相应的职业资格证书，合格率为90.55%。组织了两次共计88名职工参加的高等教育自学考试。选送了15名职工参加了硕士研究生学历的学习。

公司举办1期送电线路高级工培训班，培训学员23人，并全部取得了高级工职业资格证书。对生产人员的上岗、再岗、转岗、升岗的培训率达100%。

（3）电校面向社会培训市场，实行多功能、多层次、多规格、多形式办学，以满足电力行业和社会对人才多元化的需要。招收职业中专43人，函授中专生495人，电大生130人；组织完成了12个班317人参加的技术等级考试，达标率为88.96%；有229名35岁以下青工和复转军人培训学员顺利完成两年的培训学习，返回工作岗位；完成2个中专班、1个技工班的毕业分配工作，就业率为48.42%和64.7%。毕业3个职业中专班共90人；完成了函授中专和电大的毕业设计和答辩的组织工作。电大分校完成了50余人的自考教学辅导任务。承办了17期540人参加的计算机培训班；承办了2期40人的“送电线路高级工培训班”；举办了“房地产开发培训班”。创办了《函授通讯》。改造了两个热动专业。

（4）子弟学校教育按照“深化企业改革，全面推进素质教育”的精神，严抓管理，促进学校教学质量的稳步提高，三所子弟学校的教育设施、教学质量、中考成绩、升学率均列所在县市的前列。

多种经营

公司多种经营工作，按照所制定的目标和发展方向，抓住机遇，努力拼搏，各项工作和经济指标都取得了新的成绩。完成总收入15.5亿元，同比增长28%；实现利润7674万元，同比增长38%；全员劳动生产率（按增加值计算）24156元/（人·年），同比增长5.8%；人均实现利税8610元/（人·年），同比增长24%；新安置主业职工454人。

（1）体制改革。将原多种经营局行政管理职能收入公司综合管理部，在康发电力公司资产的基础上，吸、纳各发、供电等基层单位法人股，组建了英力特电力（集团）股份有限公司。还组建了房地产冶金制品、智能开关、信息技术等几个子公司。银川电力修造厂的改制，由宁夏电力公司、银川市祥元电力有限责任公司等8家股东共同出资，组建了宁夏天嘉电力有限责任公司。还顺利完成了基层发、供电企业多经总公司的股改计划。

(2) 经营管理。继续加强多经企业财务管理，清理了挂靠的公司，认真解决了乱投资、乱担保、乱借贷问题，财务实行集中办公，统一核算。规范了在多经企业工作的全民职工的劳动关系，实行了规范合理的用工制度。加强了经营目标责任制的考核。

(3) 产业结构调整。重点发展二、三产业。一年来，共有9个工业项目立项、投产，总投资达7570万元。加快电力旅游服务业的发展，银川供电局成立了元光电力旅行社，元光电力广告公司，天能集团怡园大酒店也投入运营。以上项目已取得了初步的效益。

(4) 综合利用。2000年共利用粉煤灰62万t，粉煤灰深加工方面，有新的进展，大坝双德股份有限责任公司，积极进行了烧结砖的论证并完成了干灰二期工程的立项。

1. 加强党的建设

企业党组织的政治核心作用得到了充分发挥。按照公司党委的《基层党支部工作条例》和“三化”党支部建设考核标准的要求，加强了党组织建设。对全体党员广泛开展党风廉政警示教育。

2. 抓企业改革与宣传思想教育工作

始终围绕“改革年、管理年、思想政治工作年”的工作重点，大力加强宣传思想工作。特别针对机关机构改革和公司减人增效这些难点问题，作了思想宣传和舆论引导工作，收到了较好效果。

3. 党风廉政建设工作

据不完全统计，今年全公司缓建办公大楼项目3个，节约资金1750万元；取消各类会议5次，压缩和合并会议24余次，节约资金7.35万元；取消庆典活动2个，简办庆典活动3个，节约资金5.35万元；各类通信费用较之去年节约10余万元；取消各种评比检查9次，节约5万元；取消和暂缓购置小汽车79辆，共节约2171.8万元；取消出国项目5个，节约资金14万元。

4. 扶贫工作

已使包扶村90%以上的农户达到了温饱。2000年又出现了历史上罕见的特大旱灾，给群众生产、生活带来了极大的困难。面对严重的灾情，公司及时地调整了扶贫工作的指导思想和工作重点，紧紧围绕“抗旱救灾”这个中心，开展了以秋补夏、大搞劳务输出、献爱心送温暖等自救活动。为包扶村捐赠了衣服被褥12962件、粮食籽种75391kg、教育经费33075元、课桌凳145件、微机4台等。总投资折合人民币563251元。确保了灾区群众安全度荒，使灾害损失减少到最低程度。受到了灾区群众的赞扬和上级的表彰。

工会

工会4月份召开了六届一次工会会员代表大会，完成了工会组织的换届工作。总结了上届四年的工作，安排部署了2000年的目标任务。2000年，电业工会先后举办计算机技术、焊工技术、会计知识、变电值班员技术、继电保护专业技术等五项大赛，涌现出一批能手。其中，组队参加全国电力系统变电运行技能大赛获团体第二名；代表自治区参加全国总工会举办的职工计算机比赛获团体第二名；参加全国第二届会计知识大赛获（笔试）团体第六名；组队参加西北电力系统第七届焊工技术比赛获团体第二名；组队参加自治区车工、钳工、电工等五项比赛均获得好成绩。全年有1名职工获全国技术能手称号、1名职工获国电公司技术能手称号、8名职工将获得自治区“五一”劳动奖章、12名职工将获得自治区技术标兵称号。电业工会还先后组织了职工歌手大赛、游泳比赛、武术比赛、篮排球比赛、钓鱼比赛等大型职工业余活动6项。机关劳动服务公司一名职工在2000年中国邯郸国际太极拳联宜会比赛中获个人表演金奖，获陈氏太极拳比赛银奖；基层一名职工的体育邮票专集在悉尼奥运会上获银奖；参加自治区西部大开发演讲的3名选手获优秀奖。

并贯彻了国电公司2000年青年工作会议精神，围绕企业生产经营，继续深化“号、手”活动，全面推进创新创效活动。开展了“城农网建设与改造工程青年突击队”活动；开展了“我为保护母亲河尽微力”捐款活动；举行了第二届电力青年英语竞赛的活动；表彰了“万千百十”青工安全竞赛活动中涌现出的先进集体和个人。

主要事件

1月8日，自治区党委书记毛如柏听取宁夏电力公司党委工作汇报。

1月27～29日，宁夏电力公司七届一次职代会暨电力工作会议在银川隆重召开。

2月25日，宁电公司在青铜峡水电厂召开科技生产工作会议。

3月16日，中共西北电力集团公司党组（西电集团党字［2000］14号）任命：马力克同志任宁夏电力公司（局）党委委员，副总经理（副局长）；免去孔繁金同志宁夏电力公司（局）党委委员，副总经理（副局长）职务，退职休养；免去李桂荣同志宁夏电力公司（局）总会计师职务，退职休养；免去张嗣兴同志宁夏电力公司（局）总经济师职务，另行安排工作。

3月16日，中共西北电力集团公司党组（西电集团党字［2000］15号）任命：高风林同志担任宁夏电力公司（局）党委委员、工会负责人。

3月26日，宁夏农电体制改革全面展开。我区青铜峡、灵武两市的20个乡镇电管站换上了由电力部门直管的乡镇供电所的牌子，成为电力行业最基层的供电机构。

4月17日，宁电公司党委会议研究，决定将政治部、宣传处、新闻中心、保卫处、组干处和双文明办公室进行体制性合并，设立宁夏电力公司思想政治工作部。公司机关党委、宁夏电力公司团委挂靠思想政治工作部。

4月25日，宁夏电力公司被自治区党委和人民政府授予“宁夏回族自治区模范集体”称号。这是第一次授予企业“模范集体”的称号。

4月26日，宁夏电业工会六届一次会员代表大会在银川召开。经大会选举，报经审批，高风林任宁夏电业工会第六届委员会主席，李福德任副主席，赵华威等10名同志任常委。

6月1日，全国政协副主席李贵鲜率领全国政协常委视察团，在自治区领导陪同下，来到青铜峡水电站视察，就电站的基础设施、库容蓄水、防凌、防洪、发电灌溉情况进行了详细地调研。

6月13日，由国家电力公司和国家电力规划总院主持召开的石嘴山电厂4×30万kW扩建工程初步设计审查会在银川召开。工程于1998年12月被国家电力公司列为“2000年燃煤示范电厂”项目。1999年12月工程可研报告获国家批准。

6月8～23日，在全国电力行业变电站值班员技能竞赛上宁夏获团体第二名。王瑞红获个人第三名、阎军获个人第11名。

7月10日，宁夏电力公司机构改革动员大会在银川召开。标志着以规范机构设置、转换内部机制、强化管理职能、提高办公效率为指导思想的宁夏电力公司机关机构改革工作全面展开，这项工作于9月30日结束。经过改革，公司机构由原来的29个处室精简压缩成“十三部一中心一委”：总经理工作部、经营管理部、计划发展部、基建工程部、人力资源部、财务管理部、生产技术部、安全监察部、营销与配电部、综合管理部、审计部、思想政治工作部、监察部、宁夏电力调度中心、宁夏电业工会。

8月18日，在宁夏第二届会计知识大赛上，宁夏电力公司代表队荣获团体第一名。

8月21～23日，国家电力公司西北公司总经理谢振华一行来到宁夏电力公司，就上划西北公司的电力资产运营状况、电网运行情况、企业经营管理工作等进行实地考察。

9月2日，宁夏电机工程学会第六届会员代表大会，在银川召开，经选举产生了理事，并召开第一次理事会议，选举了理事长孟昭靖。

9月14日，自治区政府主席马启智在自治区经贸委主任吕重光、宁夏电力公司总经理刘应宽的陪同下，到大坝电厂考察工作。

9月16日，石嘴山电厂4×300MW扩建工程土建施工合同签字。自治区第二建筑集团公司、自治区第一建筑公司、宁夏电力建设安装公司为各标段中标施工单位。

9月18日，宁夏电力公司开展“安康杯”百日安全生产劳动竞赛活动。活动目标是杜绝人身死亡事故、消灭大面积停限电事故和消灭特大交通事故。截至2001年1月10日结束。

9月25日，全国水电工委副主席刘建民、组宣部长赵金生、西北电力工委史高社到大坝电厂考察调研。

10月14日，国家电力公司（国电任［2000］101号）对宁夏电力公司领导班子做出调整决定：任命曹友治、郭少锋任宁夏电力公司（电力局）副总经理（副局长）；赵华威任宁夏电力公司（电力局）总会计师；免去姚冬生、张崇仁宁夏电力公司（电力局）副总经理（副局长）职务。

10月14日，国家电力公司党组（国电党任［2000］43号）任命曹友治同志为中共宁夏电力公司（电力局）委员会委员、副书记；郭少锋同志为中共宁夏电力公司（电力局）委员会委员；免去姚冬生同志中共宁夏电力公司（电力局）委员会副书记、委员职务；免去张崇仁同志中共宁夏电力公司（电力局）委员会委员职务。

11月6～7日，宁夏电力公司召开农网建设与改造工作会议。

11月10日，中共中央政治局委员、中央政法委书记罗干到大坝电厂考察工作。

11月16日，自治区政府以宁政办发［2000］175号文转发自治区经贸委、劳动和保障厅、宁夏电力局《关于宁夏农电体制改革中趸售代管县级供电企业上划宁夏电力公司人员安排意见》的通知。

11月17日，永宁县供电局上划宁夏电力公司管理。宁夏电力公司总经理刘应宽、公司顾问张崇仁、自治区经贸委副主任刘学军、永宁县政府有关领导参加了签字仪式。

11月24日下午，自治区党委书记毛如柏在自治区党委常委马文学和区市有关领导陪同下，到宁电公司考察电锅炉试点情况。宁电公司把电锅炉试点作为今年开拓电力市场的重点工作之一。并确定了全区10个居民小区进行试点。

12月20日，宁夏电力公司再次被确认为自治区文明行业。

12月31日，西吉、隆德两县供电局上划电力公司管理。

新疆维吾尔自治区电力工业

一、概况

2000年末，自治区发电设备装机容量445.86万kW，其中火电351.99万kW，水电86.81万kW，风电7.06万kW。年内新增发电设备容量50.46万kW，其中火电43.25万kW，水电7.16万kW，风电0.05万kW。年内报废发电设备容量1.5万kW。自治区6000kW以上容量发电厂(站)104座，其中火力发电厂67座，水力发电站33座，风力发电厂4座。5万kW以上容量火力发电厂18座，水力发电站3座。

2000年末，自治区35kV以上送电线路933条，23632km，其中220kV线路20条1776km，110kV线路213条8068km，35kV线路700条13788km。35kV以上变电所533座，变电容量735.3万kV·A，其中220kV11座201.6万kV·A，110kV 109座344.73万kV·A，35kV413座188.97万kV·A。

2000年自治区完成发电量182.98亿kW·h，比1999年增长8.08%，其中火电150.71亿kW·h，水电30.53亿kW·h。

2000年全社会用电量182.9824亿kW·h，比1999年增长8.08%，其中农林牧渔水利业用电21.3514亿kW·h，降低2.2%，工业用电121.0846亿kW·h，增长11.08%（轻工业增长24.56%，重工业增长8.12%），地质普查和勘探业用电0.5057亿kW·h，降低39.17%，建筑业用电1.4156亿kW·h，降低16.08%，交通运输和邮电通信业用电3.6483亿kW·h，增长3.93%，商业、饮食服务、物资供销及仓储业用电7.4932亿kW·h，增长16.57%，其他事业用电9.1869亿kW·h，增长0.12%，城乡居民生活用电18.2970亿kW·h，增长8.70%（其中乡村增长10.00%，城市增长8.26%）。

2000年自治区6000kW及以上容量发电厂发电设备年平均利用小时4744h，其中火电设备年平均利用小时4901h，水电设备年平均利用小时4183h，风电设备年平均利用小时2480h。火力发电厂供电标准煤耗率489 g/(kW·h)，比1999年降低11 g/(kW·h)。发电厂用电率8.83%，比1999年升高0.1个百分点。自治区线路损失率8.22%，比1999年升高0.19个百分点。

2000年自治区5万kW以上容量发电厂（站）统计见下表。

2000年自治区5万kW以上容量发电厂（站）统计表

类别	序号	发电厂（站）名称	发电设备容量（万kW）	发电量（亿kW·h）	设备年均利用小时（h）
火力发电厂	1	苇湖梁发电厂	12.50	7.24	5788
	2	苇湖梁发电有限公司	12.50	4.07	5280
	3	红雁池发电厂	30.50	18.18	6058
	4	红雁池四期发电有限公司	10.00	6.65	6648
	5	红雁池第二发电有限公司	20.00	6.63	3070
	6	玛纳斯发电有限公司	62.00	37.98	6330
	7	巴楚燃气电站	5.00	7.23	1451
	8	哈密地区第二发电厂	7.40	4.40	5948
	9	伊犁第二发电厂	5.00	1.99	3785
	10	塔什店发电厂	10.50	3.96	3772
	11	拜城发电厂	8.00	3.95	4943
	12	克拉玛依发电厂	18.90	7.18	3800
	13	乌鲁木齐石化热电厂	11.20	6.44	5747
	14	独山子炼油厂电厂	13.00	6.50	5000
	15	东疆油田电厂	5.44	1.25	2299
	16	泽普油田电厂	7.58	1.78	2345
	17	轮南油田电厂	8.24	1.88	2282
	18	后峡电厂	6.65	2.58	3874
水电站	1	红山嘴水电站	5.71	2.30	4033
	2	托海水电站	5.00	2.26	4528
	3	大山口水电站	8.00	3.29	5049

二、电力建设

2000年自治区电力基本建设完成投资91840.5万元（发电57716万元，送变电24287万元），均为国家电力公司项目。

(1) 建设规模。发电工程总容量112万kW共70台，送电工程110kV及以上1164.6km共16条，变电工程110kV及以上105万kV·A共16台。

(2) 施工规模。发电工程总容量112万kW共70台，送电工程110kV及以上491.9km共7条，变电工程110kV及以上14万kV·A共2台。

(3) 投产项目。①发电工程总容量33.7万kW

共3台，主要工程项目有：红雁池第二发电有限责任公司1号机组（20万kW，9月6日投产）、苇湖梁发电有限责任公司2号机组（12.5万kW，5月29日投产）、拉斯奎电厂4号机组（1.2万kW，12月30日投产）。②送电工程186.9km共6条，主要工程项目有：红雁池第二发电有限责任公司至东戈壁线（220kV，全长38km，11月28日投产）、米泉至昌吉开口线（220kV，全长8.5km，4月30日投产）、红雁池第二发电有限责任公司至老满城线（220kV，全长33.9km，6月1日投产）、头屯河至老满城线（220kV，全长35.3km，6月1日投产）、奎精线开口至哈图布呼线（110kV，全长13.2km，3月14日投产）、色里布亚至牌楼线（110kV，全长58km，7月投产）。③变电工程2万kV·A共1台，工程项目是哈图布呼变电所（110kV，2万kV·A，11月17日投产）。

(4) 前期工作。"新疆维吾尔自治区'十五'电网规划"2000年底已获国电公司原则批准。吉林台4×11.5万kW水电工程项目12月20日已经国务院批准立项。全疆联网工程技术经济论证工作按计划展开。

三、生产经营

2000年末新疆主网装机容量271.77万kW，发电量134.7亿kW·h，比1999年增长17.27%。发电设备年平均利用小时5296h，比1999年增加41h。火力发电厂供电标准煤耗率468g/(kW·h)，比1999年增加14g/(kW·h)。发电厂用电率8.69%，比1999年升高0.29个百分点。线路损失率7.28%，降低0.13个百分点。

新疆电力公司直属发电企业完成发电量31.5亿kW·h，比1999年增长6.28%。设备年平均利用小时5837h，比1999年增加106h。供电标准煤耗率474g/(kW·h)，比1999年降低17g/(kW·h)。发电厂用电率9.02%，比1999年降低0.53个百分点。新疆电力公司直属供电企业线路损失率7.07%，与1999年相同。

新疆电力公司完成售电量105.9亿kW·h，比1999年增长7.98%；利润总额完成703万元；投资收益率完成0.76%；资产保值增值率完成100.31%；资产负债率完成74.5%；应收电费余额完成11659万元；上缴投资收益766万元。多种经营总收入116483万元，实现利润2218万元。

四、科技教育

公司制订了科技创新战略和教育培训战略，组织评审并表彰了41项科技进步奖项目，电力信息化等重要科技项目按期完成，建立了公司工程技术专家库。公司荣获自治区科技兴新先进单位称号。年内还举办了金融财税、信息技术等一系列知识讲座，组织完成各类培训5200多人·次。

五、企业管理

2000年公司紧紧围绕改革、发展、管理、效益和精神文明建设五个方面的任务，突出"一个管理年"、"两个战略"、"三项责任制"，克服经营中诸多困难，各项管理工作不断进步。

配合自治区政府机构改革，对现承担的政府职能、行业管理职能和企业职能进行了分解和清理，按照现代企业制度要求对公司机关进行了改革，将以行政职能为主的31个处室改为以经营管理为主的20个部室，并完善了相应配套改革措施和管理措施，实行了调研员制度，先后派出48名处级干部参加了工商管理和其他类型的学习班。认真开展减人增效工作，完成了国家电力公司下达的减人增效计划指标。组建成立新疆电力工会，以适应新疆电力统一管理形势。以"三个代表"为指导，认真开展了"三讲"教育和"三讲"教育"回头看"活动，制定并实施了领导干部回避制度等18项整改措施。精神文明建设取得了显著成果，共有8个单位荣获国电公司双文明单位称号，1个单位获国电公司思想政治工作优秀企业称号，14个单位获新疆电力公司思想政治工作优秀企业称号。

坚持"先改革后改造，以改造促改革"的原则，对县级供电企业和乡镇电管站的体制进行了改革，先后制定了《县级供电企业管理办法》、《乡镇电管站体制改革实施办法》、《乡镇供电所管理办法》。至年底，自治区84个县（市）中有83个县（市）理顺了电力管理体制，已成立571个县供电企业派出机构—供电营业所，管辖673个乡镇，占自治区849个乡镇的79.27%，农村低压电网均纳入县供电企业统一管理，截止年底自治区共精简农村电工2850人。自治区已有315个乡镇、3174个村、50.64万户、近250万农牧民用电实行了电量、电费、电价"三公开"，和销售、抄表、收费、服务"四到户"，及电价、发票、抄表、核算、考核"五统一"。加快核定乡及乡以下农村电网维护管理费工作，有78个县出台了农村低压电网维护管理费或最高限价，同时完成了电价测算工作并积极与物价部门协商出台过渡性还息电价的政策，以县为单位出台还本付息电价工作正在进行。2000年自治区农村电网建设与改造工程计划投资规模为130000万元，(其中中央预算内专项资金26000万元、农业银行贷款104000万元)，涉及66个县市513个项目，重点安排36个竣工验收县项目，中央预算内专项资金已全部到位。年内完成投资 20737 万元，占总投资 15.95%，建成与改造 110kV 变电所 13 座，容量 26 万 kV·A，输电线路 299km；35kV 变电所 52 座，容量 17.8 万 kV·A，输电线路 1381km；10kV 线路 12926km，低压线路 12902km，新增和更换配电变压器 7662 台 39.7 万 kV·A。线路与变压器损耗由改造前的 35% 降低至 22%，农村用电平均电价由 1.47 元/(kW·h) 降至 0.96 元/(kW·h)。

加快厂网分开、建立发电侧电力市场工作的步伐。玛纳斯发电有限责任公司债转股获得国务院批准，苇湖梁发电厂、红雁池发电厂、风力发电厂资产重组工作正在积极进行。

积极推进主辅分开工作，对各类多种经营公司进行了清理整顿，没有效益、扭亏无望的公司坚决“关、停、撤、并”。在建立现代企业制度和明确资产经营责任基础上，组建了以“新能”为统一品牌的专业公司：新能物资集团公司、新能物业管理公司、新能投资公司、新能房地产开发公司、新能信通公司、新能实业公司。

强化安监机构，充实安监人员，坚持“三不放过”的原则，与直属、控股、代管单位签定了《安全生产责任书》，组织学习国家电力公司新颁布的《安全生产工作规定》，制订了公司安全生产奖惩、防人身伤亡事故等一系列规章制度。全年未发生重大设备事故、主设备损坏事故、重大火灾事故；直属单位未发生系统瓦解、大面积停电事故和恶性误操作事故，一般性设备事故比 1999 年减少 21 次。

加强节能降耗管理，完善燃料采购供应、质量保证和成本控制管理体系。城网改造力度加大，完成投资 19404 万元。安全文明生产达标创一流工作实现零的突破，玛纳斯发电有限责任公司成为西北五省第二个获得“一流火力发电厂”光荣称号的企业，调度中心、电力试验研究所获得了国电公司达标企业称号，哈密二电厂、塔什店火电厂和大山口水电厂获得省级达标企业称号。

强化财务管理，对资金实行集中统一管理，制定了控股企业资产评估划转、财务稽核管理、资金管理、国有资本金管理、预算管理、会计电算化管理等一系列制度。加强投资管理，建立了投资收益管理和考核的规章制度。公司系统全年共完成审计项目 311 项，签证审计 706 份，查出违规金额 4116.56 万元，已纠正 3250.73 万元，促进增收节支 1092.49 万元，提出审计意见和建议 281 条，已采纳 255 条。加强市场营销工作，提出了转变观念、落实责任、优质服务、经济调度等方面的 11 条具体措施。制定并实施了公司供电企业优质服务管理规范，开展了电话报装、预约服务等活动，规范报装接电的管理，缩短流程。开展“一户一表”改造试点工作。走访大客户，召开了客户座谈会，接受社会监督，还举办了大型“家电宣传周”活动，第一次向社会打出了“新疆电力”的品牌。

六、主要事件

1 月 21 日，2000 年度新疆电力公司工作会议暨二届二次职代会召开。全国总工会书记处书记董力、自治区人民政府副秘书长张仁杰、西北电力集团公司纪检书记薛光、自治区总工会党组书记李志敏、中国水电工会副主席唐志翔等到会祝贺，国家电力公司发来了贺信，自治区电力系统 300 余名代表参加了会议。

1 月 24 日，新疆电力行业协会成立大会召开。

5 月 14 日，20 时 28 分自治区单机容量最大机组—红雁池第二发电厂 1 号机组并网发电。

5 月 16 日，自治区电力安装企业首次承担安装的国外工程—苏丹喀士穆炼油厂自备电站工程竣工投产。受到苏丹民主共和国及建设方的高度评价。

5 月 24 日，16 时 40 分自治区迄今已建成的最长输电线路 220kV 楼（楼兰）—哈（哈密）线并网运行，新疆主电网延伸至哈密。

7 月，自治区城镇居民住宅用电一户一表改造工程启动。

9 月 16～21 日，国家电力公司总经理高严在乌鲁木齐参加全国电力企业管理工作会议后，在国电西北公司总经理谢振华、新疆电力公司总经理张铭洲等领导陪同下，前往新疆风力发电厂、吐鲁番电业局和喀什水电公司等企业调研。

10 月 10 日，自治区副主席吾甫尔·阿不都拉在新疆电力公司总经理张铭洲陪同下视察和田地区墨玉县和克孜勒苏州阿图什市阿扎克乡的农网建设与改造工程。

10 月 12 日，自治区副主席吾甫尔·阿不都拉在新疆电力公司总经理张铭洲陪同下参加了喀什火力发电厂开工奠基仪式。电厂分两期建设，一期工程规模 2×5 万 kW，二期工程规模 2×12.5 万 kW。

10 月 20 日，新疆电力公司召开 2000 年优质服务月记者招待会，《新疆日报》、《新疆经济报》、新疆电视台、新疆有线电视台、新疆广播电台及乌鲁木齐电视台等新闻媒体记者到会。

10 月 27 日，自治区党委书记王乐泉带领党委、政府有关部门负责人来新疆电力公司调研，新疆电力公司总经理张铭洲汇报了公司近期工作和今后工作布署及发展思路，王乐泉充分肯定了新疆电力公司的工作成绩，指出“新疆电力工业要走跨越式发展道路”。

10 月，新疆电力公司在城乡供电企业中开展了

"优质服务月"活动。

11月11日，国家电力公司授予玛纳斯发电有限责任公司一流火力发电厂称号，系自治区第一家获此殊荣的发电企业。

11月21日，新疆电力工会首届代表大会召开，新疆电力公司党组书记、总经理张铭洲到会作重要讲话。选举产生了由32人组成的第一届委员会和由9人组成的常委会，公司党组成员、工委主任李纪全当选为主席。

12月20日，国务院总理办公会议通过了新疆吉林台一级水电站项目建议书。

12月28日，巴音郭楞州电力公司诉和静钢铁厂拖欠巨额电费案，由自治区高级人民法院审理判决，被告和静钢铁厂支付电力公司欠付电费、违约金、案件受理费共计71769594.23元。

2000年，新疆电力公司采取优惠措施，鼓励用电，增供扩销，开拓电力市场，具体措施有：①从2000年6月起，供（配）电贴费减半收费，城乡居民生活照明用电免收贴费；②推行洁净能源，实行居民生活用电三段式优惠电价；③投资55亿元，进行农网改造，供电到户，抄表到户，收费到户，服务到户；④推行家庭电气化及一户一表，取消中间环节。鼓励企事业单位将生产、生活用电分开。⑤推广蓄热、蓄冷技术，帮助用户降低能耗，降低用电成本。⑥在乌鲁木齐市先行启动家庭电气化环保示范小区。⑦制定新疆电力公司供电企业优质服务管理规范。

（旷路明）

西北电力建设集团公司

一、综述

2000年是西北电力建设集团公司巩固1999年改革成果、加速发展并实现了整体工作上台阶的重要一年，是夯实基础工作、实施管理创新、经营管理纳入法制化轨道的管理年，也是面对严峻的电力建设形势和电建市场竞争极其激烈的挑战和考验，市场开发取得显著成效的一年。全年完成经营总额8699万元，为年计划7610万元的114.3%，同比增长17.5%。其中工程建设3878万元，为年计划的105.7%，同比增长15.6%；多种经营4821万元，为年计划的122.4%，同比增长30.9%。完成全员劳动生产率86814元/(人·年)，为年计划78942元/(人·年)的110%，同比增长7.8%。实现利润227.6万元，为年计划100万元的227.6%，同比增长126.3%。职工收入较去年增长了16%。

公司的企业档案工作通过省、部级认定，获陕西省档案工作目标管理先进单位，人事档案工作通过了省公司的验收，达到二级标准；西北电建调试所荣获团中央、国家电力公司"青年文明号"；公司连续九年被评为西安市长乐西路地区综合治理先进单位；获得西安市"安全单位"和新城区"安全小区"称号；连续五年获西安市长乐西路地区精神文明先进单位；通过了省工商局的省级"重合同、守信誉"企业初验。

二、电力建设

（一）宝鸡第二发电厂工程

宝二工程，按照陕西省电力公司"一台比一台好"和3号、4号机组达标投产、创"国优"的目标及"三个具备、七不启动、四个一次成功、六项指标创新"的要求，先后三次组织参建单位有关负责人赴山东、华东考察学习；元月22日，在现场召开"宝二1、2号机组经验总结暨3、4号机组创精品研讨会"，提出3、4号机组达标投产、创"国优"的9项技术指标、5项具体要求及措施。会后，各参建单位成立创精品工程领导小组和技术攻关小组，设立创精品奖励基金，分级落实责任，优化技术方案，细化质量标准。西北电建集团公司两次组成检查组对各参建单位精品研讨会的落实情况进行检查，敦促整改，使创精品工作稳步推进。经过努力，3号机组于2000年9月28日完成168h满负荷试运，10月10日完成甩负荷试验。机组燃油量、自动投入率、发电机漏氢量、真空严密性、振动等技术指标达到省公司的要求，创精品的9个指标全部达到，机组整体质量比1、2号机组有显著提高，在11月27～29日陕西省电力公司质监站的检查评定中得98分，机组建设工程质量被评为优良。同时涌现了电缆敷设、二次接线、小管道布置、支吊架安装、平台扶梯栏杆、焊缝、保温油漆等一系列闪光点。4号机组于11月26日锅炉酸洗，12月26日锅炉冲管完。工程全年完成建安投资2.74亿元。

（二）灞桥热电厂改扩建工程

灞桥改扩建工程按照创省优、省级文明工地的目标，西北电建集团公司在积极组织内部招标、确定分包单位的同时，加强工程质量和进度管理，严格执行质量体系标准，全年进行的20个单位工程总体质量优良，尤其是烟囱工程质量受到陕西省电力公司质监站及各方好评。成立计算机应用推广小组，应用P3软件编制施工进度网络计划，建立了工程主页，开辟了工程、经营、物资、合同管理等八大栏目；与西安交通大学合作开发的经营管理软件和一些应用软件，已投入使用；工程利用局域网与西北电建集团公司本部及参建单位实现了远程登录和访问，进行数据传递。该工程3月31日主厂房开挖，6月28日奠基开工，7月底烟囱到顶，至年底主厂房框架施工至4.95m，水塔垫层完，底板混凝土完。

（三）蒲城电厂二期工程

蒲城电厂二期工程于10月30日开工后，西北电建集团公司组建的蒲二工程建设公司，很快出台了第一批14项工程施工有关管理制度，建立了计算机局域网和安全体系网络，签订了委托安全咨询管理协议。至年底，3号水塔到顶，4号水塔施工至第8节，烟囱外壁施工至135m，内筒壁砌筑至120m，主厂房3号机部分封闭完，3号炉钢架吊装2层。

（四）工程监理

西北电建监理公司遵循“监理以人为本，服务以质取胜”的方针，全年实施工程监理10项。伊朗阿拉克电厂1号机组并网发电，2号机组锅炉点火。温州电厂3号机土建完成90%，油循环完，锅炉酸洗完；4号机土建完成75%，高中压缸中心找正，锅炉安装50%。阳城电厂1号机10月完成168h，2号机9月26日整套启动，3号机分部试运，4号机四大管道安装70%，5号机受热面焊口完成2906道，6号机汽机基础具备交安条件。准格尔电厂二期扩建工程主厂房封闭完，3号炉吊装三层钢架。

（五）工程调试

西北电建调试所全年负责或参与调试机组10台，容量2256MW完成机组调试3台，计525MW。宝鸡二电厂3号机组完成168h试运移交生产，新疆红雁池1号机组于9月6日完成168h试运移交生产、2号机组于12月26日并网发电；河南郑州兴隆铺热电厂1号机组于9月4日完成72+24h试运移交生产。同时还参与了山西阳城电厂、浙江温州电厂调试监理，广东岭澳核电站工程调试，广东大亚湾核电站机组质检工作。

三、企业管理

（一）安全

2000年，西北电建集团公司按照“一并举、三坚持、四到位”的安全工作思路，成立了总经理为首的安全工作委员会，建立了安全组织保证和监督体系及安全工作例会制度；编制出台了《安全生产奖惩办法》、《安全文明施工现场考核标准》等6项安全管理制度和文件；与五个经营单位和车管科签订了安全责任状，完善了安全风险抵押金制度；邀请电力建设安全专家在蒲城现场进行实地宣讲培训，对中层以上干部及现场全员共210人进行了安规考试等；开展安全生产周、安全月、百日无事故活动，全年进行了28次安全检查，处理违章23人·次，罚款27950元。宝二工程安全管理在国电公司组织的在建工程检查中评为四个抽检工程之首。全年实现了“三无、两减少、一达标”的安全目标，陕西电力建设企业连续两年无人身死亡事故。

（二）质量

2000年3月15日《质量手册》颁布后，多次组织质量体系宣贯，进行全员和内审员培训，并通过内部审核、管理评审、模拟审核，及时整改不合格项，公司质量体系逐步完善。全年共进行了19次工程建设项目质量监督审核活动。经过努力，于2000年9月15～17日通过了认证机构的现场审核，10月25日通过北京九千质量认证中心技术委员会的审查，获得国内、国际质量体系双认证证书。

（三）经营

2000年是公司的“管理年”，重点做了以下工作：一是围绕经济责任制和考核考评，先后出台了经营责任制、成本核算、资产管理、劳动工资、招投标、市场开发等一系列管理制度，81项；二是加大规章制度的执行力度。制度出台后，举办管理制度培训班，执行中进行内部控制制度的审计调查和效能监察，对不照章办事者进行及时处理，保证了制度的良好执行；三是加强财务管理。充分发挥会计核算和资金结算两个中心功能，在资金集中、分级核算的原则下，清理账户24个，建立三个经营单位的二级结算账户，实现了工资自行发放、总额控制管理；四是强化成本管理，对电话费、差旅费、交通费、办公费、业务招待费等进行规定，对经营单位进行成本控制，对本部出台管理费用控制标准；五是强化经营责任制的执行刚度，通过“千分制”对经营单位进行经营责任考核，增大了考核的覆盖面，每年至少检查考核两次；六是加大审计监管处罚力度，进行任期经济责任、内控制度、财务收支及小型基建的工程项目全过程审计。全年完成审计20项，审减资金31.8万元。对杨泉违反财经纪律开除公职，对违规违纪的原送变电建设公司负责人及单位分别给予了行政警告和通报批评，收缴了11人超量多发违纪资金22万余元；七是规范合同管理，出台合同管理办法，建立合同台账，对重大合同签订前要相关部门会签，审计、政法室把关，对合同执行情况及时了解检查，编制合同季报；八是加强对以往投资的清欠和连带担保责任的处理。回天公司股权经多次洽谈，已与天津天士力集团签订了股权转让协议；连云港地产经过多次艰苦谈判，已签订了按原购地价还款协议，2004年底前收回全部价款；海丰地产签订了土地转让合同，定金已到账户。对原总公司800万元连带担保一案，在一审败诉情况下，经过努力，上诉至省高级人民法院时胜诉，避免了经济损失。

四、企业改革

在积极巩固1999年改革成果的基础上，2000年，着力加强公司本部机构改革后的协调运作。与经营单位签订经营责任书，出台管理办法和考核细则，由各部门通过“千分制”对经营单位进行全面考核；建立机关管理工作考核，由各经营单位及工会四个专委会按季度对各职能部门考评。机关的奖金与各经营单位的经营成果挂钩，建立了管理部门与经营单位的双向制衡机制，形成利益共同体。加快主辅分离步伐。物业体制的改革按照年初确定的有偿服务、逐步剥离的步骤，成立改革领导小组，改制初步方案已出台；按照有进有退的原则，对子弟学校提出2000年秋季停招、2001年暑期停办的思路和目标，并得到顺利推进；把幼儿园与子弟学校剥离划归至诚物业，进行规划整修和硬件设施投入；多经体制改革经过广泛调研论证，已出台初步方案。

五、多种经营

发展多种经营是西北电建集团公司实现“双翼齐飞”的关键。

星源公司全年完成经营总额3828万元，实现利润128万元，资产保值增值率109%，实现了6%的增长速度。具体做法是：①对招待所、美食城进行机构、人事改革，所有岗位进行竞聘上岗，实行全员劳动合同制。改革后，招待所、美食城用工减少37人；②强化内部经营管理，签订《委托经营责任书》，建立经营活动分析会制度，坚持月、季、半年度经营活动分析；③完成了渭河近588亩❶租地的还耕工程；④通过星源成立两周年暨多功能楼开业活动、举办大型桥牌赛事等活动，扩大了知名度。

回天公司方面，6月16日，西北电建集团公司与省医药总公司召开股东会，通过了新的公司章程，选举了新一届董事会和监事会，并通过了引资合作的决议。11月10日，与天津天士力集团公司签订了股权转让合作协议。在另一股东方不到位的情况下，西北电建集团公司始终履行股东职责，调整、充实经营班子，多次现场办公，解决实际困难。回天公司全年完成产值785.3万元，销售收入410万元；顺利通过了国家药品监督管理局GMP动态认证，成为陕西省取得该证的3家制药企业之一；自行试制出第二个产品丙种球蛋白4批，检验合格率90.18%；在11个省地建立了销售网络；加大职工培训力度，邀请外籍专家和国内教授授课，全年人均培训240h。

六、职工培训

公司通过各种形式加强干部职工培训，先后进行了法制、项目经理、监理工程师、英语口语、计算机网络、安全员、内审员、质检员、造价工程师、新《会计法》及规章制度培训，全年培训302人次，占全员的66.7%。

七、精神文明建设

以两年内创省公司系统文明单位、三年内达省级文明单位为目标，集团公司始终坚持“两手抓，两手都要硬”的方针，使精神文明建设顺利推进。出台中心组学习、政工例会制度；举办了两次形势报告会；设立了10万元的思想政治工作奖励基金；举办了一期党支部书记培训班；开展民主评议党员活动，“两优一先”评选活动中共涌现出3个先进党支部、5名优秀党务工作者和38名优秀共产党员。开展文明单位创建活动。召开精神文明建设工作会议，制定精神文明建设规划；在“青年文明号”和“青年岗位能手”创建活动中，西北电建调试所荣获团中央、国家电力公司“青年文明号”，两名同志获省公司系统青年岗位能手；开展“劳动竞赛”活动，年底综合评出2个先进单位，5个先进集体，2个先进班组及12名先进个人；推行司务公开，对职代会上的19项提案进行分类整理，提交主管领导，全部答复处理；全年6次召开职代会联席会，对重大决策及制度进行讨论；由职工代表列席司务会议，参与政务。关心职工生活，把医疗改革保险的实施细则与药品目录印发，人手一册，并组织了全体职工（包括离退休）的健康检查，邀请保健专家为400余名职工作健康报告；通过运动会、歌咏比赛、棋牌、组建老年合唱团、围棋活动小组等活动丰富职工的文化活动；开展慰问和扶贫帮困活动，对一线职工、老红军、省级劳模、老领导、大病职工、特困户进行了慰问。开展募捐活动，向安康灾区捐衣物1634件、人民币2981元。

八、主要事件

1月9日，“西北电建‘星源电力杯’名人桥牌赛”在西北电力建设集团公司举行。陕西省副省长潘连生、省政法委书记孙安华、西安市人大副主任李峰等省市领导和陕西桥牌界知名人士应邀参加了比赛。西北电力建设集团公司代表队获第一名。

1月12日，宝二工程1999年度安全工作总结表彰大会在宝二施工现场召开，宝二有限公司对先进集体和个人进行了表彰，并与宝二建设公司、西电一、三、四公司签订了2000年《安全生产责任书》。

1月18日，西北电建监理公司中标江苏省

❶ 1亩＝666.67m^2。

500kV 阳城电厂至东明开关站线路工程（单回路部分）施工监理项目。

1月22～23日，“宝二1、2号机组经验总结暨3、4号机组创精品工程研讨会”在宝二工程现场召开。

2月26日，陕西灞桥电厂改扩建工程施工总承包合同正式签订。

3月8～9日，西北电力建设集团公司首次职代会暨2000年工作会召开。选举产生了公司首届工会委员会、经费审查委员会及4个职代会专门委员会。

3月13～14日，中共西北电力建设集团公司首次党代会召开，选举产生了公司第一届党委会，成员是：朱明清、何德兆、周良福、何怀兴、苏民、王钜、段景祥，朱明清为党委书记，周良福为党委副书记；选举产生了公司第一届纪律检查委员会，周良福为纪委书记（兼）。

3月29日，国家电力公司周大兵副总经理视察宝二工程。

4月30日，西北电建监理公司中标准格尔工程（2×300MW）的安装调试监理。

5月23～25日，中国电力职工政研会基建专委会第13次年会在公司召开，全国66家电力施工企业共116名代表出席了会议。

6月16日，西安回天血液制品有限责任公司2000年第一次股东大会召开，会上通过了新的公司章程和关于引资合作的决议，选举产生了新一届董事会、监事会。西北电力建设集团公司党委书记、副总经理朱明清被推选为董事长。

6月18日，国家电力公司火电建设部刘本粹主任视察宝二工程，提出3、4号机组要争创国优的奋斗目标。

6月22日，公司与咸阳市正阳镇政府正式签订了《渭电三期施工租用地复垦移交协议》，标志着渭河电厂二、三期租用地还耕工程圆满结束。

6月28日，灞桥电厂改扩建工程奠基开工。

9月28日，宝二3号机组168h满负荷试运结束，部分指标达到1999年度全国同类机组先进水平。

10月20日，国家药品监督管理局为西安回天血液制品有限公司颁发《GMP认证书》。

10月25日，公司通过北京九千标准质量体系认证中心的审核，获得ISO9002质量体系国内国际双认证证书。

10月30日，蒲城电厂二期工程开工。

11月11日，陕西蒲城电厂二期工程施工总承包合同签订。

12月27日，陕西省档案局为公司颁发了企业档案工作目标管理省级先进奖牌。

（徐万里）

南 方 四 省 区

国家电力公司南方公司

基本情况

2000年是国家电力公司南方公司（简称国电南方公司）改制为国家电力公司分公司，按新体制运作的第一年，按照国电公司的授权，实施“两个战略、一个管理年、三项责任制”的要求，具体按照“保证安全、拓展电网、注重经营、强化调度、培养人才、管理创新”等六项内容，认真履行分公司职责。

2000年公司负责建设管理的天广±500kV直流工程单极投产送电，天生桥一、二级电站全面建成投产，西电东送能力上了一个新的台阶。全年西电送广东73.6亿kW·h，送广西35.6亿kW·h。

天广三回交流输变电工程于11月3日开工，揭开了“十五”末西电新增向广东送电1000万kW工程建设的序幕，南方电网进入一个新的发展时期。

主要工作

（一）抓西电东送，促公司发展

2000年，国电南方公司遵照国务院关于“十五”末西电新增向广东送电1000万kW的目标及国家电力公司高严总经理关于“西部大开发，电力要先行”的要求，提出把南方电网的西电东送作为西部大开发战略的重要组成部分的设想，把拓展西电东送电网作为头等大事来抓。认真履行区域电网规划的职能，超前研究，及早开展基础性工作，年初向国电公司提出了加快建设天广三回、天生桥经云南罗平至宝峰±500kV交流输变电工程，贵州至广东交直流输电工程，南方电网与周边地区联网的方案。4月7日，国电公司召开总经理办公会议，专题听取南方公司的汇报，确定了加快实施西电东送工程建设的意见。4月

20日，国电公司2000年工作会议在广州召开，会上国电公司领导全面阐述了关于西部大开发，加快南方电网建设，促进西电东送的意见和决心。

6月份，广东因经济发展和油价上涨等因素影响，出现局部缺电局面，如何解决广东经济增长对电力的需求，引起了各方关注。南方公司抓住时机及时与粤、桂、黔、滇四省（区）电力公司协商，就加快西电电源和输电通道建设达成共识；抓紧落实国电公司总经理办公会议精神，积极开展项目前期工作。6月18日，公司向广东省委、省政府和国电公司专题报告，提出了加快西电东送步伐、为广东率先基本实现现代化服务的具体建议和措施，得到了省政府和国电公司领导的重视和支持。为此，广东省政府领导率队考察了贵州、云南、广西的电力资源，并分别签订了“黔电送粤”、“云电送粤”等协议。国电公司也分别与贵州、云南省政府签订了加快西电东送发展的协议。

8月24日，国务院作出了“十五”末新增向广东送电1000万kW的重大决策。广东省政府表示：“要继续贯彻国家西电东送的战略方针，为西南地区开发电力资源提供市场，按照市场经济规律以及厂网分开、竞价上网的原则，根据输送能力的情况，积极吸纳西南电力电量”。为此，高严总经理要求：“西电应该成为解决广东电力紧缺的主要力量”。11月7日，国家计委与国电公司在贵州联合召开西南地区西电东送动员大会和项目开工典礼，朱镕基总理作了重要批示并代表国务院表示祝贺。西电东送迎来了上下同心、东西合力、加快发展的大好局面。

公司为了贯彻国电公司的部署，召开了落实1000万kW动员大会，研究安排了公司负责的电网建设任务。主办了四省五方电力恳谈会，共商落实“十五”末新增向广东送电1000万kW的措施。完成了南方电网2010年目标网架规划、2015年网架设想以及南方公司“十五”发展计划，并通过了国电公司的审定；完成了天广交流三回、天生桥换流站交流场扩建、天广光纤项目以及南宁至平果输变电项目的前期工作，报经国家计委批准了立项和开工建设；完成了“黔电送粤”可行性研究的审查。

（二）电力基建取得了成绩

公司全年共完成基建投资24.54亿元，投产机组容量104万kW，500kV线路960km，变电容量490万kV·A。至此，西电东送建成了252万kW的骨干电源，形成了西电东送“两交一直”三条大通道，送广东容量由原来的120万kW提高到220万kW。

天广直流工程实现年底前单极送电意义重大。天广直流工程是国内20世纪投产的规模最大的直流项目，工程建设的资金保证、物资供应、立塔架线、大件运输、设备安装调试难度很大。同时，2000年广东对西电的需求大幅增加，天广直流工程的建设进度成为各方关注的焦点。为此公司把年内单极送电作为树立公司形象，增强各方对西电东送的信心，落实国务院决策的政治任务来抓，全力以赴，连续作战，务期必成。定期召开基建协调会议，加强现场的管理与考核，严把质量关。国电公司加强了对调试工作的领导，公司加强了与西门子公司高层的协调，认真完善和实施调试启动方案，终于在12月26日正式进入试运行期。这是中外配合，业主、设计、施工、科研、监理单位配合，生产与基建配合，南方公司与四省（区）电力公司特别是广东省电力集团公司配合的结果，为后续项目的建设树立了信心和榜样。国电公司陆延昌副总经理考察广州换流站后，在国电公司2001年工作座谈会上指出：“天广直流工程单极投产，南方公司为国电公司争了光，兑现了国电公司对国务院的承诺”。

天生桥一级水电站全部建成投产。南方公司以高度负责的态度，认真履行工程建设管理的职责，从1991年6月开工，1994年12月截流，到1998年12月首台机组发电，2000年12月全部建成投产，在复杂的环境和艰苦的条件下，呕心沥血，顽强拼搏，克服了资金不到位，技术和移民工作难度大，体制变更的影响等多方面困难，在南盘江上建起了一座大型龙头电站，通过了国家经贸委组织的竣工安全鉴定，工程费用控制在概算之内。一级电站是公司自始至终建设管理的第一个大型电站，累计完成发电量45亿kW·h。建管局和总厂的同志们为一级电站做出了艰苦卓著的努力和积极的贡献。

天生桥二级水电站全面建成。该工程由武警水电指挥部为建设单位，业主南方公司为加强资源管理和质量、工期管理，委派得力的干部组建项目经理部，并就工程建设进度计划与建设单位达成共识；帮助施工单位解决施工设备、网络控制计划、施工组织方案等实际问题；与施工单位签订施工承包合同，项目经理部加强现场的管理协调和督促考核，促使工程进度有了显著转变；严格审查基建年报，切实维护公司的利益。实现了年底前3号隧洞通水和5号、6号机全部投产的目标。项目经理王明均同志对公司高度负责，兢兢业业，锲而不舍，无私奉献的精神，为天生桥二级水电站按期建成投产作出了贡献。

此外，梧州变电站扩建完成，云南罗平至天生桥500kV输电工程完成了基础和铁塔组立。平罗二回工程获得了“国家优质工程”称号。

（三）电力生产安全稳定

全年发生一般事故1次，一类障碍32次，分别比上年减少3次和7次；各生产单位全部实现了三个“百日安全无事故”，天生桥发电总厂连续498天安全无事故。电网频率合格率 99.94%，中枢点电压合格率 99.99%，继电保护正确动作率 97.64%。天生桥一、二级电站和电网实现了安全度汛。

（1）电网调度管理不断改善，西电送广东安全稳定。公司组织修编了《南方互联电网调度管理准则》等调度规则，超前研究安排了天广直流工程投产前后的运行方式，有针对性地做好事故预想和反事故演习。6月5日，广东电网因负荷增长较快出现拉闸限电，天广双回最大负荷达 145 万 kW。针对这一情况，公司即时组织召开南方电网迎峰度夏工作会议，会同四省（区）电力公司研究制定了联络线潮流控制、电网备用容量安排、大机组及重负荷联络线跳闸事故处理等措施。根据负荷状况科学安排设备检修，尽可能利用低谷消缺或采用带电作业。搞好一、二级水库联合调度，确保天生桥一、二级电站机组稳发、多发，机组平均利用小时数达 6059h，保证了天广双回通道满负荷安全稳定地向广东送电，日最大送电量 2884 万 kW·h，为广东经济发展作出了贡献。

（2）落实各级责任制，责任到位、工作到位。认真落实与国电公司签订的安全生产责任制，把保证安全生产放在最重要的位置。修订了《电力安全生产奖惩实施细则》，以责论处、重奖重罚，进一步完善了安全管理激励约束机制。充分发挥安全生产活动分析会与生产协调会的作用，及时协调解决安全生产的重大事项。细化了《两票管理办法》、《设备缺陷管理办法》等一系列规章制度，进一步规范了安全生产管理标准，按合理半径重新划分了各超高压局的线路维护范围。

（3）加强科技工作，电网科技水平进一步提高。公司把加强科技工作作为电网安全稳定的重要支撑点，加大投入，取得了良好的效果。加强西电东送通道能力的研究，提出了在天广直流投运后将向广东输电能力提高到 360 万 kW 的方案。天广交直流并列运行特性研究及安全稳定装置的研制被列入国电公司重点科技项目；南方电网运行分析及决策支持系统被评为国电公司科技进步三等奖；平果变电站自动化系统投入运行，值班人员减少 25%。公司集中资金安排技改项目计划，规范了项目管理的各个环节，项目完成率 97%。

（四）落实经营责任制，经营指标超额完成

（1）以市场为导向，全面落实发售电计划。与 1999 年相比，直属电网上网电量 145.7 亿 kW·h，增长 35%，发电量 95.8 亿 kW·h，增长 70%，售电量 109.8 亿 kW·h，增长 41%；送广东 73.6 亿 kW·h，增长 84%；送广西 35.6 亿 kW·h，为贵州送出 16.3 亿 kW·h，为云南送出 1.5 亿 kW·h。在广东、广西电力公司的支持下，全年共回收电费 17.6 亿元，实现当年电费结零，旧欠回收 50%。同时研究制定了南方区域电力市场的试点方案及电力市场规则等配套措施。

（2）加强资金、成本管理，实现增收节支。全年销售成本增长比销售收入增长低 4.5 个百分点，管理费用控制在预算目标之内，下属单位运行维护费总额比下达的承包计划降低了 3.4%，保证了公司利润目标的实现。严格执行各项财经法规，注重依法经营，顺利通过了国电公司和广东省组织的财务审计，完成了对公司下属单位的财务稽核工作。积极落实退税还贷政策，实现退税 6000 多万元。

（3）对多经系统进行重组，呈现良好发展势头。对原有的多经企业进行重组，成立广东能发集团有限公司，实行统一经营管理，理顺了多经企业产权关系，完善了法人治理结构，进一步规范了运作。新建的白水河水电站（容量 3.6 万 kW）于 10 月 30 日并网发电。多经系统在产品开发、物资供应、工程监理、资本运营、物业管理、后勤服务等方面均取得较好的成绩与效益，利润比上年增长 11%。

（五）坚持改革，实现机制和管理创新

（1）按照国电公司授权认真履行好分公司职责。按照国电公司关于处理好国电公司、分公司、子公司管理界面的要求，找准位置，明确职责和任务，从思想上、观念上、组织上、方法上适应新的机制，在区域电网的战略规划、电力调度、电力营销、经营管理等方面主动开展工作。完善了分工负责、对口联系制度，加强了与南方各省（区）电力公司的沟通，建立了相互依存、相互支持、互利互惠、共同发展的利益关系。积极发挥桥梁纽带作用，增强了南方电网的凝聚力。

（2）实行机构和人事制度改革。以进一步增强公司的生机与活力为目标，以建立竞争机制为核心，以末位淘汰为突破口，公司开展了组织机构、人事管理和分配制度改革。实行末位淘汰、优化组合、竞争上岗，加大干部交流与年轻干部选拔培养的力度，改革工资及奖金发放办法。同时，加大了教育培训的力度，建立了培训中心，完善了三级培训网络，基本完成了年度培训计划。全公司共举办各类专业培训班 124 个，全员培训率达到 84%。

（3）双文明创建取得明显成效。机关共完善了 189 个工作标准，81 个管理标准，健全了技术标准目录，修订了 142 个管理制度；对公司多年来高标准、严要求、从严治理企业的经验进行了系统的总结和提炼，把公司各项工作纳入标准化、制度化管理的轨道，促进管理进一步到位、有效。经国电公司验收，公司被授予“双文明公司”称号，天生桥发电总厂被授予“双文明单位标兵”称号，平果超高压局、调度

通讯中心被授予“双文明单位”称号，为创一流电力公司打下了坚实的基础。

（六）党风廉政建设和思想政治工作

(1) 坚持“三严一表率”，落实党风廉政建设责任。切实加强党的建设，严格按程序改选了直属党委、纪委，配齐了基层党委（党支部）书记，重点抓了《基层党委工作条例》和《基层党支部工作条例》两项制度落实。巩固和扩大了“三讲”教育成果，研究制定了12项配套措施和《关于进一步提高领导干部民主生活会质量的规定》等四项制度，高质量完成了“三讲”教育“回头看”活动，重点抓了理论学习、民主生活会、落实整改措施三项工作，达到了预期目的。

认真落实各级领导干部的党风廉政建设责任。层层签订《党风廉政建设责任书》，加强了从源头上预防腐败行为的工作力度，强调一把手对本单位的党风廉政建设负总责，要求一把手作好表率，带好队伍。健全了监察审计机构，完善了纪检监察、信访举报等制度，完成了年度内部审计计划。结合干部调整，加强了干部任期经营责任审计工作，对公司下属单位费用开支、大修技改重点项目的执行情况进行了抽查审计。年内对总厂等7个单位党风廉政建设执行情况进行了检查考核。全公司未发现违法、违纪案件。

(2) 思想政治工作进一步得到加强。成立了公司工会，召开了首届一次职工（会员）代表大会，收到职工代表提案31条、职工建议68条，已全部落实到承办单位进行办理，较好地发挥了工会和职代会民主管理、民主监督的作用；在平果超高压局开展厂务公开试点的基础上，全面推行了厂务公开工作；加强了政治理论教育和理想信念教育，开展了“我为1000万kW建功立业”系列活动；重视企业文化建设，组织开展了文艺汇演、体育运动会等丰富多彩的活动。

存在的问题

(1) 安全生产的基础还不牢固。麻痹的思想不同程度地存在，人员的安全意识和责任心还有待进一步增强，保证安全的超前思维和预防措施有待进一步落实。安全管理工作中仍然存在标准不高、要求不严、工作不到位的问题。

(2) 管理的基础工作薄弱。三大标准体系和管理制度的系统性、科学性、有效性、严肃性需要进一步加强；管理还不到位，部门之间、机关与下属单位之间的管理秩序需要进一步理顺，职能部门的作用有待进一步发挥；不敢抓、不敢管的现象还存在；勤俭办企业的观念需要进一步强化。

(3) 协调能力和服务水平有待进一步提高，电力市场机制和团结治网机制还没有很好地建立起来。政策研究和经营、科技、人才等配套战略研究滞后。

(4) 队伍建设还跟不上快速发展的形势要求。干部潜下心来钻研的自觉性不够，理论水平、政策水平和业务水平有待进一步提高，教育培训工作需要有新的举措。

(5) 思想政治工作缺乏深入细致的调查研究，针对性、覆盖面和实效性还不够。

公司机构

总经理袁懋振，副总经理梁国庆、张恒伟、吴世昌、曲曙（兼任公司工会主席），纪检组长王玉霜，总会计师冉燕德，国家电力公司华南审计部主任黄聿邦，副总工程师3人。

公司机关机构设置：总经理工作部、人事部、思想政治工作部（含机关党委、机关工会）、计划发展部、财务部、电网部和质监中心站、生产安全监察部、电力交易部、监察审计部、南方电力调度通信中心、天生桥电站建设管理局。

国家电力公司华南审计部。

公司下属单位：国电南方公司天生桥发电总厂，国电南方公司平果、来宾、梧州、贵阳、广州、天生桥、曲靖超高压局。

公司所属第三产业：广东能发集团有限公司，宏源公司，物资公司等。

主要事件

1月18日，国电南方公司召开了改制后的第一次电力工作会议，对过去一年的工作进行了总结，按新机制、新起点提出了2000年工作目标。

2月23日～3月16日，国家计委重大项目稽察组对南方公司负责建设管理的天生桥一级水电站工程进行稽察。稽察发现，该工程建设总体情况较好，但也存在一些问题。

国电南方公司认真执行稽察组的意见和要求，严肃认真地进行了清理和整改，至年底稽察组提出的问题已全部处理改正完毕。

2月底～3月26日，公司天广直流系统运行人员一行26人前往德国SIEMENS公司参加直流运行维护培训，共安排了120个学时，学习了高压直流输电的基本教程，SIMADYND、工作站、交流保护、通信设备等内容，使大家对即将投运的天广直流系统有了进一步的了解。

4月23日，参加国电公司2000年电力工作会议的陆延昌副总经理百忙中抽出时间，在公司张恒伟副总经理、李立呈副总工程师等有关领导的陪同下，到天广直流输电工程广州换流站视察。

5月16日，在西安市举行的'99全国电网调度系统安全总结暨表彰大会上，国电南方公司调度通信中心在电网安全年活动中因表现突出被评为先进单位，中心主任侯卫东被授予先进个人荣誉称号。

5月20日公司办公自动化系统进入试运行。软件办公自动化系统可在局域网中完成公文收发及处理、公告的发布，电子邮件的发送和接收等。各个子系统的安装、调试及与国际互联网的连接、拨号上网和移动办公的功能也在年内完成。

5月29日，公司召开党建暨思想政治工作会议，认真学习贯彻江泽民总书记“三个代表”的重要论述，围绕落实“两个战略、一个管理年、三个责任制”的目标，坚持从严治党，从严治企，从严治领导班子的方针，研究部署如何在新形势下加强党的建设，带好队伍，调动职工的积极性，增强公司凝聚力，为全面完成今年的工作任务和在西部大开发战略中有所作为提供政治上、思想上、组织上的保证。

6月24日～7月8日，公司三讲教育回头看活动开始，公司本部科以上干部、机关党支部书记、离退休党支部书记和所属基层单位党政一把手参加。

7月4日，国家电力公司华南审计部在广州挂牌成立，并召开了第一次工作会议，会议传达了国家电力公司审计部2000年审计工作要点，明确了华南审计部的定位和中心任务，交流了上半年工作的经验，部署了下半年审计工作重点。

华南审计部的审计范围为四川省电力公司、重庆市电力有限公司、贵州乌江水电开发有限责任公司、深圳国电科技发展公司。国电南方公司黄聿邦同志担任审计部主任。

7月11～14日，以国电公司思想政治工作办公室主任石成梁为组长的国电公司“双文明公司”验收小组一行9人，对国电南方公司本部以及平果超高压局、梧州超高压局、调度通信中心进行了为期4天的验收。

7月24日上午9时10分，平果变电站天平一回50431TAC相爆炸，TAC相头部爆炸并起火，C相接地短路，两侧保护动作跳C相，重合闸不成功。重合闸过程中发生第二次爆炸，火势加猛，1109ms故障发展为BC相间短路。系统中断至当天22时18分恢复。

该TA由阿尔斯通所属的比利时宝特公司制造，对事故的分析结果认为，在设备二次绕组端子盒中由于没有屏蔽的电缆和未直接接地，认定此次爆炸系设备质量事故。

7月25日，公司完成了组织机构和人事管理改革。在这次改革中，公司机关有7人进入专家组，2人内部退养，8位一般干部和3位处级干部末位淘汰下岗培训或重新竞聘上岗。同时，交流了11位处级干部，提拔了13位年轻干部到处级岗位。公司中层干部的平均年龄降了4岁，降低至39.9岁。

8月8日，召开公司工会成立大会和首届一次职工（会员）代表大会。广东省直工会等部门的领导出席，并作重要讲话，大会选举产生了首届工会委员会、工会经费审查委员会和职工代表大会各专门委员会。讨论了南方公司职工代表大会条例实施办法、职工代表提案征集和处理实施办法等。

8月30～31日，国家电力公司在福建省福州市召开了国家电力公司思想政治工作会议，国家电力公司南方公司被授予1998～1999年度国家电力公司双文明公司，公司的下属单位天生桥发电总厂被授予1998～1999年度国家电力公司双文明单位标兵，调度通信中心和平果超高压局被授予1998～1999年度国家电力公司双文明单位荣誉称号。调度通信中心还被授予国家电力公司思想政治工作先进单位。

9月10日，天生桥一级水电站第三台30万kW机组通过72h试运行正式并网发电。

11月3日，南方电网“十五”末西电东送广东1000万kW又一条新通道开工建设，该工程在百色市郊建设一座开关站，开工仪式就在开关站址举行，国家电力公司陆延昌副总经理和国家电力公司、广西、广东、贵州、云南等有关单位和部门负责人及当地政府有关负责人和人民群众500多人出席了开工仪式。

11月3日，坐落在黔西南州安龙县德卧镇境内的白水河一、二级电站（容量共3.6万kW），向南方电网送电成功，为加快开发该地区丰富的水力资源，实现资源最佳配置，缓解沿途县市严重缺电的矛盾等方面将起到积极的推动作用。

11月23日，南方电网“西电东送”骨干工程一天生桥二级水电站5号机组完成72h试运行后正式投产，机组与3号引水隧洞同时移交生产单位并投入运行。

12月2日，由国家电力公司南方公司组织，广西、贵州、云南、广东、海南等省（区）电力公司和中电联及香港中华电力公司参加的南方电力恳谈会，在珠海市举行，各公司主要负责人及代表30多人与会。

12月16日，在广州通过对国电公司黔电送粤输变电工程可行性研究报告审查，国家经贸委有关负责人，国家电力公司总经理助理周小谦、战略发展研究部、综合计划及投融资部、电规院等有关部门和单位负责人出席了审查会。

12月25日“西电东送”重点工程—天生桥二级水电站最后一台机组6号机组结束72h试运行，投产发电。

天生桥二级水电站安装6台22万kW水轮发电机组，总装机容量132万kW。

12月25日，天生桥一级水电站最后一台机组完成72h试运行并网发电。至此，该电站全部机组建成投产。

天生桥一级水电站装机容量120万kW，装有4台30万kW机组。

12月26日23时23分，天生桥至广州±500kV直流输电工程单极送电，进入1个月的连续试运行期。这标志着南方电网形成了“西电东送”的第三条大通道和我国第一个交直流并列运行体系。

（刘德禄）

广东省电力工业

一、概况

至2000年底，广东省发电装机容量为3190万kW，其中火电装机容量2301万kW，水电、风电装机容量469万kW，抽水蓄能电站装机容量240万kW，核电装机容量180万kW；由省网统一调度的本省大中型电厂装机容量1765万kW，非省调电源1425万kW。110kV及以上输电线路共25984km，主变容量9130万kV·A。

2000年新增装机容量199.6万kW。新投产大机组有湛江电厂4号机30万kW，珠海电厂2号机66万kW，连州电厂1、2号机各12.5万kW，广州蓄能水电厂8号机30万kW。韶关电厂10号机已进入整组启动阶段；岭澳核电站、云浮发电B厂工程进展顺利；珠海电厂1号机完成发电机修复和试验。投产110kV及以上输电线路1532km，变电容量1143万kV·A。新投产的500kV变电站有北郊站、东莞站、曲江站，容量共375万kV·A；新投产220kV变电站11座，容量共263.2万kV·A；扩建220kV主变压器15台，容量243万kV·A。

全省发购电量1438.8亿kW·h，比1999年增长21.3%，其中发电量1353.4亿kW·h，比1999年增长18.72%；购西南电73.59亿kW·h，比1999年增长84.37%；购香港电5.14亿kW·h。全社会用电量达1335亿kW·h，比1999年增长22.86%，比1995年增加547亿kW·h。

全社会用电最高负荷2350万kW（其中省调1535万kW），比1999年增加396万kW，增长20.3%（省调负荷增加302万kW，增长24.5%），比1995年增加952万kW。

全省6000kW及以上火电厂供电标准煤耗365g/(kW·h)，比上年降低6g。其中省属火电厂供电标准煤耗350g/(kW·h)，同比降低10g/(kW·h)。省网线损率7.04%，比1999年降低1.05个百分点。2000年省网调度火电厂发电设备利用小时达5657h，比1999年高628h。省电网频率、电压合格率分别为99.97%和99.24%。主要城市平均供电可靠率为99.93%。

省电力集团公司完成售电量955.9亿kW·h，同比增长25.7%。销售收入572.5亿元，同比增长27.1%。实现税后利润50.2亿元，同比增长57.12%。上缴税收61.1亿元，同比增长18.39%。全员劳动生产率19.3万元/(人·年)，同比增长22.08%。

由于广东经济持续增长、燃油价格上涨引起企业将自发电转用网电及农村电价降低等因素的影响，电力需求增幅较大，省网统调高峰负荷供应紧张，出现了持续六年电力供应缓和后的第一次限电。6月5日，全省限电负荷149.2万kW，少供电量511.6万kW·h。

新增用电报装容量600万kV·A，同比增长33.4%。为保障供电，全省发供电单位全面落实安全生产责任制，做好用电负荷预测，优化电网调度；鼓励地方小火电机组顶峰发电，实施在最大限度购西电的前提下，购买香港电顶峰的措施，实现了电网安全稳定运行，没有发生电网大面积停电事故以及对社会产生重大影响的事件，基本满足了国民经济和人民生活对电力的需求。

二、电力改革

2月17日，广东省委、省政府决定“不再保留电力集团公司所挂的电力工业局牌子，电力工业行政管理职能划归经济贸易委员会”，广东省电力工业实现了政企分开。广东省电力集团公司法人治理结构初步建立，公司党委、董事会和总经理领导班子按职责开展工作，完成了公司章程、集团章程、授权经营方案和公司发展战略的制定并上报工作；直属各单位清产核资工作已全面展开，部分已完成资金核实、产权登记、账务报表的申报工作。

开展省属发电企业国有净资产（股权）出售及产权多元化试点工作。《省属发电企业国有净资产（股权）出售转让总体方案》已经省政府批准，并完成了沙角A厂二期国有股权的出让及沙角B电厂、云南曲靖电厂资产评估工作；对黄埔发电厂进行了改制，并按《公司法》要求成立了有限责任公司；出让了韶关电厂10号机组的股权。

进一步深化农电体制改革。全省102个县（市）级农电单位已全部取缔私人承包管电，并全部撤消了共3.61万个村级管电机构，实现销售、抄表、收费、服务“四到户”管理。85个县全面完成县镇一体化管理，占全省县级农电单位的85%。全省精减农村电工5.581万人，减少了61.8%。

三、发展规划

编制了“十五”电力行业规划和电力发展远景规划。认真落实国务院关于西部大开发和西电东送的重大决策，积极开展西南电力、三峡电力送广东的落点以及本省电网架构如何配合西电东送的研究，并提出相关措施。完成并上报了台山电厂4台机组可行性研究补充报告和韶关电厂扩建11号机组可行性研究报告；完成了珠海电厂3、4号机组、深圳西部电厂5、6号机组、汕头华能电厂3、4号机组可行性研究报告；积极推进液化天然气电厂项目的可行性研究；第二抽水蓄能电站的预可研已通过专家评审。完成电源优化研究，编制了《广东电力行业结构调整方案》，为广东省电源建设和电源结构调整提供了重要依据。

四、西电东送

广东省是最早参与西电东送工作、对西电东送工程投入资金最多、接收西电电量最多的省份。到2000年底，共吸收西南电量247.45亿kW·h，支付购西电电费和过网费62.64亿元（含税）。2000年，广东省电力集团公司购西南电73.59亿kW·h，西电在广东所占的份额由1999年的3.4%上升到5.2%。8月，广东省分别和贵州、云南签定受送电协议。

五、城农网建设与改造

农网改造全面启动，进展良好。2000年，我省下达农网改造资金36.16亿元，至此，国家计委批复我省三年农网改造资金90亿已全部下达到102个农电单位。农村电网建设与改造工程累计完成投资56.62亿元，占计划投资总额的62.9%。农网改造竣工县已达到38个，已改造过的农村低压电网损耗普遍从原来的25%～30%下降到12%以下。21个市的城网工程全部开工，佛山、惠州、珠海、江门局城网改造初见成效。城网高压配电网供电能力及供电可靠率大幅度提高。

农村住宅到户平均电价降为0.88元/(kW·h)，比1999年降低0.01元。9个市（县）实现了各类用电同网同价，2个市（县）实现了城乡住宅用电同网同价，20个市（县）实现了农村住宅到户统一电价。农村住宅用电量比1999年增长18.2%。

工程项目和物资采购全面实行招投标制，在保证质量、加快进度、降低造价等方面成效显著。城乡电网建设与改造工程物资采购严格执行《全国城乡电网建设与改造所需主要设备产品及生产企业推荐目录》，做到了规范采购市场，打破地域垄断，保证工程质量。

六、科技环保

广东省电力集团公司加大科技投入，加强网络和信息化建设，加快了城市配网自动化和配电网地理信息系统工程建设步伐。全省有21个220kV变电站、317个110kV变电站实现了无人值班。省属7座水电厂基本实现水电联调和无人值班（少人值守），火电厂实现自动调峰调频。21个市电网调度自动化系统完成实用化验收。省电力集团公司完成宽带广域信息骨干网络平台建设的可行性研究及初步设计审查，建成省电力集团公司会议电视网络系统，同时全面推广办公自动化系统，取得明显的规模应用效果。省电力集团公司全年下达科技项目47项，投入科技经费2209.09万元，比上年增长了21%。有73项科技成果分别获国家电力公司、广东省和省电力集团公司科技进步奖。

加大电力环保投入。投资1.3亿元的连州电厂石灰石湿法脱硫项目建成投产，脱硫效率达到81%以上；茂名电厂1号炉实施油改水煤浆示范工程，用清洁煤发电，减少了二氧化硫排放量；韶关、云浮电厂由水膜除尘改为电除尘，烟气除尘效率提高到99.8%。投资2亿多元的沙角A电厂5号机加装烟气脱硫工程正在进行中。

七、财务管理

公司直属各单位全部推行会计电算化，按要求建立了内部结算中心，重视并较好地开展了经济活动分析，全面实行预算管理，加强成本控制和追踪分析，强化了对基层单位预算的考核和对预算执行情况的跟踪监督。进一步加强费用、工效挂钩考核，有效控制成本，提高了企业的经济效益。

管理审计在查处截留收入、私设“小金库”、账外账等违纪问题，规范“两改一同价”和燃料、物资管理，增加公司效益，分清经济责任，促进廉政建设等方面发挥了重要作用。组织完成了联合审计23项，联合检查9项，增收节支2.4亿元。

八、供电服务

广东省电力集团公司新增用电户数 27.97 万户，同比增长 0.71。全面实施电费回收考核制度，旧欠费回收率按计划完成，新增欠费大幅度下降。全省 21 个地级市电力（供电）局已全部实行供电社会服务承诺制。认真开展优质服务月活动，推出 93 个乡（镇）供电所（公司）参加“为人民服务，树行业新风”示范窗口建设活动。对 300 多个供电营业规范化服务窗口和乡镇供电所（公司）示范窗口进行了检查验收。加强客户服务工作，深圳供电局、佛山电力局、中山电力局、汕尾电力局等建立了客户服务中心。省电力集团公司正式启动电力营销管理信息系统项目，并确定广州、深圳和佛山电力（供电）局作为试点实施单位。

九、企业管理

发供电企业积极开展创一流工作，主要技术经济指标达到国内先进水平。深圳供电局、佛山电力局、湛江电厂和黄埔电厂被国家电力公司命名为一流发供电企业；中山电力局、江门电力局和云浮电厂被评为省电力集团公司一流发供电企业。省电力集团公司直属单位档案目标管理，全部达到省部级及以上标准，其中达到国家一、二级标准的有 43 个单位，并有 15 个单位通过了干部人事档案工作目标管理国家一级标准验收。大亚湾核电站档案管理达到国家一级标准，妈湾电厂、珠江电厂、华能汕头电厂及广州电厂档案管理达到国家二级标准。全省电力系统共有 5 项现代化管理成果获得全国电力企业管理现代化成果三等奖，有 1 项成果获得广东省企业管理现代化成果一等奖、2 项获得二等奖、1 项获得三等奖。

十、人事劳动

改进干部考察方法，加大民主评议考核领导干部工作力度，对民主评议考核为基本称职的领导干部给予黄牌警告，一年后重新考核。继续开展干部交流工作，提拔任用领导干部 36 人，任免 223 人次，充实和加强了基层领导班子力量，改善了领导班子结构。抓紧后备干部队伍的建设，认真实施“百千万”人才计划，加强技术人才和专家管理工作。做好干部调整配备工作，促进人才的合理流动。

执行并完善电力企业内部工效挂钩办法和企业经营者年薪制管理办法。继续实行人员总量控制，严格控制进人，减人增效，保持定员水平的先进性。进一步规范企业劳动用工，开展劳动执法检查。深圳供电局、湛江发电厂、流溪河水电厂等单位通过加强职工全能培训、优化劳动组织、按定员组织生产等措施，积极开展减人增效工作，收到了一定的实效。加强临时工使用的控制和管理。全面实行养老金社会化发放。

十一、教育培训

按照“突出重点、注重实效、改革创新”的新思路，围绕公司工作重点，公司建立了博士后工作站，本部举办了 4 期企业管理高级讲座，组织参加了 6 场经济学家高层报告会。在普遍开展中层管理人员工商管理培训的基础上，重点开展了对代管县供电企业中、高层管理人员的培训。继续抓好专业技术带头人的培养工作，强化生产人员的安全培训和优秀技术人才的选拔培养，全年培训人数达 31000 多人。

十二、多种经营

多经企业深化改革，调整产业结构，推进公司制改革，加强内部管理，取得较好效益，336 户多经企业共实现收入 52.26 亿元。部分单位对多经企业的资产进行了重组和整合，改制面达 44%。施工单位克服困难，开源节流，强化管理，采取了精简管理部门、分流主业人员到多经企业及辞退临时工等一系列措施。

十三、精神文明

省电力集团公司作为省委“三个代表”教育活动的试点单位，积极贯彻落实省委有关要求，在公司本部全体党员中认真开展“三个代表”教育活动，有针对性地解决党员队伍在思想上、组织上、作风上存在的问题。省电力集团公司直属建立了职代会组织的 52 个单位全面实行了企务公开制度。

积极开展创双文明单位和创文明行业活动，推进精神文明建设。省电力集团公司获得国家电力公司双文明公司称号，佛山电力局等 14 个单位获得国家电力公司双文明单位称号，河源电力局等 8 个单位获得广东省电力系统双文明单位称号。

截止 2000 年底，受省公司和地市级以上表彰的文明单位（双文明单位）已占直属单位的 90.5%，有 3 个单位被中央文明委授予精神文明建设先进单位，24 个单位被国家电力公司评为双文明单位，16 个单位被评为省文明单位。7 个集体被团中央和国家电力公司授予青年文明号称号；35 个集体被团省委授予青年文明号称号。省公司被省委、省政府授予广东省创建文明行业活动先进单位称号，被国家电力公司授予双文明公司称号。5 个营业窗口被授予全国示范窗口称号；1 个营业窗口被授予全国十佳优质服务明星单位称号，1 人被评为全国优质服务先进个人。

中国广东核电集团有限公司

综述

2000年，中国广东核电集团有限公司（以下简称中广核集团公司）实现营业收入70.6亿元，全年实现利润18.9亿元，至2000年12月31日，集团总资产512.9亿元，净资产118.9亿元，员工总人数3672人。大亚湾核电站（以下简称广一核）各项指标继续保持国际先进水平。发电上网140.63亿kW·h，创历史最好水平，上网电价5.99美分/(kW·h)。取得了良好的经济效益和社会效益。岭澳核电站（以下简称广二核）主体工程进入安装高峰，工程质量、进度和投资三大控制按原计划控制良好。规划中的广东第三核电站（以下简称广三核）的立项工作正在进行。多种经营企业在确定发展战略、强化企业管理、转变经营机制、开拓新的经济增长点等方面取得良好进展。

核电生产

2000年是广一核投入商业运行的第七年，电站全年发电上网140.63亿kW·h，机组可用率达87.04%，负荷因子达85.05%，创造了投产以来年度发电的最好纪录。2000年，广一核电价连续第三年低于6美分/（kW·h）；出口创汇5.9亿美元，上缴各项税金5.9亿人民币；完成基建贷款还本付息4.23亿美元，累计还本付息37.7亿美元，占全部基建贷款还本付息总额的69.5%。公司财务状况继续保持健康水平，公司资信保持“AAA”，被全国外商投资协会评为外商投资“双优”企业、“十大高出口创汇企业”、“十大高营额企业”、“十大人均高利税企业”。

2000年，广一核1、2号机组连续安全运行天数分别达301天和248天，首次实现36.5天完成换料大修。在法国电力公司（EDF）举行的“工业安全、核安全、辐射防护挑战赛”中，广一核以两台机组无非计划停堆安全运行989天的业绩，继1999年后再次荣获核安全挑战赛第一名。

2000年，广一核两台机组的安全状态保持良好；三道屏障保持完整，未发生意外放射性排放和泄露事件；各项安全指标均在可控范围内，定期试验满意率保持在99%以上；全年未发生重大工业安全事故和火灾事故。

与世界核电站营运者协会（WANO）十项指标比较，2000年广一核7项指标超过世界中间水平，5项指标达到世界先进水平。广一核的安全运行水平继续保持在国际先进水平。

2000年，广一核两台机组废气、废液排放量和中低放固体产生量保持良好水平。环境监测系统运转正常，周边环境状况良好，电站工作人员集体剂量保持世界先进水平。

生产系统群堆管理于2000年7月份正式开始运作。广东核电合营有限公司总经理部和岭澳核电有限公司总经理部组成总经理联席会议，负责领导群堆管理工作。

2000年广一核主要安全生产指标统计见表1。

表1 2000年广一核主要安全生产指标统计

项　目	2000年目标	2000年实际值
发电量（亿kW·h）	142.00	147.01
上网电量（亿kW·h）	135.00	140.63
机组可用率（%）	85.50	87.04
机组负荷因子（%）	83.00	85.05
总产值（亿元）	66.96	69.73
还本付息（亿美元）	4.21	4.23
气体排放（占年限值%）		
其中：稀有气体	2.6	1.70
氚	—	6.09
卤素+气溶胶	—	0.20
液体排放（占年限值%）		
其中：氚	—	61.53
不含氚总核素	1.4	0.37
固体废物产生量（m^3）	95	
其中：金属桶		67.20
水泥桶		119.20

核电建设

2000年，广二核在质量、进度、投资三大控制各方面都取得了重要成绩，原定16项重要里程碑，全部按计划或提前完成。

2000年7月28日，2号反应堆厂房浇灌最后一罐混凝土，标志工程土建主体结构混凝土工程全部完工。土建工程顺利进入收尾阶段。

2000年广二核三大安装进入高峰。至2000年底，核岛安装工程量累计完成66%；常规岛安装完成65%；电站辅助设施（BOP）安装完成85%。安装施工质量一直保持良好状态，核岛安装一次检查合格率为98.6%，常规岛为99.0%，BOP为98.4%。

广二核按计划顺利完成全年调试工作。220kV开关站、LGR辅助厂用电系统调试顺利，取得了送电一次成功，实现一号核岛配电系统全部可用，并完成一号机重要核辅助系统和SAP空气压缩站系统调试工作。同时，与冷试相关的10个重要系统调试工作已开始。调试质量控制体系满足公司质保大纲要求，调试质量处于可控状态。

生产准备和移交接产进展顺利。按计划进行了操纵员和高级操纵员考试。程序编写按计划进行。

在设备制造方面，到2000年底，欧洲各主要设备制造基本完成，且大部分已安装就位。在国产化设备制造方面，东方汽轮机厂制造的汽轮机2台低压缸，东方电机厂生产的发电机外定子，东方锅炉厂生产的2号机3台蒸发器，杭州锅炉厂生产的凝汽器、高加、低加等辅机，哈尔滨锅炉厂生产的4台汽水分离再热器等，都按质量要求完成制造并安装就位。

2000年，广二核完成工程投资7.9亿美元，累计完成投资24.3亿美元，比总预算计划25亿美元节省了0.7亿美元。

核电发展

2000年，中广核集团公司继续积极推动广三核立项工作，在项目建议书、可行性研究报告、项目前期工作计划编制和25项改进论证及技术方案确定等方面做了大量工作。11月8日，朱镕基总理主持国务院会议，听取了中国广东核电的汇报，并对广东核电发展作了重要指示。

多种经营

2000年，集团多种经营企业在资产重组，分业经营、深化改革，加强管理、盘活存量资产，开拓新的经济增长点等方面取得良好进展。整体经济效益有较大提高。

金融业。大亚湾核电财务有限公司首次增资扩股。中广核集团公司加大了进入证券业的力度，参股南方证券和联合证券。

高新技术产业。集团对进入高新技术产业进行了积极探索。银河新技术发展公司与成都电子科大合作开发嵌入式软件，与中国粮食贸易公司和中国新良储运贸易公司合作开发中国粮油食品流通网，进展情况良好。

房地产业。中广核电大唐置业有限公司取得了上海浦东新区26万m^2的土地开发经营权。2000年，中广核集团公司收购了重庆奎星楼股份有限公司的股权。

商业。新一佳大型超市已开设7家，营业面积达到8万m^2，销售额6.5亿人民币。

实业与创业投资。集团投资参股的常规电力和实业项目在2000年进入收获期，妈湾电厂、西部电厂、中成化工等投资项目效益良好。

服务业。广东核电服务总公司进行了重组，实力增强，为服务水平升级、下一步更好服务核电和走向市场打下了基础。深圳市核电科达物业有限公司良好的物业管理提升了广核物业管理水平。

综合管理

2000年，中广核集团公司在中央企业工委、党组和董事会的领导下，进行了领导班子的换届和调整工作。

中广核集团公司继续进行功能定位调整工作。集团公司的主要功能定位于三个方面：发展战略和重大决策、财务管理和资本经营、高级人力资源开发与管理。

中广核集团公司继续加强战略研究，编制集团五年规划（2001～2005年）。

按照深化改革的要求，中广核集团公司在人员招聘、分配制度、医疗保险和住房改革方面进行大量的政策研究和市场调研工作。

主要事件

1月8日，广二核1号反应堆压力容器安装就位，实现了2000年第一个工程里程碑。

1月14日，广一核1号机组与凌晨2时41分与电网成功解列，安全进入106大修。1号机组自1999年3月14日第五次大修结束并网发电到此次解列为止，已连续安全运行307天。

1月17～20日，国家经贸委和中国工程院组织了“中广核集团企业技术创新院士行”活动。

2月3日，法国电力公司（EDF）在巴黎举行的“工业安全、核安全、辐射防护挑战赛”颁奖式上，广一核以两台机组无非计划停堆安全运行记录达842天，荣获核安全挑战赛优胜者第一名。

2月10日，全国人大委员长李鹏、副委员长邹家华视察广一核和广二核。

2月23日，广一核1号机组106大修顺利结束，机组一次并网成功。

3月14日，广二核1号反应堆3台蒸发器安装就位，比二级进度提前了一个月。

4月21日，哈尔滨锅炉厂为广二核生产的常规岛1号机汽水分离器MSR-A/B到货，并于22日、23日吊装就位。

5月8日，14时30分，广二核主控室开始值班。这标志着电站开始从生产准备阶段进入全面移交接产阶段。

5月10日，广二核2号机组三台蒸汽发生器由四川东方锅炉厂制造完成。

6月21日，广二核1号机组低压转子（LP3）在鹿特丹港口装船发运。

6月26日，广二核1号机燃料厂房的不锈钢换料水池（KX）完成施工并移交安装。

7月14日，东方锅炉厂为广二核生产的2号机组核岛3台蒸发器和1台稳压器运抵现场。

7月28日，广二核2号反应堆厂房浇灌了穹顶最后一罐混凝土，比合同进度提前64天。至此，主体结构工程自1997年5月15日浇灌第一罐混凝土始，历时三年零74天，现全部完成。工程质量符合技术要求。标志着主体土建结构混凝土工程全部完成。

8月1～2日，由上海第一机床厂和法玛通合作制造的广二核反应堆堆内构件完成制造并通过验收，发运仪式在上海第一机床厂举行。

8月21日，广二核1号反应堆完成主回路焊接。

9月5日，广二核常规岛1号发电机开始安装。

9月12日，上午9时，广二核完成1号泵房进水，重要厂用水系统（1SEC）开始调试。

10月31日，经中国外商投资企业协会评选，广一核荣获1999年度全国外商投资双优企业称号。同时获得全国外商投资高出口创汇、高营业额、人均高利税十大企业。其排名分别是第五名、第十名和第二名。

11月8日，国务院就广东核电有关问题召开专门会议进行研究，朱镕基总理主持会议，并在听取了广东核电发展情况的汇报后，对广东核电发展作了重要指示。

12月15日，广二核1号机3台蒸发器二次侧回路具备水压试验条件，实现了2000年第十六项工程重要里程碑目标。

12月20日，受国家档案馆委托，中广核集团公司牵头，广东省档案局和深圳市档案局组成评审专家小组，广一核档案馆，以97.5分通过评审晋升为国家一级档案馆。

广西壮族自治区电力工业

电力工业概况

2000年，全广西发电装机容量741.82万kW（水电416.32万kW，火电325.50万kW），发电量289.09亿kW·h（水电168.88亿kW·h，火电120.2亿kW·h）。外购电量35.16亿kW·h，其中购天生桥一级电站5.26亿kW·h，天生桥二级电站18.40亿kW·h，盘县电厂11.50亿kW·h。全社会用电量314.43亿kW·h。有35kV及以上输电线路2.86万km，变电容量2709.67万kV·A。其中500kV线路558.04km，变电容量344万kV·A；220kV线路3833.75km，变电容量837.90万kV·A；110kV线路6351.03km，变电容量887.05万kV·A；35kV线路1.78万km，变电容量640.72万kV·A。广西主网架得到进一步加强，供电区域覆盖广西90个县（市）中的80多个县（市）。电力工业为促进广西国民经济的发展和社会进步做出了应有的贡献。

2000年，广西电力有限公司圆满完成了广西电力工业“九五”计划，并明确了“把广西建成‘西电东送’的电网支撑和电源补充基地”的发展战略，为开创新世纪广西电力工业的新局面奠定了良好基础。同时，电力体制改革取得较大的进展，精神文明建设取得可喜成绩。

主要技术经济指标完成情况

售电量230.66亿kW·h，同比增长14.80%，完成国家电力公司下达计划212亿kW·h的108.80%。

发电量107.11亿kW·h，同比增长5.44%。

购电量141.54亿kW·h，同比增长21.74%。

供电标准煤耗475g/(kW·h)，同比降低4g/(kW·h)。

线损率5.93%，同比降低0.31个百分点。

工业企业全员劳动生产率15.65万元/(人·年)，比1999年提高12.81%。

电网管理指标：全年电网频率、电压合格率达到国内一流电力公司要求，责任频率合格率为99.996%，全网220kV及以上80%电压考核点统计电压合格率为99.06%。网损率完成2.15%。全网220kV及以上电网保护正确动作率为98.57%。

全面完成资产经营六项考核指标：①实现利润28388万元，比国电公司考核指标28000万元增加388万元。②资产保值增值率102.56%，比国电公司考核指标101.99%增加0.57个百分点。③资产负债率51.93%，比国电公司考核指标59.13%减少7.2个百分点。④投资收益率7.50%，比国电公司考核指标7.40%，增加0.1个百分点。⑤应收电费余额（营销口径）7.19亿元，比国电公司考核指标7.27亿元，多回收849万元。⑥上缴投资收益5000万元，完成国电公司的考核指标。

电力生产

（一）认真抓好安全生产工作

（1）继续强化、落实行政正职为第一责任者的安全生产责任制。2000年，广西电力有限公司与所属的30个生产性企业签订了《安全生产责任书》，有21个企业完成了安全生产目标。公司系统坚持“安全第一、预防为主”的方针，严格执行各项安全检查技术措施和反事故措施，全年共组织3次安全生产大检查。

(2) 加强安全管理制度建设。针对体制改革中出现的广西电网内部分发供电企业的资产和管理关系发生变化、农电管理体制改革等情况，修订了公司《安全生产奖惩规定》、制定颁布了《代管县供电企业安全生产工作规定》、提出了《公司与并网发电企业安全生产责任协议》范本和《五防装置管理办法》等规章制度。并按期举行公司安全分析例会。

(3) 加强安全意识、安全责任的教育。组织公司系统的职工参加国家经贸委、全国总工会的“百万职工安全生产知识竞赛”，认真贯彻落实新的《安全生产工作规定》，不断提高职工安全意识和安全责任感。

2000年，广西电力有限公司系统安全生产方面无特别重大事故、无重大电网事故、无重大火灾事故、无重大质量事故、无人员责任的重大设备事故、无重大施工机械设备损坏事故，但没有实现人身死亡“零目标”，未能达到国电公司安全生产责任制的考核要求。

全年共发生电力生产、基建人身伤亡事故21起，死亡3人（其中河池供电局1人、送变电公司2人），重伤5人（其中电力生产1人、基建修造企业4人），轻伤13人；公司直属（控股）的发供电企业发生一般设备事故67起，同比增加17.54%，一类障碍141起，同比减少5.37%。

(二) 认真抓好电网经济调度

(1) 在安排日调度计划时，按电网发、购电优化顺序表来制定日调度生产计划。

(2) 优化水库调度工作，取得较好成绩。

(3) 做好高温高压机组降负荷调峰工作，大大减少了水电厂弃水电量损失，降低了电网发、购电成本。

(三) 认真抓好机组检修工作

广西电力有限公司直属电力生产企业认真贯彻“应修必修、修必修好”的方针，做到修前进行方案、技术措施交底，修中全过程质量管理，抓好关键工序，控制检修进度，并严格把好质量验收关，不仅提前完成检修任务，还及时处理了在检修中发现的机组重大缺陷，保证了机组的安全运行。

(四) 认真做好防汛工作

广西电力有限公司始终贯彻“防抢结合，立足于防”方针，充分做好汛前检查、汛中跟踪，真正做到“思想、组织、措施、物质”四落实和“人员、措施、工作‘三到位’”。所以在麻石电厂遇到50年一遇的洪水、洛东电厂相遇28年一遇的洪水的情况下，均实现了安全度汛。

生产经营

2000年广西电力有限公司的经营和财务工作紧密围绕国电公司资产经营责任制展开。公司实行积极的财务政策，加强电网建设，支持电源建设，加大城乡电网投资力度，积极开拓电力市场，售电量和销售收入都有较大幅度地增长，取得较好的经济效益。公司资产总规模达到257.05亿元（其中母公司为222.46亿元)，比1999年增加35.55亿元；净资产达到119.36亿元（母公司为106.94亿元)，比1999年增加10.24亿元；总收入达到84.08亿元（母公司为65.56亿元)，同比增长16.96%。资产质量有所提高，财务状况较好。

(一) 实行财务预算管理，落实资产经营责任

按照现代企业制度实行全面财务预算管理，充分发挥财务预算管理在生产经营活动中的协调、制衡、控制、约束作用。同时，为了进一步落实经营责任制，公司与所属单位签定了资产经营责任书，下达了资产经营考核指标。在全面完成国电公司资产经营考核指标的同时，还增加了职工社会保障支出，消化了部分改革成本。

(二) 深化电价改革，规范市场秩序，促进电费回收

经各方面的共同努力，广西电网电价调整方案和统一销售电价从去年8月1日开始实施，并对各地市县二级加价和电厂上网电价进行清理，重新核定了电价额度，腾出了电价空间，解决了部分新投产电厂上网电价和电网还贷问题，缓解了电价上调的压力，减轻了用户的负担，促进了电力市场的开拓和电费的回收，较好地完成了电费回收任务。

(三) 大力加强电力营销，努力开拓电力市场

(1) 强化市场观念，重视营销战略和策略的研究与落实。根据国家经贸委和国家计委《关于利用价格杠杆促进电力消费的有关问题的通知》精神，继续实施并扩大丰水期低谷用电优惠政策，出台鼓励使用电热锅炉、电蓄能设备、蓄冷空调和城市居民超基数电量优惠政策，对有电价空间的部分大型工业企业实行超基数电量降价促销。依法与独立发电企业和电网签定购售电合同，对电网“卡脖子”情况进行调查、研究，提出针对性的解决措施。

(2) 全面加强电力营销的管理。建立了客户信息网络与联系制度，及时掌握大客户的用电需求。公司系统与区内138家大客户直接建立了按月交流生产经营和供用电信息的联系制度。合理合法运用各种手

段，大力加强电费回收工作，实现当年电费回收结零，陈欠电费比国电公司下达考核指标多回收849万元。进一步加大对窃电和违法违章用电的打击力度，全年追收电费违约金207万元，追收窃电电费和违约电费1022万元。

(3) 加大对电力营销宣传工作的投资力度。公司共划拨专项费用410万元（不含北海市）用于电力营销的宣传。通过宣传，树立了电力企业形象，促进了电力销售渠道的畅道。

电力基建

全年完成基建投资32.67亿元，完成年计划51.58亿元（不含桂林电厂12.24亿元）的63.3%，其中发电工程0.01亿元，电网工程7.59亿元，城网工程2.7亿元，农网工程21.08亿元，小型基建项目1.29亿元。

新增500kV变电站一座，变电容量75万kV·A，投产线路一回150.04km；220kV变电站4座（新建3座、扩建1座），变电容量54万kV·A，投产线路13回共413.51km，新开工220kV输变电工程项目9项，变电容量75万kV·A，线路404.27km。

(1) 按达标要求进行工程建设全过程管理，确保工程安全、质量和工期，坚持基建“五制”，土建工程优良率分别达到100%、90%和85%以上，工程造价也得到有效控制。

(2) 进一步加强招标投标管理。制定了《电力工程施工招标投标实施细则》和《电力工程施工招标补充规定》。全年110kV以上送变电工程的设备购置、建筑安装工程施工全面实行招投标；新开工项目施工招标率达成100%；城乡电网建设与改造工程也全面实行设备及施工招标。

切实加强施工合同管理，促进建设管理工作规范化。在合同管理执行过程中，依照合同管理制严格管理，取得了较好的效果。工程款严格按合同规定拨付，采取监理工程师确认和计量工程量、技经人员审核单价等付款程序，杜绝了无序拨工程款。

(3) 抓紧龙滩等电站工程前期工作。

龙滩水电站，初期装机容量420万kW，年发电量156.7亿kW·h，概算总投资246.97亿元，由龙滩水电开发有限公司负责建设。前期工作进展顺利，已具备主体工程的开工条件。

恶滩水电站，装机4×15万kW，总投资36.9亿元，由桂冠公司与广西开发投资公司共同出资36.9亿元，由桂冠公司与广西开发投资公司共同出资建设，项目建议书并可行性研究报告书已报广西区计委和国家电力公司，广西计委已向国家计委上报项目建议书。

平班水电站，装机3×13.5万kW，总投资19.49亿元，由公司和国电南方公司、贵州三方共同投资建设。广西计委已向国家计委上报项目建议书。

合山电厂技改扩建2×30万kW，初步可行性研究已完成并通过审查，公司已与桂冠公司和武汉凯迪股份有限公司签定合作建设协议。

田东电厂改建项目正在进行可行性研究工作。

积极做好钦州燃气电厂及燃煤电厂的前期工作，配合自治区及政府有关部门做好百色、长洲等项目的前期工作。

加快城乡电网建设与改造步伐

(1) 城市电网改造方面。全年城市电网改造完成投资2.7亿元。主要完成了南宁、柳州、桂林等一批110kV项目和配电网工程。新增生产能力：110kV变电站4座，变电容量11.15万kV·A；110kV线路4回33.8km，1～10kV配网492.3km；变电设备9.05万kV·A。通过城网改造，城市配电网供电能力不断提高，10kV供电可靠率比1999年提高0.065个百分点，低压配电网电压合格率达91.91%，比1999年提高2.63个百分点。

(2) 农网建设与改造方面。到2000年12月底，完成投资25.11亿元，有20个县（市）的10kV及以下改造工程项目基本竣工，正在组织验收。完成改造的农村电网供电可靠率提高到90%以上，到户电价明显下降，促进了农村经济的发展和农民生活水平的提高。

多经企业

与1999年相比，2000年末公司系统多经企业143个，减少9个；期末从业人数8463人，减少17.4%；全年实现总收入11.92亿元，增长10.2%；实现利润7168万元，下降11.7%；亏损企业53个，减少7个，亏损金额1738万元，上升6.1%；全员劳动生产率3.588万元/(人·年)，同比增长11.9%。

深化电力体制改革

(1) 2000年11月21日广西电力有限公司将政府职能全部移交给自治区经贸委，公司第二步改革即省级电力企业“政企分开”的工作基本完成。

(2) 深化基建体制改革。组建了广西水利电力建设集团有限公司，对原公司所属施工、修造、勘察、设计、科研等8个企业（单位）进行集团化管理。广西电力开发公司按照现代企业制度改制为有限责任公司。

(3) 农电体制改革进一步推进。完成了43个县（市）供电企业的代管，29个县完成了乡镇电管站的改革，对农村电工实行统一招聘、统一管理，其他县供电企业将在进行农网建设与改造的同时，进行村级用电管理体制改革。

(4) 积极稳妥地推进多经企业体制改革和转机建制工作。

(5) 不断深化人事、用工、分配制度改革。根据国家电力公司“精干主业，规范多种产业，分离社会职能，减人和安置并重”的精神，研究提出了公司《关于进一步推进减人增效的实施意见》，制定了公司《职工离退养和离职解除劳动合同经济补偿暂行办法》，审批了25个单位的实施细则。各单位按减员10%的要求，积极稳妥地开展了政策性减人工作。2000年底实现了国电公司下达给广西电力有限公司减员1695人的目标，员工总数降到24650人，比1999年减少了2057人。研究制定了代管县（市）供电企业人事劳动分配制度改革方案，推进了代管县（市）供电企业三项制度改革进程。

加强企业基础管理

(1) 初步建立了三大评价体系。安全性评价试点工作在玉林供电局已经初步完成，取得了一定的效果和经验；经济运行评价体系方案基本完成；政治思想工作评价体系也已基本确定。

(2) 加强职工队伍素质建设。一年来，广西电力有限公司着重开展了管理人员适应性培训和生产人员技术等级培训。公司被中国企业联合会培训工作委员会评为全国企业管理培训工作先进集体。

(3) 积极推进企业民主管理。逐步形成了以电力公司、基层企业、车间（分厂）为主的多层次民主管理网络。建立了以职代会为基本形式的民主管理制度。公司所属单位职代会的建制率达100%。不断完善“厂务公开”的内容、程序和形式，制定了公司《实施厂务公开的监督评议制度》、《厂务公开责任追究制度》，逐步建立了党委统一领导、行政为主体、纪检监察和工会监督的“厂务公开”工作逐步走向了制度化、规范化。

(4) 不断加强“创一流”工作。岩滩电厂进入了国家电力公司一流水电厂行列，实现公司创一流零的突破。试验研究院、大化电厂已基本具备一流企业条件，调度中心、南宁供电局等单位在创一流方面也做了大量有效的工作。

(5) 信息化建设步伐加快。公司机关MIS系统的开发基本完成，办公自动化系统正式投入使用。南宁供电局、柳州供电局MIS系统已通过实用化验收，调度中心、桂林供电局、合山电厂的MIS系统正在加快开发。岩滩电厂、试验研究院的MIS系统进行了可研评审和应用软件的招标，进入开发阶段。营销MIS系统在南宁供电局试点并进入双轨运行阶段。

(6) 加大审计监督力度，完善审计监督机制。全年共完成审计项目1203项，合同审签5677份。查纠违规金额1074万元，促进增收节支2427万元（其中通过审计节约工程投资2376万元），审计核实增加企业资产463万元，增加企业利润463万元。

认真开展任期经济责任审计。按照“离任必审”的原则，全年完成任期经济责任审计项目45项，任期经济责任审计覆盖率达96%；继续加强工程项目审计和合同审计，重点抓好城乡电网建设与改造项目的审计，认真开展资产负债损益审计等常规项目审计；不断加强效能执法监察；切实加强内审制度建设，印发公司内部审计工作制度10个，进一步规范了审计行为，不断提高审计工作水平。

(7) 企业法制化管理不断加强。法律部门有效地参与企业经营活动，确保了企业行为的合法性，减少了经济纠纷和经济损失。

切实加强领导班子建设

(1) 加强对领导班子的动态考核，加大领导班子建设的力度。2000年在广西电力有限公司党组直接管理的领导班子中，干部调整涉及到22个机关部室和单位，任免干部119人次，其中提拔17人，对试用期满经考核称职的机关10名副处级干部予以正式聘任。

公司党组直接管理的领导班子中，14个单位配备了35岁以下的年轻干部；领导干部的平均年龄由年初的47.46岁降到年底的45.73岁，基层单位“一把手”的平均年龄由年初的49.5岁降到年底的47.5岁。

(2) 加大干部交流力度。全年交流干部28人，本部与基层单位交流干部9人。通过加大干部交流力度、加强年轻干部的培养和使用等措施，优化了系统领导班子的年龄结构、知识结构和专业结构。

(3) 加强领导干部和后备干部的培训。不断加强对基层单位党委中心组学习的指导和检查，组织领导干部和后备干部培训班。全年举办了2期领导干部、1期后备干部工商管理培训班，共有70名领导、43名后备干部参加了培训。

精神文明和党风廉政建设

2000年有12个单位（集体）被命名为国电公司“双文明单位”，至此，全系统35个创建单位全部进入文明单位行列；围绕企业中心工作开展对内对外宣传活动，集中宣传了一批体现时代精神和企业特点的先进典型有力地促进了各项工作的开展，树立起企业良好的社会形象；开展丰富多彩的文化体育活动；继续开展“青年文明号”创建和青年职工创新创效活动，公司系统共有5个国家级、16个自治区级“青年文明号”、1个广西青年文明号标杆单位。

公司系统各单位将“三个代表”的思想贯穿于党风廉政建设的过程。突出党风廉政建设责任制这一重点，狠抓落实，将党风廉政建设和反腐败斗争推向深入。公司与所属47个单位党政一把手和公司机关16个部室主要负责人签定了《广西电力有限公司党风廉政建设责任书》。广泛开展“警示教育”活动，领导干部勤政廉洁进一步规范，14名领导干部被评为公司“勤廉兼优”的典型。各级领导干部要以他们为榜样，使公司系统勤政工作踏上一个新台阶。

全年处理群众举报信访327件（次），立案15起，结案7起，另结遗留老案1起；8名职工受到处分，其中3人受党纪处分，6人受行政处分（受双重处分1人）。据不完全统计，通过查案和执法交通监察，挽回经济损失578万元。

存在的问题

1. 安全生产基础不牢

电力系统的安全问题，不仅是生产经营的问题，而且关系到社会稳定。2000年，人身伤亡事故、人为责任的误操作事故和习惯性违章作业事故没有得到根本遏制。

2. 欠费问题突出

年底累计欠费7.188亿元（营销口径）。年末巨额欠费的高居不下，使公司的生产经营受到很大影响，不但挤占了大量的资金，增加了企业运营成本，而且扩大了企业经营风险。陈欠电费中，三年以上的陈欠电费1.65亿元，已进入破产诉讼司法程序企业的陈欠电费6503万元，已宣布破产企业的陈欠电费3204万元。

3. 项目前期储备不足

电力建设项目在建工程少，电力建设项目前期工作储备不足，“九五”结转的电源在建项目为零，输变电项目也不多。

4. 城乡电网建设与改造工作需要进一步加大力度

截止到2000年底，城网项目累计完成投资不到批准总投资的一半。主要是前期规划滞后、电力建设规划与城市建设规划不同步、与政府及有关部门协调不力等原因影响了投资计划的执行。今年是城农网建设与改造的最后一年，形势不容乐观。

主要事件

1月5日，广西壮族自治区党委常委、自治区政府副主席王汉民到田东电厂调研。

1月6～7日，全区民主评议行风大会在南宁召开，自治区电力系统行风评议获得了89%的综合满意率。

2月25日，钦州燃气联合循环电厂工程预可行性研究报告通过审查。

2月29日～3月2日，2000年广西电力工作会议暨二届五次职代会在南宁召开，自治区党委常委、自治区政府副主席王汉民出席会议并作重要讲话。

3月6日，国家计委主任曾培炎在九届全国人大第三次会议上宣布，要开工建设包括龙滩电站在内的主要10个重大工程项目。

3月16日，广西电力有限公司被自治区经贸委评为1999年度“安全生产先进单位”。

3月23日，“桂冠电力”在上海证券交易所上市，国家电力公司副总经理谢松林、广西电力有限公司总经理马远骕敲响开市锣。

3月26日，自治区党委常委、自治区政府副主席王汉民在林荣华副总经理陪同下，到西津电厂调研。

5月11日，广西电力有限公司因1999年全面实现安全生产目标，受到国电公司表彰，马远骕、李锦文、林荣华等同志被评为做出突出贡献个人。

5月25日，我国第一台水电站高坝大型垂直升船机在岩滩水电站通过验收。

6月23日，龙滩水电站建设领导小组第二次会议在贵阳召开。国家电力公司副总经理周大兵出席会议。

6月30日，为了适应电源结构调整和环保的需要，按国家电力公司要求，南宁电厂1、2号机组分别于15时45分和12时43分停运。桂林电厂3号机于22时55分停运。

7月5日，广西电力有限公司“三讲”教育“回头看”活动从6月21日开始，至7月5日圆满结束。

7月13日，公司召开系统安全生产电话会议，收听国家电力公司召开的安全生产电话会议精神，贯彻江总书记重要指示和国务院7月12日全国安全生产电视电话会议精神。

7月14日，广西电力有限公司与中国建设银行广西分行举行银企合作协议签字仪式。

7月17日，谢正经副总经理在新闻发布会上宣布，广西电力有限公司决定实行优惠用电政策，鼓励用户超量用电，一是对超量用电实行优惠，二是鼓励使用电热锅炉、蓄冷空调优惠政策，三是降低贴费标准，减轻用电户负担。

8月1日，经国家计委通知和自治区政府批复，从8月1日起，广西电网执行新的销售电价。

8月10～14日，受国家发展计划委员会委托，中国国际工程咨询公司在南宁召开了红水河龙滩水电站可行性研究补充报告评估会，自治区政府副主席孙瑜和中国国际工程咨询公司副董事长张春园出席会议并讲话。

8月24日，国家电力公司党组书记、总经理高严率国电公司有关部门领导在广西电力有限公司机关副处级以上干部大会上，宣布对广西电力有限公司领导班子作出调整。高严总经理在会上作了重要讲话。

8月22～23日，自治区党委、政府在南宁召开全区2000年固定资产投资工作会，林荣华副总经理代表本公司参加会议，并与自治区政府签订了责任书。

9月1日，广西电网负荷首次突破400万kW大关，最高达到409.8万kW，比1999年最高355.5万kW增长15.27%。

9月17～22日，李锦文副总经理参加在北京召开的第20届国际大坝会议，并向国内外专家介绍广西大坝的建设成就。

9月22日，国电公司发出通知，命名岩滩水力发电厂为1999年度“一流企业”，广西电力系统创一流企业实现“零”的突破。

10月9～21日，列入国家西部大开发重点工程的龙滩水电站，推出一批前期工程向社会公开招标，已完成开标程序的9个项目合同投资额约1亿元。

11月4日，天生桥到广东第三回500kV输变电工程在百色举行开工仪式，标志着华南地区“西电东送”进入一个新的发展时期。

10月7日，国家计委在贵州省贵阳市召开华南地区“西电东送”工作会议，自治区政府副主席王汉民在会上介绍了广西实施“西电东送”建设方案和龙滩水电站建设条件落实情况。

11月16日，由中国工程院副院长、两院院士潘家铮和交通部三峡工程航运领导小组副组长、中国工程院院士梁应辰等12位专家组成的鉴定委员会，对“岩滩水电站250t级垂直升船机新技术研究及应用项目”进行了技术鉴定。

11月18日，广西水利电力对外集团有限公司成立并揭牌。

11月22～24日，自治区人大常委会和在广西的全国人大代表，在丁廷模、覃日飞、甘幼副主任、全国人大常委奉恒高的带领下，到龙滩水电站考察。

11月23日，龙滩水电站对外二级公路全线通车仪式在天峨县举行，自治区人大常委会副主任丁廷模、覃日飞、甘幼、广西电力有限公司纪检组长赖崇能等为通车仪式剪彩。

11月25日，全国人大财经委副主任委员姚振炎、费子文一行在自治区人大副主任洪普洲、广西电力有限公司总经理赵建国、经检组长赖崇能领导陪同下到龙滩水电站考察。

同日，西电东送骨干工程——天生桥二级水电站5号机组经过72h试运行后正式并网发电。

12月21日，自治区经贸委与电力工业局就广西电力行政职能移交有关事项进行充分协商，达成一致意见后，举行职能交接仪式。即日起，广西电力工业局（电力有限公司）将政府管电职能、电力行政职能交给自治区经贸委。

12月26日，玉林500kV超高压变电站建成投入运行，至此广西拥有500kV超高压变电站5座，总容量375万kV·A。

云南省电力工业

概况

2000年云南电力工业以“三个代表”重要思想为指导，按照实施“两个战略”、狠抓“一个管理年”和落实“三项责任制”的要求，全面完成年初确定的各项目标任务。至2000年底，云南省发电总装机容量759.4万kW，其中水电516.32万kW，占总装机容量的67.99%，火电243.08万kW；全省年发电量完成317.46亿kW·h，同比增长6.07%。云南电力集团有限公司所属及参投股电厂共计18座，总装机容量485.66万kW，占全省总装机容量的63.95%，其中水电275.66万kW，占总装机容量的57.76%。完成发电量208.92亿kW·h，比1999年减少0.54%，其中水电完成123.6亿kW·h，同比增长10.43%，火电完成85.32亿kW·h，同比减少13.05%。完成售电量198.31亿kW·h，同比增长4.15%，满足了省内用电；鲁天线全年累计外送电量1.51亿kW·h。全年未发生特大事故和电网大面积停电事故，电网保持安全稳定运行，电力生产无人身死亡事故，一般设备事故13次，比1999年减少12次，为历年最低。圆满完成昆明国际旅游节、花卉节及中国民营企业交易会等重要保供电任务。

2000年全公司电力建设完成投资45.62亿元，同比增长17.97%。宣威电厂五期扩建工程（2×30万kW）8号机组首次并网发电成功；新建投产220kV变电站2座、扩建1座，新增变电容量57万kV·A、输电线路507.37km。新建投产110kV变电站10座、扩建3座，新增变电容量25.45万kV·A、输电线路343.62km。

云南电力集团有限公司售电收入51.31亿元，同比增长8.2%；电力生产成本48.95亿元，同比增长12.58%；计税利润31503万元；归还基建贷款92522万元；国有资产保值增值率102.94%；全员劳动生产率117510元/人，同比增长10.55%；应收电费总额648471.41万元，回收率100%。多种经营总收入完成23亿元，同比增长0.43%。

农电体制改革实现代管89个县（市）电力公司，新建及改制乡镇供电所572个，完成农村一户一表改造118万户，实行“四到户”达157万户，农村到户电价显著降低。

“西电东送”和“云电外送”工作取得明显进展；配合省有关部门做好省电力局和集团公司的行政、行业、企业职能界定，为移交省电力工业局行政职能，实施政企分开作好准备；继续推进公司制改组，与云南省开发投资公司共同出资组建了宣威发电有限公司，撤销滇南发电总厂建制，并入小龙潭电厂；积极探索厂网分开、主辅分开的新路子；依靠科技进步，加快技术改造取得成效；电力教育取得新成绩。

电力生产

2000年，云南电力集团公司所属参控股电厂完成发电量208.92亿kW·h，比1999年减少0.54%，其中水电完成123.6亿kW·h，同比增长10.43%，火电完成85.32亿kW·h，同比减少13.05%；完成售电量198.31亿kW·h，同比增长4.15%；供电煤耗409g/(kW·h)，同比降低8g/(kW·h)；供电线损率6.08%，同比下降0.91%；电网频率合格率99.998%，同比增长0.016个百分点；电网中枢点电压合格率99.26%，同比增长0.12个百分点；鲁天线全年累计外送电量1.51亿kW·h。认真落实各级安全生产责任制，全公司29个发供电单位有23个实现公司安全目标，有5个实现国家电力公司安全目标；集团公司实现了与省政府签定的安全目标；全年未发生电业生产特大事故、电网瓦解、大面积停电事故。发生电业生产设备事故13次，同比下降了12次，为历年最低。

全年电力生产、经济运行情况良好，省内市场的发供电都保持了适度增长，年底各主要水电厂蓄能充足，为2001年的外送电以及系统调频创造了良好的条件。本年实施“以水补火”政策，约有9亿kW·h的火电计划电量实行“以水补火”的方式置换为水电电量，同比多发水电15.8亿kW·h，漫湾、以礼河、西耳河等水电站接近或超过历史最好水平。全年完成大修理资金总额24399.2万元，比1999年减少9348.1万元，其中：发供电设备大修39台·次，大修后连续运行180天达到全优的20台·次，已达良好仍连续运行的16台·次，优良率90%，完成小修69台·次；完成技改投资8808.5万元，比1999年减少623.9万元。全公司有115个变电站已具备无人值班条件，共减少值班人员700人。认真贯彻落实国家电力公司和云南省对防汛工作的要求，切实做好大坝的安全管理和库区维护工作，电力生产安全渡汛。

全公司继续深入开展“安全文明生产达标和创一流”工作，实施动态考核，促进了“安全文明生产达标”工作的巩固发展。在漫湾、鲁布革发电厂实现全国一流水力发电厂的基础上，7月，国家电力公司以国电发［2000］382号文命名滇东电业局、个旧供电局为国家电力公司1999年度“一流供电企业”。这是西南地区供电企业创一流工作“零”的突破。全公司有8个单位实现达部标，7个单位实现达局标，6个代管县（市）电力公司首批实现达局标。

电力建设

2000年全公司电力建设完成投资45.62亿元，同比增长17.97%，其中电源24.62亿元，电网21.00亿元。新增发电装机容量30万kW；新建投产220kV变电站2座、扩建1座，新增变电容量57万kV·A、输电线路507.37km。新建投产110kV变电站10座、扩建3座，新增变电容量25.45万kV·A、输电线路343.62km。

宣威电厂五期扩建工程（2×30万kW）8号机组于12月4日首次并网发电成功，比预定计划提前26天；完成开远电厂2×300万kW工程的可行性研究报告的编制、审查和项目建议书上报；完成曲靖电厂二期2×30万kW可行性研究报告的编制、审查；开展滇东电厂预可行性研究、宣威电厂六期可行性研究；11月20日，螺丝湾水电站工程通过云南省总体峻工验收；大朝山水电站各项工程建设形象面貌均超过网络计划，进入安装阶段，完成投资11亿元；12月31日，云南澜沧江小湾水电站项目建议书业经国务院批准，并指示据此编制项目可行性研究报告，报国家计委审批，2000年小湾水电站进厂公路及场内公路建设完成投资40180万元；迪庆州冲江河水电站二期结合小中甸水库并把一期工程纳入统一考虑的论证正在进行；保山市槟榔江三岔河、迪庆州吊江岩水电站预可行性研究报告通过预审；正在积极进行李仙江河流域的开发前期工作。

昆明、玉溪、曲靖城网建设改造工程完成投资4.52亿元，为下达计划的100%，昆明城网改造被列为全国13个竣工城市之一；农网建设改造完成投资10.83亿元，为下达计划的60.7%，累计完成投资23.43亿元，首批20个重点县农网建设改造工程通过省级验收，40个计划竣工县投资完成过半；迪庆州电网和怒江州南坪县电网与省电网并网运行。

“西电东送”大通道——宝峰至罗平500kV输变电工程正式开工建设；完成500kV昆东输变电工程的可行性研究；完成大朝山水电站配套送出工程、阳宗海电厂二期送出工程、宣威电厂五期送出工程以及其他220kV、110kV工程的前期工作；完成内昆、成昆以及盘西支线电气化铁路供电工程的可行性研究，上报国家电力公司立项并下达设计任务书。积极开展景洪水电站向泰国送电输电工程的有关前期工作。

经营管理

2000年全公司完成售电量198.31亿kW·h，同比增长4.15%，其中售省外电量1.56亿kW·h，比1999年减少5.08亿kW·h，省内售电量196.74亿kW·h，同比增加12.88亿kW·h，全年购电7.5亿kW·h，同比增长91.3%；售电收入51.31亿元，同比增长8.2%；电力生产成本48.95亿元，同比增长12.58%；计税利润31503万元；归还基建贷款92522万元；国有资产保值增值率102.9%，高于考核指标0.85个百分点；全员劳动生产率117510元/人，同比增长10.55%；应收电费总额648471.41万元，回收率100%。

国家实施西部大开发战略，配合云南省扩大对外开放，招商引资，云南电力集团公司积极响应云南省委、省政府的号召，相继制定出台《关于省外来滇投资企业供用电配套实施细则的通知》；在经营环境十分困难的情况下，继续采取让利优惠政策，稳定拓展省内高耗能用电市场，全年让利总金额为1.3982亿元，对全省黄磷、有色、冶金、化工等高耗能企业、新电价执行不到位的化肥企业及省级脱困企业等进行了电力扶持；农电体制改革实现代管89个县（市）电力公司，新建及改制乡镇供电所572个，完成农村一户一表改造118万户，实行“四到户”达157万户，农村到户电价显著降低，年减轻农民电费负担1亿元，带动城乡居民生活用电增长12.29%；全公司实施新一轮减员增效，员工在册人数25373人，同比减少7.04%；注重市场调查与预测，全年负荷预测准确率98.6%。

为确保年度电费回收任务的完成，制定出台《云南电力集团公司2000年电费回收管理办法》，针对上半年电费回收率偏低的情况，及时制定《关于加强云南电网电费回收工作的紧急通知》，将电费回收考核办法由“月统计、季考核、年终评定”更改为“月考核、季奖惩”。采取“电费回收黄牌警告”和对单位一把手通报批评的考核办法，首次扭转了自1996年以来公司年度电费结不了零的局面。

公司实施多种经营战略性调整，加快推进多经企业资产重组和股份制改造，23个单位的资产重组、改制方案和18个单位的职工持股会方案获得省有关政府部门批准；调整多种产业投资结构，开展资本运营，加大投资力度，参与投资云南高新创业，架构新的发展平台取得进展；全公司多种经营总收入完成23亿元，同比增长0.43%。

农电工作

2000年，全省农网建设与改造完成投资10.83亿元，为下达计划的60.7%，累计完成投资23.43亿元，完成计划的75.06%。新建和改造110kV变电站21座、输电线路865km，新建和改造35kV变电站88座、输电线路1372km，新建和改造10kV输电线路13786km，低压400V线路18080km，更换高耗能配电变压器17955台，完成农村一户一表改造118万户。农网建设与改造后，供电可靠性、供电质量明显提高，低压线损普遍由30%～50%下降到12%以下。列入1999年全国550个“两改一同价”的云南省20个重点县通过省级验收。40个计划峻工县10kV及以下工程完成投资5.91亿元，完成计划的65.6%。

农电体制改革实现代管89个县（市）电力公司；新建及改制乡镇供电所572个，精简农村电工5113人，培训农村电工3766人；完成农村一户一表改造118万户，实行“四到户”达157万户，农村到户电价显著降低，年减轻农民电费负担1亿元，带动城乡居民生活用电增长12.29%。

12月28日，云南省第一个规模的县级供电有限责任公司—河口瑶族自治县供电有限责任公司正式挂牌成立，这是云南省成立的第一个由云南电力集团有限公司控股的县级股份制供电公司，是云南省推进县级供电企业股份制改革的一个重要成果。

农电“三为”服务达标取得成果。全省有27个县（市）电力公司获得电力部电力“三为”服务达标荣誉称号。

西电东送和云电外送

为贯彻落实党中央西部大开发战略，推进西电东送，2000年8月3日云南与广东两省政府签署了《云电送粤》协议书，9月30日云南省政府与国家电力公司签署了《关于进一步加快云南电力发展，实施西电东送战略的会谈纪要》。11月16日云南省委六届十一次全会正式提出把以水电为主的电力产业培育和发展成为云南省新的支柱产业。2000年10月27日《云南澜沧江水电开发有限公司发起人协议书》正式签署，协议中明确“十五”期间云电送粤规模后经调整为：2002年送电60万kW；2003年～2005年送电160～250万kW；2006年～2010年送电300万kW；2010年后结合小湾水电站投产，实现送电广东500万kW；2015年左右结合糯扎渡水电站投产，实现送电广东800万kW。小湾电站列为云南省实施西部开发战略的首选项目，并经国务院同意国家计委正式批准立项，电站场地“五通一平”工程全面开展；曲靖电厂二期和开远电厂已签订投资协议书，可研报告已通过电力规划设计总院预审查；抓紧进行宣威电厂六期、滇东电厂前期工作；糯扎渡电站可研工作完成计划进度；景洪电站已签署中泰投资协议书，向泰国送电初可研已通过国家电力公司审查；加强与国家电力公司南方公司、周边省区及广东的沟通理解，形成共识，促进合作，协商落实云电送粤协议；经国家计委批准，11月5日云南宝峰—罗平500kV输变电工程正式开工。

3月20～24日，中泰双方进行工作协调会形成《会议纪要》并明确，到2013年泰国将从中华人民共和国境内的电站购买电150万kW，到2014年再增加购买电力150万kW，泰国从中国购电第一个项目是中国云南景洪水电站；9月5日，《中泰投资者合作投资开发云南景洪水电站投资协议书》在昆明签字；10月9日，景洪水电站可行性研究工作基本完成。

科技教育

依靠科技进步，积极推进技术改造取得成果。全年完成重大科技项目26项、一般项目45项，投入科技经费2433.48万元，其中《高海拔地区燃用高灰份褐煤的研究》、《云南省高海拔超高压交直流输变电试验中试基地建设》2项成果分获国家电力公司科技进步二、三等奖。实现网内具备无人值班条件的变电站115座；小龙潭电厂脱硫改造工程进入试运行，公司系统各火电厂全部实现达标排放；完成漫湾、鲁布革电厂计算机监控系统升级改造；云南电力信息网实现与国家电力公司信息网、国际互联网及18个基层单位的连接；成功解决计算机2000年（Y2K）问题，实现云南电网安全稳定、可靠供电的目标；质量管理成果显著，全公司有5000多名员工参与QC小组活动，国家级优秀QC小组2个，省部级优秀、先进QC小组29个及6家先进企业。

科技创新基础得到加强。正在建设云南省重点中试基地——高海拔超高压试验基地，拥有国内领先水平的360kV冲击电压发生器、600kV直流电压发生器、交直流污秽试验室及设备等。已在处于高海拔地区的500kV漫湾、大朝山水电站送出工程开展多项研究，取得多项重要结论。研究应用于生产实际中的电脑操作及事故无误动报警技术及其软件等多项成果，为公司在二次创业中实现科技创新奠定了基础。

公司推进各项配套改革，同时探索新的管理模式，在劳动、人事、教育等方面努力适应云南电力改革发展的需要，取得了较好成绩。全公司实施新一轮减员增效，员工在册人数25373人，同比减少7.04%，人员结构进一步优化，人员素质进一步提高，员工年龄趋向年轻化。建立起287人的专业技术带头人队伍和122人的高级生产技能人才队伍。选派6人年轻领导干部到国家电力公司党校、西安交通大学等院校学习，公司培训厂局级领导干部176人，科级工商管理培训640人（代管电力公司140人）。

党的建设和精神文明建设

全年完成基层10个单位党政工领导班子换届，调整充实了29个党政工班子，新提拔副处级以上领导干部16人，内部交流副处级以上领导干部16人；调查20个单位及代管电力公司的党建工作、思想政治工作情况，交流、推广经验；39个单位开展民主评议党员和“争先创优”活动，8000多名党员参加评议；培训党支部书记67人，发展新党员350人。

云南电力集团有限公司获得云南省首家“文明行业”称号，公司系统被授予全国精神文明建设先进单位3个，全国民族团结进步先进单位3个，省级文明单位38个，省级精神文明建设先进单位10个，省级思想政治工作优秀企业3个。

主要事件

1月15日，姚安县发生强烈地震，电力设施受损严重，全县电力供应受到严重影响。灾情发生后，县电力公司立即组织抢修；滇中电业局闻讯后也迅速组成小分队，由领导带队赶往灾区参加抢修工作。

1月19～20日，云南电力集团有限公司首次专业技术带头人座谈会在昆明召开。

1月30日，昆明、滇中、滇东、滇北地区连续普降大雪，造成云南电网上述地区部分配电线路故障停电，仅昆明地区就有89条35kV和10kV线路供电中断。昆明供电局组织了20支抢险队伍，滇东、滇中、滇北等电业局也迅速组织职工，顶风冒雪，抢修电力线路和设施，及时恢复供电。

2月29日，小湾水电站工程建设前期筹备处在凤庆县小湾镇正式挂牌成立。

3月20日，为推进和落实中泰《关于泰国从中华人民共和国购电的谅解备忘录》的有关事宜，国家电力公司、云南电力集团有限公司和西南电力设计院一行10人，对泰国国家能源政策委员会、泰国国家发电局、泰国CMSPOWER公司进行了为期一周的正式工作访问。

3月31日，宣威发电有限责任公司在宣威电厂挂牌成立。

同日，小湾水电站项目建议书通过中国国际咨询公司专家评估。装机容量为420万kW的小湾水电站位于云南省澜沧江中游的南涧县和凤庆县交界处，是澜沧江水电能源基地的“龙头水库、龙头电站”。

4月17日，云南电力集团有限公司与日本三菱电机公司在昆明签署了大朝山电力送出工程500kV、220kV、35kV六氟化硫断路器合同，设备量36台，金额5896770美元。

4月19～20日，由昆明水电院承担勘测设计的金平县那兰水电站（3×6.5万kW）预可行性研究报告，在昆明通过了由云南省计委主持的评估审查。

5月1日，云南省火电建设公司汽机处本体班原班长饶飞、云南省电力试验研究所副总工程师刘伟被评为全国劳动模范。

5月10日，昆明水电院完成的“漫湾水电站大坝工程设计”等4个项目、“漫湾水电站表孔顶应力闸墩设计”等7个项目、“漫湾水电站基础处理设计”等5个项目分别获得云南省1999年度优秀工程设计一、二、三等奖。

5月20日，大朝山水电站胜利实现提前一年下闸档水渡汛目标。由水电一局承建的大朝山水电站地下厂房被共青团中央、国家电力公司授予“全国青年文明号工程”。

5月21日，云电光彩投资有限公司在昆明宣告成立。该公司由云南恒辉电力集团有限公司与北京光彩集团光华投资控股有限公司共同出资组建，注册资本金为1亿元人民币。

5月30日，小湾水电站前期准备工作领导小组第二次会议在北京召开。会议由国家电力公司副总经理周大兵和云南省副省长牛绍尧共同主持。会议决定2000年三季度挂牌成立“云南澜沧江水电开发有限公司”，并对2000年～2002年三年筹建期工程项目计划和投资计划、征地移民等问题进行了研究，达成了共识。

6月5日，国家计委将小湾水电站正式列为国家“十五”计划重点项目。

6月7日，中泰景洪水电站投资意向书在昆明签字，云南省副省长黄炳生出席签字仪式。

6月12日，云南电力集团有限公司党组召开“三讲”教育“回头看”活动动员大会。

6月15日，目前省最大的220kV变电站（容量为36万kV·A）—宣威虹桥变电站建成投产。

同日，500kV大朝山水电站至昆明输电线路第一基塔由云南省送变电工程公司送电四处施工一队组立完成。

7月4日，国家电力公司命名滇东电业局、个旧供电局为“一流供电企业”，并颁发了奖牌和荣誉证书。

7月12日，《小湾水电站枢纽总布置优化及其他问题专题报告》和《小湾水电站施工研究专题报告》在昆明通过了专家审查。

8月3日，《“云电送粤”协议书》在昆明签字。

9月5日，中泰合作景洪水电站投资协议书在昆明签字，这是中泰双方就合作开发景洪电站向泰国送电，经过6年努力取得的重要成果。

9月18日，中国进出口银行与云南省机械设备进出口公司在昆明签订了“缅甸邦朗电站出口卖方信贷合同”，由中国进出口银行提供贷款10亿元人民币建设缅甸邦朗水电站。

9月30日，云南电力集团有限公司召开副处级以上干部会议，国家电力公司总经理高严，云南省委书记令狐安，省委副书记孙淦，省委常委、组织部长黄维彬，国家电力公司总经理工作部、人事董事部陈飞虎、程光杰等领导出席了会议。国家电力公司人事董事部主任程光杰宣读了国家电力公司党组关于云南电力集团有限公司领导干部的任免决定，任命肖鹏为中共云南电力集团有限公司（云南省电力工业局）党组成员、书记，云南省电力工业局局长，云南电力集团有限公司董事、董事长（法人代表），并推荐担任云南电力集团有限公司总经理，由云南电力集团有限公司按有关规定办理手续；免去朱志强中共云南电力集团有限公司（云南省电力工业局）党组成员、书记，云南省电力工业局局长，云南电力集团有限公司董事、董事长等职务，建议免去云南电力集团有限公司总经理职务，由云南电力集团有限公司按有关规定办理手续，任云南省电力工业局巡视员。

10月10，昆明供电局圆满完成中国昆明国际花卉节保供电任务。

10月27日，小湾水电站投资方第四次会议在昆明召开，云南电力集团有限公司、国家电力公司、云南省开发投资有限公司、云南红塔实业有限责任公司等四个投资方的代表参加了会议。会议签署了《澜沧江水电开发公司发起人协议书》、《云南澜沧江水电开发有限公司章程》。

10月31日～11月3日，云南电力集团有限公司首届职工田径运动会在省电力学校成功举办。

11月5日，云南“西电东送”的大通道——宝峰至罗平500kV输变电工程开工仪式在宝峰变电站工地举行。

11月8日，大朝山水电站坝基开挖及固结灌浆工程在工地通过专家整体验收。

11月15日，由云南送变电工程公司送电三处负责施工的500kV平罗二回输变电工程一标段，被命名为“达标投产输变电工程”。

11月19～20日，螺丝湾水电站竣工验收会议在中甸举行，签署了《螺丝湾水电站工程竣工验收鉴定书》。

11月28日，云南电力集团有限公司为理顺管理关系，推动企业改革，经公司研究决定：撤销滇南发电总厂，其直属片及开远电力修造厂人、财、物全部划归小龙潭发电厂；小龙潭发电厂由公司直接管理。

11月30日，小湾水电站前期施工准备工程中较为关键的一个单项工程——澜沧江跨江施工索道桥按设计建成通车。小湾电站施工索道桥全长195.82m，桥面宽6m，荷载为汽—62级，挂—100t，由解放军7434工厂承建。该桥于2000年3月28日开工建设，历时8个月。

12月1日，在云南省九届人大十九次常委会上，《云南省查处窃电行为条例》经审议通过，并将于2001年1月1日起施行。

12月4日，云南“西电东送”的重点火电能源工程——宣威电厂五期扩建工程8号机组（30万kW）并网发电成功。

12月10日历时10天，被列入云南省“西电东送”三水三火项目的开远电厂2×30万kW工程、曲靖电厂二期2×30万kW工程可行性研究报告审查会在昆明举行。

12月13日，曲靖电厂二期工程投资协议在昆明签字。

12月28日，河口瑶族自治县供电有限责任公司正式挂牌成立，这是云南省成立的第一个由云南电力集团有限公司控股的县级股份制供电公司，是云南省推进县级供电企业股份制改革的一个重要成果。

贵州省电力工业

电力生产

（一）综述

贵州电力系统安全生产工作在公司党组“抓机遇、抓市场、抓效益，促发展”的指导思想下，增强市场观念、效益观念、发展观念，振奋精神，扎实工作，全面完成了2000年各项生产工作任务。电力生产组织始终以安全为主线、以市场为导向、以提高设备健康水平来满足电力市场的需求为出发点，以效益为中心，以达标创一流为龙头，以技术监督为手段，促使管理上台阶、指标上档次、进一步改善环境。全年完成发电量达279.5亿kW·h，比1999年增长10.89%；完成售电量250亿kW·h，比1999年增长12.50%。发、售电量连续8年保持了二位数的增长；最高发电负荷达462.9万kW，最大日发电量达9619万kW·h；供电标准煤耗比1999年［411g/(kW·h)］有大幅度下降，达到392g/(kW·h)，创历史最好成绩，逐步接近全国平均水平；发电设备年年均利用小时达5473h，其中水电4154h、火电6022h；设备管理、检修质理再上新台阶，锅炉“四管”爆漏次数（68次）明显下降，同比下降13.9%；220kV及以上系统继电保护正确动作率稳步提高，达到98.27%，创历史最好水平；供电可靠性进一步提高，特别是通过城网改造，城市供电低电压问题基本解决，供电可靠率达99.812%。

（二）安全生产

2000年全年安全生产形势相对平稳，各项安全指标较好，扭转了1999年安全生产被动的局面。全年人身重伤、死亡事故1次死亡1人，同比下降75%；重大设备事故0次；电网瓦解大面积停电事故0次；一类障碍122次，1999年同期135次，同比下降9.6%。

（三）设备管理

设备管理工作的重点是减少锅炉“四管”爆漏和降低发电设备的各项消耗指标。

公司系统发电企业完成大修锅炉4110t/h/9台，汽轮发电机组1081MW/11台，水轮发电机组64MW/3台。投入大修理费2.3亿多元。供电企业完成的主要项目有：220kV主变压器480MV·A/4台、开关15台、线路1718.45km/29条；110kV主变压器422 MV·A/14台、开关109台、线路1762.8km/74条；35kV主变压器71.45MV·A/15台、开关91台、线路427.5km/35条。投入大修理资金10076.5万元。

技术改造工作以提高安全可靠性、节能降耗、减人增效、提高科技管理水平和减少环境污染为重点，经过充分技术经济比较，完成的主要项目有清镇电厂7号汽轮机低压缸通流部分改造，遵义电厂8号炉燃烧系统改造，清镇电厂7号机组、盘县电厂2号机组DCS系统改造，盘县电厂2号炉电除尘改造，红枫六级2号机增容改造，水城电厂输煤程控改造等重大技术改造项目，为全面完成2000年生产经营任务和省公司供电煤耗392g/(kW·h)的节能目标奠定了基础。

（四）节能降耗

调度部门合理安排电网运行方式，加大高温高压机组发电比重，配合小火电机组的关停，使得全年节能目标得以实现。全网供电标准煤耗达392g/(kW·h)，同比［411g/(kW·h)］降低19g/(kW·h)。

（五）达标创一流

凯里供电局获得了国家电力公司授予的“安全文明生产达标企业”称号；毕节供电局和铜仁供电局达标工作又上了一个新台阶，获得省认部标企业的称号。

基建工程实现了达标投产“0”的突破。安顺发电厂的双达标工作年初全面启动，2号机组通过了国电公司的达标投产验收；凯里发电厂3号、4号机组和金沙发电厂的4台125MW机组通过了省公司的达标投产验收。

乌当供电局、惠水供电局、修文供电局、白云供电局、龙里供电局先后被省电力公司授予“安全文明生产达标企业”的称号。

（六）防汛度汛

2000年，贵州省降水量比正常年份偏多。汛前公司组织检查组，对水电厂、特别是水库溢洪设施进行了全面的复查，对火电厂及供电局的防汛准备情况作了抽查。检查结果表明，各单位基本上都做到了“思想、组织、措施、物资”四个落实和“人员、措施、工作”三个到位。系统的洪水预报精度大约有90%以上。水库防洪调度和电力调度合理，各水电厂闸门运行情况良好，取得了安全、效益双丰收。

（七）技术监督

全年技术监督重点工作共立项321项，完成309项，完成率96.26%，除一项为跨年度外其余均因系统原因未能安排。首次实现了大修锅炉定检率100%；全网220kV继电保护正确动作率达到98.23%的历史最好成绩；盘县发电厂、水在发电厂、贵阳发电厂通过了火电厂2000年环保“一控双达标”验收；新建的安顺、金沙发电厂在贵州电力试验研究院的帮助下技术监督工作已走向正轨，个别专业还进入全系统先进行列；在习水电厂首次进行了锅炉安装前安全检查。在系统七项技术监督评比中共83项单项获奖，其中一等奖15项，二等奖27项，三等奖41项；先进集体41个，先进个人49名。

（八）城网建设

2000年是我省城网建设改造的关键一年，安排项目资金投资计划10亿元，其中，贵阳市投资4.99万元，占总投资的49.9%，遵义等8个地州市投资5.01亿元，占总投资的50.1%。项目安排的重点是城市变电站的建设改造和中低压配网的改造。本着“改造电网，开放负荷，节能降耗”的原则，严格按照各城网三年可研报告的批复范围，优先安排有一定效益的项目。全年完成城网主要工程有：开工建设110kV城中变10座，变电容量686MV·A；变电站综合自动化改造16座，共中220kV2座，110kV14座；110kV线路改造110km；10kV开闭所新建9座；10kV线路新建及改造约537km，10kV电缆约67km；开关改造：220kV40台，110kV152台，35kV250台，10kV开关；柜15台，10kV柱上开关98台；一户一表改造19.25万户，改造低压台区641个；改造配变约688台；建设供电小区47个；配网自动化完成15个环网；完成5个地调自动化系统的主站升级工作。

结合城网改造，建设了一批城市光纤传输环网，完成了一批110kV变电站自动化改造工作，并实现无人值守；完成15个环网的配网自动化工作。完成5个供电局调度自动化的改造。

（九）调度管理

确保完成特殊时期保电任务。结合国家电力公司关于确保全国电力系统安全进入2000年的通知精神，对贵州电网安全进入2000年，顺利渡过2000年闰年以及贵州电网在“元旦”、“春节”、“春运”、“五一”、“国庆”期间的安全保电工作进行了具体布置和安排。由于组织得力，措施到位，顺利完成了各项保电任务。认真开展各项安全活动。结合电力生产的特点，分别组织了春季和冬季安全大检查；根据贵州电网联合反事故演习领导小组的要求，成功举行了“贵州东部电网联合反事故演习”、“贵州西部电网联合反事故演习”、“贵州电网联合反事故演习”。全年全网完成发电量279.5亿kW·h，比1999年增长10.89%。

继电保护的正确动作率达到98.27%。抓技术监督工作、督促有关发电厂、供电局完成了主网中部干鸡双回、筑清双回及北部遵铁双回等线路保护的模型工作，完成了鸡场变110kV母线更换为微机母差保护的模型工作。对母线保护等重要保护，从方案制定到验收投运，都进行了全过程监督，使中部五角环网保护装置的可靠性得到了提高。

我局AGC投入率和合格率指标得到大幅提高。3月，开始启动火电厂的AGC工作，11月12日清镇电厂7号AGC试验成功投运，实现火电厂AGC零的突破；签订了电能量计量系统风姆抵押承包合同，保证了贵州电网电能量计量系统于4月1日第一期试运行。

积极开展贵州电网电能量管理系统（EMS）的更新准备工作，8月份完成《贵州电网能量管理系统（EMS）技术方案书》，并通过省电力公司组织的专家评审，与西南电力设计院签订了《贵州电网能量管理系统（EMS）设计合同》，并积极配合西南院完成系统全面设计工作，该设计11月通过省公司评审。

继续深化标准通信站建设，至2000年底，已有69个站达到标准通信站的要求。2000年对24个通信站进行了标准通信站检查和复查，复查面达34.78%，规范了系统通信管理。为确保通信系统的运行率达到部颁要求，与南自院配合，顺利完成贵州Ⅱ期工程的安装调试任务，贵州电网通信综合监控系统已投入试运行。

（十）环保工作

省电力公司围绕2000年实现达标排放的目标，根据实际情况下达了环境保护计划。完成情况如下。

废水治理，主要涉及工业废水和生活废水的治理。工业废水除pH指标外，其余指标已实现达标排放。清镇发电厂、贵阳发电厂未完成国家电力公司丰珲的pH值达标的目标；生活废水治理主要围绕红枫湖、百花湖水资源的污染治理，公司涉及到清镇发电厂、红枫发电总厂、贵州电力学校和省电建二公司的生活污水治理。2000年已全部完成了四个单位生活废水治理工程的达标验收。

烟气治理。烟尘治理上，烟尘排放超标的电厂有贵阳发电厂，结合国家电力公司关停小机组的决定，贵阳发电厂对超标老机组采取停运拆除的措施，并于4月关停了2×25MW机组，实现了全公司烟尘达标排放。随后于11月9日关停了2×50MW机组，进一步降低了贵阳发电厂的烟尘排放量。为进一步降低盘县发电厂烟尘排放量，减少全公司烟尘排放总量，2号机组除尘器改为双室三电场电除尘器，并于10月20日投入运行，除尘器效率由原来的94.4%提高到现在的99.24%，达到了改造的预期目标。

二氧化硫治理。贵州省有六城市属酸雨控制区，在酸雨控制区内的火电厂燃煤含硫量都大于3%。为减少二氧化硫排放量，逐步实施了停拆小机组、控制燃煤含硫量，掺烧低硫煤等措施。贵阳发电厂关停机组，削减二氧化硫排放量3.2万t/年。各火电厂为满足环保达标监测要求，加强燃煤管理，通过掺烧低硫煤，控制入炉煤含硫量，基本实现了二氧化硫达标排放的目标。

灰渣综合利用。各火电厂灰渣综合利用总量82.4万t，主要用于回填、筑坝、筑路、建工、建材等方面。

基本建设

（一）综述

全年完成基本建设投资62亿元。截止2000年底，电网发电装机容量达500万kW。安电2号机组做到达标投产，实现了我省30万kW机组达标投产的“零”突破。主干电网进一步完善，增强了安全供电的可靠性，扩大了输送能力。为开拓省内外电力市场创造条件。

（二）前期工作

电源点工程。纳雍电厂（4×30万kW机组）工程。10月31日，电力规划设计总院下发了《关于纳雍电厂可行性研究报告的审查意见》，10月27日，国家计委以《国家计委关于贵州纳雍电厂工程项目建议书的批复》同意该项目立项。10月对该工程三大主机设备招标，11月已签署了设备定货合同。

安顺电厂二期（2×30万kW机组）工程。国家环保总局环境评估中心在贵阳主持召开了《安顺电厂二期工程环境影响评价大纲》技术评审会议，并下发了《关于贵州安顺电厂（2×30万kW）二期工程环境影响评价大纲审查意见的复函》，7月4～7日，电规总院主持召开了该工程可研报告审查会议。8月17日，我公司将《关于安顺电厂二期工程可行性报告书的请示》上报国家电力公司。10月31日，电力规划设计总院下发了《关于安顺电厂二期工程可行性研究报告的审查意见》。

黔北电厂（2×30万kW机组）工程。2000年6月，国家电力公司将《关于贵州黔北电厂工程项目建议书的请示》正式上报国家计委。8月15～17日，中国国际工程咨询公司受国家计委的委托在金沙县对该工程项目建议书进行了评估，并以咨能源（2000）602号文《并于贵州黔北电厂项目建议书的评估报告》正式上报国家计委。10月31日，电规总院下发了《关于贵州黔北电厂工程可行性研究报告的审查意见》。10月对该工程三大主机设备进行了招标。

贵阳电厂（1×20万kW机组）烟气治理改造工程。5月23～24日，省电力公司在贵阳主持召开了“贵阳电厂烟气治理技改工程可行性研究报告审查会”，并以黔电计（2000）288号文下发了可研报告审查意见。

引子渡水电站工程。该工程建设规模为(3×12万kW)常规混流式机组,11月7日已正式开工建设。

（三）工程设计

纳雍电厂（4×30万kW）工程。初步设计任务已完成，待审。

安顺电厂（2×30万kW）二期工程。7月4～7日，省电力公司以黔电计（2000）407号文《关于安顺电厂二期工程可行性报告书的请示》上报国家电力公司。

黔北电厂（4×30万kW）工程。西南电力设计院完成了该工程初步设计及第3、4号机的补充可研报告，待审。

贵阳发电厂（1×20万kW）烟气治理改建工程。省电力公司以黔电计（2000）288号文下发了可研报告审查意见。国家环保总局已批复了环境影响报告书。贵州电力设计研究院年内已完成初步设计工作，待审。

（四）在建项目

盘县电厂二期（2×20万kW机组）工程，2000

年10月13日已完成4号炉水压试验，12月13日已完成汽机三缸扣盖、厂用带电工作。

习水电厂（4×13.5万kW机组）工程。2000年5月31日开工，烟囱及1号冷却塔于11月中下旬施工到顶，1号机房已于12月31日断水，锅炉大件吊装完成。

引子渡水电站（3×12万kW机组）工程。2000年11月7日工程开工，至2000年底，已累计完成投资1.633亿元。工程现已完成厂内外公路、上、下游桥梁及营地，右岸导流洞于12月30日贯通。

（五）输变电工程

500kV三角环网（黔北—黔东—贵阳）。2000年5月已全面开工建设。

500kV“两交一直”输变电工程。12月14～16日，国家电力公司在广东主持召开了“黔电送粤”输变电工程可行性研究报告审查会议，12月28日以国电计（2000）816号文正式上报国家计委。

220kV输变电工程。220kV输变电工程共安排7个项目，均已完成初步设计审查，并开工建设。

110kV输变电工程及110kV农网项目。110kV输变电线路共58回，线路长度692.74km，均已完成初步设计审查，并已开工建设，半数以上项目已建成投运。

光纤、通信部分。共安排17个项目，其中3个项目通过可研，其余项目均已完成初设审查并开工建设，其中福泉—都匀、瓮安、贵定的地区网已建成。光纤总长度为1660km。12月，建立数据通信网的可研报告及调度交换组网的技术方案研究已完成。

经营管理

（一）综述

2000年，局（公司）切实推进两个根本性转变，坚持推行内部模拟市场机制，努力提高省局（公司）经营决策和管理水平，实现了全年经营目标。全年电力销售收入（含税）67.4亿元，比1999年增长18.8%；实现利润总额1.91亿元，比1999年增长10.6%，实现利税8亿元，超额完成国家电力公司下达的利润计划；全员劳动生产率144745元/(人·年)，同比增长12.6%。供电标准煤耗率完成392g/(kW·h)，比1999年下降19g/(kW·h)；线损率完成4.81%，同比上升0.32个百分点。全公司累计电费回收率为100%，累计加收旧欠8112万元，完成计划的112%。

（二）市场营销

2000年全网售电量累计完成254.1824亿kW·h（其中不含南电代售电量），完成年计划的108.16%，同比多售电24.0281亿kW·h，增长率为10.44%。

省外售电量完成情况。2000年贵州电网售省外电量26.49亿kW·h，比1999年同期少售电量1.1282亿kW·h，同比降低4.08%。

省内售电量完成情况。2000年，公司省内售电量累计完成227.6899亿kW·h，完成年计划107.4%，比1999年同期多售电25.1563亿kW·h，增长12.42%。

市场开拓情况。2000年，省公司明确将推广使用电热锅炉作为开拓负荷的一个重要方面，通过抓组织、落实和认真的实施工作。10个供电局超额完成了2000年电锅炉任务，全年投运98台，容量3.165万kW。积极开拓城镇居民用电市场，加快一户一表用户安装步伐，完成国电公司“四到户”（一户一表）户数增长10%的要求，全年实际新增一户一表197675户，完成计划的113.67%，“四到户”率增长69.65%。

电费回收情况。2000年度，全公司累计电费回收率为100%，累计回收旧欠8112万元（不包括回收省外旧欠电费），完成计划的112%，圆满完成2000年电费回收计划。

（三）负荷管理

2000年省内最高日供电负荷为363.8万kW最高日供电量为7843万kW·h。全年省内供电能力基本能满足负荷需要。由于缺煤，各火电厂出力严重不足，为了保证对绝大部分用户的稳定供电，被迫采取限电措施。从12月14～23日，分别对贵州铝厂、贵州铁合金厂、贵阳钢厂等大用户和贵阳、都匀、凯里、铜仁等地区进行了限电，其中贵州铝厂最高限电达6万kW，遵义铁合金厂达5万kW，贵州铁合金厂达2万kW，贵阳钢厂达3万kW，贵阳地区11万kW，都匀地区4万kW，凯里地区2万kW，铜仁地区1万kW。

（四）需求侧管理

2000年，经对全省32家重点耗能企业进行产品电耗管理，考核44种产品电耗，有34种产品节电，节电量达52795万kW·h，有10种产品超耗，超耗电量7783.28万kW·h，节超相抵共节约电量45012.32万kW·h。全年全省投运电锅炉98台，投运容量31650kW。

（五）用电检查

各局加大了对用电企业用电检查力度，全年检查用户154748户，查处窃电及违章用电1985户，追补电量1149.8343万kW·h，追补电费4903904元，收取违约使用电费2396659元，维护了供电企业的合法权益。为加大查处窃电的力度，整顿电力市场秩序，省公司起草《贵州省反窃电条例》。

（六）电能计量管理

2000年底，全系统安装关口电能计量装置235个，共装关口电能表239块，追补电量约975万kW·h；强化电能计量工作规范管理，制定和修改各种管理制度。

（七）会计核算

全年公司实现股权投资收益3.848万元，比1999年增长54%，投资实际收取的股权投资收益993.89万元，比1999年增长26%，实现的投资收益和实际收取的投资收益为省公司具有控制力的电力及其相关行业。全年完成投资收益较好，投资收益率达1.53%，较上年增长29%。

（八）财务管理

到年底，公司合并总资产规模达205亿元，负债为115亿元，净资产为90亿元；汇总口径资产负债率完成52.09%，低于国电公司下达的考核指标；资产保值增值率、投资收益率分别完成了101.93%和6.11%，分别比下达的考核指标增加0.66个百分点和1.8个百分点；实现利润总额1.91亿元，比上年同期增长了10.6%；本年应收电热费余额为13.72亿元，比上年同期减少870万元，当年电费回收结零；本年上缴国电公司投资收益4300万元，完成了国电公司下达的上缴任务。

（九）资金管理

全年，公司实现了当年电费及基金上缴结零的目标，全年电费及基金累计上缴资金亿元，保证省电力公司的资金需要。

继续加强电费及代收基金的回收考核工作，加大了与各单位效益工资挂钩的考核力度。积极组织各供电局实施“煤电”和“铁合金等抵电费”的各种欠费互抵工作，促进了公司电费回收。积极推广“承兑汇票”的收取和使用工作，全年实收电费的承兑汇票金额近30亿元积极组织省外欠电费的催收工作，全年省外售电电费回收率超过93%以上。

（十）投融资及工程建设资金管理

2000年公司共投入资金46.18亿元用于工程建设，为公司历史上工程建设投入最多的一年，保证了工程建设所需资金。针对农网、城网改造工程投资大、工期紧、财务管理人员力量薄弱的情况，公司加大了财务管理的指导和检查工作对资金的专户存储，工程款的有效合理使用，核算帐户的设置，进行了多次检查。针对两网工程建设中工程竣工财务决算工作量大，人员少而大多为第一次编制两网工程的特殊情况，举办了《两网工程竣工财务决算短训班》，对工程竣工决算中的问题进行了讲解。

（十一）农电管理

2000年，省电力公司加大了农电体制改革工作，在已理顺与省电力公司关系的84个县级电力企业中进一步将乡电管站改为县电力企业的派出机构，取消乡电管站636个，建乡供电所575个，精简农村电工6776人全面完成分站改革52个。进行了县级电力企业有限责任公司改革试点。

（十二）燃料管理

加强管理合同管理。各厂严格执行年初与各矿务局签订的合同量，逐月考核和落实合同计划，加大协调力度，强化催交催运，提高到货率，全年省属重点煤矿订货560万t，实际完成465万t，有力地支持了全年电力生产任务的完成。不断完善计价办法，相继增加了含硫量、挥发份、全水分等煤质计价指标，增强了拒付的依据。

（十三）物资管理

全年共组织评标24次，完成招标设备345项，中标价总计21亿多元，比最高报价低2.5亿元，比平均报价低1.2亿元。

（十四）审计

2000年，审计共查出违纪金额19156万元，已纠正金额680万元。促进增收节支7964万元。提出审计建议665条，被采纳631条。全年共完成“两网”建设与改造审计总金额313.919万元，审减金额5900.85万元；查出有问题金额421万元，已纠正金额320万元，提出审计建议139条，并得到了落实。

（十五）人力资源

2000年，共接收大中专毕业生377人。对技校生采取逐步推向基建单位和新（扩）建厂，共分配统招技校毕业生162人；接收国家政策指令安置转业军官2人，退伍士兵123人；实行了多种所有制安置，并加强了培训开发。基本完成了贵州省县级电力企业人事遗留问题处理工作。到年底，全系统已办理内退职工1482人，办理提前退休36个工种250人，办理自谋职业66人。协调办理水城电厂分流转岗到纳雍电厂200人，红枫发电总厂分流转岗到纳雍电厂100人、到习水电厂50人。

深化职称改革，实行评聘分开，制定了《贵州电力公司专业技术职务动态管理办法》，审定公司系统“专业技术职务岗位和设置方案”。加大县级供电企业职称理顺工作，对县级供电企业1999～2000年职称评审采取过渡方式评审，共评审高、中级职称106人，初级职称300人。

（十六）股份制改革

2000年，公司根据国家电力公司关于多经企业转机建制的精神，制定下发了《关于多经企业转机建制的指导意见》。贵阳市南供电局、市北供电局的多经企业顺利完成了重组、改制工作，职工通过持股会对多经企业进行控股，加强了职工与多经企业资产的有机联系，增强了多经企业的活力与发展后劲。

（十七）贵州金元电力投资有限责任公司

经2000年9月18日省长办公会议纪要及省政府领导批示和贵州省总工会《关于贵州省电力公司建立职工持股会的批复》（黔工总字［2000］117号）同意，贵州省电力公司、贵州省电力公司工会共同投资注册成立了贵州金元电力投资有限责任公司。

（十八）劳动工资

2000年期末人数为28788人，比1999年下降5.27%。全员劳动生产率144745元/人，比1999年增长12.6%。

3月，按照省公司对县电力企业考核办法，完成了对各单位的效益工资清算，并结合农电单位的效益情况，对农电企业职工调整工资进行了调整。

（十九）电力多种经营

2000年，全公司多种经营创历史最好水平，实现总收入15.22亿元，比计划11.5个亿净增加3.72亿元，同比增长22.94%，创利税总额1.0422亿元；从业人数达14111人。

全年全以司多种经营高耗能企业生产高能耗产品90000t，比上年增加6.88个百分点；高耗能产品耗用电量达12亿kW·h，比1999年多用电量1.8亿kW·h，幅度为17.65%。当年可回收电费2.35亿元，电费回收率近100%。

党群工作

（一）党的建设

举办了入党积极分子培训班，参加培训的入党积极分子1249人，全年发展党员396名，党员结构得到进一步改善。

（二）“三讲”教育“回头看”

2000年6月16日至30日，开展了“三讲”教育“回头看”活动，按照“四看一思考”要求，召开了党组民主生活会，制定和完善了一系列工作制度和措施。

（三）领导班子建设

全年，对遵义供电局等12家单位进行了全面考核，调整干部53人，其中提拔33人，有8人由副职提为正职；交流干部8人；因各种原因从领导岗位退下来19人。

（四）精神文明建设

公司各单位把精神文明建设和思想政治工作放在突出的位置上。把双文明单位的要求具体化，逐项落实到车间、班组和个人。全公司37个基层单位均被评为县级以上文明单位，其中省（国电公司）级文明单位25个，省公司（地级）文明单位11个。

（五）纪检监察

查处违法违纪案件。省公司系统纪检监察部门共受理来信来访57件次，初核43件，立案查处13件19人，给予纪律处分19人，其中科级干部3人。受处分人数占全公司系统职工总数的0.76‰，没有发生厂处级领导干部违法违纪案件。

行风建设。省公司党组十分重视纠风工作和行风建设，作为企业生存之本、发展之本的大事来抓。开展行风评议“回头看”工作。开展“优质服务月”活动。开展便民利民活动。

专题监察。对“两网”改造进行执法监察，对火电厂的燃煤管理进行执行监察和效能监察。

（六）职代会

贵州省电力公司第三届一次职工代表大会暨贵州电力公司工作会于2000年4月6～7日在贵阳召开。本届职代会经过换届，民主选举产生了新一届职工代表，新当选的职工代表有122人。本届职代会设立生产经营、生活福利、安全教育、评议监督、提案等五个工作委员会，加强了职代会各专委会的工作。三届一次职代会还对近两年省公司系统双文明单位、双文明优胜单位，先进集体、劳动模范、先进工作者进行了表彰和奖励。

科技与教育

（一）科技

全年安排科技总费用7293.9万元，其中各企业自筹费用5144.1万元，总费用和自筹费用分别比1999年增加19.2%、6.7%。

有6项科技成果获贵州省政府科技进步奖，其中二等奖1项，三等奖5项。有14项科技成果获局科技进步奖。

2000年，全公司信息化管理已有6个供电局通过了实用化验收。

省电力公司按照企业管理现代化成果评审办法共评出1999年度企业管理现代化管理成果14项。推荐三项成果参加全国电力企业管理现代化优秀成果评审。省电力公司的《分级管理、程序决策、招标采购》和《以市场为导向加强目标成本管理——贵州省电力公司加强成本管理取得成效》两项获全国电力企业管理现代化优秀成果二等奖；贵阳市南供电局的《站包线、人包变、责任到人》获三等奖。省电力公司以《电力企业低成本低价位的增效管理》报省企业管理协会。经专家评议，省企业管理协会推荐该项目参加第七届全国企业管理现代化创新成果评审。

2000年贵州电力试验研究院编制的生产工作计划377项，在努力完成全年工作计划的同时，积极完成计划外应急服务，随叫随到，出动率100%。

对1998年前考核与复查过的电能标准装置进行提前复查，将有效期延长到2005年，争取了主动。

目前已完成10个地市局和44个县局共139个电能标准装置的考核与复查。

组织具有适合贵州电网发展前景的技术储备性科研项目的攻关。全年立项17项，是历年最多的一次，完成12项，获各级各类科技成果7项。

(二) 教育

全年公司系统有25908人次职工参加职工教育培训学习，为加大贵州电力发展奠定基础。全年省公司举办系统培训班91期，培训3989人；办理《贵州电力职工岗位培训证书》的有1054人。积极组织系统职工进行工商管理培训学习，全年举办厂（处）级干部工商管理培训班二期，培训了59人。

2000年贵州省电力职工教育培训中心毕业212名职大生。贵州电力学校毕业159名统招生。系统内就业114名，推荐到省外就业45名。贵阳电力技校毕业259名学生（其中统招生115名）系统内就业115名，推荐到省外就业144名。

主要事件

1月13日15:45分，金沙电厂4号机（12.5万kW）建成投产，标志一期工期（4×12.5万kW）胜利。

1月26日，省政府召开全省农电“两改一同价”工作会，副省长郭树清、省政府副秘书长王远海、省计委主任赵家兴、省电力公司副总经理唐斯庆出席大会并作讲话。向德洪总经理作大会书面讲话。

2月2日，省委副书记王三运、副省长刘长贵等一行到公司本部慰问。

2月4日，公司总经理向德洪到省委参加省领导向朱总理汇报工作的会议。会上，朱总理指出：“贵州既能致富又能支持全国的主要是电力发展”。

2月5日年初一，省长钱运录、常务副省长王寿亭、副省长刘长贵等一行在公司领导向德洪、唐斯庆陪同下，先后到贵阳市北供电局、贵州电力调通局向坚守岗位的电力职工致以新午的慰问。

2月18日，省人民政府致函国家电力公司，提出转让天生桥二级电站贵州份额电量使用权。

2月21日上午，公司副总经理匡忠雄到省政府参加向全国政协副主席钱正英工作汇报会。

2月24日，省政府召开西部大开发工作会，省长钱运录省、副省长王寿亭、郭树清在会上作重要讲话，突出强调“西电东送”战略是贵州实施西部大开发的重点。

4月3日，总经理办公会：审定2000年公司基本建设计划：总投资52亿元，其中电网（包括农网、城网）34亿元；明确贵州电网在“西电东送”战略中保持低价位竞争力。

4月6～7日，省局（公司）三届一次职代会暨2000年电力工作会隆重召开。

4月14日，钱运录省长主持召开办公会，研究贵州电力“十五”发展计划，要求加快电力发展步伐。

4月28日，公司召开大会，表彰公司系统“十杰”、“十佳”青年职工。

4月29日，公司总经理向德洪、遵义发电厂燃料公司经理齐小平被评为全国劳动模范。

5月5日，省委副书记、省长钱运录在遵义市市长傅传耀陪同下，到习水电厂工程现场检查工作。

5月15日，500kV鸭溪变电站及相关输电工程开工。

5月16日，500kV福泉变电站及相关输电工程开工。

5月30日，刘长贵副省长在习水县召开电厂建设专题办公会，要求全方位支持电厂建设，加快进度。31日，习水电厂技改工程（4×13.5万kW）开工。

6月1～2日，省公司召开减人增效工作会。

6月12日，公司党组会；审定1997～1999年度公司系统红旗党组织、先进党组织、模范党员、优秀党员名单。

6月13日，向德洪总经理主持召开办公会，研究确定“十五”向广东送电事项及相关安排，并议定向国家电力公司、省政府专题报告。

6月16日，省公司党组召开“三讲”回头看动员大会，党组书记、总经理向德洪作动员报告。

6月21日，钱运录省长主持召开省长办公会，专题研究“黔电入粤”实施方案。

7月11日，向德洪总经理主持召开公司安全生产委员会会议贯彻国务院、国家电力公司和省人民政府切实抓好安全工作的紧急指示，部署公司系统安全生产大检查。

7月27日，国家环保局局长解振华在省环保局局长孟宪文、公司领导向德洪、唐斯庆陪同下，到贵阳电厂检查工作。

7月28～29日，安顺发电厂二号机组（30万kW）通过国家电力公司组织的投产达标验收。

8月1日，黔粤两省人民政府《“黔电送粤”协议书》在贵阳举行签字仪式。贵州省副省长郭树清、广东省副省长钟启权在协议书上签字。中共贵州省委书记刘方仁、省长钱运录、副省长刘长贵等出席签字仪式。“协议”明确：贵州电网向广东2003年送电150～200万kW，2005年送电300～400万kW。

8月7日，公司领导向德洪、匡忠雄等与国电南方公司副总经理梁国庆、吴世昌等会商黔电送粤通道建设事宜。双方签订《实施黔电送粤，加快通道建设》的协议，确定贵州至广东送电通道建设方案和工期。

8月25日，总经理办公会：决定组建纳雍发电厂。

8月25日，刘长贵副省长主持召开会议，研究落实化肥用电电价事宜。

8月28日上午，刘长贵副省长主持开会，研究电力环保治理问题。

9月1日下午，钱运录省长主持召开会议，向国家发展计划委员会曾培炎主任汇报我省重点工作。公司总经理向德洪作“黔电外送”专题汇报。

9月5日，国家发展计划委员会主任曾培炎一行11人到安顺发电厂考察。

9月14日，向德洪总经理主持召开办公会，原则审定职工持股会集资方案。

10月23～28日，纳雍电厂4×30MW、安顺电厂二期2×300MW、黔北电厂2×300MW可研报告收口会议在北京召开。

11月7日，国家计委、国家电力公司在贵阳召开华南地区“西电东送”工作会议，出席会议的领导有国家计委副主任张国宝、国家电力公司副总经理陆延昌、省委书记刘方仁、省长钱运省、副省长郭树清、广西壮族自治区副主席王汉民、云南省常务副省长牛绍尧、广东省政府副秘书长张恩平、武警水电指挥部主任陈方枢等。大会传达朱总理关于“西电东送”的批示。张国宝、陆延昌、钱运录、王汉民、牛绍尧、张恩平等在会上作了讲话。

11月7日，香港中华电力公司高层人员李锐波、陈少芝等来黔，与公司领导向德洪、陈实、陈森泉等就合作事项进行洽商。

11月8日，乌江渡水电站扩机增容改造工程开工。

11月10日，福泉至玉屏500kV输变电工程、玉屏至松桃220kV输变电工程开工。

11月12日上午，省委副书记、常务副省长王寿亭主持召开会议，专题协调电煤供应事宜。

11月15日，公司党组书记、总经理向德洪主持召开党组扩大会，国家电力公司人事董事部副主任曹志安宣布国电公司党组关于尹炼同志调任局（公司）副局长、副总经理、党组成员，陈实同志不再担任工会主席、党组成员（办理退休手续）的通知。

11月16～17日，省公司召开系统领导干部会议，朱远春副总经理作题为《坚持“发展才是硬道理”，为把贵州建成南方能源基地而努力奋斗》的工作报告，公司计划发展部、营销策划部、建设管理部、安全生产部、技术经济室、政治工作部的负责人作了专题发言。公司领导匡忠雄、尹炼、陈森泉作大会讲话，向德洪总经理作会议总结。会上还对获“国家电力公司双文明先进单位”称号的单位和“优秀思想政治工作者”进行表彰。

11月21日，省公司“西电东送”重点电源项目纳雍电厂、黔北电厂、安顺电厂二期共8台30万kW机组主机设备订货签字仪式及座谈会在贵阳举行。国家机械工业局局长吴晓华，国家电力公司建设部主任刘本粹，公司领导向德洪、匡忠雄、尹炼，以及中标厂家负责人出席。

11月22日下午，匡忠雄副总经理到省政府参加郭树清副省长主持召开的电煤基地建设协调会。

11月23～24日，唐斯庆副总经理在安顺主持召开营配自动化工作研讨会。

12月8日下午，向德洪总经理主持召开办公会：审定2000年公司基本建设调整计划；同意由金元电力投资公司控股70%，省电力公司所属施工、设计、线路器材厂及黔源电力股份有限公司参股，组建西电发电有限责任公司。

12月14～16日，国家电力公司在南方电力公司（广州）主持召开黔粤输电通道“两交一直”可研审查委会。

其 他 地 区

山东省电力工业

电力工业概况

2000年，山东省电力工业继续得到较快发展。

电力建设电网建设：建成500kV东线临沂—日照—青岛输变电工程，山东电网500kV环网初步形成。全年新增500kV输电线路380km，变电容量125万kV·A；220kV输电线路369km，变电容量162万kV·A。全省农网建设改造共完成投资119.05亿元，占3年总投资的96.25%。其中，88个县全部竣工，104个县市区实现了农村分类用电全县同价。威海、莱芜、东营三市率先实现农村分类用电全市同价。城网建设已完成投资68亿元，占3年总投资的71%，重点加快了青岛、济南城市电网的建设改造。通过城网建设改造，提高了电网的技术指标和装备水平，一定程度上解决了长期以来的城区供电“卡脖子”问题，完成了变电站无人值班改造、高耗能变压器更换，10个市开展应用了配网自动化。山东电力集团公司被评为全国农网、城网建设与改造工作先进集体。

电力建设

全省新投产日照2号、莱城1号、运河1号、2号、里彦3号等大中型发电机组105.5万kW，是“九五”期间第三个投产新机过百万kW的年份，“九五”全省共投产新机778万kW，其中，大中型发电机组612万kW。全省装机总容量突破2000万kW，年发电量突破1000亿kW·h，创出了历史新高。落实“五制”要求，电力建设管理水平有新的提高。莱城电厂1号、日照电厂2号、运河电厂2号、青岛500kV变电站等工程创出投产移交新水平，威海电厂二期工程荣获“鲁班奖”和设计金奖，邹蒙500kV送变电工程通过“国优工程”复检。岭澳核电站常规岛项目运用国际通用的管理体系组织施工，已完成总工作量的67%，创造了安全、质量、工期新水平。加快电源结构调整，全年共关停改造老小机组15.65万kW，泰安抽水蓄能电站（4×25万kW）已开工建设，长岛风电项目顺利投产。加强前期工作。莱城后两台30万kW机组已开工建设，北线500kV输变电工程已批复开工报告，山东核电已签署项目出资协议。《山东电力发展五年规划》已通过政府审查，《集团公司发展五年规划》已上报国家电力公司。

生产经营管理

生产经营实现新的突破。坚持安全生产要“可控、在控”的思想，认真落实各级安全生产责任制，深入开展安全性评价工作，加大安全惩处力度，公司和各基层单位安全生产管理水平进一步提高。电网实现连续安全稳定运行4268天，发供电企业设备事故和一类障碍分别比1999年下降78.6%和24.1%。黄岛、十里泉、聊城等10个电厂，临沂、潍坊、东营等12个电业局，以及各施工企业，均实现两周年以上安全记录，其中临沂电业局创出了安全生产4000天的全国供电企业最高记录。加强设备管理，实行科学调度，在负荷增长较快的情况下，特别是夏季用电高峰及重大节日期间，较好地满足了社会用电需要。2000年，全省发电量完成1000.77亿kW·h，其中电网发电量完成836.07亿kW·h，分别比1999年增长9.41%和10.40%。全省17个市电力客户服务中心全部建成，并实现联网运行，营销管理初步实现现代化。积极开拓电力市场，促进了电量增长，电网完成售电量787.14亿kW·h，比1999年增长10.74%。17个市电业局电量均实现正增长。已建成52个电气化村。加强电价工作，2000年全省电价调整方案获国家批准。狠抓电费回收工作，继续实现电费双结零。各市电业局加大电费催缴力度，全年回收1997年前陈欠电费8059万元，占陈欠总额的31.5%。坚持依法打击偷窃电行为，加强用电稽察工作，与省有关部门联合下发了《关于严厉打击窃电违法犯罪活动的通告》，深入开展了集中整治行动，收到明显成效。全面强化预算管理，坚持开展经济活动分析，加强资金管理和财务基础工作，实现了公司效益的在线控制，提高了企业经营管理水平。公司全年实现电力销售收入362亿元，同比增长12.77%。配合农电体制改革，适时进行了县供电企业银行账户的集中统一管理，强化了管理，实现了资金的一体化运作。坚持生产经营与资本运营并举，实施电源资产重组，加强股权运作和对外投资管理，取得较好的投资收益。

多种产业的战略地位进一步提升，发展的速度、规模、质量、效益创出了新水平。经过多年来特别是“九五”的发展，“鲁能”品牌成为全国知名品牌，鲁能集团成为“中国最具影响力的企业”之一。2000年，全公司多种产业实现总收入183亿元，利税23.5亿元，比1999年分别增长39.7%和36.9%。认真实施“双向延伸、两翼齐飞、内外并举”的集团化发展战略，进一步强化专业公司的主体作用，把金融产业、高新技术产业、资源型产业作为三大战略重点，加快了集团公司发展重点战略性转移。高度重视资本运营，取得新的突破。投资北京国研科技信息公司，成为第一大股东；投资南开戈德集团，成为第二大股东。经中国保监会批准，成立了鲁能英大保险代理公司，填补了集团公司金融业务的一项空白。加强与山东大学的全面合作，组建了山大鲁能信息科技有限公司和鲁能积成电子股份有限公司。成立了鲁能科技园、鲁能科技集团公司。建成开通了二期光缆工程和可视会议系统。脐带血生物工程临床应用已取得成功。积极实施“走出去”战略和西部开发战略，与四川省签署了4个项目的开发建设合同和协议，成为“2000中国西部论坛”期间签署项目最多的企业。与济南市政府签署了济南南部新城建设开发合同并已正式启动。中标青岛麦岛项目开发。北京鲁能科技大厦已封顶。学习借鉴温州民营经济发展的经验，进一步加强了多产企业经营管理。加快多种产业结构调整、资产重组和经营管理，基层企业多种产业整体素质和效益水平进一步提高。有23个基层企业实现总收入过亿元，临沂、青岛、烟台电业局等3个企业总收入突破5亿元。集团公司各专业公司继续得到较快发展。国家电力公司在山东召开现场会，推广了集团公司多种产业发展和减人增效工作的经验。

企业管理进一步加强。以创国际一流电力公司为主线，追求指标的先进性。煤耗、线损等消耗性指标管理创出新水平。线损率完成4.71%，供电煤耗率完成359.7g/(kW·h)，分别比1999年降低0.11个百分点和3.95g/(kW·h)。供电可靠率RS1达到99.975%，连续四年位居各网省公司第一，连续三年囊括全国市地供电企业前三名，被中电联、中国水电工会联合授予惟一的一家“全国电力可靠性管理工作先进单位”。先后组织三个学习考察团赴国外著名电力公司考察学习，制订了分年度具体的争创目标值，完善了创建国际一流电力公司的指标体系，以及创建国际一流发供电企业的标准。应国电公司的邀请，日本东京电力专门组团对我公司进行创一流工作诊断，给予了较高评价。为加快管理与国际接轨步伐，开展了聘请国际咨询公司和引进ERP系统的前期工作。加强经济技术指标管理，坚持每季度发布指标分析报告。基层企业创一流工作取得新的成绩。青岛、威海、泰安、聊城局和青岛厂、电力研究院、电力咨询院等“四局一厂两院”顺利实现创全国一流企业目标，集团公司实现这一目标的基层企业已达24个，形成了一批一流的企业群体。深入开展县供电企业创一流工作，巩固了农电体制改革成果，提高了县供电企业管理水平。国家电力公司在山东召开了全国县级供电企业创一流工作会议，推广了集团公司工作的经验。科技教培工作进一步加强。组织了重点项目科技攻关活动，成立7个科技攻关小组并取得初步成果。完成了沾化电厂1号、2号机组技改。近几年通地技术改造新增了13万kW的机组出力。加大联合办学和岗位培训力度，职工持证上岗率达到42%，县级供电企业职工持证上岗率达到31.2%。

电力改革

电力改革不断深入。按照国家统一部署，集团公司政企分开方案已经批复。“厂网分开、竞价上网”改革试点工作继续推进。圆满完成了龙口电厂改制和威海、济宁电厂的产权转让与管理运营移交工作，其他电厂改制工作步伐加快。积极推进农电“两改一同价”工作，完成了全省乡镇供电站改革和滕州供电公司子公司改制。深化公司组织机构改革，成立了鑫源控股公司，形成了集团公司本部网部化和发电公司、核电集团公司、鲁能控股集团公司、鑫源控股公司的组织体系。组建了超高压输变电分公司并全面接管了500kV设备。加快推进制度创新，集团公司各专业公司全部进行了公司制改革。继续开展专业公司经营者年薪制试点，收到良好效果。深化“一二三线”职工动态管理，推进减人增效，增强了企业活力。加大了对困难企业改革帮扶力度。对电力医院、电力学校等进行了体制改革，实行了事业法人制。对个别人员多、负担重的老厂和事业单位实施了人员分流。电力施工企业开拓市场取得了显著成效，电力一、二、三公司和送变电公司、管道公司、设备厂在开拓国外、省外市场上都取得了一批重要成果，提高了企业的生存和发展能力。

实施“彩虹工程”，行业作风实现基本好转。为树立与国际一流电力公司相适应的企业形象，创造良好的电力改革发展环境，实施了“彩虹工程”，并作为一项战略工程来抓，开创了行风建设新局面，实现了行业作风基本好转的目标，引起了全社会的强烈反响。全年，山东电力集团公司和各市、县供电单位共受理举报6971件，收到“彩虹条”289277份，都逐一进行了处理；奖励举报人和提合理化建议者1319人次，奖励金额232194元；经济处罚职工2101人次，罚款658172元，行政处理职工和农电工488人。在全省组织的“万家企业评行风”活动中，全省17个市地电业局中，13个获得第一名，3个获得公共服务行业第一名，1个被评为先进单位；参评的115个县级供电企业中，108个进入前三名，其中79个获得第一名。集团公司被省委、省政府表彰命名为“全省创建文明行业先进单位”，被国务院纠风办确定为全国纠风工作会议重点发言单位。“彩虹工程”的实施，解决了我省多年来抓行业作风建设所没有解决的问题，在很大程度上改变了企业的面貌和职工的思想观念，取得了巨大的经济和社会效益，特别是在电力体制改革和电力市场化进程不断加快的新形势下，意义重大而深远。

精神文明建设

党建和精神文明建设进一步加强。根据国家电力公司党组统一部署，深入开展了党委领导班子和机关处级以上干部“三讲”教育“回头看”活动，进一步巩固了“三讲”教育成果。坚持用邓小平理论武装干部职工，认真学习江泽民总书记“三个代表”的重要思想，深入开展了“致富思源、富而思进”教育活动。认真落实党风廉政建设责任制，加强监督约束机制建设，纪委、监察、审计等部门发挥职能作用，坚持开展反腐败和反“嫌疑腐败”工作。按照“三严一表率”的要求，加强了领导班子建设和干部队伍建设。县级供电企业领导班子建设得到新的加强。坚持全心全意依靠职工办企业，全面推行厂务公开工作，民主管理水平不断提高。坚持“管理是两个文明建设的最佳结合点”，加强和改进思想政治工作，确保了改革中的思想稳定和队伍稳定。集团公司团委被团中央授予全国“五四”红旗团委称号。集团公司被国电公司命名表彰为“双文明电力公司”，临沂电业局、鲁能发展集团、烟台市牟平区电业局被授予“双文明单位标兵”，18个单位被命名为“双文明单位”。国家电力公司高严总经理对山东电力集团公司的各项工作给予了高度评价。他说，山东电力主业的经验、多种产业的经验、减人增效的经验、资本运营的经验、方方面面的经验，这些经验我归纳为“三性一显著”。一是带有坚持“三个代表”的方向性；二是带有两个文明一起抓的全面性；三是带有开拓、务实、创新的指导性；是在电力行业作出显著成绩的典型。

福建省电力工业

体制改革

根据国家电力公司“四步走”的体制改革战略部署：坚持政企分开，省为实体的方针，培育发电市场，完成国家电力公司系统的公司制改组，福建省电力工业局于6月26日正式改制为：福建省电力有限公司，系国家电力公司的全资子公司。

企业理念

福建省电力有限公司成立以后，提出了一套全新的企业理念，其具体内容如下：

(1) 发展战略：市场化、现代化、出精品、出人才。

(2) 企业精神：学习、创新、务实、诚信。

(3) 企业价值观：客户满意、政府放心。

(4) 经营理念（主理念）：竞争性生存，可持续发展。

(5) 经营理念（分层理念）：社会理念——一流服务，一流形象；管理理念——企业即人，以人为本；服务理念——满足客户需求，一次就做好。

(6) 警言：心存侥幸，万祸之源。

(7) 工作信条：我就是福建电力。

生产经营

到2000年底，福建省电力有限公司已有500kV变电站6座，总容量4800万kV·A；500kV线路6条，总长度472.57km。已投产220kV变电站38座，总容量14595万kV·A；220kV线路94条，总长度3895.11km。形成了以500kV线路为中轴线，220kV线路双环网接线，500kV与220kV电网实行电磁环网运行的输电网架。全省电力装机容量达1043.65万kW。

2000年，全省完成发电量403.73亿kW·h，同比增长13.41%。省电力有限公司所属各电业局完成售电量288.05亿kW·h，同比增长16.37%。安全生产持续稳定，设备保持健康水平，电网频率合格率达99.97%，电压合格率99.14%，供电可靠率（RS1/RS3）99.93/99.93%，发电设备等效可用系数94.23%，线路损失率4.55%。上述指标均超过国家一流电力公司标准。

2000年，省电力有限公司完成销售收入98.36亿元，同比增长14.92%，当年电费回收率达100%；投资收益率10%，上缴投资收益8000万元；总资产报酬率3.3%，国有资产保值增值率102.34%。

电力建设

2000年，省电力有限公司完成固定资产投资63.3亿元。其中，城市电网投资11亿元，新增35kV及以上主变压器容量162万kV·A，新增输变电线路527km，电网供应能力和可靠性进一步增强；农村电网投资31.7亿元，农网改造竣工48个县（市、区），预验收16个县（市、区），全年减轻农民电费负担1亿多元，全省乡村居民生活用电同比增长17.41%。

农电体制改革稳步推进。全省需代管的60个趸售县供电企业，已全面签订了代管协议，完成代管交接的有55个县。完成乡镇电管站改制790个，占应改制数的80%。

莆田、厦门500kV变电站基建移交达标投产。福州500kV变电站正式动工，福建与华东联网工程的步伐大大加快。棉花滩水电站工程顺利下闸蓄水。后石电厂2号机，芹山水电站，东山、平潭风力电站陆续投产，全省净增发电能力77.91万kW。抽水蓄能等优质能源的开发已进行可行性研究。

营销与服务

福建省电力有限公司冷静分析市场形势，大力实施以市场为导向，以客户为中心的电力营销革命。对内缩短业扩流程，建立客户服务中心，实行客户经理制，推行新型优质服务质量“CS”评价方法，建立了一系列营销制度。对外实施光亮工程、能源替代工程、农村电气化工程、小区电气化工程、一户一表工程等增供促销五项工程，抓住替代、引导、服务、体制4大环节，加强电费、电价和电能计量管理，抓优质服务，采取规范居民住宅电气化设计、推行使用电锅炉、整顿供电中间环节、实现“四到户”（供电到户、抄表到户、收费到户、服务到户）等一系列优惠和鼓励用电的营销策略，进一步开拓了城乡用电市场。为了有利于福建电力的长远发展，降低电力客户的实际负担；福建省电力有限公司加大了电价和供电中间环节整顿的力度，并主动提出建立电价平衡账户和加强电价规划工作的建议，得到了省政府的肯定和有关部门的支持。

科技进步

福建省电力有限公司建立了完整的科技投资和科技管理体制，成立了技术创新领导小组，根据福建电力的实际，制定了2001～2015年科技发展规划、技术创新管理办法和科技项目、经费管理办法。科技开发项目221项，2000年实际投入科技开发费4472万元，加上属于技术进步的技改投入5900万元，全年的科技投入合计达10372万元，占福建电力有限公司销售收入的1.05%。在加大科技投入的同时，省电力有限公司也十分注重提高科技投入的产出效益，2000年的科技投入产出比1:7.2，科技进步贡献率为37.95%。省电力有限公司所属水口水电厂、安砂水电厂已实现发电运行无人值班。通过技术改造，供电可靠性进一步提高，110kV城区变电站全部实现无人值班。城网、配网改造工作进展顺利，配电网络日趋完善，其自动化水平处于全国中上水平。

劳动人事管理

省电力有限公司陆续出台了各种劳动人事改革方案，启动了跨世纪人才工程，在全国电力系统率先实行首席专家制，大力推行经营者收入与经营业绩挂钩的收入分配办法，推进经营者年薪制试点，形成了以公开、平等、竞争、择优为主导，以人员能进能出、职位能升能降，岗位靠竞争、收入凭贡献为主要内容的劳动人事动态管理的新机制。公司加大了减员增效力度，根据国家电力公司减人计划分解下达所属企业减人指标，实现人员负增长。至2000年底，省电力有限公司系统职工人数比1999年末减少2414人，下降9%，全员劳动生产率16.34万元/(年·人)，同比增长5.9%，居国家电力公司系统前10位。

重庆市电力工业

综述

2000年，是重庆市电力公司成立的第三年，也是公司按照“三大支柱、十项改革、优化环境、创造辉煌”的总体思路，实现“一年初见成效、两年大见成效、三年根本改变现状”的最后一年。公司牢牢抓住西部大开发和西电东送等重大历史机遇，在基础差、底子薄的不利形势下，以重电速度、重电质量、重电效益塑造出的重电精神，艰苦创业、开拓创新，公司经济实力日益壮大，企业改革不断深化，电力建设突飞猛进，多种产业超常发展，减人增效成效显著，内外环境明显改善，文明建设硕果累累，实现了三年奋斗目标。公司总资产从1997年的59.40亿元增加到2000年的134.13亿元，增长125.81%，年均增长31.19%；固定资产从29.54亿元增加到82.05亿元，增长177.76%，年均增长40.57%；发电量从40.46亿kW·h增加到46.60亿kW·h，增长15.18%，年均增长4.82%；售电量从116.26亿kW·h，增加到135.79亿kW·h，增长16.82%，年均增长5.32%；销售收入从37.30亿元增加到44.53亿元，增长19.38%，年均增长6.10%。多种产业产值从8.40亿元增加到22亿元，增长1.62倍，年均增长37.84%。利润从0.43亿元增加到1.50亿元，增加2.49倍，年均增长51.66%。公司在1997年亏损1.32亿元的严峻形势下，1998年一举扭亏为盈，实现利税2.70亿元，1999年实现利税3.60亿元，2000年实现利税3.87亿元。

截至2000年底，公司所属基层单位24个，其中发供电企业17个（发电厂3个，直属供电企业12个，代管电力公司2个），施工、设计、试研、学校等企事业单位7个，共有职工15634人。重庆市发电装机容量422.20万kW（水电132.70万kW，火电289.50万kW），公司统调发电容量266.36万kW（水电25.61万kW，火电240.75万kW），其中重庆市电力公司直属发电厂装机容量73.20万kW（水电13.20万kW，火电60万kW）。重庆市电力公司拥有变电站176座，容量1103.16万kV·A（其中500kV变电1座，容量150万kV·A，220kV变电站20座，容量399万kV·A）；35kV及以上输电线路5985.50km（其中500kV·A线路2条182.09km，220kV线路56条1537.40km）。

2000年，全网发购电量147.22亿kW·h，比上年增长9.56%，在消纳二滩电量22.58亿kW·h的情况下，发电量完成46.60亿kW·h，下降3.48%；售电量135.79亿kW·h，增长12.18%，高于全国平均水平。各项财务指标完成较好，销售收入44.53亿元，同比增长11.25%；资产负债率68.27%，不良资产率6.50%，投资收益率6.43%，资产保值增值率111.01%，实现利润3897万元，超额完成国电公司下达的利润指标。

电力生产

2000年发生设备事故29次，比1999年增加9

次，人身伤亡事故24次与1999年持平（其中死亡事故1人·次）。各基层单位共创安全长周期29个，百日安全记录49个。

继续深入开展达标创一流工作。对13个发供电企业进行了双达标复查和2个供电企业的双达标考评验收，经考核均验收或复查合格。各单位开展了消除设备“陈旧感”和“充油设备无渗漏”工作，设备健康水平显著提高。加强技术监督，对65台变压器进行绕组变形测试和输电线路绝缘子污秽测试。完成了大洪河电站压力钢管改造，白鹤电厂水处理系统改造和重庆电厂2号机的DCS改造和汽轮机通流部分改造等重大技改项目。完成了重庆第一座500kV陈家桥变电站的生产准备并顺利投运。

为完成二滩电量的消纳任务，在因安控受阻时及时向国调中心提出合理调整方案，确保了这一政治任务的圆满完成。川渝联络线交换功率无不合格电量，多次受到国调中心表彰。

2000年，发购电量147.22亿kW·h，同比增长9.56%；线损率8.25%，下降0.66个百分点；供电煤耗437g/(kW·h)，下降1g/(kW·h)；厂用电率8.84%，上升0.36个百分点；供电可靠率99.868%，提高0.101个百分点；中枢点电压合格率98.97%，提高8.8个百分点。2000年最高负荷298万kW，同比增长21.78%，最大日电量5919.81万kW·h，增长27.33%，主网拉闸限电82条次，较1999年888条次下降90.76%。

电力建设

2001年完成了《重庆市电力公司发展战略规划》和《重庆市电力公司“十五”计划及2015年电力远景发展规划》的编制，电力建设发展速度继续加快。全年完成电力建设总投资18.09亿元，其中电源建设2.78亿元，主网建设3.46亿元，城网建设与改造5.28亿元，农网建设与改造投资6.57亿元。

重庆电网结构调整取得重大进展。作为全国脱硫示范项目总投资4.89亿元的重庆发电厂两台20万kW机组脱硫技改工程12月正式竣工投运，同时关闭了两台5万kW机组；白鹤发电厂二期2×30万kW扩建工程已完成初设内审和主设备招标；总投资21亿元，容量30万kW的江口水电站已截流进入主体工程施工阶段；重庆电网第一座500kV陈家桥变电站建成，同时竣工投运110kV以上变电站13座77万kV·A，线路402.7km，电网结构明显改善。加快城网建设与改造，新增主变容量37.30万kV·A，无功补偿131.70Mvar，改造低压台区691个，提高了城市中低压电网的供电能力。农网累计完成投资16.65亿元，列国电公司第五名，新建和改造变电站38座，输电线路562km，10kV线路3912km。

经营管理

公司结算中心充分发挥资金集中的优势，抓好资本的运作，提高了资本运作效益。公司控股的九龙股份成功上市，募集资金5.20亿元，利用参股西南证券和与银行合作等方式稳步进入证券金融领域；成功引进外资17.15亿元，组建中外合资企业2个。公司资本运作能力大为增强。

大力开拓电力市场，售电量增长达12.18%，创近年最高增幅。出台一系列反垄断措施，严禁强行对用户设备进行代运行、代维护，严禁对用户全额出资工程的设计、施工及设备购置实行垄断，出台对高能耗企业、居民生活用电和电热锅炉等用电优惠政策，实行“一口对外”、“一站式”办公，设立公开电话，24h不间断值班，把供电服务提高到一个新水平。新增一户一表13.90万户，完成了18家企业生产生活用电分离。经国家计委批准，重庆电网从7月1日起销售电价实行调整，为电力工业持续健康发展起到了重要作用。

电力改革

加大干部制度改革力度，实行“年度考核、末位淘汰”制，重新考核任免76名厂处级干部，交流面达15%。“三年减一半”的减人增效目标如期实现，到2000年为止，公司主业用工已由1997年的16878人减到8450人，人员实现负增长。各供电企业积极推进营销体制改革，成立营销服务中心，改革营销机制；抓好社会保险制、医疗保险制度改革；成立了6家物业管理公司，推进了后勤管理机制的改革。

加快“两改一同价”步伐，积极推进农电体制改革。对直供农村乡供电管站全部进行了改革，撤销了144个电站管，成立了97个供电营业所，310个供电服务班，管理机构减少32.64%，人员由6068人减到4404人，减少27.42%。目前全市区县（市）中，市电力公司直供直管14个区县（市），代管3个县，收购2个县，地方电力管辖有21个区县（市）。

科教兴电

2000年全公司科技投入1607万元，完成科技项目43项，其中“电量管理系统”、“供电营业管理系统”等一批科技项目成果通过评审，“重庆电网雷电定位监测系统”通过重庆市科委科技成果鉴定，“重庆电网10kV线路防雷特性研究”等三篇论文在上海“2000年国际供电会议”上发展获得专家好评，其中一篇已被选送到德国“2000年国际电工会议”上发表，完成了国电公司下达的“可靠性研究”重点科技项目。

计算机信息管理系统和办公自动化在建成投运的基础上，2000年已着手改造和完善，并扩展功能。建成了全公司电视电话会议系统，建立了7个供电局“电能量管理系统”，实现了10kV及以上电网线损的自动统计，完成了城区配网自动化第一期工程。目前，已建成了34个无人值班站和10个地调自动化系统，电力调度通信中心建成了国内一流的能量管理系统（EMS），并首先实现了与自动发电控制（AGC）系统的同步投运。

三年来，累计完成职工教育培训8766人·次，大专以上学历员工由1997年的3074人上升到4466人，增长45.28%；初中以下文化程度的员工由6863人下降到4657人，下降32.14%。2000年，公司组建的带电作业队伍参加西南五省市带电作业竞赛中获得第一名。

多种产业

到2000年为止，重庆电力系统多种产业76个，总资产35亿元，产值超过5000万元的有15个，突破1亿元的有9个，总计创造就业岗位12000多个，消化和安置主业员工5184人。

精神文明

以优质服务年活动为重点，开展发展环境综合整治行动，连续三年行风评议合格，被重庆市列为“讲文明、树新风、改善发展环境”十大实事之一。充分发挥工会、职代会作用，“厂务公开”推广面达100%，召开了第一次先进劳模表彰会。加强企业文化建设，举办了公司首届书法、美术、摄影展及首届职工田径运动会，举办第一届“青年文化节”活动。公司组队参加西南电力系统职工文艺汇演参赛节目全部获奖。

为改善职工工作与生活环境，2000年全公司职工住宅竣工11万m^2，开工15万m^2，完成了三年住宅小康规划。高速高质量建成重庆电力大厦，狮子滩总厂职工住宅“下山工程”已完成一期住宅小区建设，基层单位全部建起了离退休活动室。

到2000年为止，公司有5人获重庆市劳动模范，有4个获国家电力公司劳动模范，有9个单位获国家电力公司双文明单位，18个基层单位获重庆市文明单位。市公司连续三年保持市级文明单位称号，2000年获全市“厂务公开”先进单位和“模范职工之家”。公司党组书记、总经理叶明荣获“全国劳动模范”称号，重庆市南岸供电局职工杨家虎作为全国电力系统唯一代表荣获“全国职工职业道德十佳标兵”。

主要事件

1月26日，重庆市城市中心第一座220kV大溪沟变电站达标投产。全站实现全微机保护和无人值班，首次采用投影屏幕显示模拟图。该站系全公司第一座按达标投产标准验收的变电站。

2月17日～18日，重庆市电力公司一届二次职代会暨电力工作会召开。重庆市副市长吴家农，市人大副主任、总工会主席刘文，市计委副主任马述林，市经委副主任吴冰应邀参加了会议，吴家农副市长、刘文副主任作了重要讲话。

3月23日～24日，国家计委三峡电价研究第三次座谈会在重庆渝州宾馆召开，国家计委价格司司长覃惠芳、三峡办财务司司长朱华、国电公司财经部副主任方明英以有关部门领导和专家60余人参加会议，重庆市副市长赵公卿到会讲话。

4月5日，在重庆市经委主持下，重庆市国电系统在璧山县召开农电体制改革现场会。

4月15日，重庆电网第一座500kV陈家桥变电站竣工投运。该站主变容量2×75万kV·A，500kV出线3条，348km，工程投资4.7亿元。

5月18日，全国政协常委、原电力工业部部长史大桢在叶明总经理陪同下，视察了重庆市电力公司，史大桢对重庆市电力公司三年来取得的巨大成绩给予了高度评价。

6月5日～7日，澳门电力工会考察访问团一行20人在澳门水电工会会长阮毓明的带领下，来公司进行电力技术和工会工作交流。

6月7日，由重庆市电力公司赞助的重庆市“电力杯”城市户外灯饰工程评选活动开始。在同年11月举行的总结表彰大会上市公司荣获优秀奖、组织奖和管理奖三个大奖。

6月12日，国家经贸委电力司司长史玉波来渝调查有关二滩电量消纳问题。市经委副主任吴冰，市电力公司副总经理赵贤正及重庆煤管局、华能重庆分公司和有关部门参加调查汇报。

6月21日～7月5日，按国电公司部署，公司党组在处以上干部中开展为时15天的“三讲”教育“回头看”活动。7月3日通报了整改情况，7月5日召开总结大会。

6月3日，重庆市政府召开开展发展环境综合整治行动动员大会，市公司的发展环境整治工作，被列为2000年重庆市“讲文明、树新风、改善发展环境”十大实事之一。

7月1日，经国家计委批准，重庆电网销售电价实行调整。居民照明低压用户提高0.03元/(kW·h)，即0.396元/(kW·h)；非居民照明低压用户提高

0.0256元/(kW·h)，即0.61元/kW；大工业用电中，电炉铁合金、电石等电度电价略有下降，同时增加了商业用电类别。

8月8日，220kV万盛变电站投运，变电容量本期1×12万kV·A，该站的建成加强了重庆电网部西南地区的220kV网络结构。

8月9日，重庆市政府副市长赵公卿在赵贤正副总经理陪同下，视察了璧山供电局“两改一同价”试点工作情况。赵副市长对该局试点的成功经验及农网改造的成绩给予充分肯定。璧山供电局被评为全国农网改造先进集体。

8月28日，重庆市电力公司标志性建筑—重庆电力大厦竣工。

9月1日，重庆市电力公司按照公司化改组完成了公司机关机构的设置和调整，新设置18个职能部室，重新任命了部室负责人，同时重庆电力调度通信中心实现了公司本部化。

9月26日，重庆市南岸供电局事故班班长杨家虎被评为“全国职工职业道德十佳标兵”，作为全国电力系统职工的唯一代表赴京受奖，受到中央领导亲切接见。

10月20日，重庆市电力公司厂务公开工作会在电建总公司召开。重庆市委常委、市纪委书记赵海渔，市总工会副主席彭哲英到会讲话。赵海渔书记会后参观了电建总公司的厂务公开现场，给予高度评价。

10月20日，总投资21亿元的重庆第一水电站—江口水电站顺利截流进入主体工程施工阶段。江口水电站位于重庆市武隆县江口镇芙蓉江河口，装机容量3×10万kW，第一台10万kW机组预计2002年并网发电。

11月1日，重庆九龙电力股份有限公司在上海证券交易所开盘上市。重庆九龙股份公司是重庆市首批优势扩张企业和重庆市高新技术企业。

11月6日，《全国职工十佳职业道德标兵杨家虎事迹暨职业道德演讲报告会》在重庆电厂俱乐部举行。会上杨家虎以及各基层单位先进模范代表上台作了演讲报告，市公司1000多名职工倾听了演讲。

11月14日～17日，七省（市）八方电力企业经验交流会在重庆市电力公司召开，中电联副理事长叶荣泗，市经委主任余远牧及有关领导到会。云、贵、川、广西、广东、海南、南方和重庆等电力企业代表100余人参会并交流了经验。

12月15日，总投资4.89亿元的全国脱硫示范工程—重庆发电厂2×20万kW脱硫技改工程竣工投运，同时关闭2×5万kW机组，该工程脱硫率达95%以上。重庆市市长包叙定在竣工仪式上宣布脱硫工程投产，同时宣布关闭2×5万kW机组及其他四个污染源。

12月27日～29日，中电联政策调研会在重庆市电力公司召开，重庆市副市长赵公卿、中电联常务副事长刘宏到会并讲话，各网省公司120多人参加了会议，并对当前电力改革、电力政策进行了研讨和交流。

12月31日，狮子滩水力发电总厂、职工住宅“下山工程”第一期6万m^2小区住宅全面竣工，该厂2000多名职工家属从几十年居住的偏僻山坳里搬进了长寿县城的新居。

（何润生）

四川省电力工业

四川电网2000年概况

1. 电网规模

2000年底四川电网总装机容量达到1709.84万kW，其中电网统调容量1334.45万kW，全省水火电比重为1.9:1。全网220kV变电容量为885万kV·A，输电线路6704km；500kV变电容量为225万kV·A，输电线路1956km。

2. 电网生产情况

2000年四川全省发电量为556.38亿kW·h，其中水电369.05亿kW·h，火电187.33亿kW·h，供电标准煤耗率478g/(kW·h)，线损率为8.15%，四川省电力公司净售电量为321.4亿kW·h。

3. 电网基本建设

2000年，四川省电力公司完成投资61亿元，其中城网改造完成投资18.96亿元，农网改造完成投资19.45亿元。新开工项目有南桠河水电站一期和内江等12个城网改造工程。新增装机108.95万kW。2000年四川新增220kV输电线路11条647.8km，新增500kV输电线路567km。

4. 电价情况

2000年，四川省电力公司购电单价为每千kW·h 239.8元，较1999年实际235.4元增加每千kW·h 4.42元，购电平均单价上升的主要原因是2000年5月国家计委出台了二滩等电厂上网电价。但由于我省2000年开始运行发电侧竞价上网市场，成交竞价电量22.61亿kW·h，2000年实际竞价平均电价为每千kW·h7 9.95元，较不实行竞价需支付的平均购电单价每千kW·h 213.16元降低每千kW·h 133.21元。

2000年公司平均售电价格为每千kW·h 301.96

元，比1999年同期的每千kW·h 299.44元增加了2.52元，增长0.84%。

5. 电力供需情况及展望

2000年，在国家有关西部大开发政策的推动下，我省加快了经济结构战略性调整，国民经济有了恢复性增长。根据省公司对全社会各行业分类用电统计(公司+自备口径)，2000年全社会累计用电354.89亿kW·h，比1999年增加35.59亿kW·h，增幅11.15%。扣除电力生产和供应中的厂用和线损电量54.52亿kW·h，全社会净用电量300.37亿kW·h，同比增长30.45亿kW·h，增幅11.28%。扣除自备电量33.98亿kW·h，全社会用电320.91亿kW·h，比1999年增加33.49亿kW·h，增幅11.65%。各产业产值完成情况与用电量的增长情况比较如下表所示。

产业类别	全年总产值（亿元）	增长率（%）	全年用电量（万kW·h）	增长率（%）
第一产业	935	3.1	54012	5.56
第二产业	1711	11.2	2638648	8.55
第三产业	1364	10.2	366488	33.39

省公司向省外售电和向地方电网趸售电量共计58.22亿kW·h，比1999年增加3.73亿kW·h，增幅6.8%。其中，向重庆售电16.26亿kW·h，比1999年增加0.94亿kW·h，增幅6.1%。从重庆购电6.24亿kW·h，比1999年增加0.49亿kW·h，增幅8.57%。从自备电厂购电15.1亿kW·h，比1999年增加2.28亿kW·h，增幅17.75%。

2000年，全公司发购电日均电量8735.06万kW·h，比1999年增加15.54%；日最大电量为11210.5万kW·h，比1999年增长13.86%。日均最大负荷511.72万kW，比1999年增加10.61%；最高负荷630.6万kW，比1999年增长10.01%。电量增长速度大于电力增长速度，使全网负荷率达73.5%，比1999年上升1.52%。但峰谷差仍居高不下，系统调峰调频困难。最大峰谷差为314万kW，比1999年增长7.35%；日均峰谷差为221.38万kW，比1999年增长5.67%。

2000年的产业结构调整，使国民经济效益明显提高，我省国民经济走出低谷，开始全面复苏。工业企业的资产贡献率、利润率等主要效益指标均大大好于前几年。据专家分析，这种增长是比较稳定和扎实的，也是有后劲的，这一良好发展势头在2001年可以继续保持，但因比较的基础数据的增大，预计增长速度会有所放慢，但增长质量和稳定性不会比2000年差。电力是经济运行的重要支撑力量，也必将有相应的增长。

依据1998、1999、2000年三年全社会用电情况的历史数据，考虑全省经济环境、工业结构调整状况、气候等因素，结合各电业局收集的信息，综合测算出2001年省公司的售电量为353亿kW·h，增长6.5%，其中本省售电量344亿kW·h，增长7%。

“九五”期间电力改革与发展基本情况

1. 发电装机逐年增长

“九五”期间全省电力项目总投资560亿元，净增装机容量775.23万kW，先后建成了二滩水电站330万kW、宝珠寺水电站70万kW、广安电厂60万kW、嘉陵成都电厂28.4万kW等一批大中型水火电项目。发电容量比“八五”期末增长83.75%以上，年均递增12.94%，是四川电力史上发展最快的时期。至2000年底，全省装机容量1700.89万kW，其中水电1082.67万kW，占63.65%，比“八五”期末提高约10个百分点，火电618.22万kW，占36.35%。电源的跨跃式增长，使四川省摆脱了长达20多年的缺电局面，电力供需矛盾趋于缓和，四川电力进入了进行结构调整、优化资源配置的新时期。

2. 电网结构进一步完善

在电源点迅速增长的同时，“九五”期间把电力建设重点放到了电网上，电网项目总投资197亿元。一是以二滩送出工程为契机，新增了500kV为主网架的输电网络；二是针对电网卡脖子的问题建设了一部份220kV输电线路；三是加大了城乡电网建设与改造力度。“九五”期间新增500kV变电容量375万kV·A，线路1970km，220kV变电容量319万kV·A，线路2916km，110kV变电容量472万kV·A，线路2705km。截至2000年底，全省拥有变电容量3363万kV·A，拥有线路总长度44129km。初步形成了以500kV为主网架的全省输电网络，电网结构薄弱的局面得到改善，大大提高了安全输电能力，基本解决了电网建设相对滞后造成的“有电送不出，有电落不下，有电用不上”的问题。

3. 城农网改造成效显著

城农网改造工程是国家进行电力工业结构调整，扩大电力销售，提高电气化程度，推动城乡经济发展，提高人民生活水平，实现“同网同质同价”的重要举措。

继1999年完成12个农网改造竣工县后，公司2000年又完成36个农网改造竣工县，累计完成农网改造投资31.03亿元，占国家已下达投资计划31.76亿元的97.7%，超额完成与省政府签订的目标责任

33. 2000年2月16日，国家电力公司国际合作会议在江苏省南京召开。
（江苏电力公司　供稿）

34. 2000年4月，国家电力公司在广州召开2000年工作会议，图为大会主席台的一角。
（王　飞　供稿）

35. 2000年4月30日，国家电力公司召开全国劳动模范和先进工作者座谈会。
（王　飞　摄）

36. 2000年6月29日，国家计委召开了全国农村电网建设与改造工作先进集体和先进个人表彰电视电话会议。

（王　飞　摄）

37. 2000年7月3日，国家电力公司华东公司在上海召开成立大会，国家电力公司总经理高严、上海市副市长韩正、浙江省副省长卢文舸、安徽省副省长王怀忠、华东公司总经理邵式伟共同进行揭牌。（国电华东公司　供稿）

38. 2000年7月26日至29日，国家电力公司在保定召开厂务公开经验交流会，图为主席团成员合影。

（河北电力公司　供稿）

39. 2000年7月26日至29日，国家电力公司在山东召开多种经营及减人增效工作会议。

（山东电力公司　供稿）

40. 2000年9月，国家经贸委在珠海召开电力工作座谈会，石万鹏副主任在会上讲了话。

（国家经贸委　供稿）

41. 2000年9月8日，国务院监事会成员在国家电力公司考察。

（王　飞　摄）

42. 2000年9月27日，国家电力公司召开2000年优质服务月记者招待会。

（王 飞 摄）

43. 2000年9月30日，云南省人民政府和国家电力公司就实施西电东送战略会谈纪要举行签字仪式。

（杜 平 摄）

44. 2000年12月13日，国家电力公司召开大会欢迎刘振亚同志就任公司副总经理，欢送焦亿安同志出任国有重点大型企业监事会主席。

（王 飞 摄）

45. 2000年12月2日，按照国务院及国家电力公司对科研体制改革的要求，中国电力科学研究院召开改制工作会议，会上确定了体制改革的总体方案。

（电科院 供稿）

46. 2000年1月17日至20日，湖南电力公司召开全省电力工作会暨省公司二届五次职代会，会议总结了“九五”工作，制定了“十五”规划。

（湖南电力公司 供稿）

47. 2000年3月28日，陕西省电力行业协会成立，国家电力公司副总经理周大兵、陕西省副省长巩德顺为协会揭牌。

（陕西电力公司 供稿）

48. 2000年4月15日，陕西秦岭发电有限责任公司改制成功，标志着省公司进行的“厂网分开”、“竞价上网”的改革取得了重大进展。

（陕西电力公司　供稿）

49. 2000年11月3日，江苏省电力局按照政企分开的要求，实行公司化运作，撤下了原省局的牌子。

（江苏电力公司　供稿）

50. 2000年12月28日，山西省召开了省级电力行政管理职能交接会，副省长杨志明到会讲了话。

（田进　摄）

51. 2000年2月28日~29日，中国电力企业联合会在上海召开第三界理事会第三次会议。

（中电联　供稿）

52. 浙江北仑发电厂，装机5×60万kW，于2000年底全部建成投产，是20世纪中国大陆建成的容量最大的火力发电厂。

[选自《电百》(综合卷)]

53. 辽宁绥中发电厂，装机2×80万kW，于2000年全部建成投产。

[选自《电百》(综合卷)]

54. 香港青山发电厂，装机411万kW(4×35万kW+4×67.75万kW)，由美国埃克森能源公司和香港中华电力公司合资建成，燃用煤和油。

[选自《电百》(综合卷)]

55. 河北邯峰发电厂一期工程1号66万kW机组于2000年12月31日完成168h试运，图为邯峰发电厂一期工程主控室。

（河北电力公司　供）

56. 2000年4月14日，阳城电厂1号35万kW机组经过168h试运后移交试生产。

（田　进　摄）

57. 2000年9月6日，甘肃平凉电厂首台30万kW机组顺利完成168h试运行后移交试生产。

（甘肃电力公司　供稿）

58. 2000年10月31日，国家重点工程蒲城电厂二期工程举行开工典礼。

（陕西电力公司　供稿）

59. 我国南海蕴含丰富天然气资源，海南南山电厂装有2×5万kW的FT-8燃气轮发电机组，燃用莺歌海涯13-1汽田天然气发电，2000年发电量为4.37亿kW·h。

（海南电力公司　供稿）

60. 为适应电源结构调整和环保的需要，按国家电力公司要求，已运转40年的南宁电厂1、2号机组于2000年6月30日退役。

（黄启辉　摄）

61. 天生桥一级水电站是红水河上游龙头水电站，装机120万kW，于2000年12月25日，全部建成投产。

（刘德禄　摄）

62. 天生桥二级水电站装机6×22万kW,6号机组于2000年12月25日完成72h试运行并网发电，至此该水电站已全部建成投产。

（刘德禄　摄）

63. 武警水电部队承担安装的广西天生桥二级水电站是“西电东送”的骨干工程，图为厂房内的5、6号水轮发电机组。

（武警水电指挥部　供稿）

64. 2000年12月10日，三峡工程永久船闸北线第一闸首人字门正式吊装，该门高38.5m、宽20.2m、重804.1t，其门的尺寸和重量均为世界之最。

（廖德真　摄）

65. 三峡工程永久船闸混凝土浇筑钢筋结构复杂，水电部队官兵认真负责，干好每个细节工作，图为船闸施工一角。

（廖德真　摄）

66. 装机容量121万kW的广西岩滩水电厂，从1992年发电至2000年底累计发电量360亿kW·h以上，创造了巨大经济效益，于2000年9月被国家电力公司命名为“一流水力发电厂”。

（黄启辉　摄）

67. 2000年9月25日，江西万安水电厂被国家电力公司命名为“一流水力发电厂”。

（向建中　摄）

书。城网改造工程全面铺开，累计完成投资35亿，占计划总投资64.34亿元的54.4%，完成“一户一表”改造18.3万户。城农网改造的效果正在逐步体现。

4．“川电外送”取得实质性进展

“川电外送”是四川电力发展的根本出路，“九五”期间加大了“川电外送”实施步伐。在国电公司和省政府的支持下，经过我们的不懈努力，《四川(二滩)近期电力东送方案专题研究报告》已于2000年9月28日通过国家电力公司的审查。国家电力公司已同意利用三峡电力系统规划的输电通道，提前建设部分三峡输变电单项工程(已于2000年10月开工建设)，建成洪沟—陈家桥—长寿—万州—龙泉换流站—荆门的500kV交流输电通道，实现川渝电网与华中电网的互联，再利用现有的葛沪直流和在建的三峡龙泉—政平直流线路初期富裕的输送能力以及华中与广东联网工程，将四川部分电力送往华东电网及广东电网。四川与西北电网联网也正按国家电力公司部署正常进行。“川电外送”的实质性进展为四川丰富的水电资源提供了广阔的开发前景。

5．以市场化为取向的电力体制改革取得丰硕成果

(1)四川省电力公司内部模拟电力市场，参与主体为省公司的全资电厂，市场的装机容量达到278万kW，其中水电115.5万kW，火电162.5万kW。该市场作为公司内部的一种管理制度，在降低省公司运行成本，提高全公司经济效益等方面发挥了重要作用。该市场2000年完成竞价电量68.49亿kW·h，节约发电成本9860.7万元，节约购电成本5266.7万元。

(2)四川电网发电侧电力市场，参与主体由全省统调统分的均价电厂和省公司直属有还贷任务的电厂组成，市场的装机容量为790.9万kW，其中水电553.9万kW，火电237万kW。该市场2000年共完成竞价电量33.64亿kW·h，其中水电27.108亿kW·h,平均成交电价比应付平均电价下降了66.22%，不仅降低了发电成本，还为清洁廉价的水电拓展了生存空间。

(3)自1999年7月实施以来，该市场共完成置换电量约33亿kW·h,即减少水电厂弃水33亿kW·h,相应减少标煤消耗132万t，减少排污费1000多万元。

(4)合理运用电价杠杆，通过对电力用户和上网电厂实行丰枯峰谷电价政策，促进工业企业多用低谷电量以降低生产成本；同时对高耗能企业和居民生活用电、超基数用电、城市光彩工程等实行电价优惠政策，把通过竞价上网、加强管理、降低成本获得的收益让给用户，仅2000年就让利约5.47亿元。

(5)出台了《流域梯级水电站间水库调节效益偿付办法》，通过将下游电站增加收益的70%偿付给上游建设具有良好调节能力的龙头水库的业主的经济办法，来支持和鼓励投资者建设具有良好调节能力的水电站，效果良好。

主要事件

1月，由中共中央、国务院转发的国家计委《关于实施西部大开发战略初步设想的汇报》中强调，要稳步开发西部水力资源，积极发展水电，进行必要的火电建设，实行水火调剂，补偿运行，统筹考虑西电东送。

2月12日，四川省委常委扩大会专题研究贯彻落实西部大开发战略，会议确定把发展水电、西电东送作为四川在西部大开发中的五大支柱产业之首。

2月16日，四川省电力公司向国家电力公司专题汇报川电外送工作，四川省委书记周永康、省长张中伟、副省长邹广严作出批示赞扬四川省电力公司积极主动的工作精神。

3月3日，省政府召开四川省电力建设新闻座谈会，副省长邹广严、省计委副主任李亚平、省电力公司总经理石万俭分别向新闻单位介绍了四川电力建设的成就和西电东送的必然性与可能性。

3月6日，参加九届全国人大第三次会议的四川代表团形成了3项向大会提出的集体议案，1号议案为《关于加快四川水电开发，实施“西电东送”的议案》。

3月9日，全国政协九届三次会议提案委员会邀请提案人和国家有关部门参加，协商此次政协会上唯一的一个现场提案，题为《开发西南水电、实施西电东送》。

3月10日，四川省省长张中伟、副省长邹广严在北京与国家电力公司副总经理赵希正、周大兵就四川电力的发展、西电东送和大渡河水电开发等问题举行了会谈，达成了国家电力公司控股与四川省的投资方一起滚动开发大渡河的意向，并商定筹备大渡河流域开发公司。

4月4日，中国银行为支持西部大开发战略，与四川省电力公司签订50亿元人民币贷款协议。

4月13日，四川省政府新闻办公室举办新闻发布会，请省电力公司总经理石万俭就实施“西电东送”的有关问题作专题介绍，并回答了记者的提问。

6月27日，国家电力公司副总经理周大兵率队考察大渡河瀑布沟水电站坝址和主库区汉源县，现场考察后周大兵要求四川省电力公司在2000年完成项目建议书上报审批，2001年着手“五通一平”，2002

年底主体工程动工。

8月3日，工商银行四川省分行5年内提供60亿人民币贷款用于“川电开发”的银企合作协议举行签字仪式。

8月29日，建行四川省分行与四川省电力公司签署协议，建行为支持四川水电项目开发，向四川省电力公司贷款200亿元人民币。

8月30日，在省委省政府召开的水电支柱产业汇报会上，周永康书记要求全省上下要统一对目前富余电量的认识，现在的富余是暂时的、阶段性的、低水平的，要为四川的水电开发创造一个好的舆论环境，不要因为二滩投产以后造成一个四川再不能上电站的环境。否则不仅是水电支柱没有了，经济带动也没有了，要实现新的跨越也是一句空话。

10月7日，李鹏委员长在四川省委书记周永康、省长张中伟等省政府领导和四川省电力公司总经理石万俭陪同下，考察了拟建的向家坝水电站。

10月10日，西电东送计划中的三峡至万州500kV输电线路工程正式开工，标志着四川水电送往华东地区的输电通道建设进入实质性阶段。

10月20～22日，“2000中国西部论坛”国际盛会在成都举行。国家电力公司副总经理周大兵在演讲中阐述了我国西电东送与全国联网的基本格局。

12月18日，中共四川省七届八次全委会议通过《四川省委关于制定四川省国民经济和社会发展第十个五年计划的建议》，《建议》提出大力发展水电业，重点加快岷江、雅砻江、大渡河、金沙江、嘉陵江等水能资源的滚动开发，优先发展具有调节能力和综合效益的水电站，逐步把四川建成国家“西电东送”的能源基地。

12月20日，国电大渡河流域水电开发有限公司在四川成都正式挂牌，标志着发展四川水电支柱产业进入实质性阶段。大渡河水电开发公司将以龚嘴、铜街子电站为母体，滚动开发装机330万kW，具有年调节能力的瀑布沟水电站。

12月20日，四川南桠河水电开发一期工程冶勒水电站大坝工程合同签字仪式在成都举行，葛洲坝集团公司中标承建。冶勒水电站是大渡河支流南桠河的龙头电站，装机24万kW，是四川第一个具有多调节能力的水电站。

海南省电力工业

概述

2000年，海南省电力系统以经济效益为中心，以安全生产为基础，以优质服务为宗旨，以饱满的工作热情和奋发向上的精神状态，卓有成效地开展各项工作，完成了省政府下达的各项经济指标，成功地解决了清澜、洋浦、大广坝等几个历史难题，超额完成农网任务6亿元目标，实现了公司三年改革脱困目标，利税创历史最好水平。这是我省电力工业发展史上的一个新的里程碑，为“十五”期间实现海南电力的跨越式发展奠定了良好的基础。

电力生产

电力电量各项指标持续增长。2000年全公司统调完成发电量34.11亿kW·h，比1999年增长4.9%；售电量31.18亿kW·h，比1999年增长5.22%；综合线损率13.94%，比1999年上升1.27个百分点。

“九五”比“八五”也有较快发展。截止2000年底，主网发电装机容量达153.68万kW，比1995年主网装机容量的128.69万kW增长19.41%，5年间年均递增率3.61%；到2000年底全省发电装机容量178.98万kW，比1995年的152万kW增长17.74%，年均递增率3.32%。

2000年主网发电量35.68亿kW·h，比1995年的27.37亿kW·h增长30.37%，年均递增率5.45%；2000年全省发电量40.8亿kW.h，比1995年的31.8亿kW.h增长28.28%，年均递增率5.11%。2000年全系统售电量完成31.18亿kW.h，比1995年的23.41亿kW.h增长33.16%，年均递增率5.89%；统一核算售电量32.04亿kW.h，比1995年的23.92亿kW.h增长33.99%，年均递增率6.03%。

“九五”末，35kV及以上主变容量达440.82万kV·A，比“八五”增长111.44%，年均递增率16.16%。

电网建设与改造

自1998年开始实施农网建设与改造工程以来，截止2000年底，已累计完成投资8.7亿元，累计完成投资占总投资10.73亿元的81.1%。

2000年，农村电网建设与改造和农电体制改革完成投资6.43亿元，其中农网工程实物量完成投资6.02亿元，农电体制改革完成投资1300万元，建设利息2770万元，超额完成2000年冲刺任务6亿元目标。完成110kV输变电工程6项，新增主变容量101.5MV·A，线路55.5km；完成35kV输变电工程20项，新增主变容量69.8MV·A，线路长283km；完成10kV线路长5110km，更换高耗能变压器4576台；完成380/220V低压线路长3928km；安装电能

表15.15万只，电表箱表位13.49万个。在农网工程建设中，各项目设计、施工、监理等单位和有关部门的广大电力建设者，付出了辛勤劳动，对我们完成6亿元冲刺目标起到了极为重要的作用。

同时，城市电网建设步伐也在加快。截止2000年底海口城网已累计完成2.67亿元，累计完成投资占计划总投资4亿元的66.8%。其中：2000年海口城网完成投资1.25亿元，占计划投资1.26亿元的99.20%。三亚城网由于国家2000年8月份才下达新开工投资计划，只安排了部分资本金项目，累计完成投资0.15亿元，完成投资占年计划投资的0.43亿元的35.6%，占总投资2.8亿元的5.36%。

2000年城农网改造项目完成后，全系统相继有30多个自动化站和线路设备投入运行，110kV电压等级以上的线路保护全部实现微机化，部分110kV线路还实现双高频保护配置，这在国内处于领先地位；通信自动化实现了中调——玉洲——永庄环网的光纤通信，拉开海南电力通信网络的现代化建设帷幕，使我省生产装备水平、输变电容量、电网自动化水平等都发生了根本性转变，也使电网管理水平得到很大提高。

“气电北送”联网送电工程构想引起各方面高度重视。我们提出的“依托我省丰富的天然气资源、建设天然气发电基地和向广东送电的基本构想”，并进行了部分前期工作。这一“气电北送”构想，最近已经省委常委会原则通过，并开展了可行性研究和立项工作。

经营管理

3年改革脱困目标如期实现，经营成果显著。经过全电力系统的共同努力，1998年至2000年的3年间，全省电力系统企业利税实现了逐年翻番的历史最好水平，电力系统3年改革与脱困的目标已经实现。全系统1998年完成利税0.68亿元，1999年完成利税0.85亿元，2000年完成利税达4亿元，其中利润2.79亿元，比预想的1个亿还要好。这些成绩是在全公司努力应对和消化了各种经营困难和压力的条件下取得的，来之不易。使实施改革脱困以来的3年，成为我省电力工业发展史上改革与经营成果最显著，职工群众生活改善最大的时期。

2000年省电力公司严格执行经营目标责任制，通过这个目标利润考核体系，把售电量、线损率、成本费用、电费回收率等经济指标有机地统一起来，提高经济效益。

通过强化成本核算和成本管理等措施，全公司实现了经营性利润达8000万元。年初预计19个供电公司目标利润1817万元，实际完成3984万元，超目标利润额2167万元。2000年各供电公司电费上缴较好，19个供电公司全年应缴电费176430万元，实际上缴电费176437万元，取得了较好的经济效益。

通过不断深化企业内部改革，创新电力体制和管理机制，遏止了3年连年亏损和管理混乱的局面，打破了企业吃国家的“大锅饭”、职工吃企业的“大锅饭”的弊端，实现了职工工资总额与企业效益挂钩、职工收入与个人贡献挂钩，形成了新的分配机制，促进了劳动生产率的提高。

买断清澜电厂问题得以解决。以较合理的价格买断清澜电厂，中止了原签订的极不合理的购电合同。清澜电厂问题的解决，大大缓解了我公司的债务负担，对改善我省电力系统经营状况，起着十分重要的作用。

收购洋浦电厂已取得结果。这一举措，对于盘活洋浦电厂资产，开发和利用海南的天然气资源，改善电力公司的经营状况有着十分重要的战略意义。

大广坝债转股工作取得成功。2000年11月份大广坝水电厂债转股协议正式获得国家经贸委批准，使债转股工作进入实施阶段。实施债转股后，大广坝水电有限公司实现三年脱困目标，一举扭亏为盈，2000年便实现盈利4000万元。

去年我们还抓紧完成了大广坝水电综合项目的枢纽工程和灌溉工程的结算，其项目在控制工程造价方面，得到省委省政府的肯定。通过完成这些结算工作，对确保大广坝水电厂债转股的顺利完成起到了重要作用。

积极筹划南山电力上市工作取得了新进展。通过以南山电力为外壳的“中海能源”上市，将在海南电力系统建立一个从资本市场直接融资的窗口，利用证券市场筹措资金，解决清澜、洋浦电厂问题，对于实现海南电力系统结构调整，带动洋浦开发区建设和海洋天然气等相关产业的发展具有很重要的意义。

农电体制改革

截止2000年底，全省19个市、县共撤销了266个乡镇电管站，组建了118个供电所，乡镇及以下农电从业人员由10650人减少到3000人左右，实现了电价、电量、电费的“三公开”，管理、抄表、收费、服务的“四到户”和电价、抄表、发票、核算、考核的“五统一”。农村各类供电资产正按照“国有资产直接上划，集体资产自愿上交、私有资产有偿移交”的原则进行移交。私人供电资产经过评估，进行合理补偿，有偿移交。完成农电体制改革私有资产赔偿1300万元。我省农电管理体制基本实现由县—乡—

村级模式改为市县供电企业一体化管理的目标，取消了个人承包管电，由市县供电公司派出的乡镇供电营业所直接抄表到户、收费到户、服务到户。市县供电公司对各供电营业所实行收支两条线管理。

西藏自治区电力工业

概述

到2000年底，全区共有各类电站404座，装机容量达到35.8万kW（水电28万kW、地热2.76万kW、柴油机电5万kW、光电0.042万kW）。全区发电量达7.11亿kW·h，其中，地市级以上电网完成发电量5.09亿kW·h，售电量3.94亿kW·h，同比分别增长8.07%和11.17%。全年地市级以上电网完成工业总产值4886.13万元（不变价），同比增长8.15%；主要技术经济指标：供电线损率14.8%；电网频率合格率达100%；全员劳动生产率14384元/(年·人)。

2000年末，随着羊湖—江孜110kV输电线路工程的建成，形成藏中电网。供电范围包括2市12县政府所在地，供电人口约40万人。西藏电力公司管理的藏中电网网内共有水电、地热、火电站10座（不含水利部门管理的满拉水电站），装机容量20.42万kW。全区共有110kV变电站7座，变电容量23.55万kV·A，输电线路685km；35kV变电站29座，变电容量16.76万kV·A，输电线路835km。

电力建设

在国家的大力支持下，“九五”期间累计完成重点电力建设投资25亿元。羊湖、沃卡、查龙电站，贡嘎—泽当、羊湖—江孜、满拉—日喀则、泽当110kV输变电工程，7个无水能资源无电县光伏电站等一批重点电力建设项目建成投产；拉萨城网（10kV）改造和西藏电力公司系统组织实施的2市16县农（城）网改造基本完成。部分城镇缺电状况得到缓解，电力企业装备和技术水平有所提高。2000年全区装机容量达到35.72万kW，年发电量7.11亿kW·h，“九五”期间分别增长16.7万kW和2.4亿kW·h，年均增长13.2%和8.1%。

大力加强重点项目前期工作。全区规划重点电力项目达到可研和初设深度的总容量34万kW。金河、直孔、巴河雪卡等重点水电站的项目建议书已分别上报自治区计委、国家计委和国电公司。巴河雪卡水电站可研设计和接入系统设计、达嘎水电站接入系统设计、直孔水电站至拉萨输电线路初设等项目通过审查。完成了西藏中部电网规划设计工作。

电力生产经营

（一）电力生产安全稳定，发电量持续增长创历史新高

全区全口径发电量完成7.11亿kW·h，同比增长5.79%。地市级电网发电量5.09亿kW·h，售电量3.94亿kW·h，同比分别增长8.07%、11.17%。其中，拉泽电网完成发电量3.68亿kW·h，售电量2.82亿kW·h，同比增长7.08%和11.11%，线损率下降0.1个百分点，电费回收率达到98%。

认真落实安全生产责任制，层层签订责任书，安全生产保持了好的势头。拉萨电网实现了历史上第一个无垮网事故年，部分企业安全生产记录创历史最好水平。

（二）自治区电力公司系统扭亏为盈，企业三年脱困目标基本实现

电力公司系统完成销售收入1.96亿元，同比增长6.52%，在增支因素较多的情况下，一举扭亏为盈，实现了企业三年脱困目标和2000年资产经营责任目标。

电力改革与管理

认真贯彻国家经贸委《关于调整西藏自治区电力公司管理体制的通知》（国经贸电力［1999］1213号文件）精神，自治区人民政府与国家电力公司签署了《关于落实国家经贸委国经贸电力［1999］1213号文件的纪要》。国家电力公司正式对西藏电力公司实施管理。

山南电力公司顺利交接；日喀则电力公司的组建、移交和实施管理工作正在积极推进，藏中电网管理体制框架基本形成。自治区电力公司本部机构改革方案已经国电公司批准，正在组织实施。

企业内部改革不断深入。电网内坚持推行内部模拟市场经营，稳步推进“三项制度”改革，强化激励和约束机制。继续实行生产经营、安全生产和管理部门工作目标责任制。狠抓减员增效工作，实行持证上岗，竞争上岗，巩固了主业人员零增长目标，对转岗分流人员进行了妥善安置。

加强企业内部管理，“安全文明双达标”活动进一步开展。西郊、贡嘎变电站通过了达标初验，羊湖电厂、调度通信局、城东、北郊、金珠、堆龙等4个变电站通过了达标年度复查，巩固了达标成果，促进了企业管理水平的不断提高。

教育与科技

“九五”期间全系统共进行职工培训8920人·次，

学历教育156人·次，继续教育656人·次。举办三期“工商管理培训班”，区电力公司系统管理干部基本轮训一遍，“九五”期间“全员培训工程”目标基本实现。

2000年区电力公司安排技改项目36项，落实资金1136万元，重点对东郊变电站、献多电站电气部分、羊八井地热电厂排水回灌达标排放进行了改造，项目完成率97%。

科技工作重点围绕电网建设、安全稳定运行的关键技术和管理问题，结合高原气候和地理条件，采用新技术、新设备，不断提高电网、电厂技术装备水平。

电力援藏

国电公司2000年确定的支持西藏电力公司3000万元技术改造项目已落实，完成的项目在电网中发挥了明显的效益。全国电力系统第六批援藏人员全部到位，在受援单位发挥了积极作用。

特事要辑

（一）西藏自治区人民政府与国家电力公司签署西藏电力公司管理体制改革纪要

3月13日，西藏自治区人民政府与国家电力公司在北京钓鱼台国宾馆共同召开西藏电力公司管理体制改革座谈会，签署了《关于落实国家经贸委国经贸电力［1999］1213号文件的纪要》。国家经贸委副主任石万鹏，自治区党委书记陈奎元，自治区党委常务副书记、人大常委会主任热地，自治区党委副书记、自治区主席列确，自治区副主席多吉，国家电力公司总经理高严、副总经理赵希正、陆延昌、周大兵、谢松林和国务院办公厅、国家计委、财政部、中编办、国务院发展研究中心、国家开发银行和中电联以及西藏电力公司等有关部门和单位的负责同志出席了座谈会和签字仪式。

座谈会上，国家经贸委副主任石万鹏、自治区主席列确、国家电力公司总经理高严发表了重要讲话，西藏电力公司总经理杨海滨作了发言。

西藏电力公司由国家电力公司管理并逐步将其改制为国家电力公司的子公司，是自治区党委、人民政府为促进西藏电力工业发展，理顺与国家电力管理体制关系，提高西藏电力企业管理水平，适应西部大开发需要作出的一项重要决策。经国务院批准，国家经贸委于1999年12月下发了《关于调整西藏自治区电力公司管理体制的通知》（国经贸电力［1999］1213号文件），经自治区人民政府与国家电力公司的友好协商，形成了《关于落实国家经贸委国经贸电力［1999］1213号文件的纪要》。列确主席、高严总经理分别代表自治区人民政府和国家电力公司签署了《纪要》。

（二）国家电力公司赴藏考察落实对西藏电力公司管理工作

国家电力公司为贯彻落实《西藏自治区人民政府、国家电力公司关于落实国家经贸委国经贸电力［1999］1213号文件的纪要》，实施西部大开发战略，促进西藏电力工业发展，由国家电力公司副总经理周大兵率考察组一行30多人于2000年7月5～15日赴藏考察西藏电力工业，研究落实对西藏电力公司实施管理的有关具体措施，并与自治区政府进行了座谈。

国家电力公司考察工作组在藏期间，听取了西藏电力公司工作汇报，与西藏电力公司进行了业务座谈；前往拉萨、山南、日喀则、林芝等4个地市实地考察了羊湖抽水蓄能电厂和林芝八一、六〇六电厂，拉萨西郊、金珠、城东变电站，山南泽当、贡嘎变电站和日喀则、江孜变电站，西藏电力调度通信局，西藏电力建设总公司等电力生产和建设企业；现场查看了拉萨直孔和林芝巴河等“十五”规划建设水电站厂坝址；代表高严总经理、国家电力公司慰问了西藏电力公司干部职工和武警水电三总队官兵以及在海拔5000多米高程施工的西藏电建队伍；研究了国家电力公司对西藏电力公司实施管理的有关具体措施；安排了2000年支持西藏电力公司技术改造项目及方案；就西藏电力公司改革和发展问题与自治区政府交换了意见，形成了《国家电力公司关于加强西藏电力公司管理和促进西藏电力发展的办公纪要》和《西藏自治区人民政府、国家电力公司关于西藏电力公司改革和发展若干问题的商谈纪要》。考察组在拉萨召开了国家电力公司表彰武警水电三总队易贡抢险救灾大会。

主要事件

1月25日，区电力工业厅（公司）举行达标企业授牌仪式，对1999年度通过双达标验收的羊湖电厂、调度通信局、拉萨电业局北郊变电站、金珠变电站、堆龙变电站授牌。

1月26日，区电力工业厅副厅长、电力公司副总经理米吉代表电力厅（公司）向定点扶贫县那曲地区比如县赠送了价值70万元的输电设施。

2月4日除夕之夜，自治区党委副书记巴桑、自治区常务副主席徐明阳和自治区党委办公厅副秘书长白玛朗杰，在自治区电力工业厅厅长杨海滨的陪同下，前往区调度通信局、拉萨城东变电站、西郊变电站慰问生产一线干部职工。

截至2月17日，羊湖电厂连续安全生产运行1000天。

2月22～24日，国家电力公司在广西北海召开人才援藏工作会议。会上表彰了华东电力集团公司等65个"国家电力公司人才援藏先进单位"，西藏电力公司等5个"接收援藏人才先进单位"，王峰等31人被授予"国家电力公司优秀援藏人员"，林宗泉等53人被授予"国家电力公司先进援藏人员"，李建新等37人被授予"国家电力公司人才援藏先进工作者"。

3月8日，拉萨电业局城东变电站荣获全国"三八红旗女子"变电站称号和自治区"巾帼文明示范岗"称号；同日，该站站长朱秀兰荣获自治区级"巾帼建功标兵"称号。

3月13日，西藏自治区人民政府与国家电力公司在北京钓鱼台国宾馆共同召开西藏电力公司管理体制改革座谈会，并签署了《关于落实国家经贸委国经贸电力（1999）1213号文件的纪要》。

4月，羊湖电厂荣获国家电力公司"双文明"单位称号。

4月22日，西藏自治区实施西部大开发战略重点建设之一的羊湖—江孜110kV输电线路工程正式开工。

5月1日，拉萨电业局次仁平措同志荣获全国劳动模范称号。

5月16～17日，西藏电力公司工作会议在拉萨召开。

7月，拉萨城网改造项目之一拉萨地调自动化系统改造工程开工建设。

7月5～15日，国家电力公司副总经理周大兵率考察组一行30多人赴藏考察西藏电力工业，研究落实对西藏电力公司实施管理的有关具体措施，并与自治区政府进行了座谈，形成了《国家电力公司关于加强西藏电力公司管理和促进西藏电力发展的办公纪要》和《西藏自治区人民政府、国家电力公司关于西藏电力公司改革和发展若干问题的商谈纪要》。

8月8日，山南地委、山南行署、西藏电力工业局、西藏电力公司在拉萨联合举行山南电力公司管理体制改革座谈会暨交接签字仪式。将山南电力公司整体移交给西藏电力公司。

8月9～22日，由国家计委、国电公司、国家经贸委、中科院电工研究所等部门组成的验收工作组，对阿里地区东三县（措勤、改则、革吉县）光伏电站扩容工程进行了全面验收。

8月26日，西藏7个无水能资源无电县光伏电站工程通过国家电力公司、国家经贸委、科技部、环保部组织的竣工验收，正式交付使用，提前一年实现了自治区政府要求的西藏无水能资源无电县通电目标。

8月，由华北电管局援助修建的那曲地区藏北电力教育培训中心通过验收，该培训中心工程造价220万元。

9月11日，由西藏电力公司举办的第三期领导干部工商管理培训班在拉萨举行。西藏电力系统部分单位的负责人、中层管理干部45人参加了学习培训。

9月18～23日，国家电力公司在林芝地区电力局召开会议，研究《西藏雪卡水电站（含冲久水库）工程环境影响评价报告》及《西藏雪卡水电站（含冲久水库）工程水土保持方案报告》，并通过了预审。10月16～18日，国家电力公司在西安召开西藏雪卡水电站可行性研究报告审查会议，并通过评审。10月23～24日，国家电力公司电规院在北京召开西藏雪卡水电站接入系统审查会议，并通过审查。

9月28日，由广东省援建的林芝地区八一电厂二级站技改扩容工程全面竣工并交付使用，该工程总投资2300万元。

10月9～12日，西藏沃卡一级水电站和接入系统工程通过竣工验收。验收工作由国家电力公司电源建设部陈东平副主任主持，西藏自治区人民政府多吉副主席出席会议并作了讲话。

10月16日，日本国家协力事业团（简称JICA）代表日本政府与西藏自治区科学技术厅和西藏自治区电力工业局签署了"西藏羊八井地热资源开发计划调查实施细则"和"西藏羊八井地热资源开发计划调查会谈纪要"。

10月21日，平措电厂连续实现无事故安全生产2000天。

11月20日，拉萨电业局北郊变电站实现安全生产3000天。

11月23日，日喀则地区调度通信楼通过竣工验收，工程总造价614.6万元，建筑面积4188.5m^2。

12月2日，羊湖—江孜110kV输电线路工程通过竣工验收，自治区人民政府在江孜110kV变电站举行了拉萨电网与日喀则电网并网剪彩仪式，自治区副主席孙歧文按下了江孜变电站的拉萨电网与日喀则电网的并网开关，藏中电网并网成功。

（香港）中电控股有限公司

2000年，中电迎来百年诞辰。公司的前身—中华电力有限公司于1901年1月25日在香港成立。百年来缔佳绩，与香港的辉煌成就互相辉映，对香港地区的经济发展贡献良多。

2000年业绩摘要

截至1999年12月31日止，经常性业务的每股盈利相对增加 4.6%，为每股 2.72 港元。由于集团在 1999 年 10 月向中信泰富有限公司（“中信泰富”）购回共 367275500 股股份（约 15%股权），每股盈利得以提高。截至 2000 年 12 月 31 日止年度的管制法则业务盈利增加 1.6%，至 5147 百万港元。利息收入由 587 百万港元降至 93 百万港元，主要因为中电向中信富泰购回股份后，现金储备减少所致。另外，等备电讯及多元化公用业务的费用导致非管制法则业务盈利由 512 百万港元降至 426 百万港元。

2000 年度的总盈利为 5768 百万港元，而截至 1999 年 12 月 31 日止 12 个月的总盈利则为 6661 百万港元。本年度总盈利包括海逸豪园第 3 期所占益利 1132 百万港元，以及投资亏损准备 1.030 百万港元截止 1999 年 12 月 31 日止 12 个月的总盈利包括重建及出售鹤园电厂旧址海逸豪园第 2 期所占益利 498 百万港元。经记人重建项目益利及亏损准备后，每股盈利为 2.77 港元，下降 1.4%。

董事会建议派末期股息及其特别百年股息分别为每股 0.50 港元及 0.27 港元，使年内每股总股息达 2.24 港元。董事会亦建议派发红股，每持有 5 股将获发每股面值 5.00 港元的新股 1 股，并作为已缴足股本入账。董事会预测，集团将于 2001 年 6 月、9 月及 12 月派发共 3 次中期股息，每期为每股 0.35 港元。

策略

各位股东可能已清楚公司的策略，但由于这项策略对公司在新纪元的发展路向极为重要，所以在此重申其三大要点：

（1）持续提升及强化集团在香港的核心电力业务；

（2）发展集团在国内和亚太区的电力业务；

（3）善用集团现有的业务、资产、技术和联系，探索在香港和华南地区业务发展的机会，包括开拓多元化公用业务。

2000 年，中电在上述三个范畴均取得长足进展。

香港的电力业务

中电集团透过其全资附属公司，拥有及营运香港特别行政区最大的电力业务。

随着本港经济复生，本地售电量较 1999 年 12 个月增加 4.6%。2000 年所录得的本地最高需求量为 5598MW，较 1999 年所录得的本地最高需求量增加了 4.6%。总售电量因为于年内恢复供电 519 百万 kW·h 予广东省电力集团公司而上升。

中华电力负责本港核心电力业务的附属公司继续致力改善生产力、节约营运成本，以及提升客户服务素质。由于我们在这几方面均取得卓越成绩，所以可以在 2001 年 1 月宣布连续第三年冻结中电的基本电价，使 2001 年的电价维持不变。此外，生产力上升、节约成本措施奏效，加上 2000 年售电量可观，使中华电力可以向 190 万名客户提供每户 200 港元的回扣，以为百周纪念志庆。

中华电力为九龙、新界、大屿山及部分离岛地区 190 万名客户供应电力，覆盖人口约 540 万。截至 2000 年 12 月 31 日止，投资于电力业务的金额达 58709 百万港元，其中包括：

（1）6283MW 的总装机容量（中华电力透过与埃克森美孚能源有限公司组成的合营公司—青山发电有限公司—拥有其中 40%权益）；

（2）超越 10000km 长的输电及供电网；

（3）超过 10000 个发电站。

过去 10 年，中华电力在提升生产力，以及厉行节约成本方面均获得长足进展。1991 年，核心电力业务的雇员人数约 6500，2000 年 12 月 31 日则为 3590。同期，本地售电量增加了 45%；而按售电量计算，每名雇员整体生产力提高了 160%。

透过厉行节约成本措施，客户享有具竞争力的电价，自 1983 年起，电价实质下降了 41%。

中华电力提高效率和节约成本的措施饶有成效，2000 年仍然没有增加电价的压力。年内，由于公司生产力提升 16%，故宣布 2001 年基本及整体电价水平维持不变，这已经是中电连续第 3 年冻结电价。

鉴于广东省用电需求激增，公司恢复售电予广东省电力集团公司（“广电集团”），并与 2000 年 9 月与其签署合约，承诺于 20 个月期间按固定方式供应电力。2000 年，公司共供应 519 百万 kW·h 电力予广电集团，占总售电量的 1.9%。

香港特别行政区政府按管制法则协议监管集团在本港的电力业务，并每 5 年进行财务检讨一次。检讨后所制定的财务计划须与政府讨论，并提交行政会议审批。中华电力 1999～2004 年的财务计划已于 2000 年 5 月获行政会议通过，其中包括约 300 亿港元的资本性开支预算。由于整体电力需求增长于缓，而中电现有发电容量仍然充裕，故财务计划以投资输电及供电系统为重点，这方面的开支估计将占截至 2004 年止的资本性开支的 70%。中华电力透过有关投资，将能满足供电范围内新市镇、铁路及基建发展项目的电力需求，并改善现有供电网络，以提升供电素质和可靠程度。

中华电力计划于未来数年透过采用优质设备、加强推行 11kV 高压架空电缆带电作业和充分利用流动发电机来缩减停电时间，并成立电力素质和乡村供电安全改善工作小组来提升服务素质。

供电素质和可靠程度是中华电力关注的重点。年内，公司共动用3204百万港元的资本性投资，提升发电、输电系统的质素，其中包括增设515个变电站、504公里的电路，以及供电管理系统等。中华电力的合约及采购系统已简化，务求为客户带来最大利益。在推行策略性采购程式后，公司透过改善采购模式，以及集体采购，充分掌握业务需要和发挥采购能力，大幅节省开支总额。

"新经济"崛起，带来不少提升营运效率和节省成本的契机，中华电力正积极研究如何充分利用这些机会。现在，客户已可透过中电互联网进行超过30项不同的交易，包括缴交电费，以至报读中电乐在生活中心举办的烹饪课程。在采购方面，中华电力正积极拓展网上采购策略，包括与全球主要的商业对商业的电子贸易网站—FreeMarkets—合作，管理主要的网上采购程式。此外，中电还采用新软件和供应商建立网上联系。预期集团在这方面与主要供应商美国通用电气有限公司的合作项目，可能成为全球适用的标准。此外，中华电力亦与亚太区内其他公用事业合作，研究成立亚洲公用事业电子交易的可行性。有关措施旨在提升中电的地位，使其成为全球以互联网平台进行直接采购的先进客户之一。

中国及其他亚太地区的电力业务

中电集团在国内及亚太区内的电力业务包括以中华电力（中国）为首的国内电力业务，及由中电国际负责的亚太区业务。这两间附属公司专责为中电集团拓展业务，藉拥有及营运国内和亚太区的发电资产，为股东创优增值。

2000年，中电在国内的专注为日后的投资及发展奠定基础。在山东省的合作项目（中电占其中29.4%权益）进展理想，表现中电可为国内电力项目创优增值。随着国内经济持续发展，相信电力业务亦将有显著增长。

1999年底，中电获国家批准与北京国华电力有限责任公司（"北京国华"）合组大型合营公司，中电将收购北京及临近地区3座已投产电站（总装机容量为2100MW）的49%权益，合营企业将拥有1285MW净权益。

中电透过收购Powergen的资产，取得澳洲和印度营运中发电资产的净权益达1528MW，以及印度和泰国多个电力项目发展权的净权益约2000MW。透过这项交易，中电进一步落实在区内电力市场奠定领导地位的策略，包括：

·在亚太区（香港和国内以外）的营运资产组合扩大逾倍；

·大大巩固在印度的市场地位，并挤身澳洲电力市场；

·提供一连串可持续发展的项目。

香港及华南地区的多元化公用事业

2000年，中电在开拓多元化公用业务方面取得重大进展，成功透过中电数码发展电信业务。2000年2月，电信管理局向中电数码发出意向书，原则上同意我们发展中港两地光线网络的牌照申请。中电光线网络的敷设工程现已完成，"中港数码网络"服务应于短期内推出。中电的零售电信业务亦处于发展成熟阶段，并计划于稍后推出市场。

亚太区

中电国际在亚太区拥有的权益包括：

·台湾1320MW发展中和平项目的40%权益；

·收购Powergen亚太区的发电资产而成立的合营企业中80%权益；

·泰国Electricity Generating Public Company Limited（EGCO）的20.81%权益；

·马来西亚YTL Power International Berhad（YTL Power）的5%权益。

年内，中电国际为了拓展业务，除增持EGCO的权益，使持股量由18.10%增至20.81%外，亦增持和平项目的权益，使持股量由30%增至40%。最重要的一项投资是在12月与Powergen签定协议，在完成融资安排后，收购Powergen发电资产组合的80%权益。中电国际和Powergen的合营企业将持有Yallourn Energy 92%股权。Yallourn Energy在澳洲维多利亚省雅洛恩拥有一间1450MW的商用燃煤发电厂和附属煤矿。该合营企业还持有GPEC的88%股权。GPEC在印度西部拥有一间655MW的现代化联合循环发电厂。

中电国际收购Powergen的资产后，发电容量的净权益将大幅提升，由1047MW增至2575MW，可巩固其成为区内主要私营电力公司之一的地位。

中电国际Powergen的合营企业将可于未来5年内收购Powergen一家在印尼雅加达已投产电厂—PT-Jawa Power的35%权益。该项收购行动须持债务融资和购电协议再磋商的条件达成后方可落实。

根据与Powergen的协议，中电国际可透过合营企业收购印度实纳、罗沙、土堤科林、GPEC2期，以及泰国Map Ta Phut BLCP电力项目股东及有关监管机构同意后方可落实。与Powergen组成的合营企业，日后将可透过现有的发展中项目缔造商机，进一步拓展中电国际的业务。

2001年，中电国际的业务重点是执行与Powergen的合营项目，这包括：

·落实合营项目和有关协议，直至完成财务融资安排；

·确立合营企业并入中电国际旗下；

·进一步发挥 Powergen 资产组合内各发展项目的潜质。

除了进行 Powergen 的合营项目外，中电国际在未来 12 个月将主要透过以下渠道，继续发展其他投资计划：

·与 EGCO 合作，拓展 EGCO 的业务，以及提升中电国际所占 EGCO 股权的价值；

·继续和平发电厂的工程及调试，并与台湾水泥合作在台湾物色新的项目和收购机会；

·和 YTL Power 合作，竞投马来西亚私有化的发电资产；

·与 Tata Group 建立伙伴关系，在印度发展全新项目及把握投资机会，并按需要及可行情况下，继续中电国际锐意发展的门格洛尔电力项目。

中电国际的中、长线计划包括：

·和平电厂于 2002 年投入商业运行；

·为澳洲雅洛恩制定及推行煤矿开发与电厂现代化计划；

·汲取在开放市场营运电力业务的经验，以应付未来亚太区电力市场开放竞争后所面对的挑战；

·掌握亚洲经济复生后新电力项目需求所带来的商机；

·利用在泰国、台湾、印度、澳洲和马来西亚的投资项目和进行选择性收购活动，以进一步拓展业务。

在可见将来，中电国际将继续以香港为总部。然而，面对业内激烈的竞争，中电国际必须设法提高成本竞争力，包括在亚太区成立办事处，招揽当地员工，以及采用高效益的管理和薪酬制度。

国内

中电集团是国内电力市场的主要投资者，所拥有的权益包括：

·广东核电合营有限公司的 25%股权，该公司拥有大亚湾 1968MW 核电站。

·山东省山东中华发电有限公司（“合作公司”）的 29.4%股权。合作公司目前拥有石横 1 期及 2 期两个运行中的发电站；(共 1200MW)，以及聊城和菏泽 2 期两个兴建中的发电站；(共 1800MW)。

·广东省怀集电力项目的 41.5%权益（包括已投资或兴建中的 9 个小型水电站，共 98MW)；

·透过兴埃克森美孚能源有限公司组成香港抽水蓄能水电厂 1 期共 1200MW 容量的 50%使用权。

2000 年，山东聊城及菏泽 2 期发电站施工进度良好，成本预算及质量水平亦符合预期计划。合作公司的财务表现（包括股东盈利）亦达致目标。

中华电力（中国）已获中国对外贸易经济合作部批准，与北京国华电力有限责任公司签定合营协议，并收购合营企业 49%的权益，成为年内一项重大的成就。该合营企业将持有 3 个位于北京、天津和大唐已投产的发电站，总发电容量达 2100MW。在完成磋商及落实有关协议后，该合营企业将锐意收购北京及华北一带运行中及发展中电站的权益。

中华电力（中国）的整体业务方针着眼于国内市场，在省和地区电力市场建立具规模而竞争力的业务。为了实现这个目标，中华电力（中国）将与实力雄厚的国内单位合作，携手探索商机。

香港和华南的多元化公用业务

中电日益重视发挥现有的资产实力和技术优势，以把握在香港和华南，特别是在多元化公用业务方面的商机。发展有关新项目需要投入时间和资源，才能取得丰硕成果。然而，由中电数码发展的电讯项目，在 2000 年内取得一定的进展。

2000 年 2 月，中电获电信管理局发出对外固定电讯网络服务牌照意向书。

在审慎检讨电讯市场和中电在该市场的竞争优势后，中电数码着手发展中港数码网络业务（连接国内的电讯及互联网容量）和零售业务（包括购入网络业务，然后转销流动电话、国际电话和互联网服务)。

中港数码网络和零售业务的发展均已进入成熟阶段，并准备在 2001 年初推出市场。我们将为零售业务创造出新品牌，以提升起客户服务的形象。

中电企业于 2000 年 3 月成立，负责发展香港和华南地区的多元化公用业务。该公司致力善用中电现有的有行和其他资源，把握机会发展气体、能源基建、财务/资讯科技业务。中电企业竞投深圳大型液化天然气站权益，结果有待公布。中电企业还致力探寻拓展电子商贸业务的机会，希望利用新资讯科技来发挥中电资产和业务（包括客户关系）的发展潜力。

中电科技研究院于 2000 年成立，专注研究及发展于中电集团有关的业务。主要研究范畴包括新兴的能源和通讯科技、分散发电，开发再生能源、以及可持续发展项目等。

中电工程的核心业务是承办政府的公共照明工程。目前，该公司已成功拓展本港核心电力业务以外的私人照明及其他专业工程服务，包括基建项目、人力资源及能源审核等服务。

9　精神文明建设与企业文化

国电公司人力资源

减人增效工作取得新进展，企业劳动组织形式和人力资源结构得到初步优化，劳动效率水平有所提高

（1）在广泛调查研究和总结经验的基础上，制订了《关于进一步推进公司系统减人增效工作的意见》。提出了减人增效工作要以建立新体制、形成新机制、提高两效为宗旨，围绕精干主体产业、规范多经产业、分离社会职能三个重要环节，坚持两个并重，实现四个转变的指导思想，确定了各类不同企业减人增效的工作目标，明确了实施减人增效工作的五项主要措施。同时，在公司系统选定了15家有代表性的企业进行了减人增效工作的试点，对试点的内容和试点工作提出了明确要求。为明确责任，增强减人增效工作的紧迫感和压力感，使2000年的减人增效工作取得实效，编制下达了公司系统各单位2000年的减人计划。配合减人增效工作的开展，依据国家有关政策，在深入调研、广泛征求意见的基础上，制订了公司系统分离企业办社会职能、理顺劳动关系、鼓励企业富余职工自谋职业等若干指导意见，有力地推动了减人增效工作的开展。据初步统计，到2000年底，在考虑增人因素后，公司系统减员可望完成10万，员工总量由148.2万人，降至138.2万人。

（2）围绕公司第二步改革的中心任务，按照建立现代企业制度的要求，适时调整企业劳动组织形式，劳动效率水平有所提高。

1）配合有关部门完成了华东、华中和西北电力集团公司改组为国家电力公司分公司方案的研究与制订，明确了各分公司的内设机构，促进了国家电力公司第二步改革的进程。

2）根据中央《关于加强技术创新，发展高科技，实现产业化的决定》精神，按照公司科技工作会议的统一部署，配合科技部组织了直属科研院所企业化转制工作，研究制订了直属科研院所企业化转制方案，明确了各直属科研院所的转制类型和有关转制的工作要求。

3）根据公司和西藏自治区人民政府“关于西藏电力工业管理体制改革纪要”精神，组织制定了西藏电力公司机构编制方案，并与西藏有关部门协商，提出了西藏电力公司实行工效挂钩的初步方案。

4）根据公司关于深化东北电网体制改革精神，提出并批复成立了沈阳、锦州、长春、哈尔滨和齐齐哈尔超高压局，明确了各超高压局的性质、管理方式、主要职责、内设机构和人员编制。

5）在总结去年公司本部机构改革经验的基础上，适时提出并经公司领导研究决定，撤销了火电建设部和水电及新能源发展部，设立了电源建设部，明确了其工作职责、处室设置、人员编制。在国际合作部增设了进出口经营处。将常州换流站纳入公司本部管理，组建了常州超高压管理处，理顺了宜昌超高压管理处的各项管理职责，促进了公司的实体化进程。

6）根据市场经济体制改革的要求，及时修订和发布了新的《供电劳动定员标准》和《水力发电厂劳动定员标准》。新标准的发布，为供电企业和水力发电厂尽快建立适应市场经济的劳动组织形式，进一步提高劳动效率、企业“创一流”和减人增效工作提供了科学的依据。

预计2000年公司系统电力生产企业全员劳动生产率可达到13.4万元/（人·年），比上年增长8%；发电企业每千千瓦占用人数由去年的2.12人，降至1.85人，用人水平提高了12.8%；供电企业人均售电量由去年的270万kW·h，提高到294万kW·h，同比增长9%。

深入进行企业内部分配机制改革的研究，精心组织经营者年薪制试点，工资管理与宏观调控取得实效

（1）为充分发挥劳动力市场对工资分配的基础性调节作用，针对电力企业社会通用性工种的收入与社会劳动力市场价格严重脱节的现状，在2000年初，研究制定了《关于在电力企业社会通用职业（工种）试行劳动力市场价格工资的指导意见》。要求从2000年起，电力企业行政、后勤服务人员以及辅助生产人员等社会通用性职业（工种），试行劳动力市场价格工资。对于新进人员和新上岗人员的工资，企业可按其从事的社会通用性职业（工种）直接按劳动力市场价格与其协商确定。对于现从事社会通用性职业（工种）的员工，工资水平高于劳动力市场价位水平的，用五年左右的时间与劳动力市场价位水平接轨，促进了企业内部分配更趋合理，有力地调动了广大职工的劳动积极性。

为深入研究企业内部分配，加强企业人工成本管理，提高企业的经济效益，先后组织进行了电力生产企业典型岗位（职业）工资收入价位调查和电力企业人工成本研究工作。首先对20家网、省电力公司所属的近百家发、供电企业的19万名在岗职工的工资收入进行了调查，通过汇总、分析、整理，形成了《电力企业典型岗位（职业）工资价位》。同时，组织有关专家对电力企业人工成本管理进行了深入的研究和探讨，初步形成了《电力企业人工成本管理试行办

法》(草案),为下一步搞活企业内部分配和加强人工成本管理奠定了基础。

此外,为适应科研体制改革,还认真研究了改制单位在新体制下人事、劳动、分配等方面的管理问题,部署了转制科研事业单位在劳动人事、工资分配、岗位测评等方面的工作。

(2) 根据公司党组和高严总经理的指示,与总经理工作部和财务部等有关部门配合,精心组织了上海电力公司经营者年薪制试点工作。经多次协商,反复修改,印发了《关于在上海市电力公司进行经营者年薪制及配套改革试点的意见》、《关于上海市电力公司经营者年薪制的实施办法》,批复了上海市电力公司的经营者年薪制及配套改革试点方案,并就试点中的具体问题提出了处理意见。目前试点工作进展情况良好,并为下一步扩大试点积累了经验。

(3) 随着市场化改革的逐步推进和电力体制改革的深入,原工效挂钩办法出现了许多新情况,工资总量决定机制亟待改进与完善。为此,在2000年初从改进和完善工资总量决定机制入手,认真研究新形势下工效挂钩管理办法,在总结分析13年来工效挂钩工作的基础上,结合市场经济的新形势和目前公司管理体制及财务体制的变化,提出了改进工资总量决定机制和完善工效挂钩的意见,形成了《国家电力公司工效挂钩实施办法》(征求意见稿)。同时,按照国办发[1998]146号文件精神,结合电力体制改革的进程,明确了从2000年起,将原华东、华中、西北电力集团公司工效挂钩纳入国家电力公司管理,不再对国家实行单列,华北、华能集团公司工效挂钩仍按现行办法。在挂钩指标方面,为了体现电力企业的生产经营特点和新形势的变化,提出了工资总额的50%与售电量挂钩,工资总额的50%与实现税利挂钩新的双挂指标。上述意见已向劳动社会保障部有关领导汇报,得到了首肯。

此外,积极探索了施工企业百元产值工资含量包干的新的管理方式,明确了下一步“百含包干”的工作思路。

认真贯彻落实党中央、国务院关于“两个确保”的精神,保证职工队伍的稳定

(1) 根据中央关于积极做好“两个确保”工作的文件精神,始终注重加强下岗职工的管理,并把这项工作当作稳定职工队伍,稳定社会的大事来抓。预计到2000年底,公司系统仍有下岗职工近5万人。自2000年以来,积极同财务部配合,共向中央财政申请再就业基金7767万元,比上年多争取了2800余万元,并已全部拨付到各困难企业,基本保证了下岗职工的基本生活。

(2) 妥善处理了养老保险移交地方管理后离退休人员待遇下降而引发的问题。养老保险移交地方管理后,多数水电施工企业都不同程度地发生了离退休人员群访、上访的情况,通过及时向公司领导汇报,并会同有关部门做了大量的说服工作,制止了事态的扩大。2000年下半年,针对离退休人员的特殊困难,为了保持稳定,保证国家电力公司的改革顺利进行,会同有关部门积极研究对策,并报请公司领导批准,给水电施工等困难企业筹集了8000万元困难补助费,较好地缓解了离退休人员的不稳定状况。

开展人力资源开发战略的研究制定工作,加强培训工作归口管理

(1) 根据公司的改革发展战略和奋斗目标,结合公司系统人力资源开发现状,围绕建设高素质的职工队伍这一根本任务,在广泛听取意见的基础上,先后完成了《国家电力公司人力资源开发战略》、《国家电力公司人力资源开发“十五”规划》、《国家电力公司职工教育培训“十五”规划纲要》的制定工作,明确了今后人力资源开发的指导思想、目标、任务及措施。

(2) 加强了对培训工作的归口和规范化管理,建立健全有关规章制度。制定印发了《国家电力公司职工教育培训暂行规定》,与国际合作部联合印发了《关于加强境外培训管理的若干规定》,下达了《2000年度培训班计划》、《2000年度境外培训计划》,并加强了对培训办班全过程的管理,有效地防止了“三乱”现象的发生,切实保证了培训质量。同时,积极开展了培训基地管理办法和评估指标的研究工作,起草了《公司系统培训体系建设的原则意见》。此外配合有关部门完成了高级培训中心的筹建工作。

(3) 积极组织开展了部分高级管理人员的培训工作。

1) 认真组织经营管理人员的工商管理培训工作,举办了三期网省公司高级经营管理人员工商管理培训班,培训学员79人。进一步规范公司系统厂处级工商管理培训,5422人获得国家电力公司统一颁发的工商管理培训合格证书。

2) 加强对公司机关本部人员的培训,与有关部门共同举办了为期三个月的英语培训班,培训学员15人。

3) 与清华大学经济管理学院、研究生院联合举办了“企业管理”硕士学位课程进修班,60名学员参加学习。

4) 组织开展高层次示范性培训,全年共组织“核电工程项目管理”、“国际工程承包管理”、“电力自动化技术”等17种不同专业的高层次示范性培训班,培训学员1516人。

5）开展了国际合作培训，先后向澳大利亚和美国派出了两批共50余名经营管理人员，分别进行了为期三个星期的境外培训。同时，为了建立起公司系统的国际合作培训基地，还组织有关人员对法国、德国汉堡、慕尼黑三家电力公司和西门子管理培训学院进行了考察，与加拿大蒙特利尔大学高等商学院进行了接触性会谈。

认真贯彻国家教育管理体制改革精神，组织完成了各类学校管理体制移交的相关工作，保证了改革的平稳过渡，如期完成了留办学校的各项工作任务

（1）全面部署并组织推动了公司系统所属学校管理体制的调整工作。按照国务院部门单位所属学校管理体制调整实施意见，组织了公司系统原所属16所普通高校、24所成人高校和76所中等专业学校和技工学校的调整工作。按照“能交则交”的原则，积极争取将所属成人高校、中专和技校移交地方政府举办和管理。目前，原所属普通高等学校中有2所移交教育部管理，9所移交地方政府举办和管理，1所继续举办和管理，4所由省公司举办、教育业务移交地方政府管理。所属成人高校和中专技校除少数改建为培训中心外，已有8个省市已明确接收公司系统成人高校、中专和技校的教育管理业务，学校仍由省电力公司继续举办。其余学校目前正按照国务院和教育部有关文件及公司有关领导指示做进一步的落实工作。

（2）遵循国家教育管理体制改革的有关政策和公司系统所属学校管理体制调整的要求，①在与教育部和公司有关部门充分协商的基础上，提出了原公司系统所属学校年度基建基数的核定方案，并通过国家计委核定；②组织了公司系统原所属高校申请2000年度国债项目建设，8所高校的9个项目获准立项，立项经费4280万元；③会同公司计投部完成了原公司直管高校基建项目的立项和年度小型基建经费3365万元的落实工作。同时对列入国家“211工程”的原武汉水利电力大学落实了“211工程”剩余经费10720万元。推动了学校体制调整中难点问题的解决，为公司教育管理体制改革的平稳过渡奠定了基础。

根据电力企业对人才的需求，向教育部堤出了电力高校由国家重点保护的专业，为保证电力主干专业培养充足的后备人才奠定了基础；组织原公司系统所属高等学校和各网、省公司，完成了2000年度研究生教育、普通本专科教育、成人高等教育、成人中专和跨省区普通中专的招生工作。2000年度共完成招生为：博士123人，硕士1035人，普通本科9800人，普通专科4200人，成人本科14250人，成人专科11000人，跨省普通中专1587人，技校2530人，成人中专8390人。

（3）根据公司领导“留下的学校要继续办好”的指示精神，在深入调研和全面分析的基础上，系统研究了由公司继续举办和管理的华北电力大学、4所专科学校、3所成人高校、76所中专技校的管理和发展问题，提出了华北电力大学的定位、规模、发展方向、管理模式、学科布局、经费投入等方面的意见和建议，提出了4所专科学校发展方向的建议和成人高校、中专技校的管理意见，为公司如何根据企业发展需求确定企业教育的发展方向提供了重要参考。

根据教育部的统一部署，结合公司系统管理中等专业学校实际需求，牵头组织了电力行业教学指导委员会的各项工作，组织了部分省电力公司和所属20余所中等专业学校的有关人员，完成了全国电力类中等职业教育专业目录的研制和16个电力类中等专业相关内容的编制和审核工作；组织有关人员完成了电力类重点专业综合教学改革方案研究工作，并通过了教育部组织的专家审核；组织了电厂及变电站电气运行等3个重点专业29门骨干课程教学大纲的编制工作。

认真组织制定公司多元化经营战略，推进多种经营健康发展，经济效益和安置效益有了新的提高

（1）在认真总结“九五”期间多种产业发展状况的基础上，认真组织制订了公司《多元化经营战略》和《多种产业“十五”发展计划及2010年远景目标规划》，并提出了公司本部发展多种产业的四个重点项目及实施方案。

（2）在广泛调查研究的基础上，制定了《关于进一步推进多种经营企业转机建制工作的指导意见》，推进多种经营的健康发展，经济效益和安置效益有了新的提高。预计到2000年底，公司系统多种经营总收入超过1150亿元，比1999年增长10%，实现利润62亿元，比1999年增长6%；多经企业全年新吸纳主业分流职工近4万人。

（3）认真开展了多经企业情况和产业结构状况调查工作。

1）在公司系统首次对多经企业改制和劳动用工状况进行了全方位的调查，对31个直属单位、8700多家多经企业、近30万个统计数据进行了汇总，基本摸清了多经企业的组织形式、所有制形式、改制进展情况以及多经企业中的员工构成及分布状况。

2）开展了多经产业结构状况调查，初步摸清了公司系统多种经营涉足领域、产业、产品、经营状况、科技含量以及重复建设情况，为下一步研究产业

结构调整的方向和采取相关对策，进一步加强工作指导打下了基础。

深化完善职称改革，构建公司系统人才评价体系

（1）认真贯彻落实公司《关于深化职称改革、完善专业技术职务聘任制度的意见》，先后召开了三次大型会议，宣传深化职称改革的目的意义，启动了公司系统职称管理新办法，设立了国电公司人才评价指导中心7个区域评价中心、30个省级（属地）评价中心、2个办公室（考试工作，人才测评）。

（2）建立了各级各类评委专家库，举办了12期“专业技术资格评审工作高级研讨会”，对11个系列、40个评委会的620位评委进行了培训，认真学习了新的量化、评审条件，统一了思想认识和尺度标准。

（3）继续完善基础管理工作，紧跟国家职称改革的步伐，密切关注职称改革动向，随时收集各方意见、建议，及时调整有关办法和规定。组织制订了经济、会计等8个专业的量化评审条件，探讨了新的各专业专家或专业带头人的遴选、评价方案和实施办法，着手研究了经济等6个专业资格正高级的量化条件等。

国电公司纪检监察工作

2000年2月26～27日，国家电力公司党组在上海召开了国家电力公司党风廉政建设暨第二次“三讲”教育工作会议。会议传达贯彻了中央纪委第四次全体会议、国务院第二次廉政工作会议和国家电力公司（上海）工作座谈会精神，总结了1999年公司系统党风廉政建设和反腐败工作，结合公司2000年工作的整体部署和安排，突出了“从严治党‘三严一表率’、从严治企、从严治领导班子”这一主题，具体部署了公司系统2000年党风廉政建设和反腐败工作任务。

2000年，在中央纪委、监察部和公司党组的正确领导下，公司系统各单位始终把“三个代表”的重要思想贯穿于党风廉政建设的全过程，认真落实“三严一表率”方针，紧紧围绕公司“一个管理年”、“两个战略”、“三项责任制”的重要部署，按照促进领导干部廉洁自律、查处违法违纪案件、纠正行业不正之风三项工作一起抓的工作格局，加强监督检查，完善监督机制，以改革创新的精神，加大从源头上预防和治理腐败的力度，突出重点，狠抓落实，取得了党风廉政建设和反腐败工作的新成效。

党风廉政建设责任制进一步落实

公司党组把党风廉政建设放在改革、发展、稳定的大局中认识和把握，紧紧抓住党风廉政建设责任制这一“龙头”，做到了党风廉政建设与企业管理密切结合，确保了党风廉政建设责任制在公司系统的全面落实。

（1）签订责任书。公司党组分别与公司机关19个部门和59个所属单位签订了《党风廉政建设责任书》，以责任制的形式，确定了公司系统各单位党风廉政建设的年度责任目标。

（2）完善配套制度。印发了《国家电力公司党风廉政建设责任追究办法（试行）》（国电党［2000］64号）（见公司重要文件）、《200年度党风廉政建设责任制评分标准、考核办法》（国电纪检［2000］12号），加上已出台的公司党组《关于实行党风廉政建设责任制的实施办法》（国电党［1999］1号）、《国家电力公司系统党风廉政建设责任制考核细则》（国电纪检［1999］14号），对责任分工、责任内容、年度工作目标、责任考核、责任追究作出了明确的规定，初步形成了比较完整的、易于操作的制度体系。

（3）加大责任追究力度。根据《国家电力公司党风廉政建设责任追究办法（试行）》（国电党［2000］64号），对公司系统发生党风廉政建设问题所涉及的领导班子和领导干部进行责任追究。2000年度公司系统共发生、发现党风廉政建设问题233件，除对184个直接责任人进行处理外，对负有领导责任的领导干部也进行了责任追究，其中局级3人，处级65人。由于加大了责任追究的力度，在公司系统形成了主要领导负总责，分管领导对分管工作范围负责，部门各负其责，“一级带一级，一级抓一级，层层抓落实”的党风廉政建设责任体系，领导干部反腐败的责任意识和廉洁从政的自律意识明显增强，促进了反腐败工作在公司系统的全面开展。

反腐败抓源头工作取得新的进展

根据中央纪委、监察部关于关口前移、反腐败抓源头工作的部署，结合公司实际，进一步加大了从源头上预防和治理腐败的力度。

（1）查找源头问题，提出整改措施。在深入调查研究、认真剖析腐败源头问题的基础上，公司党组提出了在基建工程项目、资金管理、用电服务、燃料管理、多种经营企业与主业的产权关系处理等五个腐败现象的易发部位，从体制、机制、制度和管理上制定了预防和治理的具体措施，确定了“加强教育、健全制度、强化监督、深化改革，不断铲除腐败现象滋生蔓延的土壤和条件”的反腐败抓源头的具体思路。

(2) 大力推行厂务公开工作，群众监督力度进一步加大。在总结厂务公开试点工作的基础上，国家电力公司与全总水电工会联合召开了国家电力公司系统厂务公开经验交流会，推广试点单位的成功经验，印发了《国家电力公司关于实行厂务公开工作的意见》(国电监察［2000］619号)(见公司重要文件)，指导公司系统厂务公开工作。按照公司的总体部署，在基层企业全面实行厂务公开，充分调动了职工参与企业管理、实行民主监督的积极性，增加了企业管理的透明度，使企业的生产经营、重大决策、干部考核、职工福利等工作得到有效监督，促进了从源头上预防和治理腐败工作的深入开展。

(3) 积极探索现代企业制度下的企业监督战略。经过充分调研论证，从公司现有监督体制的实际出发，结合现代企业制度的构成要素和公司发展战略，借鉴世界发达国家企业监督方面的先进做法和经验，参考中央纪委、监察部对下派纪检监察部门的管理模式，提出了现代企业制度下企业监督模式的初步设想，起草了《国家电力公司企业监督战略》。同时，抓好《国家电力公司企业监察办法》(国电监察［1999］737号)的落实，对纪检监察系统的组织建设提出了要求和建议，进一步规范了公司系统企业监察工作。

执法监察和效能监察取得明显成效

纪检监察部门紧密围绕企业生产经营的中心工作，继续深入开展执法监察和效能监察，积极与审计等部门配合，取得了明显的成效。

(1) 继续开展城乡电网建设与改造工程的执法监察。为了确保这项工作健康、顺利地进行，公司成立了以高严总经理为组长的执法监察领导小组，对开展城乡电网建设与改造执法监察进行统一部署，按照工程项目“五制”的要求，严格规范了设备物资采购、工程招投标、专项资金使用等各项管理工作。通过对13个省市的城乡电网建设与改造情况的检查，共查出在资金、招投标、工程质量、安全等方面存在的18个问题，提出了加强管理的8项建议，并按照要求认真进行了整改，发挥了城乡电网建设与改造执法监察工作在保证工程质量、提高投资效益等方面的重要作用，有效地防止了违法违纪案件的发生，维护了公司良好的企业形象。

(2) 围绕企业生产经营活动开展效能监察。各单位围绕燃煤管理、物资采购、资金管理、城乡电网建设与改造工程、大修更改工程项目管理和资金使用情况等方面开展了效能监察。全系统共立项1222项，查出违法违纪金额6535万元，挽回经济损失1.64亿元，避免经济损失9.62亿元；提出建议2191项，协助建章立制1540项，推广先进典型229个；发现案件线索62件，立案36件，81人受到处理。

领导干部廉洁自律工作进一步深化

通过反腐倡廉教育，领导干部廉洁自律意识明显增强。

(1) 认真开展警示教育活动。根据中央纪委、中组部、中宣部和公司党组的统一部署，从2000年8月份开始，在系统内广泛开展了党风廉政建设警示教育活动。把公司系统近年来发生的49个典型违法违纪案件,收编成《警钟》一书,作为警示教育活动的教材印发全系统。同时,结合胡长清、成克杰等重大案件,利用反面典型开展警示教育,收到良好的效果。

(2) 深入开展勤廉兼优先进典型评比表彰活动。从2000年9月份开始，在公司系统开展了勤廉兼优先进典型评比表彰活动，表彰了一批勤廉兼优标兵，树立了典型，弘扬了正气。

(3) 总结和借鉴“三讲”教育的成功做法，提高民主生活会质量。公司纪检组、监察局会同公司人事与董事管理部转发了中央纪委、中央组织部《关于改进县以上党和国家机关党员领导干部民主生活会的若干意见》(国电纪检［2000］13号)，将一年两次的民主生活会改为一年一次，要求对群众提出的问题在“三讲”教育“回头看”活动中积极对照检查，认真加以整改。同时，加强了对民主生活会的指导，专题民主生活会的质量明显提高。

上述三项措施的全面落实，有力地促进了领导干部廉洁自律意识的提高，《廉政准则》、《国家电力公司党组关于提倡勤俭节约反对铺张浪费的整改措施》等廉洁自律有关规定得到了较好的落实。2000年度公司系统共取消会议364个，简办或压缩会议338个；取消庆典66个，简办庆曲24个；取消不必要的检查、评比活动68次；取消、停建、缓建项目16项，取消或从简装修项目15项。

查办案件力度进一步加大

按照中央纪委的要求,认真加大查办案件的力度,继续坚持重点查办处级以上领导干部的违法违纪案件。

2000年度,全系统纪检监察部门共受理群众信访举报7670件(次),与1999年同期相比上升0.86%。其中涉及司局级干部198件(次),同比上升7.6%;涉及处级干部问题1787件(次),同比上升25.7%。

全系统共立案489件(同比上升2.1%)，结(销)案430件，结(销)案率为87.9%。党纪政纪处分497人，与去年同期基本持平，其中局级干部2人，处级干部41人。经司法机关处理82人，其中局级干部3人，处级干部7人。另外，司法机关正在查处的案件38人，涉及副部级干部1人，局级干部7人，处级干部13人。

所立案件中，按错误性质划分，占前三位的是：经济类290件，占59.3%；失职类58件，占11.9%；嫖娼类29件，占5.9%。

在查办案件中，各级纪检监察部门坚持实事求是的原则，通过对1192件案件线索的初查核实，认定失实553件，及时为一批领导干部澄清了是非，并对389件做了相应的处理。

通过查处案件挽回经济损失2877.1万元。

行业作风建设迈上新台阶

坚持纠建并举，积极推进供电营业规范化服务，抓好示范窗口建设。

(1) 认真开展行业作风整顿工作。在前两年整顿工作的基础上，重点对县（市）供电企业，特别是对2000年划为代管的县（市）供电企业的基层营业窗口，从思想、纪律、电价电费、服务作风、农电队伍、内部管理等六个方面，对1.05万个城镇供电营业站所进行整顿，受教育职工达31.4万人·次；整顿农村供电所（电管站）1.3万个，受教育职工达39.2万人·次。在整顿工作中，全系统共组织检查2476次，检查单位6851个，查出问题354件，处理314件，处理人员316人。

2000年度共开展行风检查4837次，检查单位1.01万个，查出602个单位存在的1132个问题，处理了1131个，受理行风违纪问题举报438件，涉及641人，查处406件，占92.7%，处理565人，占88.1%。

(2) 组织开展“优质服务月”活动。2000年10月份，在全国城乡供电企业中开展了以“服务人民、奉献社会”为主题，以“内强素质促管理，外树形象严作风，规范服务为客户，拓宽市场求效益”为内容的“优质服务月”活动。通过新闻发布会，公布了开展“优质服务月”活动的决定以及活动的具体内容，欢迎社会各界给予关注和监督，产生了良好的社会影响。

在“优质服务月”活动中，各单位共出动宣传车2512次，发放征求意见卡（表）31.5万份，张贴发放各种宣传资料312万余张，走访客户22.2万户，召开客户座谈会1860个，受理用电咨询31万人·次，解决客户实际问题1万余件（次），上门服务2万余次，新出台便民措施912项。“优质服务月”活动的开展，进一步规范了供电服务行为，提高了服务质量，获得了广泛的好评。在开展“优质服务月”活动的基础上，组织开展了评选“十佳优质服务明星”和“十佳优质服务明星单位”活动。

(3) 继续抓好示范窗口建设。会同有关部门推出了1999年度100个农电示范窗口，确定了2000年度200个农电示范窗口，使公司确定的农电示范窗口达到323个。通过示范窗口的辐射作用，使农电规范化服务达到新水平。

截至到2000年12月底，全系统推行承诺制的地（市）供电企业达277个，县供电企业达1605个；参加社会民主评议行风的地（市）供电企业达190个，其中189个合格，占总数的99.5%；151个优秀，占79.5%。公司系统精神文明建设取得了可喜的成绩。在所有基层单位中，有60%的单位被评为省部级以上文明单位，有84%的单位被评为地（市）级以上文明单位，有68%的单位被评为文明行业。

纪检监察队伍建设进一步加强

全系统各级纪检监察干部深入学习江泽民同志“三个代表”的重要思想，学习有关市场经济理论，学习金融、财务、法律等方面的知识，进一步提高了纪检监察干部在新时期改革、创新、团结、奋进的意识以及开展党风廉政建设和反腐败工作的能力，增强了工作的责任感和使命感。

公司纪检组、监察局举办了两期纪检监察干部岗位培训班、一期案件管理及计算机网络管理培训班，培训基层业务骨干和纪检监察部门负责人357人。各单位也采取多种形式，加强对纪检监察干部的培训工作。截至2000年底，基本实现了1998年提出的3年内对全系统纪检监察干部轮训一遍的目标，纪检监察干部的政治业务素养和工作能力普遍提高。

此外，与《中国纪检监察报》、《中国电力报》和《中国监察》杂志等新闻媒体密切配合，及时宣传、报道公司系统反腐倡廉工作情况，总结、推广公司系统党风廉政建设和反腐败工作的先进经验。

总结2000年工作的体会

(1) 各级领导重视，是公司系统党风廉政建设和反腐败工作取得成效的关键。

(2) 紧紧抓住落实党风廉政建设责任制这条主线，是公司系统反腐败工作得以顺利开展的保证。

(3) 始终围绕公司改革与发展的中心开展工作，是纪检监察工作保持强大生命力的根本。

(4) 不断提高纪检监察队伍的素质，是做好党风廉政建设和反腐败工作的基础。

国电公司直属机关党委

2000年，国家电力公司直属机关党委组织党员和职工深入学习江泽民同志“三个代表”的重要思想，认真贯彻中央思想政治工作会议精神，围绕公司中心工作加强了思想政治工作和精神文明建设；开展党风廉政警示教育，加强从源头上预防腐败工作，加大查处违法违纪案件的力度，落实党风廉政建设责任制，党风廉政建设工作进一步加强；坚决同邪教“法轮功”进行斗争，有效地保证了公司的稳定；公司本部开展“三讲”教育“回头看”活动，全面落实“三讲”教育整改措施，提高了党组织的凝聚力和战斗力，加强了公司本部的思想作风建设。

政治理论学习

直属机关党委按照公司党组《关于认真学习和贯彻落实江泽民总书记关于“三个代表 ”的重要论述的通知》，全面安排和部署了全年的理论学习教育工作。

（1）认真做好公司党组中心组学习的服务工作。直属机关党委、政工办按照公司党组的要求，认真细致地做好党组中心组学习的服务工作，及时将学习计划下发到各单位，每次党组中心组学习后，向公司系统编发学习情况通报，在《中国电力报》等报刊上刊发中心组学习的有关情况和公司领导的发言材料，有力地指导了公司系统中心组的学习。

（2）加强系统各单位党组（党委）中心组学习的规范化、制度化管理，提高中心组学习质量。直属机关党委、政工办积极加强对公司系统中心组学习的指导，在总结“三讲”教育中学习理论经验的基础上，起草了公司党组《关于进一步强化公司系统党组（党委）理论学习中心组学习的规定》，对健全中心组学习组织、明确学习内容、完善学习制度等提出了明确要求。使公司系统各单位党组（党委）和在京直属各单位党委中心组学习进一步规范化、制度化，学习质量得到进一步提高。

（3）认真组织对邓小平理论、江泽民同志“三个代表”重要思想及十五届五中全会精神的学习，努力抓好在京单位职工的理论学习。直属机关党委按季度安排了公司本部和在京直属单位的理论学习，并以《邓小平理论学习问答》为教材，抓了系统一般职工的学习。在京直属各单位结合实际，采取多种方式改进学习方法，提高学习质量，请有关专家先后作了“邓小平理论”、“三个代表”、“国内经济形势与加入WTO”、“十五届五中全会精神”等多种专题报告会。通过学习，全体职工提高了贯彻执行党的路线、方针、政策的自觉性，从而更加自觉地与以江泽民同志为核心的党中央保持高度一致。广大职工努力用学到的理论研究和解决本单位改革和发展中的重大问题，提高了运用邓小平理论分析和解决实际问题的能力。

思想政治工作

（1）结合实际，贯彻中央思想政治工作会议精神。2000 年 8 月 31 日，公司在福州召开思想政治工作会议，总结了近几年来公司系统的思想政治工作，提出了加强和改进公司系统思想政治工作的意见，要求把学习江泽民同志的讲话和贯彻中发［1999］17 号文件及中央思想政治工作会议精神与深入学习“三个代表”的重要思想紧密结合起来，进一步加强对思想政治工作的领导。同时，表彰了 51 个思想政治工作先进集体和 92 个先进个人，交流了公司系统思想政治工作的经验。

（2）努力实现思想政治工作的创新。为了更好地发挥思想政治工作“生命线”的作用，思想政治工作要在继承好传统的基础上，努力实现创新，增强时代感，加强针对性、实效性和主动性。为达到这一目标，直属机关党委、政工办采取如下措施：①积极研究拟定了《公司精神文明建设创新奖授奖条例》，以公司党组文件下发，调动了各级党组织和广大干部实现思想政治工作创新的积极性；②总结推广了山东电力集团公司、太原第二热电厂、华能辛店电厂等一批思想政治工作创新的经验；③建立了直属机关党委、思想政治工作办公室计算机网站，建立了委办网页，实现了委办工作上网、信息上网，促进了思想政治工作方式、手段的创新。

（3）在中央企业工委和公司党组的领导下，直属机关党委和在京直属各单位党组织，按照有关部署，组织开展与“法轮功”邪教组织的斗争，取得了明显成效，确保了公司的稳定。公司直属机关党委制发了20 多份关于清理“法轮功”邪教组织和稳定工作的文件、电报，多次召开有关会议，传达上级精神，安排部署相关工作。组织在京单位开展查缴“法轮功”非法宣传品的专项斗争，收缴了 200 多份“法轮功”反动宣传品；组织做好“法轮功”练习者的教育转化和痴迷者的监控工作，使部分“法轮功”痴迷者得到了转化。

开展形势和任务教育

公司本部及在京直属单位认真组织职工参加直属机关党委、政工办发起组织的“221—500”大宣传、“走出去”、“西部开发我们怎么办”等系列活动；积极开展爱国主义、集体主义、科学精神教育；组织进行先进集体和先进人物的宣传活动，结合清理“法轮功”，解决改革、发展中出现的不稳定因素，进行稳定工作教育；积极组织职工参加中央企业工委、中宣部、科技部等部委组织的形势教育报告会；紧密结合国家重大方针政策的出台和公司改革发展中的重点问题，有针对性地开展形势任务教育；针对公司改革发展中的热点、难点问题，解疑释惑、理顺情绪、化解矛盾，加强和改进思想政治工作，增强了思想政治工作的针对性、实效性。

党建工作

（1）直属机关党委认真履行公司“三讲”教育办公室工作职责。①积极协助公司党组抓了党组整改措施的落实，使党组在“三讲”中制定的6个方面的整改措施得到了较好的落实；②完成了公司党组和党组成员“三讲”教育“回头看”活动服务工作；③组织开展了公司本部司、处级党员干部“三讲”教育“回头看”活动；④圆满完成了公司系统第二批12个单位的“三讲”教育工作；⑤组织公司系统开展了“三讲”教育的32个单位和中电联开展了“三讲”教育“回头看”活动，对其中8个单位“回头看”活动组织进行了抽查，进一步巩固和扩大了“三讲”教育的成果，并得到中央“三讲”教育“回头看”检查组的充分肯定；⑥组织公司所属高校开展了“三讲”教育。在京直属单位认真学习吸取“三讲”教育单位好的作法及经验，按照《关于进一步提高领导干部民主生活会质量的规定》，进一步提高了领导班子和领导干部民主生活会的质量，提高了党建工作的水平。

（2）切实加强基层党组织建设。公司本部及在京直属单位党组织认真贯彻“从严治党”的方针，十分重视加强基层党组织建设，认真贯彻落实公司直属机关党委制定的《国家电力公司本部和在京直属单位贯彻中国共产党和国家机关基层组织工作条例实施细则》、《国家电力公司本部和在京直属单位党支部工作考评标准（试行）》、《国家电力公司直属机关党委关于实行谈话提醒制度实施办法》等制度和规定。

（3）认真抓好党的组织建设。在公司本部机构调整和部分在京直属单位调整、重组中，及时抓好党组织的重组和调整，审批了公司本部部分支部和部分在京单位党委、纪委的换届。认真做好组织发展工作，举办了公司本部入党积极分子培训班。公司和在京直属单位共发展党员87名，预备党员转正119名。及时调整、增补了部分直属单位的党委（支部）委员，保障党委（支部）工作正常进行。

（4）组织开展“两优一先”评选表彰活动。直属机关党委召开了“两优一先”表彰会，表彰了公司本部和在京直属单位1998～1999年度108名优秀共产党员、77名优秀党务工作者、3个先进党委、35个先进党支部。

公司党的建设工作得到了中央企业工委的肯定，在去年6月下旬中央企业工委召开的中央企业党建经验交流会上，受高严同志委托，赵希正同志代表公司党组介绍了经验。

文明单位建设和企业文化建设

公司本部及在京直属单位坚持“两手抓，两手都要硬”，切实把精神文明建设纳入企业发展总体目标，深化文明单位建设和企业文化建设，使精神文明建设取得了新成绩。

（1）创建活动纳入企业发展总体目标，做到两个文明同规划、同安排、同考核、同奖惩。公司本部各部门结合实际，积极开展“创文明先进处室，做文明员工标兵”活动，取得了一定成效。到目前为止，在京直属单位有12个单位被评为中央国家机关文明单位。

（2）积极开展企业文化建设。积极参与公司企业文化战略的研讨和拟定，组织拟定了《国家电力公司企业文化建设五年规划》；组织企业文化知识的普及活动，举办了一期企业文化建设培训班，培训了系统政工干部80余人；在公司本部组织了公司企业精神表述语征集活动。公司本部及在京直属单位党组织对企业文化建设的认识有了新的提高，企业文化已纳入创一流企业包括创建国际一流企业的考核管理体系中。

（3）在公司系统继续深入开展双文明单位创建活动，取得了丰硕的成果，有力地促进了精神文明建设、思想工作、“四有”职工队伍建设，提高了企业管理水平，推动了公司改革和发展，促进了公司系统两个文明建设的协调发展。为了肯定成绩，总结经验，对1998～1999年度国家电力公司双文明单位进行了评选和表彰。表彰命名山东电力集团公司等7个单位为1998～1999年度国家电力公司双文明公司；命名北京供电公司等34个单位为1998～1999年度国家电力公司双文明单位标兵；命名华北北京十三陵蓄能电厂等403个单位为1998～1999年度国家电力公司双文明单位。

群众工作

1. 工会工作

在直属机关工会的领导下，各级工会组织较好地发挥了维护、建设、参与、教育四项职能，在京直属单位民主管理和厂务公开工作得到进一步推动。公司直属机关工会召开了表彰先进大会，交流了先进单位的工作经验，表彰了11个先进职工之家、15个合格职工之家、55个先进职工小家、4个合格职工小家、48个优秀工会干部、516个优秀工会积极分子和32个优秀职工之友；推广了华北电力设计院MIS工会管理系统；在京直属单位职工电力合唱团在“中山火炬杯”2000年中国合唱比赛中荣获铜奖。直属机关工会和在京各单位工会组织开展了大量寓教于乐、健康向上的文体活动，丰富了员工的生活，提高了员工的身体素质。

2. 妇女工作

“巾帼建功”、五好文明家庭创建活动进一步深入，激发了女职工参政、议政的热情，活跃了女职工业余生活，广大妇女在各个岗位上发挥着越来越重要的作用。召开“巾帼建功”表彰大会，表彰了1999～2000年度“巾帼建功”标兵57人，五好文明家庭70户，先进集体11个；举办在京直属单位女职工巧手制作展览，共有100多人的160个作品参展。

3. 青年工作

制订下发了《国家电力公司青年工作跨世纪发展纲要》；组织在京直属单位参加了国家电力公司与团中央联合举办的青年职工创新创效活动；组织开展了第三届电力青年科技技能月活动；对公司在京直属单位首届30项青年科技成果进行了表彰，对第二届59项科技成果进行评审；组织开展了公司本部首届“世纪杯”优秀调研报告评选活动，对获奖的26个调研报告进行了表彰；召开了国家电力公司创新创效暨青年工作会；公司青年创新创效工作经验在团中央、中央企业团工委创新创效推进大会上作了交流；对部分在京直属单位团组织组建、换届进行了及时的指导。

政研会工作

根据原电力部电办［1998］97号文件有关中国电力政研会办事机构设置的意见，与中电联协商，中国电力职工思想政治工作研究会办事机构由挂靠中电联企业部改为挂靠政工办。直属机关党委、政工办筹备召开了中国电力政研会第五次会员代表大会，完成了换届改选，部署了今后一个时期的工作；研究制订了电力政研会优秀研究成果评选办法，组织了有关研究论文的评选；调整了发电、供电、基建等专业委员会的领导机构，协助开展了一系列研究活动，促进了思想政治工作的加强和改进。

直属机关党风廉政建设及反腐败斗争

1. 加大机关党风廉政建设责任制考核力度，促进党风廉政建设责任制的贯彻落实

各级纪检组织把认真贯彻落实党风廉政建设责任制作为加强各单位党风廉政建设和反腐败斗争的一项十分重要的工作，配合各级党组织，在加强监督检查、进行组织协调、做好党风廉政建设责任制的检查考核等工作中，发挥了积极作用，保证了党风廉政建设责任制的贯彻落实。

（1）直属机关纪委配合公司纪检组、监察局做好公司党组与公司本部19个部局签定2000年度党风廉政建设责任书的工作，把党风廉政建设作为党的建设和领导班子建设的重要内容，纳入目标管理的机制

（2）进一步完善了配套制度，结合机关工作实际，制定下发了《公司机关本部2000年度党风廉政建设责任制考核评分标准》、《考核评分办法》。加强监督，严格考核，促进责任制的贯彻落实。

2. 认真开展党风廉政警示教育

根据中央纪委、中央组织部、中央宣传部统一部署和公司党组的决定，在公司本部及在京直属单位广大党员干部中，利用成克杰、胡长清等重大典型案件，集中一段时间，进行党风廉政警示教育，收到了较好的效果。

在历时两个月的警示教育活动中，通过组织全体党员学习文件、观看影片《生死抉择》和专题教育片《胡长清案件警示录》、参加公司举办的党课学习、参观反腐败斗争展览、请北京市安全局领导同志给公司本部党员干部做报告等多种形式，使全体党员受到一次深刻的党性、党风、党纪、党规的教育。联系公司系统发生的案件和工作实际，分析原因，查找问题，吸取教训。

按照公司党组的部署和直属机关党委的要求，在京直属单位也同时开展了警示教育活动。

3. 反腐败抓源头工作取得新的进展

按照中纪委办公厅《关于抓紧制定反腐败抓源头工作实施办法的通知》精神，深入分析查找在防止和杜绝违法违纪、腐败现象方面存在的问题和薄弱环节，认真研究分析本部门和公司系统对口部门工作中存在的可能滋生腐败的源头问题，提出从源头上预防和治理腐败的措施，建立、健全规章制度，加强管理和监督工作。制订了加强电网建设项目管理的措施、从干部管理和监督的环节上预防和治理腐败的具体措施、加强财务保密措施、对重要岗位实行轮岗制度、制定招投标外事工作纪律、招评标管理实行A、B轮岗制、增加招标透明度等，进一步健全了有关管理制度。在京直属各单位严格按照党风廉政责任制的要求，把抓源头工作纳入廉政建设责任目标。

4. 信访工作和违纪违法案件的查办工作进一步加强

2000年公司本部及在京直属单位共收到举报信件、电话及来访166件，按照干部管理权限和职责分工，分别进行了核查处理。初查核实44件，了结37件。其中经济类37件，失职类12件，违反社会秩序类等8件，挽回经济损失180.45万元。通过查办案件、严肃执纪，教育了广大党员干部，维护了党的纪律。对“三讲”教育中群众反映的领导干部违法违纪问题进行了落实和处理，并向中央“三讲”办做了专题报告。直属机关纪委与公司纪检组、监察局等部门

配合，对在京直属单位的重大案件进行了联合调查。电规院、信息中心等单位纪委，对信访举报的问题认真调查了解，查清问题，严肃处理，及时了结。

主要事件

2月14日，直属机关党委以机党［2000］9号文，印发了《关于组织公司本部职工进行“国家电力公司企业精神表述语”在线问题讨论的通知》。

2月18日，根据原电力部电办［1998］97号文件中有关中国电力政研会办事机构设置的意见，中国电力企业联合会、国家电力公司政工办、中国电力政研会有关负责同志开会，将中国电力政研会办事机构由挂靠中电联改为挂靠国家电力公司政工办，并对工作正式进行了交接。

2月21日，国家电力公司党组以国电党［2000］6号文，印发了《关于向国家电力公司第二批开展“三讲”教育的单位派驻巡视组的通知》。

2月26～27日，国家电力公司党风廉政建设暨第二次“三讲”教育工作会议在上海召开。

3月1日，国家电力公司党组以国电党［2000］9号文，印发了《关于印发〈国家电力公司党组和党组成员“三讲”教育“回头看”活动实施方案〉的通知》。根据第三次“三讲”教育工作会议和中央“三讲”办《关于“三讲”集中教育结束后开展“回头看”活动的意见》的精神，公司党组决定于2000年3月9～24日开展党组和党组成员“三讲”教育“回头看”活动，并制定了实施方案。

3月14日，直属机关党委在京召开第三次党的工作暨纪检工作会议。

3月17日，国家电力公司党组以国电党［2000］24号文，发出了《关于调整国家电力公司精神文明建设指导委员会组成人员的通知》。

4月11日，国家电力公司党组以国电党［2000］34号文，印发了《国家电力公司精神文明建设创新奖授奖条例（试行）》。

同日，国家电力公司政工办以国电政［2000］205号文，印发了《关于命名和认定1999年度电力系统全国青年文明号的决定》。国家电力公司、共青团中央决定：命名华北电力集团公司、大同第二发电厂网控站等58个青年集体、继续认定吉林省通化市二道江发电厂7号机组等154个青年集体为1999年度全国青年文明号。

4月27～28日，国家电力公司系统青年工作暨创新创效工作会议在四川成都举行。

5月11日，国家电力公司党组以国电党［2000］37号文，印发了《关于进一步强化公司系统党组（党委）理论学习中心组学习的规定（试行）》等四项制度。这四项制度是：《关于进一步强化公司系统党组（党委）理论学习中心组学习的规定（试行）》、《关于进一步提高领导干部民主生活会质量的规定（试行）》、《关于加强对领导干部监督的若干意见（试行）》、《关于进一步加强离退休人员党支部建设和离退休人员思想政治工作的规定（试行）》。

同日，国家电力公司党组以国电党［2000］38号文印发了《关于国家电力公司系统有关单位开展“三讲”教育“回头看”活动的意见》。

5月29～30日，国家电力公司党组在京召开第三次“三讲”教育工作会议。

6月7日，直属机关党委举行国电公司本部党风廉政建设责任书签订仪式。国家电力公司本部19个部门的主要负责人和高严同志在党风廉政建设责任书上签字。

6月22日，直属机关党委以机党［2000］27号文，印发了《关于表彰国家电力公司本部和在京直属单位1998～1999年度优秀共产党员、优秀党务工作者和先进基层党组织的决定》。

6月25日，中央企业工委在中南海召开中央企业党建工作交流会 。受高严同志委托，赵希正同志代表国家电力公司党组在会上作为题为《高度重视扎实工作切实加强电力企业党的建设工作》的经验介绍。

8月24日，国家电力公司党组以国电党［2000］62号文，印发了《关于表彰国家电力公司思想政治工作先进单位和先进思想政治工作者的决定》。

8月30日，国家电力公司党组以国电党［2000］63号文，印发了《关于命名1998～1999年度双文明单位的决定》。

8月30～31日，国家电力公司思想政治工作会议在福州市召开。会上表彰了思想政治工作先进集体和个人，命名了1998～1999年度的双文明单位。

会议期间召开了中国电力政研会第五次年会。会上选举赵希正同志为会长。

10月16日，国家电力公司在京召开第四次“三讲”教育工作会议，部署和安排公司所属高等学校的“三讲”教育工作。

10月18～24日，国家电力公司政工办在京举办企业文化培训班，各网省局及部分大型企业宣传部长80人参加了培训班。

国电公司离退休干部工作

2000年，离退休干部工作部紧紧围绕国家电力公司中心工作和公司党组关于改革、发展、稳定的总体要求，以进一步深化离退休党支部建设和思想政治工作为主线，以高度的政治责任感，按政策规定落实好离退休干部的各项待遇和做好日常管理及服务工作。

加强离退休党支部建设和思想政治工作

(1) 认真贯彻中央组织部、人事部、劳动和社会保障部《关于加强退（离）休干部思想政治工作的通知》，结合公司系统离退休干部工作的实际，深入公司系统调查研究，总结多年来离退休党建工作和离退休思想政治工作的实践经验，听取离退休干部工作部门和离退休老同志、离退休党支部的意见和建议，会同公司政治工作办公室草拟了《关于进一步加强离退休人员党支部建设和离退休人员思想政治工作的规定》(试行)，经公司党组决定，印发执行。

(2) 制定下发了《国家电力公司本部离退休干部党支部工作管理考评标准》(试行)。

(3) 组织"三讲教育回头看"活动。除积极抓好在职处以上干部参加"三讲教育回头看"活动外，按照公司直属机关党委要求，认真组织离退休干部党支部书记参加"三讲教育回头看"活动。

(4) 经直属机关党委批准，组织完成了离退休干部工作部党委换届选举工作。

(5) 按照公司直属机关党委安排，在公司本部离退休党支部中开展评选"优秀共主党员、优秀党务工作者、先进党支部"活动。

(6) 走访支部书记，征求意见改进工作。为使全年党委各项工作落在实处，2000 年 4 月 3～13 日，采取分片座谈的形式，同 16 个离退休干部党支部书记及党委委员就离退休干部党建工作、思想政治工作、文体活动等进行了座谈，听取了意见和建议。

(7) 6 月 1～3 日，在成都电力职工疗养院召开了国家电力公司系统离退休干部活动场所工作座谈会。中共中央组织部老干部局施毓麟同志、国家电力公司党组成员、副总经理谢松林同志、中国电力企业联合会名誉理事长张绍贤等同志出席会议并做重要讲话。肖世友主任就切实加强离退休干部活动场所工作问题以及抓好养老设施建设等作了总结讲话。会议强调加强离退休干部活动场所建设和活动场所的工作，盘活资产和过剩卫生产业，充分利用现有资源完善活动设施，依托离退休干部活动场所开展丰富多彩的老年活动，把活动场所建成学习政治理论和现代科学知识、丰富老同志精神生活的大课堂。

(8) 8 月 26 日～9 月 4 日，在山西榆次晋中电业局培训中心举办公司本部离退休干部党支部工作研讨班，有 15 个离退休干部党支部共 40 人参加了研讨班。

(9) 为贯彻全国老龄工作会议和落实中组部召开的全国老干部思想政治工作经验交流会精神，交流系统各单位加强离退休人员思想政治工作的经验，12 月上中旬在海口市召开了公司系统加强离退休干部思想政治工作理论研讨会。

积极组织政治教育活动

(1) 为配合政治理论学习进行知识竞赛答题活动，5 月份编辑下发了《政治理论学习知识竞赛试题》。公司本部各支部积极组织老同志参加知识竞赛活动，共收回答卷 494 份，93％的老同志参加了答题活动。

(2) 会同中国电力报社在中国电力报上开展"科学养老百题知识竞赛"活动，共有 32000 余位老同志参加了此项活动。

(3) 3 月 31 日组织公司本部老同志 200 余人到中国军事博物馆参观《崇尚科学，反对迷信》大型图片展览。

(4) 9 月 14 日组织公司本部 300 余位离退休老同志参观《中国人民抗日战争纪念馆》、《中国人民抗日战争纪念雕塑园》，进行了一次爱国主义教育。

(5) 6 月 13 日请北京大学国际关系学院王勇博士在北京鑫融俱乐部为公司本部 240 余位同志作了"21 世纪中国外交趋势展望"的形势报告。

(6)"七一"期间，请中央党校教授为 200 多位老同志作了学习"三个代表"重要论述专题报告。

(7) 10 月 24 日公司本部召开纪念抗美援朝 50 周年座谈会。

(8) 积极响应公司根据中央有关部门通知精神，组织工作部及公司本部离退休老同志为内蒙等灾区捐款捐物。共捐献现金 6698 元，衣物 1099 件。

开展丰富多彩的文化体育活动

(1) 6 月 26～27 日在安徽省巢湖市半汤电力疗养院举办公司系统第二届老年桥牌邀请赛，公司系统共计 30 个代表队、60 名运动员参加了比赛。

(2) 3 月 7～8 日，组织本部"老年女子门球队"参加了宣武区"三八女子门球赛"，获得团体第二名。

(3) 3 月 15 日～7 月 15 日举办了公司本部老年人舞蹈培训班。

(4) 5 月 26 日和 7 月 14 日分别组织公司本部离退休干部太极拳和象棋比赛。

(5) 组织春游活动，共有机关本部 230 名老同志参加密云绿化基地组织的"携手共建美好家园"的义务植树活动。

(6) 继续办好老年大学。老年大学开办近三年，在开设的老年保健、历史、绘画、诗词、书法五门课程中共有600余名老同志完成了开设课程的学习。

医疗保健工作

针对老同志人数增加，重病和长期病人增多的特点，加大了对老同志医疗保健工作的力度。

（1）日常保健工作。其中，门诊16251人次，巡回医疗183次，老同志住院148人次。

（2）为401位老同志体检（其中有7位老部长），占老同志总数的81%。

（3）聘请宣武医院专家到各活动站，根据每个老同志所患疾病的情况进行有针对性的合理用药指导。

（4）在法源寺活动站为12位患“原发性高血压”的老同志做了“平衡保健治疗仪”临床监测。

（5）在进入冬季之前，为公司本部437名老同志注射了流感预防疫苗。

（6）召开医疗网络座谈会，加强了与各大医院专家的联系，发挥了医疗网络独特的作用。

（7）电力老研会工作。①在系统内组织开展了老年保健征文活动，共收到论文140篇；②与中央教育台“好乐士健康促进中心”合作，聘请有关专家共同录制了一套老年自我保健教材《老年健康之路》光盘，以利于提高电力系统老同志的自我保健意识和普及老年保健知识。

落实生活待遇

（1）根据公司领导的批示精神，为公司本部518位老同志增发了1999年生活补贴。

（2）根据北京市京组通［1999］65号文件和其他有关规定，分别为班自勋等13位解放战争时期参加革命的离休干部每人每月发放100元护理费；为刘汉生等12位第一、二次国内革命战争时期参加革命的离休干部每人每月增发100元生活补贴费。

（3）根据北京市《关于北京市城镇企业离退休人员2000年调整基本养老金的通知》（京劳社养发［2000］121号）精神，为公司本部515位离退休老同志调整了基本养老金。

（4）根据国管房改字［1999］267、313号和［2000］35号文件精神，为公司本部离退休老同志525人增发了房租补贴。

（5）每逢传统节日均以不同形式为老同志搞好节日生活福利。

（6）会同总经理工作部认真做好老同志住房调整工作。给未达标的7位老同志解决了住房，给有实际困难的8位老同志调整了住房。

（7）今年共组织100名老同志分别到海南、兴城健康疗养，其中年龄最大的82岁。

（8）办理离退休干部上访信40余件，并接待50余位老同志来访。总计接待来信来访118人次。

加强工作部内部管理和制度建设

（1）按照2000年的工作要继续做到“任务目标化、制度规范化、服务标准化”的要求，各处认真落实岗位责任制，进一步细化工作岗位职责，完成了岗位职责制定工作。

（2）为进一步加强现有活动站的管理，上半年修订下发了《国家电力公司本部老干部活动站管理暂行规定》、《国家电力公司老干部活动站工作人员守则》。

（3）做好车辆安全管理工作。①为更好的为离退休干部做好服务工作，制定离退休干部用车规定。②在司机班开展评选优秀驾驶员工作。通过开展此项工作，全年安全行驶119221km。保证了老同志按规定乘车和工作用车的需要。

（4）对固定资产重新进行了登记，建立了购买办公用品计划、申请、采购、验收的制度。

（5）按照中组部要求对公司系统建立离休干部信息库工作情况进行检查。同时积极做好2000年离退休干部信息统计工作。

（6）工作部机关党支部认真组织党员和职工政治理论学习，努力提高职工政治素质，积极为老同志服好务。

法律建设

2000年是管理年，法律部在公司党组的正确领导下，围绕依法维权，保障改革与发展，全面完成香山会议确定的工作计划完成了如下工作。

政治思想工作

审视2000年的政治思想建设，主要有六点：①“‘三讲’回头看”增强党性党风；②坚决拥护党中央、国务院一系列重大决策，如反对台独、深入揭批法轮功；③学习江总书记“三个代表”论述和贯彻五中全会精神；④党风廉政警示教育；⑤坚决拥护公司党组的电力改革决策；⑥积极拥护监事会进驻。经常性的政治思想和企业文化建设，使法律部形成良好工作氛围和良好精神状态，在人员减少的情况下仍然能高效率地完成繁重的工作任务。

立法工作

（1）根据十五届四中全会精神，遵照高严总经理指示，在国务院法制办、国家经贸委的指导下，经公司领导同意，成立由11人组成的《电力法》修改研究小组，谢松林副总经理亲自挂帅担任组长，先后三次召开会议，两次在公司系统大范围征求意见。在坚实的群众基础上，修改研究工作已经完成，形成两个修改建议方案，即一是在原《电力法》框架基础上，对内容作了符合形式需要的简要概括草案，简称小《电力法》；另一个是细致具体的有一定操作力度的建议草案，简称大《电力法》。

(2) 配合国务院立法工作部门对列为国务院立法审议计划的《农业与农村用电管理条例》，开展立法调研，依法推进农电“两改一同价”。同时，还按照国家立法机关的要求，对26件法律法规草案进行研究，提出国家电力公司建议，较好地反映和维护公司利益。

(3) 针对当前社会存在的触电事故和窃电问题比较突出的情况，积极促进和协助省电力公司开展地方性电力法规的制定出台工作。如浙江省高级人民法院出台了处理触电事故的十八条会议纪要，对公正处理触电事故起到了很好的审判指导作用；江西省人大、四川省政府颁发了《反窃电办法》，《云南省反窃电条例》已经提交省人大常委会审议，山东、湖北、黑龙江、湖南、四川等公、检、法、电力部门相继联合颁发《办理窃电案件的意见》，对维护供用电秩序，打击窃电违法犯罪起到了法制保障作用；上海、湖北、黑龙江、山东、陕西等省、市在今年的反窃电集中整治活动中，追回的电费损失均超过1000万元。

建章建制

认真落实和完成规章制度建设工作。“建章建制”是国家电力公司“三讲”整改措施之一，是公司党组确定的法制重点工作。为此，法律部会同总经理工作部等业务部门，专门拟订了建章立制工作规划计划，2000年已经按照计划进度，整理编辑了《国家电力公司业务管理规章制度汇编》和《国家电力公司本部规章制度汇编》，得到“三讲办”、监事会、公司领导和各部门的肯定。在公司党组的高度关注下，建章立制步伐不断加快，2000年出台各项规章制度62件。

普法工作

2000年是“三五”普法检查验收年，全国普法办授权国电公司对公司系统“三五”普法期间的工作进行检查验收。为此，法律部组织各网、省公司组成七个检查组，对系统各单位进行了一次较大范围的检查验收。在此基础上法律部又进行重点抽查，目前已形成初步评比方案，涌现出160多个先进单位和240多名先进个人、标兵。在中央国家机关“三五”普法经验交流会上，国家电力公司被确定为8个大会发言之一，全国普法办、司法部对国家电力公司依法治电工作给予高度评价和充分肯定，在中央国家机关的与会代表当中引起较大反响。

法制队伍建设

企业法律顾问执业资格制度顺利实施。遵照香山会议上高严总经理提出的建立一支电力律师队伍的指示，根据国家经贸委、人事部、司法部的有关规定，在人力资源部、人事董事部的支持下，法律部狠抓法律顾问岗位规范建设，82%以上的法律顾问取得国家统一颁发的执业资格，业务素质明显提高。

当好法律参谋积极参与改革

参与公司改革，及时为改革实践当中出现和遇到的新情况、新问题提供法律服务和支持，依法调整和理顺改革后法律主体变更、权力义务变化产生的利益关系，分清三个界面的职责，充分保护、调动和发挥母公司、分公司、子公司以及投资者的积极性。如在实体化改革当中的授权委托书，完善法人治理结构，电力业务重组等法律部能够与相关部门一起为公司领导决策提出参考意见和建议，发挥了参谋和助手的作用，起到了积极的影响。

法律协调工作

法律部直接参与处理的较有代表性和特殊性的两起纠纷，都是民告官的官司，起因是辽宁和内蒙古实行二氧化硫排污放零起点收费试点当中，违反《大气污染防治法》规定的超标收费原则，辽宁省电力公司、元宝山电厂在向国家环保局申请行政复议无效的情况下，被迫走向法庭，与辽宁省、内蒙古自治区环保部门对薄公堂，最后经最高人民法院函复认定，两起官司双双胜诉，挽回直接经济损失2800多万元。经工作统计，公司系统法律顾问2000年内办理行政、民事、刑事诉讼案件和行政复议案件大约1500余起，处理涉案标的额将近6亿元，结案980余起，挽回直接经济损失2亿多元。其中，法律部在2000年共协助基层电力企业处理电力诉讼纠纷74件，涉案标的金额达1.24亿元，触电官司约占一半以上，接待和答复电力法规咨询535件次，应国家经贸委电力司要求出具电力法规解释意见8件。从2000年法律纠纷处理的情况来看，以抵制环境保护、林业、土地使用和水事、人防等行政收费为代表的行政诉讼比较突出，以触电事故索赔和追索拖欠电费为代表的民事诉讼仍占有较大比例，以打击和严惩窃电及破坏电力设施违法犯罪为代表的刑事案件处理力度逐渐加大，以电网经营企业与发电企业之间、从事竞争业务的电力企业之间、主业与辅业之间、电力企业与职工之间利益冲突为代表的电力系统内部法律纠纷呈上升趋势，法律协调工作量日益繁重和艰巨。

合同管理工作

法律部在2000年的合同管理工作中，忠实履行公司赋予的合同审查职能，初步建立本部合同台账，授权委托书统一管理和合同统一编号工作制度已经拟就，合同签订程序日趋规范。通过举办《合同法》讲座，公司本部各部门及管理人员的契约意识明显增强，合同的合法性审查和法律风险预防得到各部门的大力支持，年内提交法律部审查的各类合同、协议、章程、标书等法律文件共55件。法律工作在合同谈判、条款完善、法言法语表述、违约责任设计、仲裁事项约定、权力义务一致等方面发挥了积极作用，及时排除隐患，提高了合同质量，合同审查工作深度、工作价值、工作效果得到相关部门的肯定。法定代表人授权、合同承办部门、会签部门、法律审查、财务拨付等环节既分工负责，又相互制约和约束的运作、运转机制正在初步形成，保障公司本部实体化运作起到了一定作用。

中国电力年鉴

10 电力工业行业管理与服务

调查研究与咨询服务

2000年，是中国电力工业改革和发展具有重要历史意义的一个重要年头，也是中电联调研任务十分繁重的一年。年初，确定了14个关系全行业改革和发展大局的重要课题。除国家经贸委委托的四个重点课题，包括《中国农村电气化（2001～2015年）发展纲要》、《深化电力工业体制改革，构建电力工业监管体制框架》、《发电市场运营基本规则》、《电力市场监管办法》外，其余课题采取主笔人招标的新方式和新机制，分别确定了主笔人单位。经过一年的努力，已经将国家经贸委委托的课题报告提交给国家经贸委，并得到经贸委电力司领导肯定和好评。除五个主要课题以外的课题，也都先后完成，如云南省电力企业、湖北省行协作为主笔人单位的《电力行业协会发展战略研究》按期完成后，为全国各省、市、自治区成立电力行业协会提供了决策依据和理论支持；以深圳供电局为主笔人单位的《配电设施产权关系问题研究》以及《西部电力开发的政策建议》、《厂网分开、竞价上网有关重大问题的研究》、《电力企业总分公司模式的研究》、《大用户直接从发电厂购电的研究》等课题完成之后，受到了有关方面的重视，为深化电力工业体制改革起到了一定的推动作用。据统计，参加2000年14个课题研究的单位多达170多个，受海南省电力公司的委托，对海南省BOT——清澜电厂执行合同中出现的重大问题进行咨询，及时邀请全国著名法律专家10余名，召开清澜电厂政策法律问题研讨，提出了法律咨询意见；并派遣专家和律师赴海南查阅全产文件，提出了处理清澜电厂纠纷的三个方案，即仲裁、置换、买断方案，最后综合北京著名法律咨询专家意见，建议采用最有利的买断方案，被海南省电力公司采纳，报请海南省人民政府批准后，最终与外方达成买断协议。

清澜电厂已按协议规定，由海南电力公司收购，并已完成交接手续，为海南省电力公司挽回了重大经济损失。此外，电力信息咨询公司受国家电力公司战略研究规划部和西北公司的委托，对西北地区电力发展问题进行了专项调研，完成了《抓住西部大开发的历史机遇，促进西北地区电力发展》的咨询报告；受长江三峡总公司的委托，对三峡供电区电力市场的情况和变化趋势进行跟踪调查，完成了《三峡供电区电力市场调查报告》；受广东省深圳供电局的委托，完成了《深圳市电力系统线路损失调研报告》。

2000年还开展了建言献策活动，组织会员单位调研人员提建议，献良策。在此基础上，组织了1999年度行业优秀调研报告和论文的评比工作，有200多篇论文被提名，评出69篇优秀论文和调研报告。不少优秀论文和调研报告先后在《电业政策研究》月刊上发表。为了适应中国电力体制改革的需要，组织有关专家和调研人员编写了《国外电力工业体制改革》，已由中国电力出版社出版发行。

电力企业管理与服务

1．于2月17～19日举办了2000年经济形势走向及政策分析预测会，邀请了国家经贸委等部门的领导和专家就国企改革、电力工业改革、社会保障体系的建立和发展、金融改革、开拓电力市场等内容作报告，300多名电力企业经营者和行（企）协负责人出席会议。

2．3月29～31日中电联企业管理咨询委员会召开第五届代表会议，会议通过了上一届委员会的工作报告、委员会组织管理办法、委员名单及四项表彰决定等文件。选举产生了新一届委员会，中电联业务咨询王宏超任顾问，会员部主任孙永安任主任委员，中电联会员部副主任尤京、东北电力企协秘书长乔志明、华北电力企协副会长黄绍裘、华东电力企协副秘书长汪柏棠、华中电力企协副会长郭修绎、西北电力企协顾问罗恢明等同志任副主任委员。会议明确了中电联企业管理咨询委员会将作为中电联的专委会开展工作。同时开了电力企业管理咨询顾问认定会议，认定中级咨询顾问63名，向中国企业联合会推荐高级咨询顾问15名。

3．8月中旬，全国电力企业管理现代化成果评审委员会召开会议，对上报的62项成果进行评审，审定了42项优秀成果奖，其中一等奖3项、二等奖9项、三等奖30项。其中潍坊电业局的《企业员工的分线管理》和深圳供电局的《以客户服务为中心的供电企业营销管理》等，获全国企业管理现代化创新成果奖。

4．在上报中国电力企业联合会的电力企业新纪录中，有：襄樊发电有限责任公司承建的襄樊电厂工程（4×300MW）于1999年10月16日4台机组全部建成投产，历时31个月18天，创国内同类工程工期最短新纪录；黄龙滩水力发电厂截止2000年5月31日实现连续安全生产3808天，创全国100MW以上电厂安全生产运行新纪录；河南送变电建设公司1999年3月研制成功的28T级自行式牵张机，能够满足输电线路工程大截面（800mm^2）导线一牵四张力放线一次性展放的要求，属国内首创；绥中发电有限责任公司800MW的一号机组2000年6月22日圆满完成168h满负荷试运行并通过质量监检，是目前国内最大的火电机组；江苏省电力建设第三工程公司1999年6月竣工的22×600MW扬州第二发电厂的工程项目，总工期为38个月23天，创国内同类型机组施工工期最短等五项纪录。

5. 完成全国火电厂100MW及以上机组技术经济指标的统计工作。

电力标准化管理与服务

1. 电力行业标准化工作会议

(1) 2000年3月8～10日，中电联标准化中心受国家经贸委电力司委托在北京召开了电力行业标准化工作会议，这是电力体制改革以来第一次召开的具有重要意义的电力标准化工作会议，来自全行业各有关单位、电力各专业标委会的有关代表108人参加了本次会议。

(2) 会议对国家经贸委第10号令《电力行业标准化管理办法》进行了宣讲，进一步明确了电力标准化工作三个层次的管理架构：国家经贸委负责电力行业标准化行政管理工作，中国电力企业联合会负责具体组织管理和日常工作，专业标准化技术委员会是电力行业标准化技术机构，主要负责提出立项建议、起草标准、技术审查、提供标准化服务等工作。

(3) 会议讨论并初步确定了电力行业标准化管理委员会章程、组成方案和电力行业专业标准化技术委员会章程及其配置方案，对电力标准化工作进行了总结和部署。

2. 电力企业标准化工作座谈会

按国家经贸委10号令要求，中电联受国家经贸委托，指导电力企业标准化工作。为了推进电力企业标准化工作，加强企业之间交流与沟通，中电联标准化中心于7月24～27日在西宁组织召开了电力企业标准化工作座谈会。国家经贸委电力司、中电联的有关领导到会并作了重要讲话。来自有关电力企业的代表共63人参加了会议。黑龙江、浙江、湖南、山东和天津等电力公司的代表就本企业标准化工作开展情况等作了典型发言。与会代表围绕如何在新形势下搞好电力企业标准化工作的主题进行讨论，并就标准化的认识、电力企业标准化活动的现状、电力企业标准化组织机构和任务以及加强对电力企业标准化活动的指导等问题进行了深入的探讨并达成以下共识。

(1) 会议认为，有必要进一步明确电力企业标准化工作组织机构和工作任务，以推动电力企业标准化工作深入发展。

组织机构：

1) 企业法定代表人或其授权的主要领导负责本企业标准化工作和落实标准化经费，负责批准、发布企业标准；

2) 企业应建立标准化管理组织，由企业法定代表人授权统一管理本企业标准化工作。该组织可以是标准化委员会、标准化领导小组或其他形式，但均应有部门负责人和技术人员代表参加。

3) 企业应指定或建立标准化部门作为管理组织的常设办事机构，负责处理日常业务和归口协调标准化工作。

4) 常设机构与标准化活动关系密切的部门都应配备专职或兼职标准化人员，形成工作网络，并保持其相对稳定。

5) 根据需要可在管理组织下设置专业技术组织(委员会、小组等)。

工作任务：

1) 贯彻国家标准化工作方针、政策、法律、法规，编制本企业标准化工作规划和计划。

2) 组织制定、修订企业标准。

3) 组织实施国家标准、行业标准、地方标准和企业标准。

4) 对企业开展标准化活动的情况进行监督检查。

5) 参与技术（产品）开发、技术改造和技术引进中的标准化工作，提出标准化要求，做好标准化审查。

6) 做好标准化效果评价与计算，总结行业标准化工作经验。

7) 统一归口管理各类标准，建立档案，收集国内外标准化情报资料。

8) 对本企业有关人员进行标准化宣传、培训，指导本企业有关部门的标准化工作。

9) 积极参加上级标准化行政主管部门和有关行政主管部门组织的标准化活动，承担上述部门季托的标准化工作任务。

10) 表彰和奖励优秀标准化成果和对企业标准化工作做出成绩的单位或个人；处理违反标准化法规或违反标准的行为。

11) 按规定办理企业技术标准备案手续。

(3) 会议进一步明确了企业标准化工作的几个问题。

1) 在中国现行标准化管理体制下，企业标准化工作应遵守《中华人民共和国标准化法》、《中华人民共和国标准化法实施条例》、《企业标准化管理办法》、《标准档案管理办法》、《国家技术监督局采用国际标准和国外先进标准管理办法》、《关于推进采用国际标准和国外先进标准的若干规定》、《电力行业标准化管理办法》等有关法律、法规的规定；电力企业标准化具体业务工作在国家标准化行政主管部门和国家经济贸易委员会的领导下进行；基层企业还要接受上级企业的领导；中国电力企业联合会受国家经济贸易委员会的委托指导电力企业标准化工作。

2）电力企业标准化工作应执行国家标准《企业标准化工作指南》，企业标准和企业标准体系表的编制应符合相关国家标准和行业标准的要求。

3）企业标准化管理人员应努力学习并掌握国家有关标准化的方针、政策、法律、法规和标准化业务知识；熟悉本企业经营管理、生产、技术状况；具有一定的组织协调能力、文字表达能力和外语水平。标准化管理人员应享有与其他管理人员同等的待遇。

4）把标准化工作和企业达标、创一流、资质认证结合起来，用标准化巩固和发展达标等活动所取得的阶段性成果。

5）中国电力企业联合会应在提供信息、开展培训、组织交流、组织同类型企业编制技术标准体系或标准汇编等方面提供服务。

3．电力标准制、修订及超龄标准的复审情况

(1) 为了提高电力行业标准的时效性和标准质量，更好地为电力工业安全生产服务，促进电力工业的科技进步，中电联标准化中心组织各专业标委会及有关单位对标龄为7年及以上的标准进行了复审，提出了废止、修订和确认继续有效三种意见，并在2000年计划中对需要修订的项目进行列项。

(2) 中电联标准化中心组织征集、审查2000年电力行业标准制修订计划项目并报国家经贸委电力司，国家经贸委电力司以电力［2000］70号“关于下达2000年度电力行业标准制、修订计划项目的通知”下达了2000年度电力行业标准制、修订计划项目共105项。

(3) 中电联标准化中心根据电力工业发展的需要，提出并列入国家质量技术监督局2000年制、修订国家标准项目计划25项，其中强制性标准2项。

(4) 为贯彻国务院工程质量管理条例，受建设部委托，标准化中心组织有关单位编制了《工程建设标准强制性条文》(电力工程部分)。经广泛征求意见、审查及报批，国家建设部于10月25日以建标［2000］241号文批准发布了《工程建设标准强制性条文》(电力工程部分)。《工程建设标准强制性条文》(电力工程部分) 共分三篇：第一篇火力发电工程；第二篇水力发电工程；第三篇电气、输变电工程。

4．电力标准批准颁布情况

国家经贸委以国经贸电力［2000］1048号文发布电力行业标准52项，详见下表。

2000年52项电力行业标准编号、名称及代替标准号一览表

序号	标准编号	标 准 名 称	代替标准号
1	DL/T 403—2000	（12～40.5）kV高压真空断路器订货技术条件	DL/T403—1991
2	DL 438—2000	火力发电厂金属技术监督规程	DL 438—1991
3	DL/T 448—2000	电能计量装置技术管理规程	DL/T 448—1991
4	DL/T 459—2000	电力系统直流电源柜订货技术条件	DL/T 459—1992
5	DL/T 486—2000	交流高压隔离开关和接地开关订货技术条件	DL/T 486—1992
6	DL/T 487—2000	330kV及500kV交流架空送电线路绝缘子串的分布电压	DL/T 487—1992
7	DL/T 712—2000	火力发电厂凝汽器管选材导则	SD 116—1984
8	DL/T 713—2000	500kV变电所保护和控制设备抗扰度要求	
9	DL/T 714—2000	汽轮机叶片超声波检验技术导则	
10	DL/T 715—2000	火力发电厂金属材料选用导则	
11	DL/T 716—2000	电站隔膜阀选用导则	
12	DL/T 717—2000	汽轮发电机组转子中心孔检验技术导则	
13	DL/T 718—2000	火力发电厂铸造三通、弯头超声波探伤方法	

续表

序号	标准编号	标准名称	代替标准号
14	DL/T 719—2000	远动设备及系统第5部分：传输规约第102篇：电力系统电能累计量传输配套标准	
15	DL/T 720—2000	电力系统继电保护柜、屏通用技术条件	
16	DL/T 721—2000	配电网自动化系统远方终端	
17	DL/T 722—2000	变压器油中溶解气体分析和判断导则	SD 187—1986
18	DL/T 723—2000	电力系统安全稳定控制技术导则	
19	DL/T 724—2000	电力系统用蓄电池直流电源装置运行与维护技术规程	
20	DL/T 725—2000	电力用电流互感器订货技术条件	
21	DL/T 726—2000	电力用电压互感器订货技术条件	
22	DL/T 727—2000	互感器运行检修导则	
23	DL/T 728—2000	气体绝缘金属封闭开关设备订货技术导则	
24	DL/T 729—2000	户内绝缘子运行条件电气部分	
25	DL/T 730—2000	进口水轮发电机（发电/电动机）设备技术规范	
26	DL/T 731—2000	电能表测量用误差计算器	
27	DL/T 732—2000	电能表测量用光电采样器	

续表

序号	标准编号	标准名称	代替标准号
28	DL/T 733—2000	机动绞磨技术条件	
29	DL/T 734—2000	火力发电厂锅炉汽包焊接修复技术导则	
30	DL/T 735—2000	大型汽轮发电机定子绕组端部动态特性的测量及评定	
31	DL/T 736—2000	剩余电流动作保护器农村安装运行规程	SD 219—1987
32	DL/T 737—2000	农网无人值班变电所运行管理规定	
33	DL/T 738—2000	农村电网节电技术规程	
34	DL/T 739—2000	LW-10型六氟化硫断路器检修工艺规程	
35	DL 740—2000	电容型验电器	
36	DL 5000—2000	火力发电厂设计技术规程	DL 5000—1994
37	DL/T 5110—2000	水电水利工程模板施工规范	SDJ 207—1982中“模板工程”部分
38	DL/T 5111—2000	水电水利工程施工监理规范	
39	DL/T 5112—2000	水工碾压混凝土施工规范	
40	DL/T 5113.8—2000	水电水利基本建设程单元工程质量等级评定标准（八）水工碾压混凝土工程	
41	DL/T 5114—2000	水电水利工程施工导流设计导则	

续表

序号	标准编号	标准名称	代替标准号
42	DL/T 5115—2000	混凝土面板堆石坝接缝止水技术规范	
43	DL/T 5116—2000	水电水利工程碾压式土石坝施工组织设计导则	
44	DL/T 5117—2000	水下不分散混凝土试验规程	
45	DL/T 5118—2000	农村电力网规划设计导则	
46	DL/T 5119—2000	农村小型化无人值班变电所设计规程	
47	DL/T 5120—2000	小型电力工程直流系统设计规程	
48	DL/T 5121—2000	火力发电厂烟风煤粉管道设计技术规程	
49	DL/T 5122—2000	500kV 架空送电线路勘测技术规程	SDGJ 68—1987
50	DL/T 5123—2000	水电站基本建设工程验收规程	SDJ 275—1988
51	DL/T 5050—2000	水利水电工程坑探规程	DL/T 5050—1996
52	DL 5073—2000	水工建筑物抗震设计规范	DL 5073—1997

注 1. DL/Z 713—2000 为指导性技术文件。
2. DL/T 5050—2000 为 DL/T 5050—1996 的局部修订，修订后重版发行。
3. DL 5073—2000 为 DL 5073—1997 的局部修订，修订后重版发行。

5. 专业标委会的组建和换届

2000 年，中国电力企业联合会批准成立了三个专业标委会：电力行业水电规划设计标准化技术委员会、电力行业电力规划设计标准化技术委员会和电力行业电网运行与控制标准化技术委员会；原电力行业水工建筑物设计标委会和水电勘测标委会撤消。对电力行业电站金属材料标准化技术委员会、电力行业电机标准化技术委员会、电力行业绝缘子标准化技术委员会、电力行业水电站金属结构及启闭机标准化技术委员会、电力行业电站阀门标准化技术委员会和电力行业电厂化学标准化技术委员会等进行了换届调整。

6. 中国电力标准化网站开通

为了使电力企业全面、快捷、准确地获得标准化信息与资料，经近两年的努力，中电联标准化中心主办的中国电力标准化网站于 2000 年 10 月份正式开通。中国电力标准化网站是中国电力企业联合会网的一个二级网站，是面向企业的通过国际互联网进行电力标准化信息服务的专业性网站，其网址是：www. d1s. org. cn。广大电力标准化用户可以通过对网站访问进行快速准确的电力标准目录、文本、电力标准化机构、电力标准化动态及相关的电力标准化法规、政策、常识与信息的查询。

7. 制定《电力行业标准化指导性技术文件管理办法》

为了使电力行业标准化工作适应社会主义市场经济发展的需要，加快科技成果的转化，中电联标准化中心制定《电力行业标准化指导性技术文件管理办法》，该办法是根据国家质量技术监督局《国家标准化指导性技术文件管理规定》的精神和电力行业标准化工作的具体情况，经国家经贸委授权，由中电联标准化中心负责组织制定的。办法共十三条，对电力行业标准化指导性技术文件的制定、管理、复审等都做了详尽的阐述。本办法自公布之日起实施。

8. 国际合作与交流情况

(1) 三届电力行业 IEC/TC 归口单位联席会议。

11 月 23～25 日，中电联标准化中心在武汉组织主持召开了第三届电力行业 IEC/TC 归口单位联席会议，会议检查了各归口单位一年来的工作情况，安排关于启用“国家质量技术监督局标准文件分发及投票系统”的工作，讨论并通过了《电力行业归口有关国际电工委员会（IEC/TC）工作管理办法》，讨论了电力行业如何加快电力国家标准和行业标准与国际标准和国外先进标准接轨的速度及采标工作中存在的问题和意见，会议还聘请国家质量技术监督局中国 WTO/TBT 通报咨询中心的同志介绍了中国入关后在采标中应注意的一些问题。

(2) 企业标准化工作专题讲座。

根据中国电力企业联合会与德国西门子公司签署的合作交流协议，中电联标准化中心在京主持召开企业标准化工作专题讲座，会议聘请德国西门子公司标准化专家 J.Froehlich 先生就标准、法律和法规之间的关系；ISO、IEC、EN 和 DIN 之间的关系；德国的企业标准化工作及德国的标准化机构与管理体系等问题做了专题讲解，同时来自电力行业各企业的代表就本企业标准化工作的情况进行了交流。来自电力行业各企业的有关代表 30 余人参加了座谈会。

电力行业职业技能鉴定管理与服务

为推进国家职业资格证书制度，提高电力行业劳动者素质，适应电力企业改革发展的需要，按照“加快工作进程，完善工作体系和配套措施，加快推进电力行业职业技能鉴定转入实施试点阶段”的指导思想，主要进行了以下工作。

1.统一思想，提高认识，加快推进职业技能鉴定工作

2000年2月21～23日，在山东省济南市组织召开了《全国电力行业职业技能鉴定工作会议》。各电力集团公司、国电分公司、各省（市、区）电力公司及有关单位的领导和劳动人事部门主任（处长）、联业技能鉴定中心主任约100余人参加了会议。中电联副理事长刘宏同志受中电联理事长、国家电力公司副总经理赵希正同志的委托，做了题为《转变观念，加强领导，完善体系加快推进和认真做好电力行业职业技能鉴定工作》的重要讲话；电力行业职业技能鉴定指导中心王文喜主任对前一段工作进行了总结，并对下一步工作做了安排部署；国家电力公司人力资源部副主任刘洪恩同志到会讲话，对国电公司所属企业劳动人事部门如何做好职业技能鉴定工作提出了明确和具体的要求；中电联名誉理事长张绍贤同志对会议进行了总结，希望各单位认真贯彻这次会议精神，按照国家和电力行业职业技能指导中心的要求，坚持“质量第一，社会效益第一”的原则，切实搞好电力行业职业技能鉴定工作。

2.开展职业技能竞赛，提高职工队伍素质，促进岗位成才

2000年6月，与国电公司、劳动和社会保障部、全国水电工会在黑龙江齐齐哈尔市联合组织举办了《全国电力行业变电站值班员技能竞赛》，除西藏外，全国30个省、市、自治区共派出32支代表队和64名选手参赛。包括领队、教练、裁判、考务和新闻单位的同志，共有200余人参加了这次竞赛活动。通过竞赛，有三名选手获得全国技术能手称号，21名选手获得全国电力行业技术能手称号。会后印发了《关于表彰全国电力行业变电站值班员技能竞赛获奖单位和个人的决定》。各参赛单位一致认为本次竞赛的组织工作做得比较好，达到了竞赛目的，对职工立足本职、岗位成才起到了积极的促进作用，并希望今后多组织全国电力行业职业技能竞赛，以促进职工队伍整体素质的提高。

3.加强基础工作建设，完善职业技能鉴定工作体系

（1）6月在湖北省十堰市组织召开了《电力行业职业技能鉴定题库开发建设暨委员会成立会议》，会议讨论通过了题库建设工作委员会章程和工作计划，部署了题库开发建设任务。会后印发了委员会人员名单、委员会章程和工作计划。

（2）起草并颁发了《电力行业职业技能鉴定质量督导实施办法》、《电力行业职业技能鉴定考务管理办法》、《电力行业职业技能鉴定考评人员管理办法》、《全国电力行业技术能手评选、表彰办法》。

（3）组织编写了《电力职业技能鉴定试题库建设技术方案》、《职业技能鉴定指导书编写提要》和电气值班员、变电值班员等4个职业（工种）试题库。

（4）完成了电力行业100个工种的《职业技能鉴定规范》编写制定工作，并于上半年由中国电力出版社正式出版发行。

（5）举办了电力职业技能鉴定题库开发建设技术培训班，共有90名专家参加了培训。

（6）举办了两期电力行业职业技能鉴定管理人员、考评人员培训班，共有600余人参加培训。每次均邀请劳动和社会保障部鉴定中心主任和处长讲课，收到了很好的效果。

（7）完成了第二批职业技能鉴定站的审核报批工作，并转发了劳动和社会保障部同意建立电力行业第二批（66个）职业技能鉴定站的批复。完成了鉴定站标牌制作、许可证发放和第一批职业资格证书的征订发放工作。

（8）组织完成了电力行业技术能手评审工作。经评审，45名同志被评为全国电力行业技术能手，并在行业技术能手评审的基础上，向劳动和社会保障部推荐了2名全国技术能手候选人。正式印发了关于表彰2000年度全国电力行业技术能手的决定。

（9）建立了职业技能鉴定统计报表制度，完成了2000年上半年的统计工作。2000年参加职业技能鉴定人数达44539人，鉴定合格（取得资格证书）的人数达27172人，合格率61%。

（10）复函同意吉林等7个省成立了电力行业职业技能鉴定中心。至2000年年底，除西藏自治区电力公司外，全国各省（市、自治区）电力公司及综合管理单位均组建成立了职业技能鉴定机构。

电力可靠性管理与服务

1.电力行业可靠性管理委员会2000年工作会议

1月22日，在辽宁省大连市召开了“电力行业可靠性管理委员会2000年工作会议”。中电联副理事

长叶荣泗、可靠性管理委员会主任委员王炳华、副主任委员、国家经贸委电力司副司长黄永达、副主任委员黄幼茹等领导都到会并作了重要讲话。

此次会议的主要议题是审议可靠性管理中心主任蒋锦峰同志所做的“1999年电力可靠性工作总结以及今后的工作思路和2000年工作计划”，此外各位领导还对原电力工业部颁发的《电力可靠性管理工作若干规定》修改稿进行了认真地讨论。

2. 2000年电力可靠性指标发布会召开

6月3日，中电联在北京发布了1999年度电力可靠性指标。发布会上，中国电力企业联合会常务副理事长刘宏、国家经贸委电力司副司长黄永达、国家机械工业局局长吴晓华、国家电力公司副总经理陆延昌、电力行业可靠性管理委员会主任委员王炳华等领导发表了重要讲话。会议由中电联副理事长叶荣泗主持，由电力可靠性管理中心主任蒋锦峰宣布了1999年度各项电力可靠性指标。

3. 启动“低压用户供电可靠性统计与评价方法研究”项目

11月30日，在山东济南召开了“低压用户供电可靠性统计与评价方法研究”项目启动会，推动了中国低压用户供电可靠性统计评价工作的进一步开展。

电力建设技术经济管理与服务

(1) 投资估算指标：为有效控制工程投资，为国家、业主项目宏观决策提供依据，进一步完善电力建设定额体系，完成了火电125MW、200MW、300MW、600MW机组和送电线路220kV、300kV单回路、同塔双回路以及500kV交直流估算指标送审稿。

(2) 概算定额：根据已颁发的定额在执行中反映的问题和工程的实际情况，对概算定额进行了补充和完善，于2000年9月以电定定［2000］19号文发布了解释、调整、补充的通知，其中调整子目41条，补充子目15条。

(3) 预算定额：送电工程补充了《光纤复合架空地线（OPGW）安装定额》共12个子目，7月31日以电定定［2000］17号文发布。

建筑预算定额编制说明在与概算定额修订的同时也进行了完善，与建筑预算定额配套使用，2000年12月4日以电定造［2000］23号文发布，并由中国电力出版社出版发行。

电力建设机械台班费用定额（1999版）于2000年2月28日以电定定［2000］4号文发布。

全国统一安装预算定额第二册《电气设备安装》、第三册《热力设备安装》，由技经中心组织完成，建设部于2000年3月17日发布。

(4) 定额人工费单价调整方案已与国家电力公司有关部门共同商定，2000年9月报经贸委电力司，现待批复。

(5) 加强信息工作，为电力工程造价“静态控制、动态管理”提供支持。

1) 4月6日以电定造［2000］10号文件颁布《九九年度电力工程装材综合价及预算价格调整系数》；按电定造［1999］29号文完成对各网（省）公司1999年度定额内材机费调整工作，并布置了2000年换价调整工作。

2) 完成电力工程建设常用设备1999年度价格汇编，3月20日以电定造［2000］7号文发布。

(6) 完成“交联聚乙稀（XLPE）电力电缆现场交流耐压实验费用标准”，并于2000年9月以电定造［2000］21号文发文执行。

(7) 资质管理：①归口管理电力工程造价咨询单位资质，完成甲级20个单位、乙级17个单位的年检初检。②经经贸委电力司委托，建设部同意，中心作为全国火电、送变电行业造价工程师注册初审机构，2000年完成401人的注册初审。③完成了1999年度火电、送变电概预算人员资格认证收尾工作。④组织并启动了《电力工程建设技经岗位培训教材》编写工作。⑤组织了全国注册造价工程师的考前培训班。

(8) 计算机行业管理：①召开了全国电力建设技经计算机应用工作会议。②组织建立电力工程技经信息网，成立了信息网领导小组，拟订了《电力工程技经信息网站建设纲要》和《电力工程技经信息网管理办法》。③技经软件的日常登录、推广、管理工作。

(9) 承办了“中央部委工程造价联络网年会”工作。

(10) 出版12期技经信息。

(11) 咨询工作：

1) 初步拟定并且试行了《电力建设技术经济咨询项目咨询成果评价系统》。

2) 接受国家电力公司的委托二季度初开始参与国家电力调度中心（西单工程）项目工程造价咨询（建筑面积73667m^2）。

3) 接受国家电力公司计划投资部委托，负责南营房危改工程01号楼（建筑面积14621m^2）竣工决算报告（费用标准部分），进行了预审查咨询。

4) 接受国家电力公司计划投资部、人力资源部的委托参加了国家电力公司党校及高级人才培训中心项目工程造价咨询（建筑面积 23172m²）。

5）承担的国家电网调度控制中心项目（现称电力信息通信综合楼）工程造价咨询（包括新食堂工程建筑面积大约 55000m²），经过 4 年多的工作于 2000 年结束。

6）负责完成 2000 年甲级工程咨询资质的年报及年检工作。

（12）定额费用标准的管理及日常解释工作。

电力科技管理与服务

在科技推广与服务方面，先后制定了电力行业计划外科技成果评审的管理办法，组织召开了“城乡电网建设与改造技术研讨会”、“防治窃电技术”，举办了第一期互联网应用技术培训班。

11 电力科学技术

特 事 要 辑

科研事业单位转制

根据国家电力公司文件（国电人资［2000］484号）关于直属科研事业单位转制工作有关问题的通知，为贯彻中共中央、国务院《关于加强技术创新，发展高科技、实现产业化的决定》（中发［1999］14号），落实公司科技工作会议精神，按照国务院办公厅国办发［2000］38号文件以及公司党组原则通过的直属科研院所企业化转制方案的要求，国家电力公司直属科研事业单位转制工作包括以下内容：

（一）转制后的企业名称

各院所转制后的企业名称要尽量规范，要具有本企业的特点和特征，要符合《公司法》或《企业法》的要求。原则上采用新的企业名称进行工商注册登记。

（二）转制的类型

公司直属科研院所全部转制为科技型企业，其转制的类型如下：

（1）中国电力科学研究院、中国电力信息中心、电力自动化研究院、动力经济研究中心暂按国有独资企业进行转制；

（2）热工研究院、电力建设研究所、武汉高压研究所、电力环境保护研究所、苏州热工研究所转制为多元化投资主体的有限责任公司或股份有限公司；

（3）劳动保护科学研究所进入湖北省电力公司进行重组；杭州机械设计研究所、郑州机械设计研究所、产品质量标准研究所进入中国华电集团公司。

（三）转制方案的内容

转制方案统一规范，内容完整，具备批复条件，符合审批要求，各院所上报的转制方案应包括：

（1）前言（主要是转制工作的文件依据）；

（2）指导思想；

（3）原则；

（4）转制后的企业名称、性质（全资、控股、参股）、注册资本金、经营范围；

（5）企业的发展方向和目标（经营和体制两方面）；

（6）企业的运作模式（财务、人事、社会保险等）；

（7）公司制企业的法人治理结构（国有独资企业可暂缓建立）；

（8）领导班子职数、企业的内设机构（附组织机构图）和部门领导职数等；

（9）其他（其他需要说明的有关事项和问题）；

（10）附公司（企业）章程。

（四）有关要求

（1）转制为多元投资主体的有限责任公司或股份有限公司的院所，要抓紧与愿意参与本单位股份制改造的企业进行联系，具体落实股东，并签订有关协议。

（2）各院所要组织力量，按照上述通知事项的要求，进一步修改、完善转制方案，并于9月底前报公司，公司批复后再组织实施。

（3）以今年年末完全具备工商登记条件为工作目标，统筹安排，加快各环节和各方面的工作，按国务院对科研事业单位改革的总体进度要求，确保在年底前完成转制后企业的工商注册登记工作。

（4）各院所要对职工做好深入细致的思想政治工作，及时解决转制过程中出现的问题，确保平稳过渡和职工队伍的稳定。转制中遇到的重大问题，请及时向公司报告。

《中国电力百科全书》修订工作

《中国电力百科全书》（第二版）（以下简称《电百》）的修订工作2000年继续顺利开展。

2000年2月29日～3月5日，《电百》水力发电卷、核能及新能源发电卷、用电卷终审会议在北京召开。编委会常务领导小组成员，有关各卷主编、副主编及分支主编、编委会顾问委员会委员、特邀专家及编委会办公室成员出席分议。会议通过了对这三卷的终审。

2000年5月13日在北京召开了《电百》工作情况通报会。《电百》编委会常务领导小组成员、各卷主编、顾问委员会委员出席会议。各卷主编汇报了编辑工作进展和存在的问题；编委会秘书长汇报了各卷编辑加工进展和存在的问题；宗健副主任委员介绍了《电百》出版进度安排，国家电力公司副总经理、编委会主任委员陆延昌在会上作了重要讲话。会议通过了有关经费安排、版面设计等问题。

2000年6月21日国家电力公司以办科［2000］22号文增补了杨吟梅同志为《输电与配电卷》“电磁环境与电磁兼容”分支主编，崔翔同志为副主编，查仁柏同志为《输电与配电卷》学术秘书；缪跃珊同志为《用电卷》“电力牵引”分支副主编，郭喜庆同志为“农村用电”分支副主编；刘家星同志为《综合卷》“财会与审计”分支副主编，许世辉同志为“人力资源开发与管理”分支副主编。

2000年8月29日～9月1日，《电百》综合卷终审会议在北京召开。编委会常务领导小组成员，有关各卷主编、副主编及分支主编、编委会顾问委员会委员、特邀专家及编委会办公室成员出席会议。会议通过了对这卷的终审。

2000年11月15日《电百》编委会常务领导小组扩大会议在北京举行。领导小组成员、各卷主编参加会议，办公室成员列席会议。会议听取了电力技术基础卷、电力系统卷、火力发电卷、输电与配电卷出书情况的汇报；听取了水力发电卷、核能及新能源发电卷、用电卷和综合卷编写工作的汇报和出书工作安排，研究了《电百》发行工作。

计算机2000年问题

电力系统顺利进入2000年。为了保证电力系统顺利进入2000年，避免Y2K问题对电力系统稳定运行和对用户安全可靠供电造成影响，全国电力系统的二百万职工两年来付出艰辛努力，为了确保万无一失，国家电力公司、各电力集团公司、省电力公司、供电局、发电厂都制定了防范Y2K问题的组织措施、技术措施和应急计划，特别是保证电力系统顺利进入2000年的安全措施。在进入2000年这一敏感时间段内，全国电力系统各级企业的主要领导都在现场值班，有约12万电力系统员工坚守在工作岗位上，排除可能出现的Y2K临时故障，保证在欢庆新千年之际，千家万户的灯火通明，各行各业不间断供电。

在刚刚经历的进入新千年的时刻，全国各大区电网、各省（直辖市、自治区）电网运行稳定，发电机组、输电线路运行状态良好，首都、直辖市、省会城市以及广大的城乡供电正常，电力通信畅通，电能计量和计费信息准确无误。没有发生因Y2K而影响电力系统稳定运行和对用户可靠供电的问题，中国电力系统成功地完成了风险最大的“零点跨越”，顺利进入了2000年。

电力系统在顺利进入2000年后，又顺利地渡过了2月28日、2月29日这个Y2K第二高危时间点。以本次顺利过渡为标志，电力系统解决计算机2000年问题的工作取得了决定性的胜利。在过去700多个日日夜夜里，国家电力公司系统的广大干部、员工、技术人员以忘我的精神、科学的态度、大胆试验、谨慎操作、相互配合、团结一致，出色地完成了解决电力系统的计算机2000年问题这一历史性的任务。

在电力系统顺利进入了2000年，安全地渡过了2000年闰月，进入3月1日凌晨时，国家电力公司张贵行总工程师受陆延昌副总经理的委托，代表国家电力公司党组宣布：我们圆满地完成了国务院交给的任务。国家电力公司各级解决Y2K问题领导小组、专家小组的任务胜利结束。

科技管理

科技管理综述

制定公司技术创新战略。技术创新战略是公司发展战略的重要组成部分，是一项关系全局并对今后一个时期国电公司技术创新工作起重大指导作用的基础性工作，对迎接新世纪科技革命的挑战，全面提高公司技术创新能力，不断满足公司改革和发展对技术的需求具有重要意义。按照“突出战略思想，找准技术差距，明确重点领域，确定重点措施，指导操作性强”的原则，为了形成一个真正具有指导意义的技术创新战略，在“战略”的制定中认真组织了调查研究，广泛征求了各方面意见，反复进行了论证和修改。

推进管理创新。在科技项目管理中注重技术的高起点、适应性和工程化。一是引入竞争机制，对有条件的项目采用竞争方式确定承担单位。二是走开放式的科研路子，注重优势集成，注重借助社会科技力量为我所用。在项目的具体组织上积极促进产学研联合攻关，很多项目都是由科研机构、子公司国内重点高校共同承担的。三是瞄准科技产业化的方向，从体制上推进科技成果产业化的进程。分别由几家承担单位共同组成项目公司，将技术开发、产品生产、推广应用捆在一起，从体制上解决科技成果产业化速度不快，推广难的问题。

完成了“国家电力公司科技发展十五计划和2015年规划”的编制工作。按照公司的统一安排，科技环保部从3月份就开始启动。这次计划和规划是公司成立后的第一个公司规划，与过去所做的电力工业科技发展规划在内容和形式上有十分明显的区别。由于这是公司第一个、也是进入下一世纪的第一个科技发展规划，因此，对在21世纪初公司的科技发展方向、技术创新战略、重点技术攻关内容和科技成果的应用及产业化都有十分重要的意义。为做好这项工作，使其能够对公司在十五期间的科技发展和技术创新具有更强的具体指导意义，科技环保部组织了包括不同地区、由科研和生产运行单位组成的工作小组，进行规划的编制工作。在编制工作中，认真研究了公司的技术现状，对目前国际上处于领先水平的东京电力公司、法国电力公司等的技术体系、管理方式、技术开发的重点以及与他们相比所存在的差距，追踪国际电力技术发展的趋势，在充分综合公司各有关部门和单位意见的基础上，进行了规划的编制工作，对技术开发的目标和重点进行了较为全面和详细的论述，对十五期间要进行的重大中试项目进行了安排。这一规划对公司十五期间技术开发的重点进行了部署，为保证公司技术开发的系统性，争取在十五期间公司的技术创新能力有较大地提高，将起到重要作用。

《国家电力公司科技项目管理办法》出台。为进一步加强国家电力公司科技项目的管理并有效地组织实施，《国家电力公司科技项目管理办法》重新修订后以国电科［2000］736号文印发。该办法共分总则、科技项目的选题、科技项目的组织、合同的签订、合同中止、项目管理、项目验收、知识产权和附则第九章五十条。规定了国家电力公司科学技术项目申请书、可行性研究报告、合同格式。

国家电力公司科学技术委员会召开会议。为了更好地发挥国家电力公司科学技术委员会的参谋咨询作用，2000年7月25日国家电力公司在北京召开了国家电力公司科学技术委员会全体委员会议。这次会议的中心议程是：通报国家电力公司科技工作情况；征求对国家电力公司科技发展规划的意见。委员们根据电力工业和公司的发展需要，提出了25项近期拟开展立项研究的项目；对制定科技发展规划、政策方面提出了17条具体意见；对如何进一步充分发挥科技委委员、西部大开发中应注意的问题等进行研讨。陆延昌主任委员、张贵行副主任委员、冉莹副主任委员、张晓鲁副主任委员出席了会议并讲了话。

国家电力公司总工会议召开。为了贯彻中共中央国务院《关于加强技术创新，发展高科技，实现产业化的决定》，为“把国家电力公司建设成控股型、经营型、现代化、集团化管理的国际一流企业”，早日进入世界500强，公司党组决定在制定公司发展战略的同时组织制定公司技术创新子战略。2000年3月30～31日在西安召开国家电力公司技术创新战略座谈会，国家电力公司系统各单位总工程师参加会议。这次会议讨论了“国家电力公司技术创新战略（提纲”和“建设国家电力公司技术创新体系的初步意见”。国家电力公司总工程师张贵行同志作了重要讲话。

国家电力公司科技处长会议召开。为了更好地适应电力科技体制改革的需要，进一步做好2000年的电力科技工作，为国家电力公司实现“两型两化、国际一流”的战略目标提供技术支撑，2000年4月12～13日在深圳召开了国家电力公司科技处长会议，会议总结了过去两年来科技工作取得的成绩；研讨在新的形势和要求下如何充分发挥科技在国家电力公司发展中的作用；研究和部署2000年公司科技工作的任务；讨论了如何做好公司科技发展“十五”计划和2015年规划，以及如何更好地建立国家电力公司基础开发体系等问题。国家电力公司分公司、子公司及直属公司科技处长参加了会议。

科技体制改革

3月14～15日国家电力公司直属科研机构管理体制改革工作会议在天津举行。会议认真学习贯彻了国家科教领导小组第五次会议精神；按照国务院的总体进度要求，部署了国家电力公司直属科研机构管理体制改革工作。国家电力公司副总经理陆延昌同志作了重要讲话。

科研体制改革工作取得重大进展。按照公司党组的要求，积极推动直属科研机构的企业化转制。经公司党组同意，确定了13个直属科研单位全部脱离事业体制转制为科技型企业，在转制中推进投资主体的多元化，构造多元产权结构的科技型企业，先改制，后重组，条件具备的可改制重组同时进行的基本原则。各单位清产核资结果已上报财政部，待批复后，即可进行产权登记、方案批复，办理工商登记手续等。

国家电力公司科技工作会议

国家电力公司科技工作会议于2000年8月3～4日在哈尔滨召开。这次会议旨在明确21世纪初期公司科技发展的战略目标，继续推进科技体制改革，全面提高公司整体技术创新能力。

会议认真总结了1998年以来公司科技工作，客观分析了公司技术状况与世界500强电力企业的差距，深入研究了满足公司“两型、两化、创国际一流企业”和改革发展对科技进步的需求以及确立了科技必须为提高公司经济效益服务，必须不断满足公司对新技术及技术发展需求的指导思想，形成了以推动体制创新和机制创新为突破口，建立公司技术创新体系，全面提高技术创新能力，加速科技进步的整体科技工作思路，提出了科技发展目标和科技重点工作。

会议提出了国家电力公司技术创新的指导思想：以技术创新为灵魂，以改造传统技术为起点，以研究、开发高技术项目为方向，以开放型、高水平的技术队伍为基础，为公司成为国际一流的电力企业提供技术支撑。并特别强调，提高科技对公司经济效益的贡献率，是公司实现“两型、两化、国际一流”发展战略目标的必由之路。

按照会议提出的科技发展战略目标，在2005年前，将初步建立起科技开发与技术创新体系，确定各个研发机构的目标定位。到2010年，建立起完整、高效的科技开发与技术创新体系和协调一致的运行机制，科技对公司经济效益的贡献率大幅提高。2020年之后，公司的科技实力跻身于世界一流水平行列，科技成为国家电力公司集团化、现代化、可持续发展和参与国际竞争的关键支撑。

高严总经理在会议上作了重要讲话，就如何做好公司科技工作谈了五个方面的问题：加快电力科技进步和技术创新，迎接21世纪的挑战；明确发展战略，提高技术创新能力；加快推进科技体制改革步伐，建设公司技术创新体系；建设高水平的科技队伍，实现技术发展的跨越；加强学习，适应时代发展的要求。

陆延昌副总经理在会议工作报告中全面总结了公司自1998年以来科技工作的情况并就会后一个时期进一步加强公司科技工作及推进直属科研院所向企业化转制作了部署。直属院所转制的原则是各科研机构全部脱离事业体制，按现代企业制度改制为多元产权结构的高新技术产业，在转制中引入其他投资主体；除个别院外，国电公司不强调对研究院所控股；先改制，后重组，条件具备的可以一步到位，改制重组同时进行，建立规范的有限责任公司或股份有限公司。以此次会议为标志，公司直属院所转制将进入具体操作阶段。陆延昌副总经理还宣布，为使转制后的科技型企业尽快形成一定的产业规模，增强自我发展能力，在国家已给优惠政策的基础上，公司党组决定国电公司在3～5年内暂不向转制企业收取投资回报，将相应收益部分作为国电公司股本增资，用于支持科技型企业扩大再生产及滚动发展。

张贵行总工程师在会议总结中就如何认真贯彻会议精神、求真务实大力推动公司系统的技术进步提出了具体要求。

国家电力公司两年来在科技工作中取得了很大的成绩。主要体现在：依靠科技进步促进公司持续发展的认识在全系统进一步增强。科技工作作为关键环节正在逐步纳入各级领导的重要议事日程并在电力生产建设中发挥着越来越重要的作用；为加强对科技工作的领导，全面推进科技进步，公司采取了一系列的重要措施，进一步完善各项制度；在国家有关综合部门的支持下，加大了科技开发的投入；研究制定了公司科技发展战略；设立了国家电力公司科技进步奖；科技进步促进了结构调整，跨进纪科技导向工程取得丰硕成果。会议向获得国家科学技术奖和公司科技进步奖的单位及个人颁了奖。黑龙江省电力公司、中国电力科学研究院、山东电力集团公司、水电水利规划设计总院、电力自动化研究院、华北电力科学研究院、云南电力集团有限公司、电力建设研究所、四川省电力公司、武汉高压研究所、江苏省电力公司、上海市电力公司等单位在会议上作了经验交流发言。

黑龙江省副省长张成义到会祝贺。中国电力企业联合会副理事长叶荣泗和国家经贸委、科技部代表应邀出席了会议。来自国家电力公司各有关部门以及各分公司、集团公司、省公司、直属院所的负责人参加了会议。

科技攻关与成果

科技攻关

以规范化、程序化、制度化为目标，做好技术开发项目的前期研究、中间检查和结题验收工作。根据项目的执行情况，对项目及时进行内容和目标的调整，对部分因情况变化需要终止的项目进行终止。对每一个完成的项目都组织进行由同行专家参加的验收工作，保证项目按照合同要求的整体目标实现。按照规范化管理的要求，我们在项目的执行中，特别注意了加强项目成果专利技术的申请和管理工作，为保护公司的整体利益，今后做好科技成果的实用化和应用奠定基础。

2000年是公司加大科技投入之后的第三年，也是国家“九五”攻关项目进行的最后一年，经过公司广大电力科技人员的艰苦努力，科技开发与技术创新取得了一批具有标志性的成果，为公司整体技术水平的提高和不断增强技术创新能力创造了好的条件。

国家电力公司技术开发的重点手段建设取得丰硕成果，一些对公司技术开发和创新有重大影响的实验室相继建设完成。

1）电缆线路是当今输电系统中不可缺少的重要线路，但在电缆质量上还存在诸多问题，给电网安全运行带来威胁。如何把好质量关，采用先进的测试手段，使公司系统都能够采用高质量的电缆，是急需解决的问题。为此，公司于1998年开始投资建设超高压电缆实验室。超高压电缆实验室采用国外引进与自主开发研制相结合的方式，按国际大电网会议(CIGRE）推荐标准和IEC标准要求建设。使国家电力公司具备了对超高压电缆系统进行长达1年的预鉴定试验和型式试验、安装技术和运行研究的能力。解决了以往超高压电缆新电缆挂网试运行无法解决的若干问题，为电网安全运行创造了条件。该项目的完成，标志着中国在超高压电缆领域的试验和科研能力上了一个新的台阶，在技术上达到了国际领先水平。

2）随着电力系统的发展，电磁环境问题愈来愈引起人们的高度重视。各类电气用品的电磁干扰和相互不兼容问题日益突出，电磁干扰不仅会破坏电力系统安全，电力系统产生的电磁干扰问题也成为人们关注的焦点。为解决好这一问题，建设了“电磁兼容实验室”和电磁兼容测试车，为公司进行这一技术领域的研究提供基础。它的建成，不仅可满足研究和解决三峡输变电工程和电力系统在设计、建设和运行中电磁兼容技术问题的需要，而且还可为全部符合现行发布的电磁兼容国家标准的检测、试验服务，并开展相关电磁兼容国家标准、规范的制修订所需的试验研究工作，有利于提高电网综合自动化水平，维持电力系统的正常电磁环境，为维护电力系统的安全经济运行提供技术支持，从而促进电力科技的发展乃至电力工业的进步。实验室建成后，对已开展的“三峡电站500kV线路跨船闸的电磁场和安全问题研究”、“500kV南昌变电站保护小室屏蔽效能研究”以及500kV变电站暂态电磁场测量等几项研究工作，发挥了较好的作用，取得了明显的效益。

3）随着电力系统的扩大和超高压线路的发展，出现了大容量大截面分裂导线，还可能出现特高压多分裂导线的结构系统。由于他们特殊的力学性能，特别是动态性能变得愈来愈复杂，使得他们对于电力系统的影响愈来愈突出。为此，本着立足于三峡工程，满足更高一线电压输电的基本要求，向国际标准看齐的原则，建设了“分裂导线力学性能实验室”，使之成为了中国唯一一个线路力学试验基地，具备了进行大截面、多分裂导线的微风振动、分裂导线的间隔棒振动、导线疲劳振动及导线蠕变性能研究的能力。项目执行中研制的设备和试验能力填补了国内空白。这一试验室的建成，使中国的导线力学研究能力达到了国际一流水平。

这些试验手段的建立和完善，为国家电力公司进行超高压、特高压系统的研究和建设奠定了坚实的基础。

为了使研究与开发工作更紧密地结合国家电力公司生产建设与长远发展的需要，解决生产建设中的技术难题，促进高新技术的研究和成果转化，增强技术储备，国家电力公司组织制定了《国家电力公司2001年度科技项目申报指南》（见附表一)。重点选择能够占据国际电力科技制高点的项目，能够为加强公司的技术实力、提高经济效益服务的项目和能够促进公司持续发展、提高公司创新能力的项目予以支持。

组织向国家科学技术部、国家计委、国家经贸委申请进行项目的立项，使国家电力公司的技术创新、高技术产业化项目在国家科技发展计划中占有一席之地。同时为电力工业提供先进实用的国产化高新技术，大大提高项目承担单位的整体实力，成为新的经济增长点。

科技进步成果与奖励

2000年，国家电力公司系统共批复科技成果鉴定项目96项，国家电力公司与国家机械局（两部鉴定）共批复科技成果鉴定项目46项，总计批复科技成果鉴定项目142项。

为推进国家电力公司科技进步，自1999年起公司设立了科学技术进步奖，并印发了《国家电力公司科学技术进步奖励办法》(试行)。根据试行情况，国电公司组织对《奖励办法》进行了修订，并制定了实施细则。7月12日，国电公司以国电科［2000］406号文，印发了《国家电力公司科学技术进步奖励办法》和《国家电力公司科学技术进步奖励办法实施细则》。国电科［1999］374号文印发的（试行）同时废止。

《国家电力公司科学技术进步奖励办法》共分为总则、国家电力公司科学技术进步奖的授奖条件、国家电力公司科学技术进步奖的推荐、国家电力公司科学技术进步奖的评审和授予、罚则及附则等六章、二十二条。

国家电力公司设立科学技术进步奖励评审委员会（以下简称“评委会”）和奖励工作办公室（以下简称“奖励办”）。评委会是国家电力公司科学技术进步奖的最高评审机构。评委会组成人员的人选由国家电力公司科技管理部门提出，报国家电力公司批准。奖励办挂靠在国家电力公司科技管理部门。

授奖条件共有两条：①在电力科学研究和技术开发项目中，完成重大科学技术创新、科学技术成果转化，创造显著经济效益的。应用推广先进科学技术成果并具有新的创新，取得显著经济效益的。②在电力科学理论研究、标准、计量、科技信息、非在线应用软件等项目中，具有显著的科学贡献和创新，取得重大成果及其推广应用，并经过实践体验，创造显著社会效益和经济效益的。

奖励共分为一等奖、二等奖、三等奖3个等级。

奖励实行限额推荐制度，并规定了推荐单位。允许系统外单位申请该奖。

推荐单位：①国家电力公司各分公司及直属子公司；②国家电力公司直属科技型企业、高等院校；③经国家电力公司科技管理部门认定的符合资格条件的其他有关单位。

推荐国家电力公司科学技术进步奖的项目应获得推荐单位科技进步一等奖或二等奖。

《国家电力公司科学技术进步奖励办法实施细则》共分总则、奖励范围和评审标准、评审机构、推荐、评审、异议及其处理、授奖、附则等八章、52条。

候选人或者候选单位所完成的项目应当符合下列条件：

(1) 技术创新性突出：在技术上有重要的创新，特别是在高新技术领域进行自主创新，形成了产业的主导技术和名牌产品，或者应用高新技术对传统产业进行装备和改造，通过技术创新，提升传统产业；技术难度较大，解决了公司和电力工业发展中的热点、难点和关键技术问题；总体技术水平和主要技术经济指标达到了电力工业的领先水平。

(2) 经济效益或者社会效益显著：所开发的项目经过一年以上较大规模的实施应用，产生了很大的经济效益和社会效益，实现了技术创新的市场价值或者社会价值，为电力工业发展和电力安全生产做出了很大贡献。

(3) 推动科技进步作用明显：项目的转化程度高，具有较强的示范、带动和扩散能力，提高了公司和电力工业的整体技术水平、竞争能力和系统创新能力，促进了产业结构的调整、优化、升级，对电力工业的发展具有很大推进作用。

推荐的基本程序：一个单位完成的科技成果，按完成单位的隶属关系逐级推荐；几个单位完成的科技成果，由科技成果的第一完成单位按其隶属关系逐级推荐。国家电力公司系统内单位和系统外单位合作研究的成果，由系统内单位按隶属关系逐级推荐。

国家电力公司科学技术进步奖励接受社会的监督。国家电力公司科学技术进步奖的评审工作实行异议制度。

经国家电力公司科学技术进步奖评审委员会审议，并经过异议公示后，评出2000年度国家电力公司科技进步奖获奖项目46项，其中一等奖2项，二等奖12项，三等奖32项。

组织向国家科技进步奖励委员会申报国家奖励的工作，国家电力公司系统获得2000年度国家级科技进步奖一等奖2个，二等奖2个，三等奖7个。

国家电力公司科技项目管理办法

一、总则

第一条 为规范国家电力公司科技项目的管理，保证项目的顺利开展，根据财政部、原电力工业部〈关于印发《国家电力公司技术开发费收取使用管理暂行办法〉的通知》（财工字［1997］119号）、《国家税务总局关于印发〈企业技术开发费税前扣除管理办法〉的通知》（国税发［1999］49号）和科学技术部、财政部、国家税务总局《技术合同认定登记管理办法》（国科发政字［2000］063号）的要求，按照国家电力公司科技管理和经费管理的有关规定，制定本办法。

第二条 国家电力公司科技项目经费的使用范围是：研究开发新产品、新技术、新工艺及推广的各项费用，包括新产品设计费、工艺规程制定费、设备调整费、原材料和半成品的试验费、技术图书资料费、未纳入国家计划的中间试验费、研究机构人员的工资、研究设备折旧、与新产品的试制及技术研究有关的其他经费、委托其他单位进行的科研试验费和试制失败的损失。

第三条 国家电力公司科技项目研究的宗旨是解

决国家电力公司生产、建设和经营发展中的重大科学技术问题，推动和促进企业技术水平的提高和经济效益的增长，为国家电力公司发展奠定技术和装备基础。

第四条 国家电力公司科技项目内容包括：

1. 重大技术研究与高科技产品开发项目；

2. 重大应用理论研究项目；

3. 科技成果转化项目，包括商品化开发、重大中间试验与示范工程项目；

4. 软科学研究项目。

第五条 在国家计委、科学技术部、国家经贸委立项，由国家电力公司主持研究的国家攻关项目，按三部委的管理办法实施管理。

二、科技项目的选题

第六条 国家电力公司重大技术研究与高科技产品开发项目应符合下述条件：

1. 以国家电力公司科技发展规划为依据，为公司生产、运行、重大工程技术和中长期发展需要服务的带有全局性、方向性的关键技术；

2. 跟踪国际电力科技发展，3～5年内在某些关键技术方面能取得重大突破，达到国际先进水平，为公司可持续发展提供技术支撑的项目；

3. 公司发展中亟待解决的重大科技问题，对电力科技发展有重大作用，具有较强的引导示范作用或重大影响的项目；

4. 对提高公司经济效益和改善环境有较大作用，有广泛的推广应用前景，对电力企业技术进步有重要推动作用的项目；

5. 能够形成公司新的经济增长点的高技术产品与重大产业化开发项目。

第七条 应用理论研究项目应符合下述条件：

1. 国家电力公司发展中具有全局性、储备性的关键技术的应用理论研究项目；

2. 对国家电力公司技术发展具有重要意义，能够为重大攻关和技术开发奠定重要基础的项目。

第八条 科技成果转化项目应符合下述条件：

1. 可形成新产品、新工艺、新材料、新产业的项目；

2. 对国家电力公司技术进步有导向作用，先进、成熟、适用，应用对象明确，推广范围较大，并可取得较大经济效益、社会效益的项目。

3. 关键技术的工程试验和示范项目、实用化研究项目。

第九条 软科学研究项目按《国家电力公司本部软科学项目管理办法》执行。

三、科技项目的组织

第十条 国家电力公司科技项目，可以由国家电力公司科技管理部门（以下简称公司科技管理部门）组织、专家提出或有关单位申报。

第十一条 申报：

1. 国家电力公司所属企业（按科技归口管理渠道）、国家电力公司系统外从事电力和与电力相关工作的科研机构和高校均可申请国家电力公司科技项目；

2. 项目主要负责人由在职人员担任，同时应具有较高的技术水平，对研究项目涉及领域的国内外技术发展情况有较全面的了解和较强的研究与开发能力。

3. 项目申请于每年第三季度进行。申请单位的科技归口管理部门应按照要求对申请书的内容进行审查，经领导批准、盖章后申报；并将申请书一式四份（附件1）于9月底前送达公司科技管理部门。有合作单位的，应在申请书中填写合作单位意见，并加盖公章。

第十二条 公司科技管理部门组织对申请项目的评审。评审分预审、专家评审及审核三个阶段。

第十三条 专家评审由公司科技管理部门组织。专家评审小组一般由相关专业的6～11名专家组成。评审工作坚持科学、公正的原则，实行回避制度。参加评审工作的专家，不得为单位或个人谋取私利，向国家电力公司负责。参加评审工作的专家和工作人员应严格遵守对评审材料及专家意见保密的有关规定，切实保护申请人和评审人的权益。

第十四条 申报项目送达公司后，公司科技管理部门进行统一编号，并组织进行预审。预审人按预审内容审查后，写出审查意见。

第十五条 项目预审结果经审核后通知申请单位，对于通过预审的项目，申请单位根据要求编写可行性研究报告（附件2），并在15个工作日内提交，供专家评审。

第十六条 评审专家在熟悉材料的基础上，按评审内容充分讨论后，对每项申请提出评审意见。

第十七条 根据专家评审意见，公司科技管理部门对项目进行审核，提出年度科技项目的计划，报公司领导批准后确定，并将最终结果通知承担单位。

第十八条 由国家电力公司组织的重大科技项目和符合招标条件的项目，其承担单位由公司科技管理部门组织招标确定。

四、合同的签订

第十九条 国家电力公司科技项目实行合同管理，通过审核的项目，由国家电力公司与项目承担单位签订“国家电力公司科学技术项目合同”（示范文本见附件3）。

第二十条 项目承担单位按要求填写科技项目合同，由单位法定代表人签字，加盖单位公章，将合同一式六份，连同申请书、可行性研究报告一式三份送交国家电力公司。审查合格后，由国家电力公司法人授权代理人签字盖章，合同生效。合同书、申请书、可行性报告双方各一式三份。

第二十一条 对两个以上单位共同承担的项目，第一承担单位（合同书中排列第一的承担单位）负主要责任。合同中应明确各方职责、研究内容、经费分配方案、提交的成果及争议解决方式等。

第二十二条 国家电力公司科技项目合同执行期限不超过三年。

五、合同中止

第二十三条 项目执行中，出现以下情况时，公司科技管理部门有权中止合同：

1. 执行过程中发现合同规定的技术指标已落后，成果无实用价值的；

2. 针对特定工程进行的项目，工程建设发生重大变化，项目研究内容无法实施或目标无法实现的；

3. 项目承担单位因主观原因致使合同无法执行的。

第二十四条 公司科技管理部门单方面中止合同，合同中止前所发生的费用由公司承担。

第二十五条 项目承担单位单方面中止合同（含项目承担单位因主观原因致使合同无法执行的），或因承担单位非技术性主观原因造成项目无法完成的，公司科技管理部门有权追回全部已拨费用，同时项目承担单位还应承担相应的损失费用。

第二十六条 因特殊原因，需要中止的重大科技项目，在公司科技管理部门做出中止合同决定后一个月内，项目承担单位应对已完成的工作进行总结，提出总结报告，做出经费决算，连同固定资产购置情况和项目阶段性研究成果一并送达公司科技管理部门和财务部门核批，剩余的费用上缴国家电力公司，由公司科技管理部门用于安排其他科技项目。

第二十七条 对于项目承担单位单方面中止合同(含因主观原因致使合同无法执行的)，公司科技管理部门将视情况取消该单位1～3年承担国家电力公司科技项目的资格。

六、项目管理

第二十八条 公司科技管理部门负责科技项目的组织、管理和协调工作，其主要职责是：

1. 组织编制科技项目计划；

2. 组织项目可行性论证、审核及确定承担单位；

3. 提出科技项目的总经费及分年度用款计划并拨付；

4. 批准和签订合同；

5. 对科技项目的执行情况进行检查监督，并根据项目阶段性的执行情况，实施对项目内容的更正、完善、项目经费的调整和实施对项目延期与中止。

6. 组织对科技项目成果的验收和后评估。

第二十九条 承担单位的主要职责：

1. 项目承担单位负责项目执行的具体组织和人员投入、设备、时间安排的保证工作。

2. 严格执行合同，保证合同目标的实现；

3. 按规定的内容和进度组织实施，接受项目管理单位的检查；

4. 按合同规定使用经费；

5. 按要求向项目管理部门报告项目执行情况；

6. 项目研究结束后，按要求提出总结报告、经费使用及结算情况报告书等材料，接受验收。

第三十条 执行国家电力公司科技项目合同的技术人员应按合同规定的工作时间投入研究工作，全时投入者原则上不得在合同期内承接其他任何形式的研究任务。

第三十一条 在项目执行过程中，项目承担单位需要对合同书中规定的研究目标、内容、进度、经费、项目负责人等进行调整时，需向国家电力公司提出申请，说明原因，提出建议意见和方案，得到公司科技管理部门批准后方可实施。擅自对研究目标、内容、进度、经费、项目负责人等进行自行调整的，一经发现，将对承担单位提出警告并限期改正。对擅自调整可能或已经造成合同不能按期完成、合同目标有重大修改而影响成果质量的，将视情况追究承担单位的经济责任，并取消该单位1～3年承担国家电力公司科技项目的资格。

第三十二条 各承担单位于每年6月和12月底分别向公司科技管理部门呈报项目执行情况报告（附件4)，根据具体情况国家电力公司将对项目执行情况进行检查。并根据项目执行情况报告和检查结果调整下一年度项目拨款计划。严重没有按照合同执行和完成年度目标的，将适当减少或暂停拨款，并对项目承担单位申请下一年度公司科技项目采取限制措施。

年度检查结果将在公司内进行通报。

第三十三条 项目承担单位要实行严格的合同经费管理，对每一个项目设立独立账目，经费专款专用。

七、项目验收

第三十四条 项目验收工作由国家电力公司组织进行。

第三十五条 项目完成后，项目承担单位填报结题申请表（附件5），正式报请国家电力公司组织验收。材料经初审合格后，由公司科技管理部门正式下达项目验收通知并确定验收方式。合同规定完成期限后三个月仍不具备验收条件的，需提出延期验收申请报告。

第三十六条 项目申请验收需要提供以下文件资料：

1. 项目验收申请（正式函）；
2. 项目执行情况总结报告；
3. 项目研究报告和相关专题报告；
4. 项目经费决算表；
5. 项目固定资产一览表；
6. 项目依托工程建设运行、成果应用等资料及效益分析报告。

第三十七条 项目验收工作可视项目的具体情况，采取现场考察、书面评议、专家会议验收、或委托中介机构评估等多种工作方式进行。验收小组由项目管理人员、熟悉项目情况和相关技术领域的科技专家和财务人员组成，一般为7～11人。

第三十八条 项目验收是根据项目的实施方案及合同的有关考核目标，对项目的任务完成情况进行总结和评价。包括：项目实施的技术路线、关键技术选择、组织方式、协调管理、经费使用；项目取得的成果和主要技术经济指标；项目成果对相关工程建设、产业结构调整的作用和影响；项目产生的经济、社会效益；项目成果的再开发和应用前景等的综合评价。

第三十九条 验收结果分为：通过验收，可以结题、重新审议和不通过验收四种。按合同规定按期完成任务、达到合同规定的技术指标、经费使用合理，视为通过验收；由于不可抗力等因素造成合同无法全部执行的，或完成了合同规定的主要目标，而其他目标无法继续完成的，视为可以结题；由于提供文件资料不详难以判断，或目标任务完成不足，但原因难以确定等导致验收结论争议较大的，视为需要重新审议。

第四十条 凡具有下列情况之一的按不通过验收处理。

1. 未达到合同规定的主要技术、经济指标的；
2. 所提供的验收文件资料不真实的；
3. 项目研究的内容、目标、技术路线等已进行了较大调整，但未曾得到科技管理部门认可的。

第四十一条 项目验收小组完成验收工作后，提出验收评估意见，并最终由公司科技管理部门形成验收结论意见后以文件形式下达。

第四十二条 需要重新审议的项目，承担单位在接到验收意见通知三个月内，需再次提出验收申请。第二次仍未通过验收的，则验收结论为“不通过”。没有通过验收的项目承担单位和项目负责人将分别在1年和3年内不得承担国家电力公司科技项目。

第四十三条 验收完成后，项目承担单位须将全部验收材料装订成册，报国家电力公司科技主管部门备案（一式二份，并附电子文档）。

第四十四条 国家电力公司重大科技项目完成后，原则上在1～3年内对其成果的推广使用、产业化情况等进行后评估。

第四十五条 后评估工作由国家电力公司组织，原项目承担单位根据要求填报有关报表，国家电力公司组织专家进行评估。

八、知识产权

第四十六条 由国家电力公司委托开发和全额资助的项目，形成的知识产权归国家电力公司所有，所完成的发明创造以国家电力公司的名义申请专利，国家电力公司有权确定其使用范围，研究开发单位有优先使用权。未经国家电力公司同意，其成果不得转让或以技术入股、折资入股。

第四十七条 凡部分使用国家电力公司科技项目经费所形成的科技成果，其知识产权由各出资方共有，所占份额在合同中明确，相关权益由资助方和开发单位在合同中约定。

第四十八条 项目开发形成的技术秘密的保密范围和期限在合同中规定，开发人员和其他了解、接触技术秘密内容的有关人员，依照规定承担保密义务。国家电力公司拥有知识产权的成果，在保密期内，未经国家电力公司允许，不得利用论文、期刊、书籍、交流等形式擅自披露其核心技术。

第四十九条 承担国家电力公司全额资助项目开发的人员因工作变动离开公司系统和因离退休离开工作岗位的，在合同约定期限内不得从事与该项目相同的科技开发和经营活动。

九、附则

第五十条 本办法由国家电力公司负责解释。

国家电力公司2001年度科技项目申报指南

研究项目	研究方向	研究目标
一、全国联网技术	1. 大电网直流背靠背联网技术	研究新型背靠背直流输电技术在大区电网互联应用中的规划、设计和运行技术。研制新型背靠背直流设备和控制系统
	2. 直流输电技术	结合工程，进行超高压直流输电技术，包括交直流并列运行技术、多条直流线路相互影响及控制技术、多端直流输电技术等关键技术的研究，配合研制高压直流输电系统国产化设备
	3. 联合电网稳定运行控制技术	联合电网的预防控制与紧急控制协调技术，提高互联电网稳定性能技术，采用新型电力电子技术的输电系统无功和电压控制方案，互联电网联络线功率控制与调度运行技术。研究先进的人工智能技术、广域相量测量技术、电力电子技术以及现代控制理论在提高电力系统安全稳定控制水平中的应用技术
	4. 500kV双回路紧凑型输电关键技术	研究500kV双回路紧凑型输电的关键技术
	5. 更高一级电压等级输电技术	研究和解决特高压输电系统过电压和绝缘配合、系统无功补偿、变电设备、特高压线路机械等关键技术问题
二、电网控制及自动化	1. 电能质量控制与提高电网输送能力的技术	解决由各种非线性负荷或时变负荷造成的电网电能质量问题及改善电能质量的措施；开发电能质量测量仪器和监测系统；开发用于电能质量改善的电力电子装置。研究开发利用电力电子技术提高电网输送能力的设备，并实现工程应用
	2. 电网可靠性评价	研究可靠性评价技术及方法，建立适应中国国情的配电网和输电网的可靠性指标评价体系；建立全国统一的供可靠性分析用的累积数据库
	3. 提高配电网自动化和管理水平技术的研究	研究和制订配电网自动化所需一次网络的建设规范、系统和一次及监控设备的技术条件、通信型式及规约；研究和制订配电网的地理信息系统的建设规范，修改相应的生产管理模式和规章制度
	4. 电力系统快速恢复技术	研究突发性灾害事件情况下，发、输、配电系统快速恢复技术。提出恢复方案及措施
	5. 电网调峰技术	研究电网调峰的关键技术
三、电力市场运营与电力营销技术	1. 用电市场关键技术	开发包括需求预测、实时监控、信息反馈与决策分析等功能在内的、适用于现代营销管理的电力营销综合管理及信息系统，有效支持客户服务与市场预测，促进用电市场
	2. 电力需求侧管理（DSM）实施战略与相关技术	研究结合中国国情的电价问题，研究合同制供电及“用户电力”相关技术、蓄能、环保新技术等，实现削峰填谷、增供扩销
	3. 电网规划	研究在电力体制改革及电力市场开放条件下的电网规划方法、电力负荷预报方法及电力负荷特性
	4. 电力市场交易计划与合同管理技术	研究电网经营企业开展电力市场交易计划和合同管理技术，提出电力电量的期货和现货交易方式，明确计划管理目标，规范合同管理，实现资源优化配置

续表

研究项目	研究方向	研 究 目 标
四、电力信息技术	1. 电子商务应用	构建国电公司（B2B）电子商务服务网，提供全面、及时、准确的电力商务信息及相关信息，建成网上电力备品备件库，提供安全、可靠、快捷的电子商务与交易平台，提供高效、优质、安全的ASP服务
	2. 电力系统信息安全关键技术	提出电力系统计算机应用的安全策略和信息安全技术体系；提出电力系统生产控制在线网络系统的信息安全保障技术方案；制定电力系统信息安全管理规定以及相应技术标准与规范
	3. 公司信息化发展计划	制定公司信息化发展的“十五”计划和2015年发展规划。修订管理信息系统实用化达标的有关文件，推动公司在建设现代化、集团化企业的过程中全面、广泛应用信息技术
	4. 输配电系统信息实用化	研究制订建立输配电设备和运行情况数据库的技术规范，达到管理手段现代化，逐步实现信息共享，提高管理水平
五、电力系统通信关键技术	1. 电力特种光缆应用	研究ADSS和OPGW光缆的质量检测方法和指标以及施工、运行、检验、维护、抢修技术。进行OPGW光缆输电线短路时大电流对光纤的影响的试验，ADSS光缆电腐蚀试验，并根据结果优化设计方法，完成综合分析程序
	2. 电力数据网络技术体制	研究电力高速数据通信网络的各种承载业务、接口标准及其协议等有关技术。完成电力高速宽带数据网的技术体制的研究
	3. 电力专用通信网向社会开放服务	通过对电力专用通信网在体制、资产、人员、融资、降低风险等方面的研究，为电力专用通信网向社会开放服务奠定基础
六、大型水电工程勘测、设计、施工技术	1. 混凝土面板堆石坝技术	高面板堆石坝的止水结构形式、材料研究；性能控制、检测技术及运行监测技术研究；重点研究面板堆石坝施工过程的沉陷机理和后期沉陷对其的影响。结合实际工程，解决三板溪、公伯峡等工程的有关关键技术问题
	2. 高坝快速施工技术	结合工程研究高混凝土坝快速施工的导、截流与围堰施工技术、施工工艺，研究高土石坝快速施工的防渗料处理、施工检测和实时控制技术；混凝土面板和垫层的施工工艺。解决高坝快速施工中的施工工艺、施工优化管理、施工质量的快速监测与控制的有关关键技术问题
	3. 高边坡稳定技术	研究边坡工程地质勘探和评价新方法；边坡岩体稳定分析新方法；边坡岩体开挖及综合加固措施的关键技术；重点进行高边坡设计稳定安全系数的研究，为高边坡设计规范的编写做些基础研究
	4. 抽水蓄能电站关键技术	双向水力学、水流激振及地下厂房防渗、排水等技术；高压管道（包括岔管）的工作机理、适用条件、失稳对策的研究；寒冷地区上下水库冰凌问题及防渗问题研究
七、大型水电站发电技术	1. 梯级水电站优化运行关键技术	研究和完善水电站群的调度优化技术；西电东送对梯级水电站特征参数和优化补偿调节方式影响研究；东部火、核电站以及抽水蓄能电站的开发与西部梯级水电站开发动态协调关系研究；电网、梯级、水电站厂内多层调度的合理配合关系及其软硬件措施研究
	2. 大型水电机组的关键技术	大型水轮机、水泵—水轮机的水力稳定性研究；大型水轮发电机组的振动特性及处理措施研究；大型混流式水轮机转轮现场施工、安装技术研究；研究大型水电机组故障诊断的技术问题；大型发电机交流励磁技术研究

续表

研究项目	研究方向	研究目标
七、大型水电站发电技术	3. 水电开发流域和库区生态保护技术	流域梯级开发环境规划、环境影响评价与预测方法的研究；进行流域水能开发与生态环境保护和建设的关系研究；进行水电站梯级开发对流域水文、水质、水温的影响研究；利用新技术建立典型流域环境状况的动态管理系统。弄清水电梯级开发对流域生态、环境的影响，提出流域环境保护的对策与措施
八、高参数、大容量火电机组关键技术	1. 燃气蒸汽联合循环和天然气发电技术	研究燃气蒸汽联合循环运行方式；大容量天然气电厂系统设计优化和运行技术；天然气在老厂机组改造中的相关技术
	2. 火电厂煤的综合管理技术的研究	研究入厂和入炉煤计量新技术和设备，开发煤质在线自动化取样、制样、分析技术和装置；开发煤场信息管理技术和装置；为提高火电厂煤场管理水平、降低消耗提供技术保证
	3. 超临界机组运行技术	研究超临界机组运行技术及部分关键设备国产化的问题
	4. 现有大型锅炉改烧洗选煤技术研究	针对现有大型锅炉改烧洗选煤的问题，重点研究锅炉对新煤种的适应性及必要的设备改造技术，研究使用洗选煤的经济性
九、发电厂监控和优化运行、检修技术	大型火电厂节能节水研究	针对目前大机组在低负荷工况运行较普遍，研究开发大机组变工况、低负荷下公用系统节电节水技术。申报的项目中须明确采用的技术和达到的指标
十、电力环保关键技术	1. 高效除尘关键技术的研究	重点针对电除尘器难以满足高效除尘的特殊燃煤锅炉，研究、开发新型高效除尘技术及设备
	2. 粉煤灰综合利用技术开发	对已有技术进行完善和提高，提出完整的技术、工艺和生产装置研制计划，以稳定和增加粉煤灰利用量。研究开发大用量、高附加值的新技术
	3. 火电厂烟气在线连续检测系统开发	利用国内外技术，开发针对大型锅炉尾部烟气检测分析仪器，可以同时测量烟气中的 SO_2、NO_x、O_2 和 CO，满足国家环保部门对该仪器的有关规范，研制可以进行商业化生产的技术和仪器设备
	4. 电磁环境影响的研究	研究超高压架空电力线路及变电站的电磁环境影响；研究组合电器（GIS）变电站电磁现象及其电磁骚扰抑制技术；研究保护继电器室抵御辐射和传导干扰的措施；提出与之相适应的设计标准和规范
十一、新能源发电技术	1. 风力发电技术	研制 MW 级风力发电国产机组，进行示范运行，掌握电力系统中风电的运行和控制技术
	2. 太阳能发电技术	针对国家在西藏的太阳能发电计划项目，开发可以商业化生产的高效、低成本的太阳能发电技术
	3. 燃料电池发电技术	建立一个示范性的燃料电池发电系统，进一步解决煤基燃料电池发电技术问题

续表

研究项目	研究方向	研究目标
十二、管理与决策软科学技术	创新体系软科学技术	研究建立完善的公司技术创新体系；研究国电公司技术中心及区域技术中心的合理运作机制；研究探索新的科技进步激励或投资引导机制；研究建立国电公司内部对科研立项与科技成果的创新评估与技术中介机制；研究强化科技信息咨询在决策支持、创新评估中的作用
十三、设计、施工、计量、质量、标准化技术	1. 基于计算机多维技术的工程设计技术研究	进行基于计算机多维技术的工程设计技术研究。进行大型电力工程设计网络化技术研究。研究各种新型测量技术、绘图技术、信息集成技术在工程设计技术中的应用
	2. 运行质量控制和质量管理的研究	进行运行质量控制和质量管理科学研究，重点进行质量管理机制和质量管理体系研究
	3. 传统 500kV 输电线路设计优化	通过对导线风偏、运行温度、线间距离、带电作业安全距离、变电站及线路防雷研究及绝缘配合、杆塔及基础尺寸等方面的研究，以降低造价
	4. 在线检验技术的研究	研究对电力系统运行中计量装置的在线检验新技术和装置，确保计量数据的准确、可靠
	5. 送电线路全数字化设计方案决策软件	实现路径选择、导线选择、杆塔排位和杆塔规划等方案的全面优化；进一步完善全数字化摄影测量技术，实现与送电线路全数字化设计方案决策软件的接口
	6. 电力建设工程编码系统研究	建立较为完整的电力设备、工程建设计算机编码系统，为工程建设全面应用计算机打下基础，编制编码手册
	7. 大型电力工程施工组织与管理技术	研究现代施工技术和组织方法，研究核电工程的建设管理方式

国家电力公司科学技术进步奖励办法

第一章　总　则

第一条　为奖励在推动电力科学技术进步活动中做出重要贡献的单位（集体）和个人，充分发挥广大科学技术人员的积极性和创造性，促进国家电力公司的科技进步，提高国家电力公司的综合实力，根据《国家科学技术奖励条例》和有关规定，结合国家电力公司实际情况，制定本办法。

第二条　国家电力公司科学技术进步奖贯彻尊重知识、尊重人才的方针，实行精神奖励与物质奖励相结合的原则。

第三条　国家电力公司科技管理部门负责公司科学技术进步奖评审的组织工作。

第四条　国家电力公司设立科学技术进步奖励评审委员会（以下简称“评委会”）和奖励工作办公室(以下简称“奖励办”)。评委会是国家电力公司科学技术进步奖的最高评审机构。评委会组成人员的人选由国家电力公司科技管理部门提出，报国家电力公司批准。

奖励办挂靠在国家电力公司科技管理部门。

第二章　国家电力公司科学技术进步奖的授奖条件

第五条　国家电力公司科学技术进步奖授予在电力科学研究和技术开发中，在应用推广先进科学技术成果，完成重大科学技术项目等方面，做出突出贡献的下列单位（集体）和个人：

（一）在电力科学研究和技术开发项目中，完成重大科学技术创新、科学技术成果转化，创造显著经济效益的。应用推广先进科学技术成果并具有新的创新，取得显著经济效益的。

（二）在电力科学理论研究、标准、计量、科技信息、非在线应用软件等项目中，具有显著的科学贡献和创新，取得重大成果及其推广应用，并经过实践检验，创造显著社会效益或经济效益的。

第六条 国家电力公司科学技术进步奖分为一等奖、二等奖、三等奖3个等级。

第三章 国家电力公司科学技术进步奖的推荐

第七条 国家电力公司科学技术进步奖实行限额推荐制度。国家电力公司系统外单位研究完成的科学技术水平高、经济（社会）效益大，对推动电力工业科技进步有重大贡献的科技成果，可以申请国家电力公司科学技术进步奖。

第八条 国家电力公司科学技术进步奖由下列单位推荐：

（一）国家电力公司各分公司及直属子公司；

（二）国家电力公司直属科技型企业、高等院校；

（三）经国家电力公司科技管理部门认定的符合资格条件的其他有关单位。

第九条 推荐国家电力公司科学技术进步奖的项目应获得推荐单位科技进步一等奖或二等奖。

第十条 推荐单位限额推荐国家电力公司科学技术进步奖项目；推荐时，应当填写统一格式的推荐书，提供真实、可靠的评价材料。

第四章 国家电力公司科学技术进步奖的评审和授予

第十一条 国家电力公司科学技术进步奖每年评审一次。国家电力公司科学技术进步奖的评审规则由国家电力公司科技管理部门制定。

第十二条 国家电力公司科学技术进步奖实行评委会、评审组和初评三级评审制。

初评，由同行专家对形式审查合格的项目提出参评、不授和缓评的评审意见。

评审组评审，在初评建议的基础上做出认定科技成果的结论，并向评委会提出获奖人选和奖励等级的建议。

评委会根据评审组的建议做出获奖项目人选和获奖项目奖励等级的决议。

第十三条 国家电力公司科学技术进步奖的评审实行异议制。获奖项目人选和获奖项目奖励等级在发布奖励通报前进行公布。异议期时效为自公布之日起30日，逾期不再受理。

第十四条 存在异议的项目由评委会进行复审并做出最终裁决。

评委会裁决结果和无异议项目的评审结果由国家电力公司科技管理部门进行审核，报国家电力公司批准后，发布奖励通报。

第十五条 国家电力公司科学技术进步奖由国家电力公司颁发证书和奖金。

第十六条 国家电力公司科学技术进步奖的奖励经费由国家电力公司支付。各种奖励等级的奖金数额由国家电力公司规定。

第五章 罚 则

第十七条 剽窃、侵夺他人科学技术成果的，或以其他不正当手段骗取奖励的，由国家电力公司科技管理部门报国家电力公司批准后撤销奖励，追回奖金。

第十八条 推荐的单位和个人提供虚假数据、材料，协助他人骗取奖励的，由国家电力公司科技管理部门通报批评；情节严重的，暂停或者取消其推荐资格；对负有直接责任的主管人员和其他直接责任人员，依法给予行政处分。

第十九条 参与国家电力公司科学技术进步奖评审活动和有关工作的人员在评审活动中弄虚作假、营私舞弊的，依法给予行政处分。

第六章 附 则

第二十条 国家电力公司各直属子公司、科技型企业、高等院校可根据情况设立本系统、本单位的科学技术进步奖，其奖励办法自行规定，报国家电力公司科技管理部门备案。奖励经费按国家有关规定自行解决。

第二十一条 本办法由国家电力公司科技管理部门负责解释，并根据本办法制定实施细则。

第二十二条 本办法自发布之日起施行。1999年7月30日国家电力公司国电科［1999］374号印发的《国家电力公司科学技术进步奖励办法》（试行）同时废止。

科技获奖统计

国家电力公司科学技术进步奖奖励通报

（第一号）

奖励1999年度国家电力公司科学技术进步奖获奖项目

经研究决定，对国家电力公司科学技术进步奖评审委员会评选出的1999年度国家电力公司科学技术进步奖获奖项目42项，给予奖励并通报表扬。

二〇〇〇年六月二日

1999年度国家电力公司科技进步奖获奖项目及受奖单位

一、应用技术类成果

序号	等级	获奖项目	受奖单位
1	二	抽水蓄能电站地下厂房围岩监测、稳定预测及加固技术	北京勘测设计研究院、中国科学院武汉岩土力学研究所、河海大学、成都勘察设计研究院
2	二	XHM型斜井滑模系统的研制与实践	中国水利水电第十四工程局、天荒坪抽水蓄能电站工程建设公司
3	二	DISA&DR2000变电站自动化设备	电力自动化研究院
4	二	考虑气象因素的京津唐电网短期负荷预测	华北电力调度局、电力科学研究院
5	二	WBZ-500型微机变压器保护装置	南京电力自动化设备总厂、东北电力设计院、辽阳电业局、华中理工大学
6	三	龙羊峡重力拱坝与基础的综合分析	中国水利水电科学研究院、西北勘测设计研究院
7	三	大坝地震安全监测技术研究	中国水利水电科学研究院、龙羊峡水力发电厂
8	三	DDT水轮机调速器液压调节装置	电力自动化研究院、映秀湾水力发电总厂
9	三	漫湾水电站深孔弧形闸门充压伸缩式水封研究及应用	昆明勘测设计研究院
10	三	滑框倒模技术在水口水电站2×500t垂直升船机工程塔楼施工中的应用	中国水利水电第十二工程局
11	三	丰满4号机组现代化改造	丰满发电厂、东北电力集团公司水电管理部
12	三	TPT-SYSI型线路参数带电测试系统	武汉水利电力大学
13	三	K-211型多种开关（有载分接、SF6）动作特性专用测试仪的开发	河南电力试验研究所、河南省电力工业局生产管理处、郑州市电业局
14	三	覆冰、污秽、高海拔环境中绝缘子串的交流放电特性及选择	贵州电力试验研究院、重庆大学、六盘水供电局
15	三	额定电压64/110kV交联聚乙烯绝缘电缆户外终端	上海电缆输配电公司、上海三原电缆附件公司、上海电缆研究所
16	三	500kV铝管金具试验研究	东北电力设计院、锦州市线路器材厂
17	三	银川城区配电网自动化	银川供电局、西安兴华电气技术开发公司
18	三	FWL/B微机励磁系统	电力自动化研究院

序号	等级	获奖项目	受奖单位
19	三	大型汽轮发电机组支撑轴承热态中心变化及其对振动的影响	电力建设研究所、东方汽轮机厂、山东电力基本建设总公司、山东电力建设第三工程公司、湖北省汉川电厂、山东潍坊发电厂、张家口发电厂筹建处
20	三	闸电燃气轮机燃用重油技术研究	上海市电力试验研究所、上海闸电燃气轮机发电厂
21	三	电液伺服阀及伺服系统性能试验装置	电力工业部液压控制质量检验测试中心东北电力集团公司生产部
22	三	调节型电动执行机构开发及汽轮机旁路系统阀门电动装置国产化	扬州电力设备修造厂、江苏省电力试验研究所
23	三	热力设备停（备）用水溶性快速成膜保护方法试验研究	山西电力科学研究院、武汉水利电力大学、山西漳泽电力股份有限公司、太原第一热电厂
24	三	脉冲栓流气力输灰系统及设备性能研究	电力建设研究所
25	三	凝汽器管板涂料及其施工工艺的研究	热工研究院、太原第一热电厂、神头第一发电厂、华能汕头电厂、神头第二发电厂、贵阳发电厂、山西电力科学研究院
26	三	火力发电厂制氢站储氢罐鼓包原因分析与研究	东北电力集团公司安全监察部、大连发电总厂、东北电力科学研究院、大连理工大学、东北电力集团公司生产部

二、综合类成果

序号	等级	获奖项目	受奖单位
27	二	《水工建筑物抗震设计规范》DL5073—1997	中国水利水电科学研究院、昆明勘测设计研究院、西北勘测设计研究院、上海市水利工程设计研究院、大连理工大学、河海大学
28	二	电力系统非线性辨识	河海大学
29	二	整体煤气化联合循环（IGCC）发电示范项目技术可行性研究	热工研究院、华北电力设计院、清华大学煤炭科学研究总院北京煤化学研究所、中国科学院工程热物理研究所、中国科学院山西煤炭化学研究所、西北化工研究院上海发电设备成套设计研究所、中国社会科学研究院数量经济与技术经济研究所、北京动力经济研究所、哈尔滨汽轮机有限责任公司
30	三	401工程引水隧洞上游段洞围岩稳定及衬砌强度分析	中国水利水电科学研究院、成都勘测设计研究院
31	三	《水工建筑物荷载设计规范》DL5077—1997	中南勘测设计研究院、北京勘测设计研究院、西北勘测设计研究院、成都勘测设计研究院、华东勘测设计研究院、上海勘测设计研究院、东北勘测设计研究院
32	三	双曲拱坝施工放样与计算机图形处理	武汉水利电力大学
33	三	直流输电系统的事故分析及措施研究	电力科学研究院
34	三	特高压试验研究线段建设	武汉高压研究所、电力建设研究所、南京电力金具设计研究所、湖北省输变电工程公司、南京电瓷厂、大连电瓷厂
35	三	电力系统安全稳定控制技术开发应用及重点问题的调查及评述	北京电机工程学会
36	三	耦合棱边有限元法在三维瞬态涡流场计算中的应用	武汉水利电力大学

序号	等级	获奖项目	受奖单位
37	三	配电网线损理论计算与分析系统	华中电力集团公司技术中心
38	三	送电线路对电信线路干扰影响设计规程	西南电力设计院、西北电力设计院、东北电力设计院、广东省电力设计研究院
39	三	燃煤电厂不同煤种及飞灰介电特性的试验研究	华北电力大学
40	三	发、供电企业安全性评价方法及应用	华北电力集团公司安全监察部、北京电机工程学会
41	三	管道设计软件(PCAD)	广东省电力设计研究院
42	三	《电力职工安全教育丛书》	东北电力集团公司安全监察部

国家电力公司系统2000年度获得国家级科技进步奖项目

编号	授奖等级	获奖成果名称	主要完成单位	主要完成者
J—217—1—01	一等奖	CC-2000开放式、面向对象的EMS/DMS支撑系统	中国电力科学研究院、东北电网调度通信中心	吴玉生、赵君、吴杏平、孙超、曹连军、蒋建民、杨秋恒、董春晖、王文、沈松林、李立新、郭崇辉、孟令愚、邵滨、宋小琳
J—217—2—02	二等奖	200MW汽轮机通流部分优化设计及应用专家推荐	北京全三维动力工程有限公司、中国科学院工程热物理研究所、哈尔滨工业大学、北京重型电机厂、哈尔滨汽轮机厂有限责任公司、黑龙江省电力公司、浙江省电力公司	蒋洪德、徐星仲、朱斌、蔡虎、郭朝阳、张冬阳、黄伟光、王仲奇、徐文远、朱国良
J—217—2—04	二等奖	WBZ-500型微机变压器保护装置	南京电力自动化设备总厂、东北电力设计院、东北电管局、华中理工大学、辽阳电业局	徐进亮、陈德树、沈福媛、孟志宏、牛立峰、刘效孟、陶月明、毛锦庆、芮志浩、王峰
J—217—2—05	二等奖	DISA&DR2000变电站自动化设备	国家电力公司电力自动化研究院	徐石明、陶晓农、赵金荣、施玉祥、张辉勇、顾大庆、刘臣宾、蒋跃平、陈朝勤、周邺飞
J—222—2—04	二等奖	XHM-7型斜井滑模系统的研制与实践	中国水利水电第十四工程局、天荒坪抽水蓄能电站工程建设公司	马洪琪、尚明华、熊训邦、李鹏程、王良生、陈恒敬、朱镜方

国家电力公司2000年度科技进步奖获奖项目

序号	编号	授奖等级	获奖成果名称	主要完成单位	主要完成者
1	20001101	1	500kV紧凑型输电线路关键技术及试验工程	中国华北电力集团公司、中国电力科学研究院、清华大学、华北电力科学研究院、华北电力设计院、南京电力金具设计研究所、北京送变电公司、国家电力公司电力建设研究所、华北带电作业技术中心、保定电力修造厂	于幼文、赵丞华、邵方殷、杜澍春、黄炜纲、范钦珊、巩学海、袁亦超、顾游、傅春蘅、从怀贤、尚大伟、何长华、宋桓嘉、张福林

续表

序号	编号	授奖等级	获奖成果名称	主要完成单位	主要完成者
2	20001202	1	大型锅炉煤性炉型耦合体系的研究	国家电力公司热工研究院	相大光、姚伟、高海宁、袁颖、牛国平、艾卫国、王秋瑞、周宇伟
3	20002101	2	电网失步解列及分布式稳定控制系统	国家电力公司电力自动化研究院	孙光辉、白扬、李雷、崔启宏、于浩、戴永荣、王岭、孙希琳、张宇
4	20002102	2	基于CC-2000支撑平台的EMS高级应用软件	国家电力公司东北公司、辽宁省电力有限公司、中国电力科学研究院、清华大学、电力自动化研究院、北京科东电力系统控制有限责任公司	于尔铿、葛维春、周京阳、王心丰、薛禹胜、王文、洪军、邓佑满、王家宏、张学松
5	20002103	2	500kV交流系统用线路型悬挂式复合外套无间隙金属氧化物避雷器的开发和应用	广东省电力工业局试验研究所、西安电瓷研究所	钟定珠、陆国庆、李学思、贾东旭、陈舒娟、党镇平、李凡
6	20002104	2	河南省电力系统抗震可靠性分析与地震应急预案研究	河南省电力勘测设计院、郑州工业大学、同济大学	李杰、李天、陈淮、丁新朝、段保顺、曹志民、孙增寿、宋建学、罗斌、何军
7	20002105	2	西北电网水调中心自动化系统	西北电力调度通信中心、中国水利水电科学研究院自动化研究所	王德宽、朱教新、宣跃、薛金淮、左园忠、陈显瑞、涂少峰、王桂平、梅林、周民
8	20002106	2	华东电网自动发电控制技术（AGC）的研究与应用	中国华东电力集团公司	陈开庸、刘维烈、张启平、彭康宏、刘光仁、樊祥荣、叶礼广、汪德星、郁东升、曾兆祺
9	20002201	2	远方汽轮发电机组振动故障集中分析和诊断技术研究	国家电力公司热工研究院、吉林省电力工业局、福建省电力试验研究所、吉林电力科学研究院	黄秀珠、王养琪、蔡礼东、王伯时、汤延令、张延章、张学延、苏秦、王剑钊、张卫军
10	20002202	2	火力发电厂在线工业化学分析仪表综合校验装置	河北省电力试验研究所	王二福、张华民、何彩燕
11	20002203	2	高海拔地区燃用高水分褐煤的研究	云南电力试验研究所、国家电力公司热工研究院	杨昆民、何佩瑶、姚伟、相大光、赵明、吴江、王春昌、朱竹桃、张诚、李明亮
12	20002204	2	元宝山发电厂引进60万kW机组锅炉技术改造与技术进步	东北电力科学研究院、元宝山发电厂、国家电站燃烧工程研究中心、国家电力公司东北公司生产部、辽宁省电力有限公司生产部	黄其励、张永兴、刘武成、袁德、王元、李振中、武春生、温绍多、冯兆兴、张晟
13	20002205	2	白山大型梯级水电厂远方集中控制计算机监控系统	白山发电厂、中国水利水电科学研究院自动化所、辽宁电力科学研究院电网所	王德宽、于亚军、刘守茹、张毅、耿瑞杰、黄慧华、刘晓波、张喜杰、吕欣怀、陈俊杰

续表

序号	编　号	授奖等级	获奖成果名称	主要完成单位	主要完成者
14	20002206	2	严寒地区混凝土面板堆石坝施工技术研究	中国水利水电第一工程局、东北勘测设计研究院	常焕生、茹彩江、谭悦亮、朱纯祥、刘春和、孟光军、金正浩、高光剑、王慎江、孙凤阁
15	20003101	3	电力系统一次网损分析计算方法及程序的开发研究	东北电力学院、东北电网调度通信中心、黑龙江省电力有限公司调度局	穆　钢、周　莹、边二曼、严干贵、徐兴伟、贾　伟、杜　剑
16	20003102	3	天津市电力市场分析与需求预测	国家电力公司动力经济研究中心、天津市电力公司	伍　萱、曲　巍、闫华礼、文　华、李敬如、李琼慧、孙　薇
17	20003103	3	辽宁省电力有限公司管理信息系统	辽宁省电力有限公司信息中心、中国科学院沈阳计算技术研究所、大连圣达计算机发展有限公司	潘明惠、李锡臣、于立滨、张　华、朴云南、刘树吉、胡　博
18	20003104	3	WBZ-04型微机变压器保护装置	浙江大学、国电南京自动化股份有限公司	徐习东、朱伟立、李　菊、陶月明
19	20003105	3	电网运行分析与决策支持系统开发	国家电力公司南方公司调度通信中心	熊卫斌、郑志千
20	20003106	3	Y5C-95/178型串联间隙金属氧化物避雷器	吉林省电力科学研究院、西安电瓷研究所、白城供电公司	汪礼文、郑良华、列剑平、秦江扬、王新霞、孙东明、金宜民
21	20003107	3	自承载带电更换220kV线路直线杆任意段研究	巴彦淖尔电业局、内蒙古电力（集团）有限责任公司生产部	张登云、张建强、燕永东、郭锡玖、张月旺、苏雁飞
22	20003108	3	电力系统仿真试验室的建立及在三峡电力系统试验中的应用	中国电力科学研究院	曾南超、曾昭华、蒋卫平、王明新、班连庚、陶　瑜、石　岩
23	20003109	3	921工程发射塔防雷保护安全性研究与试验	中国电力科学研究院、总装备部工程设计研究所	郑健超、谢晓龙、杨吟梅、李国富、张泽明、宿志一
24	20003110	3	基于Web方式的电力通信网监控系统	中国电力科学研究院、湖南电力调度通信局	赵丙镇、刘建明、邓　驰、于锡古、韩震威、胡春明、高昆仑
25	20003111	3	密封型、少维护户外交流高压真空断路器的开发	中国电力科学研究院	王承玉、顾　宁、杨海芳、袁大陆、杜彦明、李　嘉
26	20003112	3	36MvarTCR静补工程阀及控制器的研制	中国电力科学研究院、沈阳电力勘测设计院	张文涛、汤广福、张　皎、赵　贺、鞠云华、王少宁、蓝元良

续表

序号	编　号	授奖等级	获奖成果名称	主要完成单位	主要完成者
27	20003113	3	继电保护装置静动模仿真试验系统	华北电力大学（北京）、辽宁省电力调度通信中心	刘万顺、李保福、秦立军、郑心广、焦邵华、李　营、李铁群
28	20003114	3	云南省高海拔超高压交直流输变电试验中试基地建设	云南省电力试验研究所	唐　徽、李锐海、文　华、寇　伟、曹昆南、李　明、李小键
29	20003115	3	广州蓄能水电厂机组稳定性状态监测及跟踪分析系统	广州蓄能水电厂、清华大学、北京奥技异电气技术研究所	张正松、祁达才、褚福磊、吴国青、陈　伟、任继顺、李承军
30	20003116	3	60 万 kW 发电机组配套用全连式离相封闭母线设计开发	北京电力设备总厂	罗敬安、杨泽利、任安林、张宽成、徐如男
31	20003117	3	《发电厂励磁调节》	山西电力工业局当代科技丛书编委会	丁尔谋、李振生、郭连邦、王永珠、高培润、周熙彬、徐　奇
32	20003201	3	常熟发电有限公司4号机组 30 万 kW 发电机大轴焊接修复研究及实施	江苏省电力试验研究所、国家电力公司热工研究院、常熟发电有限公司、江苏省电力局南京焊培中心	许　琴、冯宝林、范长信、葛兆祥、束国刚、陈吉刚、王世华
33	20003202	3	大跨度干煤棚结构选型研究	国家电力公司华东电力设计院、同济大学、浙江东南网架集团有限公司、陕西省机械施工公司	宋声璠、沈祖炎、郭明明、周殿雄、王　勇、潘炎根、陈扬骥
34	20003203	3	炉内结渣模型的建立及应用研究	黑龙江省电力科学研究院、华北电力大学	姚文达、殷晓红、赵成东、孙治昆、徐海康、张　寅
35	20003204	3	LPZNB 型立式喷水柱塞泥浆泵的研制开发	国家电力公司电力建设研究所、宝鸡水泵厂、河北西柏坡发电有限责任公司	马宗庆、刘和平、郑其武、于执中、徐贵林、王保护、钟争良
36	20003205	3	油液颗粒污染度检测仪	四川电力试验研究院	谢　舫、唐　平、朱　康、杨静萍、胡昌华、陈贤顺、杨薇可
37	20003206	3	外高桥电厂辅助系统采用 DCS 技术的研究及应用	苏州热工研究所、上海外高桥发电厂	李东风、江从铨、吴　帆、许应宏、曹国权、范葵香
38	20003207	3	汽轮机高压缸特大裂纹补焊研究	华能辛店发电厂、国家电力公司电力建设研究所	徐德录、刘志刚、王广智、杨　敏、郭　军
39	20003208	3	大型汽轮发电机组测功法甩负荷试验方法的研究	国家电力公司热工研究院、上海外高桥发电厂、哈尔滨工业大学	房德明、冯伟忠、于达仁、张亚夫、卢　刚

续表

序号	编 号	授奖等级	获奖成果名称	主要完成单位	主要完成者
40	20003209	3	FZ15-100型（C2）翻车机及调车设备	武汉电力设备厂、西南电力设计院、贵州安顺电厂	蔡春生、林家森、陈义国、张俊华、刘长义、韦延河、范小江
41	20003210	3	固化粉煤灰在电厂灰场筑坝中的应用技术	武汉水利电力大学	侯浩波、阮新建、黄种买、孙 琪、陈祝安、方朝阳、马彦涛
42	20003211	3	厚焊缝超声波串列扫查探伤方法研究	华北电力科学研究院	徐锡谷
43	20003212	3	用时域法进行人造地震动的谱拟合	中国水利水电科学研究院	张伯艳、陈厚群、胡 晓、朱栗武
44	20003213	3	抽水蓄能电站经济评价软件（EEPP1.0）	国家电力公司北京勘测设计研究院	刘新建、温 鹏、杨德权、翟国寿
45	20003214	3	东风水电站中孔弧形工作闸门的设计研究	国家电力公司贵阳勘测设计研究院	王兴安、王先学、陆一婷、王 雷、郭劲松、谭守林、苏 勇
46	20003215	3	牵拉式闸门封堵泄空洞进水口旱地修复水下门槽技术	江西柘林水力发电厂、华东勘测设计研究院、上海海上救助打捞局大坝公司	李宁生、肖赛赛、陶志亮、余海涛、尚振涛

科 研 院 所

中国电力科学研究院

按照国务院及国家电力公司对科研机构体制改革的要求，2000年中国电力科学研究院整体转制为国家电力公司全资科技型企业。一年来，该院实现了新老领导班子的顺利交接，制定了《中国电力科学研究院战略管理方案》，明确了发展方向，初步完成了产业重组和组织机构调整，为今后的长远发展奠定了基础。

基本情况

1．经济效益

2000年新签合同总额4.2亿元，其中：技术合同1.7亿元，产品合同1.8亿元，贸易合同0.4亿元，其他0.3亿元。实现销售收入4亿元，净利润4235万元，上交国家税金2478万元（注：以上数据采用合并会计报表方法取得，对未纳入报表的参股公司，按占有的实际股权比例统计计算）。

2．机构设置

2000年该院设有以下机构：①产业集团，包括电力系统分析与控制公司（系统研究所）、高压电气公司（高压研究所）、电力电子公司（输配电及节电技术国家工程研究中心）、电网自动化公司（电网自动化研究所）、变电站自动化公司、通信与信息技术公司（通信技术研究所）、内外贸易公司和电厂及工业自动化公司（电厂自动化研究所）、农村电气化公司（农村电气化研究所）、配电自动化公司及其他参股公司等；②职能及党群部门，设总经理工作部、人力资源部、财务资产部、科技部、营销部、生产部、审计部、党群工作部等8个部门；③部级电力设备及仪表质量检验测试中心（下设13个检测站）；④后勤系统；⑤其他单位，包括高压开关研究所、电测量研究所、计算机应用研究所、研究生部、《电网技术》杂志社等。

3．人力资源

至2000年底，该院人力资源总数为1475人，包括在职人员771人，其他各类聘用人员704人。

在职人员中专业技术人员共计608人，其中：高级以上职称者231人；硕士202人、博士41人；中国科学院、中国工程院院士各1人；国家级有突出贡献的中青年专家13人，享受政府特殊津贴者100人。

4．基础设施

2000年该院总占地面积18.6万m^2，建筑面积15.51万m^2。其中：院本部占地面积14.5万m^2，建筑面积13.9万m^2；廊坊产业基地占地面积1.7万m^2，建筑面积1.28万m^2；怀柔产业基地占地面积2.4万m^2，建筑面积0.33万m^2。

主要科研设施有：电力系统仿真试验室、高压试验大厅、大功率试验站、电力系统动态模拟试验室、能量管理系统开发试验室、电力系统电能计量标准试验室、电力负荷控制试验室、低压电器试验室、电力系统继电保护及安全自动装置检测试验室、电力电子试验室、电磁兼容试验室等。

2000年该院自有资金投入为1712万元，其中用于研究开发1190万元，用于生产和固定资产投资522万元。

至2000年底，该院固定资产为1.75亿元，其中科研设备1亿元。年内新增科研设备1511万元。

至2000年底，该院拥有科技图书2.75万册、资料1.7万册、期刊351种、科技档案3456卷。

5．科研成果

2000年该院科研项目获国家科技进步奖1项（见表1），国家电力公司科技进步奖7项（见表2），院级科技进步奖39项。

表1　2000年获国家科技进步奖项目表

项目名称	授奖等级	获奖人员
CC-2000开放式、面向对象的EMS/DMS支撑系统	一等奖	吴玉生、吴杏平、杨秋恒、董春晖、沈松林、郭崇辉、宋小琳等

表2　2000年获国家电力公司科技进步奖项目表

项目名称	授奖等级	获奖人员
500kV紧凑型输电线路关键技术及试验工程	一等奖	邵方殷、杜澍春等
基于CC-2000支撑平台的EMS高级应用软件	二等奖	于尔铿、周京阳、张学松等

续表

项目名称	授奖等级	获奖人员
电力系统仿真试验室的建立及在三峡电力系统试验中的应用	三等奖	曾南超、曾昭华、蒋卫平、王明新、班连庚、石岩等
921工程发射塔防雷保护安全性研究和试验	三等奖	郑健超、杨吟梅、李国富、宿志一等
基于Web方式的电力通信网监控系统	三等奖	赵丙镇、刘建明、韩震威、高昆仑等
密封型、少维护户外交流高压真空断路器的开发	三等奖	王承玉、杨海芳、袁大陆、杜彦明、李嘉等
36MvarTCR静补工程阀及控制器的研制	三等奖	张文涛、汤广福、张　皎、赵　贺、王少宁、蓝元良等

6．双文明建设

主要工作：①组织进行党风廉政教育，落实党风廉政建设责任制，开展“创建‘两优一先’”活动，取得可喜成绩：获国家机关文明单位、首都文明单位和国家电力公司双文明单位荣誉称号；②组织力量做好“法轮功”修炼者的教育转化工作，开展与“法轮功”邪教组织的有力斗争；③注重关心离退休人员生活，为其老有所养、老有所为创造条件；④开展职工思想教育工作和丰富多彩的文娱活动；⑤开展“扶贫济困送温暖”活动，为灾区人民捐款、捐物。

主要科研、技术服务工作

2000年该院新签纵向合同42项，合同金额3508万元，合同完成率96%；横向合同555项，合同金额1.54亿元，合同完成率99%。

1．重要科研项目

(1) 电力系统计算机网络实时仿真系统研制。

该项目主要研究内容：①充分吸收和借鉴国内外已有的研究成果；②拟订总体方案，包括计算机硬件配置方案、网络通信硬件及软件方案、电力系统实时仿真分析软件方案等；③研究并行超级计算机网络开发方案；④研究制定电力系统实时仿真软件方案，包括适用于实时仿真计算的电磁-机电暂态算法、实时仿真系统软件配置及编程方案、初步可行性试验验证等。

项目目标：①提出以超级PC机和高速网络为硬件平台、基于电磁-机电暂态算法和并行处理技术的电力系统计算机网络实时仿真系统的研究方案；②仿真系统应具有实时模拟10台以下发电机组电力系统的能力，且便于扩容；③仿真系统应便于接入实际控制装置进行试验；④提出大规模仿真是否可行的结论性意见。

(2) 可控串补（TCSC）控制系统及可控硅阀工业装置研制。

该项目主要研究内容：①进行 TCSC 控制理论和策略研究；②进行 TCSC 一次系统元件的技术条件及电磁暂态特性研究；③进行 TCSC 控制系统设计；④确定分层控制结构及相互关系、控制系统及相关设备性能和技术规范；⑤开发 TCSC 工业控制装置；⑥进行 TNA 仿真试验和工业装置模型试验；⑦研究TCSC 用晶闸管阀单元组件、光电触发及其监测系统，以及冷却系统试验、选型；⑧研究晶闸管阀保护及控制技术；⑨研究大容量 MOV 非线性电阻片特性、并联分流特性和筛选方法；⑩研究 TCSC 装置台架的结构、总体布置、保护回路及绝缘水平的设计。

项目目标：①完成系统研究和主要设备的技术规范、参数和选型；②提出控制、保护、测量及在线监控和信号传递的软硬件系统的设计方案，完成 TCSC 工业化控制器的研制；③完成晶闸管阀保护及控制系统的研究，提出关键技术参数，完成 TCSC 用 TCR 单元组件的研制；④提出阀冷却系统选型和技术规范；⑤提出 MOV 并联单元的形式、数量、并联结构布置及引线方式；⑥提出 TCSC 台架总体布置、并联断路器和主电容器的性能要求与选型。

(3) 故障电流对城市通信设施影响和工频磁场测量的研究。

该项目针对目前缺乏高压输电线路对通信设施影响的定量分析手段这种情况，通过实测了解城市电力设施对通信设施的电磁影响程度，给出对通信设施危险影响的电压限定参考值，并开发出对阻性和感性耦合影响进行分析、预测的软件。

其研究成果将在以下几方面起积极作用：①可避免由于电磁影响而造成通信设施损坏，保证通信线路畅通；②可避免由于过分考虑危险影响而放弃合理的站址和走廊选择方案；③可避免由于过分担心危险影响而采用不必要的防护措施，造成经济浪费。

(4) 基于小波变换技术的输电线路故障测距装置实用化技术。

该技术利用先进的数学工具——小波变换技术，通过分析输电线路故障时产生的行波信号，确定故障距离的新型故障测距系统。该系统适用于 110kV 及以上中性点直接接地系统，其主要特点如下：①可利用全球定位系统作为同步时间单元，通过计算故障行波到达线路两端的时间差来计算故障位置；②测距精度不受线路长度、故障位置、故障类型、负荷电流、接地电阻、故障时电压相角、大地电阻率等的影响，能满足精确定位的要求；③不需附加昂贵的专门设备获取行波信号，易于推广；④具有全面的软硬件自检功能，抗干扰性能满足 IEC 标准及国标规定；⑤系统自动化程度高，数据的传输、储存、分析、处理等工作全部自动完成，不需手工操作；⑥可根据需要随时察看各条线路的历史数据。

(5) 福建省电力生产统计管理系统。

该系统采用 Oracle、PowerBuilder、SilverStream 软件开发平台，具有发电企业生产统计管理、供电企业生产管理、电力生产统计管理三大功能，实现了基层数据汇总、报表处理、综合分析、信息查询等功能，具有良好的可扩充性和可维护性。其主要特点如下：①设计采用国际先进的三层应用体系结构，应用范围涵盖了基层数据处理，具备数据上报和统计汇总分析功能；②可与调度、用电等 MIS 子系统良好结合，提高了统计数据收集的自动化水平；③可利用 Internet 网络进行数据交换，方式灵活，保证统计数据的实效性，提高工作效率；④可将原始数据自动积累生成统计台账，对数据进行多角度统计分析，并以表格、图形、分析报告等形式发布到网上，供领导及各业务部门查询，进行辅助决策。

(6) 基于国际标准的 EMS 系统接口平台的研究。

该项目基于 EMS—API 国际标准，全面采用面向对象技术，建立了公共信息模型库（CIM），实现了跨平台的统一程序访问接口（CIS），从而开发出易于多厂家符合国际标准接口应用软件进行移植的支持平台。

该平台的开发使得与调度生产运行管理相关的信息能够集中到统一的公共信息模型库（CIM）上，方便了电力企业其他生产管理系统获得所需信息。该平台在移植过程中不需修改程序，实现了应用软件的“即插即用”，保持了 EMS 系统的国际先进水平。

(7) 天广直流调试。

天广直流输电工程系统调试项目由该院系统所、高压所共同承担，经过一年多时间的努力，已完成极 1 站调试和系统调试的主要内容，实现了 2000 年底向广东送电的目标。该院参加调试工作的全体人员发扬团结协作、奋力拼搏和连续作战的作风，在时间紧、任务重的情况下，与国电南方公司、西门子公司等单位密切配合，完成预定任务，获得国家电力公司和国电南方公司好评。

(8) 基于 Web 方式的电力通信网监控系统开发。

该系统硬件基于运行 TCP/IP 协议的计算机网络，设备采用标准通用产品；软件采用成熟商用化数据库平台，因此具有良好的开放性、可扩展性以及广泛的适用性。

系统状态量采集传送时间＜30s；故障告警反映

正确率优于99%；模拟量综合测量误差<5%；系统数据采样周期5～30min，可设置；调阅画面响应时间<5s；系统可利用率优于99%。

该系统采用先进的Web Broswer/Web Server/Database Server三层体系结构模式，编程工作全部在服务器端完成，客户端只需具有通用的浏览器软件即可，因此维护升级方便，查看信息简单，便于同MIS、SCADA、DMS系统互连。

该系统对于智能型子站设备，可利用其原有采集装置和数据传输通道，在主站端通过规约转换接入系统，保护了用户原有投资；对于非智能型子站设备，可通过加装RTU采集数据，采用IEC870—5—101通信规约予以解决；在单链路故障情况下，实现了利用其他信道拨号远端自动迂回的功能，具有创新性。该系统对于确保电力系统通信可靠运行，提高通信为电力调度以及电网商业化运营服务质量，缩短通信设备维修停运时间，特别是对于电力通信运行部门减人增效具有十分重要意义。

2. 2000年新签主要科研项目情况（见表3）

表3 新签科研项目情况表
（合同额100万元以上）

单位：万元

项目名称	项目负责人	合同额
黑龙江省调度自动化工程	吴杏平	1390
沈阳地区调度自动化工程	吴杏平	1200
电力系统仿真中心完善化	曾南超	970
可控串补（TCSC）控制系统及可控硅阀工业装置研制	周孝信	800
连云港供电局抄表系统	郝为民	645
天广直流调试	印永华、来小康	500
漳泽4号机组控制系统改造工程	崔青汝	476
天广交直流并联输电系统初期运行的系统研究	李柏青	457
黑龙江电力公司电力市场技术支持系统	白晓民	450
凯里电厂125MW发电机发并三相网运行PSS试验	刘增煌	450
丰镇发电厂5号机汽轮机调节系统改造	陈继南	425
汕尾调度自动化工程	吴杏平	419
基于国际标准的EMS系统接口平台的研究	吴杏平	380
吉林热电厂10号机组控制系统改造工程	李亚群	340
故障电流对城市通信设施的影响和工频磁场测量的研究	陈维江	248
无锡供电局抄表系统	欧青海	248
郑州配调自动化工程	吴杏平	196
云南变电仿真系统研制	林昌年	195
姚孟电厂3、4号机DAS系统	王 默	191
大坝发电厂输煤（皮带程控部分）集控改造	谈 龙	164
配电管理系统	沐连顺	160
阳泉电厂锅炉技改工程机炉DCS控制系统	陈 勇	145
新通物业供热站工程DCS系统	李亚群	126
阳城电厂送出系统模拟仿真分析	蒋卫平	120
烟台电业局市区配电自动化系统	沐连顺	118
长治供电局调度所远程图像	欧青海	105
35kV无弧调压技术的研究	于坤山	100

主要产业公司工作

1. 电力系统分析与控制公司（系统研究所）

由原系统研究所（电能质量室除外）重组成立，主要从事电力系统规划分析、电力系统软件开发、系统仿真及调试，2000年新签合同额4265万元。

2000年承担技术合同127项，合同额2550万元。主要项目包括：“华中-华北-东北等大区电网联网方案的比较试验研究”、“超高压输电系统中灵活交流输电（可控串补）技术”、“大型电力系统分析软件的开发研究”、“全国电网互联第二阶段研究”、“天广交直流混合输电工程系统调试”、“华北-东北电网互联系统稳定特性研究”、“天广交直流系统运行初期系统研究”、“天广直流输电系统对广东电网影响的研究”、“广东岭澳湾核电站外电网电源可靠性评价分析研究”、“福建电网大机小网及联网前后的安全稳定性研究”、“大房线串联电容器补偿工程专题研究”等。

2000年产品销售合同96项，合同额1413万元，同比增长46%。主要情况如下：在电力系统规划设计、调度运行得到广泛应用的“电力系统分析软件”新签合同额151万元；与三菱公司合作开发“天广交直流并联系统安全稳定装置”，合同额285万元；“WKKL系列励磁调节器”合同额318万元；“DF1024便携式波形记录仪”合同额208万元；基于GPS的“ADX3000型多功能电力系统稳定监录仪”合同额165万元；“WFLC电量测量仪”合同额65万元；“MPW综合保护装置”合同额55万元。

2．高压电气公司（高压研究所）

由原高压研究所、高压电器厂、能电公司套管部分重组成立，主要从事避雷器、互感器、套管、电缆接头、变压器、绝缘子、非阻抗匹配变压器等产品的开发、生产以及状态监视技术、高电压技术研究，2000年新签合同额4980万元。

2000年技术合同额820万元。主要项目包括：“天广直流调试”、“故障电流对城市通信设施的影响研究”、“输电线路及变电站工频磁场测量”“变电站单相接地短路电流分流系数研究”、“广东省高压线路、变电站工频磁场测量和分析”、“深圳机场变电站地电位升对电信线路危险影响防防研究”、“220kV机场变电站通信电缆耐压试验”、“华北大房线串补站防雷和接地研究”、“佛山110kV、220kV交流输电线路间隙防雷保护”、“深圳供电局10kV配电网过电压幅值在线监测”、“变压器套管在线监测”等。

2000年产品销售合同额4160万元，其中：避雷器合同额1500万元，套管1800万元，楔型线夹340万元，消弧线圈50万元，仪器类470万元。

3．电力电子公司（输配电及节电技术国家工程研究中心）

由原输配电及节电技术国家工程研究中心、系统研究所电能质量室重组成立，主要从事高压变频调速、用户电力技术、谐波治理工程、小波测距等方面产品的开发、生产，2000年新签合同额1070万元。

该公司以电力电子技术和小波理论应用为主要发展方向，产品和工程并重，相互结合，相互促进。

主要工作情况：①完成“低压TSC”产品的系列化开发，实现销售额367万元，同比增长260%；②采用小波技术的“输电线路故障定位装置”投入小批量生产，即将在华北、辽宁、吉林、福建等地电力系统投入运行；③与邯郸钢铁公司签订援越项目SVC工程设计合同，合同额为60万元；④“高压TSC”产品在南阳电业局、银川供电局投入运营；⑤“小波分析技术应用于电力设备故障诊断研究项目”通过国家电力公司验收，该项目在小波库部分作出创新贡献，在典型局放波形库与小波分析识别系统方面达到国际一流水平；⑥完成高压直流试验室电力电子试验回路前期工作。

4．电网自动化公司（电网自动化研究所）

电原电网自动化研究所（变电站自动化室除外）、科东公司、软件中心、能电公司仿真模拟部分重组成立，主要从事电力市场支撑系统，EMS/DTS/DMS管理系统、通用数据平台的开发、生产，2000年新签合同额4416万元。

该公司产品“CC-2000开放式、面向对象的EMS/DMS支撑系统”2000年获国家科技进步一等奖。该产品目前占网省局大型系统市场份额的80%，2000年签订合同11项，即辽宁省电力市场技术支持系统、沈阳地调、汕尾地调、黑龙江省调、郑州配调、邯郸集控站、华北工程EMS、包头工程EMS、唐山大屏幕接口、长沙大屏幕接口、长沙Web等。

重点发展产品：CC-2000开放式、面向对象的能量管理系统、CC-2000（Linux版）调度管理系统、EPM-2000电力市场支撑系统、DAS2000配电管理系统（NT版）、PD2000配电管理系统（UNIX版）、变电站培训仿真系统等。

5．变电站自动化公司

由原电网自动化研究所变电站自动化室、自动化设备厂与能电公司综合配电仪部分重组成立，主要从事变电站监控、保护、综合配电仪产品的开发、生产，并最终向变电站综合自动化方向发展。

2000年合同额2500万元，其中：产品合同额2013万元，技术合同80万元，贸易合同300万元。

该公司将以现有技术支撑、产品和工程实践为起点，将变电站监控、保护及配电监测、配电监控相互融和，在技术上相互借鉴、补充并寻求更高的技术支撑，逐步具备系统集成能力，实现从变电站、配电线路、配电设备，直至大、中、小用户的一揽子解决方案。

6．通信与信息技术公司（通讯技术研究所）

由原通讯技术研究所、得理公司、电能表中心重组成立，主要从事电力线通信技术研究、承揽通信工程以及通信监控、宽带网络集成、抄表系统等产品的开发、生产。

2000年新签合同额3134万元，其中：“居民用户集中抄表系统”产品合同额1300万元；“电能表”产品合同额96万元；通信工程合同额1230万元。

2000年完成的主要科研项目：“国家电力公司Y2K问题测试与分析”、“外事管理信息系统开发”、“同步数字体系（SDH）光纤通信在电力系统的应用”、“配电网复合通信方式研究”、“IP网在电力系统应用研究”、“多介质合成配网通信技术研究”、“电力通信网监控系统”、“无人值班变电站远程图像传输系统”等。

重点发展产品：①营配管理系统，包括远程自动抄表系统，配网自动化、电能表网损实时监控及用电市场信息管理；②通信工程，包括扩频通信、光纤通信和宽带技术的系统集成；③通信与远程图像监控系统的完善化和系列化工作；④燃料综合信息管理系统。

7.内外贸易公司

由原进出口公司、康达公司、总公司市场部重组成立，主要从事国内外贸易工作。该公司连续几年被北京市海关评为B级企业，2000年新签外贸合同140项，合同额580万美元，同比增长10%；新签服务合同8项，合同额112万元。

行业管理工作

2000年挂靠在该院的8个标准化委员会主要完成以下工作：①“配电网自动化终端设备通用技术条件试行标准”由国家电力公司发文试行；②修订标准11项，主要有：“配电网自动化系统远方终端标准”、“电能量远方终端标准”、“采用配电线载波机系统的配电自动化低层协议——扩频型移频监控规约”、“低压电力用户集中抄表系统行业标准”等；③正在编写标准9项，主要有：“电力变压器绕组变型测试标准”、“发电、输电、配电运行国标”、“试验设备验收标准”、“配电网自动化终端设备通信规约标准”等；④协助国家电力公司农电工作部做好新产品、新技术的推广应用工作，为农村电网的“两改一同价”献计献策。

电力设备及仪表质量检验测试工作

该院部级电力设备及仪表质量检验测试中心2000年共完成检测任务1001项（含国外产品49项），出具检验报告1001份。主要工作包括：①三峡输变电线路用绝缘子监造工作；②国内部分企业单相电能表产品质量的国家级监督抽查工作；③国家电力公司部署的“远动终端设备”抽检工作；④利用RTDS（实时数字仿真系统）建立继电保护装置检测系统，扩大试验检测的能力和手段；⑤“示波器”实验室通过北京市质量技术监督局考核，取得认证资格和检定权；⑥电能表质检站和直流电源质检站通过国家技术监督局和国家电力公司电力评审组的计量认证复查。

学术交流与对外技术合作、经贸活动

2000年该院派往国外参加国际学术会议，进行考察、经济技术合作的团组85个、226人·次；接待来自国外的团组31个。

1.学术交流

2000年主要学术活动：①该院与国家电力调度通信中心共同主办“电力系统电压稳定技术讲座暨研究会”，参加会议代表70人；②挂靠该院的中国电机工程学会电磁干扰专委会与输电线路、电力通信专委会联合举办“电力线路ADSS光缆应用技术学术会议”，参加会议代表89人，发表论文18篇；③挂靠该院的中国电机工程学会电力系统配电自动化分专委会召开第二届技术研讨论，参加会议代表60人，发表论文30篇；④挂靠该院的中国电机工程学会农村电网分会在浙江余姚召开学术年会；⑤该院与香港中华电力公司就直流输电系统和交直流输电系统运行专题进行技术交流；⑥该院邀请日本信息技术研究所专家做信息高速、宽带传送技术讲座；⑦该院杂志社编辑出版《电网技术》（月刊）12期，登载科技论文230篇；编辑出版《中国电机工程学报》（月刊）12期，登载学术论文240篇。

2.对外技术合作与经贸活动

主要活动有：①引进加拿大数字-物理模拟仿真设备，完善电力系统仿真中心；②与日本三菱公司合作开发天广交直流并联系统安全稳定装置；③与香港中华电力公司签署南方电网数据转换协议；④执行利用德国政府赠款进行的DSM需方侧管理项目；⑤与法国电力公司的电力系统动态和控制分部签订合作协议，为其开发移植FONSYNT配电事故诊断程序。

研究生部工作

1.职工培训

2000年举办“企业战略管理”、“质量管理”、“专业技术”等方面培训10次，接受培训人数513人。

2.研究生培养

2000年研究生部有博士生导师7名、硕士生导师59名。招收博士生6名，硕士生10名；年内有3名博士生、4名硕士生毕业；至2000年底，在读博士生16名，硕士生25名。

2000年招收“论文硕士研究生”15名，授予硕士学位39名；至2000年底，在读“论文硕士研究生”72名。

3.博士后流动站工作

2000年流动站有4名博士后从事“基于柔性数据与监控的电网故障诊断和恢复控制策略”、“全国联网关键技术研究”、“电厂设备状态检修决策技术与系统平台研究”、“基于相角测量的电力系统稳定控制研究”等方面研究工作。

主要事件

1月27日，该院召开“中国电力科学研究院2000年工作会议和第二届第二次职工代表大会”。副院长吴玉生主持会议，院长何万龄做《中国电力科学研究院1999年工作总结和2000年工作安排》报告。副院长徐磊做《中国电力科学研究院1999年财务支出情况和招待费开支情况》报告。党委副书记郭小俐宣布《中国电力科学研究院1999年度双文明单位、双文明职工表彰决定》。中国水利电力工会刘建民、刘振祥，国家电力公司科技环保部副主任詹仲晦、综合处处长全晓华出席会议。

2月15日，该院与德国西门子公司召开“中国第一条交直流并联输电线路系统调试工作”启动联络会议。

3月27～29日，该院与国家电力调度通信中心共同主办“电力系统电压稳定技术讲座暨研究会”，参加会议代表70人。

4月19日，该院接待世行官员检查输配电及节电技术国家工程研究中心世行贷款项目进展情况。

4月25～27日，挂靠该院的中国电机工程学会电磁干扰专委会与输电线路、电力通信专委会联合举办“电力线路ADSS光缆应用技术学术会议”，参加会议代表89人。会议发表论文18篇。

5月16日，该院档案工作目标管理升级达标通过国家电力公司组织的正式验收。

5月25日，该院廊坊生产基地建设竣工，该基地占地面积1.7万m^2，主厂房建筑面积1万m^2，综合楼建筑面积0.3万m^2。

5月25～26日，该院“超高压输电系统中灵活交流输电（可控串补）技术”项目通过国家自然科学基金会验收，国家电力公司科技环保部科技成果鉴定。

6月6日，国家电力公司副总经理陆延昌、人事管理部主任程光杰、科技环保部主任张晓鲁等到该院宣布领导班子调整情况：吴玉生任中国电力科学研究院院长兼党委书记；徐磊、王宏军、陈维江任中国电力科学研究院副院长；周孝信任中国电力科学研究院总工程师；郭小俐任中国电力科学研究院党委副书记。免去何万龄中国电力科学研究院院长、党委书记职务，并退休。

6月15日，该院成立企业化改制和发展战略研究工作小组，组长：吴玉生；副组长：王彦亮、任伟理、印永华；组员：徐显华、孙培略、胡学浩、许强、卢和平、殷谦、刘壮志、于坤山、来小康、李祥珍。

9月1日，该院开发的黑龙江省电力市场技术支持系统第一期工程正式运行。

9月28日，该院与法国电力公司的电力系统动态和控制分部签订合作协议，为其开发移植FONSYNT配电事故诊断程序。

10月15日，该院“CC-2000开放式、面向对象的EMS/DMS支撑系统”获国家科技进步一等奖。

10月18日，该院召开全体党员大会，选举产生中共中国电力科学研究院第四届委员会和纪律检查委员会，国家电力公司直属机关党委田华香副书记参加会议并讲话。

11月22日，经过国家电力公司科学技术进步奖评审委员会审议，该院共7个项目获2000年度国家电力公司科学技术进步奖。

12月2～3日，该院召开改制工作会议。会上，吴玉生院长阐述了改制的必要性和目的以及改制的总体思路，并宣布了改制后的机构及改制后中层干部任命；院长助理王彦亮宣读了《中国电力科学研究院战略管理方案》。改制后，机构编制减少47%；中层干部人数减少20%。

12月18日，该院电测量所有“效准和检测实验室”通过中国实验室国家认可委员会及国家质量技术监督局的认证，并获得“实验室认可证书”。

国家电力公司热工研究院

国家电力公司热工研究院（简称热工院，英文名称：Thermal Power Research Institute，英文缩写为TPRI）是国家电力公司直属从事发电厂热能动力工程技术研究与开发的科研机构，现有员工660余人，其中专业技术人员占78%以上。

科研成果及优秀科研项目

2000年度热工院共有5项获得科技进步奖。其中《大型锅炉煤特性炉型耦合体系的研究》为本年度仅有的2项科技进步一等奖之一。此外，《远方汽轮发电机组振动集中分析和诊断研究》及《高海拔地区燃用高水份褐煤的研究》分获科技进步二等奖，《常熟发电有限公司4号机组30万千瓦发电机大轴修复研究及实施》及《大型汽轮发电机组测功法甩负荷试验方法的研究》分获科技进步三等奖。与此同时，《26Cr2Ni4Mov钢磨损焊接修复的研究》被江苏省科委评为科技成果二等奖。

2000年度热工院学术委员会评出院级科技进步奖43项，其中一等奖4项，二等奖10项（包括3项总综合奖），三等奖29项拥有4项专项成果。全年度共发表技术论文93篇，其中国际学术论文10篇，国内技术论文83篇。出版专著及论文集7部，完成技术报告285篇。

2000年度热工院获得政府部门和国电公司资助的科研项目共38项，主要包括超临界机组国产化研制的相关课题及超超临界火电机组技术开发可行性研究、火电机组运行远程技术服务网络系统的开发、粉煤加压气化评价装置的研制及粉煤气化特性研究、煤气高温净化技术研究以及1MW循环流化床燃烧试验台改造等20余项重大课题，以及锅炉管监督检验技术导则、汽轮机电液调节控制系统试验规程、凝汽器与真空系统运行维护导则、运行六氟化硫变压器气体质量标准、主蒸汽管道状态诊断与寿命评估技术导则等16项标准项目。

热工院负责承担的国家“九五”科技攻关计划项目“整体煤气化联合循环关键技术”及国电公司重大科研项目“100MW CFB锅炉及相关系统设计研究”均取得了重大进展。“IGCC关键技术”已于2000年12月通过了国家科技部组织的项目验收。在该项目5个课题共17个专题中，热工院直接负责承担了其中的5项专题并参加了另外7项专题。研究成果整体上达到了国内领先水平，部分成果达到了国际先进水平。该项目是中国首次就IGCC的关键技术进行的多学科综合性研究，为中国首座IGCC示范电站工程系统设计与优化、重要设备选型与招投标打下了技术基础，具有潜在的重大社会经济效益，同时也为中国IGCC事业培养和锻炼了一批专业技术人材和青年科技骨干。

热工院在执行国电公司重大科研项目“100MW CFB锅炉及相关系统设计研究”中，通过在其1MW CFBC锅炉试验台上对江西分宜发电厂工程煤种—西茶无烟煤和萍乡煤进行试烧试验工作，取得了工程设计所需的重要技术数据，为分宜发电厂确定了设计煤种和校核煤种。目前已完成了中国第一台拥有自主知识产权的国产100MW CFB锅炉的方案设计、热力计算和工程设计。该设计方案通过了国家电力公司和国家机械局组织的专家评审并在江西分宜发电厂落实了拥有自主知识产权国产100MW CFB锅炉工程示范点，使得该院的研究开发成果真正进入实际工程应用阶段。

热工院在电站锅炉直吹式制粉系统一次风粉管道中煤粉浓度在线监测技术领域取得了突破性进展。通过理论分析计算并对多种一次探头方案在气两相流试验台架上进行多次反复实验研究，终于成功地研制开发出了一种能够精确地在线测定一次风粉管道中的煤粉浓度一次探头技术方案。

近几年电力行业对节能降耗十分重视，许多电厂需要通过达标验收，争创一流，纷纷对100MW、200MW、300MW机组实施通流部分改造，热工院及时抓住电厂重点开展的煤耗评价工作，积极开拓机组热力性能考核试验和通流部分改造后的考核试验，全年完成了33台机组通流部分改造性能考核鉴定试验项目以及35台机组性能考核试验项目。国华北京热电厂200MW机组是引进德国ABB公司双抽技术的热电联产机组，在中国属首次引进，为掌握该型机组运行的经济性及安全性，热工院承担了该型机组投产后的验收试验工作。该项目历时近两年时间后取得了圆满成功，试验结果得到了国华北京热电厂及ABB公司的一致认可。该试验是国内首次采用德国汽轮机验收试验规程DIN1943、1975标准，也是首次对大型热电联产机组进行的验收试验，该试验结果将作为验证外方能否达到保证性能的依据，得到了ABB公司试验专家的认可，并作为试验的最终结果。依据该院计算结果，得出了2号机组未达到保证出力性能的结论（试验结果得出2号机组出力小于保证出力1.2%），依据此结论与相应合同条款，ABB公司赔款60万美元。

热工院承担的国电公司科技攻关项目“亚临界汽包炉给水加氧处理研究”课题，完成了实验室高压釜试验及大同电厂的工业性试验；落实了北仑和扬州二厂两个工程依托单位，并完成了北仑电厂1号机组大修检查并进行水汽查定和停加联氨的工作。目前正在设计制造自动调整加氧装置，完成凝结水精处理试验台试验。在国电公司来该院进行重点项目执行情况检查时对该课题的阶段工作成绩给予了充分肯定。

热工院在地下管道防腐故障点诊断技术研究领域取得实质性进展。宝鸡天然气管道（60km）保护工程及黄台电厂二段冲灰管道保护工程是该院第一次承担的地下管道阴极保护大工程，在国内首次采用电位梯度法、管地电位法和电阻法综合分析评估技术，准确地为用户找到了管道故障点发生地，成功地解决了其他单位未能解决的问题，得到了用户的高度赞赏以及对该院技术的认可。

热工院承担的蒲城发电厂一号330MW罗马尼亚机组热控及DCS改造工程项目，是该院有史以来承担的单项合同额最大的工程项目。该院在激烈的投标竞争中成功地获得了该项大型热控改造工程总承包资格，并负责工程设计、软硬件组态、项目管理、调试、系统及投运工作。控制系统于2000年9月26日通过168h考验，程控和保护投入率均为100%。

文明单位建设

经国家电力公司党组进行严格考核评选，热工院于2000年8月被国家电力公司授予1998～1999年度部级双文明单位及思想政治工作先进单位称号。该院在思想政治工作中全面贯彻中央及国家电力公司有关精神，发挥优势，力求创新，形成了全院思想政治工作的良好态势，为深化科研体制改革提供了保障，凝聚了干群队伍。

国际学术交流与技术合作

"火电厂寿命管理与延寿国际会议（ICOLM2000）"由中国电机工程学会、国家电力公司主办，华能国际电力、华东电力、华中电力集团、西北电力集团、江苏省电力、山东电力等单位协办，热工研究院于2000年5月18～20日首次成功地举办了这一国际学术会议。来自国内及美国、日本、德国、韩国、英国、瑞典、荷兰、澳大利亚、俄国、葡萄牙等国家相关领域的著名专家与学者约100余人参加了学术交流与讨论。会议发行了集结近百篇国内外近年来最新研究成果的技术论文集，为中国火电厂金属监督工作者与国际同行专家互相交流、互相学习提供了一次绝好机会。

热工院联合美国恩泰克-爱迪公司，邀请国内有关发电厂的十多位厂长、总工等专家代表，于2000年6月来热工院参加了火电厂状态检修高级研讨会。

热工院于2000年5月及9月成功地举办了"中德火电厂现代化管理"及"中德火电厂节能技术研讨班"，来自全国近50余座发电厂的50多名技术主管及工程技术人员来热工院参加了研讨与学习交流。

ABB公司瑞士总部高级副总裁及ABB北京投资公司副总裁先后来该院访问，双方探讨了在电力技术服务领域进行深层次合作的可行性与合作模式。

意大利CESI公司总裁及技术专家也先后来该院进行访问并详细介绍有关技术，探讨与热工院开展技术合作及开拓电力技术服务市场的合作模式。

2000年度在开展国际技术项目方面也取得深层次进展。热工院先后承担了德国BBP公司（原斯坦缪勒公司）在北京第一热电厂湿法烟气脱硫装置的启动调试项目、重庆电厂湿法烟气脱硫装置的启动调试项目以及重庆电厂湿法烟气脱硫装置环保监测仪表的标定试验。同时还执行FOSTER WHEELER公司在梅州湾电厂的环保排放考核测试项目。

热工院先后两次组团对香港电灯公司、中华电力公司进行技术考察和交流，上述两家公司也先后派专业人员来热工院接受专业培训。中华电力公司派专业代表团对热工院进行技术考察和交流。

该热工院与英国贸工部及Mitsui-Babcock公司合作进行超临界和部分气化联合循环ABGC技术的研究，就超临界机组和新的洁净煤技术在中国发展的市场潜力、完成采用标准螺旋管冷壁管和采用垂直内螺纹水冷壁管的两套600MW超临界锅炉的参考设计方案，以及两种锅炉的技术性能和经济性能比较开展工作，与英国贸工部和帝国理工大学达成"干煤粉气化技术"合作研究协议，就气固两相流理论、干煤粉输送技术、典型煤种的干煤粉气化特性开展研究；与台湾大学合作研究"高温煤气除尘"的项目已基本确定，将进行模拟气体的高温高压移动颗粒层过滤除尘试验研究、陶瓷过滤器、金属过滤器及其他过滤器的高温除尘试验研究等；受台湾吉兴公司委托，目前正进行台电250MW IGCC工程可行性研究，主要包括IGCC工程可行性研究及IGCC主要设备（气化炉系统、空分系统、煤气净化系统、联合循环系统、控制系统、排放与废弃物处理系统等）选择与规划等。

通过相关国际技术合作项目的执行实施，极大地提高了热工院在国际上的竞争力和知名度，为该院深入开拓国际市场奠定了基础。

热工研究院2000年度大事记

1月16日，召开热工研究院1999年度工作总结暨四年任期工作总结大会，院党组书记、院长蒋祥军同志代表本界领导班子对任期四年的工作进行了总结汇报。

1月17日，召开热工院第二界二次职工代表大会。

3月31日，国电公司张贵行总工、张晓鲁主任来热工院指导工作。

10月16日，ABB公司副总裁访问热工院。

国家电力公司电力自动化研究院

基本情况

1. 人员

2000年底该院在职职工总数960人，其中专业技术人员790人；具有高级职称者316人（含教授级高级工程师64人）、中级职称者310人，获博士、硕士学位者330人。有中国工程院院士2人，国家级有突出贡献的中青年专家4人，享受政府特殊津贴者45人。

2. 机构设置

2000年底该院设有以下机构：①1个研发中心；②14个研究所/事业部，即继电保护、电网控制、系统、稳定技术、自动控制、工业控制、电气控制、大坝及工程监测、信息技术、水情测报技术、农村电气化、通信技术、深圳自动化研究所和城乡电网综合自动化事业部；③1个科研辅助部门，即科技教育中心；④10个职能及后勤部门，即办公室、人事处、综合业务处、营销处、质量管理处、财务资产管理外、政治部、后勤处、审计处、工会；⑤1个电力系统自动化杂志社；⑥1个成套设备厂；⑦1个技术贸易公司。

3. 经济情况

2000年新签合同额13.18亿元，比上年11.6亿元增长13.6%。完成合同额11.03亿元，比上年10.01亿元增长10.2%。

全年实现净利润11181万元，比上年9255万元增长20.8%，较目标1亿元增长11.8%。

全年交纳各种税金7753万元，其中：流转税5846万元，所得税1057万元，其他税850万元。

科研工作

(1) 全年获奖项目3项：

1) DISA&DR2000变电站自动化设备（国家科技进步二等奖）；

2) 省、地区级电网新一代开放型分布式能量管理系统（江苏省科技进步二等奖）；

3) 电网失步解列及分布式稳定控制系统（国家电力公司科技进步二等奖）。

(2) 全年完成科研成果鉴定5项：

1) RCS-915微机母线保护装置；

2) 火电厂厂级网络互联系统；

3) DSA系列保护监控一体化系统；

4) NSC系列通用厂站监控系统；

5) 发电侧电力市场技术支持系统(PMOS-2000)。

(3) 专利情况。

1) 获专利授权3项：①高精度电容传感液位测量仪；②全液控自复式主配压阀；③备用电源自投。

2) 申报专利5项：①全液控自复式主配压阀；②全液控自复式主配压阀；③网络化低压母线保护装置；④网络化小接地电流探索装置；⑤电压无功综合控制装置。

(4) 技术开发。

1) 为中国电力市场"厂网分开、竞价上网"研制开发的国家电力公司重点科技项目"发电侧电力市场技术支持系统开发"在浙江省电力公司通过现场验收和技术鉴定，获得了很高的评价。

2) 为国家调度中心提供的电能计量计费系统已顺利投运。

3) 新型微机保护硬件系统完成硬件平台的研制；RCS系列发电机保护完成样机研制。

4) 为广东省电力公司开发的SD-6000T EMS系统以及为重庆电力公司开发的OPEN-2000S EMS系统均已通过现场专家验收。

5) 600MW火电机组微机励磁调节控制系统在扬州二电厂成功投运；电力电子已完成±500kVA静止无功发生器的研究已完成试验并投入运行；完成国电公司立项项目"水电机组控制、测量保护可靠性及智能化装置的研究"。

6) 电网暂态安全分析软件包中标美国和加拿大的工程应用项目。

7) 为"西电东送"所承担的二滩水电厂送出稳定控制系统已发往现场。

8) 在消化吸收国内外先进产品技术基础上开发的"变电站分布式通信控制系统的研究"项目，已完成32位机、多CPU、功能强大的通信控制器的开发；新开发的"基于DSP高性能RTU的研制"在RTU网络化可靠性、工艺方面达到进口产品的水平。

9) 水电站"梯级调度经济运行软件"、"新一代监控系统软件"已完成软件总体编制；EC-2000监控系统软件、满足小水电及泵站要求的硬件系统已开发完成。

10) 为国调中心开发的水调自动化系统已通过FAT；乌江流域水调自动化系统已在现场成功投运。

11) 科研院所内部信息网、实时信息网管理系统基本完成开发和投运工作；信息管理系统软件平台已完成开发。

12) 新开发的变电站DSA保护监控一体化系统已完成鉴定。

13) NSC系列通用厂站监控系统通过鉴定。

14) 伊朗德黑兰地铁供电控制系统项目已在现场顺利投运，并在通过测试验收后移交德黑兰地铁公司正式运行。

15) 国产化超高压变电站计算机监控系统在广州北郊500kV变电站等地成功投运。

16) 为"南水北调"引黄入晋开发的"大坝安全监测硬件系统研究"、"大坝变形真空激光准直监测系统"已形成产品。

17) 完成开发项目ECM-Inms电力通信综合网管系统的主体研发工作。

18) 稳定控制SCMS集中管理系统、OPS-1在线预决策系统已进行工程化开发。

19) 天生桥梯级电站联合调度决策支持系统形成高级调度软件包。

20) GKS-ERP企业资源管理系统开发已形成自主版权的工业企业信息管理与分析系统。

管理工作

(1) 科研计划管理。

1) 向国家科技部、国家计委、国家电力公司、江苏省和南京市申报重点科研开发项目25项，其中包括"农村电力自动化系统"、"模块化大容量电力有源滤波装置研制”、“电力工业过程自动化技术产业化示范工程”、“500kV 变电站综合自动化系统”、“电力市场决策与分析系统研究开发”、“TASE.2 协议在电力系统广域网的开发应用”、“智能化一次设备”、“土石坝自动化安全监测系统”、“抽水蓄能水电厂计算机监控系统及夏至点后装置的研究”、“新型系列工程安全监测仪器研究”、“DISA-4 基于现场总线的变电站自动化系统”、“地铁动力自动化系统”、“配电网综合智能化一次设备”、“电力系统暂态安全评估工具TSAT 的计算规模扩容”、“电力系统自动化应用软件及成套装备”、“电力自动化计算机集成制造系统”、“省、地区级电网新一代开放型分布式能量管理系统”、“分散控制系统”、“电力专用通信网接入路由器”、“WFBX 型多功能微机防误操作闭锁系统的推广应用”、“RCS-915 微机母线保护装置”、“DISA 系列分布式变电站监控系统”、“UFV-2F 型失步解列及频率电压紧急控制装置”、“DSA 系列保护监控一体化系统”、“ISA/LSA-300 系列微机保护装置”等。

2）组织申报、评审和立项院控重点科研开发项目 33 项，其中包括“新一代水电厂跨平台监控软件研究”、“梯级水电站经济运行及其软件研究”、“抽水蓄能电站计算机监控系统的研制和开发”、“水电机组状态监测、故障诊断与状态检修研究”、“工业控制系统软件平台的研制”、“NARI ACCESS 功能扩充及完善”、“NS2000 综合自动化监控系统后平台软件开发”、“变电站分布式通信控制系统的研究”、“基于DSP 高性能 RTU 研制”、“嵌入式通信控制器的研制”、“发电商竞价上网辅助决策系统”、“TASE.2 协议在电力系统广域网的开发应用”、“网络分析软件的集成与完善”、“电网调度自动化集成系统”、“智能化一次设备”、“城乡电网电量自动采集与营业管理系统”、“适合于农网的 RTU 装置”、“大坝变形真空激光准直监测系统研究”、“土石坝安全自动化安全监测系统研究”、“水情水调和环境监测自动化系统平台”、“电力有源滤波器的理论及实验研究”、“用于 AVR 闭环测试的同步发电机组实时仿真器研制”、“新型水轮机调速液压柜研究”、“ECM 综合通信网管系统的研究”、“大电网暂态稳定最佳控制策略的快速搜索系统”、“在线动态安全分析技术研究与应用”、“电力实时数据网构架的设计与实现”、“电力企业 MIS 中对象管理技术的开发”、“通用综合查询工具的开发”、“电力营销自动化系统”、“新一代智能分散型硬件平台的研究”、“32 位 CPU 高精度故障录波器硬件支持系统”、“风电自动化系统”等。批准立项资金共3318 万元。

（2）财务资产管理，认真执行国家各项方针、政策，加强资金调控，压缩贷款规模。清理闲置银行账号。通过规范运作，增收节支，加大应收账款的收款力度，银行贷款总额已从 1999 年的一亿元降低为2000 年底的 3500 万元，资金情况良好。

（3）市场营销工作，2000 年新组建的营销处根据院/集团公司确立的各分公司、子公司的专业方向，协调全院市场工作，并代表集团公司积极开拓市场，全年共办理市场授权书 369 份、市场保函 97 份，组织大型展览宣传 9 次，并通过书刊广告等多种渠道宣传展示院的整体形象，还认真做好院网页的更新和日常维护工作。

（4）质量管理工作，院质量手册、程序文件由 B 版升级为 C 版，完成两次质量体系内审，通过上海质量监督审核中心对全院质量体系的年度监督审核和3 年一次的认证复评。检测出厂产品 14125 台套、元器件 8080737 件，合格率 99.22%。制定了《整机结构基本技术要求》等企业标准。

（5）教育培训工作，全年采购、编目加工中、外文科技图书 1486 册，中外文科技资料 122 册，中英文报纸 38 种。组织举办 10 多次各种形式的学术交流研讨活动。举办 18 次技术培训活动，921 人参加。制定南瑞集团博士后科研工作站管理实施细则；录取2000 级硕士研究生 16 名、博士生 2 名。举办 ISO—9001 培训 11 期，为电力系统专业技术人员举办短训班 11 期。

（6）部级期刊《电力系统自动化》建立了全新的网站；《电力系统自动化》再次名列电工技术类中文核心期刊综合评价第一名，并获得全国工程类期刊类影响因子第二名。《电力系统自动化》刊名经国家工商行政管理局商标局的批准，成为正式的注册商标。

国内外学术交流与技术合作

1. 学术交流

（1）全年发表学术论文 177 篇，其中入选国际学术会议及发表在国外和国内对外学术刊物上的论文11 篇，发表在国内学术刊物及参加省部级以上学术会议交流的论文 166 篇。经院学术委员会以无记名差额投票方式评选出 2000 年度一等奖 2 名、二等奖 10 名、三等奖 20 名、特别奖 1 名。

（2）组织了 6 次国内科技成果展示活动：3 月份在山东曲阜组织“光纤通信组网技术讲座”；9 月份在西安参加“西部电力工业发展战略学术研讨会”；11 月份在南京组织“2000 年度全国远动及厂站自动化学术年会”；11 月份在上海组织“华东地区（六省一市）第四届继电保护技术交流和学术研讨会”；11 月份在烟台参加“第四届全国智能化电器及应用研讨会”；12 月份在昆明组织“2000 年度全国电网调度自动化、仿真技术学术年会”。此外，还积极参与中国电机工程学会组织的国际民间学术交流活动等。

(3) 积极参与国际、国内标准的制订、修订及采标工作，提高应对国际竞争的能力，2000年以自动化院为依托的三个标准化委员会共组织审定了9个国家标准、8个行业标准；清理审查了历年来制订的一批行业标准；电力系统控制与通信标委会组织了院内30多名技术骨干参与各种标准的跟踪、制订等项工作。

2. 对外合作

(1) 全年派往国外、境外参加国际学术会议、进行技术考察与合作、经贸联系等各种活动的团组51个，出访了美、德、法、英、加拿大、新加坡、马来西亚等14个国家和地区；接待来访团组10个。

(2) 组织参加国际投标，已中标8项，合同额408.57万美元，其中包括“云南大朝山110kV、220kV计算机监控和保护系统”、“云南大朝山保护系统”、“孟加拉微机低频低压减载装置”、“瑞士变电站综合自动化系统”、“台湾中国输出入银行资讯系统改造第二阶段应用系统开发与建置”、“三峡500kV微机保护”、“云南省电网调度自动化系统”、“上海中山西路泵站”等。

精神文明建设

(1) 认真贯彻落实党的十五届四中、五中全会精神，大力开展精神文明建设，组织全体党员干部深入学习邓小平理论和江泽民同志“三个代表”的重要思想，开展法制宣传教育，结合成克杰、胡长清案例深入开展反腐倡廉的教育活动。积极做好“法轮功”练习者的教育转化工作，以实际行动维护政治稳定。

(2) 抓好党风廉政建设，自觉接受职工监督。在科研生产发展方向、干部选拔任免以及有关职工切身利益的决策时，广泛听取职工和干部的意见，保证重大决策科学、合理，更具有操作性。党组领导召开座谈会，听取各专业所、公司、处室的意见，研究院的大政方针，总结工作，解决科研生产实际问题。

(3) 抓好党支部建设，全年发展党员6名，转正31名。出版“求实创新”期刊12期，图片专栏19期。配合南京市检察院做好案件查证工作。党政工团开展“理解、服务、奉献在岗位”、“讲文明、树新风”、“五好文明新风家庭”、“积极募集物品，支援六合老区”和“迎接新纪元、济困送温暖”等活动。举办“新春乐活动周”、庆“三八”跳绳比赛。组织第7届院职工运动会和义务献血。完成地方政府下达的“第五次全国人口普查”的各项任务。安全保卫方面，加强门卫、护院管理，坚持出入登记制度、会客制度、停车登记制度、巡查制度等，按时编写保卫工作简报，每月出1～2期治安和消防墙报宣传，为科研工作创造良好的环境。

主要事件

1月18日，南京南瑞集团公司荣获南京高新技术开发区“作出突出贡献企业”称号。

1月18日，在江苏省新设博士后科研工作站集体授牌仪式暨新设工作站单位研究课题发布会上，南京南瑞集团公司被授予“博士后科研工作站”。

1月26日，江苏省委回良玉书记来院视察。

2月16日，国家电力公司周大兵副总经理来院视察。

2月18日，2000年全院职工大会在南京召开。

3月8日，江苏省人大王霞林副主任来院视察。

3月3日，电网控制所研制的基于OPEN-2000平台的配电网AGC系统通过华中电力调度通信局和华中电力集团公司主持的实用化验收。

3月，电气控制所研制的中国投入工业试验中容量最大的±500kVA SVG静止无功发生器样机，在湖北丹江口水利管理局丹江口电厂成功投运。

3月27日，电网控制所研制的西北电网主站过渡系统（SD-6000系统）工程通过西北电力集团公司验收。

3月28日，院第七届硕士学位评定委员会成立。

4月29日，总工程师薛禹胜院士荣获“全国先进工作者”称号。

5月23日，江苏省委常委、南京市委书记王武龙视察南瑞继电保护有限责任公司江宁基地。

5月31日，国家科技部程津培副部长来院视察。

6月2日，电气控制所研制的微机励磁调节装置在扬州第二发电厂600MW机组上投运成功，这是国产励磁产品首次对进口机组进行的改造。

7月11日，电网控制所研制的中国最大规模和最高水平的EMS系统工程——广东省电网EMS2工程（SD-6000T）通过现场验收。

8月17日，继电保护所研制的RCS-915型微机母线保护装置通过部级技术鉴定。

9月12日，国家科技部体政司尚勇司长、江苏省科技厅刘显桃、杨锐副厅长来院视察。

9月18日，《电力系统自动化》新版网站正式开通。

9月24日，电网控制所研制的“火电厂厂级网络互联系统（基于RD-800平台）”通过国家电力公司技术鉴定。

9月27日，城乡电网综合自动化事业部研制的“DSA系统保护监控一体化系统”通过省级技术鉴定。

9月29日，中共中央政治局常委、国务院副总理李岚清在国家科技部副部长邓楠、文化部部长孙家正、中共江苏省委书记回良玉、省长季允石等领导陪同下来院视察。

10 月 19 日，国家电力公司电网建设分公司霍继安总经理、江苏省电力局徐斌副局长来院视察。

11 月 10 日，院第七届/南瑞集团公司第三届职工运动会开幕。

12 月 25 日，南京市人大吉忠坤、石尚群、马双菊副主任来院视察。

（罗祥兴　曹成林）

附件

国家电力公司电力自动化研究院

NANJING AUTOMATION RESEARCH INSTITUTE,

STATE POWER CORPORATION OF CHINA

地址：南京蔡家巷 24 号

ADD：24Caijiaxiang，Nanjing

P.O.Box 信箱：323 Nanjing

Zip code 邮政编码：210003

Phone 电话：(025) 3429900（总机）

Fax 传真：(025) 3427142

Site add 网址：http：//www. nari-china. com

院领导班子

院　　长：卜凡强

副 院 长：李福生、宋振沪、沈国荣、曹铁男、王力科

总工程师：薛禹胜

电力建设研究所

基本情况

人员　2000 年底，全所在职职工总数 441 人，其中专业技术人员 252 人（具有高级技术职称者 67 人，中级技术职称者 100 人，初级技术职称者 85 人）。离退休职工 236 人，调出 18 人，接收应届毕业生 20 人（研究生 8 人、本科生 12）。

领导班子　2000 年 7 月 18 日，国电任字 42 号文任命李一凡同志为电力建设研究所所长。2000 年 10 月 14 日，国电任字 79 号文从陕西省电力公司调王日文到该所任副所长，进一步健全与加强了该所领导班子。

机构调整　职能管理部门从 10 个精简为 5 个（撤并了综合处、审计室、离退休办公室、科研处），即总经理工作部、人力资源部、政治工作部、经营管理部、财务部，人员从 67 人减少到 32 人；撤消了科研处，成立了科研开发中心；对市场部进行了充实调整，组建了市场营销中心。对下属企业进行了调整，对原蓝达公司、建兴公司、村内公司和中汇工程设计所一并撤消，组建了科建总公司工程部；对原科华公司、蓝达公司、建兴公司、村内公司、中汇工程设计所、远光公司、通达公司等企业进行了清账和工商、税务注销工作。

所部迁址　该所所部多年来一直设在北京市房山区良乡镇，属于远郊区县，诸多因素制约了该所的发展。2000 年 6 月 6 日。该所所部迁址北京市广安门南滨河路 33 号——“华亨大厦”办公。全所形成了三个相对集中的发展版块，即“华亨大厦”为管理与科研中心，良乡北院为生产、实验基地，良乡南院为资产委托多种经营。

经济目标　2000 年，全所新签合同额 1.263 亿元，完成产值 1.052 亿元，实现收入 1.097 亿元，合同累计到款 9370 万元，实现利润 898 万元，职工人年均收入 2.8 万元。

科研、技术开发、生产经营与服务工作

科研项目　2000 年，全所在研项目 26 项，其中国家“九五”攻关项目 3 项，国家电力公司项目 17 项，所控项目 6 项。26 项中有 18 项是延续项目，8 项为新开项目。各类标准制修订项目 52 项，其中延续项目 40 项，2000 年新开项目 12 项。从全年项目检查情况来看，大多数项目执行情况良好，个别项目进度有所延期。完成国家电力公司项目验收 8 项，还有 4 项将在 2001 年 1 季度进行。在已验收的项目中，分裂导线试验室建设与杆塔试验站改造两个项目得到了与会专家与国家电力公司的高度评价，认为达到了国际先进水平，其中的六分裂以上导线的微风振动试验能力和技术、蠕变试验技术达到了国际领先水平。

2000 年，共申报国家级项目 1 项，国家电力公司项目 7 项，其中“输电线路大跨越金具系列化设计研究”、“不同约束条件对杆件承载力的影响研究及 Q390 强度等级钢材应用于输电杆塔的研究”和“电站燃料锅炉干式排渣系统及关键设备的研究”三个项目在国家电力公司立项。完成了 12 项标准项目的申报工作。

2000 年共完成 5 个项目的鉴定工作，其中“A335P91 钢制管件的研制”和“不等边角钢用于输电杆塔的理论研究”两个项目为填补国内空白、国内领先水平，“导线舞动观测技术的研究及光测仪的研制”、“T91 钢异种钢焊接技术研究”和“T91/P91 钢焊接材料的研制”三个项目中的部分成果达到国际先

进水平。

2000年12月召开了所第二届科技论文发布会，共发表论文19篇，其中首席专家徐乃管等三人的论文“关于防振锤力学性能的探讨”、一级专家默增录的论文“500kV同塔双回路结构的优化设计”和发电室张文虎的论文“一种新型污水处理的工艺设备——流动床生物膜反应器”三篇论文获优秀论文奖。

部级获奖项目 2000年，获国家电力科技进步成果三等奖3项，其中，应用类成果2项，综合类1项（见表1）。

部级鉴定项目 2000年，完成部级科技成果鉴定项目6项（见表2）。

专利授权项目 2000年，获得国家专利授权项目3项（见表3）。

表1 部级获奖项目

序号	项目名称	获奖类别及等级	完成单位	主要获奖人员
1	大型汽轮发电机组支撑轴承热态中心变化及其对振动的影响	电力科技进步应用类成果三等奖	电建所东汽等	周学业、白林海、张宏宇、董邦平、杨才贵
2	脉冲栓流气力输灰系统及设备性能研究	电力科技进步应用类成果三等奖	电建所	于长友、李新生、罗晓萍、张祖建、仉锁成
3	特高压试验研究线段建设	电力科技进步综合类成果三等奖	武高所电建所等	许 岩、薄树明、吴筱鸿

表2 部级鉴定项目

序号	成果名称	完成单位	组织鉴定单位	鉴定证书号	鉴定意见	鉴定日期
1	P91钢管件研制	电力建设研究所	国家电力公司	(2000) 国电技鉴字015号	国内领先水平	2000.6.11
2	T91钢异种钢焊接技术研究	电力建设研究所	国家电力公司	(2000) 国电技鉴字094号	国际先进水平	2000.12.8
3	T91/P91钢焊接材料研制	电力建设研究所	国家电力公司	(2000) 国电技鉴字093号	国际先进水平	2000.12.8
4	不等边角钢用于输电杆塔的理论研究	电力建设研究所	国家电力公司	(2000) 国电技鉴字100号	国内领先水平	2000.12.7
5	舞动观测技术的研究及非接触式光学舞动轨迹测量仪的研制	电力建设研究所 中科院光学所	国家电力公司	(2000) 国电技鉴字101号	国际先进水平	2000.12.7
6	邹县电厂三期工程600MW汽轮发电机基础模型和原型振动试验研究	西北电力设计院 电力建设研究所	电力规划设计总院	(2000) 电规技评字002号	国内先进水平	2000.1.20

表3 专利授权项目

序号	专利名称	专利类型	发明人或设计人	专利号	专利申请日	授权颁证日
1	油水分离装置	发明专利	段红钢、郭 蕾、冯 玲	ZL 95 116486.4		2000.7.14
2	防振锤锤头与钢绞线的连接结构	实用新型	徐乃管、李朝辉、侯继勇			
3	防磨损悬垂线夹	实用新型	李朝辉、徐乃管、徐绍贤			

部级验收项目 2000 年度通过国家电力公司验收的项目共 8 项：

1）杆塔试验站的技术改造。

2）分裂导线力学性能实验室建设。

3）P91 钢管件研制和 9Cr-1Mo 钢焊接材料及异种钢焊接技术研究。

4）焊接及锅炉压力容器质量检测技术手段的完善。

5）舞动观测技术的研究及非接触式光学舞动轨迹测量仪的研制。

6）不等边角钢用于输电杆塔的理论研究。

7）快速同步液压升降装置的计算机控制系统的研制。

8）大截面导线线路施工设备及工器具的研究。

所级获奖项目 2000 年，评出所级科技进步成果奖 13 项，其中应用性成果一等奖 2 项、二等奖 5 项；理论性成果二等奖 2 项、三等奖 3 项；综合类成果三等奖 1 项（见表 4）。

表 4 所级获奖项目

序号	项目名称	奖励类别	完成单位	获奖人员
1	杆塔试验站的技术改造	应用性成果一等奖	结构室	何长华、刘万贵、李振福、默增禄、陈大勇、张东英、许　岩
2	分裂导线力学性能实验室建设	应用性成果一等奖	导线室	徐乃管、尤传永、董玉明、郭文坚、王景朝、沈清芳、辛　鹏
3	T91/P91 钢焊接材料研制	电力科技进步综合类成果三等奖	焊接室	郭　军、徐德录、杨建平、陈玉成、李　鹏、张桂兰、张逸飞
4	T91 钢异种钢焊接技术研究	应用性成果二等奖	焊接室	郭　军、徐德录、任永宁、陈玉成、王　然、叶建弘
5	舞动观测技术的研究及非接触式光学舞动轨迹测量仪的研制	应用性成果二等奖	导线室	徐乃管、高金铸、袁慧敏、张忠河、董玉明、张　勇
6	P91 钢管件研制	应用性成果二等奖	富通公司	叶　平、桂亚骁、张道湘、刘凤红、安锦平、陈　勇
7	GYT-100C 型液压张紧装置的研制	应用性成果二等奖	施工机械	冯晓红、郭玉莹、缪　谦、陈玉红、姚路迪、孙　川
8	快速同步液压升降装置计算机控制系统的研制	应用性成果二等奖	施工机械	张　彤、冯晓红、陈玉红、缪　谦、郭玉莹
9	不等边角钢用于输电杆塔的理论研究	理论性成果二等奖	结构室	默增禄、耿景都
10	论文“300MW 机组振动探析”	理论性成果二等奖	土建室	杨细望
11	焊工技术考核规程 DL/T679-1999	理论性成果三等奖	焊接室	杨建平
12	论文“架空送电线路微风振动现场测量新方法”	理论性成果三等奖	工程部	张会韬
13	2×350MW 进口机组工程施工图预算书	理论性成果三等奖	技经室	李大东

2000年，为了建立适应企业运行的经营管理机制，2月份，召开了全所经营工作会议，提出了本年度经营工作的中心任务。围绕这一中心任务，制订了“合同管理办法”、“成本核算管理办法（试行）”、“2000年度项目成本预算暂行办法”、“项目人工成本管理细则”、“各一线单位领导班子收入与本单位经营效益挂钩的实施办法”和“实行职工岗位动态管理的补充规定”等一系列制度和配套规定，将原来对一线单位的11项考核内容调整为目前的10项，重点加强了有关经济指标的考核。根据调整后的年度考核指标，与各一线单位签订了本年度的目标责任书，同时，与各单位负责人和所在党支部书记签定了党风廉正责任书。

为使新的经营管理制度顺利实施，对全所1999年底以前结存的各类项目进行了逐一清理，共清理项目278项，其中已完成合同清账消号的154项，结账金额548万元，余额635万元，合并了已完成合同内容但资金未到的项目75项，确认尚未完成、正在运行的项目25项。在清理工作中按各类项目的实际情况对继续运行的项目及时根据《合同管理办法》落实了有关项目的成本计划。

配合新的经营管理体系，实行了一线单位的二级核算制度，进行了二级核算人员的培训、考核和竞争上岗，为一线单位配备了二级成本核算员，为组织实施成本管理工作打下了基础。及时出台了关于产值计算统计的相关办法，使二级核算员能够更准确地做好核算工作。

2000年，先后两次对市场部人员和领导班子进行了调整充实，并在下半年成立了市场营销中心，目的就是要集中进行市场销售；强化市场营销力量和能力，迅速扩大市场范围，加大市场策划和市场调研力度。

根据年初确定的市场营销总体目标，上半年在以往工作的基础上继续着力进行华北地区的市场开拓工作，与一批在各省电力公司具有相当代表性和辐射力的基干电厂建立了比较紧密的联系，初步形成了华北地区营销网络。下半年召开了全所的营销工作会议。在总结华北市场的基础上，又成立西南、中南、东北及独立发电公司等若干营销分部，目前这四个分部已开始在各自营销主战场上积极运作和策划，力争尽快形成营销优势，实现集中市场营销的设想。2000年在市场营销中心全体工作人员的共同努力和各专业室的积极配合下，共签订各类项目合同8293万元。

在进行了大量市场调查的基础上，2000年精心策划了水计划和油计划，通过在电力行业中有影响的报刊杂志上发表专栏和论文、登广告，请专家召开产品评议等方式推广该所水处理与油净化设备等产品，取得较好效果。

2000年，该所完成了大量技术开发、科学试验与行业服务工作。

杆塔试验方面 完成了巴基斯坦500kV DS（3）铁塔试验、巴基斯坦132kV SPA钢管杆试验、巴基斯坦500kV双回路DS（3）DD（3）铁塔试验、孟加拉230kV双回路2DL+9直线塔试验、孟加拉230kV双回路2DR跨越塔试验、伊朗电器设备工程公司铁塔试验、辽宁鞍山220kVGGZV型直线钢管杆试验、浙江500kV金温输电线路HEJ分相换位塔铁塔试验、浙江500kV金温输电线路HEJ分相换位塔铁塔试验、浙江110kV同塔四回FZT（25）、FJ2T（15）铁塔试验、山东潍坊No13-21m（6610JS30-21）双回路转角杆试验、青海110SZ-16m直线兼5度转角钢管杆试验、丹东60kV3560JJ1单回路30度转角铁塔试验、安徽220kV SJG1（0～30）转角钢管杆试验、安徽省安庆10kV单回路直线钢管杆试验，吉林220kV单回路ZKB2型铁塔试验、南京G4J-24四回路转角钢管塔试验、北京110kV塔沙ⅠⅡ回改造工程GGJ60双回转角研究、北京远能达电网公司中南龙-政直流500kV J1耐张转角塔试验、中南500kV三峡工程双回直线SZ铁塔试验、华东龙-政直流500kV G2直线塔试验、湖南ZBS1-30M、JS1-24M三回直线转角塔试验、湖北220kV不对称铁塔试验、河南郑一新500kV线路双回路SZT1双回路直线塔研究、河南郑一新500kV双回路SZ1直线塔加工试验以及本所科研开发中心不等边角钢部件试验。

导线金具方面 完成了国控项目的子课题“大截面导线配套金具研制及防振技术研究”。3月召开大截面导线配套金具专家验收评审会，所研制的大截面导线配套金具（7大类60种）通过专家评审，并推荐给三峡工程使用；完成了部控项目“输电线路大截面多分裂导线防振技术研究”，并通过3月份专家评审会的评审。完成了国家电力公司及电网建设分公司“分裂导线力学性能实验室建设”项目，对液压振动设备（液压振动台）、机械设备及设施和测试系统进行了调试，成功进行了项目的验收；完成了国家电力公司项目“舞动观测技术的研究及非接触式光学舞动轨迹测量仪的研制”并成功通过国家电力公司组织的鉴定。

金属焊接方面 完成了国家电力公司重点科技攻关项目“T91/P91钢焊接材料研制及T91异种钢焊接技术研究”，由国家电力公司科技环保部组织了项目的技术鉴定与验收，专家给予“达到国际先进水平”的评价；完成了国家电力公司重点科技攻关项目“焊接与锅炉压力容器质量检测技术手段的完善”，使该所焊接及金属材料的性能检测和相关实验能力得到很大提高，该项目由国家电力公司科技环保部组织验收，认为焊接与金属实验能力达到国内先进水平；完成了三项行业标准的编制，由国家经贸委发布执行，即DL/T752——2001《火力发电厂异种钢焊接技术规程》、DL/T753——2001《火力发电厂汽轮机铸造件补焊技术导则》、DL/T754——2001《铝母线焊接技术规程》。

电厂综合技术方面 完成了山西侯马电厂城市污水回用工程现场试验、可研设计与初步设计审查和大同第二发电厂零排放工程现场水平衡测试、方案设计与初步设计审查工作；完成了河南禹州电厂循环水、华能井岗山电厂废水处理化学加药设备供货；完成了陡河电厂、邢台电厂阻垢剂、盘山电厂浓缩机、脱水仓和秦皇岛电厂气力除灰系统主要设备的供货任务；完成了大同第二发电厂渣系统改造施工图设计审查、主设备（浓缩机、脱水仓）供货、主体工程的施工、高井电厂渣系统改造施工图设计审查、主设备（浓缩机、脱水仓）供货、主体工程的施工和洛阳电厂浓缩机改造工程；完成了天津大唐盘山电厂凝汽器化学镀膜装置、陡河电厂3号机化学加药装置改造和七台河电厂化水、珲江电厂化水程控调试工作；完成了衡水电厂输煤系统粉尘治理项目；完成了高井电厂输煤系统、北京三热电厂输煤系统、宁夏大坝电厂输煤系统粉尘治理项目主体工程及太原第二电厂清洁煤燃烧项目可研审查。全年新签合同额7870万元，占全所总合同额的62.3%。

高压管件方面 完成了部重点项目“P91钢管件研制”项目的鉴定工作；完成了西气东输工程管道弯管项目的立项，并从8月份开始实施；完成了信阳电厂、张家口电厂、温州电厂、盘山电厂及平凉、宣威、武钢等单位管件的生产供货任务，生产总值2000万元；新签定益阳、秦山、邯峰、刁水、巨化等单位管件供货合同460万元。

质量检测 2000年，该所作为行业的质量监督机构，各质量监督、检测中心和试验室共承担各类质监、质检任务339项。其中，该所质监中心受华能国际电力开发公司委托，完成了北京、南通、福州、德州等电厂11台机组的工程质量检测、试生产后检查和机组达标投产检查。同时，参加了质监中心站对丹东、大连、珞璜、南通等电厂4次优质工程评比工作。混凝土电杆质量检测中心完成了山东德州、淄博、河北石家庄、唐山昌黎、滦县、邯郸、山西榆次、曲阳、北京昌平等86个厂家的混凝土电杆产品的质量检测工作。电力工程材料部件质量检测中心完成了8个项目的质量检测任务：完成了电网建设分公司500kV输电线路工程岗—长线、南—郑线、郑—新线导地线监造及检测工作；完成了云南大—昆500kV输电线路工程导、地线及电力金具三检任务中一、二检，贵州鸭—福500kV线输电线路工程导、地线三检任务；完成了华北张—顺、顺—迁500kV工程检验；完成了天—广直流Ⅱ回厂家型式试验工作。锅炉压力容器质量检测中心完成了山西娘子关电厂1号炉大修中主要部件寿命评估的现场检测工作；完成了河北邯峰电厂2×660MW机组主蒸汽管道（SA335P91）焊接现场工艺监督工作，对正确进行技术监督以确保工艺文件的真正实施作了有益的探索，受到国家电力公司电源建设部的高度评价，该中心于2000年5月在邯峰电厂工地召开了现场会，并予以推广。完成了首钢电力厂2000年“7.11”爆炸事件的善后工作，即主蒸汽管道焊缝安全性实验与检测工作。旋转机械振动质量检测中心完成了吴径电厂八期工程1号机组600MW震动监测分析、益阳发电厂1、2号机组振动检测与分析和沙电7号300MW机组启动振动监测分析。施工机械质量检测中心完成了常熟电力机具厂抗弯连接器、导线卡线器和三门峡市隆昌电力通信线路器材厂铝合金紧线夹头等6项拉力试验。完成了内蒙古电建二公司电动提模装置、天津电建公司塔式起重机和常熟电力机具厂机动绞磨等3项常规检测。还完成了江西水电工程局等单位高架门机制造质量评估、锅炉汽包、220kV铁塔塔头、高架门式起重机（30/10t）等4项应力测试。保温耐火工程质量检测中心完成了河北电建一公司、二公司，山西电建一公司、二公司、三公司，浙江火电公司，福建电建公司，广西电建公司，山东鲁能公司，山东鲁阳股份公司，上海阿斯克保温材料有限公司，广东西斯尔公司等300多个用户和厂家的800余个样品的检测工作。

管理工作

精简职能部门 本着总体精减、多数稳定、逐个调整的原则，2000年对职能部门进行了大幅度的调整，将职能管理部门从10个精减为5个，并本着一岗多责的原则，明确各部门各岗位工作职责、工作目标、上岗条件、工资待遇等，将职能部门的管理岗位由原来的67个减到32个，通过公开、公平、公正的竞争，已有32人正式上岗。

用人制度和工资体系 2000年先后进行了五次全所范围的公开招聘工作，应聘人员和招聘单位双向选择，竞争上岗，在全所职工中引起较大反响，每个职工特别是管理部门的职工都切实感受到了压力和危机感，在人事管理制度改革中迈出了一大步。同时，实行了与新管理制度配套的工资制度和职能部门岗位薪点制工资制度。

人才管理 加大中层干部和职能管理部门人员考

核力度。对中层干部实行了在年中和年初的工作会议暨职代会上进行民主测评、将测评结果对班子进行反馈、建立考核测评档案的考评方式。对职能部门管理人员实行了个人述职、评委打分、末位淘汰的半年试用期考核。对年青后备干部实行了在所内轮岗代职锻炼培养；对新入所的研究生、大学生实行了现场实习和导师制定向培养和跟踪考核。

政策研究 2000年11月17日召开了第一届政策研讨论文发布会，会上共发布了八篇论文，其中市场部周雄等三人的论文《企业化转制后的市场战略暨营销体系的建立与完善》和财务处李晓萍的论文《加强财务管理，以适应科技企业的发展方向》获优秀论文奖。

网站建设 MIS系统通过了所内的验收，初步实现在局域网上进行所内信息发布，建立了所的网页，并初步实现了科研、人事、财务、经营、市场信息与所部政务信息共享。

监察、审计监督 2000年完成了离任审计工作三项及液化气站财务收支审计、科电招待所所有者权益的审计工作。协助完成了七个所办企业的清账工作和日常的监察审计任务。

财务管理 建立了与新经营管理体系配套的财务制度，协助各一线单位的二级核算员建立了项目成本细账；制定了“资金管理办法”，严格控制管理费用支出。实现了管理费用较去年下降10%的目标。

精神文明建设

组织干部职工开展各种形式的政策理论与事实政策的学习活动，认真学习江泽民同志“三个代表”的重要思想、党的十五届五中全会文件和中央经济工作会议精神。举办中层干部法制教育培训班，在全所职工中开展法制教育，系统学习了相关法律知识。

坚持党风廉政建设，在年初与各单位签订了《党风廉政建设责任书》，并在年中和年底进行了全面检查。在全所开展了创建“双文明单位”、“双文明职工”活动，通过全年的考核，全所共评出“双文明单位”3个，“双文明职工标兵”5名。

召开了全所思想政治工作会议，传达贯彻了中央思想政治工作会议精神和国家电力公司思想政治工作会议精神，通过讨论与交流，明确了今后的工作思路，制定了2001年精神文明建设与思想政治工作要点。

以做好对“法轮功”痴迷者的监控、确保社会稳定和做好转化工作为重点开展了与邪教组织“法轮功”的斗争。

加强工会和职工代表大会建设。根据人员和机构调整，及时进行了分会的调整和换届工作，召开职代会大会3次，并召开多次职工代表座谈会，就事关职工切身利益的问题征求意见。全年走访、慰问离退休职工和病员55人·次。开展了形式多样的文体活动。

全所团员青年在新一届团委的带领下，开展了一系列有意义的活动，举办了“相知你我心灵交汇，携手共进世纪腾飞”为主题的大型集体婚礼，建立了所青年科学奖励基金会，成立了单身职工管理协会，为青年职工的学习、生活解决了实际问题，受到青年人的一致称赞。

由所出资20万元建立了离退休职工基金，成立了基金管理委员会。制定了离退休职工工作管理办法，新建了一处离退休职工活动站，并开展了丰富多彩的、有益于离退休职工身心健康的活动。

主要事件

1月15日，该所与国家电力公司签订了《双管密相气力除灰系统试验研究》、《高浓度远距离水力除灰技术推广应用》和《不等边角钢用于输电杆塔的理论研究》等三个部级科研项目合同书，合同金额分别为180万元、145万元和20万元。

1月18日，电力建设研究所召开2000年工作会议暨二届一次职工代表大会。会上表彰1999年度集体先进项目、双文明单位、双文明班组和双文明职工标兵以及1999年度所级优秀科技成果奖获奖人员、获1999年度授权专利人员和1998年度部级科技进步奖的获奖人员。

1999年度该所获各项先进称号：①被中央国家机关和房山区评为计划生育先进单位；②被北京市评为献血先进单位；③被北京市评为节水先进单位；④被房山区评为园林式绿化先进单位。

5月26日，职能部门竞岗招聘大会在所良乡办公楼举行，全所共33人报名竞岗，经个人竞岗述职、现场答辩、考评小组现场打分等步骤，最后共有29人应聘上岗。

6月11日，由该所承担的“P91钢管件研制”部级科研项目在北京通过了国家电力公司组织的专家鉴定。与会专家对该项目的研制完成给予了充分肯定，认为该项目的完成填补了此类新材料国产高压管件的空白，同时认为此类管件在工程中的成功使用处于国内领先水平。

7月11日，该所与国家电力公司签订了《500kV输变电工程设计关键技术研究——不等边界条件对输电铁塔杆件承载力的影响》、《输电线路大跨越金具系列化设计研究》和《电站燃煤锅炉干式排渣系统及关键设备的研究》等三个部级科研项目合同书，合同金额分别为200万元、200万元和160万元。

10月19日，国家电力公司人事与董事管理部主任程光杰、科技环保部主任张晓鲁、人事与董事管理部干部二处副处长李凯来该所宣布干部任免决定，国电任［2000］42号干部任免通知："李一凡同志任电力建设研究所所长"；国电任［2000］79号干部任免通知："王日文同志任电力建设研究所副所长"。

11月7日，由该所承担的国家电力公司科研项目"不等边角钢用于输电杆塔的理论研究"在北京通过了国家电力公司组织的专家鉴定和项目验收。与会专家认为：该项目成果达到国内领先水平。

由该所承担的国家电力公司科研项目"舞动观测技术的研究及非接触式光学舞动测量仪研制"在北京通过了由国家电力公司组织的专家鉴定和项目验收。与会专家认为：成果属国内首创，达到了国际先进水平。

11月17日，所首届政策研讨论文发布会在所市内办公大楼举行，会上共有八篇论文进行了宣读，经评审委员会评审，市场部周雄、杨红军、林静撰写的《企业化转制后的市场战略暨营销体系的建立与完善》和财务处李晓萍撰写的《加强财务管理，以适应科技型企业的发展方向》两篇论文获优秀论文奖。

11月22日，由该所承担的国家电力公司科研项目"大截面导线线路施工设备及工器具的研究"、"快速同步液压提升降装置的计算机控制系统的研制"分别在北京通过了国家电力公司组织的项目验收。

11月23日，由该所承担的国家电力公司纵向项目"杆塔试验站的技术改造"在北京通过了国家电力公司组织的验收。验收委员会认为达到国际先进水平。

11月24日，由该所承担的国家电力公司纵向项目"分裂导线力学性能实验室建设"在北京通过了国家电力公司组织的项目验收。项目验收委员会认为：实验室的整体水平达到当前国际先进水平，六分裂以上导线的微风振动试验能力与技术、蠕变试验技术达到国际领先。

12月8日，由该所承担的国家电力公司科研项目"T91钢异种钢焊接技术研究"在北京通过了国家电力公司组织的专家鉴定。与会专家认为该项目技术成果处于国际先进水平。

12月8日，由该所承担的国家电力公司科研项目"T91/P91焊接材料研制"在北京通过了由国家电力公司组织的专家鉴定。与会专家认为研制的T91/P91钢焊丝和焊条，其熔敷金属高温性能和焊接工艺性能达到国际先进水平。

12月15日，由该所科研开发中心主办的2000年度"学术论文发布会"在所市内办公大楼举行。会上共发布论文18篇，经发布会评审小组评审，徐乃管、王景朝、董玉明撰写的《关于防振锤力学性能的探讨》、默增录撰写的《500kV同塔双回路杆塔结构的优化设计》和张文虎撰写的《一种新型污水处理技术工艺设备——流动床生物膜反应器》三篇论文获优秀论文奖。

附件：

电力建设研究所"单位机构资料"

单位名称：国家电力公司电力建设研究所
北京科建电力工程技术开发总公司
地　　址：北京市宣武区广安门南滨河路33号
邮　　编：100055
电　　话：63405533（总机）
领导班子名单：
所长、总经理：李一凡
党委书记：薄树明
副所长、副总经理：梁　兵
副所长兼总工程师、副总经理：尤传永
副所长、副总经理：王日文
管理职能处室：
所办公室（总经理工作部）
人事教育处（人力资源部）
经营管理处（经营管理部）
政治工作部（政治工作部）
财务处　（财务部）
专业室：
线路结构研究室
导线金具研究室
电厂综合技术研究室
焊接技术研究室
施工机械研究室
技术经济与标准研究室
土建研究室
中　心：
科研开发中心
市场营销中心
管件研究开发中心
信息出版中心（《电力建设》编辑部）
质监中心
公　司：
北京富通高压管件技术开发公司
北京柯力动力化学防腐技术开发公司
北京电联电力工程承包有限责任公司(国内合资)
北京广富技术开发有限责任公司（国内合资）
北京远能达电网技术发展有限责任公司(国内合资)
北京融鑫电力工程造价事务所
工程事业部
劳动服务公司

国家电力公司武汉高压研究所

专项工作

1. 编制并上报转制方案

根据国家电力公司“武汉会议”和2000年工作座谈会议确定的转制精神，进一步对拟订的转制方案展开研究讨论，统一了中层干部的思想，明确了转制工作的指导思想和转企后的发展方向、目标、运行机制。之后，召开了全所工作会议和职工代表大会，将转制方案提交职工代表讨论，并经表决获得通过。

2. 完成国电公司两个重点实验室的建设与验收任务

国家电力公司根据电力系统建设的迫切需要，先后下达了在该所建设两个重点实验室——超高压电缆实验室和电力系统电磁兼容实验室的科研任务。为使任务圆满完成，满足电力市场发展的需要，先后组织技术人员赴美国和欧洲等发达国家进行技术、设备考察，建设方案确定之后采用招标的办法选择施工单位，两个重点实验室于1999年底和2000年初相继破土动工，于2000年10月胜利竣工。

11月，国家电力公司科技环保部张晓鲁主任代表国家电力公司党组成员、总经理助理周小谦同志亲自为两个重点实验室主持成果鉴定和项目验收会议。来自全国各个系统的30多位专家参加了验收会议，验收组专家们通过听取项目负责人执行情况的报告、现场考核以及对资金使用情况进行审核，一致认为这两个项目完全符合合同的规定，达到标准的要求，可以通过验收。同时专家组还对该所在这两个实验室的建设中自筹投入500万元和整个项目执行与建设过程中所体现出的“高速度、高质量、高标准和低成本”予以充分的肯定，他们认为不仅为国家电力公司节约了资金，而且为国家电力公司建设出了具有国家一流、世界先进水平的实验室。验收结束后。科环部张晓鲁主任与武高所张文亮所长共同为两个重点实验室揭牌。

3. 所（华瑞公司）通过了ISO/9001质量体系认证

2000年为进一步加强ISO/9000质量体系认证工作的领导，设立了质管部专人负责此项工作，制定了质量方针和目标，着力抓好质量手册编写：对内审员进行了两个阶段的培训，开展了两次内部审核，并在全所范围内进行宣传，从思想上提高职工对贯标重要性和必要性的认识，号召全所各部门积极行动起来，“集中精力，高度重视，端正思想，全力以赴”，进一步推动了全所质量体系的运行和改进工作。9月，经过ISO/9001专家委员会的现场考核，武高所一次性通过了评审。11月，中国方圆质量认证中心向该所正式颁发了质量体系认证证书（注册号：1900A1589），这标志着该所与国际接轨更近了一步，为转制成企业后的发展壮大打下了坚实的基础。

4. 部分实验室通过了中国实验室国家认可委员会（CNACL）和国家质量技术监督局国家实验室认可（IEC/ISO）导则25认可）

在积极开展建立ISO/9001质量保证体系的同时，武高所积极申报实验室导则25认可。已经通过导则25认可的实验室有与国家高电压计量站有关的实验室、超高压电缆实验室、电磁兼容实验室以及低压电器质检站等。

2000年8月18～20日，以中国计量科学研究院副院长童光球为组长的中国实验室认可委员会专家评审组对国家高电压计量站（武汉高压研究所）进行了为期3天的现场评审。评审组认为，该站的“质量体系文件符合《实验室认可准则》CNACL201-99的要求，是按照和满足实验室拟开展工作的需要而建立的，并得到较有效运行；实验室的环境良好，校准/检测设备能满足所认可项目的要求，人员也能满足将开展项目的需要，同意通过评审。”11月3日，中国实验室国家认可委员会和国家质量技术监督局正式向武高所（站）颁发了《实验室认可证书》（证书编号No：0362），使武高所成为国家电力公司直属科研院所系统中第一家通过国家实验室（CNACL）认可的单位，标志着武高所开展高电压、大电流和相关设备的认可项目校准/检测的资料在国际上可以得到相互认可，为实现与国际接轨奠定了坚实的基础。

5. 认真配合完成国家电力公司对所长的任期届中经济责任审计

按照国家电力公司人事部考核领导干部工作安排和审计部2000年的工作计划，根据国电审［2000］547号文件《关于对武汉高压研究所所长张文亮同志进行任期经济责任审计的通知》，国电公司审计部组织以黄聿邦主任、王淑凤处长带队、唐虎延处长主审的审计组于2000年9月来所进行了就地审计。

6. 所计算机信息网基本建成

在国家电力公司的领导下建成所内科研信息网。注册了国际域名whvri.com和国内域名whvri.com.cn,拥有了国际互联网站点：http://www.whvri.com，并设有中、英文版。自1999年底发布主页第一版后，2000年全面更新了内网、外网主页，实现了消息的滚动发布和信息的适时更新。截至年底，在主页上共发布了1600多条信息文件，比较全面地介绍了武高所的科研、管理基本情况，适时报道了与该所密切相关的信息。

局域网的建成运行，使全所基本实现了信息资源共享、电子通信两大功能。目前信息网络已成为重要的宣传阵地，在对外树立形象、宣传科研开发能力、介绍新产品、收发信息等方面起到一定作用。

7. 后勤改革取得了一定的进展

1999年上半年按照国家电力公司的要求开始实施后勤改革，对后勤（保卫）部门和有关经营承包部门的人员进行了调整集中，明确界定了从机关分离出去的后勤部门经营管理的资产框架，成立了后勤物业公司筹备组。经过努力，全所生产区和生活区的所容所貌有了很大改观，后勤部门人员思想观念也有新的转变，为今后逐步实现体制上的剥离、实行物业化管理创造了有利的条件。

8. 为职工办好几件实事

针对青年职工住宿条件相对较差的情况，对单身楼进行了改造，努力为青年职工创造一个较好的生活和学习环境。

由于生活区用电量不断加大，原有的用电设施已经不能满足要求，在国电公司的支持下筹集资金完成了生活区电源改造与增容，保证了职工的生活用电需求。

改造了生活区供暖设施，确保了职工冬季取暖。

根据武汉市政府建设要求，在拆除了生活区原有商业门点后，积极筹措资金，启动生活区商业门点重建工作。

综合大楼重新修整粉刷，生产区与生活区进一步美化绿化，为全所职工提供了较好的工作生活环境。

科研开发与生产经营

2000年全所科研开发与生产经营的主要工作是，集中力量深化科技体制改革，优化内部资源，促进产业发展。一年来，该所抓住院所转制机遇，积极参与市场竞争和加大新产品的技术开发力度，突出强调贯彻落实双文明责任书，使全所科研与经营的软、硬件的环境得到了改善，各方面工作取得一定成绩。全所超额完成全年经济指标，有5项科研项目通过省部级验收鉴定，共发表论文65篇，取得专利6项；超额完成年初确定的7500万元收入经济指标，全所公共积累比去年增长92.8%；向国家交纳税金311.86万元；职工收入创历史最好水平。

安全生产

2000年继续高度重视安全生产工作，按照国电发［2000］412号文件要求切实抓好安全管理。通过现场大检查、考核《安规》、组织学习和宣贯文件，进一步提高职工安全生产意识。

一是结合本所安全生产实际，采取切实可行的措施，做到组织、措施、责任三落实，努力提高安全生产管理水平。全年开展全所性的安全检查6次，查处重大隐患一次并及时整改。

二是根据国家电力公司陆延昌副总经理在安全生产电话会议上的讲话精神，及时调整所安全生产大检查领导小组，对安全检查活动作出计划和具体安排，对生产（包括试验和基建）、生活和科技企业的9个重点部位进行检查。

三是采取多种形式相结合的方式教育广大职工，对国家电力公司有关安全大检查活动的文件及时进行传达或全文转发，召开中层干部会议集中学习文件精神并提出具体要求；运用宣传工具在全所范围内进行宣传；组织职工学习《安规》并开展答题活动，参试人员除出差人员外达到100%。

各工作网、学会、标准技术委员会和《高电压技术》

为推进全国电磁兼容技术标准化工作，武高所积极协助国家质量技术监督局，在全国电磁兼容标准化工作领导小组的基础上，组建成立全国电磁兼容标准化技术委员会。

2000年继续加强了对工作网、学会、标委会的支持和领导，通过这些工作保持和增强了在系统、行业里的影响。

2000年各IEC归口单位积极参加IEC的有关活动，跟踪国际标准并结合中国实际开展了相关标准追踪、转化工作。

全国电力系统高电压专业工作网在2000年将自1987年建网以来出版的60期网刊《过电压与绝缘》再版作为技术资料供有关专家使用。

按照国家电力公司发输电运营部要求组织编辑出版《复合绝缘子技术与运行》一书。

为了配合城乡电网改造工作，组织召开了“城乡电网接地技术研讨会”，圆满完成“2000年国家电力公司变压器专业工作会议”筹备工作。

全国电力系统高电压专业工作网结合城网改造和产品质量管理，成功地组织召开了“城乡电网接地方式研讨会”，分别召开了“绝缘专家工作组2000年工作会议”、“过电压专家工作组2000年工作会议”、“防污闪专家工作组2000年工作会议”、“无功补偿装置专家工作组第一届第二次会议”，召开了“无功补偿运行经验研讨会”、“电力电容器标准宣讲及无功补偿装置运行经验研讨会”。受山东电力集团公司的委托，高压网与山东电力集团公司联合举办“城乡电网接地方式研讨会”。

秘书处设在该所的各标委会除日常工作外，还广泛参加了技术交流活动，协助、参与了事故分析处理等工作，完成中电联、国家质量技术监督局下达的标准编制任务：

如应内蒙古电力集团公司邀请，高压工作网参加“内蒙古达旗电厂2号主变短路事故调查分析”。在零下25℃的冰雪严寒现场分析解体的400MVA、220kV大型变压器，查找事故点，分析事故原因。

变压器标委会组织专家分析了小浪底220kV变压器油污染事故，高压电气安全标准化技术委员会对电气安全事故组织专家提供咨询，提供分析报告。

高压专委会受四川省电力公司委托，针对洪沟变电站电抗器在运行中出现的问题，组织国内知名专家进行技术咨询，提出意见。为响应国家提出的实施西部大开发战略，加快中西部地区发展的号召，高压专委会协助中国电机工程学会在西安举办“西部电力工业发展战略学术研讨会”。成功举办了“微电子设备防雷接地技术研讨会”和“电站绝缘状态监测”国际学术会议。

《高电压技术》由原来的季刊成功地改为双月刊，2000年出版字数为100万字，比1999年增加25%，电子版本也在所内网上发布。

两个文明建设

1. 发挥审计、监察职能作用

审计工作紧紧围绕全所经济任务中心全方位展开，监督服务意识逐步增强。提出签证审计建议177条，直接节约经费合计165，319.59元；专项审计追回款项计38，620.00元；任期经济责任审计收回违纪款项6363.13元。充分重视和加大对基本建设项目、各类合同的审计力度，对国家电力公司重点实验室建设全过程实施重点审计。为建立现代企业制度和国有资产监管制度，保障所改制的顺利进行，审计、财务、科研、所国资办联合对注销公司开展了清产核资工作，防止国有资产的流失。

为了管好用好资金，成立了武高所资金管理小组，对全所性的资金使用进行了有效的审核和监督，审核与批准使用的资金总额达到1000万元。为保证所企业依法经营和健康发展以及转制工作的需要，聘请了所的常年法律顾问；同时结合实际，聘请法律专家讲授法律知识，以提高大家的法律意识。重视加强了长期应收账款的催要，责成专人负责此项工作，取得一定进展。

2. 建立质量体系，让管理出效益

ISO/9001标准质量体系的确立、实验室导则25标准的实施，经过一年的努力最终通过了权威机构的评审，表明了武高所参与市场竞争的实力得到了进一步的提高，参与市场竞争的内外环境条件得到改善，这是该所在两个文明建设中取得的又一新的成绩。从多数专业室（中心）完成双文明责任书的情况来看，质量体系的建立和导则25标准的实施有力地促进了各专业室（中心）任务的完成。

3. 转变机关管理作风

一是强调机关行政和党群各职能部门之间要密切配合，一切工作的出发点都要落实到提高全所经济效益上来。二是以执行质量体系程序文件为原则，健全制度，靠制度来规范、约束“个体”行为。三是把签订双文明责任书作为一项管理制度，领导层明确分工，部门明确岗位职责，涉及全所的重大问题制定了决策程序。四是发挥财务、审计、监察部门的职能监督作用，控制恶性经费增长。五是明确了机关综合管理的归口部门，统一协调、部署具有全局性的工作。六是加大后勤改革的力度，实行有效的激励机制和分配机制，促进了全所环境的美化、绿化。七是高度重视安全生产工作，成立所安全领导小组，抓好日常安全检查与督促整改工作。

4. 以“三个代表”思想为指导，加强干部队伍、党员队伍建设

2000年是武高所全面推进科研事业单位向科技型企业转制关键的一年。为了确保转制工作的顺利进行和经济任务的完成，所党委结合形势提出了“围绕我所改制和提高经济效益，加强党的建设，改进思想政治工作，开展文明创建活动，努力培养‘四有’职工队伍和勤政廉洁的干部队伍，为全面完成各项任务提供精神动力和政治保证”的全年工作思路。

开展了中心组成员、中层干部和职工三个层次的理论学习，重点抓了江泽民同志“三个代表”重要论述、上级有关重要文件、警示教育、金融基本知识、法律知识等理论学习。坚持党员民主评议和争先创优活动，有两位同志被国家电力公司评为先进个人。

继续坚持双文明建设责任书签订；开展党风廉政教育；成立了武高所政研会；首次在职工中开展“武高所企业精神主题词”征集活动；重视抓好生活小区文明创建活动；对“法轮功”练习者及时成立帮教小组，高度重视帮教转化工作；加强对外聘人员的教育和管理。

充分重视职代会民主管理的作用，坚持向职代会报告制度。积极支持所工会工作，推行所务公开。

按照国家电力公司的统一部署，武高所正全力推进改革与转制工作，积极参与西部大开发和西电东送工程。2001年工作的总体思路是：按照现代企业制度，以改革为动力，以转制为重点，以结构调整为主线，以效益为中心，以研究开发、试验检测和产品产业为支柱，以青年人才培养工程为基础，以机制、管理和技术创新为灵魂，进一步加强党的建设和双文明

建设，团结敬业，拓新奉献，扎扎实实地做好全所的各项工作。

（李跃胜）

国家电力公司电磁兼容实验室

国家电力公司电磁兼容实验室是国电公司在武汉高压研究所内建立的设备和功能比较完备、先进的电力系统重点实验室之一，是中国电力系统首个具有国际先进及全国一流水平的电磁兼容实验室。

它由固定的电磁兼容实验室和电磁兼容测试专用车两大部分组成。固定的实验室建筑总面积约1000m^2，包括有电磁兼容抗扰度实验室，电波暗室，低频电场、磁场实验室和工程研究实验室等，电磁兼容测试专用车则由越野吉普车、方舱、方舱承载车等构成，它与固定的电磁兼容实验室互为补充。具有国际先进水平的3m/5m电波暗室，其屏蔽体尺寸为12m×8m×8m，吸波材料的工作频率可达18GHz。主门尺寸2m×2.5m，转台直径2m、承重1.5t，天线塔可在1～6m高度范围内扫描。抗扰度实验室及其他实验室抗扰度实验装备了全套进口的先进的抗扰度试验设备，已获得中国计量科学研究院颁发的证书，能进行目前已出版的IEC 61000—4系列标准的全部试验，而且设备参数高于相应标准最高试验等级的要求，可以对运行在500kV变电站电磁环境中的设备进行抗扰性能考核，也可以模拟更严酷的电磁环境。方舱尺寸为4.3m×1.8m×2.0m，配有10路信号输入（预留有光纤通道），并配有电源滤波器和隔离变压器。配备的测量仪器可为变电站、输电线路等的电磁骚扰测量、电磁环境评估和调查提供良好的测试手段和测试环境。

国家电力公司电磁兼容实验室的建成，可满足三峡输变电工程和电力系统在设计、建设和运行中电磁兼容技术问题研究的需要，可进行全部符合现行发布的电磁兼容国家标准的检测、试验和开展相关电磁兼容标准、规范的制修订所需要的试验研究工作，为提高变电站综合自动化水平，促进电力科学进步服务。

该实验室已通过中国实验室国家认可委员会的认可（证书号0362）。实验室还获国家质量技术监督局的计量认证。实验室的能力已获美国联邦通信委员会（FCC）认可并注册（注册号99887）。

该实验室利用先进和完善的测试设备，已开展了一系列的科研活动和电磁兼容标准化工作：

（1）三峡工程500kV线路跨越船闸的工频电场安全及通信干扰实验。

三峡电站左岸八回500kV线路架空跨越船闸，对闸室船舶及周围的电磁环境影响，是三峡工程迫切需要解决的科研课题。

（2）500kV南昌变保护下放及相关的试验研究工作。

在南昌变实现国内第一次500kV变电站电磁骚扰最近距离的现场测试，不仅为掌握500kV变电站电磁骚扰现象积累了数据，而且为该所采用的抗扰度试验的等级标准作了初步的验证，为500kV保护进一步积累了经验。该所提出的保护小室方案，包括屏蔽效能要求和屏蔽方式建议由中南电力设计院采用该方案完成了南昌变保护小室的设计。与此同时，该所完成了南昌变、南阳变保护小室屏蔽效能的测试检验。

（3）标准化工作。

受国家质量技术监督局的委托，组建全国电磁兼容标准化技术委员会并承担秘书处工作，同时承担全国无线电干扰标准化技术委员会C分会秘书处工作。

在由国家质量技术监督局发布的21项采标的IEC61000系列的中国电磁兼容国家标准中，武高所（电磁兼容实验室）作为负责单位或第一起草单位，制定了其中的11项国家标准。目前作为主持单位之一，正在起草中国的第一个《电磁兼容技术法规》。

另外，针对高压、超高压送电线路和变电站起草了GB7349—2000《高压架空送电线路、变电站无线电干扰测量方法》、DL/T691—1999《高压架空送电线路无线电干扰计算方法》和DL/Z713—2000《500kV变电所保护和控制设备的抗扰度要求》等标准。

参与编辑并主审了科技专著《电磁兼容标准实施指南》，该书已于1999年9月由中国标准出版社出版，同时向海内外发行。

（邬 雄）

国家电力公司超高压电缆实验室

国家电力公司超高压电缆实验室是建设在国家电力公司武汉高压研究所内的重点实验室之一，于2000年11月建成，被验收委员会专家评价为国内第一，具有国际领先水平，并通过中国实验室国家认可委员会（CNACL）认可。

该实验室由超高压电缆成套试验装置、电缆屏蔽试验大厅和预鉴定试验户外场三部分组成。

屏蔽大厅首创轻钢彩色钢板结构屏蔽，满足500kV电缆局部放电测试要求，内部尺寸（长×宽×高）为40m×30m×20m。大厅内安装800kV 30A、800kV 6A和800kV 4A三套进口工频串联谐振试验系统，并配套进口了 800kV、350kV 水终端和水处理，600kV 标准电容器、局放仪、电桥等。自主研制成功预鉴定试验用电缆导体感应加热系统及计算机测控系统。还将安装 2800kV 冲击电压发生器。

预鉴定试验户外场占地 80m×40m，设有终端区、阳光直射区、加热区、隧道、接头区、蛇形敷设段、直埋穿管区、直埋区和弯曲区，可模拟电力系统中电缆线路各种典型敷设状态。使用同一高压源可同时开展 500kV 电缆 4 至 5 个样品或 220kV 电缆 8 至 10 个样品的预鉴定试验。

工频串联谐振试验系统由国外引进，电缆加温及测控系统由武汉高压研究所自主开发研制。该所技术人员结合超高压电缆实验室的运行特点，使工频串联谐振试验系统具有试验变压器的电性能和电力变压器的散热性能，在电缆加温的回路设计中创造性地采用侧面斜开口穿心变压器，这一设计便于试品进出，磁路面积损失不大，而且便于对准定位，既可做超高压电缆试验，又可长期运行。此外还研究开发了微机测温记录仪和加热系统控制系统，将定时采集的电缆护套温度、环境温度存储在计算机内，测量结果可以采用表格输出，也可以采用曲线输出。控制台可手动也可自动控制，并首次在同类设备中实现了远程实时数据查看。

该室主要开展电缆及附件安装运行技术的试验研究、型式试验、验收试验和预鉴定试验。可为全国各电力公司和制造厂生产一线的课题开展交联电缆运行特性研究、载流特性研究、在线监测技术研究、电缆线路设计敷设安装技术研究、安装后试验方法的研究。

（杨黎明）

苏州热工研究所

党委班子平稳过渡

苏州所第二届党委工作历时 9 年，经过反复讨论和审议，于 2000 年 9 月 15 日选举产生了第三届党委领导班子，新班子在年龄和专业结构上都得到了优化。在党委换届的同时，纪委也进行了换届。目前班子成员分工明确，各项工作有条不紊，实现了平稳过渡，为苏州所今后的发展提供了有效的监督和保障体系。

转制准备工作

(1) 转变观念。本着积极慎重、实事求事的原则，结合单位的具体实际，苏州所认真贯彻国电公司直属科研院所管理体制改革工作会议、国电公司年度工作会议、江苏省技术创新大会等会议精神，在干部员工中进行了广泛的思想发动。使大家认识到，科研院所转制为科技型企业不仅是市场经济的要求，时代发展的趋势，更是科研院所发展的一个机遇，要冲破谨慎有余、开拓不足、怕担风险的思维定势，解放思想，更新观念，牢牢把握机遇，在市场竞争中抢占先机，赢得主动。全所形成了上下一盘棋、合力求发展的良好态势。

(2) 拟定方案。年初，苏州所根据国电公司科研院所转制的指令性意见，编制了《苏州热工研究所改制方案》，并六易其稿上报国电公司。方案阐述了苏州所改制后的市场定位，企业发展战略、方向任务，细化了经营范围和运作模式。方案得到了国电公司党组的原则同意。

(3) 清产核资。清产核资理顺各方面的关系是苏州所转制的一项重要工作。财务处会同科技处及各有关部门，完成了所属东南技术开发总公司的资产清理工作，理清了所与所全资子公司华电公司的资产核算关系。全所解决了欠账课题 29 项，清理个人借款 170 万元，回笼出借或债权资金 90 余万元，减少长期债务 100 万元。经过清产核资，摸清了家底，较好地保证了各项经济活动的正常进行，有效地降低了资产负债率，提高了资产优良率。

(4) 基础准备。为借鉴国内 242 个院所先期转制的经验，苏州所分别走访了省、市、地区的转制院所、社保局、人事局、科委等有关单位，系统调研了科技企业的各项政策和运作方式，并结合所的实际情况，从养老保险、医疗保险、人事制度、劳资分配等方面作了准备工作，以保证转制工作的顺利进行。

内部管理

(1) 推行预算管理。推行预算管理是加强成本控制、规范费用支出，向企业管理过渡的重要措施。2000 年苏州所全面推行了预算管理制度，做到对年度预算实行目标管理，对预算执行过程实行动态管理；加强预算收入和预算支出的管理，严格按照预算成本控制项目费用。同时，所财务部门和审计部门加强对同级和下级部门执行情况的检查和监督。在强化预算管理的过程中，认真编制单位资产负债表、损益表、现金流量表，发挥好“三张表”在经营管理中的重要作用。对医疗费的支出，也陆续制定了相关的管理办法，使之处于受控状态。推行预算管理，开创了所经营管理的新局面。

(2) 加强审计监督。上半年苏州所接受了国电公司华东审计部上年度会计决算审计，结论是：1999

年度经费自给率为90.26%，公用费用支出同比1998年度下降6%，资产负债率为33.63%。根据审计意见和建议，苏州所全面落实整改，主要是加强内部管理机制的完善，规范各项制度的操作。同时开展了“所财务常规审计”、“除灰公司经营情况审计”、“华电物业管理工作审计”等7个项目的审计工作。按照国电公司的要求，还开展了干部离任审计。各项审计意见为所领导的决策提供了有力的依据。

(3) 规范后勤服务。后勤服务系统的改革是保证苏州所顺利转制的一个重要的内容。苏州所一方面加强对多种经营公司造血机能的扶持，另一方面按物业管理的模式推进其自身的改革，为实现体制外的剥离创造条件。目前公司上下统一思想，转变经营观念，逐步树立服务质量意识、成本核算意识、市场竞争意识、法制意识。

(4) 完善信息网络。苏州所年内已完成全所局域网的建设，开通了与电信部门的DDN专线，并加强对已形成的全所信息网络系统的管理，提高了利用率。通过开办网络知识培训班、网上信息交流、文件网上发布等，提高了全所的办公自动化水平，降低了办公费用。

科技服务

(1) 2000年苏州所新增科技合同额2100万元，创收总额达到3500万元，所级财政利润比1999年增长70%。主要是：①突出重点，做好岭澳核电工程技术服务，全年实现合同额1100万元。在岭澳核电国产化各项设备出厂验收交付高峰期，及时跟踪通报设备制造中的质量和进度问题，得到了业主和制造厂商的好评；并以业主的身份在岭澳核电设备国产化总结交流会上作了三次报告，效果良好；目前正在积极争取介入三峡水电工程设备制造监检工作。②开辟新的经济增长点，拓展市场份额。完成了“九五”攻关项目“研究堆设计基准事故及严重事故序列的研究”和863项目子课题“高温汽冷堆调试监督程序编制”；承担了医用同位素生产堆（MIPR）的安全评审；进行了核电厂设备寿命诊断技术的研究；完成了岭澳核电站装料阶段环境影响评价报告书和国电公司重点科研项目；通过了国家技术监督局电力计量评审组对电力安全工器具质检中心的复查，申请成功了测试鉴定项目；开展了与法国船级社（BV公司）的合作业务。

(2) 年内加大了对外交流合作的力度，先后与ABWR集团、加拿大原子能公司、法国法马通公司等国外代表团达成交流合作意向。10月份与ABWR集团签署了“先进型沸水堆安全特性合作研究”协议，年底项目组已组建完成，并按协议全面开展工作；东南电力技术开发总公司与瑞典IFS公司签订了合作协议，成为该公司计算机软件在国内电力行业的唯一代理；法国EDF公司SQR研究所也同意接受苏州所科技人员进修。

双文明建设

年初，苏州所召开了全所2000年宣传思想工作会议，学习贯彻《中共中央关于加强和改进思想政治工作的若干意见》、江总书记的重要批示，联系实际研讨科研院所转制中的有关问题；开展“致富思源、富而思进”的教育活动，发动员工解答“双思”教育问卷230份；在党员中开展学习江总书记“三个代表”重要思想的活动，领会“三个代表”的深刻涵义；与国电公司签定了《党风廉政责任书》，并与所内各中层负责人及各支部书记也签定了《党风廉政责任书》。通过落实一系列双文明建设的措施，全所员工队伍稳定，所的发展态势良好。

主要事件

1月21日，召开1999年度工作总结大会，所长吴迪忠同志作了工作报告。大会表彰了环境保护室、机械材料室两个先进集体，嘉奖了33位考核优秀的个人。

1月24日，公布1999年所级科技成果奖获奖名单：《外高桥电厂辅机系统采用DCS技术的研究及应用》获一等奖；《核电厂监督检查程序编制》获二等奖；《海阳核电厂主要设备性能指标选择及评价研究》、《鸭河口电厂废水处理自动控制系统工程》、《大亚湾核电站汽轮机叶片叶根、发电机转子护环超声波检测研究》获三等奖。

3月20日，中电联教培［2000］9号文确定苏州所为“电力行业核电培训基地”。

4月10日，推荐朱成虎、章旋两位同志参评江苏省科技工委系统青年科技标兵；推荐朱成虎同志参评苏州市优秀科技人才奖。

5月18日，《外高桥电厂辅助系统采用DCS技术的研究和应用》项目推荐申报国家电力公司科技进步一等奖。

4月24日，在全所员工中开展“致富思源，富而思进”教育活动。

6月2日，苏州市人事局、苏州市档案局联合发文（苏人奖［2000］16号）授予苏州所1996～1999年度苏州市档案工作先进集体称号。

6月8日，国家电力公司华东审计部自5月21日至6月5日对所1999年度会计决算进行审计，以华东部电审［2000］4号文发了审计意见书。

6月29日，苏热党［2000］71号文表彰1999年度“创先争优”活动中成绩突出的研究室党支部、俞曰骏等5位优秀共产党员。

7月19日，为理顺所与华电公司的工作及管理关系，在吴迪忠所长主持下，所与华电公司有关人员召开协商会，并就“明确所对华电公司的支持原则，明确华电公司物业管理和后勤保障范围及经费包干问题、华电公司物业管理原则和预算原则”等问题印发了会议纪要。

8月27日，国家电力公司于5月8日～8月27日在所核电培训中心举办“核电工程项目管理”培训班，参加培训学员31人，授课三大类20余门。培训班后期（8.15～27）举办了为期2周的核电工程项目（IAEA）管理研讨会。

9月15日，召开第三次党员大会。①选举产生了所第三届党委和纪委，7名同志当选为党委委员，魏勤华同志当选为党委书记、史苏宁同志当选为党委副书记；3名同志当选为纪委委员，史苏宁同志当选为纪委书记。②党委书记朱达忠同志作了《中共苏州热工研究所第二届委员会工作报告》。③史苏宁同志作了《中共苏州热工研究所纪律检查委员会工作报告》。④大会通过了《关于加强和改进新形势下我所思想政治工作的决定》、《关于加强培养拔尖人才的决定》。

9月27日，与ABWR集团关于“开展先进型沸水堆核电机组（ABWR）安全特性评估联合研究”的协议在苏州正式签署。

9月28日，章旋同志被授予苏州市1997～1999年劳动模范称号。

9月30日，中共苏州市委组织部批复，同意苏州所第三届党委、纪委、书记、副书记选举结果。

10月20日，《外高桥电厂辅助系统采用DCS技术的研究及应用》获苏州市2000年科技进步二等奖。

10月28日，10月份是所“青年科技技能月”，活动的主题是“自主创新，积极投入，为所的转制和发展作贡献”，全所40周岁以下的青年参加了以科技创新创效为中心的系列活动。

12月20日，“DCS技术在外高桥电厂辅助系统的应用”项目被列入2001年国家科技成果重点推广计划指南。

国家电力公司电力环境保护研究所

综述

国家电力公司电力环境保护研究所始建于1980年9月26日，原名“电力工业部火电厂大气环境测试研究中心”，1984年4月6日更名为“能源部电力环境保护研究所”，1993年7月5日更名为“电力工业部南京电力环境保护科学研究所”，1998年11月30日更为现名“国家电力公司电力环境保护研究所”。

该所是国家电力公司直属、唯一专门从事电力环境保护研究与开发的科研机构。所址位于江苏省南京市浦口区，占地84000m^2，建筑面积38700m^2，所区环境优美；拥有资产总额5598万元，其中大型仪器设备和固定资产3511万元。至2000年末，职工总数220人，科技人员占总数的76%，具有高、中级职称者129人，其中，教授级高工17人，享受政府特殊津贴的专家13名。主要从事火电厂大气、烟气、冲灰水、工业废水、废渣、噪声等污染规律及综合治理研究，并开发实用型环保与节能新技术。主要研究领域：区域性大气质量评估及规划；电厂环境影响评价；环境风洞模拟试验；工业烟气治理（除尘、脱硫、脱硝等）；灰水、工业废水治理及防垢节水技术；粉煤灰及工业废渣综合利用；环保仪器设备的研制开发等。至2000年共获得部省级三等奖以上项目22项，其中，《电力工业污染源控制研究》、《DJ-1型电除尘器微机自控高低压供电装置》、《华东电网典型地区火电规划大气环境容量预测及SO_2控制对策等研究》和《大气环境对输变电设备污闪能力的影响》等4项获国家科技进步三等奖；《长江三角洲地区煤电发展规划》、《八五电力环境保护计划专题报告》、《电除尘器集散式控制系统》等六项获部省级科技进步二等奖；《数字图像分析技术在环保研究中的应用》、《火电厂大气污染物输送和扩散的数值模式研究》、《全国火电厂环境状况报告书》等12项获部组级科技进步三等奖。获得国家发明专利1项，实用新型专利6项。

该所拥有环境风洞国家重点实验室和烟气脱硫国家重点实验室两个国家电力公司重点实验室，定期公开出版发行《电力环境保护》学术刊物。国家电力公司环境监测总站、国家环保局南京除尘设备质量监督检测中心设在该所，也是中国电机工程学会电力环境保护专业委员会、国家电力公司环境保护标准化技术委员会的挂靠单位。南京绿色环境系统工程公司是该所实行一所两制运作机制的注册营业实体。

主要成就

（1）企业化转制和改革内部运行机制，是全年的中心工作。按照国家对科研院所转制的总体要求和国家电力公司的具体布署，围绕体制和机制的转变，着重做了六个方面的工作：①认清形势，转变干部和职工的思想观念，为转制奠定思想基础；②清产核资，对建所20年来的资产进行了大规模的清查，前后历时8个月，摸清了家底，为下一步核定国有资本金和企业注册登记做好了准备；③为组建有限责任公司，联系落实了5家股东；④后勤服务系统剥离，组建了由研究所控股、职工个人参股、经营者适当参大股的有限责任公司；⑤全所企业化转制方案正式上报国家电力公司审批；⑥为使科研运行机制能与转制后的企业体制有机衔接，为逐步建立现代化企业制度奠定了坚实的基础，在企业转制方案待批复的情况下，该所从9月份起就按照国家经贸委关于国有大中型企业建立现代化企业制度的基本规范的要求，讨论模拟现代企业制度、改革运行机制、加强管理的总体方案。《总体方案》经广泛征求各方面意见，并经职代会审议通过后印发。随后又依据《总体方案》，制订下发了七项改革的配套制度，为2001年1月1日起按新机制运行做好准备。

(2) 科研稳中有进，保持较好的增长势头。全年实现纵横向合同额达3110万元，较1999年增长了23.4%，其中，横向科研合同额2770万元，较1999年增长33%，实现了年初确定的工作目标。

(3) 专业发展方向上有了新突破，朝环保工程化迈出了新步伐。该所承担了内蒙古呼和浩特电厂两台200MW机组袋式除尘器的总承包合同，这是全国迄今为止最大的袋式除尘器工程，通过引进、消化、吸收，具有良好的产业化发展前景；该所另一个商业化的脱硫工程——太原第二热电厂50MW机组脱硫合同已经签订；徐州电厂干除灰总承包项目也已开始实施；水处理方面，承接了大连热电厂生活污水处理工程、浙江长兴电厂污水回用工程，吉林热电厂、呼和浩特发电厂污水处理工程等多个项目。特别是大连热电厂污水处理工程是在五家单位竞标的前题下中标的，该工程已高质量完成，各项出水指标达到了热网补水和循环冷却水补水的设计要求，受到业主单位高度好评。

(4) 获得国家环境保护总局授予的“全国建设项目环境评价先进单位”称号。由该所承担的两项大型纵向课题“国家电力公司环境保护‘十五’计划及2015年长期规划”和“电力行业环境保护‘十五’计划及2015长期规划”已基本完成。

(5) 调整两级领导班子和组织机构，为企业化转制作好组织准备。当年上级领导机关调整了该所领导班子；为加强专业研究室的领导力量，保使年轻骨干尽快成长，新选拔了8名专业研究室副主任，学历均为本科以上，平均年龄34.2岁，使得中层干部的年龄结构和知识结构发生了很大变化。为使内部机构设置能更好地适应新所的运行机制，该所对现有机构作了较大调整，调整后的新机构由“五部”、“四中心”组成。即：总经理工作部、市场与项目管理部、技术与质量管理部、财务与资产管理部、人力资源部、工程中心、产品生产与开发中心、脱硫中心、环境评价与咨询中心。

主要事件

1999年12月23日，国家电力公司科技环保部主任孙晓鲁、综合处处长全晓华和江苏省电力局干部处科教处负责人来所宣布：国家电力公司环保办公室主任王志轩同志任该所代所长。

2000年1月14日，成立所转制领导小组，由王志轩同志任组长，朱法华、陈永康两同志任副组长。

2000年4月3日，后勤服务系统剥离改革实施方案正式印发，标志后勤改革工作正式启动。

2000年4月7日，“清产核资工作方案”及“具体工作安排”印发，清产核资工作正式开始。

2000年4月26日，后勤子公司经理竞争上岗办法印发。

2000年6月1日，后勤公司经理竞争上岗正式进行，共有6名竞岗者，通过个人演说，所转制领导小组成员及子公司员工无记名投票，确定丁钟明同志为经理人选，经董事会建立后聘任。

2000年9月22日，建所20周年庆祝活动在南京新纪元大酒店举行。

2000年10月9日，企业化转制方案正式上报国家电力公司。

2000年10月10日，江苏省委组织部开会明确，该所党的总支由原江苏省委科技工委撤销局转入省委省级机关工委管理。

2000年10月19日，江苏省电力公司总经理寇士清等一行到所宣布领导班子调整决定：由陈永康同志任党总支副书记兼副所长，朱法华同志任副所长。

2000年11月14日，所长办公会议决定：徐忠同志任助理，姚增权同志任副总工程师，并提拔了8名中青年骨干任专业研究室副主任。

2000年12月1日，后勤公司首次股东代表大会召开，通过了公司章程及董事会、监事会组成人员。

2000年12月5日，后勤公司首次董事会和监事会召开，选举陈永康同志任公司董事长，赵广平同志任监事会召集人。

2000年12月11日，所转制领导小组会议讨论2001年全所改革总体方案框架。

2000年12月16～17日，利用大礼拜时间，全所中层干部学习国家经贸委关于国有大中型企业建立现代化企业制度、加强管理的基本规范，座谈讨论2001年改革运行机制、加强管理的总体方案。

2000年12月18日，召开群众代表座谈会，座谈改革方案。

2000年12月25日，在广泛征求意见的基础上，《关于模拟现代企业制度，改革运行机制，加强管理的总体方案》（征求意见稿）印发各部门，征求意见。

2000年12月29日，各部门讨论意见返回，普遍支持2001年科研运行机制，由现行的承包改为全所整体运作。

国家电力公司劳动保护科学研究所

国家电力公司劳动保护科学研究所成立于1979年，位于湖北省宜昌市风景秀丽的西陵峡口，系电力行业唯一从事劳动保护科学研究的科研机构。主要任务是面向全国电力行业，开展职业有害因素控制及治理技术、劳动安全与个体防护的研究与开发，承担劳动安全卫生学领域的监测、评价、认证、培训及环境工程的设计及治理等任务。

本所现有职工100余人，科技人员占职工总数的80%，具有高级技术职称人员占科技人员的40%以上。本所研究领域包括防尘防毒、噪声与振动控制、工业卫生与职业病、废水治理、职业安全技术等技术专业；设有科技产品开发部、工程技术应用推广部、市场营销部、综合经营部、认证中心等机构；办有“宜昌市能环科技开发公司”经济实体；全国公开发行的《水利电力劳动保护》杂志编辑部设在本所；国家电力公司劳动环境检测监督总站及电力劳动保护培训中心设在本所。

该所已建成通风除尘实验室、静电除尘实验、消声实验室、混响实验室、个体防护实验室等装备精良的专业实验室；拥有AVATAR360红外光谱仪、GC-9S气象色谱、AA-680G原子吸收分光光度计等先进监测仪器设备，为该所科研及科技开发工作创造了良好条件。

建所20多年来，先后承担了国家和部委下达的重点科研项目30多项；完成行业内外科技项目200余项；20余项科技成果分别获国家、部级科技进步奖；在国内外学术刊物上发表论文200余篇；出版专著9部；获国家专利11项。近几年来，研制开发出一批技术先进、实用性强的高新技术产品，深受用户欢迎。其中“溴化锂吸收式中央空调”、“锅炉低频声波吹灰器”、“球磨机阻尼复合降噪装置”、“活动式高效雾化除尘器”、“六光束红外水份仪”、“送风过滤式尘毒净化器”、“防尘口罩”等新技术产品在电力、冶金、煤炭等行业已展示出广阔的应用前景。这些科技成果的转化，从不同侧面解决了电力生产中劳动保护技术难题，改善了电业职工的作业环境，对于保护职工的安全与健康、促进文明生产起到了十分重要的作用。

2001年初，该所承担了国家科技部“输变电系统电磁场对人体影响及防护对策研究”项目，这表明，随着科技体制改革的深化，该所的研究领域得到进一步拓宽，科技实力得到进一步加强。在市场经济的浪潮中，劳动保护科学研究所将得到更大发展。

主要事件

2月24日，中华人民共和国卫生部授予该所“全国职业卫生工作先进集体”称号。

3月24日，该所研制的“活化水喷雾降尘清洗机”获国家知识产权局颁发的实用新型专利证书。

3月25日，德国“精密机械与电气行业保险协会”主席Leichsenring先生等来该所，就“低频电磁场的危害与防护技术”与该所有关人员进行研讨，并与该所签订了有关协议。

6月22日，中国电力企业联合会授予该所“全国电力行业职业卫生先进集体”称号。

7月4日，国家电力公司发文（国电人资[2000]390号），将劳保所交由湖北省电力公司代管。

9月23日，该所研制的“送风式尘毒净化器”获国家知识产权局颁发的实用新型专利证书。

11月29日，湖北省电力公司下文（鄂电司任[2000]25号）对劳保所领导班子进行调整：免去向光全同志代所长职务，由副所长苏先明同志主持行政工作，任命魏绍珉同志为副所长。

12月18日，所党委研究决定，对党委成员重新分工，党委书记向光全同志负责党委全面工作。

12月18日，所办公会研究决定，对该所行政工作重新分工，由苏先明副所长主持全面工作。

中国水利水电科学研究院

综述

中国水科院是中国水利水电领域内成立最早，面向全国的综合性科研基地。经过20多年的发展，中国水科院的整体实力和地位更为巩固强大。截止到2000年底，该院拥有中国科学院院士和中国工程院院士各2名；教授级高级工程师76名，高级工程师254名，工程师296名，助理工程师112名，科技人员占全院总数的67.7%；32个实验室和两个野外试验场，为中国水科院的发展以及完成重大科研项目，提供了雄厚的技术支撑；自恢复高考以来，作为博士生和硕士生授予单位，先后培养了博士49名，硕士119名，现在读博士生26名、硕士生18名。到2000年底全院在职职工总数1096人。

1984年中国水科院作为全国第一批科技改革试点单位，率先实行课题承包责任制，改事业费拨款制为有偿合同和科学基金制。

1989年，根据全国《中长期科技发展纲要》，制定了1991年至2000年“事业发展规划”。在此期间，中国水科院的科技力量更加强大，基础设施进一步完善，科技硕果累累，人才辈出。建成了包括土工离心机、大型三向六自由度模拟地震振动台等具有世界水平的五个重点试验室；5年中，共获国家级成果23项，省部级成果101项，中国水科院开始步入全面综合发展的时期。1994年，经原国家科委批准更名为中国水利水电科学研究院。在承担国家多项“九五”攻关课题和国家自然科学基金重大课题的同时，以“产品化、工程化、科工贸一体化和国际化”的四种模式进入经济建设的主战场，并于1998年首次实现产值超亿元的目标。

从1998年起，根据自身的情况以及“注重实际、保持稳定、精简机构、分流人员、理顺关系、明确职责、科学管理、提高效率”的改革方针，首先进行了后勤机构的改革，使后勤服务逐步实行企业化、社会化。2000年，在后勤机构改革的基础上，对职能部门进行了改革，按职责分工对管理机构进行调整和归并，人员分流、精简近50%，全员竞争上岗。随着体制改革的深入和条件的完善，职能处室将作更进一步的调整精简，并逐步建立精干、高效的管理队伍。

主要工作

2000年，中国水科院在积极稳步推进科技体制改革的同时，瞄准政府需求，发挥综合优势；努力促进科研和科技开发工作；大力开展基础设施建设；理顺管理工作，提高管理水平；国际合作成绩斐然；职工收入以及居住条件进一步改善。

1．积极稳步推进科技体制改革

科技体制改革是2000年中国水科院工作的重头。中国水科院本着注重全局、积极稳妥、精心组织、分步实施的工作方针，兼顾国家、集体、个人三者的利益，树立中国水科院的整体观念，有计划、有步骤地分阶段逐步实施。首先是统一思想，明确定位和改革方向，为改革作准备。其次制定总体方案，具体的机构设置、学科和研究方向布局，配套相应的政策措施以及实施步骤，上报水利部及科技部。第三，逐步修改和完善实施方案，同时院选择6个非盈利的、且条件较为成熟的科研所进行试点改造、重组。目前，这一工作正在顺利进行之中。

2．努力促进科研和科技开发工作

科研和科技开发工作始终是中国水科院的主战场。“九五”攻关：完成了“西北水资源承载能力及生态环境保护研究”、“高拱坝应力控制标准研究”、“小湾水电站高拱坝大流量泄洪关键技术研究”、“田间节水灌溉新技术研究”等25项；水利水电规划：“2000——2015年水利科技发展规划”、“国电公司科技发展规划中的水电部分”等4项；水利水电工程中的关键技术研究：“二滩电站及小浪底1号孔板洞水力学观测”等；科技开发与推广：在崩岸治理技术上获得突破，完成江西江新洲80万m^2的工程试验，形成成套技术，获4项专利；完成溪洛渡大型混流式水轮机水力稳定性研究等等。2000年中国水科院共获得599项科研成果，全年合同额达18443万元，比1999年提高22%。

3．大力开展基础设施建设

2000年是中国水科院基础设施建设收获的季节。伴随着南、北院规划方案实施的逐步启动，以及大兴试验基地的建设，“八大工程”相继竣工，同时，南院热力改造（煤改汽）、电力增容以及自来水改造均顺利完成。全年共完成基建工程56779m^2，其中住宅31845m^2，试验室、科技开发综合楼面积24934m^2。这不仅改善了院内近600户的居住条件，而且大大缓解了职工住房紧张的局面，同时，也大大改善了办公和试验的条件与环境，为中国水科院今后更大规模的发展注入新的生机与活力。

4．理顺管理工作，提高管理水平

2000年初，院职能部门完成了归并和重组，精简了机构，分流了人员，提高了效率，同时，向管理的科学化和现代化迈进。在科技体制改革中，不仅加强了办公自动化的程度，提高了管理水平，同时也加强了科研管理以及财务管理，实现了财务核算网络化，全院完成了清产核资工作（事业部分）。

5．国际合作

2000年中国水科院国际合作与交往的重点是协助水利部、国电公司、三峡总公司成功地举办了第20届国际大坝会议。作为会议的承办单位，负责接待了中外来宾1500多人，受到各方面的好评，此次会议被列为水利15件大事之一。其他国际合作项目还有：组织了第15届中日河工坝会议、第6届海峡两岸水利科技工作会议；完成了2000年泰国工程师坝工技术培训等等。

6．职工收入与居住条件进一步改善

2000年中国水科院在职职工年人均收入又有较大的提高，比1999年增加24%，离退休人员人均收入也比1999年增加16%。住房环境进一步改善，将1995年以来积累的约180户无房户（住单身宿舍或混居）调整到单元房。

主要事件

1月13日，院以水科人［2000］3号文发布“关于印发中国水科院职能管理部门机构设置、岗位职责的通知。

1月14日，贾金生副院长召集有关专家讨论“黄河重大问题及其对策”，并形成文字材料上报水利部。

1月19日，院以水科人［2000］5号文发布“关于公布职能部门处级领导干部选拔办法的通知”。

1月20日，国家电力公司顾问何璟来该院座谈。高季章院长、贾金生副院长及有关所处长参加。

1月21日，职能部门处以上干部竞争上岗通报会。全院科以上干部参加，高季章院长做重要讲话。

1月26日，水利部周文智副部长来该院看望林秉南院士，贾金生副院长陪同。

1月28日，该院召开1999年工作总结大会。高季章院长总结1999年工作及布置2000年工作要点，陈祥建副书记布置有关节日期间安全保卫工作，贾金生副院长宣读获院奖励人员名单。陈炳新、梁瑞驹、沈崇刚、霍永基等老院长出席了总结大会。

1月30日，中国水科院《北江防洪调度自动化系统项目》汇报会在该院召开。高季章院长、孔昭年副院长向水利部周文智副部长汇报了该项目的进展情况。

2月14日，孔昭年副院长、陈祥建副书记、贾金生副院长与该院有能力转制企业的所进行座谈，研究有关转制问题。

2月27～29日，孔昭年副院长参加在上海召开的中电联董事会。

3月4日，贾金生副院长主持召开座谈会，与江苏省建设科学研究院缪昌文副院长就有关“科技体制改革”问题进行座谈，该院有关职能部门、研究所及院改革调研组全体成员参加。

3月7日，孔昭年副院长主持与北京有色冶金设计总院关于“产业改组与注册问题”座谈会。该院有关职能部门、研究所及院改革调研组全体成员参加。

3月9日，孔昭年副院长主持与清华大学紫光集团关于“企业专制问题”座谈会。该院有关职能部门、研究所及院改革调研组全体成员参加。

3月10日，第20届国际大坝委员会、中国大坝委员会工作会议在该院召开。水利部、国家电力公司、三峡总公司的有关领导到会。该院贾金生副院长参加。

3月29日，“科研院所科技体制改革座谈会”在该院召开。科技部、财政部有关部门和领导到会。该院孔昭年副院长参加。

4月21日，“庆祝林秉南院士从事水利工作51周年暨80华诞座谈会”在该院召开。全国人大副委员长钱正英、水利部副部长敬正书、水利部原副部长陈赓仪、中国工程院副院长潘家铮等到会祝贺。会上宣读了全国人大农村与农业工作委员会副主任杨振怀的贺电，参加座谈会的还有三峡建设委员会、清华大学水利系、交通部三峡办的负责同志。

4月26日，“国家节水灌溉北京工程技术研究中心”组建大会暨节水灌溉专题报告会召开，共有100多位代表和首都14家新闻机构参加了大会。这是在该院成立的第一个国家级中心。水利部副部长周文智、全国人大农村与农业工作委员会副主任杨振怀为“中心”揭牌，并为中心主任匡尚富、副主任顾宇平颁发了聘书。4月27日，部分与会代表还参观了“中心”办公室和水利部节水灌溉示范基地（顺义）。

5月16～17日，南科院科技体制改革调研组一行8人来该院调研有关科技体制改革事宜，并分别与该院高季章院长、孔昭年副院长、陈祥建副书记进行座谈。

6月15日，高季章院长、孔昭年、贾金生副院长会见“中旅美同学会工程学会环境保护与环境工程技术北京考察报告服务团”。

6月19～20日，孔昭年副院长带领院办公室、人事处、财务处，国科处负责同志赴天津蓟县水利部机电研究所调研。

6月25～29日，匡尚富副院长带领院办公室、人事处、财务处、国科处负责同志赴水利部牧区水科所调研。

7月10日，孔昭年副院长、贾金生副院长去国家电力公司汇报该院科技体制改革进展情况。

8月15日，贾金生副院长主持召开第20届国际大坝会议筹备工作通报会，高季章院长及有关单位参加。

9月5～6日，该院召开警示教育大会。海淀区反腐局、审计署农林水审计局分别做报告。

9月30日，第20届国际大坝会议总结会在该院召开。高季章院长、贾金生副院长、水利部、中国水利学会等有关单位参加。

10月23日，高季章院长、匡尚富副院长会见中日河工坝工会议日方代表。

11 月 27～29 日，贾金生副院长出差武汉参加中日河工坝工会议。

12 月 15 日，高季章院长主持召开该院科研院所体制改革动员会。陈祥建副书记、贾金生、匡尚富副院长参加。

（桂 力）

国家电力公司动力经济研究中心（国电动力经济咨询有限公司）

综述

1．人员及机构设置

截至 2000 年底，中心共有在职职工 87 人，退休人员 29 人。科研人员中 70％具有硕士及以上学历，年龄基本在 30 至 40 岁之间。

2000 年底，中心内部共设置 9 个部门，其中管理部门四个，即办公室、人事处、财务与资产管理处和科研管理处，研究部门五个，即战略与规划研究所、投融资研究所、电网经济研究所、电力市场研究所、新能源与环境经济研究所。为保证研究质量，充分发挥专家的学术带头作用，中心内部还设有学术委员会。

2．科研合同

中心 2000 年实际签定合同 58 项，按主要业务领域划分为：经营战略研究与咨询 8 项、电力发展规划及企业发展规划 5 项、电力改革研究 4 项、电力市场需求分析 12 项、电源项目经济及财务分析 10 项、电网经济及财务分析 9 项、环境经济研究及节能政策研究 3 项、数据库及软件开发 2 项、其他 5 项。实际签订有效合同额约 1600 万元，其中纵向合同约占 55％，横向合同约占 45％。

科研工作

2000 年度中心共完成科研项目 38 项，其中：完成国家经贸委、国电公司委托科研项目 20 项，完成横向委托科研项目 18 项。具体项目为：

1）国家经贸委“十五规划”六个子课题研究；

2）加入 WTO 对电力工业的影响；

3）国家电力公司经营发展战略规划；

4）全国电网电力资源优化配置研究；

5）全国 2000～2005 年电力市场分析预测；

6）1999 年电力市场分析报告；

7）国家电力公司投资战略研究；

8）南方四省（区）能源战略规划研究Ⅰ期；

9）“十五”及 2015 年电力发展速度研究；

10）电力投资优化研究；

11）我国电力弹性系数研究；

12）水电政策研究；

13）加大电网投资力度的政策和措施；

14）电力市场调研分析与需求预测培训教材；

15）电网建设项目经济评价软件编制；

16）国家电力公司电力营销子战略研究；

17）2000 年上半年全国电力市场分析；

18）2000 年全国电力市场分析报告；

19）葛沪直流 2000 年送电计划研究；

20）南方电网 2000 年送电计划研究；

21）国华中电项目顾问工作；

22）桐柏抽水蓄能电站经济必要性分析；

23）浙江电网 2000～2015 年电源构成经济研究；

24）安徽电力股份有限公司上市必要性研究；

25）山东德州热电厂供热扩建工程项目咨询；

26）天津电力公司发展战略环境分析；

27）京津唐地区“十五”期间电力市场分析预测；

28）部分水电站经济效益研究；

29）山东“十五”电力市场需求预测；

30）西北—华北联网工程专题研究；

31）江苏贾旺洁净煤发电示范工程经济性分析；

32）戚墅堰电厂建设天然气发电机组必要性建设时机分析；

33）天津电力市场调查报告；

34）天津电力市场调研分析与需求预测；

35）山东济宁电力市场研究；

36）梯级水电站调节效益分配研究；

37）张河湾抽水蓄能电站经济分析；

38）世界银行项目“洁净煤技术评奖及环境保护研究”。

主要获奖项目

2000 年度中心在中电联、国家电力公司组织的科研项目评奖中多次获奖，获奖项目为：

《天津电力市场调研及需求分析》获国家电力公司科技进步三等奖；

《中国未来电力市场改革模式研究》、《天津市电力市场调研分析与需求预测》获电力行业优秀调研报告一等奖；

《1999 年电力市场分析报告》获电力行业优秀调研报告二等奖；

《我国电力弹性系数研究》、《从西南电力开发看网省间电力互送问题》获电力行业优秀调研报告三等奖。

另外，2000年中心内部制定了“评选科技进步奖管理办法”。2000年评审的中心1999年度科技进步奖为：

一等奖：天津电力市场调研及需求分析；电网建设项目经济评价软件。

二等奖：加入WTO对电力工业的影响及应对措施；1999电力市场分析报告；我国弹性系数的分析。

三等奖：电力市场研究；国家电力公司投资战略研究；浙江电网桐柏抽水蓄能电站经济分析。

优秀奖：1999年上半年电力市场分析报告。

2000年度中心科技进步奖为：

一等奖：2000～2005年全国电力市场分析报告。

二等奖：2000年全国电力市场分析报告；梯级水电站间水库调节效益合理分配办法研究；联网工程投资回收模式研究；广东省发电侧引入竞争机制研究；西北—华北电网联网工程专题研究；东北电网区域电力市场方案研究。

三等奖：京津唐地区“十五”期间电力市场分析与预测；山东省“十五”电力市场需求预测。

主要事件

1月25日，动经中心与国家经贸委电力司举行迎新春座谈会。国家经贸委电力司史玉波司长参加了座谈。

2月2日，国家电力公司赵希正副总经理一行到动经中心看望全体职工。赵希正副总经理充分肯定了动经中心1999年的工作，并希望动经中心办成国际一流的咨询机构。

2月12日，国家电力公司焦亿安总经济师来动经中心，听取主笔人关于国电公司经营发展战略编制情况汇报。

2月23日，王信茂主任会见美国能源基金会杨富强先生一行，就双方合作达成初步意向。

3月8日，动经中心召开“智能实验室可行性报告”咨询会。

3月10日，动经公司第一届董事会第二次会议召开，会议审议通过了动经公司2000年经营发展目标。

3月14日，邓建利副主任会见清华大学和日本庆应大学客人。

3月15日，全体职工学习国家电力公司科研体制改革会议精神，动经中心决定参加国家电力公司直属科研单位转制行列。

3月22日，王信茂主任、邓建利副主任会见华北电力设计院朱兴楚院长一行，双方就合作事宜达成一致意见并签署了合作协议。

4月6日，王信茂主任会见美国松滨公司李晓琳博士，就双方合作事宜进行了探讨。同日，CIDA项目召开中加联合指导委员会扩展期第二次会议。

4月12日，动经中心领导会见美国东西方研究中心专家。

4月28日，王信茂主任与中心各支部书记、各处、所长签订了党风廉政建设责任书，层层落实党风廉政建设责任制。同日，经全体职工选举，马庆安同志当选为动经公司职工监事。

5月9日，《电力技术经济》杂志第五届编辑委员会第一次会议在动经中心召开，国家电力公司谢松林副总经理到会做了重要讲话，焦亿安总经济师参加了会议。自此，《电力技术经济》杂志正式由动经中心和湖南省电力公司共同主办。

5月13日，动能经济专委会召开会议。

5月17日～6月4日，王信茂主任随同国家电力公司赵希正副总经理参加第一届世界能源管制论坛，并对加拿大、挪威、比利时等国的电力体制改革情况进行了考察。

6月7日，王信茂主任会见中国电力信息中心孙佩京主任一行，就动经中心网站建设以及双方合作事宜达成了一致意见。

6月12日，中电联常务副理事长刘宏、副理事长叶荣泗等同志听取了动经中心的工作汇报，并就中电联与动经中心的合作事宜交换了意见。

6月27日，王信茂主任、邓建利副主任会见了二滩发电有限责任公司刘俊峰总经理一行，并就双方合作事宜达成了初步意向。

8月7日，传达国家电力公司科技工作会议精神。按照会议要求，动经中心要在年底以前转制为科技型企业，成为国家电力公司的全资子公司。

8月17日～9月3日，王信茂主任一行赴美国、澳大利亚、新西兰等国考察国外电力咨询机构的运行机制和电力体制改革情况。

8月23日，英国丹迪大学专家到动经中心介绍英国电力体制改革情况。

8月24日，国家电力公司直属机关工会以国直工［2000］12号文批复成立动经中心工会，马庆安同志为工会主席。

9月6日，锦屏一级水电站专题研究合同签字仪式在动经中心举行。王信茂主任、二滩公司刘俊峰总经理参加了签字仪式。

9月28日，召开动经中心发展战略研讨会，全面推进动经中心发展战略的研究工作。

9月29日，召开动经中心第一届学术委员会第一次会议。

10月14日，动经中心首次参加国家电力公司在京直属单位趣味运动会。

10月19日，经中心主任会议研究决定，天然气发电与新能源研究所、节能与环境经济研究所合并为“新能源与环境经济研究所”。

11月17日，中心领导与国华能源投资有限公司领导会谈，并就双方合作的有关事宜达成初步意见。

11月20日，中心领导与国华电力开发有限责任公司领导会谈，并就双方合作的有关事宜达成一致意见。

12月13日，动经公司第一届董事会第三次会议召开，会议全面总结了动经公司2000年的工作，并提出了2001年的工作思路。

12月22日，举行动经中心暨动经公司成立一周年庆祝活动。

12 教育培训与新闻出版

教 育 培 训

国家电力公司高级培训中心成立

根据国务院国办发[2000]11号文件精神,北京电力管理干部学院已改制为国家电力公司高级培训中心。为规范管理,使国家电力公司高级培训中心尽快依法开展业务,国家电力公司以国电人资[2000]446号文明确了国电力公司高级培训中心的性质。

国家电力公司高级培训中心由国家电力公司出资设立，由国家电力公司直接领导和管理，是主要承担公司系统各类高级管理人员在职培训的企业性质的教育培训机构，暂定为国家电力公司的内部核算单位。

请国家电力公司高级培训中心据此到当地工商行政管理局办理工商登记等事项。

电力教育培训管理与服务

2000年工作思路与目标是：为做好新形势下电力行业教育培训管理与服务工作，紧密依靠政府和中电联的会员单位，充分发挥行业中介组织的协调、监督和服务的功能。组织进行电力行业教育培训资源的调研，建立起符合行业工作特点的教育培训工作网络，针对电力工业体制改革出现的焦点难点，组织有关课题研究，总结研究制订（修改）电力行业教育培训有关的标准等基础工作，及进一步做好自学考试的助学和中华电力教育基金的奖教奖学工作。

通过以上工作，逐步实现由为电力系统直属企业、院校服务转向为全行业服务，努力建设起一个良好的内外部工作环境，开创适应国家宏观经济结构调整和电力工业的体制创新、管理创新、机制创新、技术创新的电力教育培训新局面。

电力行业教育培训资源及调研工作

（1）对全国高校开设电力工程、热能动力、水电工程三大类电力行业归口专业的高等教育资源情况进行了摸底调研，并就1999年有关数据进行了初步统计，结果如下：

目前全国约有40所高等院校举办上述相关专业，1999年三大类专业共招生22078人，其中博士生284人，硕士生1516人，本科生12292人，专科生7986人。三大类专业专任教师数为2546人，其中教授542人，副教授1034人。为使电力企事业单位能够及时地了解电力行业高等教育资源情况，今后将不断地提供这方面的信息，并于适当的时机在网上较详细地公布各项统计资料。

（2）为组织好电力行业中等职业技术教育的教学建设和研究工作,建立了电力行业中等职业技术教育的专家资源库,并对中国电力教育协会中等职业技术教育委员会进行了换届工作,确定了该委员会配合教培中心开展职业技术教育协调与服务的方式和工作计划。

（3）组织进行了第四届电力职业技术教育优秀教学成果及优秀教材的评审和颁奖。

（4）为更好开展电力行业的仿真培训，组织制定相应的规范工作，并进行了电力行业仿真培训资源基本情况的调查。

（5）为更好向电力企业提供有关高校和电力科研院所继续教育的资源信息和促进产学研的更好结合,于11月对有关高校和电力科研院所进行了电力行业继续教育资源优势基本情况调查,并完成了汇总和综合分析工作。

培训项目开发及后续培训工作

（1）受国家经贸委电力司委托,由中电联调研部与教育培训中心共同组织的《电力市场研究》课题的研究工作,在华北电力大学等15个单位的专家、教授、高层管理和研究人员调研的基础上,经过天津和北京两次会议的沟通和协商,确定“课题”的十个研究项目将以《电力市场研究》丛书的形式来体现,“课题”的每一个子课题单独形成一本专著,作为整套丛书之一。

（2）4月组织完成了国家经贸委电力司委托的“电力市场建立及管制”培训基础材料《英国电力市场的发展过程、运作模式机管制》的编写工作。

（3）10月根据国家经贸委培训司部署，安排报考指标，组织了有关电力企业骨干人员参加2000年度全国工商硕士的报名和考试，实际录取16人。

（4）接受教育部委托，与国家电力公司共同组织制定了国家级电力行业中等职业教育归口专业目录和“发电、供电、热动”三个专业教学改革方案。

（5）受劳动社会保障部委托，完成了电力行业高级技工学校11个专业目录的制订工作。

电力行业内较有影响的活动

（1）11月在第十二届国际和平周期间，组织并举办了由8名知名院士和教授演讲的“21世纪电力科技与社会进步报告会”。

“21世纪电力科技进步报告会”的主题及演讲人

序号	主题名称	演讲人	演讲人所在单位
1	21世纪的电力系统	周孝信院士	中国电力科学研究院
2	数字化电力系统	卢强院士	清华大学
3	超导电力技术应用	程时杰教授 博士生导师	华中科技大学
4	电力系统动态分析和动态安全域	余贻鑫教授 博士生导师	天津大学
5	电脑、电话与电力网的“三网合一”概念与技术	张保会教授 博士生导师	西安交通大学
6	继电保护发展过程中的若干问题	杨奇逊院士	华北电力大学
7	21世纪电力工业可持续发展的能源系统	倪维斗院士	清华大学
8	电力市场技术支持系统	王锡凡教授 博士生导师	西安交通大学

（2）在教育管理体制改革和电力工业体制改革发展的新形势下，为加强与电力有关高等院校的校际交流与合作，促进院校与电力企业在产、学、研方面的有机结合，充分利用院校教育资源的优势，为电力行业做好教育、培训的咨询、服务工作，以及及时将院校的最新科研成果信息提供给电力企业等方面工作的需要。在教育部的积极支持下，经中国电力企业联合会教育培训中心的提议，由西安交通大学、华中科技大学、上海交通大学、四川大学、华北电力大学等校的有关领导向全国设有电力类专业（含热能动力、水电等相关专业）且与电力行业长期有着密切关系的20余所学校提出筹建“中国电力教育大学院（校）长联席会（以下简称‘联席会’）”的倡议。于11月在北京召开了‘联席会’成立会议，共有32所高校参加。会议决定‘联席会’每年定期和不定期召开。‘联席会’根据电力企业改革、发展的需求，配合中电联教培中心，研究并组织开展如下工作：

1）普通高等院校，如何更好地为电力行业培养人才。

2）自学考试助学方面，如何更好地为电力行业服务。

3）为电力行业继续教育提供咨询与服务。

4）国内外电力行业新理论、新知识、新技术、新产品的交流与推广应用等。

5）根据电力技术和社会经济的发展，向政府、行业中介组织、企业提供咨询与建议。

高级研讨班或培训班

（1）3月，中国电力教育协会参与了由中国成人教育协会牵头，联合近20个产业部门的教育学（协）会在京举办了“中国加入WTO与加快实施科教兴国战略高级研讨班”（详见年鉴教育协会的工作）。

（2）举办了“加入WTO，对我国电力行业影响及其对策”高级研讨班。

（3）组织举办电力行业“人事考核技术与企业薪酬策略”高级研讨班。

（4）组织举办“电力企业改制暨资产重组有关政策法规培训研讨班”。

（5）为电力行业中等职业技术学校领导举办了现代教育技术校长培训研讨班。

（6）组织制订电力行业特色培训基地试点的遴选标准（初稿），确定苏州热工研究所为“电力行业核电培训基地（试点）”。

（7）配合司法部，面向电力行业在职职工，组织攻读法律硕士研究生学位的报名工作，并由清华大学举办该法律硕士班，参加入学考试的有57人，实际录取33人。

（8）经教培中心与上海交通大学协商研究，由该校于2000年为电力行业开办在职骨干技术人员攻读工程硕士学位电力工程类专业研究生班，经上海交通大学组织的工程硕士入学考试，共录取24人。

（9）由中华电力教育基金会资助的面向西部五省区教育培训工作者技术经济专业方向“工商管理”研究生班，共招生40人（详见中华电力教育基金会的年鉴材料），该班由华北电力大学（北京）举办。

自学考试

（1）年初，为了贯彻第三次全国教育工作会议精神，总结电力行业高等教育自学考试2年多来的工作，于1月24～27日在昆明召开了“全国电力行业高等教育自学考试工作会议”。中电联常务副理事长刘宏，在会上作了题为“贯彻全教会议精神，努力适应电力工业改革形势，积极推进全国电力行业高等教育自学考试教育事业的发展”的报告。报告对“电力行业自学考试工作进行了简要的回顾”；强调要“从电力行业持续发展的角度，提高对人力资源开发和办好自学考试重要性的认识”；提出要“正视困难，明确目标，努力开创电力高等教育自学考试新局面”的要求。会议还对安徽电力助学中心等11个先进省级助学中心，曹寿鹏等29名优秀管理干部，张天孙等77名优秀助学工作者和刘国隆等38名优秀助学教师给予了表彰。

(2) 组织完成面向电力行业自学考试“电力、热动”两个专业本、专科各两个层次的组织协调工作和完成了20余门教材、助学辅导材料的征订发行工作。组织编写制作了《传热学》等8门课程的教学光盘；《发电厂电气主系统》等4门课程的自学指导书；《电力系统基础》等11门课程的习题解答；《电力系统分析》等10门课程的模拟试题等工作。

电力行业继续教育工作

为充分发挥有关高等院校、电力研究院所的培训资源优势，推动新形势下电力行业继续教育工作的进一步发展。中电联教培中心于2000年11月在北京召开了电力行业继续教育工作研讨会。会议审议了：

1)“电力行业继续教育证书的暂行管理办法”；

2)“关于组织编制《2001年度中电联开展电力行业继续教育培训项目》”；

3)“关于进行电力行业继续教育资源优势调查”。

会议还研究了“十五”期间电力行业继续教育规划编制工作,并组建了由四川大学为组长单位、南京自动化研究院、合肥工业大学、华南理工大学为副组长单位的《“十五”期间电力行业继续教育规划编制工作》课题组。同时还对规划编制的原则进行了初步的研究。

华北电力大学

概述

2000年是该校改革发展的重要一年，学校的教学、科研、管理、后勤服务及各项工作都取得了较大成绩，综合办学水平有较大提高。2000年全校共有教职工2348人，其中专任教师935人；在教职工中，具有副高及以上技术职称的有806人。全年共招收日校本科及研究生3321人，其中本科生2937人，研究生384人；招收各类函授生2066人。毕业本专科生及研究生1997人，函授生1588人。

改革工作

1. 精简党政管理机构

校部将原有31个党政管理和直属机构，通过合并、合署办公、撤消、剥离等手段精简为党政管理机构16个、群团组织2个、直属单位4个。

2. 深化用人制度改革，优化人才资源配置

在国家电力公司核定的编制总数内，按照精简高效的原则，努力压缩非教学科研人员，提高教师占教职工总数的比例。根据“按需设岗、平等竞争、择优聘任、严格考核、合约管理”的原则，深化用人制度改革。制定了《华北电力大学全员聘任暂行办法》和《华北电力大学考核管理办法》，从而完善激励约束机制。初步完成了党政管理机构、后勤集团、校医院等单位一般工作人员的竞聘上岗工作。

3. 初步实施后勤社会化改革，成立后勤服务产业集团

校部后勤集团内部的机构设置和人员竞聘工作已基本完成，共成立9个中心、3个工作部。北京校区拟定了有关后勤服务标准、服务项目协议及办法，实现了后勤集团与学校的规范分离。

制定学校《“十五”发展计划和2015年规划》

在国家电力公司等上级部门的领导下，为了适应社会主义市场经济的发展需要，进一步解放思想、更新观念、深化改革、加速发展，突出“立足行业、服务地方、面向全国”的办学特色，制定了《华北电力大学“十五”发展计划和2015年规划》。

教学工作

制定并实施了新时期师资建设计划，建立有效的用人、培养、激励竞争和分配机制，实行了目标管理和动态管理。加强了教学质量监控，根据该校教学督导组工作条例的有关规定，完成第二届教学督导的聘任工作。完成了组织申报教改项目工作，有5项教学成果获省级奖励。在教育部组织实施的国家高等教育世行贷款重大教改项目——“新世纪教育教学改革工程”中，该校的《理工科大学生创新教育体系及其实践基地建设》、《综合性全程考试模式的改革与实践》两个教改项目，被批准立项并获资助。

完成了拟增设专业(2001年校部拟增设11个专业,北京校区申报了9个专业)的论证与申报工作。配合教学内容和课程体系改革,加强教材建设,向教师推荐使用“面向21世纪课程教材”9种,保证了选用教材的高质量。出版国家统编教材3种,组织出版教材2种,组织新编校内讲义18种,改编再版校内讲义4种。

深化教学改革和进一步完善学分制，建立了具有弹性的学习制度和教学管理运行机制，赋予了学生较多的学习自主权，调动了学生学习的积极性，教学质量显著提高。2000年，经学校研究决定，同意校部12名同学重新选择了专业。在2000年全国大学生英语竞赛中该校获得特等奖1名，一等奖1名，二等奖6名，三等奖10名。2000年河北省大学生英语演讲比赛，该校2名同学分别获非专业组特等奖和专业组

一等奖。参加数学建模竞赛一个队获省一等奖、三个队获省二等奖。2000年首次参加全国力学竞赛，获河北省赛区三等奖。北京校区电气998班《高等数学》、信息982班《大学物理》在北京地区高校基础课统一抽测中获得第二名。北京校区《变电站计算机仿真实习与实验教学系统》荣获北京市教学成果一等奖、《应用现代教育技术综合改革电力基础教学》获北京市教学成果二等奖、青年教师马波在北京市第三届青年教师教学基本功比赛中获二等奖。同时,为进一步提高学校教务管理工作的现代化水平,通过与清华大学的密切合作,“网上综合教务管理系统”已经启动。北京校区开发研制了试题库、试卷库管理系统和新选课系统以及排课、教师、毕业等管理系统软件。

加强了重点学科建设，协助国家电力公司人力资源部组织并邀请了北京大学等科研院所的15位专家教授对该校由原电力工业部“九五”期间立项建设的工业自动化等5个重点学科、实验室进行了评估验收，并被国家电力公司批准为重点学科、实验室。对工业自动化学科、电力系统智能保护与控制实验室、工业过程仿真与控制实验室等重点建设单位的管理机构及组成人员进行了调整和充实。环境工程等四个申报河北省高等学校重点专业的学科，通过了专家组的材料审核评估。

积极发展研究生教育，扩大研究生教育规模。2000年普招研究生的招生比例净增长率为100%，工程硕士生的招生增长率为150%。组织了增设学位点的申报工作，获得了3个硕士学位专业授权资格，实现了文学门类招收培养硕士学位权的突破。组织了博士后流动站的申报工作。新增了20名博士生导师，壮大了校博士生导师队伍。

在成人教育工作方面，组织了校内面授15期，外派函授教师151人·次，参加面授人数4238人·次。为中电联、国电公司等单位举办各类培训班6期。完成了北京市教委对北京校区成人本科教育教学管理基本情况的调研工作。

科研和校办产业工作

2000年度，纵向重点项目经费突破100万元；北京校区全年纵向科研项目18项，经费310.4万元。组织申请国家自然科学基金项目13项（校部6项、北京校区7项），2项获得立项资助（资助经费分别为18万元、16万元）；组织申请教育部“高等学校骨干教师资助计划”项目20项，获准资助10人；组织申请教育部高等学校博士学科点专项科研基金项目6项（校部3项、北京校区3项），校部和北京校区各1项获资助；组织申请教育部优秀青年教师资助计划项目1项和教育部高等学校优秀青年教师教学科研奖励计划2人；北京校区向教育部申请留学回国人员科研启动基金2项并获资助、申请高等学校骨干教师项目15项，6项获得资助；对在研的国电公司9个项目进行了执行情况检查、汇报，项目总体进展情况良好；组织申报河北省科技攻关计划项目7项。完成了校内重大预研基金项目的立项工作，共立项3项，资助总额度为7.6万元；完成了2000年度博士学位教师科研基金项目的立项工作，立项8项，资助总额度为16万元。2000年度，校部签订横向科技合同共81项，合同经费828.4024万元；北京校区签订横向科技合同共50项，合同经费1000.6万元。

2000年学校组织校内学术报告会106场（校部64场、北京校区42场），其中，邀请国外专家7名、沈国荣院士等校外专家学者17名做学术报告20多场次。资助教师参加国际学术会议6人、国内学术会议17人·次，投入资助经费3.5万元。组织会员教师30多人·次参加中国电机工程学会和河北电机工程学会学术活动与优秀论文评选，10篇论文获省学会奖。全年共发表学术论文380余篇；科技论文被三大检索刊物收录的情况为：《SCI》4篇、《EI》14篇、《ISTP》15篇，共计33篇。

2000年度，学校制定《华北电力大学知识产权管理暂行规定》等4个文件，初步建立了学校知识产权管理制度和组织机构，取得了较高水平的科研成果。校部组织申请国电公司应用性科技成果鉴定2项、科技进步奖4项；与天威集团合作项目获国家科技进步二等奖；组织选编最新实用科技成果宣传介绍材料30余项，参加了深圳等地举办的成果信息发布、展交会。北京校区有3项科研成果完成技术鉴定，其中两项达到国际先进水平，一项达到国内先进水平。国家“863”计划项目“先进控制策略在大型火电机组DCS中的应用及控制软件包的开发”顺利通过国家科技部863/CIMS主题专家组组织的验收，并被“863”自动化专家组评为优。

校办产业在2000年度取得了较好的业绩，校部直属7家企业，实现销售收入共计1700万元，上交学校近100万元。同时，根据国家和教育部企业体制改革的文件精神及国家电力公司对校办企业体制改革的要求，学校对校办企业体制进行改革。

北京校区组建了北京华电英康科技有限公司、北京华电网窗信息技术有限公司，完成了对鸿昌公司、宝威公司、派威公司、电科厂的债权债务和企业法人的离任审计以及北京市高校校办产业的认证工作。

后勤和基建工作

后勤服务工作得到了进一步加强，一年来，共投资400多万元完成了新增教室、学生食堂、取暖锅炉和浴室的装修、改造等工作，幼教中心通过了保定市教委一类幼儿园达标验收，接待中心被确定为内部涉外宾馆。后勤集团成立后，首先开通了“123”热线电话，为师生员工提供生活上的便利。

2000年，学校基建规模进一步扩大，顺利完成了七一南苑4号楼、青年苑4～8和16号楼的住宅建设，使300余户教职工喜迁新居，还完成了学七舍、学八舍两栋学生宿舍楼的建设，以及新建老干部活动中心、幼儿园扩建、青年苑3号楼大修、培训楼装修以及学九舍、教学实习基地工程的勘察设计等前期工作。完成了新建图书馆的前期工作，并于9月底正式开工建设。北京校区完成了连体楼建设、5号宿舍楼的招投标、综合实验楼的决算和保修等工作。

学生工作

制定并实施了大学生素质教育评价体系，强化了大学生德智体量化管理。2000年校部学生受立功奖励的18人，受嘉奖的4人。顺利完成了研究生和本专科生毕业派遣计划，在2000年校部应届毕业生中，有10.6%的学生获得了辅修证书，有6%的学生获得了辅修学位，考研率达到19.4%，一次就业率94.64%。北京校区应届毕业生一次就业率也达到了82%。校部深入开展了“青春风采”新世纪大学生形象设计主题活动，激发了大学生们思考人生、追求全面发展的热情。在中华电力联合会评选的“电力新星奖”优秀学生评选中，该校学生获得“电力新星特等奖”1名。校部团委获得全国“大学生暑期社会实践”先进单位，“河北省青年思想政治工作先进集体”称号，河北省“世纪之星”大学生英语大赛组织奖。完成了2001年全国大学生“挑战杯”课外科技学术作品竞赛校内参赛项目的征集工作，其中有8个项目通过立项。北京校区开展了“跨世纪——我们与祖国同行”、“为了中华民族的伟大复兴”论坛等教育活动，并积极参加首都的重大活动。

国际交流与合作工作

2000年度校部国际合作处共聘请长、短期外国文教专家13人·次，圆满完成了该校外语系和本科生、研究生的英语教学任务。结合学校重点学科建设和重点实验室建设，聘请了来自英国、日本和俄罗斯的专业和项目专家9人·次。做了有关计算电磁学、光纤通信、热力工程领域等方面的专题讲座。为了加强该校理论电工实验室的建设，还特别聘请了来自英国四位专家学者来校进行了电磁兼容暗室调试。北京校区积极与兄弟院校及国内外的教育服务机构联系，共聘请5名外国专家。这些专家的来访促进了该校教学、科研水平的提高以及国际学术交流活动的开展。

2000年度校部共办理因公出国(赴港澳)人员手续35人·次,其中参加国际学术会议人员17人·次,除国家公派留学渠道外,2000年度通过校际交流渠道派往日本群马大学、莫斯科动力学院、香港城市大学等进修、攻读博士学位人员手续6人·次。另外1人计划于2001年2月派往瑞士洛桑联邦工业大学。北京校区完成国家公派及单位公派访问学者、合作研究、攻读学位共计7人·次。共派出因公出国访问50人,其中参加国际会议17人,出国培训6人。

2000年度招收长短期外国留学生4人，分别来自日本、德国和坦桑尼亚。其中1人在读外语系英语本科专业，其余3人为汉语进修生。北京校区与韩国、日本、印度尼西亚等十多所留学代理机构建立了联系，加强了招收留学生的宣传和准备工作。

党建和思想政治工作

按照国家电力公司党组的要求和部署,在学校领导班子和领导干部中,开展了以“讲学习、讲政治、讲正气”为主要内容的“三讲”教育。完成了党总支、党支部的换届工作。全年共发展党员531人(校部281人、北京校区250人),并在发展党员的工作中实行了公示制。以坚持民主集中制和加强党风廉政建设为重点,加强了党的作风建设。坚持党委常委会议和校长办公会议制度,凡涉及全校性的重要事项,都经过常委会或校长办公会集体讨论决定。还坚持了校领导接待群众日制度,充分听取群众意见。根据国家电力公司的要求,成立了“党风廉政建设责任制领导小组”,明确了各级党政领导班子和领导干部的岗位职责。

完成了中层领导干部的竞聘工作。通过干部制度改革，校部现有的100名中层领导干部平均年龄42.2岁，比竞聘前下降了4.3岁，具有硕士以上学位的处级干部占中层干部总数的26%。各教学系、部的中层领导干部具有正高职称资格者21名，占教学系、部干部总数的45.7%。北京校区完成了对机关和教学等部门处级干部的任命和聘用工作，共任命聘用88人，其中新任命聘任的33人。

建立了党委统一领导，党政共同负责，职能部门分工明确，党政工团齐抓共管的思想政治工作领导体制和工作机制。提拔了一批30岁左右、具有一定思想政治工作经验的青年干部到处级岗位。北京校区建立了新闻中心网站，加强了宣传思想教育工作。全面推进了教职工的政治理论学习工作。拟定了25项关于“三个代表”和“四个如何认识”的学习研究课题，使党建和思想政治工作真正成为我校改革与发展的精神动力和政治保障。

及时掌握师生思想动态，积极维护学校稳定。对少数几个原法轮功练习者采取了“五帮一”等多种形式的责任制，做了全面耐心细致地工作，一年来无人参与任何非法活动，转化率达到了100%。北京校区开展综合治理专项整治工作，完成了校园综合治理工作管理的五大目标任务。

积极开展多种形式的校园文化活动，促进精神文明建设。根据上级精神，校部工会组织教职工献爱心活动，向发生灾情的干旱贫困和西部地区捐款5.7万余元。

主要事件

1月8～9日，召开毕业生供需“双选”会，60余个用人单位的90余名代表来校挑选毕业生。180余名毕业生与用人单位正式签订了就业协议，150余名毕业生与用人单位达成了就业意向。

2月12日，国办发［2000］11号文件《国务院办公厅转发教育部等部门关于调整国务院部门（单位）所属学校管理体制和布局结构实施意见的通知》，明确该校继续由国家电力公司举办和管理。《通知》中还明确原挂靠在该校的北京电力管理干部学院改为国家电力公司高级培训中心，由国家电力公司直接管理。

3月21日，中共保定市市委书记王珽玖来学校调研，征询对贯彻落实保定市“优化环境，扩大开放，加快发展广播电视大会”的意见和建议。

3月31日，北京校区再次被首都精神文明建设委员会评为“首都文明单位”。自1996年以来，北京校区已连续四年获得该荣誉称号。

4月4～6日，河北省加强学校共青团工作研讨会在校召开。

4月29日，全校隆重集会，纪念“五四”运动81周年，并进行1999～2000年度团内表彰。

5月17～21日，全校第四届教职工代表大会、第六次工会会员代表大会顺利召开。

5月，北京校区校团委组织学生，积极参加了由共青团北京市委员会、北京市学生联合会举办的北京市高校“电商杯”辩论赛，获得了优胜奖；北京校区6个团支部参加北京市“先锋杯”优秀团支部评选全部获得荣誉称号，为历年来获奖最多的一次。

8月22日，该校电力工程系被国家电力公司授予“国家电力公司思想政治工作先进单位”称号。

9月7日，北京校区田径代表队参加北京市第三届高校田径运动会，取得男子团体总分第五名、女子团体总分第四名、男女团体总分第四名的好成绩。

9月，校团委被共青团河北省委评为“河北省青年思想政治工作先进集体”。

10月15日，北京校区承担的国家“863”高科技发展计划项目“先进控制策略在大型火电机组DCS中的应用及控制软件包的开发”顺利通过国家科技部863/CTMS主体专家组组织的验收。

10月，该校被教育部、共青团中央授予“中国大中专学生志愿者暑期‘三下乡’社会实践活动先进单位”称号。

12月7日，校审计处被国家电力公司授予“审计信息暨统计报表工作先进单位”称号。

新　闻　出　版

中国电力报社

2000年是中国电力报社进行自身改革，为迈开第二次创业步伐进行各项准备的关键一年。全社干部职工围绕年初确定的总体目标，在国家电力公司的领导下，按照“立足本系统，面向大行业”的指导思想，发扬“永无止境，争创一流”的报社精神，新闻宣传上坚持正确的舆论导向，报业经营上坚持延伸报业功能，内部管理上坚持不断深化改革，使报社各项事业都得到了长足发展。

深化改革，二次创业

2000年中国电力报社为开始第二次创业进行了全面的准备。在思想上，进行第二次创业的观念、市场观念以及危机意识已经在两级班子和全社职工中萌芽生根；在机制上，干部能升能降、职工能进能出、收入能多能少的竞争考核分配机制已经初步形成；在队伍建设上，一支以中青年为主的能战斗的干部和职工队伍已经形成；在物质条件上，在大行业办报思想指导下进行的报刊扩版，开发了新的媒体；在战略思想上，明确了符合报社特点的报纸和报社的发展定位。

新闻报道成绩显著

按照国家电力公司的工作部署和改革目标，精心策划，较好地完成了宣传报道任务，实事求是地向社会塑造了国家电力公司的良好形象，为电力工业的改革与发展创造了良好的舆论环境。

（1）为宣传国电公司西部开发战略思想，中国电力报社组织实施了“西部纪行”特别行动，走访了12个省、市(自治区),行程万余公里,采写了18篇文章,引起了社会广泛关注,受到了公司领导的好评。《水电的春天》系列报道以及中国电业杂志的大型水电专号《为江河感动,为水电执著》和大型专题《未来不是梦——西电东送大全景》,也都从不同角度报道了水电开发的现状、战略规划、管理以及对全国联网和带动西部经济的战略意义,在水电报道的深度和广度上有了更进一步的延续和拓展。为配合电力行业贯彻党的十五届五中全会精神,报社与国电公司总经理工作部特别策划了"贯彻落实五中全会精神专题报道",从推进全国联网、西电东送、电源结构调整等十个方面进行了较为深入的探讨,对于指导电力行业的工作产生了深刻影响。

(2)《中国电业》杂志继续体现了创新思想,以专题策划作为主攻方向,除出色地完成大型水电和西电东送、九五特别访谈、十五特别专号等专题外,还克服重重困难,完成了"电业英才系列人物"的两大特辑,为电力系统28位大师和院士树碑立传,收到了很好的效果。在改革探索会议报道上,也走出了一条新路,形成了自己的特色。

(3) 2000年是中国电力报社提出3年消灭无稿县的第二年,经过全社努力,一年来共消除1999年以来无稿县571个。

(4) 2000年是中国电力报社全面落实"立足电力系统,面向大行业"指导思想的一年。报社成立了产业经济部和星期刊编辑部,并完成了家庭电气化专版扩为电气周刊的准备工作。从体制上加强了与电力系统相关行业的联系,并加强了电力系统与相关行业结合点的宣传报道。同时,提出了《关于加强中电联报道的意见》并在报道中积极落实。在加强对国家或综合部门的经济政策、经济信息以及相关行业在全国范围内的走势、发展、变化等报道的同时,推出了"相关行业与WTO"、"相关产业十五走势评述"等系列报道,对电力行业调整生产力布局,大力推进信息化产生了一定影响。

(5) 星期刊作为电力新闻与社会新闻的结合点,刊发了一些在电力系统内部和社会上都引起较好影响的作品,弥补了《中国电力报》社会性报道欠缺的不足。特别报道《镜头下的黑色交易》在本报和《北京青年报》、北京电视台刊发、播出后,引起了北京市委、市政府有关领导和所属有关部门的高度重视,专门召开了保护北京地区重要输电设施协调会,制定了综合治理措施。

(6) 2000年中国电力报社有8篇作品在全国性和首都新闻界新闻作品评选中获奖。其中赵文图的论文《浅论产业报业务指导思想的调整》获中国产业报"第3届学术年会论文"一等奖。

中电新闻网开通

2000年4月22日,《中国电力报》网络版送上因特网。网络版的开通得到了国家电力公司高严总经理、赵希正副总经理的充分肯定和基层广大电力职工的好评。高严的批示是:"这将使电力报的各项工作进入一个新阶段,要继续努力,取得更好的成绩"。赵希正的批示是:"可喜可贺,再上台阶"。经中国报业协会电子技术进步委员会推荐,《中国电力报社新闻综合网络二期工程》获中国报业电子技术一等奖。这标志着中国电力报社的新闻综合网络继续在行业报乃至首都新闻界保持领先地位。继《中国电力报》网络版送上因特网之后,国务院新闻办公室于2000年12月25日正式批准"中国电力新闻网"从事登载新闻业务。这是我国经国务院新闻办批准成立的第一家从事新闻登载业务的行业新闻网站。中国电力新闻网(www.zdxw.com.cn)作为国家电力公司主管、中国电力报社主办的全国电力行业惟一的新闻网站的顺利开通,是中国电力新闻宣传事业发展历史上重要的一页,是中国电力报社新世纪实现"二次创业"的第一步,也是报社向传媒实体发展的重要一步。

报业经营持续增长

2000年报社经营工作经过全社职工尤其是经营人员的努力,继续保持了增长态势。广告公司继续开拓市场,通过内部分解指标、落实责任制、巩固老客户、联系新客户等措施,广告经营额比上年增收15%。中电兴公司充分挖掘现有人力和设备的潜力,巩固和延伸了公司原有的优势经营项目,净利润比上年增长10.58%。同时,参与了国家综合部门联合举办的《国有企业改革暨技术创新成果展》的组织策划。通宇公司及时跟踪和关注纸张行情,在纸张价格大幅上涨的情况下,加强经营和成本核算工作,使报社避免了因纸张提价带来的损失。同时,积极拓展报社以外的排版市场和承揽书刊业务,净利润比上年增长11.2%。《中国电力报》、《中国电业》杂志发行量基本做到了稳中有升。

双文明建设硕果频频

2000年是中国电力报社精神文明建设和思想政治工作获得丰硕成果的一年。上半年荣获了"中央国家机关文明单位"称号,下半年荣获了"国电公司系统思想政治工作先进单位"称号,年底被北京市宣武区安委会和交通支队评为"交通安全先进单位"。为加强两个文明建设,报社于1999年底成立了党委办公室,加强了包括精神文明建设、思想政治工作、党建工作等在内的相关工作,成立了党风廉政建设领导小组,印发了党风廉政建设实施细则;党委书记、社长与各支部书记、各部室主任签订了党风廉政责任书;进一步完善了中心组学习制度;完成了两级班子民主生活会；实施了每月一次的党委书记与职工思想双向交流活动；开展了"新世纪、新打算"活动；成立了以党委书记、副书记为主的精神文明建设领导小组，下设精神文明办公室，在全社范围内开展了"创建文明办公区"活动，职工的文明办公意识大大增强。

主要事件

2月2日，国家电力公司副总经理赵希正代表公司党组、代表高严总经理来到中国电力报社，向报社职工拜年。赵副总经理听取了沈凤仪社长的汇报，肯定了报社1999年的工作成绩，提出了新的一年里努力的方向。

2月21日，中国电力报社北京电力广告公司再次被中共北京市委宣传部、北京市工商行政管理局、北京广告协会评为1999年度"首都广告业社会主义精神文明建设先进单位"，这是该公司自1997年以来连续第三次获得这一荣誉。

3月8日，中国电力报社社长兼总编辑沈凤仪在《中国报业自律公约》签约书上签字。

3月14日，中国电力报刊协会作为一个全国性专业社团，经国家电力公司、新闻出版署、中华全国新闻工作者协会、民政部审查批准，正式办理了重新登记领证手续。

3月15日，中国电力报社广告部被中国广告协会命名为"全国广告行业表扬单位"。

3月18日，首都部委产业经济报界两年一次的学术年会论文评选揭晓。本社三篇论文获奖，并同时获得组织工作奖。

3月23日，中国记协向全国55万新闻工作者发出倡议，倡导大家携手在内蒙古通辽市科尔沁沙地，建造占地1.2万亩，植树55万棵的"中国记者林"。中国电力报社响应这一倡议，捐种1000棵，并于4月15日派记者专程前往科尔沁沙地参加了中国记者林首栽仪式。

4月22日，中国电力报网络版正式送上英特网，是报社为第二次创业寻求新的发展途径和技术支撑点，走向现代化的一个重要标志。

4月25日，国家电力公司文明办发文，表彰荣获"中央国家机关1999年度文明单位"称号的国家电力公司本部机关及中国电力报社等12家在京直属单位。

5月15日，中国电力报社第一张利用多媒体技术全方位宣传报社形象的CD-ROM光盘《迈向二十一世纪的中国电力报社》制作完成。

5月15日，中国电力报社通宇公司经理薛秋林，被新闻出版署和中国报业协会评为全国报业先进经营管理工作者。

6月6日，中国电力报社工会被国家电力公司直属机关工会授予"合格职工之家"称号。

6月13日，中国电力报社积极介入河北省霸州市供电局职工牛亚军无故遭到霸州市康仙庄派出所副所长杜书贵枪杀案报道。上午急派记者赴河北霸州市采访。下午沈凤仪社长赴霸州了解案情，代表报社全体职工看望死者遗属，送去了慰问金，并表示《中国电力报》一定会本着客观公平公正的原则报道此事，发挥报纸的舆论监督作用，维护电力职工的合法权益。

7月6日，中国记协召开加强和改进思想政治工作宣传报道研讨会，中国电力报社社长兼总编辑沈凤仪作了题为《把握新特点，探索新方法》的经验交流发言。

8月8日，中国产业报协会召开四届九次常务理事会，经中国记协同意，中国电力报社社长兼总编辑沈凤仪被补选为副会长。

8月24日，国家电力公司党组作出决定，表彰本系统在思想政治工作中作出突出成绩的单位和个人。中国电力报社被授予"思想政治工作先进单位"荣誉称号。

11月7日，为庆祝新中国第一个记者节，国家电力公司党组成员、副总经理赵希正代表公司党组在《中国电力报》上发表了《致电力新闻工作者的一封信》。信中对电力新闻工作者近几年来所做的工作给予了很高的评价，同时也提出了新的要求。

11月14日，《中国电力报社新闻综合网络二期工程》项目荣获1999年度中国报业电子技术一等奖。在2000年中国报业第六届技术年会上，中国电力报社在大会上作了经验介绍。

12月25日，国务院新闻办公室以国新办发函[2000]232号文复函国家电力公司，正式批准"中国电力新闻网"从事登载新闻业务。

（蒲秀兰）

中国电力出版社

综述

2000年，中国电力出版社继续坚持"艰苦创业，锐意改革；优质高效，服务电业；整体优势，参加竞争；团结办社，争创一流"的办社宗旨，贯彻要把中国电力出版社办成"特色鲜明、多元经营、管理科学、优质高效的国内一流、国际影响显著的大型综合性现代科技出版企业"的发展战略，主体出书方向紧密围绕我国电力工业、改革和发展的形势，并密切结合国家电力公司的经营管理和改革工作，同时还努力为全国各行业用电和广大人民生活用电提供科学知识和技术传播服务。全年共出版各类图书725种，印造册数373万册，还出版了一批水平较高实用性较强的音像制品和电子出版物。全年完成生产总值9056万元，总销售额8200万元。

生产经营

(1) 在总体发展战略指导下,努力开拓出版领域。中国电力出版社围绕国家电力公司"两型两化、国际一流"的战略部署和全国出版业发展状况,及时确立了"图书、期刊、音像、电子出版物及多种经营全面推进"的经营模式,并于2000年初组织全社中层以上干部集中三天认真讨论,统一思想,为实现总体战略目标开展扎实有效的工作。2000年,在国家电力公司、中国电机工程学会的支持下,与中国电力技术进出口公司、中国水利电力物资有限公司、中国电能成套设备有限公司、电科院、电力规划设计总院、电力可靠性管理中心等单位共同协作,创办了《电力设备》光盘期刊,并开通了"www.cepee.com"网站,为我国电力工业的建设和发展提供国内外电力设备研发、供求、运行信息,这也是中国电力出版社向现代化出版方向发展的一个标志。2000年,中国电力出版社还不断开拓了建筑电气类、社会电工类以及计算机技术类图书的出版领域,出版了一大批有实用价值的科技图书。

(2) 为我国电力生产、经营管理、科研、教育培训和精神文明建设提供全面、优质的服务。2000年,共出版科技图书163种,工具书36种,规程、规范和技术标准174种,各专业各类教材122种,各类培训教材115种,音像制品12种,电子出版物8种,并优质高效地完成了国家电力公司、中国电力企业联合会交办的紧急和重要任务。特别是配合电力工业发展的中心工作和改革目标,出版了一大批电力生产、建设、科研和提高电业人员素质急需的图书,如配合电力发展的新形势和电力新技术的应用,出版了《中国电力市场分析与研究2000》、《变电站综合自动化技术》、《电力市场营销管理》、《混凝土拱坝设计》、《电力新技术丛书》、《电网调度运行实用技术问答》、《电业火灾与防火防爆》等一批科技图书;配合电力行业技术培训和岗位培训工作,出版了《电力系统微机保护培训教材》、《电力企业班组建设培训教材》、《600MW火力发电机组培训教材》、《城镇(农村)工矿企业电工培训教材》等一批有价值的培训教材;为配合职业技能鉴定工作,出版了《电力职业技能鉴定规范》;为推进电力企业标准化工作,出版了一批企业标准。2000年还出版了《汽轮发电机组振动》、《大坝基础防渗墙》、《全要素生产率理论及其在电力工业企业中的应用》等科技专著,《城乡电网建设改造设备使用手册》、《电力变压器检修与试验手册》、《电站常用阀门手册》、《英汉电力技术词典》等大型工具书,《电力企业资本经营研究》、《中国电力行业国际经济合作》等经济类图书。

(3) 提高图书质量,缩短出版周期。中国电力出版社根据图书出版规律,完善了质量管理体系,社质量管理领导小组加强对图书编校质量的审读工作和对图书印装质量的全面检查工作,质量检查结果与部门和责任人的经济利益挂钩,使图书的整体质量始终保持良好。图书生产周期逐年缩短,2000年新书出书周期比1999年又减少了29天,重印书周期减少了4天,使得出书速度加快,增强了市场竞争的能力。

(4) 生产形势良好,图书销售不断增长。经全社职工辛勤努力和高效的工作,2000年全年出书品种比上年增加15%,印造册数比1999年增加23%,出书总码洋比1999年增加24%,图书销售额比上年增加20%,图书每种平均印数比上年增加336册。

重点工作

(1) 作为国家"十五"重点文化工程项目的《中国电力百科全书》(第二版),在以陆延昌副总经理为主任委员的编辑委员会的领导下,在电力系统众多单位的大力支持下,经过千余位专家学者和编辑人员的辛苦工作,于2000年底出版了其中7卷,并按计划于2001年2月底8卷全部出齐。

(2) 被列为国家"九五"重点文化工程的《中国水力发电工程》,在国家电力公司水电及新能源发展部的指导下,由水电水利规划设计总院、水利水电工程总公司、中国水力发电学会和中国电力出版社共同组织编纂,经过全国200余位专家学者和编辑人员的共同努力,历时5年,于2000年9月八卷全部出版发行。该套水电巨著在北京召开的"2000年国际大坝会议"上举行了首发式,受到与会的世界各国水电专家学者的普遍赞许。

(3) 由高严总经理担任主编的《面向21世纪电力科学技术讲座》于2000年出版,同时配有VCD光盘版发行。该书编委会邀请了电力行业8位两院院士、近30位专家结合世界电力先进技术和我国电力科技发展的重点方向,撰写了29篇高水平的论文,编辑成书并录制了讲座录像。该书及VCD内容汇集了火电、输配电、水电、核电、电力环保等新技术、新成果,反映了当代电力科技动态,是一套很好的高级电力科普读物。

(4)《英汉电力技术词典》。该词典编委会由国家电力公司总工程师张贵行担任主任委员,共收词12万多条,内容覆盖电工电子、电力系统、火电、水电、核电、新能源、输配电、计算机与仪表控制、金属材料、化学、环保等与电力工业相关的专业学科,于2000年1月出版发行。国家电力公司技术顾问、工程院院长潘家铮为本词典作序。

(5) "九五"国家重点规划音像出版项目十六集系列片《电力生产安全教育》,以录像带和VCD两种形式出版发行。本系列片对电力生产各环节的事故多发点着重进行分析和讲解,根据《安全生产工作规程》进行规范性操作示范，并选编了大量典型事故案例，以动画形式演示事故经过，分析事故原因，对电力生产各级人员都具有很强的教育意义，是一部电力生产安全教育形象化教材。

(6) 2000年初，中国电力出版社与世界最具影响的计算机图书出版机构——美国奥莱理（O’Reilly）公司建立了合作关系成为O’Reilly公司在中国大陆唯一的合作伙伴，在2000年出版了O’Reilly公司经典计算机图书40余种，不仅满足了国内专业人士的需求，而且在计算机图书出版领域内取得了良好的声誉。

获奖情况

(1) 中国电力出版社出版的教学录像片《机械制图的动态思维过程》，以选材质量高、制作效果好和表现形式清晰准确，获得“全国第三届优秀教育音像制品”一等奖。

(2) 《10kV及以下配电线路工程图集》（第二版）、《乡镇供电营业所电工考核培训教材》等5种图书，经中国书刊发行业协会“全国优秀畅销书”评选委员会评选，授予“全国优秀畅销书”称号。

改革与管理

(1) 为进一步深化人事制度改革，积极推进人事管理的科学化、民主化和法制化建设，逐步建立健全与社会主义市场经济体制相适应的、符合该社特点的人事管理制度，2000年，中国电力出版社制定了《关于实行全员岗位聘任制的暂行办法》、《中国电力出版社岗位设置方案》,并结合实际明确了各岗位的职责和工作任务,在全社大会上进行思想动员,于2000年5月全面实行岗位聘任制,全体职工都签订了《岗位聘任合同书》,在劳动人事制度改革中走出了坚实的一步。

(2) 实行了人事代理制度和职工招聘制度。为建立健全企业自主择人、人才自主择业的双向选择用人机制，本着鼓励流动、规范管理的精神，中国电力出版社试行了固定编制与流动编制相结合的分类管理模式,实行了人事代理制度和社会招聘制度,对新职工采用人事代理,对编辑、发行业务员、广告业务员等岗位试行招聘制,并加强上岗前的业务培训,增强了该社的生产能力,对扩大生产经营规模起到了积极的作用。

(3) 强化内部管理,完善各项生产管理制度。该社自1998年起全面实施“综合目标管理办法”,在调极职工积极性方面取得了实效。2000年,在总结经验的基础上,对各部门的综合目标管理进行了全面调整,并补充了一系列管理规定,使之更加完善和适应该社发展的需要,形成了从部门到岗位的职责、任务、综合目标以及分配方案都很明确的一套较完整的管理制度。

外事活动

为了进一步了解世界图书出版情况，加强国际合作，开展版贸工作，2000年，中国电力出版社先后派出四批代表团前往美国芝加哥、德国法兰克福、泰国曼谷和香港参加国际图书展览和版权贸易、印刷技术交流等活动。目前该社已经与台湾、香港、美国等多家出版机构进行了较深入的经济和出版业务合作，并初步取得了成效。

精神文明建设

中国电力出版社已经连续4年(1996～1999年)被评为中央国家机关“文明单位”,1999年又被首都精神文明建设委员会授予“首都文明单位”称号。2000年，该社又完善了精神文明建设的各项制度,重视职工队伍素质建设,加强对职工思想教育工作。党委继续健全了中心组学习制度,增补了创建文明单位领导小组成员，调整充实了八个精神文明建设群众性组织,将部门考核与文明处室建设挂钩,个人考核与创文明职工相结合。该社所有职工无一人参与“法轮功”非法组织活动。2000年,该社继续被授予“中央国家机关文明单位”和“首都文明单位”称号,同时继续保持了中宣部和国家新闻出版总署授予的“全国优秀出版社”称号。

主要事件

2月2日下午，国家电力公司副总经理谢松林来到中国电力出版社，代表公司党组向出版社全体员工拜年。谢松林副总经理听取了出版社领导班子的工作汇报，肯定了出版社一年来的工作成绩，并就今后的工作提出了希望和要求。

3月，为适应生产发展的需要，更好地为电力行业服务，中国电力出版社将编辑系统办公地点迁往白广路二条1号综合楼。

4月，国家电力公司党组对中国电力出版社领导班子进行了调整。宗健和牛忠宝继续担任社长、党委书记和副社长、党委副书记，朱良镭副社长兼任总编辑，张克让副社长因到任职年限退出领导岗位，增补刘广峰为副社长。

8月，中国电力出版社参加“2000北京国际图书博览会”，集中展示了该社形象和近两年来出版的各类图书、音像制品、电子出版物,扩大了社会影响,促进了与作者、读者以及国内外出版业同行的广泛交流。

9月，《中国水力发电工程》全套八卷大型科技专著在北京国际大坝会议期间举行了首发式。首发式由国家电力公司周大兵副总经理主持，国家电力公司、水利部领导和著名水电专家汪恕诚、张继尧、陆佑楣、潘家铮、张光斗等出席首发式并讲话。

9～11月，《中国电力百科全书》（第二版）陆续在北京召开终审会议，对该书稿件交付编辑出版之前进行最终审查定稿，为保证该套大型专业性百科全书的按期出版提供了条件。

（张为龙）

2000年中国电力版新书图书目录（摘要）

法 律 法 规

1．规程规范

板框式旋转滤网 DL/T 458—1999

大中型水轮发电机静止整流励磁系统及装置运行、检修规程 DL/T 491—1999

控制中心人机工程设计导则 DL/T 575.1～575.12—1999

母线金具用沉头螺钉 DL/T 682—1999

电力金具产品型号命名方法 DL/T 683—1999

大型发电机变压器继电保护整定计算导则 DL/T 684—1999

放线滑轮基本要求、检验规定及测试方法 DL/T 685—1999

电力网电能损耗计算导则 DL/T 686—1999

微型机防止电气误操作装置通用技术条件 DL/T 687—1999

电力系统远方跳闸信号传输装置 DL/T 688—1999

液压压接机 DL/T 689—1999

交流高压断路器合成试验技术条件 DL/T 690—1999

高压架空送电线路无线电干扰计算方法 DL/T 691—1999

电力行业紧急救护工作规范 DL/T 692—1999

烟囱混凝土耐酸防腐蚀涂料 DL/T 693—1999

高温紧固螺栓超声波检验技术导则 DL/T 694—1999

电站钢制对焊管件 DL/T 695—1999

软母线固定金具 DL/T 696—1999

硬母线固定金具 DL/T 697—1999

低压电力用户集中抄表系统技术条件 DL/T 698—1999

带电作业用绝缘托瓶架通用技术条件 DL/T 699—1999

电力物资编码 DL/T 700.1～3—1999

火力发电厂热工自动化术语 DL/T 701—1999

矿物绝缘油中糠醛含量测定方法（分光光度法）DL/T 702—1999

绝缘油中含气量的气相色谱测定法 DL/T 703—1999

变压器油、汽轮机油中 T501 抗氧化剂含量测定法（夜相色谱法）DL/T 704—1999

运行中氢冷发电机用密封油质量标准 DL/T 705—1999

电厂用抗燃油自燃点测定方法 DL/T 706—1999

HS系列环锤式碎煤机 DL/T 707—1999

MG型埋刮板给煤机 DL/T 708—1999

压力钢管安全检测技术规程 DL/T 709—1999

水轮机运行规程 DL/T 710—1999

汽轮机调节控制系统试验导则 DL/T 711—1999

土工离心模型试验规程 DL/T 5102—1999

35kV～110kV 无人值班变电所设计规程 DL/T 5103—1999

火力发电厂工程地质测绘技术规定 DL/T 5104—1999

跨越电力线路架线施工规程 DL 5106—1999

水电水利工程沉沙池设计规范 DL/T 5107—1999

混凝土重力坝设计规范 DL 5108—1999

水电水利工程施工地质规程 DL/T 5109—1999

水电工程水利计算规范 DL/T 5015—1999

混凝土面板堆石坝设计规范 DL/T 5016—1999

火力发电厂岩土工程勘测资料整编技术规定 DL/T 5093—1999

水工建筑物地下开挖工程施工技术规范 DL/T 5099—1999

2．各类技术规定及标准汇编

安全生产工作规定

变电及通信工程概算编制细则

电力企业各级人员安全生产职责

汽轮发电机运行规程

国家电力公司系统农村电网建设与改造工程施工现场安全措施

火力发电厂安全文明生产达标与创一流规定

供电企业安全文明生产达标与创一流规定(2000年版)

国家电力公司安全文明生产达标与创一流规定汇编(2000年版)

水电工程常用技术标准汇编（英文版）

电力建设施工、验收及质量验评标准汇编（下册）

国家电力公司电力生产文件规定汇编

农村供电所标准规定汇编

用电检查技术标准汇编（安全、运行部分）

配电技术标准摘编

3. 中华人民共和国职业技能鉴定规范
水利水电建设专业（上．中．下）
汽轮机运行与检修专业（上．下）
锅炉运行与检修专业（上．下）
变电运行与检修专业（上．下）
电气运行与检修专业
发电厂电气安装专业
化学运行与检修专业
热工仪表及自动装置专业
燃煤运行与检修专业
营业用电专业
锅炉安装专业
汽轮机安装专业
送变电安装专业
线路运行与检修专业
水电厂机电安装专业
水电机械运行与检修专业

科 技 图 书

1. 九五国家重点图书
中国水力发电工程　施工卷
中国水力发电工程　机电卷
中国水力发电工程　移民环保卷
中国水力发电工程　运行管理卷
中国水力发电工程　规划经济卷
中国水力发电工程　水工卷
中国水力发电工程　工程水文卷
中国水力发电工程　工程地质卷
2. 基金书
大坝基础防渗墙
混凝土拱坝设计
贯流式水轮发电机组及其选择方法
3. 重点书
中国抽水蓄能电站建设
4. 科技著作
中国抽水蓄能电站建设（英文版）
无人值班变电站的新建、改造与运行
水力发电厂安全性评价查评依据
继电保护自动装置及二次回路　第二版
300MW 火力发电机组故障分析
电力安全学初步
火力发电厂水处理及水质控制
预付费电能表及其检定
电力系统继电保护实用技术问答　第二版
压力钢管制造安装的实践与探讨
供电所管理
全国电网典型事故分析：1988～1998
汽轮发电机组振动
供电企业工作人员必读：电力市场营销与供用电合同
2000 中国电力市场分析与研究
农村电网无人值班变电所设计与技术应用
电网调度运行实用技术问答
变电站综合自动化技术
咨询理论与实务
建筑应用电工
现代工程师实用数字化技术
企业技术经济学
企业审计案例选编
企业财金求索
全要素生产率理论及其在电力工业企业中的应用
发电厂和变电所电气设备的运行（上册）第二版
发电厂和变电所电气设备的运行（下册）第二版
供电企业岗位事故选编
供电企业班组管理
电力系统谐波接地
电力系统微机保护培训教材
电力企业班组建设培训教材
能源宪章条约：条约、贸易修正案及相关条件
电力企业经营与财务管理概论
电力企业资本经营研究
电力市场理论及应用
电力市场营销管理
探索中的四川电市场
实用电气二次回路 200 例
配电网自动化
中国电力行业国际经济合作
日本的大气污染控制经验：面向可持续发展的挑战
计算机控制系统分析与设计
发电机变压器继电保护整定算例
亚临界与超临界参数锅炉
同步发电机的励磁调节
发电设备状态检修
燃煤工业锅炉节能实用技术
电力网电能损耗
汽轮机原理
自动控制理论解题指导
反渗透水处理工程
动力用煤煤质检测与管理
当量电价与融资重组：我国电力市场的理论与方法之一
金属磁记忆检测技术
吉祥鸟：电力安全知识普及读物
"九五"期间节能科技成果选编　第一辑

火电厂关键部件失效分析及全过程寿命管理论文集
实践与创新——中国电力企业联合会火力发电分会成立十周年文集（1990~2000）
高等学校科学素质教育丛书　生命科学导论
高等学校科学素质教育丛书　环境科学导论
电力新技术丛书　微机继电保护
电力改革与发展丛书　电力企业利用外资
电力技术继续教育科目指南丛书　500kV 变电所
电力技术继续教育科目指南丛书　汽轮机及其辅助设备的经济分析
电力技术继续教育科目指南丛书　汽轮机事故分析及事故预防
300MW 火力发电机组丛书第 4 分册　计算机控制系统
600MW 火电机组运行技术丛书
600MW 火电机组运行技术丛书　锅炉
600MW 火电机组运行技术丛书　汽轮机
600MW 火电机组运行技术丛书　电气分册
实用家电科普丛书　家庭安全用电与节电
新型家电巧选、巧用、巧修系列丛书、厨房电器
跟我学维修丛书　跟我学修空调器
跟我学维修丛书　跟我学修收录机
跟我学维修丛书　跟我学修 VCD 视盘机
跟我学维修丛书　跟我学修电冰箱
跟我学维修丛书　跟我学修彩色电视机
供电企业工会工作论文选
干部人事工作文件选编
计算机类图书 100 余种（书目略）

教　　材

1. 培训教材
国家电力公司农电干部上岗培训教材
国家电力公司农电干部上岗培训教材　农村电网技术
国家电力公司农电干部上岗培训教材　县电力市场营销
国家电力公司农电干部上岗培训教材　财务管理
国家电力公司农电干部上岗培训教材　县供电企业管理
大型火电厂生产技术人员培训系列教材
大型火电厂生产技术人员培训系列教材　火电厂过程控制
大型火电厂生产技术人员培训系列教材　火电厂开关量控制技术及应用
600MW 火力发电机组培训教材
600MW 火力发电机组培训教材　电气设备及其系统
600MW 火力发电机组培训教材　汽轮机设备及其系统
600MW 火力发电机组培训教材　热工自动化
全国供用电工人技能培训教材
全国供用电工人技能培训教材　高压线路带电检修（初．中．高）
全国供用电工人技能培训教材　电机检修（初．中．高）
全国供用电工人技能培训教材　变配电设备安装(初．中．高)
全国供用电工人技能培训教材　电气仪表（初．中．高）
全国供用电工人技能培训教材　变配电设备检修(初．中．高)
2. 全国高等教育自学考试指定教材
高电压技术（独立本科）
电力系统远动及调度自动化（独立本科）
发电厂动力部分（独立本科）
热力发电厂（独立本科）
锅炉燃烧设备（独立本科）
机械设计基础及电厂金属材料（独立本科）
汽轮机原理及运行（独立本科）
电力系统微型计算机继电保护（独立本科）
电力企业经济管理（独立本科）
热工测量及仪表（专科）
电厂汽轮机（专科）
工程流体力学（专科）
电工与电子技术　自学指导书（专科）
计算机基础与程序设计　自学指导书（专科）
发电厂电气主系统（专科）
电力系统自动装置（专科）
传热学（专科）
微型计算机原理及应用（专科）
电力系统基础（专科）
电厂锅炉（专科）
电力系统继电保护（专科）
泵与风机（专科）
电厂汽轮机课程设计指导书：综合作业
教育部高等工程专科电工、电子系列改革教材　电工测试基础
3. 中专教材
电力工业学校重点教材
　仿真机实习
　电力安装工程预算
　建筑工程定额与预算
　建设工程造价管理
　特殊电量的测量
电力工业学校教材
　工程力学
　电力系统
　制图Ⅰ基础模块及习题集

制图（Ⅰ）
制图（Ⅱ）
制图（Ⅲ）：（检修模块）及习题集
制图习题集
机构与机械零件
工程流体力学
泵与风机
继电保护题集与解答
高压电气绝缘及测试
电子电路装配实习
工程力学
电力系统自动装置习题与解答
电力成人中专教材
电厂锅炉运行
电厂锅炉（上册）
电厂锅炉（下册）
电厂热力设备概论
电厂锅炉安装与检修
电厂热力系统与辅助设备
供用电网络
发电厂变电站电气设备安装检修与调试
汽轮机（上册）
电气设备检修与维护
热工测量及自动装置

工 具 书

1. 词典、手册、图集、图表
英汉电力技术词典
汉英动力工程化学词汇
= A Chinese - English Dictionary of Power Engineering Chemistry
配电技术手册：低压部分
电力系统继电保护与自动化设备手册
电力技经人员实用手册
简明农电工实用手册
电站常用阀门手册
电线、电缆及其附件实用手册
电力变压器检修与试验手册
城乡电网建设改造设备使用手册：技术参数分册Ⅰ
城乡电网建设改造设备使用手册:技术参数分册Ⅱ(上)
城乡电网建设改造设备使用手册:技术参数分册Ⅱ(下)
城乡电网建设改造设备使用手册：企业简介分册Ⅱ
10kV及以下配电线路工程图集：设计·加工·安装 第二版
建筑电气安装工程施工图集（上册）
建筑电气安装工程施工图集（下册）
电气二次接线识图
电工实用口诀
电工实用图表 第三版
2. 年鉴
2000年中国电力年鉴
3. 电力志
石河子热电厂志
西北勘测设计研究院志
新疆维吾尔自治区电力工业志丛书 新疆伊犁哈萨克自治州电力工业志
新疆维吾尔自治区电力工业志丛书 昌吉回族自治州电力工业志 1937～1995
山西省电力工业志丛书 山西省电力建设二公司志
山西省电力工业志丛书 山西省太谷县电力工业志
4. 其他
第二届全国城乡电网建设与改造设备及技术展览会
全国城乡电网建设与改造所需主要设备及生产企业推荐目录（第一、二、三批）

期 刊

电工技术类核心期刊一览表

摘自《中文核心期刊要目总览（2000版）》

邮编	序号	刊 名	刊期（月/季）	主办单位	地 址
210003	1	电力系统自动化	半月刊	国家电力公司电力自动化研究院	南京市蔡家巷24号323信箱

邮编	序号	刊　　名	刊期（月/季）	主办单位	地　址
100085	2	电网技术	月刊	中国电力科学研究院	北京市清河中国科学院
430074	3	高电压技术	双月刊	武汉高压研究所/中国电机工程学会变压器专委会	武汉市武昌鲁巷
100085	4	中国电机工程学报	月刊	中国电机工程学会	北京清河中国电力科学研究院内
100761	5	中国电力	月刊	中国电力信息中心	北京宣武区白广路二条1号
110026	6	变压器	月刊	沈阳变压器研究所	沈阳市铁西区北中路18号
710077	7	高压电器	双月刊	西安变压电器研究所	西安市沣惠北路副30号
100037	8	电工技术学报	双月刊	中国电工技术学会	北京市百万庄南街1号
150040	9	电测与仪表	月刊	哈尔滨市电工仪表研究所	哈尔滨市哈平路128号
710061	10	电力电子技术	双月刊	西安电力电子技术研究所	西安市朱雀大街202号
461000	11	继电器	月刊	许昌继电器研究所	河南省许昌市建设路183号
100055	12	电力建设	月刊	电力建设研究所/电力规划设计总院	北京市广安门南滨河路33号
100045	13	华北电力技术	月刊	中国华北电力集团公司	北京市复兴门外地藏奄南巷1号
200063	14	中小型电机	双月刊	上海市电器科学研究所	上海市武宁路505号
200093	15	电线电缆	双月刊	上海电缆研究所	上海市军工路1000号
541004	16	绝缘材料通讯	双月刊	桂林电器科学研究所	广西桂林市辰山路1号
300381	17	电源技术	双月刊	电源专业情报网	天津市296信箱44分箱
230020	18	低温物理学报	双月刊	中国科学技术大学	合肥市中国科学技术大学
200023	19	电气自动化	双月刊	上海市自动化学会/上海市电器自动化研究所	上海市斜土路414号
071003	20	华北电力大学学报	季刊	华北电力大学	河北保定青年路204号
710077	21	电瓷避雷器	双月刊	西安电瓷研究所	西安市大庆路156号
150040	22	电机与控制学报	季刊	哈尔滨理工大学	哈尔滨市动力区大庆路121号
300180	23	电气传动	双月刊	天津电气传动电气研究所	天津市河东区2号桥
100080	24	物理学报	月刊	中国物理学会	北京603信箱
150040	25	大电机技术	双月刊	哈尔滨大电机研究所	哈尔滨市动力区大庆路89号
200033	26	微特电机	双月刊	信息产业部电子第21研究所	上海市田林路121号
210003	27	电力自动化设备	双月刊	南京电力自动化设备设计研究所/国电公司南京电力自动化设备总厂	南京市新模范马路38号

会刊与史志

中电联会刊

（1）4月21～23日，在福建省石狮召开农电编辑指导委员会会议。

这次会议旨在进一步扩大会刊的宣传，征求与会者对如何办好“农电管理”栏目和扩大会刊在农电系统的影响、增加发行数量的意见和建议。会议达到了预期的目的，与会代表提出了很多中肯、有益的意见和建议，他们纷纷表示增加订阅份数。

（2）8月15日～18日，中电联在内蒙古包头市召开杂志通联工作会议。中电联常务理事长刘宏同志作了《把握形势，着力服务，把会刊办得更好》的报告。会议特意邀请中国期刊协会常务副会长、国家新闻出版署期刊司原司长张伯海同志到会作当前期刊市场形势与如何办好社科类期刊的报告。参加会议的有水利部水电局、中电联各分会、会刊各通联站主任和通讯员、发行先进单位代表等共 80 余人。

会议总结了 2000 年《中国电力企业管理》杂志社的主要工作；研究 2001 年办刊思路；表彰先进通联站和发行先进单位；部署 2001 年发行工作计划，并商讨会刊社深化改革、加强管理、改善经营的措施。

(3) 为配合国家计委颁布中国首批农网改造竣工县，《中国电力企业管理》杂志编辑出版了《中国电力企业管理》杂志“两改一同价农电增刊”，有 60 余个基层农电企业交流经验体会。

史志编撰

2000 年电力史编研工作，在过去几年确定史书体列和编写纲要的基础上，又先后召开三次会议。1 月份召开了史书总论研讨会，5 月份展开分论研讨会，10 月份又召开了分论编写会议。

在史书总论研讨会议上，明确了电力史的总论要象旧史书《史记》那样作为新史书的本记，作为全书的纲。

5 月召开的史书分论研讨会议上进一步明确了分论的体例是史书体的总和，是横分门类，竖写历史，纵横结合，类为一史。

在 10 月召开的分论编写会议上，根据一些编写单位在编写分论初稿中存在的问题，进行了讨论。

13 国际交流与合作

国际合作

继续推进公司“国际化战略”

1. 为贯彻党的十五届四中全会和中央经济工作会议精神，落实国家电力公司上海座谈会要求，分析世纪之交国家电力公司国际合作的形势，研究确定公司国际化经营战略方案。2月16日，国家电力公司在江苏南京召开了“国家电力公司国际合作工作会议”。会议主题是继续推进国家电力公司的“国际化战略”并加快“走出去”步伐。在提高国内电力企业管理水平的同时，面向海外，开拓国际市场，通过深化改革，扩大开放和加强国际合作，努力实现把国家电力公司建成国际一流电力企业的战略目标。高严总经理在会上指出，国电公司实施“走出去”的扩大开放战略工作的当务之急，要研究具有可操作性的措施，大胆地走出去，进一步扩大资本、劳务、技术、产品和管理输出，增强竞争力和防范、化解风险能力，发挥集团优势，扩大中国电力在国际市场上的份额。

2. 组织完成了国家电力公司国际化战略研究工作。组织编制了“国家电力公司国际化发展‘十五’计划及2015年远景规划”。

3. 努力实现国家电力公司的外经贸权。完成了国家电力公司外经权和外贸权申办的主要工作，包括营业执照增项、海关年审、税务增项、进出口资格证书、劳务许可证等手续；为公司系统21家外经企业申请领取了外经业务经营许可证。

4. 圆满完成“全球500强”的申办工作。国家电力公司名列500强第83位。《财富》杂志世界500强评审机构对国电公司送审的材料给予了高度评价。

5. 完成了在美国设点的调研和可研报告，并已获得公司领导的批准，派驻工作已进入实际操作阶段。

6. 建设了国际合作互联网页，初步建立了与公司系统国际合作信息往来渠道，并与部分单位进行了信息交换；编辑刊发《国际合作信息》8期。

利用外资项目情况

1. 加强招标采购工作管理。2000年1月1日《中华人民共和国招标投标法》正式实施，为贯彻招投标法的实施，国家电力公司系统进一步完善和健全了招标采购各项规章制度。制定了“国家电力公司国际招标采购进口设备管理暂行办法”和“国家电力公司利用外资项目和进口设备在采购工作中严格遵守采购工作纪律和制度的若干规定”等一系列文件。编制了国家电力公司国际招标采购工作会议文件汇编。

2. 召开了国家电力公司国际招标采购工作会议。

3. 继续做好国际金融组织和外国政府贷款项目招标采购和管理工作。2000年执行的世界银行项目有上海外高桥项目、湖南电力发展项目、内蒙托克托项目、华东输变电项目、浙江桐柏抽水蓄能项目；亚洲开发银行项目有大朝山送出工程、东北吉长辽哈佳项目、河南禹州项目和黑龙江七台河项目；日本国际协力银行项目有重庆城网改造项目、江西九江项目、湖南洪江碗米坡项目、陕西韩城项目、山东泰安项目及日本输出入银行贷款的霸桥、安庆项目等。

电力企业境外投资情况

1. 加大境外投资力度。按照国际化发展战略，公司系统境外投资活动呈上升趋势。柬埔寨基里隆水电站BOT项目已成功签署特许实施协议和购电协议；四川电力进出口公司投资格鲁吉亚卡杜里水电站项目、北京送变电公司投资肯尼亚混凝土电杆厂项目、重庆电力物资公司投资越南混凝土电杆厂项目等，也都处于不同的开发阶段。

2. 促进境外工程承包。2000年公司系统境外工程承包新签合同金额约3.38亿美元。国家电力公司直接操作的越南两个项目已通过中国外经贸主管部门的资审。

3. 积极推进景洪电站的前期工作，与国家有关部门保持密切联系，在公司领导下对外（泰国、老挝）积极开展政策对话，结合国家西部开发政策，配合各有关部门脚踏实地完成各阶段具体工作，使前期工作有了明显的进展。

4. 开展银企合作，获取金融业对开展境外业务的支持。

双边和多边合作

1.2000年11月召开了第53次中朝理事会议。

2. 积极推进中越电力联网工作的进程，力争得到亚行的技术援助。

外经外贸业务情况

1. 加强管理、建立健全规章制度，严格规范工作程序。

2000年10月在福建厦门召开国家电力公司国际招标采购工作会议，这是利用外资工作十多年来召开的第一次采购工作会议。会议汇编了国家有关部门和国电公司发布的15个有关招标采购的文件，修订了《国家电力公司利用外资项目和进口设备国际招标暂行办法》和《国家电力公司利用外资项目和进口设备在采购工作中严格遵守采购工作纪律和制度的若干规定》。国家电力公司周大兵副总经理在会上作了“加强管理、规范采购程序，开创利用外资和设备进出口工作的新局面”的报告。

2. 积极支持和参与科技创新，关注国际上新技术、新设备的发展情况并做好引进工作。

密切关注超临界火电机组、洁净煤技术、超高压直流输电、风电、抽水蓄能、灯泡机组，以及通信设备等技术，并配合项目单位积极开展引进工作，积极帮助和协助项目单位开发新技术（研讨会、产品介绍会）。

3. 加强基础建设，以利提高工作质量和效率。2000年组织出版了输变电招标文件范本，新型组合电器询价书。

4.2000年景洪项目向前推进了一大步，中泰双方正式签署了景洪电站项目投资协议书，并促进老挝参与输电项目工作。

5. 加强采购工作管理，修改并进一步完善和健全国家电力公司系统招标采购各项规章制度。制订了《国家电力公司国际招标采购和进口设备管理暂行办法》。

6. 对重点大型外商投资电力项目进行实地调研，了解在电力改革的新形势下合同如何平稳实施，争取形成综合分析报告和《国家电力公司利用外资项目和进口设备在采购工作中严格遵守采购工作纪律和制度的若干规定》等一系列文件。

7. 积极推进景洪电站的前期工作，与国家有关部门保持密切联系，在公司领导下对外（泰国、老挝）积极开展政策对话，配合各有关部门脚踏实地完成各阶段具体工作，使前期工作有了明显的进展。

8. 对国家重点三峡工程紧凑型高压开关的工业试验项目，从技术论证、引进方式，到技术、商务条款和风险提出了多项建议。

外事管理

1. 2000年，国电公司系统共计办理了2025个出国团组的护照、签证手续，送办护照人数为10020人，送办签证20360人·次。

2. 完善外事规章制度、加强监督管理，确保公司系统出国团组派出的必要性与规范性。

为适应新形势的需要，国家电力公司系统组织研究并制定了因公出国管理的政策、规定及制度，其中包括《国家电力公司关于因公出国管理的若干规定》、《国家电力公司因公出国人员审查若干规定》、《国家电力公司关于因公临时出国人员费用开支标准和管理办法》等。

3. 为配合外交部关于加强外事管理工作，国家电力公司在上海召开了公司系统外事管理工作座谈会。

4. 加强护照管理工作，规范护照收缴程序，落实了护照归档、统计、注销工作。

5. 为配合公司“走出去”战略，将管理与服务有机的结合起来，办理出国手续急件不过夜，一般件三日内完成，尽可能为出国人员提供更多的服务。

中外无偿援助项目

1. 积极争取并开展了国电公司利用国际金融组织赠款的各类课题研究工作；为配合国电公司改革，协助有关部门完成了电力市场研究、经营战略研究，为农电研究和电网研究（含人力资源）课题在亚行立项，并积极协助世行开展输电电价研讨会、洁净煤技术交流会等。

2. 积极开展赠款项下的课题研究。2000年4季度重点提交了关于电力市场和经营战略研究的最终报告（草案），农电市场与电价课题研究即将进行评标（确定咨询公司），并正在申请电网规划课题研究。

境外培训、引智工作

1.2000年，电力企业境外培训和引智工作取得全方位进展：国电与EDF、ABB、SIMENS、美国南方电力公司、香港中华电力公司、美国杜兰大学、澳大利亚RMIT大学等单位就开展培训合作进行了会谈，并与EDF签订了培训合作备忘录。

2. 国电公司还组织了10余次涉及财务管理、电力市场、企业发展战略、经营管理、人力资源开发等方面的短期培训，收到了较好的效果。

重要出访活动

2000年，国电公司领导共有17人·次访问了30多个国家和地区，并对重点国家进行了两到三次的重点考察和调研，考察内容涉及各国电力市场及电力体制改革情况、海外工程承包市场调研、上市融资情况考察、电力市场国际法律问题考察和风力发电、天然气发电、核电国产化问题、海水淡化技术、直流光触发技术、空冷技术、超临界技术等。

1. 6月4～20日，高严总经理访问了英国、西班牙和日本，对欧洲电力市场进行了考察，并与日本东京电力续签了双方定期交流协议。

2. 10月15～29日，高严总经理访问了丹麦、挪威、意大利和德国，对欧洲风电市场、电力市场、电力公司上市进行了考察，并与德国西门子公司签订了合作框架协议。

3. 5月16日～6月4日，赵希正副总经理赴加拿大出席第一届世界能源管制论坛会议并作主题发言，之后访问了挪威电力市场并与欧洲电力联合会举行了会谈。

4. 1月22～27日，陆延昌副总经理访问新加坡和香港，代表中国电机工程学会与IEEE签订了长期合作协议。

5. 3月21日～4月1日，陆延昌副总经理赴日本参加日本电机工程学会2000年大会并访问了东京电力公司。

6. 8月22日～9月8日，陆延昌副总经理访问南斯拉夫、法国、瑞士和希腊，考察了塞尔维亚电力公司设备在北约炸毁后的情况，参加了国际大电网会议，并考察了西门子表计公司。

7. 4月26日～5月9日，周大兵副总经理赴英国、德国和丹麦进行了风电项目专题考察。

8. 6月29日～7月14日，谢松林副总经理访问了美国南方电力公司、了解意大利国家电力公司上市融资情况和奥地利伊林公司设备生产。

9. 11月21日～12月8日，谢松林副总经理访问了瑞典ABB公司、海牙国际法庭、西班牙电网公司，并赴日本东京电力公司进行友好访问。

10. 2月17～29日，周小谦总经理助理访问韩国和日本，重点了解核电国产化问题，并考察了ABWR技术。

11. 11月5日～11月17日，周小谦总经理助理访问巴林、叙利亚和以色列，考察地中海联网、中东电力建设市场和海水淡化技术等。

12. 2月15～25日，焦亿安总经济师赴智力、挪威考察了两国电力体制改革等问题。

13. 11月5～25日，焦亿安总经济师赴美国和特立尼达和多巴哥考察天然气发电。

国家电力公司系统重要来访活动

2000年来访的团组430多个，1800多人·次。其中重要来访团组有：

1. 4月26日～5月4日，接待尼日利亚钢铁电力部长访华团，目的是考察中国电力工业发展情况并学习中国电力体制改革经验，代表团在华期间，访问了北京、上海、南京、三峡和葛洲坝工程。

2. 5月26日，香港中华电力公司主席嘉道理率团访问北京，拜会了全国人大李鹏委员长，高严总经理在上海会见了代表团，并签署两公司技术交流合作协议。

3. 11月13日，陆延昌副总经理在北京会见了美国前参议员约翰斯顿先生和美国西屋核电公司代表团，就如何促进中国核电国产化发展进行了探讨。

4. 11月13日，美国南方能源公司驻北京办事处正式成立。陆延昌副总经理代表高总接待了由南方公司首席执行官付乐女士，双方就公司合作进行了探讨。

5. 11月16日，日本东京电力公司胜俣副社长等一行前往山东电力公司进行一流企业诊断考察。陆延昌副总经理听取了东京电力代表团关于对山东电力创一流企业的意见。

新签订的与境外公司合作协议

1. 4月12日，高严总经理和嘉道理主席在上海签署了国家电力公司与香港中华电力公司双边技术交流与合作协议，内容涉及信息技术交流、人员培训，以及两公司在诸多领域开展广泛合作意向等。

2. 8月26日，陆延昌副总经理和南斯拉夫塞尔维亚电力公司总经理在贝尔格来得签订了合作备忘录，内容涉及技术交流、人员培训等。

3. 10月28日，高严总经理和德国西门子公司总经理冯必乐先生在法兰克福签订双边合作协议，内容涉及共同研究开发新技术、人员培训、开发第三国项目等。

新签双边与多边科技合作项目

1. 加拿大CIDA项目，华南战略规划研究项目(二期)，项目实施时间为1999～2002年。

2. 加拿大CIDA项目，大坝安全检测管理培训，周期为2001～2003年。

3. 德国技合部/GTZ项目，节能与城市供电现代化项目，周期为2000～2002年。

4. 德国技合部/GTZ项目，电厂技术与能源中心(二期)，周期为1999～2001年。

5. UNDP：厂网分开建立电力市场技援项目，周期为2000～2001年。

重要国际学术会议及技术交流活动

1. 2000年，国家电力公司领导先后参加了第一届世界能源管制论坛会议、国际大电网会议、中俄经贸混委会等大型国际会议。

2. 西门子公司高压技术座谈会。2000年3月7日在北京举办，代表约110人，来自全国电力系统的技术、科研与管理等部门。内容包括发输配电领域中高压技术应用及研究的形状与未来展望等。

3. 国电－ABB公司技术研讨会。2000年5月10日在北京召开，约150人参加，来自国电系统及机械制造部门的技术、科研和管理等部门。内容包括输配电技术现状与未来发展问题。

4. 国电－荏原制作所技术研讨会。2000年6月8～9日在北京召开，约160人，分别来自全国电力系统及政府主管、设备制造、环保等部门，内容包括介绍电力环境保护、发电技术、风电太阳能等新能源技术。

5.法国输配电工程技术研讨会。2000年7月3～4日在北京举办，约210人，来自政府主管、各省网电力公司、科研院所、机械制造、工程设计等部门，内容包括电力输配网络的优化利用等。参加介绍的法方公司有EDF、阿尔斯通等。

（陈德宝）

国际交流

电力行业重要来访活动

4月9日，刘宏常务副理事长在京会见日本四国电力株式会社取缔役社长大西淳率领的一行6人访华团，国际部副主任岳建民等陪同会见；代表团是在西安与国电西北公司进行交流活动后来京访问的。

4月26日，刘宏常务副理事长在北京长富宫与日本电气事业联合会会长暨日本中部电力株式会社社长太田宏次先生会谈，商讨赵希正理事长访日情况，并探讨双方建立友好关系的可能性，中电联副秘书长范继祥、国际部主任孙守义陪同出席。

6月1日，刘宏常务副理事长会见香港中华电力有限公司邝先生等人，商谈该公司作为中电联会员问题。理事会工作部副主任范继祥、国际部主任孙守义、会员部主任孙永安等参加会谈。

6月2日，国际部接待新西兰电力市场公司总经济师一行，探讨合作培训途径。

7月21日,刘宏常务副理事长在北京会见韩国电机协会会长,探讨双方在教育培训方面合作的可能性。

9月22日，根据中电联、黑龙江省电力公司与日本东北电力株式会社交流协议，该社取缔役部长青木康芳先生一行6人访问中电联，期间由国际部主任孙守义向日本朋友介绍了中国电力改革情况。随后，代表团前往黑龙江省电力公司进行定期技术交流。

10月20日，刘宏常务副理事长、叶荣泗副理事长会见澳大利亚利普公司副总裁黎女士一行，探讨、研究澳洲电力改革与中国电力改革发展方向。调研部主任王永干、国际部主任孙守义及经贸委电力司有关人员会见时在座。

11月15日，以美国电力区域协会总裁为团长的15人民间团体访华团访问中电联。国际部主任孙守义向外宾介绍中国电力行业组织机构及电力改革情况。

12月6～11日，应赵希正理事长的邀请，日本电气事业联合会宏次先生一行8人来华对中电联进行访问。中电联理事长赵希正在京会见并宴请了太田会长一行，双方就国际电力市场发展趋势、两国电力行业合作意向进行了探讨。常务副理事长刘宏、副理事长叶荣泗、林孔兴等参加了会见。会后中电联副理事长林孔兴、国际部主任孙守义陪同日本电气事业联合会宏次先生一行前往山东电力集团公司进行了访问。

重要出访活动

5月30日～6月6日，叶荣泗副理事长率4人代表团赴香港、澳门参加了亚太法协能源执委会会议，会后成功地顺访了香港中华电力公司和澳门电力有限公司。

10月31日～11月10日，叶荣泗副理事长率7人代表团赴新加坡参加了亚太法协国际会议，会后成功地顺访了泰国电力公司。

10月24日～11月3日，刘宏常务副理事长率中国电力代表团一行22人赴菲律宾参加了第13届亚洲及西太平洋供电协会大会。会后顺访香港中华电力有限公司和澳门电力公司。

12月4～9日，张绍贤名誉理事长等2人赴香港参观国际通信展览会，会后成功地顺访了香港中华电力公司。

出国培训与考察项目

3月21日，中国电力企业联合会引进国外智力领导小组正式成立，并报国家外国专家局备案。

3月21～24日，中电联引智办派代表出席国家外国专家局在海南召开的“全国引智工作境外培训渠道会议”。

5月份办理了外国专家在华居住证及签证延期手续，布置和协调电力行业外国经济专家“友谊奖”的评选工作。

5月24～25日，组织电力行业中方企业联合体成员参加国家经贸委中英合作项目2000年计划协调会。

6月17日～7月6日，组织派出“现代企业制度”和“电力市场研究”课题组18人赴澳大利亚、新西兰考察调研，并顺访香港中华电力公司。

7月25日～8月18日，组织并派出电力系统赴美火电厂现代化管理培训考察团18人团组。

8月21日～9月29日，组织并派出赴瑞典SIDA项目配电管理和电力行业管理培训团组。

8月31日～9月21日，执行中英合作培训协议，组织并派出电力行业中方联合体成员赴英参加第七期高级工业管理战略研讨班。

11月25日～12月9日，组织、派出电力系统赴澳大利亚、新西兰电力人力资源研究考察团。

国际组织与国际会议

2月23日，配合中国电力技术的发展，国际部与比利时CMI能源公司在京共同举办余热锅炉技术研讨会，电力系统约50名专家出席。

7月3～4日，协助国家电力公司在北京组织并举办了“中法输变电技术研讨会”，电力行业40名管理技术人员参加。

7月4日，受国家经贸委委托，在北京组织承办了“英国电力工业商业化运营国际研讨会”，电力系统120名管理技术人员参加，国家经贸委电力司领导出席并致辞，会议取得了预期的效果。

10月10～13日，国际部与德国卡尔·杜依斯堡基金会在昆明共同组织召开了“第二届中德能源领域长期培训项目成果评估暨环保技术研讨会”。德国杜依斯堡基金会7名项目官员、中方能源系统曾参加该项培训的40余名学员参加了研讨会。德方代表、云南省电力公司领导及国际部主任孙守义分别在开幕式上讲话、致辞。

10月24日～11月3日，刘宏常务副理事长率中国电力代表团一行22人赴菲律宾参加了第13届亚洲及西太平洋供电协会大会。来自世界47个国家和地区的1500多名代表参加了这次会议，大会共交流论文380篇，内容涉及电力科技、电与人类及电力发展三大主题。中国入选论文13篇，其中5篇论文参加了大会交流。

大会期间，还举行了亚太电协2000年执委会和25届理事会会议，进行了换届选举。日本当选为第14届亚太电协主席单位，中国当选为第14届亚太电协副主席单位。

12月7日，中电联为太田会长在北京举行“日本电力发展及市场化改革”的专题演讲。中电联常务副理事长刘宏到会致辞，副理事长林孔兴、副秘书长王永干等出席了演讲会。国家经贸委电力司、国家电力公司及电力行业有关部门的专家、领导共50余人应邀听取了演讲。国际部主任孙守义主持演讲会。会后，中电联与日电联代表还就两国行会未来的合作交流进行了探讨，并确定了不定期交流的原则意向。

国际展览

6月17日～7月2日，组织并派出了电力行业22人赴加拿大参加千禧年电力技术博览会及技术考察。

9月5～8日，在上海成功举办了“第六届国际供用电专业设备展览会”。展览会共有14个国家和地区的200多家厂商参展，展出面积6000多m^2，展览会期间还举办了多场技术讲座。

9月5～8日，配合理事会工作部和中电联网站，进行了中电联网上展览会的策划和组织工作，并在展览会上成功地进行了中电联互联网的宣传工作，提高了中电联网站的知名度。

10月1～12日，组织电力行业13人团组赴南非参加“2000南非国际贸易博览会”参展。电力展团集中展示了中国电力工业的新产品、新技术，中国驻南非大使亲临电力展区参观指导。此次出展获得成功。

10月27日～11月11日，组织并派出了电力行业19人团组赴美国参观先进技术博览会。

11月7～11日，在北京成功地举办了第八届国际电力展览会。展览会共有24个国家和地区的200多家公司参展，展出面积10000多m^2，吸引观众约5万人·次，举办技术讲座16场，展览会意向合同成交额近190万美元。

12月9～23日，组织并派出了电力行业15人团组赴法国参观ELEC国际电力展览会。

外事管理

5月份向国务院港澳办申报了中电联《因公往来香港、澳门特别行政区通行证》备案的工作，并取得出具证明权和因公往来香港、澳门特别行政区通行证的自办权；

5月份拟定了中电联下列外事管理规章制度（暂行办法），建立、健全了中电联本部的外事管理规章制度：

1）中电联因公出国（境）管理规定；

2）中电联因公出国（境）人员审批管理规定；

3）中电联因公出国（境）团组管理规定；

4）中电联因公护照、签证管理规定；

5）中电联违犯外事纪律处罚规定。

2000年，中电联国际合作部为电力行业各单位和中电联本部办理出国团组43个，出国人员共计329人，保证了各出国团组顺利出访。进行的主要工作：出国任务审核立项、报批、出国人员政审、申办护照、签证、护照管理、出国团组外事教育等事项，提供外事服务。

14 学术团体与行业协(学)会

中国电机工程学会

综述

七届理事会换届后，提出的最鲜明的目标，就是努力创立中国电机工程学会的品牌，争创一流学会。中国电机工程学会已经有66年的历史，这一届的工作一定要使学会的品牌增值。在这个思想指导下，学会作了以下工作：

(1) 7月14～15日在昆明召开七届二次常务理事会，陆延昌理事长发表了重要讲话，提出了要"依法办会、民主办会、团结办会、适应新形势开创性地办会"；强调了"三主一家"是衡量学会工作的标准；号召争创中国电机工程学会的品牌和一流的学术团体，为各级学会今后的工作指明了方向。会议还作出了八项决定：增补了常务理事和理事；增设咨询工作委员会；同意成立中国电机工程学会核能发电分会；推荐甘肃省电力公司副总工程师兼科技中心主任邓元凯为"2000年全国优秀科技工作者"侯选人；任命了学术、咨询、科普、组织、外事、编辑六个工作委员会的主任、副主任委员；决定总部在北京发展会员；按章程规定、民政部标准收取会费；接受理事单位赞助等。会议表彰了18个优秀学术会议。这次常务理事会为学会2000年的工作打下了良好的基础。

(2) 为了贯彻执行七届二次常务理事会的精神，11月24日学会召开了2000年秘书长会议。会上传达了常务理事会的精神，本着依法办会、民主办会、团结办会的精神，总结了2000年的工作，研究了贯彻常务理事会的精神的具体措施。确定了要开展的会员登记、收取会费等具体事项，为更好地开展2001年学会的工作打下基础。

(3) 开展好技术人员之家的活动，当好党和科技人员的桥梁。技术人员之家的工作是学会"三主一家"工作的重要方面。按科协的要求，总结上报了中国电机工程学会科技人员之家的建立、活动、成果及经费等情况。9月份完成了科技人员之家管委会的换届工作。科技人员之家在陆理事长的关心下，顺利完成了拆迁工作，搬到文华胡同，并适时开展了组织老科技人员秋游、老干部工作情况交流，请老领导、老专家回顾历史，展望未来，加深对电力工业改革、发展与稳定的认识。范围广泛的老同志参加了这些活动。

学术工作

2000年，学会严格按照年初学术委员会通过的学术计划，顺利完成了各项学术工作任务，在组织学术交流方面积累了一定的经验，为进一步提高学术交流水平打下了基础。

(1) 积极开展学术交流活动，促进电机工程科技进步与发展。

一年来，学会各级组织除了积极参与总部组织的各项学术活动外，还开展了多层次、多种形式、内容丰富、主题突出、紧密联系电力工业实际的各种学术活动。据不完全统计，一年来，总会各专业委员会召开工作会议20次，学术研讨会40次，参加人数达3500人·次，交流学术论文或技术报告1300篇，编辑印制论文集几十种，共5000余册。圆满完成了年初制定的学术活动计划，学术交流取得显著效果。

(2) 组织召开学术委员会工作会议，审定2000年学术计划，评选上年度优秀学术会议，讨论成立三个专委会（分会）的有关事宜。

2000年学术委员会工作会议于2000年4月18日召开。会议审议了由学术部提出的2000年学会的学术活动计划，评选了1999年度优秀学术会议，讨论了申请成立三个专委会的有关报告，并对《学术委员会工作条例》（修改稿）进行了讨论和补充。会议的召开，为2000年的常务理事会召开及布置全年学术工作奠定了较好基础。

(3) 主办中国科协二届学术年会"西部电力工业发展战略学术研讨会"中国电机工程学会分会场。

"西部电力工业发展战略学术研讨会"于9月17～19日在西安市召开。国家电力公司陆延昌副总经理、理事长亲自为会议论文集撰写了前言。会议是在国家电力公司的直接领导下进行的，得到了科技部和战略规划部的大力支持，是学会围绕国家西部大开发战略部署和国家电力公司"西电东送"工作重点举行的一次重点学术会议。会议到会代表120余人。战略规划部、科技环保部领导分别就国家电力公司"西电东送"战略规划、科技规划和技术政策向与会代表作了详细介绍。

两院院士周孝信、卢强、黄其励和西北电力集团公司陕西省电力公司的学者、领导作大会学术报告，他们的报告全面、深入地阐述了在西部大开发和电力工业可持续发展中有关的技术、政策等问题，受到了全体代表的热烈欢迎。会议还分成两组针对西部电力发展的有关问题进行分组交流，40余位专家学者进行了论文交流。主要内容涉及西电东送的意义和规划、直流输电技术、新能源开发、城农网改造技术、节能与环保技术等等。会议评选出10篇优秀论文。

针对西部电力发展，代表们还提出了以下重要的建议和看法：

1) 促进西电东送当前的关键问题是要出台若干

政策，如关于投资政策、税收政策、价格政策等等。

2）对于西部水电开发，许多学者提出了具体的意见，如水电的防洪防汛通航等社会功能部分应由政府投资，梯级水电开发上下游之间由于有淹没损失等应考虑补偿，水电10年的还贷期应延至20年，不利于水电开发的各种税收应取消，西部水电输电线仍用500kV存在问题等。

3）应加大燃机发电在电力工业中的比例，积极鼓励天然气用于热电联产，出台相关价格政策，抓紧大型燃机的国产化和有关配品备件的国产化等等。

会议论文集系统地总结了西部地区电力工业的现状和科技进步，为西部大开发提供了大量的科技信息。会议的召开为西部电力工业发展起到良好的借鉴作用。

（4）组织召开“中国电机工程学会第六届青年学术会议”。

会议于11月3～5日在武汉市召开，会议得到了国家电力公司的大力支持，公司科技部领导亲自与会并讲话。会议从1999年8月开始筹备，从298篇应征的青年学术论文中录用了142篇，并由万国学术出版社正式出版论文集。会议的组织工作全部由青年人承担，会议论文作者也都是35岁以下的青年科技工作者，突出了青年学术会议的特征。

会议邀请到五位院士和资深专家出席会议。科技部领导在讲话中向青年学者们介绍了国家电力公司青年科技基金和学会优秀青年科技工作者的评选的基本情况，并鼓励广大青年科技工作者脚踏实地，不断进取，积极投身中国电力改革和发展的事业中来。学会领导向各位代表阐述了学会设立青年学术会议的目的和青年学术会议的工作方向，强调了学会一如既往办好青年会议服务青年学者的办会特色，使全体代表深受鼓舞。许多代表纷纷向大会咨询国家电力公司青年科技基金的立项情况。会后，学会还收到一些高等院校的学者通过学会向国家电力公司递交的青年科技基金申请报告。

会外，院士们结合自己几十年的工程实践体会，为与会代表们作了“科技工作的人才素质”的人文讲座，受到了青年学者们的欢迎，在华中科技大学的校园中也产生了良好的影响。

中国电机工程学会青年学术会议作为电机工程领域内的重要学术年会，在中国高等院校、科研院所和生产制造企业的青年科技工作者中有着越来越广泛的影响，已成为中国电机工程学会品牌学术活动。本届年会，到会青年科技工作者110余人，其中论文作者98人，来自哈尔滨工业大学、吉林省电力科学研究院、华中科技大学和清华大学的青年学者作大会特邀报告。会议分电力系统自动化、电厂动力工程、信息与自动化和综合四个组进行了分组交流和讨论。中国电机工程学会青年学术会议也越来越多地得到了中国许多著名高等院校的重视，许多高等院校纷纷向学会提出了申办请求，申办的学校的知名度和影响力也不再局限于电力系统内，目前，西安交通大学和上海交通大学提出了申办下届青年学术会议的要求。

（5）完成中国电机工程学会网站第一阶段建设。

在国家电力公司科技部和信息中心的大力支持下，初步建立了学会网站，为宣传学会整体形象，加强与外界的了解和沟通发挥了初步作用。许多电力系统内部和外部的网站纷纷与学会网站建立起链接关系，宣传和影响将不断扩大。

（6）接受国家电力公司政青办的委托，评选国电公司在京单位2000年青年优秀成果奖。学会将努力为国家电力公司做好服务工作。2000年，受评成果近60项。

科普工作

（一）面向领导干部和工程技术人员的科普工作

积极筹备在电力系统开展《面向21世纪电力科学技术讲座》活动（以下简称“21世纪讲座”）。此项活动是国家电力公司、中国电机工程学会继1996年组织开展《电力科普知识》竞赛活动后，组织进行的为迎接21世纪新科技革命挑战，面向领导干部和工程技术人员的又一次高层次科普活动。

为了更好的响应和贯彻党中央国务院、国家电力公司“科教兴国”、“科教兴电”的战略部署，迎接21世纪新技术的挑战，早在1997年中国电机工程学会科普工作委员会的有关领导和专家就建议组织电力行业的两院院士、权威专家，面向电力系统各级领导干部、工程技术人员，撰写介绍电力工业在新世纪之初已经遇到和将要遇到的新技术、新课题。这一倡议，得到了当时电力工业部的大力支持，并成立了以部办公厅、科技司、中国电机工程学会、中国水力发电学会、中国电力出版社共同组成的工作班子。为了更好地作好“21世纪讲座”书籍和VCD的编辑工作，国家电力公司和中国电机工程学会成立了以高严总经理为主编的编辑工作委员会。高严总经理在百忙之中，亲自为“21世纪讲座”作序，明确要求国家电力公司所属单位，要认真组织好学习和普及工作。

在历时近三载的编辑工作中，“21世纪讲座”经过专家和领导们认真的筛选，收录了29篇文章，涉及的专题都是当前以及今后一个时期中国电力科技发展的重要课题。

学会将认真组织好“21世纪讲座”的宣传和普及工作。

（二）结合实施西部科普工程、开展“三下乡”活动，搞好面向农村的科普工作

为了全面贯彻落实全国科普大会的有关精神，落实中宣部、中国科协等十一部委《关于进一步作好文化科技卫生“三下乡”工作的通知》、《中国科协关于实施“西部科普工程”的意见》的精神，积极响应和贯彻中国科协关于《中国科协系统2000年度科技下乡活动实施方案》的有关精神；根据学会《关于积极开展送科技下乡活动的通知》（电机学字2000［7］号文件）的安排，按照紧紧依托于挂靠单位，紧密地服务于电力企业这一学会开展一切工作的宗旨，发起了电力系统“电力扶贫、送科技下乡”活动。此次活动的发起，得到了国家电力公司的积极响应，国电公司农电部为此专门发出《关于落实送科技下乡活动的通知》（农综［2000］21号）文件，明确要求省电力公司要积极参与共同组织好送科技下乡活动。由于指导思想明确，服务意识对头，从组织上奠定了开展好送科技下乡活动的保证。

由国电公司与学会工作总部确定在湖北省的四个对口扶贫县（巴东县、秭归县、长阳县、神农架林区是国家电力公司的四个定点扶贫联系县），以及甘肃省、四川省（考虑加大支持西部地区力度）各一个县，共六个县，与所在省的电力公司、省级学会、地级电力部门、地级学会、县电力部门共同开展了送科技下乡示范活动。以此带动全国“电力扶贫、送科技下乡”活动的全面展开。整个活动冠以：“国家电力公司、中国电机工程学会电力扶贫、送文化科技卫生三下乡活动”。活动的指导思想是：在进一步做好文化、科技、卫生“三下乡”工作的通知精神指导下，全国电力系统经常性地开展“三下乡”活动，以发挥电力行业的优势和树立电力系统整体形象与实际效果相结合为目标，把“三下乡”活动与电力对口扶贫工作紧密联系起来，广泛地开展“三下乡”活动，以达到“破除迷信，树立文明新风”和传播科学思想、科学技术的目的。

由于组织落实，宣传发动工作做得较好，为以后的工作开了好头，真正起到了示范的作用。

2000年4月14日，在湖北省巴东县溪丘弯乡由国家电力公司、中国电机工程学会、湖北省电力公司、湖北省电机工程学会、宜昌供电局、宜昌市电机工程学会联合举办的电力扶贫、送科技下乡活动如期进行。陆延昌副总经理、理事长亲自参加了此次活动，湖北省副省长、宜昌市市委副书记、市长，四个县的县委书记、县长都参加了会议或会见了送科技下乡的代表团。国电公司农电部、科环部，华中电力集团公司，湖北省电力公司，湖北省科协参加了此次活动。此次活动受到了当地农民群众和少年儿童的热烈欢迎，产生了较大影响，中央电视台、人民日报、湖北省电视台、湖北日报、中国电力报、湖北电力报、巴东日报等新闻媒体的记者，采访了此次活动。

湖北省电机工程学会、湖北省电力公司动员了各方面的力量，积极地投入到此次活动中来，为搞好本次活动作了大量的工作，保证了此次活动的顺利举行，达到了预期的目的。

4月14日上午，国家电力公司、中国电机工程学会在湖北省巴东县溪丘弯乡举行了“电力扶贫、送科技下乡”开幕式。这标志着“电力扶贫、送科技下乡”活动即将在全国轰轰烈烈的展开。开幕式上，陆延昌代表国家电力公司、中国电机工程学会，向湖北省的示范点、国家电力公司对口扶贫县巴东、长阳、秭归、神农架林区捐赠了250台干湿磨、7000多本电力科普书籍。陆延昌诚恳地说：“东西不是很多，但他体现了国家电力公司、中国电机工程学会把帮助贫困群众脱贫致富当作自己义不容辞的社会责任，表现了国家电力公司系统140多万职工、中国电机工程学会12万多会员与农民群众心连心”。

陆延昌副总经理还在开幕式上向国家电力公司对口扶贫的四个县（区）捐赠了第二批扶贫资金1600万元。在1995年至1998年的四年间，国家电力公司曾对巴东等四县（区）捐赠了扶贫资金1600万元，这些资金帮助四县（区）改善了电网结构，提高了农民的用电水平，并帮助建成了5所希望小学。

开幕式后举办了科技用电方面的咨询、健康咨询，吸引了不少农民。陆延昌副总经理、理事长还亲自回答了几位农民关于农网改造和电价等方面的问题。

国家电力公司、中国电机工程学会在湖北省开展的此次示范活动，对于学会系统广泛和经常地开展好送科技下乡活动，把学会的工作紧密地与挂靠单位的工作结合起来，是一次很好的尝试，给中国电机工程学会系统开展此项工作真正起到了示范作用。

2000年4月26～28日，国家电力公司、中国电机工程学会、四川省电力局、四川省电机工程学会、成都电业局，在四川省彭州市隆丰镇；2000年7月27～29日，在甘肃省临夏市、甘南藏族自治州，举行了同样的送科技下乡活动。当地的党政领导都参加了活动，并对活动给予了高度评价。

此次示范活动，共赠送了：由中国科协、中国农业学会编制的《新的农业科技革命》、《节水灌溉新技术》、《良种包衣技术》、《坡地改梯田技术》科普挂图，《农村安全用电常识》电影胶片（湖南省电力公司、湖南省电机学会制作）、《农村安全用电挂图（四幅）》（农村电工杂志社）、《电力安全知识普及读物》（中国电力出版社）、《农村安全用电常识》（中国电力

出版社)、《农村供用电事故分析100例》（中国电力出版社)、《中学生安全用电问答》（中国电力出版社)、《小学生安全用电问答》（中国电力出版社）等书籍近21000册。赠送计算机12台。

由中国电机工程学会、国家电力公司领导，省级学会组织策划，地级、县级共同参与，统一考虑安排的充分展示电力系统整体形象的送科技下乡活动，无论从组织上还是从效果上看，都收到了非常好的效果。

（三）各省级学会开展送科普下乡活动情况

根据中国科协和中国电机工程学会下发的有关文件安排，各个省级学会根据当地农民赶集、赶场的习俗，采取多种形式，积极地开展了此项工作，现将活动情况按照中国科协普及部统计表的要求，汇总如下（开展科技下乡活动涉及338县、3786乡)。

（1）开展科技下乡活动3316次。

（2）送科技下乡到6138个乡镇，12106个村。

（3）参加活动的农民总人数为155.2万人·次。

（4）组织科技下乡服务团241支，组织科技人员16250人·次下乡。

（5）举办科普大集560次，举办实用技术培训班1584期，放映科教影视片456场。

（6）与新闻单位合作制作宣传栏目、节目1512期。

（7）送农村科普图书51万册，科普挂图3万6千套，科技录像片360部，科技资料147.2万份。

对外民间学术交流与国际学术交流

（1）2000年1月，以学会陆延昌理事长为团长的中国电机工程学会代表团赴新加坡参加IEEE电力工程冬季会议。陆理事长代表学会与IEEE电力分会签订友好合作协议。

（2）2000年7月，郑健超副理事长代表学会访问韩国电气工程师学会，参加其学术年会，并做专题讲演。

（3）2000年7月，学会和韩国、日本及香港工程师学会联合举办的电机工程国际学术研讨会在日本北九州举行。学会组团参加会议，并计划2001年7月在西安举办下一届电机工程国际学术研讨会。

（4）国际大电网会议2000年大会。2000年8月26日～9月2日，CIGRE第38届全体大会在巴黎召开。本届大会的主题是“世纪之交的主要电网系统问题”。参加会议的有来自近七十个国家的代表，共2400人左右。中国代表由CIGRE中国国家委员会组织赴会正式代表共28人，由国家电力公司副总经理、中国电机工程学会理事长陆延昌率团赴法国巴黎参加了大会。此次中方参会论文共八篇（包括与外方合著)。

大会分理事会大会、技术委员会会议、各专委会会议、工作组讨论会、技术讨论会及2000年首次召开的国家委员会代表会议。

2000年CIGRE的主席和司库任职期满，在理事会大会上，重新选举了新任主席及司库。同时，郭灏再次当选理事会理事，并被选为理事会驻技术委员会代表。中国共有14个集体会员单位，担任CIGRE专委会委员的有7名。各会员单位都派员参加了大会及相关专业组的讨论。同时各专委会委员分别就各自的专题及参会论文进行了讨论。

SC14，高压直流输电及灵活交流输电：讨论要点是直流输电系统可用率、光直接触发可控硅阀、FACTS的应用情况等。电网公司代表在会上介绍了三峡-常州直流输电工程设计特点和工程进展情况，其中一些设计特点如户内开关场，引起了与会代表的广泛兴趣。

SC23，变电站：讨论要点是电力放松管制及开放电力市场对变电站的功能需求、设计概念及相关技术问题；在放松管制的背景下，对发电厂中升压站的要求，系统运行人员与发电厂的专业之间的关系；开放电力市场的条件下，如何降低变电站的建设、运行、维护成本及如何延长变电站寿命（状态检修、绝缘在线监测技术的应用等）等等。

SC35，通信与远方控制：讨论要点是电力通信网发展、通信新技术应用（ATM、IP、信息通信公共平台及SCADA/EMS系统、通信与远动的结合等)、光缆建设和维护等。

SC37，系统规划：讨论要点是放松管制下的电网规划、系统寿命对规划的影响、供电质量-用户需求、电力系统联网、电源投资管理和环境问题、新技术对输电系统的影响等等。

另外，举行了首次CIGRE国家委员会代表会议，来自40个国家共60余名代表参加了讨论。讨论内容主要包括：加强各国家委员会之间的合作与联络、强化国家委员会对期刊ELECTRA的作用、完善会员会费的交纳手续等。

CIGRE第38届大会圆满结束，中国代表在各自的专业领域内都有着积极出色的表现，在CIGRE中的学术地位日益提高。通过交流，外国专家也更加关注中国电力工业的改革与发展，我们也能够吸收更多的经验和研究成果，加快中国电力工业的发展。

（5）上海国际供电会议（CICED2000，SHANGHAI)。

中国供电国际会议于2000年10月17～20日在上海国际会议中心召开，同期举办新技术、新产品和城市电网技术进步展示会。会议宗旨是进一步加强国际供电技术交流，增进友谊，促进合作。研讨的主题是“21世纪的城市供电”，在总结20世纪城市电网成熟经验的基础上，探讨21世纪初城市电网发展方向，一切从有益于用户出发，采用先进的技术装备，提高运行水平，以取得更大的经济和社会效益。

本次会议由中国国家电力公司副总经理、中国电机工程学会理事长陆延昌先生担任主席；国际供电会议（CIRED）第十六届执行主席、比利时Electrabel公司配电部总经理康纳洛特先生（Mr. Jean-Pierre Connerotte）担任名誉主席；中国科学院、中国工程院院士周孝信先生、杨奇逊先生、朱英浩先生等专家、学者组成会议技术委员会并主持学术交流。周孝信院士担任技委会主席。中国国家计委、国家经贸委、科技部等政府部门派代表参加了会议并在会上致辞，上海市蒋以任副市长等贵宾参加了会议并在大会开幕式上讲话。

这次会议共汇集来自包括中国在内的18个国家的供电领域的专家、科技工作者的论文和专题报告183篇。来自亚、欧、美、非洲22个国家和地区的专家、学者、工程技术人员等近400名代表（包括50余名外籍专家在内）参加会议。国内外西门子、施耐德、许继、烟台东方等52个供电设备制造厂商和法国EDF（巴黎）、比利时Electrabel、北京、上海等15个城市供电公司参加了新技术、新产品和城市电网技术进步展示会。

（6）国际电力系统学术会议（POWER CON 2000）。

根据中国电机工程学会与美国电机电子工程师协会在新加坡签订的合作协议，中美双方于2000年12月4～8日在澳大利亚组织了国际电力系统学术会议（Power Con 2000）。

参加会议的有来自近30个国家的四百余名代表。作为中美合作的第一次大型活动，此次会议在国际上征得论文400余篇，邀请了IEE前主席Dr. Jefferies、国际知名专家（如电力电子权威Arrillaga教授、麻省理工学院Ilic教授等）与中方专家共同主持专题研讨会。中方在会上宣讲了10篇重点论文。

根据中方承担的主持研讨会、宣讲论文、双边会谈等任务，中方组织了以中国电机工程学会秘书长郭灏、中国电科院院长周孝信为团长、由电科院、南自院、国调中心及部分省公司和院校的论文作者组成“中国电机工程学会代表团”共18人赴会。

中国有部分专家担任了会议国际咨询委员会委员，包括：中国电机工程学会郭灏、中国电力科学研究院郑健超、武汉水利电力大学陈运平、清华大学韩英铎、上海大学严茂松以及7名香港地区代表和1名台湾地区代表。郭灏代表中方在开幕式上致辞。

（崔文富）

中国电机工程学会省级地方学会一览表

名　称	通　信　地　址	邮　编
北京电机工程学会	北京复外地藏庵南巷1号	100045
天津市电机工程学会	天津市河西区太湖路21号	300210
天津市电力学会	天津市河北区建国道74号	300010
河北省电机工程学会	河北省石家庄市槐中中路18号	050021
山西省电机工程学会	太原市南肖墙12号	030001
内蒙古自治区电机工程学会	呼和浩特市锡林南路211号	010020
辽宁省电机工程学会	沈阳市宁波路18号	110006
吉林省电机工程学会	长春市人民大街139号	130022
黑龙江省电机工程学会	哈尔滨市南岗区民益街167号	150006
上海市电机工程学会	上海市那时南昌路47号3315室	200020
江苏省电机工程学会	南京市北京西路20号	210024
浙江省电机工程学会	杭州市劳动路128号	310002
浙江省电力学会	杭州市金祝南路2号	310002
安徽省电机工程学会	合肥市芜湖路415号省电力公司	230061

续表

名　　称	通　信　地　址	邮　编
福建省电机工程学会	福州市五四路 264 号	350003
江西省电机工程学会	南昌市永外大街 13 号省电力公司	330066
山东省电机工程学会	山东省济南市经三路 14 号	250001
河南省电机工程学会	郑州市嵩山南路 87 号省电力公司	450053
湖北省电机工程学会	武昌东湖梨园	430077
湖南省电机工程学会	长沙市韶山路 62 号省电力公司	410007
广东省电机工程学会	广州市东风路 757 号	510600
广西壮族自治区电机工程学会	南宁市民主路 6 号电力公司	530023
海南省电机工程学会	海南省海口市海俯一横路美舍河小区 9 栋电力实验研究所	570203
四川省电机工程学会	成都市东风路 2 段 17 号	610061
重庆市电机工程学会	重庆市中山 3 路 21 号市电力公司	630014
贵州省电机工程学会	贵阳市滨河路 1 号贵州省电力公司	550002
云南省电机工程学会	昆明市东风路 157 号省电力公司	650041
西藏自治区电机工程学会	拉萨市西藏电力工业厅	850000
陕西省电机工程学会	西安市尚德路 57 号	710004
甘肃省电机工程学会	兰州市西津东路 708 号	730050
青海省电机工程学会	西宁市新宁路 14 号省电力公司	810008
宁夏回族自治区电机工程学会	银川市南环西路 13 号	750001
新疆维吾尔自治区电机工程学会	乌鲁木齐建设路 5 号电力公司	830002

中国电机工程学会分专委会一览表

分会名称	挂靠单位	通信地址	邮编
火力发电分会	国家电力公司热工研究院	西安市兴庆路 80 号	710032
农村电气化分会	北京供电局	北京市前门西大街 41 号	100031
理论电工专业委员会	上海交通大学电力学院信控系	上海市华山路	200030
电工数学专业委员会		深圳市笋岗东路 1 号同乐大厦同德阁	518001
能源与信息专业委员会	电力信息中心	白广路二条一号	100761
超导与磁流体发电专委会	中科院电工所	北京市中关村	100080
大电机专业委员会	哈尔滨大电机研究所	哈尔滨大庆路 41 号	150040
电力系统专业委员会	中国电力科学研究系统所	北京市清河小营	100085
高电压专业委员会	国家电力公司武汉高压所	湖北武汉关山	430074
城市供电专业委员会		上海市四川北路 1856 弄 16 号	200081
输电线路专业委员会	国家电力公司电力建设研究所	北京市良乡	102401
用电与节电专业委员会	国家电力公司东北分公司	沈阳市宁波路 18 号	110006
变电专业委员会	西安高压开关研究所	西安市沣惠北路副 30 号	710077

续表

分会名称	挂靠单位	通信地址	邮编
可靠性专业委员会	上海电力公司生技处	上海市南京东路181号	200002
电力环保专业委员会	国家电力公司电力环保所	南京市浦东路10号	210031
安全技术专业委员会	南京供电局安监处	南京市中山路251号	210008
带电作业专业委员会	东北电力科学研究院	沈阳市四平街	110006
继电保护专业委员会	国家电力公司电力自动化研究院	南京市蔡家巷24号	210002
电力与潮汐发电专业委员会	浙江省电力公司科技处	杭州市金祝山南路2号	310007
水电设备专业委员会	中国水利水电科学研究院机电处	北京复外木樨地1号	100038
电磁干扰专业委员会	中国电力科学研究院高压所	北京市清河小营	100085
动能经济专业委员会	动能经济中心	北京市白广路二条一号	100761
工程经济专业委员会	国家电力公司电力规划设计总院	北京市安德路	100011
热电专业委员会		北京市西单文化胡同21号	100031
测量技术及仪表专业委员会	中国电力科学研究院电测所	北京市清河小营	100085
电力通信专业委员会	国家电力公司通信中心	北京市白广路二条一号	100761
电站焊接专业委员会	电力建设研究所	北京良乡	102501
电力土建专业委员会	国电华北电力设计院工程有限公司	北京市安德路65号	100011
电力信息化专业委员会	国家电力通信中心	北京市白广路二条一号	100761
火电建设专业委员会	上海电力建设研究所	上海市高邮路68号	200031
燃气轮机发电专业委员会		南山区常兴路国兴大厦19楼	518052
电力统计分会	国家电力公司计划部	北京市西城区西长安街86号	100031
核电专委会	国家电力公司核电办公室	北京市西城区西长安街86号	100031
电力系统自动化专业委员会	国家电力公司电力自动化研究院	南京市蔡家巷24号	210002
中国电机工程学会分工程报编辑部	中国电力科学研究院	北京市清河小营	100085
过程自动化技术交流中心	龙熙宾馆201室	北京德外德胜里1区11号楼	100088

中国水力发电工程学会

第五次中国水力发电工程学会全国会员代表大会筹备工作

根据中国科学技术协会的规定，水力发电工程学会第四届理事会任期已满，需要召开第五次全国会员代表大会进行换届选举。在1999年大量前期准备工作的基础上，2000年又经过多方面广泛征求意见，对大会文件反复修改，在国家电力公司有关部门和领导的指导下，完成了第五次全国会员代表大会的各项筹备工作。会议文件有：第四届理事会在第五次全国会员代表大会上的报告、中国水力发电工程学会章程(审议稿)、中国水力发电工程学会第五届理事会组织框架(草案)、中国水力发电工程学会第五届理事会工作规划(讨论稿)，以及到会领导的报告讨论稿等。

在完成第五次全国会员代表大会筹备工作的同时，经过认真的准备工作，完成了学会在民政部的登记注册工作。

国内学术活动

中国水力发电工程学会2000年各专业委员会及编委会召开学术交流会共16次，参加人数1835人，提交学术论文656篇。现将其主要工作分述如下。

(1) 中国水力发电工程学会自动化专委会和运行管理专业委员会于2000年3月3～4日在广东从化联合召开“水电厂无人值班技术座谈会”，有26个单位42位代表参加，提交论文17篇，有10位同志做了专题发言。与会代表认真讨论了《关于无人值班水电厂试点工作的若干意见》，为进一步推广无人值班的工作提供了许多良好的意见。

(2) 小水电专委会与广西水力发电工程学会于8

月23～28日在广西桂林联合召开“2000年小水电技术改造研讨会”，有76名代表参加会议，会前专门刊印了优秀论文与经验，供代表参考。会议主要对水轮机转轮技术改造及自动控制、无人值班系统进行讨论。这是小水电目前技术改造的主要方面，也是小水电技术前进的方向，对小水电的改革起到了良好的作用，深受代表的欢迎。

（3）由大坝安全管理专委会与用电公司大坝安全监察中心联合举办的大坝安全管理及监测学术交流会，于8月3～6日在青岛市召开，有133名代表与会。在会前出版论文集，汇编87篇论文，经过大会评审，评出优秀论文11篇（其中一等奖1篇、二等奖3篇、三等奖7篇）。会议期间还举办了中外监测仪器展示会。

（4）机械疏浚专委员于9月20～23日在河南三门峡召开疏浚与吹填技术交流会，与会人员有122个单位的218名代表，提交论文71篇，在大会上发言的有23篇。芬兰康克公司驻华代表到会提供了新技术与新产品信息与资料。会议主要内容是黄河潼关段清淤的试验研究、清淤成果分析的总结，特别是对黄河治理从过去的“拦、排、放”调整为“拦、排、放、调、挖”，为黄河整个治理开展挖河疏浚施工奠定了指导方针。会议期间到潼关参观了射流清淤船队。

（5）面板坝专委会为了促进中青年技术人员迅速成长，于9月24～27日在葛州坝召开中青年面板坝技术交流会，全国23个单位的30余名代表出席会议，对中青年的成长起到了很大的推动作用。

（6）电气专委会与四川水力发电工程学会在成都召开了学术交流会，有39人参加会议。会上对高压配电装置等专题论文进行交流，会前还专门出版了论文集，选论文64篇。同时增补10名中青年委员、2名副主任委员。

（7）抽水蓄能专委会于10月17～20日在上海召开了学术年会。参加会议108人，交流论文55篇，主要对机组国产化、经济评价、经营管理等方面进行交流，代表们参观了沙河抽水蓄能电站和希科水轮机制造厂。

（8）水工水力学专委会于10月18～20日在二滩水电站召开学术交流会，有18个单位42位代表参加会议，提交论文29篇，并刊印论文集。这次学会主要是对高水头池水建筑物、水力学原型观测成果的交流。会议期间，二滩水电站为会议专门放水，使代表能观察高拱坝双层泄水、空中对撞消能的壮观场面及泄水时雾化的形成发展。

（9）水工金属结构专委会于10月在大连举行了专委会换届工作会议。11月6～9日在常州举办了液压技术交流会，有114名代表与会，12名代表在大会上发言，对液压启闭机在工程上的应用情况作了回顾，总结经验教训。

（10）土工合成材料专委会于11月6～12日在湖北宜昌召开学术交流会，有548名代表与会，外国专家20余人，会前将论文印成论文集。国际土工合成材料学会主要创始人之一、前国际学会主席J.P.Giroud，作了题为“土工合成材料在垃圾填埋场排水系统的设计”的专题报告。会议期间举办了土工合成材料展览。

（11）中国水电工程学会于10月24～26日在南昌召开了全国水电科技期刊工作会议，参加会议的有各省市区水电学会及代表性期刊负责人56人。通过这次会议，交流了期刊的办刊经验，研讨了存在问题及解决的途径。会议认为应加强科技期刊的学术导向作用，促进水电事业的繁荣与发展。坚持办刊宗旨，争创精品期刊，加强期刊编辑人员素质，创一流期刊。这次会议鼓舞了大家的士气，增强了信心，加强了领导管理，一致要求成立专门机构，联络、组织、管理水电期刊工作。

地方学会

（1）开展《贵州乌江干流水电滚动开发研究》工作。乌江水电开发公司委托贵州省水电工程学会组织开展乌江水电的开发研究。贵州水电学会于2000年1月7日组织召开了有贵州省电力公司、贵阳勘测设计研究院、乌江水电开发有限公司等单位的工作协调会，力争在30年或更短的时间内，完成乌江干流全部梯级的开发，目前已开发3个梯级，共有9个梯级。

（2）南方十二省（区、市）水电工程学会2000年学术年会及联络工作会议，于10月31日～11月2日在桂林召开，共有40余名代表与会。这次年会的重点议题是：①探讨新世纪电力市场供需状况及电力结构调整、水电发展战略和对策；②如何做好西部大开发与开发水电的关系；③各已建、在建、拟建的水电项目的经验；④学会改革、管理与发展的经验。

第20届国际大坝委员会

国家电力公司、水利部、中国长江三峡工程开发总公司、中国水力发电工程学会和中国水力学会，于9月19～22日在北京共同主办了第20届国际大坝会议。在第20届国际大坝会议召开之前，国际大坝委员第68届执委会于9月14～17日也在北京召开。

第20届国际大坝会议开幕式，由第20届国际大坝会议组织委员会副主席、中国长江三峡工程开发总公司总经理陆佑楣主持，第20届国际大坝会议名誉主席、国务院副总理温家宝出席大会并讲了话，第

20届国际大坝会议组织委员会主席、水利部部长汪恕诚致欢迎词，国际大坝会议主席霍格（K.HOEG）也讲了话。在主席台就座的还有中国工程院副院长、国家电力公司顾问潘家铮院士，第20届国际大坝会议组织委员会副主席、国家电力公司副总经理周大兵、水利部副部长张基尧、北京市副市长岳福洪，以及国际大坝会议秘书长J.LECORNU。

国际大坝委员会第68届执委会和第20届国际大坝会议在北京国际会议中心召开，参加人员1596人，其中中宾代表550人，外宾代表774人，陪同272人，分别来自67个会员国和2个非会员国。依照惯例，本届国际大坝会议举办了水利水电技术展览。水利水电技术展览共有国内外参展商71家277人参展，其中国外参展商22家66人，国内参展商49家211人。展览占地3000m^2，展位101个，其中中国水利水电建设成就展展位30个、技术展展位71个。

9月22日晚，国际大坝会议在人民大会堂举行了告别宴会，会前全国人大李鹏委员长接见了国际大坝会议部分代表并发表讲话。9月17日，召开了国际大坝会议第68届执委会会议，全国政协副主席钱正英到会并发表致词。

9月18日，国际大坝会议举办了面板堆石坝研讨会，18名专家宣读了论文，编辑出版的《面板堆石坝论文集》收录了来自10个国家的55篇论文。9月19～22日，共安排了第76、77、78、79四个专题的讨论。第76专题“风险分析在大坝安全决策和管理中的应用”分4个主题进行了报告和讨论，18位学者宣读了论文；第77专题“大坝的效益及有关问题”，32个国家向大会提交了72篇报告，20位代表进行了主题发言；第78专题“大坝与基础的监测”，共有27位代表发言；第79专题“有闸门的溢洪道及其他控制设施与大坝安全”，共收到来自20个国家的43篇论文，其中23篇论文被选为大会发言。

本次国际大坝会议，学术气氛浓厚，发言踊跃，内容精彩，反映了当前国际坝工界的技术水平，达到了预期的目的。通过交流，充分展示了中国在大坝建设方面的光辉成就和先进技术，受到世界各国的关注，为进一步开展技术交流，加强国际合作奠定了基础。

国际学术交流

(1) 为执行中国—拉丁美洲1999～2000年度科技合作项目中编号02的航运及通航建筑物技术考察工作，由通航专委会秘书长李云及宗慕伟为主的考察团，于2000年4月4～19日对巴西进行技术合作及学术交流。通过考察，与巴拉那州联邦大学水力学与水文研究中心签署了双方合作意向书。

(2) 工程造价专委会及水电规划设计总院，于9月7～24日赴加拿大、美国进行考察，了解北美国家水电建设及造价协会的作用、组织管理等工作，对风险分析、评价体系、定价理论等都有深入的了解。

(3) 大坝安全监测专委会组团参加全美大坝安全官员联合会第十七届年会，参加大会的有650余人，交流论文68篇，举办了展览会，和美国大坝安全及检查的主任高斯先生进行了中美大坝情况的交流。

(4) 面板坝专委会于8月6～22日赴美参加“2000年世界水电展望”国际会议。

培训工作

(1) 工程造价专委会2000年在三峡、西宁市及成都市举办了全国第36、37、38期水电工程造价培训班，培训学员230余人。截止到2000年，共举办38期培训班，培训1490多人，老师均为在工程造价岗位中工作多年，有一定知名度的专家和业务骨干担任，培训学员中现在有不少是技术骨干和领导干部。

(2) 为了宣传中国小水电，促进中国小水电技术与设备出口，小水电专委会协同亚太地区小水电研究培训中心，于10月10日～11月20日在杭州举办了国际小水电培训班，有22个国家35人参加，同时组织他们参观了中国的小水电及设备制造厂。本次活动由中国对外贸易经济合作部资助。

编辑出版工作

(1) 中国水力发电工程学会和中国电力出版社、国家电力公司科技部、水电发展部、水电规划设计总院、水电总公司等组织全国200多名专家、学者编写的《中国水力发电工程》技术专著，共8卷，500余万字，在第20届国际大坝会议开幕前夕全部出版，并在北京国际会议中心举行了首发式，首发式由国家电力公司副总经理周大兵主持，水利部部长汪恕诚、潘家铮等讲了话。

(2) 中国水力发电工程学会组织编著的《中国大坝五十年》集中反映了中国建国50年、尤其是改革开放20年以来水电科技进步的主要成果，全书80万字，中英文两种文字。

(3) 中国水电工程学会2000年共出版简报12期，专辑6期，对交流信息起到很大的作用，各地区反映很好。尤其是为了宣传西部大开发、水电的开发，在西北五省（区）召开了十五次网会进行了专题报导；另外对恢复水电前期工作费的问题也作了专题报导，起到了相当大的作用。

（陈叔康）

中国水力发电工程学会地方学会一览表

序号	单位	秘书长或副秘书长	通讯地址	邮编	电话	传真	备注
1	北京市水电学会	宋 毅	宣武区枣林前街32号华北电力集团公司科协	100053	（010）83583265	83583253	
2	天津市水电学会	姜梦清	天津市河西区洞庭路60号天津勘测设计院	300222	（022）28702859	28343991	
3	河北省水电学会	宋小岩	河北省石家庄市平安南大街107号	050021	（0310）3032782－121		
4	山西省水电学会	刘志义	太原市南肖墙12号	030001	（0351）28734012565	4012274 3116584	
5	东北地区水电学会	武润则	辽宁沈阳市和平区宁波路18号省公司	110006	（024）23115831	23115833	
6	上海市水电学会	庞 堉	上海市逸仙路388号上海勘测设计研究院	200434	（021）65427100－4400		
7	江苏省水电学会	沈祖贻	江苏省南京市西康路一平河海大学水电学院	210024	（028）3713777－50541	3731332	
8	浙江省水电学会	姜振锹	浙江省杭州市梅花碑7号浙江省水利厅水电开发管理中心	310009	（0571）78265391	7820493	
9	安徽省水电学会	张启琛	安徽省合肥市芜湖路415号安徽省电力局	230061	（0551）3605417 3605466	3605462	
10	福建省水电学会	祝中尧	福州市五四路264号福建省电力局	350003	（0591）7023284	7023278	
11	江西省水电学会	徐家鑫	江西省南昌市永外正街266号省电力局	330006	（0791）6248724（办） 6212239（家）	6248706 8641164	手机：13707093431
12	河南省水电学会	李东征	河南郑州金水路11号黄委会科技外事局	450003	（0371）6022479 6022412	5945906	
13	湖北省水电学会	王柏源	武汉市武昌东湖南路8号武汉水利电力学院科研处	430072	（027）87882212－2102	87860232	
14	湖南省水电学会	李小湄	长沙市圭塘中南勘测设计院	410014	（0731）5582633－5449	5646104	
15	广东省水电学会	李水贵	广州市东风东路757号广东省电力集团公司	510600	（020）85121408 85121406	85121408	
16	广西水电学会	张大本	广西南宁民主路6号广西自治区电力局	530023	（0771）5693512	5621124	

续表

序号	单位	秘书长或副秘书长	通讯地址	邮编	电话	传真	备注
17	四川省水电学会	樊天龙	成都东风路2段17号四川省电力局	610061	（028）4275（办） 661888－4678	4445159	
18	贵州省水电学会	殷新德	贵阳市新华路9号乌江大厦27楼	550002	（0851）5784398	5784440	
19	云南省水电学会	文宏泽	昆明市拓东路49号电力大厦412室	650041	（0871）3012295	3197194	
20	陕西省水电学会	田又涵	西安市电子工业园区东路18号西北勘测设计院	710065	（029）8290161 8290169	8290108	
21	甘肃省水电学会	黄　鑑	兰州市西津东路732甘肃省电力局	730050	（0931）2953504	2333985	
22	青海省水电学会	曲志德	西宁市胜利路87号青海省电力局	810008	（0971）6172340	6172 6192345	手机：13709738328
23	宁夏水电学会	刘　军	银川南环西路13号宁夏电力局	750001	（0951）4912207	4912142	刘军办：4912124
24	新疆水电学会	李铭利	乌鲁木齐黑龙江路4号	830000	（0991）5813853	5850860	
25	水电十三局会员小组	王　兖	山东省德州市第十三水电工程局	253009	（0534）2688784	2623461	
26	西藏自治区水电学会会员组		拉萨市夺底路15号西藏自治区水电设计院	850000			

中国水力发电工程学会专委会、工委会、编委会一览表

序号	单位	秘书长或副秘书长	通讯地址	邮编	电话	传真	备注
1	水能规划及动能经济专委会	李世东	六铺炕国电水电规划总院规划处	100011	62041361 62032255－5339	62041361（办）	
2	水库经济专委会	张一军	六铺炕国电水电规划总院水库处	100011	62032255－5029	62041546（办）	
3	环境保护专委会	顾洪兵	六铺炕国电水电规划总院规划处	100011	62032255－5338	62041361（办）	
4	水文泥沙专委会	朱鉴远	成都市青年宫国电成都勘测设计院规划处	610072	（028）7319023－3374	7329997（院办）	
5	地质及勘探专委会	张性一	六铺炕国电水电规划总院勘测处	100011	62032255－5345	82084665（院办）	
6	水工及水电站建筑物专委会	亦　虹	六铺炕国电水电规划总院水电建设咨询公司	100011	62032255－5026	82079835（办）	

续表

序号	单位	秘书长或副秘书长	通讯地址	邮编	电话	传真	备注
7	水工水力学专委会	刘之平	北京木樨地水电科学研究院水力学所（南院）	100038	68515511－1056	68538685	
8	通航专委会	李　云	南京市广州路223号南京科学研究院	210029	（025）3739178－288	（025）3719113	
9	碾压混凝土坝专委会	郑程斌	广州水口子村武警指挥部		63467799－8220	63467799	
10	混凝土面板堆石坝专委会	卢立生	六铺炕国电水电规划总院科技处	100011	62032255－5342	62041473（办）	
11	施工机械化及施工管理专委会	唐万琳			手机：013703504537		1998年7～8月将专委会公章移交张博庭
12	定额预算专员会	刘月琦	六铺炕国电水电规划总院定额处	100011	62032255－5341	62352734（办）	
13	电气专委会	李定中	六铺炕国电水电规划总院机电处	100011	62032255－5347	82084665（院办）	
14	自动化专委会	刘国阳	六铺炕国电水电规划总院机电处	100011	62032255－5349	82084665（院办）	
15	水力机械专委会		六铺炕国电水电规划总院机电处	100011		82084665（院办）	
16	水工金属结构专委会	林朝晖	六铺炕国电水电规划总院机电处	100011	62032255－5348 64055786（直）	82084665	
17	水电运行管理专委会	斐哲义	北京白广路二条一号国家电力调度通信中心	100761	63415713	5845	
18	水电建设管理专委会	王亚杰	北京白广路二条一号中国水力发电工程学会	100761	63416408	63547632	
19	计算机应用专委会	张亚力	北京复兴路甲1号水电科学研究院自动化所	100038	68516589	68515653	
20	土工合成材料专委会	王育人	天津市金钟河大街238号河北省水电设计院	300250	（022）26768852 26325310（宅）	（022）26768852	
21	大坝安全监测专委会	池胡庆	杭州市上塘路国电大坝安全监察中心	310014	（0571）88072824－6640	（0571）88822757	
22	机械疏浚专委会	王　究	山东省德州市第十三水电工程局	253009	（0534）2688784	（0534）2623461	
23	抽水蓄能专委会	姜梦清	天津市河西区洞庭路60号水利部天津勘测设计院	300222	（022）28702859	（022）28343991	
24	小水电专委会	罗高荣	杭州市1206信箱亚太地区小水电研究培训中心	310012	（0571）88838599	（0571）88838599	
25	水利电力翻译工作委员会	蒋秀风	中电联国际部	100761	63415531	63545305	
26	青年工作委员会	丁留谦	北京车公庄西路20号水电科学研究院岩土所	100044	68415522－6210	68438317	
27	科普工作委员会	张曼	水利信息所经济处	100011	82072266转		
28	《水力发电学报》编辑部	谷兆祺	北京海淀区清华大学水利系	100084	62783813	62785699	
29	《水力发电年鉴》编辑部	陈叔康	六浦炕国电水电规划总院内	100011	62054758 62381647（宅）	62054758	

中国电力发展促进会

工作重点

2000年的工作重点是电力规划咨询、《中国电力年鉴》编辑工作和中国电力网站运行等。

电力规划咨询工作

在咨询方面主要开展了为江苏省戚墅堰电厂建设燃气机组项目前期咨询及信息服务工作。

《中国电力年鉴》编辑工作

2000年《中国电力年鉴》工作重点是加强“特载”内容，包括体制改革、电力机构调整、厂网分开、电网建设及精神文明建设等问题。同时进一步完善框架设计和内容索引两项工作，强调要严格执行1、3、6、9工作顺序，即1月由编辑部进行正式约稿，明确撰稿人和撰稿要求；3月撰稿人将经过单位主管领导审定合格后稿件寄到编辑部；6月编辑部发稿；9月出版发行。以保证《年鉴》按时保质完成。

2000年《中国电力年鉴》研讨会于2000年9月22～24日在新疆维吾尔自治区乌鲁木齐市召开。

中国电力网站工作

中国电力网站（www.chinapower.com.cn）在2000年中，对原有的栏目结构进行了部分调整，充实了栏目的内容，在继续宣传《中国电力年鉴》的同时，也积极地与电力行业的多家企事业单位进行合作，组织开发了隶属于中国电力网站的多个内容频道，包括与国家电力公司核电办公室合作的核电频道，与国家电力公司电网建设分公司合作的直流频道等。频道的版本也多次升级，功能完善，能为电力行业和行业外用户提供信息发布，企业形象宣传和电子商务功能。

根据2000年互联网的发展趋势，网站对经营方向作了有关调整。除继续为电力行业用户提供信息服务外，网站的经营重心向为企业用户提供应用开发服务转移。目前已经完成和正在开发的若干项目，均具有良好的社会效益和经济效益，积累了较多的客户资源，在电力行业的影响也日益扩大。

为进一步做好2000年《中国电力年鉴》编撰工作和《中国电力年鉴》的网上发布工作，并扩大中国电力网站的信息来源，使网络技术得到普及，使网络工作得到广泛参与，网络技术研讨班于2000年4月18～20日在北京举办。研讨班针对目前“厂网分开、竞价上网”，“企业深化改革”，“环保与电力”，“生产、经营、管理科学方法”，“城网、农网改造”等问题进行了交流。

（房庆红）

中 电 联 分 会

中电联电站装备分会

2000年2月，中电联三届二次理事会决议，将电力企协机械分会扩大范围，组建成中国电力企业联合会电站装备分会。6月成立筹备组。8月份，召开了筹备会，按中电联章程和工作规定的要求，讨论和研究了分会的组织原则，决定老会员重新登记，新会员自愿申请入会。2000年底，有66家会员单位申请加入电站装备分会。据统计，拥有职工113659人，固定资产原值125.20亿元，净值82.74亿元，年销售收入122.96亿元，利税10.13亿元。原机械分会的电力修造企业和机械行业中主要制造电站设备企业、公司都加入了分会，电站装备分会将成为供需双方沟通的纽带，使中电联服务的内容更加丰富。

为更顺利地开展工作，按中电联工作规则要求，结合分会实际情况拟订了电站装备分会的实施办法。分会组建的服务宗旨、机构设立、主要任务和工作方法、分会负责人的组成等都作了相应的规定。因此，筹备组在推荐分会负责人时，把常务理事单位设立为23家，尽量照顾到代表性。在此基础上，推荐会长、副会长和秘书长等14名负责人，是为了加强分会的日常工作，也为专业活动打下了组织基础。

上述组建方案，经批准后，于12月25日在北京召开了中国电力企业联合会电站装备分会第一届会员代表大会。会议完成了议事和选举事项，推选了负责人。

电站装备分会成立后，召开了第一次常务理事单位会议。由会长白绍桐同志主持，研究了2001年的主要工作。理事们在会上进行了充分讨论，一致表示支持分会工作。有的代表提出发电设备在招投标中，矛盾较大，制造厂反映价格压得太低，不利于企业今后的发展，长此下去，可能会影响到供货产品的质量；有的代表提出中电联的门槛应高一些，即对入会的企业要求要严一些；有的代表提出要分专业多进行一些活动；有的代表提出要加强信息管理，及时通报行业生产建设情况等等。从分会刚成立不久的实际情况出发，在2001年努力传递电力供需信息，了解制造企业需求，进行分会专业活动，与兄弟分会合作共同探讨利用先进技术进行老电厂改造，交流进行市场和技术信息，介绍企业管理的经验等。

中电联水力发电分会

1. 召开了技术交流会、研讨会和厂务公开经验交流会

(1) 分会与东大阿尔派软件公司联合召开了水电厂MIS系统开发建设与使用现场经验交流会，会上乌溪江电厂全面介绍了经验，与会者在几个方面达到了共识，①MIS系统的建立和完善是企业发展、减人增效，实现“无人值班（少人值守）”的必由之路；②领导重视是关键；③要有超前意识，统一规划，统一部署，统一安排，分步实施；④实用性与先进性相结合；⑤要加强对专业人员的使用和培训。

(2) 为深入贯彻十五届四中全会和《中共中央关于国有企业改革和发展若干问题的决定》，4月份召开了由党委书记参加的“建立现代企业制度发挥党组织政治核心作用”研讨会，新形势下（现代企业制度）就如何发挥党组织的政治核心作用和建立法人治理结构两大问题进行了研讨，与此同时部分单位还交流了机构改革、减人增效的情况。

(3) 面临新的形式，为促进多种经营的发展，6月份在陈村电站召开了“多种经营发展战略研讨会”。经过交流和研讨，与会者一致认为，要更新观念，抓住机遇瞄准市场，稳步发展，秘书长在多经企业发展战略问题上的几点建议获得了与会者的赞同。①多经企业也要建立现代企业制度；②要以效益为中心，瞄准市场“走出去”；③利用优势，扬长避短；④大力开发旅游资源和大力发展旅游事业；⑤注意多经企业人才的开发和培养。

(4) 为贯彻中共中央纪委、国家经贸委和全国总工会关于推广厂务公开制度和2000年发出的《关于认真贯彻党的十五届四中全会精神进一步做好厂务公开工作通知》，9月份，在云峰水电厂召开了“厂务公开经验交流会”，云峰水电厂动手早，行动快，该厂工会主席全面介绍了经验，另有7个单位先后在会上进行了交流，为使厂务公开提高一个新水平，结合实际会议强调了四点：①以“三个代表”为指导推进厂务公开；②厂务公开要与企业改革和建立现代企业制度紧密结合；③要重实效，切忌形式；④尽快规范化、制度化，不断拓宽和延伸。

2. 联络员工作会议对水电分会的内部管理制度进行了制定

3. 为贯彻“面向全国服务全行业”的宗旨，分会修订了会员标准，发展了石泉、枫树坝等7个会员单位

4. 继续办好《水电厂》季刊和《水电厂信息》半月刊

5. 分会秘书处在参加几个会议期间，顺便考察了华东、西北、东北、华中20余个水电厂，了解情况交流信息，为更好地开展工作奠定了基础

6. 财务管理规范，收支均在年初制订的预算之内

中电联供电分会

按照中电联2000年工作指导思想和总体目标，紧紧围绕供电企业改革发展中心，坚持“服务、沟通、协调、监督、自律”的原则，突出抓好以下八项工作：

(1) 明确分工性质，纳入整体管理。经2000年中电联三届二次理事会审议通过，并以文件下发，正式批准设立供电分会，至此，组建了12年的“供电两会”正式更名为中电联供电分会，纳入中电联整体管理，成为中电联的专业分支机构，从而确立了分会在全国供电行业服务管理的权威性，增强了分会组织的凝聚力。为进一步开展分会工作奠定了良好的组织基础。

(2) 适应改革形势，开展专题调研。采取秘书长分工负责，会员单位积极配合，走访调查与研讨相结合的办法，总结有关会员单位的经验做法，组织了24次集中讨论，利用两个月的时间，以求新、求实的态度，完成了三篇专题报告。其中《政企分开、转换职能、调研报告》，适应电力体制改革需要，对政企分开后政府、企业、行协的各自职能作了界定，对地市行协建立进行了探讨，选题针对性强，建议具有可操作性，受到了有关领导和会员单位的好评，中电联已将其全文刊发在《中国电力企业管理》第十期上；而《加强城网改造建设管理工作的实践与思考》的调研报告，是针对当前全国供电系统普遍开展的城网改造发展的不系统的现状提出的，在理清思路提高

认识的基础上，总结了20多户供电企业网改管理经验，提出了注意把握的六个关系，并从全行业的角度，向有关部门提出了五点建议，中电联也以《来自城网改造一线的报告》为题，刊发在《中国电力企业管理》上，而《厂务公开好处多》的调研报告，对全国供电企业普遍开展的厂务公开，总结出十大好处，为进一步加强企业民主管理，提供了可行经验。

(3) 突出管理创新，开展专题研讨。年内，重点抓了四项调研：一是以适应改革形势，建立大正工体系、思想政治工作创新为主要内容的思想政治工作专题调研，组织了有86个单位参加的两次座谈会，收集论文36篇；二是以供电设备状态检修、配电不停业作业和配网自动化为内容的技术管理调研，共有57个供电企业参加；三是以股份制改造、产品结构调整和减人增效为内容的多种经营工作调研，有61个供电企业参加，收到论文37篇；四是贯彻国家经贸委文件、探讨电力行协发展趋势和建立地市行协必要性为内容的行协工作调研，先后有30家供电企业参加，通过调研，总结了经验，沟通了信息，取得了共识，推动了全行业的技术进一步和管理水平的提高。

(4) 提高管理水平，建立“供电信息网”。年内，投资20万元，建立了国内第一个输配电专业网站，并于5月1日投入运行，主要内容包括供电企业生产经营17个项目。这一网站的开通，促进了全行业信息交流的准确、实时和快捷，受到了各会员单位的欢迎。

(5) 开展经验交流，办好“供电两刊”。年内《供电企业管理研究》、《供电行业信息》(简称“供电两刊”) 总印数一万份左右，保证了按月出版发行，并通过优秀论文评比、通讯员经验交流等活动，提高通讯员队伍素质，保证刊物质量的逐年提高。年内共评优秀论文18篇。

(6) 发挥管理优势，开展专业培训。年内，先后举办了创一流、企业发展趋势、加入WTO的影响、党的十五届四中全会精神等专项知识培训，特别是创一流培训班选在一流企业举办，大家既学到了经验，又看到了实际现场，深受教育。此外，还组织专业人员编写供电工人技能培训教材《题解集》，现以发行了54个分册，完成了编写任务的70%以上。

(7) 举办设备展览，开展以技术交流。年内，举办了有11个国家和地区、130家专业厂商参展的上海第六届国际供用电设备展览会，通过会展，大家了解了世界输变电技术发展趋势，减少了以往低水平重复开发等技术决策失误，而且，使供需双方直接见面，了解市场需求，受到了大家的普遍好评。

(8) 加强自身建设，发展会员队伍。年内完成了三项工作：一是召开了会员代表大会，完成了分会会长、副会长、秘书长、副秘书长、理事、常务理事的换届选举，推选张一士同志为会长、赵双驹同志为常务副会长、选举了7名副会长和秘书长，聘请了4名同志为副秘书长；二是精简了办事机构，分会秘书处为一室三部，即办公室、信息部（编辑部）、外联部、教培部、撤销了调研部、咨询部、发行部、经营开发部，副秘书长减少了3人增补了1人，设立了包括企业文化、技术管理、经营管理、多经管理、深化改革、民主管理、行协管理等7个非常设的专业委员会；三是完善了规章制度，建立了包括《分工工作条例》、《部门职责分工》、《财经管理制度》、《联络员考核奖励办法》、《专业委员会工作条例》等五项制度，使分会工作井然有序、有章可循，努力把供电分会办成“功能服务型、管理自律型、具有广泛的社会性、代表性和公正性的现代行业协会”。直至2000年末，分会已拥有会员单位216个供电企业，约占全国供电企业总数的80%。

中电联农电分会

(1) 年初召开了两会、两刊在京领导会议，确定了全年的工作计划和任务。

(2) 组织并承办了在京农电同仁联谊会，联络协作，沟通信息，共同发展。

(3) 2月份配合中电联召开的《关于2000年经济形势走向及政策预测会》会议，组织了50余个会员单位出席会议，为他们提供了最新的经济信息。

(4) 7月份召开了“中国电力企业联合会农电分会县级电力企业研究会全委扩大会议”。编印了两本会议资料：井岗山会议资料和县供电企业创一流经验交流资料。

(5) 召开了四次漏电保护开关专家组座谈会，召开了“全国漏电保护开关学术研讨会”，组织出版了《农村电气化》2000年上半年增刊（即全国漏电保护开关学术专辑）。

(6) 年中，召开了农电分会在京领导工作会议，总结了农电分会上半年的工作和下半年的工作计划，中电联农电分会的理事长由国电公司农电工作部李振生主任承担。

(7) 10月份，农电分会会同电器设备和农村电网专业委员会召开了2000年度学术年会，会议纪要将刊登在《农村电气化》2001年第一期上。

(8) 12月中旬召开“中电联农电分会县级电力企业研究会学术年会(会员代表大会)”，重点交流研讨农电“两改一同价”和农电企业改革发展中的十大课题。

《农村电气化》、《农电管理》是农电分会承办的两本全国性公开发行的农电刊物，是农电分会在科技进步、科学管理、体制改革、企业发展、农电市场、人才开发、信息工程、多种经营、电力法规等方面以及农电领域全方位进行学术活动和传播学术信息的载体。在农电建设中，得到各级领导，尤其是国家经贸委、国家计委、国电公司、中电联等部委的高度重视和亲切关爱，使农电两刊在促进农电企业和农电事业发展中起到重要作用。

《农村电气化》和《农电管理》2000年按计划每月按时出版。《农村电气化》2000年扩版成大16开本后取得了良好的社会效果；《农电管理》增加了新栏目、改进了新版式，也得到了农电各界和广大读者的赞许。

《农村电气化》2000年调整栏目，新增了“电网改造”栏目；普及科技方面，新增了“科普园地”栏目；突出实用性和可操作性方面，新增了时效性很强的专题和专栏，例如“农网建设和改造”、“漏电保护开关”、“调度自动化”、“计算机应用”、“安全”、“防雷”等重点专栏。为加大期刊宣传力度，外聘了老专家、老编辑，编辑自行绘图排版，提高了期刊的质量和品位，办出了期刊的风格和特色。

《农电管理》2000年围绕农电“两改一同价”中心工作，宣传《石家庄县级供电企业体制改革工作会议》；报道井岗山《全国县级供电企业股份制改革、建立现代企业制度工作会议》，分期刊出各省农电改革方案、乡站改革经验、竣工县的典型成果；选登领导的指导性讲话，突出了期刊的实用性、指导性、政策性、权威性；宣传企业形象和先进人物，激励农电工作者的积极性和创造性。《农电管理》力图内容创新，图文并茂，提高了质量，达到了宣传效果。2000年9月，《农村电气化》期刊社在云南省昆明市召开了第18次期刊工作会议，总结期刊工作，表彰先进集体和个人；确定2001年期刊工作（宣传重点、组织采编、广告发行、编辑出版）的计划和任务，会议达到了预期的效果。

中电联农电分会、中国电机工程学会、《农村电气化》期刊社承担了国家经贸委的委托，编辑出版《城乡电网建设和改造所需电器产品和生产厂家推荐目录》。从1999年12月开始组织人力、汇总企业产品、厂家资料，征集厂家产品广告96家，组织、录入、校对、编辑、排版、设计等系列工作，任务重、时间紧、困难多、工作量大，经过了半年多的努力，《目录》顺利出版了。此项工作取得了经济效益和社会效益，赢得了政府部门和农电用户的好评。

2000年为更好地发挥两刊作用和竭诚为用户服务，努力做好两刊的邮寄、补寄和售后服务工作，对5册以上用户挂号投寄，提高了投递准确性。加强了创收工作，提高了综合效益：两刊全年刊登了彩色广告270版，黑白广告80版；在农网产品推荐名录上刊登彩色广告96版；在《农村电气化》增刊上刊登了彩色广告62版，黑白广告18版，为厂家和用户之间架起了一座科技金桥，并发挥了农电分会的桥梁纽带作用。

受国家电力公司农电工作部的委托，经过半年多的时间，组织全国农电系统广泛征集了“漏电保护开关的学术论文”46篇，组织“全国漏电保护开关质量调研”活动，对300多个厂家进行了调查、复查，对179个生产厂家的485个产品型号审核上网；召开了四次专家组座谈会和研讨会，分组撰写了6篇具有较高学术价值的专题论文，评选了36篇优秀学术论文，出版了《漏电保护开关的学术论文集》（即《剩余电流动作保护器学术研讨会专辑》），论文集上刊登了彩色广告62版，黑白广告18版；2000年8月在浙江省杭州市召开了“全国农网漏电保护开关学术研讨会”，并展示了部分漏电保护开关样品。这次学术研讨会为全国的漏电保护开关研究、开发、推广工作起到了积极的作用，同时为提高中国农网安全用电水平作出了贡献，对全国农电企业和农电事业取得了较好的综合效益。

利用学术年会，积极开展学术交流活动。中国电机工程学会农电分会暨设备和电网专业委员会学术年会于2000年10月在浙江省余姚市召开。这次学术年会是在全国城乡电网建设改造进入攻坚阶段召开的。为更好地贯彻国家和部委有关会议和文件精神，总结、交流农网建设与改造中电气设备的实情，推广和应用新技术、新产品、新设备，规范农村电网设备的应用和管理，提高农网装备水平、自动化水平和现代化水平，进一步配合实施“两改一同价”，联合召开了专题学术研讨会。

学术年会上，介绍了中国县级配电网自动化的现状及方案、县级城市配电网自动化方案探讨、柱上开关和永磁机构的发展方向、配电网自动化技术应用情况等方面总结报告和实施意见。电气设备和电网专委会分别讨论了工作计划和发展方向，讨论了县城配电网自动化实施技术导则。

学术年会上，农电分会介绍了组织《2000年度中国农村电气化学术文集》的征文、15个栏目的设置，专家评选、编辑加工、设计出版等情况，从400多篇论文中，评选出优秀论文97篇（一等4篇，二等28篇，三等65篇）。《学术论文集》分发给与会代表人手一册，会议主要进行书面交流，反映良好，效果俱佳。面对新世纪，农电分会对有关学会工作、学术讨论、论文评选、科普活动、学科发展诸多方面的课题提出意见，明确了会后的重点工作和主要任务。

坚持中电联农电分会县电研究会的年度学术活动。县电研究会全委会议交流县电改革发展的实践经验和“两改一同价”的成功经验，同时研讨县电企业微观课题。2000年度组建了县电研究会课题研究中心机构，明确了学术年会（全国县电会员代表大会）研究的10个课题、主要内容、课题组组长、课题组（第一批）成员，征集到课题论文65篇，撰写综合性课题论文10篇，提交学术年会交流，组织深入研讨，修改完善课题论文成果，适时出版课题论文集，为政府部门和县级农电企业提供决策依据和实践经验。

（1）2000年度，农电分会加强了活动和管理。年初和年中召开了两会（学会、协会）在京领导工作会议，及时总结工作和制定活动计划；农电分会办公室每月召开两次工作例会，随时组织工作和协调工作；每季均要主动与各专业委员会和各省（市、区）农电专委会取得工作联系和活动信息；省（市、区）级会员单位［包括科研、院校、厂家、地（市）］召开两会学术年会，研讨编辑工作、学术工作、科普工作，2000年组织了有400人·次中学生的农电科普“夏令营”活动。县(市、区)每年召开两次会议(上半年的全委会，下半年的全国会员代表大会)，从宏观、中观到微观开展交流研讨，直接为县级会员单位服务。

（2）2000年上半年，在学会和挂靠单位领导下，全室加强标准化管理，健全和完善规章制度，加强全室的工作计划、期刊计划、财务计划管理，加强了岗位规范和标准化，通过了北京供电局创一流处室达标验收，提高了全室工作的力度、效率和效益。

（3）2000年，通过各部委领导多次作形势报告，经过分会自身的专题研讨，提高了农电分会工作的责任感、危机感和使命感，增强了质量意识、竞争意识、市场意识、服务意识和效益意识。

（4）2000年下半年加强了组织建设，特别是调整了农电分会的主要领导，明确了国电公司农电工作部李振生主任任中电联农电分会的理事长，主持农电分会的工作，将使农电分会的工作推向新的水平，取得新的成果。

（5）农电分会的宗旨是服务，重点是为县级电力企业服务。为此，2000年的服务重点是开展学术研讨，为全国农电的改革发展、实施“两改一同价”、提高安全用电水平服务；主要体现在出版书刊和学术文集，出版了《农村电气化》增刊，一本是《2000年度中国农村电气化学术文集》，一本是《漏电保护开关学术文集》；出版了《农电管理》增刊——《县级供电企业创一流论文集》、《县电研究会课题论文集》(2000年拟出版)、《农网建设和改造所需电器设备和生产厂家推荐名录》等等。

（6）在市场经济建立和发展中，农电分会十分重视全国农电同仁和会员单位的往来接待工作，向他们提供全国有关学术、技术、经济、培训等方面的咨询服务和参会信息。在日常工作中，不断地建立、健全和开拓两会、两刊的组织建设、网络和网站建设，重视农电学术论文数据库，更加重视农电发展的关键课题——人才库的建设，不断地提高农电分会的服务质量和服务水平。

中电联输变电设备分会

筹备组建输变电设备分会

输变电设备分会的前身是中国电力企业管理协会线路器材、铁塔制造专业委员会。中国电力企业管理协会与中国电力企业联合会（简称中电联）合并后，中电联在对分会会员进行调整中，有一种意见是将线路器材、铁塔制造协会并入其他协会。经过向中电联汇报情况，并专题报告说明两个协会成立以来所做的工作和所承担的专业性很强的任务后，2000年2月，经中电联三届二次理事会商议，同意将线路器材和铁塔制造协会扩大范围组建成中电联输变电设备分会。据此，于2000年4月在贵阳召开了中国电力企业联合会输变电设备分会筹备会。参加会议的共有13个单位的代表共17人。会议研究确定了第一批会员的规模、范围，提出了理事单位名单，讨论了分会的工作规则，决定了成立大会召开的日期及有关事项。2000年7月25日，在北京召开了由60多家企业参加的“中国电力企业联合会输变电设备分会”成立大会。中电联的有关领导、国家电力公司电网建设分公司的有关领导、国家电力公司电力机械局的主要领导参加了会议并发表了重要讲话。会议选举产生了分会第一届理事会，讨论了分会的组织机构设置，通过了《中电联输变电设备分会工作规则》，确定了分会2000年的工作目标和思路。代表们要求分会以服务为宗旨，以自律为原则，扎实工作、务实创新，为把输变电分会建成充满生机和活力的现代化的行业协会而努力工作。

会员的申报和审批

分会成立后，根据中电联章程和分会工作规则，组织进行了团体会员的申报登记和审批工作。根据申报资料，经审核，于2000年8月以中电联输变电设备（2000）04号批准鞍山铁塔厂、南京线路器材厂、厦门ABB开关有限公司、沈阳变压器有限责任公司等77个单位为第一批团体会员。目前，还有几个单位申请入会，准备根据成熟一个批准一个的原则，逐步增加会员单位。

铁塔监造

受业主委托，该会与电力机械局电气处共同承担了500kV线路铁塔和变电架构的监造任务，接受任务后，主要做了下列工作：

（1）编制“输变电铁塔监造大纲”。经过起草人员多次研究,提出了大纲的初稿,专门召开了有十几个制造厂代表参加的研讨和审定会,会上代表们提了不少修改意见。根据审定意见进行整理修改后正式实施。

（2）收集和熟悉有关的制造和材料标准及规程规范。

（3）培训监造人员。根据任务需要，向生产铁塔的会员单位聘用了十几位有经验的技术人员进行了培训。培训的主要任务是熟悉和了解业主要求（合同要求）、制造工艺、制造和镀锌标准等，以适应工作需要。

经过以上的准备工作后，根据任务情况，派监造人员到工厂进行监造工作，先后完成了500kV岗—长、南—郑、孝—汉四条线路的铁塔和500kV长沙、益阳、孝感、新乡四个变电站的钢架构的监造任务，总数量约20000多t，创造了一定的经济效益，由于准备工作充分，指挥和协调工作得力，监造人员积极努力、认真负责，发现问题及时处理，按规定出监造简报，做到了用户满意，较好地完成了任务。

召开铁塔加工质量研讨会

为了解会员单位和承担500kV铁塔加工任务的单位的铁塔加工质量情况交流加工、镀锌和管理等方面的经验，该会于2000年12月26、27日在湖南500kV岗—长线现场召开了由铁塔制造厂的代表17人参加的会议。会议采取现场考察、会议讨论的方式进行。现场考察了岗—长线三个标段由四个制造厂供应的四基铁塔。代表们根据2000年11月20日在南京召开的“三峡输电铁塔加工质量座谈会”上业主单位提出的要求和现场看到的问题，进行了认真的研究讨论。讨论的主要问题如下：

（1）材料。在钢材方面，存在国家标准、铁塔制造标准和业主要求方面的矛盾，如钢材标准GB14292—93规定“条钢不得有高度不大于5mm的毛刺”，就是说可以有高度4.99mm的毛刺，而铁塔制造标准GB2694—81规定“在连接处不允许有毛刺”,又如对于轧制压痕,钢材标准没有规定,而业主对此有要求。对这类问题,代表们认为没有好办法,只有严格把住进货及投料关,有问题的材料不用在重点工程上。建议业主、物资部门和标准制定部门能协调,统一材料、铁塔制造标准和业主要求,以彻底解决问题。

（2）关于镀锌,为解决镀锌色差问题,多数制造厂都做了探索。主要办法有:加大镀锌锅容量,减少镀件入锅前后的温差;根据不同材料在镀液中控制合金和溶剂的加入量;严格控制镀件浸锌和出锅的速度。

（3）关于包装、防护，为防止铁塔零部件磨损，厂内吊装采用尼龙绳，在卡具和垫层物上都作了很多改进。但由于运输和安装过程中采用钢丝绳吊装，造成不同程度的磨损。建议业主单位在签订施工合同时，在运输和吊装方面提出要求。

（4）关于文件资料,在文件资料的整理和移交方面,制造厂遇到不同的监理单位不同的要求,需要进行不同的准备工作建议制定统一规范,以便于工厂执行。

参加会议的代表表示，尽管存在许多工厂不易克服的困难，但要采取积极的态度，从内部严格管理，采取措施，认真研究分析原因，不断试验，为工程提供优质铁塔产品，为创一流工程做贡献。代表们希望中电联输变电设备分会多召开类似的会议，以交流经验，推广新技术，促进行业水平的提高，以扩大分会的影响，为电力建设多做贡献。

会议完成了预定的目的，胜利结束。

草拟铁塔厂对口赛评分标准

受国家电力公司电网建设分公司委托，代起草了“铁塔厂对口赛评分标准”。该标准按材料及工艺、切割、制弯、制孔、焊接、清根铲背、试并与试装、镀锌、包装、售后服务等十一项，各项分别列出需要达到的标准和重点检查内容，按优等品、一等品、合格品分别计分。

参加电力金具国标、行标的修订和审查工作

2000年度，参加了下列标准的修订起草和审查工作。

标准名称	类别	品种类	品数量	备注
悬垂线夹	行标	8	20	
耐张线夹	行标	10	88	
连接金具	行标	10	166	
接续金具	行标	15	172	
均压屏蔽环	行标	2	18	
六角头带销孔螺栓	行标	1	10	
闭口销	行标	1	4	
架空配电线路技术条件	行标	1		
架空线路间隔棒技术条件	国标	1		
电力金具名词术语	国标	1		
架空线路预绞式金具的性能和一般要求	行标	11	附件列291种	

以上标准，大部分已经定稿报批。

技术咨询服务

2000年在技术咨询服务方面做了以下工作。

（1）华北电力设计院咨询关于耐热铝合金导线金具问题。根据要求，提供了技术资料及生产厂家（会员单位）。

（2）漯河电力器材厂咨询关于电QJ3201—03—1995金具试验标准，因该会暂无此标准，正在联系解决中。

（3）固安电力金具厂咨询并询问线夹技术标准和材料标准。详细解答了所提问题，并提供了有关的标准。

（4）扬州工三机具有限公司咨询有关电力金具的供需情况（拟生产金具）。根据该厂情况（70年代生产过金具，已多年不生产），介绍了当前金具市场供大于求的现状，农网、城网改造完成后，供需矛盾将更加突出等情况，建议该厂进行可行性研究，慎重对待。

中电联火电分会

概况

中国电力企业联合会火力发电分会（简称中电联火电分会）是中国电力企业联合会（简称中电联）的专业分支机构，是中电联的重要组成部分，在中电联常务理事会的领导下开展工作。

中电联火电分会是由创建于1990年11月的中国水利电力企业管理协会火力发电分会（中国电力企业家协会火力发电分会）发展而来的。

中电联火电分会是由全国有代表性的各种类型的火力发电企业组成的行业协会，目前有120家会员单位，中电联火电分会的领导层是理事会和会长办公会。理事会由43名理事组成，会长办公会由会长1人，副会长9人，秘书长1人，常务副秘书长1人共12人组成。分会的操作层是秘书长，秘书处由秘书长1人，常务副秘书长1人，副秘书长8人共10人组成，秘书处按照中电联火电分会年会的精神，在理事会和会长办公会的领导下开展工作。分会的执行层是各会员单位的联络员。

中电联火电分会按照中电联章程和中电联火电分会工作规则开展工作。以为发电企业服务为宗旨，坚持“服务、沟通、协调、监督、自律”的方针，发挥参谋、助手作用及桥梁纽带作用，开展调查研究、教育培训、咨询服务、编辑出版、信息沟通、对外交流、法律服务、企业之家等工作。

中电联火电分会的业务范围是：

（1）坚持服务为本，调查研究电力行业的改革和企业的需求，为火电、核电、检修等企业服务；

（2）发挥在政府和企业之间的桥梁纽带作用，向电力管理部门提出改进工作的建议；

（3）维护会员合法权益，协调会员关系，加强企业之间的联系；

（4）开展咨询，提供国内外技术情报和市场信息；推荐应用高新技术；

（5）组织本行业及相关专业的研讨会、报告会、交流会、展览会等；

（6）开展本行业有关专业培训；

（7）组织国内外学习、考察、参观活动；

（8）接受有关部门的委托，组织参与制订有关行业管理的法规、细则和办法等；

（9）编辑、出版、发行信息刊物、资料汇编、论文集及专刊等；

（10）加强网络建设，提高会员的综合素质，适应行业管理的需要；

（11）搞好行业管理的有关基础资料的收集、整理、统计、分析工作，为有关部门提供相应的依据；

（12）完成中电联交办的其他任务。

中电联火电分会的指导思想和工作目标是：

高举邓小平理论伟大旗帜，深入贯彻党的十五届四中全会、五中全会和中电联三届二次理事会精神，按照中电联已经确立的新体制、新机制，坚持“服务、沟通、协调、监督、自律”的方针，改革创新，服务为本。加强自身建设，拓展服务领域，扩大服务功能，完善服务网络，建立自律机制，面向全行业，为开创行业管理新局面而奋斗。

2000年主要工作

（一）扎根企业　紧跟形势　思想观念不断更新

分会的生命在于活动，活动的基础在于会员的广泛参与，活动的质量和水平取决于思想观念的不断更新。扎根企业、超前思维、改革创新、求真务实。踏踏实实向企业学习，认认真真为企业服务，始终把为企业服务作为分会工作的宗旨。分会紧跟改革和发展的形势，围绕行业的中心工作，把企业所需和上级的要求有机地结合在一起。按企业之所需，想企业之所想，急企业之所急，抓住企业的热点、难点，为企业多办实事。

（二）加强领导　促进发展　组织建设逐步健全

加强分会的组织建设，队伍不断壮大。2000年5月在天津杨柳青热电股份有限公司召开第三届会员代表大会。分会发展到了116家会员单位，进行了换届改选，产生了新一届领导集体，产生了由43名理事组成的新的理事会，选举产生了会长、副会长、秘书长、常务副秘书长和副秘书长。

分会在会员数量不断增加的同时，在组织上也不断加强和完善，三个层次三条线的组织网络体系已经形成。第一层是领导决策层（正副会长、理事）；第二层是管理层（秘书处）；第三层是操作执行层（联络员和信息员）。三条线是联络员、信息员和课题组，联络员是分会的主渠道。这为搞好分会的工作奠定了坚实的组织基础。

在中电联正在进行“两个战略性转变”（即由政府办的事业单位转变为电力企事业单位联合办的全国性社团法人，由为中央直属电力企事业单位服务转变为面向全行业、全社会服务）的新形势下，火电分会在组织建设上不断创新，成立了检修专委会和节能专委会，向行业管理的方向开始新的探索。在组织结构上也有新发展，在会员单位中既有火电，又有核电；既有国有企业，也有合资企业；既有国电公司的电厂，也有华能和地方投资的电厂；既有独立电厂，也有独立检修公司。组织发展壮大，结构变化较大，覆盖面不断扩大。

逐步健全和完善火电分会的各项管理制度是加强分会组织建设的重要内容。为了使分会的工作规范化、制度化，通过几年的努力，制定了《正副会长职责分工》、《正副秘书长职责条例》、《联络员、信息员工作职责》，逐步完善了会长办公会制度、理事会工作制度，年会、联络员会议制度，建立了会员档案。在第三届会员代表大会上，又制定了《火电分会工作规则》，报请了中电联批准。基本做到了有章可循，有法可依，有职有责，工作有序。

（三）超前思维　立足长远　深入探讨发展战略

为了帮助企业实现发展战略，针对企业的热点、难点，组织开展课题调研。围绕企业的发展战略，课题调研的内容涉及企业的各个领域。从火电厂公司制改组的探讨，到“厂网分开，竞价上网”的研究；从以财务管理为中心改进和加强经营管理的研究，到实施低成本运营战略方案的交流；从转变增长方式的探讨，到以市场为导向全面提高企业经济效益的分析和论证；从加强设备治理和员工培训的研讨，到实施人力资源开发及“减人增效”难点问题的对策；从推进技术进步的交流，到实施管理创新、制度创新、技术创新寻求全面提高企业整体素质的途径的探讨；从贯彻ISO9000族标准，到MIS网实用化的研究与交流，推动管理现代化的开展；从运行与检修体制的探讨，到开拓检修市场，促进检修公司的成长与发展；从重新构筑科学管理体系的研究，到实施管理跨越和实施企业经营战略管理的探讨；从精神文明建设的交流，到企业文化建设的研讨等等。对6个课题有50多篇调研论文进行了探讨和研究，取得了显著的进展，发挥了较好的引导和辐射作用，并精选了100多篇好的论文汇编发行了《实践与创新》论文集，在分会内发行。

（四）改革创新　转机建制　稳步推进体制改革

在实现两个根本性转变、创一流火力发电企业、建立现代企业制度的过程中，突出改革创新，转机建制，稳步推进体制改革。

加快两个根本性转变，建立现代企业制度的过程中，创建一流火力发电企业是重要的载体，这是一项系统工程，必须以一流的设备为基础，一流的管理为手段，一流的队伍做保证，进而实现一流的效益为目的。这就要以人为本，加强培训，实现三个创新（管理创新、制度创新、技术创新），围绕管理创新，开展了点检定修制和运行全面优化等多方面的培训；围绕制度创新，开展了公司化改组、股份制改造、市场化改革的培训；围绕技术创新，我们开展了新技术、新设备、新方法、新材料的培训。多方面各层面培训工作的开展，提高了各级人员的素质，在三个创新中发挥了重要作用。

在分会会员中有近50%的会员单位已经完成了公司化改制和股份制改组，稳步向现代企业制度迈进。有近三分之一的会员厂获得了国家电力公司命名的一流火力发电企业的称号，他们正在向国际一流迈进。

（五）厂网分开　竞价上网　积极开拓电力市场

厂网分开，竞价上网，积极开拓电力市场是电力工业改革的重要战略目标。火电分会审时度事，密切配合全国火力发电厂改革的新形势，树超前意识，走改革创新之路，在原有厂网分开课题调研的基础上，继99年7月在北京召开的厂网分开培训座谈会后，配合中电联组织以“厂网分开，竞价上网”为中心内容的企业家活动日，组织试点单位的部分会员厂在浙江举行“厂网分开，竞价上网”具体问题的探讨和研究，提高对“厂网分开，竞价上网”的再认识，推进“厂网分开，竞价上网”的步伐，加速“厂网分开，竞价上网”的实施。

在积极推进“厂网分开，竞价上网”进程的同时，对开拓电力检修市场也进行了积极的探讨。随着电力改革的深入发展，检修公司成建制的与电厂进行体制性分离独立运作。

（六）降低成本　提高效益　全面实现科学管理

开展以降低成本，提高效益，全面实现科学管理为内容，重点安排课题调研。在《低成本运营方略的研究》、《实行减人增效下岗分流的难点及对策》、《如何拓宽市场，促进检修公司的成长与发展》、《实行网厂分开，模拟市场，火电厂应如何配套政策与动作》等课题调研中，对加强资金管理、降低变动成本、可控固定成本、技改工程成本、人工成本等方面都进行了较为深入的探讨和研究，为发电企业提供具有可操作性的思路和办法。

(七) 以人为本 提高素质 精心实施企业文化

以人为本，加强政治思想工作，加强精神文明建设，加强企业文化建设，全面提高全员队伍的素质，使企业内质外形两个方面都得到综合提高，扩大企业的无形资产，是火力发电企业实现两个根本转变，提高在电力市场上的竞争能力，提高企业经济效益的坚实的基础。

各会员单位对以人为本，加强精神文明建设和企业文化建设都十分重视。华能南京电厂提出提高市场占有率关键是人力资源的开发，主要手段是加强企业内部管理，最终目标是经济效益的提高。姚孟电厂的道德教育、营造企业的精神气氛，具有探索性的新意。石洞口电厂的“大局至上，团结进取”的企业精神，张家口电厂的“五个一”工程，吴泾热电厂的“企业形象”设计，金竹山电厂的“不断优化企业文化环境”，秦皇岛热电厂的“全面推进企业内质外形建设，促进企业文化的系统化”等等都各有特色。大力加强精神文明建设和企业文化建设，使火力发电企业发生了可喜的变化。经营效果有了明显的改善。企业管理的文化含量逐步增大，由治标为主转向治本为主。企业精神深入人心，企业凝聚力显著增强。企业形象得到较快提升，职工的精神面貌焕燃一新，团队精神越来越强。

(八) 加强沟通 扩大交流 信息服务功能增强

随着企业改革和发展的深入，信息就是资源已成为人们的共识，围绕高新技术企业成功的经验和实现技术和管理上的跨越，加强沟通，扩大交流，加大信息交流的力度，增强信息服务的功能，全面提高企业的整体素质和综合实力。

信息网络逐步完善和不断发展。各会员厂、会员厂多经公司及符合电厂需求的有关公司组成了火电分会信息服务中心网络系统。根据企业的需求，采取技术交流会、专题研讨会、现场会、信息发布会等多种方法，加大活动频次，加大交流力度，强化信息传递功能。

努力办好《火电信息》会刊。《火电信息》发挥了分会的喉舌作用，在宣传政策法规、加强企业管理、推广先进经验、沟通全国信息介绍国内外情况、探讨超前课题等方面发挥了作用，得到了上级领导、会员单位和有关各界的好评。

与《中国电力企业管理》杂志社一起组办“火电新声”专栏，每期发表几篇厂长的文章，交流沟通，共同探讨企业的热点难点问题。

(九) 抓住重点 真抓实干 具体工作见成效

(1) 换届改选，增补理事，发展会员，扎实抓好组织建设。2000 年 5 月，在大津杨柳青热电股份有限公司召开第三届会员代表大会，进行了换届改选，通过了火电分会工作规则。选举产生了由 43 名理事组成的新一届理事会。召开了三届一次理事会，选举产生了会长 1 人，副会长 9 人，秘书长 1 人，常务副秘书长 1 人，确定了北京京能热电股份有限公司为火电分会的依托单位。召开了会长办公会，决定聘任闫友宁等 7 人为火电分会秘书处副秘书长。会上经过中电联同意，决定吸收新乡火电厂等 4 家单位为会员单位，至此火电分会发展到 116 家会员单位。会议决定在管理体系方面进行创新成立检修专委会和节能专委会，加强专业方面的行业管理。会议决定要继续做好收取会费的工作，去年我们共收取 87 家会费，收取率为 75%，超过了中电联各分会的平均水平。

(2) 新的管理体系开始运作，管理创新提高到新水平。2000 年 8 月在内蒙召开了第一次检修专委会，28 家检修单位出席了会议，共同探讨电力检修的热点、难点问题。2000 年 9 月在山西召开了第一次节能专委会，11 月召开第二次节能专委会会议分别讨论了当前 200MW、300MW 机组技术改造和节能工作中存在的问题，交流了发电企业设备技术改造和节能降耗工作经验。会议达到了交流信息、取长补短、共同提高节能工作水平的目的。

(3) 开展信息交流，技术交流。2000 年 3 月在北京召开信息员会议，推广运行优化管理和设备状态检修的监测手段等。

(4) 协助中电联搞好企业家活动日，进行厂网分开竞价上网的探讨和研究。

(5) 针对“厂网分开，竞价上网”在实际运行中的问题，我们和浙江省局一起，举办厂网分开竞价上网试运行中出现问题的专题研讨会，解决深化电力体制改革中新出现的具体问题。

(6) 2000 年 5 月和第三届会员代表大会一起召开二届五次联络员会议，布置联络员的工作，交流联络员的工作经验，联络员工作实现观念创新，思维创新，郝永林秘书长作了题为《求真务实，双向服务，把联络员工作推向一个新阶段》的工作报告。耒阳电厂梁新怀《当好分会与企业联络工作的有心人》、西柏坡发电厂徐勉森《总结交流提高，把联络员工作做得更好》的经验发言大家都认为很好，给予了很高的评价。这次会议，把联络员工作的思路提高到一个新水平，对联络员工作的要求提高到一个新阶段。

(7) 总结 10 年调研成果，汇集行业管理经验。在耒阳召开调研工作会议，对火电分会多年来的调研成果进行去粗取精，去伪存真的分析比较，总结多方面的行业管理经验，就“发展战略”、“体制改革”、“电力市场”、“科学管理”、“技术进步”、“企业文化”等六个方面进行了专题研究，汇总了124篇论文80万字，编辑发行了《实践与创新》这本火电分会成立10周年论文集。

(8) 培训工作持之以恒。以科技服务中心为基地，2000年继续开展点检定修制培训。

(9) 继续办好《火电信息》。继续办好每月一期的火电信息，2000年共出12期，沟通信息，交流经验。

(10) 开好分会2000年年会暨10年庆典会议。2000年是火电分会成立10周年纪念日。2000年年会以总结10年工作，交流10年经验为主题，在海口召开10年庆典会议，108家会员单位的202名代表出席了会议，这是火电分会历史上规模空前的一次盛会。各级领导做了重要讲话，这是对火电分会工作的充分肯定和鞭策。有六个专题调研报告“复归企业本性，规范市场行为”、“厂网分开，建立发电市场问题探讨”、“独立发电公司经营评价指标体系”、“转变设备管理机制，积极探索和推行设备状态检修”、“适应电力改革，推行低成本运营”、“导入CIS，促进企业文化的系统化”在大会上做了发言，有56篇调研论文进行了交流。

电力行业学会、协会、研究会、基金会

中国水利电力质量管理协会

(1) 2000年5月16～17日，在山东省威海市召开中国水利电力质量管理协会电力分会第二届会员代表大会，会上审议通过了上届理事会工作报告；审议、修改并通过了电力分会组织管理办法；选举产生了新一届理事会及领导班子；对1999年度全国电力行业质量效益型先进企业、用户满意工程单位、优秀质协、优秀质协工作者等进行了表彰。

(2) 2000年5月下旬，对全国电力行业上报有关材料进行了评选，其中：获全国电力行业优秀质量管理小组213个；全国电力行业先进质量管理73个；全国电力行业质量管理小组活动优秀企业管理24个；全国电力行业质量管理小组活动卓越领导者13名；全国电力行业质量管理小组活动优秀推进者13名。

(3) 2000年6月14～22日，在云南省昆明市分别召开发电企业、供电企业QC成果发布会，会上供电企业60个质量管理小组、发电企业34个质量管理小组发布了成果。通过优中选优，推荐全国优秀质量管理小组22个，全国质量信得过班组1个，全国质量管理小组优秀企业1个，全国质量管理小组卓越领导者1名。

中国电力建设企业协会

(1) 根据河北省和河南省电力公司，结合本省情况，分别在省送变电公司基础上，对组建超高压运检公司这一改革中出现的新生事物，进行了调研工作，形成了《河北、河南省电力公司超高压送变电电网建设和管理体制改革的调研报告》，并以中电联会[2000] 19号文件形式印发到各有关单位。该文印发后，受到了送变电施工企业普遍欢迎，对促进电网运行检修体制改革，起到了积极作用。据了解，全国已有12家专业送变电建设公司取得了超高压输变电线路运行检修任务，不但缓解了企业任务不足的矛盾，也为电网运检和管理体制注入了新的活力，发挥了企业的长处，符合资源优化配置的改革要求。

(2) 围绕电力施工企业深化改革和市场开发问题，开展调查研究工作，形成了《电力施工企业面临的困难与推动改革的建议》的调查报告，并以文件形式印发至有关单位，全面反映了当前电力施工企业困难和改革中遇到的问题。文件抄送到国家经贸委和国家电力公司，通过行协会这一渠道，向政府反映企业问题，起到了桥梁纽带作用。

(3) 主持协调火电、送变电施工专委会换届，产生了新一届（第三届）火电、送变电施工专委会。会长单位分别是河南省电力公司和河南送变电公司。

中国电力企业多种经营协会

中国电力企业多种经营协会2000年的工作主要是围绕贯彻改革开放的方针，深化电力工业体制改革，转换电力多经企业经营机制，实现公有制的多种实现形式，建立现代企业制度。为发展多种经营事业，组织了多种形式的经验交流，传递了各种经济信息，2000年以来主要开展了如下双向服务活动：

(1) 围绕中国即将加入WTO和国际经济全球化的迅猛发展趋势，国内西部大开发和经济结构的全面调整，以及国家电力公司提出的“创国际一流公司”的发展战略构想，广泛组织多经企业研究确定新时期发展战略和应变措施。把多种经营放到公司改革与发展的全局中去考虑，做好“减人增效”人员安置工作，认真研究借鉴国内外电力公司多种经营的成功经验，大力开展多种经营，促进电力多种经营战略思想和经营策略的转变，迎接各种挑战。

(2) 积极贯彻“国家电力公司多种经营发展战略”的研讨工作，举办高级研讨班。

按照国家电力公司尽快研究制定多种经营战略的部署，结合电力多经企业的实际情况，积极组织会员活动，配合和参与国电公司人力资源部开展的“多种经营发展战略”的研究工作，进一步探索和拟定今后一个时期多经的发展战略和奋斗目标。会同华北电力大学工商管理学院共同组办了五期多种经营发展战略研讨班，受到多经企业的广泛好评。

(3) 协助促进多种经营企业体制改革，推动多经企业转机建制。电力多经企业改革是一项复杂的系统工程，要不断完善。多经企业改革的首要问题是选择适当的企业资产组织形式，实现投资多元化，建立和完善法人治理结构，实现“四自”功能。协会积极推动多经企业转机建制的情况沟通和经验交流。

(4) 继续组织《电力多种经营二十年辉煌成就》文集与画册的出版发行工作。

文集与画册的文字资料和图片清样已基本收齐，需做适当修改和编辑加工。10月20日召开了有各网、省局负责人参加的定稿会议。会议深入讨论和审定了文稿，并进一步明确了出书应掌握的标准。现各网、省局正在修改稿件，争取尽快做好出书的准备。

(5) 继续办好“电力多种经营”内刊，加强了新经济工作的宣传力度。为继续发扬本刊的特色，为多经企业提供及时有效的服务，在报导方面充实与加强了三方面的内容：①增加信息量，加强有关全球经济、知识经济、高新技术、网络经济知识以及有关WTO的宣传报导；②充实某些报导栏目，包括国家宏观信息、集体经济政策信息、企业管理先进经验和切中企业需要的专家点评；③加强多经企业之间的情况交流与经验交流。

(6) 围绕多种经营战略研究，组织优秀论文评比活动。自年初以来，组织各网、省局电力公司多种经营部门撰写以探讨多种经营战略为主要内容的专题论文，经过逐级筛选，全国初步评出优秀论文40多篇。准备再审核一次，定稿后铅印成册，提供多经企业参考。

(7) 加强协会自身建设。一年以来，继续发展了一批团体会员，并协助各网、省集团公司电力多经协会向民政部办理清理整顿工作手续，以利协会组织开展各项活动。

中国电力教育协会

调查研究

(1) 课题研究工作，受国家教委教育发展研究中心的委托，该会承担的国家哲学社会科学“九五”重大课题“面向21世纪初中国教育结构体系研究”总课题的行业子课题“面向21世纪中国电力教育结构体系研究”课题的研究任务，经近3年的调查与研究，于2000年底提出了课题研究的总报告。课题的总报告就：①中国电力工业现代化建设发展趋势及对人力资源开发的影响；②电力行业人力结构的现状和变革趋势；③电力教育结构的现状及其主要问题等方面进行了阐述，并对电力教育培训结构布局提出了调整的意见和建议。课题的总报告已上报国家教育发展研究中心。本课题在研究过程中始终坚持以党的“十五”精神为指针，遵循全国第三次教育工作会议和《面向21世纪教育振兴行动计划》提出的教育改革和发展方针政策，紧密结合电力工业经济体制改革和全国劳动力市场逐步形成等因素对电力教育体制、结构产生的影响，通过典型调查，从理论到实践开展研究，提出进一步改革的思路和相应的对策。

随着市场经济体制的确立和完善，企业改革的不断深入，人类知识经济社会的到来，电力工业的发展将对劳动者的素质提出更新更高的要求，电力教育结构如何适应电力人力结构的需要，肯定会有不少尚未预见到的新矛盾和新问题。课题研究成果中的一些观点和结论，也需要在实践中进一步验证，需要在电力行业的改革和发展中不断充实和完善。同时也是为使行业教育的研究与实践能有更多的同行关心、参与和支持，该会于年初将此课题研究的有关成果和资料汇总整理印刷出版，在行业内、外进行交流。

(2) 随着中央有关业务部委的撤销、归并，机构撤销了，但行业特点依然存在。在这转型时期，作为行业人力资源开发基础的行业教育培训职能却趋于无“庙”缺“神”的状态。为使行业的教育培训工作尽量少受损失，该会常务副理事长许英才同志受有关行业教育学（协）会领导的委托，牵头于12月份与上海教育科学研究院领导进行座谈研究后达成由电力、石油、建设、交通、冶金、纺织等行业教育协（学）

会与该院共同列项进行研究，其内容为：①行业教育内涵、功能、价值；②行业教育在大教育体系中的地位、关系、作用；③行业教育的历史；④行业教育管理组织和模式创新；⑤行业教育与产学研的新关系等的《政府职能转变后行业教育的地位及职能》课题的研究工作，并拟于2001年将此课题向国家教育科学研究规划办申报列入“十五”行业重点课题。

培训工作

（1）为迎接中国加入WTO的到来，研讨在人才培养方面入世后应采取的应对措施。该会倡议并积极参与了由中国成人教育协会牵头，联合近20个中央各产业部门的教育学（协）会，在京召开了《中国加入WTO与加快实施科教兴国战略高级研讨班》的组织工作，研讨班于2000年3月16日在北京人民大会堂举行开学典礼。中国成人教育协会副理事长董明传主持了开学典礼，中国地质教育协会名誉理事长、原地矿部副部长陈洲其代表18个主办单位致开幕词，全国人大常委会委员、全国人大财经委员会副主任委员厉以宁教授在研讨班上讲了第一课。在研讨班上讲课的教授和专家还有中国社会科学院研究员、研究生院教授、经济学博士樊刚，国务院发展研究中心研究员、国家有关部、委、办的经济专家委员会委员徐东华，对外经济合作部国际贸易与经济合作研究院院长郑志海，国家经济贸易委员会培训司司长王忠明，教育部国家教育发展研究中心研究员正司级巡视员谈松华教授等。这次联合办班由于内容紧密结合形势的发展，效果较好。

（2）根据该会的调研，南京供电局在利用现代教育技术手段支持教育培训工作方面取得了一定经验。经研究决定于2000年11月27～30日在南京供电局召开了一次远程教育培训经验交流研讨会。面向二十一世纪，如何利用现代科技更新教育培训观念、改革教育培训手段、加速培养实用性人才，是电力教育培训工作者所面临的共同问题。

因此，会议得到各网省公司教育培训的主管和各大电力企业培训中心负责同志的积极支持，有100多名各地代表参加了会议。会上有关专家就现代教育技术的新趋势等问题向大会作了介绍，南京供电局作了培训课的示范，广州供电局、四川省电力局等与会代表在会上交流介绍了利用现代教育技术进行培训工作的经验和体会。

教育史的编写工作

（1）由中华电力教育基金会资助的《中国电力工业史》教育篇编写工作，在该会常务副理事长许英才同志的领导下，于1999年9月在沈阳召开“中国电力工业史教育篇”编写组第一次会议。会议布置了“教育史”编写总纲和高等教育、中等职业技术教育、职工教育等各部分编写提纲的起草工作。2000年4月在新疆召开了编写组第二次会议，讨论审定了“教育史”编写总纲和各部分的编写提纲。年底在北京召开了编写组第三次会议，研讨了电力高等教育、中等职业技术教育、职工教育等各部分初稿。会议通过讨论提出了修改意见，并商定2001年“五一”节前后审定“史稿”。

（2）根据协会《1999》12号文关于中国电力教育协会职业教育委员会和成人中等教育委员会换届时拟调整合并为中国电力教育协会中等职业技术教育委员会（简称“电力职教委”）的安排，于2000年4月在郑州召开了第三届电力职教委全体委员会议。会议通过了第三届电力职教委章程、组织机构名单，选举产生并报中国电力教育协会确认的新一届职教委的领导成员，他们是：主任胡亚东，副主任王宝贵、冯良芳、陈勇、林东、杨卫民、高天元、徐建华，秘书长张沪生，副秘书长毛剑珉、金忠贤、李火元、孙长国。

（3）布置开展论文评奖工作。根据中国高等教育学会高学会《2000》50号文“关于开展第五次优秀高教科研论文评选、表彰工作的通知”精神，中国电力教育协会决定开展优秀高教科研论文评奖活动，并参加中国高教学会第五次优秀高教科研论文评选、表彰工作。电力高校正在认真做好推荐参工作，评奖工作将于2001年3月进行。

中华电力教育基金会（筹）

中华电力教育基金会，在2000年度组织开展了“电力新星奖学金”的评审、奖励和资助工作。同时根据相关机构、人员变动的实际情况，对基金会与基金管理委员会的部分人员作了调整。有关情况如下：

奖励、资助工作

（1）3月以教基［2000］1号文，印发了《关于开展2000年度“许继奖教金”奖励教师、资助课题工作的通知》，布置了奖励、资助的申报工作。而后于8月中旬在贵阳召开了“许继奖教金”第二次工作委员会议，对各校申报的材料进行了认真的评审。9月中旬以教基［2000］7号文公布了经“许继奖教金”工作委员会评审通过，委员会主任审核批准的中华电力教育基金会2000年度“许继奖教金”获得奖励和资助名单（见附件1），并于10月10日在北京许继电气有限公司召开了颁奖大会。张绍贤、杨显明等工作委员会名誉主任及工作委员会刘宏、王纪年、许英才等领导出席并向获奖人员颁奖。杨显明、刘宏主任、王纪年副主任等均在会上作了热情洋溢的讲话。

(2) 5月以教基5号文印发了《关于开展2000年度“电力新星奖学金”推荐工作的通知》，布置了电力新星特等奖学金的推荐工作。为促进素质教育的实施和精神文明建设，2000年的推荐工作在执行原定推荐条件的基础上，增加了在创新精神、创造能力、实践能力、应变能力和对树立高尚社会风尚、促进精神文明建设方面有特殊业绩者，亦可选优推荐的补充规定。10月中旬在广西北海市召开电力教育基金管理委员会，对各校的推荐材料进行了评审。下旬以教基［2000］9号文公布了经电力教育基金管理委员会评审通过，委员会主任审核批准的电力新星特等奖学金获奖人员名单（附件2）。12月12日，中国电力报刊登了获奖人员事迹简介。

(3) 6月经理事长审批印发了于大连召开的基金管理委员会讨论通过的委托华北电力大学研究生部举办西部地区电力教育系统管理人员在职攻读《技术经济与管理》硕士学位课程进修班等三个资助项目的安排。

基金会管理机构部分人员的调整

中华电力教育基金会是原电力部以［1995］289号函委托中国电力企业联合会筹备组建的。由于中电联第三届理事会机构和人员有较大变动，为有利于基金会工作的正常开展，经研究对基金会和基金管理委员会的部分人员作了调整。有关调整情况以教基［2000］3号文向中华电力教育基金会筹委会的各理事单位作了通报。

(1) 中华电力教育基金会筹委会组成，进行了如下几项调整：

1) 原理事长张绍贤同志聘任名誉理事长；

2) 中电联刘宏常务副理事长聘任理事长；

3) 许英才同志聘任常务副理事长、法人代表，不再兼任秘书长；

4) 中电联教育培训中心薛静副主任聘任秘书长；

5) 中电联教育培训中心徐玉华副主任聘任副秘书长；

6) 金明轩同志仍聘任副秘书长；

(2) 电力教育基金管理委员会成员调整后的名单如下。

主任委员：刘　宏　（中电联）
副主任委员：许英才　（中电联）
薛　静　（中电联）
徐玉华　（中电联）
委　员：龚洵洁　（武汉水利电力大学）
徐大平　（华北电力大学）
左　英　（国家电力公司东北公司）
王万春　（中国华北电力集团公司）
冯良芳　（国家电力公司华东公司）
张冀贤　（国家电力公司西北公司）
乔　柏　（国家电力公司华中公司）
李小白　（四川省电力公司）
孙宝田　（中国水利水电工程总公司）
秘书组：组长　孟淑贤
组员　潘劲松　金明轩

其他工作

(1) 在北海召开的电力教育基金管理委员会上，部分委员对奖学金的奖励范围，提出应以系统内部为主且重点应放在在职职工的学习培训方面的要求，结合2000年起普通高校与中等职业技术学校的管理体制变革的实际，经讨论决定中华电力教育基金的奖学金实施范围自2001年起调整为奖励各电力企事业单位学习培训中成绩优秀且在实践中应用相关知识在生产、管理方面做出显著成绩的在职人员。

(2) 9月，中电联印发中电联教［2000］63号文，布置了为配合国家西部大开发战略的实施，而由中国电力企业联合会发起，中华电力教育基金会给予一定资助的西部地区人才培养工作。本年度先对西北五省区电力行业教育培训基地管理人员在职攻读《技术经济与管理》专业硕士学位课程进修工作作了安排。文件明确进修班的培养目标是：通过课程学习和论文答辩，使受培学员具备培训、管理、金融、法律、财物等知识能力，达到管理学硕士学位的水平。招生对象为：西北五省电力企业教育培训基地的教育培训管理人员。名额分配为陕西省20名，甘肃、青海、宁夏、新疆等省区各5名，共计40名。对这40名学员，中华电力教育基金会将资助每人学费（1.2万元）的一半（0.6万元）。

(3) 为规范“许继奖教金”的管理工作，根据8月份贵阳召开的“许继奖教金”工作委员会第二次委员会上商定的要求，委员会秘书组制订了中华电力教育基金会许继奖教金教师课题资助金资助项目的进展汇报表、总结报告表、经费开支汇总表等3种报表，于9月以教基函［2000］2号函分别寄给各获得项目资助的老师。

附件1

中华电力教育基金会 2000年度“许继奖教金”获奖名单

一、“突出贡献奖”获得者：2人，每人5万元

1. 王维俭　清华大学
2. 陈德树　华中科技大学

二、“教育优秀一等奖”获得者:5人,每人2万元

1. 夏道止 西安交通大学
2. 刘 沛 华中科技大学
3. 陈 陈 上海交通大学
4. 王成山 天津大学
5. 李兴源 四川大学

三、“教育优秀二等奖”获得者:13人,每人一万元

1. 张 举 华北电力大学
2. 王 钢 华南理工大学
3. 解中秀 东北电力学院
4. 曹绳敏 东南大学
5. 崔文进 清华大学
6. 谢昭双 合肥工业大学
7. 刘宪林 郑州工业大学
8. 卢继平 重庆大学
9. 李志民 哈尔滨工业大学
10. 江道灼 浙江大学
11. 姚李孝 西安理工大学
12. 张 波 山东工业大学
13. 黄 纯 湖南大学

四、“教师课题资助金” 获得者：5项

序号	课题名称	主持人	所在学校	课题起止时间	资助金额
1	500kV线路保护的几个自适应问题的研究	索南加乐	西安交通大学	2000年8月～2001年8月	10万元
2	小波变换用于主设备继电保护的研究	苏鹏声	清华大学	2000年8月～2001年8月	8万元
3	变压器微机型功率差动保护的研究	孙鸣	合肥工业大学	2000年8月～2001年8月	10万元
4	研究智能模糊逻辑控制器,提高电力系统稳定性	房大中	天津大学	2000年8月～2001年8月	10万元
5	低压配电网载波通信关键技术研究	程时杰	华中科技大学	2000年8月～2001年8月	10万元

附件2

中华电力教育基金会2000年度电力新星特等奖学金获奖人员名单

1. 江 涛 河海大学
2. 吴麒圣 武汉水利电力大学
3. 郑丹丹 华北电力大学（保定）
4. 申艳杰 东北电力学院
5. 张 嫣 福州大学
6. 王倩颖 华北水电学院
7. 沈 抖 华北电力大学（北京）
8. 李乃忠 沈阳电力高等专科学校
9. 陈永霞 郑州电力高等专科学校
10. 郑炳煜 泉州电力学校
11. 韩 亮 丰满电力工业学校
12. 张小白 长沙电力学校
13. 李宏伟 山东工业大学
14. 王纲胜 武汉水利电力大学
15. 于吉超 天津大学

中国电力文学艺术协会

2000年5月，全国电力系统第一套大型艺术类画册《中国电力美术书法摄影作品选集》公开出版发行。国家电力公司副总经理、中电联理事长赵希正同志，中国电力文协主席张凤祥同志任画册编委会名誉主任，中电联常务副理事长刘宏同志任编委会主任，并撰写了前言。画册收录了451位电力职工的518幅优秀作品。画册由中国电力文学艺术协会和华东、华中、华北电力文学艺术协会联合编辑，中国电力出版社出版。

2000年5月，由中国电力文学艺术协会主办的《全国电业职工文学作品比赛颁奖会》在河南安阳召开。全国有3000余名电力职工的文学作品参加比赛，有93名职工获奖。

2000年5月，由中国电力文学艺术协会和天津电力公司联合主办的《全国电力系统京剧及地方戏曲交流演唱比赛》在天津举行。来自全国电力系统120位职工的20个剧种参加活动，并出版发行了VCD光盘。中电联常务副理事长刘宏同志出席观看，并给予了高度评价。

2000年9月，由中国电力文学艺术协会组织参加的中华全国总工会、中国文联、中央广播电台、中国音协举办的《中外建三峡杯、新世纪工人歌曲征集活动》的活动中，全国电力系统有8首歌曲获“优秀作品奖”，1首获“新世纪企业歌曲优秀作品奖”，中国电力文学艺术协会获“优秀组织奖”。

中国电力体育协会

2000年中国电力体协的工作重点，一是在电力

系统组织和开展丰富多彩的职工体育活动，推进电力职工体育活动的普及和发展，二是组团参加首届全国非奥运项目的体育大会，并取得了优异的成绩，扩大了电力体育在全国人民面前的影响。下面分几方面把电力体协2000年的主要工作做一回顾。

（一）总结经验、群策群力，安排好电力体协2000年的工作

2000年1月14～17日，中国电力体协在哈尔滨召开了全国电力系统职工体育工作会议。来自全国电力系统工会和体协的负责同志共70多人参加了会议。这次会议的主要议题是：总结、交流电力职工体育1999年的工作，研究、确定2000年电力体协的工作安排；研究电力体协参加2000年全国体育大会和2001年九届全运会有关事宜。关于参加“九运会”的项目，大家经过讨论，选定了女子举重、跆拳道、赛艇、摔跤、散打、男子足球等项目作为电力体协的参赛项目，代表们还一致通过了中国电力体协1999年工作总结。

（二）关于组团参加首届全国非奥运项目体育大会和举行的全国电力系统职工体育竞赛活动

为促进全国非奥运会体育项目的普及和发展，推动全民健身活动，国家体育总局于2000年5月28日～6月6日在浙江宁波市举行了全国首届非奥运会项目体育大会。电力体协组成了以张绍贤同志为团长的代表团，参加了桥牌、保龄球、体育舞蹈三个项目比赛，其中桥牌获得了A类俱乐部组的第四名，保龄球项目没有获得出线权。由华中电力体协负责组队，来自湖北、湖南、广东、河南、重庆电力系统6对选手组成的电力体协体育舞蹈队，在有700多名运动员参加的体育大会体育舞蹈项目比赛中，表现突出，其中来自湖南电力公司的诸文斌、唐萍在职业组探戈舞比赛中，勇夺一枚银牌。电力体育代表团被全国体育大会组委会授予了“体育道德风尚奖”。国家电力公司总经理高严同志在得知电力体育代表团取得的成绩后很高兴，在电力体协的情况汇报中批示：要对获奖运动员给予表彰，以推动电力行业体育运动的普及和发展。体育大会结束后，中国电力体协以电体[2000]8号文件，对参加2000年全国体育大会的中国电力体育舞蹈队及有关单位给予了通报表彰，并给予了一定的物质奖励。电力体协代表团这次在宁波参加体育大会，得到了浙江省电力公司和宁波电业局各级领导的大力支持，为电力代表团参赛队员创造了良好的参赛条件。

2000年电力体协除了组团参加体育大会以外，还组织三个项目，通过组织“安全杯”长跑赛，促进了发电厂之间职工体育的交流，增强了职工的安全生产意识，推动了参赛单位职工健身活动的普及和发展。2000年9月11～16日，全国电力系统“大石杯”职工台球比赛在北京颐方园体育健康城举行，来自全国电力系统6支司诺克和6支美式普尔的代表队参加了比赛。2000年全国电力系统职工桥牌乙级队比赛于11月2～12日在浙江省杭州市天池宾馆举行。2000年4月7～14日，全国电力系统职工桥牌甲级队比赛在浙江省杭州市举行。

2000年6月22～27日，全国一年一度的传统体育比赛项目、第九届“安全杯”长跑比赛在内蒙古海拉尔市伊敏煤电公司举行，来自全国各地的13支发电厂代表队参加了这次比赛。

（三）关于电力体协组团参加第九届全运会的筹备情况

2000年1月中旬，在哈尔滨召开的全国电力职工体育工作会议上，经过各级体协同志的反复研究、协商，确定了电力体协应组团参加第九届全运会的意向后，电力体协会即由张绍贤理事长亲自签署给国家电力公司高严总经理并赵希正副总经理《关于中国电力体协组团参加第九届全运会的报告》，国电公司领导对这个报告非常重视，高严总经理、赵希正、谢松林副总经理都签署了意见，以国电公司名义组团参赛。国电公司办公厅以办综［2000］45号文件向国电公司所属单位发文同意中国电力体协《关于参加第九届全国运动会的安排意见》，并明确参加“九运会”的工作由中电联名誉理事长、中国电力体协理事长张绍贤同志负责，有关参赛具体事宜由中国电力体协协调处理。第九届全国运动会过程中得到了各个项目组队单位各级领导的大力支持，从人力、物力、资金各方面基本上给予了保证。电力系统组团参加第九届全运会是全国电力系统所有单位的历史荣誉和共同任务。

（四）关于电力系统认真实施《全民健身计划纲要》，广泛开展职工群众性体育健身活动

全国电力系统实施《全民健身计划纲要》的工作，在各单位党政领导重视和支持下，在当地体委、工会统一部署和业务指导下取得了很大成绩。实施《纲要》电力系统都结合本单位实际情况，紧紧围绕电力生产建设中心，因地制宜、大小结合，开展多种多样、健康有益的体育活动，受到广大职工的欢迎，从而参加体育活动的人数越来越多。

(1) 以大型活动为中心，推动小型多样、群众喜闻乐见的运动，吸引更多职工参加。

(2) 利用参加上级举办的竞赛活动，竞技和群体相结合，不断提高竞技水平，带动群众参加体育活动。

(3) 因时、因地制宜开展各种各样、健康文明的健身活动。

电力系统人才研究会

2000年，电力系统人才研究会的工作主要是围绕国家电力公司人事工作的中心任务，进行了四次专题调查，组团出国学习，编印了两期“情况交流”。

（1）调查研究工作。人才研究会分别于3月2～10日在天津电力公司及下属三个基层单位、5月10～17日在四川电力公司及宝珠寺水电厂、7月24～28日在宁夏电力公司、10月23日～11月2日在贵州、云南省电力公司及比较好的供电局、电厂等单位，对其近年来在培养、使用、吸引、留住人才方面所做的工作和取得的经验，进行了调查了解。方法是找单位领导、人事部门个别介绍情况，召开小型座谈会，广泛听取群众意见和好的经验，有些问题还进行面对面的探讨。

（2）由人才研究会罗洪同志带队组团，就变革时期电力企业的人力资源开发管理等问题对澳大利亚、新西兰等国家进行了学习考察。编印了两期《电力系统人才研究各种情况交流》。

中国电力后勤协会

2000年，为了贯彻党的十五届四中全会精神，推进分离企业办社会职能和电力后勤改革的深入，该会在国家电力公司和中电联的领导下开展了以下工作：

（1）为了交流和研究电力后勤改革的情况和问题，召开了南、西、北三片电力后勤改革座谈会。南片在广西北海，于3月22～24日召开；西片在青海西宁，于6月1～3日召开；北片在内蒙古呼和浩特，于8月23～25日召开。

（2）为了使电力后勤改革能与国际先进企业接轨，2000年又组织了一个“电力后勤与物业管理”考察团，一行19人于11月13～12月4日赴美国进行考察。从1996年开始到这一批，共组织了5个团组，计53人·次，考察开阔了眼界，学习了经验，效果显著。

（3）为了适应电力后勤改革与物业管理发展的需要开展了培训工作。

1）4月18～29日在深圳、8月19～30日在海口举办第四和第五期物业管理岗位培训班，又有280多人拿到了岗位证书；

2）4月19～23日在昆明举办了电力系统第二期园林绿化管理干部培训班，有54人参加；

3）11月17～24日在深圳举办了全系统幼儿园社会化改革研讨班，有70多人参加学习。参观考察了海丽达国际幼儿教育中心、马荣教育机构、莲花北幼儿园和广东电力的两座幼儿园，并听取了幼教专家的讲课。

（4）为了交流与推广电力系统物业管理的先进经验，收集了电力系统物业管理先进单位的录像资料，编辑出版了《电力物业管理礼》光盘。

（5）电力后勤协会幼教专委会组织全系统幼儿参加全国艺术教育促进会举办的书画比赛，有530多名小朋友参加了比赛，60%以上获奖，幼教专委会获集体特等奖。

（6）编辑出版了6期《电力后勤》。

（7）在江西赣州召开了该会分会秘书长和理事单位联络员会议，交流了工作。

（8）进行了一次后勤进展情况调查。

部分省行业协会名录

会员分类	单位名称
理事	北京电力行业协会
理事	福建省电力行业协会
理事	甘肃省电力行业协会
理事	广西电力行业协会
理事	贵州省电力行业协会
理事	河南省电力行业协会
理事	黑龙江省电力行业协会
理事	湖北省电力行业协会
理事	吉林省电力行业协会
理事	江西省电力行业协会
理事	内蒙古自治区电力行业协会
理事	宁夏回族自治区电力行业协会
理事	青海省电力行业协会
理事	山东省电力行业协会
理事	山西省电力行业协会
理事	陕西省电力行业协会
理事	天津市电力行业协会
理事	新疆维吾尔族自治区电力行业协会
理事	云南省电力行业协会
理事	重庆市电力行业协会

15 重要文献

重 要 文 献 目 录

中央机构编制委员会办公室　国家经济贸易委员会文件

关于调整电力行业行政管理职能有关问题的意见（中编办发［2000］14号）

国家经贸委办公厅文件

关于做好电力行政管理职能调整有关工作的通知（国经贸厅电力［2000］386号）

关于下达2000年发电量预期调控目标的通知（国经贸电力［2000］104号）

关于编制2001年发电量预期调控目标的通知（国经贸电力［2000］1050号）

关于做好修改《中华人民共和国电力法》有关工作的通知（国经贸厅电力［2000］160号）

关于做好供电营业区划分工作有关问题的通知（国经贸电力［2000］810号）

关于做好2000年关停小火电机组工作的通知（国经贸电力［2000］817号）

关于做好2000年关停小火电机组工作中小型热电联产机组审核工作的通知（国经贸电力［2000］879号）

关于发布《板框式旋转滤网》等55项电力行业标准的通知（国经贸电力［2000］164号）

关于印发《电力可靠性管理暂行办法》的通知（国经贸电力［2000］970号）

印发《关于推进和规范县供电企业改革若干问题的意见》的通知（国经贸电力［2000］971号）

印发《关于资源枯竭矿山和中央所属关闭破产企业供电系统移交问题的意见》的通知（国经贸电力［2000］1018号）

关于发布《12kV～40.5kV高压真空断路器定货技术条件》等52项电力行业标准的通知（国经贸电力［2000］1048号）

关于印发宝珠市水电站库区淹没处理补偿投资调整概算审定意见的函（国经贸电力［2000］1254号）

关于豁免江西排涝电费有关问题的复函（国经贸电力［2000］1118号）

关于印发《电网调度信息披露暂行办法》的通知（国经贸电力［2000］1234号）

印发《内蒙古自治区加快农牧区电力体制改革加强农牧区电力管理实施方案》的通知（国经贸电力［2000］30号）

关于印发《江西加快农村电力体制改革加强农村电力管理实施方案》的通知(国经贸电力[2000]83号)

关于印发《辽宁加快农村电力体制改革加强农村电力管理实施方案》的通知(国经贸电力[2000]118号)

关于印发《湖北省加快农村电力体制改革加强农村电力管理实施方案》的通知（国经贸电力［2000］188号）

关于印发《新疆维吾尔自治区加快农村电力体制改革加强农村电力管理实施方案》的通知（国经贸电力［2000］245号）

关于印发《宁夏回族自治区加快农村电力体制改革加强农村电力管理实施方案》的通知（国经贸电力［2000］296号）

关于印发《四川省加快农村电力体制改革加强农村电力管理实施方案》的通知（国经贸电力［2000］295号）

关于印发《重庆市加快农村电力体制改革加强农村电力管理实施方案》的通知（国经贸电力［2000］447号）

关于印发《天津市加快农村电力体制改革加强农村电力管理实施方案》的通知（国经贸电力［2000］448号）

关于印发《上海市加快农村电力体制改革加强农村电力管理实施方案》的通知（国经贸电力［2000］595号）

关于印发《甘肃省加快农村电力体制改革加强农村电力管理实施方案》的通知（国经贸电力［2000］721号）

关于印发《广东省加快农村电力体制改革加强农村电力管理实施方案》的通知（国经贸电力［2000］801号）

关于印发《山西省加快农村电力体制改革加强农村电力管理实施方案》的通知（国经贸电力［2000］953号）

关于印发《陕西省加快农村电力体制改革加强农村电力管理实施方案》的通知（国经贸电力［2000］1169号）

关于印发《黑龙江省加快农村电力体制改革加强农村电力管理实施方案》的通知（国经贸电力［2000］1047号）

关于印发《广西壮族自治区加快农村电力体制改革加强农村电力管理实施方案》的通知（国经贸电力［2000］1049号）

关于发布第三批《全国城乡电网建设与改造所需主要设备及生产企业推荐目录》的通知（国经贸电力［2000］367号）

关于撤销江苏省电力工业局的批复（国经贸电力［2000］878号）

关于撤销河北省电力工业局的批复（国经贸电力［2000］1078号）

关于撤销辽宁省电力工业局的批复（国经贸电力［2000］1131号）

关于撤销黑龙江省电力工业局的批复（国经贸电力［2000］1224号）

关于撤销湖南省电力工业局的批复（国经贸电力［2000］1225号）

关于撤销天津市电力工业局的批复（国经贸电力［2000］1226号）

关于撤销河南省电力工业局的批复（国经贸电力［2000］1227号）

关于撤销山西省电力工业局的批复（国经贸电力［2000］1228号）

国家电力公司党组文件

关于印发《国家电力公司精神文明建设创新奖授奖条例（试行）的通知（国电党［2000］34号）

印发《关于进一步强化公司系统党组（党委）理论学习中心组学习的规定（试行）》等四项制度的通知（国电党［2000］37号）

关于命名1998～1999年度双文明单位的决定（国电党［2000］63号）

关于印发《国家电力公司党风廉正建设责任追究办法（试行）》的通知（国电党［2000］34号）

关于建立促全领导干部理论学习考核制度的通知（国电党［2000］89号）

国家电力公司文件

关于印发国家电力公司2000年工作要点的通知（国电总［2000］1号）

关于颁发国家电力公司《安全生产工作规定》的通知（国电办［2000］3号）

关于印发《国家电力公司工作规则（试行）》的通知（国电总［2000］28号）

关于印发2000年度工作会议文件的通知（国电总［2000］242号）

关于加强企业管理的若干意见（国电总［2000］325号）

关于印发《电力锅炉压力容器安全监督管理工作规定》的通知（国电总［2000］465号）

关于印发《国家电力公司本部软科学项目管理办法》的通知（国电规［2000］99号）

关于印发《全国电网二次系统“十五”计划纲要》的通知（国电规［2000］140号）

关于印发《国家电力公司统计管理办法》的通知（国电规［2000］642号）

印发《关于在电力企业社会通用职业（工种）试行劳动力市场价格工资的指导意见》的通知（国电人资［2000］580号）

印发《关于分离企业办社会职能的指导意见》等三个指导性意见的通知（国电人资［2000］581号）

关于印发《国家电力公司外派董事、监事财务报告制度》的通知（国电财［2000］109号）

关于印发《国电通信中心通信业务资费标准》的通知（国电财［2000］521号）

关于印发《国家电力公司分公司财务管理办法》的通知（国电财［2000］694号）

关于印发《电力企业股份制改造与上市公司管理执行办法》的通知（国电计［2000］87号）

关于印发《国家电力公司企业债券管理暂行办法》的通知（国电计［2000］251号）

关于颁发《国家电力公司水电工程建设监理招标投标管理规定(试行)》的通知(国电水[2000]138号)

关于印发《国家电力公司电力工程建设监理单位资质管理办法》的通知（国电火［2000］308号）

关于印发《国家电力公司火电优质工程评选办法(2000年）版的通知》（国电火［2000］383号）

关于颁发《水电工程“实物法”概算编制导则》（试行）的通知（国电电源［2000］800号）

关于印发《国家电力公司一流供电企业考核标准》（试行）的通知（国电发［2000］195号）

关于印发《国家电力公司一流火力发电厂考核标准》（试行）的通知（国电发［2000］196号）

关于印发《国家电力公司创建国际一流供电企业考核标准》（试行）的通知（国电发［2000］542号）

关于印发《国家电力公司创建国际一流火力发电厂考核标准》(试行)的通知(国电发[2000]543号)

关于印发《防止电力生产重大事故调查要求》的通知（国电发［2000］589号）

关于颁发《电力生产事故调查规程》的通知（国电发［2000］643号）

关于颁发《输电网安全性评价》（试行）的通知（国电发［2000］659号）

关于印发《国家电力公司技术改造工作管理办法》（试行）的通知（国电发［2000］821号）

关于颁发《水电建设工程质量管理办法（试行）》的通知（国电水［2000］83号）

关于印发《国家电力公司水电建设项目工程招投标和合同管理规定》的通知(国电水[2000]161号)

关于颁发《国家电力公司水电建设项目工程安全

文明生产管理规定》的通知（国电水［2000］162号）

关于颁发《一流县级供电企业考核标准（试行）》的通知（国电农［2000］261号）

关于印发农村电网建设与改造工程施工安全管理办法的通知（国电农［2000］599号）

关于印发国家电力公司科学技术进步奖金奖励通报（第一号）的通知（国电科［2000］291号）

关于印发《国家电力公司科技项目管理办法》的通知（国电科［2000］736号）

关于印发《国家电力公司科学技术进步奖励办法》和《国家电力公司科学技术进步奖励办法实施细则》的通知（国电科［2000］406号）

关于印发《国家电力公司系统企业法律顾问管理实施办法》（试行）的通知（国电法［2000］527号）

关于印发《国家电力公司预算管理委员会公司规则》的通知（国电内规［2000］6号）

关于印发《国家电力公司系统驻外机构管理暂行规定》的通知（国电外［2000］354号）

关于印发《国家电力公司利用外资项目和进口设备在采购工作中严格遵守采购工作纪律和制度的若干规定》的通知（国电外［2000］567号）

印发《国家电力公司关于实行厂务公开工作的意见》的通知（国电检察［2000］619号）

关于颁发《特殊时期保证电网安全运行工作规范》的通知（国电调［2000］447号）

关于加强电力市场技术支持系统管理的若干规定（国电调［2000］448号）

中央机构编制委员会办公室
国家经济贸易委员会文件

关于调整电力行政管理职能有关问题的意见

（中编办发［2000］14号）

各省、自治区、直辖市机构编制委员会办公室、经济贸易委员会（经济委员会）：

根据中共中央、国务院关于地方政府机构改革的精神，结合电力工业政企分开改革实际，现对调整电力行政管理职能的有关问题提出以下意见：

一、各省（区、市）要按照国务院关于“地方各级政府均不设立电力专业管理部门”的要求，将分散在各专业管理部门、行政性公司等单位的政府管电职能，划入经济贸易委员会，实行政企分开。

二、原电力工业部直属的北京等27个省（区、市）电力工业局，要在其所承担的电力行政管理职能移交给所在省（区、市）经济贸易委员会后撤销。具体撤销事宜，由国家经济贸易委员会会同有关省（区、市）人民政府和国家电力公司办理。

三、原电力工业部派出的电力工业部华北、东北、华东、华中、西北电业管理局，要在所辖区域内省级电力工业局撤销后撤销。其原承担的跨省（区、市）资源配置、规划等行政职能由国家经济贸易委员会承担。具体撤销事宜，由国家经济贸易委员会会同国家电力公司办理。

二〇〇〇年六月二日（印）

国家经贸委办公厅文件

关于做好电力行政管理职能调整有关工作的通知

（国经贸厅电力［2000］386号）

各省、自治区、直辖市经贸委（经委）、电力局、华北、东北、华东、华中、西北电管局：

根据中央机构编制委员会办公室、国家经济贸易委员会《关于调整电力行政管理职能有关问题的意见》（中编办发［2000］14号）（以下简称《意见》）的要求，结合电力工业政企分开改革实际，现就调整电力行政管理职能、机构撤销等有关工作通知如下：

一、电力工业政企分开是党中央和国务院的统一部署，国务院明确规定“地方各级政府均不设立电力专业管理部门”，《意见》重申了这一规定，明确要求将分散在各专业管理部门、行政性公司等单位的政府管电职能划入经贸委，实行政企分开。这是改革电力工业管理体制的一次重大调整，各省（自治区、直辖市）经贸委要按照《意见》的要求，结合省级政府机构改革实际，积极认真地贯彻执行，尽快将政府电力管理职能移交到位。

二、原电力工业部直属的北京等27个省（自治区、直辖市）电力工业局，要在其所承担的电力行政管理职能移交给所在省（自治区、直辖市）经贸委后撤销。其撤销事宜，由各省（自治区、直辖市）经贸委和省电力工业局报请各省（自治区、直辖市）人民政府同意后，联合报国家经贸委，国家经贸委会同国家电力公司予以批复。

三、原电力工业部派出的华北、东北、华东、华中和西北电业管理局承担的跨省性质的政府电力管理职能，包括电力资源配置、规划等行政管理职能，移交给国家经贸委。各电业管理局的撤销事宜，由国家经贸委会同国家电力公司予以批复。

四、各省（自治区、直辖市）经贸委、电力工业局及有关专业管理部门、行政性公司在政府电力管理职能移交、机构撤销工作中，要加强配合、协调，共同做好电力政企分开改革的各项工作，并做到衔接有序、平稳过渡，确保电力安全生产和正常供应。

五、工作中有何意见和问题，请及时告国家经贸委电力司。

二〇〇〇年七月二十日（印）

关于下达2000年发电量预期调控目标的通知

（国经贸电力［2000］104号）

各省、自治区、直辖市经贸委（经委、计经委）、电力局，华北、东北、华东、华中、西北电管局：

根据国务院《关于下达2000年国民经济和社会发展计划草案的通知》(国发[2000]1号)精神，经商国家计委等有关部门，我委编制了《2000年全国发电量预期调控目标》。现下达你们，并就有关事项通知如下：

一、2000年电力生产要认真贯彻今年中央经济工作会议精神和全国经贸工作会议精神，努力实现电力资源优化配置和电力调度的公开、公平、公正，提高电力运行的整体效益，确保电网安全、经济、稳定运行，为人民生活水平提高和国民经济持续发展提供优质的电能。

二、2000年全国发电量预期目标为12800亿kW·h，比1999年增长4.1%。各省电力企业年度发电量预期目标由各省经贸委会同省电力局编制下达，同时，报我委（电力司）备案。在编制电力企业年度发电量预期目标和安排电力生产时，要认真落实我委《关于优化电力资源配置促进公开、公平调度的若干意见》（国经贸电力［1999］1144号）精神，严格遵循文件确定的基本原则。

三、电网经营企业和调度机构要依据省经贸委、电力局编制的年度发电量预期目标，分别安排购电计划和调度计划。计划编制和执行中出现的矛盾和问题，由省经贸委协调解决。

四、对列入1999年及以前计划退役、关停的小火电机组，不安排上网电量计划；对列入2000年计划的，上网电量计划安排到该机组退役、关停截止日。

五、各省经贸委、电力局要精心组织、密切配合，按要求做好电力经济运营的组织监督工作，我委将于年底前对各地执行情况进行检查。

附件：2000年全国发电量预期调控目标

二〇〇〇年一月三十一日（印）

附件：

2000年全国发电量预期调控目标

单位：亿kW·h

地区	1999预计完成			2000年预期目标		
	合计	水电	火电	合计	水电	火电
全国	12300	2100	10200	12800	2210	10590
北京市	162	9	153.0	173	12	161
天津市	181	1.7	179.30	193	4	189.0
河北省	743	7.5	736	786	9	777.0
山西省	566	10	556.0	582	14	568.0
内蒙区	360	2.5	357.5	390	10	380
辽宁省	608	27	581.0	591	26.5	564.5
吉林省	284	46.5	237.5	300	53	247.0
黑龙江	421	11	410.0	422	12	410.0
上海市	492		492	510		510
江苏省	811	0.5	810.5	843	0.5	842.5
浙江省	577	102	475.0	620	100	520.0
安徽省	318	11	307.0	322	11.5	311
福建省	352	187	165	375	187	188
江西省	185	50	135	193	53	140
山东省	902		902	930		930

续表

地区	1999预计完成			2000年预期目标		
	合计	水电	火电	合计	水电	火电
河南省	657	15.5	642	691	22	669
湖北省	517	245	272	532	263	269
湖南省	353	175	178	359	188	171
广东省	1151	13.4	1138	1239.2	180.7	1059
广西区	274	177	97	304.8	195.8	109
海南省	38	7.5	31	40	8	32.0
四川省	488	305	183	502	279	223
重庆市	162	43	119	158	43.5	115
贵州省	285	76	209	294	79	215
云南省	282	170	112	287	175	112
西藏区	7.00	6.00	1.00	8	6.5	2
陕西省	256	23.5	232.5	262	38.5	224
甘肃省	259	117	142	268	105	163
青海省	121	98	23	128	95	33
宁夏区	106	11.5	94.5	110	9	101
新疆区	175	30.3	145	184	29	155

注：核电量含在火电量中

关于编制2001年发电量预期调控目标的通知

（国经贸电力［2000］1050号）

各省、自治区、直辖市经贸委（经委）、各电管局：

为安排好2001年电力生产，确保电网安全稳定运行，满足经济发展和人民生活的用电需求，请你们认真编制2001年发电量预期调控目标。现就有关问题通知如下：

一、编制2001年发电量预期调控目标，要继续贯彻落实国家经贸委《印发〈关于优化电力资源配置促进公开、公平调度的若干意见〉的通知》（国经贸电力［1999］1144号），优化电力资源配置，促进电力调度公平、公正、公开。

二、编制发电量预期调控目标，要正确把握明年的经济发展环境，紧密结合本地区实际，认真研究各行业用电增长基本趋势。各省经贸委要会同有关单位，做好市场分析，认真研究，充分协商，做好本地区发电量预期调控目标的编制工作。

三、编制各发电厂（含自备电厂）年度发电量预期目标，要贯彻国家产业政策，按照地区经济发展需要和机组、电网状况确定。对已列入2000年及以前计划退役、关停的小火电机组，2001年不安排发电量计划；对已列入2001年关停计划的，发电量安排到该机组退役、关停截止日。

四、各省经贸委负责编制本地区发电量预期调控目标，要做好本地区发、用电平衡。

各电管局要认真做好所辖区域内跨省（区、市）资源优化配置工作，并商有关省市经贸委提出大区内发电量预期目标及省间电力电量交换预期目标。

请各省经贸委、各电管局于2000年11月底前将发电量调控预期目标建议并按附表格式填报有关数据报送我委。

附件1：××省（自治区、直辖市）2001年发电量预期调控目标建议表（式样）。

附件2：××省（自治区、直辖市）2001年用电量预测表（式样）

附件3：××省（自治区、直辖市）2001年电力、电量平衡表（式样）

二〇〇〇年十一月三日（印）

附件1：

××省（自治区、直辖市）2001年发电量预期调控目标建议表

调控目标	期末发电设备容量(万kW)			发电量（亿kW·h）			平均设备利用小时（h）			发电量增长率（%）		
	1999年	2000年	2001年	1999年	2000年	2001年	1999年	2000年	2001年	1999年	2000年	2001年
	实际	预计	建议	实际	预计	建议	实际	预计	建议	实际	预计	建议
合计												
其中：水电												
火电												
××电厂（机组）												

附件 2:

××省（自治区、直辖市）2001 年用电量预测表

	用 电 量（亿 kW·h）			增 长 率（%）		
	1999 年	2000 年	2001 年	1999 年	2000 年	2001 年
	实 际	预 计	预 计	实 际	预 计	预 计
一、农林牧鱼水利业						
其中：排灌						
二、工业						
其中：轻工业						
重工业						
乡镇工业						
三、地质和勘探业						
四、建筑业						
五、交通运输邮电通信业						
六、商业饮食物质供销仓储业						
七、其他事业						
八、城乡居民生活						
其中：城市居民生活						
乡村居民生活						
全行业合计						
全社会合计						

附年 3:

××省（自治区、直辖市）2001 年电力、电量平衡表

	1999 年实际		2000 年实际		2001 年预计	
	全 年	分解到各月	全 年	分解到各月	全 年	分解到各月
一、电量平衡						
1. 全社会用电量（亿 kW·h）						
2. 本省（区）发电量（亿 kW·h）						
3. 输入电量（亿 kW·h）						
4. 输出电量（亿 kW·h）						
二、电力平衡						
1. 可供平均最高负荷（万 kW）						
2. 输入平均最高负荷（万 kW）						
3. 输出平均最高负荷（万 kW）						
4. 需供平均最高负荷（万 kW）						
5. 平均最高盈亏（万 kW）						

关于做好修改《中华人民共和国电力法》有关准备工作的通知

（国经贸厅电力［2000］160号）

各省、自治区、直辖市及新疆生产建设兵团经贸委（经委、计经委）：

《中华人民共和国电力法》(以下简称《电力法》)施行五年来，对保证电力安全运行，维护正常的供用电秩序，维护电力投资者、经营者和使用者的合法权益，保障和促进电力工业的改革和发展，产生了积极的影响。随着社会主义市场经济的逐步建立和电力工业改革的逐步深入，《电力法》中原有的一些规定和内容已不适应电力市场化改革的要求，亟需修订。为做好修改《电力法》的有关准备工作，现就有关事宜通知如下：

一、各级经贸委和有关部门要切实转变观念，根据政府机构改革、转变职能的要求，尽快实现职能和工作到位，发挥应有的作用，积极创造条件，认真做好修改《电力法》的准备工作。

二、加强与地方立法机关、政府部门的工作联系，广泛听取立法机关、政府有关部门、电力企业和法律专家、学者关于修改《电力法》以及对电力法律法规体系建设的意见。在《电力法》修改过程中，要根据地方立法机关的要求，认真及时地征求和反馈意见。

三、修改《电力法》工作涉及面广，任务重，影响大。要紧密结合本地、本部门实际，重要并认真搞好调查研究，把握工作重点，掌握修改《电力法》的第一手资料。调研工作可围绕电力事业的监督管理、电力行政执法问题，电网调度管理的公开、公平、公正问题，电力市场的建立与运行、电价与电费的确定原则，供用电秩序的维护，法律主体的法律责任等重大问题开展。

四、工作中有何意见和建议，请及时书面告知国家经贸委电力司。有关修改《电力法》的具体工作安排将另行通知。

二〇〇〇年六月一日（印）

关于做好供电营业区划分工作有关问题的通知

（国经贸电力［2000］810号）

各省、自治区、直辖市经贸委（经委）：

1996年以来，根据《中华人民共和国电力法》（以下简称《电力法》）的规定，国家对供电营业区实行许可证管理制度。目前，全国绝大部分地区的供电营业区已经原电力管理部门划分确定并颁发了《供电营业许可证》，工作进展是顺利的，但也有一部分地区尚未划分确定。为进一步规范供电营业区的划分、管理工作，现就有关问题通知如下：

一、根据《电力法》的有关规定和中编办、国家经贸委《关于调整电力行政管理职能有关问题的意见》（中编办发［2000］14号），省级政府机构改革到位后，各省（自治区、直辖市）经贸委（经委）负责本行政区域内供电营业区管理工作，要切实做好供电营业区设立及变更的审定、《供电营业许可证》的颁发和供电企业的服务监督工作。

二、对应划分而未划分的供电营业区，由省（自治区、直辖市）经贸委（经委）会同有关单位，力争在今年内完成供电营业区的划分工作。具体原则为：

（一）以行政区域为基础，根据电网结构、供电能力、供电质量、供电的经济合理性等因素确定供电营业区范围。

（二）对历史上形成的跨区供电情况，包括省际、地(市)际和县际的跨行政区供电问题，由相邻的双方供电企业协商调整。如目前本地区供电企业不具备供电条件的，应与相邻地区供电企业签订临时委托供电协议。

（三）省（自治区、直辖市）内电网已形成交叉的供电营业区，为避免重复建设，确保供电安全，双方通过协商调整供电营业区。协商达不成一致意见的，由各省（自治区、直辖市）经贸委（经委）会同同级有关部门协调确定。省（自治区、直辖市）间供电营业区的交叉问题，报国家经贸委协调确定。

（四）按照国务院国发［1999］2号文件精神，结合农电体制改革，妥善处理历史上形成的一个行政区内多家供电和交叉供电的问题。坚持一县一公司（企业实体）和县（市）乡（镇）电力一体化管理的原则，存在多家供电企业的，在按出资关系组建有限责任公司或股份有限公司后，要按照调整后的供电区域核发《供电营业许可证》。

三、根据我委国经贸电力［1999］832号文件精神，《供电营业许可证》由国家经贸委监制，今年内要做好《供电营业许可证》的换证工作。原电力部监制及个别省、部门自制的《供电营业许可证》即行废止。对前一段由各省（自治区、直辖市）电力局组织审查、发证的供电营业区，凡各方无争议的，由各省（自治区、直辖市）经贸委（经委）审核确认；有争议的，由争议双方提出意见，经省（自治区、直辖市）经贸委（经委）会同有关部门和单位重新组织审查，批准后颁发国家经贸委监制的《供电营业许可证》。

四、供电营业区的变更（包括调整、扩展或合并、缩小、分立、更名等），由各省（自治区、直辖市）经贸委(经委)会同有关部门审查批准并颁发《供电营业许可证》。电网经营企业或供电企业持《供电营业许可证》到工商行政管理部门办理有关工商登记手续。供电营业区自核准之日起，期满3年后进行一次复审。

五、供电企业在取得《供电营业许可证》并办理工商登记后方可营业。供电企业应定期将本营业区内有关的电力建设规划、电力设施及运行、电价的执行、电力电量的使用、设备状况及事故等情况，向本行政区经贸委（经委）报告。

二〇〇〇年八月二十四日（印）

关于做好2000年关停小火电机组工作的通知

（国经贸电力［2000］817号）

各省、自治区、直辖市及新疆生产建设兵团经贸委(经委)：

1999年，各地认真贯彻国务院关于关停小火电机组的有关文件精神，按照国家经贸委《关于确保完成1999年关停小火电机组计划的通知》(国经贸电力［1999］1173号）要求，做了大量的工作，较好地完成了1999年关停小火电机组的任务。按照总体关停进度安排，2000年需要关停小火电机组的数量比较多，关停工作难度也比较大，任务十分繁重。为了切实做好2000年关停小火电机组工作，保证本年度关停计划的顺利完成，现将有关问题通知如下：

一、要深入学习《国务院办公厅转发国家经贸委关于关停小火电机组有关问题意见的通知》（国办发［1999］44号）和国家经贸委《关于印发〈关停小火电机组实施意见〉的通知》(国经贸电力［1999］833号）精神，提高对关停小火电机组重要意义的认识，加强组织领导，加大工作力度，努力推进关停小火电机组工作。

二、要认真总结关停小火电机组工作的经验，分析存在的问题，积极探索解决问题的途径。要高度重视并切实做好关停小火电机组企业的人员安置、债务处理以及所涉及地区和企业的电力供应等有关配套工作，努力创造条件，确保如期完成关停计划。

三、要认真做好制订关停小火电机组计划工作，严格执行有关报告制度。尚未报送2000年关停小火电机组计划的省，要在2000年8月底前将关停计划报送国家经贸委。要求在2001年1月底前，向国家经贸委报送2000年度关停小火电机组计划完成情况，在2001年3月底前，报送2001年度关停小火电机组计划。有特殊情况下能按上述规定时限报送有关文件的，要以书面形成说明原因。关停工作中遇到的重大问题，要及时报告。

附件：2000年关停小火电机组计划表

二〇〇〇年八月二十四日（印）

附件：

2000年关停小火电机组计划表

省（区、市）：北京市

项目	装机容量（万kW）	机组类型	隶属关系	投运时间	备注
合计	20.8				
1.北京一热1号	2.5	高压	北京国华电力有限责任公司	1958.9	
2.北京一热2号	2.5	高压	北京国华电力有限责任公司	1958.12	
3.北京一热3号	5	高压	北京国华电力有限责任公司	1959.4	
4.北京一热4号	10	高压	北京国华电力有限责任公司	1960.9	
5.北京市造纸一厂（1）	0.15	低压	北京市造纸一厂	1982.1	
6.北京市造纸一厂（2）	0.15	低压	北京市造纸一厂	1982.1	
7.北京市造纸七厂	0.15	中压	北京市造纸七厂	1988.1	
8.北京市第二毛纺厂（1）	0.1	中压	北京市第二毛纺厂	1994.8	
9.北京市第二毛纺厂（2）	0.1	中压	北京市第二毛纺厂	1994.8	
10.北京市房山服装一厂	0.15	抽凝	北京市房山服装一厂	1998.3	

续表

省（区、市）：天津市

项　　目	装机容量（万 kW）	机组类型	隶属关系	投运时间	备　　注
合　　计	11.9				
1. 杨柳青电厂 1 号	5	高压	华能集团	1973.8	
2. 天津一热 3 号	2.5	中压	市电力公司	1958.5	
3. 天津一热 4 号	2.5	中压	市电力公司	1959.12	
4. 开发区热电公司 1 号	0.95	燃油机	地方	1990	
5. 开发区热电公司 2 号	0.95	燃油机	地方	1990	

省（区、市）：河北省

项　　目	装机容量（万 kW）	机组类型	隶属关系	投运时间	备　　注
合　　计	22.9				
1. 滦河电厂 3 号	2.5	中压	华北电力公司	1966.12	
2. 北山电厂 2 号	1.2	中压	华北电力公司	1973.1	
3. 唐山总厂 4 号	2.5	高压	华北电力公司	1958.2	
4. 唐山总厂 5 号	2.5	高压	华北电力公司	1958.9	
5. 邯郸热电厂 1 号	1.2	中压	省电力公司	1958.11	
6. 邯郸热电厂 2 号	1.2	中压	省电力公司	1959.4	
7. 邯郸热电厂 3 号	1.2	中压	省电力公司	1959.9	
8. 石家庄热电厂 9 号	2.5	中压	省电力公司	1965.10	
9. 石家庄热电厂 10 号	2.5	中压	省电力公司	1966.7	
10. 邢台电厂 1 号	2.5	中压	省电力公司	1972.11	
11. 邢台电厂 2 号	2.5	中压	省电力公司	1973.9	
12. 蔚县电厂 1 号	0.15	中压	北方电力股份公司	1966.12	
13. 蔚县电厂 2 号	0.15	中压	北方电力股份公司	1966.12	
14. 元氏槐阳热电厂 2 号	0.15	中压	元氏县政府	1988.12	
15. 元氏槐阳热电厂 3 号	0.15	中压	元氏县政府	1988.12	

注　下花园发电厂 5 号机组（2.5 万 kW），按要求应列入 2000 年关停计划，鉴于该机组关停的具体困难，同意推迟到 2001 年关停。但必须做好关停的各项准备工作，并尽可能创造条件，争取在 2000 年关停。

续表

省（区、市）：山西省

项 目	装机容量（万 kW）	机组类型	隶属关系	投运时间	备 注
合 计	28.2				
1. 大同一电厂3号	1.2	中压	省电力公司		
2. 大同一电厂7号	2.5	中压	省电力公司	1966.8	
3. 大同一电厂8号	2.5	中压	省电力公司	1973.6	
4. 大同一电厂9号	2.5	中压	省电力公司	1976.11	
5. 侯马电厂1号	2.5	中压	省电力公司	1972.9	
6. 侯马电厂2号	2.5	中压	省电力公司	1968.8	
7. 恒山电厂2号	1.2	中压	省电力公司	1975.10	
8. 巴公电厂1号	1.2	中压	省电力公司	1975.10	
9. 巴公电厂2号	1.2	中压	省电力公司	1968.9	
10. 太原一电厂6号	5	高压	省电力公司	1960.9	
11. 永济电厂2号	4	次高压	省电力公司	1974.12	
12. 惠丰电厂1号	0.25	中压	惠丰机械厂	1961	
13. 阳城上伏电厂1号	0.15	低压	上伏村	1990	
14. 隰县电厂1号	0.3	中压	隰县政府	1974	
15. 临汾河西电厂1号	0.6	中压	私营	1992	
16. 临汾河西电厂2号	0.6	中压	私营	1993	

省（区、市）：内蒙古自治区

项 目	装机容量（万 kW）	机组类型	隶属关系	投运时间	备 注
合 计	1.2				
1. 通辽热电厂4号	0.6	中压	东北公司	1972.9	
2. 清水河兴鑫电厂1号	0.15	中压	企业自备	1993	
3. 清水河兴鑫电厂2号	0.15	中压	企业自备	1993	
4. 清水河兴鑫电厂3号	0.15	中压	企业自备	1993	
5. 巴盟临河糖厂1号	0.075	低压	企业自备	1973	
6. 巴盟临河糖厂2号	0.075	低压	企业自备	1973	

续表

省（区、市）：辽宁省

项　　目	装机容量（万 kW）	机组类型	隶属关系	投运时间	备　注
合　　计	35				
1. 阜新电厂 5 号	5	高压	省电力公司	1959.3	
2. 阜新电厂 6 号	5	高压	省电力公司	1959.7	
3. 辽宁电厂 10 号	5	次高压	省电力公司	1960.3	
4. 辽宁电厂 11 号	5	次高压	省电力公司	1960.5	
5. 辽宁电厂 12 号	5	次高压	省电力公司	1964.12	
6. 辽宁电厂 13 号	5	次高压	省电力公司	1965.12	
7. 辽宁电厂 7 号	5	高压	省电力公司	1959.11	

省（市、区）：吉林省

项　　目	装机容量（万 kW）	机组类型	隶属关系	投运时间	备　注
合　　计	12.4				
1. 榆树川发电厂 3 号	2.5	中压	省电力公司	1974.8	
2. 榆树川发电厂 4 号	2.5	中压	省电力公司	1978.4	
3. 榆树川发电厂 5 号	2.5	中压	省电力公司	1978.12	
4. 二道江发电厂 4 号	0.6	中压	省电力公司	1959	
5. 二道江发电厂 6 号	2.5	中压	省电力公司	1963.7	
6. 长山电厂 1 号	1.2	中压	华能集团		
7. 长山电厂 2 号	0.6	中压	华能集团		

省（区、市）：黑龙江省

项　　目	装机容量（万 kW）	机组类型	隶属关系	投运时间	备　注
合　　计	1.2				
1. 佳木斯电厂 8 号	1.2	中压	省电力公司	1962.12	

省（区、市）：上海市

项　　目	装机容量（万 kW）	机组类型	隶属关系	投运时间	备　注
合计	6.5				
1. 南市电厂 7 号	4.0	次高压	市电力公司	1972.12	
2. 崇明电厂 13 号	2.5	中压	地方	1978.12	

续表

省（区、市）：江苏省

项　　目	装机容量（万 kW）	机组类型	隶属关系	投运时间	备　注
合　　计	15.2				
1. 徐塘电厂 1 号	4	次高压	省电力公司	1973.12	
2. 韩庄发电厂 6 号	2.5	中压	省电力公司	1960.8	
3. 韩庄发电厂 7 号	2.5	中压	省电力公司	1961.8	
4. 韩庄发电厂 8 号	0.6	中压	地方	1987	
5. 天生港电厂 6 号	2.5	中压	地方	1971.7	
6. 淮阴发电厂 7 号	2.5	中压	地方	1969.12	
7. 贾汪发电厂 0 号	0.6	中压	地方	1988	

省（区、市）：浙江省

项　　目	装机容量（万 kW）	机组类型	隶属关系	投运时间	备　注
合　　计					
一、国家电力公司系统小计	3.5				
1. 梅溪电厂 1 号	3.5	次高压	省电力公司	1972.12	
二、地方及其他小计					待报

注　本表仅列入国家电力公司系统计划关停的机组；地方机组关停计划待上报后另行下达。

省（区、市）：安徽省

项　　目	装机容量（万 kW）	机组类型	隶属关系	投运时间	备　注
合计	6.5				
1. 合肥电厂 1 号	2.5	中压	省电力公司	1968.10	
2. 马鞍山电厂 8 号	4.0	次高压	省电力公司	1973.12	

省（区、市）：福建省

项　　目	装机容量（万 kW）	机组类型	隶属关系	投运时间	备　注
合　　计	2.5				
1. 永安电厂 2 号	2.5	中压	省电力公司	1975.12	

续表

省（区、市）：江西省

项目	装机容量（万 kW）	机组类型	隶属关系	投运时间	备注
合计	9.5				
1. 乐平电厂 4 号	2.5	中压	省电力公司	1973.8	
2. 分宜电厂 3 号	3.5	次高压	省电力公司	1973.12	
3. 分宜电厂 3 号	3.5	次高压	省电力公司	1975.12	

省（区、市）：山东省

项目	装机容量（万 kW）	机组类型	隶属关系	投运时间	备注
合计	27.6				
1. 石横电厂 4 号	5	中压	省电力公司	1973.12	
2. 青岛电厂 11 号	2.5	中压	省电力公司	1965.12	
3. 济南琅沟电厂 1 号	1.2	中压	地方	1989.1	
4. 济南琅沟电厂 2 号	1.2	中压	地方	1990.7	
5. 德州热电厂 1 号	1.2	中压	地方	1975.5	
6. 莱西市电厂 2 号	0.6	中压	地方	1987.12	
7. 平度热电厂 3 号	0.6	中压	地方	1988.5	
8. 平度热电厂 4 号	0.6	中压	地方	1990.5	
9. 诸城电厂 5 号	0.3	中压	地方	1987	
10. 诸城电厂 6 号	0.3	中压	地方	1988	
11. 临朐电厂	0.3	中压	地方	1987.12	
12. 淄博龙泉电厂 1 号	0.6	中压	地方	1988.7	
13. 淄博龙泉电厂 2 号	0.6	中压	地方	1988.7	
14. 沂源热电厂 1 号	0.6	中压	地方	1988.10	
15. 博山汇源电厂 1 号	0.6	中压	地方	1995.10	
16. 淄博临淄电厂 1 号	0.6	中压	地方	1989.1	
17. 山铝热电厂 3 号	1.2	中压	地方	1991.11	
18. 潍坊昌乐电厂 1 号	0.6	中压	地方	1988.8	
19. 文登铺头电厂 3 号	0.6	中压	地方	1993.5	
20. 荣成发电厂（1）	0.6	中压	地方	1981.8	
21. 荣成发电厂（2）	0.6	中压	地方	1989.10	
22. 莱阳发电厂 5 号	1.2	中压	地方	1988.8	
23. 烟台新华集团 1 号	0.3	中压	地方	1995.8	
24. 烟台南山集团 1 号	0.6	中压	地方	1995.8	

续表

项 目	装机容量(万 kW)	机组类型	隶属关系	投运时间	备 注
25. 烟台铁厂1号	0.15	中压	地方	1993.10	
26. 牟平铁厂1号	0.15	中压	地方	1994.1	
27. 梁山第二电厂2号	0.6	中压	地方	1989.12	
28. 临沂盛庄发电厂1号	0.15	中压	地方	1989.1	
29. 临沂盛庄发电厂2号	0.15	中压	地方	1991.12	
30. 临沂罗庄热电厂1号	0.3	中压	地方	1986.9	
31. 临沂罗庄热电厂2号	0.3	中压	地方	1988.9	
32. 临沂苍山发电厂1号	0.3	中压	地方	1988.1	
33. 临沂苍山发电厂2号	0.3	中压	地方	1989.12	
34. 临沂临沭发电厂1号	0.3	中压	地方	1989.12	
35. 临沂临沭发电厂2号	0.3	中压	地方	1989.12	
36. 临沂付庄发电厂1号	0.3	中压	地方	1989.1	
37. 临沂付庄发电厂2号	0.3	中压	地方	1994.1	
38. 泰安宁阳电厂2号	0.3	中压	地方	1980.8	
39. 泰安宁阳电厂3号	0.6	中压	地方	1989.11	
40. 泰安宁阳电厂4号	0.6	中压	地方	1989.9	

省（区、市）：河南省

项 目	装机容量(万 kW)	机组类型	隶属关系	投运时间	备 注
合 计	46.51				
1. 新乡电厂1号	5	中压	省电力公司	1969.11	
2. 新乡电厂2号	5	中压	省电力公司	1993.12	
3. 新乡电厂3号	5	中压	省电力公司	1969.11	
4. 洛阳热电厂1号	2.5	高压	省电力公司	1957.4	
5. 洛阳热电厂2号	2.5	高压	省电力公司	1958.6	
6. 洛阳热电厂3号	2.5	高压	省电力公司	1958.8	
7. 洛阳热电厂4号	2.5	高压	省电力公司	1959.1	
8. 洛阳热电厂5号	2.5	高压	省电力公司	1959.12	
9. 开封电厂1号	4	次高压	省电力公司	1973.4	

续表

项　　目	装机容量（万 kW）	机组类型	隶属关系	投运时间	备　注
10. 开封电厂 2 号	4	次高压	省电力公司	1974.05	
11. 登封电厂 2 号	0.6	中压	地方	1980.4	
12. 周口市电厂 9 号	0.3	中压	地方	1988	
13. 项城电厂 7 号	0.3	中压	地方	1982	
14. 沈丘电厂 7 号	0.3	中压	地方	1987	
15. 沈丘电厂 8 号	1.2	中压	地方	1989	
16. 西华电厂 6 号	0.15	低压	地方	1994	
17. 偃师电厂 1 号	0.6	中压	地方	1980.11	
18. 信阳市明港火电厂 1 号	0.15	低压	地方	1970	
19. 信阳市明港火电厂 3 号	0.2	低压	地方	1990	
20. 信阳化工厂电厂 1 号	0.45	中压	地方	1974	
21. 濮阳油田文留电厂 1 号	2	燃气	地方	1986	
22. 濮阳油田文留电厂 2 号	2	燃气	地方	1986	
23. 濮阳油田基地电厂 1 号	0.32	柴油	地方	1990	
24. 濮阳油田基地电厂 2 号	0.32	柴油	地方	1990	
25. 濮阳油田基地电厂 3 号	0.32	柴油	地方	1990	
26. 林州电厂 1 号	0.6	中压	地方	1984.1	
27. 林州电厂 2 号	0.6	中压	地方	1987.5	
28. 沁阳一电厂 2 号	0.6	中压	地方	1980	

省（区、市）：湖北省

项　　目	装机容量（万 kW）	机组类型	隶属关系	投运时间	备　注
合　　计	16.7				
1. 青山电厂 5 号	5	高压	省电力公司	1960.2	
2. 黄石电厂 5 号	5	中压	省电力公司	1960.12	
3. 松木坪电厂 1 号	2.5	中压	省电力公司	1971.10	
4. 松木坪电厂 2 号	2.5	中压	省电力公司	1970.12	
5. 沙市电厂 3 号	1.2	中压	省电力公司	1969.10	
6. 洪湖蓝田	0.25	柴油机	地方		
7. 仙桃城区	0.15		地方		
8. 荆城弥市	0.1	柴油机	地方		

续表

省（区、市）：湖南省

项　　目	装机容量（万 kW）	机组类型	隶属关系	投运时间	备　注
合　计	4.66				
1. 鲤鱼江电厂 5 号	2.5	中压	省电力公司	1971.3	
2. 石门县电厂 2 号	0.3	中压	地方	1974.2	
3. 慈利火电厂 2 号	0.3	中压	地方	1987	
4. 衡东甘溪火电厂 1 号	0.3	中压	地方	1980.1	
5. 怀化火电厂 3 号	0.3	中压	地方	1973.8	
6. 涟源钢铁公司 2 号	0.25	中压	企业自备	1960.5	
7. 怀化纺织安江分厂 1 号	0.11	中压	企业自备	1957	
8. 衡阳冶金总厂 2 号	0.6	中压	企业自备	1975.10	

注　鲤鱼江电厂 6 号机组（2.5 万 kW），按要求应列入 2000 年关停计划，鉴于该机组关停的具体困难，同意推迟到 2001 年关停。但必须做好关停的各项准备工作，并尽可能创造条件，争取在 2000 年关停。

省（区、市）：广东省

项　　目	装机容量（万 kW）	机组类型	隶属关系	投运时间	备　注
合　计	20.35				共计 34 台
1. 广州恒运 A 厂 1～2 号	2.4	中压	地方	1990～1991	2×1.2
2. 饶平电厂 1～6 号	0.6	柴油机	地方		6×0.1
3. 光明火电厂 1～4 号	0.4	柴油机	地方		4×0.1
4. 源昌电厂 1～3 号	3.45	柴油机	地方	1995.8	3×1.15
5. 四会和协电厂 1～3 号	9.7	燃汽轮机	地方	1995.12	2×3.6+1×2.5
6. 肇庆电厂 1～4 号	1.6	柴油机	地方		4×0.4
7. 金砂煤矿发电厂 1 号	0.3	煤机	地方		1×0.3
8. 广澳电厂 1～11 号	1.9	柴油机	地方	1994.3	3×0.3+8×0.125

省（区、市）：广西壮族自治区

项　　目	装机容量（万 kW）	机组类型	隶属关系	投运时间	备　注
合　计	11.0				
1. 桂林电厂 3 号	1.2	中压	区电力公司	1970.11	
2. 合山电厂 1 号	2.5	中压	区电力公司	1970.12	
3. 合山电厂 2 号	2.5	中压	区电力公司	1972.7	
4. 南宁五一电厂 1 号	1.2	中压	区电力公司	1960.12	
5. 南宁五一电厂 2 号	1.2	中压	区电力公司	1973.12	
6. 田东电厂 1 号	1.2	中压	区电力公司	1974.3	
7. 田东电厂 2 号	1.2	中压	区电力公司	1974.12	

续表

省（区、市）：重庆市

项　　目	装机容量（万 kW）	机组类型	隶属关系	投运时间	备　注
合　　计	12.4				
1. 重庆电厂 11 号	5	中压	市电力公司	1960.5	
2. 重庆电厂 12 号	5	中压	市电力公司	1960.10	
3. 三峡水利电力集团沱口电厂东厂(1 号)	0.3	低压	地方	1969	
4. 三峡水利电力集团沱口电厂东厂(2 号)	0.3	低压	地方	1970	
5. 开县德泉电力股份公司（1 号）	0.3	低压	地方	1989	
6. 开县德泉电力股份公司（2 号）	0.3	低压	地方	1991	
7. 川东电力集团涪陵电厂（1 号）	0.6	低压	地方	1983	
8. 川东电力集团涪陵电厂（2 号）	0.6	低压	地方	1987	

省（区、市）：四川省

项　　目	装机容量（万 kW）	机组类型	隶属关系	投运时间	备　注
合　　计	16.35				
1. 河门口电厂 1 号	2.5	中压	省电力公司	1968.12	
2. 河门口电厂 2 号	2.5	中压	省电力公司	1969.10	
3. 万源电厂 1 号	1.2	中压	省电力公司	1971.10	
4. 万源电厂 2 号	1.2	中压	省电力公司	1974.1	
5. 成都热电厂 4 号	2.5	中压	省电力公司	1960.7	
6. 成都热电厂 5 号	2.5	高压	省电力公司	1961.8	
7. 邻水钢铁公司热电厂（1）	0.15	低压	自备电厂	1984.5	
8. 邻水钢铁公司热电厂（2）	0.15	低压	自备电厂	1989.1	
9. 巴中市火电厂 (1)	0.15	低压	地方	1982.8	
10. 巴中市火电厂（2）	0.15	低压	地方	1990.8	
11. 南江县板凳垭电厂 2 号	0.1	低压	地方	1990.8	
12. 万源电厂	0.3	中压	大集本	1996.8	
13. 万源青花钢铁厂 1 号	0.15	低压	自备电厂	1979.11	
14. 万福钢铁厂	0.15	低压	自备电厂	1978.1	
15. 达县大风铁厂 1 号	0.15	低压	自备电厂	1981.11	
16. 达县大风铁厂 2 号	0.15	低压	自备电厂	1982.11	
17. 大竹县电力公司 1 号	0.05		地方	1989.1	
18. 大竹县电力公司 2 号	0.05		地方	1989.1	
19. 资中县球溪河糖厂	0.2		自备电厂	1969.1	
20. 资中县银山糖厂	0.15		自备电厂	1988.3	
21. 资中县熊桥铁厂	0.15		自备电厂	1987.1	
22. 简阳蜀阳实业有限公司简阳糖厂（1）	0.15		市工业局	1990.1	

续表

项目	装机容量（万 kW）	机组类型	隶属关系	投运时间	备注
23. 简阳蜀阳实业有限公司简阳糖厂（2）	0.15		市工业局	1984.12	
24. 简阳蜀阳实业有限公司简阳糖厂（3）	0.10		市工业局	1979.12	
25. 广汉铁厂煤汽余热发电	0.15		广汉供电局	1988.4	
26. 德阳金河磷矿红白发电厂（1）	0.15		自备电厂	1989.1	
27. 德阳金河磷矿红白发电厂（2）	0.15		自备电厂	1961.1	
28. 古蔺县太平火电厂（1）	0.15		地方	1982.1	
29. 古蔺县太平火电厂（2）	0.15		地方	1990.1	
30. 乐山市热电厂（1）	0.15		市属	1995.1	
31. 乐山市热电厂（2）	0.30		市属	1987.1	
32. 五通桥区川盐化二厂	0.15		自备电厂	1986.1	

省（区、市）：贵州省

项目	装机容量（万 kW）	机组类型	隶属关系	投运时间	备注
合计	15.45				
1. 贵阳电厂 4 号	2.5	中压	省电力公司	1960.12	
2. 贵阳电厂 6 号	2.5	中压	省电力公司	1966.12	
3. 贵阳电厂 7 号	5.0	中压	省电力公司	1970.1	
4. 贵阳电厂 8 号	5.0	中压	省电力公司	1970.12	
5. 习水电力局火电厂 1 号	0.15	低压	习水县电力局	1977	
6. 习水电力局火电厂 2 号	0.15	低压	习水县电力局	1987	
7. 习水建材公司火电厂 1 号	0.15	低压	习水县电力局	1994	

省（区、市）：云南省

项目	装机容量（万 kW）	机组类型	隶属关系	投运时间	备注
合计	11				
1. 宣威电厂 1 号	2.5	中压	省电力公司	1960.4	
2. 宣威电厂 2 号	2.5	中压	省电力公司	1961.12	
3. 宣威电厂 3 号	2.5	中压	省电力公司	1967.2	
4. 宣威电厂 4 号	2.5	中压	省电力公司	1967.12	
5. 大龙洞电厂 1 号	0.3	中压	地方	1968	
6. 大龙洞电厂 1 号	0.3	中压	地方	1969	
7. 东方红电厂 1 号	0.2	中压	地方	60 年代	
8. 东方红电厂 2 号	0.2	中压	地方	60 年代	

续表

省（区、市）：陕西省

项　　目	装机容量（万 kW）	机组类型	隶属关系	投运时间	备　注
合　　计	9.45				
1. 延安电厂 3 号	1.2	中压	省电力公司	1959	
2. 略阳发电厂 1 号	2.5	中压	省电力公司	1971.10	
3. 宝鸡电厂 1 号	2.5	高压	省电力公司	1961.12	
4. 宝鸡电厂 2 号	2.5	高压	省电力公司	1962.1	
5. 韩城禹门电厂	0.15	中压	个体	1960	
6. 子长县第一发电厂（1）	0.3	中压	省农电局	1985	
7. 子长县第一发电厂（2）	0.3	中压	省农电局	1985	

省（区、市）：甘肃省

项　　目	装机容量（万 kW）	机组类型	隶属关系	投运时间	备　注
合　　计	6.2				
1. 安口电厂 4 号	0.6	中压	省电力公司	1971.1	
2. 嘉峪关电厂 3 号	0.6	中压	省电力公司	1966.2	
3. 西固电厂 1 号	2.5	高压	省电力公司	1957.11	
4. 西固电厂 2 号	2.5	高压	省电力公司	1957.12	

省（区、市）：青海省

项　　目	装机容量（万 kW）	机组类型	隶属关系	投运时间	备　注
合　　计	2.4				
1. 青海桥头发电厂 3 号	1.2	中压	省电力公司	1964.5	
2. 青海桥头发电厂 4 号	1.2	中压	省电力公司	1967.1	

省（区、市）：宁夏回族自治区

项　　目	装机容量（万 kW）	机组类型	隶属关系	投运时间	备　注
合　　计	5				
1. 石嘴山电厂 5 号	2.5	中压	区电力公司	1969.9	
2. 石嘴山电厂 6 号	2.5	中压	区电力公司	1970.11	

续表

省（区、市）：新疆维吾尔自治区

项　　目	装机容量（万 kW）	机组类型	隶属关系	投运时间	备　注
合计	6.35				
1. 巴里坤电厂 2 号	0.15	低压	区电力公司		
2. 巴里坤电厂 3 号	0.15	低压	区电力公司		
3. 托克逊电厂 1 号	0.15		区电力公司	1972	
4. 托克逊电厂 2 号	0.15		区电力公司	1975	
5. 托克逊电厂 3 号	0.30		区电力公司	1986	
6. 三台电厂 1 号	1.2	中压	地方		
7. 三台电厂 1 号	1.2	中压	地方		
8. 三台电厂 1 号	1.2	中压	地方		
9. 哈密地区化工厂电厂 1 号	0.1	低压	地方	1987.12	
10. 盐化总厂自备电厂 1 号	0.15	低压	地方	1990	
11. 盐化总厂自备电厂 2 号	0.15	低压	地方	1990	
12. 红星煤矿公司电厂 3 号	0.075	低压	地方	1995.11	
13. 七泉湖化工厂电厂 3 号	0.25	中压	地方	1987.12	
14. 天池火电厂 1 号	0.3	中压	地方	1983	
15. 二二二团火电厂 1 号	0.15	低压	地方	1983	
16. 二二二团火电厂 2 号	0.075	低压	地方	1983	
17. 南山电厂 3 号	0.3	低压	地方	1983.8	
18. 盐湖化工厂电厂 2 号	0.3	中压	地方	1997.11	

新疆生产建设兵团

项　　目	装机容量（万 kW）	机组类型	隶属关系	投运时间	备　注
合　　计	0.375				
1. 农七师 124 团电厂	0.3	低压	农七师 124 团		2×0.15
2. 农十师 184 团电厂	0.075	低压	农十师 184 团		1×0.075

关于做好关停小火电机组工作中小型热电联产机组审核工作的通知

（国经贸电力［2000］879号）

各省、自治区、直辖市、计划单列市及新疆生产建设兵团经贸委（经委），国家电力公司：

为贯彻落实《国务院办公厅转发国家经贸委关于关停小火电机组有关问题意见的通知》（国办发［1999］44号）精神，推进关停小火电机组工作，防止以热电联产机组为名逃避关停的情况发生，国家经贸委决定对小型热电联产机组进行审核，现将有关问题通知如下。

一、热电联产机组是指既生产电力又生产热力，其热效率和热电比达到界定指标的供热式汽轮发电机组。

二、审核范围为国内所有并网运行的单机容量5万kW及以下的热电联产机组。

三、国家经贸委负责指导和监督全国热电联产机组审核工作，各省、自治区、直辖市、计划单列市及新疆生产建设兵团经贸委（以下简称省级经贸委）负责组织实施本辖区内热电联产机组的审核工作。

四、热电联产机组的审核，实行企业申报、现场检测、专家评审、省级经贸委审定的办法。

五、申报热电联产机组的单位，必须具备以下基本条件：

1．热电联产机组审批手续齐全、完备，符合有关规定和要求。

2．热电联产机组指标符合以下要求：

（1）总热效率年平均大于45%；

（2）单机容量5万kW及以下热电机组的热电比年平均应大于100%。

3．热电联产机组应有健全的管理机构及人员，有完备的财务、能源、安全、环保等管理体系，并有健全的规章制度和计量检测等手段，能严格按照国家及行业有关政策和技术规程、标准组织生产。

4．热电联产机组电力、热力产品质量应符合国家及行业标准。

六、凡符合热电联产条件的机组，由所在企业提出申请报告，内容包括：热电联产机组的投产时间、容量、机炉型号及参数，配置及运行情况，申请理由等，同时还应附上以下资料：

1．建设或改造热电联产机组的批准文件；

2．竣工验收报告；

3．申报年度生产电力、热力情况和有关检验材料；

4．上一年度热电比、热效率及其计算依据；

5．其他有关数据、材料和证明。

七、申报热电联产机组的企业应将申请报告及有关资料报所在市（地区）经贸委。由市（地区）经贸委进行初审并将初审意见报省级经贸委。

八、各省级经贸委负责组织并设立相应的工作组进行审核，审核通过的热电联产机组由省级经贸委签发意见，并报国家经贸委核备。

九、企业对审核结论有异议的，可向所在省级经贸委提出重新审核要求的报告，省级经贸委应予受理。企业对重新审核结论仍有异议的，可在3个月内直接向国家经贸委提出申诉，国家经贸委根据调查核实的情况作出是否确认的决定。

十、未按本通知精神进行热电联产审核或审核不合格的热电联产机组，不得享受热电联产的有关政策，要列入关停小火电机组计划。

十一、对弄虚作假、骗取热电联产项目资格的企业，一经发现立即取消其资格，并追究其责任人和相关人员的责任。

十二、经审核，被确认为符合热电联产条件的机组，应继续享受热电联产的有关政策，电网经营企业应允许其上网运行，各有关电网经营企业要做好热电联产机组热力工况图，根据实际的供热量，确定机组的运行方式、负荷及上网电量。同时要做好热电联产机组并网、上网电量的核定和购电协议的签订等工作。各热电联产企业要遵守有关协议并按照“以热定电”的原则运行。

十三、审核后的热电联产机组，生产情况发生变化，年平均总热效率和热电比等技术指标达不到标准的，必须及时报告并限期进行整改。经整改后仍达不到要求者，取消资格，并按国家有关政策限期关停。

十四、热电联产机组经审核达不到合格标准需要进行技术改造的，单机容量5万kW及以下的纯凝汽式机组拟改造为热电联产机组的，必须按程序报国家经贸委审批。

附件：总热效率、热电比计算公式

二〇〇〇年九月十二日（印）

附件：

总热效率计算公式

总热效率＝［（供热量＋供电量×3600kJ/(kW·h))/(燃料总消耗量×燃料单位低位热值)］×100%

热电比计算公式

热电比＝(供热量/供电量×3600kJ/(kW·h))×100％供热量单位采用kJ，供电量单位采用kW·h，燃料总消耗量单位采用kg，燃料单位低位热值单位采用kJ/kg。

关于发布《板框式旋转滤网》等55项电力行业标准的通知

（国经贸电力［2000］164号）

各省、自治区、直辖市及新疆生产建设兵团经贸委(经委、计经委)、电力局（公司)，国家电力公司，各电力集团公司，国家电力公司东北公司、南方公司，各有关单位：

国家经贸委批准《板框式旋转滤网》等53项推荐性电力行业标准和《跨越电力线路架线施工规程》等2项强制性电力行业标准，现予发布，自2000年7月1日起实施。

以上标准由中国电力出版社出版、发行。

实施中有何问题和意见，请函告有关专业标准化技术委员会，并抄送中国电力企业联合会标准化中心。

附件：55项电力行业标准编号及名称

二〇〇〇年二月二十四日（印）

附件：

55项电力行业标准编号及名称

序号	标准编号	标准名称	代替标准号
1	DL/T 458—1999	板框式旋转滤网	DL/T 458—1991
2	DL/T 491—1999	大中型水轮发电机静止整流励磁系统及装置运行、检修规程	DL/T 491—1992
3	DL/T 575.1—1999	控制中心人机工程设计导则第1部分：术语及定义	
4	DL/575.2—1999	控制中心人机工程设计导则第2部分：视野与视区划分	DL/T575.1—1995
5	DL/T 575.3—1999	控制中心人机工程设计导则第3部分：手可及范围与操作区划分	
6	DL/T 575.4—1999	控制中心人机工程设计导则第4部分：受限空间尺寸	
7	DL/T 575.5—1999	控制中心人机工程设计导则第5部分：控制中心设计原则	
8	DL/T 575.6—1999	控制中心人机工程设计导则第6部分：控制中心总体布局原则	
9	DL/T 575.7—1999	控制中心人机工程设计导则第7部分：控制室的布局	
10	DL/T 575.8—1999	控制中心人机工程设计导则第8部分：工作站的布局和尺寸	
11	DL/T 575.9—1999	控制中心人机工程设计导则第9部分：显示器、控制器及相互作用	
12	DL/T 575.10—1999	控制中心人机工程设计导则第10部分：环境要求原则	
13	DL/T 575.11—1999	控制中心人机工程设计导则第11部分：控制室的评价原则	
14	DL/T 575.12—1999	控制中心人机工程设计导则第12部分：视觉显示终端(VDT)工作站	
15	DL/T 682—1999	母线金具用沉头螺钉	
16	DL/T 683—1999	电力金具产品型号命名方法	GB/＊2316—1985
17	DL/T 684—1999	大型发电机变压器继电保护整定计算导则	
18	DL/T 685—1999	放线滑轮基本要求、检验规定及测试方法	SD158—1985
19	DL/T 686—1999	电力网电能损耗计算导则	

续表

序号	标准编号	标准名称	代替标准号
20	DL/T 687—1999	微机型防止电气误操作装置通用技术条件	
21	DL/T 688—1999	电力系统远方跳闸信号传输装置	
22	DL/T 689—1999	液压压接机	
23	DL/T 690—1999	交流高压断路器合成试验技术条件	
24	DL/T 691—1999	高压架空送电线路无线电干扰计算方法	
25	DL/T 692—1999	电力行业紧急救护工作规范	
26	DL/T 693—1999	烟囱混凝土耐酸防腐蚀涂料	
27	DL/T 694—1999	高温紧固螺栓超声波检验技术导则	
28	DL/T 695—1999	电站钢制对焊管件	
29	DL/T 696—1999	软母线固定金具	GB/＊2345.1～2345.2—1985
30	DL/T 697—1999	硬母线固定金具	GB/＊2344.1～2344.3—1985
31	DL/T 698—1999	低压电力用户集中抄表系统技术条件	
32	DL/T 699—1999	带电作业用绝缘托瓶架通用技术条件	
33	DL/T 700.1—1999	电力物资编码第1部分：材料产品	
34	DL/T 700.2—1999	电力物资编码第2部分：机电产品	
35	DL/T 700.3—1999	电力物资编码第3部分：备品配件	
36	DL/T 701—1999	火力发电厂热工自动化术语	
37	DL/T 702—1999	矿物绝缘油中糠醛含量测定方法（分光光度法）	
38	DL/T 703—1999	绝缘油中含气量的气相色谱测定法	
39	DL/T 704—1999	变压器油、汽轮机油中T501抗氧化剂含量测定法（液相色谱法）	
40	DL/T 705—1999	运行中氢冷发电机用密封油质量标准	
41	DL/T 706—1999	电厂用抗燃油自燃点测定方法	
42	DL/T 707—1999	HS系列环锤式碎煤机	GB/＊10037—1988
43	DL/T 708—1999	MG型埋刮板给煤机	SD214—1987
44	DL/T 709—1999	压力钢管安全检测技术规程	
45	DL/T 710—1999	水轮机运行规程	
46	DL/T 711—1999	汽轮机调节控制系统试验导则	
47	DL/T 5016—1999	混凝土面板堆石坝设计规范	DL5016—1993
48	DL/T 5102—1999	土工离心模型试验规程	
49	DL/T 5103—1999	35kV～110kV无人值班变电所设计规程	
50	DL/T 5104—1999	火力发电厂工程地质测绘技术规定	SDGJ65—1984
51	DL/T 5105—1999	水电工程水利计算规范	
52	DL/T 5106—1999	跨越电力线路架线施工规程	
53	DL/T 5107—1999	水电水利工程沉沙池设计规范	
54	DL/T 5108—1999	混凝土重力坝设计规范	SDJ21—1978、DL/T 5005—1992
55	DL/T 5109—1999	水电水利工程施工地质规程	SDJ18—1978

注 “代替标准号”列中，“GB/＊”表示调整为行业标准的原国家标准。

关于印发《电力可靠性管理暂行办法》的通知

(国经贸电力［2000］970号)

各省、自治区、直辖市、计划单列市及新疆生产建设兵团经贸委(经委),国家电力公司,中国电力企业联合会:

为进一步加强电力可靠性管理，提高电力行业现代化管理水平，国家经贸委制定了《电力可靠性管理暂行办法》，现予印发，请遵照执行。对执行中遇到的情况和问题，请及时向我委反映。

二〇〇〇年十月十三日（印）

电力可靠性管理暂行办法

第一条 为加强电力可靠性管理，提高电力行业的现代化管理水平，根据《中华人民共和国电力法》及国家有关规定，结合电力行业实际情况，制定本办法。

第二条 中华人民共和国境内从事电力生产、建设、电网经营、电力供应等电力企业和事业单位应当遵守本办法。

从事电力规划设计、建设安装、维修、技术改造及设备采购等工作的企业和事业单位，应当根据本办法的有关规定开展可靠性管理工作。

第三条 电力可靠性管理的基本任务是:

（一）按照本办法的有关规定，制订电力可靠性准则和统计评价规程;

（二）评价和分析电力系统运行可靠性;

（三）研究和拟订电力系统及电力设备最佳可靠性目标;

（四）建立可靠性效益评价系统，提高电力系统安全、经济运行水平和可靠性管理水平。

第四条 国家经济贸易委员会负责制定电力可靠性管理办法及相关规定，实施对电力可靠性工作的宏观管理与监督。

各省、自治区、直辖市经贸委（经委）在职责范围内负责对本地区电力可靠性工作实施监督管理。

第五条 中国电力企业联合会归口负责开展全国电力可靠性管理的具体工作，受国家经济贸易委员会委托，可根据本办法拟订实施细则及有关规章制度，统一发布电力可靠性指标。

第六条 电力企业从事本单位内部及所辖范围的电力可靠性管理工作，应当达到以下基本要求:

（一）建立和健全电力可靠性管理体系，明确一名负责人全面负责可靠性管理工作;

（二）明确责任部门并配备必要的可靠性专责技术人员负责可靠性管理的日常工作（包括可靠性数据的采集、存储、核实、分析、报送等);

（三）按照有关规程、制度，定期向中国电力企业联合会电力可靠性管理机构报送电力可靠性数据;

（四）可靠性专责技术人员应持证上岗，其职称评定、晋升晋级均按技术系列进行，享受其他同类专业技术人员同等待遇;

（五）实行目标管理，定期进行可靠性评估;

（六）定期组织本企业内的可靠性业务培训、考核及技术交流活动。

第七条 电力企业、事业单位应当根据全国统一的规定制定适合于本单位的可靠性准则和办法，并抄送中国电力企业联合会。

第八条 可靠性数据和信息的统计及上报工作，应严格执行有关规程的规定，维护可靠性指标的公正性、准确性与权威性。禁止任何单位、个人以任何形式对可靠性数据进行不正当的干预。

第九条 在可靠性管理工作中取得优异成绩的单位和个人，中国电力企业联合会及有关单位可予以表彰；违反本办法有关规定的，中国电力企业联合会及有关单位视情节轻重予以批评、纠正，或报国家经济贸易委员会处理。

第十条 本办法由国家经济贸易委员会负责解释。

第十一条 本办法自发布之日起施行,原电力工业部颁发的《电力可靠性管理工作若干规定》同时废止。

印发《关于推进和规范县供电企业改革若干问题的意见》的通知

(国经贸电力［2000］971号)

各省、自治区、直辖市经贸委（经委):

现将《关于推进和规范县供电企业改革若干问题的意见》印发你们，请结合本地区农村电力体制改革实施方案，认真贯彻执行。

县供电企业改革是农村电力体制改革工作的重要内容。这项改革涉及面宽、问题多、矛盾大、政策性强，各地经贸委（经委）要切实负起责任，加强领导，认真组织，做好协调监督工作，及时解决改革中出现的矛盾和问题，按时完成县供电企业改革的各项任务。

二〇〇〇年十月十三日（印）

关于推进和规范县供电企业改革若干问题的意见

为进一步贯彻落实《国务院批转国家经贸委关于加快农村电力体制改革加强农村电力管理意见的通知》（国发［1999］2号）精神，推进和规范县（含县级市、区，下同）供电企业改革，建立现代企业制度，规范农村电力市场秩序，减轻农民用电负担，提高县供电企业经济效益和社会效益，促进农村电气化事业和农村经济的发展，现提出以下意见。

一、县供电企业都要进行规范的公司制改革，要坚持县为实体、一县一公司和县乡（镇）电力一体化管理的原则，原则上一县一个供电营业区。各地区要按照国家经贸委批复的农村电力体制改革实施方案，加大改革力度，加快改革步伐。

二、直供直管县供电企业和上划省电力公司直接管理的县供电企业，要改革为省电力公司的子公司。国家电力公司要加快子公司改革的步伐，首先要加快子公司改革的试点工作，年内要完成试点县的改革，并在总结试点经验的基础上全面推开直供直管县供电企业的改革工作。

三、趸售县供电企业在上划直接管理过程中，省电力公司要规范运作，加强企业内部管理，进行财务并账和统一核算。各地方政府和电力企业要创造条件，积极配合，做好交接工作，并共同安置好分流人员，共同处理好债权、债务。与电网建设无关的债权、债务，由当地政府负责处理。

四、趸售县供电企业由省电力公司代管的，应按照国家经贸委办公厅《关于转发国家电力公司关于趸售县供电企业代管办法（试行）的通知》（国经贸厅电力［1999］103号）要求进行规范代管，要注意防止重代管、轻管理的问题发生。

五、县供电企业的代管是一种过渡形式。代管期间，当地政府和省电力公司要积极创造条件，按照建立现代企业制度的要求，尽快进行公司制改革。具备条件的趸售县供电企业，也可直接组建有限责任公司或股份有限公司。

六、趸售县供电企业进行公司制改革时，要根据《中华人民共和国公司法》及有关法律法规的规定和国家关于农村电力体制改革的有关文件精神规范操作。公司组建后，继续执行国家或地方有关趸售县的政策。

七、县供电企业进行公司制改革时，要对有关债权、债务核实界定，做到产权清晰。具体出资比例，由出资各方商定。公司组建时，出资各方的资金必须及时足额到位。对分流人员和离退休人员要妥善安置，以维护社会稳定。

八、公司的出资，可以是投入该县农村电网建设与改造的资本金、所属电网现有生产经营性资产或货币。银行贷款不能作为出资。资产评估工作应由股东各方协商认可的、具有资质的评估机构进行评估，评估结果需经国有资产管理部门确认。

九、投资各方无偿占用的土地不作为股东出资。无偿上划的乡镇电管站资产、农村集体电力资产不作为出资，但可作为有限责任公司或股份有限公司的资产进行管理。用户的专用变压器及线路、国家明令规定淘汰或报废的供电设备、非生产性设施等不纳入评估范围。

十、县供电企业为政府和其他财政拨款单位向银行借的款，政府和其他财政拨款单位无力归还的，并入有限责任公司或股份有限公司核算范围并冲抵代表该县政府出资方的出资额；提供的借款担保，县政府有关部门应为此出具承诺函，当有限责任公司或股份有限公司因履行担保责任受到损失的，相应冲抵代表该县政府出资方的出资额。同时对一些效益好的企业提供的担保应相应取得反担保。

十一、自供自管县应按国务院国发[1999]2号文件精神,因地因网制宜进行改革。省电力公司可以通过参股、入股等方式,与自供自管县供电企业相互配合,共同创造条件,组建有限责任公司或股份有限公司。对厂网分开后的小水电站,省经贸委要会同有关部门确定合理的上网电量和电价,保证其合理收益。

十二、县供电有限责任公司或股份有限公司组建后，出资各方要严格按照现代企业制度的要求，完善法人治理结构，转变观念，改变工作方式，规范运作，避免对公司的经营管理进行直接行政干预和多头管理。

十三、县供电企业要加强管理，牢固树立“人民电业为人民”的服务意识，坚持“电力为农村、为农民、为农村经济发展服务”的宗旨。

十四、各省可以根据此意见，结合当地实际情况，制定实施细则。

印发《关于资源枯竭矿山和中央所属关闭破产企业供电系统移交问题的意见》的通知

（国经贸电力［2000］1018号）

各省、自治区、直辖市、计划单列市及新疆生产建设兵团经贸委（经委）、电力公司：

为保证资源枯竭矿山和中央所属企业关闭破产工作的顺利进行，经国务院领导同志同意，现将《关于资源枯竭矿山和中央所属关闭破产企业供电系统移交问题的意见》印发给你们，请遵照执行。

二〇〇〇年十月二十七日（印）

关于资源枯竭矿山和中央所属关闭破产企业供电系统移交问题的意见

为保证资源枯竭矿山和中央所属企业关闭破产工作的顺利完成，按照《中共中央办公厅、国务院办公厅关于进一步做好资源枯竭矿山关闭破产工作的通知》（中办发［2000］11号）、《研究辽宁部分有色金属和煤炭企业关闭破产有关问题的会议纪要》［国阅（1999）33号］文件精神，现就破产企业供电系统移交问题提出如下原则意见：

一、管理体制。破产企业原有的供电系统（包括生产、居民生活和向其他企业、用户转供电的部分），可以考虑下面两种体制模式：（一）供电资产和供电业务原则上划归当地省电力公司，由省电力公司直接管理；（二）具备条件的，可组建矿区供电有限责任公司或股份有限公司（简称供电公司），业务由当地省电力公司代管。上述两种方式由当地人民政府商国家电力公司后确定。

二、人员安置。矿区供电系统划归省电力公司直接管理的，由省电力公司按照国家电力公司供电劳动定员标准，因地制宜，合理定编。组建矿区供电公司的，矿区原供电职工由地方人民政府参照有关定员标准统筹安排。富余供电职工由地方人民政府按照国家有关政策安置分流。

三、电费问题。破产企业破产终结前所欠电费，按国家破产企业债务处理的有关规定办理，破产期间电费应纳入破产费用；破产终结后新组建的企业不应拖欠电费。如发生欠费，原则上由地方政府督促用电企业缴付，企业无力缴付而地方政府又要求保证供电的，由当地政府予以补助。

四、电网改造。破产企业供电系统确需改造的，由省人民政府纳入农村电网改造计划，按程序报国家计委审批。改造后，要将生产和生活用电分开，实行一户一表。

五、对由省电力公司接收的矿区供电系统，由省电力公司在当地建立相应的供电管理机构，实行属地化管理的原则，对供电单位实行内部独立核算、自负盈亏的管理模式。对供电职工的工资，原则上承认历史、保持现状，今后根据供电单位的运营效益情况，由各供电公司确定工资水平。对省电力公司接收人员的工资总额，应根据国家有关规定，经劳动保障部门批准后划转。社会保险按国家有关政策执行。

关于发布《12kV～40.5kV高压真空断路器订货技术条件》等52项电力行业标准的通知

（国经贸电力［2000］1048号）

各省、自治区、直辖市及新疆生产建设兵团经贸委（经委）、电力公司，国家电力公司、华北电力集团公司、华能集团公司、国家电力公司东北公司、华东公司、华中公司、西北公司、南方公司，各有关单位：

国家经贸委批准《12kV～40.5kV高压真空断路器订货技术条件》等47项推荐性电力行业标准、《火力发电厂金属技术监督规程》等4项强制性电力行业标准和电力行业标准化指导性技术文件《500kV变电所保护和控制设备抗扰度要求》。现予发布，自2001年1月1日起实施。

实施中有何问题和意见，请函告有关专业标准化技术委员会，并抄送中国电力企业联合会标准化中心。

以上标准由中国电力出版社出版、发行。

附件：52项电力行业标准编号及名称

二〇〇〇年十一月三日（印）

附件：

52项电力行业标准编号及名称

序号	标准编号	标准名称	代替标准号
1	DL/T 403—2000	12kV～40.5kV高压真空断路器订货技术条件	DL/T 403—1991
2	DL 438—2000	火力发电厂金属技术监督规程	DL 438—1991
3	DL/T 448—2000	电能计量装置技术管理规程	DL/T 448—1991
4	DL/T 459—2000	电力系统直流电源柜订货技术条件	DL/T 459—1992

续表

序号	标 准 编 号	标 准 名 称	代替标准号
5	DL/T 486—2000	交流高压隔离开关和接地开关订货技术条件	DL/T 486—1992
6	DL/T 487—2000	330kV及500kV交流架空送电线路绝缘子串的分布电压	DL/T 487—1992
7	DL/T 712—2000	火力发电厂凝汽器管选材导则	SD116—1984
8	DL/Z 713—2000	500kV变电所保护和控制设备抗扰度要求	
9	DL/T 714—2000	汽轮机叶片超声波检验技术导则	
10	DL/T 715—2000	火力发电厂金属材料选用导则	
11	DL/T 716—2000	电站隔膜阀选用导则	
12	DL/T 717—2000	汽轮发电机组转子中心孔检验技术导则	
13	DL/T 718—2000	火力发电厂铸造三通、弯头超声波探伤方法	
14	DL/T 719—2000	远动设备及系统第5部分：传输规约第102篇：电力系统电能累计量传输配套标准	
15	DL/T 720—2000	电力系统继电保护柜、屏通用技术条件	
16	DL/T 721—2000	配电网自动化系统远方终端	
17	DL/T 722—2000	变压器油中溶解气体分析和判断导则	SD187—1986
18	DL/T 723—2000	电力系统安全稳定控制技术导则	
19	DL/T 724—2000	电力系统用蓄电池直流电源装置运行与维护技术规程	
20	DL/T 725—2000	电力用电流互感器订货技术条件	
21	DL/T 726—2000	电力用电压互感器订货技术条件	
22	DL/T 727—2000	互感器运行检修导则	
23	DL/T 728—2000	气体绝缘金属封闭开关设备订货技术导则	
24	DL/T 729—2000	户内绝缘子运行条件电气部分	
25	DL/T 730—2000	进口水轮发电机（发电/电动机）设备技术规范	
26	DL/T 731—2000	电能表测量用误差计算器	
27	DL/T 732—2000	电能表测量用光电采样器	
28	DL/T 733—2000	机动绞磨技术条件	
29	DL/T 734—2000	火力发电厂锅炉汽包焊接修复技术导则	
30	DL/T 735—2000	大型汽轮发电机定子绕组端部动态特性的测量及评定	
31	DL/T 736—2000	剩余电流动作保护器农村安装运行规程	SD219—1987
32	DL/T 737—2000	农网无人值班变电所运行管理规定	
33	DL/T 738—2000	农村电网节电技术规程	
34	DL/T 739—2000	LW—10型六氟化硫断路器检修工艺规程	
35	DL 740—2000	电容型验电器	
36	DL 5000—2000	火力发电厂设计技术规程	DL 5000—1994
37	DL/T 5110—2000	水电水利工程模板施工规范	SDJ207—1982中“模板工程”部分
38	DL/T 5111—2000	水电水利工程施工监理规范	
39	DL/T 5112—2000	水工碾压混凝土施工规范	

续表

序号	标准编号	标准名称	代替标准号
40	DL/T 5113.8—2000	水电水利基本建设工程单元工程质量等级评定标准（八）水工碾压混凝土工程	
41	DL/T 5114—2000	水电水利工程施工导流设计导则	
42	DL/T 5115—2000	混凝土面板堆石坝接缝止水技术规范	
43	DL/T 5116—2000	水电水利工程碾压式土石坝施工组织设计导则	
44	DL/T 5117—2000	水下不分散混凝土试验规程	
45	DL/T 5118—2000	农村电力网规划设计导则	
46	DL/T 5119—2000	农村小型化无人值班变电所设计规程	
47	DL/T 5120—2000	小型电力工程直流系统设计规程	
48	DL/T 5121—2000	火力发电厂烟风煤粉管道设计技术规程	
49	DL/T 5122—2000	500kV架空送电线路勘测技术规程	SDGJ68—1987
50	DL/T 5123—2000	水电站基本建设工程验收规程	SDJ275—1988
51	DL/T 5050—2000	水利水电工程坑探规程	DL/T 5050—1996
52	DL 5073—2000	水工建筑物抗震设计规范	DL 5073—1997

关于印发宝珠寺水电站库区淹没处理补偿投资调整概算审定意见的函

（国经贸电力［2000］1254号）

四川省电力公司，四川、陕西、甘肃省移民办：

我委委托中国水电顾问公司，对四川、陕西、甘肃省有关部门及四川省电力公司上报的有关宝珠寺水电站库区淹没处理补偿投资调整概算专题报告进行了审查，并请国家计委进行了核定，在此基础上，形成了《宝珠寺水电站库区淹没处理补偿投资调整概算审定意见》，现印发你们，请遵照执行。

宝珠寺水电站水库淹没处理补偿投资调整概算审定为152413万元，其中四川省126503万元、陕西省9475万元、甘肃省16435万元。本次审定概算为最终概算，今后不再调整。各有关单位要严格控制和合理使用投资，确保移民妥善安置和电站正常运行。

附表1：宝珠寺水电站库区淹没处理补偿投资调整概算审定表（四川省部分）

附表2：宝珠寺水电站库区淹没处理补偿投资调整概算审定表（陕西省部分）

附表3：宝珠寺水电站库区淹没处理补偿投资调整概算审定表（甘肃省部分）

二〇〇一年一月四日（印）

宝珠寺水电站库区淹没处理补偿投资调整概算审定意见

第一部分 四川省库区

四川省人民政府办公厅《关于报送〈宝珠寺水电站工程技术设计水库淹没处理补偿投资调整概算（四川省部分）专题报告〉的报告》（川办函［1998］112号），国家经贸委已于1998年11月以国经贸电力［1998］766号文批复。为了适应现行政策和实际情况，更好地做好库区移民工作，决定对宝珠寺水电站库区淹没处理补偿投资概算（四川省部分）作如下调整：

一、调减价差预备费1744万元；

二、增列金洞乡集镇二次搬迁补偿投资2730万元（含抢险排危、地质观测和临时搬迁安置费491万元），由地方包干使用。

三、核减人行索桥投资252万元。增列姚渡桥和连接路建设项目，由四川省负责实施。该项目投资856万元，其中宝珠寺水电站承担571万元，四川省承担285万元。如果建桥投资有缺口，由四川省解决；如果桥不动工建设，电站则不予拨付资金。

宝珠寺水电站水库淹没处理补偿投资（四川省部分）1998年国家审定的水库淹没处理投资为125198万元，按上述调整意见本次共调增1305万元。调整后宝珠寺水电站水库淹没处理补偿投资（四川省部分）总计为126503万元（详见附表1）。

第二部分　陕西省库区

受国家经贸委委托，中国水电顾问有限公司于1999年5月10日～5月12日在北京组织召开了宝珠寺水电站水库淹没处理补偿投资概算（陕西省部分）调整审查会。参加会议的有：国家电力公司水电及新能源发展部，四川省电力工业局，陕西省计委、陕西省移民办，汉中市水电局、移民办，宁强县人民政府、移民办，宝珠寺水电建设管理局，西北勘测设计研究院的代表及特邀专家共48人。会前，部分代表和专家对库区进行了实地查勘。

按照原电力工业部水电水利规划设计总院《关于请尽快编报宝珠寺水电站水库淹没处理补偿投资概算调整报告的函》（水电规库［1997］0003号）的要求，西北勘测设计研究院与陕西省移民工作领导小组办公室于1998年11月共同提出了《宝珠寺水电站工程技术设计水库淹没处理补偿投资调整概算（陕西省部分）专题报告》（以下简称《专题报告》）。1999年2月陕西省人民政府以《关于报送宝珠寺水电站工程技术设计水库淹没处理补偿投资调整概算（陕西省部分）专题报告的函》（陕政函［1999］25号）上报国家经贸委。审查会议听取了西北院和陕西省移民办及宁强县人民政府关于报告编制和陕西省库区移民安置的情况介绍，对《专题报告》进行了认真审议。会议基本同意《专题报告》，形成了审查意见，经国家计委核定，最终审定意见如下：

一、同意报告采用的概算调整编制原则和依据。同意根据已审定的实物指标和补偿标准，计算1993～1996年国家政策变化和物价上涨两个因素引起的投资变化，1997年及以后剩余工作量的补偿投资的价差预备费计至1998年底。

二、关于补偿投资价差调整

（一）基本同意补偿投资价差计算方法，即依据1996年国家审定1992年价格水平的补偿投资，采用分项物价上涨指数，按移民资金实际到省拨款进度，分年进行价差计算。

（二）基本同意报告采用的历年完成移民补偿投资统计表。根据陕西省建设银行提供的证明，同意将1996年12月由宝珠寺水电建设管理局拨出的2000万元，计入1997年1月的移民经费中。1996年底累计到位移民资金为2230万元，1997年到位资金3112.74万元。

（三）基本同意报告采用的分项逐年物价上涨指数及计算的价差，主要意见如下：

1.报告测算的耕地亩产值上涨指数基本合理，但对于夏杂、秋杂等作物单价应进一步分析复核。

2.农村房屋造价应采用补偿价格测算上涨指数，并进一步复核房屋的材料及人工用量。

3.水利设施上涨指数偏高，经进一步复核后，累计上涨指数调整为84.57%，水利设施补偿费价差调整为82.98万元。

4.基本同意农村搬迁费和零星树木补偿的分年上涨指数、累计上涨指数和价差。

5.基本同意集镇房屋及附属设施、搬迁运输及其他的分年上涨指数、累计上涨指数和价差，基础设施的累计上涨指数核减为75.83%，相应价差为137.64万元。

6.基本同意专项设施部分的广播电视及通信、输变电工程的上涨指数、累计上涨指数和价差。交通设施部分在选取川陕公路为测算典型工程时，部分项目计算偏低，经调整修改，交通设施累计上涨指数为44.73%，其相应补偿费价差调整为386.75万元。

三、关于补充项目

（一）为保证宝珠寺水电站1996年底按时蓄水发电，库区移民在抢搬抢建过程中发生了计划外费用，同意补助临时过渡设施费和搬迁便道投资计32.7万元。

（二）在移民实施过程中，地方政府已将部分移民由分散安置变更为集中安置。同意增加草鞋沟、青木川、平台山三个集中安置点的基础设施投资76.02万元。

（三）1998年7～8月，库区宁强县广坪地区普降暴雨，暴雨及暴雨形成的洪灾给部分移民的财产与库区专项设施造成严重损失。同意给予一次性补助135.09万元。

（四）由于川陕公路开挖和水库蓄水的影响，在川陕公路以上10～20m出现一处滑坡体，直接影响4户23人的居住安全。同意给予搬迁处理，计列补偿补助投资22.57万元。

（五）为进一步解决库区移民生产生活存在的具体问题，有关专项设施进行以下调整：

1.为解决库区北山生产开发的交通问题，同意新增北山小溪垭至望雨台机耕路6.8km，按1996年补偿单价，计列投资216.52万元。

2.龙神庙至王家河机耕路由于地质地貌等原因，实施较原规划增加2.3km。同意按1996年价格水平计列新增加线路投资73.23万元。

3.为方便移民交通并考虑少占耕地等原因，川陕公路实施时较规划长度增加600m。同意按1996年价格计列新增加线路投资43.85万元。

4.同意增列草鞋沟、王家河、平台山和后坝等四处移民点的人行码头，计投资共8.76万元。

（六）同意增列移民教育补助费11.68万元。

（七）增列宁强县广坪镇和城关镇移民安置点基础设施补助42万元。

（八）增列宁强县后坝、平台山后靠移民补助 51 万元。

四、其他

（一）1997 年拨付完成直接费的价差预备费率、1998 年价差预备费率按当地统计年报进行调整，核定价差预备费为 180 万元，并按增加投资比例计入农村移民安置补偿费、集镇迁建补偿费、专项设施复建费、补充项目等项目中。

（二）相应调整勘测规划设计费、实施管理费、技术培训费、监理费及其他等费用，核定投资为 459 万元。

（三）增列库区环境保护费 50 万元。

宝珠寺水电站水库淹没处理补偿投资（陕西省部分）1996 年国家审定的水库淹没处理投资为 5407.74 万元（含前期工作费 65 万元），按上述调整意见本次共调增 4067.26 万元。调整后宝珠寺水电站水库淹没处理补偿投资（陕西省部分）总计为 9475 万元（详见附表 2）。

第三部分 甘肃省库区

受国家经贸委委托，中国水电顾问有限公司于 1999 年 5 月 6 日～5 月 8 日在北京组织召开了宝珠寺水电站水库淹没处理补偿投资概算（甘肃省部分）调整审查会。参加会议的有：国家电力公司水电及新能源发展部、投融资部，四川省电力工业局，甘肃省人民政府办公厅，甘肃省计委，甘肃省移民办，陇南地区行署、移民办，文县人民政府、移民局，宝珠寺水电建设管理局，西北勘测设计研究院的代表及特邀专家 51 人。会前，部分代表和专家查勘了库区。

按照原电力工业部水电水利规划设计总院《关于请尽快编报宝珠寺水电站水库淹没处理补偿投资概算调整报告的函》（水电规库［1997］0003 号）的要求，西北勘测设计研究院与甘肃省计划委员会于 1998 年 11 月共同提出了《宝珠寺水电站工程技术设计水库淹没处理补偿投资调整概算（甘肃省部分）专题报告》（以下简称《专题报告》），甘肃省计委以《关于上报〈宝珠寺水电站水库淹没补偿投资概算（甘肃省部分）专题报告〉的报告》（甘计移［1999］065 号）上报国家经贸委。会议听取了西北院和甘肃省移民办及文县人民政府关于报告编制和甘肃省库区移民安置的情况介绍，对《专题报告》进行了认真审议。会议基本同意《专题报告》，形成了审查意见，经国家计委核定，最终审定意见如下：

一、同意采用的概算调整编制原则和依据。同意根据已审定的实物指标和补偿标准，计算 1993～1996 年国家政策变化和物价上涨两个因素引起的投资变化，1997 年及以后剩余工作量的补偿投资的价差预备费计至 1998 年底。

二、关于价差调整

（一）基本同意价差计算方法，即依据 1996 年国家审定 1992 年价格水平的补偿投资，采用分项物价上涨指数，按实际到省资金拨付进度，分年进行价差计算。

（二）基本同意报告采用的历年移民资金拨付统计表。1993 年原水电五局所拨费用 400 万元，省移民办已实际用于甘川公路项目中，因而不再作为 1993 年已支付的库区移民费用。1996 年 11 月拨付的 500 万元计入当年的移民经费中。1996 年底累计到位移民资金为 2795 万元，1997 年到位资金为 2656.25 万元。

（三）基本同意报告采用的分年分项物价上涨指数和计算的价差，部分项目物价指数和补偿投资调整如下：

1. 房屋及附属设施上涨指数偏高，经复核测算基础后，1993～1996 年累计上涨指数调整为 67.45%，农村房屋及附属设施补偿费价差调整为 316.77 万元，余家湾小区居民房屋补偿费价差调整为 3.29 万元、单位房屋补偿费价差调整为 36.75 万元。

2. 机耕路物价上涨指数偏高，经进一步测算机耕路单位公里造价，1993～1996 年累计上涨指数调整为 42.96%，据此调整库周交通的物价上涨指数。机耕路补偿费价差调整为 228.57 万元，人行路补偿费价差调整为 11.77 万元，吊桥补偿费价差调整为 76.19 万元，机耕道桥补偿费价差调整为 69.42 万元，水上交通补偿费价差为 44.45 万元。

三、关于补充项目

（一）根据宝珠寺水电站 1997 年防洪渡汛协调会议纪要，同意给予经核定的二次搬迁移民 641 人补助费 111.11 万元。

（二）库区淹没影响的余家湾等四所小学目前已建成，但规模与标准较原实物量有所扩大。考虑到库区的实际情况，同意适当补助：补助标准按 1996 年砖木结构单价计算，并计入原审定文教卫生补助费 12 万元，总计教育卫生设施补助费 55.12 万元。

（三）为解决白龙江右岸的部分移民交通不便问题，同意增建江南机耕路 7km，按 1996 年单价计算，补偿投资调整为 260.95 万元。

（四）对于甘肃省计委提出要求解决的其他问题，同意计入补偿的项目如下：

1. 清峪沟吊桥一座，投资 85.00 万元。

2. 中庙乡码头一处，投资 62.00 万元。

3. 人行渡口二处，投资 13.09 万元。

4. 对 1998 年暴雨、洪水造成的库区水毁损失给予一次性补助 111.05 万元。

5. 宝珠寺水库尾水接碧口水电站。碧口下游河床为卵石河床，在当地采金船的作业下，河势经常变化，流态也大大恶化。在碧口电站泄流时，将河床质带往下游,并在码头水道产生淤积。因此,要制止采金船盲目乱开采对水道的影响,此外,在枯水期应拓展老码头的功能,发挥老码头的作用。对码头部位的淤积,一次性补助清淤和维护费用20.00万元,包干使用。

四、其他

(一)1997年拨付完成直接费的价差预备费率、1998年价差预备费率按当地统计年报进行调整,核定价差预备费为138万元,并按增加投资比例计入农村移民安置补偿费、小区迁建恢复费、专项设施复建费、补充项目等项目中。

(二)增列甘川公路(甘肃段)实际发生耕地占用税95万元。

(三)相应调整勘测规划设计费、实施管理费、技术培训费、监理费及其他等费用,核定投资为374万元。

(四)增列库区环境保护费50万元。

(五)增列212国道甘川公路甘肃段水毁损失补助50万元。

(六)增列团鱼河桥建设项目,由甘肃省负责实施。该项目投资310万元,其中宝珠寺水电站承担207万元,甘肃省承担103万元。不再计列汽车摆渡设施增补费。如果建桥投资有缺口,由甘肃省解决;如果桥不动工建设,电站则不予拨付资金。

宝珠寺水电站水库淹没处理补偿投资(甘肃省部分)1996年国家审定的水库淹没处理投资为5451.25万元,库区甘川公路甘肃段复建投资为6600万元。按上述调整意见本次共调增4383.75万元。调整后宝珠寺水电站水库淹没处理补偿投资(甘肃省部分)总计为16435万元(详见附表3)。

附表1:

宝珠寺水电站库区淹没处理补偿投资调整概算审定表

(四川省部分)

序号	项目	审定投资(万元)	备注
一	农村移民安置补偿费	60481	
1	土地补偿及安置补助费	40356	
2	房屋及附属设施补偿费	11657	
3	水利水电设施补偿费	1682	
4	搬迁运输费	1196	
5	零星树木补偿费	5590	

续表

序号	项目	审定投资(万元)	备注
二	集镇迁建补偿费	7296	
1	居民机关房屋及搬迁补偿	2386	
2	公共设施恢复费	4910	
三	工矿企业迁建补偿	2878	
1	房屋及附属设施补偿	659	
2	企业迁建补偿	2219	
四	专项设施复建费	6055	
1	电信工程	846	
2	广播电视工程	523	
3	输变电工程	4550	
4	文物古迹处理	136	
五	库周交通恢复	7869	
1	道路	6391	
2	水上交通	1478	姚渡桥及连接路总投资856万元,其中四川省分摊285万元
六	库底清理	252	
七	补充项目	5219	
1	滑坡、塌岸治理	3008	
2	强搬抢建	350	
3	专项设施	1691	
4	教育设施补助	170	
	一～七部分合计	90050	
八	其他费用	3848	
1	实施管理费	2247	
2	勘测规划设计费	1236	
3	技术培训费	264	
4	工程监理费	101	
九	库区其他专项补偿费	31644	
1	212国道川甘公路四川段补偿费	27610	
2	白水金矿补偿费	680	
3	水库泥沙观测费	120	
4	金洞乡集镇二次搬迁	2730	
5	库区环境保护费	504	
十	基本预备费	961	
十一	静态投资	126503	
十二	价差预备费	0	
十三	总投资	126503	

附表2:

宝珠寺水电站库区淹没处理补偿投资调整概算审定表

（陕西省部分）

序号	项　目	审定投资（万元）	备　注
一	农村移民安置补偿费	5184	
1	土地补偿及安置补助费	3162	
2	房屋及附属设施补偿费	1413	
3	水利水电设施补偿费	208	
4	搬迁运输费	143	
5	零星树木补偿费	258	
二	集镇迁建补偿费	610	
1	居民机关房屋及搬迁补偿	205	
2	公共设施恢复费	405	
三	专项设施复建费	2406	
1	广播电视及通信	81	
2	输变电工程	980	
3	交通设施	1345	
四	库底清理	7	
五	补充项目	649	
1	洪灾、滑坍补偿投资	165	
2	移民安置点基础设施	80	
3	专项设施补充规划	358	
4	抢搬强建及教育设施补助	46	
	一～五部分合计	8856	
六	其他费用	509	
1	实施管理费	195	
2	勘测规划设计费	192	
3	技术培训费	21	
4	工程监理费	29	
5	其他	22	
6	库区环境保护费	50	
七	基本预备费	110	
八	静态投资	9475	
九	价差预备费	0	
十	总投资	9475	

附表3:

宝珠寺水电站库区淹没处理补偿投资调整概算审定表

（甘肃省部分）

序号	项　目	审定投资（万元）	备　注
一	农村移民安置补偿费	4691	
1	土地补偿及安置补助费	2772	
2	房屋及附属设施补偿费	1089	
3	水利水电设施补偿费	364	
4	搬迁运输费	118	
5	零星树木补偿费	348	
二	小区迁建恢复费	349	
1	居民机关房屋及搬迁补偿	121	
2	公共设施恢复费	228	
三	专项设施复建费	3353	
1	广播电视及通信	104	
2	输变电工程	1580	
3	交通设施	1669	团鱼河桥总投资310万元，其中甘肃省分摊103万元
四	库底清理	18	
五	补充项目	723	
1	移民二次搬迁	115	
2	教育设施重建	57	
3	江南机耕道	270	
4	清浴沟吊桥	88	
5	中庙乡码头	64	
6	人行渡口	14	
7	水毁损失	115	
	一～五部分合计	9134	
六	其他费用	374	
1	实施管理费	178	
2	勘测规划设计费	129	
3	技术培训费	20	
4	工程监理费	25	
5	其他	22	
七	库区其他专项补偿费	6815	
1	212国道甘川公路甘肃段补偿费	6765	
a	公路复建补偿投资	6650	
b	改建甘川公路甘肃段耕地占用税	95	
c	汽车渡口泥沙清淤费	20	
d	汽车摆渡设施增补费	0	
2	库区环境保护费	50	

续表

序号	项　目	审定投资（万元）	备　注
八	基本预备费	112	
九	静态投资	16435	
十	价差预备费	0	
十一	总投资	16435	

关于豁免江西排涝电费有关问题的复函

（国经贸电力［2000］1118号）

江西省人民政府：

你省上报国务院的《关于恳请豁免我省排涝电费的请示》(赣府文[2000]45号),国办已转我委商有关部门和国家电力公司研究办理。经研究,现函复如下：

你省连续两年遭受洪涝灾害,请求豁免排涝电费,我们十分理解。但电是商品,电费不能正常收取,将直接影响电力企业正常经营和财政收入。根据《中华人民共和国电力法》和国务院颁布的《电力供应与使用条例》第二十一条:“因抢险救灾需要紧急供电时,供电企业必须尽速安排供电。所需工程费用和应付电费由有关地方人民政府有关部门从抢险救灾经费中支付”的规定,排涝属救灾,其电费应由地方政府组织支付。

请你省克服困难，督促有关部门和单位缴纳所欠排涝电费，以保证电力企业的正常经营和生产。

二〇〇〇年十一月二十八日（印）

关于印发《电网调度信息披露暂行办法》的通知

（国经贸电力［2000］1234号）

各省、自治区、直辖市及新疆生产建设兵团经贸委（经委），国家电力公司：

为维护电网经营企业和并网发电企业的合法权益,促进企业间的公平竞争和电力资源的优化配置,实现电网调度“公平、公正、公开 ”,国家经贸委制定了《电网调度信息披露暂行办法》,现予印发,请认真贯彻执行。执行中有何问题,请及时向我委反映。

二〇〇〇年十二月二十六日（印）

电网调度信息披露暂行办法

第一条　为促进电网调度实现“公平、公正、公开”,建立规范化的调度信息披露制度,维护电网经营企业和并网电力生产企业合法权益,促进电力资源的优化配置,根据《中华人民共和国电力法》、《电网调度管理条例》及国家有关规定,结合电力行业实际情况,制定本办法。

第二条　中华人民共和国境内的县级以上电网调度机构、电网经营企业和并网电力生产企业应当遵守本办法。

第三条　国家电力调度通信中心可以根据本办法，结合全国电网实际运行情况，制定全国电网调度信息披露实施细则，并报国家经贸委备案。

大区电网调度机构和省级电网调度机构负责所辖电网具体的调度信息发布工作。

第四条　各省、自治区、直辖市经贸委(经委)负责本地区电网调度信息披露工作的管理与监督检查。

第五条　大区电网调度机构和省级电网调度机构，应当定期组织召开年度、季度信息发布会（月度信息可以简报或者其他形式发布），参加单位包括电力行政管理部门、电网经营企业、电力生产企业和其他有关部门。

第六条　调度机构应当创造条件，开设调度信息网页或者通过适当的报刊媒体，及时披露电网调度信息。披露的电网调度信息应当真实、准确。

第七条　电网调度机构应当披露的主要信息内容包括：

（一）国家和地方政府制定的有关政策、法规。

（二）电网结构情况，电网安全运行约束条件，并网运行机组技术性能等基础资料。

（三）电网年度、月度计划（包括调整计划）与实际发电量；网间交换电量；全网电力需求、用电负荷率；机组主设备、主要线路的年度、本月度和未来两个月的检修计划；主要水电厂（站）来水情况；电网异常情况分析说明；电网经营企业与并网独立电厂电费结算情况。

（四）并网电力生产企业上网电量、上网电价、发电负荷率、执行调度指令情况，完成年度、月度发电计划情况；对年度、月度实际发电量与计划发电量的差异进行分析说明；各类型发电机组利用小时；调峰、调频和调压情况。

（五）其他需要披露的信息。

第八条　电网调度机构对有关电网经营企业和电力生产企业的质疑应当及时予以解答。

第九条　并网电力生产企业应当按照有关规定及时、准确地向有关电网调度机构报送信息。

第十条　电网调度信息的公布使用应当遵守国家

有关的保密制度。

第十一条 调度机构要自觉接受政府和社会的监督，重大问题要按照规定及时报告。对在电网调度信息发布工作中取得优异成绩的单位和个人，有关单位应当予以表彰。

第十二条 本办法由国家经济贸易委员会负责解释。

第十三条 本办法自发布之日起试行。

印发《内蒙古自治区加快农牧区电力体制改革加强农牧区电力管理实施方案》的通知

（国经贸电力［2000］30号）

内蒙古自治区经济贸易委员会：

国家经贸委会同有关部门审定并原则同意《内蒙古自治区加快农牧区电力体制改革加强农牧区电力管理的实施方案》，现印发你们，请认真贯彻执行。

加快农村电力体制改革与发展，加强农村电力管理，是党中央、国务院关于发展农村经济，开拓农村市场，提高农民生活水平，促进农村电气化事业方面的重大措施。做好农村电力工作对促进内蒙古民族地区经济发展和边疆稳定具有重要意义。你委要在自治区人民政府的领导下，切实加强对农牧区电力体制改革工作的组织、指导、监督和检查，把实施方案中确定的各项目标落到实处，真正实现旗（县）苏木（乡、镇）电力一体化管理，实现城乡用电同网同价，减轻农牧民负担，建立起符合内蒙古自治区农牧区经济发展水平的电力体制。

国家电力公司要重视并做好内蒙古自治区赤峰市和通辽市的农村电力体制改革工作，东北公司要根据国家有关政策及批复方案，认真组织落实，积极为当地经济和社会发展服务。

请你委及时协调处理改革中出现的矛盾和问题。重大情况和问题请及时报告国家经贸委。

二〇〇〇年一月十一日（印）

内蒙古自治区加快农牧区电力体制改革加强农牧区电力管理的实施方案

（内蒙古自治区经贸委
一九九九年十一月一日）

根据《国务院批转国家经贸委关于加快农村电力体制改革加强农村电力管理意见的通知》（国发［1999］2号）精神，结合自治区农村牧区电力体制和农村牧区经济发展实际，制定本方案。

一、农牧区电力现状及存在的主要问题

内蒙古自治区共有12个盟（市），101个旗（县、市、区），1568个苏木（乡、镇），14127个嘎查（行政村）。1998年全区乡、村、户通电率分别达到了100%、92.84%和93.94%。1998年全区县及县以下年用电量为53.73亿kW·h，占全区年总用电量的31.6%，其中农牧区年用电量为22.57亿kW·h，占县及县以下年总用电量的42%；县及县以下人均年用电量为258kW·h，其中农业人口人均年用电量为148kW·h。1998年全区县及县以下供电企业职工人数为16882人，其中工程技术人员3441人；农牧区电工18685人。

全区主要由东、西两个电网供电，西部电网位于华北电网的西北部，供呼和浩特市、包头市、乌海市、乌兰察布盟、伊克昭盟、巴彦淖尔盟以及锡林郭勒盟和阿拉善盟的部分地区，由内蒙古电力（集团）有限责任公司（以下简称内蒙古电力公司）经营和管理；东部电网与东北电网联网，供赤峰市、通辽市、兴安盟和呼伦贝尔盟的岭东地区，其中赤峰、通辽市电网和主要电厂由国家电力公司东北公司管理，其余地区电力资产由内蒙古自治区管理。此外，受地域条件的限制，锡林郭勒盟的锡林浩特地区、呼伦贝尔盟的岭西地区、大兴安岭林区和阿拉善盟的额济纳旗均由独立电网供电，其中锡林浩特电网和岭西电网由内蒙古电力公司经营和管理；大兴安岭林区电网由林业部门管理；额济纳旗电网由地方政府管理。还有部分地区由辽宁、吉林、黑龙江、河北、甘肃和宁夏等省（区）供电。

全区设有12个盟市电业（供电）局（同时挂农电局的牌子）和薛家湾供电局，其中呼和浩特、包头、乌海、薛家湾、乌兰察布、伊克昭、巴彦淖尔、锡林郭勒、呼伦贝尔、兴安电业（供电）局为内蒙古电力公司的直属单位，赤峰、通辽电业局为国家电力公司东北公司的直属单位，阿拉善盟电业（农电）局由阿拉善盟行政公署管理。内蒙古电力公司直供直管供电的旗（县）17个，国家电力公司东北公司直供直管的1个，趸售的58个（其中赤峰、通辽地区11个），林业部门管理的1个，农场管理的1个，自供自管的1个，存在多家供电的12个（其中赤峰、通辽地区9个）。全区有1167个乡电管站，均由当地旗（县）农电局实行两个统管、两个考核，即：统一财务管理，统一乡村电工管理；旗（县）农电局对乡电管站考核，乡电管站对乡村电工考核。

目前，全区农牧区用电均执行农牧区分类综合电价，乡村电价由目录电价、高低压线损、农牧区电工工资、农电维护管理费和其他加价因素组成。1997 年，全区农牧区到户加权平均电价为 0.60 元/(kW·h)，其中居民生活照明到户加权平均电价为 0.644 元/(kW·h)，比城镇居民生活用电高 0.355 元/(kW·h)，高出的部分主要由以下三部分构成：乡村电工工资 0.09 元/(kW·h)，维护管理费 0.137 元/(kW·h)，农牧区电网线损 0.128 元/(kW·h)。

随着社会主义市场经济体制的逐步建立和电力体制改革的不断深入，自治区农牧区电力体制已不能满足农牧区经济发展的需要，存在着一些矛盾和问题。主要表现在：一是政企不分，部分旗县供电机构重叠；二是电网建设落后于农牧区经济发展；三是截止 1998 年底，自治区仍有无电行政村 1011 个，有 29.4 万户，约 126 万人口没用上电，加快农牧区电网建设与改造、实现村村通电的任务较为繁重；四是自治区经济实力薄弱，农牧民及农牧业对电价的承受能力较低，供电营业区域复杂，各地电价水平不一，电价管理难度大；五是农电职工队伍庞大，人员过多；六是旗(县)农电局管辖区域大，人口密度低，输电线路长，用电负荷小且分散，管理难度较大；七是赤峰、通辽市的电力体制不顺，城市用电由国家电力公司东北公司管理，农牧区用电由内蒙古自治区管理，不能统一核算，部分地区还出现交叉供电、重复建设的问题，给城乡用电同网同价带来了困难，不利于当地经济的发展。

上述这些问题给自治区农电事业的发展带来了诸多困难，直接影响到自治区农牧业经济的发展，必须通过深化农牧区电力体制改革和加快农牧区电力事业发展加以解决。

二、指导思想和主要原则

农牧区电力体制改革是一项复杂而艰巨的系统工程，必须规范管理、综合配套、统一规划、分类指导、有序进行、分步实施。

指导思想：要适应建立社会主义市场经济体制的要求，紧密结合自治区实际，坚持电力为农牧业、农牧民、农牧区经济发展服务的方向，以减轻农牧民负担、实现农牧区电气化 、开拓农牧区电力市场、改善农牧区生态环境为目的 ；坚持政企分开、县为实体，改革与管理并重，积极试点、稳步推进的原则；运用经济、法律、行政等手段，理顺农牧区电力管理体制，规范农牧区电力市场，整顿农牧区用电电价，推动全区农牧区电力建设与管理上一个新台阶，促进全区农牧区经济和农电事业持续快速健康发展。

主要原则：

(1) 要与自治区的电力体制改革相适应，与全区农牧业经济发展水平相适应。

(2) 要有利于自治区农牧区经济发展，有利于农牧区电力事业自身健康发展。

(3) 深化农牧区电力体制改革要与加快农牧区电网建设与改造相结合，整顿农牧区电价与规范农牧区用电秩序相结合，加强农电管理与改善服务相结合。

(4) 充分发挥地方政府的职能，加大各级地方政府监督管理农电（包括农牧区电价）的责任，加大各级电力企业经营管理农电的责任。

(5) 正确处理好各级政府与电力企业的关系，中央电力企业与地方电力企业的关系，内蒙古电力公司及其直属企业与旗县级供电企业的利益关系，电力企业与农牧民的利益关系，电力企业与其他各类企业的利益关系，城镇供电与农牧区供电的关系。

三、目标

用 3 年左右时间，理顺并建立符合自治区实际的农牧区电力体制，初步完成全区农牧区电网的建设与改造，加强农牧区电力管理，规范农牧区用电秩序，促进农牧区电气化事业的发展。

(1) 在农牧区电力体制上，将旗（县）供电企业，按照一旗（县）一公司原则，改组成为具有独立法人的企业实体，并实现旗（县）苏木（乡、镇）电力一体化管理。

(2) 在农牧区电网改造上，使农牧区电网技术装备水平满足农牧区经济发展的需要，降低电网损耗，低压线损由目前的 17% 降至 13% 左右，实现安全可靠供电。

(3) 在农牧区电力营销管理上，逐步实现销售到户、抄表到户、收费到户、服务到户的“四到户”管理。坚决杜绝“人情电、权力电、关系电”现象。

(4) 在农牧区电价管理上，实现城乡电价统筹安排，社会公平负担，按照国家批准的电价方案，首先实现城乡居民生活用电同网同价，然后实现其他用电同网同价。

四、具体措施

（一）电力体制方面

1. 实行政企分开。将原内蒙古电管局承担的政府管电职能和分散在政府各专业经济管理部门的政府管电职能（包括水电管理职能）移交自治区经贸委，各盟（市）、旗（县）供电（电业）局承担的政府管电职能移交当地经贸委，由各级经贸委行使本地区政府管电职能，负责本地区电力行业的行政管理与监督。各旗（县）供电企业要逐步成为具有独立法人资格、独立核算的实体，行使企业经营职能；存在多家供电的，按一旗（县）一公司的原则，组建有限责任公司或股份有限公司。

2. 按照国家有关法律、法规，合理划分盟（市）、旗（县）供电企业的供电营业区；界定旗（县）供电企业的资产构成，并进行资产评估。

3. 取消乡电管站，实现城乡用电一体化管理。按供电营业区设立旗（县）电力企业的供电营业分支机构——供电营业所。供电营业所按照便于管理、方便用户的原则设置，由旗（县）电力企业直接管理、统一核算，负责其营业区内乡及乡以下电网的运行维护和经营管理。乡及乡以下农牧区集体电力资产可采取自愿上交、无偿划拨的方式由旗（县）供电企业管理。

4.将内蒙古电力公司直供直管的旗（县）供电企业，逐步改造为内蒙古电力公司的子公司。

5.对内蒙古电力公司趸售旗（县）供电企业，首先在产权关系不变的前提下，一律由内蒙古电力公司实行代管，并逐步改造成有限责任公司或股份有限公司。

6.对自供自管旗（县）和林业电网供电企业，要按照电力体制的改革方向，创造条件与电网联网，因地制宜，因网制宜进行改革。条件成熟的，要参照趸售县的改革原则和步骤进行改革。

7.阿拉善盟电业（农电）局上划给内蒙古电力公司，经营方式由内蒙古电力公司确定。

8.在赤峰、通辽地区，对内蒙古自治区所属旗（县）级供电企业全部上划国家电力公司东北公司。国家电力公司东北公司要按照国家关于农电“两改一同价”工作的要求，结合当地实际进行改革，实现城乡电力一体化管理，实现城乡用电同网同价，坚持一县一公司的原则，逐步将县级供电企业改造成国家电力公司的子公司。同时，建议两地区的农村电网建设与改造投资相应由内蒙古电力公司划转国家电力公司东北公司进行安排。

（二）营销管理方面

1.加强农牧区电力管理。改制后的旗（县）供电企业，应建立规范的抄表收费制度，全面推行“五统一”（统一电价、统一发票、统一抄表、统一核算、统一考核）、“三公开”（电量公开、电价公开、电费公开）；配合农牧区电网改造工程的实施，实现一户一表，由旗（县）供电企业的职工直接抄表到户，并凭发票收费到户，严禁无表用电。农牧民以计量检定机构依法认定的用电计量装置的记录和国家规定的电价交纳电费，有权拒交超过表计电量和国家电价外的一切收费。加强用电监察，严厉打击各种窃电行为。

2.整顿农牧区电工队伍，规范服务行为。农牧区电工要进行统一考核、择优录用，对经过考核符合标准的，一律持证上岗，并纳入旗（县）供电企业的合同管理，实行动态管理。考试不合格的，一律不得录用。加强对旗县供电企业职工的岗位技能培训，提高业务素质。

（三）农牧区电价管理方面

1.改革现行农牧区电价的形成机制，改变现行农电成本的负担办法，对农电成本实行统一核算、统一定价、社会公平负担的办法。农牧区电价与城市电价要逐步实现统筹安排，首先在全区实现城乡居民生活用电同网同价，然后实现全区其他用电的同网同价。

2.建立农牧区电网建设与改造投资偿还机制。农牧区电网建设与改造投资，要充分考虑当地对电价的承受能力，注意科学、合理适度安排，防止浪费资金、增加电价负担。

（四）电网投资方面

1.重视农牧区电网的规划组织工作，加大农牧区电网建设与改造力度。各级经贸委负责组织对农牧区电网建设与改造统一规划，并将其纳入自治区电力发展规划。各级电力企业根据电力发展规划分期分批组织实施。

2.各级地方政府要加大农牧区电网建设与改造的支持力度，各级电力企业要加大对农牧区电网建设资金的投入，支持和鼓励供电企业通过各种合法渠道融资和筹集改造资金，以满足农牧区不断增长的用电需求。

3.对电网未覆盖的边远地区，鼓励通过使用风力发电、太阳能发电等方式解决当地供电问题。

（五）加强管理方面

1.严格落实农牧区电力管理责任制，各级地方人民政府应对本地区农牧区电价进行有效监管，依法行政。要采取有效措施控制农牧区电价水平，减轻农牧民电费负担。电力企业要严格执行国家电价政策和规定，坚决拒绝“乱加价、乱收费、乱摊派”行为，杜绝“权力电、关系电、人情电”现象；严禁代征代收各种不符合国家规定的价外收费；取消任何形式的电费承包。

2.各级电力企业要加强内部管理，挖掘内部潜力，降低生产成本，实施减人增效、下岗分流和再就业工程，努力降低经营成本，提高经济效益。在电力企业定编定岗定员的基础上，逐年进行减员分流，平均每年分流人员20%左右，力争用3年左右时间，将全区农电职工队伍分流一半人员。

3.提高农牧区电网技术装备水平，大力采用先进、成熟的技术和设备建设、改造农牧区电网，推广低损耗、安全性好、可靠性高的适用技术和设备，以确保农牧区电网的安全、优质、经济运行。

五、时间进度

1.根据国家批复的实施方案，各盟（市）、旗（县）经贸委（局）会同供电企业提出具体的实施方案，在1999年底前报自治区经贸委，自治区经贸委会同计委、财政、物价、电力、水利等有关单位审定后组织实施。

2.1999年底前，完成乡及乡以下集体电力资产清理、核实、评估和登记造册工作。2000年底前，全面完成乡电管站的改制工作。

3.2000年6月底前，对全区未实行代管的趸售旗（县），全部实行代管。

4.1999年内蒙古电力公司和国家电力公司东北公司分别选择部分旗（县）供电企业进行有限责任公司或股份有限公司改革试点，在试点的基础上，2000

年全面铺开，2001年年底前全部完成。

六、组织实施

这次农牧区电力体制改革，是对自治区长期形成的农牧区电力体制和农电管理秩序的一次重大调整和变革，涉及面广，影响深远。要切实加强对这项工作的领导，调动各方面、各部门的积极性，协调、处理好各方面、各部门的关系。

自治区政府成立由分管副主席任组长，经贸委、电力公司领导任副组长，计委、物价、财政、水利等部门参加的电力体制改革工作领导小组，明确各部门的分工；领导小组办公室设在自治区经贸委，负责日常工作。

自治区经贸委作为全区政府管电部门全面负责组织、指导、监督和落实农牧区电力体制改革工作，会同自治区计委、财政、物价、电力、水利等有关单位，在自治区人民政府的领导下，精心组织，周密安排，密切配合，积极稳妥地推进这项工作。电力部门作为农牧区电力体制改革工作的具体实施部门，要实行责任制管理，成立相应的组织机构，落实责任部门和责任人，提出具体的组织实施方案；要做好实施的各项工作，全力以赴，妥善处理好实施过程中出现的各类问题，切实把全区农电管理体制改革工作抓紧抓实，抓出成效。重大事项要及时向自治区电力体制改革工作领导小组报告。

关于印发《江西省加快农村电力体制改革加强农村电力管理的实施方案》的通知

（国经贸电力［2000］83号）

江西省经济贸易委员会：

国家经贸委原则同意《江西省加快农村电力体制改革加强农村电力管理的实施方案》，现印发你们，请认真贯彻执行。

加快农村电力体制改革，加强农村电力管理，是党中央、国务院发展农村经济，开拓农村市场，提高农民生活水平，促进农村电气化事业的重大措施。你委要在省人民政府的直接领导下，切实加强对农村电力体制改革工作的组织、指导、监督和检查，把实施方案中确定的各项目标落到实处。积极稳妥的推进将县级供电企业改制为有限责任公司或股份有限公司的工作，并按照《公司法》和建立现代企业制度的要求规范运作，真正实现县（市）乡（镇）电力一体化管理，实现城乡用电同网同价，减轻农民负担，建立起符合江西省农村经济发展水平的农村电力体制。

江西省农村用电水平较低，大小电网矛盾也比较突出，改革体制，加强管理的任务很重。你委要扎实工作，狠抓落实，及时协调处理改革中出现的矛盾和问题。重大情况和问题请及时报告国家经贸委。

二〇〇〇年一月二十日（印）

江西省加快农村电力体制改革加强农村电力管理的实施方案

（江西省经贸委　一九九九年十一月八日）

根据《国务院批转国家经贸委关于加快农村电力体制改革加强农村电力管理意见的通知》（国发［1999］2号）精神，为使农村电网建设与改造落到实处，进一步降低农村电价，减轻农民用电负担，有效地促进农村经济发展，结合我省实际情况，制定本方案。

一、农村电力现状及存在的主要问题

江西省地处华东地区，面积16.69万km^2，全境以山地、丘陵为主，其中山地占36%，丘陵占42%，其他占22%。全省总人口4200余万，其中农业人口3114万。全省有11个地（市），86个县（市），1812个乡（镇），20397个行政村，832万农户。

改革开放以来，我省农村电力事业快速发展，1998年全省乡、村、户通电率分别达到100%、98.8%和96.5%。全省县及县以下售电量57.5亿kW·h，占全省售电量的三分之一，其中县城用电量24.9亿kW·h，占43.3%；乡镇工业用电量8.3亿kW·h，占14.5%；农业生产用电量14.3亿kW·h，占24.8%；农村居民生活用电量8.5亿kW·h，占14.8%；其他用电1.5亿kW·h，占2.6%。

全省86个县（市）和8个含农电的地（市）辖区供电企业中，省电网直供直管的7个，趸售的68个，交叉供电的19个。“两改一同价”实施之前，大部分地方的供电方式是由省网趸售给县级供电企业，县级供电企业又逐级向下趸售，最后由村电工承包供到农户。

目前存在的主要问题：

1. 农村电力管理体制不顺，大小电网矛盾突出。全省电网没有统一规划、统一建设，电网重复建设，影响电网安全运行。

2. 农村电力管理不到位，分工不明，责权不清，农村电力市场秩序较乱。

3. 县级供电企业人员严重超编，全省县级供电企业职工人数达3.5万，超编50%以上。而且农村电力职工队伍素质普遍较低，县级供电企业经营困难，人员分流压力大。

4. 农村电网布局不合理，供电半径超标，设备陈旧、落后，线损高，有的县低压线损率超过30%，有的高达50%。许多设备超极限运行，安全性能差，供电质量难以保证。

5. 农村经济基础差，用电水平低。1998年，全省县及县以下人均用电量151kW·h，为全国人均用电量的36.5%。

6. 县级供电企业思想观念陈旧，经营意识和服务意识差，企业缺乏活力。

7. 农村电价偏高，农民负担偏重。全省农电价格在0.8元/（kW·h）以下的约占30%，0.8～1.0元/（kW·h）的约占50%，1.0元以上的约占20%。

鉴于上述情况，加快农村电力体制改革，加快农村电网建设与改造，加强农村电力管理，实行城乡用电同网同价，对减轻农民负担，提高农民生活水平，繁荣农村经济，具有十分重要的意义。

二、指导思想与原则

（一）指导思想

按照建立社会主义市场经济体制的总体要求，围绕电力为农业生产、农民生活、农村经济发展服务的宗旨，结合深化电力体制改革的总体部署，以降低农村电价、减轻农民用电负担为核心，以实现农村电气化、开拓农村市场、改善农村生态环境为目的，坚持政企分开，减少中间环节，运用经济、法律、行政等手段，规范乡（镇）电管站的管理和农村电力市场秩序，整顿农村电价，加快农村电网建设与改造，促进我省农村电气化事业上水平、上台阶。

（二）主要原则

1. 农村电力体制改革要与我省电力工业的改革与发展相适应，与现阶段我省农村经济发展水平相适应。

2. 农村电力体制改革要与加快农村电网建设改造相结合，整顿农村电价要与规范农村用电秩序相结合，加强农电管理要与改善服务相结合。

3. 坚持政企分开，加大各级地方人民政府监督管理农村电力工作的责任，加大各级电力公司经营管理农村电力的责任。

4. 正确处理好政府与电力企业的关系，中央电力企业与地方电力企业的利益关系，电力企业与农民的利益关系。

三、目标

按照国务院的部署，根据政企分开、县为实体的原则，用3年左右时间理顺并建立符合我省农村经济发展水平的农村电力体制，全面完成农村电网建设与改造，规范农村用电管理秩序，促进农村电气化事业的发展。

（1）理顺地方供电企业与省电力公司的关系。有计划有步骤地在全省实现一县一公司（企业实体），并将乡（镇）电管站改为县级供电企业所属的供电营业所，实行县乡电力一体化管理。规范农村电力营销管理，实现“四到户”（销售到户、抄表到户、收费到户、服务到户）管理。以股份制改造为重点，逐步将县（市）供电企业改造成省电力公司的子公司，或有限责任公司、股份有限公司。

（2）加快农村电网建设与改造。全省电网要实行统一规划、统一建设、统一调度、统一经营管理，着重解决供电设施陈旧，供电能力不足，综合线变损高等问题，使全省农村电网达到网络健全、布局合理、装备较好、管理科学、安全可靠、经济低耗的先进水平，以满足降低农村电价、开拓农村市场、提高农民生活质量、适应农村经济发展的需要。到2000年底，高压线损率降到10%以内，低压线损率不超过10%。

（3）积极稳妥、分步实施全省城乡用电同网同价。坚持社会公平负担的原则，积极创造条件，先实现城乡居民生活用电同网同价，再实现其他用电的同网同价。争取用3年的时间实现全省城乡同价，城乡综合平均电价为0.468元/（kW·h），其中城乡居民生活电价为0.495元/（kW·h）。

四、具体内容

农村电力体制改革应根据不同情况，统一规划、分类指导，有计划、有步骤地组织实施。逐步理顺县级供电企业与省电力公司的关系，改革乡（镇）电管站现有的管理模式。

（一）县（市、区）农村电力体制改革

1. 实行“政企分开”。结合政府机构改革，将省电力局、省水利厅等部门原有的政府管电职能移交给省经贸委，各县（市、区）电力局、水电局等部门原有的政府管电职能移交给县（市、区）经贸委，各级经贸委行使政府管电职能。省电力公司和各县（市、区）供电企业按照建立现代企业制度的要求进行改革，成为真正的企业实体，自主行使企业经营管理职能。

2. 对发供一体的县级供电企业在改制过程中可实行“网厂分开”，其电网由县供电企业统一经营管理；发电企业按照有关部门核准的上网电价、上网电量计划与供电企业协商签订上网协议，进行结算。改革中要坚持平等互利、协商一致的原则。

3. 实现“一县一公司”。对于趸售县供电企业，原则上应上划由省电力公司直接管理，暂时不能上划的，可以在产权关系不变的前提下，由省电力公司对县级供电企业进行代管。上划或代管的县级供电企业都要逐步改为省电力公司的子公司，或有限责任公司、股份有限公司。

对交叉供电县，要通过农村电力体制改革和农村电网建设与改造，联成统一电网。对省电力公司所属供电企业与县属供电企业并存的，要通过股份制改造将其合并成一家，形成一县一公司；存在2个或2个以上县属供电企业的，县政府要先将其合并成一家，然后由省电力公司代管或进行股份制改造。

4. 对直供直管县供电企业，要逐步改造成为省电力公司的子公司。通过建立资本纽带关系，将直供直管县供电企业逐步改造成为省电力公司的子公司，使其成为依法自主经营、自负盈亏、自我发展、自我约束的企业实体。由其承担的乡及乡以下农村电网维护管理费用，可据实从严核入电网供电成本，并通过相应调整目录电价解决。

5. 对由省电力公司代管的县供电企业，由省电力公司与县级人民政府签订代管协议。具体代管责任、代管内容按照国家经贸委《关于转发国家电力公司关于趸售县供电企业代管办法（试行）的通知》（国经贸厅电力［1999］103号）执行。对已经实行代管的县供电企业，工作不够规范的要尽快完善，明确代管与被代管双方的权利和义务，强化县供电企业的管理，促进县供电企业快速、健康发展。

6. 对省电力公司参股入股进行股份制改造的县属供电企业，先由县政府与省电力公司签订正式股份制改造协议，然后按照《中华人民共和国公司法》的规定组建，规范运作。有限责任公司是统一管理经营所在县电网的企业，负责县电网资产经营及电网的建设与改造；公司定员定编由省电力公司和县劳动人事部门根据国家有关规定核定；股东双方协商制定公司章程，依据公司章程进行管理。

（二）乡（镇）电管站改革

改革乡（镇）电管站的现行管理模式，取消中间管理环节，将乡（镇）电管站改为县级供电企业直属的供电营业所，乡及乡以下农村集体电力资产采取自愿上交、无偿划拨的方式，由县级供电企业统一经营管理，并由其承担维护管理责任。具体操作办法按照国家经贸委《批转国家电力公司关于加快乡（镇）电管站改革实行县（市）乡（镇）电力一体化管理实施意见的通知》（国经贸厅电力［1999］85号）执行。

（三）农村电网投资改革

在国家加大农村电网建设与改造投资力度的同时，地方各级人民政府也要加大支持农村电网建设与改造的力度。支持和鼓励供电企业通过合法渠道融资筹集改造资金，加大对农村电网建设资金的投入。新建农村电力设施应纳入全省电力统一规划，由供电企业统一建设与改造，统一经营。

农村电网建设与改造资金，由省电力公司负责统借统还。通过加快农村电网建设与改造，使农村电网低压线损率达到国家标准，农村电价降到合理水平。

（四）农电价格改革

1. 改革现行农村电价的形成机制。逐步改变现行农村电力成本的负担办法，形成对农电成本统一核算、统一定价、社会公平负担的办法，坚决取缔一切不符合国家规定的价外加价和附加收费。

2. 加快城乡用电同网同价的进程。按照国家改造农村电网的技术要求和改革农村电力体制的要求，最大限度地降低农村供电成本，逐步实行城乡用电同网同价。具体同价方案按照《国家计委关于江西省农村电网改造工程、农电管理体制改革和城乡用电同价方案的批复》（计基础［1998］2134号）执行。

3. 建立电网改造投资偿还机制。国家批复的农村电网建设与改造资金的还本付息通过在销售电价中加价的形式解决，还本付息加价分摊的范围按国家有关规定统筹安排。

（五）时间安排

1. 对省电力公司要代管的县供电企业，1999年实行规范化代管。

2. 从1999年4月起，在进行股份制改造试点的基础上，逐步推行县级供电企业股份制改造。1999年4～10月完成三批县级供电企业股份制改造，将74个县（市、区）供电企业改为供电有限责任公司，同时完成5个直供直管县（市、区）供电企业子公司改造。第四批股份制改造县级供电企业，1999年内完成。2000年底前全面完成县级供电企业体制改革任务。

3.1999年全省80%的县（市、区）完成乡（镇）电管站改造工作，2000年底前全省全面完成乡（镇）电管站改革。

4.2000年对国营农场、垦殖场农村电力体制进行改革试点，2001年完成国营农场及垦殖场的农村电力体制改革，实行人、财、物统一管理。

5. 在“两改一同价”工作具体运作中，坚持改制和改造相结合的原则，根据体制改革的进展情况安排农村电网建设与改造计划。全省农村电网建设与改造工作在2001年以前产完成。

五、加强农村电力管理

1. 落实农电管理责任制。各级人民政府特别是县级人民政府应对本县（市、区）农村电价进行有效监督和管理，并层层签订责任状，实行责任制管理。对农电成本按照统一核算、统一定价、社会公平负担的原则严格控制管理，坚决取缔一切不符合国家规定的价外加价和附加收费，有效控制农村电价水平，减轻农民负担。电力企业要严格执行国家电价政策和规定，对乱加价、乱收费、乱摊派行为要坚决拒绝，严禁代征代收各种不符合国家规定的价外收费，对已公布的违法加价，收费项目，必须立即纠正、停收；如再继续征收，一经查出要公开曝光，并追究领导人责任。

2. 落实各级电力企业经营管理农电的责任。县供电企业要切实加强管理，特别是生产管理中的安全管理，经营管理中的财务管理，用电管理中的营业管理，电价、电费管理尤其要落到实处。要千方百计挖掘内部潜力，降低生产成本，大力采用先进适用技术和设备，实行减人增效、下岗分流和实施再就业工程，趸售县供电企业原则上要在3年内实现50%以上的人员分流。

3. 县供电企业要规范营业抄表收费制度。全面推行“五统一”（统一电价、统一发票、统一抄表、统一核算、统一考核）、“四到户”（销售到户、抄表到户、收费到户、服务到户）和“三公开”（电量公开、电价公开、电费公开）管理。农村电网改造后，农村用户要实行一户一表。要认真整顿农村电工队伍，规范服务行为。对农村电工要按标准进行考试考核，定编定员择优录用，持证上岗，并纳入县供电企业的合同制管理，考试考核不合格的一律不得录用。

六、组织实施

（1）省经贸委负责组织、指导、监督和落实农村电力体制改革工作，各地市政府、省电力公司作为农村电力改革与发展的具体实施部门，要实行责任制管理。省计委、物价、财政、水利等部门要给予大力配合。

（2）地方各级政府要正确处理好各方的利益关系，要讲大局、讲团结、讲配合，要把认识统一到国务院国发［1999］2号文件精神上来，严格按省农村电力体制改革方案执行。各级经贸委要依靠当地政府，会同计委、物价、电力、水利等部门按照本方案具体组织实施。对实施过程中出现的问题，各级人民政府、经贸委、电力部门要及时协商、协调，妥善解决。

关于印发《辽宁省加快农村电力体制改革加强农村电力管理的实施方案》的通知

（国经贸电力［2000］118号）

辽宁省经济贸易委员会：

国家经贸委原则同意《辽宁省加快农村电力体制改革加强农村电力管理的实施方案》，现予印发，请认真贯彻执行。

加快农村电力体制改革，加强农村电力管理，是党中央、国务院发展农村经济，开拓农村市场，提高农民生活水平，促进农村电气化事业的重大措施。你委要在省人民政府的直接领导下，切实加强对农村电力体制改革工作的组织、指导、监督和检查，把实施方案中确定的各项目标落到实处，真正实现县（市）乡（镇）电力一体化管理，实现城乡用电同网同价，减轻农民负担，建立起符合辽宁省农村经济发展水平的农村电力体制。

请你委积极稳妥地推进县级电力体制改革工作，按照建立现代企业制度的要求，根据国家有关法律法规，将县级供电企业和农电企业改造为县供电有限责任公司或股份有限公司，并及时协调处理改革中出现的矛盾和问题。重大情况和问题请及时报告国家经贸委。

二〇〇〇年二月二日（印）

辽宁省加快农村电力体制改革加强农村电力管理的实施方案

（辽宁省经贸委　一九九九年十二月二十日）

按照《国务院批转国家经贸委关于加快农村电力体制改革加强农村电力管理意见的通知》（国发［1999］2号）精神和国家经贸委的有关具体要求，结合我省实际，制定本方案。

一、农村电力现状及存在的主要问题

辽宁省地处东北地区，1992年实现了全省县、乡、村100%通电，目前农户通电率为99.89%。全省县及县以下总用电量172.77亿kW·h，其中趸售用电量73.61亿kW·h。趸售电量中乡镇工业用电量24.99亿kW·h，排灌用电量9.13亿kW·h，农副加工及生产用电量5.49亿kW·h，农民生活及其他用电量25.93亿kW·h。全省到户综合电价平均水平为0.673元/(kW·h)。农村低压综合线变损为40%。截止1998年底，辽宁省农村电力固定资产原值26.35亿元（不含低压网30亿元资产），负债7.93亿元，负债率30.1%，所有者权益18.42亿元。

经省政府批准1983年组建了辽宁省农电局。辽宁省农电局在省经贸委的领导下，对各趸售县农电企业实行按省政府授权行使政府职能的农电企业代管体系。全省14个地级市农电局，由地方政府授权，与电力系统的农电工作部门一个机构、两块牌子，行使政府管电职能。

全省共有县级供电单位（包括县供电企业和农电企业）64个，其中一个县（市、区）域内一家供电的18个，一个县（市、区）域内两家供电的46个。全省共有1080个乡（镇）电管站，乡（镇）电管站作为农民的合作组织，负责管理和维护农民的电力设备，收缴电费。全省现有农电职工14795人，农村电工24374人。

我省农电管理体制存在着一些亟待解决的问题：一是县域内有两家管电机构，存在政出多门、重复投资、争抢用户负荷等问题。二是乡（镇）电管站游离于电网和农电的管理体系之外，增加了加价环节，加上人员多、管理差，加重了农民负担。三是农村电价明显高于城市，农民反映强烈，影响了农村电力市场的开发和经济的发展。

因此，我省的农村电力体制必须按照国家有关文件的精神和要求，进行改革和完善。

二、指导思想及原则

指导思想：围绕电力为农业、为农民、为农村经济发展服务的目标，以建立统一的农村电力市场、加快农村电气化建设、减轻农民负担、改善农村生态环境、促进农村经济发展为目的，坚持政企分开、县为实体，运用经济、法律、行政等手段，改革乡（镇）电管站，规范农村电力市场，整顿农村电价，实现城乡电力一体化管理，使我省农村电力建设与管理上一个新台阶，建立起基本符合辽宁省农村经济发展水平的电力体制。

农村电力体制改革的主要原则：

1.坚持农村电力体制改革与我省电力工业体制改革相适应，与我省农村经济发展水平相适应。

2.坚持发挥地方政府和电力企业的积极性，加大省政府监督管理农村电力（包括农村电价）工作的责任，加大省电力公司经营管理农村电力的责任。

3.坚持政企分开，县为实体的原则。按照建立现代企业制度的要求，按照国家有关法律法规，组建和规范县级供电公司，规范运作，不断提高管理水平和职工队伍素质。

三、目标

用3年左右时间，建立起符合辽宁农村经济发展水平的新型农村电力体制。

1.在巩固和完善省电力公司代管的县农电企业的基础上，逐步将县供电企业和农电企业，进行股份制改造，组建有限责任公司或股份有限公司，实现一个县域内一个企业供电。

2.将乡（镇）电管站，全部改为县供电公司的派出机构，其“人、财、物”由县供电公司统一管理。

3.用3年时间，投资51亿元建设和改造全省农村电网，优化农村电网布局和网络结构，使高压综合线损率降低到10%以下，低压线损率降低到12%以下，保证农村电网安全经济供电。

4.分阶段实施同网同价。通过治理整顿，取消不合理收费；通过电网建设与改造，降低损耗，提高供电能力；通过体制改革，减少加价环节，降低供电成本，实现城乡用电同网同价。

四、改革的内容和进度

1.理顺农村电力体制

在巩固和完善现行省政府委托电网管理部门代管农电行业、全省“归口管理”县级农电企业的基础上，继续深化改革，重点解决农电企业的政企不分、一个县域内多家供电的问题，实现县乡（镇）电力一体化管理。

（1）实行政企分开。按国务院的统一部署，电力企业“政企分开”工作与省政府机构改革同步进行，将电力管理的政府职能分别移交省、市、县经贸委。

省政府授权省电力公司经营全省地方国有农电资产。省电力公司相应设立省农电资产经营公司（与省电力公司农电管理部一套机构两块牌子）具体负责经营管理工作。

（2）深化农村电力体制改革，逐步解决一个县域内多家供电的问题。将县级供电企业和农电企业按照建立现代企业制度的要求，进行股份制改造，组建县供电有限责任公司或股份有限公司（以下简称县供电公司）。2000年完成10个，2002年年底前全部完成。

以合同形式确定县供电公司的组成形式、经营范围、投入资产总额和出资比例、股东权力和义务以及经营管理、财务、劳资等有关事项。县级公司经营者按《公司章程》依法经营。

（3）将乡（镇）电管站改为县供电公司的派出机构，乡镇供电营业所做为县供电公司的派出机构，其人、财、物纳入县供电公司，实行“收支两条线”管理，乡（镇）电管站管理的农村集体电力资产（用户电度表及以上设备），无偿划拨给县农电企业。2000年年底前全部完成。

2.规范营销管理

全面推行“五统一”（统一电价、统一发票、统一抄表、统一核算、统一考核）、“四到户”（销售到户、抄表到户、收费到户和服务到户）和“三公开”（电量公开、电价公开、电费公开）管理，建立规范的营业销售制度。2000年年底前全面实现县供电公司（农电企业）直接抄表到户，实行农村用户一户一表管理。用户以计量检定机构依法认定的用电计量装置的记录电量和国家规定的电价交纳电费，有权拒交超过表计电量和国家电价外的一切收费 。

3.清理整顿农村电工队伍。制定统一的定编、定岗和考核标准，对现有农村电工进行统一招考，择优聘用，持证上岗，合同制管理。2000年上半年全部完成。

4.建立我省农村电网建设与改造投资偿还机制，农网改造投资的偿还在全省电网内均摊，最终实现城乡电网用电同价。在进行上述各项工作的同时，按国务院国发［1999］2号文件的要求，实行城市和农村供电成本统一核算、统一定价、社会公平负担的办法，将农村低压电网的维护费，从严核入电网供电成本，统筹安排，逐步实现城乡用电同网同价。

同网同价的进程分为：

第1步随电网建设与改造工程的进展，逐步降低综合电价，让农民得到实惠。

第2步2000年年底前，居民生活照明用电实现城乡同价，到户电价控制在0.384元/(kW·h)以下。

第3步2002年，实现全省城乡分类用电同价，城乡综合平均电价控制在0.463元/(kW·h)以下。

五、组织实施

农村电力体制改革是一项复杂而艰巨的系统工程，必须按照国家经贸委、省政府和国家电力公司的部署，精心组织、规范运作、稳妥推进、分步实施。

1.成立由省政府领导担任组长，省经贸委、省计委、省电力局、省农电局、省水利厅、省财政厅、省物价局、省国资局、省工商局等部门参加的省农村电力体制改革领导小组，加强对这项工作的领导、组织和协调，保证农村电力体制改革工作的顺利进行。领导小组下设办公室，领导小组办公室设在省经贸委。

2.由省经贸委会同有关部门制定农村电力体制改革具体实施细则，组织省电力局、省农电局实施。由省经贸委会同省计委、财政厅、国有资产管理局、工商局、电力局、水利厅等有关部门共同研究制定有关企业改制、组建股份制公司和农民集体电力资产划转移交等政策规定。

3.为保证我省农村电力体制改革工作顺利进行，各市、县和各有关部门必须按照省经贸委统一部署组织实施，不得自行出台方案和政策。

关于印发《湖北省加快农村电力体制改革加强农村电力管理的实施方案》的通知

(国经贸电力［2000］188号)

湖北省经济贸易委员会：

国家经贸委原则同意《湖北省加快农村电力体制改革加强农村电力管理的实施方案》，现印发你们，请认真贯彻执行。

加快农村电力体制改革，加强农村电力管理，是党中央、国务院发展农村经济，开拓农村市场，提高农民生活水平，促进农村电气化事业的重大措施。你委要在省人民政府的直接领导下，切实加强对农村电力体制改革工作的组织、指导、监督和检查，把实施方案中确定的各项目标落到实处，真正实现县(市)乡(镇)电力一体化管理，实现城乡用电同网同价，减轻农民负担，建立起符合湖北省农村经济发展水平的农村电力体制。

农村电力体制改革涉及面广，情况较复杂，请你委及时协调、处理改革中出现的矛盾和问题。重大情况和问题请及时报告国家经贸委。

二〇〇〇年三月六日(印)

湖北省加快农村电力体制改革加强农村电力管理的实施方案

(湖北省经贸委　二〇〇〇年一月十日)

根据《国务院批转国家经贸委关于加快农村电力体制改革加强农村电力管理意见的通知》(国发［1999］2号)精神，为加快我省农村电力体制改革，加强农村电力管理，使农村电网建设与改造落到实处，进一步减轻农民负担，促进农村经济发展，制定本方案。

一、农村电力现状及存在的主要问题

湖北省共辖81个县(市、区),1998年全省装机总容量1287.7万kW,社会总用电量457.2亿kW·h,其中县及县以下用电量180.5亿kW·h,占全省总用电量的39.5%。

全省81个县(市、区)中，省电力公司直供直管供电的55个，趸售供电的2个，自供自管供电的21个，交叉供电的2个，省电力公司与地方联营供电的1个。目前，县级电网都与省电力公司电网联网。截止1998年，全省建有乡(镇)电管站1475个，供电乡(镇)占全省乡(镇)总数的75%，农村电工约5万名。

目前，县供电企业根据国家的电价政策及测算的各类用电比例，按台区以高压计量向乡(镇)电管站收费；农村低压电网由农民自建自管，电能损耗、运行维护费和农村电工报酬均通过电价向农民分摊。1998年全省平均农村到户电价0.79元/(kW·h)。

近年来，湖北省农村电力事业发展迅速，为全省农村经济做出了巨大贡献，但农村电力发展中也存在着一些亟待解决的问题。主要是：农村电力体制不能适应农村电力发展需要，落后的农村电网制约了农村经济的进一步发展，农电管理事权不明、责任不清，农电职工过多，农村电价偏高等。这些问题必须通过深化改革和加快发展来解决。

二、指导思想及主要原则

指导思想：按照建立社会主义市场经济体制的客

68. 万泉河上的明珠——海南省牛路岭水电站，装机容量8万kW，2000年的发电量3.12亿kW·h。

（海南电力公司　供稿）

69. 2000年10月11日12时，湘江干流上第二座水电站——近尾洲水电站胜利实现大江截流。

（何志强　摄）

70. 2000年夏季，武警水电部队在西藏易贡泥石流大塌方现场进行抢险。

（武警水电部队指挥部　供稿）

71. 2000年8月11日至13日，受国家计委委托，中国国际咨询公司副董事长张春园等在广西政府副主席孙瑜和有关人员的陪同下，对龙滩水电站可行性研究的补充报告进行评估。

（邓新南　摄）

72. 由中国工程院副院长、两院院士潘家铮等12位专家组成的鉴定委员会，于2000年11月16日对岩滩250t级垂直升船机新技术研究及应用项目进行技术鉴定，该项目总体达国际先进水平。

（邓新南　摄）

73. 秦山第三核电厂1号反应堆厂房筒体滑模施工。

[选自《电百》(核电卷)]

74. 田湾核电厂土建施工。

[选自《电百》(核电卷)]

75. 俄罗斯的100万kW压水堆核电汽轮发电机组，该型机组将安装在江苏田湾核电厂中。

[选自《电百》(综合卷)]

76. 2000年9月，500kV 昌平—房山紧凑型输电线路获2000年度国家电力公司科技进步一等奖。

[选自《电百》(综合卷)]

77. 天生桥至广州±500kV直流输电工程于2000年12月26日单极投产试运，图为天生桥换流站全貌。

(刘德禄　摄)

78. 天生桥至广州第三回500kV输变电工程是新增向广东送电1000万kW目标的重点项目，于2000年11月3日开工建设，图为国电公司陆延昌副总经理在开工典礼上讲话。

(刘德禄　摄)

79. 500kV浙江兰亭变电所(225万kV·A)。

(浙江电力公司　供稿)

80. 2000年8月8日，甘肃330kV和平变电所建成投运。

(甘肃电力公司　供稿)

81. 河北省电力公司抓住改革开放的大好时机，积极发展500kV为主的大电网。

(河北电力公司　供稿)

82. 2000年安徽省有66个县基本完成了农村电网建设改造任务，为农电体制改革和“两改一同价”工作打下了扎实基础。

（安徽电力公司　供稿）

83. 2000年8月18日，中国农业银行山西支行与山西省电力公司签署第二批农网建设贷款，山西省副省长薛军参加了签字仪式。

（田　进　摄）

84. 2000年8月15日，浙江湖州市政府在练市镇召开农网改造现场会。

（浙江电力公司　供稿）

85. 2000年10月8日，山西沁县农网改造后的农电用户，向沁县电业局赠送锦旗，感谢电业职工为民造福。

（田　进　摄）

86. 2000年8月16日，国家电力公司在山东威海召开县级供电企业创一流工作会议。

（山东电力公司　供稿）

87. 北京市副市长刘海燕和华北电力集团公司总经理翟若愚在北京市街头参加整顿电力市场宣传活动。

（华北电力集团公司　供稿）

88. 2000年9月17日，江苏电力公司总经理在全省城乡电网建设改造会上与江苏省政府副省长签定责任状。

（江苏电力公司　供稿）

89. 2000年湖南电力公司改变营销策略，提高服务质量，加强营销宣传，全年全省售电量增长加快，电费回收也有新的突破。图为娄底电业局宣传电力营销现场。

（曹德民　摄）

90. 2000年山东电力实施“彩虹工程”，加强行业作风建设，图为“彩虹工程”在街头的宣传活动。

（山东电力公司　供稿）

91. 2000年3月5日，陕西省电力公司团委组织所属西安地区13个单位百余名青年职工在街头宣传电力行业优质服务工作。

（陕西省电力公司　供稿）

92. 北京建国门大街的夜景。

（王　飞　摄）

93. 2000年6月，国家电力公司总经理高严会见西班牙外宾。 （国电公司　供稿）

94. 2000年9月19日，第20届国际大坝会议在北京召开。

（王　飞　摄）

95. 2000年5月25日，三峡工程左岸电站调速励磁系统国际招标采购合同举行签字仪式。

（王　飞　摄）

96. 2000年11月7日，第八届国际电力设备及技术展览会在北京开幕。

（王　飞　摄）

97. 2000年12月9日，柬埔寨基里隆Ⅰ级水电站项目出口信贷协议签字仪式在京举行。

（杜　平　摄）

98. 2000年1月31日，国家电力公司在北京举行春节团拜会。
（杜　平　摄）

99. 2000年5月18日，国家电力公司高级培训中心正式成立，国家电力公司总经理高严和国家经贸委电力司司长史玉波为之揭牌。
（国电高级培训中心　供稿）

100. 2000年8月，“国电杯”会计知识大赛在京举行。
（王　飞　摄）

101. 2000年9月19日，由中国电力出版社出版的《中国水力发电工程》八卷本巨著在北京国际会议中心举行首发式。水利部、国家电力公司、三峡总公司等单位的领导和专家汪恕诚、陆佑楣、张基尧、周大兵、潘家铮、陈赓仪、张光斗等参加了首发式。

（电力出版社　供稿）

102. 2000年6月1日，甘肃永靖县盐锅峡镇朱王电力希望小学落成。至此，由甘肃省4万电力职工捐资102万元兴建的6所电力希望小学已全部建成并投入使用。

（秦铁飞　摄）

103. 广西电力公司积极开展“全民健身”活动，广西火电安装公司代表队获公司首届女职工健美操比赛第一名。

（黄启辉　摄）

观要求，以国务院国发［1999］2号文件精神为指针，以电力为农民生活、农村经济、农业生产服务为宗旨，以减轻农民负担、实现农村电气化、开拓农村市场、改善农村生态环境为目的，坚持政企分开，减少中间环节，逐步建立起规范、完善的农村电力市场，使我省的农村电力建设与管理上水平、上台阶，促进农村经济快速、健康发展。

主要原则：

1. 农村电力体制改革必须与电力工业的改革方向相适应，与现阶段我省的农村经济发展水平相适应。

2. 加大各级政府和经贸委监督管理农电工作的责任，加大电力公司经营管理农电的责任。

3. 坚持深化农村电力体制改革与加快农村电网改造相结合，整顿农村电价与规范农村用电秩序相结合，加强农村电力管理与改善服务相结合。

4. 坚持实事求是、科学规范、积极慎重、稳步推进的原则。

5. 正确处理好政府与电力企业的关系、中央电力企业与地方电力企业的利益关系，电力企业与农民的利益关系。

三、目标

用3年左右时间完成我省农村电力体制改革，完成农村电网的建设和改造，规范农村供、用电秩序，建立符合我省农村经济发展水平的电力体制，促进农村电气化事业的发展。

1. 在农村电力体制方面，按照一县一公司、县为实体的原则，实现县（市）乡（镇）电力一体化管理。

2. 在农村电网改造上，用3年左右时间，投资91亿元改造农村电网，使农村电网技术装备水平上一个新台阶，农村电网高压线损降到10%以下，低压线损降到12%以下，实现安全、可靠供电。

3. 在农村电价管理上，实现农村电价与城市电价的统筹安排，社会公平负担，首先实现城乡居民生活用电同网同价，2002年实现全省城乡用电同网同价，全省综合平均电价达到0.423元/(kW·h)。

四、改革的具体内容

1. 管理体制方面

（1）按照政企分开的原则，县级管电机构和供电企业实行政企分开，由县经贸委行使政府管理职能；供电企业成为独立核算的实体，行使企业经营职能。一个县域内存在多家供电企业的，要按出资关系，逐步组建有限责任公司或股份有限公司。在组建过程中，可以先由省电力公司实施代管。

（2）改革乡（镇）电管站的现行管理模式，将乡（镇）电管站全部改为县（市、区）供电企业所属的供电所，其人、财、物纳入县（市、区）供电企业统一管理。乡及乡以下农村集体电力资产严格按照国家经贸委《印发〈关于加快乡（镇）电管站改革若干问题的指导意见〉的通知》（国经贸电力［1999］294号）精神执行，按照自愿上交、无偿划拨的方式由县（市、区）供电企业管理，并由其承担维护管理责任。

（3）将省电力公司直供直管县（市）供电企业逐步改造成为省电力公司的子公司，使其成为依法自主经营、自负盈亏、自我发展、自我约束的企业实体。

（4）趸售和自供自管供电的县级供电企业，原则上按照国家经贸委办公厅《关于转发国家电力公司关于趸售县供电企业代管办法（试行）的通知》（国经贸厅电力［1999］103号）精神，在产权关系、财税体制、独立法人地位、核算方式、趸售政策“五不变”的原则下，由省电力公司实行代管。代管的县级供电企业都要在3年内按照建立现代企业制度的要求，组建有限责任公司或股份有限公司。

由省电力公司对恩施州电力总公司实行代管。受省电力公司的委托，恩施州电力总公司可以对地辖各县供电企业进行代管。但应按照电力体制改革和建立现代企业制度的要求，可将各县供电企业逐步改制为省电力公司的子公司，也可组建县供电有限责任公司或股份有限公司。兴山县暂维持现有电力管理体制，由省经贸委根据电力体制改革的要求，在条件成熟时对其进行改革。丹江口市、郧县的农村电力管理体制与国家解决两市（县）供电营业区划分等历史遗留问题时，一并研究解决。

2. 营销管理方面

（1）建立规范的抄表收费制度，全面推行“五统一”（统一电价、统一发票、统一抄表、统一核算、统一考核）和“三公开”（电量公开、电价公开、电费公开），实现由县（市、区）供电企业的职工（电工）直接销售、抄表、收费、服务到户，2002年完成。农村用户实行一户一表，按国家规定的电价交纳电费，用户有权拒交超过表计电量和国家电价外的一切收费。在实施同网同价前，农村电价按物价部门审批的农村分类电价执行，并实行最高限价。

（2）整顿农村电工队伍，规范服务行为。省电力公司按照有关规定，由县（市、区）供电企业对农村电工实行统一考核、择优录用、持证上岗，纳入县供电企业合同管理。考核不合格的，一律不得录用。

3. 农村电价管理方面

（1）改革现行农村电价的形成机制，对农电成本实行统一核算、统一定价、社会公平负担的原则，取缔一切不符合国家及物价部门规定的价外加价和附加收费。

（2）加快城乡用电同网同价进程。各地可根据农村电力体制改革和农村电网改造的情况，在县域范围内实行用电同价，并首先实行居民生活用电同价；最终实现全省城乡用电同网同价。

(3) 建立电网投资偿还机制。由省电力公司直供直管和代管的县，以及省电力公司统贷统还进行农村电网改造的县，农村电网改造投资偿还在省电力公司电网内均摊。县级供电企业自行贷款进行农网改造的，改造资金的偿还在该县电网内均摊。

省电力公司要将农村电力体制改革与农村电网改造工作统筹安排，配套实施，凡进行农村电网改造的县要同时进行农村电力体制改革，未进行农村电网改造的县要先进行农村电力体制改革。

今后我省农村电网改造及新建农村电力设施必须纳入全省电力发展规划，并进行统一建设和统一管理。

4. 加强管理方面

(1) 严格落实农村电力管理责任制，地方人民政府，特别是各县（市、区）人民政府要对本县农村电价进行有效监管，控制电价水平，减轻农民电费负担。电力企业要严格执行国家电价政策，杜绝随电费征收不符合国家及省级物价部门批准的一切收费。

(2) 县（市、区）电力企业要加强管理，挖掘内部潜力，降低生产成本，实行减人增效，下岗分流和实施再就业工程。原则上代管县级供电企业要在3年内分流一半人员。

五、时间安排和进度

1. 在总结江陵县、随州市、云梦县、新洲县乡镇电管站改革试点的基础上，2000年全面开展乡镇电管站改革工作，2000年6月全面完成。

2. 2000年完成省电力公司对罗田县电力公司等23个县供电企业的规范代管。

3. 选择仙桃、应城供电局进行直供直管县电力企业改造为省电力公司子公司的试点，2000年6月以前完成。在试点的基础上，全面推开，2001年底全部完成。

4. 对代管的当阳电力联营公司和远安县电力公司进行有限责任公司或股份有限公司的改革试点。在试点的基础上，全面进行代管县供电企业有限责任公司或股份有限公司的改革工作，2002年全部完成。

5. 选择江陵和云梦两县开展“一县一价”试点，在试点的基础上，力争在2001年年底全省各县都实现县域内用电同价。2002年实现全省城乡用电同网同价，全省综合平均电价达到0.423元/（kW·h）。

六、组织措施

1. 成立以周坚卫副省长为组长的省农电体制改革领导小组，负责组织、指导、监督、落实全省农电体制改革工作。各地、县相应成立农电管理体制改革领导小组，设立专门办事机构，全面组织、指导、协调各地县农村电力体制改革工作。

2. 各级政府、各部门必须明确各自职责，严格履行职责。省经贸委作为全省农电体制改革的具体实施部门，应实行责任制管理；各级经贸委要会同计委、电力、水利、财政、物价等部门认真做好农村电力体制改革的相关组织工作，及时协商，妥善解决有关问题，推进全省农村电力体制改革顺利进行。

3. 电力企业要抽出专门力量，认真组织落实农村电力体制改革方案，积极推进城乡电网改造。

4. 要加大各级人民政府监督管理农电体制改革工作的力度，按照建立社会主义市场经济的要求，充分运用经济、法律、行政等监督手段，稳步推进农村电力体制改革、规范农村电力市场，整顿农村电价，使全省的农村电力建设与管理走上规范化的轨道。

5. 各级农村电力体制改革责任单位和部门，在积极稳妥地推进农村电力体制改革工作的同时，要切实注重调查研究工作，认真总结农村电力体制改革的经验，及时研究解决实施过程中出现的问题，并采取有效措施，确保按期实现全省农村电力体制改革的总体目标。

关于印发《新疆维吾尔自治区加快农村电力体制改革加强农村电力管理的实施方案》的通知

（国经贸电力［2000］245号）

新疆维吾尔自治区经济贸易委员会：

国家经贸委原则同意《新疆维吾尔自治区加快农村电力体制改革加强农村电力管理的实施方案》，现印发你们，请认真贯彻执行。

加快农村电力体制改革，加强农村电力管理，是党中央、国务院发展农村经济，开拓农村市场，提高农民生活水平，促进农村电气化事业发展的重大措施。做好农村电力工作对加快西部大开发、促进新疆民族地区经济发展、繁荣稳定边疆具有重要意义。你委要在自治区人民政府的直接领导下，切实加强对农村电力体制改革工作的组织、指导、监督和检查，把实施方案中确定的各项目标落到实处，真正实现县（市）乡（镇）电力一体化管理，实现城乡用电同网同价，减轻农民负担，建立起符合新疆维吾尔自治区农村经济发展水平的农村电力体制。

受地理条件、管理体制和经济发展的影响，除新疆电力公司管理的电网外，还有新疆生产建设兵团、部分地州和石油系统自建的电网，你委要根据这一实际，统筹兼顾，综合考虑，认真做好规划，积极稳妥地推进改革，及时协调处理改革中出现的矛盾和问题。重大情况和问题请及时报告国家经贸委。

二〇〇〇年三月二十一日（印）

新疆维吾尔自治区加快农村电力改革加强农村电力管理的实施方案

（新疆维吾尔自治区经贸委
二〇〇〇年一月六日）

根据《国务院批转国家经贸委关于加快农村电力体制改革加强农村电力管理意见的通知》（国发[1999]2号）精神，为积极稳妥地推进新疆农村电力体制改革工作，结合新疆实际，制定本方案。

一、农村电力现状

新疆地处祖国边疆，地域辽阔，经济发展相对滞后。1997年，全疆县及县以下年人均用电量为216kW·h，仅为全国平均水平的54%，全区还有87个乡未通电，无电人口约200万。

新疆辖有16个地州市、85个县（市）、852个乡镇，地、县、乡呈绿洲分布，这种地理条件使新疆的农村电力呈现多家建设、多家管理的局面。全区现有220kV电网1个，110kV电网7个，35kV电网16个，有区（省）级电力公司1家（直管5个地州市），地州级电力公司5家，跨区域的电力公司3家，独立的县级电力公司32家。在县级电力管理上，新疆电力公司直供直管的有14个县，代管的有13个县；地州电力公司直供直管的有16个县，代管的有10个县；自供自管的有32个县；部分县还存在多家管电的情况。全区现有乡（镇）电管站499个（不含兵团、石油系统），农电职工6936人，专业技术人员1866人，县级供电企业派出直管的供电营业所58个，从业人员580人。

全疆除乌鲁木齐电网电价由国家批准外，其他地州电网电价均由自治区物价局批准执行，各地州电价不统一。目前乌鲁木齐电网及北疆地区农村综合平均电价约为0.46元/（kW·h），其中生活照明电价0.84元/（kW·h）；疆南主电网及南疆地区农村综合平均电价约为0.53元/（kW·h），其中生活照明电价0.97元/（kW·h）。全疆平均农村生活照明电价约为0.88元/（kW·h），城市平均生活照明电价约为0.41元/（kW·h）。

目前全区农村电力存在的主要问题是：管理体制不顺，多家建网，多家、多层次管网，售电环节多，管理和运行费用高；受社会和农村经济发展及投资体制的限制，历年来用于农村电网的投入很少，农村电网建设欠帐很多；农村电网建设改造维护没有资金来源，供电设备陈旧老化，供电线路变压器损耗高；农村电工人数多，素质差，管理乱，增加了农电成本；一些地区“人情电、权力电、关系电”问题突出，电价奇高等。这些问题造成农牧民想用电用不上，有电又用不起，农村用电水平低，在一定程度上影响了农村经济的发展。因此，加快农村电力体制改革、加大农村电网建设与改造力度、加强农村电力管理，对加快新疆农村经济的发展，提高各族农牧民的生活水平具有十分重要的意义。

二、改革的指导思想、原则及目标

指导思想：按照建立社会主义市场经济体制的要求，围绕电力为农业、农民、农村经济发展服务的目标，以减轻农民负担、实现农村电气化、开拓农村市场、改善农村生态环境为目的，坚持政企分开，减少中间环节，运用经济、法律、行政等手段，规范乡（镇）电管站和农村电力市场，整顿农村电价，使全疆农村电力建设与管理上水平、上台阶，促进农村经济快速、健康发展。

主要原则：

（1）农电改革与发展要与全疆电力工业的改革与发展相适应，与现阶段全区农村经济发展水平相适应。

（2）深化农电体制改革与加快农村电网改造相结合，整顿农村电价与规范农村用电秩序相结合，加强农电管理与改善服务相结合。

（3）加大各级地方人民政府监督管理农电（包括农村电价）工作的责任，加大各级电力公司经营管理农电的责任。

（4）正确处理好政府与电力企业的关系，中央电力企业与地方电力企业的利益关系，电力企业与农民的利益关系。

目标：理顺县级供电企业与地州电力公司及新疆电力公司的关系，逐步实现全疆电网的统一规划和统一管理；改革乡镇电管站的管理模式，实现县乡电力一体化管理；改革农村电力投资体制和农村电价负担办法，加强农村电力管理，大幅度降低农村电价；加快农村电网改造，实现农村安全可靠供电；2000年基本实现乡乡通电，村通电率达到或超过95%；逐步实现城乡用电同网同价，建立起适应自治区农村经济和农村电力事业发展的电力体制。

三、具休内容

（一）管理体制方面

（1）深化自治区电力体制改革，理顺地（州、市）电力公司与新疆电力公司的关系。

根据国务院办公厅国办发[1998]146号文件精

神，自治区电力局（公司）实行政企分开，新疆电力公司作为全疆唯一的自治区级电力公司行使企业经营职能。全疆电网要实行统一规划和统一管理。

按照国家电力体制的改革方向和要求，积极稳妥地推进地州电力公司的改革。随着国家电力体制改革的进程，结合自治区的实际，最终将地级供电企业改组为新疆电力公司的分公司。在地级供电企业改组为新疆电力公司的分公司之前，新疆电力公司可以通过参股、入股等方式，组建地级供电有限公司；在组建地级供电有限公司之前，也可先由新疆电力公司对地级电力公司进行代管。

（2）改革县级供电企业的管理体制。

按照政企分开的原则，县级政府管电机构和县级发供电企业实行政企分开，由县经贸委（经委、计经委）行使政府管电职能，供电企业成为独立核算的实体，行使企业经营职能。一个县存在多家供电企业的，要按出资关系组建有限责任公司或股份有限公司。

理顺县级供电企业与区、地级电力公司的关系。对直供直管县供电企业，要逐步改造成为企业实体。对趸售县供电企业，原则上应上划由新疆电力公司直接管理，并逐步改造成新疆电力公司的子公司；也可按照建立现代企业制度的要求，由新疆电力公司通过参股、入股等方式，改组成有限责任公司或股份有限公司。自供自管县供电企业，要因地、因网制宜进行改革，条件成熟的，可参照趸售县供电企业的改制原则和步骤进行。

在电力企业进行改制时，改制企业的不良资产核销及资产评估确认，需经中介机构出具审计评估报告，并按企业隶属关系报财政主管部门审核批准。

（3）改革乡（镇）电管站的管理模式。

将乡（镇）电管站全部改为县级供电企业所属的供电营业所，其人、财、物纳入县级供电企业统一管理。乡及乡以下农村电网的维护管理费用，可据实核入电网供电成本，通过相应调整目录电价解决。

乡及乡以下农村电力资产严格按照国家经贸委《印发〈关于加快乡（镇）电管站改革若干问题的指导意见〉的通知》（国经贸电力［1999］294号）精神执行，农村集体电力资产要按照自愿上交、无偿划拨的方式全部交由县级供电企业管理，供电企业必须接收，并承担维护和管理责任，供电企业通过降低电价作为对农村电力资产所有权的补偿。对个人或外商投资建设的农村电力资产，已经基本收回投资的，原则上无偿划拨；对于投资尚未收回的，要进行清理结算，根据具体情况协商后划拨。已经报废或接近报废的供电设施和高耗能设备不在清算之内。

（二）营销、人员及财务管理

（1）建立规范的电力营销制度，全面推行“三公开”（电量公开、电价公开、电费公开）、“四到户”（销售到户、抄表到户、收费到户、服务到户）和“五统一”（统一电价、统一发票、统一抄表、统一核算、统一考核）管理，实现由县级供电企业直接抄表到户。严格执行国家和自治区的电价政策和规定，坚决杜绝乱加价、乱收费、乱摊派现象。严禁代征代收各种不符合国家规定的价外收费，逐步建立起规范的农村电力市场。

（2）整顿农村电工队伍，规范服务行为。供电营业所定员、定岗、定责方案按照精简高效原则确定，原则上按所在地区低压电网的资产、用户数量和年售电量，参照有关标准核定供电所的岗位设置、职责和职数。完成乡镇电管站改革后，全区农电人员将从11712人减少到5800人。

供电所的人员按岗位要求由县级供电企业负责统一配备，专业技术人员由县级供电企业调配，其他生产人员优先从乡镇电管站1998年6月30日前在编人员中通过考试择优录用，持证上岗，并按《中华人民共和国劳动法》有关规定签订劳动合同，实行合同制管理，统一办理劳动保险，工资待遇根据企业的经济效益、承担的工作量和当地社会平均工资水平确定。

（3）财务管理。

农村低压配电成本按电网实行统一核算，人员工资及相关费用、折旧、大修、维护、线损、管理等费用按国家有关规定纳入到县级供电企业成本，由自治区物价局核入目录电价。在统一管理的基础上，由县级供电企业对供电所实行收支两条线管理。供电所电费及有关业务费收入全额上交县级供电企业，所需费用支出由县供电企业统一核拨。原乡镇电管站的债权债务的截止日期以国办发［1998］134号文件发布之日（1998年10月4日）为准。

（三）农村电价管理方面

改革现行农村电价的形成机制，改变现行农村电力成本负担办法，逐步实现对农电成本统一核算、统一定价、社会公平负担。

（四）电网建设改造投资

加大对农村电网建设改造的投资力度，要充分利用好国家农村电网建设改造投资和农村电气化建设投资。新疆电力公司作为自治区农村电网建设改造项目法人，负责国家对自治区农村电网建设改造投资的统贷统还，农电设施的建设和经营管理。

四、进度安排

（1）到2000年底，理顺乌鲁木齐电网覆盖范围内的27个县级供电企业与新疆电力公司的关系，完成对14个县供电企业的直供直管和13个县供电企业的代管。到2002年，全部改组为新疆电力公司的子公司，也可改组为有限责任公司或股份有限公司。

(2) 到2000年底，完成地州电力公司对16个县级供电企业的直供直管和10个县供电企业的代管。到2002年，完成县级供电企业实体化的改革。

(3) 分批对乡镇电管站进行改革。首先理顺第一批安排农网改造的10个直供直管县与所辖110个乡镇中，县供电企业与乡镇电管站的关系；再理顺69个县与所辖622个乡镇的关系；最后理顺其他6个县与所辖45个乡镇的关系。2000年底全部完成。

(4) 到2000年底，实现城乡居民生活照明用电同网同价，农村生活照明平均电价由0.68元/(kW·h)下降到0.53元/(kW·h)。到2002年，实现城乡用电同网同价的目标，综合平均电价控制在0.50元/(kW·h)以内。

五、组织实施

成立由自治区经贸委、自治区计委、电力公司(局)、财政厅、物价局和水利厅参加的自治区农村电力体制改革领导小组，由自治区人民政府领导任组长。自治区农村电力体制改革领导小组的工作向自治区人民政府负责。设立自治区农村电力体制改革领导小组办公室，具体负责全区农村电力体制改革的组织实施、监管指导和达标验收工作。

各地州、县(市)经贸委(经委、计经委)在当地政府领导下，按照自治区农村电力体制改革领导小组的统一部署和要求，积极做好本地区农村电力体制改革工作。

本方案由自治区经贸委负责解释。

关于印发《宁夏回族自治区加快农村电力体制改革加强农村电力管理的实施方案》的通知

(国经贸电力[2000]296号)

宁夏回族自治区经济贸易委员会：

国家经贸委原则同意《宁夏回族自治区加快农村电力体制改革加强农村电力管理的实施方案》，现印发你们，请认真贯彻执行。

加快农村电力体制改革，加强农村电力管理，是党中央、国务院发展农村经济，开拓农村市场，提高农民生活水平，促进农村电气化事业发展的重大措施；对实施西部大开发战略，促进宁夏自治区经济发展、民族团结和社会稳定具有重要意义。你委要在自治区人民政府的领导下，切实加强对农村电力体制改革工作的组织、指导、监督和检查，把实施方案中确定的各项目标落到实处，实现县(市)乡(镇)电力一体化管理和城乡用电同网同价，减轻农民负担，逐步建立起符合宁夏自治区农村经济发展水平的电力体制。

宁夏自治区农村电力体制改革方式，主要是在上划直管的基础上进行公司化改组，你委要在大力推进改革的同时，切实加强农村电力管理，积极理顺体制关系，妥善解决农垦系统、黄河灌区以及石油、煤矿、铁路等大用户转供电地区的历史遗留问题，及时协调解决改革中出现的矛盾和问题。重大情况请及时报告国家经贸委。

二〇〇〇年四月四日(印)

宁夏回族自治区加快农村电力体制改革加强农村电力管理的实施方案

(宁夏区经贸委　二〇〇〇年二月二十日)

根据《国务院批转国家经贸委关于加快农村电力体制改革加强农村电力管理意见的通知》(国发[1999]2号)精神，结合宁夏实际，制定本方案。

一、农村电力现状及存在的主要问题

宁夏自治区共辖4地(市)、19县(市)。1998年，全区发电量110.63亿kW·h，其中宁夏电力公司售电量93.98亿kW·h(其中区内售电量90.17亿kW·h，区外售电量3.81亿kW·h。县及县以下用电量36.32亿kW·h，占区内售电量的40.28%；农村用电量11.54亿kW·h，占区内售电量的12.80%；农村生活用电量1.32亿kW·h，占区内售电量的1.46%。农村居民生活用电平均到户电价为0.496元/(kW·h)(其中川区0.474元/(kW·h)，山区0.528～0.631元/(kW·h))。城市居民生活用电电价为0.3495元/(kW·h)。农村低压线损率平均为14.8%。全区共有82.9万农户，已通电的农户77.6万户，通电率为93.54%，其中乡镇电管站直接抄收管理到户的61.28万户，占通电农户的79%。

全区共设有4个地(市)供电局和23个县级供电企业。其中宁夏电力公司直供直管4个地(市)供电局和18个县级供电企业，代管了永宁、西吉、隆德、泾源、海原5个趸售县级供电企业。

全区共有297个乡镇，通过乡镇电管站供电的有276个(共设有乡镇电管站268个)，未设立乡镇电管站的有14个(其中：同心县3个，盐池县4个，中宁县4个，中卫县2个，固原县1个)，7个不含农村的乡镇由电力企业直接供电。宁夏电力公司直管或代管的县级供电企业管理了238个乡镇电管站(负责246个乡镇的供电），地方乡镇政府管理了30个乡镇电管站（负责30个乡镇的供电，其中9个乡镇电管站由石油、煤矿、铁路、水利等大用户转供电）。全区现有农村电工2259人。

全区农村电力发展过程中也存在着一些亟待解决的问题：一是政企不分。县供电局既是政府的管电职能部门，又是电力经营企业，缺乏有效的行政监督。二是管理体制不顺，农村电价高，农民负担过重。有的县在已有县级供电管理机构的情况下，又另外成立了县级农电管理机构，各行其是，用电秩序混乱。三是乡镇政府管理的电管站，普遍存在机构不健全、人员素质差、行政干预多、管理混乱，“三乱”（乱摊派、乱加价、乱收费）和“三电”（权力电、关系电、人情电）现象严重，线损高等问题，群众反映强烈。四是趸售代管县级供电企业管理不够规范，不同程度地存在代管不到位的情况。上述问题必须通过加快农村电力体制改革和加强农村电力管理来解决。

二、指导思想、原则及目标

指导思想：按照建立社会主义市场经济体制的客观要求，以国务院国发［1992］2号文件精神为指针，围绕电力为农业、为农民、为农村经济发展服务的目标，以减轻农民负担、实现农村电气化、开拓农村市场、改善农村生态环境为目的，坚持政企分开，减少中间环节，运用经济、法律、行政等手段，规范农村电力市场，整顿农村电价，使我区的农村电力建设与管理上水平、上台阶，促进我区经济快速、健康发展。

主要原则：坚持一个方向，加大两个责任，处理好三个关系。即：坚持政企分开、一县一公司、县乡电力一体化管理和建立现代企业制度的农村电力体制改革方向；加大各级地方人民政府监督管理农电（包括农村电价）工作的责任，加大各级电力公司经营管理农电的责任；处理好政府与电力企业的关系，中央电力企业与地方电力企业的利益关系，电力企业与农民的利益关系。

目标：用3年左右时间，理顺并建立符合全区农村经济发展水平的电力体制，完成农村电网的建设和改造，实现城乡用电同网同价，规范农村用电，促进农村电气化事业的发展。

三、具体内容及时间进度

（1）按照政企分开的原则，县（市）管电机构与县级供电企业实行政企分开，由县（市）经贸委（经委、计经委）行使政府行政管理职能；县级供电企业成为独立核算的实体，行使企业经营管理职能。

（2）宁夏电力公司直供直管县级供电企业的体制改革，原则上与宁夏电力工业局公司化改组同步进行。1999年选择青铜峡市供电局，作为直供直管县级供电企业改造成为省电力公司子公司的改革试点，2000年全面推开，2002年全部完成。

（3）按照国家经贸委办公厅《关于转发国家电力公司关于趸售县供电企业代管办法（试行）的通知》（国经贸厅电力［1999］103号）精神，规范对永宁、西吉、隆德、泾源、海原5个趸售县级供电企业的代管。在代管的基础上，上划宁夏电力公司直接管理，并逐步改制为省电力公司的子公司，2002年内完成。

撤销在同心、盐池等县中（宁夏电力公司直供直管以外）的趸售供电机构，供电单位上划宁夏电力公司直接管理，2000年6月底前完成。

县级供电企业上划宁夏电力公司直接管理时，其资产无偿划拨，按人均售电量和国家电力公司等单位的有关规定核定劳动定员，人员实行公开招聘，富余人员由各县负责安置，宁夏电力公司予以配合和支持。

（4）结合宁夏农垦系统的实际情况，将宁夏农垦系统的15个农、林、牧场及一个农科所现有的电力资产（变电站及高低压线路等），全部无偿划拨给宁夏电力公司直接管理，其管电职能交当地电力行政管理部门，富余人员由各农、林、牧场负责分流。2000年6月底前完成。

（5）对宁夏扶贫扬黄灌溉工程移民区的农电实行统一管理、统一电价、统一核算。红寺堡灌区设立供电所，暂由银南供电局管理，待灌区发展到一定规模再改为县级供电企业；固海灌区仍由所在县供电企业管理。

（6）宁夏电力公司直管或代管县级供电企业管理的乡镇电管站都要改为县级供电企业所属的供电所。乡镇政府管理的乡镇电管站，改为县级供电企业所属的供电所。水利、石油、煤矿、铁路等大用户转供的乡镇电管站，能够由宁夏电网直接供电的，改为供电企业所属的供电所；暂时不能由宁夏电网直接供电的，由自治区物价局核定企业转供费用，以降低农村到户电价。尚未成立乡镇电管站的乡（镇），已由或即将由宁夏电网直接供电的，要组建县级供电企业所属的供电所；由大用户转供电的比照其他转供乡镇电管站进行改革。

乡镇电管站改为县级供电企业所属的供电所后，其人、财、物纳入县级供电企业统一管理，县级供电企业对供电所财务实行收支两条线管理，供电所收入全额上缴县级供电企业，所需费用由县级供电企业统一核拨。

1999年进行青铜峡等6个县（市）乡镇电管站的体制改革，2000年内完成全部乡镇电管站的改革任务。

（7）乡镇电管站的改革严格按照国家经贸委《印

发关于加快乡（镇）电管站改革若干问题的指导意见的通知》（国经贸电力［1999］294号）精神执行。乡及乡以下农村集体电力资产按照自愿上交、无偿划拨的方式全部移交县级供电企业，县级供电企业要按规定进行登记造册，纳入固定资产管理，并由其承担维护管理责任。按照宁夏电力公司有关规定核定供电所定员，供电所聘用人员原则上从供电企业正式职工或优秀农村电工中选用，并纳入县供电企业合同管理。

（8）建立规范的抄表收费制度，全面推行“三公开”（电量公开、电价公开、电费公开）和“五统一”（统一电价、统一发票、统一抄表、统一核算、统一考核）管理，实现由县级供电企业直接销售、抄表、收费、服务到户的“四到户”管理。

（9）加快农村电网建设与改造，降低线变损，提高电能质量。尽快进行农网建设与改造还本付息电价和城乡用电同网同价测算上报工作，2000年内实现全区城乡居民生活用电同网同价，2001年内实现全区分类用电同网同价。

四、组织措施

成立自治区农电体制改革领导小组。自治区经贸委全面负责组织、指导、监督、落实全区农电体制改革工作。宁夏电力公司负责农电体制改革的具体实施工作，并负责制定相应的实施办法。各县（市）人民政府成立以分管副县（市）长为组长，有关部门参加的县（市）农电体制改革协调小组，以保证农电体制改革工作顺利进行。

各市、县人民政府和有关部门不得自行制定出台改制政策和改革方案。

关于印发《四川省加快农村电力体制改革加强农村电力管理的实施方案》的通知

（国经贸电力［2000］295号）

四川省经济贸易委员会：

国家经贸委原则同意《四川省加快农村电力体制改革加强农村电力管理的实施方案》，现印发你们，请认真贯彻执行。

加快农村电力体制改革，加强农村电力管理，是党中央、国务院发展农村经济，开拓农村市场，提高农民生活水平，促进农村电气化事业发展的重大措施。做好农村电力工作对抓住西部大开发机遇、促进四川省经济发展具有重要意义。你委要在省人民政府的直接领导下，切实加强对农村电力体制改革工作的组织、指导、监督和检查，把实施方案中确定的各项目标落到实处，真正实现县（市）乡（镇）电力一体化管理，实现城乡用电同网同价，减轻农民负担，建立起符合四川省农村经济发展水平的电力体制。

四川省是农业大省、人口大省，小水电比重大，农村电力体制情况复杂，问题多，你委要根据本省实际，积极推进改革，理顺电力管理体制，进一步加大省电力公司经营管理农村电力的责任，为四川省农村经济稳定健康发展奠定基础。请你委及时协调处理改革中出现的矛盾和问题，重大情况请及时报告国家经贸委。

二〇〇〇年四月四日（印）

四川省加快农村电力体制改革加强农村电力管理的实施方案

（四川省经贸委　二〇〇〇年三月十日）

根据《国务院批转国家经贸委关于加快农村电力体制改革加强农村电力管理意见的通知》（国发［1999］2号）和《国务院办公厅转发国家经贸委关于深化电力工业体制改革有关问题意见的通知》（国办发［1999］146号）精神，为加快我省农村电力体制改革，加强农村电力管理，使农村电网建设与改造落到实处，进一步减轻农民负担，促进农村经济发展，结合四川省的实际，制定本方案。

一、电力现状及存在的问题

改革开放以来，在省委、省政府的领导下，四川电力工业有了长足的发展，三十多年的缺电局面得以缓解，供电能力、质量和可靠性都有较大提高。截止1998年底，全省装机总容量1284.10万kW（其中水电770.59万kW、火电513.51万kW）；发电量475.76亿kW·h（其中水电252.88亿kW·h，火电222.88亿kW·h）。全省电力结构中，水电比重大，径流式水电站占全省水电装机容量的78%。1998年底，全省农村共有高压线路153892.9km，低压线路639684.95km，变配电容量2252.33万kV·A。目前，全省年人均用电量约600kW·h（全国年人均用电量为1000kW·h左右）。工业用电占全社会用电量的70%，城市居民生活用电占11%左右，农村生活用电仅占7%左右。全省电力企业共有职工14万多人，其中省电力公司系统5万多人，地方电力系统9万多人。

目前，全省21个地（市、州）和181个县（市、区）全部实现通电，电网覆盖率已达100%，已验收达标农村初级电气化县61个、农村电气化县3个，到2000年国务院部署的81个农村初级电气化县和

10个农村电气化县将全部验收达标。农村电气化建设为我省老少边穷地区农民脱贫致富，为农村经济发展和社会进步作出了突出贡献。

在全省21个地（市、州）中，省电力公司设有地级供电机构（电业局）15个，地方设有地级供电（电力）企业9个。在181个县（市、区）中，由省电力公司直供直管供电的有35个；自供自管供电的有78个；多家供电的有22个；由省电力公司代管的供电企业和趸售方式供电的共有41个（其中省电力公司代管的供电企业有30个）；由省电力公司与地方联营供电的有4个；股份制改造的供电企业供电的有1个。全省共有4994个乡（镇），建有2620个乡镇电管站，有农村电工5.7万名。全省农村售电量为105亿kW·h，其中农民生活用电32亿kW·h。全省农民生活用电电价水平在0.6～0.9元/（kW·h），高出城镇居民生活用电0.30元/（kW·h）左右。

我省农村电力事业虽然取得了很大发展，但也存在一些政府不放心，农民不满意的问题，突出表现在：一是农村用电水平偏低。全省还有181个无电乡。农民生活用电仅占全省用电量的7%左右。农业人口人均用电量只有126.99kW·h/年，农民生活人均用电量仅为41.17kW·h/年，分别为全国平均水平的50%和71%，有的地区差距更大，远远低于我省城市居民年人均用电水平。二是农村电网长期投入不足，建设和发展缓慢。供电设施落后，供电可靠性和质量较差，线损率相当高，农村生活照明线路的线损率平均为30%左右，有的边远山区高达35%～40%。三是农电管理体制不顺。管理机构政出多门，多头管理，条块分割，各自为政。一个供电区内多家管电，交叉供电，重复建设的现象严重。农电管理事权不明，责任不清。农电管理人员队伍庞大，素质偏低。四是农村电价偏高，农民负担过重。目前，全省绝大多数农村生活照明电价在0.6～0.9元/（kW·h），高出全国平均水平0.2元/（kW·h），高出我省城镇居民生活照明用电平均水平0.3元/（kW·h），少数边远山区电价高达2元/（kW·h），加上人情电、权力电、关系电和“三乱”现象，一些乡（镇）电价更高。这些问题已经影响了农村的经济发展、农民生活水平的提高以及农村的稳定，必须通过深化改革，加强管理和加快发展来解决。

二、改革的指导思想和主要原则

农村电力体制改革是我省电力工业体制改革的重要组成部分，是一项十分复杂的系统工程，必须在省政府的领导下，认真组织、统一规划、综合配套、分类指导、有序进行、分步实施。

指导思想：按照建立社会主义市场经济体制的要求，围绕电力为农业、农民、农村经济发展服务的目标，以减轻农民负担，实现农村电气化，开拓农村市场，改善农村生态环境为目的，坚持政企分开，减少中间环节，运用经济、法律、行政等手段，规范乡（镇）电管站和农村电力市场，坚决制止“三乱”（乱摊派、乱收费、乱加价），整顿农村电价，切实把农村电价降下来，使我省农村电力建设与管理上水平、上台阶，促进农村经济快速、健康发展，让农民满意，让政府放心。

主要原则：

（1）农电体制改革与发展应与我省电力工业改革与发展相适应，与现阶段农村经济发展水平相适应。

（2）坚持深化农电体制改革与加快农村电网改造相结合，整顿农村电价与规范农村用电秩序相结合，加强农电管理与改善服务相结合。

（3）加大各级地方人民政府监督管理农电（包括农村电价）工作的责任，加大各级电力公司经营管理农电的责任。

（4）正确处理好政府与电力企业的关系，中央电力企业与地方电力企业的利益关系，电力企业与农民的利益关系。

三、目标

用3年左右的时间，理顺并建立起符合我省农村经济发展水平的农电管理体制，完成农村电网的建设与改造，规范农村用电秩序，促进农村电气化事业的发展。

（1）在农电管理体制上，原则上一县一公司（企业实体），并实现县（市）、乡（镇）电力一体化管理。

（2）在农村电网改造上，要使农村电网技术装备水平上一个台阶，高压综合线损率降到10%及以下，低压综合线损率降到12%及以下，实现安全可靠供电。

（3）在农村电力营销上，逐步实现电力企业销售到户、抄表到户、收费到户、服务到户的“四到户”管理。坚决杜绝“人情电、权力电、关系电”的现象。

（4）在农村电价管理上，逐步实行农村电价与城市电价统筹安排，按照社会公平负担的原则，首先实现城乡居民生活用电同网同价，然后实现其他用电同网同价。

按照上述总体目标，我省农电体制改革的分期目标是：

（1）1999～2000年完成省级政企分开、职能归并，实现政出一门、统一管理；全面完成乡（镇）电管站改为县供电企业所属供电所的改革；抓好趸售县供电企业改革的试点工作；搞好直供直管县供电企业改为省电力公司的子公司的试点工作；抓好一县一公司的改革试点。

(2) 2001 年完成直供直管县供电企业改为省电力公司的子公司，自供自管县供电企业改组为股份有限公司或有限责任公司的改革工作。

(3) 2002 年完成一县一公司的改革；完成省电力公司代管的县级供电企业改组为股份有限公司或有限责任公司的改革。

四、具体内容及时间进度

改革农电管理体制，改造农村电网，实现城乡用电同网同价的工作是一个有机的整体。改革是保证，改造是基础，同网同价是目的。农电体制改革要结合我省的实际情况，尽可能与农网改造和城乡用电同网同价工作同步进行、整体推进。

(一) 管理体制方面

(1) 按照政企分开的原则，结合政府机构改革，将省电力局、省水利电力厅等部门现有的政府管电职能移交给省经贸委，各县（市、区）电力局、水电局等部门现有的政府管电职能移交给县（市、区）经贸委，由各级经贸委行使政府管电职能。县级供电企业要按照一县一公司的原则成为独立核算的实体，行使企业经营职能。

(2) 改革现行乡（镇）电管站的管理模式，将乡（镇）电管站改为县级供电企业所属的供电所，其人、财、物纳入县级供电企业统一管理。乡及乡以下农村集体电力资产采取自愿上交，无偿划拨的方式交由县级供电企业管理，并由其承担维护管理责任。乡及乡以下农村电网维护管理费用，可据实从严核入电网供电成本，并通过相应调整目录电价解决。具体实施办法原则上按照国家经贸委《印发〈关于加强乡（镇）电管站改革若干问题的指导意见〉的通知》（国经贸电力［1999］294 号）和国家经贸委办公厅《批转国家电力公司关于加快乡（镇）电管站改革实现县（市）乡（镇）电力一体化管理实施意见的通知》（国经贸厅电力［1999］85 号）执行。2000 年全面完成全省 2620 个乡（镇）电管站的改革工作。

(3) 直供直管县供电企业的改革。省电力公司要把直供直管县供电企业改造成为省 电力公司的子公司，2000 年抓 2～3 个县进行改革试点，在试点的基础上全面推开，2001 年完成改革任务。

(4) 趸售县供电企业的改革。对于已经代管联营的 35 个县在规范代管的基础上，实行股份制改革。对尚未代管的 11 个趸售县供电企业，原则上应上划由省电力公司直接管理；暂时不能上划的，可以在产权关系不变的前提下，由省电力公司代管；或者按照建立现代企业制度的要求，通过参股入股等方式，改组为有限责任公司或股份有限公司。上划或代管的县级供电企业要在 3 年内改制成省电力公司的子公司，或改制成有限责任公司或股份有限公司。

省电力公司对县级供电企业实施代管的具体办法原则上按国家经贸委《关于转发国家电力公司关于趸售县供电企业代管办法（试行）的通知》（国经贸厅电力［1999］103 号）执行。代管必须先由省电力公司与县级人民政府签订县供电企业代管协议。代管后县供电企业仍是独立的法人实体，实行产权归属关系、财税体制、核算方式、趸售方式、工资来源渠道、社会保险关系保持不变的原则。省电力公司负责对代管供电企业领导干部的考核、任用，县电力公司主要领导干部的任用需征求地方党委的意见。

2000 年抓 3～5 个趸售县供电企业进行改革试点，在试点的基础上全面推开，2001～2002 年完成改革任务。

(5) 自供自管县供电企业的改革。按照电力工业体制改革的方向，因地制宜、因网制宜将自供自管县级供电企业改组成为股份有限公司或有限责任公司。2000 年抓好 10 个县的试点工作，在试点的基础上全面推开，2001 年完成改革任务。

(6) 一个县域内存在多家供电企业的改革。供电企业要按出资关系和一县一公司的原则，组建有限责任公司或股份有限公司。2000 年抓 2～3 个县进行改革试点，2001 年全面推开，2002 年完成改革任务。

(二) 营销管理方面

(1) 建立规范的抄表收费制度，全面推行“五统一”（统一电价、统一发票、统一抄表、统一核算、统一考核）和“三公开”（电量公开、电价公开、电费公开），实现由县级供电企业直接销售、抄表、收费、服务的四到户管理。农村用户要实行一户一表，并以计量检定机构依法认定的用电计量装置的记录和国家规定的电价交纳电费，用户有权拒交超过表计电量和国家电价外的一切收费。

(2) 整顿农村电工队伍，规范服务行为。对现有农村电工进行统一考核、择优聘用，经过考核符合标准的，一律持证上岗，并纳入县级供电企业的合同管理；考核不合格的，一律不得聘用。

(三) 电价与电网投资方面

1. 农村电价管理方面

(1) 改革现行农村电价的形成机制。逐步改变现行农村电力成本的负担办法，对农电成本实行统一核算，统一定价，社会公平负担的办法。坚决取缔一切不符合国家规定的价外加价和附加收费。

(2) 加快城乡用电同网同价的进程。通过农村电网改造和农村电力体制改革，最大限度地降低农村供电成本和电价，并逐步实行城乡用电同网同价。具体同价方案按照《国家计委关于四川省农村电网改造工程，农电管理体制改革和城乡用电同价方案的批复》

执行。

2. 农村电网投资方面

(1) 加大对农村电网建设与改造的投资力度，主要通过银行贷款，同时支持和鼓励供电企业通过合法渠道融资筹集改造资金。各级地方人民政府要加大支持农村电网建设与改造的力度。

(2) 各级电力企业要加大对农村电网建设与改造的资金投入力度，以满足农村不断增长的用电需求。今后新建和改造的农电设施应纳入电力发展规划，并由电力企业统一建设、统一经营。电网改造规划要严格审核和把关，坚决制止重复建设；今后新建、改造电力设施的设备采购要严格执行国家招投标的有关法律、法规，防止电力建设过程中的不正之风和腐败行为，切实加强对电力建设投资的使用管理，提高投资使用效益。

(3) 农网改造投资的偿还。直供直管县和趸售代管县农网改造的投资由省电力公司负责统借统还；自供自管县农网改造投资谁借谁还。

(4) 农村电网的改造与建设水平要与现阶段农村经济发展水平相适应。

(四) 农村电力管理方面

(1) 严格落实农电管理责任制。地方人民政府，特别是县级人民政府要对本县农村电价进行有效监管，要采取有效措施控制农村电价水平，减轻农民电费负担。

(2) 电力企业要严格执行国家电价政策和规定，对乱加价、乱收费、乱摊派行为要坚决拒绝；严禁代征代收各种不符合国家规定的价外收费。对已公布的违法加价、收费项目，必须立即纠正、停收，如再继续征收，一经查出要公开曝光，并追究领导人的责任。

(3) 县级电力企业要加强管理，挖掘内部潜力，降低生产成本，实行减人增效、下岗分流和实施再就业工程。趸售县和自供自管县供电企业原则上要在3年内分流一半人员。

(4) 要大力采用先进技术和设备改造农村电网，推进和采用损耗低、安全性好、可靠性高的适用技术和设备。

五、组织实施

(1) 深化农村电力体制改革，必须加强组织领导。由省委、省人民政府有关领导任组长的省电力体制改革工作领导小组，要加强对农村电力体制改革工作的领导，并充分依靠各地政府和电力企业，把工作抓紧抓实抓好，抓出成效。

(2) 省经贸委全面负责组织、指导、监督和落实农村电力体制改革工作。

(3) 各地人民政府、省电力公司作为农电改革与发展的具体实施部门，要实行责任制管理。各级经贸委要会同计委、人事、税务、电力、水利、财政、物价等有关部门认真做好农村电力体制改革组织工作，及时协商、协调、妥善解决有关问题，保证全省农村电力体制改革工作顺利进行。

关于印发《重庆市加快农村电力体制改革加强农村电力管理的实施方案》的通知

(国经贸电力［2000］447号)

重庆市经济委员会：

国家经贸委原则同意《重庆市加快农村电力体制改革加强农村电力管理的实施方案》，现印发你们，请认真贯彻执行。

加快农村电力体制改革，加强农村电力管理，是党中央、国务院发展农村经济，开拓农村市场，提高农民生活水平，促进农村电气化事业的重大措施。你委要在市人民政府的领导下，切实加强对农村电力体制改革工作的组织、指导、监督和检查，把实施方案中确定的各项目标落到实处，真正实现县（市）乡（镇）电力一体化管理，实现城乡用电同网同价，减轻农民负担，建立起符合重庆市农村经济发展水平的农村电力体制。

重庆市作为直辖市,农业所占比重较大,农村电气化程度较低,电网建设和发展的任务较重,大小电网的矛盾比较突出,电力体制亟待理顺,你委应当抓住机遇,加大改革力度,及时协调处理改革中出现的矛盾和问题。重大情况和问题请及时报告国家经贸委。

二〇〇〇年五月十六日（印）

重庆市加快农村电力体制改革加强农村电力管理的实施方案

(重庆市经委　二〇〇〇年四月十日)

根据《国务院批转国家经贸委关于加快农村电力体制改革加强农村电力管理意见的通知》（国发［1999］2号）的要求，为加快我市农村电力体制改革，加强农村电力管理，实现城乡用电同网同价，结合我市实际情况，制定本方案。

一、现状及存在的主要问题

重庆市电网以重庆市电力公司电网为主，由重庆市电力公司电网和若干地方电网组成。1998年，全市装机容量424万kW，售电量158亿kW·h，其中农村用电量25.7亿kW·h，农村生活用电量10.4亿kW·h,城市居民生活用电量20.2亿kW·h。农村电网拥有35kV及以上变电站312座，10kV线路47677km，配电变压器7.2万台、变电容量326.6万kV·A，低压线路26.1万km。

全市辖40个区县（市），主要由一个县级供电企业供电的有36个，由两个及以上县级供电企业交叉供电的4个。在36个区县（市）中，重庆市电力公司直供直管县级供电企业16个（其中为城区供电的6个），趸售县级供电企业5个（由重庆市电力公司代管的2个），自供自管县级供电企业15个（其中8个县的电网与重庆市电力公司的电网联网）。

全市已通电的乡镇约有1400个，村约20500个，农户约700万户，涉及农村人口约2400万。全市共有乡镇电管站800个，管理人员约12200人，农村电工约10200人。

1998年，全市农村到户电价构成中，县级供电企业趸售到乡镇电管站的电价约占35%，网损加价约占20%，县及县以上各级政府和部门规定的各项附加费约占10%，乡镇电管站及以下自行规定的加价约占35%。

目前，农村电力工作中主要存在以下问题：①是管理体制不顺，政企不分，事权不明，责任不清；②是管理层次多，管理混乱，管理水平低，存在“人情电、权力电、关系电”和“乱加价、乱收费、乱集资”现象；③是管理人员多，农村电工队伍庞大，部分人员素质差，管理费用高；④是农村电网陈旧老化，线损大，综合线损率高达30%～50%；⑤是农村电价高，农民负担重，全市农村到户电价一般为0.67元/（kW·h）～1.20元/（kW·h），个别地方高达2.00元/（kW·h）。上述问题必须通过深化农村电力体制改革，加强农村电力管理，加快农村电网建设与改造来解决。

二、指导思想与原则

这次农村电力体制改革是对现有农村电力体制和运营机制的一次重大变革，涉及面广，影响深远，意义重大。

指导思想：按照建立社会主义市场经济体制的要求，抓住西部大开发的机遇，围绕电力为农业、农民、农村经济发展服务的目标，以减轻农民负担、实现农村电气化、开拓农村市场、改善农村生态环境为目的，坚持政企分开，减少中间环节，运用经济、法律、行政等手段，规范农村电力市场，整顿农村电价，使我市农村电力建设与管理上水平、上台阶，促进农村经济快速、健康发展。

基本原则：

（1）农村电力体制改革要与我市电力工业体制改革相适应，与全市农村经济发展水平相适应。

（2）深化农村电力体制改革与加快农村电网改造相结合，整顿农村电价与规范农村用电秩序相结合，加强农村电力管理与改善服务相结合。

（3）加大各级地方人民政府监督管理农电（包括农村电价）工作的责任，加大各级电力公司经营管理农电的责任。

（4）正确处理好政府与电力企业的关系，中央电力企业与地方电力企业的利益关系，电力企业与农民的利益关系。

（5）以资产为纽带，积极稳妥地推进大小电网的联合。

三、目标

用3年左右时间，理顺并基本建立符合我市农村经济发展水平的农村电力体制，完成农村电网的建设与改造，规范农村用电秩序，促进农村电气化发展。

（1）在农村电力体制方面，按照一县一公司（企业实体）的原则，改革县级供电企业，将乡镇电管站全部改为县级供电企业所属的供电营业所，实现区县（市）乡（镇）电力一体化管理。

（2）在农村电网改造方面，投资38.7亿元建设与改造农村电网，使农村电网高压线损降到10%以内，低压线损要降到14%以下，使我市农村电网技术装备水平上一个台阶，损耗降到合理水平，实现安全可靠供电。

（3）在农村电力营销管理方面，实现县级供电企业销售到户、抄表到户、收费到户、服务到户的“四到户”管理。坚决杜绝“人情电、权力电、关系电”。

（4）在农村电价管理方面，按照农村电价与城市电价统筹安排、社会公平负担的原则，首先实现城乡居民生活用电同网同价，然后实现城乡其他用电同网同价，最终实现全市综合平均电价0.423元/(kW·h)。

四、主要内容

（一）理顺行政管理体制

（1）市经委作为电力主管部门，行使政府管电职能，改变多头执法、政出多门的局面。

（2）撤销各区县（市）水电局和供电局承担的政府管电职能，由区县（市）经委（计经委、经贸委）行使政府管电职能。

（3）作为省级电力公司的重庆市电力公司和其他供电企业成为独立经营、独立核算的企业实体，行使企业经营职能。

（二）改革乡镇电管站的现行管理模式

（1）由区县（市）政府组织领导所辖行政区域内乡镇电管站的改革，将乡镇电管站改为县级供电企业所属的供电营业所，供电营业所作为县级供电企业的派出机构，其人、财、物纳入县级供电企业统一管理。

（2）乡镇及以下农村电力资产的处置严格按照国家经贸委《印发关于加快乡（镇）电管站改革若干问题指导意见的通知》（国经贸电力［1999］294号）精神执行。其中乡镇及其以下的农村集体电力资产，按照自愿上交、无偿划拨的方式，全部交由县级供电企业管理。供电企业必须进行资产接收，并承担起维护管理责任，所接收的资产必须登记造册。对个人、其他法人投资建设的农村电力资产，已经基本收回投资的，原则上无偿划拨；对于投资尚未收回的，要进行清理核算，所在地政府和供电企业可根据不同情况，与其具体协商后划拨；已经报废或接近报废的供电设施和高耗能设备，不在清理结算之内。

（3）县级供电企业对供电营业所实行收支两条线管理，供电营业所电费收入全额上缴，所需费用支出由供电企业统一核拨。

（4）乡镇电管站改为供电营业所后，所有人员纳入县级供电企业统一管理，并根据实际需要，本着精简的原则进行定编、定岗、定责，所需人员实行聘用制，原则上优先从供电企业职工或优秀的农村电工中通过统一培训，统一考核，择优聘用，实行合同制管理。

（三）改革县级供电企业管理体制

（1）直供直管县供电企业。将主城区外的直供直管县供电企业，逐步改造成重庆市电力公司的子公司，使其成为自主经营、自负盈亏、自我发展、自我约束的法人实体。

（2）趸售县供电企业。对趸售县供电企业，在产权关系不变，税收解缴渠道不变的前提下，按照双方自愿的原则，按照国家经贸委《关于转发国家电力公司关于趸售县供电企业代管办法（试行）的通知》（国经贸厅电力［1999］103号）精神，由重庆市电力公司代管，或上划重庆市电力公司直接管理，也可按照建立现代企业制度的要求，通过参股入股等方式，逐步改组为有限责任公司或股份有限公司。

对实行代管的供电企业，要在2年内改组为有限责任公司或股份有限公司。

（3）自供自管县供电企业。对自供自管县供电企业，在实行政企分开的基础上，按照建立现代企业制度的要求，因地制宜、因网制宜，根据不同情况进行一县一公司改革。条件成熟的，可参照直供直管县、趸售县的改革原则和步骤进行改革。

（4）交叉供电县供电企业。一个区县（市）内存在两个或两个以上供电企业的，要按照一县一公司的原则进行改革，在明确产权的基础上，原则上由各供电企业以其在该区县（市）内的供电经营性资产作为出资，组建有限责任公司或股份公司，实现一县一公司。

在一个直供直管县、趸售县、代管县内存在两个或两个以上供电企业的，要按照交叉供电县供电企业的改革原则，按出资关系，组建有限责任公司或股份有限公司，实现一县一公司。

（5）按照国务院农村电力“两改一同价”的要求，做好松藻、天府、永荣、中梁山、南桐矿区农村电网改造、电力体制改革和城乡用电同网同价工作。

（四）改革农村电力营销体制

（1）建立规范的抄表收费制度，全面推行“三公开”（电量公开、电价公开、电费公开）和“五统一”（统一电价、统一发票、统一抄表、统一核算、统一考核）管理，逐步实现“四到户”（销售到户、抄表到户、收费到户、服务到户）管理。农村用户要实行一户一表，用户以计量检定机构依法认定的用电计量装置的记录和国家规定的电价交纳电费，有权拒交超过表计电量和国家规定电价外的一切收费。

（2）整顿农电职工队伍，规范服务行为。对农村电工实行统一考核，经过考核符合标准的，择优聘用，持证上岗，并纳入合同管理，考核不合格的，一律不得录用。

（五）改革农村电价管理

（1）改革现行农村电价形成机制。逐步改变现行农电成本负担办法，对农电成本实行统一核算、统一定价、社会公平负担的办法，市物价主管部门会同电力主管部门根据国家和市政府的规定核定农村电价，其他任何单位、部门不得加价。坚决取缔一切不符合国家规定的价外加价和附加收费。

（2）通过农村电网改造和农村电力体制改革，农村电价要明显降低，并逐步达到城乡用电同网同价。按照同网同价原则，重庆市电力公司在其直供直管县、代管县供电营业区电网内实行城乡用电同网同价；其他区县（市）分别在各区县（市）电力公司供电营业区电网内实行城乡用电同网同价；最终实现城乡用电全市一价。

（六）加强农村电网投资管理

（1）在这次“两改一同价”中，要加强对38.7亿元全市农村电网建设与改造投资的项目管理。农村电网建设与改造项目按基本建设程序报批，由市计委审定，未经审批和市计委未安排计划的农网建设与改造项目不得作为今后逐年摊入电价的测算基数，国土部门不得办理土地征用手续，城乡建设规划部门不得定点。

（2）农村电网改造资金的还本付息计入电网成本，逐年摊入电网电价。重庆市电力公司贷款进行农村电网建设与改造投资的还本付息在其直供直管县和代管县供电营业区电网电量上均摊；地方项目业主贷款进行农村电网建设与改造投资的还本付息分别在各区县（市）电力公司供电营业区电网电量上均摊。

（七）加强农村电力监督管理

（1）加大对农村电力监督管理的力度，建立并落实农村电力管理责任制。各区县（市）政府要对农村电价进行有效监管，采取切实措施控制农村电价水平，减轻农民负担。

（2）供电企业必须严格执行国家的电价政策和规定，坚决杜绝乱加价、乱收费、乱摊派，严禁代征代收各种不符合国家规定的价外收费；对已公布的违法加价、收费项目，从公布之日起立即纠正、停收，如再继续征收，一经查实，予以公开曝光，并追究供电企业领导人的责任。

（3）供电企业必须加强管理，挖掘内部潜力，降低生产成本，实行减人增效、下岗分流和实施再就业工程等措施，在3年内将人员减少一半，使供电成本中管理费用和人工工资所占比例降至合理水平。

五、时间安排和进度

（一）农村用电同网同价工作

由市物价主管部门按照同网同价原则，根据《国家计委关于重庆市农村电网改造工程、农电管理体制改革和城乡用电同价方案的批复》（计基础［1998］2335号）中所确定的目标执行。

（二）农村电力体制改革工作

1. 2000年

（1）完成全市乡镇电管站的改革。

（2）完成璧山县、荣昌县、梁平县直供直管供电企业的子公司改革试点工作，将其改为重庆市电力公司的子公司。

（3）按照綦售县的改革原则，完成潼南县、武隆县供电局有限责任公司或股份有限公司的改革工作。

（4）完成石柱县、彭水县、黔江县、酉阳县、秀山县一县一公司（企业实体）的改革工作。

2. 2001年

（1）在总结试点经验的基础上，完成其他直供直管县供电局改造为重庆市电力公司的子公司的改革工作。

（2）按照綦售县供电企业的改革原则，完成大足县、江津市、垫江县电力公司的改革工作。

（3）按照交叉供电县供电企业的改革原则，完成綦江县、合川市、南川市和万州区的县级供电企业一县一公司的改革工作；完成直供直管县中存在多家供电的巴南区、永川市一县一公司的改革工作；完成代管县中存在多家供电的武隆县一县一公司的改革工作。

（4）按照自供自管县的改革原则，完成有并网关系的涪陵区、铜梁县、忠县、开县、云阳县、丰都县、城口县、巫山县电力体制改革工作。

3. 2002年

按照自供自管县的改革原则，完成奉节县、巫溪县、彭水县、黔江县、石柱县、秀山县和酉阳县的电力体制改革工作。

六、组织措施

（1）我市农电体制改革采取市、区县（市）分级管理模式。在市一级成立市农村电力体制改革领导小组，由市政府主要领导任组长，分管副市长任副组长，以市经委、计委、财政局、市电力公司、水电局、物价局为成员单位，统一领导、组织、协调全市农电体制改革。领导小组办公室设在市经委，负责处理日常事务，由市经委分管副主任任办公室主任。

（2）各区县（市）成立由县长任组长的农村电力体制改革领导小组，负责本区县（市）农电体制改革的领导、组织、协调工作，确保乡镇电管站等中间经营环节的取消和农村电价水平的降低，并签定目标责任书，实行责任制管理。领导小组办公室设在区县（市）经委（计经委、经贸委），负责处理日常事务。

（3）在这次"两改一同价"工作中市级有关部门要明确责任、分工负责、加强协调。市经委组织制定我市农村电力体制改革实施方案，指导并组织审定各区县（市）农村电力体制改革方案，负责具体组织、指导、监督和落实全市农电体制改革工作，参与电价的审核；市计委组织实施农村电网建设与改造工程，审定各区县（市）农村电网改造方案，参与农村电力体制改革，参与电价的调整和执行；市财政局和市农行管理农网改造资金，监督供电企业做到专款专用；市物价局按国家规定的定价原则，负责对城乡用电同网同价的审定，并组织实施，参与农网改造和农村电力体制改革。

（4）各区县（市）经委（计经委、经贸委）在当地农电体制改革领导小组领导下，会同当地计委、财政局、水电局、供电企业、物价局等有关单位和部门，按此方案的总体要求，制定本区县（市）农电体制改革实施方案报市经委，同时抄送市计委、市财政局、重庆市电力公司、市水电局、市物价局。

实施过程中出现的问题，各区县（市）政府要及时协调，妥善解决，重大问题及时报告市经委。

（5）重庆市电力公司及其他供电企业具体实施农电体制改革，实现城乡用电同网同价目标，并签定目标责任书。

（6）对改革不力或阻扰改革的单位和个人，要追究单位主要领导人和个人的责任，对触犯刑律的依法追究其刑事责任。

关于印发《天津市加快农村电力体制改革加强农村电力管理的实施方案》的通知

（国经贸电力［2000］448号）

天津市经济委员会：

国家经贸委原则同意《天津市加快农村电力体制改革加强农村电力管理的实施方案》，现印发你们，请认真贯彻执行。

加快农村电力体制改革，加强农村电力管理，是党中央、国务院发展农村经济，开拓农村市场，提高农民生活水平，促进农村电气化事业发展的重大措施。你委要在市人民政府的领导下，切实加强对农村电力体制改革工作的组织、指导、监督和检查，把实施方案中确定的各项目标落到实处，实现县（市）乡（镇）电力一体化管理和城乡用电同网同价，减轻农民负担，逐步建立起符合天津市农村经济发展水平的电力体制。

天津市作为直辖市，农业所占比重较大，农村电力的改革与发展对促进农村经济发展和城市化进程具有重要意义。你委要在推进县级供电企业股份制改造的同时，积极抓好电力体制其他各方面的改革，加强农村电力管理，及时协调解决改革中出现的矛盾和问题。重大情况请及时报告国家经贸委。

二〇〇〇年五月十六日（印）

天津市加快农村电力体制改革加强农村电力管理的实施方案

（天津市经委 二〇〇〇年三月二日）

按照《国务院批转国家经贸委关于加快农村电力体制改革加强农村电力管理意见的通知》（国发［1999］2号）精神，为加快农村电力体制改革，使农村电网建设与改造和城乡用电同网同价任务落到实处，制定本方案。

一、农村电力现状及存在的问题

全市农村土地面积9495.2km^2，人口434.68万人，主要分布在东丽、津南、西青、北辰四个郊区和静海、宁河、武清、宝坻、蓟县五个县，少量分布在塘沽、汉沽和大港三区。全市共有217个农村乡镇、3841个行政村，农村电工8000余人。

全市各区（县）都设有供电局，静海、宁河、武清、宝坻四县供电局由市电力公司趸售供电，其余各区（县）供电局均由市电力公司直供直管供电。全市共设有216个乡镇电管站，负责收取电费、农村电网维护管理以及农村电工队伍管理。乡镇电管站有的由区（县）供电局管理，有的归口区（县）政府部门领导。到1998年6月，行政村照明电价在0.55元/(kW·h)以下的达82%，除照明电价外，全市农村平均电价水平已降为0.537元/（kW·h）。

目前，全市农村电力管理中也存在着一些亟待解决的问题，主要表现在：①是农村电力管理体制不能适应农村电力发展的需要，管理事权不明，责任不清；②是落后的农村电网制约农村电力市场的开拓，制约农村经济的进一步发展；③是农村电力职工队伍庞大，管理层次过多，农村电价较高；④是当前农村电价形成机制不科学、不完善，不能如实反映电力供应成本状况，也不能合理确定各方面的实际负担；⑤是农村电力管理混乱，政出多门，农民不堪重负。这些问题必须通过深化改革和加快发展来解决。

二、指导思想、主要原则及目标

指导思想：以邓小平建设有中国特色社会主义理论为指导，按照党的十五大确立的关于国有工业管理体制改革的目标，以国务院国发［1999］2号文件精神为指针，从天津市的实际出发，按照建立和完善社会主义市场经济体制的客观要求，坚持政企分开，理顺农村电力管理体制，规范农村电力市场，促进农村经济发展。

主要原则：农村电力改革与发展要与全市电力工业的改革与发展相适应；深化农村电力体制改革要与加快农村电网改造相结合，整顿农村电价与规范农村用电秩序相结合，加强农村电力管理与改善服务相结合；坚持全市农村电力统一规划、规范管理、综合配套、分类指导、分步实施。

目标：用三年左右时间理顺并建立起适应我市农村经济发展水平的农村电力体制。加快农村电网建设与改造，规范农村电力管理秩序，实现县乡电力一体化管理，全面推行“三公开”（电量公开、电价公开、电费公开）和“五统一”（统一电价、统一发票、统一抄表、统一核算、统一考核），实现“四到户”（销售到户、抄表到户、收费到户、服务到户）管理。1999年底前实现城乡居民照明用电同价，2000年底前实现城乡用电同网同价。

三、具体内容

（一）区（县）管电机构和供电企业实行政企分开，由区（县）经贸委（经委、计经委）行使政府管电职能，供电企业要成为独立核算的经济实体。

（二）按照建立现代企业制度的要求，与天津市电力公司改制工作同步，将蓟县供电分公司改制成为天津市电力公司的子公司。

（三）由市电力公司与所在县人民政府协商，按照一县一公司（企业实体）和建立现代企业制度的原则和要求，对武清、静海、宝坻、宁河四县供电企业进行股份制改造，组建县供电有限责任公司。在1999年完成股份制改造的基础上，各县供电有限责任公司要按照《中华人民共和国公司法》和国家电力公司有关规定规范运作，由董事会进行管理，自主经营，独立核算，并享受趸售电价政策。

（四）乡（镇）电管站的改革由市电力公司与各区（县）人民政府分别组织实施，要在充分协商的基础上，签署乡镇电管站管理体制改革协议，乡镇及以下农村集体电力资产采取自愿上交、无偿划拨的方式，由区（县）供电公司管理，并由其承担维护管理责任。

（1）各区（县）供电公司要按照市电力公司的统一部署，在各区（县）和乡（镇）人民政府的支持和配合下，按照县乡电力一体化管理的要求，将乡镇电管站改造成为区（县）供电企业的派出机构——供电营业所。

（2）供电营业所负责对本乡镇农村抄表、收费、低压电网的维护管理，并实现销售、抄表、收费和服务的“四到户”管理。

（3）供电营业所实行收支两条线，其收取的电费全部上缴，不得加价、挪用和坐支；营业所的经费开支由所属区（县）供电公司编制预算上报市电力公司审批拨付。

（4）原区（县）电管总站、乡镇电管站人员的安排，由市电力公司与各区（县）人民政府协商解决，原则上按竞争上岗、择优录用的要求招聘。原农村电工实行合同制，通过考核竞争上岗，择优录用。

（5）乡镇电管站的改革工作，按照先易后难、分步实施的原则进行，2000年底前全部完成。

四、组织实施

农村电力管理体制改革是一次重大的调整和变革，涉及面广，影响深远，必须精心组织，周密安排，稳步推进。

市经委全面负责组织、指导、监督和落实农村电力体制改革工作，各区（县）人民政府会同电力部门认真组织实施，做到不散不乱，保证电力供应和电力生产安全。各区县供电企业的改革工作要按照法律规范程序进行，有关国有资产管理、工商、税务、监察等部门要予以密切配合，确保国有资产不流失。

关于印发《上海市加快农村电力体制改革加强农村电力管理实施方案》的通知

（国经贸电力［2000］595号）

上海市经济委员会：

国家经贸委原则同意《上海市加快农村电力体制改革加强农村电力管理实施方案》，现印发你们，请认真贯彻执行。

加快农村电力体制改革，加强农村电力管理，是党中央、国务院发展农村经济，开拓农村市场，提高农民生活水平，促进农村电气化事业发展的重大措施。你委要在市人民政府的领导下，切实加强对农村电力体制改革工作的组织、指导、监督和检查，把实施方案中确定的各项目标落到实处，实现县（市）乡（镇）电力一体化管理和城乡用电同网同价，减轻农民负担，逐步建立起符合上海市农村经济发展水平的电力体制。

上海市作为直辖市，城市化程度较高，要通过农村“两改一同价”工作进一步缩小城乡差别，在全国率先基本实现农村电气化。你委应当抓住机遇，加大改革力度，及时协调处理改革中出现的矛盾和问题，重大情况和问题请及时报告国家经贸委。

二〇〇〇年六月二十六日（印）

上海市加快农村电力体制改革加强农村电力管理实施方案

（上海市经委　二〇〇〇年五月十八日）

根据《国务院批转国家经贸委关于加快农村电力体制改革加强农村电力管理意见的通知》（国发［1999］2号）和《国务院办公厅转发国家经贸委关于深化电力工业体制改革有关问题意见的通知》（国办发［1998］146号），结合上海的实际情况，制定本方案。

一、农村电力现状

上海农村主要分布在7区、3县，有209个镇（乡）、2945个行政村。除崇明县为自发、自供、自管供电外，其他9个区（县）由上海市电力公司直供直管供电。1998年，这10个区（县）及以下用电量为114.3亿kW·h，占全市用电量的33.76%，人均2108kW·h；镇（乡）及以下用电量67.9亿kW·h，人均1897kW·h；农村人均年生活用电量203kW·h。

目前，我市农村电力管理的方式是：10kV线路架设到农村用电负荷中心，变压器低压侧装设电业计量总表，总表计费按农业优待电价；在总表后架设农村集体低压电网，并按不同电价安装电业一级分表，所有电业表计均由市电力公司直接抄表收费，实施上海市郊区农村统一电价。从1996年开始，我市对负责农村400V低压集体电网管理的、不属一级经营机构的镇（乡）用电站的管理方式进行了改革：成立了区（县）农电管理所（集体事业单位），其人员由供电局委派，费用由电力公司承担，镇（乡）用电管理站由各区（县）农电管理所进行人、财、物全面管理，镇（乡）用电站按5～6人列编，与农电管理所签订劳动合同，并参加区（县）养老保险和医疗保险统筹。我市电力部门按5～10户安装一只电业照明表，其使用单价按全市统一城乡居民照明电价0.6元/（kW·h）计收，最高限价0.73元/（kW·h），农户使用自己购置的电表。

近年来，我市农村电力直管直供体制对推动农村电网的统一规划、统一建设、统一调度和统一管理，对农电事业和农村电气化的发展起到了一定的作用。但农村电力发展过程中也存在着一些亟待解决的问题，主要表现在：现行农村电力体制不能完全适应农村电力发展的需要，农民自建自管的农村低压电网的损耗及其运行费用需由农民自己负担，同时农村低压集体电网设备陈旧落后、线损偏高，部分地区农电管理比较薄弱、窃电严重，农村电价高于市区的电价水平。崇明县是海岛县，实行自发自供自管的电力体制，农电体制没有完全理顺，电价一直高于全市统一电价，尽管1994年上海电价调整时，对崇明县实行贴补差价给予支持，也只与全市城乡基本同价。上述问题造成农村到户电价偏高、农民负担较重，影响着农村市场特别是农村家电市场的开拓和农村经济的发展，必须通过加快农村电力体制改革和加强农村电力管理来解决。

二、指导思想和主要原则

指导思想：按照建立社会主义市场经济体制的要求，紧紧围绕电力为农业、为农民、为农村经济发展服务的目标，以加强供电企业管理、加快农村电气化建设步伐、大力开拓农村市场、繁荣农村经济、改善农村生态环境、促进农村经济发展为目的，坚持政企分开，减少中间环节，运用经济、法律、行政等手段规范农电管理和农村电力市场，整顿农村电价，切实减轻农民负担，逐步实现城乡电力一体化管理，做到城乡电网统一管理、统一核算、统一价格，使我市的农村电力建设与管理上水平、上台阶，建立起符合我市农村经济发展的电力体制，在全国率先基本实现农村电气化。

主要原则：坚持有利于农村经济发展，有利于发挥地方政府和电网企业两方面积极性，有利于农村电气化事业发展。

坚持加大上海市经委监督农电（包括参与农村电价的管理）工作的责任，加大上海市电力公司经营管理农电的责任，正确处理好政府与电力企业、电力企业与农民利益关系。

坚持实事求是，一切从实际出发，做到我市农村电力体制改革与发展同我市电力工业的整体改革与发展相适应，与现阶段我市农村经济发展水平相适应，深化农村电力体制改革与加快农村电网改造相结合，整顿农村电价与规范农村用电秩序相结合，加强农村电力管理与改善服务相结合。

三、目标

2001年底前，理顺并建立符合我市农村经济发展水平的农村电力体制，实现县（区）镇（乡）电力一体化管理，促进农村经济的发展。

（1）在农电体制管理上，用1年多时间，改革县供电企业的管理体制，实现县（区）镇（乡）电力一体化管理。

（2）在农村电网改造上，进一步加大我市农村电网的建设与改造力度，使农村电网技术装备水平上一个台阶，高压线损降到10%以内，低压线损降到12%以内，电压合格率达到95%以上，供电可靠率达到99%以上。

（3）在农村电力营销管理上，进一步规范我市农村用电秩序，实现电力企业“四到户”（销售到户、抄表到户、收费到户、服务到户）管理，实现“五统一”（统一电价、统一发票、统一抄表、统一核算、统一考核）和“三公开”（电量公开、电价公开、电费公开）管理。

（4）在农村电价管理上，实现社会公平负担，逐步实现农村电价与城市电价同网同价。2001年起实现城乡居民生活用电同网同价，2002年实行城乡同类用电同网同价。

四、主要内容、时间进度及措施

（1）改革和完善农电管理体制。按照政企分开的原则，由上海市经委行使对农村电力的政府管理职能，市电力公司行使企业经营职能。用1年多时间，逐步改革和完善县供电企业的管理体制，实现县（区）镇（乡）电力一体化管理。奉贤县、南汇县在实行县改区以后，实行城市化管理。

（2）积极推进自发、自供、自管县农村电力体制的改革。在产权、财税关系不变的前提下，2000年内完成上海市电力公司对崇明县电力公司的代管，代管期间，市电力公司对其安全生产、技术进步和上网电价、干部任免、人员安置等工作全面负责。2001年底前完成崇明县电力公司厂网分开的改革，2002年底前完成崇明电力公司股份有限公司或有限责任公司的改革。

(3) 完善和加强县供电企业对镇（乡）供电站的管理。撤销县农电管理所、乡电管站（不含电管站所办的三产），成立县供电企业所属的供电营业所，将其人、财、物纳入县级供电企业统一管理，实行区（县）镇（乡）电力一体化管理。采取自愿上缴、无偿划拨的方式，将镇及镇（乡）以下农村集体电力资产和原镇（乡）用电站资产（指生产和为生产服务的办公设施等）统一移交县供电企业统一管理，并由县供电企业承担电网的建设改造和运行维护管理责任。农村低压电网费用由县供电企业统一核算。所属的供电营业所主要负责所辖范围内的10kV及以下的供电管理、电力营销管理和人员管理工作，切实做好农村用电管理和服务。2000年在闵行、奉贤供电局进行试点，全市要在2001年底前全部完成。

(4) 整顿农村电工队伍，规范服务行为。在对供电所实行定员、定岗、定责的基础上，农村电工全部由县供电企业实行统一管理、统一考核、择优聘用。上海市经委、市电力公司将根据国家有关要求，对供电所人员的招聘制订统一的考核标准，经考核合格的，一律持证上岗，纳入县供电企业的劳动合同管理；考核不合格的，不得录用。

(5) 加强农村电价的管理，严格落实农村电力管理责任制。上海市经委会同市物价局等部门对农村电价进行有效监督，杜绝加价、摊派等行为，杜绝代征代收一切不符合国家规定的价外收费。建立规范的抄表收费制度，2002年全面实现“五统一”、“四到户”和“三公开”管理。对农村用户要实行电业表计供电到户（一户一表），由供电所直接抄表到户，并以计量检定机构依法认定的用户计量装置的记录和国家规定的电价缴纳电费，用户有权拒交超过表计电量和电价外的一切电费。

供电企业要不断增强法制观念、效益观念，加强内部管理，挖掘潜力，降低生产成本。对人员实行劳动合同制和聘任制，实行减人增效、下岗分流和实施再就业工程。坚决反对和取消各种乱收费、乱加价，杜绝“人情电、权力电、关系电”等不良现象。

逐步改变现行的农村电力负担办法，对农电成本实行统一核算、社会公平负担，积极推进城乡用电同网同价，2001年起实行全市居民生活用电同网同价，2002年起实行全市城乡同类用电同网同价。

(6) 加大农村电网建设与改造的力度，提高农网装备水平。电力企业要积极通过各种方式进行融资，加大对农村电网建设的投入力度，要大力运用先进技术和设备，积极采用损耗低、安全性好、可靠性高的适用技术和设备；新建农电设施应纳入政府的电力规划，由电力公司统一建设、统一经营。农网的建设和改造要实行项目法人制，由项目法人筹资、建设、管理、运行维护和还贷，市电力公司负责改造贷款的统筹统还，农网建设和改造投资的偿还在全市电网内均摊。

五、组织实施

上海的农村电力体制改革是一项复杂的系统工程，涉及面广、影响大、任务重。这次改革是对我市长期形成的农村电力管理体制和管理秩序的一次重大调整和变革，因此必须按照国务院国发［1992］2号文件精神，根据国家经贸委、国家电力公司和上海市政府的统一部署，从上海市的实际出发，精心组织，周密安排，稳妥推进，充分依靠各部门和电力企业的力量，在3年时间内，把农村电力体制改革工作抓紧、抓实、抓好、抓出成效。

关于印发《甘肃省加快农村电力体制改革加强农村电力管理实施方案》的通知

（国经贸电力［2000］721号）

甘肃省经济贸易委员会：

原则同意《甘肃省加快农村电力体制改革加强农村电力管理实施方案》，现印发你们，请认真贯彻执行。

加快农村电力体制改革，加强农村电力管理，是党中央、国务院发展农村经济，开拓农村市场，提高农民生活水平，促进农村电气化事业发展的重大措施。你委要在省人民政府的领导下，切实加强对农村电力体制改革工作的组织、指导、监督和检查，把实施方案中确定的各项目标落到实处，真正实现县（市）乡（镇）电力一体化管理，实现城乡用电同网同价，减轻农民负担，逐步建立起符合甘肃省农村经济发展水平的电力体制。

甘肃省地处我国西北，电气化水平较低，加快农村电力发展和改革对改善当地生态环境、促进西部大开发和全省经济发展都具有十分重要的意义，你委要抓住机遇，坚定信心，积极稳妥地推进这项改革，及时协调处理改革中出现的矛盾和问题。重大情况和问题请及时报告国家经贸委。

二〇〇〇年八月三日（印）

甘肃省加快农村电力体制改革加强农村电力管理实施方案

（甘肃省经贸委 二〇〇〇年五月十八日）

根据《国务院批转国家经贸委关于加快农村电力体制改革加强农村电力管理意见的通知》（国发[1999] 2号）精神，为了加快农村电力体制改革，加强农村电力管理，确保农村电网建设与改造落到实处，进一步减轻农民负担，促进农村经济发展，结合甘肃实际情况，制定本方案。

一、农村电力现状及存在的主要问题

甘肃省共辖14个地（州、市）、87个县（市、区），县级农电管理体制主要为直供直管、趸售、自供自管三种模式。截止1999年，在全省87个县（市、区）中，直供直管方式14个，占16%；趸售方式69个，占79%；自供自管方式4个，占5%。全省共有1561个乡，其中通电乡1537个，已组建962个乡（镇）电管站，管理1383个通电乡（镇），覆盖面已占通电乡镇的90%。

改革开放以来，甘肃省农村电力事业迅速发展，1999年县及县以下用电量达到68.6亿kW·h，占全省用电量的25%，其中农灌用电量为28.4亿kW·h，乡镇工业用电量为7.18亿kW·h。全省乡、村、户通电率分别达到了98.9%、93.9%、90.13%。1999年全省农村分类综合电价执行到户率达到85%，全省农村平均到户电价由原来的每千瓦时0.478元下降到0.439元，但仍比城市居民用电高0.0685元。与此同时农村电力发展中也存在着一些亟待解决的问题，主要是农村电力体制不能适应农村电力发展需要，落后的农村电网制约了农村经济的进一步发展，农电管理责权不明，资产不清，农电职工过多，农村电价偏高等。这些问题必须通过深化改革和加快发展来解决。

二、指导思想及主要原则

（一）指导思想

认真贯彻党的十五大精神，以国务院国发[1999] 2号文件精神为指导，紧密结合全省农村经济发展的实际，抓住西部大开发的历史机遇，解放思想，转变观念，积极构筑适应市场经济发展需要的农村电力体制。坚持“县为实体”的改革取向，按现代企业制度的要求对县级供电企业进行股份制改革，运用经济、法律、行政等手段，加大农村电力管理的力度。努力培育、开拓和发展农村电力市场。坚持电力“三为”服务的宗旨，认真整顿农村电价电费，减轻农民不合理负担，全面推进农村电气化事业。

（二）主要原则

(1) 农村电力体制改革要符合我省省情和市场经济发展的要求，并与农村经济发展相适应。

(2) 农村电力体制改革要有利于全省农村经济的发展，有利于开拓农村电力市场，促进农村电力市场发展并使其规范有序地运行；要有利于农村电网的统一规划、统一建设、统一调度、统一管理。

(3) 加大各级政府和经贸委监督管理农电工作的责任，加大各级电力企业经营管理农电的责任。

(4) 县级供电企业公司制改革，必须正确处理好各级政府与电力企业的关系；省电力公司与县、区、市电力公司的关系。建立规范的法人治理结构，打破单纯上下级行政管理模式，逐步建立适应社会主义市场经济的现代企业管理模式。

(5) 坚持深化农村电力体制改革与加快农村电网建设改造相结合，整顿农村电价与规范农村用电秩序相结合，加强农村电力管理与改善服务相结合。

三、目标

按照国务院的部署，坚持政企分开、县为实体的原则，用3年左右时间完成我省农村电力体制改革、农村电网建设和改造，规范农村供电秩序，建立符合我省农村经济发展水平的电力体制，促进农村电气化事业的发展。

(1) 在农村电力体制方面，要在省电力公司对趸售县和自供自管县代管的基础上，按照《中华人民共和国公司法》的要求，逐步完成县（市、区）级供电企业有限责任公司的改革工作，逐步将乡（镇）电管站改为县级供电企业所属的供电营业所，实现县乡电力一体化管理。

(2) 在农村电网改造上，用3年左右时间，投资50亿元建设和改造农村电网，使农村电网技术装备水平上一个新台阶，农村电网高压线损降到10%以下，低压线损降到12%以下，实现安全、可靠供电。

(3) 积极稳妥，分步实施全省城乡用电同价工作。坚持社会公平负担的原则，积极创造条件，2001年实现全省城乡居民生活用电同价，2002年实现全省城乡用电同价，全省综合平均电价达到0.341元/(kW·h)，其中城乡居民生活电价达到0.385元/(kW·h)。

四、具体内容

（一）实行政企分开

将原省电力局承担的政府管电职能以及分散在各专业经济管理部门的政府管电职能（包括水电管理职能）移交省经贸委，各地（州、市）及县（市、区）供电（电业、电力、水电）局承担的政府管电职能移交当地经贸委，由各级经贸委行使本地区政府管电职能，负责本地区电力行业的行政管理与监督。各县级供电企业要具有独立法人资格，成为独立核算的实体，行使企业经营职能。存在多家供电的，要按一县一公司的原则，组建有限责任公司。

（二）趸售县供电企业改革

趸售县供电企业改革结合县情分三步走，即：代管、清产核资、公司制改组。

1. 代管

为了加快县级供电企业的改革步伐，理顺县级供电企业体制关系，先由省电力公司对趸售县级供电企业实现代管。实行代管的原则是“两权分离”，即资产所有权同电网经营管理权分离。

资产所有权：原资产所有权属当地政府，新增资产按投资来源界定公司股份，县级供电企业在财税体制、资产隶属关系、电力趸售关系、工资来源等方面保持不变。

电网经营管理权：本级电网经营管理权归本级电力公司。省电力公司在代管期间要抓好县级供电企业领导班子建设、任用；管理县级供电企业定员定编，决策县级供电企业的重大经营活动和资金投向。严格执行国家经贸委办公厅《关于转发国家电力公司关于趸售县供电企业代管办法（试行）的通知》（国经贸厅电力［1999］103号）精神，农村电网要实行统一管理、统一规划、统一调度、统一建设。县级电力企业公司制改革完成后，行使独立法人的管理职权，省电力公司按其在县级电力公司股份的多少，通过董事会行使其经营管理职权。

2. 清产核资

明确农网资产关系，本着尊重历史、承认现实、立足发展的原则，进一步理清县级供电企业资产的构成：国家和省有关部门拨款形成的资产、县政府投资形成的资产和集资办电形成的资产、用户集资形成的资产、供电企业自有资产。对乡及乡以下农村电力资产界定及划分严格执行国家经贸委《印发〈关于加快乡（镇）电管站改革若干问题的指导意见〉的通知》（国经贸电力［1999］294号）精神。

3. 公司制改革

对趸售和自供自管县级供电企业在实行代管的基础上，通过清产核资、资产评估、产权界定，将县级供电企业改组为有限责任公司。

（三）自供自管县供电企业改革

根据个别县未与大网联网、偏远县电力企业管理水平亟待加强和电网改造需要投入较多资金并只能通过全省分摊还贷的特点，自供自管县按照趸售县的改革原则进行改革。即自供自管县统一进行农网改造、体制改革和用电同价、投资还贷，在财税关系、资产隶属关系、电力趸售关系等不变的前提下，县级供电企业由省电力公司实行代管，通过清产核资、明晰产权，最终改组成具有独立法人资格的有限责任公司。

（四）直供直管县供电企业改革

根据省电力公司电力体制改革的进程，按照建立现代企业制度的要求，逐步将直供直管县（区）供电企业改组为省电力公司的全资子公司。

（五）乡镇电管站改革

将乡镇电管站改为县级供电企业的供电所，其人、财、物纳入县级供电企业管理，使其成为县级供电企业统一管理、统一核算的派出机构，并采取营业、配电合一的管理模式。乡及乡以下农村集体电力资产采取自愿上交、无偿划拨的方式由县级供电企业管理。供电所的人员应按照精简高效的原则，实行定岗、定责和定编。县级供电企业对供电所实行收支两条线，供电所的电费及其他收入全额交县级供电企业，供电所所需费用支出由县级供电企业统一核拨。

（六）农村电价管理

（1）改革现行农村电价的形成机制。对农电成本实现统一核算、统一定价、社会公平负担的原则，取缔一切不符合规定的价外加价和附加收费。要建立规范的抄表收费制度，全面推行“五统一”（统一电价、统一发票、统一抄表、统一核算、统一考核）、“四到户”（抄表到户、开票到户、收费到户、服务到户）、“三公开”（电量公开、电价公开、电费公开）、“两监督”（群众监督、新闻舆论监督）和实行农村用电一户一表管理。

（2）加快城乡用电同价进程。各地根据农村电力体制改革和农村电网改造的情况，在县域范围内实行用电同价，并首先实现居民生活用电同价，最终实现全省城乡用电同网同价。

（3）建立电网投资偿还机制。国家批复的农村电网建设与改造资金的还本付息通过在全省销售电价中加价的形式解决，还本付息加价分摊的范围按国家有关规定统筹安排。

（七）加强农电管理

（1）各级地方人民政府物价部门应对本地区农村电价进行有效监管，依法行政。要采取有效措施控制农村电价水平，减轻农民负担。电力企业要严格执行国家电价政策和规定，坚决杜绝“乱加价、乱收费、乱摊派”行为，杜绝“权力电、关系电、人情电”现象；严禁代征代收各种不符合国家规定的价外收费；取消任何形式的电费承包。

（2）加强对代管县的规范管理。执行省电力公司制定的县级供电企业领导班子、劳动、财务、安全生产、行风建设、创建文明单位等方面的10个管理办法，使县级供电企业代管后各项工作逐步走向规范化管理轨道，并逐步将这些制度完善成为电力管理责任制。

(3) 县级供电企业要进一步挖掘潜力，降低生产成本，实行减人增效、下岗分流和实施再就业工程。原则上代管县供电企业要在三年内分流一半人员。

五、时间安排和进度

1999年3月，完成了代管工作；1999年5月，由省电力公司控股的山丹县有限责任公司完成了挂牌运营。按照先易后难、分步实施的原则，具体安排如下：

(1) 2000年底前，完成对全省趸售县和自供自管县供电企业的规范代管。

(2) 从2000年开始，全面开展乡镇电管站改革工作，2000年10月底前全部完成。

(3) 2000年选10个代管县进行有限责任公司的改革试点。在试点的基础上全面推开，力争到2001年底30个县供电企业完成有限责任公司改制；2002年底前全部完成。

(4) 2001年选庄浪、静宁2县进行直供直管县级供电企业改革试点，2001年8月底前完成。在试点的基础上全面推开，2002年全部完成。

(5) 2000年选择19个农村电网改造竣工县开展"一县一价"试点，在试点的基础上，力争在2001年实现全省城乡居民生活用电同价，2002年实现全省城乡用电同价，全省综合平均电价达到0.314元/(kW·h)。

六、组织措施

(1) 为了加强对农电体制改革、农网建设改造和城乡用电同价工作的组织领导，省政府成立了由常务副省长郭琨同志任组长，省经贸委、省计委、省物价局、省财政厅、省电力公司和省农行的主要领导参加的领导小组，负责领导全省"两改一同价"工作。

(2) 省经贸委作为全省政府管电部门全面负责组织、指导、监督和落实农村电力体制改革工作。在省政府的统一领导下，省经贸委会同有关部门精心组织，周密安排，密切配合，积极稳妥地推进这项工作。省电力公司作为农村电力体制改革的具体实施部门，要成立相应的组织机构，落实责任部门和责任人，提出具体的组织实施方案；做好实施的各项工作，妥善处理好实施过程中出现的各类问题，切实把全省农电体制改革工作抓紧抓实，抓出成效。各地、县也相应成立领导小组，负责本地区"两改一同价"的工作。

(3) 各级人民政府要加大监督管理农电体制改革工作的力度，按照建立社会主义市场经济的要求，充分运用经济、法律、行政等监督手段，稳步推进农村电力体制改革，规范农村电力市场，整顿农村电价，使全省的农村电力建设与管理走上规范化的轨道。

关于印发《广东省加快农村电力体制改革加强农村电力管理的实施方案》的通知

（国经贸电力［2000］801号）

广东省经济贸易委员会：

国家经贸委原则同意《广东省加快农村电力体制改革加强农村电力管理的实施方案》，现印发你们，请认真贯彻执行。

加快农村电力体制改革，加强农村电力管理，是党中央、国务院发展农村经济，开拓农村市场，提高农民生活水平，促进农村电气化事业发展的重大措施。你委要在省人民政府的直接领导下，切实加强对农村电力体制改革工作的组织、指导、监督和检查，把实施方案中确定的各项目标落到实处，真正实现县（市）乡（镇）电力一体化管理，实现城乡用电同网同价，减轻农民负担，建立起符合广东省农村经济发展水平的电力体制。

广东省经济发展较快，但一些偏远山区还相对落后。实施农村电力"两改一同价"工作，加快农村电气化步伐，有利于推进小城镇建设和加快城市化进程，缩小城乡差别。你委要切实负起责任，抓住机遇，开拓创新，积极稳妥地推进农村电力体制改革，加强农村电力管理，力争率先基本实现农村电气化。要及时协调处理改革中出现的矛盾和问题，重大情况和问题请及时报告国家经贸委。

二〇〇〇年八月二十三日（印）

广东省加快农村电力体制改革加强农村电力管理的实施方案

（广东省经贸委　二〇〇〇年六月八日）

根据《国务院批转国家经贸委关于加快农村电力体制改革加强农村电力管理意见的通知》（国发［1999］2号）、省人民政府办公厅《印发我省农电管理体制改革、农网改造和城乡用电同网同价试行方案的通知》（粤府办［1999］11号）的有关精神，为加快我省农村电力改革与发展，加强农村电力管理，进一步减轻农民负担，提高农民生活水平，促进农村经济发展，结合我省的实际情况，制定本方案。

一、农村电力现状及存在的问题

改革开放以来，我省电力事业快速发展，到

1998年底，全省发电装机总容量2906.95万kW，其中省属电厂发电装机容量861.55万kW；非省属电厂发电装机容量2045.40万kW。全省全社会用电量988亿kW·h，其中农村用电量353亿kW·h，占全省全社会用电量的35.7%。

全省79个县（市）中，直供县（市）26个，趸售县（市）53个，其中以小水电供电为主（小水电供电量超过60%）的县33个。全省1529个乡（镇）供电所中，直供乡（镇）供电所818个，趸售乡（镇）供电所711个。趸售乡（镇）和相当部分直供乡（镇）对管理区（村）采取趸售方式供电。

目前我省农村电力存在的主要问题有：一是农村电网投资不足，设备陈旧，线变损耗普遍达15%～35%，有些地方高达50%～60%；二是农村电力管理体制不顺，管理层次多，层层加价，“以电养政”，地方政府收取的管理费名目繁多，非常普遍；三是市、县都有定价权，乱收费、乱加价、乱摊派现象严重，造成农村电力市场秩序和管理混乱；四是一些管理区（村）供电由私人承包管理，普遍存在“权力电、人情电、关系电”现象；五是农电职工队伍庞大，人员过多，“以电养人”现象严重。由于上述问题造成农村供电成本大，电价高，农民负担重，各方面反映强烈。这些问题必须通过加快农村电力改革和发展，加强农村电力管理来解决。

二、指导思想与主要原则

（一）指导思想

按照建立社会主义市场经济体制的要求，围绕电力为农业、农民、农村经济发展服务的目标，以降低电价，减轻农民负担，实现城乡电力一体化管理，开拓农村市场，实现农村电气化，改善农村生态环境为目的，坚持政企分开，减少中间环节，运用经济、法律、行政等手段，规范农村供用电秩序，整顿农村电价，促进我省农村经济快速、健康发展。

（二）主要原则

（1）农村电力的改革与发展要与我省电力工业的改革与发展相适应，与现阶段我省农村经济发展水平相适应。

（2）农村电力体制改革要与农村电网改造、整顿农村电价、规范农村用电秩序相结合，加强农村电力管理与改善农村电力服务相结合。

（3）加大各级地方人民政府依法监督农村电力和电价的责任，各级电力企业依法经营农村电力的责任。

（4）正确处理好政府与电力企业的关系、省电力企业与地方电力企业利益的关系、电力企业与农民利益的关系。

三、目标、措施及进度安排

（一）目标

用3年左右时间，逐步理顺并建立起符合我省农村经济发展水平的电力体制。

（1）在农村电力体制方面，按照一县一公司（企业实体）的原则，实现县（市）乡（镇）电力一体化管理。

（2）在农村电力管理方面，逐步实现电力企业销售到户、抄表到户、收费到户、服务到户的“四到户”管理。坚决杜绝“人情电、权力电、关系电”的现象。

（3）在农村电网建设与改造方面，加大对农村电网的建设与改造力度，使农村电网技术装备水平上一个台阶。

（4）在农村电价方面，1999年底前，农村住宅到户电价水平降到1元/（kW·h）以下；到2002年初，实现全省城乡用电同网同价，城乡综合平均电价为0.79元/（kW·h）。

（二）措施及时间进度

1. 改革农村电力管理体制

（1）改革乡（镇）电管站的现行管理模式，实现县（市）乡（镇）电力一体化管理。

改革乡（镇）及以下趸售供电体制，撤销全省所有乡（镇）电管站，将其改为县级供电企业所属的供电营业所，其人、财、物纳入县级供电企业统一管理。取消管理区（村）管电机构，坚决取缔农村私人承包管电。对供电资产、财务、人员的改革要严格按照国家经贸委《印发〈关于加快乡（镇）电管站改革若干问题的指导意见〉的通知》（国经贸电力［1999］294号）精神执行。

对农村供电资产的处理原则：乡（镇）及以下农村集体供电资产原则上按照自愿上交、无偿划拨的方式全部交由县级供电企业管理，供电企业必须接收，并由其承担维护管理责任，供电企业通过降低电价作为对农村集体供电资产所有权的补偿。对个人或外商投资建设的农村供电资产，已经基本收回的，原则上无偿划拨；对于投资尚未收回的，要进行清理结算，由有关方面根据不同情况协商后划拨；已经报废或接近报废的供电设施和高能耗设备，不在清理结算之内。

财务处理原则：原乡（镇）电管站的债权债务的截止日期以《国务院办公厅转发国家计委关于改造农村电网改革农电管理体制实现城乡同网同价请示的通知》（国办发［1998］134号）发布日期（1998年10月4日）为基准。在国务院办公厅国办发［1998］134号文件发布之后突击发生的债务由原乡（镇）电管站的主管部门负责。县供电企业必须严格按照规定程序进行资产接收，所有接收的资产必须登记造册。

县供电企业对供电营业所实行收支两条线管理，供电营业所的电费收入全额上缴县供电企业，所需费用支出由县供电企业统一核拨。在乡（镇）电管站改为县级供电企业所属的供电营业所过程中，原乡（镇）电管站的财务自1999年5月1日起，由县供电企业实行收支两条线管理。

2000年底前，基本完成乡（镇）及以下农电体制改革。对小水电自发自供电量超过70%，供电价格低于县电网供电价格的趸售乡（镇），应在2001年底前完成。

（2）改革县级电力管理模式。按照政企分开的原则，根据省政府机构改革的统一部署，全省县级供电企业实行政企分开，由县电力行政管理部门行使政府管理职能；供电企业要成为独立核算的实体，行使企业经营管理职能。

（3）全省26个直供直管县供电企业要逐步改造成为省电力集团公司的子公司，由其承担的乡（镇）及以下农村电网维护管理费用，可据实从严核入电网供电成本。2002年底前全部完成。

20个以省网供电为主的趸售县供电企业全部由省电力集团公司代管或上划省电力集团公司管理，然后组建有限责任公司、股份有限公司，或改组为省电力公司的子公司。2002年底前完成。

33个以小水电供电为主的县级供电企业，按照电力工业的改革方向和省的统一部署进行改革，首先完成乡镇电管站的改革。条件成熟的，可按照趸售县的改革原则进行公司制改革。

（4）代管后的趸售县（市）供电企业，其产权归属关系、财税体制、核算方式、趸售方式、工资来源渠道 、社会保险关系保持不变。实行资产所有权与经营管理权分离的原则，即地方政府行使所有权，省电力集团公司行使管理权。在坚持以上“六不变”政策和“两权分离”的基础上，省电力集团公司与县人民政府就该县供电企业的人事管理、劳动工资、固定资产、财务管理、电力基本建设、用电管理等事项签订代管协议，双方严格执行。

县供电企业上划省电力集团公司直接管理后，从当年开始，原属县的利益，按新体制需改上交省的税额，实行实收实退，即收即退，由省财政全额返还给当地财政。

2．加强农村电力营销管理

（1）农村电价由省物价行政主管部门统一审批，任何单位和个人不得越权批准价外收费，一经查出，将依法没收其非法所得并追究有关人员的法律责任。

（2）建立规范的抄表收费制度，全面推行“五统一”（统一电价、统一发票、统一抄表、统一核算、统一考核）和“三公开”（电量公开、电价公开、电费公开）和上墙公布制度，并实现由县级供电企业直接销售、抄表、收费、服务到户。农村用户要实行一户一表，并以计量检定机构依法认定的用电计量装置的记录和省规定的电价交纳电费，用户有权拒交超过表计电量和省电价外的一切收费。

（3）整顿乡（镇）供电所人员和农村电工队伍，规范服务行为。结合我省的实际情况，加强农村电工的培训，对乡（镇）供电所人员和农村电工实行统一考核、择优录用的办法，考核录用坚持“公平、公正、公开”的原则。经过考核符合标准的，一律持证上岗，并纳入县级供电企业的劳动合同管理，做到统一聘用、统一考核、统一安排工作、统一发放工资；考核不合格的，一律不得录用。

（4）供电企业均应严格按照电力行业国颁标准，本着精简的原则进行定编、定岗、定责，实行统一考试，择优聘用。供电企业的在编人员截止日期以国务院办公厅国办发［1998］134号文件发布日期（1998年10月4日）为基准，在此之后招聘的人员原则上由原供电企业的主管部门负责清退。凡是人员超编的要采取分流减员措施，将总人数减至标准范围内，对经考核被录用、未被录用或分流人员均按照《劳动法》和相关法规办理有关手续。

以上各项工作要求在2001年底前完成。

四、组织实施

（1）这次农村电力体制改革是对现行农村电力管理体制和市场管理秩序的重大调整和变革，是一项复杂而艰巨的系统工程，必须统一规划，综合配套，精心组织，分类指导，有序推进。

（2）我省农村电力体制改革工作，由省经贸委牵头会同有关部门负责组织、指导和监督。各级政府（特别是县政府）、省电力集团公司和供电企业作为具体实施单位，要组织专门班子，实行责任制管理。

（3）对实施过程中出现的问题，由省经贸委进行协调，妥善解决；重大问题及时报告省人民政府。

关于印发《山西省加快农村电力体制改革加强农村电力管理的实施方案》的通知

（国经贸电力［2000］953号）

山西省经济贸易委员会：

国家经贸委原则同意《山西省加快农村电力体制改革加强农村电力管理的实施方案》，现印发你们，请认真贯彻执行。

加快农村电力体制改革，加强农村电力管理，是党中央、国务院发展农村经济，开拓农村市场，提高农民生活水平，促进农村电气化事业的重大措施。你委要在省人民政府的直接领导下，切实加强对农村电力体制改革工作的组织、指导、监督和检查，把实施方案中确定的各项目标落到实处，真正实现县（市）乡（镇）电力一体化管理，实现城乡用电同网同价，减轻农民负担，建立起符合山西省农村经济发展水平的电力体制。

在电网经营管理上，全省大部分电网由省电力公司经营管理，部分农村电网由省地电公司经营管理，你委要按照国务院关于电网管理，厂网分开、竞价上网的有关规定和建立现代企业制度的要求，结合电力工业的实际，深化改革、理顺关系、做好规划、促进发展。认真研究并及时协调处理改革中出现的矛盾和问题。重大情况和问题请及时报告国家经贸委。

二〇〇〇年十月八日（印）

山西省加快农村电力体制改革加强农村电力管理的实施方案

（山西省经贸委　二〇〇〇年八月二日）

按照《国务院批转国家经贸委关于加快农村电力体制改革加强农村电力管理意见的通知》（国发[1999]2号）和《国务院办公厅转发国家计委关于改造农村电网改革农电管理体制实现城乡同网同价请示的通知》（国办发［1998］134号）精神，结合我省实际，制定本方案。

一、农村电力现状及存在的问题

（一）基本情况

（1）我省现有109个县（市），1937个乡（镇），32363个行政村，有农业人口2251万人。县及县以下用电量约150亿kW·h，其中农村用电量约63亿kW·h，约占全省总售电量的20%。

（2）在全省109个县（市）中，97个由省电力公司直供直管供电（含平顺、陵川、沁水、泽州、阳城等县水电自供区）；12个趸售供电，由省地电公司管理。全省建有乡镇电管站1712个，同时在省、地、县三级都设有乡镇电管总站。

（3）全省110kV及以下高压电网资产和10kV以下低压电网资产，由国家和地方各级政府以及农民共同筹资建成。

（4）我省实行农村分类综合电价，农村到户平均电价水平为0.49元/（kW·h）。

（二）存在的主要问题

（1）多年来，由于农村电力建设特别是乡村低压电网建设长期投入不足，使农村电网网架薄弱，部分农村电力设施陈旧老化，电能损耗高，供电质量和安全可靠性差。

（2）农村电工队伍缺乏有效约束、正规管理和考核，人员多，素质低，稳定性差，一些乡村用电管理秩序混乱，“人情电、关系电、权力电”和“乱收费、乱加价、乱摊派”等现象屡禁不止，农民电价负担沉重。

（3）县供电企业不是独立核算的经济实体，缺乏活力和自我约束力。产权不明晰，缺乏自我发展的后劲。

这些问题必须通过加快农村电力体制改革，加快农村电网建设与改造，加强农村电力管理来解决。

二、指导思想及主要原则

（一）指导思想

按照建立社会主义市场经济体制的要求，围绕电力为农业、农民、农村经济发展服务的目标，以减轻农民负担、实现农村电气化、开拓农村市场、改善农村生态环境为目的，坚持政企分开，减少中间环节，运用经济、法律、行政等手段，规范乡（镇）电管站和农村电力市场，整顿农村电价，使我省农村电力建设与管理上水平、上台阶，促进农村经济快速、健康发展。

（二）主要原则

（1）农村电力改革与发展要与我省电力工业的改革与发展相适应，与现阶段我省农村经济发展水平相适应。

（2）深化农村电力体制改革与加快农村电网改造相结合，整顿农村电价与规范农村用电秩序相结合，加强农村电力管理与改善服务相结合。

（3）加大各级地方政府监督管理农村电力工作的责任，加大各级电力公司经营管理农村电力的责任。

（4）正确处理好政府与电力企业的关系，中央电力企业与地方电力企业的利益关系，电力企业与农民的利益关系。

三、目标及主要措施

（一）目标

到2002年，理顺并建立符合我省农村经济发展水平的农村电力体制，完成农村电网的建设与改造，规范农村用电秩序，实现城乡用电同网同价，促进我省农村电气化事业的发展。

（1）用3年左右时间，将县级供电企业逐步改造成为独立核算的经济实体，并实现县（市）乡（镇）电力一体化管理。

（2）撤销乡（镇）电管站，将乡（镇）电管站改为县级电力企业的供电营业所，逐步实现“五统一”（统一电价、统一发票、统一抄表、统一核算、统一考核)、“四到户”(销售到户、抄表到户、收费到户、服务到户)和“三公开”(电量公开、电价公开、电费公开)管理,坚决杜绝“人情电、权力电、关系电”的现象。

(3) 全面完成我省农村电网的建设与改造,使农村电网技术装备水平上一个台阶,高压线损降到10%以内,低压线损降到12%以内。

(4) 农村电网实行统一管理,逐步实现农村电价与城市电价统筹安排。2001年底前实现城乡用电同网同价,城乡综合平均电价水平降为0.317元/(kW·h)。

(二) 主要措施

1. 管理体制方面

(1) 按照政企分开的原则,结合省政府机构改革的总体要求,县级供电企业实行政企分开,由县经委(计经委)行使政府管理职能,县级供电企业行使企业经营职能。

(2) 全省电网必须进行统一规划,省电力公司是全省的电网经营企业,负责全省电网的统一调度、统一管理。不论是直供直管县供电企业还是趸售县供电企业,在电网调度、电力统计等工作上都要接受省电力公司的统一管理。

(3) 2002年底前,全省109个县级供电企业都要改为独立核算的经济实体。要按照建立现代企业制度的要求,逐步改造为有限责任公司或股份有限公司。

(4) 改变现行乡(镇)电管站的管理模式,实现县乡电力一体化管理。在2001年底前,将全省所有乡(镇)电管站(含小水电自供区的电管站)改为县级供电企业所属的供电所或营业所,其人、财、物纳入县级供电企业统一管理。

(5) 乡(镇)电管站改制后,乡及乡以下农村集体电力资产采取自愿上交、无偿划拨的方式交由县级供电企业管理。其资产的划拨工作,应在县(市、区)政府的领导下,由县级供电企业和产权所有者共同清理,并签订资产无偿划拨协议。县级供电企业对接收的农村电力资产拥有所有权和使用权,并承担维护管理及技术改造责任。

(6) 农村低压电网费用由县供电企业统一核算。农村低压配电成本(包括人员工资及相关费用、折旧、大修、维护、线损、管理费等)按有关规定纳入县级供电企业成本。县级供电企业对供电所实行收支两条线管理,即供电所电费及有关业务费用收入全额上交县级供电企业,所需费用支出由县级供电企业统一核拨。

2. 加强管理方面

(1) 加强农村电价管理,严格落实农村电力管理责任制,省、市物价管理部门和县级人民政府应对农村电价进行有效监管,要采取有效措施控制农村电价水平,减轻农民负担。电力企业要严格执行国家电价政策和规定,坚决杜绝乱加价、乱收费、乱摊派行为,严禁代征代收一切不符合国家规定的价外收费。

(2) 加强营销管理,建立规范的抄表收费制度。2000年全面推行“五统一”、“四到户”和“三公开”管理,2002年前全面实现。农村用户实行一户一表,并以计量检定机构依法认定的用电计量装置的记录和国家规定的电价交纳电费,有权拒交超过表计电量和国家电价外的一切收费。

(3) 供电企业要严格要求自己,不断增强法制观念、效益观念,加强内部管理,挖掘潜力,降低生产成本,实行减人增效、下岗分流和实施再就业工程。要坚决反对和取消各种乱收费、乱加价,杜绝“人情电、权力电、关系电”等不良现象。

(4) 加强农村电工管理。乡(镇)供电所的人员录用,由县级供电公司实行统一考核,竞争上岗,择优录用,实行合同制管理。经考核符合标准的,一律持证上岗。

3. 农村电网改造与城乡同价方面

(1) 加快农村电网改造,在2002年底确保完成69.7亿元的农村电网建设与改造任务。农村电网建设与改造投资的还本付息,由省物价部门按有关规定测算报国家计委等有关部门批准后实施。

(2) 加快城乡用电同网同价的进程,在不考虑其他电价改革和正常调价的前提下,1999年底,全省农村各类电价平均下降1.5分/(kW·h);2000年农村各类电价平均水平在上年的基础上下降4.3分/(kW·h);2001年,农村各类电价平均再下降4.2分/(kW·h),3年累计下降0.10元/(kW·h),实现全省城乡用电同网同价,综合水平达到0.317元/(kW·h)。

四、组织实施和要求

这次农村电力体制改革,是对我省历史上长期形成的农村电力体制和市场管理秩序的一次重大调整和变革,涉及面广,影响深远,关系到各项经济利益的重大调整,必须加强领导、精心组织、明确责任、统一规划、周密安排。

(1) 加强对农村电力体制改革的领导、组织和协调,成立省农村电力体制改革领导小组,由省经贸委、计委、财政厅、劳动厅、物价局、国资局、水利厅、电力公司和地电公司共同参加,协调处理农村电力体制改革中出现的重大矛盾和问题。

(2) 省经贸委全面负责组织、指导、监督和落实全省农村电力体制改革工作,其他部门和单位按照职责分工做好各自的工作。各县(市)经委(计经委)要根据省农村电力体制改革实施方案,结合当地实际，制定本县（市）的实施意见，由当地人民政府审定，报省经贸委审批。

(3) 各地（市）、县（市）人民政府要按照省农村电力体制改革领导小组的部署，负责协调和监督本地农村电力体制改革的实施工作。各县（市）人民政府要与省电力公司、省地电公司共同协调组织好乡（镇）电管站的改革工作，确保按期实现县乡电力一体化管理。

关于印发《陕西省加快农村电力体制改革加强农村电力管理的实施方案》的通知

（国经贸电力［2000］1169号）

陕西省经济贸易委员会：

原则同意《陕西省加快农村电力体制改革加强农村电力管理的实施方案》，现印发你们，请认真贯彻执行。

加快农村电力体制改革，加强农村电力管理，是党中央、国务院发展农村经济，开拓农村市场，提高农民生活水平，促进农村电气化事业发展的重大措施。你委要在省人民政府的领导下，切实加强对农村电力体制改革工作的组织、指导、监督和检查，把实施方案中确定的各项目标落到实处，实现县（市）乡（镇）电力一体化管理和城乡用电同网同价，减轻农民负担，逐步建立起符合陕西省农村经济发展水平的电力体制。

在电网经营管理上，你省主要电网由省电力公司经营管理，部分农村电网由省农电局管理，你委要按照国务院电力体制改革的要求，结合本省电力体制的实际，深化改革、理顺关系、做好规划、促进发展。及时协调处理好改革中出现的矛盾和问题。重大情况请及时报告国家经贸委。

二〇〇〇年十二月八日（印）

陕西省加快农村电力体制改革加强农村电力管理的实施方案

（陕西省经贸委　二〇〇〇年十一月十日）

根据《国务院批转国家经贸委关于加快农村电力体制改革加强农村电力管理意见的通知》（国发［1999］2号）精神，为促进我省农村电力事业发展，结合我省实际，制定本方案。

一、农村电力现状及存在的主要问题

改革开放以来，我省农村电力事业快速发展，1998年全省县及县以下售电量87亿kW·h，占陕西电网年售电量的43.5%；农村电网综合线损16%；农村各类用电综合平均电价0.694元/（kW·h），农村照明平均到户电价0.57元/(kW·h)。全省村、户通电率分别达到96%和93%。有15个县通过了“农村电气化县建设达标”验收。

目前，全省99个县级供电企业中，由陕西省电力公司（以下简称省电力公司）直供直管的33个；由陕西省农电局（以下简称省农电局）管理的66个，其中趸售供电的52个，地区电网直供的12个，自供的1个，代管的1个。各县均设有农电管理总站，负责农村电力管理。农电管理总站有两种组织形式，一种是县（含县级市，下同）电力局设立的机构，另一种是县政府设立的机构，主管县长任领导，办公室设在县电力局，负责日常工作。

各县电力局设立若干个直属基层供电站，把电力输送到农村。乡（镇）电管站是农村管电的群众组织，负责农村的生产、生活用电日常管理工作。目前，共设有基层供电站346个，供电站职工2286人；有乡（镇）电管站1573个，电管员6052人（约95%为农村户口）；有农村电工32669人，管理、维护26445个行政村的生产和生活用电。

我省农村电力工作也存在一些亟待解决的问题。主要有：一是农村电网发展滞后，目前还有近2000个行政村，80万人口未用上电；二是农村电力建设投入不足，农村电网设施陈旧，电网损耗高；三是农村电工人员过多、开支大，农民用电负担重；四是在管理体制上，部分县域内还存在两个供电主体交叉供电的现象。这些问题必须紧紧抓住中央加快西部建设与开发战略决策的历史性机遇，通过加快农村电力体制改革和加强管理来解决。

二、指导思想与基本原则

（一）指导思想

按照建立社会主义市场经济体制要求，深化改革，加强管理，围绕电力为农业、农民、农村经济发展服务的目标，以减轻农民负担、实现农村电气化、开拓农电市场、改善农村生态环境为目的，坚持政企分开，厂网分开，减少中间环节，运用经济、法律、行政、技术等手段，整顿农村电价、规范农村电力市场，使我省农村电力建设与管理上水平、上台阶，促进农村经济快速、健康发展。

（二）基本原则

1. 农村电力体制改革与发展要与我省电力工业的改革与发展相适应，与现阶段我省农村经济发展水平相适应。

2. 农村电力体制改革与改造农村电网相结合，整顿农村电价与规范农村用电秩序相结合，加强农村电力管理与改善服务相结合。

3. 农村电力体制改革要有利于减轻农民负担，有利于农村电力事业发展，有利于农村经济稳步增长。

4. 理顺农村电力管理体制，减少管理层次，实现政企分开，加强各级政府监督管理农村电力工作的职责，加大电力企业经营管理农村电力的责任。

5. 正确处理好政府与电力企业的关系，中央电力企业与地方电力企业的利益关系，电力企业与农民的利益关系。

三、目标

用3年左右时间，理顺并建立起符合我省农村经济发展水平的农村电力体制，完成农村电网的建设与改造，规范农村用电秩序，促进我省农村电气化事业的发展。

（一）在农村电力管理体制上，实现一县一公司和县（市）乡（镇）电力一体化管理。

（二）在农村电力营销管理上，逐步实现电力企业销售到户、抄表到户、收费到户、服务到户的“四到户”管理。杜绝“人情电、权力电、关系电”的现象。

（三）在农村电价管理上，实现农村电价与城市电价统筹安排，社会公平负担，逐步实现全省城乡用电同网同价。

（四）在农村电网改造上，要使农村电网技术装备水平上一个台阶，农村电网10kV高压线损率降到10%以下，低压线损率降到合理水平，并实现安全可靠供电。

四、主要措施

（一）管理体制方面

1. 按照政企分开的原则，县级管电机构和供电企业实行政企分开。将电力行政管理职能划入县经贸委（经贸局），同时撤销县级农电管理总站。县级供电企业要成为独立核算的实体，行使企业经营职能。

2. 改革乡（镇）电管站的现行管理模式，将乡（镇）电管站改为县供电企业所属的供电所（或营业所）（以下简称供电所），其人、财、物纳入县供电企业统一管理。乡（镇）供电所作为县供电企业的派出机构，负责辖区内农村电网的运行维护和经营管理。用电量小、用户少的可跨乡联片建所。撤销县供电企业的基层供电站，或将其并入乡（镇）供电所。

3. 乡及乡以下农村集体电力资产采取自愿上交，无偿划拨的方式交由县供电企业管理。农村电力资产的划拨工作，应在县政府的领导下，由县供电企业和产权所有者共同清理，并签订资产无偿划拨协议。县供电企业对接收的农村电力资产拥有所有权和使用权，并承担维护管理及技术改造责任。

4. 县供电企业承担的乡及乡以下农村电网维护管理费用，由物价部门核定，据实从严核入电网供电成本，并通过调整相应目录电价解决。

5. 县供电企业本着有利于发展农电事业的原则，按照建立现代企业制度的要求，进行公司制改革。直管直供县、趸售县和自供县供电企业原则上按隶属关系，逐步改革为省电力公司和省农电局的子公司或股份有限责任公司。

6. 一个县存在多家供电企业的，要以资产为纽带，按照出资关系，组建有限责任公司或股份有限公司。

（二）农村电价管理方面

1. 改革现行农村电价的形成机制。逐步改变现行农村电力成本的负担办法，对农村电力成本实行统一核算、统一定价、社会公平负担的办法。坚决取缔一切不符合国家规定的价外加价和附加收费。

2. 电力企业要严格执行国家电价政策和规定，对乱加价、乱收费、乱摊派行为要坚决拒绝；严禁代征代收各种不符合国家规定的价外收费。对已公布的违法加价、收费项目，必须立即纠正、停收，如再征收，一经查实，要公开曝光，并追究领导和有关人员的责任。

3. 加快城乡用电同网同价的进程。在城乡用电同网同价前，县供电企业继续执行国家目录电价和综合分类电价。2001年底前，实现全省用电同网同价，全省各类用电价格平均水平低于0.45元/（kW·h）。

（三）农村电网投资方面

1. 电力企业要加大对农村电网建设、改造资金的投入，以满足农村不断增长的用电需求。今后新建农村电力设施应纳入全省电力规划，由电力企业统一建设、统一经营。

2. 农村电网改造工程必须采用先进、适用的技术和设备、器材，实现农村电网的安全性、可靠性及低损耗，保证农村经济发展的需要。

（四）加强管理方面

1. 严格落实农村电力管理责任制。省政府有关部门要对全省农村电价进行有效监督、调控。县人民政府应采取有效措施控制本县农村电价水平并加强监督、管理，切实减轻农民负担。

2. 建立规范的抄表收费制度，全面推行“五统一”（统一电价、统一发票、统一抄表、统一核算、统一考核）和“三公开”（电量公开、电价公开、电费公开），实现由县供电企业的职工（电工）直接抄表到户。农村用户要实行一户一表，并以计量检定机构依法认定的用电计量装置的记录和规定的电价交纳电费，有权拒交超过表计电量和国家电价外的一切收费。

3. 整顿农村电工队伍，规范服务行为。按照统一考核标准和省电力企业的有关要求，由县供电企业对农村电工实行统一考核、择优录用。经过考核符合标准的，一律持证上岗，并纳入县供电企业的合同管理。严格人员考核、录用纪律，杜绝不正之风，凡违反政策规定，弄虚作假，一经查实，严肃处理。

4. 县电力企业要加强管理，挖掘内部潜力，降低生产成本，实行定员、定岗，实现减人增效，对下岗分流人员要积极实施再就业工程。

五、时间进度

（一）乡（镇）电管站改革工作。要求在2001年3月底前完成农村乡（镇）供电所的建章立制和规范服务工作。

（二）县供电企业的体制改革工作。选择若干个县供电企业进行试点，并及时协调，妥善解决试点过程中出现的问题。在总结经验的基础上全省推开，于2001年12月底前完成全省县供电企业体制改革任务。

（三）到2002年6月底前，实现全省“两改一同价”的总体目标。

六、组织实施和要求

这次农村电力体制改革，是对农村电力体制和市场管理秩序的一次重大调整和变革，涉及面广，影响深远，必须精心组织、周密安排、稳步推进。

（一）按照国家要求和省政府批示精神，全省农村电力体制改革工作由省经贸委牵头，组成由省计委、省财政厅、省水利厅、省物价局、省电力公司、省农电局等部门领导参加的陕西省农电体制改革领导小组，负责组织、指导、监督和落实全省农电体制改革工作。领导小组下设办公室，设在省经贸委，负责全省农电体制改革日常工作。

（二）充分依靠政府部门和电力企业，把工作抓紧抓实抓好，抓出成效。

（三）省电力公司和省农电局要及时协调、协商，妥善解决改革过程中出现的问题，重大问题和带有普遍性的矛盾及时报告省经贸委。

关于印发《黑龙江省加快农村电力体制改革加强农村电力管理的实施方案》的通知

（国经贸电力［2000］1047号）

黑龙江省经济贸易委员会：

原则同意《黑龙江省加快农村电力体制改革加强农村电力管理的实施方案》，现印发你们，请认真贯彻执行。

加快农村电力体制改革，加强农村电力管理，是党中央、国务院发展农村经济，开拓农村市场，提高农民生活水平，促进农村电气化事业发展的重大措施。你委要在省人民政府的领导下，切实加强对农村电力体制改革工作的组织、指导、监督和检查，把实施方案中确定的各项目标落到实处，实现县（市）乡（镇）电力一体化管理和城乡用电同网同价，减轻农民负担，逐步建立起符合黑龙江省农村经济发展水平的电力体制。

农村电力体制改革涉及面广，影响深远，请你委抓住机遇，深化改革，强化管理，促进发展，及时协调解决改革中出现的矛盾和问题。重大情况请及时报告国家经贸委。

二〇〇〇年十一月三日（印）

黑龙江省加快农村电力体制改革加强农村电力管理的实施方案

（黑龙江省经贸委二〇〇〇年十月二十日）

根据《国务院批转国家经贸委关于加快农村电力体制改革加强农村电力管理意见的通知》（国发［1999］2号）精神，结合我省的实际情况，制定本方案。

一、现状及存在的主要问题

（一）现状

黑龙江省辖13个地市、67个县（市）、1167个乡（镇）、14785个行政村。1999年县及县以下用电量为85.3亿kW·h，占全省总用电量的30%，其中趸售电量为44.3亿kW·h。县及县以下人均年用电量297kW·h，其中农业人口人均年用电量179kW·h。高压线损率16.3%，低压线损率21.7%。乡、行政村通电率达到100%，户通电率达到98.9%。

1.1987年经省委、省政府批准，成立了省农电局。省农电局既是省政府管理农电的行政职能部门，又是省电力局管理全省农电的业务部门。目前，除大兴安岭地区、森工总局、农垦总局系统外，省农电局对县（市）农电局全部实行了代管。全省农电局系统现有职工19301人。

2. 在全省75个县（市）和郊区中，由省电力公司直供直管的1个（绥芬河）；趸售和存在多家供电的71个，其中由县（包括市、郊区，下同）农电局（包括电业局，下同）和供电局两家管电的30个，县农电局都由省农电局实行了代管；地方电网自发、自供、地方自行管理的3个（大兴安岭地区的呼玛、漠河和塔河）。

3. 在全省1167个乡中，由农电系统供电的有1029个，有933个建立了乡电管站，建站率为90.7%。70%以上的乡站与乡供电所合署办公，现有农村电工15407人。省电力公司电网覆盖下的乡（镇）村电力体制管理工作已纳入农电行业管理轨道。

4. 我省农村电价电费管理从1994年起实行分类综合电价，经省物价局核定每县一个最高限价，最高的为0.74元/(kW·h)，最低的为0.57元/(kW·h)，全省平均为0.65元/(kW·h)。

（二）*存在的主要问题*

1. 县级供电管理体制没有完全理顺。在一个供电区内，存在两个甚至多个管电部门或供电营销机构，交叉供电，争抢负荷，重复建设。大兴安岭地区、森工系统、农垦系统独立发供电，自设供电营销机构，自己维护自己管理，部分乡村由矿山、油田、农垦等系统转供电。

2. 乡村电力管理事权不明，责任不清，农村电力市场混乱，农村电工队伍庞大，素质较低，管理有待加强。

3. 农村居民照明用电价格偏高，为城市居民照明电价的2倍左右。

4. 农村电网落后，建设标准低，设备陈旧，电能损耗大，没有资金进行更新改造。

这些问题必须通过深化农村电力体制改革，加快农村电网建设，实施城乡用电同网同价来解决。

二、指导思想和原则

（一）*指导思想*

按照建立社会主义市场经济体制的要求，结合我省实际情况，坚持电力为农业、为农民、为农村经济发展服务的方向；以减轻农民负担，实现农村电气化，开拓农村市场，改善农村生态环境为目的；坚持政企分开、县为实体，改革与管理并重的原则；运用经济、法律、行政等手段，规范农村电力市场，整顿农村电价，逐步实现城乡电力一体化管理，建立起符合我省农村经济发展水平的电力体制。

（二）*主要原则*

1. 坚持实事求是，一切从实际出发的原则。农村电力体制改革要与全省电力体制改革相适应，与全省现阶段农村经济发展水平相适应。

2. 农村电力体制改革要有利于全省农村经济的发展，有利于开拓农村电力市场，促进农村电力市场发展和规范有序地运行。要有利于农村电网的统一规划、统一建设、统一调度和统一管理。

3. 深化农村电力体制改革与加快农村电网改造相结合，整顿农村电价与规范农村用电相结合，加强农村电力管理与改善服务相结合。

4. 充分发挥地方政府的作用，加大各级地方政府监督管理农电的责任，加大各级电力企业经营管理农电的责任。

5. 正确处理好政府与农电企业的关系，农电企业与农民利益的关系。

三、目标

用3年左右的时间，理顺并建立符合我省农村经济发展水平的电力体制，完成农村电网建设与改造任务，促进农村电气化事业的发展。

（一）实行政企分开。按照一县一公司的原则，将各县趸售农电企业和农电、供电共同管理的供电企业改组成为一个具有法人资格的经济实体，实现县、乡电力一体化管理。

（二）用3年左右时间，投资63亿元进行农村电网建设和改造，使农村电网技术装备满足我省农村经济发展的需要。高压线损降到10%以内，低压线损降到15%以内。

（三）进一步规范农村用电秩序，实现“四到户”（销售到户、抄表到户、收费到户、服务到户）的管理。

（四）在农村电价管理上，实现农村电价与城市电价统筹安排，社会公平负担。按照国家批准的电价，首先实现城乡居民生活用电同价，然后实现其他用电同价。

四、主要措施

（一）*理顺农村电力管理体制*

1. 按照国务院政府机构改革的总体要求，将分散在各专业管理部门、行政性公司等单位的政府管电职能分别移交给各级经贸委，由各级经贸委行使本地区政府管电职能，负责本地区电力行业的行政管理与监督。各县供电企业要逐步成为具有法人资格、独立核算的经济实体。

2. 将省电力公司直供直管的绥芬河供电公司，改造为黑龙江省电力公司的子公司。

3. 对41个趸售县农电企业，按照建立现代企业制度的要求，在股份制试点的基础上，进行股份制改造，组建县供电有限责任公司或股份有限公司。

4. 对一个县内存在农电、供电两家管电的30个供电企业实行代管，在进一步规范代管的基础上，对农电企业和供电企业实行股份制改造，组建有限责任公司或股份有限公司，实现“两电合一”。对具备条件的市郊农电局也可上划并改造成为省电力公司的子公司。

5. 对自供自管县、林区和垦区的供电企业由省电力公司先实行代管，按照电力体制改革的方向，因地制宜、因网制宜进行改革。条件成熟时，参照趸售县的改革原则和步骤进行改革。

6. 把乡镇电管站改革成为县供电企业所属的供电营业所，其人、财、物纳入县供电企业统一管理，实现县、乡电力一体化管理。乡镇及以下农村集体电力资产按照自愿上交、无偿划拨的方式全部交由县供电企业管理，其供电费用按有关规定纳入成本。县供电企业对供电营业所实行收支两条线管理，供电营业所的电费收入全额上缴县供电企业，所需费用支出由县供电企业统一核拨。

7. 按照国家有关法律、法规，重新调整市、县供电企业的供电营业区；界定供电企业的资产构成，并进行资产评估。

（二）加强营销管理

1. 全面推行“五统一”（统一电价、统一发票、统一抄表、统一核算、统一考核）、“四到户”和“三公开”（电量公开、电价公开、电费公开）管理。农村用户实行一户一表，并以计量检定机构依法认定的用电计量装置的记录和国家规定的电价交纳电费，有权拒交超过表计电量外的一切收费。严禁供电企业代征代收各种不符合国家规定的价外收费。

2. 清理整顿农村电工队伍。制定统一的定岗、定编和考核标准，对现有农村电工进行统一考试、考核，择优聘用，持证上岗，实行合同制管理。2001年上半年完成。

3. 加强供电企业的内部管理，挖潜增效，降低生产成本和经营成本，努力提高经济效益。按原劳动部和原电力部颁发的《供电企业劳动定员标准》核定定员，减人增效。本着“精简、高效”的要求设置机构，根据事权明确的原则进行定岗定编。干部实行择优聘任，职工通过双向选择，竞争上岗。

（三）改造农村电网

加强农村电网建设改造的领导。省政府有关部门负责组织对农村电网建设与改造统一规划，各级电力企业根据规划具体组织实施，国家下达给黑龙江省的63亿元农网改造资金，要按计划规定的时间完成。2000年验收8个县，2001年验收35个县，2002年全部验收完毕。

（四）整顿农村电价

加强农村电价管理，严格落实农村电力管理责任制。在农村生活用电实现城乡用电同价之前，严格执行省物价局、省农电局、省农办联合批准的一县一个最高限价的规定。物价部门要对农村电价进行有效监控，抑制农村电价水平，减轻农民负担。电力企业要严格执行国家电价政策和规定，坚决杜绝乱加价、乱收费、乱摊派行为，严禁代征代收一切不符合国家规定的价外收费。

2000年底实现全省城乡居民生活用电同价，2002年底实现城乡各类用电同价。我省整顿农村电价工作分两个阶段进行。第一个阶段，对2000年上半年完成改造竣工的8个县，先实行“一县一价”，降低农村居民生活用电电价；其他县要随着农村电网改造和农村电力体制改革的完成，执行新的到户电价。第二阶段，在以县为单位实现城乡居民生活用电同价的基础上，2002年实现全省城乡各类用电同价。

五、时间进度安排

（一）省、市两级农电局随着省、市政府机构改革同步进行，2000年底前撤销省、市农电局。

（二）对省电力公司直供直管的绥芬河供电公司，2001年改造为黑龙江省电力公司的子公司。

（三）对41个趸售县农电企业和30个由农电、供电两家管电的供电企业，2001年上半年，确定尚志市、安达市作为试点进行股份制改造，组建县级供电有限责任公司。下半年，在试点取得经验的基础上，完成5个趸售县农电企业、5个农电、供电两家管电的县供电企业、2个城市效区供电局的股份制改造。2002年上半年，完成24个趸售县农电企业、10个农电、供电两家管电的县供电企业、3个城市郊区供电局的股份制改造。2002年下半年全部完成县供电企业改革任务。

（四）对自供自管的呼玛、漠河、塔河3个县供电企业和林区、垦区的供电企业由省电力公司于2000年底前实行代管，2002年底前完成股份制改造。

（五）将乡镇电管站改革为县供电企业所属的供电营业所，在时间安排上与农村电网建设改造同步进行。2000年9月完成10个县的101个乡镇电管站改革；2001年3月完成35个县的411个乡镇电管站改革；2001年6月全部完成26个县的426个乡镇电管站改革。

六、组织实施

农村电力体制改革，是我省农村电力管理体制和供电营业秩序的一次重大变革，涉及面广，影响深远，必须按照国家和省政府及其有关部门的统一部署，从我省的实际情况出发，精心组织，规范运作，稳妥推进，分步实施。

（一）切实加强农村电力体制改革工作的领导。成立由省政府领导任组长，省经贸委、计委、电力公司、农办、财政厅、物价局等部门参加的农村电力体制改革领导小组，协调解决农村电力体制改革中的重大矛盾和问题。领导小组办公室设在省经贸委。省经贸委负责组织有关部门制定农村电力体制改革实施细则，省电力公司负责具体实施。

（二）为保证我省农村电力体制改革顺利进行，各市、县政府和各有关部门必须按照省经贸委统一部署组织实施，配合做好有关工作，保证农电体制改革的顺利进行。

关于印发《广西壮族自治区加快农村电力体制改革加强农村电力管理的实施方案》的通知

（国经贸电力［2000］1049号）

广西壮族自治区经济贸易委员会：

国家经贸委原则同意《广西壮族自治区加快农村电力体制改革加强农村电力管理的实施方案》，现印发你们，请认真贯彻执行。

加快农村电力体制改革，加强农村电力管理，是党中央、国务院发展农村经济，开拓农村市场，提高农民生活水平，促进农村电气化事业发展的重大措施。你委要在自治区人民政府的领导下，切实加强对农村电力体制改革工作的组织、指导、监督和检查，把实施方案中确定的各项目标落到实处，实现县（市）乡（镇）电力一体化管理和城乡用电同网同价，减轻农民负担，逐步建立起符合广西农村经济发展水平的电力体制。

广西是少数民族地区，农业人口比重大，农村用电水平低，水电比重大，大小电网的矛盾较多，电力改革与发展的任务都很重，加快农村电力体制改革，对搞好民族团结，促进当地国民经济和社会发展，提高人民生活水平，具有重要意义。请你委抓住机遇，深化改革，强化管理，及时协调解决改革中出现的矛盾和问题。重大情况请及时报告国家经贸委。

二○○○年十一月三日（印）

广西壮族自治区加快农村电力体制改革加强农村电力管理的实施方案

（广西壮族自治区经贸委
二○○○年八月八日）

根据《国务院批转国家经贸委关于加快农村电力体制改革加强农村电力管理意见的通知》（国发［1999］2号）精神，结合广西壮族自治区的实际情况，制定本方案。

一、现状及存在的主要问题

广西壮族自治区面积23.66万km^2；总人口4633万人，其中农村人口3748万人，占全区总人口的80.90%。全区辖14个地（市）、81县（市）、1361个乡（镇）和14573个村（屯），有906万农户。

截至1998年底，全区总装机容量610.56万kW，其中水电375.27万kW，水电比重大，枯水期缺电现象比较突出；总用电量273.58亿kW·h，其中县（市）及以下用电量103.18亿kW·h，占全区总用电量的37.71%；乡镇、村和农户通电率分别达到100%、95.15%和94.65%。1998年，全区电力企业共有职工7.09万人，有农村电工4.3万人。

1998年底，参加农村电力“两改一同价”的81个县（市）和6个城市效区的供电企业中，由自治区主电网趸售供电的有70个，由地区电网趸售供电的有14个，自发自供的有3个。主电网趸售电量大于自供电量50%的有48个；地方自发自供电量大于50%的有39个。全区的乡镇电管站（包括供电所、小水电管理站和小水电公司，下同）有897个，一般由县供电企业（包括县级市、郊区供电企业，下同）管理，少部分是由乡（镇）政府管理。

全区农村电力发展也存在着一些比较突出的问题：一是用电水平较低。目前尚有713个无电村，49万无电农户，约175万农民未用上电。农村居民用电量16.15亿kW·h，仅占全区县（市）及以下用电量的15.65%；农村居民人均年生活用电量43.55kW·h，为全国居民人均年生活用电量的40.85%。二是政企不分。全区县（市）供电部门既负责电力经营，又承担部分电力行政管理职能。三是多家供电、多家管理的现象比较突出，网中有网、大网套小网，运营管理复杂混乱。四是供电企业人员失控，超编严重。全区县供电企业1997年人均年供电量仅为35.77万kW·h。五是供电设备老化、陈旧、技术落后，供电质量差，线损率高达30%以上。六是人情电、关系电、权力电，乱加价、乱摊派、乱收费，窃电等现象严重，农村电价高。1997年底农村居民到户电价比城镇高0.25元/(kW·h)。这些问题极大地影响了农村经济的发展、农民生活水平的提高和农村的稳定，必须通过加快农村电力体制改革和加强农村电力管理来解决。

二、指导思想和主要原则

（一）指导思想

根据国务院国发［1999］2号文件精神，在自治区党委和政府的领导下，按照建立社会主义市场经济体制的要求，坚持政企分开，以减轻农民负担、实现农村电气化、开拓农村市场、改善农村生态环境为目的，运用法律、经济、行政等手段，规范农村电力市场和乡镇电管站的管理，减少中间环节，降低农村电价，建立适应广西农村经济发展需要的新型电力体制，促进我区农村经济快速、健康发展。

（二）主要原则

1.农村电力体制改革与发展要与我区电力工业

的改革与发展相适应，与我区农村经济发展水平相适应。

2. 深化农村电力体制改革与加快农村电网改造相结合，整顿农村电价与规范农村用电秩序相结合，加强农村电力管理与改善服务相结合。

3. 加大各级人民政府监督管理农村供电、电价工作的责任，加大各级供电企业经营管理农村电力的责任。

4. 正确处理好政府和供电企业的关系，中央电力企业与地方电力企业的利益关系，供电企业与农民的利益关系。

三、目标

用3年左右时间，完成广西农村电力体制改革和农村电网建设与改造工作，建立起符合广西农村经济发展水平的电力体制。

（一）总体目标

1. 实行政企分开，实现一县一公司和县（市）乡（镇）供电一体化管理。

2. 通过调整结构、优化配置、精简机构、裁减超编人员，进行资产重组，在县级供电企业建立现代企业制度。

3. 投资69.7亿元改造农村电网，提高农村电网技术装备水平，使农村电网线损率平均降到11%左右，实现安全可靠供电。

4. 加强营销管理，规范服务行为，全面实现县供电企业"三公开"（电量、电费、电价公开）、"四到户"（销售、抄表、收费、服务到户）和"五统一"（统一电价、统一发票、统一抄表、统一核算、统一考核）管理。

5. 逐步实行农村电价与城市电价的统筹安排，按照社会公平负担的原则，首先实现城乡居民生活用电同网同价，然后实现其他用电的同网同价。

（二）分期目标

1.2000年完成自治区级政企分开、职能归并，实现政出一门、统一管理。全面完成乡镇电管站改革。完成趸售县的代管，抓好县供电企业公司制改革试点工作。

2.2001年抓好趸售代管县供电企业公司制改革试点工作；完成其他县供电企业公司制改革工作。

3.2002年基本完成农村电力体制改革任务，分类进行验收。

四、具体内容及时间进度

（一）实行政企分开。根据自治区机构改革的要求，将自治区电力局、水利厅等现有的管电职能移交自治区经贸委。各县（市）把分散在政府各部门的管电职能，以及县供电企业所承担的政府行政职能，划归县（市）经贸委（局），由县（市）经贸委（局）行使政府电力行政管理职能，县（市）不再另设专门的电力行政管理机构。

政企分开后，政府各部门根据各自的行政职能依法行使对电力行业的监督管理，不再直接干预电力企业的生产、经营活动。县供电企业要成为自主经营、自负盈亏、自我发展、自我约束的经济实体，目前仍是事业单位的县（市）供电部门，要在2000年底前，全部改制成独立核算的企业法人。

（二）改革规范现行乡（镇）供电管理体制

1. 将乡（镇）供电管理机构一律改为县供电企业内部的供电营业所，其人、财、物纳入县供电企业统一管理。县供电企业对乡镇供电营业所实行收支两条线管理，即供电营业所电费收入全额上交县供电企业，所需费用支出由县供电企业统一核发。新组建的乡镇供电营业所，由县供电企业根据实际需要设置。

2. 乡（镇）及以下的农村集体供电资产可采用自愿上交、无偿划拨的方式全部移交县供电企业管理，并由其承担维护管理责任，具体的实施办法原则上按照国家经贸委《印发〈关于加快乡（镇）电管站改革若干问题的指导意见〉的通知》（国经贸电力［1999］294号）和《国家经贸委办公厅批转国家电力公司关于加快乡（镇）电管站改革实现县（市）乡（镇）电力一体化管理实施意见的通知》（国经贸厅电力［1999］185号）执行，2000年全面完成全自治区897个乡镇电管站的改革工作。

3. 乡（镇）人民政府可以对乡镇供电工作进行监督，并组织村民委员会和村民小组支持乡镇供电营业所做好农村供用电工作。但不得干预和参与供电营业所的企业经营活动。

（三）按照一县一公司的原则，实现县（市）乡（镇）电力一体化管理。

1. 一个县（市）只设立一个县供电企业。一个县（市）中，有多家国有供电企业的，合并组建成为一个县供电企业；有国有供电企业，又有股份制供电企业的，要按出资关系，组建新的股份制供电公司。县（市）内有不属于本县（市）的县级电力单位，要按出资关系，与本县供电企业组建股份制公司（隶属关系比较复杂的单位，其具体改革方案，由自治区经贸委与有关部门另行制定）。原由非供电企业、部队等单位供电的业务，原则上移交县供电企业统一管理，不允许其他任何单位和个人再经营供电业务和转供电业务。2002年基本完成一县一公司的改革工作。

2. 广西电力有限公司作为自治区级电力公司对凭祥、横县等48个趸售县实行代管，2000年基本完成，具体办法按照《国家经贸委转发国家电力公司关于趸售县供电企业代管办法的通知》（国经贸厅电力［1999］103号）执行。首先由广西电力有限公司与被代管县（市、区）人民政府签定代管协议。在代管期间，县供电企业的产权隶属关系、债权债务关系、税费解缴关系不变；县供电企业自主经营、独立核算、自负盈亏；广西电力有限公司对县供电企业领导班子进行考核，在征求地方党委的意见后，由广西电力有限公司按有关规定进行任免。

在代管期间，县供电企业与广西电力有限公司要积极创造条件，按照建立现代企业制度的要求，通过参股等形式，逐步将县供电企业改组为有限责任公司或股份有限公司。2001年先抓5～8个县供电企业的股份制改革试点，在试点的基础上，2002年全区基本完成改革任务。

3. 崇左、大新等39个县供电企业要因地制宜、因网制宜地进行改革。要按照电力工业的改革方向，组建有限责任公司或股份有限公司，其改革的原则和步骤可参照趸售县的办法进行。在39个县中，2001年选择3～5个县供电企业进行股份制改革试点，在试点的基础上，2002年全部完成改革任务。

4. 组建一县一公司要把握的有关问题

(1) 乡镇供电所的厂网分开。原来的乡镇电管站既管电网又管电厂的，应视具体情况逐步将电网与电厂分离，把属于电网的人、财、物和供电职能划归新建的乡镇供电营业所。

(2) 县电力企业的厂网分开。原来既管电网又管电厂（电站）的县电力企业，应逐步将电网与电厂（电站）分离，把属于电网的人、财、物和供电职能划归新组建的县供电企业。在厂网分开之前，县电力企业要实行发电和供电分账管理。

(3) 实行厂网分开后，省经贸委会同有关部门确定电厂（电站）合理的上网电量和电价，保证其合法收益。其上网电量，由县供电企业统一收购。2001年选择5个县（市）进行试点，在试点的基础上，逐步推广。

(四) 加强营销管理，规范服务行为

县供电企业和乡镇供电营业所，应根据电力供应的特点，认真加强营销管理，减少中间环节，改善服务。

1. 全面推行由县供电企业进行“四到户”的管理制度，“五统一”和“三公开”的抄表收费制度。县供电企业要制定推行“五统一、四到户、三公开”的具体办法，加强营销管理，按月张榜公布用户的用电量、电价、电费，接受社会监督。农村用电要实行一户一表。

2. 整顿农村电力职工队伍。根据我区实际情况和有关标准，本着公开、公平、公正的原则，对农村电工进行统一考核、择优录用，经过考核符合标准的，一律持证上岗；考核不合格的，一律不得录用。

农村电工由县供电企业录用，录用的农村电工，按国家有关规定，与县供电企业签定劳动合同，纳入县供电企业的合同管理。农村电工的管理，由县供电企业制定统一管理办法，乡镇供电营业所负责具体实施。

3. 各县供电企业必须下大力气抓好企业内部的改革和整顿，加强管理，精简机构，减人增效，降低成本，提高效率，改善服务。各县供电企业原则上要在3年内分流一半左右人员。其具体实施办法，按照自治区《企业改革整顿工作的总体方案》（桂发［1998］12号）以及《国有企业劳动人事分配制度改革实施办法》（桂办发［1998］32号）中的规定执行。

(五) 建立目标责任制，规范电力市场

1. 严格落实农村电力管理责任制。县（市）人民政府应对本县（市）农村电价进行有效监管；按照国家和自治区有关规定，对本县（市）城乡电价中乱加价、乱收费、乱摊派问题进行认真清理，纠正违法加价和违法收费；采取有效措施控制农村电价水平，减轻农民负担。

2. 县供电企业要严格执行国家电价政策和规定，严禁随电价乱加价、乱收费行为，对已公布的违法加价、收费项目，必须立即纠正、停收，如再继续征收，一经查出，要公开曝光，并追究当事人和领导人的责任。

(六) 城乡电网建设与改造和用电同网同价问题

1. 各级政府要加大支持农村电网建设与改造的力度。在投资方面主要是通过银行贷款，同时鼓励和支持供电企业通过合法渠道筹集改造资金。

2. 今后新建和改造的农村电力设施要纳入电力发展规划，统一建设、统一经营管理，坚决制止重复建设，电力设备的采购，要严格执行国家有关招标的法律、法规和国家经贸委发布的三批《全国城乡电网建设与改造所需主要设备产品及生产企业推荐目录》，防止和杜绝电力建设过程中的不正之风和腐败现象，加强资金管理，提高投资效益。

3. 城乡用电同网同价工作，要按照切实降低农村电价，同时考虑承受能力的原则，先易后难，分期分批，稳步推进。通过清理整顿、改造降损、一县同价、区域同价，逐步实现全区农村电力城乡用电同网同价的任务，最终达到0.487元/（kW·h）电价水平。

五、组织实施

(一) 成立广西壮族自治区农电体制改革领导小组（以下简称领导小组），由自治区主管副主席担任组长，成员由自治区经贸委、计委、财政厅、物价局、水利厅和广西电力有限公司的领导组成，领导小组办公室设在自治区经贸委。

（二）自治区经贸委负责全自治区农村电力体制改革的指导、协调、检查和组织实施，在国家经贸委的指导和自治区政府的领导下，制定该实施方案的操作办法和实施细则，会同自治区有关部门抓试点、抓典型，总结经验，按时完成改革的各项任务。各地市经贸委（局）在自治区经贸委的领导下，负责本地市中各县（市）的农村电力体制改革的协调、指导及日常调研、检查和验收工作。

（三）各县（市、区）也要相应成立农村电力体制改革领导小组，由县（市、区）主管工业的副县（市、区）长担任组长，县（市、区）经贸委、计委、物价局、财政局、水电局、县供电企业等单位的负责人为成员。领导小组办公室设在县（市、区）经贸委（局），具体负责改革在本县（市、区）的协调、监督和组织实施。

（四）各县（市、区）人民政府、广西电力有限公司及有关部门，对实施过程中出现的问题，要及时进行协商、协调，妥善解决，重大问题及时报告自治区经贸委。

关于发布第三批《全国城乡电网建设与改造所需主要设备产品及生产企业推荐目录》的通知

（国经贸电力［2000］367号）

各省、自治区、直辖市、计划单列市及新疆生产建设兵团经贸委（经委、计经委），国家机械工业局，国家电力公司：

经各省、自治区、直辖市经贸委（经委、计经委）推荐，国家机械工业局和国家电力公司初审，国家经贸委审定了第三批《全国城乡电网建设与改造所需主要设备产品及生产企业推荐目录》（以下简称《推荐目录》），现印发你们，供城乡电网建设与改造工程使用。第三批《推荐目录》仍遵循国经贸电力［1998］844号和国经贸电力［1999］498号文件所确定的原则、适用范围和要求。为做好这一工作，充分发挥《推荐目录》的作用，特明确以下几点：

一、《推荐目录》是进行宏观调控、加强基础设施建设、扩大内需，贯彻落实国家产业政策，促进经济增长的一项具体政策措施，由国家经贸委统一发布，并在全国范围内适用，各电力、机械电工企业必须认真贯彻执行，各省（区、市）经贸委要做好组织、指导和监督工作。

二、《推荐目录》管理范围以外的设备和产品，生产制造和电力企业可根据市场需要，按照市场经济的原则和国家有关规定，进行生产销售和在全国范围内择优选用。

三、第一、二批《推荐目录》发布之后，一些地方和电力企业从局部利益出发，没有严格贯彻执行《推荐目录》确定的原则和规定，在设备和产品采购、招投标中进行变相重复入网入围、地区保护和行业垄断活动，并自行收取生产制造企业费用，这种做法既不符合市场经济原则，也严重干扰了《推荐目录》的贯彻执行。因此重申，各地区和电力企业必须自行纠正和停止上述各种不正当行为，认真贯彻执行《推荐目录》和国家有关规定。第三批《推荐目录》发布之后，国家经贸委将会同有关部门对各地贯彻执行《推荐目录》的情况进行检查，对违反规定的，一经查实，将严肃处理。

四、有关部门对电表产品质量抽查，发现质量问题较多，合格率低。电表生产企业要积极采取措施，严格管理，解决存在的问题，提高产品质量和可靠性，满足市场需要。

五、《推荐目录》实行动态管理，并接受社会各界的监督。如发现推荐企业及设备产品有不符合技术性能要求、有弄虚作假行为或出现重大质量事故的，一经查实，我委将取消其推荐资格。监督举报电话：010—63413190。

六、国家经贸委1998年以来所发布的三批《推荐目录》同时在全国范围内适用并有效。第三批《推荐目录》工作结束后，我委将不再组织此项推荐工作。今后我委将会同有关部门按照市场经济的原则和国家有关法规，对机械电工产品及新产品研究制定管理办法，实行日常化管理。

二〇〇〇年四月二十五日（印）

第三批全国城乡电网建设与改造所需主要设备产品及生产企业推荐目录

一、推荐说明

1.《推荐目录》共确定12类设备产品，包括10～220kV变压器类、箱式变电站类、高压开关类、互感器类、电力电容器类、避雷器类、绝缘子类、电缆类、继电保护装置类和杆塔类10类设备产品，低压开关成套装置、电工仪表2类设备产品。

2.根据城乡电网建设与改造工程的实际情况，经研究决定对以下推荐产品作适当调整。取消推荐杆塔类的混凝土电杆和低压成套类的3箱产品，同时撤销第一、二批《推荐目录》中对此类设备产品的推荐。

3. 对12类产品中不属于推荐范围的产品汇总如下：

高压开关类：不推荐隔离开关、接地开关、接触器、高压计量箱、电缆分接箱、带电显示装置；部分老旧型号开关设备，如GG—1A等。

互感器类：不推荐低压互感器。

电力电容器类：不推荐无功补偿（检测）装置及低压电容器。

避雷器类：不推荐碳化硅避雷器。

绝缘子类：不推荐穿墙套管、针式绝缘子和低压绝缘子。

电缆类：不推荐低压电缆、控制电缆和各类金具。

继电保护装置类：不推荐变电自动化类产品、继电器元件、蓄电池。

低压成套开关装置类：不推荐三箱、母线槽；低压开关及元件。

电工仪表类：不推荐电压表、电流表、功率因数表；集中抄表系统。

杆塔类：不推荐混凝土电杆、微波塔、钢管塔。

4. 对于12大类以外的机械电工设备产品和12大类中已明确不推荐的设备产品，不受本《推荐目录》的限制，生产制造和电力企业可以根据需要，按照市场原则和有关规定进行销售和在全国范围内择优选用。

5. 各单位在推销和采购工作中既可以我委发布的3批《推荐目录》文件为依据，也可以我委委托中国农村电气化期刊社将3批《推荐目录》汇编出版发行的《全国城乡电网建设与改造所需主要设备产品及企业推荐目录》为依据。为了满足广大企业和用户的要求，该书增补了推荐企业的邮编、地址和联系电话。联系电话：010—63128167、63127342。

关于同意撤销江苏省电力工业局的批复

（国经贸电力［2000］878号）

江苏省经济贸易委员会：

你委和江苏省电力工业局《关于电力行政管理职能交接工作的请示》（苏经贸调度［2000］304号）收悉。经研究，同意撤销江苏省电力工业局，自发文之日起实施。

请你委严格按照中编办、国家经贸委《关于调整电力行政管理职能有关问题的意见》（中编办发［2000］14号）和国家经贸委《关于做好电力行政管理职能调整有关工作的通知》（国经贸厅电力［2000］386号）要求，实行电力管理体制政企分开，做好职能交接工作，确保衔接有序，平稳过渡。望你委切实履行好电力行政管理职能，做好各项工作。

政企分开后，你委和省电力公司要相互支持、相互配合，结合本省实际，不断深化电力工业改革，促进全省电力工业的持续、稳定、健康发展。

二○○○年九月十三日（印）

关于同意撤销河北省电力工业局的批复

（国经贸电力［2000］1078号）

河北省经济贸易委员会：

你委《关于呈报〈河北省电力行政管理职能移交方案〉的请示》（冀经贸［2000］73号）收悉。经研究，同意该方案，现批复如下：

一、撤销河北省电力工业局和河北省冀北电力办公室，自发文之日起施行。

二、请你委严格按照中编办、国家经贸委《关于调整电力行政管理职能有关问题的意见》（中编办发［2000］14号）和国家经贸委《关于做好电力行政管理职能调整有关工作的通知》（国经贸厅电力［2000］386号）要求，实行政企分开，做好职能交接工作，确保衔接有序，平稳过渡并切实履行好电力行政管理职能，做好各项工作。

三、政企分开后，你委和华北电力集团公司、省电力公司要相互支持、相互配合，结合本省实际，不断深化电力工业改革，促进全省电力工业的持续、稳定、健康发展。

二○○○年十一月十三日（印）

关于同意撤销辽宁省电力工业局的批复

（国经贸电力［2000］1131号）

辽宁省经济贸易委员会：

你委《关于辽宁省电力行政管理职能移交工作的请示》（辽经贸发［2000］271号）收悉。经研究，同意该方案，现批复如下：

一、撤销辽宁省电力工业局，自发文之日起施行。

二、请你委严格按照中编办、国家经贸委关于调整电力行政管理职能有关文件精神，实行政企分开，做好职能交接工作，确保衔接有序、平稳过渡并切实履行好电力行政管理职能。

三、政企分开后，你委和省电力公司要相互支持、相互配合，结合本省实际，不断深化电力工业改革，促进全省电力工业的持续、稳定、健康发展。

二〇〇〇年十一月三十日（印）

关于撤销黑龙江省电力工业局的批复

（国经贸电力［2000］1224号）

黑龙江省经济贸易委员会：

你委《关于撤销黑龙江省电力工业局的请示》（黑经贸电力联呈［2000］548号）收悉。经研究，现批复如下：

一、撤销黑龙江省电力工业局，自发文之日起施行。

二、请你委严格按照中编办、国家经贸委关于调整电力行政管理职能有关文件精神，实行政企分开，做好职能交接工作，确保衔接有序、平稳过渡，切实履行好电力行政管理职能。

三、政企分开后，你委和省电力公司要相互支持、相互配合，结合本省实际，不断深化电力工业改革，促进全省电力工业的持续、稳定、健康发展。

二〇〇〇年十二月二十二日（印）

关于撤销湖南省电力工业局的批复

（国经贸电力［2000］1225号）

湖南省经济贸易委员会：

你委《关于明确湖南省电力行政管理职能移交及撤销湖南省电力工业局的请示》（湘经贸［2000］626号）收悉。经研究，现批复如下：

一、撤销湖南省电力工业局，自发文之日起施行。

二、请你委严格按照中编办、国家经贸委关于调整电力行政管理职能有关文件精神，实行政企分开，做好职能交接工作，确保衔接有序、平稳过渡，切实履行好电力行政管理职能。

三、政企分开后，你委和省电力公司要相互支持、相互配合，结合本省实际，不断深化电力工业改革，促进全省电力工业的持续、稳定、健康发展。

二〇〇〇年十二月二十二日（印）

关于撤销天津市电力工业局的批复

（国经贸电力［2000］1226号）

天津市经济委员会：

你委《关于报请审批〈天津市电力行政管理职能交接方案〉的请示》（津经电［2000］22号）收悉。经研究，现批复如下：

一、撤销天津市电力工业局，自发文之日起施行。

二、请你委严格按照中编办、国家经贸委关于调整电力行政管理职能有关文件精神，实行政企分开，做好职能交接工作，确保衔接有序、平稳过渡，切实履行好电力行政管理职能。

三、政企分开后，你委和市电力公司要相互支持、相互配合，结合本市实际，不断深化电力工业改革，促进全市电力工业的持续、稳定、健康发展。

二〇〇〇年十二月二十二日（印）

关于撤销河南省电力工业局的批复

（国经贸电力［2000］1227号）

河南省经济贸易委员会：

你委《关于河南省电力工业局电力行政管理职能移交河南省经济贸易委员会的请示》（豫经贸电力［2000］963号）收悉。经研究，现批复如下：

一、撤销河南省电力工业局，自发文之日起施行。

二、请你委严格按照中编办、国家经贸委关于调整电力行政管理职能有关文件精神，实行政企分开，做好职能交接工作，确保衔接有序、平稳过渡，切实履行好电力行政管理职能。

三、政企分开后，你委和省电力公司要相互支持、相互配合，结合本省实际，不断深化电力工业改革，促进全省电力工业的持续、稳定、健康发展。

二〇〇〇年十二月二十二日（印）

关于撤销山西省电力工业局的批复

（国经贸电力［2000］1228号）

山西省经济贸易委员会：

你委《关于电力行政管理职能移交工作的请示》（晋经贸电力［2000］454号）收悉。经研究，现批复如下：

一、撤销山西省电力工业局，自发文之日起施行。

二、请你委严格按照中编办、国家经贸委关于调整电力行政管理职能有关文件精神，实行政企分开，做好职能交接工作，确保衔接有序、平稳过渡，切实履行好电力行政管理职能。

三、政企分开后，你委和省电力公司要相互支持、相互配合，结合本省实际，不断深化电力工业改革，促进全省电力工业的持续、稳定、健康发展。

二〇〇〇年十二月二十二日（印）

中共国家电力公司党组文件

关于印发《国家电力公司精神文明建设创新奖授奖条例（试行）》的通知

（国电党［2000］34号）

公司系统各单位党组（党委）：

现将《国家电力公司精神文明建设创新奖授奖条例（试行）》印发给你们。请遵照执行。执行中有什么问题，请及时报告公司党组。

附件：国家电力公司精神文明建设创新奖授奖条例（试行）（略）

二〇〇〇年四月十一日（印）

印发《关于进一步强化公司系统党组（党委）理论学习中心组学习的规定（试行）》等四项制度的通知

（国电党［2000］37号）

公司系统各单位党组（党委）：

为了进一步加强公司系统领导班子和领导干部的思想政治建设，加强对领导干部的监督，在吸收“三讲”教育成功经验的基础上，公司党组研究制订了《关于进一步强化公司系统党组（党委）理论学习中心组学习的规定（试行）》、《关于进一步提高领导干部民主生活会质量的规定（试行）》、《关于加强对领导干部监督的若干意见（试行）》、《关于进一步加强离退休人员党支部建设和离退休人员思想政治工作的规定（试行）》等四项制度，现印发给你们，请遵照执行。各单位可参照上述规定，结合实际，对进一步加强所属单位的有关工作做出具体规定。

附件1：关于进一步强化公司系统党组（党委）理论学习中心组学习的规定（试行）（略）

附件2：关于进一步提高领导干部民主生活会质量的规定（试行）（略）

附件3：关于加强对领导干部监督的若干意见（试行）（略）

附件4：关于进一步加强离退休人员党支部建设和离退休人员思想政治工作的规定（试行）（略）

二〇〇〇年五月十一日（印）

关于命名1998～1999年度双文明单位的决定

（国电党［2000］63号）

国家电力公司系统各单位：

近年来，国家电力公司系统各单位高举邓小平理论的伟大旗帜，在以江泽民同志为核心的党中央领导下，坚持“两手抓、两手都要硬”的方针，紧紧围绕公司系统的改革、发展和稳定工作，继续深入开展双文明单位创建活动，取得了丰硕的成果。有力地促进了精神文明建设、思想政治工作、“四有”职工队伍建设，提高了企业管理水平，推动了公司改革和发展，促进了公司系统两个文明建设的协调发展。在创建双文明单位活动中，公司系统各单位，坚持高标准，严要求，大胆实践，创建活动的思路更加明确、创建活动的领域不断拓展、创建活动的形式更加丰富，积累了新的经验，把创建活动提高到了一个新的水平。

为了肯定成绩，总结经验，表彰先进，国家电力公司党组决定：命名山东电力集团公司等7个单位为1998～1999年度国家电力公司双文明公司；命名北京供电公司等34个单位为1998～1999年度国家电力公司双文明单位标兵；命名华北北京十三陵蓄能电厂等403个单位为1998～1999年度国家电力公司双文明单位，并颁发证书和牌匾（名单附后）。

同时，应内蒙古电力（集团）有限责任公司、广东电力集团公司等电力企业继续参加国家电力公司双文明单位评比的要求，经考核认定，广东电力集团公司达到国家电力公司双文明公司考核标准，内蒙古包头供电局等两个单位达到国家电力公司双文明单位标兵考核标准，广东湛江发电厂等31个单位达到国家电力公司双文明单位考核标准，颁发证书和牌匾（名单附后）。

希望被命名的双文明单位戒骄戒躁，再接再厉，继续深化双文明单位创建活动，促进两个文明建设，取得更大成绩。同时，希望国家电力公司系统各单位向命名的双文明单位学习，坚持“两手抓，两手都要硬”的方针，深入学习贯彻江泽民同志“三个代表”的重要思想、江泽民同志在中央思想政治工作会议上的重要讲话精神，继续深入开展创建双文明单位活动，不断提高两个文明建设水平，为实现国家电力公司“两型两化、国际一流”的战略目标，作出更大的贡献。

附件1：国家电力公司系统双文明单位名单

附件2：内蒙古电力（集团）有限责任公司、广东电力集团公司等电力企业双文明单位名单

二〇〇〇年八月三十日（印）

附件1：

国家电力公司系统双文明单位名单

双文明公司
（7个）

山东电力集团公司
天津电力公司
福建电力公司
湖南电力公司
甘肃电力公司
国家电力公司南方公司
华能国际电力股份有限公司

双文明单位标兵
（34个）

北京供电公司
北京大唐发电股份有限公司陡河发电厂
天津第一热电厂
河北石家庄电业局
山西太原第二热电厂

辽宁大连供电公司
吉林长春热电二厂
黑龙江大庆电业局

上海电力修造总厂有限公司
浙江绍兴电力局
安徽合肥发电厂
江苏徐州电业局

湖北孝感供电局
河南平顶山电业局
江西贵溪火电厂

西北龙羊峡水电厂
陕西宝鸡供电局
甘肃盐锅峡水电厂
宁夏银川供电局
青海西宁供电局

四川成都电业局
重庆市城区供电局
云南漫湾发电厂

山东临沂电业局
福建樟平电厂
南方公司天生桥水力发电总厂

中南电力设计院
西北勘测设计研究院
水电二局建筑工程分局
葛洲坝集团电力工程有限责任公司
华能大连电厂

山东鲁能发展集团有限公司
浙江嘉善县供电局
山东烟台市牟平区电业局

双文明单位
（403个）

一、主业双文明单位

华北北京十三陵蓄能电厂
华北北京大唐发电股份有限公司高井发电厂
华北天津大港发电厂
华北大同第二发电厂
华北唐山供电公司
华北秦皇岛电力公司
华北北京送变电公司
华北北京电力设备总厂
华北电力科学研究院
华北保定电力学校

天津军粮城发电厂
天津汉沽供电局
天津城南供电局
天津超高压供电公司
天津电力公司调度中心

河北衡丰发电有限公司
河北一五〇发电厂
河北邯郸电业局
河北沧州电业局
河北保定供电公司
河北衡水电业局
河北省电力建设第一工程公司

山西太原第一热电厂
山西神头第一发电厂
山西大同供电分公司
山西临汾地区电业局
山西长治供电分公司
山西电力建设三公司
山西大同电力技工学校

东北白山水电厂
东北通辽发电总厂
东北丰满发电厂
东北通辽电业局

辽宁沈阳热电厂
辽宁沈阳供电公司
辽宁两锦供电公司
辽宁盘锦供电公司
辽宁营口供电公司
辽宁鞍山供电公司
辽宁电力送变电工程公司
辽宁电力科研研究院
辽宁电力调度通信中心

吉林双辽发电厂
吉林热电厂
吉林长山热电厂
吉林白山供电公司
吉林通化供电公司
吉林白城供电公司
吉林省送变电工程公司
吉林省电力科学研究院
吉林省电力勘测设计院

黑龙江鹤岗发电有限责任公司
黑龙江双鸭山第一发电有限责任公司
黑龙江富拉尔基发电总厂
黑龙江哈尔滨第三发电有限责任公司
黑龙江佳木斯第二发电厂
黑龙江哈尔滨电业局
黑龙江齐齐哈尔电业局
黑龙江佳木斯电业局
黑龙江送变电工程公司

华东望亭发电厂
华东马鞍山万能达发电有限责任公司
华东富春江水力发电厂
华东浙江湖州电力局
华东上海电力安装第一工程公司
华东上海电力安装第二工程公司
华东电力调度局

上海电力股份有限公司
上海市东供电局

上海送变电工程公司
上海电缆输配电公司
上海电力设计院

江苏谏壁发电厂
江苏徐州发电厂
江苏南通天生港发电有限公司
江苏戚墅堰发电有限公司
江苏南京热电厂
江苏镇江供电局
江苏盐城供电局
江苏电力建设第三工程公司
江苏电网调度所

浙江台州发电厂
浙江嘉兴发电有限责任公司
浙江乌溪江水力发电厂
浙江紧水滩水力发电厂
浙江嘉兴电力局
浙江金华电业局
浙江省火电建设公司
浙江省电力设计院

安徽芜湖发电厂
安徽马鞍山发电厂
安徽淮南平圩发电有限责任公司
安徽淮北发电厂
安徽淮南田家庵发电厂
安徽合肥供电局
安徽铜陵供电局
安徽阜阳电业局

华中三门峡华阳发电有限责任公司
华中电力调度通信局
华中动能经济研究所
华中财务有限责任公司
华中电力集团培训中心

湖北汉新发电有限公司
湖北青山热电厂
湖北超高压输变电局
湖北武汉供电局
湖北宜昌供电局
湖北鄂州供电局
湖北黄冈供电局
湖北荆州电力局
湖北电力调度通信局
湖北武汉电力学校

湖南株洲电厂
湖南石门电厂
湖南耒阳电厂
湖南五强溪水力发电厂
湖南益阳电业局
湖南娄底电业局
湖南湘潭电业局
湖南电力试验研究所
湖南电力调通中心
湖南变电修试安装公司
湖南长沙电力学校

河南郑州热电厂
河南洛阳首阳山电厂
河南焦作丹河电厂
河南许昌市电业局
河南郑州市电业局
河南濮阳市电业局
河南新乡市电业局
河南送变电建设公司
河南电力调度通讯中心
河南郑州电力高等专科学校

江西南昌发电厂
江西丰城发电有限责任公司
江西景德镇发电有限责任公司
江西柘林水力发电厂
江西万安水电厂
江西赣州供电局
江西南昌供电局
江西赣西供电局
江西赣东北供电局
江西抚州供电局

陕西韩城发电厂
陕西灞桥热电厂
陕西安康水力发电厂
陕西延安供电局
陕西安康供电局
陕西商洛供电局
陕西汉中供电局
陕西送变电公司
陕西宝鸡铁塔厂
西北电力试验研究院

甘肃靖远第一发电有限公司
甘肃碧口水电厂

甘肃刘家峡水电厂
甘肃兰州供电局
甘肃天水供电局
甘肃送变电工程公司

宁夏大武口发电厂
宁夏青铜峡水电厂
宁夏银南供电局
宁夏石嘴山供电局

青海桥头发电厂
青海黄化供电局
青海送变电公司

新疆玛纳斯发电厂
新疆哈密二电厂
新疆吐鲁番电业局
新疆送变电公司
新疆电力设计院

四川江油发电厂
四川内江发电总厂
四川宝珠寺水力发电厂
四川映秀湾水力发电总厂
四川绵阳电业局
四川乐山电业局
四川德阳电业局
四川攀枝花电业局
四川电力建设二公司
四川电力调度局
四川成都水力发电学校

重庆白鹤发电厂
重庆发电厂
重庆万州电业局
重庆市江北供电局
重庆市南岸供电局

云南小龙潭发电厂
云南昆明发电厂
云南鲁布革发电厂
云南绿水河电厂
云南个旧供电局
云南思茅供电局
云南昆明供电局
云南滇西电业局
云南滇东电业局
云南电力线路器材厂

贵州贵阳发电厂
贵州盘县发电厂
贵州遵义发电总厂
贵州都匀供电局
贵州贵阳市北供电局
贵州电力建设第一工程公司
贵州送变电工程公司
贵州电力试验研究院
贵州电力调度通信局

山东邹县发电厂
山东黄台发电厂
山东石横发电厂
山东黄岛发电厂
山东菏泽发电厂
山东烟台电业局
山东济宁电业局
山东淄博电业局
山东潍坊电业局
山东青岛电业局
山东聊城电业局
山东济南供电局
山东枣庄电业局
山东电力建设一公司
山东电力研究院

福建永安火电厂
福建厦门嵩屿电厂
福建沙溪口水电厂
福建水口水电厂
福建厦门电业局
福建泉州电业局
福建三明电业局
福建第一电力建设公司
福建电力调度通信中心

广西合山电厂
广西西津水力发电厂
广西岩滩水力发电厂
广西南宁供电局
广西梧州供电局
广西桂林供电局
广西送变电建设公司
广西电力试验研究院
广西电力工业勘察设计研究院
广西电网调度中心

西南电力设计院

东北电力设计院
华东电力设计院

中南勘测设计研究院
昆明勘测设计研究院
华东勘测设计研究院

水电一局一分局
水电一局基础处理分局
水电二局
水电二局第三工程分局
水电三局小浪底项目施工局
水电三局安装公司
水电四局
水电四局机电安装分局
水电五局机电安装分局
水电六局一分局
水电七局
水电七局一分局
水电七局机电安装分局
水电七局技工学校
水电七局基础工程分局
水电八局机电制造安装分局
水电八局常德机械厂
水电九局机电安装处
水电十局医院
水电十局机电安装分局
水电十一局
水电十一局第二分局
水电十三局第三分局
水电十四局机电安装工程总公司
水电闽江局南平分局
水电闽江局安装公司
水电闽江局机械工程公司
水电基础局科研所
水电夹江水工机械厂

葛洲坝集团清江建设承包公司
葛洲坝集团第一工程有限公司
葛洲坝集团第四工程有限公司
葛洲坝集团第五工程有限公司
葛洲坝集团第六工程有限公司
葛洲坝集团第八工程有限公司
葛洲坝集团机电建设有限公司
葛洲坝股份公司三峡建设承包公司

华能汕头电厂
华能珞璜电厂
华能南京电厂
华能福州电厂
华能南通电厂
华能上安电厂
华能榆社电力有限责任公司
华能淮阴发电有限公司
华能白杨河电厂
武汉华中华能发电股份有限公司
华能长兴电厂
华能德州电厂
华能辛店电厂
华能上海石洞口第二发电厂

南方公司电力调度通信中心
南方公司平果超高压局

华电公司武汉电力仪表厂
华电公司扬州电讯仪器厂
华电公司郑州机械设计研究所

中电国际江苏常熟发电有限公司
中电国际辽宁清河发电股份有限公司
中电国际平顶山姚孟发电厂

西安热工研究院
华北电力大学
中国电力科学研究院

贵州乌江公司乌江渡发电厂

二、多经双文明单位

北京供电实业开发总公司
唐山华北电力实业总公司
天津三源电力集团公司
河北石家庄电业局实业总公司
辽宁沈阳电业局多种经营总公司
辽宁大连电力建设有限公司
吉林电力工程公司
黑龙江齐齐哈尔德恩电力集团有限公司
黑龙江莲花实业集团有限责任公司
华东杭州富春江电力发展有限公司
上海电力电缆实业公司
江苏启东市电力安装公司
江苏广源电气有限公司
浙江杭州欣美成套电器制造有限公司
浙江绍兴大明实业公司
浙江宁波送变电建设公司
安徽安庆电力实业总公司
安徽芜湖新环电力实业总公司

湖北华源电力集团股份有限公司
湖北襄樊华电实业有限责任公司
湖南湘能股份电力有限公司
湖南长沙电业局长沙电力经济技术开发总公司
河南郑州祥和集团有限公司
河南三门峡富达电力集团有限责任公司
江西赣东北新星实业总公司
西北电力实业发展总公司
甘肃送变电多经总公司
青海华电铁合金总厂
新疆电力宾馆
四川电力疗养院
四川峨嵋山电力股份有限公司
重庆南电实业开发总公司
重庆永川电力实业有限公司
云南昆明供用电实业总公司
贵州贵阳东方变压器厂
山东鲁能物业公司
山东鲁能燃料集团有限公司
福建厦门鹭能电力有限总公司
福建漳平电力发展总公司
广西南宁供用电工程公司
水电九局新发展混凝土商品公司
水电十一局三岛实业公司
葛洲坝股份公司水泥厂
葛洲坝集团财务有限责任公司
伊敏华能东电煤电有限责任公司—露天矿

三、农电双文明单位

华北北京昌平供电局
华北河北迁安市电力局
华北河北抚宁县供电分公司
天津宝坻供电有限公司
河北邱县电力局
河北深州市电力局
山西大同县电业局
山西沁源供电支公司
辽宁营口老边区供电局
辽宁锦州北宁市供电局
吉林供电公司桦甸市供电分公司
吉林长春供电公司双阳区供电公司
黑龙江望奎县电业局
黑龙江哈尔滨市市郊农村电气化局
上海奉贤供电局
江苏溧水县供电局
江苏扬中市供电局
江苏昆山市供电局
江苏高邮市供电局
浙江兰溪市供电局
浙江诸暨市供电局
浙江临安市供电局
浙江江山供电局
安徽潜山县供电局
安徽太和县供电局
安徽东至县供电局
湖北江陵县电力局
湖南浏阳电力局
湖南石门电力局
河南获嘉县电业局
河南孟州市电力公司
江西南城县供电有限责任公司
江西高安市供电有限责任公司
陕西兴平市电力局
甘肃张掖市电力局
甘肃平凉庄浪供电所
宁夏中卫县供电局
青海湟源县电力局
新疆奎屯供电局沙湾供电公司
新疆吐鲁番供电局
四川内江电业局市区供电局
四川自贡电业局荣县供电局
重庆沙坪坝供电局
云南个旧供电局弥勒供电分公司
贵州乌当供电局
贵州惠水县供电局
山东曲阜市供电局
福建邵武供电局
广西灵川县供电局

附件 2:

内蒙古电力（集团）有限责任公司、广东电力集团公司等电力企业双文明单位名单

双 文 明 公 司

（1 个）

广东电力集团公司

双文明单位标兵

（2 个）

内蒙古包头供电局
湖北清江隔河岩水力发电厂

双文明单位名单

（31个）

广东湛江发电厂
广东沙角发电厂
广东梅县发电厂
广东深圳能源集团妈湾发电总厂
广东长潭水电厂
广东茂名电力工业局
广东中山电力工业局
广东汕头电力工业局
广东佛山电力工业局
广东清远电力工业局
广东电力集团公司中心调度所

内蒙古蒙达发电有限责任公司
内蒙古乌拉山发电厂
内蒙古丰镇发电厂
内蒙古汇流河发电厂
内蒙古超高压供电局
内蒙古乌海电业局
内蒙古伊克昭盟电业局
内蒙古呼和浩特供电局
内蒙古电力科学研究院
内蒙古电力中心调度所

西藏羊卓雍湖抽水蓄能电厂
西藏自治区电力调度通信局

葛洲坝水力发电厂
江苏新海发电有限公司
陕西秦岭发电有限责任公司
天津国华盘山发电有限责任公司

内蒙古包头电力实业公司
内蒙古托克托电力有限责任公司

广东高明市电力工业局
广东石碣供电公司

关于印发《国家电力公司党风廉政建设责任追究办法（试行）》的通知

（国电党［2000］64号）

国家电力公司系统各单位党组（党委）：

现将《国家电力公司党风廉政建设责任追究办法（试行）》印发给你们，请认真贯彻执行。执行中的问题，请及时报告国家电力公司纪检组。

附件：国家电力公司党风廉政建设责任追究办法（试行）

二〇〇〇年八月二十五日（印）

附件：

国家电力公司党风廉政建设责任追究办法

（试行）

第一章　总　　则

第一条　为了加强党风廉政建设，保证国家电力公司所属各单位领导班子和领导干部切实履行党风廉政建设领导职责，根据中共中央、国务院《关于实行党风廉政建设责任制的规定》以及《国家电力公司党组关于实行党风廉政建设责任制的实施办法》（以下简称《实施办法》），制定本办法。

第二条　本办法所称的责任追究，是指对发生党风廉政建设问题所涉及的领导班子和领导干部应负的领导责任的认定和处理。

第三条　实施责任追究，要坚持实事求是、“谁主管，谁负责”的原则，落实“从严治党、从严治企、从严治领导班子”的要求，严格区分个人责任和集体责任、直接责任和领导责任、主要领导责任和重要领导责任等界限。

第四条　实施责任追究，以发生党风廉政建设问题时所涉及的领导班子和领导干部为责任追究对象，不受领导班子的调整和领导干部工作变动、职务任免等因素影响。

第五条　对国家电力公司管理的领导班子和委派、任命的领导干部的责任追究，适用本办法。

第六条　领导干部本人发生违反廉洁自律规定及其他违法违纪问题，按有关规定执行，不适用本办法。

第二章　责任追究内容

第七条　有以下情形之一的，实施责任追究：

1. 违反中共中央、国务院《关于实行党风廉政建设责任制的规定》，未认真履行《实施办法》中第六条、第七条规定的。

2. 党风廉政建设责任制年度考核成绩评定为“不合格”的。

第三章 责任追究方式

第八条 对领导班子进行责任追究的主要方式有：

1. 书面检查、通报批评、调整领导班子。

2. 取消荣誉：取消单位有关项目的评先资格和已获得的相关荣誉。

3. 经济处罚：扣除领导班子成员一定比例的当年工资奖金收入。

以上方式可以单独使用，也可以合并使用。

第九条 对领导干部进行责任追究的主要方式有：

1. 取消荣誉：取消该领导干部有关项目的评先资格和已获得的相关荣誉。

2. 警戒教育：诫勉谈话、书面检查、一定范围内批评帮助、通报批评。

3. 经济处罚：扣除一定比例的当年工资奖金收入。

4. 组织处理：调整领导职务、调离领导岗位、责令辞职、免职、降职、解聘或辞退。

5. 纪律处分：党纪处分有警告、严重警告、撤销党内职务、留党察看、开除党籍；行政处分有警告、记过、记大过、降级、撤职、留用察看、开除。

以上方式可以单独使用，也可以合并使用。

第十条 经济处罚的扣款由领导干部所在单位负责执行，所扣款项上交国家电力公司。

第十一条 责任追究中经济处罚的具体办法，按有关规定执行。

第四章 责任追究标准

第十二条 对党风廉政建设责任制年度考核中，成绩评定为“不合格”的，对其领导班子给予通报批评，并责令书面检查。连续两年评定为“不合格”的，调整其领导班子。

第十三条 党风廉政建设责任制年度考核成绩“不合格”的，取消该单位有关项目的评先资格和已经获得的相关荣誉。

第十四条 对党员领导干部的责任追究，按以下规定执行：

1. 对直接管辖范围内发生的明令禁止的不正之风不制止、不查处，或对上级交办的党风廉政责任范围内的事项拒不办理，或对严重违法违纪问题隐瞒不报、压制不查的，给予负领导责任的主管人员警告、严重警告处分，情节严重的，给予撤销党内职务处分。

2. 直接管辖范围内发生重大案件，致使国家、集体资财和人民群众生命财产遭受重大损失或造成恶劣影响的，责令负领导责任的主管人员辞职或对其免职。

3. 违反中共中央《党政领导干部选拔任用工作暂行条例》和国家电力公司的有关规定选拔任用干部，造成恶劣影响的，给予负领导责任的主管人员警告、严重警告处分，情节严重的，给予撤销党内职务处分；提拔任用明显有违法违纪行为的人的，给予严重警告、撤销党内职务或留党察看处分，情节严重的，给予开除党籍处分。

4. 授意、指使、强令下属人员违反财政、金融、税收、审计、统计法规以及国家电力公司财务制度，弄虚作假的，给予负领导责任的主管人员警告、严重警告处分，情节较重的，给予撤销党内职务处分，情节严重的，给予留党察看或开除党籍处分。

5. 授意、指使、纵容下属人员阻挠、干扰、对抗监督检查或案件查处，或对办案人、检举控告人、证明人打击报复的，给予负领导责任的主管人员严重警告或撤销党内职务处分，情节严重的，给予留党察看或开除党籍处分。

6. 对配偶、子女、身边工作人员严重违法违纪知情不管的，责令其辞职或对其免职；包庇、纵容的，给予撤销党内职务处分，情节严重的，给予留党察看或开除党籍处分。

7. 党风廉政建设责任制年度考核中，连续两年成绩评定为“不合格”的，责成该单位党组（委）书记、总经理辞职或对其免职，对分管政工工作的党组（委）副书记（副总经理）、纪检组长（纪委书记、监察专员）分别给予通报批评，并降级使用。

8. 对应受到责任追究的下一级领导班子和领导干部不进行责任追究或姑息、纵容、庇护的，责成该单位党组（委）书记、总经理和负直接领导责任的党组（委）副书记、副总经理、纪检组长（纪委书记、监察专员）分别作出书面检查或给予通报批评；情节严重的，分别给予警告处分。

第十五条 具有第十四条所列情形，需要追究政纪责任的，比照所给予的党纪处分给予相应的政纪处分；涉嫌犯罪的，移送司法机关处理。

其他违反《实施办法》第七条的行为，依据《中国共产党章程》、《中国共产党纪律处分条例（试行）》和国务院《企业职工奖惩条例》的规定，予以处罚。

非党员领导干部违反第十四条有关规定，比照上述标准，给予相应的政纪处分或组织处理。

第十六条 发生第十四条所列情形，取消该领导干部有关项目的评先资格和已获得的相关荣誉称号。

第十七条 负领导责任的主管人员涉及两人以上的，要区分主要领导责任者和重要领导责任者，分别给予处理。对重要领导责任者的处理，比照主要领导责任者的处罚标准，从轻或减轻处罚。

第十八条 对发生的党风廉政建设问题负有领导责任的领导班子和领导干部，有下列情形之一的，可以从轻或者减轻处理：

1. 及时向国家电力公司报告，并积极采取得力措施、有效地减轻、避免或挽回损失的；

2. 态度端正，积极配合组织调查处理的；

3. 有其他立功表现的。

第十九条 对发生的党风廉政建设问题负领导责任的领导班子和领导干部，有下列情形之一的，应从重或者加重处理：

1. 认识问题不够深刻或者拒不整改的；

2. 不及时报告或推卸责任的；

3. 瞒案不报，压案不查或者阻挠案件查处的；

4. 不及时采取补救措施，致使影响、损失扩大的；

5. 责任范围内多次发生重大违法违纪案件的。

第二十条 所谓从轻、从重处理，是在规定的幅度内，给予从轻、从重处理；所谓减轻、加重处理，是在规定的幅度外，减轻或加重一档处理。

第五章 责任追究程序

第二十一条 实施责任追究，在国家电力公司党组领导下，按以下程序执行：

1. 党组织关系在地方的单位，由公司纪检组、监察局会同人事与董事管理部等相关部门对有关问题进行核实、认定，向公司党组提出责任追究的建议或意见。

2. 党组织关系在国家电力公司直属机关党委的单位，由直属机关党委会同相关部门对有关问题进行核实、认定，向公司党组提出责任追究的建设或意见。

第二十二条 责任追究的建议或意见经公司党组研究决定后，责成相关部门予以实施；纪检组、监察局负责责任追究决定落实情况的监督检查。

第六章 附 则

第二十三条 本办法所称当年工资奖金收入，按国家统计局规定的个人当年工资总额的统计口径计算。

第二十四条 本办法自发布之日起施行。

第二十五条 本办法由国家电力公司纪检组、监察局负责解释。

第二十六条 各单位可参照本办法制定相应的责任追究规定。

关于建立健全领导干部理论学习考核制度的通知

（国电党［2000］89号）

公司系统各单位党组（党委）：

根据《中共中央关于在全党深入学习邓小平理论的通知》和中组部、中宣部《关于建立县级以上党政领导干部理论学习考核的若干意见》（中组发［2000］16号）要求，为进一步促进领导干部的理论学习，现就建立健全公司系统领导干部理论学习考核制度的有关问题通知如下。

一、充分认识建立健全领导干部理论学习考核制度的重要性

加强和改进领导干部的理论学习，是适应新形势、迎接新挑战，全面推进社会主义现代化建设事业的必然要求。几年来，公司党组高度重视领导干部的理论学习，先后作出了一系列加强和改进理论学习的规定和要求，特别是通过“三讲”教育，公司系统领导干部理论学习制度建设得到很大加强，学习质量和理论水平有了一定提高。但是，必须看到当前在一部分领导干部中，忽视理论学习的现象仍然存在，一些单位理论学习的激励和约束机制还不够健全。领导干部理论学习考核制度，是规范领导干部学习，增强学习自觉性的必要措施，也是提高理论学习质量，检验理论学习效果的有效手段。各级领导班子必须提高认识，建立健全领导干部理论学习考核制度，高举邓小平理论伟大旗帜，深入学习贯彻江泽民同志“三个代表”的重要思想，巩固和扩大“三讲”教育成果，进一步兴起理论学习的新高潮，以不断增强领导干部学习的自觉性，促进学习质量的提高，保证学习效果，加强领导班子思想政治建设。

二、考核工作的指导思想和基本原则

考核工作的指导思想是以马克思主义、毛泽东思想和邓小平理论为指导，按照江泽民同志“三个代表”的要求，在总结实践经验的基础上，继续弘扬理论联系实际的优良作风，不断探索行之有效的考核方法，建立健全科学的考核标准和考核体系，逐步实现领导干部理论学习考核制度的科学化、规范化，进一步完善领导干部理论学习的激励和约束机制，调动学习积极性，促进领导干部理论水平和思想政治素质的不断提高，推动国家电力公司改革和发展。

考核工作要注重实效，把重点放在学以致用上，

既要考核领导干部掌握基本理论和基本知识的情况，又要考核干部理论联系实际的情况；要坚持考用结合，把干部理论学习情况作为对领导干部考核的重要内容，把理论学习的考核结果作为选拔任用干部的重要依据；要根据不同层次、不同类型领导干部的特点，确定具体考核方案，增强考核工作的针对性和可操作性，防止形式主义。

三、考核的主要内容和基本方法

考核的主要内容：一是学习态度。重点考核领导干部理论学习的自觉性。看其能否真正把理论学习摆上重要位置，能否遵守领导干部脱产培训制度、党组（党委）中心组学习制度和在职自学制度，做理论学习的表率。二是基本理论和基本知识。重点考核领导干部对马克思主义、毛泽东思想特别是邓小平理论，江泽民同志重要论述和党中央路线方针政策的理解和掌握程度。同时考核履行工作职责所应具备的理论知识。三是运用理论指导改造主客观世界的情况。重点考核领导干部能否用马克思主义理论武装头脑，加强党性锻炼，牢固树立正确的世界观、人生观、价值观，增强拒腐防变和抵御风险的能力；能否运用马克思主义的立场、观点、方法去观察、分析、解决公司改革发展和稳定工作的重点和难点问题，创造性地开展工作。

考核的基本方法：一是脱产理论学习的考核。副处级以上领导干部凡是在党校、管理人员培训中心进修学习的，学习结束后，都要进行必要的考核，并作出写实性书面鉴定。学习一个月以上的，要进行考试。考试方式可以是闭卷、开卷，也可以是撰写论文、学习总结。鉴定和考试成绩应记入学员学习登记表。二是党组（党委）中心组学习的考核。重点检查党组（党委）中心组组长职责的履行情况、中心组成员学习计划及落实情况、集中学习的出勤情况、结合理论学习开展调查研究情况、集中研讨的发言质量、运用理论改造主客观世界的实际效果和撰写理论文章或调研报告等情况。各单位党组（党委）每年年底前要对中心组学习情况进行一次检查，并将自查情况报公司人事董事部和政工办。根据自查的情况，公司党组对各单位领导干部参加中心组学习的情况进行抽查。三是在职自学的考核。主要了解干部对上级和党组（党委）规定的必读书目研读情况、根据工作需要和本人实际所选其他书籍的学习情况，以及本人撰写的调研文章、读书笔记、心得体会等情况。四是结合干部考核进行述学、评学、考学。述学，即把本人参加理论培训、党组（党委）中心组学习、在职自学的情况作为述职的重要内容；评学，即在群众民主评议领导班子和领导干部时，对其理论学习情况一并进行评议；考学，即干部主管部门对领导干部考察、考核时，对其学习态度、理论素养、学习效果等情况进行全面的考核和评价。对领导干部理论学习的考核，可结合干部平时考核、年度考核或届中、届末考核进行。五是建立副处级以上领导干部政治理论水平任职资格考试制度。对新拟任处级领导职务的干部，要进行政治理论水平任职资格考试，未获得资格证书的，不能任新职。此项工作在试点的基础上逐步推开。

四、做好考核的基础工作和考核结果的运用

1. 建立干部学习档案。按照干部管理权限和职责分工，分级建立干部学习培训档案。对干部脱产进修、党组（党委）中心组学习和在职自学情况以及理论学习的考核结果及时记入本人档案。

2. 做好考核结果的反馈。考核结束后，考核部门要将考核结果及时反馈给干部所在单位党组织和干部本人，肯定成绩，指出不足，提出要求，充分运用考核结果，不断提高领导干部理论学习的质量和自觉性。

3. 建立健全领导干部理论学习的约束和激励机制。要严格执行领导干部选拔任用和考核工作中有关理论学习考核工作的规定，在干部考核时，把理论学习的考核结果作为衡量干部思想政治素质的重要内容和干部升降、奖惩的重要依据。在干部考察材料中，要把领导干部理论学习的情况作为评价干部思想政治素质的重要内容。呈报干部任免审批表时，必须填写干部参加学习培训情况。未达到规定培训时间要求的，应视情况作出暂缓讨论或先培训后上岗的处理。

五、加强考核工作的组织领导

各单位党组（党委）要切实加强领导干部理论学习考核工作的领导。一把手要亲自抓，分管领导要具体抓，按照考核制度和有关规定，严格要求，对照检查，确保领导干部理论学习的任务和措施落实到位。领导干部在党校、管理人员培训中心脱产培训期间的考核，一般由党校、管理人员培训中心组织实施；对党组（党委）中心组学习的考核，由上级主管理论学习的部门会同组织人事部门实施；在职自学的考核，按照干部管理权限，由各级党组（党委）组织实施。

各单位要根据本通知精神，结合贯彻落实公司党组有关规定的实际，制定本单位具体实施意见和办法。

二〇〇〇年十二月二十日（印）

国家电力公司文件

关于印发国家电力公司2000年工作要点的通知

（国电总［2000］1号）

公司系统各单位：

现将《国家电力公司2000年工作要点》印发给你们，请按照要点中的有关精神和要求，安排好2000年的工作。

附件：国家电力公司2000年工作要点（见“特载”篇）

二〇〇〇年一月四日（印）

关于颁发国家电力公司《安全生产工作规定》的通知

（国电办［2000］3号）

各电力集团公司，各省（自治区、直辖市）电力公司，国家电力公司分公司，各水电工程局，华能集团，华能国际电力股份有限公司：

为进一步落实《中共中央关于国有企业改革和发展若干重大问题的决定》关于“坚持预防为主，落实安全措施，确保安全生产”的要求，理顺电力体制改革后公司系统的安全管理关系，国家电力公司在原电力部《电力生产安全工作规定》的基础上，制订了《电力安全生产工作规定》，现颁发给你们，自2000年5月1日起在国电公司系统内贯彻执行，执行中发现问题请及时报国家电力公司。

附件：国家电力公司安全生产工作规定（略）

二〇〇〇年三月十八日（印）

关于印发《国家电力公司工作规则（试行）》的通知

（国电总［2000］28号）

各直属单位，公司各部门：

为进一步加强公司本部规章制度的建设，按照公司管理法制化、规范化、制度化的要求，特制定《国家电力公司工作规则（试行）》，现印发给你们。这是公司规范会议制度、确定公务活动、明确公文审批管理的工作准则，各单位要在认真学习、吃透精神的基础上，严格按照执行。执行中如遇到问题，请及时告总经理工作部。总经理工作部负责对该规则的执行情况进行检查和监督。

国家电力公司工作规则

（试行）

第一章　总　　则

第一条　为使国家电力公司（以下简称公司）的各项工作法制化、规范化、制度化，逐步建立产权清晰、权责明确、政企分开、管理科学的现代企业制度，根据国家有关法律、法规和《国家电力公司章程》，制订本规则。

第二条　本规则适用于公司直属各单位、公司本部各部门。

第三条　公司本部员工在工作中要认真贯彻执行党的路线、方针和政策，做到令行禁止；要解放思想，实事求是，转变观念，改进工作方法，适应公司工作的需要；要忠于职守，勤奋工作，遵纪守法，讲究效率，奋力开拓；要坚持“人民电业为人民”的宗旨，转变作风，廉洁自律，树立良好形象。

第四条　公司本部各部门要依照法律、法规和公司的各项规章制度行使职权，各司其职，各负其责，认真负责地做好各自职权范围内的工作；要注重协调，密切配合，切实贯彻好公司的各项决策和工作部署；要精简会议、公文和事务性活动，规范办事程序，提高工作效率，保证工作质量。

第二章 公司领导及有关负责人职责

第五条 公司实行总经理负责制，总经理是公司的法定代表人，领导公司的全面工作，行使公司章程规定和国务院及有关部门赋予的职权。

第六条 总经理召集和主持公司总经理会议、总经理办公会议、公司系统年度工作会议和公司有关重要会议。公司的重大事项必须经总经理、总经理会议决定。

第七条 副总经理协助总经理工作，按分工负责分管工作，对总经理负责。受总经理委托，负责其他方面的工作或者专项任务，并可代表公司进行社会公务、商务和外事活动。

第八条 总经理助理协助总经理工作，对总经理负责，完成总经理交办的工作及副总经理按分管工作委托的事项。经总经理授权，可代表公司进行社会公务、商务和外事活动。

第九条 总会计师、总经济师、总工程师（以下简称“三总师”）在其职责范围内协助总经理工作，对总经理负责，完成总经理交办的工作及副总经理按分管工作委托的事项。经总经理授权，可代表公司进行社会公务、商务和外事活动。

第十条 各部门主要负责人负责本部门的工作，对分管本部门工作的总经理、副总经理负责，并直接接受、完成总经理交办的工作，接受、完成其他副总经理委托的工作，协助、配合总经理助理、“三总师”完成有关工作。

第十一条 总经理、副总经理的具体工作分工，经总经理会议讨论，由总经理决定。

第三章 会议制度

第十二条 公司实行党组会议、总经理会议、总经理办公会议、公司系统年度工作会议制度。

第十三条 党组会议由党组书记主持，党组成员参加，总经理工作部（办公厅）主任列席。根据会议内容，由党组书记确定其他有关负责同志列席会议。参加会议的党组成员原则上不少于党组成员的三分之二。党组书记因故不能主持党组会议又确有必要召开时，由党组书记委托一名党组成员主持，并由总经理工作部在会前通知党组成员。

第十四条 党组会议主要议题：

（一）研究贯彻党中央、国务院的重大方针、政策，指导公司系统党的工作和精神文明建设；

（二）研究决定公司本部及公司所属单位由公司党组管理的干部任免、调动等事项；

（三）党组书记提议研究的其他问题。

党组会议原则上每月召开一次，党组书记可根据情况决定临时召开。

第十五条 总经理会议由总经理或总经理委托的副总经理主持。总经理、副总经理、纪检组组长、总经理助理、“三总师”和总经理工作部主任参加，根据会议内容，由总经理确定公司顾问、有关部门或所属单位的负责同志列席会议。

第十六条 总经理会议研究公司的重大事项，主要内容包括：

（一）讨论通过呈报党中央、国务院和国家有关部门的重要请示、报告；

（二）审议批准公司经营发展战略和中长期规划（包括公司整体发展规划、全国电网规划、主要电源点建设规划，水电滚动开发规划、科技教育发展规划和安居工程等）；

（三）审议批准公司投融资计划和重大资产重组方案；

（四）审议批准公司年度建设计划、生产计划、经营计划、财务计划，审议批准公司年度报告、财务预算方案、决算方案和税后利润分配方案；

（五）审议批准公司审计工作中的重大问题；

（六）决定重点建设项目和电力生产、电网调度等重大问题，研究重大安全隐患及特大事故的处理；

（七）审议批准公司重大体制改革方案，决定公司本部机构设置，修改公司章程，批准或修改公司管理制度和重要规章；

（八）决定聘任和解聘公司顾问、咨询，向子公司、控股子公司和参股公司委派股东代表、董事会成员、监事会成员等；

（九）审议批准公司及公司所属单位的基础工资制度、工资分配政策、重大劳动工资改革方案和公司所属单位经营者收入；

（十）审议公司对外经济技术合作与交流的重大事宜。审议公司在境外设立的分公司、子公司或办事机构的有关事宜；

（十一）审查批准公司所属单位的重大决策方案和其他需经总经理会议研究的请示、报告；

（十二）总经理认为应研究的其他问题。

总经理会议一般每月召开一至二次，总经理可根据情况决定临时召开。

第十七条 总经理办公会议成员为：总经理、副总经理、纪检组组长、总经理助理、“三总师”、各部门主要负责人。

总经理办公会议由总经理或总经理委托的副总经理主持，必要时可请公司顾问或公司所属有关单位的负责人列席。

第十八条 总经理办公会议研究公司的具体事

项，主要议题包括：

（一）传达和贯彻党中央、国务院及有关部门的重要文件、指示和决策；

（二）传达和贯彻总经理会议的有关决定，检查总经理会议议定事项的落实情况；

（三）审议批准公司所属单位的经营发展战略、经营方针、中长期规划、重大经营决策、重大资产重组方案和重大投融资计划；

（四）审议批准公司所属单位年度建设计划、生产计划、经营计划、财务计划，审议批准公司所属单位年度报告、财务预算方案、决算方案和税后利润分配方案，考核其经营成果；

（五）通报公司及公司所属单位的主要工作情况，部署公司近期的主要工作；

（六）审议公司年度工作会议和重要专题会议文件；

（七）总经理认为应研究的其他事项。

总经理办公会议一般每月召开一次，总经理可根据情况决定临时召开。

第十九条 副总经理按照分管的工作或受总经理委托召开专题办公会议，研究、协调和处理公司工作中的一些专项问题。

第二十条 公司系统年度工作会议由公司总经理主持召开。会议参加人员为：总经理办公会议成员和公司所属单位主要负责人。

会议主要事项：总结、部署公司的主要工作；根据年度考核情况，兑现对公司所属单位的奖惩。

第二十一条 公司的专业性会议是指由公司有关部门主办，以公司名义或以公司有关部门名义召开，并请全部或部分公司所属单位参加的会议。

专业性会议由公司主办部门在每年年末或年初编报年度会议计划，经总经理工作部综合平衡后，报总经理办公会议批准。因特殊情况需临时召开的专业性会议，由主管部门以签报呈报总经理或主管副总经理批准，其中需要公司所属单位主要领导参加的会议，必须经总经理批准。

第二十二条 党组会议议题由党组书记确定，总经理会议和总经理办公会议议题由总经理确定，会议的组织工作均由总经理工作部负责。

第二十三条 《党组会议纪要》由党组秘书整理，经总经理工作部主任审核后，由党组书记签发。《总经理会议纪要》、《总经理办公会议纪要》由总经理会议秘书负责整理，经总经理工作部主任审核后，由总经理签发。

专题会议由有关业务主管部门负责组织，总经理工作部协助，会议议定事项形成《办公通报》，经总经理工作部主任审核后，由主管副总经理签发。

年度工作会议由总经理工作部牵头组织，会议的主要文件在会后以公司文件印发，由总经理签发。

公司领导在公司专业性会议上的讲话，以《内部情况通报》印发，由主管副总经理签发，会议纪要可以会议主办部门的部门文件印发。

本着精减会议、精减会议文件的精神，公司规定每周二、周五为公司本部无会日。

第四章　公务活动制度

第二十四条 公司领导在公司系统内出差、考察等活动，一律轻车简从，不收受下属单位赠送的礼品、纪念品等。

第二十五条 公司所属单位邀请公司领导出席会议或重要活动，应事先报总经理工作部，由总经理工作部请示公司领导进行安排。

第二十六条 中央国家机关各部门和各省（自治区、直辖市）人民政府邀请或要求公司领导参加会议、出席重要活动或来公司会见公司领导，由总经理工作部提出初步意见请示总经理后统一安排。

第二十七条 严格控制各种庆典活动。公司举办重大的庆典活动，须经总经理批准。

第二十八条 公司对外发布信息和对外进行宣传报道统一由总经理工作部负责。公司其他部门对外发布信息和进行宣传报道，以及以公务身份接受记者采访，需经总经理工作部协调。

第二十九条 除外事工作外，以国家电力公司名义开展的各种社会活动，印制出版各种书籍、资料，举办各种展览展示活动等，均由总经理工作部统一负责。向公司领导约稿进行公开发表、报请公司领导题辞题字等，均需报总经理工作部统一协调；以公司名义公开发表或收录入书的文章，均需经有关领导审定并在报送领导前交总经理工作部审核。

第三十条 公司领导的外事活动，由公司领导决定，或由外事部门提出建议，经分管外事工作的公司领导审核后，报送参与外事活动的公司领导审定。

第三十一条 总经理、副总经理出国访问，按国务院有关规定办理。

第三十二条 总经理助理、“三总师”和各部门正职出国，由有关部门提出申请，经外事部门提出办理意见后，由分管该部门和外事工作的副总经理审核，总经理签批。各部门副职干部出国，由所在部门提出申请，经外事部门提出办理意见后，由分管该部门和外事工作的副总经理批准，重要的出访应报经总经理同意。

第三十三条 总经理出差、休假按国务院规定办理，并委托一位副总经理主持全面工作。副总经理、总经理助理、“三总师”出差、休假，应请示总经理同意，并随时通知总经理工作部总值班室。

第三十四条 公司部门正职领导出差或休假，应事先请示分管的总经理或副总经理同意，明确一位副职主持本部门工作，并报总经理工作部总值班室；副职出差要经正职同意。各部门的领导不得同时出差，必须有一位领导在本部门主持工作。

第五章 公文审批管理制度

第三十五条 公司收文及办理原则：

（一）党中央、国务院的文件及领导批示先送总经理批示；

（二）国务院办公厅、有关部门、各省（自治区、直辖市）人民政府及公司所属单位的重要文件，按分工送总经理或副总经理批示；

（三）公司所属单位及其他部门的一般业务文件，按分工送公司有关部门阅办。

第三十六条 公司本部签报及办理原则：

（一）公司本部各部门向总经理、副总经理、总经理助理和“三总师”请示、报告事项用签报；

（二）总经理工作部为签报的管理部门。除人事任免、案件查处等内容的签报按有关规定办理外，其余签报均应通过办公自动化程序呈报，原则上不再受理纸质签报。经公司有关领导阅批的签报，由总经理工作部返回报送部门或送交有关的承办部门；

（三）对于涉及两个及以上部门的事项,应由主办部门会签协办部门,部门间如有分歧意见应在签报中注明。

第三十七条 公司发文及办理原则：

（一）向党中央、国务院及国家有关部门的请示报告，送分管副总经理审核后，由总经理签发，其中副部级以上领导出国请示由分管副总经理签发；

（二）公司党组发文、党组发函、党组任免文件由公司党组书记签发；

（三）一般发文按分工送副总经理签发，发文内容如涉及两位以上领导，应送其他领导核签；

（四）发文内容如涉及其他部门业务，应事先会签，如涉及总经理助理、“三总师”协调事项，应先送总经理助理、“三总师”核签。

第三十八条 公司文件种类包括：公司党组发文、党组发函、党组任免文件；公司发文、公司发函、公司任免文件；部门发文、部门发函等。

第三十九条 以下事项授权签发：

（一）公司发函及贺电、唁电等授权总经理工作部主任签发；

（二）公司管理的干部离退休、参加工作时间和待遇变更以及人事、劳动统计报表、工商登记注册等，授权人事及董事管理部或人力资源部主任签发；

（三）进口设备免关税、进出境免检、接待外宾、出国及赴港、澳、台的请示件等，授权国际合作部主任签发；

（四）财政请款、银行印鉴变更及资产评估确认、土地评估确认等，授权财务部主任签发；

（五）审计通知书和复议受理通知书，授权审计部主任签发；

（六）公司级介绍信由各部门负责人在职权范围内签发；

（七）其他非常规类用印，应填写用印单，经主管部门负责人签字后，送总经理工作部主任核签。

第四十条 各级领导审批文件时，应明确签署意见，并注明审批时间。审批文件时，对于一般报告性公文，圈阅表示“已阅知”；对于有具体请示事项的公文，圈阅则表示“同意”请示的事项。

第六章 附 则

第四十一条 本工作规则由总经理会议审定、修改。由总经理工作部负责本工作规则的解释、执行情况的检查、监督。

第四十二条 本工作规则自印发之日起试行。

关于印发公司2000年度工作会议文件的通知

（国电总［2000］242号）

公司系统各单位：

2000年4月20～22日，国家电力公司2000年度工作会议在广州召开。这次会议是深入贯彻党的十五届四中全会、中央经济工作会议和九届人大三次会议精神，总结1999年工作，部署2000年工作的重要会议。会议要求2000年的工作必须突出“两个战略”、“一个管理年”和“三项责任制”，以此来推动各项工作全面、有效地开展。

为了深入贯彻落实这次会议精神，全面完成各项工作目标，现将高严总经理在这次会议上所作的年度工作报告和赵希正副总经理所作的总结讲话印发给你们，请认真组织学习和贯彻。

各单位贯彻落实这次会议的有关情况，请及时报告公司总经理工作部。

附件1：高严总经理在国家电力公司2000年度工作会议上的报告

附件2：赵希正副总经理在国家电力公司2000年度工作会议上的总结讲话

二〇〇〇年四月二十九日（印）

关于加强企业管理的若干意见

（国电总［2000］325号）

各分公司、电力集团公司、省（自治区、直辖市）电力公司，有关单位：

国有企业改革是深化经济体制改革的中心环节。贯彻落实党的十五届四中全会决定，全面推进国有企业改革，实现三年脱困，初步建立现代企业制度，是2000年国企工作的重中之重。国家电力公司要贯彻落实国务院“管理年”的要求，严字当头，强化管理，在公司本部和全系统扎扎实实开展“管理年”活动，切实提高管理水平，为实现“两型两化国际一流”的发展战略目标和进入世界500强打下坚实基础。为此，就加强企业管理提出如下意见：

一、加强战略管理和决策管理

1. 子公司要自觉地从母公司的整体发展战略目标出发，因企制宜地制定符合母公司整体发展战略要求的、能够充分体现自身比较优势和特点的本公司发展战略，子公司的发展战略应服从和服务于母公司的发展战略。

2. 企业主要负责人必须认真研究、制定和组织实施企业发展战略，提高驾驭企业改革和发展的能力。

3. 企业要加强战略管理，把总体战略目标分解为各个有机联系的分目标，并将分目标落实到具体单位和个人，建立和完善总目标的督促检查机制、分目标的岗位责任制。

4. 加强企业决策管理，建立和完善科学民主的决策程序和决策机制，尤其要把战略性问题的前瞻性研究作为一个必备的管理程序。要增加决策科学性和透明度，进一步提高决策水平；有条件的可以吸收外部专家参与决策。

5. 建立健全决策失误责任追究制度，尤其是重大决策失误责任追究制度。责任追究制度要体现权利和义务对称、风险和责任明确的要求，要能够追究到人。

二、加强基础管理

1. 切实加强企业基础管理工作，要摸清家底，建立健全企业基础会计资料、统计资料、基础档案、原始凭证等方面的建档建卡工作和制度。严禁弄虚作假。

2. 进一步建立和完善各项基础管理制度，重点抓好基础工作规范和基本工作制度的建设。严格实行各个环节的岗位责任制，做到有章可循，有章必循，违章必纠。

3. 建立健全以技术标准为主体，包括工作标准、质量标准和管理标准在内的企业标准化体系，积极采用国内先进标准和符合中国国情的先进国际标准并认真实施，做到管理标准化、规范化、科学化。加快采用企业基础管理工作的现代化手段，将管理数字化、标准化，能够实行定额管理的都应实行定额管理。

4. 继续深入开展达标创一流工作，夯实企业管理基础；注重人员、设备、管理三个环节，突出治本，注重实效。

三、加强安全管理

1. 坚持“安全第一，预防为主”，加强安全工作在各项工作中的基础地位，严格执行各项安全技术措施和反事故措施，确保电网不发生重大伤亡事故、重大系统事故和重大设备事故。

2. 认真贯彻《安全生产工作规定》，全面落实以行政正职是第一责任者为核心的各级安全生产责任制，行政副职是分管工作范围内的安全第一责任人，向行政正职负责。各部门、各岗位应有安全分工，做到责任明确。

3. 公司系统内部实行母公司对子公司、上级单位对下级单位的安全生产责任追究制度，包括对经营者和管理者进行追究。在公司系统内部安全考核上，母公司为子公司、上级单位对下级单位承担连带责任。

4. 加强安全生产的全过程管理，电力工程建设要认真落实项目法人制，严格执行招投标制、合同管理制和监理制，确保工程质量和投产后安全稳定运行；对进入公司系统的有关重要设备和材料，要严把质量关、技术关和价格关，确保城乡电网建设和改造工程的质量。

5. 进一步规范公司系统利用外资项目申办采购进口设备的招投标行为，建立和完善国际招投标规章制度和监督机制、制约机制，确保公开、公平、公正。

四、加强成本管理

1. 各单位要围绕企业经营目标，提出增收节支、控制和降低成本的目标。

2. 进一步抓好燃料成本、营销成本、供电煤耗和线损管理，特别是要着重抓好购电成本的管理工作，严格控制成本增长。

3. 要建立内部经济责任制，加大成本考核力度，把增收节支、降低成本与员工利益挂钩。

4. 认真清理拖欠电费，重点解决“死欠”电费的预防问题，减少坏账损失。

5. 要优化调度，发挥跨省联络线和大电网调峰、错峰等优势，尽可能在最大范围内进行电力电量交换，减少污染和能耗，提高整体效益。

五、严格财务和资金管理

1. 严格预算管理，加强预算对各种经济行为的约束，从严控制资金流量，严格限制无预算的资金支出。企业各项资金应由财务部门统一管理，坚决取缔各种形式的“小金库”。

2. 要认真执行《会计法》和其他财经法规，严肃财经纪律，要严格资金的调度审批程序和制度。加强资金账户管理，严格执行银行结算和货币管理制度。

3. 要进一步加强投融资管理，规范投资行为，控制投资风险。认真执行公司有关投融资管理规定，严格遵守投资项目审批程序；资金要优化投向，在保证电力主业资金需求的前提下，慎重择优进入非电力领域。要认真研究加大资本运营力度的措施，规范企业股份制改制和股票、债券发行上市行为。

4. 要进一步加强财务管理，切实防范经营风险。控制资产负债比，加强对借款和担保的管理，禁止向多经等关联企业转移收入，隐匿利润。

六、抓好电价整顿

1. 要积极配合国家计委开展电价大检查，继续清理各种乱加价、乱收费，巩固近几年来电价整顿成果，切实减轻客户负担。

2. 按照国务院批准的改革还本付息电价政策，按调整后的政策和方法认真组织清理，降低部分电厂上网电价，落实电价空间，用于偿还城乡电网建设和改造的本息。

3. 严格执行国家电价政策，严禁随电价代征国家明令取消的各种基金、附加费、保证金等。

4. 严禁自立名目或自定标准收取与用电有关的费用，严禁借城乡电网建设和改造之机，提高收费标准、自立收费项目或自定标准收费等。

七、加强干部人事管理

1. 建立动态的干部人事管理制度，加大干部交流和轮岗力度；建立和完善竞争机制，优胜劣汰，造就高素质、高水平的经营管理者和员工队伍。

2. 要严格按《公司法》的要求，建立职责明确的法人治理结构，构筑符合国家规定和现代企业制度要求的、具有公司特点的干部人事管理体系。

3. 加强企业经营者与员工报酬管理，建立符合国家规定和市场要求的经营者收入分配制度，适时出台《国家电力公司关于经营者年薪制试行办法》，完善企业内部分配办法，使企业工资增长真正与企业经营目标挂钩，使员工收入真正与其贡献挂钩。

4. 加强人力资源开发与利用的管理，加强培训基础管理工作，重点抓好制度和培训体系建设，加大对公司系统各项培训工作的管理力度，全面提高员工队伍的整体素质，加快培养公司改革与发展急需的高素质人才。树立减人增效观念，提高劳动效率。

八、进一步提高服务水平

1. 进一步牢固树立“人民电业为人民”的服务宗旨，真心实意地把客户当“上帝”，真正做到“走千家万户，做光明使者”。

2. 进一步转变观念，构建电力服务新机制，向服务要市场，向服务要效益。

3. 进一步公开服务程序，规范服务标准，提高服务质量，信守服务承诺。

4. 进一步主动接受社会各界的监督，虚心听取客户的意见，想客户之所想，急客户之所急，树立企业良好形象。

九、加强党风廉政建设和精神文明建设

1. “从严治党、从严治企、从严治领导班子”。各单位主要领导是党风廉政建设的第一责任人，不仅要带头执行《廉政准则》，做到廉洁自律，还要监督班子其他成员，管好自己的配偶、子女、亲属和身边的工作人员。

2. 党风廉政建设首先从国家电力公司党组抓起，从公司本部抓起，形成“一级带一级，一级抓一级，层层抓落实”的党风廉政建设和反腐败工作的责任体系。

3. 加强党的建设、思想政治工作、精神文明和企业文化建设，进一步纠正行业不正之风，促进和保证公司系统“四有”员工队伍建设，确保公司系统的改革、发展和稳定。

十、建立和完善监督体系

1. 配合国家有关部门做好派驻监事会工作，制定全资子公司、控股公司董事会、监事会暂行规定，充分发挥监事会对企业财务和董事、经理行为的监督作用，重点加强人事监督、财务监督和审计监督。

2. 要不断完善企业内部控制制度，建立企业经营者业绩考核制度和决策失误追究制度，决策层要定期听取监事会和审计等部门的意见。要加强企业内部控制制度审计，定期检查企业各项制度执行情况，确保规章制度落到实处。

3. 加强对企业和经营者在资金运作、生产经营、收入分配等重大问题的监督。要继续加强对企业经营者实行任期经济责任制审计，按照“三不放过”的要求，做到审而要究，审而要改，审而要用。凡是因违法违规给企业造成重大损失的，要依法追究责任，并不得继续担任或易地担任领导职务。

4. 增强依法经营观念，将法律保障手段引入决策机制。企业的所有重要商务活动，特别是涉及投资、改制、知识产权等事项必须征求法律部门的意见。要强化合同管理，限制对外担保，严格按照国电公司已颁布的合同管理办法办事。

二〇〇〇年六月十五日（印）

关于颁发《电力锅炉压力容器安全监督管理工作规定》的通知

（国电总［2000］465号）

国家电力公司各分公司、华北电力集团公司、各省（自治区、直辖市）电力公司、华能集团、华能国际、中电国际、国电电力、热工院、电建所、苏州热工所：

为适应电力体制改革的变化，理顺关系，做好公司系统的锅炉压力容器的安全监督管理工作，保障设备及人身安全，确保安全发供电，国家电力公司在原电力部《电力工业锅炉压力容器安全监察规定》的基础上，制订了《电力锅炉压力容器安全监督管理工作规定》，现颁发给你们。

本规定自颁布之日起执行，执行中发现问题及时报国家电力公司。

附件：电力锅炉压力容器安全监督管理工作规定（略）

二〇〇〇年八月十日（印）

关于印发《国家电力公司本部软科学项目管理办法》的通知

（国电规［2000］99号）

各有关单位：

为了进一步加强国家电力公司本部的软科学项目的管理工作，更好地发挥软科学项目研究对国家电力公司经营发展的积极作用，特制定《国家电力公司本部软科学项目管理办法》。现印发给你们，请依照执行。

附件：《国家电力公司本部软科学项目管理办法》

二〇〇〇年二月二十二日（印）

附件：

国家电力公司本部软科学项目管理办法

第一章 总 则

第一条 国家电力公司软科学项目研究的宗旨是研究国家电力公司改革与发展中的重要问题，寻求探索理论依据和措施先导，为国家电力公司系统的改革与发展的中心工作服务，为领导决策服务，为实际工作服务。

第二条 制定本办法的目的在于围绕上述宗旨，从选题（立项）、签订合同、执行、验收及成果转化等各个环节对国家电力公司软科学项目实施科学化规范化管理。

第三条 国家电力公司软科学项目内容包括：

（一）国家电力公司战略与规划专题研究项目；

（二）公司改革与发展的理论性和实践性研究项目；

（三）与国外电力工业的对比性研究项目。

第四条 国家电力公司软科学项目根据研究内容分为：“重大”、“重要”、“一般”项目。

第五条 国家电力公司战略研究与规划部（以下简称战略规划部）为国家电力公司本部软科学项目的归口管理部门。

第二章 项目的选题与审定

第六条 国家电力公司软科学项目选题应该符合下列原则：

（一）遵循党和国家有关方针、政策，紧紧围绕国家电力公司的工作思路，具有全局性、方向性、综合性的软科学项目；

（二）提高公司管理水平，有应用价值的软科学项目；

（三）有关公司改革与发展中亟待解决的问题；

（四）具有创新性、较强的观念引导和理论指导作用，能为领导决策提供参考思路的软科学项目。

第七条 国家电力公司软科学项目确定程序：

（一）国家电力公司本部各部门根据公司改革与

发展需要提出的项目任务或建议，并附“软科学项目立项建议书”（附件1，一式两份，略）；

（二）各有关单位向国家电力公司提出的软科学项目建议；

（三）所有项目申请表统一编号后，由国家电力公司战略规划部对申请项目进行审查并通知项目提出部门（以下称承办部门）；

（四）战略规划部在征求有关单位和部门意见的基础上，于3月底以前确定本年度软科学项目指南。

第八条 国家电力公司的软科学项目于每年4月底前以适当形式公布，并采取招标、议标或直接委托的方式选择委托单位。

第九条 国家电力公司领导随时交办研究的，以及由于改革和发展形势的需要临时决定研究的计划外项目，按“一事一办”的原则单独立项。

第十条 项目申请

凡国家电力公司系统的企业、科研部门，设计部门、高校及系统外研究机构，均可根据委托研究的项目题目提出软科学项目申请。

项目的申请单位按要求提交申请表（内容深度同附件1，一式两份）。

第十一条 被确定为“重大”和“重要”的项目均需由承办部门通过招标或议标方式确定受托单位。承办部门编制的标书及招标结果，送战略规划部备案；被确定为“一般”的项目也可由承办部门直接进行委托。

第三章 合同的签订及项目实施

第十二条 国家电力公司软科学项目实行合同管理。

第十三条 被确定的项目受托单位，应填写项目委托研究合同书（格式见附件3，一式八份，略），送承办部门。承办部门填写国家电力公司软科学项目报出清单（附件2，略），送战略规划部。战略规划部对合同的内容进行审查，并会同财务部、科技部对合同的经费进行审查，审查合格后由受托单位法定代表人签字、单位盖章，后由国家电力公司总经理或经授权的部门负责人签字盖章后生效并返回承办部门、受托单位各两份。

第十四条 合同签订后具有法律效力，合同双方按合同内容和约定承担各自的责任，合同双方均不得擅自提前中止合同。

第十五条 国家电力公司按合同要求支付软科学项目经费。软科学项目经费必须按财政部、电力工业部财工字(1997)119号文规定的使用范围进行使用。

第十六条 受托单位的主要职责：

（一）严格执行合同，在规定期限内高质量地完成项目研究；

（二）接受战略规划部对项目执行情况的检查；

（三）按合同规定使用经费；

（四）按要求向管理部门报送项目执行情况；

（五）项目研究结束后，按要求提出研究报告等材料，接受验收。

第十七条 对两个以上单位共同承担的项目，合同中应明确各方职责及争议解决方式。

第十八条 受托单位在项目执行过程中，需对合同书中所列的研究目标、内容、进度、项目负责人等进行调整时，应提出申请，并经承办部门同意后签订补充协议，方可实施。

第十九条 承办部门需每半年以书面形式向战略规划部报告承办项目的进展情况。

第四章 项 目 验 收

第二十条 项目研究完成后，受托单位应向承办部门和战略规划部报送最终报告。

第二十一条 项目验收以验收会的方式进行，由承办单位会同战略规划部组织。原则上一个项目成立一个验收委员会，由组织验收单位确定验收委员会组成人员名单，委员人数为5人或7人，验收委员会由承办部门以文件形式（会签战略规划部）确定。

第二十二条 验收会验收程序

（一）由验收委员会主任或主任委托的副主任主持召开验收会；

（二）由受托单位的负责人介绍研究成果；

（三）评委质疑、讨论和评议；

（四）验收委员会讨论并形成验收意见；

（五）验收委员会主任宣布验收意见；

（六）全体验收委员在验收意见书上签字，有不同意见的，亦应注明（附件4，略）。

第二十三条 验收意见和最终报告正本及存有报告全文的软盘统一由战略规划部存档。

第二十四条 项目研究成果归国家电力公司所有。

第五章 附 则

第二十五条 本办法由国家电力公司战略规划部负责解释。

第二十六条 本办法自颁布之日起施行。

关于印发《全国电网二次系统“十五”规划纲要》的通知

（国电规［2000］140号）

国家电力公司东北公司、南方公司、华北、华东、华中、西北电力集团公司，各省（自治区、直辖市）电力（集团）公司：

为加强电网二次系统规划工作，促使二次系统在“十五”期间与一次系统协调发展，国家电力公司组织制定了《全国电网二次系统“十五”规划纲要》（以下简称《纲要》），现印发给你们，请按《纲要》和下列要求，尽快组织力量，编制好“十五”的电网二次系统规划。

一、电网二次系统规划是电网规划的重要组成部分，是电网二次系统各项工作顺利开展的保证。电网二次系统“十五”规划，从涉及范围、规划思路到技术和深度要求与以往相比，都有很大的调整，同时，这项工作涉及专业和部门较多，各网（分）、省公司应加强领导，认真组织。

二、电网二次系统规划应由各级规划部门负责组织编制，有关专业部门参与规划的编制工作。二次系统规划宜委托有规定设计资质的机构编制。

三、省级及以上电网的二次系统规划由国家电力公司组织评审和审批，省级以下电网的二次系统规划由省公司组织评审和审批，并报国家电力公司备案，经审批后的规划作为开展可研工作的依据。

四、根据电网二次系统科技含量高、技术发展快的特点，二次系统规划的编制，应在与一次系统规划基本同步前提下，适时进行滚动修编，原则上，两年滚动修编一次。

五、“十五”二次规划应面向21世纪，适应知识经济发展要求，适应全国联网和电力市场化改革需要，保证电网安全稳定运行，满足国家电力公司建设“两型两化”的国际一流企业的要求。应根据二次系统自身技术特点和技术发展方向，建成自成体系、功能齐全的全国电力通信、信息网络，在满足自身使用的前提下，形成规模效益，向产业化方向发展。

六、“十五”二次系统规划应实现电力通信传输、通信数据、信息网之间的协调一致与技术融合；实现各级电力通信、信息网络的上下协调一致；光纤通信同一路由电路共建，避免重复建设，提高电力通信的整体能力和规模效益。

七、全国电网二次系统“十五”规划应以经济效益为中心，统一规划、协调实施。各网（分）、省公司应按照《纲要》的要求，结合当地的具体情况，实事求是地确定“十五”的发展目标，避免一哄而起，盲目投资，造成浪费。二次系统的规划中，应首先考虑保证电网安全稳定运行所必需设施的建设，应按技术先进成熟，经济适用的原则进行规划；对可提高通信网络规模效益，符合产业化发展方向的，经技术经济分析确有效益的，“十五”期间，可适当加大投入比重；其他部分应按保证使用，控制投入的原则进行规划。

八、二次系统的建设，原则上要结合电网一次系统的发展同步进行，超出一次系统范围的、时间上超前或组网需要的可单独立项。应积极探索共建通信工程的合理投资模式。在编制“十五”规划中，共建电路投资可按芯数或容量分摊的原则进行投资估算。

九、“十五”二次系统规划应纳入行业规划和公司规划的电网规划部分，原则上同期完成。

附件：全国电网二次系统“十五”规划纲要（略）

二〇〇〇年三月十五日（印）

关于印发《国家电力公司统计管理办法》的通知

（国电规［2000］642号）

各分公司、各电力集团公司、各省（区、市）电力公司、华能集团公司、水电总公司、华电公司、安能公司、葛洲坝集团公司及有关单位：

为了加强国家电力公司的统计管理，有效地、科学地组织统计工作，国家电力公司对1997年发布的《国家电力公司统计管理办法（暂行）》进行了修改。现将修订后的《国家电力公司统计管理办法》印发给你们，请依照执行。执行中遇到的问题请及时向国家电力公司战略研究与规划部反映。

附件：国家电力公司统计管理办法

二〇〇〇年十月三十一日（印）

附件：

国家电力公司统计管理办法

第一章　总　则

第一条　为了加强国家电力公司的统计管理，有效地、科学地组织统计工作，依据《中华人民共和国统计法》、《中华人民共和国统计法实施细则》、国家统计局《部门统计调查项目管理暂行办法》及相关法律、法规，特制定本办法。

第二条　国家电力公司统计工作的基本任务，是对国家电力公司各项建设、经营、管理等活动进行统计调查、分析和研究，提供统计资料及统计咨询意见，实行统计监督。各项统计工作的开展以公司经济效益为中心，以服务公司战略发展为宗旨，建立健全统计数据质量监控和评估制度。

第三条 国家电力公司统计工作实行综合统计职能机构归口管理,按专业部门分工负责的统计管理体制。

第四条 国家电力公司加强对电力统计指标体系和统计调查方法的科学研究，提高统计的科学性、真实性；有计划地加强统计信息处理、传输技术和数据库体系的现代化建设。

第五条 国家电力公司（分公司）、子公司及其所属单位（以下简称所属各单位）负责人领导并监督本单位统计机构、统计人员和其他有关人员执行《中华人民共和国统计法》及相关法律、法规、统计制度和本办法。

第六条 国家电力公司及所属各单位的统计机构和统计人员依照《中华人民共和国统计法》独立行使统计调查、统计报告、统计监督的职权，不受侵犯。

第七条 经国家统计局同意，国家经贸委委托国家电力公司行使全国电力工业行业统计管理职能。

第二章 统计机构与统计人员

第八条 国家电力公司采取不定期召开综合统计协调会议制度，由公司领导主持、有关部门负责人参加，负责决定国家电力公司综合统计方面的重大事项和调查方案；综合协调各专业部门的统计调查活动。国家电力公司成立综合统计机构，设立在公司战略规划部，负责执行协调会议所做的各项决定，归口管理公司统计工作，拟定公司的统计调查总体方案。

国家电力公司各专业部门应根据统计工作任务，配备专职或兼职专业统计人员。

国家电力公司各分公司，应根据总公司授权管理的需要设立统计机构，设置专职或兼职统计人员。

第九条 国家电力公司所属各单位应根据统计任务的需要设立统计机构，设置专职或兼职统计人员。

各子公司应采取不定期召开综合统计协调会议制度，由子公司领导主持、有关部门负责人参加，协调并决定本系统综合统计方面的重大事项和调查方案。各子公司成立综合统计机构，设立在计划规划部门或其他部门，执行协调会议决定的各项统计任务，并负责归口管理本单位的综合统计工作；同时根据各专业部门的需要，配备专职或兼职的专业统计人员。

各子公司所属的其他单位根据统计任务的需要设立统计机构，或者在有关机构中设置统计人员。没有设立统计机构的单位，要指定一个部门负责归口管理统计工作，并明确统计负责人。

第十条 国家电力公司综合统计协调会议的主要内容是：

（一）国家电力公司综合统计协调会议的主要内容：协调国家电力公司重大统计调查工作；指导和协调国家电力公司系统的综合统计工作；协调国家电力公司各专业部门统计工作；制定国家电力公司统计工作规章、统计工作现代化规划、统计调查制度和统计标准;检查监督公司综合统计工作的执行情况。

（二）各子公司综合统计协调会议的主要内容：指导完成国家和国家电力公司的统计调查任务，研究制定本系统综合统计方面的重大事项和调查方案；指导和协调本系统综合统计工作；协调本单位各专业统计工作；检查监督本系统综合统计工作的执行情况。

第十一条 国家电力公司及所属各单位综合统计机构的主要职责是：

（一）国家电力公司综合统计机构的主要职责：负责全国电力工业统计工作；执行公司综合统计协调会议决定的各项统计任务，负责公司系统的综合统计工作；制订和完善公司系统统计报表制度、统计指标体系、统计标准、统计调查制度、统计工作规章和统计工作现代化规章；组织实施国家和国家电力公司重大统计调查；统一对外公布全国电力工业和国家电力公司综合统计资料；负责电力工业和国家电力公司系统的综合统计信息网络建设；对国家电力公司生产经营和投资状况等方面进行统计分析、统计预测和统计监督。

（二）各子公司综合统计机构的主要职责：负责本地区电力工业统计工作；执行本单位综合统计协调会议决定的各项统计任务，负责本系统综合统计工作；组织实施国家、地方和国家电力公司统计调查制度和重大统计调查；统一对外发布综合统计资料；负责本地区和本系统的综合统计信息网络建设；对本系统生产经营和投资状况等方面进行统计分析、统计预测和统计监督。

（三）各子公司所属单位统计机构（或统计负责人）的主要职责：组织本单位的统计人员完成上级主管部门下达的统计调查任务，统一对外提供综合统计资料；负责本单位综合统计信息网络建设；协调各专业统计工作；对本单位生产经营和投资状况等方面进行统计分析、统计预测和统计监督。

第十二条 国家电力公司各专业统计机构主要负责组织指导和协调国家电力公司系统专业统计工作；组织制定国家电力公司专业统计工作规章和统计调查制度；进行国家电力公司专业统计分析和预测。在业务上受综合统计机构归口管理，并受国家统计局及国务院有关主管部门的指导。

国家电力公司所属各单位的专业统计机构业务上受同级综合统计机构归口管理，接受国家电力公司专业统计机构业务领导并受当地政府统计部门专业统计机构的业务指导。

第十三条 国家电力公司及所属各单位的统计机构和统计人员有权要求有关单位和人员，依照国家规定，如实提供统计资料；检查统计资料的准确性，要求改正不确实的统计数据；揭发检举和抵制统计调查工作中的违法行为。

第十四条 国家电力公司及所属各单位应根据管理范围、工作量及工作性质等需要，按一定比例设立高级、中级统计岗位，大型及以上单位应设立高级统计岗。

第十五条 国家电力公司及所属各单位配备的统计人员应当坚持实事求是，恪守职业道德，具备执行统计任务所需的专业知识，按规定及时、准确地报送和提供有关统计资料，并进行统计分析和监督。

综合统计机构的统计人员要求具备大专及以上学历；综合统计机构负责人要求具备大学本科及以上学历或中级及以上统计（或相关专业）职称。

第三章 统计调查与统计制度

第十六条 国家电力公司及所属各单位综合统计机构对统计调查与统计制度实行归口管理；综合协调各专业统计调查内容，规范统计工作。

国家电力公司综合统计机构组织专业统计机构统一制定统计调查计划和统计调查总体方案、统一管理公司各专业统计调查活动。各专业部门的专业统计调查必须统一纳入公司统计调查计划和统计调查制度，并按计划开展统计调查活动。对于确实需要的公司系统临时性调查，应与公司综合统计机构共同研究制定实施，并报国家统计局备案；如果涉及到行业调查，依照第十八条实行。

各子公司综合统计机构组织本单位专业统计机构统一制定统计调查计划和统计调查方案、统一管理本单位各专业统计调查活动。各专业部门按计划开展统计调查活动。

第十七条 国家重大统计调查由国家电力公司综合统计机构组织有关专业统计机构共同实施。

第十八条 国家电力公司的统计调查项目和统计制度由公司综合统计机构组织各有关专业统计机构制定实施，报国家统计局备案。属于行业调查的项目由国家电力公司综合统计机构或组织有关专业统计机构拟定，报经国家统计局审批后实施。

第十九条 国家电力公司及所属各单位的非统计部门所需统计资料可以从综合统计机构和专业统计机构搜集的，一般不允许单独进行统计调查。如确实需要，应作为一次性调查，并按第十六条管理。

第二十条 国家电力公司所属各单位必须严格执行国家和国家电力公司颁发的统计调查制度。同时，可根据需要按本章的规定补充制定在本单位施行的统计调查项目。

第二十一条 国家电力公司所属各单位执行国家和国家电力公司制定的统计标准，以保证统计调查中引用的指标含义、计算办法、分类目录、调查表式和统计编目等的标准化。

第二十二条 国家电力公司统计调查方法以定期报表为主，以快速调查、抽样调查、重点调查、典型调查为补充。

第二十三条 按规定程序批准的统计调查方案，必须在报表的右上角标明法定标识。法定标识包括：(一)表号；(二)制表机关；(三)批准机关/备案机关；(四)批准文号/备案文号；(五)有效期截止时间等。凡是未按规定程序批准的或未按上述标准要求的统计调查表均视为非法统计表，填报单位有权拒报。

第二十四条 各单位必须依照《中华人民共和国统计法》、国家有关规定和本办法，如实提供统计资料，不得虚报、瞒报、拒报、迟报，不得伪造、篡改。

第二十五条 禁止任何单位和个人利用统计调查窃取国家和企业秘密或进行欺诈活动。

第四章 统计资料的管理与公布

第二十六条 国家电力公司及所属各单位统计资料实行按专业部门分工管理，由综合统计机构负责统一对外公布；专业统计资料由各专业部门负责对系统内公布。

国家电力公司及所属各单位对外使用的统计数据以各级综合统计机构公布的数据为准。

国家电力公司及所属各单位公布行业统计数据，根据有关法规规定应报同级统计局备案。

第二十七条 国家电力公司及所属各单位要利用统计资料，建立统计数据库和信息自动化处理系统，实现数据安全上网、信息共享。

第二十八条 国家电力公司对综合统计信息开发应用贯彻统一规划、统一标准、分级实施的原则。国家电力公司所属各单位在国家电力公司统一规划下，可结合本单位需求，研究制定并实施本系统的综合统计信息开发应用的实施计划。

国家电力公司综合统计机构负责全国电力工业统计信息系统和国家电力公司综合统计信息系统的规划和组织实施工作。

第二十九条 国家电力公司及所属各单位必须建立统计档案管理制度，按档案管理规定做好统计资料立卷、归档、交接和保管工作。

国家电力公司及所属各单位统计信息的保密管理按《中华人民共和国保密法》、《电力工业工作中国家秘密及其密级具体范围的规定》、《国家电力公司工作人员保密守则》及有关法律、法规执行。

第五章 统计分析与人员培训

第三十条 国家电力公司及所属各单位应加强统计工作现代化研究，组织开展统计指标体系、统计调查方法、统计标准、统计制度的研究工作，定期开展统计分析和统计预测工作。

第三十一条 国家电力公司及所属各单位统计机构应做好统计信息咨询服务工作；对符合国家有关规定，在《中华人民共和国统计法》和统计制度规定之外提供统计信息咨询，实行有偿服务。具体办法另定。

第三十二条 国家电力公司及所属各单位统计机构应当有计划地加强对统计人员的专业知识和技术培训，组织专业学习，加强对统计人员的职业道德教育，提高统计人员的业务素质。

第六章 检查与监督

第三十三条 国家电力公司及所属各单位应设置统计检查监督小组或统计检查员，依法检查所辖系统统计法规和统计制度的执行情况，行使统计监督权。有关单位对统计机构、统计人员反映、揭露的问题和提出的建议，应及时处理，做出答复。

第七章 奖励与惩罚

第三十四条 国家电力公司及所属各单位应制定本单位的统计奖惩制度，对在统计工作中做出显著成绩的单位和个人给予适当的表彰或奖励。

第三十五条 对违反法律、行政法规和本办法有关规定的，视情节轻重由主管部门按规定给予行政处分；构成犯罪的，依法追究其刑事责任。

第八章 附 则

第三十六条 国家电力公司各专业统计机构和国家电力公司所属各单位可依据本办法制定相应的实施细则。

第三十七条 本办法由国家电力公司负责解释。

第三十八条 本办法自发布之日起施行。1997年发布的《国家电力公司统计管理办法（暂行）》同时废止。

印发《关于在电力企业社会通用职业（工种）试行劳动力市场价格工资的指导意见》的通知

（国电人资［2000］580号）

各分公司、集团公司，各省电力公司，各直属单位：

为了适应社会主义市场经济体制的要求，充分发挥劳动力市场对工资分配的基础性调节作用，进一步推动电力企业劳动用工和分配制度改革，根据劳动和社会保障部《关于建立劳动力市场工资指导价位制度的通知》（劳部发［1999］34号）精神，结合电力企业的实际情况，国家电力公司制订了《关于在电力企业社会通用职业（工种）试行劳动力市场价格工资的指导意见》，现印发给你们，请按照执行。在执行中遇到问题，请及时向人力资源部反映。

附件：关于在电力企业社会通用职业（工种）试行劳动力市场价格工资的指导意见

二〇〇〇年九月二十七日（印）

附件：

关于在电力企业社会通用职业（工种）试行劳动力市场价格工资的指导意见

根据劳动和社会保障部《关于建立劳动力市场工资指导价位制度的通知》（劳部发［1999］34号）文件精神，结合国家电力公司的实际情况，决定在电力企业社会通用职业（工种）试行劳动力市场价格工资，现就有关问题提出以下意见：

一、电力企业社会通用职业（工种）试行劳动力市场价格工资是分配制度改革的主要内容，具有重要意义

党的十五届四中全会提出，要建立与现代企业制度相适应的企业工资收入分配制度，充分发挥劳动力市场对企业工资分配的基础性调节作用。由企业根据社会平均工资和本企业经济效益自主决定工资水平，国家对企业工资水平，进行宏观指导和调节。据此，劳动社会保障部提出，用3年的时间（1999～2001年）在全国所有地级以上中心城市全面建立劳动力市场工资指导价位制度，即各级地方劳动保障部门按照国家统一规范的要求，定期对各类企业中不同岗位（工种）的工资水平进行调查、分析、汇总、加工，形成各类岗位（工种）工资价位，向社会发布，用于指导和服务企业合理确定职工工资水平和工资关系，调节劳动力市场价格。企业根据发布的市场工资价位，确定本企业相关岗位（工种）的工资水平。

在电力企业社会通用职业（工种）试行劳动力市场价格工资，是电力企业适应社会主义市场经济体制发展和建立现代企业制度的客观要求，是企业内部分配制度改革的重要举措。企业内部分配试行劳动力市场价格，有利于充分发挥劳动力市场对工资分配的基础性调节作用，进一步推动电力企业劳动用工制度改革，打破分配大锅饭，促进人员流动，优化人力资源配置,合理控制人工成本，实现企业减人增效目标。

二、电力企业社会通用职业（工种）试行劳动力市场价格工资的原则

1. 坚持员工工资水平与劳动力市场工资价位相适应，与本企业经济效益相适应；

2. 坚持以劳动市场价位为依据，公平、公开、平等协商、合理确定工资；

3. 坚持与企业劳动、工资等配套改革同步进行，平稳过渡。

三、试行范围及对象

国家电力公司全资子公司、分公司及控股企业的社会通用职业（工种）均属于试行劳动力市场价格工资的范围。主要包括：企业行政、后勤服务人员，以及辅助生产人员等社会通用职业（工种），参考职业（工种）目录见附件。

试行的具体职业（工种）由各分公司、各省电力公司、各工程局等综合管理单位，结合本地人力资源市场工资指导价位的发布情况及本公司的实际情况研究确定。

四、社会通用职业（工种）工资的确定

1. 社会通用职业（工种）工资综合考虑以下因素确定：

(1) 所在地区劳动力市场工资指导价位。

按照劳动和社会保障部的工作部署，劳动力市场工资指导价位由各级劳动保障部门定期发布，原则上以地级以上的中心城市、直辖市劳动保障部门发布的劳动力工资指导价位为准；所在地（市）尚未建立该项制度的，也可按省（区）劳动保障部门发布的劳动力指导价位为准；对暂未建立该项制度或暂未发布的职业（工种）工资价位，可由各分公司、各省电力公司、各工程局等综合管理单位组织调查，也可委托社会中介机构调查确定。

(2) 企业经济效益。

根据企业经济效益的水平不同，选择确定社会通用职业（工种）的劳动力工资指导价位水平。经济效益好的企业，可选择劳动力工资价位的中、高位水平，效益差的企业可以选择劳动力市场工资指导价位的低、中位水平。

(3) 劳动力供求关系及企业富余人员状况。

劳动力市场供大于求或企业富余人员多的职业（工种），可选择劳动力市场价格的中、低位水平；反之，可选择劳动力市场工资价位中、高位水平。

2. 社会通用职业（工种）的工资价位水平确定的方式，可以由企业综合考虑上述因素直接确定，也可以由企业与劳动者共同协商确定，或实行由劳动者竞价上岗的办法确定。

3. 社会通用职业（工种）试行劳动力市场价格工资时，要实现平稳过渡。

(1) 对于新进人员和新上岗人员的工资，企业按其从事的社会通用职业（工种）直接按市场价格与新进（或上岗）人员协商确定。

(2) 对于现从事社会通用职业（工种），原工资水平低于劳动力市场价位水平的，应与劳动力市场价位水平接轨；对原工资水平高于劳动力市场工资价位水平的，今后原则上不提高工资水平，工资水平要逐步与市场劳动力价格接轨，各省电力公司、工程局等综合管理单位可根据实际选择试点单位自行制定过渡政策，过渡期为5年左右。

(3) 从事社会通用职业（工种）的职工实行劳动力市场价格工资后，不再实行岗位技能工资制，同时要相应调整劳动合同的有关内容。

五、加强领导与组织实施

1. 试行劳动力市场价格工资制，是工资分配制度的重大举措，各级领导要高度重视，要成立专门的工作小组，按照本意见研究制定切实可行的实施方案，统筹规划，精心安排，认真组织实施，要加强对社会通用职业（工种）的工资管理。

2. 各单位要结合本地区的实际情况进行劳动人事配套改革，引入竞争机制，实行竞争上岗，建立劳动用工的动态管理制度，做到人员能进能出、职位能升能降、工资能高能低。

3. 试行劳动力市场价格工资制，涉及职工的切身利益，各企业要认真做好宣传解释工作，引导职工转变观念，取得职工的参与、支持、配合，确保此项工作的顺利进行。

附件：参考社会通用职业（工种）目录

序号	职业（工种）名称	序号	职业（工种）名称
1	打字员	10	消防员
2	收发员	11	通讯话务员
3	制图员	12	通讯线务员
4	描图员	13	车工
5	晒图员	14	钳工
6	放（录、摄）影员	15	铣工
7	计算机操作员	16	刨工
8	排版	17	磨工
9	印刷	18	非高压焊工

续表

序号	职业（工种）名称	序号	职业（工种）名称
19	铸造工	36	保安员
20	锻造工	37	门卫
21	热处理工	38	厨师（炊事员）
22	油漆工	39	幼儿保育员
23	电工	40	招待、服务员
24	木工	41	售货员
25	瓦工	42	浴室管理员
26	混凝土工	43	美容美发员
27	钢筋工	44	水暖工
28	架子工	45	空调维修工
29	物业管理员	46	电梯维修工
30	客车（班车）驾驶员	47	保洁员（勤杂工）
31	货车驾驶员	48	茶炉工
32	小车驾驶员	49	护理员
33	工程机械车驾驶员	50	广播员
34	车辆维修工	51	园艺管理员
35	搬运工		

印发《关于分离企业办社会职能的指导意见》等三个指导性意见的通知

（国电人资［2000］581号）

国家电力公司系统各单位：

为进一步深化电力企业改革，推进减人增效工作，现将《关于分离企业办社会职能的指导意见》、《关于加强劳动合同管理、理顺劳动关系的若干意见》和《关于鼓励企业富余职工自谋职业的指导意见》印发给你们，请结合本单位的实际，据此制定实施细则，以确保改革的深化和减人增效工作的顺利开展。

附件1：关于分离企业办社会职能的指导意见

附件2：关于加强劳动合同管理、理顺劳动关系的若干意见

附件3：关于鼓励企业富余职工自谋职业的指导意见

二〇〇〇年九月二十七日（印）

附件1：

关于分离企业办社会职能的指导意见

为贯彻落实党的十五届四中全会精神，根据国家六部委《关于若干城市分离企业办社会职能、分流富余人员的意见》（国经贸企［1995］184号）的精神，现对分离企业办社会职能工作提出以下指导意见：

一、重要意义

分离企业办社会职能是深化国有企业改革、建立现代企业制度的客观要求，是实现公司发展战略目标、提高公司整体实力和竞争力的重要举措，也是优化公司人力资源配置、推动公司系统减人增效工作的有效途径。

二、指导思想

以邓小平理论和党的“十五大”精神为指导，坚持“解放思想、实事求是”的思想路线，紧紧围绕公司的改革和发展目标，按照有利于建立现代企业制度的要求，实现政企分开、社企分开、主辅分开，切实减轻企业负担。

三、原则

（1）坚持市场化、多样化的原则；

（2）坚持资产随着职能走、人员随着资产走的整体移交原则；

（3）坚持统筹规划、积极稳妥、先易后难、分步实施的原则。

四、具体措施

公司系统各单位应按照国经贸企［1995］184号文件的精神，结合所在地方政府的有关规定和本单位的实际情况，采取多种形式，积极分离企业办社会职能。

1. 关于移交政府职能

公司系统各单位要按照国家有关部委的要求及地方政府改革的统一部署，积极与当地政府协商并取得其支持，尽快移交所承担的政府职能，要争取在2001年年底前，将其所承担的公安、法庭、派出所、交警、街道办事处、居委会、市政消防以及市政管理等政府职能全部整体移交给政府管理。从2002年开始，公司系统各单位不再承担政府职能。

2. 关于分离企业自办的各类学校

公司系统各单位要按照国务院对中央部委所属学校管理体制改革的精神，本着“能交则交”的原则，积极移交所办的学校。对已决定由教育部和地方统筹管理的高校，要尽快完成移交工作。对企业所属的各类成人高校、中专和技校，力争成建制（资产和人员）移交地方政府管理或创造条件并入其他学校。对

暂时无法移交的各类成人高校、中专、技校，要积极与地方政府协商，原则上不再开展学历教育，要结合本单位培训体系的建设，统筹考虑学校的定位和发展；对企业自办的中小学，要积极创造条件移交当地政府兴办和管理，个别地处偏远山区或远离城镇的企业自办的中小学，暂不具备移交条件的，要适度掌握办学规模。

3. 关于分离企业自办的各类医院

公司系统各单位要尽快分离所办医院，要争取在2001年年底前，将其所办的医院成建制地（资产和人员）移交给当地政府管理。不能移交的，要从2002年开始实现分立，并争取纳入当地社会保险机构指定的定点医院或社区医疗服务机构，在为企业职工提供医疗服务的同时，面向社会提供医疗服务；或将其作为投资，与其他企事业单位联合办医，从企业中分离出去，组建独立的实体；或压缩规模；或撤销停办。个别偏远的企业可暂保留医务室。

4. 关于分离企业的生活后勤服务机构

公司系统各单位的生活后勤服务机构，要在2001年年底前从本企业中分离出去，组建规范的具有独立法人资格的经济实体，面向市场服务，实行独立核算、自负盈亏。有条件的可组建或改制为股份制企业、股份合作制企业、民营企业。

六、工作要求

(1) 分离企业办社会职能的工作涉及面广，政策性强，难度很大。各有关单位要充分认识分离企业办社会职能工作的重要意义，加强对分离企业办社会职能工作的领导，成立强有力的工作小组，专门开展此项工作。

(2) 各有关单位要结合自身的实际，制定具体的实施方案和办法，实行目标责任制度，落实目标责任，确保工作目标的完成。

(3) 各有关单位要认真做好广大职工群众的思想政治工作，注意维护职工的合法权益，妥善处理好工作中遇到的难点问题；要加强舆论宣传工作，确保分离企业办社会职能工作目标的顺利实现。

(4) 在分离企业办社会职能工作中，涉及资产移交的，应按照财政部《关于企业国有资产办理无偿划转手续的规定》（财管字［1999］301号）的要求办理资产移交事宜。

附件2：

关于加强劳动合同管理、理顺劳动关系的若干意见

随着电力企业的改革、改制、改组，多种产业的发展以及减人增效、下岗分流和再就业工程的实施，有些用工主体发生了变化，与职工签订的劳动合同已不完全符合《中华人民共和国劳动法》（以下简称《劳动法》）的有关要求。因此，为规范管理，维护职工与用人单位稳定和谐的劳动关系，促进企业减人增效工作，现就加强劳动合同管理、理顺劳动关系的有关问题提出如下意见：

(1) 公司系统各单位必须按照《劳动法》的规定实行全员劳动合同管理，并按照地方劳动部门的规定和要求与职工签订劳动合同。对目前尚未与职工签订劳动合同的用人单位，必须在2000年12月31日前完成与职工签订劳动合同的工作。

(2) 公司系统各单位要依据《劳动法》等有关规定理顺劳动关系。职工个人均须与所在的具有法人资格的单位（以下简称用人单位）签订劳动合同。对由不具有法人资格的单位与职工签订的劳动合同，须变更为由具有法人资格的单位与职工签订的劳动合同。此项工作应随着企业的改革、改制、改组和主辅分开工作同步进行。

(3) 已实行全员劳动合同制的用人单位，要进一步加强劳动合同管理，完善劳动合同制度，依法做好劳动合同的订立、变更、续订、终止、解除等工作。

(4) 对新招用的人员，用人单位应从招用之日起与其签订劳动合同；对劳动合同到期企业不需要的人员，企业应与其终止劳动合同。

(5) 对于借用人员，借出与借入单位双方须签订劳务协议，明确双方的权利和义务。

(6) 一律停止办理职工停薪留职。对于已办理停薪留职的职工，用人单位应在期满后不再办理续订手续；对停薪留职期满后逾期不归的职工，用人单位可作自动离职处理，并按规定程序与其解除劳动合同。

(7) 一律停止办理职工请长假（国家政策规定除外）。对于已办理请长假的职工，用人单位应在期满不再办理续订手续；对请长假期满后逾期不归的职工，用人单位可作自动离职处理，并按规定程序与其解除劳动合同。

(8) 对于与原用人单位未解除劳动合同而已与新的用人单位签订劳动合同的职工（含下岗职工），原用人单位应与其解除劳动合同，并根据有关法律、法规予以处理。

(9) 对于自谋职业的富余职工，用人单位应与其解除劳动合同。

(10) 对于劳动合同期内不辞而别的职工，用人单位应按自动离职处理，并与其解除劳动合同。

(11) 对于患病或非因工负伤的职工，用人单位应按照原劳动部劳部发［1994］479号文件规定的医疗期予以治疗；医疗期满后仍不能从事原工作也不能从事由本单位另行安排的工作的职工，要及时到当地

劳动鉴定部门进行劳动能力鉴定；被鉴定为1～4级的职工，用人单位应给予办理退休、退职；被鉴定为5～10级的职工，用人单位应与其解除劳动合同。

（12）因企业兼并、分立、合并或转制，其名称发生变化的，用人单位应及时地相应变更劳动合同的相关内容；对于原劳动合同无法履行的部分，用人单位应与职工协商变更劳动合同的相关内容。

（13）对于符合原劳动部《违反和解除劳动合同的经济补偿办法》（劳部发［1994］481号）所规定的条件的职工，用人单位应按照规定的范围和标准支付经济补偿金。

附件3：

关于鼓励企业富余职工自谋职业的指导意见

为鼓励企业富余职工自谋职业，根据《中华人民共和国劳动法》、《国有企业富余职工安置规定》（国务院［1993］111号令）和《关于违反和解除劳动合同的经济补偿办法》（劳部发［1994］481号）等有关规定，现就鼓励企业富余职工自谋职业的有关问题提出以下指导意见。

一、适用范围

公司系统各单位距法定退休年龄5年以上的，且经过双向选择、竞争上岗而无工作岗位的富余职工。

二、经济性补偿与扶持

对自谋职业的企业富余职工，用人单位除按原劳动部劳部发［1994］481号文件的规定给予经济补偿金外，还可根据自身效益、支付能力和当地政府的有关规定，选择下列方式给予一次性经济扶持：

（1）现金方式。一次性支付一定数额的现金予以扶持。费用按当地政府的有关规定列支，不足部分由企业自筹解决。

（2）非现金方式。可采取按规定盘活企业闲置资产并通过资产置换的方式予以扶持；也可采取对适合民营的多经企业通过股份制改造给予一部分股权的方式予以扶持。

三、人事档案、社会保险关系等问题的处理

（1）自谋职业的企业富余职工与用人单位解除劳动合同后，用人单位应将其人事档案移交到地方职业介绍服务中心或有关部门。

（2）自谋职业的企业富余职工与用人单位解除劳动合同后，用人单位应按有关规定将其基本养老保险关系转移到地方社会保险机构。对暂时无法转移的，用人单位和其个人经协商可在一定时期内由用人单位代为管理其个人的基本养老保险关系，协议期满或重新就业后再予以转移。

（3）自谋职业的企业富余职工与用人单位解除劳动合同后，对于企业补充养老保险和个人储蓄性养老保险，用人单位应将其个人账户存储额清算后一次性支付给本人。

（4）自谋职业的企业富余职工与用人单位解除劳动合同后，用人单位应与其终止医疗保险关系，并按当地医改部门的规定予以办理或转移。对于其他社会保险，用人单位也应按当地劳动和社会保障部门的规定对其进行办理或转移，并与其终止保险关系。

（5）自谋职业的企业富余职工与用人单位解除劳动合同后，对于住房公积金，用人单位应按国务院《住房公积金管理条例》的规定对其进行办理或划转。

四、工作要求

（1）拟自谋职业的企业富余职工，应向用人单位提出书面申请，经用人单位同意后，双方须协商签订《解除劳动合同协议书》，并按当地劳动行政部门的规定办理相关手续。

（2）各省电力公司等综合管理单位要按照地方政府的有关规定，结合本单位的实际，加强政策研究，认真制定具体的实施办法，并积极稳妥地开展此项工作。

（3）此项工作政策性强，关系到减人增效工作的顺利进行，涉及到职工个人的切身利益。各单位要加强领导，做好深入细致的思想工作，确保企业的改革、发展与稳定。工作中发现的问题，请及时向国家电力公司反映。

关于印发《国家电力公司外派董事、监事财务报告制度》（试行）的通知

（国电财［2000］109号）

各有关单位：

为加强财务管理和监督，完善对全资、控股和参股公司的财务控制，防范财务风险，维护国家电力公司合法权益，推进建立现代企业制度，我们制定了《国家电力公司外派董事、监事财务报告制度》（试行），现印发给你们。

附件：《国家电力公司外派董事、监事财务报告制度》（试行）

二〇〇〇年二月二十八日（印）

附件：

国家电力公司外派董事、监事财务报告制度（试行）

第一条 为加强财务管理和监督，完善对全资、控股和参股公司的财务控制，防范财务风险，维护国家电力公司合法权益，推进建立现代企业制度，根据《公司法》、《国家电力公司章程》和国家电力公司有关董事、监事管理的规定，制定本制度。

第二条 本制度适用于国家电力公司本部在全资、控股和参股公司任董事、监事人员（下称董事、监事）履行财务事项报告的管理。

第三条 董事、监事在执行国家电力公司现行有关董事、监事管理规定的同时，应就任职公司重要财务事项，定期、不定期向国家电力公司履行报告。国家电力公司本部在同一公司有两名及以上董事或两名及以上监事的，报告可由董事或监事共同完成；在同一公司只任董事或监事的，董事或监事相应承担监事或董事的报告职责。

第四条 财务事项报告业务管理部门为国家电力公司财务与产权管理部。

第五条 董事应就任职公司下列财务事项履行定期报告。定期报告包括年度报告和中期报告，一般在董事会召开后10日内提出。

（一）年度报告主要内容：

1．经营计划和投融资方案；

2．财务预算、决算方案；

3．利润分配方案和弥补亏损方案；

4．增加或减少注册资本的方案；

5．公司改组、分立、解散的方案；

6．重大资产重组、处置、购并方案；

7．资产抵押、担保等或有负债事项；

8．股份公司高级管理人员和持股最多的前10名股东持股情况；

9．控股、参股公司经社会中介机构审计的年度财务会计报告，包括资产负债表、损益表、现金流量表、财务情况说明书及附属明细表；

10．财务机构设置，财务负责人的聘用及解聘；

11．基本或重要财务制度的制定；

12．公司章程规定应由董事会行使职权的其他财务事项或涉及财务的其他事项；

13．董事认为应该报告的事项。

（二）中期报告主要内容：

1．经营计划和投融资方案执行进展情况；

2．财务预算执行进展、调整情况；

3．本条规定的年度报告内容中，因发生重大调整而应该在中期报告的事项。

第六条 董事在履行职责中，发现任职公司有下列行为或情形的，应及时向国家电力公司专题报告：

1．违反董事会决议造成重大损失的；

2．损害国家电力公司合法权益的行为；

3．潜在重大的投资、担保、偿债等财务风险；

4．公司亏损达到股本总额1/3及以上；

5．被查处的违纪金额达到100万元以上，或罚款金额达到50万元以上的重大违反财经纪律的行为；

6．发生重大经济诉讼案件。

第七条 监事应就下列财务事项履行报告。定期报告包括年度和中期报告，一般在监事会或所列席董事会召开后10日内提出。重大事项应及时专题报告。定期报告的主要内容：

（一）检查公司财务发现的违反财经纪律或公司章程的行为；

（二）任职公司损害国家电力公司利益的行为；

（三）董事等高级管理人员损害任职公司、国家电力公司利益以及监事(会)要求纠正而不予纠正的行为；

（四）按公司章程规定行使涉及财务职权的事项；

（五）监事认为应该报告的事项。

第八条 董事、监事应督促及时召开董事会、监事会会议。董事、监事在执行第五、六、七条规定同时，应在接到会议通知后，事先就涉及的财务事项及时向财务与产权管理部履行报告，并按反馈意见或公司确定的原则履行职责。

第九条 财务与产权管理部对董事、监事提出的报告，应及时提出处理意见或上报公司领导决定，并反馈给董事、监事。要结合报告反映的情况，不断完善和改进财务管理。

第十条 财务与产权管理部负责按国家电力公司董事、监事管理的有关规定，对董事、监事履行本制度规定职责的情况，提出考核评价意见。

第十一条 国家电力公司系统各单位可参照本制度，结合本单位实际，加强和完善对被投资企业的财务控制，防范财务风险，提高经济效益。

第十二条 本制度由国家电力公司负责解释。

第十三条 本制度自颁布之日起实行。

关于印发《国电通信中心通信业务资费标准》的通知

（国电财［2000］521号）

国电通信中心：

为规范电力通信在电力系统内部的经营行为，充分发挥通信资费对电力通信资源的优化配置作用，促进电力通信产业的形成和发展，根据国家有关规定，国家电力公司对你中心上报的《国电通信中心通信业务资费标准》，进行了认真研究和修改，现将审定后的《国电通信中心通信业务资费标准》(以下简称"资费标准")印发你中心，请依照执行。有关事项通知如下：

一、你中心在电力系统内部的通信业务资费，按本标准执行。对电力系统以外提供通信服务按照国家有关资费标准执行。

二、电力系统内部的通信业务资费标准总体上低于国家同类资费标准。如遇国家调整电信资费标准，你中心应相应调整资费标准，提高标准时，报国家电力公司批准，降低标准时，报国家电力公司备案。

三、你中心应结合通信资费标准的调整，切实提高通信质量和服务水平。

四、通信资费标准的调整涉及电力系统各单位，影响面较广，请你中心精心组织，周密安排，做好宣传解释工作，确保资费标准的改革顺利实施。执行中出现的重大问题，请及时报告国家电力公司。

五、本标准自2000年10月1日起执行。

附件：国电通信中心通信业务资费标准

二〇〇〇年九月二十七日（印）

国电通信中心通信业务资费标准

目录

一、电话资费

1. 初装费　　单位：元

类别		初装费	工料费	手续费	合计
电话	DID电话	900	200	10	1110
	内部电话	700	200	10	910
中继线		900	80	10	990

说明：

1. 以上为基本资费，条件是：用户所在建筑物距现有电缆节点不超过200m。

2. 不具备装机条件，需要另外敷设电缆的，一般由用户投资敷设电缆，初装费适当优惠，具体为：

●用户投资建设部分线路的，初装费优惠10%～50%（对中继线，该部分线路长度不超过总线路长度50%的不予优惠）。

●用户投资建设全部线路的，初装费优惠80%（中继线初装费优惠50%）。

3. "DID电话"指既可拨打公网又可拨打电力专网的电话；"内部电话"指只限于拨打电力专网的电话。

4. 此处中继线指二线环路方式中继线。其他方式中继线按专线资费标准收费。

2. 月租费　　单位：元

类别			资费
电话	DID电话	单位	33.00
		住宅	19.80
	内部电话	单位	30.00
		住宅	18.00
中继线			90.00（非经营性用户）

说明：

1. "DID电话"指既可拨打公网又可拨打电力专网的电话；"内部电话"指只限于拨打电力专网的电话。
2. 此处中继线指二线环路方式中继线。其他方式中继线按专线资费标准收费。

3. 通话费　　单位：元

类别	资费
局内	免收
网内本市	0.10/3min
网内长话	0.60/min（800km内，含800km）
	0.80/min（800km外）
公网话费	按公网电话资费标准计收
公众信息服务费	按各信息台资费标准计收

说明：

以上为基本价。

网内长话采取分时计费方式：

1. 周一至周五8:30～18:00　　基本价×100%

2. 周一至周五18:00～次日8:30及法定节假日双休日全天　　基本价×50%

4.程控电话新服务项目资费　　单位：元

服务项目	开户费	月使用费
热线服务	免收	免收
转移呼叫	免收	免收
遇忙寄存呼叫	免收	免收
遇忙回叫	免收	免收
缩位拨号呼叫	免收	免收
呼叫等待	免收	免收
缺席用户服务	免收	免收
呼出限制	10	6
三方通话	10	2
闹钟服务	10	2
追查恶意呼叫	10	2
免打扰服务	10	2
主叫号码显示	10	6
智能网业务	待定	待定

5.语音信箱资费　　单位：元

类别	资费	类别	资费
开户费	10.00	注销费	3.00
月租费	5.00	通信费	免收

6.其他资费　　单位：元

类　别		资　费
移机费	工料费	200
	手续费	10
过户费		100
换号费		20
选号费		100～500
退机费	1年内	现行初装费的70%
	1～3年	现行初装费的40%
	3年以上	0
管理费		公网通话费（含信息台费用）×8%

说明：

退机费为用户退机销号后，退给用户的费用。

二、集群电话资费

单位：元

类　别		资　费
购机费	单　工	1000.00/部
	双　工	2000.00/部
	车　台	4000.00/部
入　网　费		免　收
月基本费		130.00
租机费	单工	20.00/日
	双工	30.00/日
	车台	50.00/日

说明：

1.月基本费不含公网长话费。如拨打公网长话，另收公网长话费。

2.租机费中不包括公网通话费。如拨打公网电话，另收公网通话费。

3.需安装车台的，另收120元安装费。

三、专　线　资　费

1.模拟电路

a.一次性费用　　单位：元

类别		初装(入网)费	工料费	长途测试费	端到端测试费
音频实线	话音	4500/对	250/端口	—	
	数据	4500/对	250/端口	—	800
模拟微波	话音	3000/条	250/端口	3500/条	500
	数据	3000/条	250/端口	3500/条	800
载波	话音	3000/条	250/端口	3500/条	500
	数据	3000/条	250/端口	3500/条	800

说明：

1.音频实线每增加一个局间，初装费增加4500元/对。

2.需要另外增加传输设备或敷设传输线的，一般由用户承担费用，入网费优惠10%～50%。

3.如新建部分产权归电通公司，由电通公司负责该部分的维护；如产权归用户，则用户自行维护。

4.“长途”指两端用户所在局不在同一座城市的电路。

5.“端到端”指用户到用户之间。

b. 月租费 单位：元

类别			本地局内	本地局间	省内	省间
实线	话音		180	1440	—	—
实线	数据		1080	1620	—	—
其他	话音		180	1300	1500	2000
其他	数据	300baud	—	400	700	1000
其他	数据	600baud	—	600	1000	1200
其他	数据	1200baud	—	1200	1500	2000

说明：

1. “本地局内”指两端用户同在一个局辖区内；“本地局间”指两端用户分属同城不同局的辖区。

2. 类别中“其他”项为音频实线以外的模拟电路，如模拟微波、载波等。

3. 临时租用电路的（不满1个月），免收入网费，租费以天为计算单位，每天租费按月租费的10%计算。超过10天，收取1个月的月租费。

4. 资产不属于电通公司，但由电通公司负责运行调度管理的专线电路，只收取电路服务费，电路服务费按相应月租费的20%计算。

2. DDN电路

a. 一次性费用 单位：元

类别	入网费	工料费	长途连接测试费	端到端测试费
64K以下	2000	250	3500	800
64～128K	2000	250	3500	2500
192～512K	2000	250	3500	3500
768K～1M	2000	250	3500	5500
1～2M	2000	250	3500	8000

说明：

1. 需要另外增加传输设备或敷设传输线的，一般由用户承担费用，入网费优惠10%～50%。

2. 如新建部分产权归电通公司，由电通公司负责该部分的维护；如产权归用户，则用户自行维护。

3. “长途”指两端用户所在局不在同一座城市的电路。

4. “端到端”指用户到用户之间。

b. 月租费 单位：元

类别	本地局内	本地局间	省内	省间800km内	省间800km外
9.6K	1080	1620	2025	2520	2840
19.2K	1197	1800	2430	3024	3400
64K	1512	2268	3280	4080	4820
128K	2286	2916	4820	5830	6850
256K	2961	4446	6870	9640	10680
384K	4068	6111	8950	12530	14680
512K	5310	7040	10330	15310	17860
768K	7110	9050	13430	20300	23570
1M	8370	11250	15810	24210	31240
2M	12920	17010	25160	38330	45000

说明：

1. “本地局内”指两端用户同在一个局辖区内；“本地局间”指两端用户分属同城不同局的辖区。

2. 临时租用电路的（不满1个月），免收入网费，租费以天为计算单位，每天租费按月租费10%计算。超过10天，按1个月的月租费计算。

3. 资产不属于电通公司，但由电通公司负责运行调度管理的专线电路，只收取电路服务费，电路服务费按相应月租费的20%计算。

3. 其他数字电路

a. 一次性费用 单位：元

类别	入网费	工料费	长途连接测试费	端到端测试费
64K以下	1500	250	3500	800
64～128K	1500	250	3500	2500
192～512K	1500	250	3500	3500
2M	15000	2000	3500	8000

说明：

1. 需要另外增加传输设备或敷设传输线的，一般由用户承担费用，入网费优惠10%～50%。

2. 如新建部分产权归电通，由电通负责该部分的维护；如产权归用户，则由用户自行维护。

3. “长途”指两端用户所在局不在同一座城市的电路。

4. “端到端”指用户到用户之间。

b. 月租费　　单位：元

类别	本地局内	本地局间	省内	省间800km内	省间800km外
9.6K	972	1458	1823	2268	2550
19.2K	1077	1620	2187	2722	3060
64K	1360	2040	2950	3670	4330
128K	2057	2624	4330	5250	6160
256K	2665	4000	6180	8670	9610
384K	3660	5210	8050	11270	13210
512K	4780	6330	9300	13780	16070
2M	5230	9000	12760	22800	28540

说明：

1. “本地局内”指两端用户同在一个局辖区内；“本地局间”指两端用户分属同城不同局的辖区。

2. 临时租用电路的（不满1个月），免收入网费，租费以天为计算单位，每天租费按月租费10%计算。超过10天，按1个月的月租费计算。

3. 资产不属于电通公司，但由电通公司负责运行调度管理的专线电路，只收取电路服务费，电路服务费按相应月租费的20%计算。

四、窄带综合业务数字网（N－ISDN）资费

单位：元

类别		资费
设备接入费	2B+D	900
	30B+D	15000
工料费	2B+D	300
	30B+D	900
安装调试费	2B+D	200
	30B+D	1000
手续费		10
端口使用费（每月）	2B+D	45（非住宅） 30（住宅）
	30B+D	8000（含通信费）
通信费（1B）	市内	0.15/3min
	长途	0.6～0.8/min

说明：

1. 已装普通电话的，改为2B+D方式时，免收设备接入费。

2. 终端适配器费用由用户承担。

五、TES卫星网资费

单位：元

类别		资费
地球站入网费		20000/每站
电路使用费（每月）		
话音电路	按需分配	1300/CU
	预分配	3200/对
数据电路	4.8K	2100/对
	9.6K	3200/对
	19.2K	3200/对
	56K	8300/对
	64K	9300/对

说明：

一端自建小站，另一端使用主站端的用户的预分配电路，用户应承担主站端话路单元购置费用，并另交10000元调测开通费。

六、电视会议资费

一、会议费

1. 电视会议基本收费时间为30min（不足30min按30min计算）；超过30min每点每分钟收取8元。

2. 召开全国所有省、自治区、直辖市电视会议，在基本收费时间内收取10000元；超过30min每点每分钟收取8元。

3. 召开部分省、自治区、直辖市电视会议，在基本收费时间内，每点收取400元；超过30min每点每分钟收取8元。

二、销号费

1. 会议开始前48h销号免费；

2. 会议开始前24h至48h内销号的，收取会议基本时间费用的10%；

3. 会议开始前24h内销号的，收取会议基本时间费用的30%。

注：

以上所说“每点”系指业务受理局至各对端局长途电路或本地电路的落地点。

七、电话会议资费

会议基本租用费

5方以内：300元

6～15方：500元

16～30方：800元

说明：会议基本租用费以30min为一个计费单位，不足30min按30min计算。每增加一个计费单位加收会议基本租用费的50%。

附：

一、公网电话资费表

单位：元

类别		资费
市话		0.18/3min
郊直		0.3/min
国内长话	800km（含）内	0.80/min
	800km外	1.00/min
国内长话附加费		0.10/min
港澳台地区		5.00/min
国际长话	亚洲国家	12.00/min
	其他国家	15.00/min
	以色列、约旦、叙利亚、黎巴嫩	15.00/min

说明：

以上长话资费为基本资费。根据使用时段不同，给予不同优惠。

二、公网长话分时段优惠表

1. 国内长话

时间		收费标准
周一至周五	07:00～21:00	标准价格
	21:00～24:00	优惠50%
	00:00～07:00	优惠70%
周六至周日及法定节假日	07:00～24:00	优惠50%
	00:00～07:00	优惠70%
拨打港澳台地区	法定节假日	优惠20%

2. 国际长途

时间		收费标准
周一至周五	07:00～21:00	标准价格
	21:00～24:00	优惠20%
	00:00～07:00	优惠40%
周六至周日及法定节假日	07:00～24:00	优惠20%
	00:00～07:00	优惠40%

关于印发《国家电力公司分公司财务管理办法》的通知

（国电财［2000］694号）

各分公司：

为了加强分公司的财务管理，国家电力公司制定了《国家电力公司分公司财务管理办法》。现印发给你们，请认真贯彻执行。执行中有何问题，请及时向国家电力公司反映。

附件：《国家电力公司分公司财务管理办法》

二〇〇〇年十一月七日（印）

附件：

国家电力公司分公司财务管理办法

第一章 总 则

第一条 为了加强国家电力公司分公司的财务管理与监督，明确总分公司的财务管理责任，规范分公司财务管理行为，根据《会计法》、《企业财务通则》、《工业企业财务制度》和国家电力公司的有关财务管理规定，结合国家电力公司分公司的实际情况，特制定本办法。

第二条 国家电力公司东北公司、华东公司、华中公司、西北公司、南方公司和国家电力公司电网公司以及随着电力体制改革的深化新成立的分公司的财务活动必须遵循本办法。

第三条 国家电力公司的分公司不具有独立的法人资格，分公司是以经营区域电网为核心业务的经营机构、是国家电力公司控制区域核心业务的分支机构、是国家电力公司管理区域电网的派出机构，分公司是国家电力公司内部利润中心。

第四条 国家电力公司对分公司实行预算管理和经营目标责任制；分公司依据国家电力公司的授权和分公司财务管理模式,做到依法经营,做好各项财务预算、控制、核算、分析和考核工作,合理筹集各项资金,有效利用授权经营的各项资产,努力提高经济效益。

第二章 财务会计机构与财会人员

第五条 分公司应设置单独的财务会计机构。财务会计机构必须配备与其工作任务相适应的具有会计从业资格的专职财会人员。

第六条 分公司应设立总会计师，总会计师的任免按国家和国家电力公司的有关规定办理。

第七条 分公司财务部门负责人任免必须事先征得国家电力公司财务部同意；分公司所属单位（含委托管理的单位）的财务部门负责人任免要征得分公司财务部门的同意，一般财会人员的调动要经同级财务负责人同意。

第八条 分公司财务会计机构的设立、撤销、合并、重大变更必须经国家电力公司财务部同意，分公司所属单位（含委托管理的单位）财务会计机构的设立、撤销、合并、重大变更等事项应征得分公司财务部门同意并报国家电力公司备案。

第九条 分公司会计人员因工作调整、调动或因故离开本企业或本岗位时，必须与接替人员办理交接手续，接替人员应认真做好接收工作，并继续办理移交后的未了事项。移交后如发现原经管人员的会计业务有违反财会制度和财经纪律等违纪行为，仍由原移交人员负责。

第三章 预算管理

第十条 国家电力公司对分公司实行一体化的预算管理，预算管理采取经营目标管理方式，各单位的预算方案的审定、调整由国家电力公司统一管理。

第十一条 分公司的各项经营活动都应纳入预算管理，预算主要包括营运收支预算、资本性收支预算、现金收支预算和资产负债预算。对于营运收支预算着重于对内部利润、收入和成本三项主要指标管理；对于资本性收支预算着重于分公司收支的自我平衡，要求不能实行赤字预算；对于现金收支预算着重于现金净流量的管理；对于资产负债预算着重于负债总额变动的管理，并对融资情况进行监管。

第十二条 分公司应成立预算管理委员会，主要负责本单位预算管理的组织领导、审查预算建议方案、提出预算调整方案。各单位的财务部门为预算管理委员会的办事机构。

第十三条 分公司应按照国家电力公司的要求和规定，编报年度财务收支预算，经国家电力公司审批下达后执行；分公司在预算执行过程中需要调整预算指标时，要报国家电力公司批准。

第十四条 分公司应按国家电力公司批复的预算，组织收入和自行安排各项预算支出，在总量控制的前提下可对预算项目调剂安排。通过落实预算，保证完成国家电力公司下达的经营目标。

第十五条 分公司应建立预算分析报告制度，每季应对预算执行情况进行分析，特别是对未完成的预算要作深入分析和说明，并定期将分析报告报国家电力公司。

第十六条 国家电力公司对分公司实行经营目标责任制，每年由国家电力公司总经理与分公司的负责人签订责任书，明确分公司应实现的经营目标，并实施考核和奖惩。

第四章 资金管理

第十七条 分公司生产经营活动中的所有收入和支出必须纳入财务部门集中统一管理，严禁账外设账，确保资金安全。分公司实现的内部利润所形成的现金流量按期结转国家电力公司。

第十八条 分公司应按照国家电力公司授权和批准的预算，负责资金的筹集、使用和还本付息等财务管理工作。分公司应实行资金管理责任制，分公司负责人为资金管理的第一责任人，对资金安全和资金使用效益负责；总会计师协助单位负责人管理好资金；财务部门是资金管理的职能机构，负责资金的日常管理工作。

第十九条 分公司的长期借款计划必须纳入年度预算中，并与年度基建投资计划相匹配，在报经国家电力公司审查批准后，根据批准的工程项目和资金使用计划自行办理有关借款手续。

第二十条 分公司的短期借款必须在国家电力公司的授权范围内进行并办理有关借款手续。分公司在一个会计年度内，可在授权限额内办理流动资金借款，如生产经营需要必须超过授权限额的，必须报国家电力公司批准。

第二十一条 分公司应按期偿还各种负债，在每年上报预算时详细列明预算期应偿付的各种负债，特别是长期借款和短期借款的还本付息情况；对不能按期偿还负债情况，应提前三个月向国家电力公司报告。

第五章 流动资产管理

第二十二条 分公司应建立货币资金管理的内部控制制度，遵守国家法规和银行结算纪律，保证货币资金的安全和完整，实行资金的集中管理。

第二十三条 分公司应加强对现金和银行存款的管理，库存现金必须严格按国家有关财务制度规定进行管理，不得扩大支付范围，不得以白条抵库；按规定在金融机构设立账户，原则上各单位的资金结算要求在国电财务公司分支机构进行；银行印鉴、票据和密码，必须有专人分开保管；严禁出租出借银行账户；及时登记库存现金日记账，按日盘点、日清日结，账款相符；银行存款日记账要做到序时登记，日清月结，定期与银行对账，如有不符，应及时查明原因；严格支票管理，不得签发空头支票、远期支票和空白支票，对作废支票要加盖作废记号并与存根联一起保管，定期统一处理。

第二十四条 分公司的外币业务由国家电力公司归口管理，分公司负责具体的外币业务管理工作，分公司应将本单位的外资借款的合同、借款清单、还款情况等报送国家电力公司备案。

第二十五条 分公司的应收款项应按往来单位设立明细账，及时登记每笔往来款项，准确记录其形成、回收及增减变化情况，并定期与相关单位联系核对余额。加强对应收及预付款项目的清理与回收工作，督促相关责任人及时回收或报账，避免坏账损失的发生。

第二十六条 分公司应按照年末应收账款的余额的4‰计提坏账准备金，计入生产成本。发生的坏账损失，在报经国家电力公司审批同意后，冲减坏账准备金；收回已经核销的坏账，增加坏账准备金。年末坏账准备金余额占应收账款的比例高于或低于规定比例的，年终应进行调整。

第二十七条 分公司应按照分级负责归口管理的原则进行存货管理，健全存货管理制度，确保存货的完整和安全，存货按实际成本计价。

第二十八条 分公司财务部门要有专职或兼职人员负责存货的核算和管理，并加强与存货实物管理部门的联系，定期或不定期进行核对盘点和核对。存货盘盈、盘亏，除仓库保管员由于错收、错发造成的盈亏，经本单位核实可自行调整外，其余发生的盈亏都应报国家电力公司审批。

第六章 固定资产管理

第二十九条 分公司应执行国家电力公司统一的固定资产管理办法和固定资产目录，对每项固定资产必须登记完整的固定资产卡片，明确保管地点和保管责任人。

第三十条 分公司固定资产的新建工程、改扩建工程、技术改造工程和零星购置等资金必须纳入年度资本性收支预算，以上项目的立项、审批应按照国家电力公司规定的程序办理。

第三十一条 分公司固定资产的修理费用计入当期成本，分公司的大修理费用应列入年度营运性收支预算。

第三十二条 分公司固定资产的转让采取有偿转让方式的，其转让价格原则上不能低于账面净值，规定限额以上的资产处理报国家电力公司批准；实行无偿转让方式的，无论价值多少，必须报国家电力公司审查批准。

第三十三条 分公司应当定期或不定期对固定资产进行盘点清查，年度终了必须进行一次全面的盘点清查，对账实不相符的，必须查明原因和责任人，并追究相关领导及直接责任人的经济责任。对固定资产盘盈和盘亏的损益、有偿转让或者清理报废的变价净收入与其账面净值的差额，经国家电力公司审批后，计入营业外收入或者营业外支出。

第三十四条 分公司固定资产的清理报废，应经固定资产使用部门提出申请，由责任部门负责人、生产技术人员和财务人员进行技术经济鉴定，经本单位主管领导审核签字后，按国家电力公司有关审批程序办理。

第七章 无形资产、递延资产和其他资产管理

第三十五条 分公司要严格按照国家有关规定，加强对无形资产购入、转让、投资、摊销等管理，办理对无形资产一切财务手续，对于购入（除软件使用费外）和转让无形资产均要报经国家电力公司审批。

第三十六条 无形资产在计价入账后，从开始使用之日起，在有效期限内平均摊入管理费用。分公司无论是转让其所有权，还是转让其使用权，所取得的收入除国家法律另有规定外，均应作为营业收入。

第三十七条 分公司应加强对递延资产的管理，严格按照各项递延资产的摊销期进行摊销。分公司新增递延资产（除开办费外）须报国家电力公司审批。

第三十八条 分公司对其他资产中银行冻结存款、冻结物资、涉及诉讼中的财产，要及时专题向国家电力公司报告。

第八章 对外投资与担保管理

第三十九条 分公司不能擅自对外长期投资，所有对外长期投资项目须报国家电力公司审批和授权。对外投资审批程序是：有关部门分析评价投资项目的收益、成本和风险，将可行性研究报告提交本单位预算管理委员会议讨论后，报国家电力公司有关部门进行初审，最后经国家电力公司总经理会议审批。

第四十条 分公司购买各种股票、债券等短期投资，应事先征得国家电力公司同意，在提高资金效益的同时要加强对资金的安全管理。各单位要按季将短期投资的明细情况报国家电力公司备案。

第四十一条 分公司的投资项目，必须符合国家

电力公司的发展战略，必须有市场、有效益、达到合理投资收益标准；投资项目纳入国家电力公司年度投资计划，其中资本性支出和融资计划应纳入各单位的年度预算。

第四十二条 分公司担保业务由财务部门统一管理，未经国家电力公司授权或批准，分公司均无权对外提供担保。分公司的担保主要采取与所在省（市）电力公司互保的方式，原则上互保额度大致相等。

第四十三条 分公司的对外担保应采取定期报告制度，按季向国家电力公司报告担保情况。分公司在担保期内必须动态监督被担保企业的经营状况，被担保企业若发生影响履约能力的重大事项或被担保企业不能按主债务合同履行义务等情况时，必须及时向国家电力公司报告，并采取紧急措施，确保企业财产的安全。

第九章 成本（费用）管理

第四十四条 国家电力公司对成本（费用）实行分级管理，国家电力公司对分公司的成本费用支出主要通过营运收支预算来管理；分公司在预算范围内对成本（费用）管理有自主权。

第四十五条 分公司必须严格执行国家和国家电力公司规定的成本开支范围和标准，及时正确地核算成本，分公司应根据国家电力公司的有关规定制定本单位成本管理办法并明确费用开支标准，报国家电力公司备案。

第四十六条 分公司应实行成本管理责任制，财务部门归口管理本单位成本（费用）的计划、核算、分析、控制、监督、考核等工作，相关职能部门在财务部门的统一组织下具体负责有关的成本费用管理工作。

第四十七条 国家电力公司对分公司实行内部工效挂钩考核办法，其工资费用应严格按国家电力公司确定的办法进行计提，并列入成本。

第十章 收入、利润管理

第四十八条 分公司应加强对收入的管理，按权责发生制的原则确认收入。分公司的收入主要为输电收入和售电收入。

第四十九条 国家电力公司对电价实行统一管理，分公司应加强对电价工作的管理，积极做好电价的测算、上报、执行等工作，凡涉及到电价的调整事项都必须报经国家电力公司审批。

第五十条 分公司实现的内部利润应按期结转国家电力公司，不直接进行利润分配，利润分配由国家电力公司按照国家的有关规定统一进行。

第五十一条 分公司要加强对外投资收益的管理，对国家电力公司委托经营的法人股权要加强管理和监督，对外投资的收益应按有关规定纳入各单位的财务报表进行反映。

第五十二条 分公司要加强对营业外收支的管理，营业外收支内容应严格按财政部规定的项目进行会计核算。

第五十三条 分公司的各类公益性捐赠支出，在本单位应纳税所得额规定比例以内的，计入营业外支出；超过应纳税所得额的捐赠，应先报经国家电力公司同意，再报当地税务部门批准后，计入营业外支出。

第五十四条 分公司的非正常损失、非常停工损失支出，须报经当地税务部门批准方能列支，其中，由于自然灾害造成的各项资产损失，凡投保的应首先向保险公司索赔，其净损失列入营业外支出处理。

第五十五条 国家电力公司对分公司的税收实行分层次管理模式，流转环节的税金由分公司负责缴纳，企业所得税由国家电力公司负责统一缴纳。

第五十六条 分公司违法经营罚款和违反税法支付的滞纳金罚款等，要查明情况，并将情况报告国家电力公司。

第十一章 财务报告与财务分析管理

第五十七条 分公司应按照国家电力公司统一的报表格式和要求，定期编制有关财务报告，保证财务报告的真实性和完整性。

第五十八条 分公司应按期向国家电力公司报送快报、月份报表、季度报表和年度决算报表。

第五十九条 分公司年度财务决算的审计工作由国家电力公司统一组织实施，各单位应积极配合，做好年度决算报表的审计工作。

第六十条 分公司应加强财务分析工作，采取定性与定量相结合的方法，提出综合性分析报告，并对本单位的财务经营状况做出自我评价，分公司必须按季向国家电力公司报送财务分析报告。

第六十一条 分公司应按照国家有关规定对各种会计凭证、会计账簿、会计报表、财务预算和重要经济合同、产权证明等资料，定期收集、审查核对、整理立卷、编制目录、装订成册，指定专人妥善保管。

第十二章 财务监督管理

第六十二条 分公司应建立健全内部控制制度和内部财务监督制度，加强财务稽核管理，设立专职人员负责财务稽核工作。

第六十三条 分公司应接受国家电力公司定期或不定期财务稽核，积极配合财务稽核工作，并按稽核意见认真进行整改。

第六十四条 分公司应建立财务监督责任制，制定财务监督检查制度、办法和工作规程，加强对所属单位的财务监督。对于造成资金损失的，要按国家和国家电力公司的有关规定对责任人给予处罚。

第十三章 附 则

第六十五条 本办法从颁布之日起试行。各分公司可根据本办法制定本单位的具体实施细则，并报国家电力公司备案。

第六十六条 本办法未尽事宜，按国家和国家电力公司有关规定办理，本办法由国家电力公司财务与产权管理部负责解释。

关于印发《电力企业股份制改造与上市公司管理暂行办法》的通知

（国电计［2000］87号）

各有关单位：

现将《电力企业股份制改造与上市公司管理暂行办法》印发给你们，请认真贯彻执行。执行中遇到的问题请及时向国家电力公司计投部反映。

附件：电力企业股份制改造与上市公司管理暂行办法

二〇〇〇年三月十四日（印）

附件：

电力企业股份制改造与上市公司管理暂行办法

第一章 总 则

第一条 为加强对电力企业股份制改造与股票发行上市工作的指导，规范股份制企业及上市公司的管理，维护股东合法权益，保障上市公司持续、稳定、健康地发展，根据《中华人民共和国公司法》（以下简称《公司法》）、《中华人民共和国证券法》（以下简称《证券法》）及国家有关法律、法规，制订本办法。

第二条 国家电力公司系统控股及参股企业（以下简称“子公司”）的股份制改造、公司设立、股票发行上市及上市公司运作管理等，按本办法执行。

第二章 企业股份制改造与资产重组

第三条 企业改制原则

（一）为发展和培养电源类上市公司，各子公司可以对其所属电厂进行股份制改造，或以一个电厂为基础，吸收其他电厂或在建、扩建、技改电厂改制为股份制公司，作为拟上市公司进行培养。

（二）各子公司以实物、货币或无形资产出资形成的股份界定为国有法人股，由国家电力公司认定的有资格的企业法人持有并依照本办法进行管理，国家电力公司依法对上述出资和股份以及股份持有者实行监管。

（三）股份制改造原则上遵循一厂一制、资产完整的原则，不能拆装上市，不能搞一厂两制或一厂多制。

（四）必须严格按照国家有关规定进行资产评估和确认，合理处置资产和债务，分割收入与费用，并相应调整财务会计账务。

（五）要合理进行非经营性资产的剥离和非生产人员的安置，对于地处偏远山区没有社会公共环境的发电企业，一般不进行资产和人员的剥离。

（六）电网类企业股份制改造和上市，由国家电力公司统一规划和组织试点。

（七）其他类企业股份制改造和上市，可选择有市场发展前景和规模的科技、施工、制造、设计、物资、贸易以及其他产业企业，单独或多个企业联合改制为股份有限公司。

第四条 企业改制审批程序

（一）改制申请

企业股份制改造由控股、参股的各子公司研究和制订方案，编制企业改制建议书，逐级上报国家电力公司审批。

（二）资产评估立项与确认

改制建议书批准后，由股份公司发起人或出资人向国家有关部门办理资产评估的立项与确认工作。

（三）可研报告与审批

根据资产评估确认结果，编制项目可行性研究报告及有关法律文件，逐级上报国家电力公司审批。

（四）工作报告与改制验收

股份公司设立完成后，可研报告人应编制改制工作报告，报国家电力公司备案。国家电力公司将配合国家有关部门进行改制验收。

第五条 中介机构的选聘

股份公司上市应采取公开招标方式选择中介机构。国家电力公司将监督评标工作的公正公平性，并对股票主承销商、资产评估师、会计审计师、发行人律师等中介机构选择情况进行审查和确认。

第三章 股票发行与上市

第六条 公司上市基本原则

（一）市场布局原则。同一子公司、同一区域不搞重复上市。现阶段单个省（区）电力公司不宜发展境外上市电力公司。

（二）发展战略原则。培育上市公司必须纳入各子公司的经营战略和发展规划，明确上市公司在省、区电网及电力系统中的战略地位。

（三）联合上市原则。鼓励跨地区、跨行业发展综合产业上市公司，通过资产整合，实现规模经营，优化资源配置。

（四）规范优先原则。原则上优先安排和推荐公司化运作满一年，管理规范的股份公司上市。原则上不采用募集设立方式成立股份公司。

第七条 公司上市程序

（一）上市申请

各子公司根据国家电力公司上市规划及有关规定，向国家电力公司提出推荐公司上市申请报告。

（二）公司选择

国家电力公司根据中国证监会的要求及有关规定，听取有关中介机构推荐意见，审查和评价拟推荐上市公司申请报告。

（三）推荐上市

经国家电力公司批准列为正式推荐上市的公司，应按照证监会的规定完成上市申报材料，由国家电力公司审查后转报证监会。

企业在上市申报过程中，应如实向国家电力公司报告和解释有关申报材料问题，并根据证监会反馈意见，修改申报材料和调整上市方案。

（四）工作报告

在公司股票发行和上市后，其控股公司应及时收集文件资料等，编制公司上市工作报告，报送国家电力公司备案。

第八条 各子公司与地方企业重组上市，列入地方政府公司上市计划安排的，参照本办法执行。

第四章 收购上市公司

第九条 收购的适用

下列情况适用于子公司收购上市公司：

（一）为发展综合产业，进行产业结构调整、市场整合和优化资源配置，对符合国家产业政策和国家电力公司产业结构调整方向的已上市公司进行收购；

（二）为发挥行业优势、优化行业资源配置、降低资本运作成本和市场投资成本，对已上市公司的联合收购；

（三）为方便控股运作和资本结构调整，对已上市电力公司的股权结构调整而进行的股份收购或转让；

（四）已参股上市公司，为达到控股地位，与其他股东协商股权转让而进行的股份收购、资产置换等。

第十条 收购方式与原则

（一）对上市公司的收购，必须严格按照《证券法》有关规定进行，收购投资人应当聘请财务顾问，对目标公司情况作审慎调查。

（二）采用场外协议转让方式收购股份的，必须与上市公司控股方及其资产主管部门达成谅解共识和合作协议，明确各方权利和义务，防止收购纠纷和政策风险。

（三）场内交易收购必须严格遵守国家、证监会和证券交易所的市场规则和操作规范。

（四）收购行为中，收购方应遵守国家有关信息披露的义务，任何参与人员不得在正式披露前随意对外泄露收购信息。

第十一条 收购工作程序

（一）各子公司应聘请熟悉电力行业的中介机构作为收购财务顾问，对目标公司进行审慎调查。

（二）收购投资人与目标公司股份出让方协商，确定股份转让方案，草签股份转让协议，编制收购上市公司可行性研究报告、收购投资财务会计分析和评价报告、有关转让法律文件，一同报送国家电力公司审批。

（三）可研报告经审批后，报证监会等有关部门批准，通过证券交易所办理股份转让过户手续，并办理相应的产权登记和公司股权变更登记手续。

（四）收购完成后，收购投资人必须及时收集文件资料，调整财务会计报表，编制收购工作报告，报国家电力公司备案。

第五章 上市公司增资配售股票

第十二条 配售股票（含增发股票）基本条件

（一）上市公司应符合证监会有关增资配售股票的基本条件。

（二）配股募集资金可用于国家批准的新增项目，也可用于收购优良资产。

（三）上市公司以配股资金收购优良资产，转让方已原则同意。

（四）上市公司的配股及投资符合电力公司发展战略规划。

第十三条 配售股票审查程序

（一）各子公司应于上年末向国家电力公司提出所控股或参股的上市公司增资扩股、配售股票及投融资项目等工作计划，编制可行性研究报告，报送国家电力公司审查。

（二）经过国家电力公司批准后，申请配股单位方可通过上市公司董事会、股东大会表决配股事项，按照证监会的有关规定进行公司配股运作。

第十四条 公司股东的认配

（一）在制订上市公司配股工作计划中，子公司必须根据发展战略规划和市场实际情况，认真研究、提出股东认配方案。

（二）以存量实物资产认配，必须依照有关规定进行资产评估。

（三）对于各子公司作为控股股东放弃或部分放弃认配股权，应报国家电力公司严格审查。

第六章 公司投资与并购

第十五条 公司投资

（一）电力上市公司应坚持电力主营业务方向。综合产业上市公司应明确主营业务，慎重进行固定资产的投资和对外参股投资。

（二）严禁上市公司与其他机构进行内幕交易，转移募股资金炒作本公司股票。

（三）所有上市公司必须严格按照招股书、配股说明书所载投资用途使用募集资金，未经批准不得擅自改变投资方。

（四）电力上市公司改变募集资金用途，必须由其控股公司经总经理办公会审议后，方可通过上市公司董事会表决并形成提案，交股东大会讨论决定。

（五）上市公司与子公司进行的资产转让交易、资产项目收购交易等，均应当即结清交易，不得以挂账等方式形成超过30天的资产交易往来款项。

第十六条 企业并购

（一）上市公司进行重大兼并和收购行为，在公司董事会形成提案前，其控股电力公司应将其纳入工作程序并报经总经理办公会审批。

（二）上市公司对电力存量电厂的兼并，原则上要求以吸收兼并方式进行全厂整体兼并，禁止将电厂分拆兼并。

（三）上市公司对其他企业的兼并，应当按照国家有关规定，符合公司的产业结构调整、资本扩张和市场整合的原则。

第七章 公司股东与法人治理

第十七条 控股公司和参股公司的企业法人代表为其持有股份的股东代表人，也是该股份所拥有的国有资本权益和国有资产保值增值的责任人。

第十八条 各子公司向控股、参股上市公司委派推荐的董事、监事人选必须符合《国家电力公司委派、推荐董事管理办法》和《国家电力公司委派、推荐监事管理办法》的有关规定。董事会换届选举以及股东董事更换也应遵循上述两个规定。

第十九条 禁止上市公司“两块牌子，一套人马”。上市公司的董事长原则上不应由股东单位的法定代表人兼任；经理、副总经理等高级管理人员不得在上市公司与股东单位中双重任职；财务人员不得在关联公司兼职。

第二十条 控股参股子公司向上市公司推荐的董事、监事、总经理，对控股公司持有的国有股权负有保值增值责任。

第二十一条 上市公司应实行现代企业制度下的人事劳动管理体制，其所属的电厂、电网企业（包括控股企业）的职工应统一纳入上市公司人事管理体系，实行全员劳动合同制。

第八章 公司股利政策、资产管理

第二十二条 股利政策

（一）公司进行中期或年度分配时，应充分考虑到股东权益结构的合理性，兼顾短期利益和长远利益，采取派送现金红利、送红股或公积金转增股本等多种形式进行分配。

（二）股利分配应遵守同股同权同利的原则。国有股权分得的现金股利应由国有股持股单位足额收取，不得以任何方式放弃国有股的收益权或将股利单方面留给股份公司使用。

第二十三条 资产管理

（一）国家电力公司系统控股、参股的上市公司在资产的置换、受让、出让、重组等重大事项的处理上，应由子公司股东提出可行性方案报告，报国家电力公司批准后，方可提交董事会和股东大会决议。

（二）上市公司租赁国家电力公司系统的资产，可以采取融资租赁或经营租赁方式。资产租赁原则上以企业整体租赁为主，不允许将被租赁企业负担转嫁出租方。

第九章 罚 则

第二十四条 凡企业在改制、重组、上市工作中未按本规定要求及审查程序办理，国家电力公司有权责令其改正，对拒不改正的，将撤销其转报（包括企业自行上报）的上市申报材料，并在一定时期内暂停办理其在改制、重组、上市工作中的有关手续。

第二十五条 凡企业在收购上市公司过程中，或已上市公司在增资配股、兼并收购等资本运作等过程中，违反本规定，或利用交易内幕炒作该上市公司股票，国家电力公司将查收非法所得，并追究有关当事人的责任；构成犯罪的，依法追究其刑事责任。

第二十六条 凡国家电力公司选派的董事、监事及高级管理人员，利用职务之便，损害上市公司的利益，国家电力公司有权追究其行政责任；有非法所得的，予以查收；构成犯罪的，依法追究其刑事责任。

第十章　附　　则

第二十七条　本办法未尽事宜，按国家有关法律法规办理。

第二十八条　本办法由国家电力公司负责解释。

第二十九条　本办法自印发之日起实施。

关于印发《国家电力公司企业债券管理暂行办法》的通知

（国电计［2000］251号）

各有关单位：

现将《国家电力公司企业债券管理暂行办法》印发给你们，请认真贯彻执行。执行中遇到的问题请及时向国家电力公司综合计划与投融资部反映。

附件：国家电力公司企业债券管理暂行办法

二〇〇〇年五月十五日（印）

附件：

国家电力公司企业债券管理暂行办法

第一章　总　　则

第一条　为了加强国家电力公司系统企业债券发行、交易、资金使用、偿还的管理，合理使用债券资金，防范金融风险，保护债券投资者的合法权益，维护电力企业债券形象，根据《中华人民共和国公司法》、《中华人民共和国证券法》、《企业债券管理条例》及有关法律法规制定本办法。

第二条　本办法所称企业债券（以下简称债券），是指企业依照国家有关法定程序在境内发行的，约定在一定期限内还本付息的有价证券。金融企业债券和可转换债券另行规定。

第三条　本办法适用于国家电力公司及控股子公司（以下简称“电力企业”）。

第二章　发行债券的条件及方式

第四条　申请发行债券的电力企业必须具备以下发债资格和条件：

一、具有独立法人资格；

二、收益稳定，现金流量可靠，近3年连续盈利，具备到期本息偿还能力；

三、本次企业债券发行后累计企业债券余额不超过企业净资产的40%；

四、本次企业债券发行后资产负债率不高于60%；流动比率不低于2；速动比率不低于1；

五、发行企业债券募集资金的使用符合国家产业政策和行业发展规划，用于本企业合法的生产经营活动。用于固定资产投资项目的，应经有关部门批准并正式开工；用于其他方面的，应真实合法；

六、近3年没有重大违法违规及不诚实信用行为；

七、以前发行的企业债券没有出现逾期兑付和不足额兑付方面的问题；

八、担保措施落实；

九、企业债券监督管理部门要求的其他条件。

第五条　发行方式。电力企业债券采取集中发行和分散发行相结合的方式。

集中发行是由国家电力公司根据子公司的发债申请,汇总后统一向债券发行主管部门申报,并受子公司的委托,以国家电力公司作为发行主体发行债券。

分散发行是由子公司自身作为发债主体，自主申报，自主发行债券。申请地方企业债券额度的，采取分散发行。

第三章　计划申报

第六条　年度债券发行计划由国家电力公司及其子公司根据自身的资金计划确定，发债计划确定后，可申请中央企业债券额度，也可申请地方企业债券额度。申请中央企业债券额度的报国家电力公司，经审核符合条件的，由国家电力公司汇总后上报债券主管部门；申请地方企业债券额度的，由申请子公司报债券主管部门，同时报国家电力公司备案。

第七条　申请中央企业债券额度的，应在每年第一季度结束前，将发债申请及相关材料报国家电力公司审核；申请地方企业债券额度的，根据债券主管部门要求申报材料。

第八条　国家电力公司控股的有限责任公司和股份有限公司申请发行债券、规模在5000万元以上的，在股东会或股东大会作出决议之前，应将申请发行债券的有关材料报国家电力公司审核，经批准后，出席股东会或股东大会的国家电力公司代表，才能在股东会或股东大会上作出同意发行债券的表决。

第九条　采取集中发行方式的，由国家电力公司根据本部发债计划及各子公司的发债申请提出初步债券发行方案，在得到申请企业反馈意见的基础上平衡后，按照国家有关规定及确定的债券发行方案制作正式发行申报材料，报债券主管部门审批。采取分散发行方式的，由各发行主体制作正式发行申报材料，报债券主管部门审批。

第十条 获得债券主管部门批准的发债额度后，国家电力公司根据各子公司申请额度及资金情况，将总规模具体分配落实到各申请企业。

第四章 债券发行

第十一条 债券发行申报材料获得债券主管部门批准后，发行主体应及时组织发行，有关债券发行工作要严格按照国家有关规定进行。

第十二条 采取集中发行方式的，各子公司应与国家电力公司办理委托发行手续，同时，应按照公平、公开、公正原则，通过招投标方式选择债券的承销商，采取包销或代销方式销售债券。国家电力公司在发行结束、资金到账后，在规定的工作日内将资金划往用款单位。

第十三条 采取分散发行方式的，具体发行方案必须报国家电力公司备案。所发债券不得冠以“国家电力公司债券”、“国家电力公司××债券”“国电债”“国电××债”等字样。

第五章 债券担保

第十四条 由国家电力公司集中发行债券的，国家电力公司负责办理担保手续，申请使用债券资金的子公司须提供还款保证，并与国家电力公司签署用款及还款保证协议。

第十五条 分散发行债券的，发债企业应落实担保措施。

第六章 债券上市

第十六条 债券发行结束后，符合上市条件的可申请上市交易，上市地点由发行主体自主选择。

第十七条 债券上市后，发行主体应加强上市后续管理，按照国家规定及时披露信息。

第七章 资金使用

第十八条 国家电力公司及其子公司必须严格按规定使用债券资金，不得挪用债券资金。

第十九条 发债和用资单位应加强用资项目管理，以取得较好的经济效益，保证债券还本付息。

第八章 债券兑付

第二十条 国家电力公司及其子公司应重视债券还本付息的管理，制定切实可行的还本付息资金计划，保证债券及时足额兑付。

第二十一条 使用国家电力公司债券资金的子公司，应按照用款及还款保证协议，在规定的工作日内将相应的债券本金、利息划至国家电力公司指定账户，由国家电力公司划付主承销商兑付。

第二十二条 采取分散发行债券方式的，由发行主体按照有关规定和协议自行兑付。不能按期兑付的，应在债券到期前三个月以书面形式报告国家电力公司。

第九章 风险控制与监督管理

第二十三条 国家电力公司及其子公司须重视和加强债券发行、兑付的风险管理，加强市场研究和预测，制定切实可行的风险防范方案。

第二十四条 各子公司对债券存续期内出现的、可能影响债券按期还本付息的风险因素，应及时研究对策。有关重大事项应及时报告国家电力公司。

第二十五条 国家电力公司有权对发行债券及使用债券资金的单位进行检查，有关单位必须积极配合。发债和用资单位必须按规定使用债券资金，不得挪用债券资金。

第二十六条 使用国家电力公司债券资金的子公司应将有关用资项目的重大进展情况、企业年度财务报表报国家电力公司。

第二十七条 采取分散方式发行债券中遇到难以解决的困难和问题时，电力企业应及时向国家电力公司反映。

第十章 罚 则

第二十八条 集中发行债券的，使用债券资金的子公司不能按期偿还兑付资金的，应按日千分之三的比例向国家电力公司交纳滞纳金，并按有关规定承担其他经济责任。

第二十九条 各子公司在发行债券中违反国家有关规定及本办法的；因工作失职造成重大损失的；上市电力债券不及时履行信息披露；不能按期兑付造成严重影响的，国家电力公司将依照具体情况暂停或取消该企业的发债资格，并追究有关责任人员的责任。

第十一章 附 则

第三十条 本办法未尽事宜，按国家有关法律法规办理。

第三十一条 本办法由国家电力公司负责解释。

第三十二条 本办法自发布之日起实施。

关于颁发《国家电力公司水电工程建设监理招标投标管理规定（试行）》的通知

（国电水［2000］138号）

各网、省（市、区）电力公司，各分公司，华能集团公司，水规总院，水电总公司，成套公司，华电公司，水科院，各水电建设、设计、监理、咨询单位：

为贯彻执行《中华人民共和国招标投标法》，进一步规范水电建设监理市场，我们组织制定了《国家电力公司水电工程建设招标投标管理规定（试行）》，现颁发给你们，请依照执行，执行中的问题和意见及时报国家电力公司。

附件：国家电力公司水电工程建设招标投标管理规定（试行）（略）

二○○○年三月十五日（印）

关于印发《国家电力公司电力工程建设监理单位资质管理办法》的通知

（国电火［2000］308号）

东北公司，南方公司，各电力集团公司，各省（直辖市、自治区）电力公司，电规总院，中超公司，上海电建有限公司：

为了加强国家电力公司系统电力工程建设监理单位的资质管理，结合公司系统电力工程建设监理的实际情况，公司制定了《国家电力公司工程建设监理单位资质管理办法》，现印发执行。各单位在执行中如发现问题，请及时报国家电力公司。

附件：国家电力公司电力工程建设监理单位资质管理办法

二○○○年五月三十日（印）

附件：

国家电力公司电力工程建设监理单位资质管理办法

第一章　总　　则

第一条　为了加强国家电力公司（以下简称国电公司）电力工程建设监理单位的资质管理，确保国电公司系统火电、送变电工程建设监理工作正常进行，根据《国家电力公司工程建设监理管理办法》，特制定本办法。

第二条　本办法所称监理单位是指从事火电（含常规火电、洁净煤发电、核电常规岛部分、热电联产，下同）、送变电新、扩、改建工程建设项目监理，具有法人资格的电力工程建设监理公司和兼承上述工程建设项目监理业务的电力工程勘测设计、咨询（顾问）、科研等单位。

第三条　监理单位的资质是指监理单位从事火电、送变电新、扩、改建工程建设监理业务应当具备的管理水平、人员素质、数量、专业配套能力、技术装备、资金和工程建设监理、咨询业绩等。

第四条　国电公司火电部、电网部是本系统电力工程建设监理单位资质管理部门，各省（直辖市、自治区）电力公司及电力规划设计总院，负责所辖范围单位的电力工程建设监理资质管理工作。

第二章　监理单位的资质审批

第五条　监理单位的资质审批程序：

（一）申请甲级、乙级监理资质和甲级、乙级兼承资质的单位，经其董事会和所在地区的电力工程建设监理资质管理单位签署意见后报国电公司监理单位资质管理部门审批。

（二）申请丙级监理公司资质和丙级兼承监理资质的单位，经其董事会签署意见后，报所在地区的电力工程建设监理资质管理单位审批并报国电公司监理单位资质管理部门备案。

第六条　监理单位申请资质审批时，应提交下列材料（一套）：

（一）监理公司填写《监理单位定级申请书》2份（见附表1，略），兼承监理业务单位填写《兼承监理业务申请书》2份（见附表2，略）。一个单位同时申请火电工程和送变电工程建设监理业务资质时，应分别填写监理工程师一览表。

（二）总监理师、专业监理工程师资格证书及技术职称证书复印件。

（三）从事电力工程建设监理的业绩证明材料，包括监理业绩一览表、主要监理合同复印件（不含附件）及业主评价。

（四）兼承监理业务单位尚应提交本单位相关的《资质证书》副本和《营业执照》副本复印件。

（五）体现监理单位管理水平和项目监理管理水平的材料，包括公司主要管理制度和工程项目管理制度、质保体系等有关文件。

第七条　监理单位因监理业绩的条件尚未完全达到本办法第九条或第十一条规定时，可按本办法第五条的程序申请临时资质，并提交本办法第六条规定的所有资料，由监理资质审批部门批准临时监理业务范围，并注册登记领取营业执照，方可开展监理业务。取得临时资质的监理单位2年内没有相应业绩的撤销注册并收回临时资质证书。

第八条 经审批核定的电力工程建设监理单位由监理资质审批部门颁发国电公司统一印制的《资质等级证书》。经审批核定的兼承监理业务单位，由审批部门颁发国电公司统一印制的《监理许可证书》。

第三章 监理单位的监理标准与监理业务范围

第九条 电力工程建设监理单位的资质按火电和送变电两类，分为甲、乙、丙三级，各等级的资质标准如下：

火电工程建设监理单位资质标准：

（一）甲级：

1. 固定从业人员50人及以上，其中具有高级职称人员15人以上；已取得监理工程师资格人员30人以上，其中取得全国监理工程师资格人员10人以上；有5名以上总监理师；各专业监理工程师配套齐全。

2. 独立承担过2台以上单机容量300MW以上火电机组的主体工程设计或施工监理业务。

3. 监理单位和监理项目部管理体系健全，通过ISO9000系列体系认证，并正常运作，现代化管理水平较高。

4. 注册资金100万元及以上。

（二）乙级：

1. 固定从业人员30人及以上，其中具有高级职称人员10人以上；已取得监理工程师资格人员25人以上，其中取得全国监理工程师资格人员6人以上；有3名以上总监理师，各专业监理工程师配套齐全。

2. 独立承担过2台以上单机容量100MW以上火电机组的主体工程设计或施工监理业务。

3. 监理单位和监理项目部管理体系健全，有一定的现代化管理水平。

4. 注册资金70万元及以上。

（三）丙级：

1. 固定从业人员20人以上，其中具有高级职称人员5人以上；已取得监理工程师资格人员12人以上，其中取得全国监理工程师资格人员3人以上；不少于2总监理师。主要专业监理工程师配套齐全。

2. 独立承担监理过2台以上单机容量50MW以上火电机组的主体工程设计或施工监理业务。

3. 注册资金50万元以上。

送变电工程建设监理单位资质标准：

（一）甲级：

1. 固定从业人员25人以上，具有高级职称人员7人以上；已取得监理工程师资格人员15人以上，其中取得全国监理工程师资格人员10人以上；有4名以上总监理师；各专业监理工程师配套齐全。

2. 独立承担监理过电压等级330kV及以上送变电工程的主体工程设计或施工监理业务。

3. 监理单位和监理项目部管理体系健全，通过ISO9000系列体系认证，并正常运作，现代化管理水平较高。

4. 注册资金100万元及以上。

（二）乙级：

1. 固定从业人员20人以上，具有高级职称人员4人以上；已取得监理工程师资格人员12人以上，其中取得全国监理工程师资格人员5人以上；有3名以上总监理师；各专业监理工程师配套齐全。

2. 独立承担过电压等级220kV及以上送变电工程的主体工程设计或施工监理业务。

3. 监理单位和监理项目部管理体系健全，有一定的现代化管理水平。

4. 注册资金70万元以上。

（三）丙级：

1. 固定从业人员12人以上，具有高级职称人员2人以上；已取得监理工程师资格人员8人以上，其中取得全国监理工程师资格人员2人以上；不少于2名总监理师；主要专业监理工程师配套齐全。

2. 监理过电压等级110kV及以上送变电工程。

3. 注册资金50万元以上。

第十条 监理单位的业务范围如下：

（一）火力发电工程类甲级监理单位可监理各种规模火电新、扩、改建工程建设阶段的全部业务内容。送变电工程类甲级监理单位可监理各种规模送变电工程建设阶段的全部业务内容。

（二）火力发电工程类乙级监理单位可监理单机容理200MW及以下火力发电工程建设阶段的全部业务内容。送变电工程类乙级监理单位可监理电压等级220kV及以下送变电工程建设阶段的全部业务内容。

（三）火力发电工程类丙级监理单位可监理单机容量50MW及以下火力发电工程建设阶段的全部业务内容。送变电工程类丙级监理单位可监理电压等级110kV及以下送变电工程建设阶段的全部业务内容。

第十一条 兼承电力工程建设阶段监理业务的单位应具备下列资质条件：

（一）设立相应的监理机构，配备专人负责；

（二）按兼承监理业务范围，已获监理工程师资格人员的配备应符合下列条件：

1. 凡申请兼承工程建设阶段全部业务内容者，应符合本办法第十一条相应的规定。固定从业人员不能低于第十一条规定的50%。

2. 凡申请兼承工程建设阶段中一项或两项业务内容者，获总监理师资格人员不得少于兼承业务项数，且应配备与其业务相应的各专业监理工程师，其中专职监理工程师各专业不得少于1人。

(三) 具有与申请监理业务范围相应的从事工程建设或咨询（监理）资历和业绩，且社会信誉好。

第十二条 监理单位申请具有工程建设阶段以外的监理业务时，尚应配备与其业务相应的监理工程师。

第四章 监理单位的资质管理

第十三条 监理单位不得擅自超越所核定的监理范围承接工程建设监理业务。

第十四条 监理单位的资质，每3年核定一次。凡达到上一等级条件的，可以申请升级，也可以申请扩大监理业务范围。对不能维持原核定监理业务范围的，应予以降低资质等级。

第十五条 申请升级或扩大监理业务范围时，需履行本办法第五条规定的程序，并向监理资质审批单位提交下列材料（一套）：

(一)《监理单位升级申请书》或《兼承监理业务申请书》；

(二) 原《资质等级证书》副本或《监理许可证书》副本和《营业执照》副本复印件；

(三) 新增总监理师、专业监理工程师资格证书及技术职称证书复印件；

(四) 有关业绩证明材料，包括监理单位业绩一览表、主要监理合同复印件(不含附件)及业主评价；

(五) 其他有关证明材料。

第十六条 监理单位应当建立《电力工程监理业务手册》，其内容包括：监理单位的基本情况；所承接监理工程项目的基本情况（工程建设项目的名称、地址、工程规模及造价、建设单位、设计和施工单位)；工程项目的监理组织及人员配备，总监理师姓名及证号；监理工作情况；建设单位（业主）和质量监督部门评价意见等。

第十七条 监理单位发生下列行为之一时，需向监理资质管理部门办理有关手续：

(一) 分立或合并，应交回原《资质等级证书》或《监理许可证书》，经重新审查资质，核定监理业务范围后，换发相应的证书；

(二) 歇业、宣告破产或因其他原因终止业务，需报监理资质审批部门备案，并交回《资质等级证书》或《监理许可证书》；

(三) 法定代表人、监理机构负责人变更，需向监理资质审批部门办理变更手续。

第十八条 监理单位有下列行为之一者，由国电公司监理单位资质管理部门根据情节轻重，分别给予通报批评、降低资质等级、直至核销资质证书等处理。

(一) 申请资质时隐瞒真实情况，弄虚作假；

(二) 未经批准擅自超越核定的监理业务范围承揽监理业务；

(三) 伪造、涂改、出租、出借、转让、出卖《资质等级证书》或《监理许可证书》；

(四) 徇私舞弊损害委托方或者承建单位利益；

(五) 因监理过失造成重大事故。

第五章 附 则

第十九条 本办法由国电公司火电部、电网部在各自管理范围内负责解释。

第二十条 本办法自颁布之日起施行。

附表一：电力工程建设监理单位定级（升级）申请书

附表二：电力工程建设兼承监理业务申请书

关于印发《国家电力公司火电优质工程评选办法（2000年）版》的通知

（国电火［2000］383号）

东北公司，各电力集团公司，各省（直辖市、自治区）电力公司，华能集团公司，华能国际电力股份有限公司：

为了贯彻落实国家《质量振兴纲要》、国务院《建设工程质量管理条例》和“百年大计、质量第一”的方针，鼓励火电工程建设、施工、调试、监理、生产等单位树立创优意识，加强质量管理，推动我国火电建设工程在达标投产的基础上，进一步提高工程整体质量，结合历年评选优质工程的情况，公司组织制定了《国家电力公司火电优质工程评选办法（2000）版》，现印发执行。各单位在执行中如发现问题，请及时告公司火电建设部。

附件：国家电力公司火电优质工程评选办法（2000版）（略）

二○○○年七月三日（印）

关于颁发《水电工程“实物法”概算编制导则》（试行）的通知

（国电电源［2000］800号）

各分公司，各电力集团公司，各省、自治区、直辖市电力公司，水电水利规划设计总院，中国水利水电工程总公司，各水电建设单位：

为适应社会主义市场经济体制改革的需要，更好地与国际通用的工程计价办法接轨，合理确定水力发电工程投资，控制水电工程造价，国家电力公司组织制定了《水电工程“实物法”概算编制导则》，现颁发并于发文之日起试行。

该导则作为我国水电工程项目一种新的工程计价办法，各建设、设计、咨询和施工等单位应积极推广应用。

结合现阶段国内水电建设的实际情况，该导则宜先在招标阶段的项目概算、标底和投标报价及建设实施阶段工程计价和控制中应用，有条件也可用于其他设计阶段的工程计价。

试行中的问题请及时告国家电力公司电源建设部。

附件：水电工程“实物法”概算编制导则（略）

二〇〇〇年十二月二十七日（印）

关于印发《国家电力公司一流供电企业标准（试行）》的通知

（国电发［2000］195号）

东北公司，南方公司，各电力集团公司，各省（自治区、直辖市）电力公司：

开展创建一流供电企业工作以来，供电企业的管理水平和整体素质、劳动生产率和经济效益有了显著的提高。为适应新的管理体制，按照国家电力公司绍兴创一流工作会议要求，经过广泛征求意见，现将《国家电力公司一流供电企业考核标准（试行）》印发给你们，从2001年1月1日起开始实施。

创一流供电企业工作，在国家电力公司指导下，由各分公司、各电力集团公司、各省（自治区、直辖市）电力公司组织进行。各分公司、集团公司、省（自治区、直辖市）电力公司应按照《一流供电企业考核标准（试行）》严格考核，按规定审核、报送，由国家电力公司审批后授予荣誉称号，颁发奖牌及证书。

供电企业的安全文明生产达标工作，亦按照本标准执行。本考核标准在执行中发现问题，请及时报国家电力公司。

附件1：国家电力公司一流供电企业考核标准（试行）

附件2：安全文明生产达标必备条件

附件3：一流（达标）供电企业考核内容及评分规定（略）

附件4：一流(达标)供电企业申报(复查)表(略)

二〇〇〇年四月十二日

附件1：

国家电力公司一流供电企业考核标准

（试行）

为在“安全文明生产达标”基础上进一步提高供电企业管理水平，加强两个文明建设，开展创建“一流供电企业”工作，使企业更安全、更经济、更高效、更文明、更具竞争力，特制定本考核标准。

1．必备条件

1.1 企业领导班子坚持党的基本路线，认真执行国家各项方针、政策、法律、法规。贯彻民主集中制，党政工关系协调，团结进取，密切联系群众，领导班子成员无违法违纪事件。

1.2 企业坚持两个文明建设一起抓，两手都要硬；考核年度获得国家电力公司“双文明单位”称号，或经网、省电力公司考核、验收，达到“双文明单位”的评选条件和考核标准，并经国家电力公司认可。

1.3 考核年度和申报期内，未发生生产人身死亡事故或群伤事故；未发生特大事故、电网重大事故，企业责任的设备重大事故。

1.4 电网安全、可靠，110kV（66kV）及以上的电网满足“n－1”准则和容载比要求，设备先进、适用。考核年度内220kV及以上输变电工程实现投产达标。

1.5 主要经济技术指标先进：供电电压合格率≥98%，其中A类电压≥99%。供电系统用户供电可靠率（市中心＋市区＋城镇）RS_1≥99.96%，（注1）。线损率实际完成值≤考核值（考核值计算公式见注2），并完成网（省）公司线损年度考核指标。全局充油（气）设备无泄漏。

1.6 主要经营指标先进：年售电量、售电成本、平均电价完成网（省）公司考核指标，售电量、利润实现正增长；资本保值增值率≥104%；当年电费回收率100%，陈欠电费回收率≥20%；财务经上级审计合格。

1.7 坚持优质服务，考核年度获得或保持省、地（市）级优质服务先进单位称号，或者获得网（省）公司级先进企业称号；地（市）级营业窗口经网（省）公司验收达到国家电力公司《城市供电营业规范化服务标准》；积极开展一户一表工程。

1.8 坚持科技进步，提高科学管理水平，实施标准化管理。地区调度自动化系统达到《电网调度自动化系统实用要求》，具备负荷预报、状态估计、潮流分析等高级应用软件功能；现有的负荷管理系统达到《电力负荷控制系统实用化验收办法》的要求，并拓展功能，具备电费催收、电量远抄、负荷预测等功能；建成企业综合信息管理系统，办公自动化、营业窗口实现无笔化作业，并经网（省）公司验收合格，应用有成效。

1.9 主业用人水平达到了国家电力公司颁发的新《供电劳动定员标准》要求，主业全员劳动生产率保持连年持续增长；市区和城镇220kV终端变电站和110kV及以下变电站实现了“无人值班”；组建的多种经营经济实体，实现了独立核算、自负盈亏。

2．考评内容及验收标准

2.1 考评内容包括：安全管理、经营管理、文明生产、设备和生产管理、电力营销及优质服务、节能管理、技术进步与现代化管理共七项。其中安全管理、设备和生产管理、电力营销及优质服务按工作实绩指标和工作质量分项考核。

2.2 验收标准：各项（分项）考评得分率均在90%及以上（安全文明生产达标企业的考核，各项（分项）考评得分率均在80%及以上）。

2.3 考核内容及评分办法见附表。

3．申报与验收命名

3.1 申报

3.1.1 申报条件

3.1.1.1 年售电量在10亿kW·h及以上的供电企业。

3.1.1.2 连续2年获得并保持安全文明生产达标企业称号，第3年达到一流企业考核标准的企业；

申报企业必须具备九项必备条件(安全文明生产达标企业达到七项必备条件),七项考核内容自检合格。

3.1.2 申报材料

3.1.2.1 填写《国家电力公司一流供电企业申报表》，一式五份并报软盘一份。

3.1.2.2 申报企业的《自查报告》，各项指标实绩及计算说明。

3.1.2.3 其他必要的证明材料和基础材料。

3.2 验收命名

3.2.1 按照统一标准、分级管理原则，企业自检合格后报主管公司，由各分公司（集团公司）、省（区、市）公司组织考评，评审合格后的推荐材料于每年4月底前报国家电力公司，由国家电力公司抽查复核，合格后命名。

3.2.2 对被命名的一流供电企业由国家电力公司颁发证书和奖牌予以表彰奖励。具体奖励办法由主管公司自定。

3.2.3 考评、验收工作要严肃认真，坚持标准，实事求是，客观公正，要认真核查有关数据、资料、凭证的正确性、真实性和有效性。

3.2.4 一流供电企业实行动态考核，不搞终身制，每年的复查工作由各分公司（集团公司）、省（区、市）公司组织进行，国家电力公司不定期组织抽查，凡达不到标准要求的，要限期整改，整改期满仍达不到标准要求的，由主管公司提出意见，按原申报验收程序报批，取消其一流企业称号。

4．适用范围

考核标准适用于国家电力公司系统所有供电企业，包括代管和控股供电企业,其他供电企业可参照执行。

5．本考核标准解释权属国家电力公司

注1：供电系统用户供电可靠率

①年售电量（不包括过网电量）在40亿kW·h及以上者，供电系统用户供电可靠率（市中心＋市区＋城镇）$RS_1 \geqslant 99.96\%$。

②年售电量（不包括过网电量）在20～40亿kW·h（含20亿kW·h）者，供电系统用户供电可靠率（市中心＋市区＋城镇）$RS_1 \geqslant 99.98\%$。

③年售电量（不包括过网电量）在20亿kW·h以下者，供电系统用户供电可靠率（市中心＋市区＋城镇）$RS_1 \geqslant 99.99\%$。

注2：线损率考核值计算

线损率（%）＝线损电量/供电量×100%

线损电量＝电厂上网电量＋邻网输入电量＋外购电量－输至邻网电量－售电量

供电量＝电厂上网电量＋邻网输入电量＋外购电量－输至邻网电量

线损率基准值$(X)=(Y_{min}+Y_{mid}\times 4+Y_{max})/6$

Y_{min}、Y_{mid}、Y_{max}分别为考核年度前三年中企业实际完成线损率的最小、中间和最大值（若出现Y值相同情况，则将其视为中间值带入计算公式）。

售电量增长系数（α）＝考核年度售电量/上年度售电量

售电量系数$(E)=0.45/\alpha+0.55\alpha$

线损率考核值＝XE

附件 2:

安全文明生产达标必备条件

1. 企业领导班子坚持党的基本路线，认真执行国家各项方针、政策、法律、法规。贯彻民主集中制，党政工关系协调，团结进取，密切联系群众，领导班子成员无违法违纪事件，企业未发生造成社会影响的恶性事件。

2. 考核年度获得省文明单位称号或主管公司命名的文明单位称号。

3. 考核年度和申报期内，未发生生产人身死亡事故或群伤事故；未发生特大事故、电网重大事故，企业责任的设备重大事故。

4. 主要指标达到：供电电压合格率≥95%，其中A类电压≥96%。供电系统用户供电可靠率（市中心+市区+城镇）RS_1≥99.7%，（注）。线损率完成网（省）公司线损年度考核指标。当年电费回收率100%，陈欠电费回收率≥10%；财务经上级审计合格。全局充油（气）设备无泄漏。

5. 坚持优质服务，考核年度获得或保持省、地（市）级优质服务先进单位称号，或者获得网（省）公司级先进企业称号；地（市）级营业窗口经主管公司验收达到国家电力公司《城市供电营业规范化服务标准》；积极开展一户一表工程。

6. 坚持科技进步，提高科学管理水平，实施标准化管理。地区调度自动化系统达到《电网调度自动化系统实用要求》，具备负荷预报、状态估计、潮流分析等高级应用软件功能；现有的负荷管理系统达到《电力负荷控制系统实用化验收办法》的要求，并拓展功能，具备电费催收、电量远抄、负荷预测等功能；建成企业综合信息管理系统，办公自动化、营业窗口实现微机管理。

7. 主业用人水平达到了国家电力公司颁发的新的《供电劳动定员标准》的要求，主业全员劳动生产率保持连年持续增长；市区110kV及以下变电站50%实现了“无人值班”；组建的多种经营经济实体，实现了独立核算、自负盈亏。

关于印发《国家电力公司一流火力发电厂考核标准（试行）》的通知

（国电发［2000］196号）

东北公司，南方公司，各电力集团公司，各省（自治区、直辖市）电力公司，华能集团，华能国际：

创建一流火力发电厂工作，有效地提高了火力发电厂的管理水平和整体素质，显著地提高了劳动生产率和经济效益。为适应新的管理体制，按照国家电力公司绍兴创一流工作会议要求，经过广泛征求意见，现将《国家电力公司一流火力发电厂考核标准（试行）》印发给你们，从2001年1月1日起开始实施。

创一流火力发电厂工作，在国家电力公司指导下由各分公司、电力集团公司、省（自治区、直辖市）电力公司组织进行。各分公司、电力集团公司、省（自治区、直辖市）电力公司应按《考核标准》严格考核，按规定审核、报送，由国家电力公司审批后授予荣誉称号，颁发奖牌及证书。

火力发电厂的安全文明生产达标工作，亦按照本标准执行。本考核标准在执行中发现问题，请及时报国家电力公司。

附件1：国家电力公司一流火力发电厂考核标准（试行）

附件2：安全文明生产达标必备条件

附件3：一流（达标）火力发电厂考核内容及评分规定（略）

附件4：一流（达标）火力发电厂申报（复查）表（略）

二〇〇〇年四月十二日（印）

附件 1:

国家电力公司一流火力发电厂考核标准

（试行）

为贯彻落实党中央、国务院“改革、改组、改造和加强企业管理”的要求，实施制度创新、管理创新、技术创新的战略，着力提高火力发电厂整体管理水平和竞争能力，进而与国际先进水平接轨。在火力发电厂安全文明生产达标的基础上，进一步开展创建一流火力发电厂工作，特制定本考核标准。

1. 必备条件

1.1 厂领导班子勇于改革创新，深得员工信赖，维护员工的合法权利和切身利益，依法经营，考核年度企业未发生造成不良社会影响的事件。

1.2 获得国家电力公司“双文明单位”称号，或经主管部门考核达到国家电力公司“双文明单位”的考核条件，并由国家电力公司进行认定。

1.3 建立一套完整的适应电力工业改革与发展需要的、科学的管理模式；形成竞聘上岗、优胜劣汰的竞争机制；实行新厂新办法、老厂新体制，建立以市场为导向、效益为中心的经营机制和依法经营、严格审计的约束机制；推行自主创新的技术进步机制。

1.4 考核年度和申报期内，未发生生产人身死亡或一次事故中造成3人及以上重伤、本单位责任的设备重大及以上事故。

1.5 设备管理

1.5.1 全厂等效可用系数实际完成值大于或等于考核定额值（基础值、调整系数见表1、表2，计算公式见附录）。

1.5.2 机组大修后的考核

1.5.2.1 大修后机组评为全优。

1.5.2.2 机组大修后无非计划停运连续运行天数：单机容量300MW及以上机组应达到100天；单机容量300MW以下机组应达到120天。

注 如考核年度内大修机组的连续运行天数和累计运行天数年度内日历小时达不到要求，则考核顺延至次年申报前；考核年度没有大修机组，则考核上年度大修情况。

1.6 能耗

1.6.1 供电煤耗

全厂供电煤耗完成值小于或等于供电煤耗考核值（计算公式见附录）。

1.6.2 补给水率

补给水率（计算公式见附录）应完成下列指标：

单机容量≥300MW机组小于1.5%；

单机容量≤300MW机组小于2.0%。

1.7 环境保护

1.7.1 各项污染物的排放符合国家和地方规定的排放标准。

1.7.2 不发生重大污染事故。

1.7.3 200MW及以上机组应安装电除尘器或其他高效除尘器，正常投运率＞95%。

1.7.4 除灰水、工业废水实行闭式循环，工业废水回收利用率100%。

1.7.5 粉煤灰综合利用量完成主管公司下达的指标。

1.8 劳保保护

职业危害治理与尘肺病防治符合国家有关标准，不发生二级以上职业危害事故。

1.9 人员效率

主业用人水平达到了国家电力公司1998年颁发的《火力发电厂劳动定员标准》的要求，主业全员劳动生产率保持连年持续增长；组建的多种经营实体实现了独立核算、自负盈亏。

1.10 完成上级主管部门确定的年度经营指标，不发生经营性亏损。供热电厂热费当年结零，陈欠热费压降20%。

1.11 技术进步与现代化管理

1.11.1 加强各项管理的基础性工作，建立技术标准、管理标准和工作标准为主的标准化管理体系，各项制度齐全，并有效地贯彻执行。

1.11.2 200MW及以上机组必须具备AGC功能，且投运率≥85%。

1.11.3 建立以计算机为管理手段的全厂综合管理信息系统（MIS），并通过实用化验收。

1.12 凡是在考核年度和申报期内有新机组投产的电厂，新投机组应实现达标投产。

2．考评内容及评分标准

2.1 考评内容包括：安全管理、文明生产、设备管理、节能管理、技术进步与环境保护、经营管理。

2.2 验收标准：各项考评得分率均在90%及以上者方可申报一流企业。（安全文明生产达标企业的考核，各项考评得分率80%及以上即可。）

2.3 考核内容及评分办法见附件3（略）。

3．申报与验收命名

3.1 申报

3.1.1 一流火力发电厂必须同时满足如下条件。

3.1.1.1 具备所有必备条件。

3.1.1.2 六项考核内容每项得分均大于或等于90分。

3.1.1.3 申报范围：单机容量100MW及以上，全厂总容量400MW及以上的火力发电厂。

3.1.1.4 连续两年获得并保持国家电力公司命名的“安全文明生产达标”称号，第三年达到《国家电力公司一流火力发电厂考核标准》的火力发电厂。

3.1.2 申报材料

3.1.2.1 填写《国家电力公司一流火力发电厂申报表》一式五份及软盘一份。

3.1.2.2 申报企业的《自查报告》以及有关各项指标的计算说明一式五份及软盘一份。

3.1.2.3 其他必要的证明材料和基础材料一式五份。

3.2 验收命名

3.2.1 企业自检合格申报后，按国家电力公司分级管理原则规定，由集团公司、省（区、市）公司、国家电力公司分公司组织考评，评审合格后的推荐材料于每年4月底前报国家电力公司，由国家电力公司抽查复核后命名。

3.2.2 对被命名的一流火力发电厂由国家电力公司颁发证书和奖牌予以表彰奖励。具体奖励办法由主管公司自定。

3.2.3 考评、验收工作要严肃认真，坚持标准，实事求是，客观公正，要认真核查有关数据、资料、凭证的正确性、真实性和有效性。

3.2.4 一流火力发电厂实行动态管理，每年的复验工作由主管部门组织进行，国家电力公司不定期组织抽查。凡达不到标准要求的，按申报程序取消一流火力发电厂称号。

4. 本考核标准解释权属国家电力公司

附件2：

安全文明生产达标必备条件

1. 必备条件

1.1 考核年度被评为省公司及以上单位命名的思想政治工作先进单位。

1.2 考核年度和申报期内，未发生生产人身死亡或一次事故中造成3人及以上重伤、本单位责任的设备重大及以上事故。

1.3 全厂等效可用系数实际完成值大于或等于考核定额值。

1.4 供电煤耗

全厂供电煤耗完成值小于或等于供电煤耗考核值。

2. 环境保护

2.1 各项污染物的排放符合国家和地方规定的排放标准。

2.2 不发生重大污染事故。

2.3 除灰水实行闭式循环，工业废水回收利用率80%。

2.4 粉煤灰综合利用量完成主管公司下达的指标。

3. 劳动保护

职业危害治理与尘肺病防治符合国家有关标准，不发生二级以上职业危害事故。

4. 人员效率

达到或接近国家电力公司1998年颁发的《火力发电厂劳动定员标准》的用人水平。

5. 完成上级主管部门确定的年度经营指标，不发生经营性亏损

6. 加强各项管理的基础性工作，实行标准化管理，各项制度齐全，并有效地贯彻执行。

关于印发《国家电力公司创建国际一流火力发电厂考核标准（试行）》的通知

（国电发［2000］543号）

各分公司、集团公司，各省（自治区、直辖市）电力公司，华能集团，华能国际：

创建一流火力发电厂工作，有效地提高了火力发电厂的管理水平和整体素质，显著地提高了劳动生产率和经济效益。随着社会主义市场经济的不断完善及国家电力公司体制改革的不断深化，为适应新的管理体制，与国际先进管理水平接轨，经过广泛征求意见，现正式颁发《国家电力公司创建国际一流火力发电厂考核标准（试行）》，从颁发之日起开始实施。

开展创建国际一流火力发电厂工作是为促进火电厂实现两个根本性转变，深化电力体制改革，尽快与国际先进水平接轨，建立现代企业制度而采取的重大举措。各分公司、电力集团公司、各省（区、市）电力公司等单位要以党的十五大和十五届三中、四中全会精神为指导，坚持改革方向，切实加强领导，以创一流火电厂工作为载体，努力转变企业经营机制，通过把企业的改革、改组、改造和加强管理紧密结合起来，扎实工作，使企业建立起竞争机制、激励机制和自我约束机制，形成自主创新的技术进步机制和减人增效机制，进一步提高火电厂的安全经济运行水平，使火力发电厂成为适应我国社会主义市场经济体制的新型电力企业。在创建国际一流工作中要坚持讲求实效，扎实工作，力戒形式主义。

创建国际一流火力发电厂工作，在国家电力公司指导下由各分公司、电力集团公司、省（区、市）电力公司等组织进行。各分公司、电力集团公司、省（区、市）公司应按《考核标准》严格考核，按规定审核、报送，由国家电力公司审批后授予荣誉称号，颁发奖牌及证书。本考核标准在执行中发现问题，请及时报国家电力公司。

附件：国家电力公司创建国际一流火力发电厂考核标准（试行）

二〇〇〇年九月十一日（印）

附件：

国家电力公司创建国际一流火力发电厂标准

（试行）

在电力企业中开展安全文明生产达标和创一流工作，是被实践所证明的、科学有效的企业管理手段。通过近年来坚持不懈的创一流工作，火力发电厂的面貌以及生产、经营、管理、两个文明建设等各方面都发生了巨大变化，取得了显著成绩。当今世界，社会进步和科技发展日新月异，经济发展和竞争的全球化不断加快，电力企业的改革与发展也必然面临新的挑战。国家电力公司面向新世纪，确立了建设“控股型、经营型、现代化、集团化管理的国际一流企业”的战略目标，着力于提高国家电力公司发展的整体素质，因此创建国际一流的发供电企业就成为实施这一战略的重要组成部分。与世界先进火力发电厂相比，我们还存在管理粗、用人多、技术装备水平和经济效益不高等差距，这就需要火力发电厂瞄准世界先进水平，实施赶超战略，全面提高企业整体素质，努力创建国际一流火力发电厂。

国际一流火力发电厂应体现在以下几个方面：一流的设备，国际一流火力发电厂的发电设备应当技术先进、高效低耗、环保水平高，以高参数、高自动化、调峰性能好的大容量机组为主力机组，能充分满足负荷调整和电网运行的需要。一流的技术，突出技术创新，广泛应用具有世界先进水平的科技成果，实现机组集控全能值班、AGC功能，机组性能和技术经济指标在线分析和控制，主要技术经济指标达到国际先进水平。积极研究应用洁净煤发电、烟气脱硫、氧化氮控制技术，加强“三废”治理，提高环保水平。一流的管理，坚持以市场为导向，广泛采用现代化管理手段，有坚强的商业化运行支持系统、计量系统、报价系统、电力市场交易管理系统和结算系统，运行灵活可靠。一流的效益，坚持以经济效益为中心，加强资产管理、财务管理、成本管理，不断提高企业经济效益和竞争能力，实现利润最大化。一流的服务，树立优质服务思想，坚持“人民电业为人民”的宗旨，不断提高面向社会和面向企业内部的工作质量和服务水平。一流的人才，有一支高素质的、具有学习创新精神的经营管理者队伍、专业技术人才队伍和高技能操作能手队伍，人才结构合理、能适应企业不断改革与发展的需要，发电人员效率和主业劳动生产率达到国际先进水平。

为指导创建国际一流火力发电厂工作，加快创建国际一流火力发电厂步伐，特制定本标准：

一、必备条件

（一）企业规模

●单机容量20万kW及以上，全厂装机容量60万kW及以上（燃气机组、联合循环机组单机容量10万kW及以上）

●固定资产原值20亿元及以上

（二）安全质量

●无生产重伤及以上人身伤亡事故、重大及以上设备事故、本企业责任造成的重大电网事故

●无环保部门认定的环境污染事故

●无灰场灰坝垮坝事故

●发电设备等效可用系数≥86%

（三）技术装备

●实现集控和全能值班

●具备AGC功能机组比例100%

●高效除尘器（除尘效率≥99.5%）安装比例100%

●具备完整和适应要求的商业化运营技术条件和支持系统

（四）经营业绩

●实现经营收入和利润同步增长，利润完成率100%

●企业绩效评价达到优级

●企业全员劳动生产率≥50万元/（人·年）

（五）企业形象

●获得并保持国家电力公司一流火力发电厂称号

●获得并保持国家电力公司双文明单位称号

二、考核指标

（一）安全与质量

1. 连续安全生产天数　≥300天
2. 五类误操作事故率　0次/(千人·年)
3. 发电事故率　0次/(台·年)
4. 火灾事故　0次/年
5. 同等及以上责任重大交通事故　0次/年
6. 对社会造成重大影响事故　0次/年
7. 正确执行调度命令　100%
8. 机组启动成功率　85%
9. 继电保护及自动装置投入率　100%

（二）设备与技术

1. AGC投入率　100%
2. 机组性能与经济技术指标在线分析　100%
3. 全厂机组热效率和供电煤耗：达到考核定额值（见附件2）
4. 高效除尘器投入率　100%
5. 机组最低稳燃负荷　40%
6. 科技投入率　≥企业销售收入　1.2%
7. 科技投入产出比　≥1:6
8. 科技进步贡献率　≥60%
9. 机组启动成功率　100%
10. 继电保护及热工自动装置投入率和正确动作率　100%
11. 机组强迫停运率　≤6%
12. 机组等效可用系数：达到考核值
13. 主要辅机等效可用系数　≥90%

（三）效益与效率

1. 净资产收益率　10%
2. 利润完成率　100%
3. 资产负债率　≤80%
4. 对外投资收益率　≥6%
5. 投资收益上缴率　100%
6. 电、热费回收率　100%

7. 用工总量：达到国电公司新定员标准的用人水平

8. 发电量与机组容量的市场占有率之比≥1

（四）员工素质

1. 上岗合格率 100%

2. 技术工种（职业）持证（职业资格证书）率 ≥90%

3. 高级管理人才、高级技术人才、高级技能人才比例 ≥10%

4. 全员岗位培训率 ≥80%

三、评价指标

（一）机制创新

●建立了现代企业制度，完善了法人治理结构，建立了企业内部制衡机制。

●实现竞价上网运营，优化资源配置，提高企业效率与效益。

●建立了经营者能上能下、人员能进能出、收入能增能减的竞争机制。

●建立起完善的激励和约束机制，加强对企业及经营管理者在资金运作、生产经营、收益分配、用人决策和廉洁自律等重大问题上的监督。重视发挥监督部门在企业经营管理中的监督职能，加强职工民主监督。

（二）管理创新

●加强战略管理，制定了企业发展战略和近期实施计划。

●建立起完善的生产、经营管理等方面的责任制和严密的管理规章制度。

●严格企业法制化管理，依法经营、从严治企。

●实施安全设施标准化，检修措施规范化，全面开展安全性评价工作。

●建立以技术标准为主体，包括管理标准和工作标准在内的标准化体系，积极采用国际先进标准，实现企业管理标准化。

●实现管理手段的信息化、智能化。

（三）科技创新

●建立健全有效的科技进步机制，在科技的开发、引进、转化和技术革新、改造等方面取得显著成效，企业有较强的技术创新能力。

●大力推广应用具有国际先进水平的电力科技新技术，电力信息化达到国际先进火力发电厂水平。

●高度重视环保工作，满足国家和地方环保部门制定的标准要求，积极采用 SO_x、NO_x 控制技术，提高环保水平，开展并通过 ISO14000 环保体系认证。

●开展节能降耗、在线监测、状态检修等技术的研究应用，不断提高发电厂的安全性、经济性和自动化水平。

（四）企业文化

●企业文化建设纳入两个文明建设管理体系，组织人员落实、制度完善、管理科学、措施得力、成效显著，在企业改革发展中显示出强劲的文化力，在全国火力发电系统居领先水平。

●确立了体现时代特征与企业个性的企业价值观、企业精神、企业理念、企业道德，在增强企业凝聚力、建设“四有”职工队伍中发挥了积极作用。

●塑造了良好的服务、视觉、公关、媒体、礼仪、环境等企业形象，企业在系统内外有着广泛的美誉度和信誉度。

●在企业管理中充分体现了科学决策、民主管理的精神，极大地调动了广大员工的社会主义劳动积极性与创造性。

●充分发挥了企业文化建设在职工思想政治工作中的作用，促进了思想政治工作的创新。

四、考评内容与标准

（一）评价标准

●国际一流火力发电厂标准（框架）由必备条件、考核指标和评价指标三部分组成，对各项必备条件实行评价否决；对考核指标与评价指标进行评分，总分为 1000 分，其中考核指标 800 分，评价指标 200 分。

●考核指标包括：

安全与质量 200 分

设备与技术 200 分

效率与效益 200 分

员工素质 200 分

●评价指标包括机制创新、管理创新、科技创新和企业文化，共 4 项，每项 50 分。

（二）评分办法

●考核指标按考核标准具体评分（各项指标的评分标准另行制定）。

●评价指标按优秀、良好、一般进行综合评价，优秀 46～50 分，良好 41～45 分，一般 36～40 分。

●各项考核指标总得分率均达到 90% 以上、各项评价指标达到良好及以上为合格。

五、考评程序

（一）企业自查：坚持高标准、严要求。企业对照国家电力公司创建国际一流火力发电厂标准认真自查，全面达到本标准后，向省电力公司提出申请。

（二）上级公司检查：由主管公司牵头，分公司和省公司共同组成联合检查组，对申报企业进行预检查，达到国电公司创建国际一流火力发电厂标准后，向国家电力公司提出申报。

（三）国内、国际专家评价：国家电力公司组织国内同行专家进行检查评价，并作出评审结论；在评审合格基础上，可邀请国外同行专家进行诊断评价。

（四）国电公司命名：由国家电力公司正式命名。

关于印发《国家电力公司创建国际一流供电企业考核标准（试行）》的通知

（国电发［2000］542号）

各分公司、集团公司，各省（自治区、直辖市）电力公司：

开展创建一流供电企业工作以来，供电企业的管理水平和整体素质、劳动生产率和经济效益有了显著的提高。随着社会主义市场经济的不断完善及国家电力公司体制改革的深化，为适应新的管理体制，与国际先进管理水平接轨，经过广泛征求意见，现正式颁发《国家电力公司创建国际一流供电企业考核标准（试行）》，本标准从颁发之日起开始实施。

开展创建国际一流供电企业工作是促进供电企业建立现代企业制度，实现两个根本性转变，深化体制改革，实现与国际先进水平接轨的重大举措。各分公司、电力集团公司、省（区、市）电力公司等单位要以党的十五大和十五届三中、四中全会精神为指导，切实加强领导，坚持以争创国际一流供电企业工作为载体，努力转变企业经营机制，通过把企业改革、改组、改造和加强管理紧密结合起来，使企业建立起竞争、激励和自我约束机制，形成自主创新、技术进步和减人增效机制，进一步提高供电企业安全经济运行水平。在创建国际一流工作中，要坚持实事求是，讲究实效，扎实工作，力戒形式主义。

创建国际一流供电企业工作，在国家电力公司指导下，由各电力集团、省（区、市）电力公司等组织进行。各分公司、集团公司、省（区、市）公司应按照《国际一流供电企业考核标准（试行）》严格考核，按规定审核、报送，由国家电力公司审批后授予荣誉称号，颁发奖牌及证书。本考核标准在执行中发现问题，请及时报国家电力公司。

附件：国家电力公司创建国际一流供电企业标准（试行）

二〇〇〇年九月十一日

附件：

国家电力公司创建国际一流供电企业考核标准

（试行）

随着世界经济一体化进程的不断加快和中国即将加入世贸组织，国家电力公司的发展必须将自己融入全球化竞争和市场化改革的大趋势之中。打破垄断、引入竞争、降低电价、改善服务、提高效益是国家电力公司改革的基本取向。近十年来通过安全文明生产达标和创一流工作，供电企业生产、经营、管理、两个文明建设各方面都发生了巨大变化。但与世界发达和比较发达国家电力企业相比，还存在明显差距，电力企业要在激烈的市场竞争中立于不败之地，实现发展的跨越，必须面向世界，建设可以与世界先进电力公司相竞争的一流电力企业。进入新世纪，国家电力公司确立了建设“控股型、经营型、现代化、集团化”国际一流电力公司的战略目标，因此，我们必须具有一批达到国际一流水平的网省公司、发电厂和供电企业作支撑，建设国际一流的电力企业群体。

一流供电企业必须体现在以下几个方面：一流的电网，这是一流企业的物质基础。创建国际一流供电企业必须建成技术先进、结构合理、运行灵活、安全可靠、高效低耗的电网。一流的技术，瞄准当今世界电力技术发展的前沿，突出技术创新，积极采用有利于电网发展的新技术、新设备、新工艺、新材料，开发应用以信息技术为主要标志的具有世界先进水平的科技成果，实现管理信息集成化，加强电网建设与管理，使经济技术指标达到国际先进水平。一流的管理，坚持以市场为导向，外抓开拓市场，内抓严格管理，突出管理理念和思路的创新，广泛采用现代化管理手段，提高企业竞争力。一流的服务，坚持“人民电业为人民”的服务宗旨，继续开展“树行业新风”活动，推进供电营业规范化服务活动和承诺制，不断提高服务水平，进一步提高客户满意率，供电企业要成为公共事业中优质服务的典范。一流的效益，坚持以经济效益为中心，加强资产管理、财务管理、成本管理，在努力提高经济效益的同时，提高社会效益，实现企业经济效益与社会效益的统一。一流的人才，不断提高员工的综合素质，培养懂技术、会管理的复合型高级人才，适应电力技术不断发展和市场竞争日益激烈的需要。

为指导创建国际一流供电企业工作，加快创建国际一流供电企业步伐，特制定本标准（框架）。

一、必备条件

（一）企业规模

● 年售电量大于60亿kW·h；

● 资产总额大于25亿元；

● 居民客户数量大于50万户；

● 35kV及以上变电容量大于500万kV·A；

● 35kV及以上线路长度大于2000km。

（二）安全质量

● 考核年度和申报期内无生产重伤及以上人身伤

亡事故、重大及以上设备事故、重大及以上电网事故；

●低压用户（220V）电压合格率≥98%；

●供电系统用户供电可靠率≥99.99%（市中心＋市区＋城镇）；

●农村用户供电可靠率≥99.5%。

（三）技术装备

●城市电网具有较坚强供电网架，最高电压等级达到500（330）kV及以上；

●35kV及以上输配电网满足“N－1”准则，城区重要用户满足准“N－2”准则；

●电网调度自动化系统具备高级应用软件功能，实现负荷预测、状态估计、潮流计算、无功优化、安全分析等功能，并正常应用；

●断路器无油化率≥90%；

●220kV及以下变电站无人值班率达到100%；500kV变电站实现少人值守；

●城区电力线路的电缆化率≥30%；

●城区10kV线路供电半径≤2km，380伏线路供电半径≤200m；

●一户一表率达到100%；

●建立现代企业管理信息系统，配网主干线手拉手供电，实现配网自动化要求；

●建立以客户服务为中心的具有国际先进水平的营销现代化体系。

（四）经营业绩

●实现售电量、营业收入的正增长；

●实现城乡同网同价，电价水平逐步降低，具有竞争力；

●电费回收率达到100%，无陈欠电费；

●人均售电量≥700万kW·h/（人·年）。

（五）企业形象

●获得并保持“国家电力公司一流供电企业”称号；

●获得并保持“国家电力公司双文明单位”称号。

二、考核指标

（一）安全与质量

1. 连续安全生产天数 ≥300

2. “五类”误操作事故[次/(千人·年)] 0

3. 一般设备事故率：

电网事故 0

线路事故率［35kV及以上，次/（百km·年)］ ≤0.02

变电设备事故率［次/（台·年)］ ≤0.01

配电事故率［次/（百km·年)］ ≤2.0

4. 火灾事故（次/年） 0

5. 同等及以上责任重大交通事故（次/年） 0

6. 对社会造成重大影响的事故(次/年) 0

7. 供电电压合格率（%） ≥99

8. 10kV配电母线电压波形畸变率（%） ≤1

（二）设备与技术

1. 城区35kV及以上断路器组合化率（%） ≥50

2. 城区配电线路绝缘化率（%） 100

3. 配网自动化比例（%） ≥50

4. 继电保护及自动装置微机化率（%） ≥80

5. 电力主通道通信光缆化率（%） 100

6. 供电有载调压装置覆盖率（%） ≥100

7. 500（330）kV变电站远方监控率（%） 100

8. 110kV及以上变压器强迫停运率［次/（台·年)］ ≤0.02

110kV及以上变压器可用系数（%） ≥99.6

9. 110kV及以上断路器强迫停运率［次/（百台·年)］ ≤3

110kV及以上断路器可用系数（%） ≥99.5

10. 110kV及以上线路强迫停运率［次/（百km·年)］ ≤0.10

110kV及以上线路可用系数（%） ≥99.6

11. 继电保护及自动（远动）装置投入率（%） 100

继电保护及自动（远动）装置正确动作率（%） 100

12. 电网综合线损率（直供） ≤5%

13. 信息系统应用覆盖率（%） 100

14. 科技投入率（%） ≥1.2

15. 科技投入产出比 ≥1:6

16. 科技进步贡献率 ≥60%

（三）效率与效益

1. 用工总量：达到国家电力公司新的劳动定员标准的用人水平

2. 人均运作资产（万元/人） ≥300

3. 单位供电成本［元/（kW·h)］

4. 销售利润率（%） ≥5

（四）营销与服务

1. 户户通电率（%） 100

2. 人均社会用电量[kW·h/(人·年)] ≥2500

3. 用户年平均停电时间（分钟） ≤53

4. 用户年平均停电次数（次） 1

5. 客户满意率（%） ≥98

6. 可供客户选择的缴费方式 ≥3

（五）员工素质

1. 上岗合格率（%） 100

2. 技术工种（职业）持证（职业资格证书）率

（%） 90

3. 高级管理人才、高级技术人才、高级技能人才比例（%） ≥10

4. 全员岗位培训率（%） ≥80

三、评价指标

（一）机制创新

● 决策层、执行层权责分明，监督机制健全；

● 实现了主铺分开，建立了经营者能上能下、人员能进能出、收入能增能减的竞争机制；

● 建立并完善内部模拟市场，优化资源配置，提高企业效率与效益；

● 建立起完善的激励和约束机制，加强对企业及经营管理者在资金运作、生产经营、收入分配、用人决策和廉洁自律等重大问题上的监督。重视发挥审计工作在企业经营管理中的监督职能，加强职工的民主监督。

（二）管理创新

● 加强战略管理，制定了企业发展战略和近期实施措施；

● 建立起完善的安全生产、资产经营等方面的责任制和严密的管理规章制度；

● 严格企业法制化管理，购售电合同规范，并依法经营；

● 实施安全设施标准化，检修措施规范化，全面开展安全性评价工作；

● 建立以技术标准为主体的标准化体系，积极采用国际先进标准，实现管理的标准化；

● 实现了管理手段的网络化、智能化；

● 档案目标管理达到国家一级。

（三）科技创新

● 建立健全有效的科技进步机制，在科技的开发、引进、创新、转化和技术改造、革新等方面取得显著成效，科技人才素质高，企业有较强的科技进步力；

● 大力推广应用具有国际先进水平的电力科技新技术，电力信息化水平同国际先进供电企业基本同步；

● 采用先进技术，开展带电测试、在线监测，为状态检修提供技术手段；

● 配网自动化应用广泛，地理信息系统（GIS）健全，事故处理及时，满足供电可靠性要求；

● 35kV 及以上变电站的综合自动化系统要具有防火、防盗、环境监测等功能。

（四）企业文化

● 企业文化建设纳入两个文明建设管理体系，组织人员落实、制度完善、管理科学、措施得力、成效显著，在企业改革发展中显示出强劲的文化力，在全国供电系统居领先水平。

● 确立了体现时代特征与企业个性的企业价值观、企业精神、企业理念、企业道德，在增强企业凝聚力、建设“四有”职工队伍中发挥了积极作用。

● 塑造了良好的服务、视觉、公关、媒体、礼仪、环境等企业形象，企业在系统内外有着广泛的美誉度和信誉度。

● 在企业管理中充分体现了科学决策、民主管理的精神，极大地调动了广大员工的社会主义劳动积极性与创造性。

● 充分发挥了企业文化建设在职工思想政治工作中的作用，促进了思想政治工作的创新。

四、考评内容与标准

（一）评价标准

1. 国际一流供电企业标准（框架）由必备条件、考核指标和评价指标三部分组成，对各项必备条件实行评价否决；考核指标与评价指标进行评分，总分为1000 分，其中考核指标 800 分，评价指标 200 分。

2. 考核指标包括：

安全与质量 200 分；

设备与技术 200 分；

效率与效益 150 分；

营销与服务 150 分；

员工素质 100 分。

3. 评价指标包括机制创新、管理创新、科技创新和企业文化，共 4 项，每项 50 分。

（二）评分办法

1. 考核指标按考核标准具体评分（各项指标的评份标准另行制定）。

2. 评价指标按优秀、良好、一般进行综合评价，优秀 46～50 分，良好 41～45 分，一般 36～40 分。

3. 各项考核指标总得分率均达到 90% 以上、各项评价指标达到良好及以上为合格。

五、考评程序

（一）企业自查

坚持高标准、严要求，企业对照标准，认真自查，全面达到本标准后，向省公司提出申请。

（二）上级公司检查

由主管公司牵头，分公司或省公司组成联合检查组，对申报企业进行预检查，达到国电公司国际一流供电企业标准后，向国家电力公司提出申报。

（三）国内、国际专家评价

国家电力公司组织国内同行专家进行检查评价，并作出评审结论；在评审合格基础上，可邀请国外同行专家进行诊断评价。

（四）国电公司命名

由国家电力公司正式命名。

关于颁发《电业生产事故调查规程》的通知

（国电发［2000］643号）

各分公司，华北电力集团公司，各省（自治区、直辖市）电力公司，华能集团，华能国际，中电国际，国电电力：

《电业生产事故调查规程》经审查通过，批准为国家电力公司系统内强制性标准，现予发布。自2001年1月1日起在国家电力公司系统内贯彻执行。

执行过程中的问题和意见请及时告国家电力公司发输电部。

附件：《电业生产事故调查规程》（报批稿）（略）

二〇〇〇年十月二十日

关于颁发《输电网安全性评价》（试行）的通知

（国电发［2000］659号）

各分公司，华北电力集团公司，华能集团公司，各省（自治区、直辖市）电力公司，电力科学研究院：

《输电网安全性评价》（试行）经审查通过，批准为国家电力公司系统内推荐性标准，现予发布。自2001年1月1日起在国家电力公司系统内贯彻执行。

执行过程中的问题和意见请及时告国家电力公司。

附件：《输电网安全性评价》（略）

二〇〇〇年十月二十六日

关于印发《国家电力公司技术改造工作管理办法》（试行）的通知

（国电发［2000］821号）

华北电力集团公司，各省（区、市）电力公司，华能集团公司，华能国际，中电国际，国电电力，乌江公司：

为了进一步加强国家电力公司技术改造工作，提高技术装备水平，保证发电、输电和供电设备的安全、稳定、经济运行，国家电力公司根据近年来技术改造的情况，在原能源部《电力工业技术改造与技术进步管理办法》的基础上，制订了《国家电力公司技术改造工作管理办法》（试行），现印发给你们，请认真贯彻执行。

附件：《国家电力公司技术改造工作管理办法》（试行）（略）

二〇〇〇年十二月二十九日

附件：

国家电力公司技术改造工作管理办法（试行）

二〇〇〇年十二月

第一章 总 则

第一条 为了进一步加强国家电力公司技术改造工作，促进技术进步，提高技术装备水平，保证发电、输电和供电设备的安全、稳定、经济运行，根据国家有关政策及规定，特制定本办法。

第二条 本办法适用于国家电力公司各全资子公司。

第三条 技术改造的含义

技术改造是指对国家电力公司现有设备和设施，以及相应配套的辅助性生产、生活福利设施，利用国内外成熟、适用的先进技术，以提高其安全性、可靠性、经济性、可调性、满足环保要求，并增加生产能力而进行的完善、配套和改造。技术改造的投资形成固定资产，是企业的一种资本性支出。

第四条 技术改造的范围

（一）消除影响发电厂安全、可靠运行的设备缺陷和公用系统存在的问题，提高效率和出力，挖掘现有设备的潜力；

（二）完善现有电网结构，提高电网安全稳定运行的技术措施，对输变电设备进行升压、增容、降耗改造，提高电网送变电能力和安全稳定运行水平；

（三）降低供电煤耗、水耗、厂用电、线损等，提高发电、输电和供电设备的经济性；

（四）提高电网调度、通信、控制自动化等设施（系统）的技术水平；

（五）水电厂机组提效、增容扩机改造以及大坝补强加固改造；

（六）治理环境污染，满足环保要求；

（七）改善劳动条件及劳动保护措施；

（八）对发电、输电和供电设备和设施进行延长寿命改造；

（九）其他技术改造项目。

第五条 技术改造应遵循下列原则

（一）技术改造应以发电、输电和供电设备安全生产为基础，以经济效益为中心，以节能降耗、环境保护为重点，以国家产业政策和公司有关规定为依据，有重点、有步骤地进行。

（二）技术改造资金应重点使用，并进行充分的投资经济效益评估，发挥资金的使用效益。

（三）加强工程管理，努力缩短工期，保证质量，降低造价。

（四）技术改造项目不仅要注重本企业的技术经济效益，也要注重社会综合效益，充分满足环境保护的要求。

（五）对重点的技术改造项目要实行项目资本金制、项目负责人制、招投标制、工程监理制、合同管理制。

第二章 技术改造资金的来源与管理

第六条 资金来源

（一）自有资金

1. 企业按规定留用的折旧基金；

2. 按规定用于技术改造的环保专项返回费用和保险赔偿费；

3. 其他。

（二）国内融资（包括国内银行技术改造贷款和国家专项贷款）

（三）国家用于技术改造的专项拨款

（四）利用外资

（五）其他

第七条 技术改造贷款的使用范围和要求

（一）为弥补企业资金不足，对综合经济效益较好的项目可使用贷款；

（二）用国家专项贷款时，各全资子公司（以下简称子公司）应于每年10月底以前，向国家电力公司提出下年度技术改造贷款的项目计划，由国家电力公司向国家经贸委申请；

（三）贷款偿还

所贷款项的归还，按国家有关规定，应纳入企业资本性支出预算中统一平衡解决。

第八条 技术改造资金应纳入企业的预算管理中，并在资本性收支预算中统筹安排。

第三章 技术改造的规划

第九条 规划必须明确技术改造的方向与目标，应在调查研究的基础上统筹安排，综合平衡，量力而行，保证重点，把有限的资金、物资、人力用于重点项目和关键项目，提高企业素质，防止短期行为，防止盲目上项目的做法。

第十条 技术改造规划的内容

（一）要对本企业发电、输电及供电设备的技术状况、主要技术经济指标、安全生产情况进行调查研究，分析生产中存在的主要矛盾及薄弱环节；

（二）根据技术改造政策和技术装备政策，制订技术改造目标、重点、技术措施；

（三）提出技术改造总规模及改造方向，提出投资规模；

（四）落实外部条件（包括燃料、设备制造等的情况）；

（五）技术经济效益分析；

（六）提出投资估算和资金来源。

第十一条 技术改造规划的编制

（一）国家电力公司根据国家要求和电力工业的技术发展水平，以及各子公司技术改造的情况，编制国家电力公司的5年技术改造规划纲要；

（二）各子公司根据国家电力公司五年技术改造规划纲要编制本公司的5年技术改造规划，并上报国家电力公司审批或备案；同时，在此基础上还应制订技术改造3年滚动计划。5年规划一般在规划期前一年编制。

第四章 技术改造项目的审批及建设程序

第十二条 技术改造项目的划分标准

（一）技术改造项目是指具有工程设计文件（或改造方案）、能发挥效益的技术措施。在一个企业内，主体改造工程和与之配套的工程应作为一个项目。没有直接联系的几个独立项目，不能捆在一起作为一个项目，也不能将一个独立项目分解成几个项目。

（二）技术改造项目，按投资限额分类

1. 限上项目

投资总额在3000万元及以上。

2. 限下项目

投资总额在3000万元以下。

3. 国家电力公司指定项目不分投资限额。

（三）重点技改和一般技改项目

1. 重点技改项目

投资总额在200万元及以上项目或上级指定项目。

2. 一般技改项目

投资总额在200万元以下的项目。

第十三条 技术改造项目的审批权限

（一）限上项目

1. 投资总额在2亿元及以上的项目由国家电力公司审查后，报国家经贸委及国务院审批。

2. 投资总额在5000万元至2亿元（不含2亿元）的项目，由国家电力公司审查后，报国家经贸委审批。部分项目经国家经贸委授权，由国家电力公司审批。

3. 投资总额在3000万元至5000万元（不含5000万元）的项目由各子公司审查后，报国家电力公司审批。

（二）限下项目

1. 投资总额在3000万元以下（不含3000万元）的项目，由各子公司审批。

2. 国家电力公司指定的特殊项目，由各子公司审查后，报国家电力公司审批。

第十四条 技术改造项目建设程序

技术改造项目建设一般要经过下列阶段（部分项目经国家电力公司同意后，手续可从简）：

1. 根据技术改造近期规划的要求，由项目单位编制项目建议书或技术改造方案（适合单纯更换设备的工程），经批准后即为立项。对较复杂的项目或改造资金在200万元及以上的项目，均应开展可行性研究，并按程序上报审批。

2. 根据批准的可行性研究报告（个别项目为设计任务书），按规定组织进行招投标工作，并编制初步设计文件。

3. 上报和审批初步设计文件。初设文件一经批准，可进行开工准备。

4. 上报和审批开工报告。开工报告经批准并列入年度计划后，方可正式开工。

5. 竣工验收。

第五章 技术改造年度计划

第十五条 年度计划的编制依据

（一）年度计划的编制应以技术改造规划和滚动计划为依据。

（二）各基层单位应在每年9月底以前按规定报下年度技术改造申请书（含结转项目），作为上级单位编制下年度计划的依据。

第十六条 年度计划项目

（一）年度计划项目分为三种：

1. 正式项目：初设已审批，具备开工条件并批准开工报告的新开项目和结转项目。

2. 预备项目：可行性研究已审批，招投标工作和初设在进行，外部条件正在落实。

3. 前期项目：项目建议书已审批，正开展可研的项目。

（二）列入年度计划的正式项目必须做到“四落实”：

1. 资金来源落实。

2. 主设备订货落实。

3. 主要材料来源落实。

4. 施工力量落实。

第十七条 年度计划的投资预算

（一）年度投资预算是指在计划年度内允许完成的技术改造项目的总费用，包括结转和新开项目在本年度内完成的费用。

（二）根据基层单位上报的项目申请表及本单位的实际情况，各子公司确定本年度的投资预算。

第十八条 年度计划的编制

（一）各子公司应根据规划中明确的资金使用方向和重点，组织编制当年技术改造项目年度计划，该计划应控制在各子公司下达的年度投资预算内。

（二）对国家电力公司指定项目和各子公司自有资金以外的项目，如专项贷款、国家专项资金和国家电力公司补助资金等的项目，由国家电力公司根据各子公司技术改造规划和年度计划申请组织编制。

第十九条 年度计划的审批下达

（一）为满足设备和材料订货的要求，各子公司每年1月底之前下达当年度的第一批技术改造项目（原则上不能超过全年技改计划投资量的50%）。限下项目的计划最迟于计划年度二季度末以前下达完毕。

（二）限上项目各子公司应上报审批后再行下达。

第二十条 年度计划的调整

已列入年度计划的项目（包括措施内容、项目名称、总投资）一经审批，不得随意改动。在执行过程中因情况发生变化确需调整时，需经原批准单位审查批准。

特殊应急项目可在具备列入年度计划条件的前提下随时申报。

第六章 技术改造工程管理

第二十一条 技术改造工程开工应具备的条件

（一）开工报告：限上项目开工之前应填报开工报告，由国家电力公司主管部门批准。限下项目由各子公司具体规定。

（二）用款计划：为了合理使用技术改造资金，发挥资金的时间效益，所有工程均应根据工程具体施工进度，编报工程用款计划。

（三）项目本年度资金未用完时，应办理相应的工程结转批准手续，纳入下一年度资金预算安排后，方可继续使用。

（四）技术改造项目必须实行项目负责人制，对项目计划的实施全面负责。

第二十二条 设计、设备制造、施工和监理等单位的选择

（一）为了确保工程质量，节约投资，除保密性强或有特殊要求的项目外，均应按规定进行设计、设备制造、施工和监理等的招标投标，要打破地区、部门的界限，开展工程设计、设备制造、施工和监理等的竞争。

（二）限上项目，由国家电力公司组织或委托各子公司进行设计、设备制造、施工和监理等的招投标，择优选择设计、设备制造、施工和监理等单位。

（三）限下项目，由各子公司组织或委托基层单位进行设计、设备制造、施工和监理等的招投标。

（四）招标可采取公开招标、邀请招标的方式进行。

第二十三条 技术改造工作的组织机构

必须加强技术改造的组织领导工作。各子公司应确定一名领导负责技术改造工作，并由生产技术管理部门归口管理，健全机构。各单位要选派懂技术、懂经济、遵守国家政策法令及上级规定的人员去管理工程。管理人员的配备应与技术改造工作任务相适应。各子公司工程管理概预算专业人员，必须取得资格认证。

第二十四条 概（预）算的编制

（一）应按国家及有关部门的规定，编制技术改造工程的概（预）算。

（二）技术改造工程概（预）算书的编制，要视工程具体情况，依据设计阶段的划分进行，初步设计阶段应编制总概算书，施工图阶段编制预算书。对投资额度不大或单纯设备更换的工程可不编制施工图预算。概（预）算的编制，宜由设计单位负责。

第二十五条 概（预）算的审批和调整

（一）初步设计总概算书或施工图预算书，是设计审批工作的组成部分。初步设计总概算应随初步设计批准文件同时下达。

（二）初步设计总概算书经批准后，要严格执行。各子公司要按批准的总概算金额控制使用，不得任意增加工程项目、提高建设标准、扩大建筑面积和增加其它费用。

（三）经审定批准的概（预）算，是控制工程投资、签订工程合同和工程决算的依据。在执行预算过程中发现的问题，可通过合同和结算的办法予以解决。

（四）概算中的预备费，由项目单位掌握，动用预备费应向主管部门申请，办理审批手续后，方可动用。

第二十六条 经技术改造拆除的设备、器材，经鉴定凡是有利用价值的，要妥善保管，进行有偿处理，并登记入帐。凡能在竣工前处理的，应尽早处理，以冲减工程成本。

第二十七条 工程竣工的当月，即应按投资估价增加固定资产，以及时计提折旧。

第二十八条 重点技改工程在竣工后2个月内，必须编制完成竣工报告（包括决算和竣工图），并按隶属关系上报。

第二十九条 限下项目技术改造工程竣工验收一般由各子公司负责组织，限上项目由国家电力公司或委托各子公司组织验收。凡验收不合格的项目，不能转为固定资产，不能投入运行，不能提取各项有关基金。

第三十条 各子公司在全部工程竣工后，要认真做好各项账务、物资以及债权、债务的清理结算，做到工完账清。

第三十一条 重点技术改造工程应进行后评估，其中限上项目由国家电力公司或委托各子公司组织进行。

第七章 附 则

第三十二条 各子公司根据本规定，制订实施细则，并报国家电力公司备案。

第三十三条 本规定由国家电力公司发输电运营部负责解释。

关于印发《防止电力生产重大事故的二十五项重点要求》的通知

（国电发［2000］589号）

各分公司，华北电力集团公司，各省（自治区、直辖市）电力公司，华能集团公司，华能国际，中电国际，国电电力，乌江公司，电规总院，水规总院，东北、华北、华东、西北、西南、中南电力设计院，电力科学研究院，热工研究院，武汉高压研究所，苏州热工所，各水电工程局，各水电勘测设计院，安能总公司：

为进一步落实《中共中央关于国有企业改革和发展若干重大问题的决定》中关于“坚持预防为主，落实安全措施，确保安全生产”的要求，完善各项反事

故措施，进一步提高电力安全生产水平，国家电力公司通过总结分析近年来发供电企业发生重大事故的特征，在原能源部《防止电力生产重大事故的二十项重点要求》（简称二十项反措）的基础上，制订了《防止电力生产重大事故的二十五项重点要求》，现颁发执行。

做好防止电力生产重大事故的措施，是保证电力系统安全稳定经济运行的重要条件，是制造、设计、安装、调试、生产等各个单位的共同任务。因此，各有关方面都应认真贯彻落实二十五项重点要求。

本重点要求并不覆盖全部反事故技术措施，各单位应根据本要求和已下发的反事故技术措施，紧密结合各自实际情况，制定具体的反事故技术措施，认真贯彻执行。

附件：防止电力生产重大事故的二十五项重点要求（略）

二〇〇〇年九月二十八日（印）

关于印发《水电建设工程质量管理办法（试行）》的通知

（国电水［2000］83号）

各网、省电力公司，水电顾问公司，水电工程总公司，安能公司，各水电建设项目法人、建设、管理、设计、施工单位：

为适应电力体制改革和水电建设的需要，加强和规范水电建设工程质量管理，进一步提高工程质量，根据国家有关规定，结合水电建设实际，国家电力公司制定了《水电建设工程质量管理办法（试行）》。现印发给你们，请认真贯彻执行。

附件：水电建设工程质量管理办法（试行）（略）

二〇〇〇年二月十一日（印）

关于颁发《国家电力公司水电建设项目工程招投标和合同管理规定》的通知

（国电水［2000］161号）

各分公司、各集团公司，各省、自治区、直辖市电力公司，各水电建设项目法人、设计、施工、监理单位：

为在水电建设过程中进一步规范招投标工作，提高合同管理水平，切实保障工程建设各方的合法权益，确保水电建设工程的招投标和合同管理在公正、公平的基础上健康有序地进行，特制定《国家电力公司水电建设项目工程招投标和合同管理规定》，现予颁发，请认真贯彻执行。

附件：国家电力公司水电建设项目工程招投标和合同管理规定

二〇〇〇年三月二十四日（印）

附件：

国家电力公司水电建设项目工程招投标和合同管理规定

第一章　总　　则

第一条　为在水电建设工程中进一步规范招投标工作，提高合同管理水平，切实保障工程建设各方的合法权益，确保水电建设工程的招投标和合同管理在公正、公平的基础上健康有序地进行，根据《招标投标法》和《合同法》以及国家有关法律、法规的规定，制定本规定。

第二条　本规定适用于国家电力公司及其子公司全资或控股建设的水电建设工程和国家电力公司系统内从事水电建设的有关企业。国家电力公司及其子公司参股建设的水电建设工程可参照执行。

第三条　水电建设工程的管理应全面推行项目法人责任制、招标承包制和建设监理制。项目法人应对建设项目的投资方负责。

第四条　水电建设工程及其主要材料、重要机电设备的采购均应实行招投标，依法签订经济合同。

第二章　招标前的准备工作

第五条　水电建设项目筹备阶段和招标前应完成以下准备工作：

（一）工程建设项目投资方已确定，项目公司经批准成立；

（二）工程建设项目的可行性研究报告（包括工程概算）已经国家电力公司组织审查，并报政府主管部门批准；

（三）承担工程招标设计和编制招标文件的设计单位已由项目法人在筹备阶段通过邀请招标或评选确定，并经国家电力公司批准；招标前，工程设计单位陈有庆(1932—) 香港亚洲金融集团主席兼董事总经理。1932年11月生于中国广东省潮阳。泰国盘谷银行创办人陈弼臣之长子。1946年到香港。1953年在纽约美国银行学院攻读银行及经济学。早年在盘谷银行工作。1955年在香港商业银行任职,1965年升总经理,后任董事长。1988年和1993年两次当选为中华人民共和国人大港澳代表,全国人大华侨委员会顾问,香港基本法咨委会顾问,1990年香港商业银行和亚洲保险有限公司合并为亚洲金融集团从事金融、保险和股票经记业务,设中国业务部,1993年2月在深圳设代表办事处。他持有该集团1323万股的股份。现兼任泰国盘谷银行董事局顾问,日本东海银行亚洲顾问。曾任香港商业银行董事长。1984年获泰国王颁授的三等白象勋章,1985年获香港非官守太平神士。

胡仙(Sally Aw,1934—) 又名莎莉·胡,香港星岛报业集团主席兼董事总经理,香港报业巨子,著名华侨胡文虎之女。生于缅甸仰光,祖籍中国福建省永定县。香港史蒂芬女校毕业。后在美国哥伦比亚大学攻读新闻专业。曾在香港其父创办的《星岛日报》工作。1954年其父去世后,继承星系报业有限公司和《星岛日报》,并分得股权。不到五年,公司扭亏为盈,《星岛日报》成为香港销售量最大的报纸。1972年5月她把星系报业有限公司改名为星岛报业有限公司,尔后成为集团并出任董事长。80年代《星岛日报》出版纽约、旧金山、多伦多、温哥华、悉尼和伦敦版。除新闻出版外,她在香港、澳大利亚、新西兰、加拿大投资地产、旅游、餐馆、商业等。拥有香港星岛集团67%股权,不列颠哥伦比亚省停车场有限公40%股权。《星岛日报》垄断了香港地产的买卖广告。曾任世界中文报业协会和国际新闻协会主席,香港政府封她为“太平绅士”。

胡应湘(1936—) 香港合和实业(集团)有限公司总经理。生于香港,祖籍广东花县。1958年获美国普林斯顿大学土木工程学士位。后返港任职建筑工程师5年,继加入家族在香港拥有的中央建业有限公司,着手发展地产事业。1992年被委任为香港总督商务委员会18个成员之一,现任全国政协委员、港事顾问等职。其公司前身为1964年由他创办的合和建筑有限公司,1972年易为现名,曾以发展住宅及商业楼宇为主。自80年代初,逐渐转向投资大型基建项目。近十年来,他更以巨资投资中国、菲律宾、泰国等地的基本建设,成为以地区性基建计划发展商的身份名闻遐迩。1991年,获DHL/南华早报商业成就奖。兄胡文瀚,名应沾,为合和实业(集团)有限公司董事长。

郭志权(1938—) 香港永安集团有限公司董事、永安有限公司总经理。广东中山人。系郭泉之孙、郭琳褒之子。太平绅士。香港圣保罗中学毕业。美国麻省理工学院物理学学士,哈佛大学物理学硕士、博士。曾在美国IBM中心当研究员。1971年,郭琳褒病逝后,郭志权由美返港出任永安人寿公司经理。1983年升任永安集团主席,1986年辞去主席职。现兼任中华基督教青年会名誉会长,市政局官委议员及香港房屋委员会委员,港事顾问等职。其公司于1897年由祖父郭泉等在澳大利亚创立。二次大战中,永安集团损失惨重。50年代初期,不少外资公司撤离香港,郭氏家族借此加速发展。60年代中期,开始投资地产。现已发展成拥有保险、银行、地产、纱厂、进出口贸易、电脑、股票等多元化集团,是香港上市公司。

徐展堂(1941—) 香港中华制漆有限公司董事局主席。江苏宜兴人。历任北海实业(集团)有限公司董事局主席,中华海景酒店董事局主席,城巴有限公司董事局主席,丽的呼声(香港)有限公司董事局主席,新中港集团主席,香港桥牌协会名誉会长,香港垒球总会名誉会长。东华三院1985—1987年度总理,1987—1991年度副主席。1992年被委任为首批港事顾问。八届全国政协委员。其公司是香港两大油漆制造商之一，成立于1946年，隶属北海集团，主要生产多种油漆，包括汽车、家具、船舶及货柜等。该公司在香港拥有工业用漆市场的90%，家庭和建筑用漆市场的50%。产品主要以三个牌子出售，包括菊花（家庭及建筑用）、长颈鹿（工业用）、玩具（不渗透工业用）。

曾宪梓（1934—） 香港金利来（远东）有限公司董事长，广东梅县人。1961年广州中山大学生物系毕业后，分配至广东省农业科学院工作。1963年申请到香港，后到泰国。1968年回港创办金狮领带公司，即现在金利来（远东）有限公司。现为金利来集团主席，金利来（远东）有限公司、金利来（新加坡）有限公司董事长，香港中华总会副会长，香港嘉应商会永远名誉会长，港事顾问。七、八届全国人大代表。第五、六届广东省政协常委。原香港基本法咨询委员会委员。其公司主要从事制造领带、领带布料及皮具，代理有关领带及皮具生产机械。1984年，他开始在中国推销金利来牌子产品，销路直线上升。此后，他又成立银利来公司。1987年，又开始生产恤衫。他本人拥有金利来公司75%的股份。

马来西亚

方木山（1939—） 马来西亚立达环球控股有限公司董事长。祖籍广东省潮州。生于一菜农家庭，中学毕业后，告别父母及9个弟妹，到新加坡谋生。先后在3家电缆电线公司服务，1974—1976年间参与挽救马来西亚电缆电线及金属制造厂有限公司。1976年与朋友合伙在槟城创立立达电缆工业私人有限公司，1984年立达开始出口电缆。1988年通过合并和反收购的方式控制环球电缆有限公司，业务重组后，改为现名，方氏持有公司30%股权。1993年中开始进军海外，7月通过香港蔡斯产业有限公司，与中国汕头邮电局签约，投资3000万美元设厂生产电缆及有关产品。12月与菲律宾公司联营开设该国第一家铝管生产工厂。1994年收购马来西亚政坛红人陈群川的大洋控股有限公司54%股权，将大洋业务集中在房地产与制造业。作风随和谦虚。

叶永松（1942—） 马来西亚股市大亨，麦康有限公司董事经理。生于马来西亚柔佛州，曾在内政部当警长。70年代初进入商场，搞小规模建屋工程。此后与土著联手在马六甲发展新市镇。80年代开始收购上市公司，先后买下富达综合、嘉隆发展、新马金属及新加坡海狮大酒店，成为股市大亨。但1985～86年间因经济不景气，这些公司先后被接管。叶氏面对70多宗，总额达6亿马元的债务。但还拥有不少地产。1989年重回股市收购麦康30%股权，1990年麦康收购沙巴州的博彩业，1992年富达改组为麦康附属公司奥林比亚，持有其57%股权。此外在新加坡、香港皆有投资。主要业务博彩业、房地产、种植业。

刘玉波（Lau Gek Poh，1936—） 马来西亚“木材大王”，沙巴州的慈善家和实业家。1917年生于中国潮安龙溪乡，幼年在家乡接受私塾教育。到马来西亚沙巴州，在山打根一杂货店当学徒，后在一商行当书记。1939年与友合股开杂货店，二次大战时关门。1948年东山再起成立合成公司，经营杂货，1953年转为木材公司。1963—1967先后经营橡胶和可可种植园，后又兼营汽车销售、五金、建筑、船运、戏院、酒店及进出口贸易。拥有40多家公司，分布于东马、台湾、香港、日本、西德、加拿大。70年代成为沙巴的“木材大王”，共拥有700余辆重型拖拉机、400多辆拖木车、600多辆与伐木有关的车辆。1979年是全马最高的纳税人之一。1983年收购马来亚磨石，并控制其50%的股权。热心于公益，曾当过沙巴州华社领袖。其格言是永久设备应由发包人根据工程施工进度计划进行招标采购，由项目法人、监理单位和承包人共同验收后移交给承包人，并应由发包人和承包人按合同规定承担各自的责任。

第四十一条 工程所需的主要材料应由承包人在发包人和监理单位的监督下进行招标采购。承包人应对其负责采购的、用于工程的所有材料负全部责任。

对于采购周期较长、需要由发包人在招标前提前采购的大型专用施工设备，可以由发包人采购后在招标文件中明确有偿提供或租借给承包人使用，但这些设备只能用于本工程，未经监理工程师批准不得转移它用。

第四十二条 承包人应按合同规定组织工程施工，严格按技术条款规定的工艺要求和质量标准进行各项工程建筑物的施工，承包人应对工程施工质量负全部责任。

第四十三条 未经发包人同意，承包人不得将工程的任务部分分包出去。已经发包人同意的工程分包,不允许转包或再分包，承包人应对其分包出去的工程以及分包人的任何工作和行为负全部责任。

第四十四条 发包人应与监理单位签订监理服务合同，委托监理单位在发包人授权范围内负责现场的合同管理。监理单位应按监理服务合同的要求和施工合同的规定履行其职责，公正、公平地处理日常合同事宜。

第四十五条 监理单位对工程质量负有监督管理责任，监理单位应有权对工程的所有部位及任何一项工艺、材料和工程设备的质量进行检查和检验，并按合同规定参加每一项隐蔽工程和工程隐蔽部位的检查和验收。发包人应授予监理单位充分的质量否决权。

第四十六条 发包人应与设计单位签订设计服务协议，明确设计单位在工程建设期间的职责和现场服务工作的内容。设计单位应按批准的施工进度计划的要求向监理单位提交施工图纸，并应对施工图纸的质量负全部责任。

第四十七条 设计单位应派出设计项目经理或其授权代表进驻现场，根据工程施工中的实际情况和施工揭示的地质情况，及时修改和优化设计，并及时配合监理单位按合同规定处理变更和索赔事宜。

在现场工作的设计项目经理应对发包人负责，设计单位不得向承包人直接发出指示。

第四十八条 在合同履行期间，发包人应聘请一个3～7人的顾问专家组，定期对工程施工过程中遇到的重大技术问题进行咨询。监理单位、设计咨询单位和承包人应定期向发包人和顾问专家组提交专题报告供专家审议，由发包人会同监理、设计和施工各方共同研究落实顾问专家组的咨询建议，并由发包人组织有关单位提交执行报告。

第四十九条 发包人与承包人签订合同后，应共同协商聘请成立合同争议调解组，负责调解双方在履行合同过程中发生的争议。争议调解组由双方共同聘请3～5名有合同管理和工程实践经验的专家组成。

第五十条 为及时化解工程风险，保证工程建设顺利进展，发包人和承包人应共同促进索赔和争议调解工作的正常开展，支持和配合争议调解专家组的工作。

第五十一条 发包人和承包人应落实索赔和争议调解工作达成的协议。当合同双方未能就合同纠纷达成协议，并且合同双方或其中任何一方不接受专家组的调解意见时，可提交仲裁机构仲裁。

第五十二条 工程完成后，发包人应按合同规定组织工程完工验收。全部合同工程项目完成后，发包人应按国家有关部门的规定，组织工程竣工安全鉴定，鉴定合格后进行工程的竣工验收。

第五十三条 工程竣工验收后，由国家电力公司聘请专家对工程项目的完成情况进行后评估，评估的内容包括：

（一）工程的投资控制和财务评价；

（二）工程的设计质量和施工质量的鉴定意见和工程质量的总评价；

（三）项目法人的工程管理能力评价；

（四）工程投运后的效益评估。

第七章 附 则

第五十四条 使用国际组织或外国政府贷款、援助资金的项目亦应按本规定进行招标和投标。但工程项目的贷款方和资金提供方的规定与本规定不一致时，应执行贷款方或资金提供方的规定。

第五十五条 本规定由国家电力公司解释。

第五十六条 本规定自发布之日起施行。

关于颁发《国家电力公司水电建设工程安全文明生产管理规定》的通知

（国电水［2000］162号）

各分公司，各集团公司，各省、自治区、直辖市电力公司，各水电建设项目法人、设计、施工、监理单位：

为加强水电工程建设安全文明生产管理，明确职责，保障国家财产和劳动者安全，确保工程建设顺利进行，特制定《国家电力公司水电建设工程安全文明生产管理规定》，现予颁发，请认真贯彻执行。

附件：《国家电力公司水电建设工程安全文明生产管理规定》

二○○○年三月二十四日（印）

附件：

国家电力公司水电建设工程安全文明生产管理规定

第一章 总 则

第一条 为加强水电工程建设安全文明生产管理，明确职责，保障国家财产和劳动者的安全，确保工程建设顺利进行，依据国家有关规定，结合水电建设行业的实际，制定本规定。

第二条 水电工程建设必须认真贯彻执行“安全第一，预防为主”的方针和有关安全生产政策、法规、制度。

第三条 水电工程建设施工安全管理要坚持“安全生产，人人有责”和“谁建设谁主管，谁施工谁负责”的原则，实行建设项目法人组织、协调，设计、监理、施工各负其责的管理体制。

各单位的各级行政正职是本单位的安全文明生产第一责任人，对安全文明生产负全面的领导责任。

第四条 水电工程建设必须坚持文明施工，为安全生产提供良好的环境和条件。

第五条 水电工程建设必须从设计到施工实施全过程安全技术控制。积极推广应用新技术、新工艺、新材料和新设备，不断提高设计、施工水平和预防事故的能力。

第六条 坚持有效实施全过程安全目标管理，努力创建“安全文明工区”和“安全文明生产企业”。

第七条 本规定适用于国家电力公司及其子公司控股的水电建设项目和国家电力公司从事水电建设的企业。国家电力公司及其子公司参股的水电建设项目可参照执行。

第二章 安全管理体系及职责

第八条 国家电力公司对本公司所属水电工程建设的安全文明生产工作实施监督、管理，并成立水电安全专家组提供技术支持。其主要职责：

1. 贯彻国家有关安全生产工作的方针、政策、法规；

2. 制定、修订、颁发水电建设系统安全管理办法和规定；

3. 督促、检查水电系统安全文明生产情况，协调、解决安全文明生产工作中的重大问题；

4. 组织对重大事故的调查处理，参加、协调或组织特别重大事故的调查处理。

第九条 水电工程建设项目法人负责组织、协调、监督、支持各有关单位开展安全文明生产工作。其主要职责：

1. 贯彻执行国家安全生产方针、政策、法规和行业的各项安全生产规章制度；

2. 根据建设项目的实际情况，制定项目安全文明生产管理制度，安全文明施工规划；监督落实或帮助解决施工过程中必须的安全文明生产措施经费；

3. 负责审核承包单位资质和安全文明生产工作体系；

4. 积极为施工企业创造安全文明生产必要条件，在分标和现场施工布置时，应充分考虑施工干扰等不利的安全因素；

5. 牵头组织各施工、监理和设计等有关承包单位参加的建设项目安全文明生产领导机构，负责组织、协调安全文明生产工作；

6. 与建设项目所在地政府和有关部门联系，取得地方政府和有关部门的支持；

7. 协助有关主管部门和施工企业对重大和特别重大事故的调查处理；

8. 负责建立工程建设项目事故档案，定期向有关部门提供统计分析资料。

第十条 工程监理应配备专业安全监理工程师，并根据项目法人的委托，在现场负责安全文明生产监督、管理工作。其主要职责：

1. 负责安全文明生产技术措施的审批并监督其实施，督促隐患的整改；

2. 负责或参与协调和处理施工过程中急需解决的安全问题，并监督施工单位落实必要的安全技术措施；

3. 当施工单位安全文明生产严重失控时，有权责令停产整顿；

4. 协助对各类事故的调查处理。

第十一条 设计单位要把工程安全文明生产贯穿于设计工作的全过程，努力为安全文明生产创造条件，提供技术保证，其主要职责：

1. 工程设计必须符合国家、行业标准和部颁规程、规范、规定，选择、推广、应用有利于安全的新技术、新工艺、新材料；

2. 对施工风险较大部位的设计必须把安全放在

首位，充分考虑施工条件和技术措施，并坚持设计交底；

3. 对施工中可能遇到的与设计有关的安全险情，必须按规定做好检测、预报工作，并及时向项目法人提出相应的有效技术防护措施；

4. 协助对事故的调查处理。

第十二条 施工企业是安全文明生产的主体，承担本企业和合同约定范围内的安全责任，其主要职责：

1. 认真执行国家和上级主管部门颁发的各项安全文明生产法规、规定；

2. 建立健全安全生产保证体系和安全生产监督体系，设立专职安全管理机构，配备能胜任、满足工作需要的专职安全人员；

3. 结合本企业实际，制定并不断完善安全管理制度和规定；

4. 实施安全文明生产目标管理，层层签订安全文明生产责任书，并坚持定期考核，奖惩兑现；

5. 根据承包工程的实际组织项目经理部，选派合格的项目经理和管理人员；

6. 编制承包项目施工安全技术措施计划，并组织实施；

7. 坚持在计划、布置、检查、总结、评比生产的同时，计划、布置、检查、总结、评比安全文明生产工作；

8. 认真抓好文明施工，努力创建安全文明企业和“安全文明工区”；

9. 开展三级安全教育、经常性安全教育和技术培训、转岗轮训，保证特殊工种人员持证上岗；

10. 严格现场安全管理，定期组织安全检查，及时整改隐患，不断完善和规范安全防护设施；

11. 对使用的临时工和分包单位进行安全资质的审查，对其施工安全进行监督、指导、管理；

12. 组织或协助事故的调查处理。

第三章 安全文明生产技术措施经费

第十三条 项目法人和设计单位在编制招标文件和发包合同时，要根据建设项目的实际，提出安全文明生产的具体要求，有关专项经费应列入工程造价。

根据水电建设项目安全文明生产工作的实际需要，项目法人应设立安全文明生产技术措施补助费（简称安措补助费），用于施工过程中发生的合同未涉及到的劳动条件改善和安全文明生产环境的治理等，其费用按建安工程量的5‰～7‰控制，由项目安全文明生产领导机构掌握使用。

第十四条 施工单位要按照招标文件的要求和建设项目施工实际的需要，编制安全文明生产技术措施计划，其费用列入投标报价，并不得挪作他用。

施工单位应根据当年的生产任务和安全生产工作的需要，编制年度安全文明生产技术措施计划，与生产经营计划同时下达。所需的资金确保到位。

第四章 安全监察与监督

第十五条 各企业、项目应按国家电力公司有关规定建立、健全安全监察、监督机构，归口管理本企业、项目的安全文明生产工作，充分发挥安全监察体系的作用。

第十六条 各级安全监察、监督机构的业务工作受本企业和上级安全监察、监督机构的双重领导，企业安全监察、监督机构负责人的任免应征求上级安全监察、监督机构的意见。

第十七条 安全监察、监督人员实行持证上岗制度。安全监察、监督机构的安全监察员、监督员应经上级安全监察、监督机构的资格审核，取得《安全监察员证》持证上岗。

第十八条 安全监察、监督机构的资源配置必须满足开展实际工作的需要，保持稳定的高素质的安全工作队伍。

第十九条 安全监察、监督机构的主要职责

1. 协助领导贯彻执行国家、上级有关安全生产的方针、政策、法规；

2. 组织制定安全管理规章制度，建立安全工作网，开展安全监察，监督安全技术措施的落实和隐患整改；

3. 协助开展安全教育，组织对安监人员、特种作业人员的安全培训、取证；

4. 开展安全检查、考核，并提出奖惩建议；

5. 参加新建、改建、扩建和重大技术改造项目的设计审查和完工验收；

6. 做好事故的统计、分析、报告和调查处理。

第五章 安全文明生产

第二十条 水电工程施工必须把“安全文明生产”工作贯穿于施工的全过程。项目法人、施工、监理、设计等单位都应为创建“安全文明工区”共同努力。

第二十一条 水电工程建设项目安全文明生产领导机构，应根据总体目标，积极组织开展创建“安全文明工区”活动。制定相关管理制度、措施和《安全文明生产考核细则》，并定期开展检查、考核、评比。

第二十二条 安全文明生产基本要求：

1. 施工人员应严格执行操作规程，严格遵守安全文明生产纪律，进入施工现场，按劳保规定着装和

使用安全防护用品，禁止违章作业；

2. 施工现场入口处必须设置明显的施工企业名称、工程概况、项目负责人、安全文明生产纪律等标示牌；

3. 施工用房和生活用房要严格按规划建造，严禁乱搭乱建；

4. 施工道路平整、畅通，安全标志、设施齐全；

5. 风、水、电管线、通信设施、施工照明等布置合理，标识清晰；

6. 施工机械设备定点停放、材料工具摆放有序，工完场清，车容机貌整洁，消防器材齐备、通道畅通；

7. 施工用各类脚手架、吊篮、通道、爬梯、护栏、安全网等安全防护设施完善、可靠；安全标志醒目；

8. 积极开展尘、毒、噪声治理，合理排放废渣、污水；

9. 生活区清洁卫生，环境美化。

第六章 事故报告、统计及调查、处理

第二十三条 本办法所称事故，是指在生产过程中发生的人身伤害、机械设备损坏等生产性事故。

第二十四条 事故的报告、统计、调查和处理工作必须坚持实事求是、尊重科学的原则。

第二十五条 事故等级划分

1. 一般事故：指一次发生死亡 1～2 人或重伤 3 人以上；或直接经济损失 10 万元以上，不超过 150 万元的事故。

2. 重大事故：指一次死亡 3～49 人或死亡与重伤 10 人以上；直接经济损失 150 万元以上，不超过 1000 万元的事故。

3. 特别重大事故：指一次死亡 50 人以上；或直接经济损失 1000 万元以上的事故。

第二十六条 事故快报

1. 凡在生产中发生的各类事故（人员轻伤和重伤事故除外）都必须由项目法人和事故发生单位按隶属关系逐级快速上报。

2. 发生人身死亡事故的单位，必须在 24h 内报国家电力公司和主管单位，并同时报所在地有关主管部门。

第二十七条 事故调查处理

一、人身伤害事故

按国务院《企业职工伤亡事故报告和处理规定》组织调查处理。

二、机械设备损坏等生产性事故

根据事故等级，参照人身伤害事故组织调查组，分别由发生事故的企业、企业主管单位、国家电力公司或国家电力公司授权单位会同有关单位组织调查处理。

第二十八条 事故统计及有关材料的报告制度

项目法人、施工企业必须认真做好事故统计、报告工作。

一、统计范围

项目法人统计建设项目施工区域内发生的生产性事故。

施工企业统计本单位员工（包括临时工、民工等）在生产过程中发生的事故。

工程承包联营体发生伤亡事故，由责任方负责统计上报。

有限责任公司和股份公司的事故，由控股单位归口统计上报。

劳务和工序分包单位，发生伤亡事故由总包单位负责统计上报。

二、报告内容及时间要求

1. 发生人身死亡事故和重大事故的调查处理报告必须报国家电力公司和主管单位。

2. 伤亡事故统计报表包括事故月报、半年报和年报。各单位应在每月 5 日前、每年 7 月 5 日前、每年 1 月 5 日前分别将本单位或本工程的上月月报、上半年年报及年度报表报主管单位。

主管单位应在上述日期后 10 日内，分别将所属企业或工程的事故统计汇总表报国家电力公司。

3. 项目法人、施工企业应在每年 3 月底前将年度安全文明生产年度工作总结，报国家电力公司及主管单位。

第七章 奖 惩

第二十九条 安全文明生产工作必须坚持“重奖重罚”的原则，做到奖惩分明。对安全文明生产做出成绩和有突出贡献的单位和个人应给予奖励；对造成事故的责任者应根据情节轻重给予经济处罚，行政处分直至追究刑事责任；对事故责任单位应根据事故责任和性质给予经济处罚。

第三十条 国家电力公司定期对水电工程建设项目和施工企业的安全文明生产进行检查、考核。对安全文明生产取得突出成绩的项目和企业及作出突出贡献的个人通报表彰。

第三十一条 鼓励项目法人对施工单位在工程施工过程中的安全文明生产工作进行经济奖惩。

第三十二条 施工企业要坚持实施安全文明生产与经济分配挂钩的制度。一线施工的单位按安全文明生产考核情况分配的比例，应不少于浮动工资（超额工资或奖金）总额的 20%。

第八章　附　　则

第三十三条　本规定由国家电力公司负责解释。

第三十四条　本规定自发布之日起实施，各单位可根据本规定制定实施细则。

关于颁发《一流县级供电企业考核标准（试行）》的通知

（国电农［2000］261号）

各电力集团公司，东北公司，各省（自治区、直辖市）电力公司：

为进一步提高县级供电企业管理水平、经营水平、技术水平、服务水平和整体素质，适应农电“两改一同价”和国家电力公司创建国际一流公司的要求，推进县级供电企业实现两个根本性转变。国家电力公司决定：在巩固农电“两改一同价”成果的基础上，在国家电力公司系统开展创建一流县级供电企业活动。

创建一流县级供电企业的指导思想是：高举邓小平理论的伟大旗帜，深入贯彻党的十五大精神，坚持两手抓、两手硬，以市场为导向，以改革为动力，以安全生产为基础，以科技创新为灵魂，以效益为中心，以管理为重点，以服务为宗旨。

根据农电工作的实际，今年先搞试点，在全面总结试点经验的基础上，2001年全面展开。为做好创建一流县供电企业试点工作，现颁发《一流县级供电企业考核标准》（试行）。各网省公司农电部门要认真学习标准，结合实际，推行试点，制定规划，认真组织实施，要把创一流县级供电企业扎扎实实开展起来。县级供电企业要加强基础工作，对考核指标监测数据要求真实、完整。

各网、省公司在执行中遇到什么问题，请及时告国家电力公司农电工作部。

附件：一流县级供电企业考核标准（试行）（略）

二〇〇〇年五月十六日（印）

关于印发农村电网建设与改造工程施工安全管理办法的通知

（国电农［2000］599号）

各网省电力公司：

为了加强农网建设与改造工程安全施工管理工作，公司制定了《国家电力公司农网建设与改造工程施工安全管理办法（试行）》，现印发给你们，要求各单位认真贯彻执行。

附件：国家电力公司农村电网建设与改造工程施工安全管理办法（试行）（略）

二〇〇〇年十月十日（印）

关于印发国家电力公司科学技术进步奖奖励通报（第一号）的通知

（国电科［2000］291号）

各电力集团公司、各省（自治区、直辖市）电力公司、各有关单位：

经国家电力公司科学技术进步奖励评审委员会评选，决定对1999年度国家电力公司科学技术进步奖获奖项目（42项）给予奖励并通报表扬。现将国家电力公司科学技术进步奖奖励通报（第一号）印发给你们，请认真做好获奖项目的应用、推广工作，使科技成果在电力生产建设中进一步发挥作用，取得更显著的效益。

附件：国家电力公司科学技术进步奖奖励通报（第一号）（略）

二〇〇〇年六月二日（印）

关于印发《国家电力公司科技项目管理办法》的通知

（国电科［2000］736号）

公司各有关单位：

为进一步加强国家电力公司科技项目的管理并有效地组织实施，现将《国家电力公司科技项目管理办法》重新修订后印发给你们，请依照执行。

本管理办法自颁布之日起实施。原《国家电力公司科技项目管理办法》（国电科教［1998］30号）同时废止。

附件：国家电力公司科技项目管理办法

二〇〇〇年十一月八日（印）

关于印发《国家电力公司科学技术进步奖励办法》和《国家电力公司科学技术进步奖励办法实施细则》的通知

（国电科［2000］406号）

国家电力公司系统各有关单位：

为推进国家电力公司科技进步，自1999年起公司设立了科学技术进步奖，并印发了《国家电力公司科学技术进步奖励办法》（试行）。根据试行情况，公司组织对"奖励办法"进行了修订，并制定了实施细则。现将修订后的《国家电力公司科学技术进步奖励办法》和《国家电力公司科学技术进步奖励办法实施细则》印发给你们，自即日起施行。国电科［1999］374号印发的《国家电力公司科学技术进步奖励办法》（试行）同时废止。

附件1：国家电力公司科学技术进步奖励办法（略）

附件2：国家电力公司科学技术进步奖励办法实施细则（略）

二〇〇〇年七月十二日（印）

关于印发《国家电力公司系统企业法律顾问管理实施办法》（试行）的通知

（国电法［2000］527号）

国家电力公司系统各单位：

为加强对国家电力公司系统企业法律顾问队伍的管理，经研究，制定了《国家电力公司系统企业法律顾问管理实施办法》（试行），现印发给你们，请依照执行。

附件1：国家电力公司系统企业法律顾问管理实施办法（试行）

附件2：关于制定《国家电力公司系统企业法律顾问管理实施办法》（试行）的说明

二〇〇〇年十月十三日

附件1：

国家电力公司系统企业法律顾问管理实施办法

（试行）

第一章　总　则

第一条　为建设一支高素质的电力企业法律顾问队伍，充分调动法律顾问的工作积极性，规范国家电力公司企业法律顾问岗位资格，根据国家有关规定，制定本办法。

第二条　本办法适用于具有国家颁发的企业法律顾问执业资格证明，由电力企业聘任并经注册机关注册后专门从事法律事务工作的电力企业内部专业人员和被聘任辅助电力企业法律顾问工作的人员。

第三条　国家电力公司实行企业法律顾问岗位等级资格认定。企业法律顾问岗位等级，是国家电力公司对在企业法律顾问岗位工作的人员专业水平的确认。

第四条　企业法律顾问岗位等级资格实行统一注册、统一资格、分级管理的原则。

第二章　企业法律顾问的岗位等级、任职条件

第五条　根据工作需要，国家电力公司所属电力企业可以根据需要按下列岗位设置法律顾问：

（一）首席法律顾问；

（二）高级法律顾问；

（三）法律顾问；

（四）助理法律顾问。

第六条　首席法律顾问负责承办企业重大、复杂案件及其他法律事务工作，解决企业法律事务工作中的疑难问题，组织本部门企业法律顾问的培训工作。

首席法律顾问，应当具备以下条件：

（一）具有一定的政治理论基础和较高的政策水平，坚持四项基本原则，遵纪守法，恪守企业法律顾问职业道德；

（二）具有扎实的法律专业理论功底和丰富的法律实践工作经验，熟悉生产过程，掌握企业经营情况，能为单位决策提出准确的法律咨询意见；

（三）具有组织、管理、培训企业法律顾问工作人员的能力，在本单位法律事务机构中全面负责处理法律事务工作中成绩显著；

（四）具有大专以上学历，在电力企业法律顾问岗位工作满10年以上或者具有高级专业技术职称并在电力企业法律顾问岗位工作满6年以上的；文字水

平高，口头表达能力强；

（五）具有企业法律顾问执业资格并依法注册；

（六）经国家电力公司统一培训考核合格并取得证书。

第七条 高级法律顾问负责承办重大、疑难案件及其他法律事务工作，是负责企业法律事务工作的专业人员。

高级法律顾问，应当具备以下条件：

（一）具有一定的政治理论基础和较高的政策水平，坚持四项基本原则，遵纪守法，恪守企业法律顾问职业道德；

（二）具有丰富的法律专业知识和法律实际工作经验，熟悉生产过程，了解企业经营情况，能为单位经营管理提供正确的法律咨询意见；

（三）具有负责处理本单位法律事务的工作能力；

（四）具有大专以上学历，在电力企业法律顾问岗位工作满 8 年或者具有高级专业技术职称，在电力企业法律顾问岗位工作满 3 年以上的；文字水平较高，口头表达能力较强；

（五）具有企业法律顾问执业资格并依法注册；

（六）经国家电力公司统一培训考核合格并取得证书。

第八条 法律顾问承办比较复杂的案件和其他法律事务工作，是企业内部法律事务工作的专业人员。

法律顾问，应当具备以下条件：

（一）具有一定的政治理论基础和相应的政策水平，坚持四项基本原则，遵纪守法，恪守企业法律顾问职业道德；

（二）熟悉法律法规和有关规章制度，能够熟练运用法律知识处理电力法律事务，对企业的生产过程、经营情况有一定的了解；

（三）具有企业法律顾问执业资格或持有原电力部颁发的《法律顾问工作执照》，并依法注册。

第九条 助理法律顾问是尚未取得企业法律顾问执业资格，在企业法律顾问岗位工作的人员。

助理法律顾问，应当具备以下条件：

（一）坚持四项基本原则，遵纪守法，恪守企业法律顾问职业道德的；

（二）法律专业大专以上学历；

（三）比较熟悉法律法规和有关规章制度，并能辅助处理一些电力法律事务；

（四）经本单位考核合格。

第三章 企业法律顾问的注册及管理

第十条 国家电力公司负责企业法律顾问岗位等级资格的注册工作。

国家电力公司每年对首席法律顾问、高级法律顾问、法律顾问和助理法律顾问岗位等级资格实行注册管理。

第十一条 首席法律顾问、高级法律顾问岗位等级资格，由国家电力公司统一培训考核合格后，统一核发岗位等级资格证书。

法律顾问和助理法律顾问，经所在单位考核后，报国家电力公司核发岗位等级资格证书。

第四章 附 则

第十二条 本办法实施前，已在电力企业法律顾问辅助岗位工作的人员，应当在规定实施后四年内取得国家企业法律顾问执业资格（50 岁以上除外）。未取得资格的工作人员，不得继续以电力企业法律顾问的身份从事法律事务工作。

第十三条 有关总法律顾问的条件及任职资格依照国家有关规定执行。

第十四条 本办法由国家电力公司法律事务部负责解释。

第十五条 本办法自发布之日起施行。

附件 2：

关于制定《国家电力公司系统企业法律顾问管理实施办法》（试行）的说明

为了提高电力企业法律顾问的政治和业务素质，特别是提高电力企业法律顾问的工作积极性，特制定本办法。现就有关问题作简要说明：

一、必要性

首先是稳定电力法律顾问队伍的需要。目前，从事法律事务工作的专业人员不分新老，不分工作年限，不分工作能力高低，一律统称为法律顾问。这种没有任何区分的现状，既影响了法律事务人员素质的提高，也严重挫伤了许多法律事务人员的工作积极性。同时，也对新分配和调到法律顾问工作岗位的人员产生了消极影响。此种现状，已经导致一部分法律骨干改行，相当一部分人员不安心工作或不愿意继续从事电力法律工作，法律人才流失呈上升趋势，法制队伍的稳定受到冲击，法制队伍建设受到削弱。这种局面已不能适应依法治电和法制化管理的客观需要。

其次，制定本办法是规范法律顾问岗位的需要。同时，也是电力系统全体法律工作人员 10 多年来的愿望和心声，具有一定的现实性。从 1987 年水电部刚组建法制队伍时起，几乎每次开会，各地代表都反映和呼吁此事。但是由于国家没有相关规定以及其他主客观原因，还有其他一些条件尚不具备，始终未能作到规范岗位。目前，国家关于企业法律顾问管理的一系列办法已经出台，法律队伍也发展到一定规模，法律工作人员的素质也达到了一定的水平，取得原电力部颁发的法律顾问工作执照的已经近千人，除此之外，还有500多人在从事此项业务，岗位设置已经直接关系到1500余名法律事务工作人员的切身利益。因此，从电力企业岗位管理角度也有必要对岗位设置与上岗条件作出规定。

再次，制定本办法是提高电力法律顾问素质，适应新时期电力法治工作形势的迫切需要。国家要实行依法治国方略，国家电力公司要实施依法治电和法制化管理战略，把法制工作提高到了前所未有的高度。而法律顾问岗位设置是否规范，则直接影响到法律队伍和人才的培养和建设，直接关系到能否承担和完成新时期法制工作任务。同时，制定本规定也符合电力人才开发计划和规划精神。

此外，也是便于法律顾问同司法机关的工作联系，有利于电力企业法律纠纷的处理与解决。

可以说，开展这项工作，条件具备，只待规范，时机成熟，急需引导。

二、制定本办法的依据

我们起草的《国家电力公司系统企业法律顾问管理实施办法》（试行），是根据国家电力公司［1999］433号文件《关于印发深化职称改革、完善专业技术职务聘任制度意见的通知》的要求，依据国务院颁发的《厂长工作条例》，国家经贸委、人事部、司法部颁发的《企业法律顾问执业资格制度暂行规定》（以下简称《暂行规定》）和《企业法律顾问管理办法》（以下简称《管理办法》）的有关规定，借鉴国外企业法律顾问管理的经验，参照法官制度、律师制度管理的有关规定，结合电力企业法律顾问的实际情况而制定的。

《厂长工作条例》规定，总工程师、总会计师、总经济师和法律顾问对厂长负责。《暂行规定》和《管理办法》规定，大型企业可以设置总法律顾问；取得企业法律顾问执业资格是在企业法律顾问岗位上评聘高级经济专业技术职务的必备条件；通过全国统一考试取得企业法律顾问执业资格的人员称企业法律顾问；未通过考试的称助理企业法律顾问。由此可见，三部委制定的《暂行规定》和《管理办法》是对《厂长工作条例》的进一步深化和细化。

因此，我们在起草本办法时，本着立足当前，着眼未来的原则，既考虑到符合国家有关规定和要求，又考虑国家对设置法律顾问岗位有关政策的历史延续性以及电力系统的特点。将企业法律顾问划分为四个等级：首席法律顾问、高级法律顾问、法律顾问、助理法律顾问。

三、参照其他岗位规范

在起草本办法时，我们主要参照有律师、法官、仲裁员的岗位规范等。这些岗位的设置，一般都设有特级律师、首席法官（审判长）、首席仲裁员的称谓，特别是在参与商务谈判、诉讼和仲裁中，我们经常看到对方法律顾问的名片上往往冠以首席字样，而我们则没有。对方往往认为身份不对等，不符合法律交往的惯例，给处理具体法律事务和经济纠纷带来诸多不便，造成不必要的影响。而国内一些大型国有企业，如航空工业总公司、中技公司、中信公司等均实行了总法律顾问制度，正是鉴于上述岗位规范的设置，又充分考虑了电力企业法律工作的这一特点，我们拟在适当的时候试行总法律顾问制度。

四、其他需要说明的问题

制定本办法的出发点和目的在于规范法律顾问的岗位设置，调动法律顾问的工作积极性，是对不同岗位等级提出不同的职责要求，而不是职称、也不是行政职务。两者既不相对应，也不互相矛盾。

关于印发《国家电力公司预算管理委员会工作规则》的通知

（国电内规［2000］6号）

公司内部各部门：

为了规范国家电力公司预算管理工作程序，建立科学、高效、有序的预算管理体系，根据《国家电力公司预算管理办法》、《国家电力公司本部财务收支预算管理办法》、《国家电力公司工作规则》，国家电力公司制定了《国家电力公司预算管理委员会工作规则》。现印发给你们，请认真贯彻执行，各全资子公司及直属单位可参照执行。

附件：《国家电力公司预算管理委员会工作规则》

二〇〇〇年九月八日（印）

附件：

国家电力公司预算管理委员会工作规则

第一章 总 则

第一条 为了加强国家电力公司的预算管理，建立科学、高效、有序的预算管理体系，充分发挥预算管理委员会的职能作用，根据《国家电力公司预算管理办法》、《国家电力公司本部财务收支预算管理办法》、《国家电力公司工作规则》等精神，制定本规则。

第二条 本规则适用于国家电力公司本部，各全资子公司及直属单位可参照执行。

第二章 主 要 职 责

第三条 审议国家电力公司（以下简称公司）预算管理制度和预算编制、考核和奖惩办法。

第四条 审查、平衡公司本部财务收支预算，负责向总经理会议提交预算草案。

第五条 组织、协调预算的执行工作，审查预算调整事项并提出预算调整草案。

第六条 控制、监督预算的执行，研究、提出预算考核初步方案，组织对预算执行效果进行考核。

第七条 审查预算执行情况，负责向总经理会议提交预算执行情况报告。

第三章 机构和人员

第八条 公司预算管理委员会是公司组织实施预算管理的专门机构，由分管财务的副总经理、三总师和公司有关部门的主要负责人组成。公司预算管理委员会主任由公司分管财务工作的副总经理担任。

第九条 公司预算管理委员会对公司总经理会议负责，公司总经理会议是公司预算管理的最高决策机构。

第十条 公司预算管理委员会的办事机构设在公司财务与产权管理部，公司财务与产权管理部在总会计师的指导下，负责编制公司本部财务收支预算预案并提交公司预算管理委员会审查。

第四章 工作制度和程序

第十一条 公司预算管理委员会工作实行会议制度，通过会议研究、决定有关事项。会议由预算管理委员会主任主持、预算管理委员会委员参加，参加会议的委员不得少于预算管理委员会全体委员的2/3。

第十二条 公司预算管理委员会至少在每个预算年度召开三次会议。每年一季度召开第一次会议，审议上年度预算执行情况报告，审查本年度预算草案；每年三季度召开第二次会议；通报上半年预算执行情况，研究预算执行中的有关问题；每年四季度召开第三次会议，研究预算调整事项，提出预算调整草案。如遇重大事项或根据需要也可以召开临时会议，召开临时会议由预算管理委员会主任决定。

第十三条 公司预算管理委员会每次会议必须形成会议纪要，会议纪要由公司财务与产权管理部负责起草，由预算管理委员会主任签发。

第五章 附 则

第十四条 本规则自发文之日起执行。

第十五条 本规则由公司财务与产权管理部负责解释。

关于印发《国家电力公司系统驻外机构管理暂行规定》的通知

（国电外［2000］354号）

各有关单位：

为实施国务院“走出去”的扩大开放战略，促进国家电力公司系统企业实现市场多元化，充分发挥境外子公司、分公司、代表处、办事处、经理部的作用，我们在广泛征求各外经企业意见的基础上，制订了《国家电力公司系统驻外机构管理暂行规定》，现印发给你们，请依照执行。

附件：《国家电力公司系统驻外机构管理暂行规定》

二〇〇〇年六月二十一日（印）

附件：

国家电力公司系统驻外机构管理暂行规定

第一章 总 则

第一条 为适应国家电力公司系统企业跨出国门，参与国际市场竞争的需要，促进企业实施市场多元化，充分发挥境外子公司、分公司、代表处、办事处、经理部（以下简称驻外机构）的作用，根据国家有关规定，制定本规定。

第二条 本规定的适用范围是：国家电力公司系统企业为开展对外承包工程、设计咨询、劳务合作业务而在境外设立的驻外机构，以及以投资经营为目的而设立的境外公司。

第二章 驻外机构的设立

第三条 企业申请设立驻外机构应具备下列条件：

1. 企业具有经外经贸部批准的对外承包工程、

设计咨询、劳务合作经营权或在外投资设厂符合国家有关政策和规定；

2. 在拟设机构的国家或地区已开展承包工程、设计咨询、劳务合作等业务，且市场开拓前景良好；

3. 遵纪守法，资信良好；

4. 遵守《国家电力公司关于对外承包工程、设计咨询及劳务合作业务管理规定》以及其他有关规定；

5. 有相应的人才、资本和国际化经营能力。

第四条 企业申请设立驻外机构需要报送下列材料：

1. 设立驻外机构的可行性报告；

2. 中、外方在境外开展合资经营业务的需提供合资合同或合资协议（草签本）；

3. 驻外机构所在国公司法、投资法、税法等基本法律中文本；

4. 拟设立驻外机构的公司章程或代表处工作条例；

5. 拟设立机构设置情况；

6. 外方背景情况、资信证明；

7. 国家外汇管理局外汇风险审查意见；

8. 申办企业营业执照；

9. 对外经营权批件；

10. 申办企业概况；

11. 其他相关材料。

第五条 批准证书的领取。国家电力公司根据企业申报的材料提出初审意见，并征得我驻外使（领）馆经商处的同意后，报外经贸部审批，并申领批准证书。

第三章 驻外机构的管理

第六条 驻外机构须遵守所在国家、地区的法律，按当地法规登记注册，合法开展业务活动。

第七条 驻外机构业务范围、负责人、人数、地址等发生变化时，须通过其国内企业向国家电力公司报告。

第八条 驻外机构除经常保持与其国内企业业务联系之外，须于每年1月底前将上一年度工作总结及当地市场动态、业务发展方向报其国内企业，同时抄报国家电力公司。

第九条 为充分发挥国家电力公司外经企业驻外机构获取信息的作用，避免信息资源的浪费，各驻外机构须将跟踪、收集到的有关项目信息及时通告本机构的国内企业及国家电力公司。国内企业无意投标的项目信息，将在国家电力公司系统其它企业内进行合理利用。

第十条 根据驻外机构开展业务情况及所提供项目信息情况，国家电力公司可予以表彰，并视信息本身所产生的效益给予提供信息的驻外机构一定的奖励。

第四章 附 则

第十一条 本规定由国家电力公司负责解释；

第十二条 本规定自公布之日起执行。

关于印发《国家电力公司利用外资项目和进口设备在采购工作中严格遵守采购工作纪律和制度的若干规定》的通知

（国电外［2000］567号）

各项目单位：

最近利用外资项目和进口设备在采购工作中出现一些违纪违法事件，有些问题的性质十分严重，影响恶劣，并使国家遭受不应有的损失。为维护国家利益，加强采购工作管理和监督，使利用外资项目和进口设备采购工作中顺利进行，特制定《国家电力公司利用外资项目和进口设备在采购工作中严格遵守采购工作纪律和制度的若干规定》。

本规定自即日起实施，请各单位在采购工作中严格执行。

附件：《国家电力公司利用外资项目和进口设备在采购工作中严格遵守采购工作纪律和制度的若干规定》

二〇〇〇年九月二十一日（印）

附件

国家电力公司利用外资项目和进口设备在采购工作中严格遵守采购工作纪律和制度的若干规定

第一条 为进一步加强采购工作管理和监督、维护国家利益，防止违法违纪现象的发生，特制定本规定。

第二条 严格遵照“国务院关于发布《涉外人员守则》的通知”（国务院国发［1992］5号文件）。

第三条 严格执行“中华人民共和国保守国家秘密法”和“国家电力公司工作人员保密守则”的规定，严守国家机密。

第四条 各单位须选派作风正派、廉洁奉公、熟悉业务、能严格遵守采购工作纪律的专业人员参加编标、招标、评标、合同谈判等工作。评标中必须坚持公平、公正、合理、科学的原则，坚决抵制投标人的不法行为，坚决维护国家利益和声誉。

第五条 凡参加招投标的工作人员必须严格履行回避制度，即保证本人、近亲属、关系密切的其他亲属和朋友不直接或间接参与本项目的投标及其与本投标有关的代理等项活动。

第六条 招标前的内部资料，一律不得擅自向外提供。

第七条 从发售标书之日起到合同签字之日止，所有相关的对外活动，均须在业主单位的管理下进行。严禁未经许可，擅自进行对外活动。

第八条 商务事项应由确定的有资格的招标代理机构统一负责对外（业主自行招标须经有关部门批准），其他单位和人员未经业主单位和外贸公司同意不得私自与外商谈论商务问题。

第九条 标书发售情况不得以投标人泄漏，投标前（包括标前会）对投标人提出的各种问题，由业主单位或业主委托的单位统一对外说明。

第十条 凡参与招标工作的有关人员及其所在单位不得参与本项目的投标。

第十一条 从开标之日起，业主单位和委托的招标代理应共同负起外商投标的全部保密责任，有关单位和人员借阅投标文件必须履行正式手续。

第十二条 评标工作由业主负责组织，事先拟定保密规章、制度和外事纪律，评标地点应选在便于保密、不受外界干扰的地方进行。参加评标的人员不准向外透露评标组织机构、人员、地点和电话，更不得向外透露评标情况，参加评标的人员只对业主单位负责，没有向本单位领导汇报评标情况的义务。

第十三条 评标用的资料和记录，应统一登记编号，统一发放和收回，统一保管处理。评标过程中，如需澄清时，应以书面形式按规定办法和程序通过正规途径向投标人澄清。

第十四条 评标结果及评标报告在正式签订合同前属国家机密经济情报，必须严格保密，并指定专人向业主单位主管领导和国家电力公司国际招评标和进口设备领导小组汇报。

第十五条 经国家电力公司国际招评标和进口设备领导小组审查通过的评标报告，由负责招标的代理机构按规定程序办理国内外审批手续。在此期间应如实登记各种场合参与此项工作的人员名单，以便核查。

第十六条 评标报告按规定程序最终被批准后，负责招标的代理机构通知投标人进行合同谈判，凡参与此项工作的人员，在合同谈判中仍应严格保密，并统一对外，直到正式签定合同为止。

第十七条 对重大项目的评标工作，可事先请求负责国家安全的有关部门的协助，以保证招评标和合同谈判的顺利进行。

第十八条 在招评标期间，有关人员不得擅自到投标人公司、工厂等处参观考察。

第十九条 凡发生违纪和泄密事件者，要追究当事人和单位领导的责任，对以任何方式向投标人暗示、索取、收受回扣和好处费的行为，一经查出，将视情节轻重，给予行政处分；构成犯罪的，依法追究其刑事责任。

印发《国家电力公司关于实行厂务公开工作的意见》的通知

（国电监察［2000］619号）

国家电力公司系统各单位：

现将《国家电力公司关于实行厂务公开工作的意见》印发给你们，请结合实际，认真贯彻执行。

附件：国家电力公司关于实行厂务公开工作的意见

二〇〇〇年十月十九日（印）

附件

国家电力公司关于实行厂务公开工作的意见

实行厂务公开，是落实党的十五大关于加强基层民主政治建设的重要举措。为了进一步推动国家电力公司系统厂务公开工作扎实健康地发展，使厂务公开紧密结合电力企业改革和发展的实际，成为企业管理的重要组成部分，并且逐步做到规范化、程序化、制度化，现根据党的十五届四中全会《决定》精神和有关政策，制定以下意见：

一、指导思想

实行厂务公开，必须坚持以邓小平理论和党的十五大精神为指导，认真贯彻江泽民同志“三个代表”的重要思想和党的全心全意依靠工人阶级的根本指导方针，坚持和完善以职工代表大会为基本形式的民主决策、民主管理、民主监督制度，切实加强企业管理和党风廉政建设，充分调动广大职工的积极性和创造性，推动企业的改革与发展，促进国家电力公司发展战略的实现。

二、基本原则

实行厂务公开要紧紧围绕企业的改革、发展和稳定进行；要坚持从实际出发，实事求是，注重实效，防止形式主义；要正确处理厂务公开与经营管理者依法行使职权的关系，调动经营管理者和职工群众两个积极性；要同完善职工代表大会制度、建立现代企业制度有机地结合起来。

三、厂务公开的组织领导

1. 厂务公开在企业党委统一领导下进行。成立由党委书记任组长，行政、纪委和工会主要负责人等组成的厂务公开领导小组，负责制定本企业实行厂务公开的实施意见或办法。厂务公开领导小组要及时研究实施中出现的问题，指导协调有关部门配合协作，总结厂务公开工作经验，不断改进、完善工作制度和措施。

2. 企业行政是实行厂务公开制度的主体。企业行政要按照厂务公开领导小组制定的实施意见或办法，按期如实地公布厂务。

3. 企业厂务公开领导小组的工作机构设在工会，负责厂务公开的日常组织、协调工作。其主要职责是贯彻落实厂务公开领导小组的各项决定，建立厂务公开档案，了解和听取职工群众的反映，及时向领导小组汇报厂务公开的实施情况，提出建议和意见。

4. 企业成立厂务公开监督检查小组，组长由企业纪委书记担任，成员由工会、纪检监察、组织人事、经营、审计等部门人员和职工代表组成。

四、厂务公开的主要内容

1. 企业经营管理和改革发展方面：

企业经营发展规划和生产经营重大决策方案；财务预决算；产品销售和盈亏情况；承包、租赁合同执行情况；集体合同签订和履行情况；基建工程项目承发包制度、招投标程序及其结果；企业与其他单位参股、合资建厂情况；大宗物资采购、供应及其配套、协作定点情况、大额资金的借贷、担保、还贷情况；企业改制、资产重组、兼并或破产方案、措施等。

2. 涉及职工切身利益方面：

企业售房方案；提薪晋级；工资奖金分配；企业减人增效、职工下岗分流和再就业；职称评聘（含工人技师）；保险福利；劳动安全卫生等涉及职工切身利益的重要事项等。

3. 企业党风廉政建设和领导干部廉洁自律方面：

民主评议企业领导干部和任免干部事项，职代会民主评议的方案、程序、评议结果、奖惩情况；完成党风廉政建设责任目标的情况；企业领导干部在个人收入、住房、公费出国（境）、礼品礼金上缴上报等方面的情况；企业业务招待费使用情况等。

五、厂务公开的形式

1. 法律和法规规定须经职工代表大会审议、通过、决定的重大事项，必须向职工代表大会报告，分别由职工代表大会审议、通过和决定，并将结果进行公开。

2. 从企业实际出发，结合公开内容，确定公开的范围和层次，通过厂务会、党政工联席会、厂情发布会、职工代表座谈会、或采用公开栏、宣传栏、厂报、有线广播、闭路电视、计算机网络等方式进行公开。

六、厂务公开的程序

1. 提出。有关行政业务部门，按照规定定期提出公开内容，报厂务公开领导小组。厂务公开领导小组也可以根据企业生产经营和管理情况，或根据职工代表大会的意见和要求，适时指定有关行政业务部门提出公开内容。

2. 审查。公开内容由企业厂务公开领导小组审查后予以确定。

3. 公开。根据公开的内容和时限要求进行公开，凡属职工代表大会审议、通过、决定的事项，实行会后公开；凡属常规性工作，实行定期公开；凡属热点问题，随时公开。

4. 检查。由监督检查小组负责检查公开内容、公开程序、公开形式和公开时限等是否符合要求。同时认真听取职工群众的意见，及时汇总上报厂务公开领导小组，并向公开的部门反馈群众意见。

5. 整改。对职工提出的正确意见、建议，要及时采纳，并由监督检查小组督促承办部门整改。

6. 建档。要按照厂务公开的程序，建立厂务公开执行情况的档案。

七、厂务公开的监督考核

1. 厂务公开监督检查小组的职责，一是检查监督公开的事项内容是否真实、全面、及时，公开的程序是否合乎规定，职代会依法作出的决定、决议是否得到落实，职工反映的正确意见是否得到采纳；二是组织职工对厂务公开工作进行评议；三是对有关公开不实的问题进行调查核实并提出处理建议。

2. 厂务公开的情况由工会每年向职工代表大会报告。

八、其他

1. 各单位要把厂务公开纳入企业创一流、两个文明建设和党风廉政建设责任制考核内容。

2. 各单位应根据本意见，结合企业的实际情况，制定适合本企业的实施办法。

本意见同样适用于国家电力公司系统企业化管理的事业单位、国有独资公司和控股公司，其他事业单位可以参照执行。

关于颁发《特殊时期保证电网安全运行工作规范》的通知

（国电调［2000］447号）

各分公司，华北电力集团公司，各省、自治区、直辖市电力公司：

为保证特殊时期电网安全运行和向用户的可靠供电，现颁发《特殊时期保证电网安全运行工作规范》试行。试行中遇到的问题请及时反映给国调中心。

附件：特殊时期保证电网安全运行工作规范

二〇〇〇年八月七日（印）

附件：

特殊时期保证电网安全运行工作规范

（2000年8月）

1. 总则

1.1 为保证特殊时期电网安全稳定运行，确保对重要地区、场所安全可靠供电，使特殊时期保电工作规范化，制定本工作规范。

1.2 特殊时期共分两级：

一级为：在中国召开的具有重大影响的国际性会议、活动，国家级重要政治、经济、文化活动等时期；其他由上级部门认定的时期。

二级为：全国性主要节假日（春节、国庆节、五一劳动节、元旦），其他由上级部门认定的时期。

1.3 本工作规范适用于全国各网、省电网调度机构。

2. 保电工作的组织领导

2.1 各网、省调度中心应设立保电工作小组。工作小组成员为调度中心领导、总工、各专业负责人和综合处（办公室）负责人，调度中心主任为工作小组组长。

2.2 保电工作小组是相应调度管辖电网保电工作的组织、指挥和协调机构。其职责为：

2.2.1 组织编制保证电网安全运行方案（保电方案，下同）；

2.2.2 汇报、审核与下达保电方案；

2.2.3 协调各专业及有关下级调度机构工作；

2.2.4 监督保电方案实施，组织处理突发事件；

2.2.5 汇报、调查保电过程中的重大事件；

2.2.6 总结保电工作。

2.3 国调中心负责监督、协调全国性和跨大区电网、独立省电网的保电工作，网调负责指挥、协调大区电网及所辖省电网的保电工作。

3. 编制保电方案

3.1 保电方案应包括以下主要内容：

3.1.1 保电目标。根据各自电网调度管辖范围及职责，确保所管辖电网的安全稳定运行；

3.1.2 组织、指挥系统及责任制；

3.1.3 技术措施。包括：保障电网正常运行的安全稳定措施（包括一次系统方式安排、继电保护和安全自动装置的使用等），调度管辖范围内主要发电厂、变电站安全措施，全网用电预测和发电出力安排，分区按保电级别和负荷重要程度制定紧急拉闸序位表等；

3.1.4 对运行及备用设备提前进行消缺、检修、调试的计划；

3.1.5 必要的反事故演习方案，针对系统运行的薄弱环节的事故应急预案；

3.1.6 通信、治安、后勤等保障措施。

3.2 一级保电方案应于保电时期开始前3周编制完成。二级保电方案应于保电时期开始前2周编制完成。

4. 下达、实施保电方案

4.1 保电方案须报网、省电力公司批准。一级保电方案应于保电时期开始前2周下达，二级保电方案应于保电时期开始前1周下达。一级保电方案同时报上级调度部门备案。

4.2 保电方案批准下达后，保电工作小组要组织编写人员对运行人员和部分下级调度专业人员、重要发电厂、变电站运行人员进行技术交底，明确工作要点和有关细节。必要时，上级调度部门组织对一级保电工作进行检查。

4.3 调度值班工作

4.3.1 一级保电期间，工作小组成员及各专业负责人应在岗值班。

二级保电期间，工作小组成员、调度运行负责人应在岗值班，各专业负责人备班。

4.3.2 值班人员在保电时期开始前2h检查系统运行情况，并向上级调度报告。

4.4 有关专业的工作

4.4.1 运行方式

1. 做好负荷预测和区域功率平衡工作。重要联络线输送功率控制合理，一级保电期间，保证受端电网失去最大电源或其中2回联络线故障跳闸时，保证重要负荷供电；二级保电期间，当受端电网失去最大一台机组时，保证重要负荷供电。对与主系统联系较弱的地区，尽可能安排使其发用电基本平衡。

2. 系统稳定考虑原则。一级保电期间主变及母线发生故障，或发电厂出线及受端系统发生N－2故障时，保证重要负荷供电。

对稳定水平达不到导则要求的电网，二级保电期间，发电厂出线及受端系统发生N－1故障时，保证重要负荷供电。

3. 调整电网设备检修计划，对存在缺陷的设备要在保电时期前安排消缺。在保电期间，根据电网实际情况，尽可能保持电网为正常结线方式（电网运行特殊要求除外）。保电期间停止有关新设备试运工作。

4. 在保电期间，要根据系统运行和负荷变化情况，每日对电网运行方式做滚动调整，以适应保电要求。

4.4.2 调度运行工作：

1. 组织调度运行人员学习保电方案，熟悉电网运行方式的细节和要点。

2. 根据保电方案和电网运行特点，编制事故预想和处理预案。事故预想应包括如下内容：重要输电线路跳闸、大型电厂和枢纽变电站全停、局部电网解列、调度自动化系统故障和调度通信系统故障等。

3. 根据保电方案要求，在正式进入保电期前，组织进行反事故演习。对一级保电，网省调度应与有关下级调度和重要的发电厂、变电站进行联合反事故演习。对二级保电，网省调度自行组织进行反事故演习。演习后，要进行总结和评议。

4. 核对事故限电序位，按保电级别对重点保电对象予以考虑。

4.4.3 二次专业工作

1. 对重要设备（如重要联络线、联络变压器及重要变电所母线）的主要保护必须保证无缺陷运行，并核算和核对保护整定值，保证整定正确。

2. 所有在保电期间达到校验周期或存在缺陷的二次装置，必须在保电期之前完成校验和消缺工作。

3. 所有运行设备的继电保护装置、故障录波装置、安全自动装置、调度通信和自动化装置等必须按要求投入。

4. 一级保电期间不安排继电保护、通信、自动化装置调试、校验、改造工作。

5. 做好调度通信保障，对特别重要的发电厂、变电站要保证通信联络。

5. 组织协调下级调度机构和运行单位保电工作

5.1 要求下级调度成立相应工作机构，明确责任，建立工作联系渠道。

5.2 与有关下级调度机构研究重要场所保电措施。

5.2.1 明确保电目标和要求；

5.2.2 明确不同地区、场所、时段的保电级别；

5.2.3 明确重要和一般地区、场所、时段的划分。

5.3 督促发电厂、变电站落实安全运行措施，要求并网运行的发电厂、变电站对可能出现的设备故障（异常）制定紧急处理预案和保厂（站）用电措施，并报上级调度部门备案。

5.4 重要场所可靠供电措施。重要场所保证两路及以上供电电源，必要时配备临时发电车，特别重要的场所可配备UPS电源；用户自备电源应提前进行启动试验；安排重要场所和用户装设的低频、低压减负荷装置退出运行。

6. 运行情况汇报和保电工作总结

6.1 在保电期间电网发生重大事故时，有关调度机构应立即了解情况，按国调中心下发的《网省调电网运行情况汇报规定》，逐级汇报。

6.2 在一级保电期间，每日9时向上级调度报前一天保电情况（无异常情况可不报）。

6.3 一级保电工作总结应于保电结束后10个工作日内完成并报网省电力公司。一级保电工作总结同时报上级调度机构。

6.4 一级保电工作总结主要内容包括：保电任务完成情况、对保电方案的评价、主要经验和教训、改进措施和建议等。

7. 附则

7.1 本规范由国家电力调度通信中心解释。

7.2 本规范自颁发之日起实行。

关于加强电力市场技术支持系统管理的若干规定

（国电调［2000］448号）

各分集团公司，各省（区、市）电力公司：

根据国务院办公厅国办发［1998］146号文精神及国家电力公司的改革步骤，山东、上海、浙江及辽宁、吉林、黑龙江三省相继开展了“网厂分开、竞价上网”建立发电侧电力市场改革的试点工作。电力市场技术支持系统作为电力市场运行的基础和保证，各试点单位都进行了有益的探索，其中山东、上海、浙江三网的系统已投入运行。但由于我国电力市场正处于初期发展阶段，技术支持系统尚不成熟，并且存在着无序和不规范的现象，不利于资源共享和更大范围内电力市场的运行。为此，国家电力公司决定加强对发电侧电力市场技术支持系统的管理，以避免重复投资，满足电力市场发展的需要。

现结合当前发电侧电力市场的运行现状以及将来发展的需要，对电力市场技术支持系统的规划、建设和运行等方面做如下规定：

一、电力市场技术支持系统及其管理原则

1. 电力市场技术支持系统是采用先进的计算机、网络通信、信息处理技术，为电力市场的公平、公正、公开和电网的安全、稳定、优质、经济运行提供保证的综合信息处理系统，由能量管理系统（EMS）、交易管理系统（TMS）、电能量计量系统（TMR）、电量考核与结算系统（SBS）、合同管理系统（CMS）、报价处理系统（BPS）、市场分析与预测系统（MAF）、即时信息系统（SIS）、报价辅助决策系统等构成。

2. 电力市场技术支持系统的规划、建设、运行及维护由各分（集团）公司、各省（区、市）电力公司电力调度通信中心具体负责并牵头组织实施。

3. 电力市场技术支持系统的管理采用统一技术标准及功能规范、分级管理的原则。国家级电力市场技术支持系统的规划、建设与运行由国家电力调度通信中心负责；区域网电力市场技术支持系统的规划、建设与运行由各分公司（集团公司）调度通信中心负责；各省电力市场技术支持系统的规划、建设与运行由各省电力公司调度通信中心负责；各厂站端系统纳入相应电网电力市场技术支持系统的整体管理。

4. 电力市场技术支持系统的建设应满足公平、公开、公正的要求，系统的开发、研制必须以相应电网的电力市场运行规则为基础。

5. 电力市场技术支持系统应首先在各试点省（市）进行建设，其他各分（集团）公司、省电力公司可先进行理论准备、模拟市场技术支持系统的建设及基础设施的建设，如电能量计量系统、数据网络及通信系统等。

6. 试点以外的网、省（区、市）电力市场技术支持系统的建设，必须按照国家电力公司的统一部署进行。

7. 电力市场技术支持系统涉及面广、内容复杂，各专业之间关系密切，应加强系统组织工作，在资金、人员管理上，要相对集中，以适应系统工程的要求。

二、电力市场技术支持系统的总体要求

1. 电力市场技术支持系统的建设必须因地制宜，适合我国国情，尤其是本电网的实际情况和电力市场运行的要求，充分利用现有资源和设备，统筹规划，分步实施，满足电力市场现在及未来发展的需要。

2. 电力市场技术支持系统的规划和设计应适应未来区域级、国家级电力市场电力电量交易的需要，保证在更大范围内进行资源优化配置。同时，该系统的建设应具有与其它电网电力市场技术支持系统互联的能力。

3. 电力市场技术支持系统应采用开放式、分布式体系结构，坚持可靠实用的原则，以国产为主，并吸收、引进和消化国际先进技术，保证系统的开放性、可扩性、兼容性，以适应技术发展和电力市场逐步完善的需要。

4. 系统的建设应遵循有关国家标准、行业标准和国际标准或工业标准，保证交易数据的共享和一致性。

5. 为便于对电力市场运营部门及市场参与者进行考核和监督，必须对与交易相关的数据进行保存（至少3年），便于查询和取证，不得修改。

6. 数据网络应尽量采用专用网络，满足实时性、安全性、可靠性的要求。

三、电力市场技术支持系统的管理

1. 各分（集团）公司及独立省电力市场技术支持系统的可行性报告和系统功能及技术要求，由国调中心负责组织审查；各网内省电力市场技术支持系统的可行性报告和系统功能及技术要求由相关分（集团）分司协同国调中心组织审查。

2. 各分（集团）公司、省（区、市）电力公司上报的技术支持系统审报材料中必须包括如下内容：技术支持系统的功能要求、技术指标、实施方案、系统构成及各模块的功能和技术指标等。

3. 国家电力公司及各分（集团）公司进行审查的依据是：《“十五”全国电网二次系统规划纲要》、《发电侧电力市场技术支持系统功能要求》以及相应电网的《市场运行规则框架》等。

4. 各分（集团）公司、省（市）电力市场技术支持系统的建设必须经审查后方可实施。

5. 电力市场技术支持系统的运行。

各网、省（区、市）调度部门必须做好系统的运行维护工作，应有相应的运行规程或规定，为电力市

场公平、公正、公开运行提供保证。

6. 电力市场技术支持系统的实用化验收。

（1）各网及独立省电力市场技术支持系统由国调中心组织有关单位进行验收；

（2）各区域网内省电力市场技术支持系统由各分（集团）公司组织有关单位验收并报国调中心核备；

（3）电力市场技术支持系统投入在线实时运行半年以后，方可验收。

电力市场技术支持系统是随着电力市场改革而出现的新生事物，正处于逐步成熟的阶段。希望通过各分（集团）公司、省公司的共同努力，及时总结经验，吸取教训，确保电力市场的正常运行。

二〇〇〇年七月三十日（印）

16 统计资料

全 国 部 分

国民经济主要指标

	单 位	2000年	1999年	比1999年增长(%)
全国总人口	万人	126583	125909	0.54
城镇人口	万人	45844	38892	17.88
乡村人口	万人	80739	87017	-7.21
年末从业人员	万人	71150	70586	0.80
国内生产总值	亿元	89404	82067	8.00
第一产业	亿元	14212	14472	2.40
第二产业	亿元	45488	40558	9.60
第三产业	亿元	29704	27038	7.80
工业增加值	亿元	39570	35087	9.90
全社会固定资产投资总额	亿元	32619	29855	9.30
国有经济投资总额	亿元	23284	21320	9.20
基本建设投资	亿元	13215	12455	6.10
更新改造投资	亿元	5077	4485	13.20
房地产	亿元	4902	4103	19.50
一次能源生产总量(标准煤)	万t	109000	109126	-0.12
原 煤	万t	99800	104500	-4.50
原 油	万t	16300	16000	1.88
天然气	亿m^3	277	252	9.92

注 国内生产总值按现价计算，增长率按可比价计算；工业总产值按当年价格计算。

2000年电力生产基本情况

	单 位	2000年	1999年	比1999年增长(%)
一、发电装机容量	**万kW**	**31932.09**	**29876.79**	**6.88**
水 电	万kW	7935.22	7297.08	8.75
火 电	万kW	23754.02	22343.40	6.31
核 电	万kW	210.00	210.00	—

续表

	单 位	2000年	1999年	比1999年增长（%）
二、单机6000kW及以上机组	**台**	**5235**	**5107**	**128**
	万kW	28288.29	26585.13	6.41
水 电	台	1062	984	78
	万kW	5747.13	5202.35	10.47
火 电	台	4170	4120	50
	万kW	22331.15	21172.77	5.47
其中：供热	台	1493	1313	180
	万kW	2986.41	2815.91	6.05
其中：国外机组	台	1051	1061	-10
	万kW	7773.75	7064.81	10.03
水 电	台	125	115	10
	万kW	1444.28	1274.78	13.30
火 电	台	924	944	-20
	万kW	6149.47	5610.04	9.62
平均单机容量	万kW/台	5.4	5.21	0.19
三、35kV及以上输电线路长度	**km**	**726167**	**686084**	**5.84**
其中：500kV	km	26837	22927	17.05
330kV	km	8669	7949	9.06
220kV	km	128114	121790	5.19
110kV	km	201230	190961	5.38
四、35kV及以上变电设备容量	**万kV·A**	**99612**	**91775**	**8.54**
其中：500kV	万kV·A	9447	8012	17.91
330kV	万kV·A	1410	1248	12.98
220kV	万kV·A	30632	28027	9.29
110kV	万kV·A	35384	32406	9.19
五、发电量	**亿kW·h**	**13684.82**	**12331.41**	**10.98**
水 电	亿kW·h	2431.34	2129.27	14.19
火 电	亿kW·h	11079.36	10047.37	10.27
核 电	亿kW·h	167.37	148.33	12.84
六、6000kW及以上电厂供热量	**万百万kJ**	**120434.27**	**108907**	**10.58**
七、6000kW及以上电厂供电煤耗	**g/(kW·h)**	**392**	**399**	**-7**
八、6000kW及以上电厂发电煤耗	**g/(kW·h)**	**363**	**369**	**-6**
九、6000kW及以上电厂厂用电率	**%**	**6.28**	**6.5**	**-0.22**
水 电	%	0.49	0.55	-0.06
火 电	%	7.31	7.51	-0.2
十、6000kW及以上电厂利用小时	**h**	**4517**	**4393**	**124**
水 电	h	3258	3198	60
火 电	h	4848	4719	129
十一、供电量	**亿kW·h**	**11365.77**	**10336.01**	**9.96**
售电量	亿kW·h	10490.4	9498.47	10.44
线损电量	亿kW·h	875.38	837.54	4.52
线路损失率	%	7.7	8.10	-0.4

续表

	单　位	2000年	1999年	比1999年增长（%）
十二、6000kW及以上电厂燃料消耗				
发电消耗标准煤量	万t	39789.37	36539	8.89
发电消耗原煤量	万t	52810.45	48187	9.60
发电消耗燃油量	万t	1041.56	1159	-10.14
发电消耗燃气量	万m^3	1538163	1290668	19.18
供热消耗标准煤量	万t	4780.64	4489	6.50
供热消耗原煤量	万t	6382.3	5689	12.18
供热消耗燃油量	万t	175.6	201	-12.77
供热消耗燃气量	万m^3	873543	965192	-9.50
十三、6000kW及以上电厂热效率				
电厂发电热效率	%	33.84	33.46	0.38
电厂供热效率	%	85.96	82.78	3.18
能源转换总效率	%	39.43	38.85	0.58
十四、发用电设备比				
发电设备容量：用电设备容量		1:2.28	1:2.16	
十五、电力弹性系数				
电力生产弹性系数		1.37	0.92	0.45
电力消费弹性系数		1.42	0.92	0.5
十六、电力消费能源占一次能源的比重	**%**	**41.72**	**40.07**	**1.65**

2000年电力工业建设项目投资完成情况

	计算单位	2000年	1999年	比1999年增长（%）
一、固定资产投资完成额	**亿元**	**2125.53**	**1837.06**	**15.70**
基本建设投资	亿元	953.66	1153.70	-17.34
“大代小”投资	亿元	43.39	33.77	28.49
城乡电网投资	亿元	1128.48	649.59	73.72
（一）基本建设投资完成额	**亿元**	**953.67**	**1153.70**	**-17.34**
1. 按资金来源分				
非经营基金	亿元	1.06	1.45	-26.90
开行软贷	亿元		12.85	
开行贷款	亿元	216.36	300.93	-28.10
商行贷款	亿元	170.81	198.36	-13.89
利用外资	亿元	210.81	220.55	-4.42
中央专项	亿元	25.66	25.55	0.43
三峡基金	亿元	14.77	9.20	60.54
煤代油	亿元		0.60	

续表

	计算单位	2000 年	1999 年	比 1999 年增长 (%)
企业自有	亿元	138.34	154.64	-10.54
中央债券	亿元	0.19		
地方债券	亿元		4.30	
地方专项	亿元	62.11	67.96	-8.61
地方其他	亿元	33.01	54.73	-39.69
其 他	亿元	80.55	102.58	-21.48
2. 按类型分				
电 源	亿元	642.38	787.47	-18.42
电 网	亿元	260.08	300.98	-13.59
其 他	亿元	51.21	65.25	-21.52
3. 按隶属关系分				
国家电力公司全资	亿元	327.76	375.85	-12.79
国家电力公司控股	亿元	308.50	378.69	-18.53
国家电力公司参股	亿元	158.69	222.79	-28.77
地方电力企业	亿元	112.33	97.71	14.96
其他电力企业	亿元	46.38	78.66	-41.04
4. 按构成分				
建筑工程	亿元	246.75	314.00	-21.42
安装工程	亿元	134.67	148.22	-9.14
设备工器具购置	亿元	316.10	393.81	-19.73
其他工程	亿元	256.14	297.66	-13.95
（二）“大代小”投资完成额	**亿元**	**43.40**	**33.77**	**28.52**
1. 按资金来源分				
开行贷款	亿元		2.29	
商行贷款	亿元	19.43	9.37	107.36
利用外资	亿元	4.19	5.75	-27.13
企业自有	亿元	7.27	11.22	-35.20
中央专项	亿元	0.20		
地方专项	亿元	0.81	0.45	80.00
地方其他	亿元	2.27	1.06	114.15
其 他	亿元	9.23	3.63	154.27
2. 按构成分				
建筑工程	亿元	12.35	8.00	54.38
安装工程	亿元	5.65	6.69	-15.55
设备工器具购置	亿元	15.62	10.66	46.53
其他工程	亿元	8.78	8.42	4.28
（三）城乡电网建设与改造投资完成额	**亿元**	**1128.48**	**649.59**	**73.72**
1. 按电网构成分				
城网部分	亿元	354.21	254.04	39.43
农网部分	亿元	774.27	395.55	95.75

续表

	计算单位	2000年	1999年	比1999年增长（%）
其中：农网直供部分	亿元	376.57	226.93	65.94
农网趸售部分	亿元	397.60	168.62	135.86
2. 按电压等级分				
220kV	亿元	21.76	20.11	8.20
110kV	亿元	174.72	125.42	39.31
35kV	亿元	113.00	51.37	119.97
10kV及以下	亿元	749.45	412.19	81.82
其　他	亿元	69.56	40.50	71.75
（1）城网部分				
220kV	亿元	20.34	18.55	9.65
110kV	亿元	91.07	74.43	22.36
35kV	亿元	23.87	15.40	55.00
10kV及以下	亿元	167.07	110.56	51.11
其　他	亿元	51.86	35.10	47.75
（2）农网部分				
220kV	亿元	1.42	1.56	-8.97
110kV	亿元	83.64	50.99	64.03
35kV	亿元	89.12	35.98	147.69
10kV及以下	亿元	582.38	301.63	93.08
其　他	亿元	17.70	5.40	227.78
二、年新增固定资产	**亿元**	**865.42**	**1034.98**	**-16.38**
基本建设新增	亿元	838.22	969.10	-13.51
“大代小”新增	亿元	27.20	65.88	-58.71
三、基建新增生产能力				
1. 新增单机500kW及以上机组	**万kW**	**2012.04**	**2052.30**	**-1.96**
水　　电	万kW	452.41	628.66	-28.04
火　　电	万kW	1559.63	1423.64	9.55
其中：新增大中型机组	万kW	1934.03	1890.88	2.28
水　　电	万kW	430.30	587.65	-26.78
火　　电	万kW	1503.73	1303.23	15.38
2. 新增110kV及以上线路	**km**	**15778.27**	**13470.74**	**17.13**
500kV	km	6205.21	3057.62	102.94
330kV	km	706.00	757.35	-6.78
220kV	km	6585.26	6912.05	-4.73
110kV	km	2281.80	2743.72	-16.84
3. 新增110kV及以上变电设备	**万kV·A**	**4284.55**	**3935.40**	**8.87**
500kV	万kV·A	1974.40	1135.20	73.93
330kV	万kV·A	147.00	207.00	-28.99
220kV	万kV·A	2037.00	2278.20	-10.59
110kV	万kV·A	126.15	315.00	-59.95

续表

	计算单位	2000 年	1999 年	比 1999 年增长（%）
四、“大代小”投产能力				
1. 新增单机 500kW 及以上机组	**万 kW**	**40.90**	**132.20**	**-69.06**
火　电	万 kW	40.90	132.20	-69.06
2. 新增 110kV 及以上线路	**km**	**0.80**		
220kV	km	0.80		
3. 新增 110kV 及以上变电设备	**万 kV·A**	**18.00**		
220kV	万 kV·A	18.00		
五、城乡电网建设与改造投产能力				
1. 投产线路	**km**	**1923711.57**	**758581.81**	**153.59**
220kV	km	1193.86	1028.34	16.10
110kV	km	11169.00	7580.65	47.34
35kV	km	24977.07	15464.76	61.51
1～10kV	km	458643.41	287569.90	59.49
低压线路	km	1427728.23	446938.16	219.45
2. 投产变电设备	**万 kV·A**	**8791.34**	**6149.73**	**42.95**
220kV	万 kV·A	336.00	551.30	-39.05
110kV	万 kV·A	3420.71	2257.77	51.51
35kV	万 kV·A	1852.43	877.15	111.19
1～10kV	万 kV·A	3182.20	2463.51	29.17
六、施工、竣工房屋建筑面积				
1. 施工房屋面积	**万 m²**	**902.64**	**997.80**	**-9.54**
其中：住宅	万 m²	393.94	591.06	-33.35
2. 竣工面积	**万 m²**	**373.31**	**595.68**	**-37.33**
其中：住宅	万 m²	208.92	393.79	-46.95
七、基本建设规模				
1. 上年结转规模	**万 kW**	**6273.04**	**7105.20**	**-11.71**
水　电	万 kW	2600.19	3155.84	-17.61
火　电	万 kW	3672.85	3949.36	-7.00
2. 当年新开工规模	**万 kW**	**593.68**	**582.65**	**1.89**
水　电	万 kW	95.70	46.95	103.83
火　电	万 kW	497.98	535.70	-7.04
3. 当年在建规模	**万 kW**	**7462.65**	**8163.92**	**-8.59**
水　电	万 kW	3167.92	3187.84	-0.62
火　电	万 kW	4294.73	4976.08	13.69
4. 当年投产规模	**万 kW**	**1934.03**	**1890.88**	**2.28**
水　电	万 kW	430.30	587.65	-26.78
火　电	万 kW	1503.73	1303.23	15.38
5. 年末建设规模	**万 kW**	**5528.62**	**6273.04**	**-11.87**
水　电	万 kW	2737.62	2600.19	5.29
火　电	万 kW	2791.00	3672.85	-24.01
6. 当年投产容量与建设规模比		**1:3.9**	**1:4.3**	
水　电		1:7.4	1:5.4	
火　电		1:2.9	1:3.8	

注　在建规模中含三峡、万家寨、小浪底的规模。

2000年底全国城乡电网累计完成情况

	计算单位	到2000年底累计	2000年	1999年	1998年
一、全国城乡电网投资完成情况	**亿元**	**2045.92**	**1128.48**	**666.63**	**250.81**
按电网构成分					
城网部分	亿元	745.71	354.21	254.81	136.69
农网部分	亿元	1300.21	774.27	411.82	114.12
其中：农网直供部分	亿元	659.01	376.57	225.44	57.00
农网趸售部分	亿元	641.20	397.70	186.38	57.12
二、全国城乡电网资金到位情况	**亿元**	**1847.86**	**918.90**	**679.99**	**248.97**
按电网构成分					
城网部分	亿元	649.79	305.94	217.03	126.82
农网部分	亿元	1198.07	612.96	462.96	122.15
其中：农网直供部分	亿元	605.31	301.90	243.18	60.23
农网趸售部分	亿元	592.76	311.06	219.78	61.92
三、全国城乡电网投产线路情况	**km**	**2809753.26**	**1923711.62**	**761554.70**	**124486.94**
按电网构成分					
城网部分	km	103518.53	60465.73	31030.90	12021.90
农网部分	km	2706234.73	1863245.89	730523.80	112465.04
其中：农网直供部分	km	1302490.41	884744.18	360775.32	56970.91
农网趸售部分	km	1403744.32	978501.71	369748.48	55494.13
四、全国城乡投产变电站情况	**万kV·A**	**15725.56**	**8791.34**	**5824.38**	**1109.84**
按电网构成分					
城网部分	万kV·A	6071.80	3171.93	2366.62	533.25
农网部分	万kV·A	9653.76	5619.41	3457.76	576.59
其中：农网直供部分	万kV·A	5547.69	3071.33	2124.61	351.75
农网趸售部分	万kV·A	4106.07	2548.08	1333.15	224.84

2000年全国分地区装机容量

地区	装机容量（万kW）				比1999年增减（%）			
	合计	水电	火电	核电	合计	水电	火电	核电
全国总计	**31932.09**	**7935.22**	**23754.02**	**210.00**	**6.88**	**8.75**	**6.31**	**0.00**
一、华北地区	**4702.58**	**317.85**	**4378.89**		**4.47**	**20.81**	**3.45**	
北京市	445.16	105.81	339.35		-9.44	0.00	-12.03	
天津市	503.60	0.50	502.80		-0.23	0.00	-0.23	
河北省	1583.07	72.72	1509.37		8.51	1.01	8.91	
山西省	1274.85	97.77	1177.08		9.46	58.24	6.72	
内蒙古自治区	895.90	41.06	850.29		1.65	78.37	-0.47	
二、东北地区	**3457.63**	**560.00**	**2893.24**		**5.79**	**1.40**	**6.62**	
辽宁省	1523.03	124.85	1393.79		11.26	0.69	12.17	
吉林省	846.13	353.67	492.47		4.57	0.81	7.45	
黑龙江省	1088.47	81.48	1006.99		-0.16	5.20	-0.57	
三、华东地区	**9343.03**	**1325.51**	**7982.41**	**30.00**	**9.53**	**11.21**	**9.29**	
上海市	1060.43		1060.43		6.42		6.42	
江苏省	1925.22	3.36	1921.86		4.31	9.71	4.30	
浙江省	1808.44	542.03	1232.59	30.00	16.19	18.36	15.76	
安徽省	872.24	54.63	817.61		9.02	20.07	8.36	
福建省	1043.66	532.49	509.88		7.77	5.03	10.50	
江西省	632.03	184.60	447.43		13.75	6.43	17.07	
山东省	2001.00	8.41	1992.60		10.73	68.45	10.57	
四、中南地区	**8186.69**	**2617.22**	**5381.90**	**180.00**	**5.13**	**7.56**	**4.12**	**0.00**
河南省	1531.70	152.80	1378.90		3.68	64.65	-0.41	
湖北省	1510.93	707.05	803.88		4.25	7.50	1.55	
湖南省	1033.54	585.80	447.74		0.70	2.51	-1.58	
广东省	3189.56	701.55	2301.32	180.00	5.15	7.04	4.91	0.00
广西自治区	741.82	416.32	325.50		16.88	3.46	40.15	
海南省	179.13	53.69	124.56		7.68	0.36	11.23	
五、西南地区	**3525.54**	**1993.55**	**1529.23**		**4.99**	**6.34**	**3.28**	
重庆市	432.20	132.70	299.50		1.61	23.98	-5.91	
四川省	1709.84	1100.83	609.01		7.91	5.68	12.20	
贵州省	606.36	235.81	370.55		0.58	2.08	-0.35	
云南省	741.41	494.72	246.69		4.10	5.78	0.89	
西藏自治区	35.72	29.48	3.48		7.72	8.18	10.48	
六、西北地区	**2464.64**	**869.10**	**1588.36**		**7.91**	**4.23**	**10.07**	
陕西省	737.56	145.12	592.44		10.50	12.32	10.07	
甘肃省	655.22	295.15	359.95		6.92	2.91	10.45	
青海省	395.37	311.39	83.98		4.15	1.26	16.50	
宁夏自治区	230.63	30.63	200.00		1.50	0.00	1.73	
新疆自治区	445.86	86.81	351.99		12.33	8.99	13.46	
七、不分区	**252.00**	**252.00**			**70.27**	**70.27**		

注 根据国电发［2001］72号文，各省发电装机容量已不含国电公司系统2000年停运机组容量。

2000 年全国分地区发电量

地　区	发电量（万 kW·h）				比 1999 年增减（%）			
	合　计	水　电	火　电	核　电	合　计	水　电	火　电	核　电
全国总计	**136848171**	**24313383**	**110793599**	**1673689**	**10.98**	**14.19**	**10.27**	**12.83**
一、华北地区	**23099030**	**360221**	**22727293**		**10.92**	**12.85**	**10.91**	
北京市	1889619	94734	1794885		9.82	−0.16	10.41	
天津市	2164318	1377	2162104		13.48	−16.85	13.54	
河北省	8444242	46973	8395328		9.40	−44.25	10.00	
山西省	6208664	161198	6047466		9.47	44.23	8.77	
内蒙古自治区	4392187	55939	4327510		15.40	109.98	14.78	
二、东北地区	**13737989**	**808817**	**12923634**		**3.69**	**−7.24**	**4.45**	
辽宁省	6471734	165156	6301040		5.32	−39.87	7.41	
吉林省	2938017	501697	2436320		−0.20	2.31	−0.70	
黑龙江省	4328238	141964	4186274		4.04	32.85	3.28	
三、华东地区	**42019382**	**3454955**	**38352592**	**203548**	**12.69**	**−3.47**	**14.04**	**177.86**
上海市	5582714		5582714		11.59		11.59	
江苏省	9725630	7119	9718511		15.02	122.61	14.98	
浙江省	6973293	897635	5864854	203548	15.54	−15.53	19.85	177.86
安徽省	3681353	72917	3608436		15.24	−41.45	17.54	
福建省	4037357	1951774	2084552		12.95	5.34	21.07	
江西省	2010583	522468	1488115		7.06	−1.57	10.46	
山东省	10008452	3042	10005410		9.41	−40.76	9.44	
四、中南地区	**33217657**	**8534114**	**23198685**	**1470141**	**12.14**	**19.77**	**10.08**	**4.26**
河南省	7027284	227390	6799895		6.66	39.01	5.84	
湖北省	5591238	2813961	2777277		6.95	17.79	−2.17	
湖南省	3763722	2106280	1657442		8.01	15.51	−0.22	
广东省	13534655	1557348	10493540	1470141	18.72	40.85	18.25	4.26
广西自治区	2890878	1688736	1202142		14.07	9.70	20.85	
海南省	409880	140399	268389		6.05	34.42	−4.44	
五、西南地区	**13645527**	**7201041**	**6434608**		**9.65**	**18.78**	**1.00**	
重庆市	1679040	382215	1296825		6.08	18.38	2.93	
四川省	5563773	3690492	1873281		13.05	21.59	−0.69	
贵州省	3159744	909464	2250280		9.31	13.85	7.58	
云南省	3174567	2160783	1013784		6.46	16.86	−10.51	
西藏自治区	68403	58087	438		1.55	2.95	97.05	
六、西北地区	**10170726**	**2996375**	**7156787**		**9.10**	**8.14**	**9.56**	
陕西省	2830000	360000	2470000		7.15	59.35	2.26	
甘肃省	2802653	1143376	1659049		6.80	−2.67	14.48	
青海省	1388039	1097093	290946		11.81	12.92	7.81	
宁夏自治区	1320207	90562	1229645		17.59	−7.76	20.01	
新疆自治区	1829827	305344	1507147		8.08	1.58	9.75	
七、不分区	**957860**	**957860**			**69.95**	**69.95**		

2000 年年底单机 6000kW 及

	计算单位	发电机组总计	水轮机组（合计）	汽轮机组（合计）	其		
					高温高压机组		次高压机组
					合计	供热	
全国总计	**台**	**5235**	**1062**	**3546**	**1275**	**294**	**121**
	万 kW	**28288.292**	**5747.134**	**21277.830**	**18761.700**	**1736.971**	**171.760**
一、30 万 kW 及以上机组	**台**	**313**	**48**	**262**	**262**	**6**	
	万 kW	**10997.700**	**1700.200**	**9087.500**	**9087.500**	**180.000**	
60 万 kW	台	22	2	20	20		
	万 kW	1320.000	120.000	1200.000	1200.000		
35 万 kW	台	33		33	33		
	万 kW	1155.000		1155.000	1155.000		
32 万 kW	台	8	4	4	4		
	万 kW	256.000	128.000	128.000	128.000		
30 万 kW	台	205	26	178	178	6	
	万 kW	6150.000	780.000	5340.000	5340.000	180.000	
二、20～不足 30 万 kW 机组	**台**	**232**	**39**	**193**	**193**	**20**	
	万 kW	**4741.700**	**858.700**	**3883.000**	**3883.000**	**402.000**	
20 万 kW	台	194	15	179	179	19	
	万 kW	3880.000	300.000	3580.000	3580.000	380.000	
三、10～不足 20 万 kW 机组	**台**	**376**	**90**	**321**	**321**	**18**	
	万 kW	**4358.811**	**1176.200**	**3663.922**	**3663.922**	**236.211**	
12.5 万 kW	台	170	24	146	146	5	
	万 kW	2125.000	300.000	1825.000	1825.000	62.500	
10 万 kW	台	182	26	146	146	4	
	万 kW	1820.000	260.000	1460.000	1460.000	40.000	
四、5～不足 10 万 kW 机组	**台**	**475**	**110**	**355**	**342**	**121**	
	万 kW	**2629.970**	**731.410**	**1829.740**	**1760.220**	**614.500**	
其中：							
5 万 kW	台	335	23	307	297	115	
	万 kW	1675.000	115.000	1535.000	1485.000	575.000	
五、2.5～不足 5 万 kW 机组	**台**	**648**	**164**	**418**	**133**	**112**	**20**
	万 kW	**1886.862**	**580.200**	**1080.220**	**338.800**	**282.500**	**58.500**
其中：							
3.6 万 kW	台	44	32	1			
	万 kW	158.400	115.200	3.600			
2.5 万 kW	台	410	16	380	123	108	14
	万 kW	1025.000	40.000	950.000	307.500	270.000	35.000
六、1.2～不足 2.5 万 kW 机组	**台**	**1169**	**282**	**817**	**17**	**15**	**83**
	万 kW	**1562.198**	**442.669**	**1010.596**	**22.860**	**20.160**	**102.020**
1.5 万 kW	台	136	79	56	1		5
	万 kW	204.000	118.500	84.000	1.500		7.500
1.2 万 kW	台	747	13	731	12	11	73
	万 kW	896.400	15.600	877.200	14.400	13.200	87.600
七、0.6～不足 1.2 万 kW 机组	**台**	**1887**	**329**	**1180**	**7**	**2**	**18**
	万 kW	**1398.470**	**257.755**	**722.856**	**5.400**	**1.600**	**11.240**
其中：							
1 万 kW	台	72	49	9	1	1	
	万 kW	72.000	49.000	9.000	1.000	1.000	
0.6 万 kW	台	1174	41	1130	4	1	17
	万 kW	704.400	24.600	678.000	2.400	0.600	10.200

注 国外机组合计中含核电机组 2 台 180 万 kW。

以上发电机组分类情况

中			燃汽轮机组	柴油机组	核电机组	在总计中：国外机组		
中温中压机组		低温低压机组				合 计	水 电	火 电
合 计	供 热							
2127 **2326.032**	**1099** **1130.609**	**23** **18.340**	**127** **511.800**	**497** **541.524**	**3** **210.000**	**1051** **7773.745**	**125** **1444.275**	**924** **6149.470**
					3 **210.000**	**111** **4696.700**	**22** **871.200**	**87** **3645.50**
						16 960.000	2 120.000	14 840.000
						33 1155.000		33 1155.000
						4 128.000		4 128.000
					1 30.000	25 750.00	12 360.00	13 390.00
						31 **644.000**	**7** **144.000**	**24** **500.000**
						18 360.000	6 120.000	12 240.000
			15 **172.100**			**66** **785.292**	**7** **101.400**	**59** **683.892**
						4 50.000		4 50.000
			10 100.000			30 300.00		30 300.00
13 **69.520**	**7** **38.000**		**10** **68.820**			**78** **468.250**	**18** **125.410**	**60** **342.840**
10 50.000	5 25.000		5 25.000			45 225.000	1 5.000	44 220.000
264 **679.920**	**81** **210.340**	**1** **3.000**	**64** **221.442**	**2** **5.000**		**174** **540.722**	**51** **166.000**	**123** **374.722**
1 3.600			11 39.600			19 68.400	15 54.000	4 14.400
243 607.500	72 180.000		12 30.000	2 5.000		68 170.000		68 170.000
716 **884.516**	**425** **527.209**	**1** **1.200**	**17** **28.950**	**53** **79.983**		**125** **185.995**	**19** **36.165**	**106** **150.830**
50 75.000	35 52.500		1 1.500		4.500	3 1.500	1 3.000	2
645 774.000	378 453.600	1 1.200	3 3.600			36 43.200		36 43.200
1134 **692.076**	**586** **355.060**	**21** **14.140**	**21** **20.488**	**440** **454.341**		**466** **452.786**	**1** **1.100**	**465** **451.686**
5 5.000	1 1.000	3 3.000	1 1.000	13 13.000		13 13.000		13 13.000
1094 656.400	573 343.800	15 9.000	1 0.600	2 1.200		21 12.600		21 12.600

2000年发电、供热消耗燃料

地区	发电消耗燃料			供热消耗燃料		
	6000kW及以上电厂消耗原煤量（万t）	6000kW及以上电厂消耗燃油量（万t）	6000kW及以上电厂消耗燃气量（万m^3）	供热用原煤量（万t）	供热用燃油量（万t）	供热用燃气量（万m^3）
全国总计	**52810.45**	**1041.56**	**1538163**	**6382.30**	**175.60**	**873543**
华北地区	**11509.47**	**35.36**	**102542**	**1167.60**	**36.85**	**34760**
北京市	692.99	20.57	38919	147.20	34.99	12931
天津市	905.82	2.04		185.28	0.15	
河北省	4009.58	5.25	3278	479.90	1.33	4
山西省	3011.99	4.03	9570	157.71	0.28	5012
内蒙古自治区	2889.08	3.47	50775	197.51	0.10	16813
东北地区	**7267.68**	**68.28**	**89036**	**2059.93**	**75.93**	**218003**
辽宁省	3241.40	49.59	63911	1044.81	63.56	206219
吉林省	1583.99	3.97	499	492.89	6.98	4625
黑龙江省	2442.29	14.71	24626	522.22	5.39	7159
华东地区	**16920.35**	**277.45**	**712686**	**1878.93**	**42.45**	**26288**
上海市	2082.07	64.72	644827	197.13	11.29	9394
江苏省	4512.53	8.12		130.65	0.09	
浙江省	2382.38	112.01	40826	435.64	19.88	8518
安徽省	1598.10	5.32	26978	109.64	3.01	8376
福建省	891.50	24.31		74.20	0.12	
江西省	919.56	15.81				
山东省	4534.20	47.18	55	931.67	8.06	
中南地区	**9720.69**	**642.70**	**345424**	**764.64**	**18.02**	**425871**
河南省	3475.45	4.86		175.47	0.08	
湖北省	1303.12	17.69	247837	227.98	6.15	396969
湖南省	880.28	1.77	83137	180.53	7.28	28902
广东省	3396.33	616.93		180.66	4.51	
广西自治区	553.42	0.96				
海南省	112.09	0.50	14450			
西南地区	**3790.24**	**4.03**	**122783**	**149.61**	**0.71**	**161350**
重庆市	658.34	0.91	3033	24.89		43
四川省	1238.40	1.52	83144	124.72	0.71	161307
贵州省	1140.13	0.95	36606			

续表

地区	发电消耗燃料			供热消耗燃料		
	6000kW 及以上电厂消耗原煤量（万 t）	6000kW 及以上电厂消耗燃油量（万 t）	6000kW 及以上电厂消耗燃气量（万 m^3）	供热用原煤量（万 t）	供热用燃油量（万 t）	供热用燃气量（万 m^3）
云南省	753.38	0.65				
西藏自治区						
西北地区	**3602.02**	**13.74**	**165692**	**361.59**	**1.64**	**7271**
陕西省	1293.96	2.25		45.07	0.03	
甘肃省	757.60	1.89	110222	190.97	0.92	
青海省	161.23	6.90	2949			
宁夏自治区	603.87	0.62				
新疆自治区	785.36	2.07	52521	125.55	0.69	7271

2000 年发电技术经济指标

地区	发电设备平均利用小时（h）			发电厂用电率（%）			标准煤耗[g/(kW·h)]	
	合计	水电	火电	合计	水电	火电	发电	供电
全国总计	**4517**	**3258**	**4848**	**6.28**	**0.49**	**7.31**	**363**	**392**
华北地区	**5047**	**1221**	**5287**	**7.72**	**0.87**	**7.82**	**361**	**398**
北京市	4121	899	5050	7.94	1.83	8.25	329	359
天津市	4266		4266	7.77		7.77	335	364
河北省	5625	523	5847	6.99	1.13	7.01	361	388
山西省	5122	2411	5268	8.24	0.44	8.43	378	413
内蒙古自治区	4901	1314	5081	8.28	0.23	8.38	363	433
东北地区	**4134**	**1397**	**4682**	**7.92**	**2.77**	**8.21**	**365**	**397**
辽宁省	4517	1288	4812	7.81	5.28	7.87	358	388
吉林省	3607	1373	5461	6.98	2.40	7.82	357	387
黑龙江省	4004	1670	4185	8.72	1.11	8.95	380	418
华东地区	**4820**	**2787**	**5124**	**6.16**	**0.40**	**6.50**	**352**	**376**
上海市	5402		5402	5.45		5.45	332	351
江苏省	5169		5169	6.54		6.54	360	385
浙江省	4542	1659	5662	5.72	0.50	6.31	348	372
安徽省	4328	1232	4489	6.71	0.30	6.79	349	375
福建省	3998	3683	4357	4.49	0.23	6.76	341	366
江西省	3510	3007	3682	6.71	0.73	8.39	381	416

续表

地 区	发电设备平均利用小时（h）			发电厂用电率（%）			标准煤耗[g/(kW·h)]	
	合 计	水 电	火 电	合 计	水 电	火 电	发 电	供 电
山 东 省	5412		5414	6.71		6.71	356	382
中 南 地 区	**4241**	**3542**	**4378**	**5.38**	**0.41**	**6.85**	**366**	**393**
河 南 省	4689	2017	4861	8.21	1.00	8.34	382	416
湖 北 省	3815	4255	3475	3.93	0.27	7.39	364	393
湖 南 省	3910	3839	3991	4.05	0.40	8.11	389	423
广 东 省	4394	2015	4573	5.18	0.69	5.51	351	372
广西自治区	4381	4381	4380	3.55	0.39	9.27	410	452
海 南 省	2322	2418	2300	5.74	1.27	7.22	366	395
西 南 地 区	**3961**	**3745**	**4182**	**5.15**	**0.42**	**9.34**	**392**	**432**
重 庆 市	4371	4160	4396	9.65	1.29	10.59	389	435
四 川 省	3278	3411	3073	4.04	0.42	10.12	423	471
贵 州 省	5171	3840	5823	6.26	0.34	8.02	364	396
云 南 省	4348	4524	4063	3.64	0.37	9.34	402	443
西藏自治区	2182	1991	5	9.01	1.44	100.00		
西 北 地 区	**4421**	**3643**	**4838**	**5.92**	**0.42**	**8.11**	**386**	**420**
陕 西 省	4116	2823	4390	7.41	0.21	8.40	377	412
甘 肃 省	4554	4079	4928	4.74	0.34	7.60	354	383
青 海 省	3608	3544	3867	2.37	0.36	9.75	452	501
宁夏自治区	5786	2969	6221	6.47	0.42	6.93	355	381
新疆自治区	4745	4192	4901	7.73	1.28	8.83	446	489
不 分 区	**5985**	**5985**		**0.12**	**0.12**			
南 电 联	5985	5985		0.12	0.12			

2000年电网生产情况

地 区	装机容量（万 kW）					发电量（万 kW·h）				
	合 计	水 电	火 电	核 电	其 他	合 计	水 电	火 电	核 电	其 他
华北电力系统	**4276.91**	**312.79**	**3958.30**		**5.81**	**21083692**	**352241**	**20719990**		**11461**
1. 京津唐电网	1817.93	157.32	1659.33		1.29	8450755	119414	8328563		2778
北京	445.16	105.81	339.35			1889619	94734	1794885		
天津	503.60	0.50	502.80		0.30	2163986	1377	2161772		837
河北北部	749.17	51.01	697.18		0.99	3625919	23303	3600675		1941
大同二电厂	120.00		120.00			771231		771231		

续表

地 区	装机容量（万 kW）					发电量（万 kW·h）				
	合 计	水 电	火 电	核 电	其 他	合 计	水 电	火 电	核 电	其 他
2. 河北南网	833.90	21.71	812.20			4818323	23670	4794653		
3. 山西电网	1154.85	97.77	1057.08			5437433	161198	5276235		
4. 内蒙古电网	470.23	36.00	429.70		4.53	2377181	47959	2320539		8683
东北电力系统	**3786.21**	**561.77**	**3220.05**		**4.39**	**15384558**	**809870**	**14569150**		**5538**
内蒙东	355.39	2.59	352.80			1738202	2764	1735438		
辽宁	1523.03	124.85	1393.79		4.39	6471734	165156	6301040		5538
吉林	846.13	353.67	492.47			2938017	501697	2436320		
黑龙江	1061.66	80.66	981.00			4236605	140253	4096352		
华东电力系统	**5666.33**	**600.01**	**5032.50**	**30.00**	**3.82**	**25962990**	**977671**	**24774515**	**203548**	**7256**
上海	1060.43		1060.43			5582714		5582714		
江苏	1925.22	3.36	1921.86			9725630	7119	9718511		
浙江	1808.44	542.03	1232.59	30.00	3.82	6973293	897635	5864854	203548	7256
安徽	872.24	54.63	817.61			3681353	72917	3608436		
福建电力系统	**1041.53**	**530.36**	**509.88**		**1.29**	**4029057**	**1943474**	**2084552**		**1031**
山东电力系统	**1961.25**	**6.77**	**1954.48**			**9980182**	**2392**	**9977790**		
华中电力系统	**4556.06**	**1501.78**	**3054.28**			**17964971**	**5303899**	**12661073**		
河南	1531.70	152.80	1378.90			7027284	227390	6799895		
湖北	1510.93	707.05	803.88			5591238	2813961	2777277		
湖南	940.71	505.66	435.05			3466427	1852722	1613705		
江西	572.72	136.27	436.45			1880022	409826	1470196		
广东电力系统	**3189.56**	**701.55**	**2301.32**	**180.00**	**6.69**	**13534655**	**1557348**	**10493540**	**1470141**	**13626**
广西电力系统	**739.09**	**413.60**	**325.50**			**2883549**	**1681407**	**1202142**		
海南电力系统	**179.13**	**53.69**	**124.56**		**0.88**	**409880**	**140399**	**268389**		**1092**
重庆电力系统	**306.15**	**32.39**	**273.76**			**1338147**	**134756**	**1203391**		
四川电力系统	**1593.24**	**988.21**	**605.04**			**5104853**	**3251516**	**1853337**		
贵州电力系统	**555.79**	**188.51**	**367.28**			**2964769**	**723866**	**2240903**		
云南电力系统	**654.23**	**418.58**	**235.65**			**2864241**	**1879951**	**984289**		
藏中电力系统	**18.09**	**13.12**	**2.56**		**2.42**	**32599**	**22907**	**3.3**		**9689**
西北电力系统	**1922.06**	**753.19**	**1168.75**		**0.12**	**8010567**	**2631007**	**5379335**		**225**
陕西	670.61	125.21	545.40			2605250	332862	2272388		
甘肃	655.22	295.15	359.95		0.12	2802650	1143376	1659049		225
青海	372.12	302.32	69.80			1313911	1064455	249456		
宁夏	224.12	30.52	193.60			1288756	90314	1198442		
乌鲁木齐电力系统	**271.77**	**13.41**	**251.41**		**6.95**	**1347025**	**38650**	**1291136**		**17239**

2000年供、用、

地区	全部			其中：电力		
	供电量	用电量	最高负荷(万kW)	购电量	供电量	售电量
全国总计	**12246.18**	**11503.34**		**1574.67**	**11365.77**	**10490.40**
华北地区	**2025.26**	**1885.31**		**27.68**	**1957.88**	**1817.96**
北京市	366.53	331.82		4.73	339.05	318.10
天津市	213.92	198.35	362.81	18.08	196.49	186.69
河北省	743.59	695.17			723.85	683.04
山西省	437.23	408.09			401.43	372.28
内蒙古自治区	264.00	251.89		4.87	269.77	257.85
东北地区	**1309.80**	**1241.21**		**100.31**	**1175.39**	**1070.84**
辽宁省	666.14	633.35	192.35		581.42	548.63
吉林省	254.40	236.34		45.29	242.78	224.73
黑龙江省	389.26	371.52		55.02	315.17	297.49
华东地区	**3838.83**	**3567.47**		**401.75**	**3527.13**	**3276.84**
上海市	524.17	494.88		43.34	432.70	403.41
江苏省	908.64	844.53	1484.30	111.51	824.62	760.51
浙江省	675.99	624.66		28.43	645.62	594.68
安徽省	309.54	289.35	584.07	4.34	287.76	264.75
福建省	385.85	348.61		205.34	301.79	288.05
江西省	173.81	159.62			173.81	159.62
山东省	860.84	805.83		8.80	860.84	805.83
中南地区	**2980.25**	**2868.68**		**589.98**	**2764.81**	**2541.34**
河南省	596.09	623.39			596.09	559.39
湖北省	465.24	420.68	769.30		429.50	384.55
湖南省	388.99	351.99		61.66	369.07	332.50
广东省	1186.73	1160.42	2350.00	386.77	1028.35	955.94
广西自治区	307.96	281.13		141.55	304.71	277.88
海南省	35.25	31.08			35.25	31.08
西南地区	**1147.53**	**1062.52**		**410.13**	**1061.96**	**977.34**
重庆市	192.23	179.71	298.00	105.84	148.00	135.79
四川省	414.44	381.58	630.60	261.67	392.99	360.13
贵州省	249.82	238.16		4.63	243.71	232.05
云南省	286.33	259.07		37.99	272.55	245.36
西藏自治区	4.71	4.01			4.71	4.01
西北地区	**944.50**	**878.14**		**44.83**	**874.55**	**806.08**
陕西省	265.77	244.14		33.37	265.77	244.14
甘肃省	276.85	257.93			237.37	221.13
青海省	104.73	98.66		4.94	101.25	95.59
宁夏自治区	127.88	119.90		6.52	124.73	115.68
新疆自治区	169.28	157.51			141.14	129.54
跨区					**4.05**	

注 本表已含四大网网损电量。

售电量及线损情况

单位：亿 kW·h

企业		系统无功补偿装置（万 kvar）					
线损电量	线损率（%）	合 计	调相机	用户自备电容器	电力企业电容器	并 联电抗器	其 他
875.38	**7.70**	**20541.81**	**270.22**	**8161.15**	**9208.81**	**2725.68**	**173.45**
139.92	**7.15**	**3619.84**	**70.64**	**1185.15**	**2040.78**	**314.24**	**9.04**
20.95	6.18	1545.20	51.50	449.98	855.85	187.87	
9.80	4.99	341.89	16.00	73.23	231.30	21.37	
40.81	5.64	1233.90	3.00	452.59	682.31	96.00	
29.15	7.26	367.04		133.95	228.23		4.86
11.92	5.56	131.81	0.14	75.40	43.09	9.00	4.18
104.56	**8.90**	**1735.57**	**63.15**	**733.77**	**558.27**	**291.77**	**88.61**
32.79	5.64	985.33	48.15	374.77	359.23	114.57	88.61
18.06	7.44	198.73		86.10	109.46	3.17	
17.69	5.61	551.51	15.00	272.90	89.58	174.03	
250.29	**7.10**	**6475.83**	**33.49**	**3051.82**	**2766.51**	**604.80**	**19.20**
29.29	6.77	965.72	10.00	376.74	364.98	214.00	
64.11	7.77	1352.52		731.81	490.10	130.61	
50.94	7.89	1361.71	3.03	585.53	664.12	106.18	2.85
23.01	8.00	466.56		186.41	206.65	73.50	
13.74	4.55	600.85	13.80	214.56	342.25	21.36	8.88
14.19	8.16	250.21	5.03	120.92	123.89	0.16	0.21
55.01	6.39	1478.26	1.64	835.85	574.52	59.00	7.26
223.47	**8.08**	**5260.10**	**43.93**	**2221.34**	**2451.66**	**504.41**	**36.28**
36.70	6.16	797.50	4.24	380.43	367.50	33.32	12.01
44.95	10.47	975.23	28.05	654.29	190.39	102.50	
36.57	9.91	622.43	8.04		508.10	89.83	16.41
72.41	7.04	2460.21		1021.00	1229.41	206.44	3.36
26.83	8.80	334.85	3.60	125.73	134.70	66.32	4.50
4.17	11.83	69.88		39.89	21.57	6.00	
84.61	**7.97**	**1689.76**	**31.99**	**624.70**	**826.25**	**187.47**	**19.35**
12.21	8.25	260.00	12.00	61.07	150.94	36.00	
32.86	8.36	835.70	10.10	360.85	400.68	47.72	16.35
11.66	4.78	235.48	1.79	85.50	95.89	52.30	
27.19	9.98	358.58	8.10	117.29	178.74	51.45	3.00
0.70	14.80						
68.47	**7.83**	**1410.19**	**27.02**	**344.37**	**549.33**	**488.49**	**0.98**
21.63	8.14	343.56	12.00	94.19	151.35	85.04	0.98
16.24	6.84	340.47		101.11	198.36	41.00	
5.66	5.59	67.55	0.40	41.15	12.69	13.31	
9.06	7.26	115.78		44.28	65.50	6.00	
11.60	8.22	192.32	14.62	63.65	105.41	8.64	
4.05	**100.00**	**350.52**			**16.02**	**334.50**	

2000年年底输电线路及变电设备情况

地区	输电线路(km)					变电设备(万kV·A)				
	合计	其中				合计	其中			
		500kV	330kV	220kV	110kV		500kV	330kV	220kV	110kV
全国总计	**726167**	**26837**	**8669**	**128114**	**201230**	**99612**	**9447**	**1410**	**30632**	**35384**
华北地区	**98777**	**3395**		**19639**	**29088**	**15840**	**1478**		**5221**	**6006**
北京市	7459	703		1714	2721	3464	731		1210	1292
天津市	5948	258		1545	1459	1975	267		657	443
河北省	37075	1331		6961	11375	5880	380		1819	2355
山西省	24394	824		5208	7739	3353	100		1147	1444
内蒙古自治区	23901	279		4211	5793	1169			388	472
东北地区	**84034**	**4536**		**21323**	**5761**	**10593**	**1391**		**3554**	**729**
辽宁省	31001	2268		8150		5272	600		1864	
吉林省	19868	552		5992	14	2067	257		751	6
黑龙江省	33165	1716		7181	5747	3255	534		939	723
华东地区	**182135**	**7347**		**35816**	**49403**	**32383**	**2626**		**10351**	**10910**
上海市	6309	387		1695	723	5352	659		1775	555
江苏省	38859	2962		7613	10349	7881	450		2639	3016
浙江省	25905	1371		5852	7227	5028	500		1536	1893
安徽省	25833	1121		4768	6357	3044	285		954	1131
福建省	20553	473		3640	6950	2607	240		825	1111
江西省	20245	159		3551	6389	1509	100		501	604
山东省	44431	874		8697	11409	6963	392		2121	2600
中南地区	**171406**	**5516**	**71**	**31052**	**54333**	**24281**	**2628**		**7944**	**10800**
河南省	33684	579	71	6300	8483	4929	225		1459	2210
湖北省	33710	1920		6139	10589	4061	503		1433	1578
湖南省	34235	670		6216	11316	3254	275		1127	1363
广东省	37537	1789		7992	16030	9767	1425		3252	4758
广西自治区	28520	558		3834	6351	1968	200		583	737
海南省	3720			571	1565	302			90	155
西南地区	**104288**	**2870**		**15095**	**33113**	**8940**	**550**		**2595**	**3828**
重庆市	7248	348		1537	2706	1356	150		409	617

续表

地区	输电线路（km）					变电设备（万 kV·A）				
	合计	其中				合计	其中			
		500kV	330kV	220kV	110kV		500kV	330kV	220kV	110kV
四川省	45569	1956		6805	13318	3733	225		933	1661
贵州省	19583	125		2828	7121	1548			495	739
云南省	30878	440		3925	9540	2274	175		757	792
西藏自治区	1010				427	28				19
西北地区	**82224**		**8598**	**5061**	**29532**	**6800**		**1410**	**968**	**3110**
陕西省	20611		3020	824	8515	2310		672	96	1228
甘肃省	25827		3520	1307	7913	2105		471	404	785
青海省	6629		1467		2807	636		213		306
宁夏自治区	5525		592	1154	2229	830		54	267	363
新疆自治区	23632			1776	8068	919			202	429
跨区	**3303**	**3174**		**129**		**774**	**774**			

2000 年用电设备容量和用电量

	用电设备容量（万 kW）			用电量（亿 kW·h）		
	2000 年	1999 年	增长（%）	2000 年	1999 年	增长（%）
全社会用电总计	**72935.21**	**64448.79**	**13.17**	**134662161**	**120922803**	**11.36**
A. 按产业类别分						
一次产业	5703.19	5479.26	4.09	5339580	5247222	1.76
二次产业	38212.32	34164.98	11.85	97861151	88063955	11.13
三次产业	13546.07	11879.08	14.03	14743135	12913292	14.17
B. 城乡居民生活合计	15473.62	12925.46	19.71	16718295	14698334	13.74
其中：城市居民	9285.60	7358.5	26.19	9966108	8693505	14.64
乡村居民	6188.03	5566.96	11.16	6752187	6004829	12.45
按行业类别分						
全行业用电合计	**57461.59**	**51523.32**	**11.53**	**117943866**	**106224469**	**11.03**
一、农林牧渔水利业合计	**7567.23**	**7214.08**	**4.90**	**7089256**	**6956210**	**1.91**
其中：排灌	3260.54	3271.82	−0.34	3384009	3284939	3.02
其中：农副业	1804.88	1589.43	13.56	1505928	1473681	2.19
1. 农业	5330.50	5130.25	3.90	4879991	4834214	0.95
2. 林业	101.61	89.9	13.03	108940	100796	8.08

续表

	用电设备容量（万 kW）			用电量（亿 kW·h）		
	2000 年	1999 年	增长（%）	2000 年	1999 年	增长（%）
3. 畜牧业	136.46	137.76	−0.94	180175	164992	9.20
4. 渔业	134.62	121.36	10.93	170474	147220	15.80
5. 水利业	1094.71	1071.21	2.19	984604	964515	2.08
6. 其他	769.34	663.6	15.93	765072	744473	2.77
二、工业合计	**36874.36**	**32959.88**	**11.88**	**96536237**	**86845454**	**11.16**
其中：乡镇企业	5068.87	4441.88	14.12	10183672	8567398	18.87
1. 轻工业	10307.76	9390.41	9.77	20113322	17358992	15.87
2. 重工业	26566.60	23569.47	12.72	76422915	69486462	9.98
（一）采掘业合计	4300.93	4243.07	1.36	10777289	10313572	4.50
1. 矿业合计	3591.85	3538.45	1.51	9249692	8821184	4.86
（1）煤炭采选业	1627.70	1595.3	2.03	3661921	3609106	1.46
（2）石油及天然气开采业	842.64	810.64	3.95	2703032	2621599	3.11
（3）黑色金属矿采选业	247.71	306.38	−19.15	797524	769523	3.64
（4）有色金属矿采选业	398.00	350.49	13.56	1097451	974216	12.65
（5）建材及其他非金属矿采选业	395.29	400.74	−1.36	801212	682384	17.41
（6）采盐业	50.50	50.38	0.23	103837	110750	−6.24
（7）其他矿采选业	30.00	24.52	22.37	84715	53606	58.03
2. 木材及竹材采运业	65.95	60.49	9.02	141991	133181	6.62
3. 自来水生产和供应业	643.14	644.13	−0.15	1385606	1359207	1.94
（二）制造业合计	32573.43	28716.81	13.43	85758948	76531882	12.06
1. 食品饮料和烟草制造业	1898.25	1808.31	4.97	2728294	2488594	9.63
2. 纺织业	1742.24	1615.02	7.88	4330332	3720408	16.39
3. 造纸及纸制品业	899.56	789.35	13.96	2322271	1962656	18.32
4. 电力蒸汽热水生产和供应业	2583.46	2723.83	−5.15	20161333	18350298	9.87
其中：厂用电量	1408.85	1619.11	−12.99	9446252	8816270	7.15
其中：线损电量	210.22	278.87	−24.62	9367172	8619282	8.68
5. 石油加工业	463.44	489.15	−5.26	1549939	1378565	12.43
6. 炼焦煤气及煤制品业	255.05	230.31	10.74	438849	368847	18.98
其中：轻工业	55.54	58.04	−4.31	67310	61716	9.06
7. 化学工业	3577.34	3278.41	9.12	12254887	11429066	7.23
其中：轻工业	328.50	308.87	6.35	769931	667429	15.36
8. 医药工业	417.23	354.64	17.65	864068	782124	10.48

续表

	用电设备容量（万 kW）			用电量（亿 kW·h）		
	2000 年	1999 年	增长（%）	2000 年	1999 年	增长（%）
9. 化学纤维	409.21	368.58	11.02	1579201	1338901	17.95
10. 橡胶及塑料制品业	1127.00	1027.7	9.66	2267161	1833088	23.68
其中：轻工业	528.82	410.02	28.97	1041947	786230	32.52
11. 建材及其他非金属矿制品业	3330.91	3029.88	9.94	7341336	6606888	11.12
其中：轻工业	339.38	332.04	2.21	672921	596948	12.73
12. 黑色金属冶炼压延加工业	3565.75	3056.82	16.65	10462493	9321222	12.24
13. 有色金属冶炼压延加工业	3011.77	1484.51	102.88	6174634	5598799	10.28
14. 金属制品业	1461.01	1384.41	5.53	2292921	1951615	17.49
其中：轻工业	515.29	436.6	18.02	739738	597079	23.89
15. 机械工业	2333.63	2226.66	4.80	2936400	2608004	12.59
其中：轻工业	348.18	319.23	9.07	462187	404540	14.25
16. 交通运输电气电子设备制造业	1881.27	1737.2	8.29	2994961	2615086	14.53
其中：轻工业	431.81	380.75	13.41	707902	557464	26.99
17. 其他工业	3616.30	3112.04	16.20	5059868	4177721	21.12
其中：轻工业	1700.12	1514.44	12.26	2337777	1924946	21.45
三、地质普查和勘探业	**73.18**	**63.46**	**15.31**	**87428**	**84286**	**3.73**
四、建筑业	**1337.96**	**1205.1**	**11.02**	**1324914**	**1218501**	**8.73**
五、交通运输邮电通信业	**2490.98**	**2146.59**	**16.04**	**2614450**	**2368736**	**10.37**
1. 交通运输业	2072.43	1787.92	15.91	1960019	1796116	9.13
其中：管道运输业	91.74	92.35	−0.67	143924	148909	−3.35
其中：电气化铁路	1272.35	1023.73	24.29	1012758	921854	9.86
2. 邮电通信业	418.56	358.67	16.70	654431	572620	14.29
六、商业饮食物资供销仓储业	**3460.34**	**2938.51**	**17.76**	**4016887**	**3327862**	**20.70**
七、其他事业	**5657.54**	**4995.7**	**13.25**	**6274694**	**5423420**	**15.70**
1. 房管公共居民服务和咨询业	1739.77	1508.81	15.31	1720129	1524331	12.84
其中：市内公共交通业	183.93	109.36	68.19	356385	218542	63.07
其中：路灯业	87.50	125.67	−30.37	134363	113021	18.88
2. 卫生体育和社会福利事业	529.93	459.68	15.28	646822	560186	15.47
3. 教育文艺和广播电视业	852.25	767.62	11.02	1023740	907408	12.82
4. 科研和综合技术服务业	396.36	385.2	2.90	411301	364510	12.84
5. 国家政党机关和社会团体	994.92	893.22	11.39	1120959	972141	15.31
6. 其他	1144.30	981.17	16.63	1351743	1094844	23.46

2000 年全国电力基本建设投资完成情况（按类型分）

单位：万元

地区	总计	按类型分					
		水电	火电	核电	送电	变电	其他
全国总计	**9536612.9**	**1087446.6**	**3829009.4**	**1507308.0**	**1343579.5**	**1257193.4**	**512076.0**
北京市	210097.0		5421.0		84921.0	24756.0	94999.0
天津市	125764.0		122264.0		2500.0		1000.0
河北省	428866.0		310312.0		40521.0	44703.0	33330.0
山西省	443158.1		356011.1		39805.0	29252.0	18090.0
内蒙古自治区	205055.0		204755.0			300.0	
辽宁省	297590.0	43810.0	181746.0		41714.0	18320.0	12000.0
吉林省	180455.0		126230.0		35958.0	18267.0	
黑龙江省	115907.0		66639.0		9965.0	16303.0	23000.0
上海市	291454.0		128715.0		50659.0	78354.0	33726.0
江苏省	433051.0	22368.0	126518.0	156060.0	57292.0	49436.0	21377.0
浙江省	1213867.8	14629.0	286460.3	777030.0	54761.0	80237.5	750.0
安徽省	314499.0	4000.0	250013.0		18385.0	31401.0	10700.0
福建省	221888.0	131151.0	26651.0		34517.0	20131.0	9438.0
江西省	290102.0	26416.0	215438.0		11132.0	10670.0	26446.0
山东省	566569.0		404788.0		52166.0	89615.0	20000.0
河南省	405733.0		279109.0		37168.0	78256.0	11200.0
湖北省	154359.0	18339.0	35419.0		36147.0	32964.0	31490.0
湖南省	312582.0	109823.0	98538.0		46386.0	32835.0	25000.0
广东省	1038094.0	30853.0	150745.0	574218.0	163525.0	116628.0	2125.0
广西自治区	113795.6	18801.6	6200.0		28458.0	47394.0	12942.0
海南省	9176.0		9036.0			140.0	
重庆市	59010.0	16911.0	200.0		1365.0	28034.0	12500.0
四川省	323734.0	230407.0	29000.0		31429.0	27251.0	5647.0
贵州省	133408.0	14700.0	35206.0		37541.0	39961.0	6000.0
云南省	314047.9	150180.0	96000.0		37418.0	19135.0	11314.9
西藏自治区	3000.0		1900.0				1100.0
陕西省	241328.0	16940.0	121444.0		36035.0	39287.0	27622.0
甘肃省	191603.0	16820.0	89510.0		36789.0	27710.0	20774.0
青海省	58167.0	42024.0	7000.0				9143.0
宁夏自治区	21850.3				1952.0	5013.0	14885.3
新疆自治区	91840.5		57716.0		15834.0	8453.0	9837.5
不分区	**726561.7**	**179274.0**	**25.0**		**299236.5**	**242386.9**	**5639.3**

2000年全国基建新增发电机组情况

单位：万 kW

地　区	新增单机 500kW 及以上机组			其中：大中型机组		
	总　计	水　电	火　电	合　计	水　电	火　电
全国总计	**2012.04**	**452.41**	**1559.63**	**1934.03**	**430.30**	**1503.73**
北京市						
天津市						
河北省	131.00		131.00	131.00		131.00
山西省	70.00		70.00	70.00		70.00
内蒙古自治区	0.53		0.53	0.53		0.53
辽宁省	169.20		169.20	168.00		168.00
吉林省	74.28	2.00	72.28	74.28	2.00	72.28
黑龙江省						
上海市	60.00		60.00	60.00		60.00
江苏省	82.65		82.65	72.00		72.00
浙江省	256.08	74.88	181.20	252.50	72.50	180.00
安徽省	68.00	8.00	60.00	68.00	8.00	60.00
福建省	69.70	8.50	61.20	69.70	8.50	61.20
江西省	60.00		60.00	60.00		60.00
山东省	146.85		146.85	129.00		129.00
河南省	99.20	60.00	39.20	90.50	60.00	30.50
湖北省	53.94	37.14	16.80	47.70	32.70	15.00
湖南省	12.00	12.00		12.00	12.00	
广东省	200.36	42.56	157.80	179.00	30.00	149.00
广西壮族自治区	83.23	8.73	74.50	80.50	6.00	74.50
海南市	25.00		25.00	25.00		25.00
重庆市						
四川省	54.00	24.00	30.00	54.00	24.00	30.00
贵州省	12.50		12.50	12.50		12.50
云南省						
西藏自治区						
陕西省	49.00	9.00	40.00	49.00	9.00	40.00
甘肃省	42.82	7.60	35.22	38.32	7.60	30.72
青海省	12.50		12.50	12.50		12.50
宁夏自治区						
新疆自治区	21.20		21.20	20.00		20.00
不分区	**158.00**	**158.00**		**158.00**	**158.00**	

2000年新增单机6000kW及以上发电设备能力

	计算单位	合计	1.水轮发电机组	2.汽轮发电机组						3.燃气轮机		4.柴油机合计	国外机组		
				合计	其中:高温高压机组				其中:供热	合计	其中:联合循环		合计	其中	
					小计	超临界	亚临界	高压						水电	火电
6000kW及以上机组	**台**	**165**	**50**	**106**	**55**	**8**	**20**	**27**	**26**	**5**	**2**	**4**	**19**	**3**	**16**
	万kW	**1983.60**	**433.50**	**1523.20**	**1455.00**	**532.00**	**662.00**	**261.00**	**46.10**	**18.10**	**4.50**	**8.80**	**838.50**	**90.00**	**748.50**
10万kW及以上机组	**台**	**57**	**12**	**45**	**45**	**8**	**20**	**17**					**17**	**3**	**14**
	万kW	**1719.50**	**308.00**	**1411.50**	**1411.50**	**532.00**	**662.00**	**217.50**					**834.00**	**90.00**	**744.00**
66万kW机组	台	2		2	2	2							2		2
	万kW	132.00		132.00	132.00	132.00							132.00		132.00
60万kW机组	台	5		5	5	4	1						4		4
	万kW	300.00		300.00	300.00	240.00	60.00						240.00		240.00
35万kW机组	台	4		4	4		4						4		4
	万kW	140.00		140.00	140.00		140.00						140.00		140.00
30万kW机组	台	20	7	13	13		13						3	3	
	万kW	600.00	210.00	390.00	390.00		390.00						90.00	90.00	
20万kW机组	台	1		1	1			1							
	万kW	20.00		20.00	20.00			20.00							
12.5万kW机组	台	8		8	8			8							
	万kW	100.00		100.00	100.00			100.00							
10万kW机组	台	3		3	3			3							
	万kW	30.00		30.00	30.00			30.00							

2000 年新增输电线路

单位：km

地区	合计	其中			
		500kV	330kV	220kV	110kV
全国合计	**15778.27**	**6205.21**	**706.00**	**6585.26**	**2281.80**
北京市	276.00	232.00		44.00	
河北省	673.00	345.00		328.00	
山西省	370.15			172.65	197.50
内蒙古自治区	150.00			150.00	
辽宁省	263.17	195.27		67.90	
吉林省	320.80	74.80		246.00	
黑龙江省	69.80			69.80	
上海市	54.00	10.30		43.70	
江苏省	286.10			281.30	4.80
浙江省	121.25			111.27	9.98
安徽省	368.00			368.00	
福建省	242.20			7.50	234.70
江西省	328.00			263.00	65.00
山东省	665.00	377.00		288.00	
河南省	243.90			243.90	
湖北省	563.53	24.33		370.70	168.50
湖南省	947.65			420.59	527.06
广东省	1193.79	48.88		921.01	223.90
广西壮族自治区	566.54	150.34		413.51	2.69
重庆市	67.50			35.00	32.50
四川省	583.43			427.43	156.00
贵州省	590.00			590.00	
云南省	784.52			486.45	298.07
陕西省	365.70		121.40		244.30
甘肃省	630.20		584.60		45.60
宁夏回族自治区	44.85			44.85	
新疆自治区	186.90			115.70	71.20
跨省	4822.29	4747.29		75.00	

2000 年新增变电设备

单位：万 kV·A

地区	合计	其中			
		500kV	330kV	220kV	110kV
全国合计	**4284.55**	**1974.40**	**147.00**	**2037.00**	**126.15**
北京市	150.00	150.00			
河北省	186.00	150.00		36.00	
山西省	108.00			108.00	
辽宁省	36.00			36.00	
吉林省	36.00			36.00	
黑龙江省	45.00			45.00	
上海市	87.00	75.00		12.00	
江苏省	160.00			150.00	10.00
浙江省	125.15			120.00	5.15
安徽省	152.00	80.00		72.00	
福建省	105.00	75.00		30.00	
江西省	36.00			36.00	
山东省	215.00	125.00		90.00	
河南省	150.00			150.00	
湖北省	81.95			66.00	15.95
湖南省	89.15			84.00	5.15
广东省	942.75	375.00		503.00	64.75
广西壮族自治区	129.00	75.00		54.00	
重庆市	31.15			12.00	19.15
四川省	117.00			117.00	
贵州省	69.00			69.00	
云南省	57.00			57.00	
陕西省	79.00		75.00		4.00
甘肃省	84.00		72.00	12.00	
宁夏回族自治区	27.00			27.00	
新疆维吾尔自治区	2.00				2.00
跨省	984.40	869.40		115.00	

2000年全国主要电网统调发电负荷情况

电网	高峰负荷（万kW）			峰谷差（万kW）			峰谷差率（%）		发电负荷率（%）	
	最大	增长率（%）	平均	最大	增长率（%）	平均	最大	平均	最小	平均
华北电网	3105	9.14	2674.5	989	5.50	756.3	45.61	28.20	79.76	88.10
东北电网	2300	11.54	1957.5	820	1.40	606.5	41.44	30.80	64.79	71.30
华东电网	3920	11.68	3035	1368	-3.70	935.9	43.09	30.90	73.02	84.50
华中电网	2555	12.06	1975.3	956	3.80	707.5	48.94	35.90	68.63	78.80
西北电网	1103	9.42	954.3	316	2.00	247.9	30.25	25.90	81.81	86.00
川渝电网	826	1.12	660.4	414	3.00	271.3	52.00	48.20	65.11	78.80
山东电网	1299	3.51	1154	494	5.00	383.2	41.19	33.20	73.67	82.40
福建电网	559	25.06	428.2	229	7.50	176	59.20	41.20	52.95	77.80
广东电网	1506	30.39	1165.8	737	29.10	454.8	57.78	39.00	57.50	72.70
广西电网	395	12.86	326.2	158	14.00	115.4	51.28	35.60	58.33	74.70
贵州电网	450	20.00	371.4	170	9.60	114.5	47.78	30.80	66.56	84.40
云南电网	347	-4.93	303.3	159	0.30	119.7	47.32	39.40	73.65	79.70

2000年全国100MW及以上火电机组运行可靠性综合指标

机组分类	年份	统计台数（台）	运行系数（%）	等效可用系数（%）	等效强迫停运率（%）	非计划停运次数（次/台年）
100MW	2000	134	73.44	92.96	0.78	1.51
	1999	135	72.51	93.01	0.67	1.41
125MW	2000	139	77.75	92.44	1.33	2.48
	1999	124	75.04	92.58	1.01	2.53
200MW	2000	176	74.13	89.73	1.61	2.72
	1999	173	73.65	89.77	1.91	2.74
300MW	2000	165	73.34	90.50	1.77	3.59
	1999	143	71.96	89.43	2.30	3.93
600MW	2000	14	78.06	87.76	3.23	6.05
	1999	12	73.43	84.92	2.33	6.25

注 表中各项可靠性指标为台年平均值，涉及不同容量的，为台年容量加权平均值。

2000年农村通电和电工情况

地 区	乡通电率（%）		村通电率（%）		户通电率（%）		农电职工人数（人）		农村电工人数（人）	
	2000年	1999年	2000年	1999年	2000年	1999年	2000年	1999年	2000年	1999年
全国总计	**98.45**	**98.31**	**98.23**	**97.77**	**98.03**	**97.43**	**833059**	**851025**	**846213**	**928908**
北京市	100.00	100.00	100.00	100.00	100.00	100.00	3706	3681	21497	19450
天津市	100.00	100.00	100.00	100.00	100.00	100.00	4688	4872	5982	8084
河北省	100.00	100.00	100.00	100.00	99.98	99.91	44700	43190	65110	74871
山西省	100.00	100.00	98.73	98.58	98.87	98.61	15980	17118	38148	39935
内蒙古自治区	100.00	100.00	95.02	93.39	95.03	94.25	15370	17623	14081	17868
辽宁省	100.00	100.00	100.00	100.00	99.97	99.94	19884	21099	19106	19328
吉林省	100.00	100.00	100.00	100.00	100.00	100.00	12658	13666	11731	12131
黑龙江省	99.91	100.00	99.90	99.91	99.86	99.85	28255	26594	15429	16442
上海市	100.00	100.00	100.00	100.00	100.00	100.00	4668	4693	895	14663
江苏省	100.00	100.00	100.00	100.00	99.99	99.99	23158	22979	72927	77274
浙江省	100.00	100.00	100.00	100.00	99.95	99.93	21391	27915	39351	40364
安徽省	100.00	100.00	100.00	100.00	99.75	99.45	21005	20875	40042	43453
福建省	100.00	100.00	100.00	100.00	99.72	99.55	42948	42174	32074	34655
江西省	100.00	100.00	99.19	98.62	98.06	96.77	33640	34315	23942	29600
山东省	100.00	100.00	100.00	100.00	100.00	10.00	83359	84606	60123	76120
河南省	100.00	100.00	100.00	100.00	98.00	97.27	62271	63188	58044	64854
湖北省	100.00	100.00	99.73	99.69	99.16	99.03	33043	35373	38746	46169
湖南省	100.00	100.00	99.93	99.86	98.80	98.30	54477	51410	45851	56476
广东省	100.00	100.00	100.00	100.00	99.72	99.66	50088	51935	34807	40158
广西自治区	100.00	100.00	98.32	97.02	96.56	95.92	42931	45550	46264	47591
海南省	100.00	100.00	97.77	90.59	92.81	88.43	7158	7503	2791	3470
重庆市	100.00	99.93	99.81	99.19	99.00	97.78	31085	27306	27454	16100
四川省	97.91	97.55	97.64	97.34	97.46	97.18	74293	70752	47736	47405
贵州省	100.00	100.00	90.09	84.56	85.72	81.85	14430	15972	16365	12583
云南省	98.67	99.74	98.41	96.63	91.56	89.24	34541	34273	25017	21283
西藏自治区	37.05	32.31	20.65	20.63	40.14	30.99				
陕西省	99.95	99.47	99.71	98.94	97.63	96.26	15982	16598	21358	23018
甘肃省	99.42	98.91	95.13	93.95	92.83	90.13	18677	19424	9469	10274
青海省	79.36	78.67	81.79	81.22	85.88	84.97	4217	3971	3620	4130
宁夏自治区	100.00	100.00	100.00	100.00	94.75	93.64	1963	2359	1949	1771
新疆自治区	97.28	96.95	94.10	94.09	89.96	90.15	8756	11250	4228	6958
新疆建设兵团	100.00	100.00	100.00	100.00	99.30	98.92	3737	8761	2076	2430

2000 年人均指标

地　区	人均装机容量（kW/人）	人均用电量（kW·h/人）	人均生活用电量（kW·h/人）	地　区	人均装机容量（kW/人）	人均用电量（kW·h/人）	人均生活用电量（kW·h/人）
全国平均	**0.252**	**1063.83**	**132.07**	河南省	0.166	776.28	82.49
北京市	0.332	2781.67	344.77	湖北省	0.251	834.48	106.27
天津市	0.503	2338.12	246.69	湖南省	0.161	630.62	78.92
河北省	0.235	1200.10	131.28	广东省	0.369	1544.30	239.09
山西省	0.387	1552.58	81.64	广西自治区	0.165	700.46	110.64
内蒙古自治区	0.377	1069.9	94.12	海南省	0.228	487.58	74.15
辽宁省	0.359	1767.09	214.23	重庆市	0.140	531.55	70.37
吉林省	0.310	1068.07	164.70	四川省	0.205	625.81	122.52
黑龙江省	0.295	1198.92	178.47	贵州省	0.172	816.41	77.79
上海市	0.634	3342.02	317.77	云南省	0.173	638.02	76.80
江苏省	0.259	1305.92	168.89	西藏自治区	0.136	123.99	33.34
浙江省	0.387	1578.05	205.24	陕西省	0.205	812.10	92.40
安徽省	0.146	566.20	88.59	甘肃省	0.256	1152.74	83.83
福建省	0.301	1156.77	185.95	青海省	0.763	2106.17	86.26
江西省	0.153	502.78	56.11	宁夏自治区	0.410	2422.93	107.39
山东省	0.220	1102.22	134.98	新疆自治区	0.232	950.56	95.05

附　　表

各个时期能源和电力生产弹性系数

时　期	能源生产弹性系数	电力生产弹性系数	时　期	能源生产弹性系数	电力生产弹性系数
“一五”时期	1.70	2.41	“八五”时期	0.36	0.85
“二五”时期	—	—	1994	0.55	0.85
1963～1965 年	0.21	0.94	1995	0.83	0.84
“三五”时期	1.26	1.37	1996	0.21	0.74
“四五”时期	1.73	2.01	1997	0.17	0.58
“五五”时期	1.08	1.75	1998	−0.78	0.27
“六五”时期	0.60	0.64	1999	−1.62	0.92
“七五”时期	0.52	1.12	2000	−0.01	1.37

注　“四五”时期以前国民生产总值采用国民收入数。

发用电设备容量比

年 份	发电设备容量（万 kW）	用电设备容量（万 kW）	比 值	年 份	发电设备容量（万 kW）	用电设备容量（万 kW）	比 值
1981	6913	16040	1:2.32	1991	15147	36726	1:2.42
1982	7236	17240	1:2.38	1992	16653	39858	1:2.39
1983	7644	18635	1:2.44	1993	18291	42983	1:2.35
1984	8012	19846	1:2.48	1994	19989	46017	1:2.30
1985	8705	21258	1:2.44	1995	21722	49047	1:2.26
1986	9382	23411	1:2.50	1996	23654	52645	1:2.23
1987	10090	26095	1:2.54	1997	25424	55310	1:2.18
1988	11550	28614	1:2.48	1998	27729	59395	1:2.14
1989	12664	30859	1:2.44	1999	29877	64449	1:2.16
1990	13789	34741	1:2.52	2000	31932	72935	1:2.28

历 年 人 均 指 标

年份	人均国民生产总值（元/人）	人均装机容量（kW/人）	人均发电量（kW·h/人）	人均净用电量（kW·h/人）	人均生活用电量（kW·h/人）
1952		0.0034	12.4	10.8	
1957		0.0072	29.9	25.4	
1962		0.0194	68.1	56.1	
1965		0.0208	93.2	78.3	
1970		0.0286	139.7	116.9	
1975		0.0470	211.9	169.8	
1976		0.0503	216.7	175.8	
1977		0.0542	235.2	191.2	
1978	372.8	0.0593	266.6	218.4	
1979	409.9	0.0646	289.1	239.5	
1980	452.9	0.0667	304.5	254.6	
1981	476.9	0.0691	309.1	258.8	
1982	510.9	0.0712	322.4	270.8	
1983	563.9	0.0742	341.1	288.4	
1984	667.1	0.0768	361.3	306.3	
1985	808.5	0.0822	388.0	329.1	
1986	901.9	0.0873	418.1	353.2	21.5

续表

年份	人均国民生产总值（元/人）	人均装机容量（kW/人）	人均发电量（kW·h/人）	人均净用电量（kW·h/人）	人均生活用电量（kW·h/人）
1987	1033.9	0.0941	455.0	384.3	24.5
1988	1267.1	0.1040	491.1	415.3	29.0
1989	1419.1	0.1124	518.9	439.4	33.0
1990	1547.7	0.1206	543.3	458.9	40.4
1991	1747.2	0.1308	584.9	493.7	45.9
1992	2051.3	0.1421	643.7	543.0	54.1
1993	2647.7	0.1543	706.6	589.1	62.0
1994	3654.6	0.1668	774.1	642.2	73.0
1995	4767.0	0.1793	831.4	694.4	82.9
1996	5539.3	0.1933	881.9	737.0	93.0
1997	6048.2	0.2057	917.4	763.2	101.4
1998	6373.9	0.2222	927.6	773.0	111.2
1999	6516.9	0.2373	979.4	814.7	116.7
2000	7062.9	0.2523	1081.1	999.6	132.1

注　净用电量为全社会用电量扣除厂用、线损电量后的用电量。

在建规模和投产容量比

年　份	在建规模（万 kW）	投产容量（万 kW）	比　值	年　份	在建规模（万 kW）	投产容量（万 kW）	比　值
1971	1889	154	12.23	1986	3673	543	6.76
1972	1918	238	8.06	1987	4280	603	7.10
1973	1918	316	6.07	1988	5939	940	6.32
1974	2128	343	6.20	1989	6097	842	7.24
1975	1989	386	5.15	1990	6886	853	8.17
1976	2468	246	10.03	1991	6220	1053	5.91
1977	2224	292	7.62	1992	7883	1216	6.48
1978	2799	412	6.79	1993	7337	1295	5.66
1979	2712	397	6.83	1994	7520	1165	6.45
1980	2191	211	10.38	1995	6378	1266	5.04
1981	2218	183	12.12	1996	6467	1466	4.41
1982	2651	214	12.39	1997	6614	1286	5.14
1983	2717	362	7.51	1998	8944	1839	4.86
1984	3127	310	0.09	1999	8164	1891	4.32
1985	3194	545	5.86	2000	7463	1934	3.86

电力在一次能源和终端消费中的比重

年份	电煤消费占煤炭产量的比重（%）	电力消费能源在一次能源中的比重（%）	电能在终端能源消费中的比重（%）	年份	电煤消费占煤炭产量的比重（%）	电力消费能源在一次能源中的比重（%）	电能在终端能源消费中的比重（%）
1980	17.98	20.60	4.81	1991	26.67	25.46	7.86
1981	18.13	21.18	6.14	1992	28.68	26.67	8.32
1982	18.25	21.33	6.24	1993	31.48	28.74	8.60
1983	18.28	21.29	6.30	1994	32.32	28.84	9.12
1984	18.78	21.16	6.30	1995	33.13	29.58	9.18
1985	19.14	21.32	6.37	1996	34.78	30.76	9.25
1986	20.63	22.13	6.63	1997	38.86	32.76	9.30
1987	21.33	22.79	6.85	1998	42.12	34.69	9.35
1988	22.38	23.27	7.01	1999	50.17	40.07	10.9
1989	24.24	23.95	7.21	2000	60.85	41.72	11.2
1990	25.13	24.68	7.55				

装机容量和发电量构成及比重

年份	装机容量（万kW）		比重（%）		发电量（亿kW·h）		比重（%）	
	水电	火电	水电	火电	水电	火电	水电	火电
1952	19	178	9.6	90.4	13	60	17.8	82.2
1957	102	362	22.0	78.0	48	145	24.9	75.1
1962	238	1066	18.3	81.7	90	368	19.7	80.3
1965	302	1206	20.2	79.8	104	572	15.4	84.6
1970	624	1753	26.3	73.7	205	954	17.7	82.3
1975	1343	2998	30.9	69.1	476	1482	24.3	75.7
1976	1466	3249	31.1	68.9	456	1575	22.5	77.5
1977	1576	3569	30.6	69.4	476	1758	21.3	78.7
1978	1728	3984	30.3	69.7	446	2119	17.4	82.6
1979	1911	4391	30.3	69.7	501	2318	17.8	82.2
1980	2032	4555	30.8	69.2	582	2424	19.4	80.6
1981	2193	4720	31.7	68.3	656	2437	21.2	78.8
1982	2296	4940	31.7	68.3	744	2533	22.7	77.3
1983	2416	5228	31.6	68.4	864	2651	24.6	75.4
1984	2560	5452	32.0	68.0	868	2902	23.0	77.0
1985	2641	6064	30.3	69.7	924	3183	22.5	77.5
1986	2754	6628	29.4	70.6	945	3551	21.0	79.0

续表

年份	装机容量(万 kW)		比重(%)		发电量(亿 kW·h)		比重(%)	
	水电	火电	水电	火电	水电	火电	水电	火电
1987	3019	7271	29.3	70.7	1002	3971	20.1	79.9
1988	3270	8280	28.3	71.7	1092	4359	20.0	80.0
1989	3458	9206	27.3	72.7	1185	4662	20.3	79.7
1990	3605	10184	26.1	73.9	1263	4950	20.3	79.7
1991	3788	11359	25.0	75.0	1248	5527	18.4	81.6
1992	4068	12585	24.4	75.6	1315	6227	17.4	82.6
1993	4489	13802	24.5	75.5	1516	6868	18.1	81.9
1994	4906	14874	24.5	74.4	1668	7470	18.0	80.5
1995	5218	16294	24.0	75.0	1868	8074	18.6	80.2
1996	5558	17886	23.5	75.6	1869	8781	17.3	81.3
1997	5973	19241	23.5	75.6	1946	9252	17.2	81.6
1998	6507	20988	23.5	75.7	2043	9388	17.6	81.1
1999	7297	22343	24.4	74.8	2129	10047	17.3	81.5
2000	7935	23754	24.9	74.4	2431	11079	17.8	81.0

万元国内生产总值能耗和电耗

年份	国内生产总值能耗（t/万元）		国内生产总值电耗（kW·h/万元）	
	实绩	下降（%）	实绩	下降（%）
1978	15.93	—	6962	—
1979	14.65	8.03	6908	0.78
1980	13.48	7.99	6605	4.39
1981	12.45	7.64	6379	3.42
1982	11.98	3.77	6221	2.48
1983	11.41	4.75	5989	3.73
1984	10.23	10.34	5387	10.05
1985	8.99	12.12	4751	11.81
1986	8.35	7.12	4572	3.76
1987	7.66	8.26	4339	5.10
1988	6.61	13.70	3807	12.26
1989	6.06	8.32	3601	5.41
1990	5.58	7.92	3465	3.77
1991	5.14	7.89	3317	4.27
1992	4.53	11.87	3104	6.42
1993	3.58	20.97	2613	15.82
1994	2.68	25.14	2065	20.97
1995	2.33	13.06	1697	17.82
1996	2.06	11.59	1559	8.13
1997	1.93	6.31	1476	5.32
1998	1.71	11.40	1426	3.39
1999	1.49	12.9	1474	3.36
2000	1.43	10.06	1506	2.17

电力基建投资占国内生产总值和基建投资比重

年份	国内生产总值（亿元）	全国基建投资（亿元）	电力基建投资（亿元）	电力基建投资的比重（%）	
				国内生产总值	全国基建投资
1952		43.6	2.0		4.57
1957		138.3	11.7		8.49
1962		68.6	3.1		4.54
1965		170.9	11.4		6.66
1970		312.6	20.2		6.46
1975		409.3	28.7		7.01
1976		376.4	32.2		8.55
1977		382.4	33.1		8.66
1978	3588.1	500.9	49.3	1.37	9.84
1979	3998.1	523.5	47.8	1.19	9.13
1980	4470.0	558.9	41.2	0.92	7.37
1981	4773.0	442.9	34.1	0.71	7.70
1982	5193.0	555.5	42.4	0.82	7.58
1983	5809.0	594.1	55.6	0.96	9.69
1984	6962.0	743.2	71.6	1.03	9.63
1985	8857.6	1074.4	96.7	1.13	9.00
1986	9696.3	1171.1	133.1	1.37	11.37
1987	11301.0	1343.1	175.5	1.55	13.07
1988	14068.2	1525.8	214.9	1.53	14.08
1989	15993.3	1551.7	221.7	1.39	14.29
1990	17695.3	1703.8	269.9	1.53	15.84
1991	20236.3	2115.8	316.0	1.56	14.94
1992	24036.2	3012.6	400.2	1.66	13.28
1993	31280.0	4647.0	557.9	1.78	12.01
1994	43800.0	6287.2	726.0	1.66	11.55
1995	57733.0	7365.0	833.0	1.44	11.31
1996	67795.0	8611.0	974.2	1.44	11.31
1997	74772.0	9863.0	1339.4	1.79	13.19
1998	79553.0	11904.0	1422.5	1.79	11.95
1999	82054.0	12619.0	1153.7	1.41	9.14
2000	89404.0	13215.0	953.7	1.07	7.22

电力工业主要技术经济指标

年　份	发电设备平均利用小时	发电厂用电率(%)	线路损失率(%)	发电标准煤耗[g/(kW·h)]	供电标准煤耗[g/(kW·h)]
1952	3800	6.17	11.29	727	
1957	4794	5.99	6.61	604	
1962	3554	7.87	8.73	549	605
1965	4920	6.98	7.31	477	518
1970	5526	6.54	9.22	463	502
1971	5810	6.68	9.48	465	505
1972	5746	6.68	9.43	464	504
1973	5530	6.26	9.53	457	496
1974	5010	6.19	9.91	450	488
1975	5197	6.23	10.13	450	489
1976	4869	6.34	10.32	449	487
1977	4947	6.41	10.19	446	484
1978	5149	6.61	9.64	434	471
1979	5175	6.54	9.24	422	457
1980	5078	6.44	8.93	413	448
1981	4955	6.40	8.98	407	442
1982	5007	6.32	8.64	404	438
1983	5101	6.21	8.53	400	434
1984	5190	6.28	8.28	398	432
1985	5308	6.42	8.18	398	431
1986	5388	6.54	8.15	398	432
1987	5392	6.66	8.48	398	432
1988	5313	6.69	8.18	397	431
1989	5171	6.81	8.18	397	432
1990	5041	6.90	8.06	392	427
1991	5030	6.94	8.15	390	424
1992	5039	7.00	8.29	386	420
1993	5068	6.96	8.52	384	417
1994	5233	6.90	8.73	381	414
1995	5216	6.78	8.77	379	412
1996	5033	6.88	8.53	377	410
1997	4765	6.80	8.20	375	408
1998	4501	6.66	8.13	373	404
1999	4393	6.50	8.10	369	399
2000	4517	6.28	7.70	363	392

世界主要国家发电设备容量
（1998 年底）

单位：MW

国别	合计	水电	火电	核电	国别	合计	水电	火电	核电
美国	828432	95731	732700		英国	73014	4260	55091	12956
俄罗斯	214100	44100	148700	21300	意大利	72514	20057	52288	—
日本	250290	45382	159054	45248	西班牙	50016	16632	25243	7300
中国	277289	65065	210124	2100	澳大利亚***	39693	7473	32220	—
法国	122377	25133	28125	69119	瑞典	34389	16632	7615	10083
加拿大	109884	66955	32331	10615	印度**	99900	21890	75785	2225
德国*	119808	8920	87402	23486	韩国**	39239	3094	26529	9616

注 *为 1997 年实绩；**为 1996 年实绩；***为 1995 年实绩。

世界主要国家发电量
（1998 年底）

单位：亿 kW·h

国别	合计	水电	火电	核电	国别	合计	水电	火电	核电
美国	37258.73	3229.64	34029.09		英国	3582.48	68.50	2447.32	1101.40
俄罗斯	8270.00	1590.00	5640.00	1040.00	意大利	2597.86	473.65	2121.84	—
日本	10462.88	1025.87	6078.15	3323.43	西班牙	1952.78	389.89	972.87	590.02
中国	11576.97	2042.95	9388.12	141.01	澳大利亚	1951.79	162.26	1789.53	—
法国	4813.99	602.39	526.60	3685.00	瑞典	1590.85	747.83	104.11	735.83
加拿大	5426.81	3270.54	1481.64	674.63	印度	4323.39	735.15	3506.68	80.00
德国	5534.22	212.34	3705.44	1616.44	韩国**	2275.54	52.01	1484.29	739.24

注 **为 1996 年实绩。

世界主要国家人均电力指标
（1998 年底）

国别	人均装机容量（kW/人）	人均发电量（kW·h/人）	人均用电量（kW·h/人）	国别	人均装机容量（kW/人）	人均发电量（kW·h/人）	人均用电量（kW·h/人）
美国	3.06	13769	12834	英国	1.24	6108	5511
俄罗斯	1.47	*5671	*4963	意大利	1.26	4511	4529
日本	1.98	8727	6317	西班牙	1.23	4960	4378
中国	0.22	928	909	澳大利亚		10421	8398
法国	2.08	8180	6683	瑞典	*3.68	17986	15039
加拿大	3.63	17910	15786	韩国			
德国	*1.50	6747	5943				

注 *为 1997 年实绩。

世界主要国家主要技术经济指标
（1998年底）

单位：%

国　别	设备利用率	热效率	线路损失率	国　别	设备利用率	热效率	线路损失率
美　国	49.3	32.9	5.7	英　国	53.2	36.2	8.0
俄罗斯	* * 45.7	35.8		意大利	40.9	39.3	6.6
日　本		40.0	5.5	西班牙	44.6		8.2
中　国	54.9	38.6	8.1	澳大利亚	* * 49.4	34.9	
法　国	46.1	* 35.5	7.0	瑞　典	53.0		7.0
加拿大	55.3	* 33.1	* 8.3	韩　国			4.9
德　国	* 51.9	* 40.0	* 4.3				

注　* 为1997年实绩；* * 为1996年实绩。

17 人 物

2000年国家电力公司系统全国劳动模范名单

刘　刚　北京电力建设公司工人
刘化英(女)　天津高压供电公司车间副主任
董齐平　天津军粮城发电厂高级工程师
袁大炳　河北安新电力安装工程公司总工程师
陈永义　河北邯郸电业局科员
陈建平　山西电建二公司班长
贾克彬　内蒙古伊敏华能东电煤电有限责任公司调度长
魏英杰(女)　辽宁阜新发电厂工程师
张占宇　辽宁两锦农电局凌海市农电局局长、党委书记
周立君　吉林长春供电公司九台市供电公司工人
贺广庭　吉林省吉林市电业局桦甸供电公司供电所长
沈士度　中国水利水电第一工程局班长
李庆长　黑龙江哈尔滨电业局道里供电局工人
于中权　黑龙江送变电工程公司工程处主任
孙玉庆　黑龙江牡丹江热电总公司总经理
徐昌俊　上海电力闵行工程有限公司班长
施　勇　上海电力安装第二工程公司班长
张国富　江苏常州供电局工区副主任
骆应龙　徐州电业局党委书记、局长
施卫清　浙江长兴县供电局独山变电所值班员
陈银龙　浙江省电力工业局中心调度所部主任
董传银　安徽电力建设第二工程公司队长
王恒山　福建泉州电业局班长
李洪应　江西省火电建设公司分公司经理
曾昭智　江西省电力试验研究院高级工程师
刘振亚　山东电力集团有限公司董事长、总经理
刘全利　河南新乡市电业局班长
朴玉山　中国水利水电第十一工程局班长
周洪兵　湖北大冶供电局班长
徐海明　湖北襄樊供电局变电分局班长
杜元化　湖北荆门热电厂班长
方华志　湖北汉川市供电局新堰变电站工人
杨国良　湖北咸宁供电局贺胜变电站工人
张文发　葛洲坝集团公司第二工程有限公司工人
蒋再英(女)　葛洲坝集团公司第一工程有限公司驾驶员
陈　飞　葛洲坝集团公司副总经理兼葛洲坝集团三峡指挥部指挥长
刘正平　湖北荆门供电局东宝分局城区用电管理所所长
闵　敏　湖南省火电建设公司修配厂工人
周支援　湖南彬州电业局变电管理所主任
温昌伟　广西桂东电力股份有限公司董事长、总经理
叶　明　重庆市电力公司总经理、党组书记
熊绍华　中国水利水电第七工程局第一分局局长
金跃荣　四川省电力工业局送变电建设二公司八班班长
李明节　四川省电力公司调度中心自动化处处长
齐小平(女)　贵州遵义发电总厂燃料公司经理
向德洪　贵州省电力公司总经理
饶　飞　云南火电建设公司工人
刘　伟　云南省电力试验研究所副总工程师
王纪凯　陕西商洛供电局工人
雷　宏　甘肃省电力公司天水供电局陇西三三零变电站站长、党支部书记
李克勤　中国水利水电第四工程局万家寨施工局中队长
张生锋　青海送变电工程公司送电四处副主任
陈　军　新疆玛纳斯发电有限责任公司班长
王　建　国家电力公司北京供电公司供电工程公司技术员

2000年国家电力公司系统全国先进工作者名单

郭志贵　辽宁沈阳电业局局长
薛禹胜　电力自动化研究院总工程师

18 附 录

表 彰 先 进❶

国家电力公司文件

关于表彰1999年防汛工作先进集体和先进个人的决定

（国电人资［2000］125号）

先进集体名单

华东电力集团公司

新安江水力发电厂

华中电力集团公司

华中电力调度通信局

华中电力集团公司防汛办

西北电力集团公司

集团公司调度通信中心调度处

山东电力集团公司

潍坊电业局

山东电建一公司后石工地

四川省电力公司

映秀湾水力发电总厂

重庆市电力公司

狮子滩水力发电总厂

云南电力集团有限公司

漫湾发电厂

滇中电力局

贵州省电力公司

都匀供电局

红枫发电总厂

广西电力有限公司

广西岩滩水力发电厂

福建省电力工业局

福建电力局水库调度与协调中心

厦门电业局

厦门电厂

辽宁省电力有限公司

辽宁省电力有限公司防汛办公室

桓仁发电厂

黑龙江省电力有限公司

哈尔滨电业局送电工区

大庆电业局送电工区

上海市电力公司

上海市南供电局青浦供电局

上海外高桥发电厂检修门市部机械六班

江苏省电力公司

镇江供电局

苏州供电局

安徽省电力公司

宣城地区供电局

芜湖供电局

陈村水电厂

浙江省电力公司

湖州市区供电公司

嘉兴电力局

温州电业局变电工区

湖北省电力公司

湖北省电力公司防汛办公室

武汉供电局路灯分局

嘉鱼县电力局

荆州电力局防汛办公室

湖南省电力公司

郴州电业局

湘西自治州电业局

益阳电业局

五强溪水电厂

江西省电力公司

江西柘林水力发电厂

景德镇发电有限责任公司安生部

陕西省电力公司

安康水电厂

甘肃省电力公司

刘家峡水电厂水工分场维护班

陇南电力局生产科

---

❶ 本栏目中，有附件的文件只保留发文文号和附件内容，文件原文省略。

碧口水电厂水工分场水调班

青海电力公司

黄化供电局送电工区

海东供电局硝湾变电站

青海送变电公司送电四处

宁夏电力公司

青铜峡水电厂水库调度

银南供电局盐池县供电分局

新疆电力公司

大山口水电厂

喀什水力发电公司发电一厂三班

玛纳斯发电有限公司多经建安公司

乌鲁木齐电业局输电工区

伊犁托海水电厂

阿勒泰电力有限公司哈巴河山口水电厂

武警水电指挥部

武警水电二总队厦门指挥部

武警水电一支队二中队

武警水电七支队一中队

武警水电九支队四中队

葛洲坝集团公司

三峡指挥部

清江高坝洲指挥部

一公司重庆酉阳小坝项目部

一公司新疆石门子电站项目部

南方公司

天生桥水力发电总厂水工分厂

华能集团公司

华能岳阳电厂

国家电力公司

国调中心调度室

先进个人名单

先进个人	单位
华中电力集团公司	
周奠邦	华中电力集团公司
余功桂	华中电力集团公司生技部水电处
黄雅罗	华中电力集团公司生技部
夏才清	华中电力集团公司生技部水电处
凌卫家	华中电力调度通信局运行方式科
杨立常	华中电力调度通信局运行方式科
华东电力集团公司	
钱建明	新安江水力发电厂
张庚然	新安江水力发电厂
西北电力集团公司	
冉本银	集团公司调度通信中心
丁永福	集团公司生技部
山东电力集团公司	
杨 录	山东电力建设第一工程公司
王遵达	山东电力建设第一工程公司
王宝山	潍坊电业局220kV万家变电站
盖其庆	潍坊电业局
李 斌	潍坊电业局安质部
四川省电力公司	
付兴友	映秀湾水力发电总厂
徐之文	映秀湾水力发电总厂
陈 攀	宝珠寺水力发电厂
杨清廷	宝珠寺水力发电厂
粟正清	龚嘴水力发电总厂水工部
张祥金	龚嘴水力发电总厂水工部
重庆市电力公司	
郭得太	狮子滩水力发电总厂
韩瑞奕	狮子滩水力发电总厂
李述文	狮子滩水力发电总厂
丁 琦	狮子滩水力发电总厂
云南电力集团有限公司	
侯开秀	云南省宣威发电厂
张怀江	滇西电力局四级电站
俞永忠	布革电厂
张宽富	绿水河发电厂
曾友成	以礼河发电厂
贵州省电力公司	
廖阳春	都匀供电局
张荣贵	红枫发电总厂
孙承文	贵阳发电厂
吴秉庆	贵州省电力公司
吴成滨	东风电厂水工建筑维护公司
福建省电力工业局	
白巨耀	厦门电业局
王国才	厦门电厂
将昌兴	水口水电厂水工分公司
张志祥	泉州电业局送电部门
吴武艺	漳州电业局某抢修班
叶开云	贡川水电站有限公司
辽宁省电力有限公司	
张化清	辽宁电力调度通信中心
毕国华	辽宁省电力公司生产部水电处
王善勇	太平哨发电厂水调班
文家来	辽宁省桓仁发电厂
黑龙江省电力有限公司	
王贵彦	富拉尔基发电总厂
李敬森	牡丹江水力发电总厂
王文彬	齐齐哈尔电业局

上海市电力公司

吴建高 上海市南供电局青浦供电局
钱维忠 上海市区供电局安运部
潘步春 上海石洞口发电厂

江苏省电力公司

毛一恬 苏州供电局市区分局
聂志清 谏壁发电厂
徐府坤 宜兴市供电局线路分区
王兆鸿 苏州供电局物业管理经营公司
葛铭祥 江苏南通天生港发电厂
何童芳 镇江供电局
周阿林 溧阳市供电局

安徽省电力公司

从治中 芜湖县供电局
陈涤新 南陵供电局
唐　勇 宣城地区供电局
周　琳 宣城地区供电局

浙江省电力公司

温智林 湖州电力局南浔变电所
骆建林 嘉兴电力局城郊供电分局线路工区
陈志伟 嘉善县供电局西塘供电所
王锡勤 温州电业局高压修试工区
郑国渠 温州电业局瓯海供电分局

湖北省电力公司

龚友明 湖北省电力公司机关
李海棠 湖北省电力公司机关
严立华 黄梅县电力局
雷培银 湖北省沙市热电厂
彭国泉 湖北省武昌热电厂
叶柏树 湖北省输变电工程公司
刘亨灿 荆州电力局

湖南省电力公司

周　炜 郴州电业局
涂国初 益阳电业局
张超应 岳阳电业局
熊建文 郴州电业局
郑满光 常德电业局
刘宏志 五强溪电厂水工分场
邓　志 湘西电业局线路管理所
黄智慧 凤滩电厂
魏敏文 湖南省电力公司

江西省电力公司

邹学如 江西省电力公司
刘凤林 九江供电局
陈启平 江西万安水力发电厂安生部
李党华 江西九江发电厂

陕西省电力公司

魏茂基 西北电研院
李万绪 石泉水电厂
郭富军 石泉水电厂
刘学飞 安康水电厂
郭军民 陕西省电力公司

甘肃省电力公司

杨发富 陇南电力局碧口供电所
陈步林 碧口水电厂
胡金荣 刘家峡水电厂

青海省电力公司

杨明彬 海东供电局送电工区
韩玉宏 黄化供电局送电工区
窦　才 送变电公司送电一处
杨纪宁 送变电公司送电二处
周玉兴 送变电公司送电三处
包勇生 龙羊峡水电厂
庞守诚 青海省电力公司机关

宁夏电力公司

梁翼飞 银南供电局送电工区
梁玉柱 青铜峡水电厂
雒利波 青铜峡水电厂

新疆电力公司

傅　春 大山口水电厂
魏　龙 大山口水电厂
色买江 喀什水力发电厂
王思忠 玛纳斯发电有限公司多经电安公司
杨安俊 玛纳斯发电有限公司多经总公司
李振龙 乌鲁木齐电业局输电工区
李勇杰 乌鲁木齐电业局输电工区
陈亚新 伊犁托海水电厂
吕金和 阿勒泰电力有限公司哈巴河山口水电厂
古力马达提 塔城电力有限公司玛拉苏水电站
赵国庆 沙湾水力发电公司
朱刚乾 昌吉电业局芳草湖农电局

武警水电指挥部

张广德 武警水电一支队
雷　胜 武警水电一总队一支队二中队
赵　宏 一总队五支队
吴国儒 武警水电二总队
邱　敏 武警水电二总队
刘堂院 厦门办事处办公室
赵永良 二总队厦门指挥部政治处
黄米成 二总队厦门指挥部

葛洲坝集团公司

林善祥 清江施工局
向永忠 工程管理部
李铁鹰 一公司
林 丹 三峡施工管理部
黄桂舟 五公司九江项目部
岳长山 澜沧江施工局工程部调度室
徐国平 二公司柘林电站扩建工程项目部

南方公司

皇甫学真 天生桥水力发电总厂
谭 珂 天生桥水力发电总厂水工分厂
张正祥 国家电力公司南方公司
韦丽茵 梧州超高压局
王建川 天生桥电站建设管理局

华能集团公司

李 中 华能岳阳电厂
莫育良 华能岳阳电厂实业公司

关于表彰城市电网建设与改造工作先进单位先进集体和先进个人的决定

（国电人资［2000］748 号）

城市电网建设与改造工作先进单位先进集体先进个人名单

一、先进单位（6 个）

山东电力集团公司 华北电力集团公司
陕西省电力公司 江苏省电力公司
湖南省电力公司 云南电力集团有限公司

二、先进集体（58 个）

北京供电公司 唐山供电公司
秦皇岛电力公司 天津城东供电分公司
塘沽供电分公司 长治供电分公司
大同供电分公司 辽阳供电公司
长春供电公司 延边供电公司
大庆电业局 上海市区供电局
苏州供电局 徐州电业局
无锡供电局 泰州供电局
扬州供电局 宁波电业局
温州电业局 湖州电力局
合肥供电局 福州电业局
三明电业局 南平电业局
青岛电业局 潍坊电业局
济宁电业局 济南供电局
临沂电业局 淄博电业局
烟台电业局 泰安电业局
威海电业局 郑州市供电公司
洛阳市供电公司 开封市供电公司
许昌市供电公司 安阳市供电公司
武汉供电局 岳阳电业局
湘潭电业局 株州电业局
常德电业局 益阳电业局
赣州供电局 吉安供电局
乐山电业局 成都电业局
昆明供电局 贵阳市北供电局
柳州供电局 宝鸡供电局
延安供电局 西安高压供电局
西安供电局 咸阳供电局
汉中供电局 银川供电局

三、先进个人（102 名）

山东电力集团公司：笪鸿兴（副总经理），尹积军（生技部主任），张方正（城网总指挥），范士锋（专工），张友泉（计划部专工）

青岛电业局：刘建旬（局长），刘长年（主任）

潍坊电业局：周刚（副局长），张宏涛（城网办副主任）

济宁电业局：苏建军（副局长），盛伟（城网办副主任）

济南供电局：朱建华（副总工、城网办副主任）

临沂电业局：王万美（专工）

淄博电业局：邹本国（局长）

烟台电业局：田民强（城网办副主任）

泰安电业局：周长莒（副总工、城网办副主任）

威海电业局：孙海（城网办副主任）

华北电力集团公司：杨祝辉（副总经理），徐德宝（生技部经理），何银发（计划处处长）

北京供电公司：张一士（局长），于梦华（副处长），许岩（科长），金江远（专工）

唐山供电公司：石振江（专工）

秦皇岛电力公司：幺志宏（副总工）

天津市电力公司：薛锦（总工）

天津城东供电分公司：钱斌（科长助理）

塘沽供电分公司：杨连华（副科长）

山西省长治供电分公司：孙光源（副总经济师）

大同供电分公司：曹福成（经理）

辽宁省辽阳供电公司：于长广（生产部主任）

吉林省长春供电公司：刘勇（副经理）

延边供电公司：白宏韬（副总工、生产部主任）

黑龙江省大庆电业局：管国良（生产局长），李兴斌（总工程师）

上海市电力公司：陈芯蕊（生技部供电主管）

上海市区供电局：沈中昌（计划专职），萧建中（沪北供电所副总经济师）

江苏省电力公司：费圣英（副总经理），吉宏（生产部副科长专职），李刚（财务部副科长）

苏州供电局：郑博明（副局长），卓燕（生产处副处长）

徐州电业局：陈庆（生产处处长），刘兆强（工程处处长）

无锡供电局：秦人杰（原副局长）

泰州供电局：王惠明（副总经济师兼计划科长）

扬州供电局：吴建伟（配电专职）

江苏兴力监理咨询公司：蔡峰（总监理工程师）

浙江省电力公司：史兴华（城网专工）

宁波电业局：陈涛（计划主任工程师）

温州电业局：程红（计划专工）

湖州电力局：沈俊（承装队副队长）

安徽省合肥供电局：李庆芳（副局长）

福建省电力有限公司：林忠和（计划部专责）

福州电业局：危乃盛（主任助理）

三明电业局：孙 玥（计划部主任）

南平电业局：李建洋（城网专责）

河南省电力公司：刘选桦（副总工）、王利群（生产处处长）

郑州市供电公司：郝立仁（副总经理）

洛阳市供电公司：高航（经理）

开封市供电公司：潘玉明（经理）、王保民（副总）

许昌市供电公司：韦炎章（经理）、商建华（副经理）

安阳市供电公司：陈灵欣（副经理）、申润田（副总工）

湖北省武汉供电局：鄢云中（分局主任工程师兼生技科长）

湖南省电力公司：曹志煌（生产处副处长、城网办主任）

唐茂林（科长兼城网专责）

岳阳电业局：徐云（副局长），欧阳归根（城网办副主任）

湘潭电业局：贺锡强（副局长），邓国平（城网办副主任）

株州电业局：刘学工（副局长）

常德电业局：罗成明（城网办主任）

益阳电业局：李伏才（副局长）

江西省电力公司：周正洪（电网处处长，城网办副主任）

赣州供电局：赖永萍（安生部主任）

吉安供电局：张红乐（安生部主任）

四川省电力公司：陈武生（计划部主任兼城网办主任）

乐山电业局：曹忠俊（副处长）

成都电业局：杨 勇（副局长）

云南电力集团有限公司：马志华（生产处供电科科长）

昆明供电局：刘静萍（计划科长），金励（技经专责）

贵州省贵阳市北供电局：陈育才（副总工）

广西省柳州供电局：嵇家强（副局长）

陕西省电力公司：李国钧（副总工），刘文洪（生技部主任）

宝鸡供电局：杨金善（局长），谷德蛇（城网办主任）

延安供电局：邢晨（局长），许靖（城网办专责）

西安高压供电局：刘仲祥（电网处处长）

西安供电局：何雄旺（市区科长）

咸阳供电局：王云中（副总工）

汉中供电局：禹玉能（副总工）

宁夏自治区银川供电局：陈裕光（总经济师），何勇毅（客户中心副主任）

关于表彰陈刚等同志的决定

（国电人资［2000］766号）

各分公司，各省（市、区）电力公司，华北电力集团公司，华能集团公司，中国电力国际有限公司，国电电力发展股份有限公司，中国电力报社：

第四届全国焊工比赛于10月25日至10月31日在四川成都举行。比赛由全国总工会、劳动和社会保障部、共青团中央共同举办，中国焊工焊接技术协会、中国焊接协会承办。

比赛中，公司系统的众多焊工选手代表所在省（自治区、直辖市）参赛，均取得了优异的成绩。在手工焊/氩弧焊项目比赛中，全国共有78名焊工选手参赛，在比赛成绩前10名中，公司系统的焊工选手占有8位，他们是：获得第一名的陈刚（东电建二公司）；获得第二名的陈立虎（浙江火电建设公司）；获得第三名的胡金月（上海电力安装二公司）；获得第四名的毛春生（山东电建一公司）；获得第五名的夏强（上海电力安装一公司）；获得第六名的陈建平

（山西电建二公司）；获得第七名的郭强（山东电建三公司）；获得第九名的赵华林（重庆电力建设总公司焊培中心）。在二氧化碳气体保护焊项目比赛中，全国共有 40 名焊工选手参赛，在比赛成绩前 6 名中，公司系统的焊工选手占有 3 位，他们是：获得第三名的周海涛（山东电建二公司）；获得第四名的孔军（山东电建一公司）；获得第五名的李章杰（北京电力建设公司）。

以上 11 名同志均获得了“全国焊接技术能手”称号，陈刚和陈立虎还获得了“全国技术能手”称号。

为表彰先进，弘扬技术能手刻苦钻研技术、敬业爱岗的精神，促进公司系统员工大练基本功，不断提高技能水平，以适应电力改革与发展的要求，公司决定：对陈刚等 11 名同志给予通报表彰，并请各所在的单位给予奖励；公司将组织以上获奖选手赴西部地区进行焊工技术表演，开展技术交流，以促进公司系统焊工技术水平的提高；请电力报社以人物专访、新闻报道等多种形式给予大力宣传。

二〇〇〇年十二月十三日（印）

关于表彰“十佳优质服务明星”“十佳优质服务明星单位”和优质服务先进个人、先进集体的决定

（国电人资［2000］822 号）

附件 1：

十佳优质服务明星名单（10 名）

1. 天津城东供电分公司用电营业所主任　耿世春
2. 吉林桦甸市供电公司副经理　贺广庭
3. 黑龙江哈尔滨电业局动力供电局抄收班长　虞树水
4. 江苏常州供电局用电服务中心副主任　毛爱红
5. 浙江金华永康供电局石柱供电所所长　池建东
6. 安徽合肥供电局用电所营业班长　宁　红
7. 河南郑州电业局带电班班长　陈德民
8. 甘肃民勤县大滩供电所所长　陈应录
9. 福建三明电业局客户服务中心主任　连品华
10. 贵州贵阳市南供电局小河分局局长　俞炎富

十佳优质服务明星单位名单（10 个）

1. 北京供电局用电营业厅
2. 河北石家庄电业局桥东营业大厅
3. 辽宁沈阳和平供电分公司营业厅
4. 上海沪南供电所杨志成为民服务队
5. 湖北武汉硚口供电营业中心
6. 湖南长沙城北供电局营业厅
7. 陕西宝鸡市区供电分局紧急修理班
8. 山东济宁电业局客户服务中心
9. 云南昆明供电局报装服务中心
10. 广东东莞厚街供电公司营业厅

附件 2：

优质服务先进个人（21 名）

1. 北京供电局用电营业厅主任　李顺平
2. 河北河间市沙河桥供电所所长　李建如
3. 山西大同城区新开路供电营业所所长　白贵君
4. 内蒙赤峰电业 110 服务中心主任　刘长清
5. 辽宁建平县万寿供电所所长　刘绍文
6. 上海嘉定供电局装接班班长　瞿学明
7. 湖北孝感市杨兴供电所所长　肖碧波
8. 湖南湘潭电业局电力 110 主任　王郁之
9. 江西南昌市中供电分局抢修班班长　何长生
10. 陕西渭南供电局用电营销部主任　周　伟
11. 宁夏灵武市供电局运行抢修部主任　李志斌
12. 青海西宁供电局客户服务中心报装员　黄林先
13. 新疆清河县供电公司营业室营业员　李建清
14. 山东烟台电业局客户服务中心客户代表室代班长　陈建华
15. 云南滇中电业局市场营销部党支部书记　赵之清
16. 四川绵竹西南供电所所长　王小勇
17. 重庆城区供电局用电营业厅信访接待员　陈　华
18. 广西桂林供电局报修中心配电班班长　陆广生
19. 内蒙呼和浩特供电局客户服务急修中心班长　黄　薇
20. 广东中山坦洲镇供电公司副经理　叶华艺
21. 西藏拉萨电业局用电营业部　蒋　族

优质服务先进集体（21 个）

1. 河北唐山供电局建设路营业站

2. 天津城南供电分公司用电营业所
3. 山西沁水县加丰供电所
4. 内蒙通辽电业110报修中心
5. 吉林四平供电公司铁西电力客户服务中心
6. 黑龙江望奎县厢白满族乡电管站
7. 江苏苏州市区供电营业厅
8. 浙江杭州城北供电局营业室
9. 安徽铜陵供电局用电管理所配电班
10. 河南洛阳供电局客户服务中心
11. 江西赣州供电局用电管理所
12. 甘肃天水北道供电所供用电服务部
13. 宁夏石嘴山大武口区供电分局用电服务班
14. 青海西宁城西电力营业所
15. 新疆吐鲁番亚尔乡电管站
16. 福建厦门电业局城区客户服务中心
17. 贵州遵义开发区供电分局客户服务中心
18. 广西南宁供电局用电管理所
19. 四川双流供电局客户服务中心
20. 重庆渝北茨竹供电营业厅
21. 内蒙包头东河供电分局营业内勤班

关于命名“电力建设无事故工程”和授予“电力建设安全先进施工企业”、“电力建设安全卫士”荣誉称号的决定

(国电火〔2000〕187号)

电力建设无事故工程名单
(共21个)

1. 湖北襄樊电厂4×300MW发电工程
2. 湖南湘潭电厂2×300MW发电工程
3. 华能丹东电厂2×350MW一期工程
4. 华能威海电厂2×300MW二期工程
5. 山东日照电厂2×350MW发电工程
6. 河南安阳电厂2×300MW改建工程
7. 四川广安电厂2×300MW发电工程
8. 广东湛江电厂2×300MW二期工程
9. 江苏500kV阳城电厂送出工程
10. 黑龙江500kV方正—哈尔滨输变电工程
11. 黑龙江500kV伊敏—冯屯二回线路工程
12. 华北500kV昌平—房山线路工程
13. 山东500kV潍坊变电所扩建工程
14. 甘肃330kV兰州西变电所工程
15. 青海330kV龙羊—乌兰输变电工程
16. 宁夏330kV青铜峡变电所工程
17. 500kV平果—罗洞输变电工程
18. 500kV鄂赣联网线路工程
19. 河南500kV洛阳—郑州线路工程
20. 贵州500kV安顺—贵阳线路工程
21. 新疆220kV楼兰—哈密输变电工程

电力建设安全先进施工企业名单
(共37个)

1. 河南第二火电建设公司
2. 河南送变电建设公司
3. 吉林省送变电工程公司
4. 湖南省电力安装工程公司
5. 湖南省送变电建设公司
6. 湖南省火电建设公司
7. 黑龙江省送变电工程公司
8. 北京送变电工程公司
9. 北京供电工程公司
10. 山东省电力建设第一工程公司
11. 山东省电力建设第二工程公司
12. 山东省电力建设第三工程公司
13. 山东省送变电工程公司
14. 河北省电力建设第二工程公司
15. 河北省送变电工程公司
16. 浙江省火电建设公司
17. 青海送变电工程公司
18. 青海火电工程公司
19. 宁夏回族自治区送变电工程公司
20. 宁夏电力建设安装工程公司
21. 湖北省电力建设第二工程公司
22. 江西省火电建设公司
23. 江西省送变电工程公司
24. 江西省水电工程局
25. 贵州电力建设第一工程公司
26. 贵州送变电工程公司
27. 四川电力建设二公司
28. 山西省电力公司电力建设四公司
29. 山西省电力公司供电承装公司
30. 安徽电力建设第二工程公司
31. 上海电力建筑工程公司
32. 华东送变电工程公司
33. 新疆送变电工程公司
34. 辽宁送变电工程公司
35. 辽宁电力烟塔公司
36. 内蒙古送变电工程公司
37. 广东输变电工程公司

电力建设安全卫士名单

顾瑞喜(黑龙江)、李全忠(黑龙江)、张文学(黑龙江)
刘东杰(吉 林)、王德忠(吉 林)、牛宝贵(吉 林)
孙念祖(天 津)、庞继栓(北 京)、李 友(北 京)
刘培恒(北 京)、藏起喜(山 东)、吴乃泉(山 东)
魏世民(山 东)、侯法池(河 北)、许振云(河 北)
张法生(河 北)、洪张义(浙 江)、杜德全(浙 江)
梁金成(重 庆)、吴爱忠(陕 西)、汤毛志(陕 西)
马金德(陕 西)、冯兆库(甘 肃)、彭建民(甘 肃)
郭更生(甘 肃)、郭宝来(青 海)、张 华(青 海)
王 昕(青 海)、李克滋(宁 夏)、李银宁(宁 夏)
赵东岭(宁 夏)、张国胜(湖 南)、侯达夫(湖 南)
曾明杨(湖 南)、李焕堂(湖 北)、谈忠根(湖 北)
金瑞明(湖 北)、阎立宪(华 中)、蒙超雄(广 西)
张建兴(广 西)、甘建恒(广 西)、杨天放(河 南)
张 伟(河 南)、金克钧(江 西)、杜银发(江 西)
李泽华(江 西)、何渝远(贵 州)、何卿华(贵 州)
王甸文(贵 州)、王先文(四 川)、谢廷良(四 川)
姜广钊(四 川)、黄文鼎(江 苏)、吴竞文(江 苏)

关于公布1999年度国家电力公司水电、火电、送变电工程优秀勘测、设计项目名单的通知

(国电电源[2000]509号)

1999年度国家电力公司水电工程优秀勘测、优秀设计项目名单

序号	项目名称	设计单位
一	水电工程设计	
1	福建闽江水口水电站	华东勘测设计研究院
2	云南澜沧江漫湾水电站	昆明勘测设计研究院
3	甘肃黄河大峡水电站	西北勘测设计研究院
二	水电工程勘测	
1	湖南沅水五强溪水电站	中南勘测设计研究院
2	云南澜沧江漫湾水电站	昆明勘测设计研究院

1999年度国家电力公司火电、送变电工程优秀勘测、设计项目名单

序号	项目名称	设计单位
一	火力发电工程设计	
1	威海电厂二期工程2×300MW	山东电力工程咨询院
2	淇江电厂一期工程2×300MW	广东省电力设计研究院
3	襄樊电厂一期工程4×300MW	中南电力设计院
4	十里泉电厂四期工程2×300MW	山东电力工程咨询院
5	曲靖电厂一期工程2×300MW	西南电力设计院 云南省电力设计院
6	马鞍山第二发电厂一期工程2×300MW	华东电力设计院
7	湘潭电厂一期工程2×300MW	湖南省电力勘测设计院
二	变电工程设计	
1	南京500kV东善桥变电所工程	华东电力设计院 江苏省电力设计院
2	福建500kV水口升压站工程	西北电力设计院 福建省电力勘测设计院
3	500kV冯屯变电所工程	东北电力设计院
4	福建500kV泉州变电所工程	西北电力设计院 福建省电力勘测设计院
5	220kV永安黄历变电所工程	福建省电力勘测设计院
6	220kV东昌变电所工程	上海电力设计院
三	送电线路工程设计	
1	二滩水电站至自贡Ⅰ回500kV送电线路工程	西南电力设计院
2	达拉特电厂至丰镇电厂500kV送电线路工程	山西电力勘测设计院 内蒙古电力勘测设计院
3	五龙背至南芬220kV同塔双回送电线路工程	东北电力设计院
4	江都至武南Ⅰ、Ⅱ回500kV送电线路工程	华东电力设计院
5	水口至泉州500kV送电线路工程	福建省电力勘测设计院

续表

序号	项目名称	设计单位
四	工程勘测	
1	二自Ⅰ回500kV送电线路工程地质勘测	西南电力设计院
2	二自Ⅰ回500kV输电线路工程水文与气象	西南电力设计院
3	甘肃平凉电厂供水水源综合评价论证报告	西北电力设计院
4	山东十里泉电厂第三水源地勘探报告	山东电力工程咨询院 山东省地矿工程勘察院

关于对1999年度实现安全生产目标的企业和做出突出贡献的个人进行表彰的决定

(国电发[2000]236号)

1999年度实现安全生产目标获得国家电力公司表彰的企业和个人名单

一、电力集团公司

公司名称	负责人	有关人员
华中电力集团公司	林孔兴、周奠邦、李向荣	韩启业、胡继银、黄雅罗、凌绍雄、张忠禾、张明冲、李金根

二、国家电力公司分公司，集团公司直属部分，省(自治区、直辖市)电力公司

公司名称	负责人	有关人员
国家电力公司东北公司	翟若愚、栾军、郑宝森	黄其励、韩大伟、薛建伟、孟昊、贾士德、佟春林、王钢、陈国平、张春日
国家电力公司南方公司	袁懋振、吴世昌、张恒伟	曲曙、晁剑、向奕、侯卫东、祝谦、魏善淇、时继元、余建国
华东电力集团公司	钱忠伟、陈开庸、邱国富	陆志浩、陈文江、陈建民、赵国龙、王妙基
河北省电力公司	刘彭龄、刘铭刚、戚辉敏	陈当、何永章、贾沛荣、杨优栋、蒋介明、刘兴奎、花新乐、翟松森、李跃秋、张雨生、赵桂元、钱陵生、牛治文、张胜建、孙杨
天津市电力公司	寇士清、李庆林、刘昌印	刘文俊、薛锦、刘兆瑞、杨建生、宋敬尚、吴锦豹、齐福生、杨华
吉林省电力有限公司	张志厚、张立志、郭学崇	关振林、孙果夫、李一星、赖湘泉
湖北省电力公司	韩学仲、丁海松、吴惠康	张春生、周惟平、薛增源、周泽群、揭兴松、李海棠、王增清、段富林
江西省电力公司	胡德成、李宁生、毛日峰、于崇德	江似火、李琦、谌谋恩、梁在明、张志良、史良国、吴振法、熊友明、侯同昌、陈瑞园、孙守恩
重庆市电力公司	叶明、张文金、陈中义	孙渝江、魏勇、邹景行、陈德清、万载扬、游建川
青海省电力公司	史天锡、马万里、李本昌	张惠清、王季平、任书辉、于长亮、庞守诚、李生海、赵汝海、唐念友
宁夏电力公司	刘应宽、张崇仁、田世存	孟昭靖、王向东、韩端祥、孔繁金、纪铁利、武风、黄正道、钟椒文、李忠国、郑敏、王立成
广西电力有限公司	马远騄、林荣华、李锦文	钟培祯、沈冰、莫修
华能国际电力开发公司	李小鹏、金浪川、叶大戟	冯大为、陈宝良、蒋浩君、赵平、姜沛培、刘冉星、黄文平、陈平、李桦、李丹

三、电力建设公司

公司名称	负责人	有关人员
上海电力建设有限责任公司	华林裕、张所庆	杨大明、施耀新、李家坤、高旭炎、郝卫清

四、水电施工企业

公司名称	负责人	有关人员
水利水电第二工程局	王岩峰、万小伦	路玉武、张新晴、张凤凯、龚学武、刘永涛、董文强、应小军、徐大明
水利水电第十一工程局	王学鲁、王宗敏	王喜中、随福铎、范全洪、李根生、何鹏辉
武警水电第二总队	梅锦煜、储善明	程恩华、蒋俊栋、邱 敏、朱昭楼、吴朝栋、邹永明、阚延平、王至强、毛国才、李本俊、王明亮、胡义峰、蒋开龙、翟从福、戴祥国
水利水电闽江工程局	容加利、赖爱宝	刘荣江、王健亮、徐孝模、李良顺、吕孟静、许剑华、陈喜明、邓友士

五、发供电企业、调度单位

1. 1200MW 及以上火电厂

邹县电厂、邢台发电厂、太原第一热电厂、神头第一发电厂、清河发电厂、哈尔滨第三发电有限责任公司、富拉尔基发电总厂、谏壁发电厂、常熟发电有限公司、北仑第一发电有限责任公司、台州发电厂、洛河发电厂、石洞口发电厂、外高桥发电厂、石洞口第二电厂、平顶山姚孟发电有限责任公司、汉川电厂、大坝发电厂、十里泉电厂、石横发电厂、德州电厂、阳逻电厂。

2. 800～1200MW 以下火电厂和 1000MW 及以上水电厂

漳泽电力股份有限公司、双鸭山发电有限责任公司、通辽发电总厂、镇海发电有限责任公司、吴泾热电厂、洛阳首阳山电厂、安阳电厂、丰城发电有限责任公司、秦岭发电厂、龙口发电厂、华能威海发电厂。

白山发电厂、五强溪水电厂、葛洲坝水力发电厂、隔河岩水力发电厂、漫湾电厂、龙羊峡水电厂、水口水电厂、岩滩水电厂。

3. 250～800MW 以下火电厂和 400～1000MW 以下水电厂

娘子关发电厂、吉林热电厂、浑江发电厂、长春热电二厂、华能南京电厂、加兴发电有限责任公司、半山发电有限责任公司、合肥发电厂、马鞍山发电厂、芜湖发电厂、郑州热电厂、新乡火电厂、洛阳热电厂、开封火电厂、洛阳豫港电力开发公司、株洲发电厂、耒阳发电厂、石门发电厂、南昌发电厂、九江发电厂、景德镇发电有限责任公司、贵溪发电厂、华蓥山发电厂、内江白马电厂、贵阳发电厂、盘县发电厂、西固热电厂、桥头发电二厂、漳平火电厂、黄岛发电厂、临沂发电有限责任公司、沾化发电厂、长兴电厂。

云峰发电厂、丰满发电厂、新安江水电厂、柘溪水电站、凤滩水电厂、东江水电厂、东风发电厂。

4. 100～250MW 以下火电厂和 100～400MW 以下水电厂

天津热电一厂、大连发电总厂、沈阳热电厂、哈尔滨热电厂、佳木斯第二发电厂、濮阳市热电厂、巡检司电厂、烟台发电厂、白杨河电厂。

太平哨电厂、乌溪江水力发电厂、黄龙滩水力发电厂、柘林水电开发公司、西津水电厂、宝兴河水电厂、太平驿水电厂。

5. 8000MV·A 及以上供电局

北京供电局、天津高压供电公司、苏州供电局。

6. 5000～8000MV·A 以下供电局

唐山供电公司、邯郸电业局、沈阳电业局、徐州电业局、绍兴电力局、上海市区供电局、上海市南供电局、郑州市电业局、武汉供电局、成都电业局。

7. 3000～5000MV·A 以下供电局

石家庄电业局、保定电业局、邢台电业局、鞍山电业局、两锦电业局、长春供电公司、哈尔滨电业局、大庆电业局、佳木斯电业局、扬州供电局、盐城供电局、宁波电业局、合肥供电局、洛阳市电业局、湖北超高压输变电局、淄博电业局、潍坊电业局、济南供电局、青岛电业局、临沂电业局。

8. 1000～3000MV·A 以下供电局

沧州电业局、衡水电业局、运城供电公司、辽阳电业局、朝阳电业局、阜新电业局、四平供电公司、通化供电公司、白城供电公司、齐齐哈尔电业局、鸡西电业局、镇江供电局、淮阴供电局、宿迁供电局、淮北供电局、新乡市电业局、平顶山市电业局、安阳市电业局、孝感供电局、赣州供电局、滇东电业局、威海电业局、菏泽电业局、平果超高压局。

9. 500～1000MV·A 以下供电局

蓟县供电局、许昌市电业局、咸宁供电局、庆阳地区电力局、莱芜电业局、东营电业局。

10. 国家电力公司分公司，电力集团、省（直辖市、自治区）电力公司调度单位

南方公司调度所、河北调度通信中心、山西省电

力公司调度局、辽宁电通调中心、吉林电力调度局、华东电力调度局、江苏电网调度所、安徽省电力中调所、上海市电力公司中心调度所、河南电力调度通信中心、湖南电力调度通信局、江西省调通局、四川电力调度中心、贵州电力调度通信局、云南省电力调度所、甘肃电力调度通信局、宁夏电力中调所、福建电力调度通信中心、山东电力调度中心、广西电网调度中心。

六、火电、送变电施工企业

山西省电建二公司、山西省电建三公司、天津送变电工程公司、辽宁省电力建设二公司、黑龙江省火电第一工程公司、黑龙江省火电第三工程公司、黑龙江省火电第四工程公司、安徽送变电工程公司、四川电力建设二公司、四川电力送变电建设公司、陕西送变电工程公司、西北电力建设第三工程公司、西北电力建设第一工程公司、甘肃火电工程公司、广西火电安装公司、上海电力安装第二工程公司、上海电力建设机械化公司、广西水电工程局。

七、电力工程建设单位

河南安阳华祥发电有限责任公司、河南南阳蒲山电厂筹建处、吉林双辽发电有限责任公司、四川广安发电有限责任公司、湖北襄樊发电有限责任公司。

八、大型水电工程项目施工单位

葛洲坝集团公司清江施工局、葛洲坝集团机电建设有限公司、水利水电第一工程局一分局。

关于命名一流供电企业一流水力发电厂的通知

(国电发［2000］252号)

各分公司，各电力集团公司，各省（自治区、直辖市）电力公司，华能集团，华能国际，乌江公司：

根据一流供电企业和一流水力发电厂考核标准，国家电力公司组织有关单位对申报1999年度一流供电企业的上海市东供电局和1999年度一流水力发电厂的十三陵蓄能电厂、白山发电厂、牡丹江水力发电总厂4家企业进行了审核和检查。根据审核和检查结果，国家电力公司决定命名上海市东供电局为“一流供电企业”，十三陵蓄能电厂、白山发电厂、牡丹江水力发电总厂为“一流水力发电厂”，并颁发奖牌和荣誉证书。

受广东省电力集团公司的委托，国家电力公司对深圳供电局、佛山电力局、惠州电力局、黄埔电厂、湛江电厂创一流申报材料进行了审查，并对深圳供电局进行了考评，认为达到了一流标准。特别是深圳供电局在加强企业管理、提高劳动生产率、积极采用现代化管理手段、实现用电直供到户，提高供电可靠性等方面达到了较高的水平。为此，国家电力公司号召公司系统的供电企业要向深圳供电局学习，努力提高一流水平，加快与国际接轨。

希望上述单位珍视这一荣誉，认真总结经验，进一步加强管理，建立和完善企业的管理机制，提高服务质量；依靠科技进步，提高自动化水平，实现减人增效；牢固树立“人民电业为人民”的意识；把创一流工作作为实现两个根本性转变的重要内容，不断增强企业对社会主义市场经济的适应能力和竞争能力，使企业的经济效益进一步提高。

各分公司、网省（自治区、直辖市）电力公司要切实加强对创一流工作的组织领导，坚持以市场为导向，以经济效益为中心，以安全生产为基础，以服务人民、奉献社会为宗旨；坚持高标准、严要求，进一步加强对达标和创一流工作的检查和指导。

对命名为“一流供电企业”和“一流水力发电厂”的物质奖励由上级主管部门根据企业的具体情况决定。

二○○○年五月十五日（印）

关于命名一流火力发电厂、一流水力发电厂和一流供电企业的通知

(国电发［2000］382号)

各分公司，各电力集团公司，各省（自治区、直辖市）电力公司，华能集团，华能国际，乌江公司：

根据国家电力公司一流供电企业、一流火力发电厂和一流水力发电厂考核标准，国家电力公司组织有关单位对申报1999年度一流供电企业的威海电业局、青岛电业局、泰安电业局、聊城电业局、盘锦供电公司、厦门电业局、个旧供电局、滇东电业局，申报一流火力发电厂的青岛发电厂、福建漳平电厂、嵩屿电厂和一流水力发电厂的福建水口水力发电厂等12家发供电企业进行了审核、检查和抽查。根据审核、检查和抽查结果，国家电力公司决定命名威海电业局、青岛电业局、泰安电业局、聊城电业局、盘锦电业局、厦门电业局、个旧供电局、滇东电业局为“一流供电企业”，青岛发电厂、福建漳平电厂、嵩屿电厂为“一流火力发电厂”，福建水口水力发电厂为“一流水力发电厂”并颁发奖牌和荣誉证书。

上述发供电企业要珍视这一荣誉，认真总结经验，进一步加强管理，建立和完善企业的管理机制，提高服务质量；坚持依靠科技进步，提高自动化水平，实现减人增效；牢固树立“人民电业为人民”的意识；把创一流工作作为实现两个根本性转变的重要内容，不断增强企业对社会主义市场经济的适应能力和竞争能力，使企业的经济效益进一步提高。

国家电力公司要求公司系统各分公司、网省（区、市）电力公司要切实加强对创一流工作的组织领导，坚持以市场为导向，以经济效益为中心，以安全生产为基础，以服务人民、奉献社会为宗旨；坚持高标准、严要求，进一步加强对达标和创一流工作的检查和指导。

对一流供电企业、一流火力发电厂和一流水力发电厂的物质奖励，由上级主管部门根据企业的具体情况决定。

二〇〇〇年七月三日（印）

关于命名华能国际电力股份有限公司为“中国一流电力公司”的决定

（国电发［2000］402号）

各分公司、集团公司，各省（自治区、直辖市）电力公司，华能集团，华能国际：

根据《中国一流电力公司考核标准（试行）》，国家电力公司组织有关单位对华能国际电力股份有限公司（以下简称华能股份）申报“中国一流电力公司”的工作情况进行了全面的检查与考核。根据检查结果，决定命名华能股份为“中国一流电力公司”，并颁发奖牌和荣誉证书。

多年来，华能股份坚持“两手抓两手都要硬”的方针，注重企业的内质外形建设、重视经营管理工作，使企业快速发展。在企业的改革、发展、干部和员工队伍建设、经营管理和经济效益、安全生产、现代化管理、主要经济技术指标、双文明建设等各方面的工作在国家电力公司系统中处于领先地位。

1995年，原电力部提出创建符合中国国情的一流管理的电力公司后，华能股份成立了以总经理为组长的“加强科学管理，创建一流公司”领导小组，同时成立了创一流公司规划工作小组，制订创一流工作规划。通过坚持不懈地抓改革、抓发展、抓管理、抓队伍，加快推进两个根本性转变，不断深化创一流工作，使华能股份的两个文明建设实现了协调发展。取得了突出成绩。

一流管理是动态的，希望华能股份，尤其是公司的主要领导成员要戒骄戒躁，认真查找不足，提出针对性的措施，不断创新，提高经营管理水平，在实现两个根本性转变中取得新成绩。为此，国家电力公司提出如下具体要求：

1．进一步全面贯彻落实党的十五届三中、四中全会精神，进一步建立和完善法人治理结构，按照建立现代企业制度的要求，把公司办成在国内电力市场具有竞争力，有较强抗御经营风险能力的一流电力公司。

2．公司的生产经营活动应当继续坚持以安全生产为基础，以经济效益为中心的原则，注重企业基础性的管理工作，注重对达标创一流企业实施动态管理，注重科技创新，加快企业的技术进步，使公司所管理的电厂具有更高的安全性、可靠性、经济性、可调性。

3．作为境外上市公司，要特别重视国际资本市场的变化，认真分析对公司经营活动可能产生的影响并制定相关的对策，最大限度地规避经营风险，促进公司的发展。

4．“网厂分开、竞价上网”的改革正在试点，并将进一步加大力度推行，公司对此要有充分的准备。作为一个大的发电公司要立即着手研究有关的措施和方法，发挥优势，在电力市场的竞争中取得主动权。

5．要进一步重视公司的环境保护工作，加大对NO_x、SO_2、粉尘、污水的排放治理和超标治理，朝着国际一流电力公司的目标努力。

各分（集团）公司，各省电力公司要进一步加强对达标创一流工作的领导，以创建一流电力公司为目标，坚持以安全文明生产为基础，以经济效益为中心，以优质服务为宗旨，以市场为导向，以科技进步为灵魂，不断提高企业经营管理水平，努力实现创建一流电力公司的目标。

二〇〇〇年七月十二日（印）

关于命名一流企业的通知

（国电发［2000］573号）

1999年度一流企业名单

一流供电企业（18个）：

大同供电分公司、保定供电公司、沧州供电公司、邯郸供电公司、苏州供电局、镇江供电局、南京供电局、扬州供电局、合肥供电局、金华电业局、湖北孝感供电局、鄂州供电局、河南许昌电业局、武汉供电局、赣州供电局、西宁供电局、汉中供电局、成都电业局。

一流超高压输变电企业（1个）：

湖北超高压输变电局。

一流火力发电厂（11个）：

河北衡丰发电责任有限公司、太原第二热电厂、徐州发电厂、台州发电厂、戚墅堰发电有限公司、安徽马鞍山万能达发电有限责任公司、淮南田家庵发电厂、江苏常熟发电有限公司、郑州热电厂、洛阳首阳山电厂、新疆玛纳斯发电有限公司。

一流水力发电厂（3个）：

江西万安水力发电厂、湖南五强溪水力发电厂、广西岩滩水力发电厂。

一流电网调度机构（6个）：

福建电力调度通信中心、河南电力调度通信中心、江苏省电力工业局电网调度所、上海市电力公司中心调度所、华东电力调度通信中心、湖南电力调度通信中心。

一流电力试验研究院（所）（5个）：

山东省电力科学院、辽宁省电力科学院、吉林省电力科学院、湖南省电力试验所、内蒙古电力科学院。

关于命名一流电力设计企业的通知

（国电发［2000］718号）

各分公司、集团公司，各省（自治区、直辖市）电力公司，电规总院：

根据《国家电力公司一流电力设计企业考核标准》，国家电力公司组织有关单位对申报一流电力设计企业的山东电力工程咨询院、浙江省电力设计院、华东电力设计院和中南电力设计院进行了审核和检查。根据审核和检查结果，国家电力公司决定命名山东电力工程咨询院、浙江省电力设计院、华东电力设计院和中南电力设计院为一流电力设计企业，并颁发奖牌和荣誉证书。

希望上述单位珍视这一荣誉，认真总结经验，进一步加强管理，建立和完善企业管理机制，提高服务质量；继续坚持依靠科技进步，提高计算机辅助设计和信息化技术的应用水平，实现减人增效；把创一流工作作为实现两个根本性转变的重要内容，不断增强企业对社会主义市场经济的适应能力和竞争能力，使企业的经济效益进一步提高。

国家电力公司要求公司系统各分公司、集团公司、省（区、市）电力公司切实加强对创一流工作的组织领导，坚持以市场为导向，以经济效益为中心，以安全生产为基础，以服务人民，奉献社会为宗旨；坚持高标准、严要求，切实克服形式主义和做表面文章的不良倾向，保证达标和创一流工作沿着健康的方向发展。

对命名为一流电力设计企业的物质奖励，由其上级主管部门根据企业的具体情况自行决定。

二○○○年十一月十六日（印）

关于命名和认定1999年度电力单位全国青年文明号的决定

（国电政［2000］205号）

电力单位1999年度全国青年文明号名单

一、新命名的

华北电力集团公司大同第二发电厂网控站
山西省电力公司长治大用户营业所
河北省衡水供电公司用电服务中心
内蒙古自治区包头第一热电厂电气主控室
华能南京分公司发电部运行甲值
华能辛店发电厂运行丁值一班
青海省海东供电局送电工区带电班
河南省南阳电业局青台220kV变电站
四川省乐山电业局嘉州供电局范坝变电站
四川省成都电业局双流供电局调控中心
广西壮族自治区岩滩水电厂发电部
甘肃省白银供电局西区营业站
广东省深圳供电局客户服务中心
陕西省榆林供电局110kV沙沟岔变电站
华东电力集团公司华东电力调度局调度科
西北电力设计院工程项目处
安徽省芜湖供电局用电营业厅
福建省泉州电业局500kV泉州变电所
湖南省电力公司民丰500kV变电站
山东省烟台电业局客户服务中心营业厅
西北电力建设调试施工研究所
江西省景德镇供电局用电营业厅
吉林省长山热电厂8号单控室
辽宁省营口电业局西市供电局用电服务中心
云南省鲁布革发电厂计算机班

重庆市杨家坪供电局巴山变电站
浙江省杭州电力局城南供电局营业厅
江苏省徐州市西供电局营业柜台
黑龙江省齐齐哈尔电业局建华供电局售电所
新疆玛纳斯发电有限责任公司汽机专业本体班
湖北省黄石供电局市区分局黄石港供电所
国电东北分公司丰满发电厂运行分厂五值
重庆市北碚供电局梅花山 220kV 变电站
山东省济宁电业局客户服务中心
上海电缆输配电公司电缆工程公司二分公司
华北电力集团公司北京送变电公司北戴河重要用户供电系统改造工程青年突击队
葛洲坝一公司三峡泄洪坝段混凝土浇筑青年突击队
青海省电力公司桥电六期项目部
四川电力建设三公司南通工程公司
甘肃火电公司平凉电厂 1 号机组锅炉水压工程青年突击队
中水七局机电安装分局青年突击队
中水一局大朝山水电站地下厂房开挖青年突击队
中水二局第三分局二公司青年突击队
中水四局机电安装发电机安装中队
中水五局昌马施工局水电队
中水十一局二分局小浪底进水口项目部青年突击队
上海送变电公司输能青年突击队
河北省电力建设第一工程公司大件吊装青年突击队
安徽省电力公司送变电公司 500kV 淮江线项目部
山东省电力集团公司潍坊电业局农网改造青年突击队
江西省电力公司送变电建设公司送电一处二队
云南省电力集团公司送变电工程公司送电三处
江苏省电力建设公司三公司汽机本体班
黑龙江省电力有限公司火电一公司建筑工程处
河南送变电建设公司变电工程公司一队
国电东北分公司通辽电业局河西一次变工程队
浙江省北仑电厂 4 号锅炉受热面喷燃器改造青年突击队
湖北省电建二公司襄樊 A 标工程青年突击队

二、继续认定的

吉林通化市二道江发电厂 7 号机组
黑龙江省哈尔滨电业局道里供电局道里售电所
内蒙古蒙达发电有限责任公司运行部
江苏省扬州供电局 500kV 江都变电站
浙江省嘉兴市电力局城郊供电公司 110kV 王店变电所
福建省沙溪口水力发电厂 1 号水轮机组
江西省贵溪火力发电厂电气检修公司继电保护班
河南省洛阳热电厂 1 号青年机组
河南省火电二公司锅炉钢架青年突击队
广东省电力局黄埔发电厂燃丁分岗
广西壮族自治区梧州供电局平浪变电站
西北电管局霸桥热电厂电气主控制室
甘肃省兰州供电局变电处海石湾三三〇变电所
青海省龙羊峡水力发电厂运行分场
江苏省盐城供电局营业厅青年服务队
华北电力集团张家口供电公司宣化供电分公司抄表班
华北电力集团北京大唐发电股份有限公司陡河发电厂运行甲值四单元班
华北电力集团唐山供电公司建设路营业站
华北电力集团调度局调度运行处
华北电力集团承德供电公司调度所继电保护班
北京供电局昌平 500kV 变电站运行班
天津市电力公司城南供电局河西营业站
天津市电力公司高压供电公司继电保护管理所
天津市第一热电厂热机运行热水网
天津市电力公司调度中心调度运行张军组
天津市城东供电局河北营业站
河北省石家庄电业局桥东营业厅
河北省西柏坡发电总厂 1 号机组运行岗位
河北省邢台发电厂锅炉分场机动三班
河北省保定供电公司用电服务中心
山西省大同供电分公司新开路营业所
山西省运城地区电业局三正自动化所
山西省太原二电厂燃料车间
山西省忻州供电公司 220kV 匡村变电站
内蒙古自治区包头电业局调度所微波班
内蒙古自治区呼和浩特供电局新城分局鼓楼营业站
内蒙古自治区丰镇发电厂汽机车间
内蒙古自治区巴彦淖尔电业局调度所调度班
内蒙古自治区电力科学研究院热工所
辽宁省鞍山电业局用电服务中心
辽宁省金州供电局用电服务处
辽宁省沈阳供电局送电工区
辽宁省铁岭发电厂锅炉分厂制粉班
辽宁省大连电业局甘井子供电局用电服务处
东电送变电工程公司送电第五工程处
黑龙江省佳木斯电业局浩良河供电局
黑龙江省牡丹江电业局东安供电局
黑龙江省哈尔滨第三发电厂值长组
黑龙江省佳木斯发电厂经警中队
吉林省长春电业局宽城供电局电费发行科
吉林省龙潭供电局营业窗口
吉林省长春热电二厂 1 号发电机组

吉林省吉林热电厂11号青年机组
华东电力集团望亭发电厂发电部运乙一班
华东电力集团富春江水电厂运行二值
华东电力集团新安江电厂运行分场三值
上海市区供电局沪西供电所线路一班
上海市东供电局浦东供电所营业室
上海市闵行发电厂运行13号机组
上海市电力公司南桥交直流变电站
浙江省金华电业局电力设计所
浙江省镇海发电厂煤运一班
浙江省绍兴电业局用电管理所营业厅
浙江省台州发电厂燃料分场程控室
江苏省常州供电局用电服务中心
江苏省南京供电局栖霞供电分局营业厅
江苏省连云港供电局连云分局业务班
江苏南京热电厂锅炉运行新厂丁班
江苏省镇江供电局220kV官塘变电站
安徽省马鞍山供电局配网运行检修班
安徽省安庆供电局调度所调度组
安徽省淮北发电厂5号主机
安徽省合肥供电局用电管理所营业班
华中电力集团财务公司梨园专柜
华中电力集团华阳发电有限责任公司电检二班
湖北省武汉供电局武昌分局洪山营业所
湖北省宜昌供电局东山分局“小虎队”
湖北省汉川电厂2号机组
湖北省荆门热电厂4号机组
湖北省襄樊供电局市区分局用电管理所
河南省开封市电业局供电检修服务中心
河南省郑州市电业局石佛变电站
河南省洛阳首阳山电厂4号青年机组
河南省开封火电厂检修公司热工自动化班
湖南省长沙电业局天顶变电站
湖南省株洲电业局云天变电站
湖南省五强溪水力发电厂修试总公司试验工区
湖南省长沙电业局城南供电局营业站
江西省赣西供电局220kV白沙变电站
江西省九江供电局妙智变电所
江西省万安水力发电厂大修青年突击队
江西省火电建设公司调试青年突击队
陕西省西安供电局蓝天变电站
陕西省咸阳供电局渭南变电站
陕西省蒲城发电厂锅炉管阀班
陕西省黄陵县电力局城区供电所
甘肃省兰州供电局送电处一工区带电班
甘肃省庆阳电力局修试所高压实验班
甘肃省靖远电厂运行部化学检修班
甘肃省西固热电厂热机分场汽机附属一班
宁夏电力建筑安装工程公司大坝项目部
宁夏电力局石嘴山发电厂高压焊工班
宁夏电力局送变工程公司承建自一蓉同塔双回500kV线路工程南段基础工程青年突击队
宁夏电力局固原变电站
青海省西宁供电局城东供电所
青海省送变电工程公司送电四处三队
青海省桥头发电厂机检分场
青海省李家峡水力发电厂电气自动化监控班
新疆维吾尔自治区乌鲁木齐电业局市北供电局急修班
新疆维吾尔自治区吐鲁番电业局托克逊220kV变电站
新疆维吾尔自治区玛纳斯发电厂锅炉运行三班
新疆维吾尔自治区乌鲁木齐电业局地调所调度运行班
山东省临沂电业局客户服务中心营业股
山东省济南供电局天桥电力公司营业厅
山东省淄博电业局张店供电局配电班
山东省十里泉发电厂6号机组生产线
山东省日照电业局客户服务中心
四川省德阳电业局220kV新市变电站
四川省自贡电业局供电营业厅
四川省攀枝花电业局青龙山变电站
四川省江油发电厂“共青团号”机组
四川省宜宾豆坝电厂“共青团号”机组
福建省福州电业局马尾供电所
福建省龙岩电业局营业大厅
福建省三明电业局调度所调度班
福建省水口水力发电厂自动化班
福建省厦门电业局城区供电局用电服务中心
云南省昆明供电局城区分局电费班
云南省滇东电业局三岔变电站
云南省漫湾发电厂6号机组
云南省小龙潭发电厂5号机组
广西壮族自治区北海供电局用电管理所电费收校班
广西壮族自治区柳州供电局沙塘500kV变电站
广西壮族自治区恶滩水电厂检修分场二次班
广西壮族自治区南宁供电局配件抢修中心
重庆市城区供电局用电营业厅
重庆市万县电业局三峡供电局用电科
重庆市发电厂12号机组
重庆市江北供电局用电服务中心
贵州省遵义供电局南白分局抄核收班
贵州省都匀供电局调度自动化班
贵州省贵阳发电厂运行二分场

贵州省清镇发电厂1号机炉
广东省茂名电业局农电分局分界供电所
广东省广州电力局用电处业扩组
广东省汕头电业局500kV汕头变电站
广东省沙角发电总厂A厂燃料分场燃戊班
华能德州电厂检修公司汽机专业本体班
华能福州电厂发电部运行C值
华能江苏淮阴发电厂有限公司检修继电保护班
华能大连电厂运行一值
南方电力联营公司天生桥水力发电总厂水工分厂水调班
南方电力联营公司调度所调度科

关于表彰1999全国电网调度系统安全年活动先进单位、先进个人和实现目标单位的决定

（国电调［2000］240号）

受表彰的单位和个人名单

一、荣获“1999全国电网调度系统安全年活动先进单位”称号的单位

华北电力调度局、东北电力调度通信中心、南方电力调度通信中心、辽宁电力调度通信中心、上海市电力公司中心调度所、福建电网中心调度所、云南电力中心调度所、广东省电力公司中心调度所。

二、荣获“1999全国电网调度系统安全年活动先进个人”称号的个人

华北电力集团公司副总工程师张丽英、东北电力调度通信中心主任王刚、南方电力调度通信中心主任侯卫东、辽宁电力调度通信中心主任王芝茗、上海市电力公司中心调度所所长阮前途、福建电网中心调度所所长许新生、云南电力中心调度所所长唐海、广东省电力公司中心调度所所长许超英。

三、荣获“1999全国电网调度系统安全年活动实现目标单位”奖牌的单位

华东电力调度局、华中电力调度通信局、西北电力调度通信中心、山东电力调度中心、四川电力调度局、重庆电力调度局、广西电网调度中心、贵州电力调度通信局、海南省电力中心调度所、河北电力调度通信局、山西电力调度局、内蒙电力中心调度所、天津市电力公司调度局、吉林省电网调度中心、黑龙江电力公司调度局、江苏省电网中心调度所、安徽电力中心调度所、湖南电力调度通信局、湖北电力调度通信局、河南电力调度通信局、江西电力调度通信局、陕西电力调度中心、甘肃电力调度局、宁夏电力中心调度所、青海电力调度局、新疆电力调度通信局。

世界电力工业资料选编

1998年底世界主要火力发电厂（容量在300万kW及以上）

序号	电厂名称	国家（地区）	拥有企业	装机容量（万kW）	装机台数（台数×万kW）	燃料	投运年份
1	苏尔古特二厂（Сургутская-2）	俄	统一电力系统公司	480.0	6×80.0	天然气	1988
2	川越（Kawagoe）	日	中部电力	470.0	2×70.0 2×165.0（CC）	LNG	1989～1997
3	台中	台湾省	台电	468.0	8×55.0 4×7.0（GT）	煤、气	1991～1998
4	鹿岛（Kashima）	日	东京电力	440.0	4×60.0 2×100.0	重油	1971～1975
5	巴尔哈托夫（Belchatow）	波兰		432.0	12×36.0	褐煤	1980
6	肯达尔（Kendal）	南非	ESKOM	411.6	6×68.6	煤	1988

续表

序号	电厂名称	国 家（地区）	拥有企业	装机容量（万 kW）	装机台数（台数×万 kW）	燃料	投运年份
7	青 山	香 港	青山电力	411.0	4×35.0 4×67.75	煤（油）	1982～1989
8	横滨（Yokohama）	日	东京电力	402.5	5×17.5 1×35.0 2×140.0（CC）	重油，LNG	1962～1998
9	南蒂柯克（Nanticoke）	加拿大	安大略水电局	409.6	8×51.2	煤	1972
10	埃基巴斯图兹一厂（Экибастузская-1）	哈萨克斯坦		400.0	8×50.0	煤	1980～1984
11	马丁巴（Matlmba）	南 非	ESKOM	399.0	6×66.5	煤	1987～1991
12	知多（Chita）	日	中部电力	396.6	2×37.5 1×50.0 3×70.0 4×15.4（GT）	重油，LNG	1966～1996
13	德拉克斯（Drax）	英	National Power	396.0	6×66.0	煤	1974
14	帕里什（Parish W.A.）	美	Houston Power &Light	395.3	8	煤,油,气	1958
15	兴 达	台湾省	台 电	394.2	4×52.0 3×44.0（CC） 2×27.6（GT）		1998
16	雷夫津（Рефтинская）	俄	统一电力系统公司	380.0	6×30.0 4×50.0	煤，油	1970～1980
17	袖浦（Sodegaura）	日	东京电力	372.7	1×60.0 3×100.0 1×12.7（GT）	LNG	1974～1993
18	拉塔博（Lathabo）	南 非	ESKOM	370.8	6×61.8	煤	1986～1990
19	邦巴功（Bang Pakong）	泰 国	EGAT	367.5	8	油，气	
20	图图卡（Tutuka）	南 非	ESKOM	365.4	6×60.9	煤	1985～1990
21	姉崎（Anegasaki）	日	东京电力	360.0	6×60.0	油，LNC	1967～1979
22	扎波罗热（Запорожская）	乌克兰		360.0	4×30.0 3×80.0	油,煤,气	1972
23	乌戈列哥尔斯克（Углегорская）	乌克兰		360.0	4×30.0 3×80.0	油,煤,气	1972
24	科斯特罗姆（Костромская）	俄	统一电力系统公司	360.0	8×30.0 1×120.0	气	1968～1980
25	马特拉（Matla）	南 非	ESKOM	360.0	6×60.0	煤	1979～1983
26	杜瓦（Duvha）	南 非	ESKOM	360.0	6×60.0	煤	1980～1984
27	舍雷尔（Scherer）	美	Geogia Power	356.4	4	油，煤	1982
28	鲍温（Bowen）	美	Geogia Power	349.0	2×70.0 2×88.0	油，煤	1971～1975
29	吉布桑（Gibson）	美	Cinergy	334.0	5×66.8	油，煤	1975～1982
30	苏尔古特一厂（Сургутская-1）	俄	统一电力系统公司	332.4	14×21.0 2×18.0 2×1.2	气	1972～1986

续表

序号	电厂名称	国家（地区）	拥有企业	装机容量（万 kW）	装机台数（台数×万 kW）	燃料	投运年份
31	南 丫	香 港	港灯公司	330.5	3×25.0+5×35.0 1×5.5+6×12.5	煤，油	1997 年建成
32	芒果（Monroe）	美	Detriot Edison	328.0	4×82.0	油，煤	1971～1974
33	广野（Hirono）	日	东京电力	320.0	2×60.0 2×100.0	气，油	1980～1993
34	科尔德曼（Cordemais）	法	EDF	302.0	5	油	1970
35	司尔达里印斯克（Сырдарыимская）	乌兹别克		300.0	10×30.0	气	1972
36	西仁川	韩 国	韩 电	360.0	（CC）	气	
37	三千浦	韩 国	韩 电	324.0	6	煤	1983
38	保 宁	韩 国	韩 电	300.0	6×50.0	煤	1998 年建成
39	克里耶尔（Kriel）	南 非	ESKOM	300.0	6×50.0	煤	1976～1979
40	北 仑	中 国	浙江省电力、开发公司等	300.0	6×50.0	煤	2000 年建成

注 GT—燃气轮机；CC—燃气—蒸汽联合循环；LNG—液化天然气。

世界装机容量 240 万kW及以上已建成和在建水电站情况表

序号	水电站	所在国家	所在河流	坝址年径流量（亿 m^3）	主坝坝型	最大坝高（m）	总库容/调节库容（亿 m^3）	库容系数 β_1/β_2	现有/设计装机容量（万 kW）	开始发电年份
1	三 峡	中 国	长 江	4510	重力坝	175	393/165	0.04/0.06	/1820.0	在建
2	伊泰普(Itaipu)	巴 西 巴拉圭	巴拉那河	2860	支墩坝	196	290/190	0.07/0.44	1260.0/1260.0	1983
3	古里(Guri)	委内瑞拉	卡罗尼河	1537	重力坝	162	1350/854	0.56	1030.0/1030.0	1968
4	大古力(Grand Coulee)	美 国	哥伦比亚河	963	重力坝	168	118/64.5	0.07/0.47	649.4/910.4	1941
5	拉格朗德二级*(La Grande 2)	加拿大	拉格朗德河	922	土石坝	168	617/194	0.21/1.01	732.6/732.6	1979
6	图库鲁伊(Tucurui)	巴 西	托坎廷斯河	3470	土石坝	106	458/254	0.07	400.0/726.0	1984
7	萨扬-舒申斯克(Саяно-Шушенская)	俄罗斯	叶尼塞河	467	重力拱坝	245	313/153	0.33	640.0/640.0	1978
8	克拉斯诺雅尔斯克(Красноярская)	俄罗斯	叶尼塞河	884	重力坝	124	733/304	0.34/0.52	600.0/600.0	1967
9	丘吉尔瀑布*(Churchill Falls)	加拿大	哈密尔顿河	439	土 坝	32	334/283	0.64	542.8/542.8	1971
10	兴古(Xingo)	巴 西	圣弗兰西斯科河	909	面板堆石坝	140	38/	0.02/0.51	300.0/500.0	1994

续表

序号	水电站	所在国家	所在河流	坝址年径流量（亿 m^3）	主坝坝型	最大坝高（m）	总库容/调节库容（亿 m^3）	库容系数 β_1/β_2	现有/设计装机容量（万 kW）	开始发电年份
11	布拉茨克（Братская）	俄罗斯	安加拉河	917	宽缝重力坝	125	1690/482	0.53/1.03	495.0/500.0	1961
12	乌斯特-伊里姆（Усть-Илимская）	俄罗斯	安加拉河	1016	重力坝	105	594/28	0.03/0.97	432.0/432.0	1974
13	卡博拉巴萨*（Cabora Bassa）	莫桑比克	赞比西河	868	拱坝	171	630/518	0.60/1.16	207.5/415.0	1975
14	雅西雷塔（Yacyreta）	阿根廷巴拉圭	巴拉那河	3750	土坝	42	210/19	0.00/0.34	276.0/414.0	1994
15	鲍古昌（Богуцанская）	俄罗斯	安加拉河	1070	重力坝	87	582/33	0.02/0.85	/400.0	在建
16	保罗阿丰索*（Paulo Afonso）	巴西	圣弗兰西斯科河	858	土石坝	35	1.44/1.28	0.00/0.52	398.6/398.6	1955
17	罗贡*（Рогунская）	塔吉克斯坦	瓦赫什河	194	土石坝	335	133/86	0.44	/360.0	在建
18	塔贝拉（Tarbela）	巴基斯坦	印度河	827	土石坝	143	137/115	0.14	304.6/347.8	1976
19	二滩*	中国	雅砻江	527	拱坝	240	61.7/33.7	0.06	330.0/330.0	1998
20	伊拉索耳台拉（Ilha Solteira）	巴西	巴拉那河	1640	重力坝	90	212/129	0.08/0.47	323.0/323.0	1973
21	卡伦Ⅲ*（KarunⅢ）	伊朗	卡伦河		拱坝	205	27.5/		/306.0	在建
22	马卡瓜（Macagua）	委内瑞拉	卡罗尼河	1670	土坝	80	3.63/—	0.00/0.51	292.0/292.0	1959
23	雷维尔斯托克（Revelstoke）	加拿大	哥伦比亚河	258	重力坝	175	51.8/14.0	0.05/0.63	184.0/276.0	1984
24	戈登施勒姆*（Gordon M.Shrun）	加拿大	皮斯河	340	土石坝	183	703/370	1.09	273.0/273.0	1968
25	葛洲坝	中国	长江	4510	重力坝	47	15.8/0.85	0.00/0.01	271.5/271.5	1981
26	约翰代（John Day）	美国	哥伦比亚河	1541	土石坝	70	32.6/1.9	0.00/0.34	216.0/270.0	1968
27	努列克（Нурекская）	塔吉克斯坦	瓦赫什河	204	土石坝	300	105/45	0.22/0.64	270.0/270.0	1972
28	圣西毛（Sao Simao）	巴西	帕腊奈巴河	702	土石坝	127	127/88	0.13/0.50	160.8/268.0	1978
29	拉格朗德四级（La Crande 4）	加拿大	拉格朗德河	372	堆石坝	128	194/71	0.19/1.23	265.0/265.0	1984
30	尼亚加拉（Niagara）	美国	尼亚加拉河	1812	无坝				219.0/264.0	1961
31	麦卡*（Mica）	加拿大	哥伦比亚河	183	土石坝	242	247/148	0.81	173.6/261.0	1976
32	伏尔加格勒（Волгоград）	俄罗斯	伏尔加河	2520	土坝	47	315/86.5	0.03/0.36	256.3/256.3	1958
33	亚当贝克（Mica）	加拿大	尼亚加拉河	1812	无坝				185.9/255.9	1954
34	马尼克五级（Manic 5）	加拿大	巴尼夸根河	214	边拱坝	214	1419/357	1.67	255.3/253.3	1970
35	塞格雷多（Segredo）	巴西	伊瓜苏河	220	面板堆石坝	145	30/20	0.09/0.32	126.0/256.0	1992

续表

序号	水电站	所在国家	所在河流	坝址年径流量（亿 m³）	主坝坝型	最大坝高（m）	总库容/调节库容（亿 m³）	库容系数 β_1/β_2	现有/设计装机容量（万 kW）	开始发电年份
36	阿利亚河口（Foz do Areia）	巴　西	伊瓜苏河	172	面　板堆石坝	160	60.7/50	0.29	167.4/251.1	1980
37	伊塔帕里卡（Itaparica）	巴　西	圣弗兰西斯科河	884	土石坝	106	108/37	0.04/0.50	250.0/250.0	1987
38	契塔帕里卡（Chief Joseph）	美　国	哥伦比亚河	965	重力坝	73	6.4/2.3	0.00/0.47	245.7/245.7	1955
39	奇科森*（Chicoasen）	墨西哥	格里哈尔瓦河	119	堆石坝	261	16.1/2.8	0.02/0.74	240.0/240.0	1980
40	阿塔图尔克（Ataturk）	土耳其	土耳其	262	堆石坝	184	487/193	0.74/1.57	240.0/240.0	1991
41	巴昆（Bakun）	马来西亚	巴卢依河	415	面　板堆石坝	205	438/		/240.0	在建
42	铁门（Djerdap）	南斯拉夫罗马尼亚	多瑙河	1710	重力坝	70	25.0/	0.00/0.01	2100/2660	1970

注　1. 现有装机容量指1998年底到达数。

2. 库容系数β_1＝本水库调节库容/坝址年径流量。

β_2＝本水库及其上游干支流已建大水库合计调节库容/坝址年径流量。

＊为地下厂房。

世界上主要的抽水蓄能电站（设计容量150万kW以上）

序号	电站名称	国　家	装机容量（万 kW）	设计容量（万 kW）	最高水头（m）	开始运行年份
1	广　州	中　国	240	240	—	1993
2	德涅斯特	摩尔多瓦	—	227	155	在建
3	巴斯康蒂	美　国	210	210	330	1984
4	路丁顿	美　国	205.8	205.8	107.7	1973
5	狄诺维克	英　国	189	—	513	1982
6	塔什利克	乌克兰	—	182	83.5	在建
7	大　屋	法　国	180	—	905	1987
8	卡拉彦	菲律宾	30	180	290	1982
9	天荒坪	中　国	180	180	667	1998
10	图穆特3	澳大利亚	168.9	—	161.5	1973
11	葛野川	日　本	164.8	—	712.4	在建
12	明潭（台湾）	中　国	162	162	401	1992
13	凯夏多尔	立陶宛	—	160	112	在建
14	奥清津	日　本	124	160	490	1978
15	卡斯泰克	美　国	156.6	—	328	1973
16	腊孔山	美　国	154.4	—	310	1979

世界上核电机组的堆型构成

堆　　型	运行中		建设中		总计	
	台数	万kW	台数	万kW	台数	万kW
压水堆（PWR）	250	22155.2	36	3257.4	286	25412.6
沸水堆（BWR）	93	7980.3	6	720.1	99	8700.4
气冷堆（各种型号）	35	1188.9	0	0	35	1188.9
重水堆（各种型号）	37	1997.1	15	765.0	52	2762.1
石墨水冷堆（LGR）	15	1419.5	1	92.5	16	1512.0
液态金属快中子堆（LMFBR）	3	86.3	4	298.0	7	384.3
合　计	433	34827.3	62	5133.0	495	39960.3

1997年底全世界运行中的、总装机容量在300万kW以上的核电厂

序号	电厂名称	机组台数	总容量（万kW）	机组类型	国家	序号	电厂名称	机组台数	总容量（万kW）	机组类型	国家
1	柏崎·刈羽	7	796.5	BWR	日　本	16	特里卡斯坦	4	366.0	PWR	法　国
2	扎波罗热	6	570.0	PWR	乌克兰	17	布　热	4	364.0	PWR	法　国
3	格拉夫林	6	546.0	PWR	法　国	18	布莱艾斯	4	364.0	PWR	法　国
4	帕吕埃尔	4	532.0	PWR	法　国	19	库阿斯	4	359.0	PWR	法　国
5	加特农	4	520.0	PWR	法　国	20	希　农	4	358.5	PWR	法　国
6	布鲁斯B	6	497.8	PHWR	加拿大	21	当皮埃尔	4	356.0	PWR	法　国
7	福岛第一	6	454.6	BWR	日　本	22	科兹洛杜伊	6	353.8	PWR	保加利亚
8	大　坂	4	449.4	PWR	日　本	23	灵哈尔斯	4	353.0	PWR	瑞　典
9	福岛第二	4	426.8	BWR	日　本	24	达林顿	4	352.4	PHWR	加拿大
10	桂　马	4	390.0	PWR	韩　国	25	浜　岗	4	346.9	BWR	日　本
11	蔚　珍	4	390.0	PWR	韩　国	26	玄　海	4	331.2	PWR	日　本
12	巴拉科沃	4	380.0	PWR	俄罗斯	27	高　浜	4	322.0	PWR	日　本
13	帕洛弗迪	3	371.6	PWR	美　国	28	布朗弗里	3	319.5	BWR	美　国
14	库尔斯克	4	370.0	LGR	俄罗斯	29	高　丽	4	314.5	PWR	韩　国
15	列宁格勒	4	370.0	LGR	俄罗斯	30	福什马克	3	309.4	BWR	瑞　典

注　PWR—压水堆机组；BWR—沸水堆机组；PHWR—重水堆机组；LGR—石墨水冷堆机组。

世界一些国家的最高输电电压

国家或地区	交流电压		直流电压		国家或地区	交流电压		直流电压	
	(kV)	开始使用年份	(kV)	开始使用年份		(kV)	开始使用年份	(kV)	开始使用年份
俄罗斯	750	1971	±750	没有建成	印　度	400	1977	±500	1986
美　国	765	1969	±500	1985	瑞　典	400	1952	±250	1965
加拿大	735	1965	±500	1972	挪　威	400	—	±250	1976
巴　西	765	1982	±600	1986	南　非	400	—	±533	1977
波　兰	750	—	—	—	意大利	380	1963	±200	1966
日　本	500	1973	±250	1979	联邦德国	380	1957	—	—
中　国	500	1981	±500	1989	奥地利	380	—	—	—
法　国	400	—	±270	1986	西班牙	380	—	—	—
英　国	400	1965	±270	1986					

注 以上6表均摘自《中国电力百科全书·综合卷》(第二版)。

世界主要国家资料选编

美国电力工业

美利坚合众国，简称美国(U.S.A)。总面积937.3万 km^2，居世界第四位。1998年统计人口为27402.8万人。美国能源资源蕴藏丰富，其探明可开采储量，煤炭为2405.6亿t，居世界第二位，约占世界总储量的23.1%；石油为43.1亿t；天然气为47320亿 m^3，经济可开发利用水资源为3760亿kW·h/a。

表1列出了自1970年以来美国装机容量和发电量的变化情况。

表2列出了1970年以来用电构成的变化情况。

表3列出了美国发电能源构成的变化情况。

表4为美国火电增长情况。

表5列出了美国主要的火电厂。

表6是美国水电的发展情况。

表7是美国主要的常规水电站。

表8是美国主要的抽水蓄能电站。

表9为美国核电发展情况。

表10为美国主要核电厂。

表11为1978年至1997年美国输电线路的发展情况表。

表12是美国主要的直流输电设备。

表13列举了美国电厂和输电线路的主要经济指标。

表1　美国装机容量和发电量的变化

年份	装机容量(万kW)		发电量(亿kW·h)		年份	装机容量(万kW)		发电量(亿kW·h)	
	合　计	其中水电	合　计	其中水电		合　计	其中水电	合　计	其中水电
1970	36032.7	5575.2	16397.9	2507.0	1990	73333.3	9236.2	30117.5	2861.0
1975	52734.6	6655.3	20029.8	3031.7	1995	76487.6	10006.0	33453.1	3082.8
1980	63011.1	7665.1	23543.8	2777.2	1996	78350.2	9592.7	34599.7	3445.3
1985	70879.5	8395.8	25647.7	2848.5	1997	79162.0	9943.0	34831.1	3549.6

资料来源　联合国历年的《Energy Statistics Yearbook》。

表2　美国用电构成的变化

年份	工业		交通		农业		生活		商业及其他		总用电量	
	用电量（亿kW·h）	比重（%）	用电量（亿kW·h）	比重（%）	用电量（亿kW·h）	比重（%）	用电量（亿kW·h）	比重（%）	用电量（亿kW·h）	比重（%）	（亿kW·h）	（%）
1970	6963	46.4	46	0.3	—	—	4478	29.9	3506	23.4	14993	100
1975	6465	35.7	39	0.2	327	1.8	6385	35.3	4883	27.0	18099	100
1980	8413	38.7	31	0.1	379	1.8	7175	33.0	5720	26.4	21718	100
1985	8245	35.5	35	0.1	407	1.8	7938	34.1	6632	28.5	23257	100
1990	9687	34.8	56	0.2	410	1.5	9492	34.1	8192	29.4	27837	100
1995	11352	36.2	39	0.1	—	—	10425	33.2	9542	30.4	31358	100
1996	11539	35.8	39	0.1	—	—	10825	33.6	9810	30.5	32213	100
1997	11770	36.1	39	0.1	—	—	10716	32.9	10069	30.9	32593	100

资料来源　OECD历年《Elenricity Information》。

表3　美国发电能源构成的变化

年份	合计（%）	构成（%）			年份	合计（%）	构成（%）		
		火电	水电	核电			火电	水电	核电
1970	100	83.35	15.29	1.33	1990	100	70.75	9.50	19.16
1975	100	76.09	15.14	8.61	1995	100	70.11	9.22	20.13
1980	100	77.32	11.80	10.67	1996	100	69.72	10.13	19.62
1985	100	73.49	11.11	14.96	1997	100	71.24	10.19	18.05

注　不含地热及其他能源发电比重。

表4　美国火电增长情况

年份	1970	1975	1980	1985	1990	1995	1996	1997
装机容量（万kW）	29799.8	42048.0	49596.5	50553.4	53691.4	56017.4	57968.0	58754.0
发电量（亿kW·h）	13667.5	15241.0	18204.8	18877.0	21307.3	23455.6	23979.7	24812.0

表5　美国的主要火电厂（1996年末，220万kW以上）

序号	电厂名称	燃料	电厂容量（万kW）	机组台数	年发电量（亿kW·h）	电力公司名称	开始运行年
1	帕里什(W.A.Parish)	煤、油、气	395.3	8	186.7	休斯顿电灯电力(德克萨斯州)	1958
2	舍雷尔(Scherer)	煤、油	356.4	4	—	佐治亚电力(佐治亚州)	1982
3	鲍温(Bowen)	煤、油	349.0	4	218.8	佐治亚电力(佐治亚州)	1971
4	吉布桑(Gibson)	煤、油	334.0	5	168.7	PSI能源(印第安那州)	1975
5	芒果(Monroe)	煤、油	328.0	4	198.1	底特律爱迪生(密西根州)	1971
6	阿莫斯(Amos)	煤、油	293.3	3	156.4	阿巴拉契电力(西弗吉尼亚州)	1971
7	米勒(Miller)	煤	282.2	4	135.7	阿拉巴马电力(阿拉巴马州)	1978
8	布鲁斯·曼斯菲尔德(Bruce Mansfield)	煤、油	274.1	3	130.6	宾夕法尼亚电力(宾夕法尼亚州)	1976

续表

序号	电厂名称	燃料	电厂容量(万kW)	机组台数	年发电量(亿kW·h)	电力公司名称	开始运行年
9	科林斯(Collins)	油、气	265.0	5	120.0	联合爱迪生公司(伊利诺斯州)	1977
10	坎伯兰(Cumberland)	煤	260.0	2	150.0	TVA(田纳西州)	1972
11	加文(Gavin)	煤、油	260.0	2	143.7	俄亥俄电力(俄亥俄州)	1974
12	罗克坡特(Rockport)	煤、油	260.0	2	163.4	印第安那密西根电力(印第安那州)	1984
13	罗克斯伯罗(Roxboro)	煤、油	255.8	4	125.9	北卡罗来纳电力电灯(北卡罗来纳州)	1966
14	帕拉代斯(Paradise)	煤	255.8	3	120.7	TVA(肯塔基州)	
15	萨米斯(WH Sammis)	煤、油	245.6	7	133.9	俄亥俄爱迪生(俄亥俄州)	1959
16	克里斯特河(Crystal River)	煤、油	244.3	4	153.1	佛罗里达电力(佛罗里达州)	1966
17	斯图阿特(JM Stuart)	煤、油	244.1	4	153.3	戴顿电力电灯(俄亥俄州)	1971
18	纳瓦约(Navajo)	煤、油	240.9	3	163.7	盐河工程(亚利桑那州)	1974
19	拉巴迪(Labadie)	煤、油	238.5	4	114.8	联合电气(密苏里州)	1970
20	马丁湖(Martin Lake)	煤、油	238.1	4	158.9	得克萨斯公用电力(得克萨斯州)	1977
21	鲁宾逊(PH Robinson)	气	231.5	4	85.6	休斯顿电灯电力(得克萨斯州)	1966
22	塞达拜尤(Cedar Bayou)	气	229.5	3	96.3	休斯顿电灯电力(得克萨斯州)	1970
23	福康纳斯(Four Corners)	煤	227.0	5	134.7	亚利桑那公共服务(新墨西哥州)	1963
24	吉姆·布里杰(Jim Bridger)	煤、油	224.2	4	143.6	太平洋公司(怀俄明州)	1974
25	根特(Ghent)	煤	222.6	4	87.4	肯塔基公用电力(肯塔基州)	1974

资料来源 日本海外电力调查会《海外电气事业统计》1998年版。

表6 美国水电发展情况

年份	1970	1975	1980	1985	1990	1995	1996	1997
装机容量(万kW)	5575.2	6655.3	7665.1	8407.0	9004.8	10006.0	9765.8	9943.0
发电量(亿kW·h)	2507.0	3031.7	2777.4	2854.8	2896.4	3082.8	3445.3	3549.6

表7 美国主要常规水电站(1997年末,60万kW以上)

序号	电站名称	现有装机容量(万kW)	设计装机容量(万kW)	坝高(m)	开始运行年份	序号	电站名称	现有装机容量(万kW)	设计装机容量(万kW)	坝高(m)	开始运行年份
1	大古力(Grand Coulee)	649.4	649.4	168	1942	8	格伦峡谷(Glen Cayon)	104.2	132.0	216	1964
2	契塔帕里卡(Chief Joseph)	245.7	206.9	70	1955	9	麦克纳里(McNarg)	98.0	203.0	67	1954
3	约翰代(John Day)	216.0	270.0	70	1968	10	瓦纳普姆(Wanapam)	83.1	132.7	59	1961
4	罗伯特·摩西(Robert Moses)	91.2/195.0	241.8	47	1958	11	德沃夏克(Dworshak)	80.0	106.0	219	1973
5	胡佛(Hoover)	143.4	245.2	221	1936	12	普列斯特·拉皮德斯(Priest Rapids)	78.8	426.2	55	1959
6	上戴维斯(Davis, Upper)	120.0	180.0	27	1982	13	奥赫(Oahe)	64.0	78.6	75	1962
7	邦纳维尔(Bonneville)	109.2	106.8	60	1938	14	奥罗维尔(Oroville)	64.4	67.9	230	1968

资料来源 日本海外电力调查会《海外电气事业统计》,1999年版。

表 8　　美国主要抽水蓄能电站（1997 年末，50 万 kW 以上）

序号	电站名称	装机容量（万 kW）	水头（m）	机组数（台）	开始运行年份	序号	电站名称	装机容量（万 kW）	水头（m）	机组数（台）	开始运行年份
1	巴斯康蒂（Bath Coanty）	210.0	330	6	1984	8	诺斯菲尔德山（Northfield Mt.）	100.0	226	4	1972
2	腊孔山（Raccoon Mt.）	154.4	310	4	1979	9	马迪伦（Muddy Run）	80.0	107	8	1967
3	卡斯泰克*（Castatic）	156.6	328	6	1973	10	乔卡西*（Jocassee）	78.4	90	4	1973
4	路丁顿（Ludington）	205.8	107	6	1973	11	贝尔斯万普（Bear Swamp）	64.0	228	2	1974
5	布伦汉姆-吉尔博（Blenheim-Gilboa）	120.0	339	4	1973	12	费尔菲尔德（Fairfield）	56.8	—	8	1975
6	赫尔姆斯（Helms）	119.5	532	3	1984	13	亚德克里克（Yards Creek）	50.1	200	3	1965
7	巴德克里克（Bad Creek）	100.0	324	4	1991						

资料来源　日本海外电力调查会《海外电气事业统计》，1999 年版。

*　混合抽水蓄能。

表 9　　美国核电发展情况

年　份	1970	1975	1980	1985	1990	1995	1996	1997
装机容量（万 kW）	649.3	3975.4	5648.8	8039.7	9964.4	9951.5	10078.0	9972.0
发电量（亿 kW·h）	217.9	1725.1	2511.2	3836.9	5769.7	6734.0	6747.3	6286.4

表 10　　美国主要核电厂（1997 年 12 月 31 日）

序号	电厂名称	电厂容量（万 kW）	反应堆数(座)	堆　型	序号	电厂名称	电厂容量（万 kW）	反应堆数(座)	堆　型
1	帕洛弗迪(Palo Verde)	375.1	3	压水堆	10	布雷伍德(Braidwood)	224.0	2	压水堆
2	布朗弗里(Browns Ferry)	319.5	3	沸水堆	11	塞拉姆(Salem)	220.5	2	压水堆
3	米尔斯通(Millstone)	268.0	3	沸水堆 1	12	代阿布洛峡谷(Diablo Canyon)	216.0	2	压水堆
4	圣奥诺弗雷(San Onofre)	258.6	3	压水堆 2					
5	奥科尼(Oconee)	253.8	3	压水堆	13	拉萨尔(Lasalle County)	215.6	2	沸水堆
6	麦克圭尔(William B McGuire)	225.8		压水堆	14	皮奇博顿(Peach Bottom)	213.0	2	沸水堆
					15	萨斯奎汉纳(Sasguehanna)	220.0	2	沸水堆
7	卡托巴(Catawba)	225.8	2	压水堆	16	宰恩(Zion)	208.0	2	压水堆
8	塞阔亚(Seguoyah)	227.7	2	压水堆	17	库克(Donad C Cook)	205.4	2	压水堆
9	拜伦(Byron)	224.0	2	压水堆					

资料来源　日本海外电力调查会《海外电气事业统计》，1998 年版。

表 11 美国输电线路的发展情况表

电压等级(kV)	线路长度(km)						
	1978年	1980年	1985年	1990年	1995年	1996年	1997年
22~30	101727	109988	129117	152090	153898	156562	162512
31~40	96743	94260	107474	118879	160171	161972	162105
41~50	57396	71600	60872	57462	81832	81362	81324
51~71	161023	160439	170838	169051	175671	177162	176768
71~131	144911	139999	148690	152295	152049	153373	154199
132~143	97007	99282	105216	106826	116556	117359	117756
144~188	34793	36658	38663	38835	39940	40024	40590
189~253	91336	96577	98731	104897	109811	110440	111983
254~400	51766	57051	70812	74020	86561	88156	87840
401~600	25435	28464	36312	39050	44128	44165	44988
601~800	4327	4952	4862	6576	5055	5055	5055
合 计	866509	899270	971587	1019987	1125672	1135631	1145122

资料来源 日本海外电力调查会《海外电气事业统计》，1999年版。

表 12 美国的直流输电设备

工程名称	开始运行年份	阀型	电压(kV)	额定容量(万kW)	线路长(km)	主要用途
太平洋联络线	1970	汞弧	±400	100	1361	北部水电送到南部
	1982	汞弧	±400	160	1361	水电经济应用
	1985	晶闸管	±500	200	1361	升级
	1989	晶闸管	±500	310	1361	改造扩建
斯特加尔(Stegall)	1977	晶闸管	50	10	0	非同步联网
方山(Square Butte)	1977	晶闸管	±250	50	748.2	煤、低硫煤产地长距离输电
CU工程	1979	晶闸管	±400	100	714.4	煤、低硫煤产地长距离输电
山间(intermountain)	1986	晶闸管	±500	160	788.4	煤、低硫煤产地长距离输电

表 13 美国电厂和输电线路主要技术经济指标

指标 \ 年份	1980	1985	1990	1995	1996	1997
燃料消费率(供电标准煤耗)[g/(kW·h)]	378	376	373	367	367	363
热耗率(送电端)[kJ/(kW·h)]	11538	11472	11403	11190	11194	11089
热效率(送电端)(%)	32.5	32.7	32.9	33.5	33.5	33.8
平均设备利用小时(h)	3773	3629	3831	4002	4078	4114
其中：水电	3639	3437	3204	3237	3565	3635
火电	4480	4021	4184	4349	4323	—
线损率(%)	6.6	6.1	5.7	5.6	5.4	—
负荷率(%)	61.1	62.0	60.4	59.8	61.0	61.3

资料来源 日本海外电力调查会《海外电气事业统计》，1999年版。

俄罗斯电力工业

俄罗斯（全称俄罗斯联邦）位于欧亚大陆北部，地跨东欧北亚的大部分土地，国土面积1707.5万km^2。1998年人口为14660万人。

俄罗斯有丰富的能源资源。煤炭探明储量为2020亿t，石油探明储量为72亿t，天然气探明储量为50万亿m^3，石油和天然气主要分布在西伯利亚和乌拉尔地区。技术可开发水能资源为10754亿kW·h/a，经济可开发水能资源为8520亿kW·h/a，其中84.6%在亚洲境内，15.4%在欧洲境内。

表1和表2分别为俄罗斯装机容量和发电量的变化情况。

表3为俄罗斯用电量和用电构成的变化情况。

表4为俄罗斯火电机组的发展情况。

表5和表6分别为俄罗斯100万kW以上的凝汽式电厂和热电厂。

至1998年底，俄罗斯建成100万kW以上的大型水电站13座（表7）。

表8为1998年底俄罗斯的9座核电厂29台核反应堆的情况。

表9为俄罗斯7个联合电力系统的装机容量。

表10和表11分别为俄罗斯1998年架空线路回路长度和降压变电所的变压器容量。

表12为1997～1998年俄罗斯各联合电力系统以及俄罗斯统一电力系统和全俄的供电煤耗率和设备利用小时数。

表1　俄罗斯装机容量的变化

年份	装机容量 万kW	火电		水电		核电		年份	装机容量 万kW	火电		水电		核电	
		万kW	%	万kW	%	万kW	%			万kW	%	万kW	%	万kW	%
1980	16530	12100	73.2	3510	21.2	920	5.6	1996	21086	14592	69.2	4364	20.7	2130	10.1
1985	19600	13750	70.2	4150	21.2	1700	8.6	1997	21600	15070	69.8	4410	20.4	2120	9.8
1990	21330	14970	70.1	4340	20.4	2020	9.5	1998	21560	15070	70.0	4370	20.2	2120	9.8
1995	21540	15020	69.7	4400	20.4	2110	9.9								

表2　俄罗斯发电量和发电能源构成的变化

年份	发电量（亿kW·h）	火电		水电		核电	
		亿kW·h	%	亿kW·h	%	亿kW·h	%
1980	8049	6214	77.2	1296	16.1	539	6.7
1985	9620	7215	75.0	1443	15.0	962	10.0
1990	10822	7971	73.7	1668	15.4	1183	10.9
1995	8600	5837	67.8	1773	20.6	995	11.6
1996	8472	5829	68.8	1652	19.5	991	11.7
1997	8340	5671	67.0	1584	19.0	1085	13.0
1998	8260	5640	68.3	1585	19.2	1035	12.5

表3　俄罗斯用电量和用电构成的变化

年份	用电量（亿kW·h）	工业		农业		交通运输		其他	
		亿kW·h	%	亿kW·h	%	亿kW·h	%	亿kW·h	%
1980	8159	5203	63.8	560	6.9	770	9.4	1626	19.9
1985	9644	5968	61.9	737	7.6	911	9.4	2028	21.1
1990	10738	6447	60.0	964	9.0	1038	9.7	2289	21.3
1995	8405	3919	46.7	962	11.7	649	7.7	2874	34.2
1996	8277	3754	45.4	859	10.4	649	7.8	3015	36.4
1997	8144	3723	45.7	781	9.6	635	7.8	3005	36.9
1998	8065	3649	45.2	770	9.5	625	7.8	3025	37.5

表 4 俄罗斯火电机组容量和台数

年 份		1990	1995	1996	1997	1998
超临界压力机组（台数）	25 万 kW*	21	22	22	22	22
	30 万 kW	78	77	77	77	77
	40～50 万 kW	7	7	7	7	7
	80 万 kW	12	14	14	14	14
	120 万 kW	1	1	1	1	1
	合 计	119	121	121	121	121
机组总容量（万 kW）	超临界压力超高压**	4260 6417	4403 6404	4403 6501	4403 6550	4403 6550
机组总容量占火电厂装机容量比重（%）	超临界压力超高压	28.5 42.9	31.6 45.9	31.5 46.5	31.5 46.9	31.5 46.9

* 供热机组；

** 指蒸汽压力 13MPa。

表 5 俄罗斯 100 万 kW 以上的凝汽式电厂

序号	电厂名称	装机容量（万 kW）	机组容量和台数（万 kW×台）	燃料	开始运行年份	序号	电厂名称	装机容量（万 kW）	机组容量和台数（万 kW×台）	燃料	开始运行年份
1	苏尔古特二厂（Сургутская-2）	480	80×6	气	1988	15	卡尔马诺夫（Кармановская）	180	30×6	气、油	1973
2	雷夫津（Рефтинская）	380	30×6+50×4	煤、油	1980	16	比列佐夫一厂（Березовская-1）	160	80×2	煤	1990
3	科斯特罗姆（Костромская）	360	30×8+120×1	油	1980	17	上塔吉尔（Верхнетагильская）	155.1	8.8×2+10×4+20.5×5	煤、油、气	1964
4	苏尔古特一厂（Сургутская-1）	332.4	1.2×2+18×2+21×14	气	1972	18	普里莫尔（Приморская）	149.5	11×4+21×4+21.5×1	煤、油	1983
5	梁 赞（Рязанская）	272	30×4+80×2	气、油、煤	1981	19	切列佩特（Черепетская）	142.5	15×4+30×3	煤、油	1953
6	特罗伊茨克（Троицкая）	245.5	8.5×3+30×4+50×2	煤、油	1976	20	涅维诺梅斯（Невинномысская）	134	2.5×2+5×1+6×1+10×1+14.5×3+15×5+16×1	气、油、煤	1973
7	斯塔夫罗波尔（Ставропольская）	240	30×8	气、油	1983	21	托姆-乌辛（Томь-усинская）	127.2	10×3+20×4+8.6×2	煤	1965
8	扎印斯克（Заинская）	240	20×12	气、油	1975	22	古西诺奥泽尔（Гусиноозерская）	126	21×6	煤	1991
9	科纳科沃（Конаковская）	240	30×8	气、油	1969	23	克拉斯诺雅尔斯克二厂（Красноярская-2）	125	5×1+13.5×2+15×3+16×3	煤	1983
10	新切尔卡斯（Новочеркасская）	240	30×8	气、油、煤	1972	24	中乌拉尔（Среднеуральская）	121.6	2×1+2×1+3.8×1+4.6×1+10×2+30×3	煤、油、气	1970
11	伊里克林（Ириклинская）	240	30×8	气、油	1979	25	别洛夫（Беловская）	120	20×6	煤	1968
12	彼尔姆（Пермская）	240	80×3	油、气	1990	26	纳扎罗夫（Назаровская）	112	12×6+50×1	煤	1963
13	基里施（Киришская）	209.7	4.7×1+5×1+6×2+30×6	油	1976	27	沙图尔（Шатурская）	110	8×1+20×3+21×2	气、油、泥煤	1925
14	卡希尔（Каширская）	188.5	0.2×1+0.3×1+8×1+30×6	油	1922	28	佩乔尔（Печорская）	106	21×3+21.5×2	气、油	1991

表 6　　俄罗斯 100 万 kW 以上的热电厂

序号	电厂名称	装机容量（万 kW）	供热能力（GJ/h）	燃料	序号	电厂名称	装机容量（万 kW）	供热能力（GJ/h）	燃料
1	莫斯科第 26 号	141	3800	气	6	卡马兹（ТЭЦ　КАМАЗа）	118	3000	气
2	莫斯科第 23 号	140	5200	气、油					
3	莫斯科第 25 号	137	3750	气	7	瓦　兹（ТЭЦ　ВАЗа）	117.2	4100	油、气
4	莫斯科第 21 号	133	5100	气、油	8	伊尔库茨克第 10 号（Иркутская　ТЭЦ-10）	111	3000	煤
5	莫斯科第 22 号	131	4300	煤					

表 7　　俄罗斯 100 万 kW 以上的水电站

序号	电站名称	河流名	装机容量（万 kW）		机组容量和台数（万 kW×台）	设计水头（m）	开始运行年　份
			现有	设计			
1	萨扬-舒申斯克（Саяно-Шушенская）	叶尼塞	640	640	64×10	194	1978
2	克拉斯诺雅尔斯克（Красноярская）	叶尼塞	600	600	50×12	93	1967
3	布拉茨克（Братская）	安加拉	450	500	25×18	96	1961
4	乌斯特-伊里姆（Усть-Илимская）	安加拉	384	432	24×16	86	1974
5	伏尔加格勒（原名斯大林格勒）（Волгоградская）	伏尔加	254.1	256.3	11.5×22＋1.1×1	19	1958
6	萨马尔斯克（原名古比雪夫）（Самарская）	伏尔加	230	230	11.5×20	19	1955
7	契伯克萨尔斯克（Чебоксарская）	伏尔加	137	140.4	7.8×18	12.4	1980
8	萨拉托夫（Саратовская）	伏尔加	136	136	6×21＋4.5×2＋1×1	9.7	1967
9	结雅（Зейская）	结雅	133	129	21.5×6	78.5	1975
10	下卡马（Нижнекамская）	卡马	120.5	124.8	7.8×16	12.4	1979
11	沃特金（Воткинская）	卡马	102	105	10.5×10	17.5	1961
12	契尔凯（Чиркейская）	苏拉克	100	100	25×4	170	1974
13	扎戈尔斯克*（Загорская　ГАЭС）	库尼亚	100	120	20×5	100	1987

*　抽水蓄能电站。

表 8　　俄罗斯的主要核电厂

序号	电厂名称	反应堆型	装机容量（万 kW）		堆电功率和台数（万 kW×台）	开始运行年　份
			现有	设计		
1	巴拉科沃（Балаковская）	ВВЭР-1000	380	400	100×4	1985
2	库尔斯克（Курская）	РБМК-1000	370	600	100×4	1977
3	列宁格勒（Ленинградская）	РБМК-1000	370	400	100×4	1974
4	斯摩连斯克（Смоленская）	РБМК-1000	300	400	100×3	1982
5	加里宁（Калининская）	ВВЭР-1000	200	400	100×2	1984
6	新沃罗涅日（Нововоронежская）	ВВЭР-440　ВВЭР-1000	183.4	245.5	41.7×2＋100×1	1971～1980
7	科拉（Кольская）	ВВЭР-440	176	176	44×4	1973
8	别洛雅尔斯克（Белоярская）	БН-600	60	90	60×1	1980
9	比利比诺（Билибинская）	ЭГП-6*	4.8	4.8	1.2×4	1973

*　发电供热两用石墨水冷堆。

表 9　　俄罗斯各联合电力系统的装机容量（万 kW）

序号	联合电力系统名称	1985 年	1990 年	1995 年	1998 年	序号	联合电力系统名称	1985 年	1990 年	1995 年	1998 年
1	中部	4760	5530	5645	5256	5	北高加索	1070	1080	1056	1064
2	中伏尔加	2020	2290	2379	2371	6	西伯利亚	4080	4430	4515	4538
3	乌拉尔	3470	4090	4097	4109		统一电力系统合计**	17000	19020	19214	19287
4	西北*	1600	1600	1522	1949	7	东部	990	1120	1145	1121

* 西北联合电力系统装机容量包括了不在联合电力系统中的扬塔尔电力系统的装机容量。

** 统一电力系统装机容量指 6 个联合电力系统的总加容量。

表 10　　俄罗斯架空线路回路长度（km）

联合电力系统名称	1150kV	750kV	±400kV	500kV	400kV	300kV	220kV	154kV	110kV	合计
中部系统		2422	170	8700		2050	22112		71839	107293
中伏尔加系统				3688			8071		31260	43019
乌拉尔系统	138			11418			20290	137	73926	105909
西北系统**		388			83	5369	5768	2276	25776	39660
北高加索系统			205	1657		2168	4560		23943	32533
西伯利亚系统	818			8864			24798		51665	86145
统一电力系统合计	956	2810	375	34327	83	9587	85599	2413	278409	414559
东部系统				1943			15722	177	14199	32041
孤立运行的两座水电站*							813			813
合　计	956	2810	375	36270	83	9587	102134	2590	292608	447413

* 指乌斯特—汉塔斯克水电站和库列斯克水电站。

** 包括扬塔尔系统 330kV 的 318km 和 110kV 的 1487km 线路。

表 11　　俄罗斯降压变电所的变压器容量（万 kV·A）

联合电力系统名称	750kV	500kV	400kV	300kV	220kV	154kV	110kV	合计
中部系统	1342.5	2853.8		764.5	5741.3		7309.6	18011.7
中伏尔加系统		1000.5			1856.8		2405.4	5262.7
乌拉尔系统		3142.2			4176.1		5699.1	13017.4
西北系统	200.0		171.5	1415.5	804.1	275.7	2049.4	4916.2
扬塔尔系统				120.0			146.6	266.6
北高加索系统*		350.7		618.5	999.5		1936.5	3905.2
西伯利亚系统		2107.6			2972.8		3225.9	8306.3
统一电力系统合计	1542.5	9454.8	171.5	2918.5	16550.6	275.7	22772.5	53686.1
东部系统		350.7			920.3	18.0	1085.8	2374.8
合　计	1542.5	9805.5	171.5	2918.5	17470.9	293.7	23858.3	56060.9

* 不包括格鲁兹电管局。

表 12　　电力系统供电煤耗率和设备利用小时

联合电力系统名称	1997年		1998年		联合电力系统名称	1997年		1998年	
	供电煤耗率[g/(kW·h)]	设备利用小时(h)	供电煤耗率[g/(kW·h)]	设备利用小时(h)		供电煤耗率[g/(kW·h)]	设备利用小时(h)	供电煤耗率[g/(kW·h)]	设备利用小时(h)
中部系统	328.1	4332	328.5	4200	北高加索系统	362.9	4308	364.0	3993
中伏尔加系统	345.6	3744	348.0	3752	西伯利亚系统	365.8	3463	365.2	3774
乌拉尔系统	338.7	4713	336.6	4647	统一电力系统	341.5	4162	341.2	4122
西北系统	330.4	3700	325.5	3585	东部系统	388.4	2995	389.1	2894
扬塔尔系统	455.3		414.7		全　俄	343.7	4101	343.4	4057

19 索引

内 容 索 引

说 明

一、本索引是全书条目和条目内容的主题分析索引。索引主题按汉语拼音字母的顺序并辅以汉字笔画、起笔笔形顺序排列。同音时，按汉字笔画由少到多的顺序排列，笔画数相同的按起笔笔形一（横）、丨（竖）、丿（撇）、丶（点）、㇇（折，包括亅乚〈等）的顺序排列。第一字相同时，按第二字，余类推。

二、索引主题之后的阿拉伯数字是主题内容所在的页码，数字之后的小写拉丁字母表示索引内容所在的版面区域。本书正文的版面区域划分见右图。

a	d
b	e
c	f

A

B

C

D

E

F

G

H

J

K

L

M

N

P

Q